Herbert Willems
Bilder der Geschlechter

Herbert Willems

Bilder der Geschlechter

Band 2: Werbung und Pornografie

Mit einem begrifflich-theoretischen Anhang
zur Soziologie der Geschlechter

DE GRUYTER
OLDENBOURG

ISBN 978-3-11-116858-6
e-ISBN (PDF) 978-3-11-116890-6
e-ISBN (EPUB) 978-3-11-116930-9

Library of Congress Control Number: 2024931617

Bibliografische Information der Deutschen Nationalbibliothek
Die Deutsche Nationalbibliothek verzeichnet diese Publikation in der Deutschen Nationalbibliografie;
detaillierte bibliografische Daten sind im Internet über http://dnb.dnb.de abrufbar.

© 2024 Walter de Gruyter GmbH, Berlin/Boston
Einbandabbildung: FotografiaBasica / iStock / Getty Images Plus
Druck und Bindung: CPI books GmbH, Leck

www.degruyter.com

Dank

Der vorliegende zweite Band der ‚Bilder der Geschlechter‘ ist Anlass und Grund, einigen in diesem Zusammenhang besonders hilfreichen Menschen besonders zu danken.

Dipl. Soz. Maren Jüngling und Laura Wagner M.A. haben mich über viele Jahre an der Universität Gießen und ‚jenseits von Gießen‘ begleitet und unterstützt. Laura Wagner war mir bei diesem Band wie schon beim ersten in vielerlei Hinsicht eine unverzichtbare und große Hilfe.

Prof. Dr. York Kautt ist an dem vorliegenden Band, soweit dieser auf unserem gemeinsamen Buch über die „Theatralität der Werbung“ beruht (Willems/Kautt 2003), inhaltlich maßgeblich beteiligt. Darüber hinaus danke ich ihm für Jahrzehnte freundschaftlicher Zusammenarbeit und Unterstützung.

Meine Frau Dr. Marianne Willems war auf vielfältige Weise hilfreich und hat eine inhaltlich tragende Rolle gespielt.

Besonders danken möchte ich auch meinem Lehrer Prof. Dr. Alois Hahn (Universität Trier), der dem vorliegenden Unternehmen auf mannigfaltige Weise Anstöße und Orientierungen gegeben hat.

Dr. Stefan Giesen, Anna Spendler und Ulla Schmidt vom Verlag De Gruyter haben unsere Arbeiten mit viel Interesse und Geduld begleitet und zahlreiche Hilfestellungen geleistet, wofür ich herzlich danke.

München, im März 2024
Herbert Willems

https://doi.org/10.1515/9783111168906-001

Nachwort zum ersten und Vorwort zum zweiten Band

An der physischen und sozialen Tatsächlichkeit und an der sozialen und sozialwissenschaftlichen Bedeutsamkeit des Geschlechts, der Geschlechter und auch der Geschlechtlichkeit (Erotik, Sexualität) kann kaum ein Zweifel bestehen, schon weil die Menschheitsgeschichte offensichtlich auch eine Geschlechts-, Geschlechter- und Geschlechtlichkeitsgeschichte ist und die Menschheit ohne die Differenz der Geschlechter gar nicht existieren würde. Auch die fundamentale Sozialität, Kulturalität und Historizität dieser Tatsachen, einschließlich ihres Zusammenhangs mit Modernisierungsprozessen, die heutige Geschlechterverständnisse und Geschlechterverhältnisse erst hervorgebracht haben, steht jedenfalls in den Sozialwissenschaften außer Frage. Gerade die Soziologie hatte die Realität der Geschlechter schon früh als eine sozialstrukturelle, kulturelle und kulturspezifische Realität im Blick und zum Thema.

Die sozialwissenschaftliche bzw. soziologische Erforschung der Realität der Geschlechter und der Geschlechtlichkeit wird auch seit langem (mehr oder weniger zusammenfallend mit der Geschichte der Sozialwissenschaften) mit zunehmender Intensität und zunehmender Quantität betrieben und hat zu relevanten und allgemein anerkannten theoretischen und empirisch-analytischen Ergebnissen geführt – nicht zuletzt zu einer längeren Reihe mittlerweile als klassisch geltender Schriften, von denen schon im ersten Band die Rede war und von denen auch in diesem die Rede ist. Weitgehender Konsens besteht in diesem Zusammenhang in der Vorstellung, dass es sich bei den Geschlechtern jenseits allerdings unterschiedlich gewichteter und bewerteter ‚biologischer‘ Aspekte um soziale/kulturelle Gebilde, Konstrukte und Konstruktionen handelt, die auf eine Pluralität manifester und latenter sozialer Strukturen, Figurationen, Sinnsysteme und symbolischer Ordnungen zurückzuführen sind. Die Geschlechter sind und werden demnach irgendwie ‚gemacht‘.

Sie sind Funktionen, Effekte und Produkte sozialer ‚Arrangements‘, Institutionen, Settings, Rituale, Deutungsmuster, Ideologien, die auf verschiedenen sozialen Ebenen liegen und in ihrer ‚Gemachtheit‘ und ‚Machbarkeit‘ typischerweise praktisch undurchschaut bleiben und so fungieren. Diesen Tatsachen sind die Sozialwissenschaften/ Soziologie insbesondere auf den Ebenen von lebensweltlichen Individuen und Interaktionsprozessen sowie ‚sozialer Ungleichheit‘, Macht und Herrschaft nachgegangen, aber zunehmend auch auf der Ebene von darauf bezogenen Medienkulturen wie der Unterhaltungsliteratur oder der Werbung, wo speziell nach stereotypen Darstellungen und Vorstellungen gesucht wurde, die auch gefunden wurden. Weniger Aufmerksamkeit wurde in diesem Zusammenhang länger- und langfristigen sowie Bereiche übergreifenden, ‚großflächigen‘ Entwicklungen und Wandlungen zuteil. Auch die Möglichkeit von sozio- und psychogenetischen Prozessen, Entwicklungen und Wandlungen, die sich gleichsam hinter dem Rücken der (Geschlechter) ‚seienden‘ und ‚machenden‘ Akteur/-innen abspielen oder abgespielt haben, wurde und wird immer noch eher wenig

https://doi.org/10.1515/9783111168906-002

bedacht, obwohl eine solche Perspektive mit vorherrschenden interaktionistischen und (de-)konstruktivistischen Ansätzen und Überlegungen durchaus vereinbar sind.

Insgesamt scheint sich die sozialwissenschaftliche bzw. soziologische ‚Geschlechterforschung‘, sofern diese überhaupt als ein Zusammenhang zu identifizieren ist, heute in einer eigentümlich ambivalenten Lage zu befinden. Sie kann einerseits mit Begriffen wie Konjunktur, Kanonisierung oder Klassizität beschrieben werden. Erfolge sind sowohl auf der Ebene der wissenschaftlichen Profilierung als auch auf der Ebene der gesellschaftlichen und wissenschaftsinstitutionellen Anerkennung und Wirkung zu verzeichnen. Andererseits passen hier – nach paradigmatischen Sprüngen oder Schüben in der Stellung und Behandlung von ‚Geschlechterfragen‘ – Begriffe wie Stagnation, Desintegration, Diffusion und Krise. Das Bild der Diskurs- und Forschungslandschaft zu den Thematiken des Geschlechts, der Geschlechter und auch der Geschlechtlichkeit wird jedenfalls in vielen Bereichen nicht gerade von inhaltlichen Fortschritten oder auch nur Konsensen oder Konvergenzen geprägt. Vielmehr ist eher das Gegenteil der Fall: Tendenzen zum Mehrdesselben in heterogenen Bahnen, zur sektenhaften Verinselung, zum Auseinanderdriften der Diskurse, zur konfliktreichen Auseinandersetzung. Bei aller ‚Aufklärung‘, Kenntnis und Erkenntnis halten und verstärken sich auch Eindrücke von Unklarheit und Rätselhaftigkeit. So hat sich der Terminus Gender zwar längst als Allerweltsbegriff durchgesetzt, aber er scheint sowohl in der Gesellschaft als auch in deren Wissenschaften weniger für ein bestimmtes Verständnis von Geschlecht/Geschlechtern als für den Verlust von dessen Verständlichkeit und Selbstverständlichkeit zu stehen.

Diese Lage hat sicher mit den Verfassungen und Entwicklungen der Wissenschaften und der *Gesellschaft* der Wissenschaften zu tun, die sich mit diesem Themenfeld befassen, sicher aber auch mit besonderen Eigenschaften und Schwierigkeiten des ‚Gegenstandsbereichs‘ Geschlecht(er)/Geschlechtlichkeit. Die Schwierigkeiten beginnen schon damit, dass der ‚Gegenstand‘ Geschlecht(er) einen unübersehbar, aber auch kaum überschaubar und kaum durchschaubar *synthetischen* Charakter hat. Er existiert nicht in ‚Reinform‘, sondern jedenfalls auf der Ebene der modernen Lebenswelt (mit ihren immer noch lebendigen Körpern) nur als Verbindung von vielen ‚Eigenschaften‘ unterschiedlicher und Unterschiede machender Art (Körperlichkeit, ‚Biologie‘, Lebensalter/Altersklassen, Gesundheit, Bildung, Beruf, sozialer Status, Lebensstil/Milieu usw.). Jener ‚Gegenstand‘ hängt auch in allem, was ihn, z. B. als Gewohnheitengefüge, Habitus oder Mentalität, ausmacht oder auszumachen scheint, von den verschiedensten sozialen ‚Kontexten‘ ab, ja er entsteht in diesen und aus diesen ‚Kontexten’ und besteht zumindest teilweise in ihnen: in sozialen Figurationen, Gesellschaftsformen und Gesellschaftsgeschichten, Kulturen und Kulturgeschichten, Zivilisationstypen und Zivilisationsprozessen, Religionen, sozialen Feldern, Klassen, Milieus, Organisationen, Interaktionsordnungen, Anlässen usw., usw.

Es gibt also auch unabhängig von der Zahl der Geschlechter – und heute mehr denn je – eine Vielzahl, ja Unzahl von Realitäten und Realitätsaspekten der Geschlechter auf verschiedenen Realitätsebenen und in verschiedenen Realitätssphären. Es gibt die Geschlechter als lebensweltliche Tatsachen aus ‚Fleisch und Blut‘ in den Rahmen und außerhalb der Rahmen der ‚Interaktionsordnung‘, als gelebte und erlebte Gewohnheiten, Habitus, Stile und Korporalitäten, als medienkulturelle/gattungsspezifische Performanzen, Konstruktionen und Fiktionen, die auf jene lebensweltlichen Tatsachen referieren, zurückgehen und zurückwirken, als Sinnkonstrukte und Sinnkonstruktionen von Diskursen und von sozialen Feldern (Wirtschaft, Politik, Kunst, Sport usw.), die auch medial repräsentiert vorkommen, als Funktionen langfristiger Prozesse der sozialen/funktionalen Differenzierung, der Zivilisation, der Individualisierung, der Demokratisierung, der Verwissenschaftlichung, der Intimisierung, der Informalisierung usw. Die Realität der Geschlechter erscheint also schon im Bezugsrahmen der ‚eigenen‘ Gesellschaft oder ‚westlichen Zivilisation‘ als ziemlich unübersichtlich, und sie erscheint natürlich noch viel unübersichtlicher, wenn man eine ‚universalhistorische‘ oder globale bzw. globalisierungstheoretische Perspektive einnimmt. In jedem Fall hat man es bei der Realität des Geschlechts, der Geschlechter und der Geschlechtlichkeit immer auch mit konkreten sozialen/kulturellen ‚Einbettungen‘ von Individuen, Akteur/-innen und Gruppen sowie auch von Sujets, Modellen und Darstellungen zu tun.

Unter modernen und gerade heutigen Bedingungen sind es nicht zuletzt die Wissenschaften und die mit ihnen verbundenen Semantiken, Diskurse und technologischen Institutionen (Medizin, Pädagogik, Psychotherapie usw.), die beeinflussen oder bestimmen, was unter Geschlecht, Geschlechtern und Geschlechtlichkeit überhaupt zu verstehen ist und was diesbezüglich auch von den (als Geschlechtern existierenden) ‚Menschen‘ selbst gemeint und geglaubt wird. In dieser oder jener Form sind die Wissenschaften, und in diesem Fall gerade die Sozialwissenschaften, längst auch in die objektive und subjektive Realität und Realitätskonstruktion (der Geschlechter) eingedrungen, und sie dringen offenbar zunehmend in sie ein, ohne immer im gleichen Maß zu ihrem Verständnis beizutragen. Umgekehrt sind gerade die Sozialwissenschaften weder frei von alltäglichem Geschlechterwissen (Alltagstheorien der Geschlechter) noch immun gegen Wissenstypen dieser Art und gegen Einflüsse auf dieser Ebene.

Der komplex und veränderlich bedingten, eingebetteten und konstruierten Realität des Geschlechts, der Geschlechter und der Geschlechtlichkeit auf die Spur zu kommen und auf der Spur zu bleiben ist also ein mindestens schwieriges Unternehmen. Mit Aussicht auf wissenschaftlichen Erfolg kann es nicht als ‚Teildisziplin‘ oder ‚Bindestrich-Soziologie‘ betrieben werden, sondern muss als soziologisches Unternehmen davon ausgehen, dass es nicht weniger als der Soziologie ‚im Allgemeinen‘ bzw. einer ‚Allgemeinen Soziologie‘ bedarf. Die Frage nach der (sozialen) Realität der Geschlechter kann und muss in diesem Rahmen immer auch als Frage nach der sozialen Realität und ‚Realitätskonstruktion‘ überhaupt gestellt werden. Diese Frage führt nicht nur zur synchronen und diachronen (historischen) Vielfalt der sozialen Wirklichkeiten mit einer Vielfalt von Wirklichkeiten der Geschlechter, sondern auch zu entsprechenden ‚Grammatiken‘ von Sinnstiftungen und Sinntransformationen (Rahmungen).

Die soziologische Forschungsarbeit hat es hier aber nicht nur mit der besonderen Schwierigkeit des Gegenstandsbereichs zu tun, sondern auch mit besonderen oder besonders ausgeprägten Schwierigkeiten und Hindernissen auf der Ebene der (Sozial-) Wissenschaftsbetriebe, ihrer Kulturen, Akteur/-innen und Publika: vor allem mit diversen Wissenstypen in den Formen des ‚Glaubens‘, der Weltanschauung, der Meinung, der Überzeugung, der Mentalität, der ‚Philosophie', der Ideologie, der „Parteidoktrin" (Elias). Eine besondere Schwierigkeit ergibt sich daraus, dass die Wissenschaften, und gerade die Sozialwissenschaften, von diesen kulturellen Tatsachen immer noch und immer wieder neu durchdrungen sind und sich gerade im Zusammenhang mit ‚heißen' Themen wie dem Geschlecht (‚Gender') mit jenen Beständen des ‚Wissens' verbinden und vermischen.

Die vorliegenden Untersuchungen sollen also zur soziologischen Aufklärung der Realität(en) der Geschlechter beitragen, insbesondere zur wissenssoziologischen Aufklärung dieser Realität(en). Wir gehen davon aus, dass ihr die ins Feld geführten begrifflich-theoretischen Instrumente gewachsen und angemessen sein müssen. Gleichzeitig gehen wir aber auch davon aus, dass es in unseren Untersuchungen darum gehen muss, begrifflich-theoretische *und* empirisch-analytische Anstrengungen zu unternehmen, und zwar im Sinne einer „Doppelgleisigkeit" (Elias) des Vorgehens, einer Art Parallelaktion. Sie erscheint hier vor allem deswegen notwendig, weil sich unser empirischer Gegenstandsbereich in seinem Voraussetzungsreichtum, seiner Komplexität, seiner Kontextualität, Konstruiertheit und Veränderlichkeit nur von diesen beiden Seiten her und durch die reziproke Komplementarität beider Seiten erschließen lässt. Diese ‚Parallelaktion' betrachten wir auch als die beste Strategie im Umgang mit jenen forschungshemmenden und erkenntnishinderlichen Wissensbeständen, die sich auf den hier thematischen Forschungsfeldern in besonderen Varianten und Stärken manifestieren.

Wir bewegen uns in diesem Band wie im ersten aus dort spezifizierten und nachfolgend zu spezifizierenden Gründen, nicht zuletzt praktischen Kapazitätsgründen, empirisch-sachlich auf der Ebene verschiedener medienkultureller Bereiche. Für sie gilt par excellence, dass die Geschlechter und die Geschlechtlichkeit *konstruiert* und Funktionen ihrer sozialen/kulturellen ‚Kontexte' sind. Im Gegensatz zur Lebenswelt (‚Interaktionsordnung') kann auf dieser Ebene ja so gut wie alles gewählt, manipuliert und arrangiert werden, ist also buchstäblich konstruierbar und tatsächlich im höchsten Maß konstruiert, was auch für die Darstellungen und Vorstellungen der Geschlechter und der Geschlechtlichkeit gilt. Die Spielräume und kulturellen Resultate dieses praktischen Konstruktivismus sind allerdings offensichtlich durch die medialen Kontexttypen, Kontextbedingungen und Rahmen limitiert. Ihre Analyse hat insofern jeweils als Medien- und Medienkulturanalyse, z. B. von Kinderromanen oder Werbung oder Pornografie, Vorrang. Das soziologische Verständnis der Realität der Geschlechter (und Geschlechtlichkeit) setzt auf dieser Ebene ein Verständnis der jeweiligen Logik der bereichsspezifischen Medien-Realität und medialen Realitätskonstruktion voraus. Im Kinderfilm oder in der Werbung oder in der Pornografie werden die ‚Bilder der Geschlechter' (und Geschlechtlichkeit) jeweils auch durch ihre bereichs- und gattungsspezifischen Rahmenbedingungen limitiert und geprägt. Umso informativer sind bereichs- und gattungs*übergreifende* Gemeinsamkeiten oder Ähnlichkeiten.

Das Spektrum der in beiden Bänden untersuchten empirischen Materialien und Gattungen reicht von diverser Kinderliteratur und literarischer ‚Erwachsenenunterhaltung' (1. Band) bis zur Werbung und zur Pornografie (2. Band). Der vorliegende Band befasst sich zunächst mit Werbung und anschließend mit Pornografie und einem Vergleich von Werbung und Pornografie im Hinblick auf ‚Konstruktionen' der Geschlechter und der (ihrer) Geschlechtlichkeit. Die Thematik des Zusammenhangs von Geschlecht einerseits und Geschlechtlichkeit (Erotik und Sexualität) andererseits zieht sich, wenn auch mit sehr unterschiedlicher Gewichtung durch alle Beiträge der beiden Bände. Die Linie geht von Kinderliteratur über einen Erwachsenenroman bis zur Werbungserotik und zur Pornografie. Der Zusammenhang von Geschlecht und Geschlechtlichkeit ist aber nur eine, wenn auch zentrale Dimension der Realität der Geschlechter als einer vielseitigen Realität der *Körper*, die uns im Folgenden wie schon im ersten Band entsprechend stark interessiert: als eine kulturelle Realität unter anderen und im Zusammenhang mit anderen kulturellen Realitäten. Darin liegt auch ein Grund dafür, dass sich unser Erkenntnisinteresse, abhängig von den jeweils vorliegenden Medienbereichen, Gattungen und Materialtypen (Romane, Fernsehspots, Werbeanzeigen, Pornohefte usw.) immer auch auf *visuelle* Kommunikationen bzw. Bilder (Fotografien, Filme) richtet.

Auf der Theorieebene liegen damit Hinwendungen zu ‚mikrosoziologischen' *und* ‚makrosoziologischen' Ansätzen sowie zu allgemeinen Kultur- und Zivilisationstheorien nahe, die eine historische Perspektive implizieren. Diese Figuration theoretischer Deutungsmittel soll es ermöglichen, Prozessen *und* Strukturen, Kontinuitäten *und* Diskontinuitäten, Konstanten *und* Wandlungen jener Realitäten und ihrer Bedingungen nachzugehen. Bezüglich des heranzuziehenden Theorienbestandes haben wir inhaltlich einen Weg verfolgt, der von einer prinzipiellen Kompatibilität und Komplementarität diverser soziologischer Ansätze ausgeht und davon zu profitieren trachtet (vgl. Willems 2012). Das Spektrum der damit aufgerufenen, überwiegend klassischen Namen ist breit und verschafft auch eine nützliche Vielfalt von Perspektiven auf jene schwierigen Realitäten, die es zu rekonstruieren und zu erforschen gilt. Auf diese Weise wird auch versucht, kulturelle (Geschlechter-)Muster und ihre empirischen ‚Kontexte' (z. B. Werbung oder Pornografie) in weitere bzw. höherstufige gesellschaftliche, kulturelle und historische Zusammenhänge zu stellen, z. B. in den Zusammenhang von Prozessen der Zivilisation, der sozialen/funktionalen Differenzierung, der Individualisierung oder der Entwicklung der ‚Konsumgesellschaft'/‚Erlebnisgesellschaft'. Vielleicht liegt gerade hier ein zentraler Schlüssel zu einem besseren Verständnis der ‚Kategorie Geschlecht', deren Beachtung und Berücksichtigung aber auch umgekehrt zu einem besseren Verständnis jener Zusammenhänge beitragen mag.

So plural und heterogen wie unsere Theoriebezüge sind auch die von uns gewählten empirischen Materialien und Gattungen. Sie ermöglichen auf verschiedenen Ebenen struktur- und prozessanalytische Vergleiche, die analytische Informationen versprechen und ergeben. Während wir im ersten Band vergleichende Analysen hauptsächlich innerhalb ein und desselben Medienbereichs bzw. innerhalb einer Gattung (z. B. Kinderromanen) betreiben, vergleichen wir im zweiten Band sehr *verschiedene* Medienbereiche, nämlich Werbung einerseits und Pornografie andererseits. Das bedingt in diesem Band eine Konzentration auf empirische Materialien, die in ihren Entstehungszeiträumen relativ nah beieinander liegen und insofern in einem historischen

Bezugsrahmen vergleichbar sind – schwerpunktmäßig Werbung und Pornografie aus der zweiten Hälfte des vorigen Jahrhunderts, insbesondere aus dem letzten Drittel dieses Jahrhunderts. Auf der Basis dieser und jener Materialien sowie entsprechender Prozesstheorien sind in beiden Bänden auch historisch weiter zurückblickende Vergleiche möglich gewesen und unternommen worden.

Aus unseren Untersuchungen der wahrlich „vertrackten Kategorie" Geschlecht (Gildemeister/Hericks 2012) ziehen wir nicht zuletzt den Schluss, dass eine Soziologie des Geschlechts, der Geschlechter und der Geschlechtlichkeit im Grunde das ganze begrifflich-theoretische, methodische und empirisch-diagnostische Repertoire der Soziologie erfordert, dass sie dieses Repertoire aber auch gezielt heranziehen muss und zugleich anreichern kann. Eine solche Soziologie, die auch auf gegenstandsspezifische Besonderheiten hin anzupassen und auszuarbeiten ist, muss ihre Eignung in der empirisch-analytischen Arbeit vor allem als begrifflich-theoretisches Instrumentarium begründen und erweisen. In einem späteren Band sollen Konzepte, Modelle und theoretische Perspektiven ausgeführt und zusammengeführt werden, die in unseren Arbeiten in diesem Sinne eine Rolle spielen und die uns auf dem Weg zu einem besseren soziologischen Verständnis der Geschlechter und der Geschlechtlichkeit grundsätzlich nützlich erscheinen. Auf ein ‚Glossar', das ursprünglich geplant war, haben wir vor diesem Hintergrund verzichtet. Stattdessen werden im Anhang dieses Bandes Schlüsselbegriffe und Schlüsseltheorien unserer Untersuchungen aufgeführt und – auch im Hinblick auf allgemeine geschlechtersoziologische Relevanzen – skizziert.

Inhaltsübersicht

Anhang

Einleitung

Der vorliegende zweite Band unseres zweibändigen Unternehmens „Bilder der Geschlechter" behandelt mit demselben soziologischen Erkenntnisinteresse und denselben Erkenntnismitteln wie der erste Band zwei Bereiche der modernen Medienkultur, die sowohl im Verhältnis zu den ‚Textsorten' (und ‚Bildsorten') des ersten Bandes wie auch im Verhältnis zueinander extrem weit auseinander zu liegen scheinen: Werbung und Pornografie. In der Analyse dieser ähnlich historisch traditionsreichen und zugleich ähnlich aktuellen Medienbereiche und in ihrem Vergleich geht es – wiederum – hauptsächlich um Formen, Voraussetzungen, Funktionen und Folgen kultureller Konstrukte und Konstruktionen der Geschlechter. Und wiederum liegt dabei ein durchgängiges Augenmerk auf Fragen von gesellschaftlicher, kultureller und historischer Kontextualität. Es geht also nicht nur (aber auch) darum, die Geschlechterkonstrukte und Geschlechterkonstruktionen der Werbung und der Pornografie zu analysieren und zu vergleichen – auch mit Rückbezügen zu den bisherigen Untersuchungen und ihren Ergebnissen. Vielmehr werden auch soziale/kulturelle Tatsachen jenseits der Medienkultur ins Auge gefasst. Schließlich bewegt sich die vorliegende Untersuchung im Bezugsrahmen gesellschafts-, kultur- und zivilisationstheoretischer Konzepte, Diagnosen und Deutungen, die im weitesten Sinne prozesssoziologisch veranlagt sind. Dementsprechend stellen sich – erneut – auch Fragen nach länger- und langfristigen Kontinuitäten und Diskontinuitäten von ‚Bildern der Geschlechter' und von Bildungen solcher Bilder.

Der erste empiriebezogene Teil dieses Bandes thematisiert die Werbung, insbesondere Werbeanzeigen und Werbespots, auf der Basis einer früheren Monografie (Willems/Kautt 2003), die für den Zweck der vorliegenden Untersuchung selektiv herangezogen, stark gekürzt, überarbeitet und ergänzt wurde. Der zweite Teil des Bandes befasst sich mit denselben begrifflich-theoretischen Mitteln und ähnlichen sachlichen Schwerpunkten wie der erste Teil mit Varianten von ‚Hardcore'-Pornografie. Sie wird hier – im Prinzip wie die Werbung – als eigentümliche Kultur bzw. kulturelle Sphäre verstanden und im Vergleich mit Werbung analysiert: vor allem in der Form von Heft-Pornografie. Diese Untersuchung schließt mit dem Versuch ab, Pornografie und latente kulturelle Verwandtschaften zwischen Pornografie und Werbung auf historische Prozesse sozialen bzw. kulturellen Wandels zu beziehen, die mit Begriffen wie Modernisierung, Zivilisierung oder Individualisierung beschrieben worden sind.

Die Medienbereiche Werbung und Pornografie sind hier vor allem aus folgenden Gründen als gegenständliche Bezugsrahmen und Vergleichsfälle interessant und analytisch vielversprechend:

Erstens kontrastieren sie maximal in verschiedenen fundamentalen (medien-)kulturellen Hinsichten. Das verspricht, sie zu besonders ergiebigen Objekten einer „komparativen Analyse" (Goffman 1973a) machen zu können.

Zweitens überschneiden sie sich wesentlich im jeweils fokussierten Sujet- und Themenfeld der Erotik/Sexualität. Zwar ist die Pornografie im Gegensatz zur Werbung

https://doi.org/10.1515/9783111168906-003

sozusagen monothematisch ausgerichtet und entfaltet eine Art erotisch-sexuelle Monokultur, aber auch die Werbung hat ja, wie auch der erste Teil des vorliegenden Buches zeigt, seit jeher eine starke und kontinuierliche Vorliebe in dieser Richtung gehabt und zunehmend entwickelt. Beide Bereiche/Gattungen teilen ein Interesse an einer erotischen ‚Ästhetik' und an einer ‚heißen' Erotik, die mit bestimmten Versionen der Geschlechter und Geschlechterverhältnisse verbunden ist.

Drittens haben Werbung und Pornografie eine wesentliche Gemeinsamkeit als Kultur und Kulturprodukte: Sie sind profilierte Sphären der ‚Populärkultur' (vgl. Lautmann/Schetsche 1990, S. 9 ff.; Lewandowski 2012). Als solche sind sie vergleichbar und versprechen auch Aufschlüsse über kosmologische bzw. geschlechterkosmologische Dispositionen.

Die multimedialen Produkte der Porno-Industrie sind in diesem Zusammenhang schon wegen ihrer besonderen Inhalte, ihrer dominant männlichen Adressaten- und Rezipientengruppe (mit einem ‚männlichen Blick') und ihrer zunehmend massenhaften (globalen) Verbreitung, die mit der der Werbung zu vergleichen ist, besonders relevant. Ihr kosmologischer und ideologischer Charakter, ihre kulturellen Nachbarschaften und Verwandtschaften sowie ihr „Einfluss auf die Konzeptualisierung von Männlichkeit und Weiblichkeit" (Kotthoff 1994, S. 172) sind im Grunde immer noch weitgehend ungeklärt. Zu vermuten und in ihren konkreten Bedeutungen aufzuklären ist auch eine sozial (bzw. geschlechtsspezifisch sozial) weitreichende mentale ‚Pornografisierung' (vgl. Willems 1997, S. 436 f.; Lewandowski 2012).

Viertens handelt es sich bei beiden Medienbereichen jeweils hauptsächlich um Formen *visueller Kommunikation.*[1] Hier geht es also auch im Unterschied zu den überwiegend literarischen (schriftlichen, textuellen) Erzeugnissen, die Gegenstände des ersten Bandes sind, primär um die Geschlechter im Medium des *Bildes* bzw. in verschiedenen Bildmedien (Fotografie, Film). Werbung und Pornografie verbindet gerade in der gemeinsamen Fokussierung von Erotik(-Körpern) die Nutzung und Privilegierung dieser Medien, die auf ihre je besonderen Weisen Sinn und Wissen speichern und entfalten.[2] Pornografie und Werbung verbindet aber auch ihr diverse Medien ver-

---

1 Die moderne Werbung reagiert unter historisch neuen Bedingungen, insbesondere Medienbedingungen, auf veränderte und neue Image-Bedarfslagen, indem sie sich unter anderem im Rückgriff auf erotische Sujets „systematisch auf die bildliche Identifizierung und Positivqualifizierung sozialer Objekte einstellt" (Kautt 2012, S. 81). Die Pornografie nutzt die Bildmedien als spezifische und besonders wirksame sinnliche Erlebnis-, Phantasie- und Affektgeneratoren, die primär auf „Augenlust" (Elias) oder ‚Schaulust' abgestellt und eingestellt sind.

2 Mit Bildmedien und Bildern bewegen wir uns in einem Bereich, der sozial und kulturell generell offensichtlich immer wichtiger geworden ist und wird. Bild-Materialien werden in den verschiedenen Humanwissenschaften auch schon lange verwendet, aber ebenso gilt, dass den wissenschaftlichen Deutern die Analyse von Texten seit jeher leichter gefallen ist als die Analyse von Bildern. In der Soziologie werden sie erst seit verhältnismäßig kurzer Zeit systematisch als Daten herangezogen – im Unterschied z. B. zu Anthropologie und Ethnologie, die sich der Fotografie und des Films schon lange bedienen (vgl. u. a. die klassische Studie von Bateson/Mead 1942). Auch die Semiotik macht Bilder schon seit langem zum Forschungsgegenstand, wobei die „Mediensemiotik" (Nöth 2000) bereits mit ihren

knüpfender narrativer Charakter. Beide operieren mit fiktionalen Bild- und Sprach-Geschichten, die immer auch die Geschlechter darstellen.

Fünftens ergeben sich aus diesen Tatsachen besondere empirische Zugänge und Vergleichsmöglichkeiten nicht nur zwischen den hier fokussierten Medienbereichen, sondern auch im Hinblick auf die Medienerzeugnisse (Romane, Filme), die im ersten Band untersucht werden.

Wir arbeiten im Folgenden weiterhin ‚zweigleisig', begrifflich-theoretisch *und* empirisch-analytisch. Wenn wir unser empirisch-analytisches Arbeiten qualitative Sozialforschung nennen, dann heißt das zunächst und vor allem, dass wir uns einer Forschungsmentalität verpflichtet fühlen, die sich durch eine konsequent beobachtende Hinwendung zu den empirischen Gegenständen auszeichnet. Nicht zuletzt haben wir uns – auch in Bezug auf Pornografie – an Goffmans Maximen und ‚Methoden' orientiert, an seinen Strategien und Techniken der Erarbeitung und Verarbeitung von Daten und analytischen Informationen (vgl. Willems 1997; 2000, S. 44 f.).[3]

Klassikern (Barthes, Eco) in den 60er Jahren gerade auch Werbebilder in den Blick nimmt (vgl. Nöth 2000, S. 508–511). Die Ethnomethodologie (z. B. Jalbert 1999), die Inhaltsanalyse (z. B. Bell 2001), die objektive Hermeneutik (Englisch 1991) und die struktural-hermeneutische Symbolanalyse (Müller-Doohm 1993; 1997; 2000) beziehen den Gegenstandsbereich des Visuellen ebenfalls seit längerem in ihre Methoden und Arbeitsfelder ein. Für die Soziologie spielte Goffman eine Art Pionierrolle. Er war ein Vorreiter, indem er seine Bildanalyse im Rahmen einer der visuellen Ebene angemessenen Symboltheorie/Ritualtheorie praktizierte (vgl. 1981). Darüber hinaus hat Goffman mit seiner Rahmentheorie des Bildes gegenstandstheoretische Grundlagen einer soziologischen Bildanalyse geliefert (vgl. 1977; 1981).

3 Dazu gehört z. B. eine einfache, aber ergiebige Technik der ‚gedankenexperimentellen' Verfremdung. In seiner Analyse der werbefotografischen Geschlechterdarstellung empfiehlt Goffman zu dem Zweck, Stereotypen zu entdecken und Aussagen darüber zu kontrollieren, in Gedanken die dargestellten Geschlechter zu vertauschen und sich das Resultat bildlich vorzustellen. Wenn der Leser seines Buches immer wieder diese Vertauschung vornehme, könne er sich „seine eigenen Glossen zurechtlegen" (Goffman 1981, S. 111) und die des Autors besser beurteilen. Auch mit einer anderen Strategie folgen wir Goffman. Wie dieser praktizieren wir auf der Suche nach Ordnung im Gegenstandsbereich eine Art Klassifikationsverfahren, bei dem auf der Basis eines Arrangierens und Umarrangierens von Daten nach dem Prinzip ‚trial and error' Typen gebildet und als Grundlage weiterer Datensubsumtion verwendet werden. Wie Goffman stellen wir zu einem jeweils fokussierten ‚Thema' verschiedene Bilder mit verschiedenen Hintergrundkontexten quasi experimentell in ein und denselben Rahmen. Die Tiefe und Breite der Kontext-Unterschiede vermitteln „irgendwie den Eindruck einer Struktur (...) den Eindruck eines einzigen Organisationsprinzips, das den oberflächlichen Unterschieden zugrunde liegt" (Goffman 1981, S. 109).

Teil I: Die Geschlechter der Werbung

Die Geschlechter der Werbung: Einführung

Die folgende Untersuchung rekonstruiert zunächst schwerpunktmäßig, wie, in welchen Formen und mit welchen semantischen/kosmologischen/ideologischen Inhalten die Werbung im Rückgriff auf real existierende Geschlechterkultur ‚Bilder der Geschlechter' im wörtlichen und im übertragenen Sinn produziert und reproduziert.[4] Wir stellen hier also im Prinzip dieselbe Art von Fragen, die wir auch schon im ersten Band im Bezug auf Romane und Kinderfilme gestellt haben.

Und so wie wir diese Medienerzeugnisse als eigentümliche „kulturelle Foren" (Newcomb/Hirsch 1986) betrachtet haben, so betrachten wir auch im Folgenden die Werbung und weiterhin die Pornografie als kulturelle Foren. Auch diese Medienbereiche bzw. Mediengattungen sind zwar Bereiche, ‚Reiche' oder ‚Welten' eigener und besonderer Art, aber auch sie müssen ihnen zugrundeliegende (geschlechter-)kulturelle Tatsachen aufgreifen, verarbeiten und dramaturgisch entfalten. Auch und gerade die „Symbolverkäufer" (Sahlins 1976) der Werbung und der Pornografie müssen die Kultur ihres jeweiligen Publikums, insbesondere dessen Realitäts-, Moral- und Geschmacksvorstellungen, sensibel antizipieren und beobachten, um sie in erfolgversprechende Medienprodukte umzusetzen und umsetzen zu können. In diesen Produkten wird insofern von Spezialist/-innen ermittelte Kultur – Sinn – vermittelt und sozial wie soziologisch sichtbar.

Man kann also auch in diesen Fällen versuchen, die jeweiligen Medienkulturen (der Werbung und der Pornografie) als solche zu ‚lesen' und sie zugleich als eine Art Fenster zu anderen kulturellen Sphären und Schichten betrachten. Das heißt natürlich nicht, in ihnen Spiegel oder bloße Kopien gesellschafts- oder subkultureller Realität zu sehen. Eher handelt es sich um je besondere Systeme der selektiven Sinnvermittlung, Sinnformation und Sinntransformation, die jeweils so etwas wie soziale Weltbilder, inklusive Geschlechterbilder, hervorbringen. Diese ‚Bilder' sind also zwar Fiktionen, aber sie sind keine reinen Fiktionen, sondern sozusagen spezifisch realistische Fiktionen. Sie sind bei aller Fiktionalität auch stilisierte Versionen kultureller Tatsachen, ja ganzer kultureller

---

4 Diese Untersuchung der ‚Geschlechter der Werbung' (Teil I) beruht auf Auszügen aus dem thematisch sehr viel breiter angelegten Buch „Theatralität der Werbung" (Willems/Kautt 2003), die ich mit der Genehmigung des Verlages (De Gruyter) und meines damaligen Koautors (York Kautt) ausgewählt, gründlich überarbeitet und an zahlreichen Stellen erheblich ergänzt habe. Grundlagen waren folgende Passagen, die teilweise wörtlich übernommen oder nur leicht überarbeitet wurden: S. 138–148, 181–184, 251–258, 263–279, 305–422, 435–451, 481–488. Die Bildbelege des ursprünglichen Buchtextes sind hier aus rechtlichen und technischen Gründen nicht abgedruckt worden, können aber natürlich dem besagten Buch (den jeweiligen Kapitelanhängen) entnommen werden. In der vorliegenden Textfassung sind sie verzichtbar. Meine mehr oder weniger erheblichen Abweichungen von den ursprünglichen Textpassagen, seien es Auslassungen, Umarbeitungen oder Ergänzungen, habe ich aus Komplexitätsgründen nicht gesondert kenntlich gemacht. Mein besonderer Dank gilt Prof. Dr. York Kautt für die Genehmigung zum Wiederabdruck und zur Neufassung der ursprünglichen Texte.

https://doi.org/10.1515/9783111168906-004

Universen, die in den jeweiligen Formen ihrer Inszenierung und Performanz überhöht werden.[5]

Im Falle der Werbung geschieht dies offensichtlich durch Spezialist/-innen nach Maßgabe ihrer funktionalen und strategischen Handlungslogik. Werbung muss, um ihre Aufgaben zu erfüllen und ihre Ziele zu erreichen, generelles und spezielles Alltagswissen ihres Publikums berücksichtigen und in ihren Inszenierungen gezielt aufgreifen, das heißt in gewisser Weise verdoppeln (vgl. Schmidt/Spieß 1997, S. 44 f.; Bergler 1989, S. 30 ff.). Sie fungiert als ,kulturelles Forum‘[6], kulturell innovativ ist sie höchstens sekundär und immer bedingt durch das Bemühen um eine möglichst effektive Beeinflussung des Publikums, das für Innovationen, Überraschungen oder Abweichungen mindestens disponiert erscheinen muss. Im Normalfall entfernt sich die Werbung nicht im Geringsten von herrschenden Werten, Normen und Normalitäten. In den allermeisten Fällen ist sie vielmehr eine geradezu poetische Verdichtung und Zelebrierung alltagskultureller Sinntatsachen, die sie in einer eigenen Art von Dramatik und Hyper-Zeichenhaftigkeit aufhebt. Werbung verdoppelt und dramatisiert insbesondere kollektiv-habituelle Ideale, Normen und Werte. Typischerweise ist sie eine Performanz, „aus der alle Vorgänge und Bedeutungen, in denen das Ideal nicht präsent ist, fortgelassen – gewissermaßen aus dem Sichtbargemachten herausredigiert – wurden" (Goffman 1981, S. 327).[7] So haben die Frauen, die in der Reklame posieren, „ebenmäßigere Zähne und sind schlanker, jünger, größer und ,besser aussehend‘ als die Frauen, wie wir sie in den meisten Szenen, auch in den realen Szenen erleben, die sich an höchst stilisierten Schauplätzen abspielen mögen" (Goffman 1981, S. 87). Und selbst in den Ausnahmefällen, in denen die Werbung, insbesondere aus Aufmerksamkeitsgründen, ,Rahmen bricht‘ und Rollen (z. B. Geschlechtsrollen) umkehrt, gibt sie damit nur Ideale, Normen und Normalitäten zu erkennen.

Auf allen kulturellen Ebenen ist die Werbung weniger eine Scheinwelt als eine Hyperwelt, in der sich vielfältigste Wahrnehmungen des kulturellen Status quo der Gesellschaft manifestieren. Das schließt Referenzen auf Norm- und Wertwandlungen und Norm- und Wertgenesen mit ein. Schon lange aktuelle Beispiele dafür sind die Werte Umweltschutz, Multikulturalismus und Natur/Natürlichkeit (vgl. Sander 1993, S. 265).[8] Sie wurden im direkten Gefolge ihres Aufstiegs in den politisch-moralischen Diskursen zu Dauerthemen und argumentativen Basen der Werbung (für Automobile, Zigaretten,

---

5 Goffman (1981) spricht im Hinblick auf Interaktionsrituale von „Hyperritualisierung".

6 Vgl. dazu Willems/Kautt (2003, S. 71 ff.) und die im Anhang aufgeführten und erläuterten Begriffe kulturelles Forum und Hyperritualisierung.

7 Zurstiege spricht davon, dass Werbung einen „normativen Erwartungsstil" präferiert. Werbung interessiert sich demnach „nicht für die Dinge, wie sie sind, sondern dafür, wie sie sein sollen" (Zurstiege 1998, S. 104).

8 Interessant ist in diesem Zusammenhang auch die Werbungsreaktion auf die Durchsetzung der ,Political Correctness‘. Ihr hat sich die Werbung sehr zügig und sehr weitgehend gebeugt. Allzu manifester ,Sexismus‘ oder ,Rassismus‘ z. B. ist in heutiger Werbung kaum mehr zu finden.

Waschmittel usw.).[9] Auch Wandlungen der Geschlechterverhältnisse, Geschlechterkulturen und Geschlechterdiskurse hat die Werbung durchaus sensibel wahrgenommen und auf ihre Weisen sozusagen wahr gemacht, worauf im Folgenden einzugehen ist.

Insgesamt ist unübersehbar, dass die Werbung auf die verschiedensten kulturellen Tatsachen als Ressourcen ihrer Inszenierungen referiert und sie primär nach aktuellen und situationsspezifischen Brauchbarkeitsgesichtspunkten verarbeitet und repräsentiert (vgl. Zurstiege 1998, S. 108). Prinzipiell bewegt sie sich dabei im Rahmen der jeweils relevanten Publikumskultur(en), und das heißt mindestens auf der Ebene der gegebenen Gesellschaftskultur. Es geht auf dieser Ebene um ‚Jedermannswissen‘, das wegen seiner Allgemeinheit und habituellen Tiefe von besonderer werbestrategischer Bedeutung ist. Darüber hinaus sind – sozialen/kulturellen Differenzierungsprozessen entsprechend – zielgruppenspezifische Wissenstypen von strategischem Belang für die Werbung. In diesem Zusammenhang spielen heute mehr denn je differenzielle Lebensstile eine Schlüsselrolle als Bedingungen und Orientierungen der Werbungsdramaturgie (vgl. Hölscher 2002a), die diesbezüglich typischerweise bewusst, reflektiert und häufig wissenschaftsbasiert agiert.

Im Folgenden interessiert die Werbung bzw. die Werbungskultur zunächst gleichsam als Nachzeichnung und Überzeichnung gesellschaftlicher ‚Arrangements‘, Positionen, Rollen und Status der Geschlechter. Ausgangspunkt und immer wieder aufgegriffener Bezugspunkt ist die Interaktionsordnung (der Geschlechter), wie Goffman sie in seinen klassischen Studien entworfen und beschrieben hat (vgl. 1981; 1994a, b). Allerdings beschränken wir uns im Gegensatz zu Goffman nicht auf soziale Situationen bzw. die Geschlechter im ‚Format‘ unmittelbarer Interaktion bzw. interaktionsbezogener ‚Arrangements‘. Vielmehr gehen wir in verschiedenen Richtungen darüber hinaus.

Ein erstes schwerpunktmäßiges Erkenntnisinteresse gilt der Reklame-Version der ‚sozialen Differenzierung‘ der Geschlechter, ihrer Existenz in verschiedenen gesellschaftlichen Bereichen/Feldern: Beruf, Familie, Haushalt, Freizeit, Geselligkeit, Sport usw. Es geht hier um ‚Bilder der Geschlechter‘ und ihrer Differenz(ierung) in Bildern von Gesellschaft und gesellschaftlicher Differenzierung.

Weiterhin konzentrieren wir uns auf eine andere ‚Dimension‘ des sozialen Geschlechts, nämlich seinen Prozesscharakter als Lebenslauf bzw. ‚Zyklus des Lebens‘, der sich in verschiedenen Etappen, Altersklassen und Altersklassifikationen abspielt – vom Neugeborenen bis zum ‚Hochbetagten‘. Auch diese Logik (über-)zeichnet die Werbung nach – nicht zuletzt in Bildern bzw. Körper-Bildern, die Unterschiede und Unterscheidungen der Geschlechter machen und den (Meta-)Unterschied der Geschlechter immer

---

9 Mit dem sogenannten Öko-Sponsoring hat die Werbung eine eigene strategische Variante entwickelt, die den Wert Umweltschutz dramaturgisch in Dienst nimmt und ihm zugleich eine Bühne verschafft. In ähnlicher Weise und mit ähnlichen Effekten referiert die Werbung auch in vielen anderen Punkten auf den jeweils aktuellen ‚Wertehimmel‘ und Wertewandel. Gesundheit, Selbstverwirklichung, Elternschaft, Bildung (vgl. Sander 1993, S. 265), Individualismus, Erlebnis und andere Werte mehr besitzen in der neueren Werbung einen großen Stellenwert (vgl. Spitzer 1996, S. 44 f.). Zu den Referenzen und Reaktionen der Fernsehwerbung auf den Wertewandel vgl. Schmidt/Spieß (1997).

mitmachen. Die Rekonstruktion der Materialien führt zu unterschiedlichen Bildern der Lebensspanne und Lebensphasen, der ‚Reifung‘, des Alters und Alterns der Geschlechter.

Gegenstand ausführlicher Untersuchung der Werbung ist schließlich die in puncto Geschlecht und Geschlechterdifferenz(ierung) eigentümliche Sphäre der Erotik. Auch in diesem Fall spielen reale Bilder – vor allem als Körperbilder (Korporalität) – eine zentrale Rolle als Bedeutungsträger und Medium symbolischer Versionen (Images) der Geschlechter. Dementsprechend bedarf es auch und gerade in diesem Zusammenhang nicht nur (oder weniger) einer ‚textuellen Soziologie‘, sondern auch einer ‚visuellen Soziologie‘ (vgl. Goffman 1981; 1994b; Kautt 2008; 2019). Hier und weiterhin zeigt sich auch die Nützlichkeit oder Notwendigkeit einer gesellschafts- und zivilisationstheoretischen ‚Rahmung‘ und Interpretation – gerade auch im Hinblick auf die historische Realität der Geschlechter.

Deren Untersuchung endet hier also nicht auf der Ebene der in der Werbung performierten Interaktionsordnung, sondern beginnt auf dieser Ebene. Dabei geht es immer auch – und auch dies ist ein Unterschied zu Autoren wie Goffman – um (historische) Entwicklungen und Wandlungen der medialen Geschlechterkultur und ihrer gesellschaftlichen und kulturellen Voraussetzungen.

Die zentralen Datentypen dieser Untersuchung der Werbung sind Werbeanzeigen und Fernseh-Werbespots. Die Auswahl der entsprechenden Zeitschriften und TV-Sender sowie der Sendezeit, nämlich der ‚Prime Time‘, wurde von der Vorstellung geleitet, dass die jeweiligen (‚Mainstream-‘)Formate als Foren einer kulturellen Normalität oder ‚Allerweltskultur‘ fungieren.[10] Den folgenden Interpretationen einzelner Werbungen

---

10 Im Print-Bereich wurden zum einen die mindestens halbseitigen Anzeigen jeweils eines Heftes eines Jahres der Zeitschriften „Stern", „Brigitte" und „Playboy" von 1970 bis 1995 archiviert (insgesamt 2669 Anzeigen). Um aktuelle Entwicklungen verfolgen zu können, haben wir zudem jeweils 6 Ausgaben pro Jahr der Zeitschriften „Stern", „Brigitte" und „Max" aus dem Zeitraum von 1996 bis 2001 sowie – zu einer abschließenden Überprüfung der Ergebnisse und einer endgültigen Bildauswahl – den gesamten Jahrgang 2002 dieser Zeitschriften herangezogen (zusammen 12.723 Anzeigen). An Spots hatten wir dank der Unterstützung des Siegener DFG-Forschungsbereichs 240 „Ästhetik – Pragmatik – Geschichte der Bildschirmmedien" zum einen ein Videoband mit etwa 100 Spots der Jahre 1985 – 1995 zur Verfügung. Zum anderen archivierten wir auf der ‚Querschnittebene‘ die Werbungen der Sender ARD und ZDF (jeweils 17:00 – 20:00 Uhr) sowie SAT 1, RTL und PRO 7 (jeweils 19:00 – 23:00 Uhr) in der Zeit vom 09. bis 16.11. 1996 (insgesamt 1466 Spots). Das an der Universität Kassel von Prof. Ben Bachmair in Zusammenarbeit mit dem Internationalen Zentralinstitut für das Jugend- und Bildungsfernsehen des Bayerischen Rundfunks (IZI) und der Freiwilligen Selbstkontrolle Fernsehen e.V. (FSF) durchgeführte Projekt „Bestandsaufnahme zum Kinderfernsehen 1998" stellte uns sämtliche Spots mit Kindern und Jugendlichen zusammen, die im Rahmen einer ‚Querschnittanalyse‘ dokumentiert worden waren. Gegenstand der Aufzeichnung war das Programm der Sender ARD, ZDF, RTL, Sat 1, Pro 7, RTL2 und Super RTL (06:00 – 23:00 Uhr) sowie von Nickelodeon (06:00 – 20:00 Uhr) und vom Kinderkanal (06:00 – 19:00 Uhr). Des Weiteren haben wir eine Sammlung von Anzeigen aus Jugendzeitschriften angelegt: Erfasst wurden die Magazine „Bravo", „Bravo Girl", „Bravo Sport", „Mädchen", „Sugar", „Style" „Young Miss" und „Musikexpress" mit je zwei Ausgaben des Jahres 1999 (insgesamt 318 Anzeigen).

sind nach Möglichkeit die entsprechenden Hersteller- bzw. Produktnamen sowie die jeweilige Jahreszahl zugeordnet, zum Beispiel „*BMW* 1995".[11]

---

[11] Da einzelne Werbungen auch häufig unverändert über mehrere Jahre geschaltet werden, geben die Jahreszahlen allerdings nicht das erste oder letzte Erscheinen einer Werbung an, sondern bedeuten lediglich, dass die jeweilige Werbung in dem genannten Jahr erschienen ist.

1 Symbolische Interaktionsordnung der Geschlechter

Im ersten Schritt unserer Untersuchung folgen wir – auch mit Blick auf unsere eigenen Daten und vorliegende Studien – Goffmans ‚Gender-Modell', das vor allem im Bezug auf die Kultur seiner Gesellschaft ein mannigfaltig asymmetrisches Verhältnis zwischen den „Geschlechtsklassen" annimmt und aufzeigt. Das soziale Geschlecht bzw. das soziale Geschlechterverhältnis verweist für Goffman auf eine symbolische und kosmologische Konstruktion mit einer zentralen Sinnfigur, die er den „Eltern-Kind-Komplex" (1981, S. 20) nennt.

Zu dieser Sinnfigur gehört zum Beispiel (und nicht zuletzt) die Vorstellung einer Ungleichheit der ‚wesentlichen' Kompetenzen der Geschlechter. Das weibliche Geschlecht erscheint als das in verschiedenen Hinsichten ‚schwache Geschlecht' bzw. als das – verglichen mit dem männlichen – schwächere Geschlecht; es wird auch und vor allem (aber nicht nur) für *körperlich* schwach und unterlegen gehalten – mit Implikationen für die Art seiner Behandlung durch das ‚andere Geschlecht' und für die Beziehung und die Interaktion der Geschlechter überhaupt. Goffman bemerkt dazu und zu dem entsprechenden „Glauben":

> Männer behandeln oft Frauen als defiziente Handelnde bezüglich der „normalen" Fähigkeit zu verschiedenen Formen körperlicher Äußerung. Darauf reagieren die Frauen oft so, dass sie dieses Urteil bestätigen. Auf beiden Seiten steht vielleicht ein nicht in Frage gestellter Glaube und eine altgewohnte Fähigkeit, ihm gemäß ohne böse Absicht oder Mangel an Spontaneität zu handeln. Und doch, kann man nicht fragen, ob es sich um „wirkliche" Unfähigkeit handelt oder nur um einen institutionell gestützten Glauben? (Goffman 1977, S. 219).

In verschiedenen Analysen widmet sich Goffman dieser Frage und kommt zu einem eindeutigen und gewissermaßen radikalen Ergebnis: Es gibt demnach nur einen „Plan für das Porträtieren der Geschlechtszugehörigkeit" (1981, S. 37). Dieser ‚Plan' besteht im Wesentlichen in medial kopierbaren und kopierten Ritualen bzw. Interaktionsritualen, die die Geschlechter und ihre Verhältnisse unterschiedlich und als unterschiedlich qualifizieren. In „Arrangement der Geschlechter" (1994b) und in „Geschlecht und Werbung" (1981) beschreibt Goffman interaktionsrituelle Formen, die der „Geschlechtsrahmen" (Hettlage 1991, S. 134) der Werbung selektiv aufgreift und in stilisierten Formen wiederholt.

An Goffmans Arbeiten anschließende (Jahrzehnte spätere) Untersuchungen – auch unsere eigene – bestätigen Goffmans Analysen und ‚Diagnosen' und stimmen diesbezüglich auch in der Feststellung einer weitgehenden – und in Anbetracht sonstiger Wandlungsrapidität erstaunlichen – Stabilität und Kontinuität der von Goffman beschriebenen symbolischen/rituellen (Geschlechter-)Ordnung überein. Ruth Ayaß kommt zusammenfassend zu dem Schluss: „Das Erstaunliche ist: Obwohl Werbung die vielleicht sich am schnellsten verändernde mediale Gattung überhaupt ist, haben sich die Darstellungen der Geschlechts-Ritualisierungen nur wenig geändert. [...] Insofern scheint

https://doi.org/10.1515/9783111168906-005

die Aktualität und Gültigkeit von Goffmans Analysen für Printwerbung bestätigt" (2008, S. 130 f.). Einige dieser Darstellungen („Hyperritualisierungen"), die auch für weitere Überlegungen dieser Untersuchung eine Rolle spielen, seien im Folgenden genannt und mit gelegentlichen Bezügen auf neuere Daten und Studien ausführlicher betrachtet.

1.1 Relative Größe

Goffman sieht in der „relativen Größe" von situativ positionierten und angeordneten menschlichen Körpern bzw. im „erhöhten Standort der zentralen Figur" ein traditionelles und in verschiedenen Varianten „geeignetes Mittel, um gesellschaftliches Gewicht – Macht, Autorität, Rang, Amt oder Ruhm – in sozialen Situationen überzeugend auszudrücken" (1981, S. 120). In diesem Zusammenhang geht er zwar von einer *biologischen* Geschlechterdifferenz der *durchschnittlichen* Körpergröße (und auch des durchschnittlichen Körperumfangs) aus,[12] konstatiert aber auch signifikante Spielräume, die es jenseits der ‚Biologie', aber mit ihrer Hilfe, gestatten, sozialen Verhältnissen und kulturellen Definitionen von Identitäten und Rollen Ausdruck zu verleihen.

> Bei der sozialen Interaktion zwischen den Geschlechtern macht der biologische Dimorphismus es wahrscheinlich, dass die übliche Status-Überlegenheit des Mannes vor der Frau durch seinen Körperumfang und seine Größe Ausdruck findet. Hier wirkt noch eine selektive Partnerwahl mit, die dafür sorgt, dass nahezu jedes Paar diesen erwarteten Größenunterschied aufweist – wodurch etwas, das sonst nur eine statistische Tendenz wäre, beinahe zur Gewißheit wird (Goffman 1981, S. 120).

Bedingt auch durch die „verschiedenen Arten der beruflichen, gesellschaftlichen und situationsbedingten Selektion" fungiert die relative Größe Goffman (1981, S. 120) zufolge als ein rituelles Ausdrucksmittel männlicher Überlegenheit (und weiblicher Unterlegenheit). Wie anderen rituellen Formen attestiert Goffman auch dieser einen habituellen (Gewohnheits-)Charakter und die Qualität und Funktion eines Zeichens, das sowohl auf einen gleichsam theoretischen (kosmologischen) Sinn verweist als auch zur Regulation lebenspraktischer Kognitionen und damit sozialer Zu- und Einordnungen beiträgt. Nicht zuletzt erscheint dieses Ausdrucksmittel (mitsamt seinen kosmologischen Sinngehalten) als eine Grundlage von Medieninszenierungen, die (wie die Werbung) auf ein (Publikums-)Verstehen ‚auf den ersten Blick' angewiesen sind: „Tatsächlich ist die Überzeugung, daß Größenunterschiede mit Unterschieden des gesellschaftlichen Gewichts korrelieren, so fest verwurzelt, daß die relative Größe der

---

12 Überlegene Körpergröße und auch Körperkraft (Muskeln) von Männern hält Goffman für durchschnittliche „körperliche Gegebenheiten" (1994b, S. 106). Daneben sieht er (und davon zu unterscheiden sind) diejenigen Körperaspekte, die Männer und Frauen sozusagen wesentlich unterscheiden: „Aufgrund ihrer biologischen Gestalt können Frauen Kinder gebären, Kinder stillen und menstruieren, Männer jedoch nicht" (Goffman 1994b, S. 106).

Personen wie selbstverständlich als Mittel eingesetzt wird, um zu gewährleisten, daß die Aussage eines Bildes auf den ersten Blick verstanden wird" (Goffman 1981, S. 121).

In der Tat bedient sich die Werbung dieses Ausdrucksmittels bis in die jüngere Vergangenheit als ‚Normalform'.[13] Ausnahmen und scheinbare Ausnahmen bestätigen dabei schon zu Goffmans Zeiten die Regel. In „den wenigen Fällen, wo Frauen größer als Männer abgebildet werden, bekleiden die Männer offenbar nicht nur einen niedrigeren sozialen Rang, sondern sie sind durchweg als Angehörige dienender Berufe kostümiert, die anscheinend gefahrlos nach den festen Regeln ihres bescheidenen Berufs behandelt werden können" (Goffman 1981, S. 122).[14] In diesem Fall entspricht die relative körperliche Kleinheit (oder Niedrigkeit) des Mannes also seiner sozialen Kleinheit bzw. diese Kleinheit wird durch jene zum Ausdruck gebracht oder unterstrichen.

Die (‚Kosmo-')Logik des rituellen Schemas der relativen Größe bleibt auch dann bestehen (und wird als selbstverständlich vorausgesetzt), wenn die Werbung durch (Gewohnheits-)Irritation Komik- und/oder Aufmerksamkeitseffekte erzielen will. Ein in unseren Materialien gefundenes Beispiel dafür ist die humoristische Inszenierung einer Anzeige, in der ein kleiner Mann seine geringe Körpergröße mit Hilfe einer Bierkiste ausgleicht, um die ‚natürliche Ordnung' (der Geschlechter) wiederherzustellen (*Karlsberg* 1998).

Erst in letzter Zeit scheint das Schema (und Thema) der relativen Größe im Geschlechterverhältnis uneindeutiger zu werden. Und in manchen Bereichen zeichnet sich sogar eine tendenzielle Nivellierung ab. Vor allem in Werbungen, die Jugendliche oder junge Erwachsene verschiedenen Geschlechts abbilden, stößt man immer häufiger auf Fälle nicht oder kaum mehr wahrnehmbarer Größendifferenz. Allerdings sucht man im hiesigen Kulturraum nach wie vor vergeblich nach ‚ernsthaften' Liebespaaren, bei denen *sie* deutlich größer ist als *er*. Gleichwohl mag die historische Symmetrisierungstendenz im (Macht- und Status-)Verhältnis der Geschlechter auch von rituellen Symmetrisierungen wie der relativen Größe begleitet werden. Eine solche Korrespondenz würde der Goffmanschen Theorie jedenfalls nicht widersprechen, sondern durchaus entsprechen.

1.2 Rangordnung nach Funktion und Kompetenz

An der rituellen Geschlechterinszenierung der Werbung ist auch und immer noch, wenngleich offenbar mit bereichsspezifisch abnehmender Tendenz, ein Prinzip beteiligt, das Goffman (1981) „Rangordnung nach Funktion" nennt. Das heißt vor allem: „Wenn in unserer Gesellschaft ein Mann und eine Frau bei einem Vorhaben direkt zusammenarbeiten, dann übernimmt der Mann offenbar stets die ausführende Rolle,

---

13 Vgl. für die USA Belknap/Wilbert 1991, S. 115; Kang 1997; für Deutschland Borstnar 2002a; b.
14 In dieser Rolle ist *er* also in der Regel nicht der ‚Mann der Frau', sondern einer, der ihr berufsbedingt ‚untersteht' bzw. dient.

vorausgesetzt, dass eine solche sich herausbilden kann. Dieses Arrangement ist in der Reklame sehr beliebt; zum Teil wohl deshalb, weil dadurch eine Deutung der Bilder auf den ersten Blick möglich wird" (Goffman 1981, S. 134).

Belknap und Wilbert (1991, S. 114) zeigen in Bezug auf die US-amerikanische Werbung, dass diese Rollenverteilung, die asymmetrische/komplementäre (Kompetenz-) ‚Wesensmerkmale' der Geschlechter symbolisiert, auch noch für die 1980er Jahre charakteristisch ist. Entsprechendes konstatieren Untersuchungen der deutschen Werbung – einschließlich unserer eigenen (vgl. auch Cölfen 2002; Borstnar 2002a). Für die 1990er Jahre kann zwar (auch) in diesem Punkt schon ein gewisser Wandel im Sinne einer Symmetrisierungstendenz festgestellt werden. Gleichwohl herrscht das traditionelle Schema immer noch vor.[15] Typisch sind nach wie vor altbekannte Bilder wie das des klinisch tätigen (funktional dominanten) Arztes in Begleitung (s)einer Krankenschwester, die räumlich und symbolisch zurücksteht.

Werbemänner dominieren – in situativer An- und Abwesenheit von Frauen – speziell als Subjekte des Wissens, Informierens, (Be-)Lehrens und Könnens.[16] Als besonderes Indiz für den überlegenen Kenntnisreichtum und Scharfsinn des Mannes liefert die Werbung seit jeher en masse die Typen des Lesers[17] und des Denkers. Verkörpert wird das männliche Wissen und Besserwissen auch durch ein signifikantes (Finger-)Zeigeverhalten, das impliziert, dass man(n) über etwas informiert ist, über das frau erst noch informiert werden muss (vgl. Goffman 1981, S. 143). Dem visuell erkennbaren Typ des Hinweisenden oder Zeigenden entspricht auf der sprachlichen Ebene ein typisches Frage- und Antwortschema: *Sie* fragt, *er* antwortet (vgl. Kotthoff 1994, S. 185).

Kontinuierlich verbreitet sind auch Belehrungssituationen, insbesondere im Rahmen eines engen physischen Kontakts zwischen dem Belehrenden und der Belehrten (vgl. Goffman 1981, S. 144). Vermutlich gilt auch für die jüngere Vergangenheit der Werbung noch, was Goffman vor etwa einem halben Jahrhundert festgestellt hat: „Männer, die Frauen belehren, werden öfter abgebildet als das Gegenteil" (1981, S. 144).

Andererseits zeigt die neuere Werbung unübersehbar vermehrt Frauen in relativ ‚anspruchsvollen' und statushohen Berufen oder gar in ‚Führungspositionen', jedoch immer noch selten in Anwesenheit von Männern. Ärztinnen (und nicht nur Krankenschwestern), Apothekerinnen, Wissenschaftlerinnen, Dozentinnen, Managerinnen, Unternehmerinnen, IT-Spezialistinnen kommen vor, jedoch stehen sie im Werbungsrahmen meist allein oder jedenfalls nicht in Verbindung mit erkennbar untergeordneten Männern. Zudem treten die funktional kompetenten Frauen oft in ‚typisch weiblichen' Berufen bzw. Berufen mit ‚typisch weiblichen' Attributen auf (als Ärztinnen, Pharma-

---

15 Vgl. für die USA: Kang 1997; für Deutschland: Cölfen 2002; Borstnar 2002a.
16 Die Konstruktion einer wissensbasierten Kompetenzhierarchie der Geschlechter tritt in der Inszenierung älterer Menschen am deutlichsten hervor.
17 Auffällig ist in diesem Zusammenhang nicht nur die Häufigkeit lesender Männer, sondern auch die typische Art, wie der Leser mit anwesenden Frauen in Verbindung gebracht wird. *Er* liest, und *sie* sieht ihm zu oder ist anderweitig beschäftigt.

zeutinnen, Pädagoginnen usw.). Sie werden auch bei scheinbar ausgewiesener Kompetenz gern zugleich im Sinne des traditionellen Schemas als (erotisch) attraktiv präsentiert.

1.3 Rituale der Unterordnung

Als eine eigene, komplexe und zentrale Klasse von sozialen Geschlechts-Ritualen betrachtet und präsentiert Goffman „Rituale der Unterordnung" (1981, S. 165 ff.). Sie bilden so etwas wie das Herzstück des rituellen „Idioms", das er in seiner Untersuchung im Auge hat.

1.3.1 Körperhaltungen

Goffman (1981, S. 165) sieht in bestimmten Formen der menschlichen Körperhaltung ein „klassisches Stereotyp" und „stereotypes Zeichen" von Unterordnung (und Überordnung). Eine Variante sind Schräghaltungen des Körpers und/oder des Kopfes, die in der Werbung bis heute beliebt sind. Sie werden in verschiedenen Kontexten (auch z.B. erotischen, s.u.) typischerweise von Frauen im Verhältnis zu bildlich anwesenden Männern oder dem Bildbetrachter realisiert.

Auch materiell-räumliche Settings, Arrangements und Ausstattungen wie Sofas, Betten, Sitzgelegenheiten oder Fußböden können in Verbindung mit anwesenden (Geschlechts-)Körpern symbolische/rituelle Bedeutungen annehmen. Goffman zufolge macht sich die Werbung Betten und ähnliche Unterlagen als Basis eines „Rituals der Unterordnung" zunutze, das wiederum vorzugsweise Frauen (gegenüber Männern) in die untergeordnete Position bringt:

> Bett und Fußboden stellen in sozialen Situationen Orte dar, wo die dort liegenden Personen niedriger erscheinen als jemand, der auf einem Stuhl sitzt oder aufrecht steht. Der Fußboden wird auch mit den weniger sauberen, weniger reinlichen, weniger erhabenen Teilen eines Zimmers assoziiert, zum Beispiel dem Plätzchen des Hundes, der Abstellecke für Körbe oder für schmutzige Wäsche, Schuhe und dergleichen. Außerdem ist die liegende Stellung am wenigsten geeignet, um aus ihr zur physischen Selbstverteidigung überzugehen, und daher macht sie einen vom Wohlwollen der Umgebung abhängig. (Natürlich ist das Liegen am Fußboden oder auf einem Sofa oder Bett auch ein konventioneller Ausdruck sexueller Verfügbarkeit.) Hier kommt es uns darauf an, daß Kinder und Frauen öfter als Männer am Boden oder auf dem Bett liegend abgebildet werden (Goffman 1981, S. 169).

1.3.2 Kleidung und andere korporale Ausdrucksmittel

Kleidung (Mode), Frisur, Schminke, Tätowierung und Schmuck sind Möglichkeiten der ästhetischen ‚Kultivierung' des Körperausdrucks und symbolische Repertoires und Ressourcen. Vor allem die Kleidung ist als zentraler Teil der „persönlichen Fassade" und

als „Ausdruck, den man selber ausstrahlt" (Goffman 1969, S. 25), mehr als nur ein un-
terstützendes Medium der ‚Selbstdarstellung'. Sie ist eine symbolische bzw. rituelle
Ausdrucksform. Von lebensweltlicher wie medienkultureller Bedeutung sind in diesem
Zusammenhang geschlechtsspezifische Symbolisierungen und Ritualisierungen.

Die in der Werbung präsentierten Kleidungsstile steigern und verdichten in der
Logik der Hyperritualisierung so etwas wie eine geschlechtsspezifische Kleiderordnung.
Goffman sieht in ihr eine fundamentale Stil-Differenz, die eine differenzielle kosmologische Fassung der Geschlechtsidentitäten und Geschlechtsrollen zum Ausdruck
bringt:

> In der Reklame [...] zeigt sich ein überraschender Unterschied zwischen Männern und Frauen. Die
> Männer werden im Gesellschafts- oder Büroanzug und in Freizeitkleidung abgebildet, und obwohl
> jedes Individuum selbstverständlich zu verschiedenen Zeiten in all diesen Gewandungen auftreten
> kann, scheint doch jedes Gewand ihm ein Aussehen zu verleihen, mit dem es sich ganz ernsthaft
> identifiziert, so als trüge es kein Kostüm, sondern eine zweite Haut. Selbst im Fall der Cowboy-
> Tracht, die männliche Stadtbewohner in der Freizeit gerne tragen, haben wir kaum das Gefühl, daß
> die ganze Erscheinung ein Jux ist. Die in der Reklame abgebildeten Frauen haben dagegen ein
> anderes Verhältnis zu ihrer Kleidung und zu den Gebärden, die sie darin ausführen. Innerhalb jeder
> der großen Kategorien (Gesellschafts- und Bürokleidung, Freizeitkleidung) gibt es Alternativen, die
> sich beträchtlich voneinander unterscheiden, und wir haben das Gefühl, wir könnten ebenso die
> verschiedenen Möglichkeiten ausprobieren, um zu sehen, was dabei herauskommt – so als ob das
> Leben eine Folge von Kostümbällen wäre. [...] Wir können also sagen, daß der kostümartige Cha-
> rakter der Damenbekleidung in der Reklame die Frauen als weniger ernsthaft in sozialen Situa-
> tionen anwesend erscheinen läßt als die Männer, wobei ihr Selbst durch eine Ausstaffierung dar-
> gestellt wird, die selbst irgendwie etwas Unernstes ist (Goffman 1981, S. 200).

Seit Goffmans Zeiten scheint sich an dieser Logik im Grunde wenig geändert zu haben.
Auch heute noch gilt: Die männliche Kleidung ist – im Leben wie in der Werbung –
tendenziell unauffällig, einfältig und zweckmäßig. Besonders in den von Goffman erwähnten Inszenierungen beruflicher Kontexte manifestiert sich nach wie vor ein
männlicher Kleidungsstil, der in der Reduktion auf das Wesentliche die Images der
Seriosität unterstreicht. Auch wenn ein verstärkter Einzug der Prinzipien des modischen Chics in die männliche Kleiderwelt festzustellen ist, ändert dies nichts Wesentliches an der traditionellen ‚Kleidungs-Grammatik' der Geschlechter, die auch in Frei-
zeitkontexten fortbesteht. Dementsprechend sind die Kleidungen der Frauen in der
Werbung regelmäßig *noch* auffälliger, verspielter und bunter als typischerweise schon
im Alltagsleben, und verglichen mit dem männlichen ‚Outfit' sind sie stärker modischen
Zyklen unterworfen. Neben bestimmten Gruppen von Jugendlichen (s. u.) sind es ausschließlich Frauen, die modische Stile verkörpern, deren Extravaganz die Funktionalität
der Kleidung fast völlig vergessen lässt. Hier hat man es also mit jenem Unernst, jener
Verspieltheit zu tun, die Goffman unter den Titel des „Eltern-Kind-Komplexes" gestellt
hat.

Kleidung (Mode) und die anderen Aspekte von Korporalität (Frisur, Schminken,
Tätowierung, Schmuck) sind zugleich Ressource und Ausdruck einer anderen symbolischen bzw. rituellen Logik, die Goffman gleichfalls im Auge hat: die Logik der physi-

schen bzw. erotischen Attraktivität, die an die Frauen traditionell höhere Anforderungen stellt als an die Männer. Wie der weibliche Körper selbst ist auch seine ‚Herrichtung' und ‚Verpackung' in der Werbung vor allem als ästhetisches Zeichenensemble und Performanzinstrument kenntlich gemacht. Körperbemalungen wie das Schminken der Lippen oder das Lackieren der Fingernägel sind dabei eingeschlossen, und sie sind *ausschließlich* weibliche Optionen, den Körper zu einem schönen und reizenden Kunstwerk zu machen – ein Unternehmen, das auch dann noch betrieben und bedient wird, wenn die Frauen aus dem rituellen Spiel der Erotik bzw. des ‚Hofierens' längst ausgeschieden sind.

Die Frauen stehen also im Leben wie in der Werbung unter einem besonderen korporalen Darstellungs- und Attraktivitätspostulat, das sie auch heute noch mehr als die Männer motiviert, veranlasst oder nötigt, zu Subjekten korporaler (Selbst-)Ästhetisierung zu werden. Sie sollen, wollen und müssen sich ‚schön machen', und sie werden nicht zuletzt durch die Werbung typischerweise zu Meisterinnen in dieser (Handlungs-)Kunst. Dies gilt auch oder gerade dann, wenn die weibliche Korporalität bzw. Kostümierung in Inszenierungen ‚feiner Milieus' sozusagen in die Gegenrichtung von Exzentrik auf eine Zeichenebene feiner Unterschiede, das heißt in die Richtung des Stils ‚schlichter Eleganz', gebracht wird.

1.4 Binnenzustände

Nicht nur die korporalen ‚Oberflächen' und Aktivitäten, sondern auch die inneren Engagements, Gefühle und Gedanken, die die Werbeakteur/-innen zum Ausdruck bringen, differieren als *Stile* geschlechtsspezifisch. Insbesondere das Gesicht als die wichtigste menschliche „Ausdrucksmaschine" (Goffman) wird in der Werbung auf eine die Geschlechter unterscheidende Weise zitiert, die auf systematisch unterschiedliche Binnenzustände und Wesenseigenschaften der Geschlechter schließen lässt.

1.4.1 Frauen

In der werblichen *Frauendarstellung* dominieren die symbolisch bedeutsamen Impressionen der Emotionalität/Affektivität. Man sieht neben gut gelaunten, fröhlichen und euphorischen Frauen schüchterne, verlegene, schmollende usw. en masse. Ähnlich wie die Kinder erscheinen die Frauen immer wieder als Gefühlswesen, die nicht nur besonders viele und besonders starke Gefühle *haben*, sondern sie auch ganz unverhüllt *zeigen*, seien sie positiver oder negativer Art. Werbefrauen scheuen sich zum Beispiel nicht, offen zu weinen oder auch zu kreischen. Vorherrschend sind allerdings Ausdrücke ‚guter Gefühle', die auf ein schönes Leben oder eine leichte Lebensauffassung hindeuten. Übermütiges Springen oder Herumtollen z. B. verkörpert die ‚frauenanthropologische' Botschaft: „Das Leben ist ein Tanz" (*Natreen* 1997).

Generell zeigt sich in der Mimik/Gestik der Frauen (wie in der der Kinder) die Tendenz, Gefühle und Bedürfnisse spontan auszuagieren und überhaupt im Hier und Jetzt zu (er-)leben. Besonders bedeutsam sind dabei „Reaktionen wie Vergnügen, Entzücken, Gelächter und Fröhlichkeit […]. Vielleicht wird dabei unterstellt, dass eine Frau – wie das Kind mit einer Tüte Eis – durch Ziele, die sich in der Gegenwart realisieren lassen, so etwas wie letzte Befriedigung finden kann" (Goffman 1981, S. 269).

Die tendenzielle emotionale Infantilität/Infantilisierung der Werbefrauen geht mit ähnlichen Zugeständnissen an Schonung und Freiheit einher, wie sie reale Erwachsene dem Kind machen (sollen). Goffman bemerkt hierzu: „Anscheinend herrscht allgemein die Auffassung, daß das Kind mit all seinen ‚elementaren‘ Bedürfnissen in die soziale Situation eintritt und daß diese jedenfalls befriedigt und/oder versorgt werden, so daß es keinen Grund hat, vorauszuplanen und weit in die Zukunft zu denken" (Goffman 1981, S. 22). Dem Kind werden also die zivilisatorischen ‚Zentraltugenden‘ der Selbstbeherrschung, des Befriedigungsaufschubs und der „Langsicht" (Elias) noch nicht oder viel weniger als Erwachsenen abverlangt. Und insofern kann das Kind wiederum als eine Art primärer Rahmen verstanden werden, von dem Aspekte des (werbe-)weiblichen Identitätsmodells abgeleitet sind.

Zu diesem ‚Komplex‘ gehört auch die traditionelle (Klischee-)Vorstellung einer konstitutionellen emotionalen Instabilität, Launenhaftigkeit und Beeinflussbarkeit der Frauen, deren Gefühle (ähnlich wie die der Kinder) als unstet, wechselhaft und leicht manipulierbar gelten. Ein diesbezügliches Werbe-Skript besteht darin, Frauen zu Beginn eines Spots als traurig und unzufrieden darzustellen und dann im weiteren Verlauf zu zeigen, wie sich ihre negative Stimmung oder Gefühlsregung durch das beworbene Produkt mehr oder weniger schlagartig in Freude, gute Laune oder Enthusiasmus verwandelt.

Auch die sachlichen Kontexte, die in den Werbe-Inszenierungen als Gründe für die jeweilige Emotionalität angegeben werden, sprechen eine deutliche (geschlechter-)kosmologische Sprache. Während *er* sich zum Beispiel vorzugsweise über sozial signifikante Erfolge freut und in Sachen Beruf, Finanzen, Geschäfte oder Sport in Jubel ausbricht und zu ausladenden Gesten greift, scheint *sie*, erkennbar unter anderem an der Häufigkeit ihres Lächelns (vgl. Brosius/Staab 1991, S. 297), eher diffus vergnügt und geneigt, über Ereignisse, die ihn kalt lassen, in freudige Erregung oder Euphorie zu geraten. So sieht man Frauen, die sich kindlich lächelnd an einer Blume erfreuen, die der Geschmack einer Gurke oder der Glanz eines polierten Möbelstücks verzückt oder die beim Anblick einer neuen Waschmaschine vor Begeisterung in die Luft springen. Darstellungen dieser Art veranschaulichen auch angeblich geschlechtstypische Relevanzstrukturen. Sie machen deutlich, dass frau nicht gerade oder nur sachlich eingeschränkt zu ‚instrumenteller Vernunft‘, zu ökonomischer Rationalität und zum nutzenmaximierenden Handeln fähig ist oder neigt.

Frauen werden in der Logik solcher ‚Botschaften‘ auch häufig mit Ausdrucksweisen abgebildet, „die sie psychisch aus der vorliegenden sozialen Situation entrücken und sie in dieser orientierungslos und daher wahrscheinlich auf den Schutz und das Wohlwollen der anderen angewiesen erscheinen lassen" (Goffman 1981, S. 224). In Relation zu anwesenden Männern, aber auch unabhängig von diesen, erscheinen Frauen immer wieder als verträumt oder als regelrechte Träumerinnen. Sie erspüren zum Beispiel, ganz in sich gekehrt, ihren zarten Körper, blicken – auch auf öffentlichen Plätzen – versonnen in die Ferne oder machen den Eindruck spiritueller Wesen, die an ein Sujet der Kunstgeschichte erinnern.

In Werbe-Inszenierungen verbreitet sind auch Frauen, die – im Unterschied zu Männern – ihre Emotionalität in enger physischer Beziehung zu ihren Geschlechtsgenossinnen pflegen. So sieht man häufig (vor allem jugendliche) ‚Freundinnen‘, die ihre freundschaftlichen oder romantischen Stimmungen in einer unter Werbemännern ausgeschlossenen Weise miteinander ausleben, wobei die soziale und psychische/emotionale Beziehungsnähe in Formen intimer Berührung zum Ausdruck kommt.

1.4.2 Männer

Das werbliche Mannmodell zeichnet sich, verglichen mit den Werbe-Darstellungen des ‚anderen Geschlechts‘, tendenziell durch emotionale Reduziertheit, Gedämpftheit, Zurückhaltung, Ausgeglichenheit und Selbstkontrolle aus. Ebenso wie die oben angesprochenen positiven Gefühle sind auch die wenigen negativen Gefühle der Werbemänner in der Regel auf bestimmte soziale ‚Ernstkontexte‘ bezogen. Aggression, Wut oder schlechte Laune beziehen sich als legitime Emotionen des Mannes auf sportliche Niederlagen, Konflikte, Unfälle, beruflichen Stress usw. Traurige Männer stellen dagegen auch im Umfeld einer zunehmend emotionalisierten Werbung nach wie vor eine extreme Seltenheit dar.[18] Affektuelle Ausdrucksweisen wie das Weinen, dem sich Werbefrauen ohne Imageverlust hingeben dürfen, bleiben aus dem Repertoire der Männer weiterhin fast völlig ausgeschlossen. Der werbliche Männer-Habitus spiegelt vielmehr umgekehrt Distanz, Autonomie und Coolness. Männer lächeln entsprechend weniger als Frauen und wenn, dann eher zurückhaltend, und sie lassen auch ihren Blick nur selten ziellos in die Ferne schweifen.

In der Reklamepalette der männlichen Gefühle spielt auch die den Frauen nicht nur von der Werbung attestierte Eitelkeit in puncto eigener Schönheit – immer noch – kaum eine Rolle, und dies gilt selbst dort, wo der Mann scheinbar ‚feminisiert‘ erscheint (vgl. Borstnar 2002a; b). In diesem Fall wie überhaupt *redet* er jedenfalls nur selten über

---

18 Eine neuere Variante des ‚Emotional Designs‘ der Werbung besteht darin, gewisse Probleme als Bestandteil des Werbekosmos zu etablieren. Auch diese, häufig im Stil der Dokumentarfotografie oder des Reality-TV gestalteten Anzeigen und Spots lassen geschlechtsspezifische Schemata in der Darstellung ‚echter Gefühle‘ erkennen. Exemplarisch hierfür steht der Werbespot eines Autoherstellers, in dem das (Familien-)Auto als letztes Bindeglied und Hoffnungsträger eines in Trennung lebenden Paares dargestellt wird: Während *sie* sich, zu Hause wartend, ihrer Depression hingibt (der Gesichtsausdruck offenbart deutlich diesen Gemütszustand), fährt *er* – seinem Image des Handelnden entsprechend – mit dem Kind durch die Landschaft, wobei die atmosphärischen Bilder die Gefühle zum Ausdruck bringen, die sein Körper nicht verrät bzw. nicht verraten darf (*VW* 1998).

(eigene) Schönheit. Wenn das Thema der Eitelkeit in der Männerinszenierung überhaupt anklingt, dann eher implizit oder verdeckt, während die inszenierten Frauen in aller Ausdrücklichkeit und Ausführlichkeit über die eigene Schönheit und die anderer kommunizieren und auch nicht verhehlen, dass es ihnen darauf ankommt, möglichst schön zu sein, zu bleiben oder zu werden.

Schönheit, Schönwerden, Schönbleiben und Sich-schön-machen sind traditionell zentrale Inhalte und in bestimmten Bereichen *die* zentralen Inhalte werbeweiblichen Selbst- und Weltbewusstseins. Im Gegensatz dazu stehen die reklamedramaturgisch generalisierten Ideen und Identitätsthemen männlichen ‚Selbstbewusstseins‘, männlicher Sachlichkeit, Weltzugewandtheit, Produktivität und Aggressivität (vgl. Borstnar 2002a, S. 700 ff.). Dementsprechend privilegiert die Werbung Männer, die nicht nur weniger und schwächere, sondern auch andere Gefühle haben als Frauen. Charakteristisch und charakterisierend sind Gefühle im Zusammenhang mit Besitz, Macht, Status, Arbeit, (Konkurrenz-)Kampf, Leistung und Erfolg – Gefühle des Stolzes, der Überlegenheit, des Triumphs, der Kameradschaft, der Verantwortung.

Die Werbung entfaltet und stilisiert also eine Art Ordnung der Geschlechter, die auch spezifische „Emotionsregeln" impliziert. Sie bestimmen, von wem „was und wie in welchen Situationen gefühlt und was zum Ausdruck gebracht werden soll" (Gerhards 1988, S. 171). Die Achse, auf der die „normativen Emotionscodes" (Gerhards 1988, S. 171) der Geschlechter verlaufen, lässt sich als ein Mehr oder Weniger an Zivilisiertheit im Sinne von Norbert Elias beschreiben. Der Werbemann erscheint einerseits als das selbstkontrolliertere, durchgeformtere und (daher) rationalere Wesen, das am weitreichendsten und ehesten den zivilisierten „Emotionserwartungen" (Gerhards) entspricht.[19] Andererseits unterliegen die Werbe-Frauen, jedenfalls während einer längeren Lebensphase, einem vergleichsweise scharfen Zwang zur Selbstüberwachung, Selbstkontrolle und Selbstbehandlung aller Aspekte ihrer korporalen Verfassung: ‚Figur‘, Gewicht, Haut, Haare, Geruch, Kleidung usw. In diesen Punkten, wie in dem damit zusammenhängenden Feld der Hygiene – speziell ‚Intimhygiene‘ –, dürfen die Werbe-Frauen sich nicht nur keinesfalls ‚gehen lassen‘, sondern stehen unter einem relativ hohen und permanenten Disziplin- und Handlungsdruck, dem sie auch gerecht werden. Auch Mütter und ‚Hausfrauen‘ machen in der Werbung einen spezifisch disziplinierten Eindruck. Sie haben sich und die Dinge, für die sie zuständig erscheinen, voll im Griff.

1.5 Die Familie

Einen symbolischen/rituellen ‚Komplex‘ eigener Art erkennt Goffman auch in den Reklamedarstellungen der „Kernfamilie als Grundeinheit der sozialen Organisation", wo-

---

19 Im Blick auf die neuere Werbung fällt allerdings auf, dass die emotionale Ausdruckspraxis generell und geschlechterübergreifend lebhafter und ‚spaßiger‘ geworden ist. In der Werbung lebt man heute nicht mehr nur in einer „O.K.-Gesellschaft" (H.-E. Richter), sondern auch in einer intensiven ‚Spaß-Gesellschaft‘, die ‚gute Laune‘, Vergnügen und Euphorie normiert und normalisiert.

bei „das Vorhandensein wenigstens eines Mädchens und wenigstens eines Jungen die Symbolisierung eines ganzen intrafamilialen Beziehungssystems garantiert" (1981, S. 154). Zwei Beobachtungen Goffmans sind dabei von zentraler und nach wie vor aktueller Bedeutung. Zum einen „besteht die Tendenz, daß Frauen in engerer Verwandtschaft zu ihren Töchtern (und zu jüngeren Vertreterinnen ihres Geschlechts) abgebildet werden als dies bei Männern der Fall ist. Knaben müssen sozusagen kämpfen, um Männer zu werden [...]. Mädchen brauchen sich nur zu entwickeln" (Goffman 1981, S. 157 f.). Zum anderen weist die Reklame Männern und Jungen bzw. Vätern und Söhnen regelmäßig Schutz- oder Beschützerrollen zu. Der Schutz der Familie ist eine Aufgabe, für die die Werbung immer noch den Vater zuständig, verantwortlich und kompetent macht. Bei Abbildungen der Familie steht er oft etwas außerhalb der Runde, so „als sollte eine Beschützer-Beziehung sichtbar gemacht werden, die mit einer gewissen Distanz verbunden ist, diese sogar verlangt" (Goffman 1981, S. 161).

Eine andere Spielart des Beschützermotivs liegt in Darstellungen von Paarbeziehungen vor, wobei mit sich selbst beschäftigte und/oder geistig abwesende Frauen in mehr oder weniger engem physischem Kontakt mit Männern erscheinen (vgl. Goffman 1981, S. 252; Borstnar 2002a, S. 703). Die Expressivität dieser Männer (ihr wachsames Blicken, ihre kampfbereite Körperhaltung, ihr Berühren der Frauen u. a. m.) signalisiert Einstellungen, Bereitschaften und Fähigkeiten, die die Schwächen und (damit) Gefährdungen und Risiken des ‚schwachen Geschlechts' auszugleichen scheinen (vgl. Goffman 1981, S. 256). Auch wenn Fußgängerzonen, Parkanlagen oder Büros zu Schauplätzen spontan-spielerischer Frauenakrobatik werden, nimmt der anwesende Mann oft nicht nur die Rolle des Zuschauers, sondern auch die des aufmerksamen Begleiters, Überwachers und Beschützers ein, der immer auch *ihre* Sicherheit und Unversehrtheit im Auge hat.

2 Images und Rollen in verschiedenen Lebensbereichen

Die Realität der Geschlechter (in) der Werbung wird nicht nur auf der Ebene der Interaktionsordnung gebildet, von Symbolisierungen, Ritualisierungen und Hyperritualisierungen wie den oben dargelegten. Es sind vielmehr im Prinzip alle Ebenen, Bereiche und Aspekte der Gesellschaft, an denen die Differenz und die Differenzierung der Geschlechter – aber auch ihre Indifferenz und Entdifferenzierung – sich gleichsam symbolisch festmachen und symbolisch festgemacht werden. Die Realität der Geschlechter erstreckt sich auf das ganze kulturelle Forum der Werbung, ihre Bezugnahmen auf soziale Handlungsfelder und Daseinsbereiche, ‚soziale Ungleichheiten‘, Schichten und Hierarchien, Positionen und Rollen, Lebensphasen usw.

Bezugsrahmen weiterer Untersuchung sind hier zunächst bestimmte gesellschaftliche Lebensbereiche, die die Werbung gleichsam verzeichnet, zeichnet, nachzeichnet und überzeichnet.

2.1 Familie und Haushalt

Familie und Haushalt sind traditionelle Sujets, Themen und Kulissen der Werbung und ihrer Konstruktion der Geschlechter, ihrer Identitäten, Rollen und Verhältnisse.

2.1.1 Familie, Haushalt und Hausfrau

Die Hausfrau, die noch bis in die 1970er Jahre eine Schlüsselfigur der Werbungswelt war,[20] ist heute weit weniger verbreitet und zunehmend eine – wenn auch keineswegs zu vernachlässigende – Randfigur. Als solche hat die Hausfrau sich zwar in ihrem korporalen Erscheinungs- und Verhaltensbild gewandelt, tradiert aber typischerweise immer noch altbekannte Merkmale.[21] Die typische Werbehausfrau ist 35–45 Jahre alt, verheiratet und hat ein oder zwei Kinder. Ihr Äußeres ist eher unauffällig, wenn auch im Laufe der letzten Jahrzehnte zunehmend attraktiv geworden (vgl. Blumschein 1986, S. 118; Mikos 1988, S. 55); sie trägt nun öfter modische Kleidung, selten Schürze oder

---

20 Einer Untersuchung Cölfens zufolge wurden Werbefrauen in den 1960er Jahren „ausschließlich im Bereich Haushalt und Familie erwähnt und gezeigt" (2002, S. 669).

21 Allerdings ist der Begriff Hausfrau seit den 1980er Jahren zusehends verschwunden. Dieser diskursiven ‚Enthausfrauisierung‘ korrespondiert eine gewisse Ambiguierung der werblichen Rolleninszenierung. ‚Hausfrauen‘ sind vielfach nicht mehr völlig eindeutig als ‚Hausfrauen‘ oder ‚Nur-Hausfrauen‘ zu erkennen. Mit dem Image der Hausfrau lassen sich offenbar schon seit Jahrzehnten kaum noch werbliche Image-Pluspunkte machen. Deshalb ist es nur konsequent, wenn die Werbung Hausfrauen eher verhüllt repräsentiert und adressiert (vgl. Cölfen 2002, S. 670).

https://doi.org/10.1515/9783111168906-006

Kittel. Dem Typ des jeweils beworbenen Produktes (z. B. Reinigungsmittel) wie ihrem ‚Wesen‘ entsprechend bewegt sich die Werbehausfrau fast immer in ihrer privaten Umgebung, einem Haus mit Garten oder einer ‚gutbürgerlichen‘ Wohnung (vgl. Mikos 1988, S. 55; Bergler/Pörzgen/Harich 1992, S. 109), wo es ihr um die Versorgung der Familie mit den dazu gehörigen Tätigkeiten wie Kochen, Waschen und Putzen geht. Als ‚herzliche Hausfrau‘ ist es ihr Ziel, das (Familien-)Leben harmonisch zu gestalten, zu jeder Zeit alle Wünsche der anderen Familienmitglieder zu erfüllen und diese überhaupt, wie Cölfen (2002, S. 69) formuliert, „bei Laune zu halten".[22]

In jedem Alter, aber mit zunehmendem Alter stärker, spielen die ‚mütterlichen‘ Eigenschaften dieser Frau eine größere Rolle – Eigenschaften, die für Gefühle wie Geborgenheit und Wärme stehen und immer wieder mit dienenden Funktionen verbunden werden, zum Beispiel im beliebten Kontext der Familienfeier. Dort sind es nicht die Werbemänner, sondern die (Haus-)Frauen, die den Kaffee kochen, den Kuchen servieren oder das Essen zubereiten. Als Mütter sind die Hausfrauen zudem für die Versorgung der Kinder verantwortlich. Wenn diese beispielsweise verschmutzt vom Spiel oder Sport heimkehren, ist es immer noch selbstverständlich die Mutter, die sich um ihre Sauberkeit und die der Wäsche kümmert.

Die ‚Ernsthaftigkeit‘ und die Relevanz der Hausfrauenrolle kommt in den traditionellen Reklamen nicht zuletzt durch eine Art Psychologisierung oder Moralisierung zum Ausdruck, die den Werbehausfrauen ein schlechtes Gewissen bei ungenügendem (Rollen-)Handeln androht bzw. ein schlechtes Gewissen als selbstverständliche Folge des Nichterreichens der vorgeführten (Haushalts-)Standards darstellt: Das eigene Spiegelbild (*Dor* Glasreiniger), die Zwillingsschwester (*Jacobs* Kaffee) oder die ‚Übermutter‘ „Clementine" (*Ariel* Waschmittel) verkörpern und postulieren damit auch den substanziellen Wert diverser Haushaltstätigkeiten für die Identität der Frau.[23] Vor diesem (immer noch vorkommenden) Hintergrund(-Ernst) spielen die (noch existierenden) Hausfrauen und Mütter ihre Rollen gleichwohl immer gern. Sie wirken oftmals geradezu als Artistinnen eines Haushalts, der als ihr Reich ihrem Wesen und ihrer Neigung zu entsprechen scheint und ihnen regelmäßig Freude, Euphorie, Befriedigung und Erfüllung verschafft (vgl. Mikos/Kotelmann 1981, S. 22; Behrens/Hagge 1990, S. 165; Knegendorf 1989, S. 39).

Vor allem dank der beworbenen Produkte (Reinigungsmittel, Haushaltsgeräte etc.) erscheint die Hausarbeit allerdings kaum oder nicht (mehr) als wirkliche Arbeit, sondern eher als müheloses, leichtes, ja spielerisches Schaffen. Mit hochgekrempelten Ärmeln lachen und singen die Hausfrauen daher vor Freude bei der ‚Arbeit‘, und nachdem diese getan ist, präsentieren sie befriedigt die Ergebnisse ihres Tuns, zum Beispiel schmackhafte Mahlzeiten oder saubere Töpfe, Fenster oder Gläser. Die Leichtigkeit, mit der die Werbehausfrauen ihre Aufgaben erfüllen, impliziert aber auch eine negative

---

22 Natürlich ermöglichen es die beworbenen Produkte den Akteurinnen, ihre ‚Lieben‘ zu umsorgen.
23 In der zeitgenössischen Werbung wird die Notwendigkeit von Hausarbeit stärker über ‚rationale‘ Begründungen (Viren/Bakterien, Gesundheit usw.) oder über den Hinweis auf den dekorativen Mehrwert entsprechenden Tuns plausibel gemacht.

Seite, die einen ‚lebensweltlichen' Hintergrund hat. Lothar Mikos stellt dazu fest: „Einerseits steht die Hausarbeit mittels Produkt im Mittelpunkt der hausfraulichen Tätigkeiten, andererseits läßt sich aus dieser Arbeit keine Identität mehr gewinnen, denn dank wirksamer Putz- und Waschmittel sowie neuartiger Haushaltsgeräte [...] wird die Tätigkeit zunehmend ihres Inhalts und ihres Sinns beraubt. Vom ‚*Haus*', der großen Kulturleistung der Frauen (Simmel), ist nichts mehr zu spüren" (Mikos 1988, S. 56). Umso mehr stellt die Werbedramaturgie das erkennbare Wohlbefinden (die ‚gute Laune') von (Ehe-)Mann und Kindern und die Harmonie des Familienlebens als Leistung und Verdienst der Hausfrauen heraus (vgl. Spieß 1994, S. 415 f.; Cölfen 2002, S. 671).

2.1.2 (Be-)Dienen und Dienerinnen

Das (Be-)Dienen ist eine in verschiedenen Varianten vorkommende asymmetrische Handlung, die in der Werbung gleichsam kopiert bzw. als Ritualisierung hyperritualisiert wird. Als Interaktion zwischen den Geschlechtern entspricht das Dienen in der Werbung immer noch typischerweise der traditionellen Hierarchie: *Sie* dient, *er* lässt sich bedienen.[24] Im Rahmen dieser ‚Arbeitsteilung', die meist als die einer bereits auf Dauer gestellten Beziehung vorgeführt wird, geht es normalerweise um ein gewohntes Rollenspiel. Frauen sind dann bereits Partnerinnen der Männer und repräsentieren einen „privaten Erholungsraum für den Mann" (Borstnar 2002a, S. 700).

Kontinuierlich typisch für das Bild der dienenden Frau ist die tätige ‚Hausfrau'. Noch immer sieht man Frauen, deren häusliche Arbeit als ein hingebungsvolles Dienen für *ihn* bzw. die Familie und in diesem Sinne auch als ein Dienst an der Beziehung erscheint. Keineswegs ausgestorben ist die Frau, die nach ‚Feierabend' stolz ihr Tagwerk präsentiert (gespülte Gläser, blitzende Fußböden, köstliche Gerichte usw.) und damit offensichtlich einen Beitrag zur Beziehungsharmonie und zum gemeinsamen Glück leistet. Visualisiert wird dies durch männliche ‚Anerkennungen', Umarmungen, Küsse und Streicheleinheiten, die in entsprechenden Skripts als Resultat und logische Folge weiblichen Dienens (und männlichen Bedientwerdens) dargestellt werden.

Gleichsam libidinös besetzt ist das weibliche (Be-)Dienen, wenn es in Form zubereiteter Speisen als ‚Liebe durch den Magen geht'. Zwar herrscht auch diesbezüglich die ‚Hausfrau' vor, die dienend (Familien-)Liebe erzeugt und reproduziert (neben dem Mann sind die Kinder diejenigen, denen ihr Dienen dient), doch gibt es auch Werbungen, in denen das Kochen als geeignetes Mittel der Frau dargestellt wird, den Mann erotisch zu begeistern und für sich zu gewinnen – so zum Beispiel in einem Spot, der die Geschichte von „Annas Trick mit Knorr Fix" (1996) erzählt: Eine Frau legt einem Mann,

---

24 Natürlich gibt es auch Situationen, in denen der Werbemann der Werbefrau dient. Wenn er ihr in den Mantel hilft, sie nach einem abgesetzten Flug vom Flughafen in die Stadt zurückbringt oder ihr bei einer Reifenpanne hilft, dient er der Frau, allerdings typischerweise im Rahmen ‚ritterlicher' Höflichkeit, die seine Überlegenheit und Stärke symbolisiert – und Ausgangspunkt und Teil erotischen Werbens werden kann.

den sie im Supermarkt kennenlernt, ein Fertiggericht in den Einkaufswagen, um ihn anschließend unter dem Vorwand des (vorgetäuschten) Missgeschicks telefonisch zu sich nach Hause einzuladen und zu guter Letzt durch das verführerische Essen, das sie ihm serviert, zu erobern. „Essen mit Lust und Liebe", wie es das Schlusswort des Spots formuliert, gelingt hier wie anderswo in der Werbung so richtig nur, wenn *sie ihn* bedient.[25] Das (Be-)Dienen erscheint in diesem Fall also auch als Bestandteil weiblicher Verführungs- und ‚Bindungskunst'.

Das Kochen bzw. das Anbieten kulinarischer Köstlichkeiten kann in der Werbung auch deshalb als Moment oder Verstärker weiblicher Erotik erscheinen, weil verfeinerte Lebens- und Genussmittel in Affinität zu dem ästhetisch verfeinerten Körper der Frau gebracht werden können.[26] Eine Käse-Werbung verdeutlicht die entsprechenden Möglichkeiten, semantische Verknüpfungen zwischen einem passend aussehenden und stilisierten Frauenkörper und der Ritualisierung des Bedienens herzustellen: Zu sehen ist eine Frau von hinten (vom Kopf bis zur Taille) in einem schwarzen Kleid mit tief ausgeschnittenem Dekolleté, die ein Stück Käse auf einem kleinen Teller hinter ihrem Rücken hält. Ein Lichteffekt hebt die blonden Haare der Frau genauso hervor wie den gleichfarbigen Käse, den sie für den im Bild nicht zu sehenden Mann versteckt hält, um ihn zu überraschen. Der Text erläutert: „Sie schmunzelte. ‚Ich habe eine Überraschung für dich! Er heißt Cambrin und ist außen rötlich. Sieht ziemlich kräftig und würzig aus. Aber innen drin, da ist er ganz weich und zart und wunderbar mild und cremig...' ‚Hör auf!', seufzte er, ‚mir läuft schon das Wasser im Mund zusammen...'" (*Cambrin* 1987). Es bedarf keiner tiefschürfenden Analyse, um zu erkennen, dass Frau und Käse hier als einander ähnliche sinnliche Verlockungen des Mannes dargestellt werden, die ihm zu genussreichen Diensten stehen. Assoziationen und ‚Botschaften' ähnlicher Art, die den Mann als Genuß*subjekt* oder „Lustsubjekt" (Borstnar 2002a, S. 701) vorstellen, dem ein verfügbares weibliches Genuß- oder ‚Lustobjekt' dient oder dienlich ist, sind bekanntlich auch in expliziten Erotikinteraktionen jenseits der Werbung (extrem in der Pornografie) bis heute und gerade heute weit verbreitet (vgl. Borstnar 2002a, S. 706 ff.).

2.1.3 Männer, Familie und Haushalt

Der überwiegende Teil der Reklame macht auch heute noch den Mann für den Lebensunterhalt und überhaupt die Sicherung ‚seiner' Familie verantwortlich.[27] Er tritt in

---

25 In umgekehrter Rollenbesetzung werden vergleichbare Skripts in der Regel entscheidend variiert, so z. B. wenn ein Mann, der als völlig inkompetent in Sachen Küche dargestellt wird, dank des beworbenen Fertiggerichts erfolgreich ein Rendezvous übersteht (*Uncle Ben's* 1996).

26 Hier geht es also um eine Variation der Vorstellung der Frau als Körper, wie sie auch in bestimmten Zweideutigkeiten sowie in Vergleichen von Produkt- und Geschlechtskörper zum Ausdruck kommt (siehe unten).

27 Natürlich ist (auch) die Eindeutigkeit dieses Image-Aspektes, die in den 1960er Jahren noch vollkommen war (vgl. Cölfen 2002, S. 669), mittlerweile geschwunden.

Familienkonstellationen immer wieder explizit oder implizit als der materielle Versorger in Erscheinung, während es ‚seiner‘ Frau (oder einer Frau) obliegt, den Haushalt zu führen und das vorhandene Geld dazu sorgsam auszugeben. In diesem Sinne behauptet zum Beispiel (Haus-) „Frau Sommer“: „Ich achte beim Einkaufen immer darauf, daß ich für mein Geld nur Bestes für meine Familie bekomme“ (*Jacobs 1973*).

Werbemänner halten sich also typischerweise tagsüber außer Haus auf, um ihrem Beruf nachzugehen, und denken dann lediglich bei Gelegenheit an ihre Lieben zu Hause, derweil (Haus-)Frauen und Kinder meist im trauten Heim oder in dessen Nähe agieren. Entsprechend selten werden Männer bei Haushaltstätigkeiten gezeigt. Ausnahmen bilden Reparaturen, die Autowäsche und Gartenarbeiten – Tätigkeiten an der Peripherie des Heims.[28]

Dem beruflichen ‚Mannsbild‘ korrespondieren traditionell die Ehemänner und Väter (vgl. Blumschein 1986, S. 123; Knegendorf 1989, S. 40). Der typische Werbevater ist traditionell und bis heute so etwas wie ein instrumenteller Führer und oft zudem ein moralischer Führer bzw. den Kindern ein Vorbild. Er ist der bevorzugte Anlaufpunkt für Fragen und Probleme aller seiner ‚Lieben‘, denen er selbstverständlich immer Lösungen zu bieten hat. Zwar werden heutige Väter auch als Betreuer und Spielgenossen der Kinder vorgeführt, aber Haushaltstätigkeiten (Waschen, Bügeln, Putzen, Abwaschen usw.) und klassische werbemütterliche Aktionsfelder wie die Babypflege bleiben ihnen immer noch weitestgehend erspart oder fremd – auch wenn Werbetexte wie der folgende von 1971 inzwischen überholt klingen: „Da hat ein Mann tagein tagaus mit Rationalisierung zu tun und vergißt darüber ganz, daß die Haut eines Babys einfach zart und natürlich ist“ (*Penaten* 1971).[29]

Bei aller Differenz(ierung) der ‚Zuständigkeiten‘ ist die Rolle des (Werbungs-)Vaters aber im Prinzip ebenso ‚altruistisch‘ wie die Rolle der Mutter. Der Vater steht immer wieder voll und gern im Dienst der Familie, und er ist zufrieden, wenn die anderen Familienmitglieder (dank seines Handelns) zufrieden sind und tritt ansonsten, was die Familie betrifft, als besonders bescheiden und anspruchslos in Erscheinung. Im Text der

---

28 Daneben gehört es zu den traditionellen Möglichkeiten des Werbemannes, auch im Haushalt als (quasi-)professioneller Experte aufzutreten. Wenn er als ‚Chefkoch‘ in Erscheinung tritt oder wie der ‚Persil-Mann‘ jenseits realistischer Haushalts-Bühnen die Vorzüge eines Produktes nüchtern erläutert, übernimmt er aber keineswegs die Rolle des ‚Hausmanns‘. Das gilt auch für männliche Phantasie-Helden wie der „Meister Proper“ oder der „Weiße Riese“.

29 Dass das familiäre Engagement des Werbemannes insgesamt zwar zunimmt, aber eben nur im Rahmen einer geschlechtsrollenspezifischen Symbolik und Semantik, gilt auch für die gegenwärtige Entwicklung in den USA. Neuere Studien zeigen, dass die Rolle des Vaters meistens auf bestimmte Aktionskontexte und Themenkomplexe bezogen ist, die zu dem traditionellen Image des (Werbe-)Mannes passen, wie z. B. das Reden, Erklären, (‚wilde‘) Spielen (vgl. Kaufman 1999). Auch wenn der ‚moderne Mann‘ z. B. über die Qualität von Windeln Auskunft gibt, weist ihm die Werbung diese Kompetenz nicht im Rahmen eines dargestellten Engagements im Haushalt zu (so wie praktizierende Mütter als profunde Kennerinnen vorgeführt werden), sondern im Rahmen einer ‚Spezialistenrolle‘. Als (Fußball-)Experte erläutert er (auf dem Fußballplatz) in einer (Fußball-)Fachsprache, welche Eigenschaften die Windel hat (*Fixies* 2000).

Anzeige einer Fluglinie heißt es: „Ihre Kinder wollen einen Hund. Ihre Frau will einen Fuchs. Sie wollen eigentlich nur Ihre Ruhe" (*Condor* 1988).

2.2 Freizeit

Freizeit war noch bis etwa Mitte des letzten Jahrhunderts so gut wie kein Thema (in) der Werbung (vgl. Cölfen 2002, S. 671). Seither (im Zuge des Aufstiegs der ‚Wohlstandsgesellschaft', der ‚Konsumgesellschaft', der ‚Erlebnisgesellschaft') hat sich dies grundlegend geändert. Freizeit, ‚Freizeitaktivitäten' und ‚Freizeitvergnügen' sind zu Schlüsselthemen der Werbung geworden und bilden die Basis und das Zielgebiet einer ganzen Reihe von Werbungsformen.

Die Geschlechterdifferenz(ierung) macht in diesem Zusammenhang einerseits keine prinzipiellen Unterschiede (mehr). Andererseits macht sie sich in manchen Bereichen durchaus (noch) bemerkbar und ist mit gewissen Grenzziehungen verbunden. Wir beziehen uns im Folgenden auf die Bereiche Sport und Geselligkeit.

2.2.1 Sport

Ein mittlerweile zentrales Feld der Werbefreizeit ist der Sport. Seine Bedeutung im Werbekosmos hat sich in den letzten Jahrzehnten zunehmend im Sinne einer Identifizierung von Sport und Spaß gewandelt. Gleichzeitig werden geschlechtsspezifische Sportsemantiken tradiert, die die allgemeine Sporterlebniswelt modulieren, aber auch ergänzen. Mit den traditionellen Ideen des Kampfes und des Teamgeistes assoziierte Mannschaftssportarten wie zum Beispiel Fußball oder Basketball bleiben, bei aller prinzipiellen sozialen Öffnung und Spaßbeschwörung, eine Domäne des Werbemannes. Aber nicht nur die Arten des Sports, sondern auch das Wie und Wozu des Sporttreibens sind, insbesondere im Hinblick auf Korporalitätsaspekte, durchaus (noch) nicht geschlechtsindifferent.

Auffällig ist, dass die sportlichen Aktivitäten von Werbefrauen typischerweise noch weit weniger leistungs- und konkurrenzorientiert und damit in gewisser Weise weniger ernsthaft sind als die der Männer. Wenn die Werbefrauen überhaupt systematisch und zweckorientiert Sport treiben, dann scheinbar hauptsächlich im Dienste ihrer Schönheit bzw. ihrer erotischen Attraktivität. Auf der Zeichenebene wird das vor allem deutlich oder angedeutet, wenn enge und freizügig ausgeschnittene Sportbekleidung den Erotikkörper der (jungen) Frauen betont und deren ‚Sportlichkeit' als sexuelle Attraktivität rahmt.[30] Signifikant ist in diesem Zusammenhang auch die Tatsache, dass sich die

---

30 Das so verstandene Attribut Sportlichkeit oder Fitness ist in der an Frauen adressierten Werbung nicht neu: „Wie besonders die Abbildungen von Frauen in der Fahrradreklame seit den 1890er Jahren zeigen, wird Sport allmählich für die Frauen akzeptabel und ein immer wichtigerer Bestandteil auch des weiblichen modernen Lebensstils. Er erlangte im Hinblick auf die schlanke Linie für die Frau schließlich

sporttreibenden Werbefrauen anscheinend weniger körperlich anstrengen und (daher) weniger schwitzen als sporttreibende Werbemänner.[31] Während Werbefrauen bei ihren sportlichen Aktivitäten eher zu spielen scheinen und dabei ihr äußeres Styling (z. B. die Frisur) kaum beeinträchtigen, wälzen sich Werbemänner in Dreck und Staub, als ginge es (bei allem Spaß) um ihr Leben. Sie sind oft schweißgebadet und stehen unter höchster körperlicher Anspannung. Der Sport als solcher scheint den Werbefrauen entsprechend (noch) mehr ‚Spaß‘ zu machen als den Männern, ja die Frauen sind die eigentlichen Spaßsubjekte im Sinne der ‚Spaßgesellschaft‘. Ihr Spaß ist tendenziell rein – rein spielerisch. Insofern und in dem Maße wie er dem ‚schwachen Geschlecht‘ angemessen ist und zur Erholung dient, entspricht er der kosmologischen Idee der weiblichen Kindlichkeit.

Zu dieser Idee passt auch, dass Frauen ‚sanfte‘ Sportarten wie Schwimmen, Joggen oder Frisbeewerfen bevorzugen. Das ‚Wesen‘ bzw. den (starken) ‚Charakter‘ des Mannes drückt die Werbung dagegen typischerweise in Sportarten aus, die Herausforderung, Kampf und Abenteuer bedeuten und die den männlichen Sportskanonen demgemäße Fähigkeiten und Einstellungen abverlangen: Aggressivität, Härte, Erfolgsstreben, Kampfgeist, Ausdauer, Geschicklichkeit usw.[32] So steuern sie selbstverständlich das Segelboot oder setzen die Segel, derweil die Frauen mit Sonnenbaden beschäftigt sind (*Becks* 2000).

Der funktionale Sinn bestimmt auch den ästhetischen Mehrwert des sportlichen Männerkörpers: Dieser ist nicht nur schlank, sondern weist zugleich einen hohen bzw. gesteigerten Muskelanteil auf. Er signalisiert physische Stärke und Leistungsfähigkeit und wird vielfach zugleich für die Symbolisierung erotischer Attraktivität und sexueller Potenz genutzt. ‚Sportlichkeit‘ und Körperfitness qualifizieren den Mann also nicht nur für den allgemeinen und speziellen Lebenskampf, sondern stehen auch für seine spezielle Kompetenz ‚in puncto puncti‘ (vgl. Borstnar 2002a, S. 701 ff.).

---

eine ganz besondere Rolle und erreichte seinen Höhepunkt in den zwanziger und dreißiger Jahren" (Thoms 1995, S. 250). Thoms zitiert hierzu einen Text aus einer Frauenzeitschrift („Korpulenz und Formschönheit", in: „Die Hausfrau" 1896, Nr. 35, S. 139 f.). Dieser nimmt auf eine entsprechende Werbeanzeige Bezug und empfiehlt das Jonglieren mit Bällen, das einen so „gesteigerten Verbrauch von Nährstoffen zur Folge hat, daß deren Verwendung zur Fettbildung vollständig verhindert wird. Die Wirkung dieser Übungen macht sich bald bemerkbar; zunächst durch ein augenfälliges Schwinden der Fettmassen am Unterleib, dann aber durch eine vollständig veränderte Haltung, indem der ganze Körper an Elastizität und Geschmeidigkeit gewinnt".
31 Im Erotik-Rahmen, der partiell mit der Inszenierung von Sport im Zusammenhang steht, sind Schweiß und Schmutz auch auf weiblichen Körpern dagegen nicht nur legitim, sondern zum Teil erwünscht.
32 Daher werden Bilder sporttreibender Männer auch als Allegorien für „Höchstleistungen" aller Art (z. B. für die von Banken und Versicherungen) eingesetzt.

2.2.2 Geselligkeit

Geselligkeit ist ein weiteres zentrales Freizeit-Themenfeld der Werbung. Projiziert man es auf die Geschlechterdifferenz, dann fällt auf, dass die Werbung neben gemischtge-schlechtlichen häufig geschlechtshomogene Gruppen mit je besonderen Geselligkeits-mustern oder Geselligkeitsstilen vorführt.

Ein klassischer Typus weiblicher Werbe-Geselligkeit ist der Klatsch zweier Freun-dinnen, ein anderer das sich mit mehreren Teilnehmerinnen konstituierende Kaffee-kränzchen. Beliebte Bühnen für unterhaltsame (Haus-)Frauenzusammenkünfte bilden das ‚traute Heim‘ und das Café. Hier tauschen sich Frauen über die Themen aus, die sie – nach Auskunft der Werbung – wirklich interessieren: Schönheit, Mode, Ernährung, Diäten, Kochrezepte, öffentlichen und privaten Klatsch, persönliche Beziehungen. Ein beliebtes Motiv der weiblichen Werbungs-Geselligkeit waren und sind die dauertele-fonierenden Quasselstrippen, die *tagsüber* mit ihren gleichfalls müßiggehenden Ge-schlechtsgenossinnen scheinbar grenzenlos ausgedehnte Gespräche führen (und also führen können).

Der männlichen Werbebevölkerung bleibt eine derartige Geselligkeit dagegen bis ins Rentenalter verwehrt. Erst im ‚Ruhestand‘ scheint es für den Mann möglich und legitim, tagsüber in entspannten Plauderrunden müßig herumzusitzen. Bis dahin sind Männer dazu auf den ‚Feierabend‘ oder das Wochenende angewiesen, was schon an den jeweiligen Örtlichkeiten erkennbar ist (die Kneipe, der Club, das Fußballstadion).

Die Männer-Freizeitwelt wird im Unterschied zur Frauen-Freizeitwelt häufig als eine Art Gegenwelt entworfen, in der man(n) zur Kompensation seiner öffentlichen und beruflichen Leistungsexistenz ‚ganz Mensch‘ sein kann.[33] Besonders häufig ist die ex-klusiv männlich besetzte Stammtischrunde zu sehen – vor allem in Werbungen für Alkohol- und Tabakprodukte. Hier diskutieren Männer mit ihresgleichen über Politik und (Männer-)Sport; hier erzählen sie (sich) auch gelegentlich ‚Witze‘, tauschen Infor-mationen über Automobile aus oder suchen gemeinsames Vergnügen im Kartenspiel. ‚Frauen-Themen‘ wie Schönheit, Kosmetik, Mode, Rezepte oder (geschlechtsspezifische) Gesundheitsfragen findet man hingegen im Werbediskurs des Stammtischs nicht. Auch (Prominenten-)Klatsch und Tratsch scheinen nicht dem Männer-Wesen zu entsprechen, das sich in dieser Freizeitwelt entfaltet. Geraten Männer ausnahmsweise in weibliche Plauderrunden, dann bleibt ihnen folglich nichts anderes übrig, als sich zu langweilen oder zu entfernen. Bemerkenswert ist weiterhin, dass Männer-Geselligkeit häufig mit dem atmosphärischen und moralischen Image der Kameradschaft bzw. Vereinskame-radschaft assoziiert wird – eine Verbindung, die insbesondere im Mannschaftssport-Kontext eine Rolle spielt.

---

33 Im Unterschied auch zu der Gegenkultur der Werbejugendlichen ist die der erwachsenen Männer als solche explizit auf bestimmte Freizeitkontexte beschränkt und entsprechend ritualisiert.

2.3 Beruf

Auch das Berufsleben, die Besetzung von Berufsrollen und die Ausübung beruflicher Tätigkeiten ist ein zentrales Feld der Gender-Konstruktion der Werbung.

2.3.1 Männer

Berufstätigkeit, vor allem solche in Berufen mit höherem und hohem Status, war in der Werbung noch bis Mitte der 1980er Jahre überwiegend Männersache (vgl. Brosius/Staab 1991, S. 301; Bergler/Pörzgen/Harich 1992, S. 102).[34] Auch heute noch sind es überwiegend die Männer, die in der Werbung die beruflichen Schlüsselpositionen und ‚Top-Positionen‘ besetzen. Die Männer erscheinen als die Firmenchefs, Museumsdirektoren, Dirigenten, Flugkapitäne, Universitätsprofessoren, Laborleiter, Erfinder usw., aber auch – eine Ebene darunter – als die Oberförster, Braumeister, Hundezüchter, Küchenchefs. Erfolg in der beruflichen Arbeit versteht sich dabei ebenso von selbst wie der Besitz von Statussymbolen, die besondere Erfolge ausweisen (vgl. Brosius/Staab 1991, S. 293; Borstnar 2002a, S. 700).

Ähnlich wie der sportliche Erfolgsmann zeigt auch der berufliche Erfolgsmann Persönlichkeits- bzw. Charaktereigenschaften, die in der Werbung wie ‚im Leben‘ als zentrale soziale Erfolgsbedingungen und Werte gelten. Souveränität, Entschlossenheit, Initiative, Kampfgeist, Ausdauer, Zuverlässigkeit, Mut/Wagemut und andere ‚Eigenschaften‘ werden in der Werbung hauptsächlich von Männern verkörpert oder zumindest angedeutet (vgl. u. a. Mikos 1988, S. 54)[35] – und dies schon in jüngeren und jungen (Jungen-)Jahren (siehe unten).

Dramatisch anschaulich gemacht werden die Attribute der männlichen Professionellen besonders in Ausnahme-Berufsrollen wie Pilot, Kapitän, Künstler, Musiker, Cowboy oder Stuntman. Aber auch der normale Karriere-Mann ist diesen Ausnahme-Profis in vielen Punkten der Persönlichkeit bzw. des ‚Charakters‘ durchaus ähnlich. Im Gegensatz zu Ausnahmefiguren wie dem Künstler oder dem in der Wildnis (über-)lebenden ‚Naturburschen‘ unterwirft er sich allerdings den Etiketten der Gesellschaft bzw. der Büro- und Geschäftswelt und wirkt insofern gezähmt: Typischerweise sieht man ihn in Büros oder ähnlichen Umgebungen, wo er seinen ‚digitalen‘ Arbeiten nachgeht. Dabei legt er Wert auf eine gepflegte Erscheinung. Üblich sind Anzug, Hemd, Krawatte und eine modische Frisur.[36] Im kumulativen Gebrauch von Handy, Notebook oder Termin-

---

34 Dass dies auch für die USA gilt, zeigen u. a. Reese/Whipple/Courtney (1987, S. 235).

35 Auch diese Charakterisierung beschränkt sich nicht auf deutsche/europäische Werbung; vgl. z. B. Fowles (1996, S. 205).

36 Der berufstätige Erfolgsmann tendiert in seinem Äußeren zu Attributen des ‚Mannequin-Typs‘, den Knegendorf wie folgt beschreibt: „es tauchen immer wieder wohlgeschnittene, makellose, künstlich wirkende Einheitsgesichter auf, die wenig ausdrücken und untereinander austauschbar sind. [...] Sie haben das typische Modell-Gesicht" (1989, S. 24).

planer erscheinen die normalen Karriere-Männer jedoch nicht nur als bloß angepasste und unauffällige ‚Normalisten', sondern vielfach als souveräne und effektive Persönlichkeiten bzw. Strategen, die permanent Entscheidungen treffen und etwas ‚zu sagen' haben.

Belohnt werden die werblichen Erfolgsmänner, die ihre Erfolge offensichtlich ihrem besonderen Können und ihrer besonderen Leistung verdanken, nicht nur mit Positionen, Prestige und materiellen Statussymbolen, sondern (auch in Konsequenz davon) regelmäßig auch mit gesteigerten erotischen Chancen und Zuwendungen, die sich darin zeigen, dass ihnen Frauen „nachlaufen und ihnen buchstäblich zu Füßen liegen" (Blumschein 1986, S. 124). Borstnar stellt in diesem Zusammenhang fest: „Männliche Attraktivität wird über Leistung erworben", und Erotik ist „als Leistungsbeweis des Mannes installiert" (2002a, S. 701). (Erotisch) Attraktive Frauen (Begleiterinnen) fungieren jedenfalls auch als eine Art Statussymbol des erfolgreichen Karriere-Manns (der Werbung).

Aber auch dann, wenn in der Werbung eher statusniedere Berufe lediglich als Lebenswelt-Kulisse inszeniert werden, sind die Rollen meistens männlich besetzt. Zu sehen sind z. B. Massen von Bauarbeitern, LKW-Fahrern, Tankwarten, Hausgerätetechnikern, Bäckern, Kfz-Mechanikern, Gärtnern u.a.m. Männer in eindeutig dienenden Berufen waren und sind in der Werbung allerdings eher die Ausnahme. Treten sie in diesen Rollen auf, z. B. als Kellner, dann oft in besonders vornehmen Etablissements oder/und zur größeren Ehre (Statussymbolisierung) anderer Männer.

Auch als ‚Diener' sind die Männer regelmäßig Spitzen in ihren Bereichen, z. B. Butler oder Chauffeure in besonders exklusiven (aristokratischen, superreichen, herrschaftlichen) Milieus. In solchen Rollen vermitteln sie wiederum regelmäßig Eindrücke besonderer Perfektion und Kompetenz. Als Köche, Sommeliers oder Kellermeister sind sie die hervorragenden Spezialisten und Kenner. Die symbolische Inferiorität der dienenden Männer relativiert sich auch dadurch, dass sie vom gesellschaftlichen Glanz ihrer distinguierten Umgebung profitieren.

2.3.2 Frauen

Noch bis in die 1980er Jahre wurden Frauen fast ausschließlich in wenigen klassischen und (d.h.) untergeordneten (Frauen-)Berufen gezeigt, zum Beispiel als Sekretärin, Krankenschwester, Kindergärtnerin, Serviererin, Zahnarzthelferin, Verkäuferin, Putzfrau usw. Spezifisch beliebt waren und sind aber auch heute noch die klassischen Rollenbesetzungen und die Rollenkonstellationen, die Goffman als „Rangordnung nach Funktion" beschrieben hat (siehe oben): berufstätige Frauen in beruflichen Situationen neben einem deutlich statushöheren Mann, zum Beispiel als Assistentin oder Sekretärin neben dem Chef (vgl. Goffman 1981, S. 135; auch Borstnar 2002a, S. 706). Und so wie es im ‚Leben' immer noch relativ wenige Zahnarzthelfer oder Sekretäre gibt, so sind sie auch in der Werbung immer noch selten.

Auch wenn sich in den Werbungs-Inszenierungen der tätigen bzw. berufstätigen Frauen ein erheblicher Wandel vollzogen hat und sich weiterhin abzeichnet, z. B. im Aufkommen von Varianten der professionellen Expertin, in der Gestalt der beruflichen ‚Karrierefrau' in ‚gehobenen Positionen' und im Aussterben der klassischen ‚Hausfrau' (siehe oben), sind die Berufsrollen der Werbefrauen in der Regel (durchschnittlich) immer noch weniger statushoch und auch weniger differenziert als die der Werbe-männer. Immerhin zeigt sich die neuere Werbung in diesem Zusammenhang zeit(geist) gemäß oft geradezu demonstrativ ‚modern' und ‚fortschrittlich', indem sie fast alle Berufsfelder prinzipiell auch Frauen ‚öffnet'.

3 Kapital, Status und Luxus der Geschlechter

Der Unterschied des Geschlechts erweist sich auch im Kontext der werblichen Statusdarstellungen als ein Unterschied, der Unterschiede macht. Den Status und das dazugehörige Prestige von Männern konstruiert die Werbung traditionell vorwiegend über klassische Statussymbole (z. B. Besitztümer wie Villen, Karossen oder Flugzeuge), sozial aussagekräftige Berufsrollen und Kompetenzen, während Frauen in erster Linie im Rahmen des Systems von (körper-)ästhetischen Normen und Idealen Status und Prestige gewinnen oder verlieren. Der Körper/Korporalität erscheint in diesem Rahmen als das wichtigste oder auch einzige Kapital der Frauen, das sie einsetzen können und müssen, um an der ökonomischen/materiellen und symbolischen Statuswelt von Männern zu partizipieren, für die es keinen vergleichbaren Zusammenhang zwischen „Körper und Status" (Koppetsch 2000) gibt. Mit drastischer Deutlichkeit formuliert eine Werbung diese ,Statusordnung' der Geschlechter, indem sie das Bild eines auf einer Yacht liegenden Frauenkörpers (Perspektivierung sowie Schmuck heben dessen Perfektion hervor) mit der Feststellung kombiniert: „Nur einige können ihre Altersvorsorge durch die richtige Partnerwahl finanzieren" (Willems/Kautt 2003, S. 536). Die ,Partnerwahl' erscheint hier also als Statusgenerator von Frauen, dessen Funktionieren und Potenzial von dem Maß an weiblicher (Körper-)Schönheit abhängt, die als Kapital eigener Art in die Suche nach einem finanzkräftigen ,Partner' eingebracht werden kann („Für alle anderen gibt es das Sparprogramm mit dem Templeton Growth Fund").

Die geschlechtsspezifischen und die Geschlechter spezifizierenden Statusressourcen lassen sich auch an Statussymbolen ablesen, die hohen Status in einer gewissermaßen parallel organisierten Symbolik und Semantik mit den Geschlechtern verbinden. Ein Beispiel hierfür liefert die Reklame für *teure* Uhren – ,Männeruhren' und ,Frauenuhren': Wie schon das Produktdesign dieser Gegenstände selbst hebt auch die entsprechende Werbung für ,Männeruhren' primär auf den Aspekt der (besonderen) technischen Leistung, der Perfektion, Zuverlässigkeit, Robustheit, Langlebigkeit usw. ab, während Uhren für die Frau fast ausnahmslos als schöne, attraktive und attraktivitätssteigernde Schmuckstücke des (schönen) Frauenkörpers stilisiert werden. Entsprechend wird in der Werbung für ,Frauenuhren' hoher Status durch das Vorführen vermeintlich idealer Models und Stars, ästhetisch verfeinerter Bühnen und Kulissen, besonders ,geschmackvoller' Designs und raffinierter Gestaltungseffekte demonstriert, während in der an Männer adressierten Werbung bestimmte anspruchsvolle Aktivitäten, (Traum-)Berufsrollen und Umgebungen zu sehen sind, die den Bedarf an hochwertiger Technik plausibel machen sollen: Inszenierungen von Fallschirmspringern, Rennfahrern, Piloten, Hochsee-Seglern, Polarforschern oder erfolgreichen Architekten in den jeweils passenden ,Umwelten' und Handlungskontexten konstruieren Images von gesteigerter Männlichkeit und gründen damit hohen Status auch auf entsprechende ,Persönlichkeitseigenschaften'. Der (symbolisierte) hohe Status von Männern scheint in der Werbung regelmäßig der Größe, Stärke und Profiliertheit ihrer Persönlichkeit zu korrespondieren.

https://doi.org/10.1515/9783111168906-007

3.1 Stellvertretender Konsum und stellvertretende Muße

In anderen Skripts und Szenen werden die Geschlechter dadurch differenziert und differenziell qualifiziert, dass die Frau die konsumtive Komplementärrolle des produktiven und geldverdienenden Mannes übernimmt und damit in gewisser Weise dessen Status und Prestige anzeigt und ausführt (mit Implikationen für die eigene soziale Positionierung). Man könnte dann von einer Art Arbeitsteilung der Geschlechter sprechen: Was Männer durch Kompetenz und (insbesondere berufliche) Leistung erarbeiten, wird von Frauen ausgegeben und konsumierend zur Schau gestellt und symbolisch sichtbar gemacht. Auf der untersten Ebene geschieht dies in der Rolle der Hausfrau, die das vom Mann verdiente Geld im Interesse der Familie verwaltet und verbraucht. Ein Werbetext formuliert diese Frauenrolle so: „Mutter ist die Beste und Familienfinanzministerin. Sie gibt aus, was Vater verdient. Natürlich zum Wohle aller. Das gebührenfreundliche Girokonto von Wüstenrot hilft ihr dabei" (*Wüstenrot* 1990). Auch wenn in diesem Text die Statusdimension unthematisiert bleibt, wird eine natürliche Rollenverteilung von Gelderwerb (Mann) und Geldverbrauch (Frau) behauptet und unterstellt, dass selbstverständlich *sie* es ist, die dem abstrakten Geldwert eine konkrete Konsumgestalt verleiht. *Sie* ist diejenige, die in der Welt des Konsums die Entscheidungen trifft, und zwar nicht nur für sich selbst, sondern auch für alle anderen Familienmitglieder.

Sie ist in anderen Fällen auch diejenige, die das von ihm verdiente Geld zu seiner Freude und Prestigevermehrung in sich selbst bzw. ihre ‚Ästhetik' und Attraktivität investiert, die er direkt und indirekt konsumiert. Besonders deutlich wird das in Werbungen wie der folgenden: Auf einem Foto für eine Parfumreklame ist eine Frau zu sehen, die in einem Raum, dessen Dimensionen nebst entsprechenden Staffagen an ein Schloss denken lassen (antike Möbel, Intarsien an den Wänden, Kronleuchter usw.), vor einem kunstvollen (Schmink-)Spiegel sitzt und mit einer eleganten Fingerspreizung etwas Parfum an die Unterseite ihres Kinns tupft. Währenddessen sieht sie im Spiegel ihren Mann durch die Tür treten. Dieser ist mit den typischen Insignien des erfolgreichen Geschäftsmannes ausgestattet: ‚feiner' Anzug, entsprechende Lederschuhe, Aktenkoffer in der Hand und Trenchcoat im Arm. Dazu folgender Text: „Plötzlich öffnet sich die Tür. Er kehrt früher zurück als erwartet. Im Spiegel sieht sie ihn kommen. [...] Lang hat sie auf diesen Augenblick gewartet. Hat das neue Kleid angezogen und den schönsten Schmuck gewählt. Und auf Gucci No 3 vertraut. Den Duft, den er so mag" (*Gucci* 1989). Text und Bild vermitteln hier den Eindruck, dass die Frau sich tagsüber vor allem mit der Perfektionierung ihres Körpers beschäftigt (denn sie ist mit ihrer Toilette schon fertig, obwohl er früher als erwartet eintrifft, und hat zudem schon „lange auf diesen Augenblick gewartet"), während der Mann zur selben Zeit offenbar seinen wichtigen Geschäften nachgeht. Inszeniert wird also eine Frau, von der man kaum annehmen kann, dass der dargestellte Reichtum von ihr erworben wurde. Vielmehr ist anzunehmen, dass sie über denselben nur verfügt bzw. davon profitiert, weil sie es zu ihrer Aufgabe gemacht hat, erotisch attraktiv zu sein und dem Mann erotisches Glück zu bereiten – hier vor allem sichtbar gemacht durch ihr schwarzes Kleid mit ausgedehnten

Transparenzeffekten, tief ausgeschnittenem Dekolleté und einer Länge, die fast die ganzen Beine freigibt (die wiederum in ebenso ‚reizende' Strümpfe verpackt sind). Diesen Eindruck vermittelt auch die Überschrift „La Gucci Vita", unter dem diese Geschichte erzählt wird. Man kommt im Kontext dieser Werbung nicht umhin, dieses Motto als ein Wortspiel mit „Dolce Vita" zu verstehen, also als passenden Titel zu der dargestellten Idealisierung eines süßen Lebensstils (von Frauen), der von Müßiggang, Luxus und Vergnügung geprägt wird.

Veblen hat in diesem Zusammenhang von „stellvertretendem Konsum" und von „stellvertretender Muße" als einem unter ökonomischen Gesichtspunkten verschwenderischen Umgang mit der Ressource Zeit gesprochen. In der heutigen Werbung zeigt sich ‚stellvertretende Muße' sozusagen auf der untersten Stufe in Gestalt von als Mittelschichtangehörige vorgeführten Hausfrauen.[37] Deren alltägliche Arbeit (Kochen, Einkaufen usw.) wird in der Werbung, wie erwähnt, regelmäßig in die Nähe von Spaß und Freizeit gerückt, und zwar im Rahmen von Inszenierungen, deren Requisiten (z. B. Wohnungsinterieurs) zugleich den Wohlstand vor Augen führen, in dem *sie* ihre Tage verbringt. Für diesen Typ scheint folgende Feststellung Veblens nicht unpassend zu sein:

> Die Muße der Frau ist [...] natürlich nicht eine bloße Manifestation der Faulheit; sie versteckt sich vielmehr fast immer hinter der Maske irgendeiner Arbeit, entweder hinter Haushalts- oder gesellschaftlichen Pflichten, die bei genauerem Zusehen allerdings keinen oder kaum einen Zweck verfolgen als den zu beweisen, daß die Frau es nicht nötig hat, sich mit irgendeiner gewinnbringenden oder nützlichen Arbeit zu beschäftigen. [...] Das angesehene, präsentable Zubehör des bürgerlichen Haushaltes besteht einerseits aus Stücken des demonstrativen Konsums und andererseits aus Einrichtungen, welche die stellvertretende Muße der Hausfrau zur Schau stellen sollen (Veblen 1997, S. 90 f.).

Neben (Haus-)Frauen, deren ‚Arbeit' es ist, das offenkundig hochwertige und großzügige Wohnungsambiente zu perfektionieren, tauchen Frauen auf, deren freie Zeit nicht wie die Freizeit der Werbemänner als andere Seite der Arbeitszeit erscheint (also als Feierabend, Wochenende oder Urlaub), sondern sozusagen als Eigenschaft ihres ganzen Lebens. „Ich bin Forscherin. Ich experimentiere mit Nahrungsmitteln und Kalorien, mit Kleidungsstücken und Geldmengen, mit nackter Haut und Kerzenlicht", heißt es zu dem Portrait einer Frau, das in einer Reklame für die ‚Frauenzeitschrift' „Brigitte" in dieser Text-Bild-Kombination für eine geeignete Generalisierung der tagesausfüllenden Tätigkeiten und der Interessen der Zielgruppe der Zeitschrift und damit für eine werbewirksame Imagekampagne gehalten wird („Jede Frau hat was von Brigitte", *Brigitte* 2002).

---

37 Veblen (1997, S. 79–93) deutet die Variante, bei der Frauen (und nicht z. B. Dienstpersonal) den stellvertretenden Konsum praktizieren, überhaupt als eine Praxis der Mittelschicht der modernen Industriegesellschaften: Die Möglichkeit zu permanentem Müßiggang und Konsum als Privileg einer exklusiven Oberschicht erscheint in der neu entstehenden Mittelschicht sozusagen als eine reduzierte Modulation, bei der lediglich einer der (Ehe-)Partner von der Arbeit freigestellt werden kann, um Überfluss darzustellen.

Der hier gemeinten kosmologischen Botschaft verleiht die Werbung noch dadurch Nachdruck, dass sie Frauen nicht nur einsam sondern auch gemeinsam mit Geschlechtsgenossinnen müßig gehen lässt. Man sieht zum Beispiel Freundinnen, die – Kindern ähnlich – ,Verkleiden' spielen, sich per E-Mail über gute Einkaufsmöglichkeiten informieren (z. B. von Intimschmuck, *eBay* 2002), in Plauderrunden zusammensitzen oder stundenlang zu telefonieren scheinen (siehe oben).[38] Die dominierenden Themen dieser weiblichen ,Ensembles' sind Konsum und Lifestyle, wie zum Beispiel ein Reklamefoto zweier ungefähr 40 Jahre alter ,Freundinnen' zeigt, die nach Auskunft des Textes „nie über guten Geschmack streiten [...] höchstens darüber, wer ihn anziehen darf" (*Betty Barclay* 2000).

3.2 ,Luxusweibchen'

Der hier thematischen geschlechtsspezifischen Kapital- und Status-Logik entspricht in reinster Form das von Christiane Schmerl (1992) so bezeichnete „Luxusweibchen". Bei diesem Typus (Image) verschmelzen Leben, Muße und Konsum im Rahmen gehobener bis feiner Milieus. Im Unterschied zum Einkaufsbummel der vergleichsweise statusniederen (Mittelschichts-)Hausfrau, die auch immer wieder ,just for fun', das heißt ohne sachliche Notwendigkeit, ,shoppt', dient das Konsumhandeln dieses Frauentyps dem Finden und Auswählen besonders exklusiver (Luxus-)Objekte (vorzugsweise Kleider und Schmuck). Um diese Bedeutung zu vermitteln, situiert die Werbung die Akteurinnen in entsprechend aussagekräftigen Umgebungen, zum Beispiel in exklusiven Juwelierläden oder Boutiquen in augenscheinlich nobler Nachbarschaft (das heißt jenseits der Einkaufsmeilen für die Massen). Als (fotografische) Kurzbeschreibungen des ,Luxusweibchens' fungieren immer wieder Bilder von müßiggehenden Frauen in luxuriösen Wohnungen und Häusern (häufig auf dem Sofa platziert) oder Bilder von Frauen, die an beiden Händen mehrere Einkaufstaschen tragen, die mit den (Marken-)Namen ,großer' Designer oder Hersteller bedruckt sind und entsprechend für jedermann sichtbar machen, auf welchem Preis- und Geschmacksniveau die jeweilige Dame zu konsumieren befähigt und gewohnt ist.

Eine in den letzten Jahren öfter zu sehende Variation dieses Sujets ist das kosmopolitische ,Luxusweibchen', dessen Weltbürgertum sich auf globale Shoppingerfahrungen gründet: „Die neuen Trends finde ich nicht in Magazinen. Sondern in aller Welt", lautet der Kommentar zu einem Foto, das eine Frau zeigt, die überglücklich mit ihren Einkaufstaschen auf dem Hotelbett liegt (*Lufthansa* 2002). Den Eindruck, dass frau dabei nicht *ihr* Geld, sondern das ihres (oder eines) Mannes in Anspruch nimmt, konkretisiert eine andere Anzeige derselben Kampagne der werbenden Fluglinie: Zu sehen ist eine

---

38 So freut sich eine besonders emsige ,Telefonistin' in einer langen Aufzählung: „Mit der T-Card kann ich meine Freundin vom Hotel aus, vom Münztelefon aus, aus der Bar, aus dem Urlaub, aus der Wüste, aus dem Restaurant, von Freunden aus, auf eigene Rechnung, ohne Kleingeld, über deutschsprachigen Operator, ohne Hotelzuschläge anrufen" (*T-Card* 1998).

Frau, die fasziniert die Auslage eines Juweliers betrachtet, jedoch – so der Werbetext – den Kauf nicht selbst verantworten kann, sondern jemand anderem rechenschaftspflichtig ist, so dass die Werbung folgende ‚Notlüge' empfiehlt: „Behaupten Sie einfach, der Flug war teuer" (*Lufthansa* 2002).

Die (Werbungs-)Realität bzw. die Figur des ‚Luxusweibchens' und des (dafür) zahlenden Mannes, der sich dieses Wesen leistet, setzen auch diejenigen Werbungen voraus, die (mehr oder weniger humoristisch) Frauen explizit als kostspieliges Unterfangen für ihre Männer beschreiben – so zum Beispiel eine Autowerbung, die auf das Bild einer Diamantkette („Das letzte Geschenk ging wieder an Ihre Frau") das einer Motor-Laschenkette mit einer offensichtlich an den Mann adressierten Empfehlung folgen lässt: „Jetzt sind Sie mal dran" (*Audi* 1999).

4 Geschlechterkörper als Natur- und Produktkörper

Schon die bisherigen Untersuchungen haben in allen ihren Bezugsrahmen (Interaktionsordnung, Lebensbereiche/Felder, Status) gezeigt, dass der Körper in der Werbung eine vielseitige Schlüsselrolle in der Konstruktion der Geschlechter bzw. Geschlechterdifferenz spielt. An den Körpern bzw. körperlichen Aspekten macht sich diese Differenz vorzugsweise fest bzw. wird sie festgemacht. Körper fungieren gleichsam als kosmologische Projektionsleinwände und symbolische Medien der Geschlechterdifferenz(ierung). Das schließt auch Vorstellungen und Darstellungen von Natur, ja die Ideen der Natur und der Natürlichkeit selbst ein, aber auch die unnatürlichen (künstlichen) und nicht-menschlichen Körper der Produkte, die im Mittelpunkt der Werbungsinszenierungen stehen.

4.1 Geschlechterkörper und (als) Naturkörper

Wie Niklas Luhmann feststellt, hat sich die Natursemantik bis zum 18. Jahrhundert zu einer „Blumen-/Vögel-/Bäume-Natur" entwickelt, die bis heute tradiert wird (vgl. 1995, S. 9).[39] Betrachtet man die Werbung, so könnte man meinen, dass in der Luhmannschen Aufzählung von Naturobjekten die Frau als bedeutsame Spezies vergessen wurde. Die Werbungsinszenierungen, in denen sie als Teil jener unversehrten, reizvollen und schönen, ja paradiesischen ‚Blumen-/Vögel-/Bäume-Natur' erscheint, sind jedenfalls typisch und vielgestaltig. So häufen sich neben textuellen Vergleichen von Natur und Frau visuelle Darstellungen, die ein entsprechendes Sein und ‚mimetisches' Vermögen des weiblichen Geschlechts demonstrieren. Frauen (und ihre Körperteile) erscheinen als Pflanzen und Tiere, als Korallen, Sträucher, Blumen oder ‚Raubkatzen', Schlangen, Fische usw. Oder sie werden mit dieser ‚Natur' in enge Verbindung gebracht.

Die Reklame-Assoziationen und Reklame-Vergleiche der Frau mit der Natur oder Naturobjekten sind spezifisch bedeutungsvoll und zugleich ambivalent.

Eine hervorstechende Variante und Bedeutung ist die Frau als schönes Bild, als ‚Anblick': Sie wird im Zusammenhang mit Naturmotiven in ein (hyper-)ästhetisches

---

39 Diese Semantik hält Luhmann für ein Gegenmodell zu dem Naturbegriff der Naturwissenschaften: „Wir wissen aus naturwissenschaftlichen Forschungen, daß die Natur unerträglich ist, fast überall viel zu heiß oder viel zu kalt, strahlenreich und nur unter ganz außergewöhnlichen Bedingungen in der Lage, organisches Leben zu ermöglichen. [...] Dem setzen Natur-Fans, die es seit der Frührenaissance, jedenfalls seit dem 18. Jahrhundert, seit der Beschreibung von Großstädten (Paris, London) gibt, einen ganz anderen Naturbegriff entgegen. Dieser Begriff dient als die andere Seite einer Kritik der Gesellschaft. Er beschreibt die gesellschaftlich unversehrte Natur, eine Blumen-/Vögel-/Bäume-Natur, eine Natur für Urlauber, die es nicht nötig haben, Schuld auf sich zu laden oder es nicht bemerken" (Luhmann 1995, S. 9). Dieses Naturverständnis bildet die Hintergrundvorstellung für verschiedene Naturparadiese der Werbung.

https://doi.org/10.1515/9783111168906-008

Objekt transformiert.[40] Frauen sind dann Natur im Sinne von (rein) ästhetischen Effekten, die vielfach auf erotische Natur (oder: natürliche Erotik) verweisen,[41] als deren Essenz und Krönung die betreffenden (jungen) Frauen inszeniert werden. Diese Rahmung steht neben der oder geht einher mit der des Eltern-Kind-Komplexes, der Reduktion oder Heruntermodulation von Frauen und Mädchen auf „natürliche Rahmen" (Goffman 1977). ‚Natürlichkeit' ist hier mindestens im Sinne von Kindlichkeit, wenn nicht von völliger Willenlosigkeit und (sozialer) Unfähigkeit zu verstehen. Auch die Gleichsetzung von Frau/Mädchen mit Natur-Ästhetik ist eine ‚natürliche Rahmung' und damit Entsubjektivierung.

Die in diese Richtung gehenden Rahmungen der Werbung befreien ihre Frauen und Mädchen (und ihr weibliches Publikum) allerdings nicht von den sozialen Zwängen, der ‚Natürlichkeit' ihres Körpers enge, ja besonders enge Grenzen zu setzen und ihr aktiv mit Hilfe von Produkten (Hygieneprodukten, Schönheitsprodukten usw.) entgegenzutreten. Ihnen wird jedenfalls viel weniger als den Männern und Jungen gestattet, ihren Körper sich selbst (seiner Natur) zu überlassen. Vielmehr stehen sie in dieser Hinsicht – heute mehr denn je – unter stärkstem Selbstkontroll-, Stilisierungs- und Ästhetisierungsdruck.

In den Körper-, Natur- und Natürlichkeitsdarstellungen der Werbung steckt also eine systematische Paradoxie: Den Phantasie- und Idealbildern von bloßer, reiner und schöner Natur und Natürlichkeit und von natürlicher Schönheit, insbesondere des weiblichen Erotikkörpers, stellt die Werbung die Idee und die Verpflichtung gegenüber, die Natur/Natürlichkeit des Körpers ‚in Form' bzw. in die Form ihrer Produkte zu bringen. Sie empfiehlt oder verlangt also im Umgang mit dem (eigenen) Körper auch ‚produktive' Künstlichkeit. Der Körper – und gerade der Frauenkörper – soll auch ein Kunstwerk sein, und aus ihm soll ein Kunstwerk werden. Allerdings kann dieses Kunstwerk nach Auskunft der Werbung niemals vollendet sein, und an ihm ist aus Naturgründen mit produktiver Hilfe permanent und lebenslang zu arbeiten, um es zu erhalten und zu steigern.

Auch Werbemänner bleiben, abhängig von den beworbenen Produktbereichen, von dieser Logik nicht oder nicht mehr völlig verschont. Ihnen wird aber ein viel höheres Maß an tatsächlicher physischer/korporaler ‚Natürlichkeit' zugestanden als dem ‚anderen Geschlecht'. Ihr Verhältnis zur Natur besteht nicht unbedingt oder jedenfalls viel weniger darin, aus dem eigenen Körper ein Kunstwerk zu machen und die Kunst zu üben, natürlich zu erscheinen.

Werbemänner machen in Verbindung mit Naturkontexten vielmehr typischerweise den Eindruck, ausschließlich auf Umwelt- bzw. äußere Natur*beherrschung* festgelegt zu sein. Gleichzeitig gibt zum Beispiel der ‚Naturbursche' (vorwiegend zu finden in Werbungen für Zigaretten, Bier, Funsport, Outdoorbekleidung und dergleichen) seinen

---

40 Und als solches Natur-Objekt können Frauen auch mit Produkten verglichen werden (siehe unten).
41 In diesem Sinne können auch die zahlreichen Darstellungen gedeutet werden, die Frauen als schöne und wilde Tiere – vorzugsweise als (wilde) Katzen – inszenieren (vgl. Schmerl 1992, S. 33).

Körper als ‚Naturprodukt' zu erkennen. Typische weibliche (zivilisatorische) Ressourcen der Selbstdarstellung und Selbststilisierung, wie zum Beispiel Frisur und Kleidung, sind diesen herben Mannsbildern gänzlich fremd oder gleichgültig. Wie die Kleidung erscheint ihr typischerweise muskulöser Körper als funktionale Basis des (Über-)Lebens in der Natur und ist ebenso wie die gegerbte Haut und das vom Natur-Leben geprägte Gesicht Zeichen eines authentischen und autonomen Ichs in der und *gegenüber* der Natur.

Der Mann wird hier also nicht als bloß natürlich oder als passiver Teil der Natur, sondern als *Handelnder* dargestellt, den gerade die ihn umgebende (‚wilde') Natur als solchen profiliert und herausstellt. Seine ‚Rolle' ist die des selbstbestimmten und souveränen Individuums, das dank seiner Natur die ihm äußere Natur (auch die Tiere) beherrscht, unterwirft und bei Bedarf (z. B. als Cowboy oder Jäger) nutzt. Auch wenn er in der Natur nachdenklich mit Fernblick auftritt, erscheint er in kontrollierter und kontrollierender Distanz zu seiner Umwelt. Diesem Image stehen die Frauen gegenüber, die nichts als (schöne) Natur zu sein scheinen und gerade dadurch – Männer wie auch gleich gepolte Geschlechtsgenossinnen – beeindrucken. Die Lyrik zweier Parfumreklamen bringt die hier gemeinte Differenz auf den Punkt: „Du bist die strahlende Sonne, die mich betört", heißt es zum Bildnis einer Frau (*Lancôme* 1997), während die Darstellung eines Mannes, der auf einem Floß stehend den Regenwald erkundet, untertitelt ist: „A man's nature – deep forest" (*Bogner* 1995). *Sie* ist (wie) die schöne Natur; *er* sieht die Natur als wilde Natur, die es zu erobern gilt und die er dank seiner Natur erobern kann.

An zahllosen Beispielen lässt sich zeigen, dass (auch) die Natur in der Werbung gleichsam als Bühne und Kulisse einer (kosmologischen) Geschlechteranthropologie fungiert, als allegorischer Hintergrund im Dienste der Beschreibung des unterschiedlichen ‚Naturells' der Geschlechter. Diesbezüglich bedient sich die Werbung neben und mit einer Symbolik und Semantik der Tier- und Pflanzenwelt auch einer Art Metaphorik der Landschaft. So sind zerklüftete Canyons, (Eis-)Wüsten, Ozeane, reißende Wildbäche, Urwälder und andere riskante und anforderungsreiche Landschaften natürlich ein (Er-)Lebensraum des Mannes – sie artikulieren seine Natur, die die Herausforderung und das Abenteuer sucht, findet und (oft einsam und auf sich gestellt) meistert. Frauen befinden sich dagegen meist in sanft anmutenden Landschaften, die den analogen weiblichen Körper vor keine größeren Herausforderungen stellen, es sei denn, ein Mann ist stützend und schützend in der Nähe. Idyllische Szenerien wie Frühlingswiesen, Gärten oder Sandstrände werden vorzugsweise als *ihr* natürlicher Lebensraum ins Bild gesetzt. Beliebt ist auch eine feminine Paradiesnatur, die (z. B. als ‚Südsee') nicht nur keine Anforderungen stellt oder Herausforderung darstellt, sondern vielmehr Leichtigkeit und Harmonie andeutet oder bedeutet – ähnlich wie die Kindheit in ihrer „Mittelschicht-Idealversion" (Goffman 1981).

Dem entspricht eine ‚männliche' Vorstellung von der wilden Natur als Ort der *gesuchten* Hausforderung, Bewährung und Demonstration von (angeblich männlichen) ‚Tugenden', wie sie auch im Sport (Wettkampf) oder als Sport zum Ausdruck kommen und demonstriert werden: Charakterstärke, Mut, Kameradschaft, Leidensfähigkeit,

Ausdauer usw., die gerade auch in Mannschaftssportarten wie Fußball oder bei riskanten Aktivitäten wie Bergsteigen eine wichtige und legendäre Rolle spielen.

4.2 Geschlechterkörper und (als) Produktkörper

Die lebensweltlichen und die (werbe-)medialen Geschlechterperformanzen erstrecken sich – mit dem menschlichen Körper als zentralem Bezugsrahmen und Darstellungsmedium – auf verschiedenste Bereiche der „Materialität der Kommunikation" (Gumbrecht/Pfeiffer 1988). Diverse Materialien und Dinge können als Grundlage der symbolischen/rituellen Geschlechterkodes verwendet werden und gestatten gleichsam Aussagen über die Geschlechter, dieses oder/und jenes Geschlecht.

Entsprechend komplex und spezifisch gestalten sich in der Werbung die Verhältnisse zwischen den Geschlechtern einerseits und den Produkten (Produktwelten) andererseits. Die Inszenierung von Gegenständen als weiblich oder/und männlich kann dabei ebenso eine Rolle spielen wie die geschlechtsspezifische Verdinglichung des Akteurs/der Akteurin durch die jeweilige Darstellung, wobei in nicht wenigen Fällen beide Aspekte vorkommen und in Beziehung zueinander stehen bzw. gestellt werden. Zu diesen Fällen gehören zum Beispiel Werbungen, in denen bestimmte ästhetische Ähnlichkeiten von Produkt- und Menschkörper inszenatorisch konstruiert oder hervorgehoben werden. Wenn ein Parfumflakon oder ein „Lady-Shaver" ‚weibliche Linien' nachahmt, oder wenn Frauen als (Barbie-)Puppen inszeniert werden, dann handelt es sich um symbolische Analogiebildungen von Produkt- und (Frauen-)Körper, die auf beiden Ebenen ansetzen und diese in eine spezifische (vergleichende) Beziehung bringen.

In anderen Fällen übernimmt die Sprache eine zusätzliche Rahmungsfunktion. Wenn zum Beispiel ein Diktiergerät als „Sprechstundenhilfe" erscheint („klein, schwarz, flott, sucht tonangebenden Partner"), oder wenn die Abbildung eines Autos mit dem Text überschrieben wird: „Sie (die „S-Klasse", Anm. d. Verf.) kann hören, sehen und fühlen" (*Mercedes* 1998), dann geht es um eine sprachbasierte Vermenschlichung und Vergeschlechtlichung von Gegenständen, die das Begehren nach diesen (fast ausnahmslos als weiblich identifizierten) Gegenständen strukturieren soll. Zu diesen Vermenschlichungen kommt eine Verdinglichung menschlicher Darsteller/-innen hinzu, wenn Abbildungen, die sowohl Produkte als auch Personen (Frauen) zeigen, in einer Art und Weise von dem Werbetext kommentiert werden, die offenlässt, worauf sich die Botschaft des Textes bezieht. Wenn eine Reklame für „die schlanke Jalousie von Luxaflex" fragt: „Fliegen Sie auf elegante Schlanke mit zarten Rippen?", oder wenn das Foto einer leicht bekleideten Frau, die sich an eine Lautsprecherbox schmiegt, mit dem Text kommentiert wird: „Er konnte die Augen nicht von ihr lassen und ihr Klang hatte ihn verzaubert. Eine JBL-LX ist zu schön, um nur eine Box zu sein", dann werden Produkte mit menschlichen (oft erotischen) Attributen versehen, während Frauen zugleich einen sozusagen ontologischen Status erhalten, der sich dem von Objekten annähert.

Eine geschlechtsspezifische Logik zeigt sich auch bei der Attribuierung von Objekten (Produkten) als männlich *und* weiblich.[42] Wenn zum Beispiel durch entsprechende Bildmontagen die Technik (des Motors, der Elektronik usw.) als wesensverwandt mit der Rationalität des Mannes dargestellt wird, während gleichzeitig die schönen Formen des Designs in Analogie zu *ihr* (ihrem Körper) erscheinen, dann werden beide kosmologischen Geschlechterthemen in einem Produktimage vereint, ohne dass diese Integration von Geschlechtsattributen die soziale Geschlechtsdifferenz nivelliert. Es handelt sich hier vielmehr um die Integration eines Unterschiedenen als Unterschiedenes, wobei die Differenz dadurch aufrechterhalten wird, dass die geschlechtsspezifischen Stilelemente eine Art Arbeitsteilung praktizieren, die in einem Oberflächen-Tiefen-Verhältnis organisiert wird: Das Männliche tritt als funktionale, strukturelle, unsichtbare Tiefe und das Weibliche als dekorative, elegante, verspielte und in erster Linie schöne Oberfläche auf.

In einem geschlechtsdifferenten und geschlechterdifferenzierenden Werbe-Licht erscheint häufig auch die *Verwendung* von Produkten bzw. Produktklassen. Im Anschluss an traditionelle und bis heute sozial weit verbreitete geschlechterkosmologische Vorstellungen (siehe oben) wird zum Beispiel die themengebundene Kompetenzverteilung von Frau und Mann auf die Nutzung von Produkten projiziert. Während etwa Produkte, deren Gebrauch nur geringe technische Kompetenzen voraussetzen, hauptsächlich in *ihren* Praxis- und Zuständigkeitsbereich fallen und diesen sozusagen verkörpern,[43] wirbt *er* in der Regel für kognitiv bzw. technisch/praktisch anforderungsreiche(re) und anspruchsvolle(re) Objekte (vgl. Brosius/Staab 1991, S. 293; Bergler/Pörzgen/Harich 1992, S. 67). Entsprechend sind es Frauen, die die leichte Bedienbarkeit bzw. Benutzerfreundlichkeit von Produkten, insbesondere technischen Apparaten, glaubwürdig demonstrieren. Frauen – prototypisch die einschlägig profilierte Werbefigur Verona Feldbusch[44] – stehen gewissermaßen für den technisch ahnungslosen oder

---

[42] Vor allem an der Werbung für Hightech-Geräte lässt sich eine Verdoppelung von ‚produktiven' Geschlechtsattributen beobachten.

[43] Zu nennen sind hier die Felder: Körperpflege, Kosmetik, Lebensmittel, Haushaltsartikel (insbesondere Reinigungs- und Waschmittel), Drogerieartikel, Babypflege und Kleidung (vgl. Belkaoui/Belkaoui 1976, S. 170; Bretl/Cantor 1988, S. 601; Brosius/Staab 1991, S. 293; Bergler/Pörzgen/Harich 1992, S. 67).

[44] Verona Feldbusch (mittlerweile Verona Pooth) wird als Medien-Figur (ähnlich wie Produkte) mit einem spezifischen Image assoziiert, das in der Werbung eingesetzt wird. Dieses Image ist das des erotisch attraktiven und auf den ersten Blick naiven und unbedarften ‚Weibchens', das sich im Wesentlichen an die traditionelle Kosmologie (Hierarchie) der Geschlechter hält. Dazu gehört auch das von Goffman (1969) beschriebene „Dummspielen", das Frauen strategisch einsetzen (eingesetzt haben), um Männern das Gefühl der Überlegenheit zu vermitteln. Dieses Dummspielen ist – in Kombination mit der Betonung erotischer Attraktivität, die vor dem Hintergrund der (gespielten) Unterlegenheit als umso zugänglicher und verlockender für ‚jedermann' erscheinen soll – der Image-Kern der Medien-Figur Feldbusch. Der Unterschied zu der klassischen Variante des Dummspielens besteht hier allerdings darin, dass es sich selbst als solches vorführt: Wenn Verona Feldbusch in einem Spot für einen Telefondienstleister den Slogan formuliert: „Da werden Sie geholfen" (*Telegate*), oder wenn sie für den Hersteller einer Videocamera posiert, dessen Gerät sich angeblich durch „veronagerechte Bedienung" auszeichnet (*JVC* 2001), dann ist Dummspielen nicht nur eine reflektierte Strategie des jeweiligen (weiblichen) Subjekts, sondern wird auch als reflektiertes Verhalten in der Kommunikation selbst gerahmt. Vielleicht begründet diese

ungeübten ‚jedermann' schlechthin. Ein geschlechtsspezifisches Inkompetenz-Image (‚Vorurteil') wird hier also werbestrategisch in Dienst genommen.

Form der Reflexion auf das traditionelle Geschlechterverhältnis den Erfolg des ‚Markenprodukts Feldbusch': Bestehende Rollenmuster werden ebenso vollzogen wie in ihrer übersteigerten Anwendung ‚ironisch' auf Distanz gebracht, so dass moderne (‚progressiv-emanzipierte') wie traditionelle Erwartungen an die ‚Rolle der Frau' zugleich bedient werden – wobei die Bestätigung des Traditionellen im Falle Feldbusch überwiegen dürfte.

5 (Körper-)Idealisierungen und Stigmatisierungen

Die massenmediale Werbung verfolgt ihre strategischen Ziele auf der Basis von dramaturgischen Informationssynthesen, die eine möglichst ‚positive' Bewertung der beworbenen Objekte beinhalten und bewirken sollen und die im Zusammenhang damit normalerweise überhaupt eine ‚idealistische' Version des (Da-)Seins bzw. eine ‚schöne Welt' darstellen. Schon Goffman hat dieses von Schmidt und Spieß (1997, S. 38) als „Ausblendungsregel" bezeichnete Prinzip der Werbung bzw. der Reklamefotografie beschrieben. Ein Reklamefoto ist Goffman zufolge auch eine Inszenierung „sozialer Ideale, aus der alle Vorgänge und Bedeutungen, in denen das Ideal nicht präsent ist, fortgelassen – gewissermaßen aus dem Sichtbar-gemachten herausredigiert wurden" (Goffman 1981, S. 327).

In dem strategisch motivierten Idealismus der Werbung steckt damit einerseits die Wahrnehmung und Beobachtung real existierender ‚sozialer Ideale', die die werblichen „Symbolverkäufer" (Sahlins) im Auge haben und im Blick auf ihre Zielsetzungen stilisieren müssen, und andererseits eine kosmologische Wirkung oder Funktion: die Heraushebung, Bestätigung und Verstärkung von kosmologischen Konstrukten, von Sinn-, Wert- und Symbolgrundlagen der ‚gesellschaftlichen Konstruktion der Wirklichkeit'. Ihre kategoriale und normative Architektur wird von der Werbung *faktisch* unterstützt.

5.1 Normalistische Strategien

Die kosmologische Wirkung und Funktion der Werbung erschöpft sich nicht in stilisierten Beschreibungen und Bildern ‚sozialer Ideale' und ‚schöner Welten'. Die Werbung partizipiert auch an einem spezifischen „Diskurs- und Dispositiv-Netz" der Normalitätskonstruktion, das als Macht und mit Macht in die soziale und psychische Lebenswirklichkeit hineinwirkt und auf sie einwirkt. Jürgen Link (1997) nennt dieses Netz – im Anschluss an Foucault – „Normalismus".[45] Die Werbung kann als eines seiner Teilsysteme betrachtet werden – mit einer erheblichen Bedeutung auch für die Realität und Normalität der Geschlechter.

---

45 Link definiert dieses ‚Netz' bzw. die ‚normalistische Ebene' im Unterschied zur Normativität: „Die Gesamtheit der normalistischen Diskurskomplexe und Dispositive konstituiert innerhalb der gesellschaftlichen Wirklichkeit eine eigene operationale, symbolisch eindimensionale Ebene, die als ‚Signal-, Orientierungs- und Kontrollebene' gegenüber anderen, bereits bestehenden Ebenen aufzufassen ist. Ein gutes Beispiel ist das Verhältnis von Normalität zu Normativität: Das juristische Teilsystem (im Sinne Luhmanns) teilt das Verhalten binär nach der Unterscheidung Recht/Unrecht' und legt entsprechende Verfahren und Sanktionen fest. Die Normalität etabliert ‚parallel' dazu eine zweite, eindimensionale und graduierte Ebene, die das entsprechende Verhalten rein statistisch erfasst und nach seiner Verteilung zwischen Extrempolen und Durchschnitten anordnet. Die normalistische Ebene stellt gegenüber der normativen eine Ebene der Zweitcodierung, des Vergleichs, der Kontrolle und der Signalisierung dar" (Link 1997, S. 344).

https://doi.org/10.1515/9783111168906-009

Auf diskursiven Wegen, aber auch – und im Zusammenhang damit – durch eine ‚Statistik der Bilder' fungiert die Werbung jedenfalls als eine normalistische Instanz von ‚Definitionen', Grenzziehungen, Vergleichen und Kontrollen: Sie zelebriert Ideale und Normen, die auf *Abweichungen* verweisen, und *Abweichungen*, die Normen und Ideale aufrufen. Letztere werden auch dadurch beschworen und gestützt, dass die Werbung für alle Fälle von Abweichung, die sie thematisiert, immer ‚produktive' Lösungen (Waren, Dienstleistungen) anbietet, die beanspruchen, ein Weg oder Rückweg zum Normalen, Normierten oder Idealen zu sein.

Eines der Hauptthemen, wenn nicht *das* Hauptthema des Werbungs-Normalismus ist der Körper, der in diesem Rahmen Gegenstand verschiedener Strategien ist. Eine besteht in sachlich konkreten Markierungen von Abweichungen in Form kleiner Aufführungen, die die Werbespezialisten konzipieren und inszenieren.

Eine solche normalistische Strategie zeigt sich im Zusammenhang mit Körperthemen z. B. in der Vorführung ‚realer' Situationen, in denen der Körper als Störungsquelle oder Problemzone erscheint, die sich mit dem jeweils beworbenen Produkt günstig beeinflussen, aus der Welt schaffen oder vermeiden lässt. Es geht dabei um Formen „normaler Abweichung" (Goffman 1967), zum Beispiel Falten, Übergewicht, Mundgeruch, Schwitzen, Zahnausfall, Hautunreinheiten, Haarausfall usw., die als ‚Deviationen' und als Probleme markiert werden, die lösbar und sozusagen lösungspflichtig sind. Man könnte diesbezüglich mit Goffman (1967, S. 78 f.) von Stigmatisierungen sprechen oder mit Link (1997, S. 340 ff.) von einer „protonormalistischen" Markierung und Stabilisierung einer „Normalitätszone".

Eine andere normalistische Strategie, die sich wiederum gerade in Bezug auf den Körper zeigt, besteht in einer Dramaturgie der Perfektion. Die Aufmerksamkeit gilt dabei nicht einem klar bestimmbaren, benennbaren und ‚produktiv' zu bekämpfenden Makel, sondern umgekehrt dem in seiner Ganzheit *vollkommenen* Körper. Mit ihren diversen ‚Idealfiguren', die sie durch die Selektion ihrer Darsteller und durch den Einsatz professioneller Ästhetisierungstechniken erzeugt (von der Maske über die Lichtführung bis hin zur computergestützten Bildbearbeitung), lässt die Werbung ideale Schönheit als für jedermann bzw. jedefrau erreichbar erscheinen. Die werblichen ‚Idealfiguren' verkörpern einen offenen Horizont von Standards, deren Erreichung die jeweiligen Produktbewerbungen in Aussicht stellen, fordern und motivieren.[46]

5.2 Geschlechtsspezifische Idealisierungen und Stigmatisierungen

Der Normalismus der Werbung inkludiert und betrifft im Prinzip beide Geschlechter, ist aber nicht ‚geschlechtsneutral'. Der binäre Code des „Geschlechtsrahmens" (Hettlage

---

[46] Mit Link könnte man von einer „flexibel-normalistischen" Strategie sprechen. Die Normalitätsgrenze wird dabei „durch keine harte semantische und insbesondere symbolische Markierung als Stigmagrenze fixiert" (Link 1997, S. 340).

1991) wirkt sich vielmehr auch auf die normalistischen Inszenierungsmodi der Werbung als Unterschied und Unterscheidung aus.

Dies gilt auch und gerade für die Dramaturgie der Korporalität bzw. der Schönheit, so wie sie oben vorgestellt wurde. Zwar ist unübersehbar, dass mittlerweile auch die männliche Figurenwelt der Werbung in einigen Produktbereichen zunehmend einem ‚Schönheitsdiktat' unterworfen wird, aber während der ‚schöne Mann' als Werbungsfigur an Prägnanz gewinnt, bleiben dem männlichen Werbungsadressaten appellierende Kampagnen, die seine defiziente Schönheit ansprechen, bisher weitgehend erspart. Eine Seltenheit stellen zum Beispiel an den Mann adressierte Werbungen dar, die im Sinne des ‚Vorher-Nachher-Schemas' den Abbau von Fettpolstern oder den wundersamen Effekt des Face-Liftings demonstrieren (vgl. Schmerl 1992, S. 30).

Auch das ‚anthropologisch konstante' Faktum des altersbedingten Schönheitsverlustes steht hartnäckig in Verbindung mit werblichen Markierungen/Stigmatisierungen, die einen ziemlich klaren Grenzverlauf zwischen den Geschlechtern anzeigen (vgl. Thimm 1998). So wird die Alterung von *Frauen* als kompensierbares und die Betroffenen zur Kompensation geradezu verpflichtendes Defizit dargestellt: „Wenn einer Blume Nährstoffe fehlen...", heißt es dann zum Beispiel (*Monteil* 1995).[47] Männerfalten, graue Haare oder sogar Glatzen sind dagegen in der Regel nach wie vor unproblematisch und können sogar als Ausweis von ‚Persönlichkeit' und ‚Charakter' positiv bewertet werden.

Die Verfassung der ‚Figur' bietet weitere Anlässe für geschlechtsspezifische Schönheitsthematisierungen und Schönheitsbeschwörungen. So erscheint *Schlankheit*, die in zahllosen Werbungen vorgeführt und dramatisiert wird, in erster Linie als Identitätswert, Ideal und Norm für die Frau und dementsprechend im Abweichungsfall für *sie* als mehr oder weniger dramatisches Stigma. Dabei macht es keinen Unterschied, ob die (Werbe-)Frau in beruflichen oder privaten Kontexten agiert, als ‚Karrierefrau' oder ‚Hausfrau'.

Eine normalistische Differenzierung der Geschlechter bzw. eine geschlechtsspezifische Stigmatisierung zeigt sich auch in puncto Sauberkeit und Reinheit. Auf dieser Ebene erscheinen die Werbefrauen nicht nur als diejenigen, die als ‚Hausfrauen' die Einhaltung von Reinheitsnormen im Haushaltsbereich zu gewährleisten haben. Vielmehr sind und werden sie auch besonders verpflichtet, gegenüber dem eigenen Körper als Reinheitsrichter/-in, Reinheitspolizei und Reinheitstechniker/-in aufzutreten, und zwar im Sinne eines im Vergleich mit Männern verschärften und spezifizierten Rein-

---

47 Man denke hier an die obigen Überlegungen zum weiblichen „Natur-Körper". Eine euphemistische Strategie besteht in diesem Zusammenhang darin, von „reifer" oder ‚anspruchsvoller" Haut zu sprechen, so als sei eigentlich erst jetzt der ‚produktiv' zu unterstützende Zenit ihrer natürlichen Schönheit in Sicht. Dabei ist klar, dass die „Frau ab Vierzig" ihn, verglichen mit den abgebildeten Models, längst überschritten hat. Der neuere Trend, ältere – wenngleich immer noch relativ ‚gutaussehende' – Models für bestimmte Kosmetikwerbungen einzusetzen, mag dazu beitragen, die Schönheitsnormen in ein „realistischeres" Verhältnis zum jeweiligen Alter zu bringen. Dies ändert aber nichts an der in der Werbung generell zugespitzten Negativbewertung des Alterungsprozesses selbst bzw. des weiblichen Alterungsprozesses.

heitsgebots. Ähnlich wie auf der Ebene der materiellen Umwelt geht es hierbei um eine glanzvolle Perfektionierung der Oberfläche bei gleichzeitiger Tiefenwirkung: „Porentiefe Reinheit" ist eine zentrale Forderung an die werbeweibliche Haut. Zu deren Reinheit, Reinigung und ‚Pflege' gehört seit einigen Jahrzehnten in einer zunehmenden Zahl von Darstellungen die Entfernung der Haare an Beinen und Achselhöhlen. Mittlerweile zählt diese Praktik schon zu den Selbstverständlichkeiten der ‚Körperpflege' nicht nur von Werbefrauen.

Auch die Eliminierung von „Körpergeruch" bzw. verschiedenen Körpergerüchen und die aktive Herstellung von (korporalem) Wohlgeruch ist, teilweise im direkten Zusammenhang mit Körperausscheidungen, eine vorrangige Aufgabe für *sie* und ihre „Sicherheit". Sie will (und soll es wollen) „24 Stunden ein gutes Gefühl", das darin besteht, „rein" und „frisch" zu sein. Dabei ist klar, dass jedes gute Gefühl, das die Werbung im Zusammenhang ihrer ‚produktiven' Sorge um und für den Körper verspricht, auf ein schlechtes Gefühl, ja ein schlechtes Gewissen verweist. Tatsächlich propagiert und (re-) produziert die Werbung gerade in den hier thematischen Kontexten (der Körperkultivierung und ‚Körperpflege') eine Art Gewissen und eine Gewissenhaftigkeit, die sie in Verbindung mit offenen oder verdeckten (Stigma-)Drohungen vor allem oder ausschließlich den Frauen zuschreibt, nahelegt oder auferlegt.

Eine besonders dramatische Assoziation des weiblichen Geschlechts mit dem Thema der Reinheit bzw. der Unreinheit und der „Gefährdung" (Mary Douglas) findet im Kontext der Menstruation statt. Die Werbung belegt sie, weit zurückreichenden historischen Semantiken folgend, nachdrücklich mit dem Attribut der Unreinheit und benutzt und schürt entsprechende Scham-, Peinlichkeits- und Verlegenheitsängste. Die visuellen Darstellungen und die sie begleitenden Texte operieren in diesem Fall immer direkter und anschaulicher mit Anzeichen, Feststellungen und Anspielungen, die nahelegen, dass die „natürlichste Sache der Welt" doch am besten ein perfekt gehütetes Geheimnis bleibt. So ist von einem „Gefühl wohliger Gepflegtheit ohne Verlegenheit" die Rede (*Camelia*), oder davon, dass „Tampons sauberer und diskreter [sind] als Binden ... Man sieht nichts, man riecht nichts." (*o.b.*). Die in der Werbung kontinuierlich verkündete frohe Botschaft „Nichts kann dich mehr verraten!" richtete die Marke „o.b." schon 1950 an die Frauen.

Die Werbung betreibt also, die Geschlechter differenzierend, gleichsam ein Management von Stigmata und Stigmatisierungen und ein Management von Peinlichkeits-, Scham- und Verlegenheitsängsten. Diese fundamentalen Ängste und die ihnen entsprechenden Interessen, ein „akzeptables Image" aufrechtzuerhalten und „normal zu erscheinen" (Goffman 1974, S. 367), werden von der Werbung zwar in Bezug auf *beide* Geschlechter aufgegriffen, genutzt und verstärkt, indem sie Abweichungen dramatisiert und stigmatisiert. Die Werbefrauen scheinen diesbezüglich aber mindestens im Bereich der Korporalität ‚bevorzugt' zu werden; jedenfalls werden sie in dem obigen Sinne sachlich spezifisch adressiert. Gleichzeitig sind es die Frauen (und nicht oder weniger die Männer), die die Werbung einem normalistischen Regime der *Perfektion* unterwirft. Die Frauen werden im Gegensatz zum ‚anderen Geschlecht' oder jedenfalls sehr viel stärker als dieses auf eine Vorstellung von – insbesondere korporaler – Vollkommenheit verpflichtet und motiviert, sich diesem diffusen Ideal durch materielle Investitionen und Anstrengungen zu nähern. Sie bewegen sich also zwischen Hoffnungen auf Perfektion und Ängsten vor Stigmatisierung.

Eine Art Stigmatisierung, die geschlechtsspezifisch und geschlechtsspezifizierend ausfällt, zeigt sich in der Werbung auch in der Besetzung und Ausfüllung der Kranken- bzw. Patientenrolle. Wenngleich – allerdings meist in versteckten Kleinanzeigen – auch ein männliches Publikum auf bestimmte körperliche Leiden und Defekte (wie z. B. Blasenschwäche oder Impotenz) angesprochen wird, fällt auf, dass die Rolle des Patienten im Werbekosmos unverhältnismäßig häufig weiblich besetzt ist. Kaum zu übersehen ist auch, dass Frauen nicht nur im Krankheitsfall als das gesundheitlich schwache Geschlecht erscheinen, sondern zum Beispiel auch dann, wenn das Erfordernis präventiver Maßnahmen plausibel gemacht werden soll. So ist es nach expliziten und impliziten Angaben der Werbung offenbar besonders für Frauen besonders wichtig, durch eine gezielte Ernährung (Obst, Pflanzenöle, Vitaminsäfte usw.) permanent die „Abwehrkräfte" zu stärken oder durch entsprechende Cremes den Selbstschutz der „gestressten" Haut zu aktivieren. Schließlich fällt auf, dass bei Frauen – anders als bei Männern – ‚schlechtes Aussehen' als das eigentlich störende oder belastende Begleitphänomen verschiedener Unpässlichkeiten dramatisiert wird.

Die Frauen erscheinen in der Werbung also nicht nur in puncto Kraft und Leistung, sondern auch in puncto ‚Befinden', Wohlbefinden und Gesundheit als das schwache Geschlecht, und sie erscheinen als ‚schönes Geschlecht' von diesbezüglich durchschlagenden Befindlichkeitsstörungen, Gesundheitsschwächen, Krankheiten und Defekten besonders betroffen und beeinträchtigt. Man könnte daher von einer polymorphen Schwäche und einer – durch Perfektionsanforderungen verschärften – polymorphen Anfälligkeit der Werbefrauen sprechen. Diese Images von weiblichen ‚Eigenschaften' haben nicht nur in der Werbung eine lange Tradition, und sie kontinuieren hartnäckig.

6 Kosmologische Wandlungen?

Das bisher entworfene Bild von den Geschlechterdarstellungen der Werbung betont – und darin sehen wir einen relevanten Befund – die Kontinuität von Stereotypen/Images der Geschlechter und ihrer kosmologischen Hintergründe. Andererseits sind Entwicklungen, ‚Innovationen' und Transformationen verschiedener Geschlechter-Images nicht zu übersehen: Alte Klischees sind offensichtlich erodiert, verschwunden oder mutiert; Grenzen haben sich verschoben; neue Klischees, Formen und Deutungsmuster haben das Licht der Reklamewelt erblickt. Insgesamt scheint die Werbungskultur komplexer, variantenreicher, vieldeutiger, ambiguer und hybrider geworden zu sein. Die generelle ‚Unübersichtlichkeit', die Brosius und Staab 1991 diagnostizierten, hat inzwischen gerade in den hier fokussierten Feldern noch zugenommen.

Wir wollen daher nach neueren Entwicklungen und Wandlungen der Werbungskultur bzw. der Werbungskultur der Geschlechter fragen und sie punktuell genauer betrachten.

6.1 Wandlungen

Einige Wandlungen und Trends des Wandels der Werbungskultur der Geschlechter sind mehr oder weniger offensichtlich und betreffen im wörtlichen wie im übertragenen Sinn die Bilder der Geschlechter und ihres Verhältnisses.

6.1.1 Frauen

Spätestens seit Beginn der 1990er Jahre wird ein Bild von Werbefrauen relevanter, das diese als selbstbewusst, selbstbestimmt und unabhängig präsentiert.[48] In vielen Werbetexten lassen sich prägnante Proklamationen dieser ‚neuen Weiblichkeit' finden. Frauen werden zum Beispiel aufgefordert, ihren eigenen Weg zu gehen („Your way", *She* 1994), sich selbst zu fühlen („Feel you", *Deyk* 1995) und sie selbst zu sein („Selbst ist die Frau", *Betty Barclay* 1995).[49] Sie vermitteln auf Plakaten und in Printanzeigen „The Power of Now" (*West Lights* 1997) und leben nach der Devise „Ich bin so frei" (*Nescafé* 1989; *„Die Freiheit nehm ich mir", Visa* 1997). Als ‚gleichberechtigte' Wesen konsumieren Frauen wie Männer (z. B. Zigarren) und fällen Kauf- und Konsumentscheidungen, die

---

48 Ansätze dieses Wandels werden jedoch schon viel früher gesehen – so z. B. in einer Studie von 1978. In ihr wird von einem neuen „Leitbild der ledigen, emanzipierten Frauen" gesprochen: „Sie sind berufstätig, d.h. sie üben interessante, gehobene Berufe aus, wie Stewardess, Grafikerin, Rechtsanwältin etc. Sie verhalten sich anders, als das gängige Frauenbild es zuläßt" (Blömeling 1978, zit. n. Schmerl 1984, S. 94).
49 Die Akzeptanz und Attraktivität der ‚selbstbewussten Frau' unterstellend, kann die Werbung diesen Typus modulieren, z. B. indem sie feststellt: „Starke Frauen haben auch ihre schwachen Seiten" (*Hestia Relax* 1996).

https://doi.org/10.1515/9783111168906-010

einstmals den Männern vorbehalten waren. Sie agieren auch häufiger auf sich selbst gestellt in Bereichen, die traditionell nahezu ausschließlich mit männlichen Akteuren verbunden wurden; zum Beispiel unternehmen sie abenteuerliche Urlaubstrips, betreiben anforderungsreiche Freizeitsportarten usw.

Neue Verhaltensweisen von Frauen, die Frauen als solche charakterisieren, zeigen sich vereinzelt auch im direkten Umgang mit dem ‚anderen Geschlecht‘. In manchen Situationen, zum Beispiel, wenn *sie ihn* mit Boxhandschuhen ‚verprügelt‘ (*Sunshine* 1995) oder an den Haaren reißt (*Friseurinnung* 1997), erscheinen Frauen, wenn auch teilweise ironisch moduliert, als „bad girls" (*Petra* 1997). Sie stellen sich auch frech mit ihm auf eine Stufe, besiegen ihn bei Kissenschlachten (z. B. *Medima* 1994), bieten ihm Paroli beim Armdrücken (z. B. *Javaanse Jongens* 1995), zwingen ihn zur Körperpflege (*Friseurinnung* 1997; *Versus* 1997), laden ihn zum Essen ein (*Visa* 1992), besorgen die Kondome (*Levi's* 1995) oder dringen in seine einstigen Domänen vor, zum Beispiel das Kartenspiel am Stammtisch (*Gauloise Blondes* 1995). Eine Headline bringt eine neue ‚emanzipierte‘ Weltsicht von Werbefrauen auf den Punkt: „Männer sind schlecht. Sei schlechter" (*Petra* 1997).

Im Zuge einer kontinuierlichen Expansion der Darstellung weiblicher Berufstätigkeit in der Werbung hat sich auch ein neues Rollen- bzw. Erscheinungsbild der berufstätigen Frau herauskristallisiert und ausdifferenziert. Man findet nun sogar ‚Managerinnen‘, die zugleich die (früher Männern vorbehaltene) Aufgabe der finanziellen Zukunftssicherung der Familie übernehmen, ebenso wie die junge und innovationsfreudige Forscherin oder die harte Unternehmerin mit „kühnem Blick".[50] Nicht selten ist es nunmehr auch *sie*, die Karriere macht und mit ihm in den oberen Etagen der Bürowelt kooperiert und konkurriert (vgl. Spieß 1994, 416 f.) – zum Beispiel als Architektin, Ärztin, Unternehmerin, Rechtsanwältin.[51] Daneben gibt es schon seit längerem Darstellungen, die den ‚weiblichen‘ Tätigkeitsbereich Haushalt betont als eine Art Beruf in Szene setzen[52] oder wie der folgende Werbetext die Verbindung von Haushalt und Beruf als typische Doppelbelastung der Frau problematisieren: „Was bedeutet für Millionen berufstätiger Frauen Feierabend? – Arbeit! [...] Die Berufsarbeit ist geschafft. Aber die Hetze geht weiter: die Familie wartet aufs Abendessen. Dann kommt die Wohnung dran. Die Kinder müssen ins Bett. Tag für Tag. Abend für Abend. Kraft und Nerven werden oft überfordert" (*Multibionta-forte* 1973). Konsequenterweise ist es nun auch öfter *sie*, die aus ernst zu nehmenden Gründen zu Leistungssteigerung versprechenden Präparaten greift oder im Sport den Körper zu neuen Limits bewegt. Und entsprechend gibt es

---

50 Man kann also heute längst nicht mehr, wie noch Wartella (1980, S. 103), von einer „symbolischen Nichtexistenz" weiblicher Berufstätigkeit in der Werbung sprechen.

51 Die jüngeren Geschlechtsgenossinnen sind durch analoge Images wie das der bildungshungrigen Schülerin und Studentin vertreten.

52 Ein Exempel erkennen wir in einer mit ‚typisch männlichen‘ (Berufs-)Requisiten (Brille und Rechenmaschine) ausgestatteten Telefonierenden, deren Erscheinungsbild nicht an traditionelle ‚Hausfrauen‘ und Hausarbeiten, sondern an Bürotätigkeiten erinnert: „Hallo Bosch Info-Team! Was erspart mir denn so ein Energiespar-Kühlschrank wirklich?" (*Bosch* 1995).

inzwischen sogar Motive, in denen sporttreibende Frauen allegorisch für die „Sieger im Krieg" der Geschäftswelt stehen (*DWS* 2002), und Werbungen, in denen Frauen echten sportlichen Ehrgeiz in ‚harten' Sportarten wie Boxen verkörpern.

Zu den ‚modernen', ‚emanzipierten' Frauen gehören auch die als ‚Vamps' oder ‚junge Wilde' typisierten Figuren, die machen, was sie wollen, das heißt nicht auf die klassischen Verhaltensmuster der (‚weiblichen') Zurückhaltung, Ein- und Unterordnung festgelegt sind.

6.1.2 Männer

Neben ‚modernen Frauen' trifft man in der neueren Werbung auch immer häufiger auf ‚neue Männer' bzw. Aspekte ‚neuer Männlichkeit'. Schönheit, Gepflegtheit, Wohlgeruch (vgl. Borstnar 2002b), Mode und Schmuck werden, wenn auch (noch) zurückhaltend und mit deutlicher Kumulation in den entsprechend beworbenen Produktbereichen, zunehmend zu männlichen Themen. Mit dieser ‚Ästhetisierung' geht häufig eine gewisse Erotisierung einher. Man denke hier zum Beispiel an die, wenn auch zögerliche Einführung männlicher Erotikkörper als ‚Eyecatcher'. „Bauknecht weiß, was Frauen wünschen" kann schon seit einiger Zeit nicht nur den Geschirrspülautomaten, sondern auch den in Unterhosen abgebildeten (jüngeren) Männerkörper meinen. Weiterhin dringen mit der ästhetischen „Feminisierung" des Mannes (Soltau 1987, S. 42) auch gewisse narzisstische Posen und Attitüden, die einst ausschließlich auf der Seite der Frauen zu finden waren, in die Männer-Welt bzw. die männliche Image-Welt ein.[53] Dort trifft man mittlerweile zudem auf ein männliches Luxusgeschöpf, das dem erwähnten „Luxusweibchen" (Schmerl 1984) ähnlich ist, das heißt einen ausgeprägt hedonistisch-konsumistischen Lebensstil mit starker (Eigen-)Körperorientierung pflegt, ohne dass zu erkennen wäre, woher die dazu nötigen Geldmittel kommen.

Neben diesen Images konstatieren Beobachter der neueren Werbung eine Tendenz zur ‚Entmachoisierung', Emotionalisierung und Sensibilisierung des männlichen Gebarens (vgl. Soltau 1987, S. 44). Jetzt heißt es zum Beispiel: „Ein idealer Mann ist sanft, einfühlsam und sensibel" (*Guhl* 1995). *Er* „lebt" jetzt auch öfter „seine Träume" und kann gelegentlich sogar ‚typisch weibliches' Ausdrucksverhalten zeigen: Verträumtheit, Selbstbezogenheit, Ausweichen usw. Gefragter denn je sind Männer, so glaubt Krohne, „die nicht nur aus ‚Kopf und Penis' bestehen, sondern Herz und Gefühl zeigen, die Zeit für Haushalt und Kinder aufwenden und bereit sind, angestammte Privilegien aufzugeben" (1995, S. 138). Und in der Tat sind in der neuesten Werbung auffallend viele

---

53 Der These, dass die Ästhetisierung des Mannes ein neues Phänomen der 1980er Jahre darstellt (Soltau 1987), ist jedoch vermutlich nur in einem bestimmten Sinne zuzustimmen, nämlich dann, wenn Körperschönheit nicht nur zum Männerthema wird, sondern Schönheit darüber hinaus an ‚weibliche' Attribute (z. B. ‚Weichheit') gebunden wird. Gmelin jedenfalls beobachtete schon 1975 (S. 128) den nackten Mann als einen „Versuchsballon der Annoncenwelt", und historische Analysen zeigen, dass Schönheit prinzipiell auch für den Werbemann immer schon ein Thema war.

Männer mit ihren Klein- und Kleinstkindern in der Rolle des fürsorglichen und liebevollen Vaters zu sehen, der seine Kinder im Arm hält, der sie füttert oder mit ihnen spielt. Fast könnte man den Eindruck gewinnen, dieses Motiv sei derzeit sogar populärer als das der Mutter im Kreise ihrer Lieben. Auch setzt der Mann, zu dieser veränderten Orientierung passend, nunmehr gelegentlich andere existenzielle Prioritäten. So kommt es zum Beispiel vor, dass ihm der Anruf der Freundin wichtiger ist als der seines Chefs – ein Verhalten, das früher völlig ausgeschlossen war (*ISDN T-Net* 1997).[54] Zu einer Entprofilierung und Diffusion von Geschlechterimages kommt es mittlerweile sogar auf einem der traditionellsten Felder der Geschlechterdifferenzierung: dem Haushalt. Dieses einstige Kerngebiet werbeweiblicher Tätigkeit und Zuständigkeit verwandelt sich immer öfter in ein geschlechtsneutrales Terrain. Beispielsweise enthält eine Printanzeige mit der Überschrift: „Meine Küche. Mein Zuhause" keinerlei Hinweis (mehr) darauf, wer die Küche als seinen angestammten Lebensraum betrachten soll (*Leicht Küchen* 1997).

Auch die oben thematisierte ‚Produktsemantik' ist nicht mehr ganz die alte: Für den Kleinwagen, der früher fast ausnahmslos mit Frauen assoziiert und besetzt wurde, wird inzwischen ein zusätzliches Image des modernen (umweltfreundlichen, platzsparenden usw.) Autofahrens konstruiert, zu dem offenbar notwendigerweise ein ‚gleichberechtigtes' Geschlechterverhältnis gehört (z. B. *Smart* 1999). Ebenso haben Light-Produkte einen Imagewandel durchlaufen, so dass sie nunmehr nicht nur von zarten und auf Schlankheit fixierten Frauen, sondern auch von gestandenen und athletischen Mannsbildern geschätzt und konsumiert werden (z. B. *Coca-Cola* 1998).[55]

6.2 Relativer Wandel und Scheinwandel

Ein Wandel der werblichen Geschlechterdarstellung ist also einerseits in vielen Fällen offensichtlich und bedeutsam. Andererseits sind manche Entwicklungen nur auf den ersten Blick eindeutige Wandlungen. Dass es in diesem Zusammenhang Grund zu genauerer Betrachtung gibt, soll im Folgenden an einigen Punkten gezeigt werden.

---

54 Zu den neueren Formen der Geschlechterinszenierung gehören aber auch Relativierungen verschiedener Partnerschaftsidyllen und Partnerschaftsparadiese. Zum Beispiel thematisieren manche Werbungen (entgegen der gattungstypischen „Ausblendungsregel") nicht oder nicht nur das Ideal einer harmonischen Partnerschaft, sondern (auch) Beziehungskonflikte, wie z. B. den Seitensprung des Mannes. (Dass es meistens der Mann ist, der ‚seitenspringt', entspricht natürlich einem traditionellen Klischee. Auch die mit dem Seitensprung verbundene Vorstellung von der männlichen Sexualität bzw. von männlicher sexueller Treulosigkeit ist ein alter Hut, den die Werbung dem Mann immer noch gern aufsetzt.)

55 Von systematischer Bedeutung sind hier natürlich auch die seit dem Ende der 1980er Jahre vermehrt erscheinenden „reversed sex ads" (vgl. Klassen/Jasper/Schwartz 1993, S. 32), in denen die Werbung die traditionelle bzw. die von ihr als traditionell oder typisch unterstellte Rollenverteilung zwischen Mann und Frau absichtlich und demonstrativ umkehrt.

6.2.1 Aktivitäten und Kompetenzen

Zu den mittlerweile relativ häufigen Inversionen traditioneller Aktivitäts- und Kompetenzzuschreibungen in verschiedenen Arbeits- und Berufsfeldern gehört, wie gesagt, der Werbemann, der sich im Haushalt und in der Familie betätigt.

Allerdings zeigt sich dieser Mann oft nur unter dem Zwang der Umstände als ‚Hausmann' oder ‚Hausarbeiter' – zum Beispiel, weil die (Ehe-)Frau nicht zu Hause ist. Dass *ein Mann aus Gründen dieser Art* ‚weibliche' Aufgaben übernimmt, pointiert ein Modeanbieter in einer Anzeige, die Vater und Sohn zeigt: „Das Männchen des Schwans springt beim Brüten ein, wenn das Weibchen auf Nahrungssuche ist" (*Marc O'Polo* 1997). In der Regel zeigt sich zudem, dass der Werbemann auf den traditionellen Feldern der Frau Anerkennung und ‚Ehre' weder einzuheimsen noch zu verlieren vermag. Seine meist bescheidenen Erfolge und auch Misserfolge sprechen für sich. So führt sein Haushaltsmanagement nicht selten in ein Chaos und immer wieder dazu, dass nur ein Fertiggericht zubereitet wird. Einen Familienvater zum Beispiel, der den Haushalt ‚schmeißen' muss, weil sich die Mutter in Kur (!) befindet, stellen Kinder und Haushalt offensichtlich vor unlösbare Aufgaben (*Telekom* 1993).

Entscheidend ist, dass der Einzug des Werbemannes in den Haushalt auch heute noch selten ohne symbolische Relativierung erfolgt. Vermeintliche Rollenwandlungen erweisen sich bei näherer Betrachtung als weniger ernsthaft, als es zunächst scheint. Und dies ist nichts Neues: Schon Goffman (1981) hat den im Haushalt tätigen Werbemann mit „Rollendistanz" in Verbindung gebracht und so als Konservierung traditioneller Schemata gedeutet. In der Möglichkeit, diesen Mann als „lächerlich oder kindisch darzustellen, und zwar auf unrealistische Weise", erkennt er die Strategie, „das Könner-Image des wirklichen Mannes zu retten" (Goffman 1981, S. 150). Grundlegend für derartige Inszenierungen ist der Körper/Korporalität als metakommunikative Zeichenbasis. So gibt ein unsicheres Hantieren mit Kochtöpfen oder auch ein kommentierendes Augenzwinkern bei entsprechenden Tätigkeiten zu erkennen, dass der Mann für die Sphäre des Haushalts weder geeignet ist noch geeignet sein will.[56] Es scheint oft so, als sei die in anderen Werbekontexten gerade betonte Fähigkeit des Mannes, seinen Körper zu beherrschen und instrumentell zu nutzen, verloren gegangen und in eine Ungeschicklichkeit verkehrt, die es sogar möglich macht, ihn als ‚vorbildhaften' Benutzer einfach zu bedienender Haushaltsgeräte vorzuführen.[57] Vom Staubsauger über die

---

[56] Bis heute gelten Goffmans Feststellungen zu den in der Werbung inszenierten Rollendistanzen des im Haushalt tätigen Mannes. Nach wie vor besteht z. B. ein „Mittel [...] darin, daß der Mann die ihm fremde Tätigkeit unter der wohlwollenden Kontrolle der Frau ausführt, die natürlich weiß, wie's gemacht wird. Der Mann aber verrichtet diese Arbeit als wäre sie ein Jux oder ein Wagnis, wobei das Lächeln in seinem Gesicht oder im Gesicht der ihn beobachtenden Frau den unernsten, spielerischen Charakter der ganzen Angelegenheit unterstreicht" (Goffman 1981, S. 153).

[57] Während Männer also nur ausnahmsweise und sozusagen sachlich begründet in diesem Rahmen erscheinen, wird die einfache Bedienbarkeit technischer Geräte in den verschiedensten (Technik-)Bereichen normalerweise über weibliche Anwender (und d.h. mit der Annahme eines qua Geschlecht

Windel bis zu Fertiggerichten reicht die Palette von Produkten, die gerade in ihrer Simplizität die Steuerungsdefizite des Werbemannes in dem ihm ‚wesensfremden' Handlungsbereich verkörpern.

Der werblichen Relativierung der Einbindung des Mannes in die Tätigkeiten des Haushalts entspricht eine nur bedingte Entlassung der Frau aus ihrer traditionellen Domäne. So werden Frauen regelmäßig mit Haushaltsprodukten in Verbindung gebracht, ohne Assoziationen zur Rolle der Hausfrau wachzurufen. Wenn Frauenaugen durch ein (sauberes) Weinglas blicken, oder wenn Frauenhände Staubsauger umfassen und dabei keinerlei Kontext (wie z. B. die Küche) sondern nur ein weißer Hintergrund als ‚Bühne' dient, ist das der Fall. Auch bleibt bei der erwähnten ‚Haushaltsmanagerin' die Frage offen, ob es sich dabei um die Darstellung einer berufstätigen Frau handelt, die nebenbei den Haushalt ‚managt',[58] oder (nur) um eine ‚Aufwertung' der mit einem Negativimage besetzten Hausfrauenrolle, also um die Konstruktion eines neuen Images für eine alte Rolle.

Ähnlich uneindeutig oder relativ ist die Verschiebung der klassischen Rolle des männlichen ‚Familienoberhaupts'. Zwar gilt (auch) hier: „das Weiche ist auf dem Vormarsch" (Soltau 1987, S. 42), doch zeigt sich bei näherer Betrachtung, dass der ‚neue Mann', zum Beispiel der ‚mütterliche' Vater, nicht als Vater oder gar ‚Hausmann' sein Profil gewinnt. Er behält vielmehr seine Berufsrolle als Zentralrolle, und er behält auch die Kompetenzen und die Autorität des überlegenen Könners. So verbindet ein Werbetext das traditionelle Image des Berufshelden mit der Fürsorglichkeit des Vaters, der mit seinen Kindern den Feierabend verbringt, und erklärt damit den Hintergrund der auf dem Foto veranschaulichten Vater-Kind-Idylle: „Erfolgreiche Manager gucken jeden Tag Sandmännchen" (*Pro-Tel-D1* 1997).

Auch der Wandel der traditionellen (‚parallelen') Organisation der Kompetenzzuschreibungen und Expertenrollen hält sich (noch) in engen Grenzen und ist oft nur ein Scheinwandel. Wenn eine Frau in der Werbung als eine andere Erwachsene belehrende Expertin oder Sachkennerin auftritt, dann hat sie es (immer noch) meist mit ‚Frauenartikeln' zu tun. Die Belehrten sind in diesem Fall andere (häufig jüngere und somit unerfahrenere) Frauen. Wenn Frauen ihre Geschlechtsgenossinnen in die Geheimnisse bestimmter Hygieneartikel einweihen oder wenn sie die Bewährtheit eines Haushaltsprodukts bezeugen, dann wird die traditionelle Geschlechter(kompetenz)ordnung nicht irritiert, sondern bestätigt. Dies ist auch dann der Fall, wenn Frauen auf anderen Gebieten als kompetent auftreten, die ihnen traditionell als ‚wesenseigen' zugeschrieben werden. In bestimmten Geschmacksfragen zum Beispiel gelten Frauen nicht erst neuerdings als besonders kompetent.[59]

---

determinierten technischen Unverstands) symbolisiert. In diesem Rahmen bewerben Frauen auch technische Produkte für den Mann.

58 Und wäre dies die intendierte Botschaft, bliebe dennoch zu fragen, warum Männer in dieser Doppelrolle nicht erscheinen.

59 Dies hat damit zu tun, dass sie laut Geschlechter-Kosmologie auf ‚Äußerlichkeiten' immer schon den größten Wert gelegt haben – zuungunsten ihres Urteilsvermögens in ‚substanziellen' Dingen.

Werden Frauen in puncto Tätigkeit oder Beruf als ‚unkonventionell‘ oder ‚innovativ‘ dargestellt, dann vielfach in Verbindung mit deutlichen Ironisierungen oder gar grotesken Übertreibungen, die die scheinbare Expansion der weiblichen Kompetenz mehr als relativieren. Wenn zum Beispiel eine Frau als Straßenbauarbeiterin auftritt, die von Kopf bis Fuß verschmutzt ist und breitbeinig, die Arme in die Hüften gestemmt und abschätzig blickend, hinter einem Presslufthammer steht, bedeutet dies wohl kaum eine ernstzunehmende Erweiterung des werbeweiblichen Berufsspektrums (*West* 1998). Vielmehr handelt es sich bei derartigen Inszenierungen um eine Variante des Versuchs, habituelle Normalitätsvorstellungen und Wahrnehmungsmuster/Selbstverständlichkeiten zu irritieren. Die Aufmerksamkeit des Publikums soll so erregt und im Sinne des Werbeskripts gelenkt werden.[60]

Anders verhält es sich mit den erwähnten Varianten der ‚Karrierefrau‘. Diese kann man heute sicherlich nicht (mehr) als strategische (Habitus-)Irritation deuten. Zu sehr ist dieses Image als eine Art Symbolfigur schon Teil der gesellschaftskulturellen Realität, vor allem der Realität der Massenmedien. Allerdings fällt auf, dass bei der Inszenierung dieses Frauentyps sehr häufig ein relativierendes Spiel mit Accessoires und Schauplätzen entfacht wird, in dem die Frau als ‚Schmuckstück‘ und auch als eine Art Dekoration ihrer Umgebung erscheint. Während *er* in vergleichbaren Situationen des Berufslebens typischerweise in aller Schlichtheit und als Handelnder mit ausschließlich und ganz und gar ernsthaften professionellen Absichten auftritt (erkennbar u. a. an Instrumenten wie Handy, Terminplaner usw.), ist *sie* fast immer auch durch ihr ‚gutes Aussehen‘ bzw. vielseitiges (Körper-)Styling definiert. Wenn sie zum Beispiel mit betontem Make-up, schicker Frisur, Minirock und aufreizenden Gesten als Ärztin oder Managerin agiert, spielt sie gewissermaßen eine Doppelrolle (vgl. Umiker-Sebeok 1992, S. 94).[61]

Zudem fällt auf, dass die ‚Karrierefrau‘ äußerst selten in Situationen gezeigt wird, in denen sie als statushöhere Berufsrollenspielerin neben statusniederen Männern erscheint. Während der hohe Status männlicher ‚Macher‘ regelmäßig und gerade durch statusniedere Mitarbeiter/-innen unterstrichen wird, vermeidet die Werbung die Geschlechter-Umkehrung dieser Hierarchien im Sinne direkter Gegenüberstellungen von Mann und Frau in Interaktionskontexten. Statt dessen zeigt sie ‚Karrierefrauen‘ immer wieder allein oder unter ‚Kolleginnen‘ – meist mit ‚typisch weiblichen‘ Attitüden, Emotionen oder Gebärden. Während sich z. B. eine ‚Karrierefrau‘ bei einer in Ruhe genossenen Tasse Kaffee zögerlich die Frage stellt: „Bin ich eigentlich die geborene Karrierefrau?“, um sie sich dann lediglich selbst zu beantworten: „Ja. Das bin ich.“ (*Jacobs* 2002), rauchen Männer, die ein Geschäftsmeeting mit blauem Auge verlassen, eine Zigarette und stellen fest: „No fight, no glory“ (*Benson & Hedges* 2002). Die im Ge-

---

60 Zu diesem Aufmerksamkeitsmanagement gehört oftmals auch die Inszenierung weiblichen Sexappeals.

61 Auch dann, wenn Frauen in typischen ‚Männerberufen‘ erscheinen, z. B. als Anwältinnen, Geschäftsfrauen, Pilotinnen, Polizistinnen oder Rennfahrerinnen, fällt auf, dass in der Regel althergebrachte Images und Alltagsmythen erhalten bleiben (vgl. Spieß 1994, S. 417): das ‚schöne Geschlecht‘, das ‚schwache Geschlecht‘, das ‚emotionale Geschlecht‘, das ‚empfindsame Geschlecht‘ usw.

dankenexperiment vollzogene Umbesetzung der Rollen mit dem jeweils anderen Geschlecht verdeutlicht in diesem Fall wie auch in anderen Fällen[62] die Grenzen des Werbungswandels in diesem Bereich.

6.2.2 Emotionalität und Zivilisiertheit

Die Verbreitung eines emotionalisierten („feminisierten') Männertyps, der mehr oder weniger starke Gefühle zeigt, hält sich zwar auch in der heutigen Werbung noch in relativ engen Grenzen, ist aber durchaus erheblich. Wenn der Werbe-Mann sich jenseits von Erfolgs- und Leistungskontexten beispielsweise besonders euphorisch zeigt, oder wenn er traurig oder gar – beinahe – zu Tränen gerührt erscheint, dann allerdings fast immer unter bestimmten signifikanten Kontextbedingungen, die im Gleichen oder Ähnlichen der zum Ausdruck gebrachten Gefühle das Unterschiedene – der Geschlechter – konstruieren.

Eine Hauptstrategie entsprechender Werbungsinszenierungen besteht in der Strukturierung der sozialen Umgebung, in der das gefühlvolle Mannsbild auftaucht. Wenn Werbemänner jene starken Gefühle zeigen, insbesondere solche, die auf reduzierte Selbstkontrollen oder Schwächen hindeuten, dann tun sie dies typischerweise an den Orten, die Goffman (1969) „backstages" (Hinterbühnen) nennt. Hier, wo der Mann sich alleine glaubt, lässt er die ‚Maske' schon einmal fallen und zeigt sich ‚unmännlich' schwach und affektiv. Die Werbung schützt hier also in gewisser Weise das ‚offizielle' Männerimage, indem sie jenes Verhalten ‚hinter die Kulissen' verlegt, das dabei stört, in der „Selbstdarstellung vor anderen [...] die offiziell anerkannten Werte der Gesellschaft zu verkörpern" (Goffman 1969, S. 36). Der Protagonist zeigt seine Gefühle, auch seine ‚feminine' Empfindsamkeit und Empfindlichkeit gleichsam in stiller Komplizenschaft mit dem Betrachter, dem die Werbung diesen Blick hinter die Kulissen gewährt. So findet zum Beispiel die Enttäuschung eines Mannes über die Ankündigung der verspäteten Heimkehr der Geliebten im Rahmen einer ‚backstage' ihren emotionalen Ausdruck (*Telly D1* 1996). Das in der Werbung ansonsten privilegierte Klischee männlicher Coolness und Autonomie wird durch diesen Ausdruck von Emotionalität und emotionaler Vulnerabilität kaum oder nicht wesentlich berührt.

Auf der Ebene der ‚Zivilisiertheit' zeigt sich insgesamt immer noch eine gewisse Zwiespältigkeit der Verhaltensstile und Habitus der Werbe-Geschlechter: nach der Logik des „Eltern-Kind-Komplexes" (siehe oben). Die Männer erscheinen der Tendenz nach als die beherrschteren, zurückhaltenderen, emotional gedämpfteren und (instrumentell, strategisch) rationaleren. Die Frauen der Werbung sind dagegen eher wie die Kinder geartet: spontan, emotional/affektiv, leicht zu begeistern, euphorisch, aber auch leicht zu verstimmen, launisch, unentschlossen, wankelmütig und im Handeln wenig ‚zielführend'. Außerhalb ihrer traditionell angestammten ‚Geschäftsbereiche' (Haushalt, Kin-

---

62 Zum Beispiel in denjenigen, die Erfahrung als eine Dimension professioneller Kompetenz darstellen.

der, Schönheit, Pflege/Körperpflege) treten die Frauen nur im Bereich der Sexualität/ Erotik sozusagen mit einem Zivilisierungsvorteil in Erscheinung. In dieser Hinsicht sind die Werbe-Männer tendenziell ‚triebhafter', impulsiver und ungezwungener. Ihr sexuelles Begehren erscheint wacher, stärker und offener als das der Frauen, und es richtet sich auf Frauen, die zwar nicht als asexuelle Wesen vorgeführt werden, die aber – jedenfalls in ihrer breiten Mehrheit – immer noch kaum selbst und aktiv begehren, sondern vor allem begehrt werden wollen.

6.2.3 Schönheit

Seit etwa Mitte der 1980er Jahre wird von vielen Beobachtern der Werbungskultur nicht nur in puncto Emotionalität/emotionaler Expressivität, sondern auch in puncto Aussehen und den dazu gehörenden Aspekten der Selbstkontrolle und Selbstdarstellung (Körperpflege, Haartracht, ‚Haarpflege', Kleidung/Mode etc.) eine gewisse Feminisierung (Ästhetisierung) des Werbemannes beschrieben (vgl. Soltau 1987, S. 42). Tatsächlich sind zwar ‚markante Erscheinungen' von Männern (einschließlich höherer Altersklassen) auch in der Werbegruppe der beruflichen Siegertypen bis heute verbreitet und verbreiteter als Idealfiguren und ‚Schönlinge'. In anderen Zusammenhängen hingegen nähert sich die werbeinszenatorische Bewertung des männlichen Körperaussehens der des weiblichen aber durchaus an. Für diesen Männertyp gilt z.B.: „Auch Männerhaut braucht Pflege" *(Basic Homme* 1988*)* und „Die Zeiten der Männer, die nur Wasser und Seife benutzen, sind endgültig vorbei [...] auch Männer können schließlich nicht mehr so vor sich hinaltern" *(Sympathik-Oel* 1991*).*

Auch die werbliche ‚Verschönerung' des Mannes ist aber nur ein relativer und zu relativierender Trend. Die Werbedramatisierung des männlichen Körpers als ‚Anblick' konzentriert sich bis heute im Wesentlichen auf eine bestimmte Produktpalette. Nur in der Parfum-, Körperpflege-, Kosmetik- und Modewerbung wird Schönheit als ein zentral relevantes Identitätsattribut des Mannes vorgeführt. Die Hochwertung oder Aufwertung der korporalen ‚Ästhetik' hat dann einen offensichtlichen strategischen Zweck und erfolgt nicht wie bei Werbefrauen prinzipiell abgekoppelt von dem Rahmen, den das Produkt etabliert.[63] Zwar hat der beworbene Gegenstandstyp (z. B. Unterwäsche) auch Folgen für das ‚Frauenbild' der Werbung, aber es ist auch nicht zu übersehen, dass das Spektrum der für Frauen angebotenen Schönheitsartikel aus Gründen, die sich kaum ausschließlich auf Marketingstrategien zurückführen lassen, seit jeher und bis heute am weitaus differenziertesten ist.

Darüber hinaus sind hier Besonderheiten in der Modellselektion und in der Art und Weise der Körperaufführung bemerkenswert. Zunächst ist auffällig, dass die Attrakti-

---

[63] Die hier gemeinte Konstruktion des ‚schönen Mannes' und ein entsprechend zugrundegelegtes Verständnis von Männlichkeit ist m.a.W. die Voraussetzung für den Absatz entsprechender (Schönheits-) Produkte.

vität des Männerkörpers häufig nicht (wie im Falle der Frauen) als Selbstzweck erscheint, sondern im Rahmen von Skripts vorgeführt wird, die zumindest auch eine sachliche bzw. instrumentelle Bedeutung oder Handhabung des Körpers erkennen lassen (z. B. im Sport). Außerdem sieht der Mann der einschlägigen Reklamen zwar ‚gut aus‘, wirkt aber meist alles andere als ‚feminin‘. Jedenfalls gilt dies für seinen Körperbau. Charakteristisch sind Größe, Breitschultrigkeit und ausgeprägte Muskulatur. Vorherrschend ist der Typ des Modellathleten, der nicht nur Schönheit, sondern auch Kraft und (damit) Autonomie und Überlegenheit signalisiert. Die Nacktheit dieses Mannes ist „in den meisten Fällen […] das einzige Tabuthema, das gebrochen wird. Denn die Art des männlichen Auftretens (Körperhaltung, Gestik und Mimik) und die szenische Ausleuchtung zeigen das klassische Schema vom bestimmenden Geschlecht und bestätigen insofern das traditionelle sexuelle Rollenverhältnis" (Krohne 1995, S. 148).

Auffällig und signifikant ist auch in anderer Hinsicht, *wie* der männliche Körper als Blickfang in Szene gesetzt wird. Im Unterschied zu den entsprechenden Frauen werden Männer immer wieder so abgebildet, dass ihre Körper einen gleichsam skulpturalen Charakter bekommen bzw. an kulturgeschichtlich gerahmte Rollen erinnern – zum Beispiel an den Typ des Adonis oder den des Herkules (vgl. Borstnar 2002a, S. 700 ff.). Die klassizistische Anmutung rührt dabei nicht nur von (athletischen) Körperformen, sondern auch von pathetischen Gesten, entsprechenden Staffagen (Säulen, fallende Stoffe usw.), (Produkt-)Namensgebungen und einer systematischen Ausblendung lebensweltlicher Bezüge her. Werbung leistet hier also in einem spezifischen Sinn ‚Arbeit am Mythos‘.[64] Im Zitat der Antike findet sie eine Methode, die Nacktheit und nackte Schönheit der Geschlechter unterschiedlich und unterscheidend zu behandeln. Indem sie den Schleier (kunst-)historischer Motive über den Mannskörper legt, hebt sie dessen bloße Nacktheit auf. Aus dem männlichen Körper wird gewissermaßen ein Zitat und eine statuenähnliche Erscheinung. Eine analoge Rahmung liegt vor, wenn das männliche Bewusstsein eigener Schönheit in die Rolle des Narziss gekleidet wird. Vergleichbare (Selbst-)Bewusstseinslagen von Frauen werden dagegen in der Regel als profane Eitelkeiten inszeniert – zum Beispiel in der Form der endlos wiederkehrenden Motive ‚Frau im Spiegel‘ und ‚Frau mit Spiegel‘. Die weibliche Nacktheit steht meist in realistischen oder realistischeren Kontexten, die nicht von dem Nimbus des Zeitentrückten, sondern von gegenwärtigem Sexappeal geprägt sind.

6.2.4 Hierarchisierung

Die meisten Elemente des von Goffman (1981; 1994b) beschriebenen traditionellen Ausdruckszeremoniells der Geschlechter, in dem er den „Schatten und die Substanz" der Asymmetrie des sozialen Geschlechterverhältnisses gesehen hat, kommen auch noch in

---

64 Für Borstnar semantisieren derartige Darstellungen „den Mann selbst als göttlich und kunstvoll" (2002a, S. 700).

der neueren Werbung vor. Dies gilt zum Beispiel für die Ritualisierung, die Goffman den „spielerischen Angriff" genannt hat und die ihm zufolge auf den „Eltern-Kind-Komplex" und damit auf die Vorstellung männlicher Überlegenheit, Gewaltfähigkeit und Protektivität verweist. In „Geschlecht und Werbung" heißt es:

> Erwachsene spielen gern mit Kindern unernste Angriffsspiele wie Jagen-und-Fangen oder Haschen-und-Festhalten. Das Kind wird bei solchen Spielen wie ein Beutetier in den Klauen eines Raubtiers behandelt. Bestimmte Materialien (Kopfkissen, Wasserspritzer, leichte Strandbälle) dienen als Geschosse, die treffen, ohne zu verletzen. […] Nun zeigt sich aber, daß Männer solche Spiele auch mit Frauen spielen, wobei letztere ein kollaborierendes Verhalten zeigen, das durch Fluchtversuche oder durch Warn-, Angst- oder Beschwichtigungsschreie gekennzeichnet ist (Goffman 1981, S. 203).

Bis heute existiert dieses rituelle Verhaltensmuster in der Werbe-Welt (und nicht nur dort), neuerdings sieht man es aber auch öfter in umgekehrter Besetzung, nämlich mit dem Typ der angreifenden Frau, der Jägerin oder der schließlichen Herrin und Siegerin. In den meisten Fällen wird diese Umkehrung jedoch als eine Modulation inszeniert, die den symbolischen Ernst der traditionellen Geschlechterritualisierung – die in ihr anklingende physische Überlegenheit des Mannes (Jägers) – bewahrt oder bestätigt. So erscheint *er* durch ein *spielerisches* Sich-geschlagen-Geben weiterhin, seine ‚Autorität' noch unterstreichend, als der eigentliche Herr der Lage. Eine ähnliche Modulation noch krasserer (und damit noch unwirklicher erscheinender) männlicher Unterordnung findet sich in einem Spot für eine Frauenzeitschrift. Dessen Skript besteht darin, dass eine im Bett liegende Frau ihren nackten Liebhaber in Hundemanier das beworbene Magazin apportieren lässt, wobei die Handlung mit der ‚Männchen-Haltung' des Mannes abschließt (*Sugar* 1998). Dass es sich in diesem Fall um keine ernsthafte Anspielung im Sinne der traditionellen Geschlechterritualisierung handelt, sondern um die Konstruktion eines humoristischen Skripts, ist deutlich.

Scheinbar tiefergehende dramaturgische und symbolische/rituelle Innovationen finden sich im Zusammenhang von Äußerungen von Intimität bzw. intimer Zuneigung. Auffällig sind hier – wenngleich wiederum hauptsächlich im Kontext einer bestimmten Produktpalette (Unterwäsche, Parfums, Mode) – Inszenierungen männlicher ‚Regressionen', die als Umkehrungen dessen zu verstehen sind, was Goffman im Sinne des ‚Eltern-Kind-Komplexes' als die männliche (Eltern-)Rolle gegenüber der (Kind-)Frau beschrieben hat. Körperhaltung, Gestik und Mimik sowie vor allem Berührungen und Umarmungen kehren in diesem Fall die rituelle Überordnung des Mannes um, ohne dass gleichzeitig Signale spielerischen oder ironischen Unernstes gesetzt werden. Ein Beispiel dafür ist das Bild eines Mannes, der sein Gesicht kindgleich an der Brust einer Frau verbirgt und sich von ihren Armen umfangen lässt, während sie (‚männlich') selbstbewusst, ja protektiv ihren Blick auf den Bildbetrachter richtet. Eine andere Variante bildet die Inszenierung von Männern, die sich als ganz (‚feminin') hingegebene und passive Wesen berühren und scheinbar verführen lassen. Derartige Darstellungen sind allerdings in den meisten Fällen wiederum eigentümlich ästhetisch gerahmt und dadurch relativiert. Operiert wird z. B. mit einer Ästhetik, die Impressionen von Transzendenz hervorruft. Vor allem die Eliminierung jeglicher Art von sozialem Kontext –

die Figuren werden meist vor einem einfachen, undetaillierten Hintergrund abgebildet, der keinerlei Hinweis auf eine Außenwelt enthält – führt zu einer gewissen Entrückung und Auratisierung der abgebildeten Szenerie, die einer Traumwelt ähnelt.

6.3 Kontinuität und Diskontinuität, Varietät und Redundanz

Man kann hier, unsere bisherigen Untersuchungen zusammenfassend, feststellen: Im kommunikativen und symbolischen Raum der Werbung hält sich der Wandel der Geschlechterdarstellungen und Geschlechterkosmologie in eher engen strukturellen Grenzen. Es scheint, als entwickle die Werbung um einen relativ konstanten Kernbestand stereotyper Formen Images, die eine traditionelle Geschlechterkosmologie immer facettenreicher paraphrasieren, abwandeln und ergänzen, ohne sie in ihren ‚tragenden Teilen‘ substanziell in Frage zu stellen. Zu beobachten ist auch eine Komplexitätssteigerung einzelner Darstellungen, in deren Rahmen sich scheinbar gewandelte Geschlechterverhältnisse und Geschlechterverständnisse auf den zweiten Blick lediglich als Variation des Traditionellen und Gewohnten zu erkennen geben.

Die kontinuierlichen Standardisierungen der Geschlechterdarstellung der Werbung sind vor allem als Konsequenz der praktischen Notwendigkeit der Werbungsproduzenten zu verstehen, die Verständlichkeit, Akzeptanz und Überraschungsfähigkeit (durch dosierte Abweichungen von Standards) ihrer Performanzen zu sichern und damit die Erfüllung ihrer Funktionen zu ermöglichen. Werbung muss also immer auch traditionelles kosmologisches/geschlechterkosmologisches ‚Allgemeinwissen‘ und das entsprechende symbolische Repertoire kopieren. Dabei greift sie auch auf ihre eigenen Traditionen und medialen Wissensspeicher sowie die Kompetenzen (auch Intuitionen) ihrer Spezialist/-innen zurück. Diese müssen stets auch und besonders um Differenzierung und Präzision in der Publikumsadressierung bemüht sein. Es gilt gerade unter fortschreitenden sozialen/kulturellen Wandlungs- und Differenzierungsbedingungen, ‚zielgruppenspezifische‘ Besonderheiten, aktuelle (Publikums-)Moden, ‚Zeitgeist‘ usw. nachzuvollziehen und im Sinne der strategischen Zielsetzungen der Werbung dramaturgisch umzusetzen.[65] Gleichzeitig hat die Werbung besondere Gründe, Erfordernisse und Möglichkeiten Abwechslung und Überraschung zu erzeugen. Insbesondere stellt

---

65 Wie erwähnt, gibt es sowohl in den Printmedien als auch in den elektronischen Medien (TV, Radio, Internet) in zunehmender Zahl „Special-interest"-Angebote im Sinne spezieller ‚kultureller Foren‘, die die Werbung nutzt, um ihre Inszenierungen auf der Ebene des Geschmacks, des Lifestyles, der Werthaltungen usw. in immer differenzierterer Weise an die jeweiligen Zielpublika anzupassen. Entsprechend erfolgt z. B. eine Differenzierung des Frauenbildes der Fernsehwerbung in Abhängigkeit von dem redaktionellen Umfeld und der jeweils gewählten Sendezeit eines Spots (vgl. für die US-amerikanische Werbung Fowles 1996). Oder man nehme zum Beispiel einen Autohersteller, der in Jugendmagazinen mit einem progressiven Frauentyp wirbt, während er sich in allgemeinen Publikumszeitschriften durchaus ‚konservativ‘ gibt (*Mercedes* 1998). Und Fluglinien werfen alle Geschlechterstereotypen über Bord, wenn sie homosexuelle Männer als kaufkräftige Kundschaft entdecken und entsprechend eindeutig in Schwulenmagazinen umwerben (*Lufthansa* 1998).

sich der Werbung das Problem der Knappheit der (Publikums-)*Aufmerksamkeit*, die sie immer mehr mit Priorität im Auge behalten und strategisch generieren, aber auch mit anderen Funktionen in Einklang bringen muss.[66]

Es ist also nicht überraschend, dass sich die ‚Oberfläche‘ der Werbungskultur – auch im Feld der Geschlechterdarstellung – durch Variation, Vielfältigkeit, Veränderlichkeit, Innovation und Abwechslungsreichtum auszeichnet. Wie immer man die These Niklas Luhmanns (1996, S. 94) beurteilt, dass die Funktion der Werbung in der Stabilisierung eines Verhältnisses von Varietät und Redundanz der Alltagskultur besteht, die Geschlechterdarstellungen der Werbung jedenfalls kombinieren fortlaufend „hohe Standardisierung mit gleichfalls hoher Oberflächendifferenzierung" (Luhmann 1996, S. 94). Wenn die Werbung gleichsam unterhalb einer immer wieder neuen, ‚modernen‘ und ‚modernisierten‘ Oberfläche, die auch kulturelle Varietät und Wandlung nachzeichnet, tendenziell eher traditionellen geschlechterkosmologischen Konstrukten verhaftet bleibt, dann deutet das auch auf eine existierende kulturelle Realität, einen relativ hartnäckigen kulturellen Unter- und Hintergrund von (Denk-)Gewohnheiten, mentalen Dispositionen und Stereotypen, eine Realität fungierender Habitus und Traditionen neben und unterhalb von ‚gepflegten Semantiken‘ und Diskursen. Da die Werbung rein strategisch an den Wahrheiten der Kultur ihres Publikums nicht nur interessiert ist, sondern auch über alle Möglichkeiten verfügt, diese Wahrheiten aufzudecken und dramaturgisch umzusetzen, kann man in ihren (Geschlechter-)Darstellungen gleichsam Indikatoren langfristig gewordener (geschlechter-)kultureller Tatsachen und auch kultureller Entwicklungen und Wandlungen sehen.

---

[66] Zentral ist in diesem Zusammenhang die Aufmerksamkeitserzeugung durch den ästhetisierten – insbesondere weiblichen – Erotik-Körper sowie durch ‚reversed sex ads‘, Komik, Tabubrüche u. a. m. Je nach beworbenem Objekt und umworbenem Publikum muss es der Werbung neben und mit Aufmerksamkeit natürlich auch um Verstehen, Image, Glaubwürdigkeit und Gedächtnis/Lernen gehen (vgl. Willems (Hrsg.) 2002).

7 Der Lebenszyklus der Geschlechter: Altersklassen

In der Logik der bisherigen Untersuchungen befassen sich auch die folgenden mit den Geschlechtern als Konstrukten und Konstruktionen der Werbung. Das Erkenntnisinteresse richtet sich dabei aber nicht auf synchrone, sondern auf *diachrone* Identitäts- und Rollen-Aspekte: auf den Lebenszyklus der Geschlechter, sozusagen von der Wiege bis zur Bahre. Wir gehen davon aus und wollen detailliert zeigen, dass die Geschlechter in der Werbung auf unterschiedliche Weise, mit unterschiedlichen Implikationen und Folgen, sich entwickeln, ,reifen' und altern. Diesbezüglich folgen wir der in der Werbung wiederholten lebenspraktischen Altersklassifikation: Kindheit, Jugend, Erwachsenenalter und (höheres und hohes) Alter. Wenn wir uns im Hinblick auf die Werbungs-Geschlechter mit diesen Stufen, Klassen und Klassifikationen des Lebens beschäftigen, geht es uns auch jeweils um grundsätzliche Klärungen ,diachroner Identitäten' und Identifizierungen. Vor diesem Hintergrund stellen sich Fragen nach Differenzen und Indifferenzen, Differenzierungen und Entdifferenzierungen zwischen den Geschlechtern und ihren Altersklassen in der Werbung.

7.1 Kinder und Kindheit

Kinder sind seit jeher ein beliebtes Sujet der Werbung, das ähnlich wie die Alten besonders dazu taugt, auf den ersten Blick identifiziert zu werden. Auch wenn es Werbeinszenierungen gibt, deren Akteure nicht eindeutig der Altersklasse der Kinder zugeordnet werden können, kann man feststellen, dass die Unterscheidung zwischen Kindern und Jugendlichen in der Werbung insgesamt um einiges deutlicher konturiert ist als die Unterscheidung von Jugendlichen und Erwachsenen.[67]

Der Begriff Kind bezieht sich im Folgenden auf Menschen, die anhand verschiedener Kennzeichen (körperliche Erscheinung, Verhalten, Sprache, aber auch Bühnen des Auftretens, Skripts usw.) auf ein Alter vor der (Werbe-)Jugend zu schätzen sind. Diese Kategorisierung wird durch die Tatsache erleichtert, dass die Werbung, zum Beispiel im Rahmen ihrer Familiendarstellungen, den Einsatz von Kindern bevorzugt, deren Alter man auf unter zehn Jahre schätzt. (Dies dürfte vor allem daran liegen, dass die noch zu beschreibenden Attribute werbekindlicher Identität besonders eindeutig von Kindern bis zu dieser Altersgrenze verkörpert werden können.) Andererseits ist deutlich, dass sich die Altersklasse der Kinder in verschiedene Alters-Stufen und Alters-Identitäten differenzieren lässt: Neugeborene, Kleinkinder, Vorschulkinder, Schulkinder und Pu-

---

67 Auch die als jugendlich inszenierten ,Kids', die in den für Kinder konzipierten Spots des Nachmittagsprogramms keine Seltenheit sind, geben sich eindeutig als Kinder zu erkennen, indem sie einzelne Attribute jugendlicher Identität, wie z. B. ein ,cooles Outfit' (Jeansjacken, Sonnenbrillen usw.), lediglich spielerisch nachahmen.

https://doi.org/10.1515/9783111168906-011

bertierende gehören zwar zu dem Identitäts-Typ Kind, sind aber auch als gravierend unterschiedliche Sub-Identitäten identifizierbar.

Kinder spielen seit jeher vor allem dann eine Rolle in Werbeskripts, wenn sie als Repräsentanten des „Kindchenschemas" Niedlichkeitseindrücke erzeugen sollen. Die Werbung setzt bei diesem Einsatz kindlicher Darsteller auf eine sozial maximal generalisierte und gleichsam automatische Aktivierung von Rezipientenemotionen, die sie im Kontext des jeweiligen Skripts und der jeweiligen Werbungsabsicht steuern will. Dabei geht es neben und mit ‚guten Gefühlen' auch und in vielen Fällen vor allem um die Erzeugung jenes ‚Gutes', an dem es der Werbung chronisch und zunehmend mangelt: die Aufmerksamkeit des Publikums. Gerade das kleine Kind bzw. das in letzter Zeit im Werbekosmos häufiger auftretende Neugeborene erzeugt Aufmerksamkeit, weil es nicht nur niedlich erscheint, sondern weil der meist nackt dargestellte Kinderkörper schon als physische Erscheinung einen ‚sensationellen' Charakter hat.

Im Vergleich zu den Darstellungen von Jugendlichen und Erwachsenen erscheinen die von Kinder-Identitäten insgesamt weniger komplex. Kinder treten nur selten als wichtige Akteure einer Szene auf, und die Verschiedenheit der Schauplätze, auf denen sie agieren, ist ebenso limitiert(er) wie die Palette der Produkte, für die sie Werbung machen. Zwar kann man inzwischen von Kinderspots als (Sub-)Genre sprechen, das sich im Umfeld des seit der Mitte der 1980er Jahre entwickelten Spartenfernsehens (bis hin zu Kindersendern) und der im Programmschema bereitgestellten ‚Kinderschienen' ausdifferenziert hat (vgl. Kommer 1996, S. 43). Gleichzeitig aber ist unverkennbar, dass Kinder selbst dann, wenn sie die Zielgruppe der Werbung darstellen und entsprechend diverse Hauptrollen in Werbeskripts besetzen, „letztlich nur Staffage (sind). Eigentlicher Protagonist ist doch immer das Produkt" (Aufenanger 1997b, S. 40).

Noch häufiger als in Kinderspots werden Kinder zu bloßen Statisten, wenn sie im Rahmen der an Erwachsene adressierten Werbung in Erscheinung treten. So erfüllen sie in Familien-Inszenierungen hauptsächlich die Funktion, vorhanden zu sein, um ein Bild der ‚vollständigen Familie' zu ermöglichen.[68] Diesbezüglich kann man auch heute noch mit Goffman feststellen: „Die Kernfamilie als Grundeinheit der sozialen Organisation entspricht bestens den Anforderungen bildlicher Darstellung", und „bei richtiger Anordnung bietet die visuelle Darstellung der Familienmitglieder eine anschauliche Symbolisierung der Familien- und Sozialstruktur" (Goffman 1981, S. 154).[69]

Das mit Kindern konstruierte Familienbild impliziert auch einen bestimmten ‚Life-Style' der Erwachsenen, den die Werbung in verschiedenen Images und mit dem Ziel verschiedener Images vorführt. Werbetypische Eindrücke, die mit diesem Familienbild

---

68 In manchen Zusammenhängen (z. B. im Rahmen der Inszenierung ‚guter Traditionen') gehört zu dieser Vollständigkeit das Vorhandensein dreier Generationen, so dass nicht nur ein Familienzyklus, sondern ein Generationenzyklus angedeutet wird. Alte Menschen können dann auf ähnliche Weise zu Statisten werden wie Kinder.
69 Wie erwähnt gewinnt dieses Bild dann an Vollständigkeit, wenn „das Vorhandensein wenigstens eines Mädchens und wenigstens eines Jungen die Symbolisierung eines ganzen intrafamiliären Beziehungssystems garantiert" (Goffman 1981, S. 155).

assoziiert werden, sind solche der Harmonie, der Geborgenheit, des erfüllten Lebens-
glücks und nicht zuletzt des sozialen bzw. beruflichen Erfolges. In einer auf die Darstellung von Kindern in der US-amerikanischen Werbung von 1905 bis 1990 bezogenen
quantitativen Studie erkennt Victoria Alexander sogar einen linearen Trend hin zum
Kind als „consumption good – as an element of the good life" (Alexander 1994, S. 756).
Und auch hinsichtlich der deutschen Werbung ist feststellbar, dass Kinder nicht nur als
Requisit der Familiendarstellung, sondern zugleich als eine Art Erfolgs- und Statussymbol für Erwachsene verstanden werden, die die Kinder ‚besitzen'.[70]

So sehr Werbekinder in vielen Kontexten bloß als eine Art Staffage und symbolisches Beiwerk fungieren, so sehr werden sie in anderen Zusammenhängen als besonders relevante und schätzenswerte Wesen stilisiert: Sie sind nach Auskunft der Werbung die „wirklich wichtigen Dinge im Leben" (der Erwachsenen); sie verkörpern auch
(Lebens-)Werte wie Reinheit, Unschuld und Natürlichkeit, und sie stehen der ‚Wahrheit'
näher als alle anderen Altersklassen. Vor dem Hintergrund dieser Semantik könnte man
sagen, dass die Kinder-Kosmologie der Werbung von einer eigentümlichen Bivalenz
oder Ambivalenz geprägt ist: Einer Marginalisierung und Depotenzierung von Kindern
steht deren Zentralisierung und Überhöhung gegenüber.

Die Identität des Werbekindes ist, je jünger es ist desto einseitiger, durch ein Spiel
natürlicher und sozialer Rahmungen bestimmt. Daneben stellt der „Eltern-Kind-Komplex" (siehe oben) eine zentrale Basis für die werbliche Inszenierung von Kindern dar,
und zwar insofern als er das Eltern-Kind-Verhältnis und – allgemeiner – das Erwach-
senen-Kind-Verhältnis definiert. Goffman sieht in diesem ‚Komplex' eine grundlegende
Sinn- und Erfahrungsform und stellt dazu fest:

> Zum einen sind die meisten Menschen Kinder gewesen, die von ihren Eltern und/oder älteren
> Geschwistern versorgt wurden, und als Eltern (oder ältere Geschwister) befinden sie sich in der
> umgekehrten Situation. Beide Geschlechter erleben also beide Rollen – dieser Komplex ist also ein
> geschlechtsneutrales Mittel. [...] Zum anderen sind die Eltern in Anbetracht unserer Erbschafts-
> muster und Wohnformen die einzige Autorität in unserer Gesellschaft, von der man mit Recht sagen
> kann, dass sie sowohl zeitlich begrenzt als auch ‚im besten Interesse' derer ausgeübt wird, die ihr
> unterworfen sind (Goffman 1981, S. 21).

Der Eltern-Kind-Komplex ist ein normativ gehaltvolles kosmologisches Modell, das ein
asymmetrisches Verhältnis von Rechten und Pflichten der beiden beteiligten Rollen
impliziert. Dabei geht es nicht um eine einfache und einseitige Logik des Unten und
Oben, sondern um eine auf beiden Seiten ambivalente Hierarchie. Für Kinder bedeutet

---

70 Auch der Text einer Autowerbung „Erst macht man Karriere. Dann macht man Kinder. Oder an-
dersrum" (*Mercedes-Benz* 1999) sowie das dazugehörige (status-)symbolische Arrangement machen
deutlich, dass ‚Kinder-Haben' als Bestandteil des privaten Glücks den im Beruf erworbenen Erfolgen
mehr (Status-)Glanz verleiht. Ja Beruf und Familie erscheinen als zwei aufeinander angewiesene
Selbstverwirklichungsebenen für das Individuum – auch wenn die Werbung diese durchaus traditionelle
Vorstellung als „Denken einer neuen Generation" darstellt, indem sie im Text die Reihenfolge der Erreichung dieser Glücksfaktoren im Rahmen einer Biografie freistellt.

der Eltern-Kind-Komplex insgesamt, dass sie, „um vor dem Ernst des Lebens bewahrt zu werden", einen „schmerzhaften Preis" bezahlen müssen (Goffman 1981, S. 21) – einen Preis, der an den der Insassen totaler Institutionen erinnert: Das Kind unterliegt der totalen Kontrolle und dem Zugriff von Erwachsenen; es hat Befehlen zu gehorchen; Erwachsene reden über seinen Kopf hinweg; man hänselt und neckt es; seine Zeit und sein Territorium werden als frei verfügbar angesehen usw. (Goffman 1981, S. 24 f.). Dafür genießt es andererseits gewisse Privilegien, eine Reihe von Zuwendungen und Vergünstigungen: umfassenden Schutz, Sorge und Vorsorge, die sofortige Befriedigung ‚elementarer' Bedürfnisse, die Entlastung von (Zukunfts-)Planungszwängen, die Duldung ausweichenden Verhaltens, die Zensur für Kinder unerfreulicher Informationen u. a. m. (vgl. Goffman 1981, S. 22 ff.).

7.2 Kinder als Jungen oder Mädchen

Eine Möglichkeit der Werbung, die Asymmetrien des Eltern-Kind-Komplexes in den Dienst ihrer strategischen Interessen zu stellen, besteht darin, die jeweils beworbenen Produkte als Objekte vorzuführen, mit deren Kauf die Erwachsenen bzw. Eltern ein Maximum an Verantwortung, Zuwendung, Fürsorge usw. gegenüber (ihren) Kindern unter Beweis stellen können. Das Kind erscheint im Rahmen entsprechender Dramatisierungen einerseits *relativ unabhängig* von seinem Geschlecht als ein Wesen, das sein Leben nicht selbst führen und sein Glück nicht selbst herstellen oder sichern kann, sondern auf erwachsenes bzw. elterliches Handeln angewiesen ist. Andererseits entsteht in mancher Hinsicht der Eindruck, dass die Subjektivitätshierarchie des Eltern-Kind-Komplexes auf die Identitäten und Beziehungen der kindlichen *Geschlechter* projiziert wird. Bei aller unübersehbaren Ausdifferenzierung und auch Wandlung werblicher Kinderimages[71] hat die aus Goffmans klassischen Analysen hauptsächlich US-amerikanischer Werbung hervorgegangene Geschlechterformel der Erwachsenen im kindlichen Miniaturformat auch und nach wie vor für die deutsche Werbung Bestand (vgl. z. B. Schnatmeyer/Seewald 1998; Paduschek 1995). Dies gilt jedenfalls im Wesentlichen für die Darstellung von Interaktionen unter Kindern (meist inszeniert als Geschwister) und von Kindern, die mit einem Elternteil oder beiden Elternteilen interagieren.[72]

Die Jungen erscheinen bis heute in Entsprechung ihrer erwachsenen Geschlechtsgenossen typischerweise als das ihrem Wesen nach kognitiv-instrumentell überlegene und (daher) rituell übergeordnete Geschlecht. Nach wie vor operiert die Werbung in diesem Zusammenhang mit symbolischen Szenen und Posen, die bereits Goffman beschrieben hat. Eine Variante dieser Kontinuität ist das Klischee des Sohnes, der in Stellvertretung seines (abwesenden) Vaters „ein wenig außerhalb der übrigen Famili-

---

71 Vgl. dazu Lange (2002, S. 830).
72 Da die verschiedenen Konstellationen mit denselben Geschlechtsattributen operieren, unterscheiden wir diese Konstellationen im Folgenden nicht.

enrunde [steht], so als sollte eine Beschützerbeziehung sichtbar gemacht werden" (Goffman 1981, S. 161). Immer noch in Kraft sind auch die klassischen Reklameimages der Verhältnisse zwischen Mutter und Tochter und Vater und Sohn.[73] Typisch ist bis heute eine Eintracht zwischen Vater und Sohn, die in bestimmten aktiven Anstrengungs- und Leistungskontexten steht. Man sieht Väter und Söhne, die zusammen arbeiten, kognitiv anforderungsreiche Spiele spielen, Sport treiben, akrobatisch herumtollen, Naturgewalten trotzen und überhaupt ähnliche Interessen (z. B. für Technik, Autos usw.) aktiv miteinander teilen. Aber man sieht nur selten dem Babyalter entwachsene Jungen in einem ähnlichen Intimitätsverhältnis zum Vater, wie es traditionell und immer noch zwischen Müttern und Töchtern üblich ist. Letztere brauchen sich normalerweise „nur zu entwickeln" (Goffman 1981, S. 158), und sie befinden sich, wie es in einer Pulloverreklame heißt, auch dann noch „im Gespräch der Herzen" und „in engster Tuchfühlung" (*Kenzo* 1989) mit ihren Müttern, wenn Jungen schon allein stehen und allein ‚ihren Mann stehen'.[74]

Entsprechende Identitätsbilder zeigen sich auch in Mustern des körperlich-expressiven Selbst- und Objektbezugs, zum Beispiel in Berührungen. Während der Junge – wie der Mann – die Objekte seiner Welt, wenn er sie berührt, typischerweise „anpackt, manipuliert, festhält", erscheint die weibliche Berührung von Objekten eher als „rituell" (Goffman 1981, S. 125). Mädchen und Frauen werden jedenfalls heute wie zu Goffmans Zeiten weitaus öfter als Jungen und Männer „abgebildet, wie sie mit ihren Fingern oder Händen den Umfang eines Objekts nachzeichnen, seine Oberfläche schützend umfassen oder liebkosen (letzteres oft unter dem Vorwand, es zu leiten); oder es ist eine ‚nur angedeutete' Berührung" (Goffman 1981, S. 125). Entsprechende Darstellungen entfalten die kosmologische Grundidee eines unpraktischen Weltbezugs, der auf komplementäre (männliche) Kontrollen verweist. Als Zeichen fungieren in diesem Sinne auch andere körperliche Ausdrücke, die die Mädchen der Reklame gleichsam im Vorlauf ihrer Erwachsenenrolle an den Tag legen. Die von Goffman beschriebenen (rituellen) Impressionen der Selbstbezogenheit, der Verträumtheit, der Verspieltheit, der Schüchternheit, der Erstauntheit, der ausgelassenen Freude usw. (Goffman 1981, S. 197 ff.) stehen für die Vorstellung einer nur relativ ernstzunehmenden Subjektivität. Spezieller Ausdruck wird dieser Vorstellung auch durch die dramaturgische Privilegierung bestimmter Interessen verliehen: Die ‚Kleine' pflückt gern Blumen und zieht überhaupt das Sammeln

---

73 Vgl. dazu die obigen Überlegungen zur symbolischen Ordnung der Familie. Wie schon erwähnt, hat Goffman dazu festgestellt: „Obwohl die kommerziellen Szenen Einmütigkeit zwischen Vater und Sohn wie zwischen Mutter und Tochter symbolisieren, wird doch angedeutet, daß es sich dabei um unterschiedliche Arten von Eintracht handelt. Kurz, es besteht die Tendenz, daß Frauen in engerer Verwandtschaft zu ihren Töchtern (und zu jüngeren Vertreterinnen ihres Geschlechts) abgebildet werden, als dies bei Männern der Fall ist. Knaben müssen sozusagen kämpfen, um Männer zu werden, was nicht ohne problematische Anstrengungen abgeht" (Goffman 1981, S. 157).

74 Zu diesem Reklameimage passen auch Jungen, die als Bengel oder Lausbuben dargestellt werden: Frech, durchtrieben, hart und scheinbar fähig, ihre Ellenbogen zu gebrauchen, nehmen sie ihren später voll entfalteten Charakter schon früh vorweg (vgl. Umiker-Sebeok 1992, S. 96).

dem – von Jungen und Männern präferierten – Jagen vor; sie nascht häufig, probiert bereits mit drei oder vier Jahren Parfums aus und kennt, wenn sie etwas älter geworden ist, „alle Serien, die neuesten Hits, den letzten Schrei" (*Condor* 1990).

Die werbedramaturgischen Identitätsprofilierungen der kindlichen Geschlechter implizieren auch eine Art Zivilisationstheorie: Während Jungen bereits frühzeitig eine Disziplin verkörpern, die sie von ihrer Spontaneität und ihren Gefühlen entfernt, gebärden Mädchen sich in vielen Punkten so, als seien sie noch in unmittelbarer Nähe des Naturzustandes. Sie sind die eigentlichen Kinder, für die das Leben tendenziell schonend, sanft und verzeihend ist und, wegen ihres Mangels an Autonomie und Selbstkontrolle, sein muss (vgl. Goffman 1981, S. 24). Transparent wird das unterschiedliche zivilisatorische ‚Naturell' von Jungen und Mädchen speziell in Bezug auf die oben erwähnte Analogiebildung von Kind und Natur. Wenn Jungen in der Natur Kämpfe und Wettkämpfe austragen, an Bachläufen Abenteuer durchleben oder mit der selbstgebastelten ‚Seifenkiste' einen Abhang hinunterfahren, haben sie zur Natur immer auch eine *instrumentelle* Beziehung. Der erdige Schmutz an ihren Kleidern kennzeichnet eine Nähe zur Natur als einem anforderungsreichen Testgelände für jungentypische Interessen und Fähigkeiten.

Das Mädchen ist demgegenüber typischerweise – in Entsprechung seiner Erwachsenenrolle – Natur im Sinne schöner Naturformen, wie sie zum Beispiel in Blumen oder Katzen repräsentiert werden.[75] Zur ‚Natur' des Mädchens gehört auch das Attribut der Reinheit, das im Vorlauf des Erwachsenenlebens mit spezifischen Zwängen zur Selbstpflege und Selbstdisziplinierung einhergeht. Treten Mädchen in der Reklame für Waschmittel auf, wird die Beseitigung des Schmutzes nicht wie bei Jungen als notwendige Zwischenreinigung vor einer erneuten Verschmutzung stilisiert,[76] sondern als Wiederherstellung von wesenseigener Reinheit im Sinne ‚unbefleckter' Schönheit. So sieht man in einer Waschmittelreklame eine Mutter, die will und es mit Hilfe des geeigneten Waschmittels auch schafft, dass ihre „Lara die Schönste ist", was durch Laras Lehrerin, die im Schulunterricht das „herrlich schöne" Kleid ihrer Schülerin bewundert, beglaubigt wird (*Persil* 1996).

Ihrer ‚Zivilisationstheorie' der kindlichen Geschlechter entsprechend, führt die Werbung in der Regel Eltern vor, die als disziplinarische Anforderungs- und Kontrollinstanzen einen systematischen Unterschied aufgrund des Unterschieds der Geschlechter machen. Ein Feld, das einen Vergleich mit der Lebenspraxis der Geschlechter erlaubt, ist die erwähnte Inszenierung von Zärtlichkeiten. Letztere werden den Mäd-

---

75 Vgl. dazu die obigen Überlegungen zum weiblichen ‚Naturkörper'.

76 Ein Beispiel liefert ein Spot, in dem ein Junge gezeigt wird, der mit seiner Seifenkiste in den Schlamm fährt. Nach der Reinigung, deren Erfolg die Werbung wie üblich demonstriert, fährt der Junge wieder an derselben Stelle mit seiner frisch gewaschenen Hose den Abhang hinunter. Dieses von der Mutter als selbstverständlich gebilligte Verhalten zeigt, dass es bei Jungen nicht um ‚tiefe', identitätszentrale Reinheit, sondern lediglich um eine punktuell immer wieder herzustellende Sauberkeit geht. Es scheint, als erblickten die Mütter in dem Vorgang des ‚Sich-schmutzig-Machens' eine Art Männlichkeitsbeweis ihrer immer wieder so genannten ‚kleinen Männer' (*Ariel* 1998).

chen in der Werbung typischerweise ausgiebiger und länger gewährt als den Jungen – ein Image, in dem man eine Kopie der Lebenspraxis sehen kann. Simone de Beauvoir konstatiert in diesem Sinne: „Genau da erscheinen die kleinen Mädchen zum ersten Mal als privilegierte Wesen [...] den Jungen verwehrt man nach und nach die Küsse und Zärtlichkeiten, an die sie gewöhnt waren. Das kleine Mädchen wird jedoch weiterhin geherzt" (De Beauvoir, zit. n. Meyrowitz 1990, S. 58). Dieses Zitat stammt aus dem Jahr 1968 und bezieht sich wie gesagt auf das ‚wirkliche Leben'. Petra Knegendorf stellt über zwanzig Jahre später in Bezug auf die Werbung fest: „Auffällig ist [...], daß sich die Mütter gegenüber ihrem männlichen und weiblichen Nachwuchs tatsächlich anders verhalten. Während die Mädchen häufig von ihnen im Arm gehalten und liebkost werden, erfahren die Jungen weniger Zärtlichkeit und Körpernähe" (1989, S. 41). In diesem Punkt zeichnet sich zwar in den letzten Jahren ein Wandel im Sinne einer Symmetrisierung der Geschlechter ab – man sieht nun öfter Mütter *und* Väter im zärtlichen Umgang (auch) mit ihren (älteren) Söhnen – aber dieses Bild ist nach wie vor eher die Ausnahme.

Ähnlich stellt sich die Lage im Hinblick auf spezielle Kompetenz- und Mentalitäts-momente dar, die allgemein als soziale bzw. berufliche Erfolgsbedingungen gelten. Typisch ist – immer noch – eine ausgeprägte Konkurrenz- und Siegermentalität der *Jungen*. Als ein Verhaltensmaßstab kann für den Werbejungen immer noch die Weisheit „Ein Indianer kennt keinen Schmerz" gelten (*Hametum* 1999), und entsprechend sieht man einen jungen „Entdecker", der selbst dann noch tapfer die Lippen zusammenpresst, als ihm das Blut bereits aus der Nase läuft (*Süddeutsche Zeitung* 2002). Im Gegensatz zu den Mädchen, denen in der Reklame Konkurrenzen und damit Risiken und Erfolgszwänge, aber auch Erfolgschancen und Erfolgserlebnisse, weitgehend ‚erspart' werden, treten die Miniaturmänner seit jeher immer wieder in kompetitiven Szenen und schließlich als stolze Gewinner in Erscheinung. Es ist zudem bemerkenswert, wenn auch nicht er-staunlich, dass sich in den Jungendarstellungen der Werbung kontinuierlich die Tu-genden des Kämpfers, Machers und Könners verbinden (Ehrgeiz, Ausdauer, Härte, Durchsetzungsfähigkeit usw.). Entsprechend nehmen Jungen in allegorischen Insze-nierungen als unerschrockene und selbstbewusste Weit-Blicker die Zukunft ins Visier oder spielen der Lebenswirklichkeit entnommene Erfolgsrollen. Wir sehen in den Spiegelungen der Werbung kleine Manager, Geigenvirtuosen, Tormänner des Monats, weltgewandte Flugreisende und einen gewissen „Moritz Jäger", der bereits im Alter von 5 Jahren „voller Energie steckt" und „Chef einer Computerfirma" werden will (*ABB* 1991). Ein besonderes Wiederholungserlebnis verschaffen dem Kenner der Reklameinsze-nierungen von Männern die kleinen Zeitungsleser, die als Sinnbilder des Wissens und der Wissbegierigkeit ebenso überwiegend männlichen Geschlechts sind wie die „klei-nen Leute mit großen Fragen", die mit De Beukelaer „Wissen sammeln" (*De Beukelaer* 1989). Neben diesen Sujets zeigt sich, dass man(n) als Junge dem Leben und der Welt bereits in jungen Jahren mit Problembewusstsein, Verantwortungsgefühl und Initiative gegenübersteht. So wünscht sich Dennis (7) – und nicht etwa Denise – mit besorgter und entschlossener Miene: „Jeder soll mitmachen, unsere Umwelt zu retten" (*Ruhrgas* 1991).

‚Typisch männliche' Engagiertheit und Initiative offenbart sich auch, wenn es, wenn auch mit einem ironischen Augenzwinkern, gleichsam im biografischen Vorlauf darum geht, *ihr* den ‚Hof zu machen'. (Noch) Ganz in Übereinstimmung mit der klassischen Form des erotischen Hofierens[77] ist stets *er* es, der sich aktiv ‚ritterlich' gibt, der ‚Kleinen' Bonbons anbietet, Blumen überreicht, Geschenke macht usw.

Zwar gibt es mittlerweile auch und immer mehr Werbungen, in denen Mädchen als aktiv, wissbegierig und kompetent dargestellt werden, aber bis heute besteht deren Rolle – vor allem im Zusammenhang mit Jungen – überwiegend darin, ein eher abhängiges und untergeordnetes Komplement darzustellen. Gleichzeitig werden Mädchen eigene und spezifische Charaktereigenschaften, ‚Ich-Ideale' und ‚Tugenden' zugeschrieben. So legen sie, zum Beispiel in der kontinuierlich beliebten „Version vom Engel" (Weisser 1981, S. 11), insbesondere ästhetische Ausdrucksqualitäten an den Tag und haben eine Art Existenzsinn durch Qualitäten wie Niedlichkeit, Koboldhaftigkeit und Freundlichkeit. Schon früh spielen Beliebtheit und Schönheit sowie die entsprechende Körperpflege im Leben dieses Wesens eine entscheidende Rolle (vgl. Schmerl 1984, S. 96). Es existiert also weniger durch eigenes Handeln und Handlungsvermögen als durch (s)eine bestimmte Zeichenhaftigkeit und symbolische Komplementarität.

Ein eigenes Feld, auf dem die Werbung geschlechtsspezifische Identitäts- und Rollenmuster konstruiert und kopiert, bilden diverse Kinderspiele. Insbesondere in der Werbung für Spielzeug werden Spiele als „parallel organisierte" (Goffman) Handlungen und Welten dargestellt, die jeweils Mädchen *oder* Jungen identifizieren. Schon die zum Einsatz kommenden Figuren und Materialien sprechen eine deutliche Sprache: Spielsachen, die von Mädchen (für Mädchen) beworben werden, wie zum Beispiel ‚feminine' Puppen (etwa „Barbie" oder „Petra"), Babies oder dem Kindchenschema nachempfundene Tiere („Mein kleines Pony"), stehen den als ‚jungengerecht' vorgeführten Kampfrobotern, Pistolen, Autos, Flugzeugen usw. gegenüber.[78] Auch wenn Spielzeug Kindern zur Nachahmung von Erwachsenen-Tätigkeiten bzw. Berufen dienen soll, wird zum Beispiel das Interesse an Möbeln und Haushaltsgegenständen aller Art als natürliche Eigenschaft des Mädchens dargestellt, während Jungen wie selbstverständlich mit Kinder-Werkbänken, Technikbausätzen oder naturwissenschaftlichen Lernspielen hantieren. Auf der Seite der Mädchendarstellungen realisieren auch verschiedene Accessoires sowie der mädchenhaft erscheinende Umgang mit denselben eine als feminin dargestellte Themenwelt, die auf die Idealisierung von Anmut, Konsum, Beziehungsorientierung, Passivität, Unterordnung usw. hinausläuft (vgl. Aufenanger 1997b, S. 41).[79]

---

77 Goffman (1994b) hat sie als rituellen Kode beschrieben.

78 Zur ausführlichen Beschreibung einiger dieser Spielsachen vgl. Kommer 1996, S. 49–52.

79 Wenn z. B. die Protagonistin eines Werbespots kleine Puppen, die auch als Ring am Finger getragen werden können, sowie die dazugehörigen kleinteiligen Küchenutensilien mit einem bemerkenswerten Ordnungssinn vorführt, wird ganz und gar nicht „Neugier und Welterprobung, Selbsterfahrung und Prüfung als Folie der Handlungsintention angeboten, sondern Selbstbeschränkung und Reduktion" (Aufenanger 1997b, S. 41) im Sinne des skizzierten Stils und Habitus.

Jungen hingegen werden vorzugsweise in Spiel-Kontexten dargestellt, die ganz andere Orientierungen und Kompetenzen abverlangen und anzeigen. Jungen müssen und wollen im Spiel mutig Abenteuer überstehen, gegen das Böse kämpfen und dementsprechend in einem ‚höheren Sinne' das Gute tun – zum Beispiel als „Captain Planet" (1998) gegen Umweltsünder zu Felde ziehen. Zu ihrem Kosmos gehört auch ein Wortschatz, der die Coolness einer männlichen Jugendlichen- bzw. Erwachsenenrolle antizipiert. Charakteristisch und charakterisierend ist nicht zuletzt die Musik, die in den verschiedenen Spots zum Einsatz kommt: Während zum Beispiel der Spot für *Mein kleines Pony* („Zum Kämmen, Liebhaben und Spielen") mit einer simplen Glockenspiel-Kinderliedmelodie unterlegt ist (1998), hört man zu der Werbung für den „Powertruck" von Playmobil (1998), den ein Junge vorführt, ‚coole' Rockmusik.[80]

Auch wenn die symbolischen und kosmologischen Image-Differenzen zwischen den kindlichen Geschlechtern der Werbung bis heute recht klar konturiert sind, kann nicht übersehen werden, dass die Zahl der Ausnahmen von den beschriebenen ‚Regeln' wächst. Die Werbung entspricht damit wie auf der Ebene der erwachsenen Geschlechter sozio-kulturellem Wandel, insbesondere gewandelten Diskursen, und sicher auch diversen Werbungskritiken. Gleichwohl ist festzustellen, dass sie auf der Ebene der kindlichen Geschlechterdarstellung in puncto Geschlechterstereotypen dazu tendiert, relativ traditionell (‚konservativ') zu sein, traditioneller als auf der Erwachsenenebene der Geschlechter.

7.3 Jugend, Jugendliche und Jugendlichkeit

Die Werbung präsentiert Jugend als eine Altersidentität und postuliert zugleich *Jugendlichkeit* in einem allgemeinen Sinne als einen Zentralwert *aller* Altersidentitäten – von den älteren Kindern bis zu den jüngeren Alten. Man kann geradezu von einer Kultivierung eines gesellschaftlichen Jugendkultes in der Werbung sprechen, der für das „sozialwelttypisch vorherrschende, alltagsästhetische Empfinden [steht], jugendliche Attribute als ‚attraktiv', ‚schön', ‚erstrebenswert' zu beurteilen" (Hölscher 1998, S. 290). Die Werbung ist in diesem Fall (wie in anderen Fällen) also nicht die Erfinderin, wohl aber eine Instanz der Verbreitung, Unterstützung und Forcierung eines Wert- und Symbolzusammenhangs, den man Jugendlichkeitskomplex nennen kann.[81]

---

80 Zu den Gestaltungsmitteln einzelner Spielzeug-Spots mit geschlechtsspezifischen Implikationen vgl. Holdenried/Mattusch 1993, S. 135 – 141 und Baacke/Sander/Vollbrecht/Kommer u. a. 1999, S. 302 – 305 sowie Kommer 1996, S. 65 f., 111 f.

81 In der jüngeren Vergangenheit (den letzten Jahrzehnten) hat sich der gesellschaftliche Jugendlichkeitskomplex offenbar noch deutlich verstärkt und sowohl sozial als auch im Bezugsrahmen der menschlichen Lebensspanne generalisiert. Mittlerweile kann man feststellen, dass Jugend „in der Metaphorisierung von Jugendlichkeit – etwa Fit-Schlank-Gesund-Attraktiv-Schön – den kategorischen Imperativ bzw. das kulturelle Placebo für alle Altersgruppen darstellt und Erwachsene im Zuge der ‚Vergötterung' von utensilienreichen jugendlichen Lebensstilen und Werten in vielfältiger Hinsicht und in

Werbung kann und muss damit voraussetzen, dass Jugendlichkeit als zentrales Ideal, als Wunsch- und Vorbild im Prinzip geschlechterübergreifend gerade auch für jene Altersklassen einen Rahmen abgibt, denen es an jugendlichen Attributen am meisten und offensichtlichsten (zunehmend) mangelt: den älteren und alten Menschen. Sie treffen in der Konfrontation mit Werbung normalerweise auf einen unfreundlichen Spiegel. Blickt man auf die Werbeinszenierungen (von Jugendlichkeit), dann erscheint Alter(n) explizit oder implizit als Gegenmotiv, Alt-Werden als bedauerlicher Degenerationsprozess und Alt-Sein als ein Stigma für das ‚betroffene‘ Individuum.

Alter und Altern sind also (in der Werbung wie auch im ‚wirklichen Leben‘) durch das Schema der Jugendlichkeit definiert (Defizitmodell). Umgekehrt kann man feststellen, dass Jugendlichkeit auch über Vorstellungen von Alter(n) definiert wird – als Abwesenheit derjenigen physischen, psychischen (‚geistigen‘) und sozialen Merkmale, die mit Alter(n) wesentlich assoziiert werden: Verfall, Verlust, Gebrechlichkeit, Krankheit, Verschlossenheit, Ängstlichkeit, Einsamkeit, Ausgeschlossenheit usw. All dies gilt es, möglichst weitgehend und im Laufe des Lebens möglichst lange zu vermeiden und zu bekämpfen. Dem entspricht ein positives Verständnis von Jugendlichkeit als Wachstum, Perfektion, Zukunft, Offenheit, Frische, Optimismus usw. und von Jugend als Blüte des Lebens und Inbegriff der Lebendigkeit.

Die Generalisierung und Forcierung des Jugendlichkeitskomplexes hat Konsequenzen für die Identitäten und Identifizierungen *aller* Altersklassen: Sie verlieren an Profil und Eindeutigkeit. Außerhalb wie innerhalb der Werbung sieht man den Jugendlichkeitskomplex sowohl im Gebaren und in der Ausstattung von (älteren) Kindern als auch in jenen Lebensphasen, in denen der Körper seinen Zenit in jeder Hinsicht längst eindeutig überschritten hat, im Alter von 40, 50, 60 oder mehr Jahren. Die Abgrenzbarkeit und „Exklusivität von Jugend schwindet" (Hölscher 1998, S. 386), und damit wird auch die Altheit der Alten und die Kindlichkeit der Kinder moduliert und modulierbar.

In sehr weitgehender Übereinstimmung mit der kosmologischen Lebenswirklichkeit wird *Jugendlichkeit* in der Werbung als Schönheit, Kraft, Sinnlichkeit, Gesundheit, Leistungsfähigkeit, Beweglichkeit usw. verstanden und als solche im Wesentlichen auf den *Körper* projiziert – und das gilt im Prinzip für *beide* Geschlechter. Der jugendliche Körper wird über die inszenatorische Dauerbetonung seiner scheinbaren Wesenseigenschaften („glatt, zart und straff", Ziehe 1998, S. 137) unverkennbar zu einem Sinnbild des erfolgreichen und idealen Mensch-Seins. Körperliche und am Körper abzulesende Attribute wie Schlankheit und ‚Sportlichkeit‘ werden darüber hinaus mit erotischen Qualitäten assoziiert, sodass Jugendlichkeit auch diesbezüglich eine altersklassenübergreifende Modellrolle spielt. Der jugendliche Körper ist der Werbung zufolge der ei-

---

vielen Lebensbereichen Jugendlichkeit ausagieren. Die von vielen hoch geschätzte Jugendlichkeit, der von anderen wiederum beklagte Jugendlichkeitswahn ist inzwischen keine Frage des Alters mehr, sondern schon eher eine Lebenshaltung, ein Habitus, wie er zumeist medial und jugendkulturell ausbuchstabiert und allmählich, die Grenzen der Altersklassen aufweichend, auch von den älteren Generationen übernommen wird" (Ferchhoff 2002, S. 385 f.).

gentlich erotische Körper und als solcher in vielen Werbeskripts Voraussetzung und Ausweis von erotischem Erfolg. Gleichzeitig erweckt die Werbung aber auch häufig den Eindruck, dass der jugendliche Körper eine *berufliche* Erfolgsbedingung darstellt bzw. sinnbildlich für Aufgeschlossenheit, Innovationsbereitschaft, Fortschritt, Dynamik, Schnelligkeit, Flexibilität usw. steht.[82]

Der Körper dient der Werbung auch als dramaturgische Basis einer Semantik, die Jugendlichkeit als ein Spektrum idealer Emotionen, Befriedigungen und Glückszustände entwirft. Exemplarisch dafür stehen zahllose Inszenierungen von jungen und ‚jung gebliebenen‘ Menschen in freizeitlichen Erlebniswelten. In und mit diesen werden jugendlich wirkende Darsteller gezeigt, die in einer emotional entspannten Atmosphäre ‚Spaß‘ in der Gruppe haben, einen lockeren und erotischen Umgang mit dem jeweils anderen Geschlecht pflegen oder diversen Freizeitaktivitäten nachgehen. In reiner Form tritt das Bild dieser Spaß-Jugendlichkeit hervor, wenn eine Paradiesnatur wie die der ‚Südsee‘ als Bühne fungiert. Attribute von Jugend werden dann in Form von Idealkörpern und ungehemmter Expressivität stilisiert. Dabei geht es nicht oder weniger um die Präsentation einer Jugend-Identität, sondern um die Konstruktion eines allgemeinen Ideals des freudvollen Daseins, des „Living life an easy way…“, wie es eine Getränkewerbung formuliert, die traditionell mit einer solchen Themenwelt operiert (*Bacardi*).

Ähnlich stark generalisierte Vorstellungen von Jugendlichkeit kennzeichnen unzählige Werbungen für Getränke, Eis, Schokolade und andere Produkte mit relativ altersunspezifischen Zielgruppen. Wenn sich zum Beispiel in Spots Kinder, Jugendliche, Erwachsene und Alte gleichermaßen tanzend zu betont rhythmischer Popmusik bewegen (*Coca-Cola* 1998; *Langnese* 1998), erscheint Jugendlichkeit im Sinne von Unbeschwertheit, Lebensfreude, Lebensgenuss, Ausgelassenheit usw. als eine die Altersklassen transzendierende (und d. h. verbindende) Mentalität und entsprechend als ein zielgruppenübergreifendes Produktimage.[83]

Besonders deutlich werden die Relevanz und die Reichweite des Jugendlichkeitskomplexes, wenn *ausschließlich* ältere Zielgruppen angesprochen werden. Vor allem in der Werbung für Produkte wie Anti-Faltencremes, Haarwuchsmittel, Zahnprothesenreiniger, Diäten oder „Aufbau-“ und „Ergänzungsnahrung“ geht es um die Dramatisierung von Jugendlichkeit als einem generellen Komplex und „als einem Bild, das sich diejenigen für sich machen, die nicht mehr jung sind“ (Ziehe 1998, S. 136). Images von Jugendlichkeit stehen dann im Kontext einer strategischen Berücksichtigung oder Verwendung des als Identitätsproblem gerahmten Alter(n)s. Für dieses Problem ver-

---

[82] Ein von diesem Schema abweichendes Sujet ist der ‚reife‘ Mann, der auf 40 Jahre und älter geschätzt werden kann und soll. Das Weniger an Jugendlichkeit steht dann für ein Mehr an Lebenserfahrung, das den männlichen Könner erst recht zu einem solchen macht.

[83] Hier liegt also eine Variante des integrativen Prinzips der Werbung vor. Diese muss typischerweise bemüht sein, dramaturgische Mittel zu wählen, die soziale Unterschiede, Trennungen und Distanzen unterlaufen oder invisibilisieren. Zwar kann die Werbung auch auf (echte oder scheinbare) Distinktion setzen, aber in den meisten Fällen muss sie mit sozial möglichst weitreichend konsensuellen ‚Attraktoren‘, Themen, Werten usw. operieren, eben z. B. mit dem Jugendlichkeitskomplex.

spricht die Werbung ‚produktive' Lösungen, in deren Inszenierung sie jugendlich wirkende Darsteller sowohl als dramatische Problem-Spiegel des Adressaten wie als Beweis für die Herstellbarkeit der jeweiligen Form von Jugendlichkeit einsetzt.[84] Das strategische ‚Stigmamanagement' der Werbung operiert in diesem Sinne immer wieder mit sehr jugendlichen und gelegentlich sogar kindlich-jugendlichen Models, speziell wenn es um Schönheits- und Pflegeprodukte geht. Die Jugendlichkeit der Darsteller kann dabei in allen Dimensionen (Aussehen, Verhalten usw.) zum Ausgangspunkt des zu inszenierenden Produkt-Images werden. So will zum Beispiel ein Spot für ein Shampoo, der eine jugendliche Kick-Boxerin beim Training zeigt, die jugendliche „Spannkraft", die mit dem Produkt für Erwachsene verfügbar gemacht werden soll, plastisch vor die Augen der Betrachter/-innen führen (*Schwarzkopf* 1998).

Vor dem Hintergrund des hier nur grob skizzierten, faktisch aber höchst variantenreichen Jugendlichkeitskomplexes liegt es nahe, in der Werbung die deutlichste Bestätigung für die nun schon alte These Friedrich Tenbrucks zu sehen, die Gesamtkultur der Gesellschaft sei von einem „Puerilismus" erfasst, und die Jugend sei „in mancher Hinsicht zur dominanten Teilkultur geworden" (Tenbruck 1965, S. 56). Für die Werbung wie für die Gesamtkultur läßt sich heute in der Tat mehr denn je feststellen, dass „Umgang, Vergnügen, Lektüre, Freizeit, Moral, Sprache, Sitte der Erwachsenen [...] zunehmend jugendliche Züge" (Tenbruck 1965, S. 56) aufweisen. Ebenso kann man gerade angesichts der Werbung Tenbrucks Auffassung zustimmen, dass „im Wirtschaftsleben [...] die Ziele und Mittel der Lockung fast durchweg an typisch jugendliche Wünsche, Symbole und Realitäten appellieren" (Tenbruck 1965, S. 56).

Bei genauerer Betrachtung zeigt sich allerdings auch, dass die Expansion des Juvenilen einen Prozess darstellt, der die Altersklassen in ihrer Annäherung zugleich *differenziert*. Die Tenbrucksche Auffassung, dass Jugendlichkeit zu einer die Altersklassen übergreifenden „einheitlichen Idealform" geworden ist, trifft, jedenfalls was die Werbung angeht, nur bedingt zu. Die Analyse der Werbung zeigt vielmehr, dass Jugendlichkeit als generelles Ideal in Anbindung an die verschiedenen Altersklassen jeweils spezifiziert wird. Neben der Jugendlichkeit (und den Jugendlichkeiten) der Jugendlichen stehen entsprechend die Jugendlichkeiten der Erwachsenen und der Älteren und Alten mit jeweils unterschiedlichen charakteristischen Images. In Bezug auf die Jugendlichkeit der Jugendlichen kann man sogar feststellen, dass sie in manchen Varianten und Hinsichten geradezu einen *Gegenpol* zu dem generalisierten Jugendlichkeitskomplex der Werbung darstellt. So wird das Ideal des jugendlichen Körpers (verstanden als Glätte, Frische usw.) vielfach erheblich weniger herausgestellt oder sogar ausdrücklich abgelehnt.

Darüber hinaus macht die Differenz(ierung) der Geschlechter in puncto Jugendlichkeit auf allen Altersstufen erhebliche Unterschiede. Sie gilt es im Folgenden ebenso

---

84 Man kann vermuten, dass das werbliche Angebot von einschlägigen ‚Problemlösungen' vor allem einer „Beihilfe zur Selbsttäuschung" (Luhmann 1996, S. 86) der Adressaten gleichkommt.

festzustellen und zu betrachten wie (weitere) Formen der Indifferenz und der Entdifferenzierung der Geschlechter bzw. der ‚Dekonstruktion‘ der Geschlechterdifferenz.

7.4 Die Jugend(lichkeit) der Werbungs-Geschlechter

In manchen Hinsichten sind die Geschlechterrollen der Werbejugendlichen denen der Werbeerwachsenen ähnlich und in diesem Sinne Bezugsrahmen von Identität und Identifizierung.

Deutliche Analogien liegen insbesondere in diversen Werbeskripts vor, die die Herstellung jugendlicher *Intimität* im Rahmen des klassischen erotischen Hofierungszeremoniells (der Erwachsenen) dramatisieren. Die asymmetrische Rollendifferenzierung dieses Zeremoniells, demzufolge es für Frauen hauptsächlich darauf ankommt, einen ‚guten (erotischen) Eindruck‘ auf das männliche Geschlecht zu machen, zeigt sich bereits in dem Angebot von werbetragenden Jugendzeitschriften, die als kulturelles Forum für Jugendliche fungieren: Während für jugendliche Männer ein Angebot von Fachzeitschriften zu Themen wie Musik, Videospiele und Sport das Feld dominiert, gibt es eine Vielzahl von Zeitschriften für junge Frauen, die hauptsächlich das Thema ‚gutes Aussehen‘ sowie die dazu gehörenden Moden einer Wohn-, Ess- und Freizeitkultur entfalten.[85] Werbung erfüllt dabei nur für das weibliche Geschlecht, zum Teil in einer von den redaktionellen Beiträgen kaum zu unterscheidenden Weise, die Funktion, verschiedene Standards der äußeren Erscheinung (im Dienst des erotischen Erfolgs) vorzustellen, zu propagieren und in Form der beworbenen Produkte für die Frauen verfügbar zu machen.

Für Jugendliche spezifiziert ist die Palette der Themen und Skripts der Schönheitswerbung lediglich im Rahmen feiner Unterschiede. So sind die ausgewählten Darsteller nicht nur zum Teil jünger als gewöhnlich, sondern sie verhalten sich auch anders – zum Beispiel ohne gezielte Pose, etwas schüchtern oder kindlich verspielt. Die Anrede der Rezipienten mit „Du“ soll den Eindruck des Spielerischen und Lockeren vermitteln. Man kann vermuten, dass derartige Modulationen die Übernahme und Einübung der ‚Erwachsenen-Rolle‘ erleichtern (sollen), weil sie als Formen des So-tun-als-ob je nach Bedarf Nähe oder Distanz zur Erwachsenen-Identität ermöglichen.

---

85 Jugendzeitschriften wie „Bravo" oder das inzwischen eingestellte Magazin „Jetzt" sind insofern eine Ausnahme als sie sich an beide Geschlechter richten. Gerade „Bravo" bestätigt jedoch, sowohl im redaktionellen Teil wie auch in der Werbung, die klassische Ordnung der Geschlechter. So führt z. B. eine Werbung für einen „Porenreiniger" in einem zweiseitigen Fotoroman, dessen ‚Realismus‘ den üblichen Fotoromanen der Zeitschrift entspricht, in völliger Übereinstimmung mit redaktionellen Ratschlägen zur weiblichen Schönheitsoptimierung vor, inwiefern ‚reine Haut‘ (und das ‚gute Aussehen‘ überhaupt) als zentrale Erfolgsbedingung junger Frauen bei den ‚evaluierenden‘ jungen Männern zu verstehen ist (*Philipps* 1999). Man bedenke dabei, dass „Bravo" das auflagenstärkste Jugendmagazin ist und in den Magazinen „Bravo Sport" und „Bravo Girl" die Vorstellungen konventioneller Rollenverteilungen spezifiziert werden.

Ähnliche Modulationen kommen in Darstellungen heterosexueller Beziehungen von Jugendlichen vor: Die werbetypischen Mann- und Männlichkeitszeichen von Überlegenheit und Dominanz, die in verschiedenen Körperanordnungen, Berührungsformen usw. bestehen (siehe oben), sind dann mehr oder weniger und manchmal ganz zurückgenommen und modulieren ihr Vorbild in Richtung Symmetrie.

Ein auf wenige Produkttypen bezogener, aber deswegen nicht marginaler Schauplatz der Geschlechter-Identifizierung und Geschlechter-Differenzierung ist der pubertierende Körper. Obwohl dieser eine weitgehend geschlechtsunabhängige oder jedenfalls eine geschlechterübergreifende Tatsache darstellt, fällt auf, dass das strategische ‚Stigmamanagement‘ der Werbung zum Beispiel ‚Pickel‘ oder ‚unreine Haut‘ besonders häufig als Problem junger Frauen dramatisiert. Weiterhin ist bemerkenswert, dass das Thema ‚erste Menstruation‘ als eine Art Initiation vorgeführt wird („A woman is born: Auf dem Weg zur Frau fängst Du an, eigene Entscheidungen zu treffen"; *o.b.* 1999). Die junge Frau wird in diesem Zusammenhang auch, ebenso wie ihr erwachsenes Pendant, auf höchst identifizierende und differenzierende Weise mit dem Attribut der Reinheit bzw. dem Thema der Unreinheit in Verbindung gebracht (siehe oben). In manchen Werbungen erscheint zudem ‚Unschuld‘ als zentrales Identitätsmoment von *Mädchen* und jungen *Frauen*: „Innocence" heißt ein Parfum, das mit dem Sujet der Kindfrau beworben wird (*Chloé* 1999). Jungen und junge Männer scheinen diesbezüglich nichts zu besitzen und nichts verlieren zu können. Sie können offenbar auch nicht wirklich ‚unrein‘ sein oder werden.

Auch wenn sich in den Welten der Werbungs-Jugendlichen ein ganzes Spektrum ‚konventioneller‘ Rollenbilder entfaltet, die man aus den werblichen Erwachsenenwelten kennt, ist kaum zu übersehen, dass sich die Werbeinszenierungen von Jugendlichen und dass sich das Verhältnis der Geschlechter in den Werbeinszenierungen von Jugendlichen auch durch eigene Formen auszeichnet. Vor allem pflegt die Werbejugend im Bereich der Erotik spezielle Ausdrucksformen und Semantiken.

Besonders auffällig ist ein Stil des Androgynen. Die Jugend-Stilisierung des Androgynen dekonstruiert gewissermaßen die Geschlechterdifferenz, die in der werblichen Darstellung der anderen Altersklassen normalerweise (immer noch) deutlich pointiert wird. Zu einer symbolischen/rituellen Annäherung der jugendlichen Geschlechter kommt es speziell durch den Einsatz bestimmter Formen von Interaktion und Materialität. Eine wichtige Variante materieller Androgynie-Symbolik besteht in der Entdifferenzierung geschlechtsspezifischer Kleiderordnungen: In der Jugend-Mode und in der Werbung für Jugend-Mode gibt es immer wieder Designs, die in puncto Geschlecht nicht differenziert sind, sondern umgekehrt den Eindruck der Gleichheit erwecken und betonen. Nicht wenige Abbildungen junger Paare zeigen mit diesem Effekt einen fast geschlechtsneutralen ‚Partner-Look‘. Auch das Fehlen der oben fokussierten geschlechtsspezifischen Ritualisierungen der (auch erotischen) Interaktion (des Berührens, der Hierarchie, des emotionalen Ausdrucks usw.) vermittelt und verstärkt den Eindruck, die dargestellten Individuen verbinde eine grundlegende und umfassende Gleichheit bzw. Wesensgleichheit.

Eine andere Dimensionierung des Androgynen besteht darin, dass die geschlechtstypischen Körperkennzeichen als solche erkennbar auf den jeweils anderen Geschlechterkörper projiziert werden. In diesem Rahmen führt die Werbung zum einen ‚feminisierte‘ junge Männer und zum anderen betont ‚maskulin‘ erscheinende junge Frauen vor. Dies geschieht über den Einsatz der Mode, über die Selektion der Darsteller und über die Inszenierung einzelner Körperaspekte: Schmal und fragil erscheinende Männer, deren Ausdrucksverhalten ‚feminin‘ wirkt (tanzende Jungmänner, sich selbst berührende ‚Schönlinge‘), werden ebenso in Szene gesetzt wie muskulöse Frauen, die mit coolem und abschätzigem Blick selbstbewusst den Bildbetrachter fixieren. Vor allem in Abbildungen junger Männer kommen Übersteigerungen dieser Inversionen mit travestie-ähnlichem Charakter vor. Kleidung erfüllt dann, ähnlich wie bei der typischen (Hyper-)Kostümierung von Frauen, eine mehr als dekorative, nämlich symbolische Funktion: Sie signalisiert einen gewissen Unernst der Identität (vgl. Goffman 1981, S. 200).

Seit einigen Jahren entwickelt sich die Stilisierung des Androgynen über die entsprechende Identitäteninszenierung hinaus zu einem Leitmodell eines Jugendmarktes mit eigenständigen Produkten: Bei den sogenannten Uni-Sex-Produkten wird die Inszenierung einer Einheit des Verschiedenen (der Geschlechter) nicht nur in Form hybrider Geschlechtercharaktere vorgeführt. Vielmehr werden auch die Produkte selbst zu Einheiten in Bereichen, die normalerweise nach dem Prinzip der „parallelen Organisation" (Goffman 1994b) geschlechtsspezifisch organisiert sind: „One" heißt ein solches Produkt, das die Botschaft und das Image der Geschlechter*indifferenz* bereits im Namen führt (*Calvin Klein* Parfum 1996).

Neben einem Stil des Androgynen und überhaupt einer Tendenz zur Indifferenz und Symmetrie zwischen den jugendlichen Geschlechtern fällt die Bedeutung der Idee und des Themenkomplexes der romantischen Liebe auf. Sie spielt in den einschlägigen (Geschlechter-)Welten bzw. den ‚Diskursen‘ der Werbungs-Jugendlichen immer wieder eine Hauptrolle – im Unterschied zu einer primär sinnlich orientierten Erotik, wie sie in Darstellungen von Erwachsenen vorherrscht. Kennzeichnend für entsprechende Darstellungen von Jugendlichen ist der vielfache und auffällig dramatisierte, wenngleich eher mit Mädchen und jungen Frauen verbundene Gebrauch des Wortes Liebe im Werbetext.[86]

Auch jenseits der Erotik häufen sich mit Jugend und Jugendlichen verknüpfte Formen der ‚Dekonstruktion‘ der klassischen Geschlechterdifferenzierung. So sind die in der Werbung mit Jugendlichen in Verbindung gebrachten Kompetenzprofile tendenziell weniger geschlechtsspezifisch strukturiert als die Erwachsenen-Stereotypen. Weibliche und männliche Jugendliche diskutieren zum Beispiel ‚auf Augenhöhe‘ und auf ‚gleichem Niveau‘ und erscheinen überhaupt (jenseits der einschlägigen Werbungsthemen in den

---

[86] Z. B. thematisiert eine Deodorantwerbung, die ein etwa fünfzehnjähriges Mädchen zeigt, „wahre Liebe" im Unterschied zum bloßen Sex: „Er liebt mich. Er liebt mich nicht. Ist das wahre Liebe? Oder will er mir nur an die Wäsche?" (*Secret Clear Dry* 1999).

oben genannten Special-interest-Zeitschriften) als gleichberechtigte und gleichwertige (Lifestyle-)Experten einer jugendlichen Lebenswelt. In dieser häufen sich auch die im Zusammenhang mit der Darstellung von Erwachsenen als „reversed sex ads" bezeichneten Rolleninversionen: Jugendliche Frauen steuern zum Beispiel selbstbewusst Jeeps durch wilde Landschaften, springen unerschrocken am Bungeeseil in die Tiefe oder bewegen sich mühelos als Fahrradkuriere mit dem Mountainbike durch den Großstadtverkehr. Und all dies geschieht, ohne dass metakommunikative Signale, zum Beispiel Formen von Ironie, zu erkennen wären, die die Bedeutung derartiger Darstellungen relativieren würden.[87] Umgekehrt pflegen jugendliche Werbemänner nicht nur, wenn auch immer noch relativ zurückhaltend, ihr Äußeres, wie es inzwischen auch beim erwachsenen Werbemann häufiger vorkommt, sondern betonen zudem nicht selten ihre ‚äußere Fassade' mit eigentümlichen Dekorationsstilen, die auf späteren Altersstufen dem weiblichen Geschlecht vorbehalten bleiben. Dem jugendlichen Mann werden insbesondere relativ große Spielräume bei seiner modischen Selbstausstattung, Selbstgestaltung und Selbstdarstellung zugebilligt. Er darf sich bunter, variantenreicher, kontraststärker und bereichsunabhängiger kleiden als sein erwachsenes Pendant (siehe oben).

Weiterhin fällt auf, dass Gemeinschaften gleichgeschlechtlicher Individuen in den Werbe-Welten der Jugendlichen eine besondere Rolle spielen. Dabei zeigt sich allerdings normalerweise eine signifikante Differenz der Geschlechter – nämlich im Verhältnis der Geschlechter zu den Angehörigen ihres eigenen Geschlechts. So kommt die ‚Kameradschaft' oder die Freundschaft junger Männer in verschiedenen Situationen des Alltagslebens, z. B. über die Vorführung von gemeinsamen Erlebnissen, eher implizit und zurückhaltend zum Ausdruck. Dagegen wird das besondere Verhältnis, das junge Frauen (und Mädchen) zueinander unterhalten, regelmäßig direkt als solches zum Ausdruck gebracht und ausdrücklich thematisiert. Immer wieder zeigt die Werbung nicht nur Freundinnen, sondern „beste Freundinnen", die sich gegenseitig Mut machen, sich beraten, solidarisieren usw. und dabei Beziehungsnähe durch Körpernähe und innige Gemeinsamkeit durch Formen fast zärtlichen Berührens (Hände-Halten, Umarmungen usw.) zur Schau stellen. Die ‚Tiefe' gleichgeschlechtlicher Freundschaften von jungen Frauen verdeutlicht auch die Anzeige eines Uhrenherstellers, die sich in dieser Form ebenso wenig wie das Vorführen bestimmter Berührungstypen an junge Männer adressieren ließe: „Deine beste Freundin und Du. [...]. Schreibt uns einfach, warum eure Freundschaft so besonders ist. Und zeigt euch zusammen auf einem Foto" (*Baby-G* 1999). Die Werbung identifiziert hier, wie in anderen Fällen, die jugendliche Frau (wie schon das Mädchen) als ein besonders gefühlsbetontes und ‚soziales' Wesen, das Beziehungsthemen sowie die dazugehörigen moralischen Vorstellungen immer wieder reflektiert und in den Vordergrund seines Lebens stellt.

---

87 Die Werbung greift gerade auf Ironie sonst gerne zurück, um Abweichungen von der von ihr als normal unterstellten Skript-Welt zu relativieren, zu irrealisieren oder zu entschärfen.

7.5 Alter, Altern und Alte

Vor dem Hintergrund soziodemografischer und ökonomischer Daten zur Bevölkerungsentwicklung liegt die Markt- und Vermarktungsrelevanz älterer und alter Menschen auf der Hand. Dass diese immer markt- und vermarktungsrelevanter werden und auch die Marktforschung die ‚Alten‘ als wichtige potenzielle Zielgruppe schon seit längerem entdeckt hat,[88] schlägt sich allerdings in der Werbungskultur kaum nieder. „Vielmehr orientiert sie sich nach wie vor an ewig jugendlichen Leitbildern" (Thimm 1998, S. 113). Die Alten „sind bislang nur selten im Fokus der werbungstreibenden Industrie; sie fristen ein Schattendasein in der Werbewelt" (Kayser 1996, S. 301). Und sie sind nicht nur unterrepräsentiert, sondern treten auch unterkomplex in Erscheinung, wenn sie denn in Erscheinung treten. Die Facetten ihrer Identität sind typischerweise deutlich weniger differenziert als die der jüngeren Werbeerwachsenen.

Als Hauptursache der werblichen Diskriminierung und ‚Verleugnung‘ der Alten wird in der Forschungsliteratur das lebensweltlich negativ besetzte Image von Altern und Alten angenommen, die Tatsache, dass Altern allgemein als Abbau und Alte als defizitäre Wesen verstanden werden.[89] In der Tat dominiert bis heute und gerade heute unübersehbar ein Defizitmodell und (damit) eine Stigmatisierung des Alter(n)s und der Alten (vgl. Thimm 1998, S. 115; Jäckel/Kochhan/Rick 2002, S. 681 ff.). Alte werden unter Begriffen wie „Kukident-Generation" subsumiert und in diversen Medienerzeugnissen nicht selten offen abgewertet oder sogar als komische Figuren lächerlich gemacht (vgl. Thimm 1998, S. 123 ff.; Kayser 1996, S. 305). Werbestrategisch bzw. image-politisch erscheinen Alte und Alter(n) insofern prinzipiell als ungeeignet oder problematisch – und dies vor allem dann, wenn die Werbung auf *verschiedene* Altersklassen zielt.[90]

Von zentraler Bedeutung ist in diesem Zusammenhang, dass typischerweise auch die Alten und Alternden selbst jenes auf das Perfektionsmodell der Jugend/Jugendlichkeit verweisende Defizitmodell teilen und keineswegs zur ‚Selbstakzeptanz‘ oder gar zur Selbstwertschätzung (als Alte oder Alternde) tendieren. Es gibt vielmehr stärkste Hinweise darauf, dass das Gegenteil der Fall ist, und zwar heute mehr denn je (vgl. z.B. Baltes 1997, S. 156). Man kann also vermuten, dass die weitgehende Alterns- und Altenverleugnung der Werbung generell auf fruchtbaren Boden trifft, und dass „Beihilfe zur Selbsttäuschung" (Luhmann 1996) eine in Bezug auf Alte und Alternde vielversprechende Strategie ist. Dass ältere und alte Menschen typischerweise nicht als solche bzw. mit solchen beworben werden wollen, versteht sich unter den gegebenen kulturellen Bedingungen fast von selbst.[91]

---

88 Bei Kayser (1996) finden sich Hinweise auf zahlreiche Studien seit den 1980er Jahren.

89 In der Medienkommunikation generell stellt Alter nach Auskunft vieler Beobachter ein Stigma und bereichsweise ein Tabu dar (vgl. z.B. Kübler 1993, S. 38).

90 Entsprechend vorsichtig sind Unternehmen, wenn sie ihre Produktpalette im ‚Altensegment‘ erweitern und/oder Alte als Protagonisten ihrer Werbung benutzen.

91 Auch der historische Vergleich ist in diesem Kontext informativ. Historische Analysen zur sozialen Alterskonstruktion zeigen, dass die Werbung mit ihren Nihilierungen und Stilisierungen des Alter(n)s an

Dass Alter(n) und Alte in der Werbung also hauptsächlich durch Abwesenheit anwesend sind, sei diese Abwesenheit eine völlige Exklusion oder eine stilistische ‚Überarbeitung', ist jedoch nur die eine Seite der Medaille. Auf der anderen Seite knüpft die Werbung im Rahmen ihrer kommunikativen Gattungslogik und ihrer spezifischen Kontextierung durchaus an bestimmte traditionelle Vorstellungen und Wertideen des Alten an: Weisheit, Abgeklärtheit, Reife, Erfahrenheit usw. Die Frage, wie ‚die' Werbung Alter definiert, lässt sich also nicht auf eine einzige (negative) Formel bringen. Es gibt vielmehr gewisse Ambivalenzen des werblichen Alters- und Altersnsbildes, die vor allem damit zusammenhängen, dass die Images, die die Werbung auf der Ebene ihrer einzelnen Ausprägungen entfaltet, einen strategischen Sinn erfüllen, der mit dem beworbenen Gegenstandstyp und dem umworbenen Publikum variiert. Dementsprechend unterschiedlich und angepasst wird Alter(n) als eine spezifische Qualität mit entsprechenden Wertvorzeichen und Bedeutungen dargestellt. So kann es in Werbungen für Banken Erfahrenheit und Seriosität oder in Werbungen für Wein kulinarische Expertise oder Genießertum bedeuten, während es in Werbungen für Produkte, die bestimmte körperliche Defizite kompensieren sollen (z. B. Nahrungsergänzungsmittel, Medikamente), auf Gebrechlichkeit reduziert wird.

Mit den Vorstellungen davon, was Alter als Aspekt oder Dimension einer Person bedeutet, variieren auch die Vorstellungen vom Prozess der *Alterung*. Während zum Beispiel im Fall der Kosmetikreklame Altern als eine unerwünschte und unschöne Veränderung der Hautoberfläche erscheint und entsprechend auf eine Skala der diesbezüglichen Veränderungen projiziert wird, präsentiert die Werbung für angeblich leistungssteigernde Präparate Altern als die abnehmende Fähigkeit, bestimmte Aktivitäten auszuführen. Es sind also verschiedene Seiten der Identität der Person, die im Rahmen der Werbung in je besonderer Weise in den Kontext des Alters und der Alterung gestellt werden. Und gemäß dieser sachlich orientierten und differenzierten Altersdefinition kann Altern bereits mit 20 Jahren beginnen oder mit 60 immer noch nicht eingesetzt haben.

Mit der sachlichen Spezifizierung und Differenzierung des Alter(n)s hängt ein differenzieller Umgang mit der Chronologie des Lebensalters zusammen. Während die Anzahl der gelebten Jahre normalerweise (in den modernen Industriegesellschaften) für die soziale Definition von Alter die wichtigste Rolle spielt (vgl. Elwert-Kretschmer/

---

eine Semantik mit langer Tradition anschließt. Der Altersdiskurs ist schon seit der Antike an ein Defizit-Konzept gebunden, ja „ohne Defizitunterstellung entsteht kein Altersdiskurs" (Göckenjahn 2000, S. 35). Göckenjahn zufolge ist allerdings die Zuspitzung der Alt-Jung-Polarisierung, bei der Alter(n) im Wesentlichen nur noch als Nicht-mehr-jugendlich-Sein bzw. als Grad der Abweichung von Jugendlichkeit verstanden wird, ein „Hauptmotiv" des Altersdiskurses, das sich erst um 1900 durchsetzt (Göckenjahn 2000, S. 33 f.). Wurde noch im 19. Jahrhundert nicht nur das Alter stärker gewürdigt, sondern auch Jugend deutlicher mit negativen Qualifizierungen belegt (Dummheit, Unreife usw.), so hat sich seit jener Zeit eine Tendenzwende vollzogen und bis heute dynamisch verstärkt. Als soziale Identität ist das Alter sozusagen immer schwächer geworden. Es bedeutet heute vor allem, sozial besonders geschätzte Eigenschaften nicht – nicht mehr – zu besitzen.

Elwert 1997, S. 41), kann die Werbung die Relevanz der Chronologie erheblich hinauf-
und heruntermodulieren, (um-)deuten oder ‚vergessen'. Dementsprechend weisen
konkrete Altersangaben immer wieder darauf hin, dass die Anzahl der Lebensjahre
gerade *nicht* als Definitionskriterium für das Alter gilt. Vor allem in Werbungen für
Kosmetik und Medikamente fungiert die Angabe des Lebensalters der Darsteller geradezu als Beweis dafür, dass die Zuordnung von Jahren und Alter (dank der Produkte)
nicht zwingend oder zulässig ist.

Bei aller Varietät und Variabilität der Alters(de)konstruktionen der Werbung ist
deutlich, dass sie das Altern des *Körpers* einer Person sozusagen als Inbegriff des Al-
ter(n)s überhaupt darstellt.[92] Im Vordergrund steht dabei das äußere (korporale) Erscheinungsbild als eine Art Ausweis von Identität und Status. Ein Beispiel dafür sind die
zahllosen Thematisierungen und Dramatisierungen des Alterns als Schönheitsverlust,
wie sie insbesondere in der Kosmetikreklame vorkommen. Generell ist die werbliche
Darstellung und Bewertung älterer und alter Menschen stark an Standards des (Noch-)
‚Gutaussehens' orientiert.

Die Werbung folgt damit der Kognition und Intuition jedermanns, der gewohnheitsmäßig Altersgrenzen und Altersklassen anhand korporaler Zeichenzusammen-
hänge taxiert und (Noch-)‚Gutaussehen' für ein generell ‚gutes Zeichen' hält. Das biologische Alter und ein dazugehöriges körperliches Ausdrucksmuster des Alten (Haut,
Haare, Zähne, Haltung, Bewegung usw.) fungieren dabei als ein Normalschema, das die
jeweiligen Akteure identifizierbar und differenzierbar macht. Eine herausragende Rolle
spielt hier der Kopf und insbesondere das Gesicht, so dass man geradezu von einem
altersspezifischen und altersspezifizierenden „Gesichtsrahmen" (Goffman 1977) sprechen kann. An ihm machen sich am differenziertesten (jedermanns) Vorstellungen
davon fest, wie Menschen mit 30, 50 oder 80 Jahren typischerweise aussehen.

Die Konstruktion eines sichtbaren Alters läuft sozusagen als Kode bei der Konstruktion anderer Alters-Definitionen und Alters-Klassifizierungen (psychische/‚geistige'
Verfassung, körperliche Aktivität, interaktives Verhalten usw.) immer mit. Der- oder
diejenige ist dann zum Beispiel in einem bestimmten Bereich ‚jung geblieben' im Verhältnis zu den Lebensjahren, die man ihm oder ihr aber doch ‚irgendwie' ansieht.

7.5.1 Alter(n) der Geschlechter: Sichtbarkeit und Rollen

Die symbolische Geschlechter-Ordnung der Werbungs-Erwachsenen mittleren Alters
gilt im Wesentlichen auch für die Werbeinszenierung der Alten. Man kann sogar feststellen, dass diese Ordnung in der Alteninszenierung in manchen Hinsichten besonders
eindeutig modelliert wird.[93] So dominieren in den Inszenierungen der Alten – im Un-

---

92 Der Körper bzw. sein spezifischer Zustand repräsentiert gewissermaßen den ganzen Vorstellungskomplex ‚Alter' – er ‚verkörpert' das ganze Sein und den Status des Alten.
93 Auch hier zeigt sich eine Parallele zur Ebene der Kinder, in deren Werbeinszenierung als Mädchen
und Jungen die allgemeine Geschlechterordnung zugespitzt deutlich wird.

terschied zu allen anderen Altersklassen – die *männlichen* Akteure schon quantitativ in einem massiven Ausmaß.[94] Dass die Darstellung der Alten – zumindest im ‚positiven‘ Attributbereich – überwiegend an Vorstellungen von Qualitäten alter *Männer* gebunden wird, ist ein Eindruck, den man nicht nur bei der Untersuchung des deutschen Werbematerials gewinnt. Diesen Eindruck bestätigt auch eine 1986 publizierte Studie zur US-amerikanischen Werbung der Jahre 1950 – 1980. Hier war in der Gruppe der auf 60 Jahre und älter zu schätzenden Menschen das Verhältnis von Anzeigen, die lediglich Frauen abbildeten, zu denen, die nur Männer zeigten, 1:10 (!). Betrachtet man weiterhin den inhaltlichen Kontext dieser Darstellungen, verschärft sich das Bild einer Marginalisierung älterer Frauen noch einmal:

> More males than females are shown in blue- and white-collar settings, while relatively more females are shown in social/recreational or family settings or in settings without a clear theme. Thus, not only are elderly females used less frequently in advertising than elderly males, but they are also more often shown in family and recreational settings than work settings (Ursic/Ursic/Ursic 1986, S. 133).

Gerade im Feld der alten Menschen herrscht also (immer noch) ein traditionelles, ja traditionalistisches Schema der Geschlechter vor, zu dem es auch gehört, dass die Rollen des Mannes mehr Prestige besitzen und zudem auch differenzierter sind als die der Frauen (vgl. auch Hasenteufel 1980, S. 216 – 219). Dieses Schema, das wir im Folgenden weiter differenzierend vorstellen, erscheint im Grunde als eine (kosmo-)logische Konsequenz der (Werbe-)Images jüngerer Erwachsener, insofern die typischerweise mit Männern assoziierten Attribute wie Wissen, Erfahrenheit und Klugheit mit steigendem Lebensalter zunehmen können, während das vor allem mit Frauen assoziierte (jugendliche) Gutaussehen ‚natürlich‘ abnimmt.

7.5.1.1 Könner, Virtuosen und Charaktere

Es ist auffällig, dass ältere Werbe-*Männer* (etwa zwischen 45 – 60 Jahren) immer wieder Rollen als Könner, Experten und Leistungsträger spielen. Sie sind dann insbesondere diejenigen, die auf der Karriereleiter ganz oben stehen, denen sich bei Besprechungen die anderen aufmerksam zuwenden, die von erfolgreichen Geschäftsabschlüssen berichten und bei alledem auch noch „vollkommen entspannt" (*Hochtief* 2000) sind. Ein Beispiel ist der 50- bis 60-jährige Herr „Tetsuya Murukawa, Senior Representative Tokyo, Sony", der lässig in einem Sessel sitzt, während im Hintergrund die Großzügigkeit der Architektur die Größe des Unternehmens und des Projektes zum Ausdruck bringt, dem Herr Murukawa in leitender Funktion zur Seite steht (*Hochtief* 2000).

Derart souveräne Manager, deren Alter und Reife auch an spezifischen korporalen Alterszeichen (graue Haaren, Brille, faltige Haut usw.) zu erkennen ist, verfügen nach Auskunft der Werbung im Unterschied zu ihren jüngeren Kollegen über eine Lebens-

---

94 Diese Verteilung gilt offenbar nicht nur für die Werbung, sondern auch für andere Mediengenres (vgl. Kübler 1993, S. 42).

erfahrung, Besonnenheit und Klugheit, die ihrem Erfolg entscheidend zugutekommt (vgl. auch Knegendorf 1989, S. 23).[95] Es ist nicht zufällig dieser Typ des gereiften Managers, den zwei Wirtschaftsmagazine (*Manager Magazin* 2002/*Impulse* 2002) zum Einsatz bringen, wenn sie zeigen wollen, wie die Inkarnation wirtschaftlichen Könnertums aussieht. Diese Berufs-Weisen sind nicht nur ‚Macher‘, sondern auch reflektierende ‚Weitblicker‘, die schon einmal am Schreibtisch nachdenklich die Hände falten oder, wie der graubärtige „Fusionsberater Daniel Chabut", Weisheiten wie die folgende äußern: „Am komplexesten ist immer das Zusammenführen zweier Kulturen" (*IBM* 2000). Das Bild des reifen, erfahrenen und – daher – mit Autorität ausgestatteten Älteren erscheint besonders häufig in Werbungen für Banken, Versicherungen und Pharmazeutika, da in diesen Kontexten die entsprechenden Kompetenzen und Attitüden, zum Beispiel Beharrlichkeit,[96] Seriosität[97] und Sicherheitsdenken, eine Schlüsselrolle spielen.[98]

Besondere Varianten des älteren Könners finden sich in leistungsbezogenen Ausnahmekontexten. Gemeint sind hier vor allem Inszenierungen von Männern als Künstler, Denker, Cowboys und asketische Virtuosen. Alt-Sein heißt dann, über ein Wissen zu verfügen, das sich nicht bloß auf einen bestimmten praktischen Nutzen (z. B. für das Berufsleben) richtet, sondern das als eine tiefere Weisheit den Sinn des Lebens ‚an sich‘ erschlossen hat. Eine solche spezifische Interessen und Themen transzendierende Weisheit setzt zum Beispiel eine Zigarettenwerbung mit den Portraits verschiedener älterer Männer ins Bild, deren verklärter Gesichtsausdruck Versunkenheit in eine tiefe Gedankenwelt verdeutlichen soll: „The more you know" heißt es dazu – in der Hoffnung, dass sich die anvisierte Zielgruppe mit den dargestellten We(i)sen identifiziert bzw. das Rauchen (der beworbenen Zigarette) für ein Erlebnis-Moment derartiger Alters-Weisheit hält.

---

95 Besonnenheit, Um- und Übersicht sind vielfach geradezu Charaktereigenschaften der statushohen Werbealten. Sie stellen als wirkliche *Persönlichkeiten* typischerweise eine Distanz zu den Problemen der Gegenwart her, die zielorientiertes Handeln auch unter schwierigen Bedingungen ermöglicht: „Wir brauchen wieder kühle Köpfe" (*4711 Echt Kölnisch Wasser* 1990). Im Gegensatz zu den ‚Hitzköpfen‘ der jüngeren Generation haben diese Werbesenioren genug Souveränität und Gelassenheit, um weitsichtige Entscheidungen zu treffen. Aber auch ältere Männer statusniedrigerer Berufe (Handwerker, Verkäufer) symbolisieren immer wieder besondere Erfahrenheit, Übersicht und Vertrauenswürdigkeit.

96 „Beharrlichkeit bringt die größte Ausbeute", heißt es zum Bild eines ca. 60-jährigen Anglers mit Hut im Auftrag von „Deutschlands älteste[r] Investment-Gesellschaft" (*Adig Investment* 1971).

97 Man denke in diesem Zusammenhang auch an den weißhaarigen „Dr. Best", der als Paradebeispiel des Werbeseniors (und Werbewissenschaftlers) eine die Jahrzehnte überdauernde Figur der Werbelandschaft war und ist.

98 Die besondere Kompetenz des älteren Werbemannes befugt diesen nicht zuletzt dazu, andere (jüngere) zu belehren und zu dirigieren. Die älteren Männer treten regelmäßig als Weisende und Führende auf und „bringen andere ans Ziel", wie es im Fall eines etwa 50 Jahre alten „Bergführers" heißt (*Commerzbank* 1995).

Auch die legendären Marlboro-Männer, die ja meist um die 40 Jahre oder älter sind, sollen eine Aura charakterlich-moralischen Tiefgangs ausstrahlen:[99] Die Gesichtszüge und die faltige Haut des Marlboro-Manns sind deutlich geprägt vom rauen Leben in der Natur und vom (relativ) fortgeschrittenen Alter. Wenn er über die weite Landschaft blickt oder am Lagerfeuer schweigsam seinen Becher Kaffee trinkt und seine Zigarette raucht (an der er weniger zieht, als dass er sie meditierend verglühen lässt), geht es um die Konstruktion einer gereiften ‚Persönlichkeit', die vieles erlebt hat und die das Leben kennt. In der Männergesellschaft der Marlborowelt sind die ‚Ältesten' denn auch diejenigen, die in der Hierarchie ganz oben stehen. Dies verdeutlicht zum Beispiel ein Spot, in dem der Gruppenälteste einem etwa 40-jährigen ‚Youngster' mit einem knappen Kopfnicken und einem verhaltenen Lächeln nach einem gelungenen Lasso-Wurf zu verstehen gibt, dass diesem gerade etwas ganz Besonderes gelungen ist – etwas, dessen Wert der Ältere aus eigener Erfahrung zu schätzen weiß. Sein anerkennendes Nicken stellt sozusagen den Abschluss eines Initiationsrituales dar, das den Jüngeren weiterbringt auf seinem Weg zu einem perfekten Cowboy. Andere Images von Altersweisheit verkörpert die Werbung in Bildern asiatischer Asketen. Sie bedient zum Beispiel im Dienst eines angeblich besonders gesunden Nahrungsmittels das Klischee des asketischen Virtuosen, dessen Abgeklärtheit und am Essenziellen orientierte Lebensführung ein hohes Lebensalter ermöglicht.

7.5.1.2 Alte Prominente

Immer wieder tritt eine besondere Verbindung von Kompetenz- und Qualitätseindrücken hervor, wenn ältere und alte Prominente die Protagonisten der Werbung sind. In diesem Fall (höheren Alters) sind die Prominenten fast ausnahmslos *männlichen* Geschlechts.[100] Als Bekannte aus anderen Medienbereichen sollen sie zunächst jenen Typus von sozialem Erfolg repräsentieren, für den Begriffe wie Status und Prestige stehen.

---

99 Wie Matthias Horx (1995) bemerkt hat, geht es bei der Marlboro-Welt – entgegen allen stereotyp reproduzierten Deutungen – nicht einfach um eine Idealisierung von ‚Freiheit und Abenteuer'. Vielmehr gründet sich der Erfolg dieser Themenwelt auf die gelungene Verbindung sich nur scheinbar widersprechender Semantiken: Der Cowboy kombiniert als „rebellischer Spießer" die Sehnsucht nach Freiheit und Abenteuer mit der Sehnsucht nach Sicherheit und Geborgenheit. Betrachtet man die ‚Lebenswelt' des Marlboro-Cowboys näher, fällt auf, dass in seinem Handeln das Streben nach Sicherheit und Geborgenheit sogar überwiegt (das Abstecken der Landschaft mit Zäunen, das Fangen und Einreiten von (noch) wilden Pferden, das Füttern von kleinen Fohlen, das abendliche Zusammensitzen am Lagerfeuer nach getaner Arbeit usw.). Die Idee von ‚Freiheit und Abenteuer' wird eigentlich nur durch die Weite der Landschaft repräsentiert, die als solche für die Cowboys sozusagen ein Medium für die Suche nach Sicherheit und Geborgenheit ist.

100 Sieht man einmal von prominenten Frauen (meist Schauspielerinnen oder Models) ab, deren Kompetenz sich nach Auskunft der entsprechenden Werbungen auf das Wissen um die Erhaltung körperlicher Attraktivität bezieht (und damit auch: auf diese Qualität beschränkt bleibt). Prominente ältere Frauen sollen meist lediglich eine glaubwürdige (fotografische) Beweisführung der ‚These' ermöglichen, dass der Alterungsprozess erfolgreich gestoppt oder erheblich verzögert werden kann. Prominenz ist hier also eine Art Potenzierung der werbetypischen Geschlechterordnung.

Die Werbung nutzt zugleich die qualifikatorischen Images, die den Prominenten aufgrund ihrer jeweiligen Spezial-Kompetenz anhaften, und integriert sie in ihre jeweilige Botschaft. Dabei kann sie davon ausgehen, dass die Glaubwürdigkeit und die ‚Vorbildfunktion‘ der Prominenten mit steigendem Lebensalter zunimmt. Alte Prominente stehen vor allem für einen realen Charakter, der sich von dem von Kurzzeit-Prominenten unterscheidet, bei denen noch nicht entschieden ist, ob ihr Erfolg mehr ist als ein aktueller Medien-Hype.[101] Die jeweiligen Alten können bereits auf den größten Teil ihres Lebens zurückblicken, so dass die erbrachten Lebensleistungen als ein ebenso großer wie fester Bestand an Qualitätsbeweisen zu verstehen sind.

Die sachliche Spezifik dieser Qualitätsbeweise ist der Ausgangspunkt entsprechender Werbungen: Der gereifte Uli Hoeneß „managt“ Wertpapiere „bei Deutschlands bestem Online-Broker“ (*Consors* 2000); der altersweise Heiner Geißler macht Werbung mit seinem konstanten Image als CDU-‚Querdenker‘ („Ich schätze Zeitungen, die gern gegen den Strom schwimmen“, *Die Woche* 1999); der längst nicht mehr junge Künstler Jörg Immendorf wirbt mit seinem Konterfei in schlicht gestalteten Anzeigen für Mode (*Windsor* 1998); und Deutschlands zweifellos bekanntester Literaturkritiker (dessen Name in der Werbung schon gar nicht mehr genannt werden muss) empfiehlt Telefonbücher aus verschiedenen Gründen als Lektüre von hohem Rang. Auch die immer wieder in Werbungen vorgeführten (alten) Unternehmensgründer oder deren auch schon alte Erben (z. B. Herr Hipp, Herr Darboven, Herr Wirth, Herr Rodenstock) sollen als Männer mit einer realen Lebens- und Qualifikationsgeschichte auf besonders instruktive und überzeugende Weise die jeweilige Werbebotschaft kommunizieren.

Die aus ihrem Lebenswerk bezogene Autorität empfiehlt alte Prominente nicht zuletzt dann als Werbeträger, wenn Unternehmen aktuelle soziale und ‚menschliche‘ Probleme fokussieren. So bewirbt „J.C. Cherman – Direktor der Forschung“ eine Anti-Aids-Kampagne des Modeanbieters Moschino (1996), und so klärt Ex-Bundespräsident Walter Scheel über die Probleme der Umweltbelastung im Auftrag der Deutschen Bahn auf (1991). Und der ‚Uralt-Star‘ Heinz Rühmann erscheint in einer Werbeanzeige, weil sein Image beglaubigen soll, dass man auch als 88-Jähriger noch „voller Schaffenskraft“ sein kann, da „wissenschaftliche Forschung und ärztliche Kunst helfen, dass auch das Alter lebenswert ist“ (*Bundesverband der pharmazeutischen Industrie e.V.* 1991).

7.5.1.3 Genießer und Kenner

Ein weiteres klassisches Image, das bis heute typischerweise älteren (Werbe-)Männern zugeordnet wird, ist das des Genießers bzw. des Genuss- und Geschmacksexperten. In seiner Werbeinszenierung mischen sich vor allem zwei Identitätsaspekte des älteren Mannes.

---

101 Die Charaktere der Langzeit-Prominenten sind natürlich in erster Linie Konstruktionen der Massenmedien: Diese informieren den interessierten Rezipienten in regelmäßigen Abständen nicht nur über den professionellen Werdegang der prominenten Persönlichkeit, sondern auch über ‚Geschehnisse‘ in deren Privatleben. So sind bekannte Alte meist alte Bekannte für den (älteren) Rezipienten.

Einerseits ist der ältere oder alte Genießer ein Experte in puncto Genussmittel – er verfügt über ein spezifisches erfahrungsgesättigtes Wissen und ist daher besonders legitimiert, Qualitätsurteile abzugeben, insbesondere Geschmacksurteile.[102] Die jeweiligen Akteure erscheinen als wahre Meister ihrer Fächer, etwa als alte Feinschmecker, die etwas von „Kaffeekultur" (*Tchibo Privat Kaffee* 1992) verstehen und daher entsprechend reagieren, wenn sie im Café unter ihrem Niveau konsumieren müssen: „Haben Sie eine Ahnung, was passiert, wenn Sie diesen Herren nicht den besten Kaffee der Welt servieren?" heißt es zu dem Bild einer entsprechenden Expertenrunde (*Saeco* 2002). Diese Herren und andere (ältere) Herren fungieren mit offensichtlichem Recht als Prüfer und Tester der beworbenen Produkte, und sie legen über diese ein – dank ihrer besonderen Glaubwürdigkeit – glaubwürdiges Zeugnis ab.

Auch das praktische Auswählen und Genießen von Nahrungsmitteln (vor allem: Wein, Spirituosen, Käse, Kaffee, Zigarren, bestimmte Süßigkeiten) scheint für den älteren Mann – im Unterschied zur älteren Frau – eine Art Wissenschaft zu sein, für die er durch eine besondere Urteilskraft besonders qualifiziert ist. Ältere Männer wählen mit Bedacht die Brotsorte zum geplanten Essen (*CMA* 1985), erkennen beim Wein die Qualität „am Detail" (*Sangiovese Italia* 2001), haben als „Kräuterexperten eine feine Nase für ganz spezielle Würzmischungen" (*Le Tartare* 1987), und ihnen ist, in der Rolle der „Thomy Küchenchefs", „nur die Schweizer Butter gut genug für ihre Sauce Hollandaise" (*Thomy* 1992).[103]

Andererseits wissen die älteren Genießer (wieder) die einfachen, aber eigentlichen (Konsum-)Dinge des Lebens zu schätzen. Genießende Altherren leben oft, bei all ihrem Wissen um die (Produkt-)Welt, in einem gewählten Zustand der Schlichtheit, und sie legen eine mit der Distanz zu den Unwichtigkeiten des Lebens zusammenhängende Ehrlichkeit an den Tag, die sie besonders als Darstellungssubjekte authentischen (Genuss-)Erlebens eignet. Die hier gemeinte Genuss-Philosophie und Genuss-Kompetenz tritt zum Beispiel dann hervor, wenn sich der ältere Mann – etwa als Pfarrer – zum Genuss einer Pizza oder einer Schokolade ‚verführen' lässt (z. B. *Milka* 1985; *Pizza Rustica* 1995), oder wenn ein weintrinkender Senior (Halbglatze, Strickjacke usw.) zwar

---

102 Man könnte fast sagen: Das Fällen von Geschmacksurteilen in Sachen Genussmittel, wird mit zunehmendem Alter zu einem kompensatorischen Handlungsfeld für das ausfallende Berufsleben von Männern.

103 Zu der Altherren-Wissenschaft des Genießens gehört auch eine Geschlechter-Ordnung der Produkte. So sind Spirituosen hauptsächlich und Pfeifentabak ausschließlich ‚männliche' Genussmittel. Immer wieder werden auch entsprechende Verbindungen zwischen ‚reflektiertem' Konsum von Genussmitteln und wissendem Rezipieren von Werken der Hochkultur hergestellt – so in einer Anzeige, die das (Geschmacks-)Urteilsvermögen eines alten Mannes illustriert: In der einen Hand hält er das beworbene Getränk und in der anderen eine antike Kleinplastik, an der er offensichtlich ebenso viel Freude hat wie an dem Getränk (*Doornkaat* 1979). Und wenn eine Anzeige einen „kulinarischen Streifzug mit Professor Kaminski durch die klassischen Feinkostläden" als Losgewinn offeriert, ist die Verbindung von Genuss und Bildungstitel, die zu dem Bild eines etwa 60-jährigen Mannes hergestellt wird, keineswegs zufällig (*Gourmet-Treff* 1984).

den alterstypischen Kennerblick zeigt, prinzipiell aber „aus dem Bauch heraus entscheidet", wie der Werbetext feststellt (*DWS* 1991).[104]

7.5.1.4 Die Hausfrau

Verglichen mit den Darstellungen älterer Männer erscheint das Formenrepertoire der Inszenierungen älterer Frauen weit weniger differenziert. Neben den eher negativ bewerteten Images der skurrilen und/oder gebrechlichen Alten oder dem Bild der älteren Ehefrau, bei dem es um die Idee des glücklichen Zusammen-alt-Werdens in der Paarbeziehung geht, wird der älteren Frau in erster Linie *eine* Hauptrolle zugewiesen: die der erfahrenen Hausfrau. Im Rahmen dieser Rolle tritt das für jüngere Frauen (bis etwa 35 Jahre) identitätszentrale Merkmal korporalen Gutaussehens bzw. erotischer Attraktivität hinter Attribute wie Mütterlichkeit und Fürsorglichkeit zurück (vgl. Blumschein 1986, S. 125). Modische Schlichtheit und ein auf den jeweiligen Haushaltsvorgang konzentriertes Handeln bestimmen dann das Bild.

Diesen Frauentypus findet man besonders häufig in Werbungen für Wasch- und Reinigungsmittel, Süßigkeiten, Backwaren, Kaffee und andere Haushaltsprodukte. Die älteren (Haus-)Frauen stellen diese Produkte vor, verraten ihren jüngeren Kolleginnen so manchen Trick, brillieren mit Rezepten und wissen diese auch gekonnt umzusetzen. Als Folge ihrer ausgewiesenen Kompetenz ernten sie stets Lob und Anerkennung von den Umstehenden. Die gereifte Hausfrau oder die ‚liebe Omi' in der Küche steht dann oft im wörtlichen Sinne im Mittelpunkt oder sogar erhöht, so dass ihre anwesenden Fans bewundernd zu ihr aufschauen können.

Die Kompetenz der älteren Frau ist aber nicht nur sachlich stark eingeschränkt, sondern auch als soziale Geltungsbasis nur von begrenztem Wert. Expertentum wird in diesem Fall nur in Bezug auf jüngere Geschlechtsgenossinnen (die, wie es scheint, gerne an den hauswirtschaftlichen ‚Lehrveranstaltungen' teilnehmen) ernsthaft als solches demonstriert. So erscheinen die älteren Frauen – mit entsprechender Autorität – als kritische (Schwieger-)Mütter ihren Töchtern überlegen und ‚weisungsbefugt'.

Gleichsam idealtypisch und modellgebend für neuere Varianten des Sujets repräsentieren altbekannte Traditionsfiguren wie die Spülmittelkennerin „Tilly" (*Palmolive* 1982) und die Waschmittelexpertin „Klementine" (*Ariel* 1979) diese weibliche Alters-Kompetenz. Solche Figuren dürfen ihre langjährigen Waschmittelerfahrungen an die Nachwelt weitergeben oder als erfahrene Gastgeberinnen ihre unwissenden Nachkommen (mit Hilfe des beworbenen Produktes) vor folgenschweren Fehlern bewahren, wie zum Beispiel vor dem „Halbe-Tassen-Effekt" (*Jacobs* 1980). Der traditionellen Geschlechter(kompetenz)ordnung entsprechend wird im Übrigen auch die ältere Hausfrau immer wieder von einer *männlichen* Off-Stimme abschließend kommentiert.

---

104 In dieser Kombination von kulinarischem Kennertum einerseits und naiv-authentischer Freude am Essen und Trinken andererseits dürfen alte Männer dann auch (aus dem werblichen Frauenleben bekannte) Unterhaltungszirkel oder sogar Klatsch-Gruppen bilden, die für ihre jüngeren Geschlechtsgenossen ausgeschlossen sind (z. B. *Tchibo* 1995: „In Wien hat man viel Zeit").

7.5.2 Alter als (Geschlechter-)Glück

Ähnlich wie die Kindheit erscheint das Alter in der Werbung nicht nur als defizitär, als ein Zustand eingeschränkter Subjektivität, Souveränität und Gratifikation, sondern auch als eine potenziell befriedigende, ja beglückende Lebensphase und Existenzform.

7.5.2.1 Partnerschaftsidyllen der Geschlechter

Zum glücklichen Altern und Altsein gehört nach Auskunft der Werbung insbesondere das Leben in einer Zweierbeziehung, wobei die Gesundheit der Beteiligten vorausgesetzt wird. Entsprechende Inszenierungen finden sich besonders häufig in der Versicherungswerbung, die Alter und Altern in einem eher allgemeinen Sinne thematisiert.[105] Das Zusammen-alt-Werden ist hier nicht nur *ein* Ideal, sondern das *zentrale* Ideal, wenn es darum geht zu illustrieren, was „ein schönes, langes Leben" ist (*Allianz* 1999).[106] Das glückliche alte Paar der Werbung ist ,natürlich' ein heterosexuelles Paar. Homosexuelle Alten-Beziehungen sind bis heute ein Tabu oder jedenfalls kein Thema der Werbung.[107]

Die Partnerschaftsidyllen der Werbealten weisen einige Besonderheiten auf, die dem Identitätsrahmen dieser Altersklasse entsprechen. Zentral ist, dass das Beziehungsglück der Werbe-Alten kaum mit einem wechselseitigen erotischen Engagement in Verbindung steht oder gar, wie die Inszenierungen jüngerer Erwachsener immer wieder herausstellen, *grundlegend* auf Erotik und Sex basiert. Eine Art Glücks- oder Zufriedenheitsgenerator scheint eher die Gemeinsamkeit als solche bzw. die gemeinsame Erinnerung an ein gemeinsam gelebtes Leben zu sein. Am Ende steht entsprechend nicht Euphorie oder Spannung durch erotische Motive oder Aktion, sondern tiefe Vertrautheit, Sympathie und menschliche Zuneigung. Zum Ausdruck kommt dies durch spezifische Interaktionen (z. B. das gegenseitige verstehende Anlächeln oder das freundschaftliche Umarmen), durch gemeinsame Aktivitäten[108] oder auch durch das Mobiliar der Wohnung mit seinen erinnernden Zeichen (z. B. Fotografien). Als geradezu unerotische oder enterotisierende Rahmungszeichen fungieren neben körperlichen Ausdruckselementen die Kleider der Alten, die die potenziell erotische oder attraktive

---

105 Die Werbe-Inszenierungen der Großeltern-Enkel-Beziehung sowie die Klatsch- und Tratsch-Gruppen gleichgeschlechtlicher Alter zeigen ebenfalls glückliche Alte, kommen aber im Kontext dieses Werbungsgegenstands kaum vor.

106 In der Vorführung verschiedener Partnerschaftsidyllen äußert sich implizit das Gegenmotiv des partnerlosen Alten, der aus dieser Perspektive als einsam und depressiv vorgestellt wird. Auch kann bei diesen Anzeigen die Melancholie des nahenden Todes nicht ganz zum Schweigen gebracht werden. Hier stößt die Werbung offenbar an eine Grenze ihrer Fähigkeit, Illusionen aufzubauen und zu unterstützen.

107 Man kann vermuten, dass den Darstellungen homosexueller Alten-Beziehungen ein Realismus zukäme, der in der Inszenierung homosexueller Jugendlicher und junger Erwachsener nicht ganz so stark wird. Bei schwulen/lesbischen Alten ginge es um die Akzeptanz nicht nur einer mehr oder minder flüchtigen (,jugendlichen') Homo-Erotik, sondern um die Akzeptanz einer fundamental ,abweichenden' Biografie.

108 Besonders beliebt ist das Spazierengehen.

Dimension des Körpers eher verdecken als hervorheben. Dezente Farben sowie das Fehlen entsprechender (Kleider-)‚Ausschnitte' bestimmen das Erscheinungsbild der älteren und der alten Frau.

Zwar werden gelegentlich Ausnahmen von dem Alten-Normalschema des (Un-) Erotischen gemacht, aber diese Ausnahmen deklarieren sich selbst als solche. Sie stellen Erotik zwischen alten Menschen nicht als Normalität dar, sondern als ein Thema, das der Pasteurisierung oder Verschleierung bedarf, um geschmacklich und/oder moralisch (noch) akzeptabel zu sein.

7.5.2.2 Greisen-Erotik

Ab einer gewissen Altersgrenze können Werbungs-Menschen in puncto Erotik weitgehend von Verhaltensnormen entbunden werden. Sie dürfen dann, ähnlich wie die kleinen Kinder, befreit von einschlägigem Ernst und von ebensolcher Verdächtigkeit eine Art spielerische Erotik praktizieren. Als ein in diesem Sinne erotisch agierendes Wesen tritt vor allem der Greis auf: Ihm ist es gestattet, seine jugendliche Leidenschaft für das andere Geschlecht wiederzuentdecken und, zum Beispiel im Rahmen von Wangen-Küssen, auch tatsächlich erotisch aktiv zu werden. Sein erotisches Tun und Begehren ist aber eben nicht wirklich ernst zu nehmen, also „keine Sünde" (*Lieken Urkorn* 1987), und wird allenfalls von den senioren Partnerinnen, die bei den entsprechenden Liebeleien ihrer Partner oder Gatten kritisch dreinblicken, als eigentlich erotisches Handeln gedeutet. Der spielerische Charakter dieser Opa-Erotik wird oft von der Tatsache unterstrichen, dass die weibliche ‚Gespielin' noch *sehr* jung ist, so dass der Kontrast von Alt und Jung bzw. – auf die Erscheinung der Körper bezogen – der Kontrast von Jugend als attraktiver Schönheit und Alter als Makel und Verfall besonders groß und offensichtlich ist.

Der Unernst der erotischen Empfindung und Tat wird zudem im Lachen der jeweils ‚behandelten' Frau wie auch im Lachen und Augenzwinkern von Umstehenden deutlich. So ist das Küsschen des ‚alten Opas' auf die Wange der jungen Braut für die anderen Hochzeitsgäste so etwas wie eine humoristische Aufführung, die – wiederum der Behandlung von Kindern durch Erwachsene ähnlich – von liebevoll-anerkennenden Blicken und Kommentaren („Sieh mal einer an!") begleitet wird (*Sharp* 1992). Als ein stark relativiertes erotisches Subjekt erscheint der alte Mann in der Werbung zudem, wenn er die erotischen Qualitäten von – vorzugsweise jungen – Frauen immer noch zu schätzen weiß, wenngleich nur noch in den Rollen des Betrachters und (auch hier) des Geschmacksspezialisten. Ein Beispiel für diesen Typus der Alten-Erotik bietet der Spot eines Autoherstellers: Nachdem sich drei etwa 80-jährige Männer in einer Klatsch-Runde darüber beklagen, dass Frauen, Fußball und Autos „auch nicht mehr das sind, was sie einmal waren" (*Audi* 1997), ändern sie ihre Meinung schlagartig, nachdem in ihrer Nähe eine ca. 25-jährige Frau in kurzem Rock und dunklen Nylonstrümpfen aus dem beworbenen Auto steigt und ihnen (wie dem Publikum) dabei viel Bein zeigt. Jetzt heißt es: „Fußball ist wirklich nicht mehr das, was es einmal war". Die alten Herren zeigen also, dass sie immer noch in der Lage sind, eine attraktive Frau zu erkennen und Gefallen an ihr zu finden – jedoch bleibt es beim Augenschmaus.

Auch alte Frauen können ab einer bestimmten vorgerückten Altersgrenze (wieder) mit erotischen Themen assoziiert werden, wenngleich nur besonders stark moduliert. So gibt es die Rolle der alten Diva, die immer noch glaubt, erotisch attraktiv zu sein und die alle Kniffe der weiblichen Kunst der Selbstverschönerung einsetzt, um (scheinbar) attraktiv zu bleiben oder zu werden. Und in einer Werbung für ein Versandhaus sieht man eine mindestens 80-jährige Frau mit schickem Hut und auffällig bunter Bluse vor dem Schminkspiegel sitzen, um ihrem Make-Up den letzten Schliff zu verleihen (roter Lippenstift, Rouge, Lidschatten, rot lackierte Fingernägel). Komisch-humorvoll gebrochen wird das Gezeigte nicht nur durch die Exzentrik des Outfits, sondern auch durch den Text, der der Alten ernsthafte erotische Absichten bei der Herstellung ihres Erscheinungsbildes unterstellt: „Leider brauchte der junge Mann von Quelle nur fünf Minuten, um meine neue Spülmaschine anzuschließen" (*Quelle* 1990).

7.5.2.2 Andeutungen von Erotik

In manchen Werbungen wird Erotik als Moment des Zusammenlebens alter Menschen immerhin *angedeutet*. Dagegen sind Offenheit und Realismus in diesem Zusammenhang ganz im Gegensatz zu den jüngeren und jungen Werbungsfiguren extrem selten. In unserem Anzeigenbestand stellt nur ein einziger Fall alte Menschen *offen* als ein Liebespaar dar, das den Eindruck erweckt, eine erotische Beziehung zu pflegen: Zu sehen sind eine ca. 60-jährige Frau und ein etwa 70-jähriger Mann im Rahmen einer offensichtlich beginnenden ‚Bettszene', die der werbende Möbelanbieter als Indiz für die „inspirierende Wirkung" eines schönen Schlafzimmers vorstellt (*hülsta* 2002).

Vor allem Texte geben mehr oder weniger klare, aber auch dezente Hinweise auf ein immer noch (oder wieder) erotisch aktives Intimleben – zum Beispiel im Rahmen der Werbung für bestimmte Gesundheitspräparate: Wenn die Gefäße (wieder) besser durchblutet werden, das Herz besser schlägt und überhaupt die körperliche Leistungsfähigkeit zunimmt, kehren, so die Formulierungen, „Abenteuer", „Vitalität" und „Lebenslust" (wieder) ein. Hier wie auch dann, wenn die Firma Ikea zu dem S-W-Portrait zweier sich fast küssender 70-Jähriger Vorschläge für die Wohnungseinrichtung „frisch Verliebter" macht, die entschlossen sind, „das Leben und die vier Wände miteinander zu teilen" (1999), wird erotische/sexuelle Intimität zwar nicht direkt und nicht mit vollem Ernst angesprochen, sondern eher ironisch. Der diesbezügliche ‚Jugendlichkeitskomplex' und die generalisierte Vorstellung von Glück und Selbstverwirklichung als Sex-Verwirklichung klingen aber deutlich genug an, um auch als Hinweis auf realen ‚Alters-Sex' verstanden zu werden.

7.5.3 Frauen und Alter(n): Schönheitsverlust

Für die Werbung gibt es nur einen wesentlichen Bezugspunkt, wenn sie Alter und Altern als ein spezifisches Problem *weiblicher* Identität thematisiert: die Schönheit des Körpers. Der Text, der einer Frau in den Mund gelegt wird, die auf einem Foto Werbung für eine Gesichtscreme macht, bringt diesen Sachverhalt auf den Punkt: „Meine Haut ist mein Kapital", heißt es da (*Astor* 1982).[109]

(Werbe-)Weibliche Schönheit ist über den Wert Jugendlichkeit an junge/jugendliche Körper gebunden.[110] Dem biologischen Altern der Frau korrespondiert also ein zunehmender Verlust an Attraktivität. Neben den Bildern gibt das zum Beispiel die Metaphorik der Produktnamen und Texte zu verstehen. So ist „Creme plus" ein Produkt für Anwenderinnen, die sich im ‚Minus-Bereich' befinden, also „Aufbaupflege" nötig haben (*pH5-Eucerin* 1994). Selbst Werbungen, die das Phänomen ‚Wechseljahre' thematisieren, rahmen das biologische Altern der Frau in erster Linie als ein ästhetisches Problem: „Herzklopfen, Hitzewallungen und die Angst, nicht mehr attraktiv zu sein – diese Probleme haben Millionen von Frauen ab 45" (*Solcosplen* 1993). Das Thema des Schönheitsverlustes durch Altern kann aber auch erheblich vorgezogen und im Rahmen anderer Biografieaspekte als zentrales Identitätsproblem der Frau dramatisiert werden: „Mit den schönsten Jahren einer Frau kommen die ersten Falten. Wenn eine Frau anfängt, ihre privaten und beruflichen Erfolge zu genießen, ist sie meist um die Dreißig. Das Alter, in dem die Haut beginnt, an Spannkraft zu verlieren" (*Pond's* 1978).

Vor dem Hintergrund der beschriebenen symbolischen Ordnung der Geschlechter liegt es auf der Hand, dass Werbungen für Kosmetikartikel aller Art den an Frauen

---

109 Die Tatsache, dass diese (Selbst-)Erkenntnis von einem Fotomodell (Helen Hagberg) stammt, ist nicht als (berufsbedingte) Relativierung des Zusammenhangs von gutem Aussehen und sozialem Frauen-Erfolg zu deuten, sondern vielmehr als Forcierung dieser Beziehung. Schließlich verkörpert das Model ja gerade den ‚Typ Frau', bei dem gutes Aussehen in hohes Ansehen übersetzt wird und bei dem dieser Zusammenhang von Aussehen und Ansehen nicht nur als legitim, sondern geradezu als vorbildlich erscheint. Natürlich geht es hier auch um das Erzeugen von Glaubwürdigkeit durch eine Art Expertentum. Das Model verkörpert auch das Wissen um die Herstellbarkeit seiner Perfektion (hier: durch die beworbene Gesichtscreme).

110 Für die Konstruktion von Alter(n) spielt der Körper daher in puncto Ästhetik nicht in der Gesamtheit seiner Materialität eine Rolle, sondern in erster Linie als Oberfläche, als optische Grenze zwischen sich und seiner Umwelt. Diese Grenze ist die Haut. Sie kann als Zeichen von Alter permanent und unmittelbar ‚gelesen' werden. Sie repräsentiert gleichsam die Schnittstelle, an der die Alten-Identität jederzeit identifizierbar wird, und ist daher anderen Körperzeichen von Alter (z. B. gebückter Körperhaltung, unsicherer Motorik usw.) übergeordnet. Der Relevanz der Haut als optische Körpergrenze entspricht in der Werbung ein differenziertes Vorgaben-Repertoire: „Der Teint soll frisch, rosig und klar sein" (*Shiseido* 1995); „Für eine seidenweiche und zarte Haut" (*Marbert* 1988); „weich, geschmeidig"/„Haut wie Samt und Seide" (*Nivea Mild* 1988); „verführerisch seidensanft" (*Epilady* 1988); „fühlbar zart und geschmeidig" (*Scholl* 1994); „begehrenswert tiefgebräunt" (*Piz Buin* 2000). Oder, nicht ein Ideal affirmierend, sondern Abweichungen davon kritisierend: „Zur Verminderung ‚verquollener' Gesichtszüge beim Aufwachen gibt es jetzt Night Sculptur, eine spezielle Nachtpflege für Gesicht und Augenpartie" (*Helena Rubinstein* 2000); „weniger Fältchen" (*Lysmina* 1993) usw.

adressierten Alter(n)sdiskurs der Werbung insgesamt dominieren. Enorm ist die Zahl solcher Werbungen, vor allem in den kulturellen Foren diverser Frauenzeitschriften. Der alternde Frauenkörper wird in der Kosmetik-Reklame regelrecht zu einem Kampfplatz, auf dem sich entscheidet, ob, wie lange und mit welchen Resultaten das Alter(n) aufgehalten, ge- und verleugnet werden kann.[111]

Grundsätzlich herrscht in diesem Zusammenhang eine optimistische Sicht vor. Ein nicht seltener Extremfall ist die Vorstellung, dass Alter(n) eigentlich gar nicht sein muss – zum Altern gibt es dann (im Rahmen unterschiedlicher Produktversprechen) „eine Alternative" (*Elisabeth Arden* 1981). Richtige ‚produktive'/konsumtive Selbstsorge erscheint entsprechend als ein fast moralisches Gebot und als ein Muss rationalen Handelns.[112] So heißt es in einer Reklame für ein Hautpflegeprodukt: „Die heutigen Frauen bleiben länger jung, denn sie nehmen sich mehr Zeit zur Erholung, zum Sport und zur Bewegung in frischer Luft. Strahlend frische und gepflegte Haut sind für sie keine Frage des Zufalls, sondern eine Frage der Vernunft" (*Placentubex* 1981).

Die als selbstverständlich vorausgesetzte Bewertung von jung als positiv und von alt als negativ[113] wird in der Kosmetikreklame mit Beschreibungen angereichert, die Problemfelder einerseits und angebliche Lösungsmöglichkeiten andererseits explizieren. Die Reklame fungiert damit auch als eine Art Landkarte, die Altern (und Nicht-Altern) im Einzelnen definiert. So fasst eine Anzeige unter der Überschrift „Sieben Zeichen der Hautalterung. Eine Lösung" gleich mehrere Merkmale der alten Haut (und damit zugleich der jungen Haut) zusammen: „Mildert sichtbar Linien und Fältchen. Glättet die Hautstruktur. Sorgt für ein gleichmäßigeres Hautbild. Gibt stumpf wirkender Haut eine neue frische Ausstrahlung. Verfeinert das Erscheinungsbild von Poren. Gleicht Pigmentflecken und Hautrötungen aus. Spendet trockener Haut intensive Feuchtigkeit" (*Oil of Olaz* 2000).[114] Auch dramatischere Beschreibungen kommen vor: „Mit der Zeit unterliegt der Zahnschmelz dem Angriff des sauren PH. Der Zahnschmelz wird demineralisiert, verliert Kalzium, Fluorid und Phosphationen und wird schließlich zu einem porösen und brüchigen Gitterwerk" (*Blanx* 1998, „Die erste Anti-Age Zahncreme").[115]

Die Methoden, die die Werbung im Kampf gegen das Altern (vor allem den Frauen) empfiehlt, lassen sich den grundlegenden Strategien des Konservierens einerseits und

---

111 Tendenziell operieren die Texte daher mit einer Kampfmetaphorik. Man muss „eingreifen" (*Vichy* 2000) und „kämpfen gegen das Älterwerden der Haut" (*L'Oréal* 1984) – natürlich mit Produkten, die versprechen zu helfen: „Gegen Altern ...".

112 Feststellungen wie „Faltenbildung und trockene Haut sind ein Hilferuf nach mehr Zuwendung" (*frei öl* 1995) appellieren an das Schönheits-Verantwortungsbewusstsein der alternden Frau und lassen Altern als eine (unnötige) Folge von Nachlässigkeit erscheinen.

113 Appelle wie „Glätten Sie Falten sichtbar" müssen sich nicht erklären, sondern gehen von einer impliziten Wert- und Bedürfnisstruktur ihrer Adressat/-innen aus, die sie voraussetzen können.

114 Die Haut wird in dieser ‚Mikro-Analyse' als eine Art Stigma-Medium transparent, in das die Zeit buchstäblich „Zeichen" und Male einprägt.

115 Derartigen Konkretionen von Alters-Mängeln kontrastieren natürlich Gegenbilder (von Häuten, Zähnen, Haaren usw.) und idealistische Metaphern. So ist von „Schönheit als Perfektion" (*shiseido* 1991) oder von „Haut wie im Mai" (*Kaloderma* 1984) die Rede.

des Kuvrierens andererseits zuordnen. Mit der Strategie des Konservierens wird das Altern des Körpers zwar im Prinzip als natürliche Tatsache unterstellt, zugleich aber der Eindruck erweckt, dieser Prozess könne mittels verschiedener ‚produktiver' Maßnahmen beinahe endlos aufgeschoben werden.[116] Demgegenüber sollen beim Kuvrieren die vorhandenen Alterszeichen mittels verschiedener Techniken *verdeckt* werden. Graue Haare und Falten sind die Zentralobjekte entsprechender Manöver (Färben, Make-up), zu denen die Werbung rät.

Neben Spots und Anzeigen, die lediglich den positiven ästhetischen Effekt dieses Handelns hervorheben,[117] bemühen sich andere, auch das Image- und Darstellungsproblem, das die Simulation mit sich bringt, zu entschärfen. Hier gibt es wiederum zwei strategische Varianten: Die eine hebt auf die technische Perfektion des Produktes ab, die zur Folge haben soll, dass lediglich die Produktanwender/-innen von der Manipulation wissen („Sie nimmt Bellady. Keiner sieht's, keiner merkt's", *Wella* 1981; „Auch weißes Haar wird dabei *sicher* abgedeckt", *Wella* 1986). Die andere Strategie besteht darin, das Manöver herunterzumodulieren und auch dem potenziellen Konsumenten gegenüber nicht als ein solches erscheinen zu lassen: Was in Bezug auf die Haut als eine Hilfe zur Selbsthilfe dargestellt wird, ist beim ‚Tönen' der Haare angeblich kein additives *Färben*, sondern ein Vorgang, der mittels „natürlicher" Stoffe abläuft und nur die Natur des Körpers unterstützt bzw. den „Naturton auffrischt".

7.5.3.1 Etappen des Frauen-Alterns
Der strategische Illusionismus der Kosmetik-Reklame in puncto (Frauen-)Altern geht so weit, dass nicht nur Vermeidung, Stopp und Verhüllung, sondern auch Heilung (bereits sichtbaren Alterns) für möglich und machbar gehalten wird. Deutlich gemacht wird diese Vorstellung in den Selbstbeschreibungen der Produkte und in Produktbenennungen wie „Age Repair 40+" (*Schwarzkopf* 1999). Umgekehrt zeichnet die Werbung ein dramatisch düsteres Schicksalsbild für den Fall, dass frau auf ‚produktives' Handeln bzw. auf den Konsum der ‚richtigen' Produkte verzichtet. Nach Auskunft der Werbung schreitet die heilbare Krankheit des Alterns bei Nicht-Behandlung kontinuierlich, expansiv und zerstörerisch fort. Sie beginnt, was die Haut betrifft, mit „ersten Fältchen", die bisweilen noch als charmante Unterstreichungen eines sympathischen Charakters gedeutet werden, und äußert sich am Ende in „tiefen Falten", die ausschließlich als Zeichen von unattraktivem Altsein erscheinen. Entsprechend operiert die Werbung bei fortschreitender ‚Bedrohung' oder ‚Problematik' mit dramatischeren Begriffen und macht klar, dass unverzüglich auf der Höhe des Problems gehandelt werden muss:

---

116 Zähne, Haare, Haut und andere Körperteile können nach den Versprechungen der Werbung auf unbestimmte Zeit „frisch", „jung", „schön", „gesund" usw. „bleiben" („mit Quenty Cosmetic können Sie Ihrer Haut viel länger ein jugendliches Aussehen erhalten", *Quenty* 1978; „Ihr jugendliches Aussehen bleibt jetzt noch länger erhalten", *Lancôme* 1993).
117 Zum Beispiel: „Endlich kann ich meine grauen Haare vergessen", *L'Oréal* 1988; „Und diese Tönung ist das entscheidende ‚Mehr'. Sie bewirkt, dass Sie sofort hübscher aussehen" (*Jade* 1978).

Während es am Anfang noch heißt, dass „sanfte Pflege Feuchtigkeit zurückgibt", soll schließlich mit „hochkonzentrierten Gewebeextrakten" und ähnlichen Stoffen gearbeitet werden, um die „Gesichtskonturen zu straffen" oder „selbst ausgeprägte Falten zu mildern".

Neben einem unspezifischen Alterungs-Kontinuum entfaltet die Werbung den Schönheitsverlust der Frau im Rahmen eines dekadischen Systems: 30, 40, 50 – das sind die Zahlen, die als (Alters-)Klassen und Statuspassagen markiert werden.[118] So stellt eine Werbung in der Überschrift zwischen die Wörter „Altern" und „fundamentale Altersetappen" die Zahlen 30, 40 und 50 in zunehmender Größe, und die gesamte Überschrift steht über dem Portrait einer jungen Frau, die in sich versunken (geschlossene Augen) ihren Hals streichelt.[119] 50 ist demnach die letzte Schwelle im werbeweiblichen Alterungsprozess („Erschlaffung"), eine letzte Zahl, die noch informativ zu sein scheint in puncto konservierbarer oder (wieder) herstellbarer Schönheit. Danach wird nicht mehr differenziert.[120]

Je weiter das Alter in dem chronologischen Rahmen fortschreitet, desto mehr wird es zum Gradmesser des ästhetischen Zustands des jeweiligen Individuums. „Ich weiß ja, dass sie 40 ist, aber ich glaub's nicht" heißt es zu dem Bild eines Paares, bei dem sie in die Kamera lächelt und er sie von der Seite bewundernd anstrahlt (*Pond's* 1990). Der Bemerkung des Mannes als „wohl eines der schönsten Komplimente" stehen andere mögliche Bemerkungen gegenüber, die zeigen, dass die korrekte Schätzbarkeit des realen Alters (im Sinne von Lebensjahren) für die ältere Frau ein Stigma darstellt, das, wenn ausgesprochen, zur Verletzung oder Beleidigung werden kann.[121]

Die verschärfte Selbstbeobachtung, Selbstkontrolle und Selbstbehandlung, zu der die Werbung der alternden Frau rät, bezieht sich letztlich auf die Frage, ob sich die Differenz von Sein (als Lebensalter) und Schein (als visuelle Erscheinung) noch in einem ausreichend großen Toleranzbereich befindet, oder ob z. B. mittels Kosmetika an einer positiven Differenzvergrößerung gearbeitet werden muss. Vorausgesetzt wird dabei ein Bild davon, wie frau in einem bestimmten Alter aussehen sollte – nämlich jünger, als es ein auf die Anzahl der Lebensjahre bezogenes Schema von durchschnittlichem Ausse-

118 Selten wird auch schon 25 als Beginn der Frauenalterung genannt.
119 Das Kleingedruckte ordnet den Jahresangaben gestaffelte Problemeigenschaften der Haut zu: „Feuchtigkeitsmangel", „Falten", „Erschlaffung" heißt es präzisierend (*Biotherm* 1987).
120 So heißt es in einer Anzeige: „Clinique-Dermatologen bestätigen: Schöne Haut ist in jedem Alter möglich. Von 15 bis 50+" (*Clinique* 1985). Die Indifferenz der Kampfzone jenseits von 50 hängt wohl damit zusammen, dass der Werbe-Illusionismus in diesem Bereich besonders deutlich als solcher erscheinen würde.
121 Bekanntlich stellt das Alter einer ‚reifen' Frau im Alltagsleben eine Art Tabu dar. Dessen Sinn besteht unter anderem darin, negativ qualifizierende Differenzen zwischen dem tatsächlichen (chronologischen) Alter und dem geschätzten (‚optischen') Alter, die mit der Frage nach dem Alter ins Bewusstsein der Akteure dringen könnten, zu verdecken. Die Szene einer Zigarettenwerbung, bei der eine Frau mit kokettem Blick die Übergabe ihres Personalausweises an einen männlichen ‚Interessenten' mit der Frage hinauszögert „Willst Du das Foto sehen oder das Alter, Du Schlitzohr?" (*Gauloises* 1996), könnte daher durchaus eine Szene des ‚wirklichen' Lebens darstellen.

hen nahelegt.[122] In diesem Sinne spielt die Relation von chronologischem Alter und schätzbarem Alter auch dann eine Rolle, wenn die Werbung kein konkretes ‚Problem-Alter' angibt, sondern es ihren Rezipientinnen überlässt, das eigene Alter zu deuten: „Heute oder morgen wird es für die Haut jeder Frau einen Wendepunkt geben" (*Elisabeth Arden* 1981).

7.5.3.2 Reife Schönheit

Neben der sozusagen reinen Idealisierung von Jugend und Jugendlichkeit entfaltet die Kosmetik-Reklame eine eigene Formensprache, die das Älterwerden nicht oder nicht nur mit Schönheitsverlust assoziiert, sondern ihm eine gewisse Tolerierbarkeit in puncto Schönheit zuspricht und sogar positive Seiten abgewinnt. In und mit diesem Rahmen expandieren die Altersgrenzen des werblichen Schönheitsdiskurses und der werblichen Adressierung von Schönheitsthemen. Im Unterschied zu den Darstellungen, die auch dann, wenn ältere Frauen angesprochen werden sollen, junge und teilweise sehr junge Models als ‚Vorbilder' zeigen (im Alter zwischen etwa 15 und 25 Jahren),[123] kommen in diesem Fall deutlich ältere Frauen zum Einsatz (meist zwischen 30 – 40 Jahren, zum Teil auch zwischen 50 – 60).

Die klassische Variante dieses Typs, die bereits in Anzeigen der 1970er Jahre zu finden ist,[124] wird von Frauen repräsentiert, die einerseits (noch) jung bis jugendlich aussehen, andererseits jedoch auf ein höheres Alter geschätzt werden können. Obwohl die Werbung in diesen Fällen die Körperzeichen des realen Alters kuvriert oder ambiguiert, kann der Werbungsrezipient ‚irgendwie', das heißt ohne einzelne Körperzeichen als Anhaltspunkte zu haben, erkennen, dass es sich bei den Darstellerinnen um ältere Personen handelt. Diesen Eindruck verstärkt und präzisiert die Werbung zum Teil dadurch, dass sie auf der Zeichenebene des vorgeführten Lifestyles den angeblichen

---

122 In diesem (Hinter-)Sinn ist auch die folgende Behauptung zu verstehen: „Wir alle werden älter. Das lässt sich nicht verhindern. Aber wir können etwas dagegen tun, vorzeitig älter auszusehen als wir sind" (*frei öl* 1985). Die Forderung, dass man nicht ‚vorzeitig' altern sollte, bezieht sich auf mittels entsprechender Bilder als machbar und normal vorgeführte Formen des ‚Jünger-Aussehens'.

123 Der Typus der faktisch jugendlichen Frau, mit dem die Werbung das Thema Altern ins Bild setzt, tritt in verschiedenen Varianten auf: Vor allem in der Werbung für Kosmetik, Parfum und Schmuck zeigt sich die ‚*makellose'* Schönheit, bei der, entsprechend dem Anwendungsbereich der beworbenen Produkte, das Gesicht eine zentrale Rolle spielt. Es zeichnet sich durch eine unnatürliche Perfektion aus (ist z. B. frei von jeglicher Art von Hautunreinheit) und wird in der Regel im Portraitstil abgebildet. Der Bildhintergrund lässt häufig keinen situativen Kontext erkennen und ist meist einfarbig, wodurch die Aufmerksamkeit des Publikums ganz auf das (‚perfekte') Gesicht gelenkt wird. Die abgebildete Person wird also in besonderer Weise exponiert und erhält eine dem Kunstwerk analoge Aura. Ähnlich erscheint die *jugendliche Schöne im Stil ‚klassischer Weiblichkeit'.* Ihr ‚perfektes' Gesicht sitzt einem betont weiblichen Körper auf. Eine weitere Variante ist die ‚*natürliche Schönheit',* die stilisiert unstilisiert (dezentes Make-up, blasse Haut, zusammengestecktes Haar) in Erscheinung tritt. Diese Werbefrau ist häufig in Naturkontexten abgebildet. Sie erscheint z. B. als im Meer Badende oder als sich in einem Bach Waschende, oder sie wird durch Requisiten wie etwa Weintrauben mit Natur in Verbindung gebracht.

124 Bis in diese Zeit reicht das von uns archivierte Material.

Geschmack älterer Menschen inszeniert. So sieht man zum Beispiel in einem barocken Sessel im Interieur eines gediegenen Wohnumfeldes eine Frau, die modisch im Stil einer Form von Eleganz gekleidet ist, wie ihn nach allgemeiner Auffassung ältere ('gut situierte') Frauen pflegen (*CD* 1972; *Estée Lauder* 1983). Inszeniert wird hier ein Alterstyp, bei dem die Feststellung „Und wie schön es ist, wenn die Zahl Ihrer Jahre ein Rätsel bleibt" (*Placentubex* 1982) einen besonderen Sinn gewinnt – der Rezipient ahnt die ‚Irreführung', kann sich aber kein genaues Bild über ihr Ausmaß machen.

Die Inszenierung ‚reifer' Frauen ist auch immer wieder von einer ambivalenten Rahmung bestimmt: Einerseits wird dann mit einem gewissen Realismus gearbeitet. Beispielsweise heißt es: „Jeder wird einmal älter. Aber es gibt Möglichkeiten, diesen natürlichen Vorgang hinauszuzögern. Damit ihre Haut länger jung bleibt: jade hautactiv" (*Jade* 1978).[125] An die Stelle von sonst üblichen Superlativen treten dann weniger anspruchsvolle und vorsichtigere Beschreibungen von Optimierungseffekten („geschmeidiger", „glatter" usw.) und Produkt-Potenzen („Verzögerung", „Verminderung" usw.). Andererseits geht es bei aller Akzeptanz der ‚harten Fakten' darum, diese möglichst mild zu beleuchten oder auch positiv umzudeuten. Das Alternmüssen wird eingestanden, aber nicht oder nicht nur als ein Degenerationsprozess, sondern (auch) als ein Prozess der Entfaltung präsentiert: „Reife" genannt. Die „reife" Haut der Frau „above 30" (und erst Recht: der Frau „above 40" oder „50+") hat „besondere Bedürfnisse", ist insgesamt „anspruchsvoller" geworden und bedarf einer entsprechend „wertvollen" Pflege, also: „Gönnen Sie ihr die Pflege, die sie verdient" („Aokanerinnen ab 30 sind natürlich anspruchsvoller", *Aok* 1984).

Die ‚produktive' Zielmarke wird von den entsprechenden Werbungen bei allem Realismus anspruchsvoll in Richtung Jugendlichkeit definiert: Die abgebildeten ‚reifen' Frauen zwischen 30–50 nähern sich, genauer gesagt, in fast jeder Hinsicht den werbetypischen Idealen an (glatte Haut, schlanke Figur, symmetrische Gesichtszüge, modische Perfektion usw.), obgleich das chronologische Alter der Darstellerinnen durchscheint. In diesen Werbungen manifestiert sich also lediglich eine Anpassung des Jugendbildes für Ältere: Jugendlichkeit heißt dann für die Älteren, vielleicht ein paar Falten zu haben, im Großen und Ganzen aber immer noch über jugendlich-frischen Sexappeal zu verfügen.

Die Bedeutung der 1992 initiierten Kampagne für die Creme „Nivea Vital" (!), die immer wieder als Indikator für einen Wandel der werblichen Alterssemantik hin zu mehr Realitätsnähe angeführt wird (vgl. u. a. Kayser 1996, S. 306; Kochhan/Jäckel 2000, S. 53), ist daher zu relativieren: Nicht nur sind die in dieser Kampagne verwendeten Vokabeln alles andere als neu (die Phrase „für reife Haut" wird regelmäßig für eine Erfindung dieser Werbung gehalten). Auch in puncto Korporalität bleibt es bei der alten Logik. Zwar haben die Models der Nivea-Kampagne im Unterschied zu früheren Vari-

---

125 Im Sinne dieses Realismus werden z. B. in einer Anzeige in ‚ungeschminkter' S-W-Ästhetik ebenso (relativ) ungeschminkte ‚reale' Darstellerinnen portraitiert: „Frau Hartneck, Geschäftshaberin, 39 Jahre empfiehlt ihrer Freundin, Frau Belke, ihren Geheimtip ‚frei öl' zur regelmäßigen Massage gegen Faltenbildung" (*frei öl* 1978).

anten der Reife-Semantik etwas ausgeprägtere Falten sowie zudem graue Haare (und sind auf 50 oder älter zu schätzen); sie zeigen aber auch eine ,perfekte' Figur, strahlend weiße Zähne, leuchtend rot geschminkte Lippen und ein jugendlich euphorisches Lachen, das ihre ,Vitalität' zum Ausdruck bringt. Die Verschiebung, die hier stattfindet, besteht eher darin, dass die Diskrepanz zwischen den am Körper festzumachenden Jugendlichkeitszeichen einerseits und der vom selben Körper ermöglichten Schätzbarkeit des realen Alters andererseits größer wird, ohne (und das ist die strategische Absicht) als störende Dissonanz wahrgenommen zu werden.[126]

Neben der besonderen Behandlung des Ideals Jugendlichkeit kann man in der Werbung für (und mit) ,reife(n) Frauen' eine mit dem Alter zunehmende Betonung des Aspekts (Körper-),Pflege' und ähnlicher Ersatz-Ideale beobachten. So heißt es zum Beispiel zu Portraits ,reifer Frauen', den Zentralwert Jugendlichkeit ersetzend oder herunterspielend: „Gesundes Aussehen kennt kein Alter" (*Vichy* 1999) oder: „Schön sein heißt nicht jung aussehen, sondern gut aussehen" (*Clinique* 1978). Der Wert Natürlichkeit kann in ähnlicher Weise eingeführt werden und den Wert Jugendlichkeit in seiner Bedeutung abschwächen. So sieht man eine etwa 50-jährige Frau in einem weißen Leinenkleid auf einer Wiese stehen und versonnen in die Ferne blicken, ganz „im Einklang mit der Natur" (*Apotheker Scheller* 1999).

Images wie der gepflegte oder der natürliche Älteren-Körper treten zwar ebenso wie der skizzierte Realismus teilweise an die Stelle von idealisierter Jugendlichkeit bzw. jugendlicher Schönheit. Insgesamt aber lässt sich gerade an der Reife-Semantik zeigen, dass die Werbung Jugendlichkeit als (Körper-)Wert für ältere Frauen nicht dekonstruiert, sondern mehr oder weniger subtil erschließt. Das Ideal der Jugendlichkeit, und das heißt auch Schönheit, wird gerade in der scheinbaren Annäherung an die Körper-Realität der Älteren zur praktischen Forderung.

7.5.4 Männliches Alter(n)

Die Werbung lässt die Geschlechter unterschiedlich altern – abhängig davon, wie sie deren ,Wesen' konstruiert: Den Bildern des weiblichen Alter(n)s korrespondieren komplementäre Images auf der Seite des Mannes.

Am auffälligsten ist dabei eine kontinuierliche Asymmetrie in der Dimension der ,Ästhetik'. So ist zum Beispiel die Anzahl der Kosmetikwerbungen, in denen Männern das Altern als Schwinden ihrer *körperlichen* Attraktivität vorgeführt wird, im Vergleich zu entsprechenden an Frauen adressierten Werbungen immer noch gering.[127] Oder man nehme die kontinuierliche Darstellung älterer Paare: Wenn beide Partner auf das

---

[126] Die hier gemeinte Dissonanz findet sich in reinster Form in ,humoristischen' Werbungen, die das Streben alter Frauen (,Omas') nach jugendlicher Schönheit (z. B. im Auftragen von Lippenstift) als lächerliches Handeln inszenieren.

[127] Wie beschrieben, bringt das Altern in bestimmten Hinsichten sogar eine gewisse Wertsteigerung von Werbe-Männern mit sich.

gleiche Alter geschätzt werden können, wirken die Frauen, dank Kosmetik, modischer Requisiten usw., ungleich jugendlicher als die Männer.[128]

In der Längsschnitt-Perspektive zeigt sich allerdings ein gewisser Wandel. So wäre eine Werbung, wie sie einer „Brigitte" von 1971 zu entnehmen ist, heute kaum mehr möglich: Sie zeigt einen etwa 40-jährigen Mann mit leicht faltiger Haut und eine ähnlich alte Frau mit ‚makelloser' Haut unter der Überschrift: „Ein Mann darf Falten haben. Eine Frau nicht" – mit folgender Begründung im Kleingedruckten: „Was einen Mann interessant macht, macht eine Frau älter" (*Endocil* 1971). Die hier zum Ausdruck kommende Sicht der Dinge ist zwar bis heute in der Werbewelt zu finden,[129] wird aber erheblich seltener formuliert, und wenn, dann normalerweise indirekt oder weniger offen als in dem gegebenen Beispiel. Stattdessen trifft man vermehrt auf eine prinzipielle ‚Unisex-Semantik' des Alterns. So wird schon 1987 zum Portrait eines Mannes gefragt: „Muß man dem Mann das Altern ansehen?".[130] Und natürlich gibt es auf solche Fragen in der Werbung immer negative Antworten – mit Hinweis auf die bekannten Ideale: „glatter, frischer, jünger" (*Biotherm* 1987).

Die werbliche ‚Unisex-Semantik' des Alter(n)s wird jedoch fast ausnahmslos von einer geschlechtsspezifischen Ansprache der Zielgruppen bestimmt, die die Jugendlichkeits-Appelle in einen Rahmen stellt, der durchaus zu der traditionellen Geschlechterkosmologie, und das heißt Geschlechterdifferenzierung, passt. So heißt es zwar in einer Anzeige (für Männer): „Auch Männerhaut braucht Pflege", doch wird im weiteren Text die empfohlene ‚Pflege'[131] als Teil der normalen Morgentoilette relativiert, die den männlichen Macher adäquat für den Tag präpariert. Die Hauptfunktion der jugendlichen Verschönerung, die das Produkt erfüllen soll, wird heruntergespielt und in ein typisches Image von Männlichkeit integriert: „Am besten ohne Mehraufwand, gleich morgens beim Duschen oder Rasieren. [...] Basic Homme gibt Ihnen zu der üblichen Routine ein besonderes Pflegeerlebnis mit auf Ihren morgendlichen Weg. Für den ganzen Tag" (*Vichy* 1988). Image-entsprechend stellen andere Werbungen ‚Pflege-Produkte' für *ihn* als „High-Tech"-Lösungen vor, die „Energie" entwickeln helfen (*Beiersdorf*

---

128 Diese empirischen Tatsachen implizieren natürlich ein normatives Modell und eine normative Botschaft.

129 Dass sich diese Vorstellung nur tendenziell (bzw. in der Prägnanz ihrer Formulierung) wandelt, dafür spricht ein Spot aus dem Jahr 2001 für eine ‚Frauencreme': Hier stellen jugendliche Models, während sie die Perfektion ihrer Körper darbieten, jammernd fest: „Echt gemein, dass Männer Falten haben dürfen und Frauen nicht" (*Nivea-Visage* 2001).

130 Ein Ausnahmebereich sind graue Haare. Sie können schon seit langem (etwa seit 1900, vgl. Thoms 1995, S. 254 f.) nicht nur für die ‚Reife' (‚Persönlichkeit', ‚Weisheit' usw.), sondern auch für den ‚Abbau' des Mannes stehen. Entsprechend traditionell und aktuell sind die Empfehlungen und Suggestionen der Werbung. Neben offenen Aufforderungen zum Färben und Tönen der Haare finden sich ähnliche Verschleierungsformen wie in der Kosmetikreklame ‚für sie': „Färbt er oder färbt er nicht?" heißt es z. B. zu dem Bild eines telefonierenden Mannes, der natürlich nicht ‚färbt', denn er nimmt ein „melaninähnliches Pigment, das am Haar und im Haar an die Stelle der verlorenen Pigmente tritt" (*Grecian* 1999).

131 Schon das Wort ‚Pflege' moduliert den eigentlichen Produktzweck in einer für akzeptabel gehaltenen Weise herunter.

2001), oder die als notwendige und funktional angepasste Begleiter männlicher ‚Action'
erscheinen – wie zum Beispiel ein Lippenpflegestift namens „Labello Active", dessen
beworbene „Einhandmechanik" und ästhetische Schlichtheit („kein Glanz") ganz zu
dem Bild des gezeigten Surf-Helden passen soll (*Beiersdorf* 2002).

Auch ausdrücklich oder demonstrativ relativierende Distanznahmen zu der
Wichtigkeit des Sich-schön-Machens (des Mannes) tragen *innerhalb* der Werbung für
Schönheitsprodukte einem typischen Image vom Mann und von Männlichkeit Rechnung. So betont eine Shampoo-Werbung „gepflegtes Haar" durchaus als relevantes
Schönheitsmerkmal von Männern; Schminken hingegen stellt sie als lächerliches Unternehmen und als eindeutige Grenzüberschreitung männlicher Selbstverschönerung
dar, indem sie zu dem Text „Mein Shampoo. Meine Schminke" einen Mann mit clownesk
(betont ‚schlecht') geschminktem Gesicht und normalen (werbe-schönen) Haaren zeigt
(*Beiersdorf* 2000).

Auch wenn Jugendlichkeit – als Jugendlichkeit des Körpers – in zunehmendem
Maße ein Wert für Werbemänner wird, sind andere Identitätswerte immer noch ent-
scheidend(er). Dazu gehört z. B. Rationalität in allen praktisch relevanten Lebensdingen.
So sieht man in einer Werbung eines Versicherungsanbieters einen ‚gutaussehenden'
Mann um die 30, der mit nacktem Oberkörper im Badezimmer steht und einen skep-
tischen Blick in die Kamera richtet. Dazu der Text: „Wie alt Sie im Jahr 2025 aussehen, ist
auch eine Frage ihrer Altersvorsorge" (*Mannheimer* 1998). Die Werbeinszenierung setzt
hier Alter zunächst mit schlechtem Aussehen gleich, relativiert dies jedoch umgehend.
Dem folgenden Selbstlob des Versicherungsunternehmens ist abschließend zu entnehmen: „Denn Altersfalten sind okay, Sorgenfalten nicht".

Entsprechend systematisch verschoben ist die Bedrohungslage durch das Altern.
Dem ästhetischen Verfall als *dem* identitätszentralen Problem der Frau entspricht der
Kompetenz-, Kraft- und Leistungsschwund beim Mann. Thematisiert werden immer
wieder körperliche Schwächen, Gebrechen und Erschöpfung als Störquellen der
männlichen Leistungsfähigkeit:[132] „Zwischen müde und munter wirkt badedas" heißt es
zu den Fotos eines älteren Mannes am Arbeitsplatz und in der Badewanne, die den
Adressaten versprechen, „Wohlbefinden, Kraft und Lebensfreude" zurückzugewinnen,
also das, „was Ihnen der Tag genommen hat" (*badedas* 1973). In ähnlicher Richtung
definiert eine Werbung für Knoblauch-Pillen mit dem Portrait eines älteren Mannes
Ziele für ihre Zielgruppe: „Jung bleiben von innen heraus" und körperlich „vital" und
„leistungsfähig" sein. Beim Werbungs-Kampf gegen das männliche Altern geht es in
diesem Sinne generell weniger um das Außen (das ‚Äußere') als um das Innen, insbesondere die physische Gesundheit als Voraussetzung allgemeiner Aktivität („Wie jung
man aussieht, erkennt man im Spiegel. Wie jung man wirklich ist, zeigen die Blutge-
fäße", *Kwai* 1999).

---

132 Diese Thematisierung folgt nicht – wie im Falle der Frauendarstellung – einem generellen Prinzip
der Chronologie: Der 50-jährige Mann kann in der einen Werbung als Erfolgsfigur inszeniert werden
(z. B. in der Rolle des erfahrenen Managers), während andere Werbungen (vor allem randständigere
Kleinanzeigen) dasselbe Alter als schon problematisch markieren.

In Bezug auf das Altern von Männern überschneiden sich häufig Hinweise auf eine defizitäre Gesundheit und Leistungsfähigkeit im Allgemeinen mit Andeutungen von nachlassender „Leistungskraft" im Speziellen, das heißt Sexuellen. Am auffälligsten ist das in der Werbung für jene „hochwertigen Extrakte", „die älter werdenden Männern noch kostbare Lebensjahre schenken" sollen (*Roth Heildrogen* 1994). Hier wird Leistungskraft oft direkt als Sexualkraft übersetzt, und Altern erscheint entsprechend als Weg in die Impotenz. Altern ist dann eine Schwäche, die die „Angst vor dem ‚Versagen'" mit sich bringt und als solche angesprochen werden kann. Zur illusionären ‚Vernunft' der Werbung gehört es hier (auch hier) natürlich, das Problem als prinzipiell und konkret behebbar oder zumindest auf unbestimmte Zeit verschiebbar darzustellen. So wird zum Beispiel in der Werbung für ein „Sexualtonikum" versprochen, „männlich stark in jeder Situation bis ins hohe Alter" sein zu können (*Neopharma* 1987).

7.5.5 Jugendliche Alte

Die oben beschriebene historische Tendenz zur kulturellen Verjugendlichung umfasst und erfasst auch die Älteren und Alten. Lebensstil-Studien weisen darauf hin, dass sich ‚Senioren' zunehmend nicht mehr als alt empfinden und sich in ihrer Selbstdarstellung nicht mehr als alt geben, sondern ein deutliches Interesse an jugendlichem Lifestyle zeigen, z. B. ‚Neues' entdecken und erleben wollen (vgl. Hölscher 1998, S. 290 f.). Dabei ist der Unterschied der Geschlechter zwar (immer noch) ein Unterschied, der in mancher Hinsicht Unterschiede macht, aber die Tendenz zur kulturellen Verjugendlichung übergreift und unterläuft auch die Geschlechterdifferenz in den oberen Altersklassen. In eingeschränktem Maß reflektiert (auch) die Werbung diese Entwicklung und forciert sie zugleich,[133] indem sie Images jugendlicher Alter durch Vorführungen eines jugendlichen Lebensstils konstruiert.[134] Dessen wichtigste Komponenten sind:

---

[133] Hölscher führt die im generationellen Vergleich ‚jugendlicher' gewordenen Outfits, Habitus und „Attributkonfigurationen" (Hölscher) älterer Menschen sowie deren entsprechend veränderte Normen- und Wertmuster unter anderem auf den ‚Jugendkult' der Werbung zurück: „Sie dürfte das Jugendkult-syndrom als ein zentrales Leitideal und Element des Identitätsschemas der ‚jungen Alten' vermitteln und verstärken. Gleichzeitig dürfte Life-Style-Werbung in diesem Sinne ‚manipulierend' auf sozial distinktive Imageverortungen von ‚jungen Alten' einerseits und von ‚Oldies' andererseits ‚einwirken'" (1998, S. 293).
[134] So zeigt eine Werbung, die die Attraktivität einer Zeitschrift als Werbeplattform für Ältere vor Augen führen soll, eine etwa 50–jährige Frau, die erkennbar Wert auf die Attraktivität ihrer Erscheinung legt (geschminkt, gelber Badeanzug) und einen betont jugendlichen Lebensstil pflegt. Die Werbung erklärt, dass es sich bei der Zielgruppe dieser Zeitschrift um eine Generation von Frauen handelt, „die zwischen 40 und 60 immer ‚jünger' werden" (*Bastei Lübbe* 1996). Unterstellt wird hier die Konservierbarkeit eines jugendlichen Lebensstils, der mit dem Produkt assoziiert werden soll: „Mit 20 war sie Beatles-Fan, heute begeistert sie sich für das Goldene Blatt."

7.5.5.1 Junge Mode und modernes Design

Immer öfter sind in neuerer Werbung ältere/alte Menschen zu sehen, deren Kleidung nicht mehr an den typischen Rentner-Stil erinnert, der auch im Alltagsleben zu beobachten war und ist (Strickjacken, beige-dezente Farbtöne usw.). Gerade ältere Frauen geben sich mittlerweile auch modisch als jung Gebliebene, zum Beispiel durch das Tragen ‚knalliger‘ Farben, figurbetonter Kleider usw. Nach wie vor ist es jedoch äußerst selten, dass Alte für moderne Mode werben. Gelegentliche Ausnahmen machen Werbungen für Mode, die als ebenso modern wie zeitlos erscheinen soll – also Werbungen, in denen Hersteller des Hochpreissegments die ‚schlichte Eleganz‘ ihrer Kollektionen vorführen wollen (bevorzugte Farbe: Schwarz). Das Alter würdigt dann gewissermaßen die Exklusivität der Mode wie umgekehrt diese das Alter.

Neben der Kleider-Mode und zu ihr passend führen die ‚jugendlichen Alten‘ der Werbung auch in der Gestaltung ihrer häuslichen Umgebung einen anderen Stil (und damit einen anderen Geschmack und ein anderes Denken) vor als die ‚alten Alten‘. Wohnungen und Häuser im (Architektur-) Stil der klassischen Moderne, Designer-Möbel und moderne Kunst können ebenso an die Stelle der ansonsten typischen Gemütlichkeits-Gestaltung treten wie die allgegenwärtige ‚Ikea-Moderne‘. Nicht nur, aber gerade auch die älteren Frauen erweisen in diesem Zusammenhang ihr Junggebliebensein und ihre Jugendlichkeit durch entsprechende Ausstattungs- und Gestaltungs-Resultate.

7.5.5.2 Junge Musik

Damit ist nicht die Musik gemeint, die die Alten hörten, als sie selbst noch jung waren. Wenn zum Beispiel in einem Spot der 1980er-Jahre eine ‚Oma‘ beschwingt zu Rock'n Roll der 1950er Jahre tanzt, weil sie „die Kraft der zwei Herzen" (zu sich genommen) hat (*Doppelherz* 1996), dann repräsentiert das zwar eine Vorstellung von Jugendlichkeit bzw. Junggeblieben- oder Wiederjunggewordensein, aber nicht den hier gemeinten Typus der jugendlichen Alten. Vielmehr geht es dann um einen Typus, für den die eigene Jugend scheinbar wieder greifbar (erlebbar) geworden ist. Entsprechende Images, die in der Werbung Tradition haben, drehen sich eher um die nostalgische Idee der Wiederbelebung der eigenen Vergangenheit als um die Idee, dass das Alter mit den (Musik-) Entwicklungen der Gegenwart und mit der aktuellen Jugend mitgeht und mithält. Diesen Eindruck wollen Spots vermitteln, in denen Mainstream-Pop als generationenübergreifender Spaß-Generator und als normaler Teil des Lebensstils von Alten erscheinen soll.

7.5.5.3 Fitness und Sportlichkeit

Zunehmend sind Alte, und zwar Alte beiderlei Geschlechts, als Protagonist/-innen in Werbungen zu sehen, die den Wunsch, „bis ins hohe Alter aktiv" zu sein, auf das Motiv der jugendlichen Fitness zuspitzen. Es geht den Alten dann nicht nur um den erholsamen Spaziergang, die gesellige Bergwanderung oder das Ballspielen im Garten mit den Enkeln. Vielmehr sieht man auch um anspruchsvollere Fitness und Sportlichkeit bemühte und dazu fähige Alte, die sich teilweise sogar als „ultrafit für Höchstleistungen" erweisen (*Ultravit* 1998). Auch sind neuerdings vermehrt ‚Senior/-innen' zu sehen, die einen jugendlich-sportiven Lifestyle pflegen und zum Beispiel mit dem Mountainbike den Strand befahren. Entsprechend sehen diese Alten durchtrainiert aus, und sie stellen ihre beachtlichen sportlichen Potenzen auch immer wieder eindrucksvoll unter Beweis.

Vor allem ältere Männer demonstrieren in der Logik und als Fortsetzung ihres ‚Vorlebens' ihr physisches bzw. sportliches Können als Turmspringer, Radfahrer, Fuß- baller, Bergsteiger usw. – zum Teil auch im direkten Vergleich mit jüngeren Ge- schlechtsgenossen, denen die Älteren dann nicht nachstehen.[135] „Belege für die ‚fitten' älteren Männer finden sich inzwischen zuhauf. Da flankt ein großväterlich aussehender älterer Herr für ‚Sankt Gero Heilwasser' über einen Wiesenzaun [...] oder zwei ältere Herren machen Turnübungen auf der Straße" (Thimm 1998, S. 127). Ältere Männer sind entsprechend häufig (häufiger als ältere Frauen) die anvisierte Zielgruppe in der Werbung für Fitness-Produkte, zum Beispiel für eine Waage, die mit dem Slogan „Fitneß ist meßbar" und dem Foto eines joggenden 60-Jährigen wirbt (*Tanita* 2000). Aber auch ältere Frauen sind in diesem Zusammenhang präsent und ‚im Kommen', wobei Fitness und (Körper-)Ästhetik bzw. Schlankheit allerdings im Unterschied zum entsprechenden Modell des älteren Mannes Werte und Ziele sind, die regelmäßig gleichgesetzt werden. Das ältere Frauen-Modell setzt (auch) insofern das jüngere fort.

7.5.5.4 Erlebnisse

Männliche und weibliche Werbe-Alte, nicht zuletzt ältere Paare, partizipieren auch immer öfter und immer stärker an den (Konsum-)Angeboten der ‚Erlebnisgesellschaft' (Gerhard Schulze) und überhaupt an deren Sinnwelten und Vorstellungen von ‚schönem Leben', Identität, Aktivität, Genuss, Selbstwirklichung, Glück usw. Ein zentrales Erlebnis- Feld ist das Reisen bzw. der Tourismus. So wird Älteren Reisen als ein „Fest für die Sinne" versprochen (*Dr. Tigges Studien-Erlebnis-Reisen* 1999); an vorzugsweise Ältere adressierte Werbungen für Kreuzfahrten laufen unter dem Titel „Erlebnis" (*Norwegen* 2000); und immer mehr wird auf Ältere als Abnehmer von Fernreisen in ‚exotische' Länder gezielt. Ein weiteres, zunehmend erschlossenes Erlebnis-Feld der Älteren sind die ‚neuen Medien'. So sieht man Alte, die heimlich die Namensschilder der Weih- nachtsgeschenke austauschen, um das Handy des (jugendlichen) Enkelkindes (anstelle des Rheumakissens) zu ergattern; andere surfen begeistert im Internet.[136]

Eine wichtige Rolle spielt in diesem Zusammenhang die Vorstellung, dass der noch ungestillte Erlebnishunger aus der früheren Lebenszeit bzw. der Jugend in der Freizeit des ‚Ruhestands' befriedigt werden kann und sollte. Jugend erscheint insofern gewis- sermaßen als nachträglich einholbar und sogar in einem gesteigerten Sinne erlebbar. Generell wird in der Alten-Erlebnisgesellschaft der Werbung so getan, als sei das Alter

---

135 So sieht man einen älteren Mann in einem Gruppenarrangement mit jüngeren ‚Sportsfreunden' auf einem Berg stehen – „topfit fürs nächste Gipfeltreffen" (*Kaufhof* 1990).
136 Auch körperlich intensivere Erlebnisse sind Teil der jugendlichen Alten-Kultur. So holt sich eine Gruppe Alter den Nachmittags-Thrill in der Achterbahn (*Blend-a-dent* 2000).

nicht der ‚Lebensabend', nicht die immer knapper werdende, zunehmend belastete und restringierte Endzeit des Lebens, sondern eine grenzenlose Zeit des Aufbruchs in immer neue Erlebniswelten. So braucht man nach der Bekundung einer Versicherungsgesellschaft für den Abschluss einer Privatrente „keinen Grund, sondern einen Traum" (*Gothaer Versicherungen* 1990). Und dieser Traum, so verdeutlicht das Foto dreier auf etwa 65 – 70 Jahre zu schätzender Alter (zwei Frauen, ein Mann) unmissverständlich, richtet sich nicht etwa nur darauf, im ‚Ruhestand' einen bestimmten Lebensstandard aufrechtzuerhalten. Die Vision ist vielmehr, ganz besondere Erlebnisangebote wahrzunehmen (hier: einen Surfurlaub, den die Ruheständler mit farbenfroh-flippigen Accessoires und einem jugendlich-euphorischen Ausdruck antreten). Auch das Bild eines alten Rocker-Paares auf einem außergewöhnlichen Motorrad[137] – die Frau sitzt bezeichnenderweise am Lenkrad, der Mann dahinter[138] – legt die Deutung des Alters als Möglichkeit eines jugendlichen (Erlebnis-)Lebensstils nahe. Gelegentlich wird sogar der Eindruck erweckt, dass erst im Alter wirklich zur Freiheit der Jugend gefunden oder die Freiheit der Jugend richtig umgesetzt werden kann.

7.5.6 Versionen und (Ambi-)Valenzen des Alterns und der Alten

Die werblichen Darstellungsmuster des Alter(n)s ergeben also in ihrer ganzen Breite kein einheitliches, sondern ein eher inkonsistentes, polyvalentes und ambivalentes Bild – immer auch abhängig von dem jeweils beworbenen Produkttyp und dem umworbenen Publikum.

Zwar kann man feststellen, dass die Werbung die lebensweltlich vorherrschende ‚Defizittheorie' des Alter(n)s sowie die damit zusammenhängenden Stigmatisierungen in diversen expliziten und impliziten Formen aufgreift, wiederholt und teilweise forciert. Auch ist nicht zu übersehen, dass die Werbung in bestimmten Bereichen das ‚Problem Alter(n)' für beide Geschlechter – und zunehmend auch für das männliche – immer differenzierter ausdefiniert und auch dramatisiert, also Ängste nutzt und schürt. Die bis heute allgemein verbreitete These, dass in der Werbung ein negatives Bild der Alten als „Kukident-Generation" dominiert, ist aber in verschiedenen Hinsichten, wenn nicht zu verwerfen, so doch mindestens stark zu relativieren, zu differenzieren und zu ergänzen:

Erstens schafft die Werbung im Rahmen und im Modus ihrer Jugendlichkeitsdramaturgie das Altern und Altsein in gewissem Maße gleichsam ab. Die Identität und die Rolle des Alten lösen sich dann und überhaupt zwar nicht völlig auf, werden aber mindestens undeutlicher, entschärft und semantisch/symbolisch positiv angereichert – auch mit relativ optimistischen Bildern des Lebens, der Biografie und der Zukunft.

---

137 „Ob Kultmotorrad oder das legendäre Flügel-Coupé. Wer sich einen Jugendtraum erfüllt, fühlt sich glatt noch mal wie zwanzig" (*Bundeswertpapiere* 1998).

138 Zu der Jugendlichkeit dieser Alten gehört also auch ein unkonventionelles Geschlechterverhältnis bzw. dieses Geschlechterverhältnis unterstreicht die Jugendlichkeit der Alten.

Zweitens wachsen die Anforderungen (und Aufforderungen) an beide Geschlechter, möglichst lang und umfassend jugendlich zu bleiben – Anforderungen, die allerdings teilweise geschlechtsspezifisch ausfallen.

Drittens existieren neben den Defizit-Attributen des Alterns und der Alten und neben den eher verleugneten Defizit-Alten als Figuren (zunehmend) auch positiv besetzte Rollen und Images: die fröhlichen und abgeklärten Großeltern, die erfahrenen Könner, die beruflichen Experten, die alten Gelehrten und Weisen, die älteren Hausfrauen als Bewahrerinnen guter Traditionen, das glückliche alte Paar, die reife Schönheit, die alten Genießer, die fitten alten Knaben, die immer noch potenten älteren Herren, deren „Sexualfunktion" geschützt werden kann, u. a. m.

Viertens macht die Geschlechterdifferenz in der positiven wie in der negativen Qualifizierung bzw. Stigmatisierung von Aspekten des Alter(n)s (immer noch und immer wieder neu) erhebliche und teilweise grundsätzliche Unterschiede. Die in puncto Alter, Alte und Altern zentrale symbolische Signifikanz des Körpers performiert die Werbung nach wie vor deutlich geschlechtsspezifisch: Der Frauenkörper altert in der Werbung früher, umfassender, differenzierter, folgenreicher und dramatischer als der Männerkörper. Und auch die sachlichen Schwerpunkte der Alterungsproblematik sind der Geschlechterdifferenz entsprechend „parallel organisiert" (Goffman). Während die Werbung das ‚Innere' des Körpers (den ‚Funktionskörper') als die eigentliche oder zentrale Problemzone des männlichen Alter(n)s dramatisiert, konstruiert sie das weibliche Alter(n) vor allem auf der Ebene des ‚Äußeren', der Korporalität, als Problem. Dementsprechend ist das weibliche Altern im Ganzen zwar nicht nur, aber vorwiegend – und durch den ‚Jugendlichkeitskult' bedingt zunehmend – negativ akzentuiert, während das männliche insgesamt besser bewertet wird – einschließlich einer größeren Zahl positiver Rollen (älterer Chef, Experte, Genießer, Freizeitsportler, Stammtischbruder etc.).

Fünftens führen auch die Werbe-Darstellungen, die Alter(n) als Problem oder Beschädigung unterstellen oder ansprechen, die unangenehmen Wahrheiten nur selten direkt und konkret vor die Augen des Publikums. Vielmehr besteht (auch) in diesem Zusammenhang eine Tendenz zur Ignoranz, zur Schönung und zur Illusionierung. Werbung suggeriert auch – jedenfalls in bestimmten Bereichen – die Kontrollierbarkeit, Reduzierbarkeit oder sogar Heilbarkeit von negativen Typen des Alter(n)s. Sie erscheinen vielfach als Risiko, das man stark vermindern oder vermeiden kann.[139] Und in den Fällen, in denen die ‚ärgerlichen Tatsachen' des Alter(n)s zur Kenntnis genommen werden müssen oder sollen, macht die Werbung mindestens Hoffnung auf wesentliche Besserung und leistet ‚Beihilfe zur Selbsttäuschung' (Luhmann 1996).

---

[139] So untertitelt eine Anzeige das Portrait eines alten Mannes mit den Worten „Das Risiko, alt zu werden" (*Mannheimer* 1999) und spielt damit auf die Möglichkeit an, dass der zufriedene Gesichtsausdruck des Mannes durch das Foto eines bedauernswerten Greises ersetzt werden könnte, der falsch gehandelt hat.

8 Die Erotik der Werbung und ihre Geschlechter

Gegenstand des folgenden Kapitels, das diesen Teil des Buches abschließt, ist die Erotik-Kultur der Werbung. Diese Kultur verdient hier besondere Aufmerksamkeit, weil sie Konstruktionen nicht nur des ‚sozialen Geschlechts‘ im Allgemeinen, sondern auch der ‚Geschlechtlichkeit‘ des ‚sozialen Geschlechts‘ im Besonderen impliziert. Sie verdient auch deswegen besondere Aufmerksamkeit, weil sie sich – und mit ihr ihre Geschlechter-Konstruktionen – im Laufe einer langen Geschichte entwickelt, ausdifferenziert und teilweise gravierend gewandelt hat.

Mit diesem sachlichen Untersuchungsansatz ist zunächst eine systematische sachliche Beschränkung verbunden. Als empirisch-analytischer Gegenstand ausgeblendet wird die Ebene der erotischen Realitäten der Lebenswelt mit ihren vielfältig erotikbezogenen, erotisch signifikanten und erotisierten Menschen, mit ihren realen Körpern, Gedanken und Gefühlen, Habitus, Lebensstilen, (z.B. Liebes-)Beziehungen usw. Diese Ebene ist für die Erotik-Kultur der (massenmedialen) Werbung allerdings nicht bedeutungslos und schon insofern relevant, als an ihr für ein Grundverständnis von Erotik kein Weg vorbeiführt.

Es ist klar, dass die massenmediale Werbung und mit ihr ihre Erotikkultur in gewisser Weise Teile von jedermanns Lebenswelt sind und diese Lebenswelt zunehmend besetzen und durchdringen. Das ändert aber nichts daran, dass es sich bei der Werbung um einen bestimmten Bereich der Medienkommunikation handelt, der im Rahmen einer eigenen Ordnung und aufgrund einer eigenen Gesetzmäßigkeit auf vorausgesetzte und zugrundeliegende Kultur und leibhaftige Menschen referiert. Die Werbung fungiert also in gewisser Weise auch als Forum oder Bühne lebensweltlicher Erotikkultur.

Die Erotik-Kultur der Werbung (und jede andere Medienkultur) kann und soll also, auch wenn sie im Folgenden in empirischer Hinsicht exklusiv fokussiert wird, nicht isoliert betrachtet werden. Insbesondere liegt die Relevanz von Bezügen auf die Ebene der Lebenswelt (z.B. der Interaktionsordnung) auf der Hand. Hier kommt Erotik in offensichtlich historischen, kulturspezifischen und nicht zuletzt geschlechts(kultur)spezifischen Formen vor, die in der Werbung mindestens Korrelate haben, wenn nicht kopiert werden: als Vorstellungen von Partnerschaft, als Erlebnisse und Modelle sexueller Attraktivität, als interpersonale ‚Valenzen‘, als reizvolle Aufmachungen der Körper (Korporalität), als öffentliche oder intime Selbstdarstellungen, als (sprachliche) Zweideutigkeiten oder Anspielungen, als Flirt oder Annäherung (Hofieren), als ‚analoges‘ Ausdrucksverhalten (Blicken, Berühren etc.), als empfundenes Begehren, als Wunschvorstellung u.a.m. Diese kulturelle Ebene liegt natürlich auch anderen Medienbereichen und Mediengattungen zugrunde, die, wie vor allem die diversen Unterhaltungsformate, auf ihre je besonderen Weisen Erotik konstruieren und ihrerseits Bedingungen und Quellen der Werbungskultur bzw. Werbungserotik sind.

Die teils kontinuierliche und teils diskontinuierliche Geschichte der Werbungserotik und ihre ‚Vorgeschichte‘ verweisen damit auch auf die moderne Gesellschaft und verschiedene historische (Langfrist-)Prozesse und Bezugsrahmen, die mit Begriffen wie

https://doi.org/10.1515/9783111168906-012

„Soziogenese" (Elias) oder Zivilisation zu beschreiben sind. Wie in allen Untersuchungen dieses Buches, so zeigt sich auch im Kontext der Werbungskultur der Erotik nicht nur eine fundamentale historische Variabilität, sondern auch eine systematische Abhängigkeit der einzelnen Phänomene von übergreifenden Langfrist-Prozessen wie der sozialen/kulturellen Differenzierung, der Individualisierung oder der Informalisierung.

Der Begriff Erotik ist also, wie schon Helmut Schelsky in seiner „Soziologie der Sexualität" (1955) betont hat, höchst voraussetzungsvoll und verweisungsreich und das heißt, nicht leicht zu fassen. Zweifellos zentral (konstitutiv) ist der unauflösbare Zusammenhang von Erotik mit (leiblicher) Sexualität und die auf Gesellschaft, Geschichte und Kultur verweisende Unterschiedenheit von Erotik und Sexualität im engeren Sinne des Geschlechtstriebes und des Geschlechtsverkehrs/des Geschlechtsaktes, um Schelskys Worte zu verwenden. Für Schelsky bildet das

> im interindividuellen Kontakt auftretende, von der Bindung an einen biologischen Gattungszweck befreite leibliche Luststreben [...] als Bereich der Erotik eine stets vorhandene Schicht des menschlichen Sexualverhaltens, die ihrerseits nun genau so der sozialen Formung und Institutionalisierung unterliegt, wie die primären Geschlechtsbeziehungen. Da dieser universal-leibliche Lustgewinn keineswegs an den Geschlechtsakt gebunden ist, sondern in jeder noch unmittelbar sinneshaften menschlichen Kommunikation erlebbar ist, besteht praktisch für alle sozialen Gebilde und Verhaltensformen, in denen die Menschen in leiblicher Gegenwart miteinander verkehren, die Möglichkeit der Erotisierung dieser Beziehungen. Eine Soziologie der Erotik sieht sich also von vornherein vor der Aufgabe, nicht nur die Anwesenheit erotischer Triebmomente in den verschiedenen personhaften Formen der sozialen Beziehungen zu diagnostizieren, sondern vorwiegend gerade das Ausmaß und die Art ihrer Neutralisierung und Hemmung als die spezifisch soziale und kulturelle Leistung zu verdeutlichen (1955, S. 14).

In der Richtung dieses Verständnisses von Erotik und Erotisierung bewegt sich auch unsere Untersuchung, auch wenn wir zunächst ganz auf der Medienebene bleiben und die Ebene der Lebenswelt empirisch-analytisch ausblenden.[140]

Grundsätzlich verstehen wir Erotik also als sozial bedingte, konstruierte und kodierte Ausgestaltung leiblicher Sexualität auf der Ebene der Kommunikation, das heißt als kulturelles Phänomen. Es geht uns vor allem um Zeichen-, Sinn- und Wissensvorräte, die soziale Tatsachen darstellen, „insofern diese kulturellen Gebilde zu einem Medium künstlicher Kommunikation, zu einem Vehikel der Leiblichkeit werden und damit neue Bereiche und Formen zwischenmenschlicher erotischer Beziehungen schaffen, wie wir sie vor allem in den Auswirkungen der darstellenden Kunst, von den Frauenstatuetten der Steinzeit bis zur modernen Reklame, studieren können" (Schelsky 1955, S. 15). Erotik meint hier also im mehr oder weniger lockeren Zusammenhang mit leiblicher Sexualität und sexuellem ‚Luststreben' stehende Formen des Ausdrucks, der Darstellung, der Symbolisierung, der Thematisierung, der Visualisierung, der Theatralität – und in

---

140 Diese Ebene ist natürlich indirekt immer auch über die wahrnehmenden Medienpublika involviert, die auch die Medienkulturproduktion bedingen, wenn nicht bestimmen.

Verbindung damit: (Welt-)Anschauungen, Ideen, Semantiken, Deutungsmuster, Ideologien, Diskurse.

Im Anschluss an Niklas Luhmanns Theorie der Liebe könnte man hier auch von einem „Kommunikationscode" sprechen, sei es, dass man die Erotik als Moment der Liebe deutet oder als eigenständige Sphäre, die der Liebe analog organisiert ist. Über die Liebe heißt es bei Luhmann in einem Sinn, den man jedenfalls im Prinzip auf das Verständnis von Erotik übertragen kann:

> In diesem Sinne ist das Medium Liebe selbst kein Gefühl, sondern ein Kommunikationscode, nach dessen Regeln man Gefühle ausdrücken, bilden, simulieren, anderen unterstellen, leugnen und sich mit all dem auf die Konsequenzen einstellen kann, die es hat, wenn entsprechende Kommunikation realisiert wird. Schon im 17. Jahrhundert ist [...] bei aller Betonung der Liebe als Passion völlig bewußt, daß es um ein Verhaltensmodell geht, das gespielt werden kann, das einem vor Augen steht, bevor man sich einschifft, um Liebe zu suchen; das als Orientierung und als Wissen um Tragweite verfügbar ist, bevor man den Partner findet, und das auch das Fehlen eines Partners spürbar macht, ja zum Schicksal werden läßt (Luhmann 1982, S. 23).

Dass man es auch bei der Erotik nicht (nur) mit einem Gefühl, nicht (nur) mit einem Trieb oder einem bloßen Akt, sondern mit sozialem Sinn, mit Zeichen, Regeln, Wissen zu tun hat, ist ein erster Ansatz zur Bestimmung sowohl unseres Gegenstands als auch unserer Fragestellung. Wenn (auch) die Kommunikationen der Erotik und die entsprechend anforderungsreichen Alltagsorientierungen nur möglich sind, weil man sich dabei auf tradierte Sinn-, Zeichen- und Wissensbestände (Semantik) stützen kann, dann kann man davon ausgehen, dass die Werbung mit ihrer einschlägigen, im Folgenden zu beschreibenden Kultur auch eine praktische Forums- und damit Informations- und Orientierungsfunktion erfüllt. Die Werbung liefert in diesem Zusammenhang jedenfalls allerlei Konstrukte und Konstruktionen, erotische oder erotikbezogene Images, Ich-Ideale, Handlungsrezepte, Paradiesvorstellungen u. a. m., und sie füllt all dies mit anschaulichem Leben und mit Motiven. Dass sie diese ‚Leistung' in Massenmedien für ein Massenpublikum (Massenpublika) erbringt, macht ihre soziale/kulturelle Wirksamkeit als (erotik-)kulturelle ‚Agentur' und ‚Stützkonstruktion' (Berger/Luckmann 1969) umso bedeutsamer.[141]

---

141 Die These Luhmanns: „Die Führung der Liebenden geht vom Roman über auf die Psychotherapeuten" (1982, S. 218) trifft insofern nur bedingt zu. Auch wenn Erotik von Liebe zu unterscheiden ist und die Werbung die Thematisierung beider Semantiken viel weniger ‚introspektiv' anlegen kann als der Roman oder die Psychotherapie, ist ersichtlich, daß die Werbung in diese Richtungen basale Bedeutungs- und Verhaltensmuster vermittelt. Und dies gilt umso mehr, als zwischen der Werbung und anderen Mediengattungen semantische Korrelationen und Transfers festzustellen sind. Man denke nur an die fließenden Grenzen zwischen redaktionellen Text-/Bildbeiträgen und Werbung in diversen Zeitschriften. Auch TV-Seifenopern erinnern in vielen Hinsichten (von der Auswahl der Darsteller und Bühnen bis hin zur Ordnung der Geschlechter) an die Werbungssemantik. Darüber hinaus thematisieren verschiedene Fernsehformate Fragen und Probleme in Sachen Erotik und Liebe derart facettenreich und psychologisierend, daß man in ihnen durchaus (auch) funktionale Äquivalente des Romans und der Psychotherapie sehen kann.

Allerdings wirkt und fungiert die Werbung in diesem Sinne eben unter bestimmten sozialen und kulturellen Voraussetzungen, z.B. unter der Voraussetzung von semantischen/symbolischen Traditionsbeständen und Publikumskulturen, die sie in ihren Inszenierungen gezielt aufgreift, verarbeitet und in gewisser Weise reproduzieren muss: als kulturelles Forum.[142] Hier kommt es also darauf an zu sehen und zu verstehen, wie die Werbung als Bereich und Gattung der Medienkommunikation Erotik (Kultur) konstruiert und welche Erotikkultur und erotische Geschlechterkultur sie hervorbringt – im Rückgriff auf kulturelle Ressourcen.

Bevor wir die Konstruktionen der Werbungserotik – schwerpunktmäßig mit Blick auf die Geschlechter und Geschlechterverhältnisse – im Einzelnen analysieren, wollen wir einige ihrer strukturellen Bedingungen und Kennzeichen spezifizieren. Anschließend befassen wir uns einleitend mit Hinweisen auf historische Entwicklungstendenzen der Werbungserotik: Kontinuitäten und Diskontinuitäten, Verschiebungen und Transformationen.

1. Die Erotik-Darstellungen der Werbung müssen normalerweise, es sei denn, sie setzen auf Aufmerksamkeitserzeugung durch Irritation oder Skandal (wie im berühmt-berüchtigten Fall der Benetton-Werbung), fundamentale Moral- und Geschmacksgrenzen einhalten, und zwar generelle und publikumsspezifische. Bei allem möglichen Interesse an starken Reizen bzw. ‚reizenden‘ (Frauen-)Körpern darf vor allem die – allerdings variable und heutzutage mehr denn je unklare – Grenze zur Obszönität[143] nicht überschritten werden.

2. Erotik kann in der Werbung verglichen mit den Konstruktionen anderer Mediengattungen (z. B. ‚Seifenopern‘) nur sehr viel weniger komplex konstruiert werden. Auf voraussetzungsvolle Darstellungen wie die der Geschichte einer erotischen (Geschlechter-)Interaktion oder gar einer persönlichen Beziehung muss ohnehin verzichtet werden.[144] Werbung kann auch keine Geschichten entwickeln, die das Innenleben von Akteur/-innen illustrieren, die für sich eine „Privatwelt" (Luhmann) entwerfen. Auch dann, wenn sie ‚tiefe‘ Gefühle darstellen will, muss die Werbung symbolisch generalisieren, was in der lebenswirklichen Liebe schon generalisiert ist. Sie kann – wiederum – nur mehr oder weniger ‚abgeflachte‘ Klischee- und

---

142 Diese Seite der Werbungskultur impliziert eine Tendenz zum ‚Normalismus‘ (Jürgen Link), z.B. in Form von ‚Heteronormativität‘ und Diversitätsignoranz, so dass Sexualität fast ausschließlich als Heterosexualität vorkommt und andere sexuelle Orientierungen so gut wie negiert werden.

143 Der Begriff Obszönität, mit dem wir uns im Folgenden im Zusammenhang von Pornografie und Werbung noch ausführlich beschäftigen, ist zunächst ein vieldeutiger, voraussetzungsvoller und verweisungsreicher praktischer Begriff. Er disqualifiziert die Aspekte, auf die er sich bezieht, als massiv abweichend, Anstands-, Würde-, Scham- oder/und Ekelgrenzen verletzend. In verschiedenen sachlichen Bereichen, zu denen insbesondere Aspekte des Körpers gehören (Sexualität, Defäkation, Krankheit, Tod usw.), verweist das Urteil der Obszönität damit auch auf ein bestimmtes zivilisatorisches Niveau, das aktuelle Werte, Normen und damit Legitimitätsgrenzen definiert, an denen sich entscheidet und unterscheidet, was als (noch) akzeptabel gilt und was nicht.

144 Eine Voraussetzung, an der es der Werbung generell besonders mangelt, ist Zeit – Zeit, die nötig wäre, um eine komplexe erotische Geschichte zu erzählen.

Skriptwelten etablieren. Auch deswegen stellt sie den Körper und den wechselseitigen *Körperbezug* der Akteur/-innen in den Vordergrund ihrer Performanzen. Am Körper bzw. seiner Oberfläche (Korporalität) muss dann mehr sichtbar werden als bloße Körperlichkeit.

3. Die Erotik-Darstellungen der Werbung setzen besonders darauf und versuchen besonders von der Tatsache zu profitieren, dass Erotik auf (leiblicher) Sexualität basiert, auf die sie sich bezieht und in die sie sich (als sinnhafte Form) gleichsam einprägt.[145] Erotik geht in der Werbung fast immer mit Abbildungen einher, die (insbesondere über das Zeigen nackter Körperpartien) sozusagen Schlüsselreize zur Geltung bringen[146] und entsprechend spontane (automatische) Reaktionen beim Rezipienten auslösen sollen. Zunächst geht es hier also um das Erzeugen eines Unterschieds auf der Wahrnehmungs- und Affektebene, der dann aber für Unterscheidungen auf der Ebene des sozialen Sinns genutzt werden kann und muss.[147] Da die Werbung nicht das Begehren nach erotischen Körpern, sondern das nach

---

145 Diesen Bezug von Erotik auf körperfundierte Sexualität beschreibt neben anderen Schelsky in seiner „Soziologie der Sexualität" (1955). Im Anschluss an die ‚philosophische Anthropologie' geht Schelsky von einem engen Zusammenhang zwischen der evolutionären Deregulierung und Reduktion von menschlichen Sexual-Instinkten und den Formgenesen der Erotik aus: Gerade weil Affekte nicht mehr an bestimmte Reize gekoppelt sind – Gehlen spricht von „Instinktunsicherheit", „Antriebsüberschuß" und der „universalen Plastizität des menschlichen Sexualverhaltens" – kann und muss die menschliche Sexualität sozial und kulturell kodiert, normiert und kontrolliert werden. (In diesem mehr oder weniger indirekten Körperbezug der Erotik kann man auch einen substanziellen Unterschied zwischen den Konzepten der Erotik und der Liebe erkennen, die, wie man jedenfalls mit Luhmann annehmen kann, primär durch symbolisch generalisierte Kodes motiviert wird.) Die auf Werbung bezogene Literatur lässt vielfach offen, ob die Erotikdarstellungen und deren Rezeptionen biologisch und/oder sozial bedingt sind und in welchem Sinne dies der Fall ist. Dies gilt z. B. für die Feststellung, dass sich Frauen für die Darstellung anderer Frauen (als ‚Konkurrentinnen') interessierten, Männer dagegen weniger für die Abbildung ihrer Geschlechtsgenossen (vgl. Felser 1997, S. 314). Auch wenn von „sexueller Werbung" die Rede ist, deren Einsatz und Rezeption dann allerdings mit Begriffen wie „Rolle" und „Milieu" untersucht wird (Schmerl 1994, S. 143 f.), oder wenn man meint, dass Frauen eher romantische, verhüllende und indirekte(re) Darstellungen von Erotik stimulierten, während Männer bei der Darstellung unverhüllter Körper stärkere Affekte zeigten (vgl. Nimmergut 1966), bleibt unklar, ob und inwiefern Erotik als ‚natürliches' und/ oder soziales Phänomen verstanden wird.

146 Diese Reize scheinen selbst dann zu funktionieren, wenn die jeweiligen Rezipient/-innen im entsprechenden Moment gar nicht spezifisch motiviert oder interessiert sind (vgl. Felser 1997, S. 90). Ein solcher „natürlicher Schlüsselreiz" ist aus Sicht der Verhaltensforschung z. B. die weibliche Brust (vgl. Kroeber-Riel 1990, S. 69). Dass derartige Reize (relativ) verlässlich Affekte provozieren, heißt aber nicht unbedingt, dass sie im Rahmen der Werbungsstrategie funktionieren, d. h. bei dem Rezipienten die erwünschten Kognitionen oder Handlungen hervorrufen. Ja umgekehrt kann der Einsatz erotischer Werbung auf der Ebene der Werte und Einstellungen offenbar zu ‚Reaktanz' führen.

147 Erotik, die lediglich für sich selbst Aufmerksamkeit herstellt, nicht aber für die Handlung und den Sinnrahmen, in dessen Kontext das beworbene Produkt eine Rolle spielt, erfüllt nicht den strategischen Zweck der Werbung, ja steht dessen Erreichung im Wege: Erotik als ‚Eigenwert' wird im Negativfall zwar wahrgenommen und erinnert, weiteres aber geschieht kaum. In empirischen Studien, die sich mit der Erinnerungsleistung von Werbung beschäftigen, wird diese für die Werbung kontraproduktive Form der Erotik als „Vampireffekt" beschrieben (vgl. mit zahlreichen Hinweisen: Felser 1997, S. 315).

Produkten entfachen und strukturieren soll, müssen Affekte jenseits eines einfachen Stimulus-Response-Schemas in einem komplexeren (Sinn-)Rahmen der Erotik stimuliert bzw. in diesen integriert werden.[148]

4. Der Erotik-Sinn, den die Werbung produziert, variiert aufgrund unterschiedlicher struktureller Kontextbedingungen (die meist in ein und derselben Werbung zusammenwirken). Von relativ geringer Bedeutung ist in diesem Zusammenhang das jeweilige mediale Forum, auf dem die Werbung operiert. Verschiedene Formate der Printmedien, Radio- und Fernsehsender repräsentieren zwar bestimmte (auch: erotische) Lifestyles des jeweils unterstellten Publikums, diesbezügliche Unterschiede erweisen sich aber jedenfalls im Rahmen unseres Materials allgemeiner Publikumsmedien nicht als sonderlich erheblich. So sind in der „Brigitte" ähnliche und dieselben Erotisierungen zu sehen wie im „Stern" und im „Playboy". Größere Unterschiede bestehen hingegen in Abhängigkeit von dem jeweils beworbenen Produkt/Produkttyp, das einen eigenen symbolischen Sinnkontext impliziert oder darstellt. In der Inszenierung von ‚schnellem Sex' im Kontext der Werbung für ‚schnelle Autos' zum Beispiel gibt es offensichtlich einen Sinnzusammenhang von beworbenem Gegenstand und Erotik, wie er im Kontext der Werbung für Familienautos nicht zu finden ist.[149]

5. Im Rahmen der (Wirtschafts-)Werbung fungieren Erotikinszenierungen typischerweise schwerpunktmäßig im Dienst der Aufmerksamkeitserzeugung. Sie sind angesichts knapper Publikumsaufmerksamkeit besonders notwendige und offensichtlich kontinuierlich bewährte Aufmerksamkeitsgeneratoren. Unabhängig davon oder auch in Zusammenhang damit dienen sie einer strategischen *Imagearbeit*, die Images auf der Seite des Konsumenten und Images auf der Seite des Konsumobjekts ansteuert und verbindet. Zentral ist dabei der in diesem Rahmen (und durch ihn) hergestellte Zusammenhang von Konsum und Erotik, der den Entwurf einer idealen Erotik bedingt, an der der potenzielle Konsument (mittels konsumtiver Handlungen) partizipieren können soll. Die Werbung operiert dabei strategisch mit dem Imagewert, den die Erotik für das Selbstbild des Einzelnen mit sich bringt. Sie vermittelt Vorstellungen von einem normalen oder idealen Erotik-Selbst auf ver-

---

148 Zwar ist in der Werbung immer noch der früher sehr verbreitete Einsatz von (Frauen-)Sexaspekten ohne jeglichen Produktbezug oder andersartig passenden Kontext zu finden, also jener von Christiane Schmerl als „Petersilieneffekt" bezeichnete Erotik-Typus, in dem Frauen „als obligate Garnierung für jeden noch so alten Schinken" dienen (1992, S. 146). Doch überwiegen heute bei weitem Darstellungen, die den mechanistisch schaltbaren Sex in einen mehr oder weniger sinnvollen Kontext integrieren, der seinerseits mit dem Produkt in Verbindung gebracht wird: Man (er-)findet Geschichten, die die Logik des erotischen Hofierens der Geschlechter vorführen, Erotik-Rituale von Frau und Mann, illustrierte erotische Träume usw. Nackte Körperpartien sind dann nicht nur affektive Reize, sondern auch Medien, die den Rezipienten im Zusammenhang mit dem beworbenen Produkt darüber informieren, was für erotisch attraktiv gehalten wird.

149 Auch Grenzfälle wie Werbungen für Telefonsex oder Pornofilme machen deutlich, dass Vorstellungen von Erotik und Sex in der Gattung selbst erheblich variieren können, abhängig von dem Produkt, für das geworben wird.

schiedenen Selbstdarstellungsebenen (Verhalten, modisches und körperliches Erscheinen etc.), die in den Dienst eines individuellen ‚Erotikmanagements‘ gestellt werden sollen. Das Versprechen eines erotischen Mehrwerts der beworbenen Produkte gehört dabei zu den Kommunikationen, die sich dem teleologischen/ strategischen Kern der Werbung verdanken. Produkte gelten entsprechend als Objekte, die erotisches Erleben und Handeln initiieren, begleiten und strukturieren[150], oder sie stellen Gegenstände dar, die beinahe selbst zum Objekt und Ziel erotischen Begehrens werden.[151] In diesem Sinne unterhält die Werbung eine systematische Beziehung zu einer unterstellten Realität, die sie von den Fiktionen anderer Erotikkulturen unterscheidet.

6. Die technischen Bildmedien Fotografie und (etwas später) Film sind in der Werbung seit den 1920er Jahren kontinuierlich stilbildend.[152] Sie sind diejenigen medialen Gestaltungstechniken, die auch die werblichen Erotik-Inszenierungen und deren ‚Bildsprache‘ bis heute zentral bestimmen. Denn beide Techniken ermöglichen einen Realismus der Darstellung, der den zuvor eingesetzten Illustrationsmitteln (Zeichnung, Lithografie, Holzschnitt usw.) kaum zugesprochen werden kann. Wie inszeniert und idealisiert fotografische und filmische Bilder auch sein mögen (und auch als solche manipulierte Wirklichkeit wahrgenommen werden können), sie haben einen ‚Abbildcharakter‘ in Bezug auf eine unterstellte ‚reale Realität‘.[153] Mit diesem Realismus verbindet die Werbung von Anfang an einige der im Folgenden thematisierten Formen des Ins-Bild-Setzens, die Realitäten spezifisch rahmen – so zum Beispiel erotikkörperliche Partialisierungen und Ornamentalisierungen in der Inszenierung von Frauen. Im Kontext von Erotik, von erotischen Themen und Sujets spielt natürlich auch die strukturelle Besonderheit, Differenz und Verknüpfbarkeit der verschiedenen Kommunikationsmedientypen und Kommunikationskanäle eine zentrale Rolle. Für die Erotikinszenierung der Werbung macht es erhebliche Un-

---

150 Mann und Frau trinken nicht einfach Schnaps, sondern sitzen mit dem Getränk nackt in der Badewanne und haben dabei „knackigen Spaß im Glas" (*Berentzen* 2000); ein Kaffee schmeckt nicht nur gut, sondern ist „einfach zum Verlieben" (*Nescafé* 1996) und als solcher Moment eines tiefgreifenden Erotik-Erlebnisses; man isst nicht nur Käse, sondern folgt hingebungsvoll der Aufforderung „Laß dich verführen" (*Cambozola* 1996); und ein Pullover ist nicht einfach weich, sondern als „Schmusewolle" (*Perwoll* 1996) Voraussetzung und Objekt erotischer Faszination usw. Die Erfahrungsebene des Konsums, die die Werbung vorführt, ist voll von derartigen erotischen Konnotationen.

151 Zum Beispiel dann, wenn der Konsum von Produkten analog zu erotischen Interaktionen inszeniert wird.

152 Nach der Bebilderung der Werbung durch Zeichnungen seit 1854 und nach ersten Fotos ab 1861 ist eine breitere Nutzung der Fotografie um 1900 und schließlich deren Siegeszug seit den 1920er Jahren zu erkennen. „Schon 1927 waren 25 v. H. aller Anzeigen [fotografisch] bebildert, zwölf Jahre später war dieser Anteil auf 60 bis 70 v. H. angestiegen" (Thoms 1995, S. 265).

153 Im Zeitalter des Computers als Medium der Medienintegration, d.h. vor dem Hintergrund der Möglichkeit universaler Manipulierbarkeit der Fotografie und des Films, büßen diese Darstellungstechniken wohl allgemein an Glaubwürdigkeit ein. In den 1930er Jahren konnte man jedenfalls noch leichter im Blick auf den Einsatz der Fotografie in der Werbung behaupten, Fotografie sei „eben eine Urkunde, sie gebe die Wahrheit" wieder (Behrmann 1923, zit. nach Thoms 1995).

terschiede, ob sie sich im Rahmen einer Anzeige (typischerweise mit Bild und Text) oder im Rahmen eines Spots (typischerweise mit Bildern, mündlicher Rede und Schrift/Text) abspielt. Dass den Bildmedien (Fotografie, Film, Fernsehen) in diesem sachlichen Zusammenhang (in Abhängigkeit von ihren jeweiligen Einsatzbereichen) eine besondere und immer noch wachsende Bedeutung zukommt, liegt also auf der Hand.[154] Die Kommunikations- und Performanzpotenziale dieser und anderer Medien werden allerdings von der sozio-kulturell bedingten Bereichs-, Gattungs- und Handlungslogik der Werbung gleichsam aufgerufen und zugleich eingeschränkt und strukturiert. Das betrifft im Bereich der Erotikinszenierung z. B. Möglichkeiten und Grenzen der Darstellung und der Thematisierung, Schicklichkeitsgrenzen und Zensuren.

8.1 Entwicklung(en) der Erotikkultur der Werbung

Die Geschichte der Wirtschaftswerbung ist nach Auskunft zahlreicher Untersuchungen von Beginn an aufs engste mit der kommunikativen Verwendung und Inszenierung von Erotik verbunden (vgl. z. B. Nimmergut 1966; Weisser 1981; Thoms 1995).[155] Nimmergut datiert den regelmäßigen Einsatz von Erotik in der Werbung (mit einem Vorsprung der USA) auf die 90er Jahre des 19. Jahrhunderts. Bereits um 1890 hielt ein Pariser Karikaturist die Zeichnung einer nackten Frau mit Pauken und Trompeten für ein passendes Sinnbild für die Werbung und deren Wirkungsprinzipien (vgl. Nimmergut 1966, S. 54 f.). Wenig später wird die Omnipräsenz erotischer Reklamebilder zum Thema kritischer Diskurse in allgemeinen Publikumsmedien (vgl. Thoms 1995, S. 245).[156]

Thoms zeigt anhand von Zeitschriftenartikeln, dass das Wissen um die „assoziative, oft sachlich nicht begründete Verknüpfung von sexuellem Begehren bzw. sexueller Attraktivität und Produkt durch die Verknüpfung von Waren mit erotisch aufgeladenen

---

154 Sprache ist im Kontext der Erotikinszenierung spezifisch limitiert, hat aber auch eigene Funktionswerte, die mit denen von Bildern (nicht nur in der Werbung) kombinierbar sind und kombiniert werden.

155 Der Einsatz von Erotik in der Werbung fällt mehr oder weniger mit dem Beginn der Durchdringung der Gesellschaft mit Reklame im Zuge der Entwicklung der Massenmedien zusammen. Vor allem Frauenzeitschriften spielen eine Vorreiterrolle als Werbebühnen erotischer Körperinszenierung und als Generatoren ästhetischer Leitbilder (vgl. Thoms 1995, S. 243). Thoms ordnet diese Funktion von Werbung in den historischen Gesellschaftskontext ein: „Gerade für die Aufbruchszeit der Industrie- und Massenkonsumgesellschaft kommt der Werbung als Informationsquelle über neue Möglichkeiten und Mittel zur Selbstdarstellung eine nicht zu unterschätzende Funktion zu. [...] In diesem Zusammenhang etablierten sich die vor allem seit der zweiten Hälfte des 19. Jahrhunderts entstehenden Frauen- und Modezeitschriften, bei denen der Anteil nichtredaktioneller Mode- und Kosmetikwerbung bereits 1937 je nach Organ bis zu 48 % der gesamten Werbung ausmachte" (Thoms 1995, S. 243).

156 Die frühe Relevanz des Erotik-Themas (und entsprechender Bilder) in der Werbung lässt sich also nicht nur an der Gattung selbst, sondern auch an der ‚gepflegteren Semantik' beobachten, die sich auf die Werbung bezogen und sie reflektiert hat.

Bildern" (Thoms 1995, S. 245) bereits Ende der 20er Jahre des 20. Jahrhunderts zum Allgemeingut geworden war. Im Zusammenhang mit der zunehmenden Verbreitung massenmedialer Erotik-Angebote überhaupt ist dann in den 1950er Jahren innerhalb und außerhalb der (Sozial-)Wissenschaften von einer „Sexualisierung" oder „Erotisierung" der Gesellschaft die Rede – meist im Sinne einer für problematisch gehaltenen Entwicklung, für die insbesondere die Werbung verantwortlich gemacht wird (vgl. Schelsky 1955; Nimmergut 1966, S. 11–15). Zu Beginn der 1960er Jahre kritisiert ein Autor die massenmediale bzw. reklamemediale Erotisierung des Alltagslebens als eine Art Bilder- und Reizüberflutung, die er folgendermaßen auf die Perspektive eines (männlichen) Beobachters bezieht:

> [...] auf der Schachtel mit dem Waschpulver in der Nähe der Badewanne lächelt ihn eine junge Frau mit schimmernden Zähnen, rundlichen Brüsten und in einem weißen Hemdchen an. Er geht zum Frühstück in die Küche hinüber: eine Mestizin mit nacktem Oberkörper tanzt ihm vom Kaffeepäckchen entgegen. Er durchblättert die Morgenzeitungen: ein unbekanntes Starlet macht im „Paris Jour" einen Tanzschritt, durch den ihr Rock bis zu den Hüften hinauffliegt, und gleich daneben ein „Roman in Bildern", in denen üppige, kaum verhüllte Brüste locken. Er geht aus dem Haus und überquert den Platz. Von einer Reklamesäule entbietet ein Star des „Lido" in einem winzigen Badeanzug aus Silberpailletten den täglichen Gruß. Er geht die Gänge der Untergrundbahn entlang: neben einem riesigen roten Lippenstift ausgestreckt betrachtet ihn eine Frau aus Papier mit geöffnetem Mund und sinnlichen Augen. Auf den Bänken des Bahnhofs setzt er sich zu Füßen einer Naiven nieder, die an der Wand klebt: mit ihren ausgestreckten Armen, halb entblößten Brüsten, die Knie von einer schwarzen Hose bedeckt, macht sie Reklame für irgendeinen Füllfederhalter (Duca 1964, zit. n. Nimmergut 1966, S. 11).

Dieser gleichsam ethnografische Bericht aus einem Alltagsleben macht allerdings nicht nur eine kulturelle „Sexualisierung" oder „Erotisierung" der Gesellschaft deutlich, sondern zeigt auch weitere prinzipiell bedeutsame Tatsachen an:

Erstens dreht sich diese Sexualisierung oder Erotisierung hauptsächlich oder ausschließlich um *weibliche* Sujets bzw. Erotikkörper. Es handelt sich bei dieser Erotikkultur und Erotikkultivierung also um einen sehr einseitigen, *geschlechts*einseitigen Erotizismus, Sexualismus oder Sexismus, der zwar nicht nur auf einen männlichen Blick zielt, hinter dem aber ein männlicher Blick steht und wirkt.

Zweitens ist *diese* Ausprägung von Erotik ein historisches Phänomen, das in den ‚westlichen' Gesellschaften über die Jahrzehnte nach dem Zweiten Weltkrieg zunächst an Fahrt gewonnen hat (mit Höhepunkten zwischen den 1960er und 1980er Jahren), dann aber bis heute nicht zuletzt durch diverse Kritiken (sozialwissenschaftliche, politische, feministische) deutlich zurückgedrängt und vielfach abgewandelt (mindestens entschärft) wurde.

Und drittens zeigt eben diese Tatsache, dass die Werbung insgesamt sensibel auf ihre für sie (strategisch) relevante kulturelle Umwelt bezogen ist und mit mehr oder weniger weitreichenden Anpassungen (Wandlungen) ihrer selbst auf diese Umwelt reagieren kann und reagiert.

Gleichwohl kann man feststellen: Erotik ist von Anfang an ein kontinuierliches Hauptsujet, Hauptthema und Hauptmedium der modernen Medien- und Konsumkultur und insbesondere der Werbung, die ihr vielleicht wichtigstes Forum bildet. Auffällig ist dabei, dass die Werbung nicht nur historisch durchgängig Erotik performiert und thematisiert und auch strategisch auf Erotik setzt, sondern in manchen Fällen schon sehr früh mit einer beachtlichen *Direktheit und Frivolität* operieren konnte. Nimmergut beschreibt für die Zeit um die Jahrhundertwende (zum 20. Jahrhundert), die er als die „Flegeljahre" der Werbung bezeichnet, mehrere bemerkenswerte Fälle: „Junge Nackedeis saßen auf Kohleschaufeln und verkündeten zwinkernd den überaus originellen Slogan: ‚Sie heizt zwar besser ein, aber Kohlen brauchen Sie trotzdem, Kohlen von xyz.'" (1966, S. 55). In anderen Fällen tätowierte man Werbeslogans mittels Fotomontagen auf nackte Frauenrücken oder bewarb Kosmetikprodukte mit der Behauptung, mit diesen Artikeln hätten Vertreterinnen des ältesten Gewerbes der Welt den bourbonischen Prinzen verführt.[157]

Allerdings gibt es in der Werbung seit jeher und bis heute auch (variable) Obszönitätsgrenzen und im Zeitverlauf starke Schwankungen der Informalität und Frivolität sowohl in der Tendenz der ganzen Werbung als auch in einzelnen (Produkt-)Bereichen (Werbungen für Kosmetika, Mode/Kleidung etc.). Nach Jahrzehnten einer immer direkter und stärker erotisierten Werbung, einer erotischen/sexuellen Liberalisierung und Enttabuisierung, die sich insbesondere im Gefolge der ‚68er' und parallel zu einer fortschreitenden Pornografisierung der Gesellschaft vollzogen hat, scheinen nun schon lange auch gegenläufige Tendenzen voranzuschreiten oder zu dominieren. Vor allem ist ein plumper Sexismus bzw. ein diskriminierender Frauen-Sexismus zurückgedrängt worden. Die Zensuren der political correctness greifen auch in der Werbung. Das Gesamtbild und der Trend sind jedoch keineswegs völlig eindeutig. Vielmehr spricht vieles – auch die folgenden empiriebezogenen Untersuchungen – dafür, dass eine verstärkte Zurückhaltung, Korrektheit und Feinheit der Ausdrucksformen nur (oder immerhin) eine oberflächliche Hülle für einen verdeckten, latenten Erotizismus/Sexismus bilden, der heute sogar stärker denn je sein mag und immer noch und immer wieder einem weiblichen Geschlechtskörper eine Hauptrolle zuweist.

Formen der Verhüllung, Verfeinerung und Ambiguierung des Erotischen bzw. der werblichen Erotik-Inszenierung haben in der Werbung eine weit zurückreichende Tradition. Zu den in diesem Zusammenhang relevanten Kontinuitäten der werblichen Erotik-Inszenierung gehört auch ein Nebeneinander von direkten (offenen) und indirekten (verhüllten) Formen,[158] die jedoch ihrerseits ungleich auf die Geschlechter verteilt zu sein scheinen. So beschreibt zum Beispiel Thoms für die besagten Flegeljahre der Werbung einen eher verdeckten Typ von *weiblicher* Erotikdarstellung als charakteristisch: „Das Motiv der Venus selbst wird in der Werbung häufig aufgegriffen, meist in der

---

157 Auch Werbungen für Produkte mit assoziierten Themen, wie Medikamente gegen Geschlechtskrankheiten oder Impotenz, waren bereits um 1890 kein Tabu mehr (vgl. Nimmergut 1966, S. 56).

158 Nimmergut, der eine der wenigen breit angelegten Untersuchungen zum Thema „Werben mit Sex" durchgeführt hat, sieht allerdings die Geschichte der Werbung (bis 1966) durch einen mehr oder weniger klaren Trend weg von direkten Erotik-Darstellungen hin zur Andeutung und zur ‚Sublimierung' sexueller Themen gekennzeichnet. Er behauptet also so etwas wie einen Zivilisationsprozess (in) der Werbung.

Darstellung griechisch anmutender Frauen. Die zeitweise Bevorzugung dieses Motivs dürfte sich damit erklären lassen, dass Idealisierung, Allegorisierung und damit feste Eingliederung dieses Motivs in das künstlerische Repertoire spätestens seit dem Historismus auch im Bildungsbürgertum keinen Verdacht auf Erotisierung aufkommen ließen" (Thoms 1995, S. 245 f.).[159]

Bemerkenswert sind hier auch gewisse inhaltliche Langfrist-Kontinuitäten des erotischen *Geschlechterbildes*, dessen aktueller Formen- und Figurenschatz sich teilweise *für beide Geschlechter* bereits in den frühen Werbungsinszenierungen abzeichnet. Den Schauplatz entsprechender frauenspezifischer Reklamen bilden in erster Linie diverse Frauenzeitschriften. Dominant sind hier von Anfang an Werbungen, die sich auf die ästhetische Verfeinerung der Frau beziehen und das Image vom schönen Geschlecht verbreiten.[160] Dieser werbekosmologischen Konstante entsprechend gehören (hauptsächlich an Frauen adressierte) Mode- und Kosmetikartikel zu den ältesten Markenprodukten überhaupt (z. B. *Kaloderma, Nivea, Odol*, vgl. Thoms 1995, S. 245; Homburg 1991). Markt und Marketing haben darüber hinaus ‚produktive' Traditionen entwickelt (im Gewand immer neuer Varianten), die frauenspezifische Körperideale implizieren. So sind zum Beispiel Enthaarungscremes keine Erfindungen der letzten Jahrzehnte, sondern ‚Errungenschaften', für die bereits 1929 geworben wurde (vgl. Thoms 1995, S. 257).

Aber auch auf der Seite des Mannes zeigen sich langfristige Kontinuitäten in der Werbungs-Inszenierung von erotischer Körperlichkeit und von Körperidealen, die mit denen des ‚anderen Geschlechts' vergleichbar sind.

---

159 Auch die von Weisser beobachtete Orientierung der Frauendarstellung am Jugendstil lässt sich in diesen Zusammenhang bringen. Frauen werden Weisser zufolge am Ende des 19. Jahrhunderts und am Anfang des 20. Jahrhunderts oftmals zu Bestandteilen einer grafischen Ornamentik, zu der das „Spektrum zumeist vegetativer Motive von der naturalistischen oder der stilisierten Blüte über einzelne Pflanzenteile bis hin zur abstrakten Form der in sich gekrümmten, gebogenen, ondulierten Wellenlinie" gehört. „Die männliche Vorstellung von der Frau findet ihren Höhepunkt in dem metaphysisch verklärten Prinzip ‚Natur', wie es etwa der [...] Autor Karl Scheffler darlegt. Diese Frau wird zugleich erhoben wie erniedrigt. Sie hat tierische und göttliche Aspekte, sie ist Hure und Engel zugleich; und diese beiden Qualitäten sind grundlegende ontologische Bestandteile ihrer Existenz" (1981, S. 8). Wenn sich heute (wieder) eine Verbindung von weiblicher Erotik und mythologisierenden Inszenierungen zeigt, geht es um einen anderen Typus – dann nämlich soll die erotische Körperlichkeit nicht als solche relativiert, sondern zum Mysterium gesteigert werden. Es geht heute mit anderen Worten darum, den erotischen Frauenkörper zu vertiefen und damit in seiner attraktiven Wirkung zu potenzieren.

160 Thoms identifiziert für die Zeit um die Jahrhundertwende (zum 20. Jahrhundert) verschiedene werbliche Frauen-Images, die nebeneinander existierten: „Grundsätzlich lassen sich die Darstellungsformen der Frau in drei unterschiedliche Motivstränge einteilen, die sich parallel zu den neuzeitlichen Weiblichkeitsstereotypen entwickeln. Eine erste Motivgruppe stellen ideale – und damit unerreichbare – schöne – mitunter allegorisierte Körper dar. Zu ihnen ist auch die klassische Darstellung der Venus zu rechnen, die als Göttin den Menschen entrückt ist. Die zweite Gruppe bilden Frauen als erotisch lockende, die dritte schließlich die Hausfrau als Inbegriff sorgender Gatten- bzw. Mutterliebe" (Thoms 1995, S. 246).

Grundsätzlich kann man festhalten, daß sich in der Zeit um 1900 die Anzeigen mit verschiedenen Mitteln zur Schönheitspflege durchaus nicht nur an die Frauen wandten: Ein spärlicher Schnurrbart, dünnes, womöglich graues Haar scheinen im Spiegel der Werbung als Gefährdung ‚echter Männlichkeit‘ auf. Auch für Männer wurden beispielsweise Korsette angepriesen, wenngleich sie hier nur als äußerste Hilfsmittel gedacht waren. Das angestrebte Ideal stolzer Haltung sollte vom männlichen Geschlecht allerdings eher aktiv, d.h. durch entsprechende Turnübungen, erreicht werden: Die Zeitschriften enthalten um 1900 eine ganze Reihe von Anzeigen für wundersame Gerätschaften, die allesamt das Klischee eines typischen Preußen mit strammer, militärischer Haltung, beeindruckendem Oberkörper sowie markigem Schnurrbart zeigen (Thoms 1995, S. 254).[161]

Schon sehr früh waren nicht nur Evaluierungen und Idealisierungen körperlicher und körperbewusster ‚Mannsbilder‘ möglich, sondern auch unverblümte und drastische *Stigmatisierungen* unzulänglicher Männerkörper. Auch zentrale Inhalte und Zielgebiete dieser Stigmatisierungen kontinuieren bis heute: die Haare (des Kopfes) und das Körpergewicht (Schlankheit). So stellt eine typische Anzeige für ein Haarfärbemittel, das sich an Männer wendet, fest: „Sie werden schon recht grau. Ihre Stellung leidet Schaden. Man glaubt nicht mehr an ihre Leistungsfähigkeit". Als ebenso störend wird der dicke Bauch dargestellt, der mangelnde Dynamik vermittle. In einer Anzeige für einen Schlankheitstee heißt es: „‘Laßt dicke Männer um mich sein...‘, sagte Julius Cäsar. Das war kein Lob, er wollte bequeme, gleichgültige Mitarbeiter. Überflüssiges Fett macht träge zu allem." (Leipziger Illustrirte Zeitung 177 (1931), (unpag.); zitiert nach Thoms 1995, S. 276 f.) Die Beispiele zeigen, dass auch das äußere (körperliche) Erscheinungsbild des Mannes ein durchaus traditionelles Thema der Werbung ist, und zwar auch im Sinne eines hergestellten Zusammenhangs von (erotischer) Attraktivität (‚Gutaussehen‘) und Leistungsfähigkeit – ein Zusammenhang, der vielfach für eine neuere oder neuerdings forcierte Entwicklung gehalten wird (vgl. z.B. Koppetsch 2000).

Wenngleich die heutigen Werbeinszenierungen männlicher Körperschönheit und ‚schöner Männer‘ nicht gerade an den Lifestyle des erwähnten Preußen erinnern, bilden einige mit ihm ins Spiel gebrachte Körpercharakteristika immer noch so etwas wie einen harten Kern von (nicht nur werblichen) Männer- und Männlichkeitsmotiven. Gleichzeitig herrscht in diesem Zusammenhang auch eine Logik der Verhüllung, der Verwischung und Ambiguierung der Motive vor. Das Schönheitsthema (und mit ihm die angeblich wesentlich weibliche Thematik des Narzißmus/der Eitelkeit) ist und wird in der Werbung für Männer seit jeher und bis heute eher verdeckt. Man verschlüsselt es durch die Vorführung und Vorschiebung anderer Motive und Zwecke („Ihre Stellung leidet Schaden. Man glaubt nicht mehr an ihre Leistungsfähigkeit") und macht es mehrdeutig, indem man es mit (traditionell männlichen) Werten wie Stärke, Sportlichkeit und Gesundheit paart. Allerdings wird Männern in der Werbung (und nicht nur

---

161 ‚Wundersame Gerätschaften‘ auf dem Gebiet der Körperbildung sind heute bekanntlich mehr denn je markt- und werbungsgängig. Ein dynamisch expandierender Zweig der Freizeit- und Sportindustrie bietet einem immer breiteren Publikum eine immer größer werdende Zahl von Instrumenten an, die den Körper in eine schöne, d.h. auch erotisch attraktive, Form zu bringen versprechen. Für den Mann ist das normale Idealziel nach wie vor ‚Athletik‘.

dort) heute deutlicher, ausdrücklicher und stärker als früher empfohlen, Wert auf ihr ‚Äußeres‘ zu legen und diesbezüglich aufmerksam zu sein.

Die vielleicht wichtigste Wandlung der Werbungs-Erotik betrifft das Maß an Relevanz, Reflektiertheit und Ausdifferenziertheit von Erotik als Identitätswert, und zwar vor allem auf der Ebene der Fraueninszenierung. Diesbezüglich ist eine eigentümliche Parallelentwicklung bemerkenswert. Einerseits drängt sich der Eindruck einer Enttraditionalisierung des Frauenbildes in Richtung einer Konvergenz der Geschlechter auf, die die Frauen von alten Idealen, Normen und Diktaten befreit. Sie werden nun scheinbar weniger oder nicht mehr auf ihre Körper (Erotik) reduziert, sondern, z.B. als ‚Karrierefrauen‘, jenseits ihrer Korporalität ernst genommen. Andererseits – und auch hier ist die ‚Karrierefrau‘ ein Beispiel – verändert und vertieft sich das traditionelle Frauen-Image des schönen Geschlechts: Der erotische Frauenkörper wird offenbar zunehmend nicht nur als ‚Eye-Catcher‘ vorgeführt und verwendet, sondern auch zum definierten Aufmerksamkeitsschwerpunkt, den die Werbung ihren Adressatinnen als ein Zentrum oder *das* Zentrum ihres Selbst plausibel macht und nahelegt. Zwar repräsentierten auch schon die Frauendarstellungen des 19. Jahrhunderts Schönheitsideale mit Modell- und Vorbildcharakter, aber mehr und mehr wird Erotik in der Werbung zum ausdrücklichen Fokus in Sachen Selbst der Frau; ja Erotik wird zum wesentlichen Moment und Thema des weiblichen Selbst – einem Moment, das permanent darzustellen, herzustellen, wiederherzustellen, zu optimieren und zu konservieren ist. Erotischer Begehrenswert einerseits und Selbstwert und Selbstbewusstsein andererseits fallen tendenziell in eins, und zwar bei vollem Bewusstsein aller Beteiligten.

Einen wichtigen Schritt in diese Richtung konstatiert Thoms für die Zeit nach dem Ersten Weltkrieg. Die bereits einige Jahre zuvor erfundene Kunstseide, die im Unterschied zu den Materialien Baumwolle, Wolle und Naturseide nackte Haut stärker durchscheinen lässt, wurde fortan genutzt, um Frauenbeine als erotische Attraktoren in Strumpfwerbungen vorzuführen. Wie Thoms feststellt, ist das Neue an diesen Anzeigen die im Text unverblümt ausgesprochene erotische Funktion des Strumpfes. Erotik wird hier zum eigentlichen Zweck der Mode und auch als solcher in den Vordergrund gerückt: „Hatten Frauen auch zuvor schon in Anzeigen als Objekte männlicher Begierde herhalten müssen, so wurde ihnen jetzt in den Anzeigen für Strümpfe gesagt und – wohlgemerkt aus männlicher Sicht – gezeigt, wie attraktiv bestrumpfte Beine sein konnten. In der Vorführung entsprechender Posen gaben sie Hinweise zum Gebrauch, das heißt zur Erzielung bestimmter Effekte beim Mann, weniger Informationen zu ihrem praktischen Gebrauchswert wie Haltbarkeit etc." (Thoms 1995, S. 259).[162] Ein weiterer Schub in diese Richtung findet in den 1950er Jahren statt. Zu dieser Zeit gewinnt das Wort und das Programm ‚Sexappeal‘ in der Werbung wie in anderen Mediendiskursen an Bedeutung, und die weiblichen Darsteller werden nun in allen ihren Kör-

---

162 Die frühen Strumpfwerbungen entsprechen, bei aller späteren Variation stilistischer Details (Farbigkeit, Typografie), immer noch sehr stark ihren heutigen ‚Nachbildern‘. Vgl. dazu die Abbildungen in Thoms 1995, S. 258 f.

perdetails demonstrativ erotisiert (geschminkte Lippen, Wimpern, Nagellack usw.). Thoms spricht von einer „Aktivierung aller sexuellen Körpersignale über die Demonstration aller sekundären Geschlechtsmerkmale", die nun auch als besonders wirksame ‚Waffen der Frau' vorgeführt und empfohlen werden (Thoms 1995, S. 264). Die Relevanz und die sachliche Breite der Methoden, den erotischen Frauenkörper in dieser Richtung zu modellieren, hat seit den 1950er Jahren noch erheblich zugenommen.

Fragt man in diesen Zusammenhängen nach Gründen und Hintergründen der Entwicklungs- und Wandlungs-Geschichte der Werbungserotik, dann rücken neben und mit naheliegenden die Sexualität betreffenden anthropologischen Argumenten[163] verschiedene soziale und kulturelle Bezugsrahmen, Strukturen und Akteur/-innen der Werbung in den Blick.

In erster Linie ist hier die kulturelle Forumsfunktion der Werbung in Rechnung zu stellen und damit die Tatsache, dass alle ihre relevanten Akteur/-innen (Werber/-innen, Auftrageber/-innen der Werbung, Zielgruppen) gleichsam Kinder ihrer Zeit und der Gesellschaft ihrer Zeit sind: Jeweils aktuell gegebene Aspekte der Gesellschaftskultur bzw. Habitusaspekte/Mentalitäten gehen damit ‚automatisch' in die inszenierte Werbungskultur ein, müssen aber auch seitens der Werber/-innen und ihrer Auftrageber/-innen bewusst und reflexiv beachtet, berücksichtigt und inszenatorisch umgesetzt werden. Dabei spielen immer auch (werbungs-)feldspezifische Faktoren eine kulturell strukturierende Rolle, insbesondere professionelle Beobachtungen, Kalküle und Performanzen im Kontext eines zielgruppenorientierten Marketings.[164] Im Einsatz von Themen, Sujets, Bedeutungen und Reizen wie denen der Erotik muss die Werbung mit besonderer Sensibilität operieren und sich um eine Balance ihrer Funktionen bemühen. Vor allem gilt es, die habituellen Geschmacks- und Moraldispositionen ihrer anzusprechenden (Milieu-)Publika zu berücksichtigen, zu bedienen und zu benutzen.

Für die Realität bzw. die Entwicklungs- und Wandlungs-Geschichte der Werbungserotik maßgebend sind auch die im Prozess der Werbungsproduktion jeweils heranzuziehenden oder sich empfehlenden kulturellen Ressourcen, Quellen und Reservoirs, aus denen und mit denen die Werbung ihre eigene Kultur schafft: eigenen Sinn, eigene Symbolik, eigene Semantik, eigene Bildlichkeit. Eine Schlüsselrolle spielt hier ein von der Entwicklung (Autonomisierung/Differenzierung) des Werbesystems abhängiger

---

163 Kaum zu bezweifeln ist, dass es sich bei der Sexualität als der Grundlage der Erotik um eine anthropologische Konstante handelt, die auch für die kulturelle Universalität und historische Kontinuität von Erotik sorgt (vgl. Schelsky 1955).

164 Es ist vielfach und zu Recht betont worden, dass Werbung ihre Inszenierungen bestmöglich an die aktuellen Vorstellungen, Werte und Bedürfnisse ihrer jeweiligen Zielpublika anpassen muss, um ihre strategischen Ziele zu erreichen (vgl. Reichertz 1994; Schierl 1996; Schmidt 1995a). Werbung als „implizite Soziologie der Zielgruppe" (Reichertz 1994, S. 265) passt sich dem jeweiligen Zeitgeist und Zielgruppengeist an und muss notwendigerweise auch traditionelles Alltagswissen integrieren. Die Werbung zeichnet insofern kulturelle Tatsachen nach – wenn auch immer im Rahmen der Eigenlogik ihres Feldes. Dabei ist klar, dass die Werbeproduzenten (ebenso wie die Konsumenten) das für sie relevante Wissen (z. B. darüber, was gerade ‚in' oder ‚out' ist) wesentlich aus der „Realität der Massenmedien" – und damit auch: aus der Werbung – beziehen müssen (vgl. Schmidt 1995a, b).

Zugriff auf (z. B. Bild-)Vorlagen anderer Kulturbereiche bzw. Mediengattungen, mittels derer die Werbung ihren eigenen Formenschatz in Sachen Erotik anreichert, bearbeitet und ausdifferenziert. Weisser zufolge orientiert sich die Werbung im 19. Jahrhundert in puncto Körper- bzw. Erotikdarstellung noch fast ausschließlich an der Kunst und deren ‚Bild der Frau‘, wobei dieses noch in der „ersten Blütezeit der Reklame" (zwischen 1880 und 1930) durch die „drei wichtigsten Kunststile: Historismus, Jugendstil und Art Deco" geprägt bleibt (Weisser 1981, S. 7; vgl. auch Thoms 1995, S. 247). Später ist es dann vor allem der Film, der in Bezug auf die Entfaltung erotischer Themen für die Werbung eine Art Vorreiterrolle übernimmt. Begriffe wie Sexappeal sowie die damit in Verbindung stehende Ausgestaltung eines spezifischen Frauentyps (der ‚Sexbombe‘) – kulturelle Tatsachen, die für die Werbung von großer Bedeutung geworden sind – entwickeln sich nicht mit der Werbung, sondern mit dem Film (vgl. Nimmergut 1966, S. 39–50). Im Zuge ‚intertextueller‘ Effekte zwischen Film, Werbung und anderen Mediengattungen, die die Inszenierung des Körpers unter kommerziellen Gesichtspunkten vorantreiben, kommt es zu einem spezifischen Figurenschatz und zu charakteristischen Inszenierungsmustern und Stilbildungen der werblichen Erotikkultur.[165]

Den Formen, Ordnungen und Kontexten dieser Kultur wird in den folgenden empirisch-analytischen Untersuchungen genauer nachgegangen. Von diesem Hintergrund soll auch die im 2. Teil des Buches unternommene Untersuchung der Pornografie bzw. ihrer Konstruktion der Geschlechter profitieren.

---

165 Zu der wechselseitigen Beeinflussung von Werbung, Mode, Schaufensterpuppen und Mannequins/ Filmstars vgl. Thoms 1995, S. 266–272. Als einen besonderen Hinweis auf die gesteigerte Autonomie der Werbung bzw. der Lifestyle-Industrie im Allgemeinen kann man die Situation im Nationalsozialismus deuten. Diesbezüglich stellt Thoms zwar einerseits fest, dass auch die Werbung eine Institution war, die der nationalsozialistischen Ideologie unterstellt wurde und sich unterstellt hat: Die Verherrlichung des bäuerlich-ländlichen Lebens (Trachten, Landschaftsmotive, z. B. in der Persilreklame), die Idealisierung der Frau als (enterotisierte) Mutter und die als normal propagierte Dreikindfamilie (anstatt der Ein- bis Zweikindfamilie, die die Werbung vorher meistens darstellte) wurden politisch gefordert. Und auch einzelne Werbungsstrategien, wie z. B. das Versprechen, ein bestimmtes Shampoo rette das blonde Haar von Kindern ins Erwachsenenalter, sind als direkte Reaktionen der Werbung auf die damals herrschende Ideologie zurückzuführen. Andererseits konstatiert Thoms, dass sich eben diese Ideologie in der Zeit des Nationalsozialismus als Werbungsideologie nicht wirklich durchsetzen konnte, sondern nur neben anderen (älteren) Images Bestand und Wirkung hatte: „Vielmehr kam es zu einer eigentümlichen Dichotomie der abgearbeiteten, fest in deutscher Tradition verwurzelten Frau und Mutter und der altgewohnten schlanken Eleganten, die im Übrigen auch die Fachjournale der Werbewirtschaft auszeichnete. Nicht nur blieb die geforderte deutsche Mode französischen Vorbildern verhaftet, sondern selbst die Frauen von Nazi-Größen trugen nach wie vor Kleider aus Paris. Gerade diejenigen unter den Frauenzeitschriften, die der Dekadenz bezichtigt wurden, konnten ihre publizistische Arbeit weitgehend ungestört fortsetzen. So propagierte beispielsweise das elegante Magazin ‚Die Dame‘ weiterhin ein wenig deutsches, international-elegantes Bild der Frau, das keinesfalls dem offiziellen entsprach. Aber auch in bodenständigeren Zeitschriften, wie etwa ‚Für's Haus‘ fanden sich noch 1940 Anzeigen, die alles andere als arische, sondern genau die puppenhaft-süßlichen Frauen zeigten, die doch zum Feind erklärt worden waren" (Thoms 1995, S. 262).

8.2 Symbole und Symbolisierungen

Die Werbung kommuniziert seit jeher mittels erotischer Symbole. Deren Einsatz betreibt sie in einer so expansiven Weise, dass geradezu von einem erotiksymbolischen Universum gesprochen werden kann. Die Darstellungen der Werbung greifen in diesem Zusammenhang nicht nur auf einen mehr oder weniger generalisierten und verfestigten kulturellen Symbolfundus zurück, sondern leisten oft auch selbst einen Beitrag zur Konstruktion und Semantik von Symbolen. Ein spezifischer erotischer Symbol-Sinn kann sich zum Beispiel entfalten, wenn Objekte in bestimmten Handlungen verwendet werden, an bestimmten Orten erscheinen oder mit entsprechend sinnhaften Requisiten zusammenhängen (wobei Orte und Requisiten weitere Zeichen und Symbole enthalten können).[166] Erotische Symbole werden also häufig erst im Rahmen bestimmter Arrangements zu solchen und erlangen ihre Signifikanz und Expressivität erst in einer ‚konzertierten Aktion' verschiedener Elemente.

8.2.1 Der menschliche Körper

Neben und mit diversen Objekten und Materialien ist der menschliche Körper selbst ein Träger, ein Medium und eine Quelle erotischer Symbole bzw. symbolisch wirksamer Ausdrucksdifferenzen.

Vor allem der (junge) *Frauenkörper* wird in der Werbung in den verschiedensten Zusammenhängen als eine erotiksymbolische ‚Ausdrucksmaschine' modelliert. Das Frauengesicht ist dabei von größter Bedeutung. Mehr oder weniger geöffnete Münder, geschlossene Augen, herausgestreckte Zungen oder verklärte Blicke sollen erotische Involviertheit, Verzücktheit oder Ekstase darstellen.[167] Die Selbstberührung der Lippen mit den Fingern, das Lecken und Befeuchten derselben mit der Zunge, das Knabbern an ihnen, das Zusammenpressen oder Anspitzen des Mundes sind weitere ‚orale Handlungen', die als erotisches Engagement, als Begierde und Zugänglichkeit oder als Anspielungen auf sexuelle Praktiken (insbesondere den Oralverkehr) verstanden werden können und sollen. Hinzu kommen Körperhaltungen wie gespreizte Beine, Gesten wie

---

166 Auch die Gestaltung kann Objekten symbolische Bedeutung verleihen – z. B. dadurch, dass sie einzelne Gegenstände vergrößert, farbig hervorhebt oder ‚surrealistische' Collagen herstellt.
167 So sieht man in einem Spot eine Frau in einem von Kerzenlicht erleuchteten Raum; dazu ist die Musik einer erotisch inspirierten Ballade (Samba pa ti, Santana) zu hören. In Slow-motion werden nun Bilder aneinandergereiht, die eine erotische Ekstase der Frau (mit sich selbst und einem Käse, der das Objekt ihres Begehrens ist) vorführen sollen. Die Einstellungen wechseln folgendermaßen: Die Frau, die in dem Spot als ‚rassige Südländerin' stilisiert wird, führt ein Glas Wein zu den (sinnlich geschwungenen) Lippen; schließt die Augen; wendet den Kopf ab; der Käse wird als Close-up gezeigt; die Frau öffnet die Augen weit (Close-up); sie spießt den Käse auf und schließt langsam die Lippen (Close-up). Abschließend ist eine erotisch intonierende Männerstimme zu hören: „Cambozola. Unwiderstehlich sahnig. Cambozola. Aus der Käserei Champignon" (*Käserei Champignon* 1996).

die in den Mund gesteckten Finger usw., die erotische Bereitschaft und Affekte der Darstellerinnen signalisieren.

Der Körper fungiert zudem als ein Medium, in das Zeichen mit Signalcharakter eingeprägt werden. Wimperntusche, Lidschatten, Lippenstift, Nagellack usw. heben bestimmte Details hervor, während umgekehrt mit anderen Techniken (Rasur, Make-up) Körperdetails, die diesen Zeichencharakter stören (z. B. Pickel, Haare an den Beinen), verborgen, eliminiert oder zurückgedrängt werden. Wenngleich die Werbung für Kosmetika immer wieder die ästhetische Variationsbreite von Farben und Formen auf dem Körper der Frau vorführt und die kosmetische Gestaltung in ihrer Eigenwertigkeit hervortreten lässt (z. B. in ornamentalen Körperbemalungen), ist doch der funktionale Kern der weiblichen Körperbemalung unverkennbar, nämlich die ‚Schlüsselreize‘ des Erotikkörpers (z. B. Augen, Mund) als solche hervorzuheben.

Der *männliche* Körper fungiert in anderen Hinsichten und Weisen als ein erotiksymbolisches Medium als der weibliche. Beim Mann ist es weniger das Gesicht, sondern sind es vorwiegend die ins beste Licht gerückten Muskeln, die einen erotischen Sinn tragen oder kundgeben sollen. Im Unterschied zum Frauenkörper wird der männliche Körper jedoch (immer noch) eher selten und begrenzt als ein Symbol-Medium unabhängig von anderen Identitätsattributen in einem erotischen Rahmen ausdifferenziert.

8.2.2 Phallus- und Venussymbole

Zwar symbolisieren – auch in der Werbung – gewiss nicht alle länglichen Objekt-Formen das männliche Geschlechtsteil – die Werbung rechtfertigt aber im Rahmen entsprechender An- und Zuordnungen in vielen Fällen die von Gmelin gemachte Feststellung, dass man insbesondere allerlei Waren als „sekundäre Geschlechtsteile" bezeichnen könne (Gmelin 1975, S. 127).[168] Objekte wie zum Beispiel Flaschen, Trinkhalme, Karotten, Bananen, Flakons, Shampoobehälter, Eis oder sogar Krawatten besitzen (im Sinne einer partiellen Analogie) eine gewisse *Ähnlichkeit in der Form*, die in der Werbung entsprechend betont werden kann und wird.

Objekte werden häufig im Rahmen einer *Logik der Kombination* in Szene gesetzt, die jene Assoziation nahelegt. Dies ist zum Beispiel der Fall, wenn in geöffneten Frauenmündern längliche Objekte (Zigarren/Zigaretten, Trinkhalme, Mikrofone, Lippenstifte, Parfumflakons usw.) stecken oder wenn frau sie vor ihren offenen Mund hält, so dass sich beide Formen gegenseitig als sexuell bedeutsame Körperteile ‚in Aktion‘ symbolisieren. Eine wichtige hinweisende Rolle spielen dabei Berührungen wie das Lutschen oder verschiedene Arten des gezielten Festhaltens, die ‚natürlich‘ vor allem von Frauen ausgeführt werden (aber gelegentlich auch von Männern). Wenn Frauen mit ihren Lippen zum Beispiel sanft die Hülle eines Eises umschließen, ihre Zunge über die Spitze des Objektes gleiten lassen und/oder scheinbar genießerisch bis erregt (ge-

---

168 Vgl. zu zahlreichen Beispielen Gmelin 1975, S. 122–127.

schlossene Augen usw.) lecken, lutschen und saugen, dann kann der Rezipient kaum umhin, den Stiel (oder das ‚Hörnchen‘) am Eis (bzw. das ganze Eis am Stiel) mit einem männlichen Körperteil zu assoziieren. Vor allem die Art der Objekt-Berührung stellt hier die ‚offiziell‘ dargestellte Szene in einen anderen Zusammenhang und etabliert einen zweiten Rahmen, innerhalb dessen die einzelnen Elemente erotisch umgedeutet werden können und sollen.

Oft genügt ein *Positionieren* bestimmter Gegenstände in der Nähe des (weiblichen oder männlichen) Genitalbereiches, um die bezweckten Assoziationen hervorzurufen. Beliebt sind Frauen, die zylindrisch geformte Objekte (Hanteln, Gewehre, Lockenwickler, Sektflaschen usw.) in einen spezifischen Bezug zu ihrem Körper setzen, indem sie sie vor die Hüfte halten, zwischen die gespreizten Beine nehmen, sich nackt daran anschmiegen, darauf setzen usw. Die (dadurch) entsprechend (als männlich) kodierten Gegenstände sind vorwiegend in schrägen oder senkrechten Positionen zu sehen, die eine Zielrichtung des (symbolisierten) Objekts andeuten.[169]

Weiterhin ist hier der *Handlungszusammenhang* relevant, in dem die fraglichen Objekte erscheinen. So mögen konisch geformte (d. h. in der Frontalansicht ein Dreieck bildende) Gläser zwar nicht für sich genommen als Venussymbole dechiffriert werden, doch lassen dargestellte Werbemänner, die mit gekonnt gezieltem Strahl das von der Frau gehaltene Glas aus voller Flasche füllen, vermuten, dass das Glas für ein bestimmtes weibliches Körperteil steht. Mit der Flasche und dem Objekt, das die Flasche symbolisieren kann, vermag (und mag) der Mann ‚einzuschenken‘ (*Campari* 1983).[170] Einen symbolgenerierenden Handlungszusammenhang arrangiert auch ein Werbefilm, der die Genital-Symbolik im Rahmen einer Inszenierung zuspitzt, die als Ganzes den Ablauf des Geschlechtsverkehrs repräsentiert. Die Symbole stehen in diesem Fall nicht nur für die jeweiligen Körperteile, sondern versinnbildlichen auch den Umgang mit ihnen im Rahmen sexueller Handlungen. Gemeint ist hier ein Spot der Sektmarke Deinhard, in dem sich eine junge Frau mit rhythmischen Schlägen auf die Trommeln eines Schlagzeugs in Ekstase versetzt, wobei der Trommelschlegel (Phallussymbol) mit dem letzten, besonders akzentuierten Schlag das Fell der Trommel (Venussymbol) zerreißt. Just in diesem Moment ist das Bild spritzender Sektflaschen zu sehen, kombiniert mit dem Aufschrei der Frau: „Wo ist der Deinhard?“ (*Deinhard* 1996).

---

169 Die Assoziation mit dem erigierten Penis wird z. B. in einer Inszenierung nahegelegt, bei der eine Frauenhand einen von links unten nach rechts oben (d. h. in Leserichtung) aufgerichteten und ausgefahrenen Lippenstift umschließt (*Chanel* 1988). Auch eine Aufnahme, die die berühmte Fotografie von Marilyn Monroe rekonstruiert, der von einem Windstoß der Kleiderrock nach oben geschoben wurde, operiert mit einer Phallus-Symbolik durch ein bestimmtes räumliches Arrangement: Eine Flasche des beworbenen Sekts ist so platziert, dass der Flaschenhals den Eindruck erweckt, er schiebe sich unter den Rock der Frau (*Krimskoye* 1987).

170 Einen Beitrag zur symbolischen Konkretisierung leistet bei einer ähnlichen Inszenierung auch der Text: Die Konsumempfehlung „Fürs Nachspiel“ wird gemacht in der Annahme, dass der Rezipient sie weniger zu dem angedeuteten Tennisspiel als zu dem Begriff des erotischen Vorspiels in Bezug setzt, für dessen Beginn ein Frauenportrait (dessen dramatisierte Sinnlichkeit) im Bild-Vordergrund steht (*Martini* 1985).

Im Gebrauch, in der Art des Einsatzes und auch im quantitativen Vorkommen von Venus- und Phallussymbolen manifestiert sich eine gewisse symbolische/rituelle Ordnung und (d.h.) Hierarchie der Geschlechter. Vor allem kann festgestellt werden, dass Venussymbole deutlich seltener sind als Phallussymbole. Und diese Tatsache ist vermutlich nicht auf geringere Ausdrucks- oder Darstellungsqualitäten des weiblichen Geschlechtsorgans als vielmehr auf die Bedeutung zurückzuführen, die dem Phallus implizit zugesprochen wird. Zwar geht die symbolische Verherrlichung des Phallus in der Werbung nicht so weit wie in der Pornografie, doch zeigt sich auch in der Werbung regelmäßig ein hingebungsvoller ‚Dienst' der Frau am symbolischen Substitut, ein Muster, das wie folgt beschrieben wurde: „Die Frau als Priapsdienerin, das Fellatio-Moment. Die Großaufnahme der halbgeöffneten feuchten Lippen, die am Strohhalm saugen, eine Banane liebkosen, eine Kirsche küssen, die Frau, die dem Mann die Zigarre anzündet, Symbolik genitaler Unterwürfigkeit" (Kempas/Roters/Weweder 1987, S. 73).

Bemerkenswert ist auch eine Form der Symbolisierung, bei der menschliche Akteure gar nicht gezeigt werden, sondern das Produkt selbst bzw. der Konsum desselben als eine Art sexuelles Ereignis oder Erlebnis erscheint. Derartige Reklamen operieren mit verschiedenen Ausdruckselementen und Stilisierungen, die das Produkt gewissermaßen in einen lebendigen Erotikkörper verwandeln bzw. den Eindruck erwecken, die Qualitäten des Produktes seien denen des menschlichen Erotikkörpers ähnlich. Vor allem Nahrungs- und Genussmittel scheinen sich für diese Symbolisierung zu eignen, wofür Gorschenek ein Beispiel gibt: In einem „Bild ist das Produkt in Großaufnahme zu sehen. Gezeigt wird, wie der mit Eis umhüllte Schokoladenkern mit Schokolade überzogen wird – Millimeter für Millimeter. Das langsame Verschwinden des Produkts in der Schokoladenhülle wirkt wie das langsame Verschwinden zwischen überdimensionalen Lippen" (Gorschenek 1994, S. 237).

8.2.3 Symbolische Räume

Zu der erotiksymbolischen Ordnung von ‚Materialitäten', derer sich die Werbung bedient, gehören auch *Orte* und *Örtlichkeiten*. Häufig und in verschiedenen Formen bezieht sich die Werbung auf eine erotische Zeichen- und Sinnhaftigkeit von Räumen, die als allgemein bekannt (als Alltagswissen) bzw. legendär vorausgesetzt werden kann.

Eine Klasse dieser signifikanten Räume hat einen folkloristischen Charakter. Städte wie Venedig, Rom oder Paris (bzw. deren architektonische Ikonen) und Landschaften wie die Toskana oder die Karibik fungieren geradezu als Sinnbilder romantischer Liebe oder erotischer Lebenslust, Leidenschaft, Freiheit, Vergnügung und Sensation. Die entsprechenden Images und Imaginationen gehören zu dem auch in anderen Mediengattungen permanent (wieder-)aufbereiteten Wissen und Bewusstsein Jedermanns.

Im intimen Nahraum stellen Sofas und Betten (und Schlafzimmer überhaupt) Örtlichkeiten dar, denen ein Erotiksinn immanent zu sein scheint. In Kombination mit entsprechendem Körperausdruck (Blickkontakt, Beinanwinklung, Lächeln, Schräghaltungen, Selbstberührungen usw.) oder bestimmten Handlungen (z. B. dem eindeutig zweideutigen Konsum von ‚Eis am Stiel‘[171]) stehen auf Betten, Sofas oder dem Fußboden liegende *Frauen* für eine Art Situationsdefinition, Aufforderung oder Herausforderung, die an die Phantasie des Bildbetrachters adressiert ist. Dieser kann und soll, angeregt durch entsprechende bildliche Anhaltspunkte, nicht nur zum ‚Voyeur‘ erotischer Situationen, sondern auch zum Subjekt erotisch angereicherter oder aufgeladener Phantasien werden – natürlich in Verbindung mit dem beworbenen Produkt.

In diesen werbeerotischen bzw. werbeweiblichen Verhaltensstilisierungen zeigt sich zugleich, dass Örtlichkeiten wie das Bett das Thema Erotik/Sexualität nicht in einem neutralen, sondern in einem geschlechtsspezifischen Sinne symbolisieren. Dass es typischerweise Frauen sind, die die Werbung auf Betten und ähnlichen Unterlagen plaziert, hängt für Goffman mit jener oben erwähnten ‚Ur-Bedeutung‘ zusammen, die sich der symbolische/rituelle Kode als ein „Ritual der Unterordnung" zunutze macht: „Bett und Fußboden stellen in sozialen Situationen Orte dar, wo die dort liegenden Personen niedriger erscheinen als jemand, der auf einem Stuhl sitzt oder aufrecht steht. [...] Außerdem ist die liegende Stellung am wenigsten geeignet, um aus ihr zur physischen Selbstverteidigung überzugehen, und daher macht sie einen vom Wohlwollen der Umgebung abhängig" (Goffman 1981, S. 169).

8.2.4 Nacktheit, Wasser, Schweiß und Schmutz

Nacktheit fungiert – nicht nur in der Werbung – als ein Medium der Symbolisierung, das in verschiedene (Be-)Deutungsrichtungen weist. So ist Nacktheit nicht nur ein ‚Schlüsselreiz‘ und möglicher Startimpuls für die erotische Phantasie des Rezipienten, sondern auch Ausdrucksmittel von (bloßer) Bloßheit bzw. Entblößung. In diesem Sinn kann Nacktheit mit oder ohne Bezug zu erotischen Sujets zum Symbol für einen natürlichen Körperbezug jenseits zivilisatorischer Selbstkontrollen und Zwänge werden, die ja gerade die Beziehung des Individuums zu seinem Körper betreffen. Die Werbung operiert entsprechend, indem sie in ihren Darstellungen immer wieder Nacktheit als Beweis für die herstellbare Rückkehr zur Natur (des Körpers) vorführt bzw. umgekehrt das bekleidete Individuum im Kontext seines urbanen Lebensraumes als Indikator für die Entfremdung oder das Unbehagen des modernen Menschen ausdeutet.

Dies geschieht zum Beispiel in einem Werbespot für ein (Männer-)Parfum: Man sieht in einer städtischen Umgebung, deren Architektur an die Bankenviertel globaler Metropolen erinnert, Männer in grauen Anzügen, hektisch und sichtlich mit den Problemen des grauen (Berufs-)Alltags beschäftigt, auf einem Bürgersteig ihren nächsten Zielen entgegenstreben. Im einsetzenden Regen reißt sich dann plötzlich einer der Anzugträger seine ihm offenbar lästige Garderobe vom Leib – Jackett, Krawatte und Hemd landen nacheinander auf dem Boden. Im Anschluss an diesen Akt der Selbstbefreiung reißt er pathetisch die Arme in die Höhe, wirft seinen Kopf mit geschlossenen

---

171 Z. B. der Marke „Magnum", deren Namensgebung ihrerseits auf eine Phallussymbolik anspielt.

Augen zurück und gibt sich ganz dem Gefühl hin, das die Regentropfen auf seiner nackten Haut zu verursachen scheinen. „Feel the elements of life again" appelliert nun der Spot an das Publikum, dem mit der Darstellung des nackten Mannes ein Sinnbild für den (möglichen) Ausbruch aus der (negativ bewerteten) Zivilisation offeriert wird („Elements of aqua", *Boss* 1996). Die (symbolische) Gleichung von Nacktheit und Natürlichkeit wird noch dadurch unterstrichen, dass lediglich ein kleines Kind Notiz von dem Befreiungsakt des Protagonisten nimmt: Das Kind als noch relativ ‚natürliches' Wesen kann, im Unterschied zu den erwachsenen Anzugträgern, die ignorant an der Szene vorbeieilen, verstehen, was in dem Mann vorgeht; es steht mit ihm (und dem Werbungsbetrachter, dem die Kamera die Seelenverwandtschaft deutlich vor Augen führt) sozusagen auf einer Stufe.[172]

Nacktheit als Natürlichkeit und Ursprünglichkeit wird in der Werbung (auch in dem beschriebenen Beispiel) aufs engste mit Wasser assoziiert. Nackte Körper werden in Duschen oder Badewannen, im Meer, in Bächen oder Swimmingpools, im Regen oder auch vom Morgentau oder Nebel befeuchtet dargestellt, wobei der direkte Hautkontakt mit dem Wasser dramaturgisch hervorgehoben wird (durch Nahaufnahmen von spritzenden Tropfen, von Wasserbächen, die über die Haut rinnen, von Momenten des Ein- oder Auftauchens von Körpern usw.). In Werbetexten wird Wasser entsprechend als „Lebenselexier" oder „Element" stilisiert (z. B.: „Mach dich frei", *Duschdas* 1993; oder: „Feel the elements of life again", *Boss* 1996).

Eine besondere Rolle spielt dabei der Vorstellungskomplex der Reinheit. Außer in der Werbung für Mineralwasser und Parfum sieht man die entsprechenden (Wasser-) Symbolisierungen in der Kosmetikreklame, also dann, wenn Reinheit als identitätszentrales Attribut der *Frau* thematisiert wird.[173] Wasser kommt auch dann zur Anwendung, wenn der ideale Erotik- und Sexkörper vor die Augen des Publikums geführt wird: Es umspült in seiner Reinheit den nicht nur attraktiven, sondern auch „porentief" reinen Körper. (Klares) Wasser und (saubere) Nacktheit gehören als Symbolisierungen von Reinheit zu einem Vorstellungskomplex, in dessen Rahmen Schweiß, Menstruationsblut, Ausfluss, Mundgeruch und Haare an der ‚falschen' Stelle (z. B. unter den Achseln[174]) als Mängel oder Defekte gelten, die ihre Träger/-innen disqualifizieren und stigmatisieren. Entsprechend idealisieren Werbungen für Deodorants, Mundwasser, Kaugummis und ähnliche Produkte den in gewisser Weise denaturalisierten Körper. Er ist ein generelles und zentrales, wenn auch nicht ‚geschlechtsneutrales' Werbungsideal, das sich mit dem der Natürlichkeit ohne weiteres zu vertragen scheint.

---

172 Der Eindruck der Natürlichkeit des Kindes wird noch dadurch gesteigert, dass es sich um ein Kind schwarzer Hautfarbe handelt, also um ein Kind einer Ethnie, die in der Werbung (immer noch) besonders gern mit dem Motiv des Natürlichen (Spontanen usw.) in Verbindung gebracht wird.

173 Reinheit ist generell eine besondere Forderung an den werbeweiblichen Körper und zugleich ein ‚wesensbeschreibendes' Handlungsfeld.

174 Haare gelten als unrein, insofern sie die Glätte der Haut irritieren. Sie erscheinen auch gleichsam als Schmutzfänger.

Nach Auskunft der Werbung soll sich der (jüngere) Körper insbesondere als erotischer Konsum- und Genusskörper darstellen, der anderen und seinem Besitzer selbst voll dienstbar ist und Freude macht. In Entsprechung des jeweiligen Werbungsgegenstands soll selbst der „Po" zur „Kusszone" gemacht werden (*Hakle feucht* 2000), und bei „zärtlichen Balgereien" soll man sich auch ungeniert die Schuhe ausziehen lassen und die Füße küssen lassen können (*Scholl* 1990). Die Denaturalisierung des Körpers wird in solchen Werbungen paradoxerweise als Herstellung eines besonders natürlichen Körpers dargestellt.

Andererseits werden an die Semantik und Symbolik der Reinheit auch gewisse Inversionen geknüpft: So sieht man gelegentlich schwitzende,[175] ölverschmierte, mit Dreck beschmutzte Frauenleiber, und zwar auch oder gerade dann, wenn es sich um offensichtlich erotische Situationen handelt. Es scheint, als werde der Körper hier, sozusagen in die Gegenrichtung von ‚Reinheit als Ursprünglichkeit', naturalisiert. Zu beachten ist jedoch, dass sich diese Inszenierungen nicht um eine realistische Darstellung von Schmutz bemühen. Vielmehr werden ‚Schmutzdekorationen' gezeigt, die eine eigentümliche Spannung zu dem erotischen Perfektkörper erzeugen, auf den sie aufgetragen wurden. Es geht hier offenbar um die symbolische Darstellung von Schmutz auf dem Hintergrund von Reinheit, also um eine akzeptable (zivilisierte) Form des Schmutzes und Beschmutzens.

8.2.5 Partialisierung und Ornamentalisierung

Eine andere Form und Methode erotischer Symbolisierung besteht darin, den Körper durch bestimmte Kameraausschnitte in einzelne Teile zu zerlegen. Diese Partialisierung bringt die Werbung hauptsächlich in Bezug auf *Frauenkörper* zur Anwendung. Gesicht, Dekolleté, Hüftbereich (Bauch/Po), Beine und Füße sind hier die größeren Körperzonen, die ihrerseits von detaillierteren Ausschnitten ergänzt oder ersetzt werden können (Bauchnabelregion, eine Seite der Hüfte usw.).[176] So sieht man zum Beispiel immer wieder Frauenhände oder einzelne Finger, die zu erotischen Objekten stilisiert werden. Mit den entsprechenden Mitteln ästhetisch verfeinert (Schminke, Weichzeichner, Lichteffekte usw.) werden sie oft als so schmuckvoll und begehrenswert wie der Schmuck dargestellt, der sie ziert. Als perfekte Körperpartien leisten sie im Verbund mit anderen korporalen Zeichen einen Beitrag zu dem, was in einer Werbung „the architecture of a beautiful body" genannt wird (*Ralph Lauren* 1999).

Diese Art von Zerlegungsprozess entspricht einer verbreiteten – und auch von Frauen gekannten und erblickten – alltäglichen Blickpraxis von Männern, zu der es

---

175 Im Rahmen erotischer Inszenierungen kann Wasser auch für Schweiß stehen und ein Symbol für Leidenschaft und Ekstase der Interagierenden sein. In diesem ‚bereinigten' Sinne ist Schweiß ausnahmsweise legitim.

176 Man kann in vielen Fällen vermuten, dass diese Reduktion des Körpers auf einige Elemente die Phantasie des Rezipienten stimulieren soll.

gehört, dass sie ‚Detailanalysen' des weiblichen Erotikkörpers anfertigen. In einer Art Parallelaktion dazu sind es Inszenierungen der Werbung, die das partialisierende Blickverhalten von Männern in ‚Slice-of-life'-Geschichten modellieren. So sieht man in einer Print-Werbung eine Fotosequenz, die einen Mann zeigt, der eine Zeitung zu lesen scheint, sich aber in Wirklichkeit nicht auf das „Hochdruckgebiet in der Wetterprognose" (*Swatch* 1988) konzentriert, sondern auf das erotische Hochdruckgebiet, das in Form einer jungen Schönen an ihm vorbeischlendert. Konzentriertsein heißt hier: eine konzentrierte *Begutachtung* der erotischen Körperteile der Frau vorzunehmen.[177]

Besonders wirksam ist die Methode der Partialisierung in der Anzeigenwerbung, also dann, wenn Einzelbilder nicht im Fluss anderer (Film-)Bilder an Bedeutung verlieren, sondern als ‚stille Bilder' dauerhaft den Sinn ihrer inhaltlichen Selektivität unterstreichen. Die jeweiligen Aus- und Einblendungen betonen in diesem Fall die erotische Objekthaftigkeit des – weiblichen – Körpers, insofern dieser nicht mehr in seiner Gänze als physische Basis einer Person, das heißt als Körper eines Individuums, identifiziert werden kann. Derartige Partialisierungen bedeuten und realisieren m. a. W. eine Verkörperung des Körpers; sie beschränken und konzentrieren den Körper auf Aspekte oder Komponenten seiner physischen Erscheinung (Brüste, Hände, Po, Beine usw.), die als eigenständige ästhetische und erotische Objekte, als Objekte erotischen Begehrens und erotischer Selbstdarstellung stilisiert werden.[178]

Eine besondere Rolle spielt in diesem Zusammenhang das (weibliche) Gesicht, das normalerweise als ‚Aufhänger' der persönlichen Identität fungiert und bei Partialisierungen häufig verschwindet. Wenn Fotos oder Filme nur Gesichtshälften, Augen oder Lippen zeigen, die zudem mittels verschiedener Gestaltungstechniken und kosmetischer Tricks so abstrahiert werden, dass einzelne Elemente besonders hervortreten (während andere verschwinden), steht das Gesicht nicht mehr für die Identität seines ‚Besitzers', sondern dafür, Medium ästhetischer und erotischer (Symbol-)Formen und Effekte zu sein. Es erscheint als manipulierbares Zeichenensemble und eine Art attraktive Maskerade.

---

177 Für den Werbungsrezipienten wird diese Begutachtung dadurch visualisiert, dass die Kamera die entsprechenden Körperteile im Einzelbild isoliert heranzoomt. Das Blickverhalten des Mannes wird damit als eine Sequenz von Einzelbildern vor die Augen des Werbungsbetrachters geführt. Den männlichen Partial-Blick führt die Werbung auch durch den Einsatz einer erhöhten Kameraperspektive auf die Frau vor. Der Blickwinkel eröffnet so dem Betrachter die Sicht in das (tief) ausgeschnittene Dekolleté. Ein Beispiel dafür liefert ein Werbefilm für ein Männerparfum, in dem ein LKW-Fahrer (und mit ihm der Betrachter) einer Frau aus erhöhter Position (die zudem die Symbolik der „relativen Größe" einschließt) in den Ausschnitt blickt.

178 In der Werbung steht die Partialisierung natürlich immer auch im Zusammenhang mit der Funktion, ein zu bewerbendes Produkt vorzuführen. So sieht man entkontextualisierte Beine in der Werbung für Strümpfe, Brüste in der Werbung für BHs, Finger und Hände in der Werbung für Schmuck oder Nagellack usw. Diese Funktion relativiert die Bedeutung der Partialisierung jedoch nicht als reine Erfindung der Gattung. Vielmehr stilisiert die Werbung lediglich den Partialisierungs-Sinn, der diesen Objekten (z. B. Nagellack) auch in der Lebenswelt zukommt.

Auf der Basis von Partialisierungen ist den Werbegestaltern ein variantenreiches Spiel mit Körperteilen und Teilen von Körperteilen möglich. Der Körper kann so als sachliche Gestaltungsressource für grafisch-spannungsvolle Kompositionen in dem jeweiligen Bildformat benutzt werden. Die Gesamtgestaltung des Bildes verstärkt dabei vielfach die Sinnhaftigkeit der Partialisierung, indem sie Teile des Frauenkörpers in ein kompositorisches Konzept einbettet, das sich auf die verschiedenen Requisiten, die Typografie und die Körperteile gleichermaßen bezieht. Der Frauenkörper wird damit Teil eines ornamentalen Bildgewebes. Künstliche Gesten und Körperhaltungen (z. B. das Verdrehen der Hände und Arme) können diese ‚Formalisierung' des weiblichen Körpers begleiten und verstärken.

8.2.6 Kleidung

Die oben im Anschluss an Goffman (1981) thematisierte geschlechtsspezifische und geschlechtsspezifizierende Symbolik der Kleidung zeigt sich in der Werbung auch und gerade – mit besonderer Deutlichkeit und Radikalität – in der erotischen Dimension. Die Kleidung der Männer, sei es Ober- oder Unterwäsche, ist in erotischer Hinsicht eher schlicht, praktisch funktionslos oder hat die Funktion, so zu erscheinen. Demgegenüber treten die (jungen) Frauen in entsprechenden (Produkt-)Kontexten – im Prinzip wie auch sonst – typischerweise in einer erotischen (Hyper-)Kostümierung auf, die den – laut Goffman – in der Frauen-Kleidung generell symbolisierten Unernst bzw. Verspieltheitscharakter der weiblichen Geschlechtsidentität verdichtet, variiert und ergänzt. Im Feld der Erotik wird der „Eltern-Kind-Komplex" demnach wiederholt und moduliert.

Die symbolische/rituelle Infantilisierungsdimension der weiblichen Kleidung verschmilzt insbesondere bei den Kleidungen der jüngeren und jungen Frauen mit den Funktionen der Erotiksymbolisierung und Erotisierung. Deutlich genug ist in diesem Zusammenhang der Charakter der weiblichen ‚Oberbekleidung'. Sie soll offensichtlich schön und (erotisch) attraktiv sein und machen – mindestens mit einem Beiklang von Erotik, wenn nicht als dessen maximaler Verstärker.

Die Werbung ist diesbezüglich allerdings, bedingt durch ihre Publikums(milieu) abhängigkeit und ihre strategische Image-Funktion, schon lange und bis heute ambivalent, was gerade auch in ihren Kleidungsperformanzen deutlich wird. Einerseits kultiviert sie – teilweise in Anlehnung oder Annäherung an erotische Spezialgenres wie die Pornografie – die sehr weitgehend sozial generalisierten Ideale des (weiblichen) ‚Sexappeals', der (weiblichen) ‚Sexiness' und der (weiblichen) ‚Sexbombe', die gerade auch in Varianten von Kleidung/Mode aller Art propagiert und realisiert werden. Andererseits entwirft und entfaltet die Werbung – wiederum auch in Formen von Kleidung – Images einer „feinen Erotik". Für sie gilt York Kautt zufolge:

> Ein Kennzeichen ist die Dezenz der Kleidung. Sie zielt weniger auf eine Rahmung erotisch attraktiver Körperteile als vielmehr auf eine schlichte Eleganz, deren erotischer Hintersinn sich nicht in

den Vordergrund spielt. Diese Form der Feinheit wird unterstützt durch eine ‚geschmackvolle' Auswahl von Bühnen, Kulissen und Requisiten, die den kultivierten Lebensstil feiner Leute ins Bild setzt und über aussagekräftige Statussymbole (z. B. Schmuck) zu einer Veredelung der Erotik beitragen soll. Der Zivilisiertheit der Kleidung entspricht ein beherrschtes Verhalten der Akteure: Gestik und Mimik künden hier nicht von erotischer Ekstase, wohl aber von einem spezifisch-erotischen Interesse der Handelnden (Kautt 2008, S. 294 f.).

Die Feine Erotik-Variante der Werbung einerseits und die weniger feinen und die unfeinen Erotik-Varianten der Werbung und der Pornografie andererseits verweisen unter anderem mit ihren jeweiligen ‚vestimentären Kodes' auch auf die soziale und kulturelle (zivilisatorische) Differenzierung der Gesellschaft, auf Milieus und Subkulturen. Sie evozieren, produzieren und reproduzieren unterschiedliche Varianten von Erotik, von erotischer Semantik, Symbolik und Stilistik – auch erotische Kleidung bzw. Kleidungserotik betreffend.

Das ändert aber nichts an der diesbezüglichen *prinzipiellen* Kontinuität der Rollen und der Identitäten der Geschlechter und deren Repräsentation in Medienerzeugnissen wie der Werbung. Auch die Feine Erotik-Variante der Werbung macht sich bei aller Besonderheit hauptsächlich am weiblichen Körper fest und rückt ihn ins Zentrum einer fiktionalen und sozusagen impressionistischen Image-Inszenierung, die ihm große und spezifische Bedeutung beimisst. Die ‚feine Erotik' auratisiert den erotischen Frauenkörper in einer Art Hinaufmodulation als schöne Oberfläche und oft zugleich als bedeutungsvolles, tiefes und vielversprechendes Geheimnis, das als solches anzieht, lockt und auch dazu motiviert, gelüftet zu werden.[179]

Am deutlichsten wird die erotische und damit auch kosmologische Funktion und Bedeutung der weiblichen Kleidung in der Werbung für ‚Unterwäsche'. Als erotisches Spielzeug und Lustobjekt, aber auch als erotisches Mysterium, ist die Reklame-Frau (und nicht der Reklame-Mann) oft schon auf den ersten Blick an dieser speziellen ‚Wäsche' zu erkennen, die mit entsprechenden Begriffen belegt ist: Dessous, Erotik-Mode, Reizwäsche. Sie stellt eine unmissverständliche symbolische Form des Erotik-Selbstes der Frau dar – eine Form, deren erotische Funktion die Werbung mehr oder weniger offen/explizit deklariert oder sogar dramatisch unterstreicht – textlich und bildlich. Die Reizwäsche soll eine Art von erotisierendem Schmuck sein, eine affizierende Verzierung erotischer Körperzonen und Teil des korporalen Gesamtkunstwerks Frau. Auffällig ist dabei die Häufigkeit einer Pflanzen-Ornamentik, die nicht nur das Verhältnis von erotischer Transparenz und Intransparenz reguliert, sondern auch eine symbolische Dimension besitzt: Blumenmuster und ähnliche Pflanzenmotive rahmen den Körper der Frau als ein Stück Natur (siehe oben: „Naturkörper"). Bestimmte Inszenierungsformen und der Text können diese Rahmung unterstreichen – so zum Beispiel in einem Re-

---

[179] Die Pornografie steht dem als eine komplementäre Konstruktion mit umgekehrten Vorzeichen und als radikale Zerstörerin gegenüber. Sie moduliert die ‚feine' Erotik und auch die bloß ‚normale' (legitime) Erotik – unter anderem durch die ‚Ordnung', die Form und Funktion ihrer Kleidung – bis ins genaue Gegenteil herunter und mag auch daraus für ihr Publikum einen Reiz, einen Lust- und sogar einen Sinngewinn beziehen.

klamefoto, das üppige Brüste im Gewand eines schwarzen Blüten-BHs aus einer Pflanze emporsprießend abbildet: „Je zarter die Blüten, desto schöner die Früchte", heißt es hier, den Bildsinn erläuternd und spezifizierend (*Rosy* 1999).

8.3 Rituelle Körper-Konfigurationen: Unter- und Überordnung

In seiner Untersuchung der Geschlechterdarstellungen der Werbung hat Goffman (1981), wie oben gezeigt wurde, eine Reihe von (Interaktions-) „Ritualen der Unterordnung" identifiziert. Sie kommen bis heute auch und scheinbar *gerade* in den Werbungs-Kontexten der Erotik, der Intimität und der Liebe vor – als Zeichen und Bezeichnungen eines bestimmten asymmetrischen (komplementären) Verhältnisses zwischen den Geschlechtern, z. B. von weiblicher ‚Hingabe'. Die besagten Kontexte scheinen diesen Ritualen eine besondere Bedeutung zu verleihen und umgekehrt.

Beispielsweise spielt die oben beschriebene Ritualisierung der „relativen Größe" (Goffman 1981, S. 120 f.) auch im Kontext der bildlichen Darstellung intimer/erotischer Geschlechter-Beziehungen traditionell und nach wie vor eine wichtige Rolle. Immer noch sieht man in entsprechenden Zusammenhängen normalerweise Männer mit Frauen, deren Unterordnung sich in relativer Kleinheit oder Niedrigkeit und oft gleichzeitig in einer Reihe komplementärer Rituale ausdrückt: Frauen schauen zu Männern auf, schmiegen sich an sie an, knien vor ihnen usw., während Männer Frauen zum Beispiel besitzergreifend umfassen oder sich zu ihnen – räumlich wie symbolisch – herablassen (vgl. Goffman 1981, S. 120, 291 ff.). Immer wieder sind auch Konstellationen sitzender Paare zu sehen, bei denen die Größenasymmetrie dadurch betont wird, dass *sie* in seinem Schoß liegt, während *er* in aufrechter(er) Haltung sitzt und sie mit Armen und/oder Beinen umfasst.

Schräghaltungen des Körpers und/oder des Kopfes bilden in der Werbung eine bis heute besonders beliebte Klasse von interaktionellen Unterordnungsritualen, die gerade in erotischen Kontexten typischerweise von Frauen verkörpert werden. Goffman stellt zu diesen klassischen Ausdrucksformen des Geschlechter- und Geschlechtlichkeitslebens, die in der Werbung kontinuierlich kopiert werden, allgemein fest:

> Wir können wohl zwischen einer Schräghaltung des Körpers und einer Schräghaltung des Kopfes unterscheiden, aber die Konsequenzen sind in beiden Fällen etwa die gleichen. Die Kopfhöhe wird gegenüber den anderen, auch gegenüber dem Betrachter des Bildes, gesenkt. Die so entstehenden Konfigurationen lassen sich als bereitwillige Unterordnung, als Ausdruck der Demut oder Unterwerfung, der Liebenswürdigkeit oder Beschwichtigung verstehen (Goffman 1981, S. 186).[180]

Eine weitere Klasse von Interaktionsritualen, die sich in erotischen Kontexten der Werbegeschlechter mit besonderen Bedeutungen besonders häufen, bilden verschie-

---

[180] Diese Ritualisierung kann durch eine Reihe verwandter Formen wie das Knien, das Liegen, die Beinanwinklung oder das Absenken des Oberkörpers äquivalent ersetzt oder forciert werden.

dene Berührungstypen. Zu diesen gehört das Händehalten als eines der traditionellsten und immer noch wichtigsten sozialen „Erkennungszeichen" (Goffman 1977) intimer Beziehungen (zwischen den Geschlechtern). Auch hier gelten noch die klassischen Feststellungen Goffmans – jedenfalls soweit sie sich auf die Werbung beziehen:

> Wenn es zwischen einem Mann und einer Frau vorkommt, soll das Händehalten offenbar eine ausschließliche, potenziell sexuelle Beziehung anzeigen. Es ist ein relativ symmetrisches Bindungs-Zeichen, das wahrscheinlich eine relative Gleichheit ausdrückt. Eine gewisse physische Asymmetrie zeigt sich darin, daß der Mann meist die Hand der Frau hält, wodurch zum Ausdruck gebracht wird, daß es ihm freisteht, erforderlichenfalls rasch loszulassen, um die Frau zu führen und zu leiten. Die physische Tatsache, daß sein Handrücken meist nach vorn weist, kann eine gewisse Protektivität symbolisieren (Goffman 1981, S. 220).

Ein ,typisch weiblicher' Berührungstypus, der einen explizit erotisch-kommunikativen Charakter hat, ist die zärtliche bzw. liebkosende Berührung. In der Werbung beliebt sind zum Beispiel Frauenhände, die den Körper eines Mannes (häufig sein Gesicht) zärtlich berühren. Die Hand ist dabei oft ausgestreckt und nähert sich dem zu erfassenden Objekt nur langsam und vorsichtig; sie berührt es dann auch nicht voll, sondern lediglich mit einigen Punkten der Finger, so als sei der Männerkörper ein besonders kostbares Gut.[181] Generell scheint die Frauenhand beim Umarmen und Streicheln viel weniger Druck auszuüben als die männliche Hand. Frauenhände gleiten eher über den Körper des Mannes oder liegen locker auf diesem auf. Umgekehrt ist die männliche Berührung typischerweise nicht derart feinfühlig und weist oft selbst dann, wenn sie ein Streicheln darstellt, Ähnlichkeiten mit einem ,utilitären' Anfassen, Umschließen und Greifen auf.

Wird im Rahmen erotischer Werbedarstellungen der direkte Körperkontakt von (gemischtgeschlechtlichen) Paaren inszeniert, dann kommen auch häufig (geschlechts-)spezifisch besitzanzeigende Geschlechter-Hierarchisierungen ins Spiel. Besonders beliebt ist in der Werbung bis heute der um die Schulter der Frau gelegte Arm des Mannes. Auch dann, wenn die Situation keine unmittelbar erotische ist, kann diese Konfiguration zweier Erwachsener verschiedenen Geschlechts den Eindruck eines sexuellen Besitzverhältnisses erwecken (vgl. Goffman 1981, S. 217).

Im Bereich erotischer Werbe-Inszenierungen kommen zwar einerseits immer öfter auch echte Umkehrungen traditioneller Geschlechter-Ritualisierungen vor. Andererseits gibt es hier scheinbare ,reversed sex ads', deren Charakter auf den zweiten Blick zumindest fraglich wird. Ein Beispiel ist die in erotischen Kontexten beliebte Berührungs- und Kuss-Praxis. Normalerweise zeigt die Frau hier erotisches Engagement, indem sie auf *seine* Zärtlichkeiten (die neben dem Mund oft den Hals treffen) mit einer mehr oder weniger ausgeprägten ,Hingabe' reagiert (zurückgeworfener Kopf, geschlossene Augen usw.). Es kommt jedoch auch vor, dass *sie* die Initiative und die ,Macht' ergreift, und dies

---

181 Solche Inszenierungen häufen sich naheliegenderweise im Kontext der Werbung für Parfum, Rasierer und Rasiercremes, also dann, wenn der beworbene Gegenstandstyp Anlass zu einer entsprechend pointierten Symbolisierung gibt.

sogar energisch. Beispielsweise fixiert sie mit der Hand den Kopf des Mannes oder legt gar den Arm um dessen Nacken, um den männlichen Körper in eine Lage zu versetzen, in der ihm augenscheinlich keine andere Wahl bleibt, als den Kuss anzunehmen. Im Gegensatz zu entsprechenden Inszenierungen, in denen der Mann die ,rituelle Hoheit' hat, die auf eine reale Überlegenheit anspielt, handelt es sich bei diesem Berühren und Küssen der Frau um eine deutlich spielerische Modulation der (rollenumgekehrten) Vorlage, auf die sie sich bezieht. So führt eine Frau die ,Fixierung' des Mannes mit übertriebener Ernsthaftigkeit aus (erkennbar am Kraftaufwand) und wird dementsprechend von einem Lachen des Mannes kommentiert.

8.4 Zweideutigkeiten

Erotik spielt sich in der Werbung wie in der Lebenswelt natürlich auch in ,diskursiven' Formen ab. Von zentraler Bedeutung ist die Form der *Zweideutigkeit*, die auf einer spezifischen Verwendung der Sprache basiert, aber häufig auch auf einer spezifischen Kombination von Diskursivität und Visualität, Wort und Bild. Ähnlich wie in der Pornografie liegen Zweideutigkeiten in der Werbung immer die Grundfunktionen der Gattung zugrunde, insbesondere die Funktion der Aufmerksamkeitsaktivierung.[182] Die im Folgenden beschriebenen Inszenierungen sind in ihrer Vielzahl und Vielgestaltigkeit aber auch Indiz für die generelle und zentrale Bedeutung von Erotik im Werbungskosmos sowie für eine symbolische/kosmologische Ordnung der Geschlechter.

8.4.1 Frauen und Zweideutigkeiten

Erotische Zweideutigkeiten sind in der Werbung – immer noch – hauptsächlich und mit spezifischen Sinngehalten auf *Frauen* bezogen. Wenn zum Beispiel das Foto einer verpackten Whisky-Flasche mit dem Text überschrieben wird: „Es gibt zwei Dinge, die Männer gern auspacken" (*Dimple* 1985); wenn ein junger Mann im Rahmen einer Kampagne für Lebensmittel offenbart: „Ich mag es am liebsten mit jungem Gemüse" (*CMA* 1995); wenn eine Werbung für Gips zu dem Foto einer Frau mit großzügig ausgeschnittenem ,Dirndl' formuliert: „Gut gebaut: mit Holz vor der Hütt'n ... und Gips im Haus" (*Knauf* 1999); oder wenn auf einem Foto eine halbnackte mädchenhafte Frau

---

182 Dies zeigt sich zum Beispiel in Skripts, die, einer generalisierten Methode der Yellow Press ähnlich, eine erotische Handlung andeuten, dann aber das gemachte ,Versprechen' brechen (d.h. in eine Art Erwartungsenttäuschung des erotisch aktivierten Rezipienten münden). So stellt sich während eines inszenierten Telefonats heraus, dass „die neue Liebe von Angelo" keine Frau, sondern ein Instant-Kaffee ist (*Nestlé* 1996). Die Andeutung einer erotischen Handlung soll hier im Verlauf einer Geschichte Spannung erzeugen und steigern, so dass in dem Moment, in dem der Betrachter eine erotische Enthüllung erwartet (und entsprechend die maximale Aktivierung des Rezipienten zu unterstellen ist), das Produkt inszeniert werden kann.

nebst einem Glas Coca-Cola kommentiert wird mit: „Nimm's leicht mit viel Geschmack" (*Coca-Cola* 1975), dann werden Frauen mittels Zweideutigkeit in einen bestimmten ‚natürlichen Rahmen' gestellt. Frauen erscheinen so als attraktive (Sex-)*Objekte*, die (von Männern) ‚genommen' (konsumiert) werden können und sollen.[183] In diesen wie in anderen Beispielen[184] manifestiert sich ein Verhaltens- und Verhältnisschema der (Werbe-)Geschlechter, demzufolge sich die sexuelle Anspruchshaltung und Macht des Mannes und die erotische/sexuelle Identität, ‚Appetenz' und Unterlegenheit der Frau ganz natürlich ergänzen.

In Spots können zudem skriptbasierte Zweideutigkeiten ins Spiel gebracht werden, die neben Körperaspekten erotische Handlungsabläufe in Bezug zu einem Produkt setzen. So sieht man in einem Spot eine Sequenz, bei der Bilder, die eine nackte Frau beim Duschen zeigen, im Wechsel mit Bildern von Früchten und Marmelade auf einem gedeckten Frühstückstisch vorgeführt werden. Eine tiefe Männerstimme spricht begleitend dazu folgenden Text, wobei das Wort Lust besonders artikuliert wird, so als sei der Sprecher (sexuell) erregt: „Lust. Lust auf Frühstück. Lust auf Frucht. Lust auf Schwartau Extra" (*Schwartau* 1996). Auch wenn das Skript vordergründig den beginnenden Tagesablauf und das morgendliche Erleben der Frau vor Augen führt, ist offensichtlich, dass dem Betrachter, dem sich eine Außenperspektive auf die (nackte) Frau bietet, Marmelade und Frau als parallele Sinnesfreuden (*Lust*objekte) offeriert werden: Die Frau soll als so lecker wie die Marmelade und umgekehrt erscheinen.

8.4.2 Männer und Zweideutigkeiten

Männer sind deutlich seltener als Frauen Gegenstände von Zweideutigkeiten, die sie mit Produkten vergleichen. Sind sie es doch, zeigen sich auffallende Differenzen.

Erstens beziehen sich die Zweideutigkeiten dann meistens nicht oder weniger direkt auf Körperteile oder körperliche Eigenschaften und deren Erotik- oder Sex-Sinn. Wenn zum Beispiel eine Frau feststellt „Ich habe einen neuen Milden entdeckt" (*Jacobs Krönung Mild* 1996) und im Verlauf der Handlung klar wird, dass sie nicht einen neuen Freund, sondern eine Kaffeemarke meint, dann sind eher charakterliche (und nur in-

---

183 Das in der eben zitierten Coca-Cola-Reklame angedeutete ‚Nehmen' (als alltagssprachlicher Ausdruck für die ‚typisch männliche' Beteiligungsform beim Geschlechtsverkehr) impliziert die sexuelle Passivität der Frau. (Auch in der Pornografie sind es fast immer Frauen, die ‚genommen' werden und werden wollen.) Darüber hinaus soll hier wohl – durch die Bild/Text-Kombination – die Assoziation des ‚leichten Mädchens' nahegelegt werden. Der Sexismus hält sich in diesem Fall aber noch in Grenzen. Drastischer sind Darstellungen, die Frauen als so „knusprig" wie Brathähnchen erscheinen lassen, oder gänzlich eindeutige Feststellungen mit denselben Implikationen, wie z. B.: „Diese Geräte haben mit Mädchen einiges gemeinsam. Sie sind äußerst handlich, immer wieder bespielbar und ständig bereit" (zit. nach Blumschein 1986, S. 115). Oder: „Es gibt keinen Unterschied zwischen einem Mädchen und einer Uhr. Es kommt auf die Sekunde an" – so der Slogan zu einer Abbildung, die eine Strapsen-Trägerin und einige Uhren zeigt (*Longine* 1983).
184 Vgl. dazu Schmerl 1992, S. 23 ff.

direkt erotische) Eigenschaften des Mannes zum Moment einer Zweideutigkeit geworden.

Zweitens differenziert die Werbung dadurch, dass sie die erotische Zweideutigkeit des *Textes* zwar auf den Mann bezieht, auf der *Bild*ebene aber die Frau als eigentlichen erotischen Attraktor vorführt. Dies geschieht zum Beispiel in einer Anzeige, die einen Mann (Typ: End-Vierziger mit Baskenmütze) zeigt, auf dessen Schoß eine aufreizend aufgemachte, etwa 20–jährige Blondine sitzt. Der Aufruf „Vernaschen Sie einmal einen Franzosen" kann sich zwar nur auf den beworbenen Käse und den abgebildeten Mann beziehen – doch dominiert im Ganzen eindeutig die Botschaft des Bildes, dass die Frau zum ‚Vernaschen‘ ist (*Val Brie* 1988).

Drittens signalisieren Zweideutigkeiten, die sich auf den erotischen Körper des Mannes beziehen, typischerweise dessen Dominanz oder rituelle ‚Hoheit‘ im erotischen Geschehen. Die Betonung sexueller Potenz spielt hierbei eine große Rolle: Die Feststellung „Heinz kann 4 Stunden lang", mit der die Qualitäten eines gleichnamigen Laptops herausgestrichen werden sollen (*Panasonic* 1990), ist ein Beispiel für diese Differenz zur Normalität frauenbezogener Zweideutigkeiten.

8.4.3 Auto-Erotik

Ein besonderes Feld erotischer Symbolisierungen und Zweideutigkeiten, das traditionell einen starken Männer- und Männlichkeitsbezug hat, aber auch die Geschlechter übergreift und differenziert, stellen die Werbungen für Automobile dar. In der Verknüpfung des Erlebnischarakters des Kraftfahrens (seiner physisch fassbaren Dimensionen wie Beschleunigung, Tempo usw.) mit Aspekten von Erotik konstituiert sich das Auto als eine Art Sex-Symbol. Eine Autowerbung bringt ‚es‘ deutlich zum Ausdruck: „Männer wollen immer nur das eine. Genau wie Frauen. In einer Seitenstraße. Im Grünen. Oder gleich in der Garage. Der neue Lexus IS 200 bereitet überall Fahrvergnügen" (*Lexus* 2000).

In diesem Zusammenhang zeigt sich eine symbolische Differenzierung, die die oben beschriebene produktsemantische ‚Arbeitsteilung‘ der Geschlechter in der Erotik-Dimension spezifiziert: Die ‚Arbeit‘ der Frau besteht darin, als erotisch stilisiertes Wesen neben, auf oder in dem Auto als eine dem Auto-Design gleichwertige Form zu posieren. Die entsprechenden Werbetexte formulieren, rahmen oder unterstreichen diese ästhetische Relation von Frauen- und Autokörper. So meint der Begriff „Topless" einer solchen Gegenüberstellung offenkundig nicht nur ein „Auto oben ohne" (*Nissan* 1991), nämlich das beworbene Cabriolet. Autos werden in diesen Fällen gleichsam zur Verlängerung *ihres* (Erotik-)Körpers[185] und zum Requisit *seiner* Umgebung, an deren Ästhetik er sich erfreut: „Die Kunst der Verführung liegt im Detail", heißt es in einer

---

185 Beide Seiten dieser Relation sind in einer Werbung erkennbar, die zu dem Motiv ‚schöne Frau mit schönem Auto‘ zweideutig feststellt: „Katja sieht klasse aus. Aber die Männer finden, daß sie im Colt noch besser kommt" (*Mitsubishi* 1998).

Anzeige, die Fotos weiblicher Körperteile mit der Abbildung eines Sportwagens und der Aufforderung an den (männlichen) Rezipienten „Achten Sie auf die Feinheiten" kombiniert (*Alfa Romeo* 2001).

Auf der männlichen Seite ist das Auto auch ein Symbol für das technische (Sex-)Vermögen des Mannes. „Potente Autos für patente Leute. Oder umgekehrt" heißt es in einer an Männer adressierten Werbung, die die symbolische Bedeutung des automobilen Verfügens und Fahrens entsprechend sportiver Modelle durch den Mann auf den Punkt bringt (*Porsche* 1977).[186] Der Mann handhabt das ebenso schöne wie technisch anspruchsvolle Objekt, das ihm jeweils unterstellt ist, souverän und das heißt unkonventionell und kreativ. Als potenter Virtuose in Sachen Technik wagt und meistert er auch das Außergewöhnliche. Dieses Verständnis legt zum Beispiel ein Spot nahe, in dem ein Autofahrer in einer rasanten Verfolgungsjagd dank entsprechender (Auto-)‚Ausstattung' seine Verfolger abschüttelt, indem er von der Straße auf die Bahnschienen wechselt. Wie der Auto-„Typ, der neue Wege geht", ist der im Anschluss an diese Sequenz (ohne erkennbaren Zusammenhang) gezeigte Mann, der kurz entschlossen eine Frau im Büro auf dem Schreibtisch ‚nimmt', ein „Typ, der für jede Überraschung gut ist..." (*Renault* 1994).[187]

Die herrschaftliche Sex-Symbolik des Auto-Mannes wird in Werbungen besonders deutlich, die, in Passung zu dem jeweiligen Gegenstandstyp (z. B. Auto-Tuning-Produkte) und/oder medialen Spezialforum (z. B. Autozeitschriften), von einem entsprechend motivierten (männlichen) Publikum ausgehen können. So posieren bspw. in den Verkaufskatalogen des erfolgreichen Autozubehörhändlers „D&W", wie auf vergleichbaren Foren, Frauen in ‚Reizwäsche' mit Autos oder Auto-Teilen. Hier heißt es zu den Frauen, die (un-)zweideutig als „heiße Öfen" (*Pompadour* 1991) dargestellt werden, zum Beispiel: „Lassen Sie sich mal tieferlegen" (*D&W* 1988), oder: „Und dann sagte er: ‚Laß uns zu neuen Breiten aufstoßen'" (in einer Werbung für Breitreifen, *D&W* 1988). Ähnlich wie in der Pornografie wird hier der Mann als eine Art Maschinist beschrieben, der die Objekte seines Begehrens und Besitzens – Frauen wie Autos – souverän beherrscht – er legt beides tiefer und stößt ‚es' auf, wobei impliziert ist, dass Frauen Wesen sind, die sich tieferlegen und aufstoßen lassen wollen und sollen. Passend zum Image des Sex-Maschinisten ist die auf Männer bezogene Metaphorik und Symbolik der besagten Auto-Werbungen von Bildern geprägt, die auf (Hyper-)Potenz anspielen. Werden Auto-Produkte als männlich dargestellt, wird deren Stärke, Dominanz und Dynamik stilisiert: So

---

186 In noch komprimierterer Symbolik erscheint das Auto als Phallus und steht dann für dessen technische (Spitzen-)Werte, so z. B. in einer Werbung, die ein Schwarz-Weiß-Foto eines nackten Mannes zeigt, dem per Fotomontage ein roter Sportwagen in aufrechter Position als ‚Feigenblatt' zwischen die Schenkel gelegt wurde („Was würden Sie für den geben?", www.todeal.com 2000).

187 Eine besondere Seite der männlichen ‚Auto-Erotik' besteht darin, in Bezug auf die Ästhetik des Autos, also dessen ‚femininen' Teil, paternale Fürsorglichkeit walten zu lassen. So empfiehlt sich eine Autopolitur als „Die beste Pflege für Ihr zweitbestes Baby!", und eine andere Reklame behauptet: „Wir ziehen ihr Auto an", wobei sie eine Stöckelschuhe tragende Nackte zeigt, die sich ihr Höschen (wieder) anzieht (vgl. Kirchmann 1987, S. 119).

erscheinen zum Beispiel Autoreifen mit außergewöhnlichen Leistungseigenschaften typischerweise als männlich („Starker Typ ... ContiSportContact", *Continental* 1990) und werden von Frauen entsprechend zweideutig angepriesen: „Natürlich treibe ich Sport. Allerdings mit 300 PS und einem außergewöhnlichen Partner. Die Stärken des P 700–Z liegen bei Geschwindigkeiten von 240 km/h und darüber" (*Pirelli* 1990).

Gelegentlich scheint die Werbung aber auch so etwas wie Ironie oder sogar Kritik in Sachen phallussymbolischer Ordnung zu offerieren. In einer Autowerbung zum Beispiel, die aus zwei hintereinander folgenden Doppelseiten besteht, sieht man auf der ersten Doppelseite zu dem Text: „Nur Anfänger denken, es käme auf die Länge an" eine Männerhand, die eine lange Zigarre hält. Die in verschiedenen Sex-Diskursen immer wieder behandelte Frage, ob es beim Sex auf die Penisgröße ankommt, wird auf der folgenden Doppelseite mit einer ebenso wiederkehrenden Aussage beantwortet: „Kommt es aber nicht!" (*Audi* 1996). Allerdings geht es bei dieser Werbung um einen Kleinwagen, also um einen Autotyp, der unter status- und phallussymbolischen Gesichtspunkten als defizitär für eine männliche Zielgruppe erscheint, so dass hier ein gleichsam der Stigmabewältigung dienendes Kalkül unterstellt werden kann. Dafür spricht auch die Tatsache, dass diese Anzeige die Bedeutung der Auto- bzw. Phallus-Größe nicht ersatzlos, sondern im Zusammenhang einer kompensatorischen Idee relativiert: Der Slogan „Vorsprung durch Technik", den der betreffende Autohersteller auch in anderen Werbungen verwendet, entfaltet hier einen besonderen Sinn: Ganz im Rahmen gewisser Sex-Diskurse wird eine Verfeinerung der ‚Technik‘ als erfolgversprechendes ‚Organkorrektiv‘ empfohlen, wodurch man(n) wieder die Oberhand gewinnen kann.[188]

8.5 (Frauen-)Korporalität, Attraktivität und Attraktion

In Verbindung mit einem symbolischen/rituellen Grundarrangement, das der mehr oder weniger jungen *Frau* die Position und die Rolle der (erotisch) ‚Anziehenden‘ zuweist, entfaltet die Werbung symbolische/rituelle Ausdrucksmuster, die mit der Geschlechtsidentität ihrer Darsteller/-innen zugleich das Geschlechterverhältnis bezeichnen und qualifizieren. Im Anschluss an Symboliken und Ritualisierungen der Lebenswelt konstruiert und dramatisiert die Werbung einen weiblichen Erotik-Körper als Objekt und Subjekt in einem Spiel(en) der Geschlechter.

---

[188] Auch hinter der Humorisierung von Potenz als männlichem Identitätsmerkmal verbirgt sich oft der Hinweis auf Potenz als eine wichtige Größe. So kann man z. B. das Werbungsskript, in dem eine dynamische Interviewerin mit evaluierendem Blick auf den Genitalbereich eines athletischen Muskelmannes fragt, ob er „Manns genug" für den Genuss des beworbenen Produktes sei, zwar als humoristischen Umgang mit dem Thema (Im-)Potenz deuten („Auch dieser Herr nicht", *Stollwerk* 1993), doch wird auch hier deutlich, wie Männer ‚eigentlich‘ sein sollten.

8.5.1 Erotisches Hofieren

Ein traditionelles Schema bzw. korporales Ausdrucksrepertoire, auf das die Werbe-Erotik referiert, ist die von Goffman (1994b) beschriebene Ritualisierung des erotischen Hofierens. Im (‚westlichen‘) Alltagsleben mag sich diese in einem Zustand mehr oder weniger fortgeschrittener Erosion oder Transformation (Informalisierung) befinden, in der Werbung ist sie immer noch sehr stabil und zentral. Zwar finden sich auch hier entsprechende ‚reversed sex ads‘, ‚provokante Werbungen‘ und Anpassungen an veränderte Verhaltensstile, im Wesentlichen aber hält die Werbung (noch) an dem traditionellen Schema des Hofierens fest, dessen Anfangskonstellation zwischen den Geschlechtern Goffman wie folgt beschrieben hat: Die jungen „Frauen schmücken sich selbst mit den übernommenen Zeichen sexueller Attraktivität und stellen sich dann einer Öffentlichkeit, einer Halböffentlichkeit oder privaten Kreisen zur Schau. Die anwesenden Männer schenken den für begehrenswert erachteten Frauen verstärkte Aufmerksamkeit in der Hoffnung auf irgendeinen flüchtigen Wink, den sie als Ermutigung ihres Interesses deuten können" (Goffman 1994b, S. 120).

Das traditionelle Hofierungsschema impliziert also, „daß die Frau (mehr als der Mann) auf Standards der äußeren Erscheinung verpflichtet wird" (Goffman 1994b, S. 123).[189] Und eben diese ‚Verpflichtung‘ spiegelt sich auch in den Darstellungen der Werbung – und gerade dann, wenn diese Darstellungen es mit erotischen Sujets zu tun haben. Die Werbung fungiert hier also wie in anderen Kontexten als kulturelles Forum; sie bildet aber auch eine Art Bühne, auf der der weibliche Erotik-Körper auf besondere Weise, mit besonderen Mitteln und mit besonderen Bedeutungen aufgeführt wird (und sich aufführt).

8.5.2 Blicke, Blickobjekte und Blicksubjekte

Die Werbung kopiert das traditionelle Hofierungsschema als Interaktionsschema der Geschlechter auf zwei Ebenen.

Zum einen wird das erotische ‚Schauspiel‘ der Lebenswelt im Bild reproduziert:[190] Während der Werbemann, oft im Hintergrund positioniert, als distanziert-interessierter Beobachter und Begutachter der Frau bzw. ihres Körpers dargestellt wird oder ihrer beeindruckenden Erscheinung von der Seite mit anerkennenden Blicken Tribut zollt,[191]

---

189 Es impliziert aber auch, dass die (attraktive bzw. für Männer attraktive) Frau den Zugang der Männer zum erotischen Spiel, den Verlauf dieses Spiels und letztlich den Zugang zu ihrem sexuellen Körper reguliert und bestimmt.

190 Eine hier nicht thematisierte Mittelstellung zwischen Alltags- und Medieninszenierung nehmen die professionellen Produktionsprozesse ein: Vom Casting bis zum Shooting der Fotos und Filme (nicht nur für die Werbung) reproduziert sich das geschlechtsspezifische „System der Blicke" (Kaufmann 1996) in pointierter Form.

191 Beliebt ist auch das Motiv ‚fotografierender Mann mit posierender Frau‘.

führt sie die Palette ihrer Reize vor. Hier gilt dann im Sinne einer einfachen Verdoppelung des genannten Prinzips: „Männer sind Anschauende, Begutachtende oder Bild-Macher, Frauen sind Angeschaute, Begutachtete, Bildvorlagen" (Schmerl 1992, S. 21; vgl. auch Borstnar 2002a, S. 706 f.).

Zum anderen wird das (weibliche) Erotik-Sujet (und Erotik-Thema) in Bezug auf einen außenstehenden (Bild-)Betrachter konstruiert, den mit den ‚Zeichen sexueller Attraktivität' ausgestattete, also erotisch wirkende und kontextierte Frauen gleichsam ansprechen. Diese Klasse von Bildern, die Frauen oft nur spärlich bekleidet zeigt, potenziert in gewisser Weise die alltägliche Blickpraxis, indem sie die Limitierungen, denen der Blick in pragmatischen Kontexten unterliegt, eliminiert. Im Blick auf das Gezeigte bestehen weder zeitliche noch soziale Einschränkungen. Mit dieser ‚Obszönität' wird auch so etwas wie eine persönliche Interaktion simuliert. Die jeweilige Akteurin dialogisiert gleichsam mit dem Bildbetrachter, den sie über bedeutungsvolle Blicke und die dazugehörige Gestik oder/und Mimik ‚anspricht'. Goffman beschreibt die Art dieses „Blickkontakts" wie folgt: „es ist ein starrer, beschwörender Blick, als wollte das Sujet einen – manchmal sogar verschwörerischen – Augenkontakt mit einem lebendigen Menschen hinter der Linse oder mit einer größeren Gruppe draußen im Kameraland herstellen. [...] Wenn solcherart durch den Gesichtsausdruck eine Reaktion auf den Betrachter simuliert wird, verwandelt das Porträt sich bis zu einem gewissen Grad in eine Szene" (Goffman 1981, S. 65 f.).

Der werbeweibliche Erotik-Körper erscheint so nicht nur als Blickobjekt oder visuelles Lustobjekt, sondern auch als selbstbewusstes erotisches Subjekt, das sich seiner ‚Objektivität' wohl bewusst ist. Dass die jeweilige Akteurin sich auch selbst als reizvolles und reizendes Anschauungsobjekt versteht, äußert sich in einem Ausdruck bzw. Blick, den John Berger wie folgt beschreibt: „Es ist der Ausdruck einer Frau, die mit kalkuliertem Charme auf den Mann reagiert, den sie sich als ihren Betrachter vorstellt – ohne ihn zu kennen. Sie bietet ihre Weiblichkeit an als das (vom Prüfer in der Frau) Geprüfte" (Berger 1998, S. 52). Wie zentral dieses Prinzip der Inszenierung des weiblichen Körpers in der Werbung ist, kann man auch daran erkennen, dass selbst bei abgebildeten Paaren die Frau sich oft nicht an ihren Gefährten, sondern an den Bild-Betrachter wendet und zu verstehen gibt, dass ihre interessierte Aufmerksamkeit an ihn gerichtet ist.

Einen Typ dieser werbeerotischen ‚Selbstdarstellung' repräsentieren jene – oft besonders – attraktiven Frauen, die ihrem männlichen Gegenüber bzw. dem Bildbetrachter mit einer demonstrativ kühlen Distanz bzw. einem ernsten, herausfordernden, kühl-beobachtenden oder sogar abschätzigen Blick begegnen. Diese Frauen scheinen sich des männlichen Blicks (und Blickens) und des männlichen Begehrens, das ihnen eine spezifische Macht verleiht, nur allzu bewusst zu sein. Sie stehen und sehen sich offensichtlich dank ihres ‚korporalen Kapitals' in der sozialen Hierarchie ganz oben und geben sich entsprechend als Frauen zu erkennen, die nicht gerade (gerade nicht) Bescheidenheit oder Unterordnung, sondern das Gegenteil davon auszeichnet – Autonomie, Selbstbewusstsein und Stolz.

Der kalkulierte erotische Reiz besteht in diesen Fällen darin, dass die Expressivität, die den Betrachter gleichsam auf Distanz setzt, mit jener Expressivität verquickt ist, die den Körper der Frau als besonders reizendes Objekt (für ihn) anbietet: Die entsprechenden Frauen zeigen (in unterschiedlichen Variationen und Kombinationen der einzelnen Ausdruckselemente) viel nackte Haut, sind stark geschminkt, spreizen die Beine, berühren sich an ‚erogenen Körperzonen‘, schließen mit einer Hand die Wolljacke vor den nackten Brüsten usw. Derartige Inszenierungen realisieren also ein kokettes Spiel aus Nähe und Distanz, aus (Sich-)Darbieten und (Sich-)Verweigern,[192] das den Reiz des weiblichen Körpers mit der Demonstration der Schwierigkeit seiner Eroberung verbinden und so faszinieren bzw. als faszinierend erscheinen soll. Diese visuelle (Bild-)Logik wird zusätzlich auf der Ebene des Textes in einen kausalen Zusammenhang gebracht. Zum Beispiel: „Selbstbewußtsein, das fesselt. *Durch* faszinierende Farben. Für Frauen, die ihre Persönlichkeit betonen" (*Chicago* 1990).

8.5.3 Lächeln und komplementäre Signale

In der Gesellschaft der Reklame tendieren *alle* Akteur/-innen, der Logik der Gattung entsprechend, normalerweise mindestens zu guter Laune, wenn nicht zu Euphorie, die u. a. an fröhlichen und ausgelassenen Aktivitäten und einem Übermaß an Lächeln und Lachen zu erkennen ist. Die Formen, Häufigkeiten, Stärken und Bezüge dieser Ausdrucksformen variieren allerdings mit dem Geschlecht, und sie haben auch jenseits der werbetypischen Spaßgesellschaft mit den Identitäten und Differenzen der Geschlechter zu tun.

Traditionell lächeln und lachen die Werbe-Frauen häufiger, aber auch anders und anders kontextiert als ihre männlichen Komplemente. Mit Goffman kann man diese Tatsache vor dem Hintergrund entsprechender lebenspraktischer Ritualisierungen des „Eltern-Kind-Komplexes" deuten. Auch die Ritualisierungen des Lächelns werden in der Werbung demnach in gewisser Weise kopiert.

Eine in der Werbung wie im Alltagsleben bedeutsame Variante des Lächelns hat Goffman zufolge einen beschwichtigenden Charakter. Wer etwa „die Bewegungen eines potenziellen Aggressors verfolgt, wird vielleicht ganz automatisch lächeln, falls der Gegenstand seiner Aufmerksamkeit diesen Blick auffängt" (Goffman 1981, S. 190). In der

---

192 Die Interaktions- und Beziehungslogik der Koketterie hat Georg Simmel folgendermaßen beschrieben: „Der Koketterie in ihrer banaleren Erscheinung ist der Blick aus dem Augenwinkel heraus, mit halbabgewandtem Kopfe, charakteristisch. In ihm liegt ein Sich-abwenden, mit dem doch zugleich ein flüchtiges Sich-geben verbunden ist, ein momentanes Richten der Aufmerksamkeit auf den Anderen, dem man sich in demselben Momente durch die andere Richtung von Kopf und Körper symbolisch versagt. […] Der volle En-face-Blick, so innig und verlangend er sei, hat nie eben dies spezifisch Kokette" (Simmel 2018, S. 100). Als eine ähnliche Kombination von Nähe und Distanz beschreibt Simmel eine Art des Gehens: „In derselben Oberschicht koketter Effekte liegt das Wiegen und Drehen in den Hüften, der ‚schwänzelnde‘ Gang. Nicht nur, weil er durch die Bewegung der sexuell anregenden Körperteile sie anschaulich betont, während zugleich doch Distanz und Reserve tatsächlich besteht – sondern weil dieser Gang das Zuwenden und Abwenden in der spielenden Rhythmik fortwährender Alternierung versinnlicht" (Simmel 2018, S. 100).

Werbung spielt derartiges Lächeln[193] eine Rolle für die Darstellung des ‚Wesens‘ und der ‚Beziehungsebene‘ der Geschlechter. Die weiblichen Werbeakteure verkörpern so eine Attitüde der Unterordnung und des ‚Entgegenkommens‘. Daneben zeigen sie in derselben Bedeutungsrichtung immer wieder die Varianten des verschämten und des verlegenen Lächelns sowie das Kontaktbereitschaft signalisierende Anlächeln.

Im Rahmen erotischer Werbe-Darstellungen signalisiert das weibliche Lächeln vor allem erotische/sexuelle Kontaktbereitschaft/Aufgeschlossenheit und zeigt zugleich in Verbindung mit anderen rituellen Ausdrucksweisen, dass und inwiefern das mögliche oder erwartete erotische Handeln hierarchisch strukturiert ist. So sieht man regelmäßig spärlich bekleidete Frauen, die nicht nur lächeln, sondern auch durch angewinkelte Knie, schüchtern vor dem Körper verschränkte Arme, vor den Mund gehaltene Finger, in den Händen festgehaltene Gegenstände o. ä. zum Ausdruck bringen, wie sie sich zur Welt und speziell zum ‚anderen Geschlecht‘ verhalten.[194]

8.5.4 Berührungen und Selbstberührungen

In der Werbung sind immer wieder Frauen zu sehen, die sich an den verschiedensten Körperstellen zart berühren, streicheln oder gar küssen – so zum Beispiel in einer Anzeige für eine Haut-Lotion, die mit dem Slogan „I love my body“ beworben wird (*Nivea* 2000). Bei derartigen Formen der Selbstberührung geht es häufig nicht nur (aber auch) darum, dass Frauen die Empfindlichkeit und Zartheit des eigenen Körpers zum Ausdruck bringen und zeigen, dass sie ihren Körper als solchen besonders wertschätzen.[195] Vielmehr demonstrieren diese Frauen ihren Körper auch als einen erotischen Körper, der begehrenswert und erregbar ist. Gelegentlich sind autoerotische Konnotate auffindbar, die aber nicht für sich selbst stehen, sondern auf den Bildbetrachter verweisen. Ähnlich wie visuelle Körperpartialisierungen sollen die hier gemeinten Selbstberührungen die Aufmerksamkeit des Betrachters auf bestimmte Körperzonen lenken[196] und deren erotischen Sinn hervorheben. Der Blick des Werbungsrezipienten soll gemeinsam mit der dargestellten Frauenhand über die Haut der Frau gleiten und die entsprechenden Körperpartien ‚erkunden‘.

Nicht selten sind erotische Selbstberührungen von Frauen geradezu als Einladungen an den Rezipienten zu verstehen, sich selbst als erotisch mithandelndes Subjekt zu

---

193 Goffman nennt dessen lebenspraktische Urform eine „rituelle Beschwichtigung“ (1981, S. 190).

194 Borstnar stellt in diesem Zusammenhang fest: „Spielerische Schamhaftigkeit und Unsicherheit der Frau werden für ein weibliches Posieren eingesetzt, das keinerlei männliches Äquivalent besitzt“ (2002a, S. 707).

195 Diese Bedeutung hat Goffman in der ritualisierten Selbstberührung der (Werbe-)Frauen gesehen (vgl. 1981, S. 131).

196 Bevorzugte Körperpartien sind die Brust, das Dekolleté und der Hals.

imaginieren.[197] Diese Art von Offerte wird dann besonders deutlich, wenn die jeweiligen Frauen zusätzlich zu ihrer Selbstberührung Blicke an den Werbungsbetrachter adressieren oder auch mimisch (geschlossene Augen, Lächeln, leicht geöffneter Mund) zu erkennen geben, dass sie hingebungsvoll in ihre erotischen Stimulierungen oder Tagträume involviert sind. Bei diesem Engagement sind die Werbefrauen meist allein, das heißt sie führen sich einem Werbungsrezipienten vor, auf dessen gleichsam voyeuristische Anwesenheit sie zu reagieren scheinen.

Auch wenn man erotische Selbstberührungen von Werbefrauen fast ausschließlich dann sieht, wenn der beworbene Gegenstand das Zeigen von Selbstberührungen plausibilisiert (die große Mehrheit der von uns identifizierten Selbstberührungen werden im Kontext von Kosmetik- und Körperpflegeprodukten dargestellt), wird in ihnen immer mehr sichtbar als die gattungsbedingte Notwendigkeit der Werbung, das jeweils beworbene Produkt und dessen Nutzen (z. B. „Geschmeidigkeit" der Haut) möglichst plastisch vorzuführen. Dieses Mehr ist eine kosmologische Qualifikation des weiblichen Geschlechts und seines Verhältnisses zum ‚anderen Geschlecht'. Entsprechend fehlen in den Werbungen, die mit Männern eine männliche Zielgruppe ansprechen, jene rituellen und autoerotischen Komponenten (vorgeführt von Männern) fast völlig, wenn Berührungen im Spiel sind. Männertypisch ist dagegen traditionell und nach wie vor der seinerseits symbolisch gehaltvolle utilitäre Zugriff, der anpackt, manipuliert, festhält, stützt (vgl. Goffman 1981, S. 125). Männliche Berührungen sind mit anderen Worten typischerweise eher ‚sachlicher' und instrumenteller Natur (vgl. Belknap/Wilbert 1991, S. 111). Männer setzen, indem sie etwas anfassen, zum Beispiel „was in Bewegung" (*BMW* 1986), und sie sind auch dann, wenn es um den Körper der Frau geht, normalerweise zielorientierter als Frauen in der umgekehrten Relation.

8.5.5 Posieren

Zu den in der Werbung besonders beliebten Ritualisierungen der erotischen Selbstexposition gehören auch verschiedene *Posen* attraktiver Frauen. „Pin-up-Posen sind für den Mann nicht nachweisbar, für die Frau in der Werbung hingegen sehr stark, und zwar in unterschiedlichen Intensitäten" (Borstnar 2002a, S. 704). Komplementäre Ausdrucksfiguren wie das Liegen, die Schräghaltung des Kopfes oder die Knieanwinklung konstruieren im Ensemble ein Sujet weiblicher Bereitschaft und Verfügbarkeit und eröffnen dem Beobachter imaginäre Handlungsoptionen. Erwähnenswert ist in diesem Zusammenhang auch das spielerische (von jeder Funktion entbundene) Tändeln der Beine – eine Bewegung, die die Frauen oft in liegenden Positionen vollführen. In Verbindung mit einem entsprechenden Kokettieren (Blicke, Mimik), einer Symbolik der

---

197 Im Unterschied zu pornografischen Darstellungen weiblicher Selbstberührungen beschränken sich die Darstellungen der Werbung auf Andeutungen. Diese können neuerdings jedoch sehr weitreichend bzw. konkret sein. So sieht man inzwischen immer wieder Frauenhände, die mit scheinbar eindeutigen Absichten unter Röcke oder Slips geschoben werden.

Schauplätze (Sofas, Betten, Teppiche) und dem Einsatz ‚reizvoller' Kleidung entsteht der Eindruck, dass es hier nicht (nur) um ein ‚zerstreutes Tändeln' oder ‚Sich-Treibenlassen' geht (vgl. Goffman 1981, S. 267), sondern um ein erotisches Zeichen und Spiel.

Zeigt die Werbung den Körper der Frau nicht von der Seite, sondern von vorne, dann deuten die angewinkelten und oft auch gespreizten Beine der Akteurinnen ‚Sex-Posen' an, die auch in der Pornografie gängig sind.[198] Im Gegensatz zu den *nackten* Frauen, die in der Pornografie die Beine spreizen und sich zur Schau stellen, bleiben die derart exponierten Werbefrauen aber innerhalb des rituellen Idioms der Schicklichkeit, das die geltende Interaktionsordnung definiert.[199]

Andere Posen erfüllen, ähnlich wie die erwähnten Selbstberührungen, die Funktion, die ‚erogenen Zonen' des weiblichen Körpers hervorzuheben. Häufig zu sehen sind Körperhaltungen, die die Brust zum visuellen Mittelpunkt und Aufmerksamkeitszentrum machen. Dies geschieht zum Beispiel durch das Vorstrecken des Oberkörpers bei gleichzeitigem Zurücknehmen der Arme. Indem die Arme hinter den Kopf genommen oder die Hände an der Hüfte oder hinter ihr aufgestützt werden, liegt der Oberkörper für die Blicke des Betrachters betont frei. Die zurückgenommenen Arme können zudem als eine Art Aufforderung zum (männlichen) Handeln verstanden werden, insofern sie die Handlungsfähigkeit der Frau demonstrativ (symbolisch) einschränken und damit den Körper gleichsam als Objekt anbieten.[200] Die Frau reduziert ihre Aktivität in diesem Fall darauf, erotische Gefühle zu ‚haben' und zu zeigen (geschlossene Augen, nach hinten geworfener Kopf usw.). Neben der Brust, die nicht selten wie eine Monstranz nach vorne geschoben (geschwellt) wird, ist es auch der Po, der als ein aufmerksamkeitsheischendes erotisches Signal erscheint bzw. zur Erscheinung gebracht wird.

8.5.6 Striptease

Ein signifikanter und relevanter Typus der erotischen Selbstexposition von Frauen, der auf die besondere Bedeutung ihrer erotischen Korporalität verweist, ist auch das ritualisierte Sich-Entkleiden. Als Striptease hat es ein als allgemein bekannt vorauszusetzendes Skript.

---

198 Die gespreizten Beine gehören zu den typischen Ausdrucksformen, die zu Beginn der pornografischen Skripts jene Ereignisse ankündigen, um die es in der Pornografie eigentlich geht.

199 Die pornografienahen Erotik-Images der Werbefrau werden überhaupt in einem ‚zivilisierten' Sinne präsentiert und zum Beispiel durch das Komplementieren von Requisiten relativ verdeckt gehalten. So spielt eine auf dem Boden liegende Frau, die die Beine gespreizt hat und den Betrachter lüstern anblickt, nicht etwa mit einem Penis, sondern mit einer Gitarre. Oder: eine Frau posiert für eine Strumpfwerbung in hochhackigen Pumps und gespreizten Beinen vor der Kamera, doch verbirgt sich ihr Oberkörper hinter einem Gemälde, so dass die Beine zwar an erotischer Bedeutung gewinnen, zugleich aber eine ‚Veredelung' und eine Ablenkung von dem erotischen Sujet stattfindet (*Elbeo* 1988).

200 Vergleichbare Posen – ebenso wie autoerotische Selbstberührungen – häufen sich bei Werbemännern, wenn die Werbung an Homosexuelle adressiert ist. In diesem Sonderfall wird der männliche Körper mittels der beschriebenen Zeichen als begehrenswerter Erotikkörper gerahmt.

Die Werbung zeigt immer wieder Frauen, die (sich) in den verschiedensten – auch nicht-intimen – Situationen ‚strippen‘. Dabei haben sie offensichtlich die Absicht, Blicke bzw. Männerblicke zu attrahieren und den eigenen Körper mit seinen erotischen Qualitäten effektiv vorzuführen. In Büros,[201] in Treppenhäusern oder im heimischen Wohnzimmer lassen entsprechend qualifizierte Frauen ihre Hüllen fallen und finden auf diese Weise mindestens beim ‚anderen Geschlecht‘ garantiert Gefallen und Applaus. Besonders häufig wird Striptease aus naheliegenden Gründen in der Werbung für Unterwäsche praktiziert. Auch dann ist es aber nicht der beworbene Gegenstand, der seine Inszenierung determiniert. Diese folgt vielmehr wiederum der (kosmologischen) Differenz der Geschlechter: Während der Werbemann sich seiner Kleidungsstücke schlicht entledigt oder in Situationen abgebildet wird, in denen er aus mehr oder weniger plausiblen Gründen nur seine ‚Unterwäsche‘ (oder gar nichts) anhat (weil er z. B. gerade aus dem Bad oder aus dem Bett kommt),[202] lassen Werbefrauen einen inneren Drang und eine besondere Begabung zur bewussten erotischen Selbstenthüllung und Selbstausstellung als ‚typisch weibliche‘ Eigenschaften erkennen. Diesen Eindruck vermitteln nicht nur Bilder, sondern auch Texte wie der folgende: „Sexy. Frech und süß und auch noch irre chic. Sie zeigen es, diese Drei. Sie zeigen es gerne“ (*Triumph* 1974).

Die (Werbe-)Fotografie stößt, was das Zeigen dieses Zeigens betrifft, natürlich an Grenzen. Im Unterschied zum Film kann sie die dem Striptease wesenseigene Sukzessivität schon rein medienbedingt nicht entfalten. Sie muss versuchen, dieses Defizit sowie den Zwang der Schicklichkeit durch selektive symbolische Signifikanz zu kompensieren: Zahlreich sind daher die fotografierten Frauen, die sich in aussagekräftigen Momenten das Hemd, die Bluse oder den Rock vom Leibe ziehen, ohne dass allzu viel Nacktheit ins Spiel gebracht wird. Kleiderträger, die über die Schultern gerutscht sind, Hände, die den Saum des Pullovers bis zum Bauchnabel hochschieben, oder geöffnete Hosenknöpfe können im Rahmen entsprechender Kontexte als (beginnender) Striptease

---

201 In einem Spot sieht man eine Büroangestellte, die ein Großraumbüro betritt und sich auf dem Weg von der Eingangstür bis zu ihrem Arbeitsplatz sämtlicher Kleidungsstücke – bis auf ihre Unterwäsche – entledigt. Dabei wirkt sie stolz auf die interessierten und anerkennenden Blicke ihrer männlichen Arbeitskollegen („Jetzt wird's heiß“, *RTL2* 2001).

202 Auch in anderen Kontexten ist der ‚Striptease‘ von Männern eigentlich kein solcher. So sieht man z. B. in einem Spot einen Mann, der sich auszieht, um dann anschließend einen kunstvollen Sprung vom Sprungbrett in ein Schwimmbecken zu machen (*Gelbe Seiten* 1996). Nur weil diese Werbung eine Frau zeigt, die den Mann heimlich beim Sich-Entkleiden interessiert beobachtet, macht sie deutlich, dass der für den Mann funktionsbezogene Vorgang des Sich-Entkleidens eine erotische Dimension hat. Die Frau rahmt den Vorgang sozusagen für sich selbst (und damit für ihre Beobachter) als ‚Strip‘ und muss diese offenbar ungewöhnliche oder unschickliche Rahmung im Verborgenen vornehmen, indem sie heimlich über den Rand eines Buches blickt. Ähnliches geschieht, wenn mehrere weibliche Büroangestellte heimlich durch eine herabgelassene Jalousie den erotisch-muskulösen Körper eines Bauarbeiters bewundern (*Coca-Cola* 1996). Auch hier stellt der beschaute Mann seinen nackten Oberkörper nicht zur Schau (zumindest bleibt dieser Sachverhalt verdeckt), sondern entblößt ihn aus ‚sachlichen‘ Gründen (z. B. der Bequemlichkeit).

gelesen werden und lassen sich im Hinblick auf die Fortsetzung der dargestellten Handlung leicht ausmalen.

8.6 Schenken und Tauschen, Schenker/-innen und Beschenkte

Wie andere symbolische Ordnungsformen fungiert der lebensweltliche Ritualtyp des Schenkens in der Werbung gleichsam als Aufhänger oder Medium der strategischen Inszenierung und auch der (kosmologischen) ‚Gender-Konstruktion'. Hintergrund dieser kontinuierlich beliebten Rahmung ist eine rituelle Grundlogik des Schenkens, die die Werbung als kollektives (Publikums-)Wissen voraussetzt und in ihren Inszenierungen moduliert. Es ist dabei nicht überraschend, dass das im Rahmen der Werbung geschenkte Produkt häufig dasjenige ist, für das geworben wird. Ebenso wenig überraschend ist es, dass dieses Geschenk regelmäßig seinen Zweck erfüllt. Dieser besteht (nicht nur in der Werbung) darin, dass der Schenkende mittels des Geschenks seine Wertschätzung für die Person des Beschenkten zum Ausdruck bringt und letzterer sich entsprechend anerkannt, geschmeichelt, geehrt, geliebt usw. fühlt. Die Werbung preist die jeweiligen Produkte denn auch als entsprechende Geschenk-*Lösungen* an und verspricht dem angesprochenen Publikum so die Sicherheit, im Schenken besondere persönliche Wertschätzung ausdrücken zu können.[203] Diese Funktion und Botschaft übergreift im Prinzip soziale Differenzen, auch die Geschlechterdifferenz.

Das Geschenk, das Schenken und Beschenktwerden ist im Kosmos der Werbung allerdings alles andere als geschlechtsneutral. Vielmehr wird es in Bezug auf die Geschlechter deutlich differenziert, und diesbezüglich macht wiederum der Kontext der Erotik systematische Unterschiede. Die Logik des Schenkens steht in der Werbung häufig in einem inneren Zusammenhang mit der Logik und dem Stellenwert des weiblichen Erotik-Körpers und dem Schema des erotischen Hofierens. In diesem Rahmen schenken Männer (attraktiven) Frauen Aufmerksamkeit und treten auch darüber hinaus als Schenker in Erscheinung – bevor oder nachdem sie ihrerseits vom ‚anderen Geschlecht' (erotisch) beschenkt worden sind.

Die Bedeutung, die den Geschenken/dem Schenken nach Auskunft der Werbung in der erotischen Beziehung der Geschlechter zukommt, basiert im Wesentlichen auf einer Art Tauschverhältnis, das schon in die Rituale des erotischen Hofierens integriert ist. Überspitzt formuliert: Der Mann schenkt der (erotisch) wertvollen und wertgeschätzten Frau ein Produkt und die Frau schenkt ihm (dafür) ihre Aufmerksamkeit, Schönheit, Zuneigung und Liebe – oder in Umkehrung des Zeitschemas, aber mit gleicher Bedeu-

---

203 Wenn Werbung Individualität als Positivwert dramatisiert, muss sie (im Zusammenhang mit Geschenken wie auch in anderen Kontexten) den Widerspruch verdeckt halten, dass sie Massenprodukte als individuell darstellt. Außer durch schlichte Behauptungen der Texte, die Produkte seien „einzigartig", „persönlich", „exklusiv" usw., versucht sie dadurch von dem Widerspruch abzulenken, dass sie die anderen Inszenierungselemente jenseits des Produktes (von den erzählten Geschichten über die Darsteller bis hin zu den Bühnen) im Hinblick auf ‚Originalität' auswählt und deren Besonderheit dramatisiert.

tung: Sie zeigt lange Beine und/oder ein tief ausgeschnittenes Dekolleté und er darauf-hin, nachdem er so auf sie aufmerksam und an ihr interessiert geworden ist, einen Blumenstrauß, den er ihr schenkt (*Hassia* 1988). Das Geschenk erscheint damit gewis-sermaßen als männliche Vor- oder Gegenleistung für die erotische Attraktivität oder ‚Leistung' der Frau.

Dieses Tauschverhältnis wird auch und gerade in der Sachdimension deutlich – im Hinblick darauf, *welche* Objekte die Werbung als die idealen Geschenke darstellt. Vor-zugsweise handelt es sich dabei um Schmuck, Mode und Parfums – also Objekte, die sich auf den erotischen Körper der Frau beziehen. Der männliche Schenker ratifiziert und steigert dann, so die Sicht der Werbung, mit dem jeweiligen Geschenk ihre Schönheit, die ihn attrahiert und (auch) Anlass des Schenkens/Geschenkes ist. Die genannten Ob-jekte sind gleichsam Rahmungen und Ausstattungen des erotischen Frauen-Körpers, der – auch für den Schenker – optimiert und optimal entfaltet wird. Vor allem das Schenken von Schmuck wird immer wieder als eine Art Hommage des Mannes an den erotischen Körper der Frau zelebriert: Er legt ihr die Brillantenkette um den Hals und verleiht ihrer Schönheit so noch größeren Glanz, während sie durch stolzes Blicken das Wissen um ihre (jetzt perfekte) Schönheit zu erkennen gibt.

In der Tradition des klassischen Modells stellen Geschenke für den Werbe-Mann zunächst eine Art Einsatz für eine angestrebte erotische Intimbeziehung bzw. ein Signal dar, mit dem er sein spezielles Interesse zum Ausdruck bringt. So heißt es in einer Anzeige für ein Frauen-Deodorant: „Wenn Ihnen ein Fremder Blumen schenkt, könnte das an Impulse liegen" (*Impulse* 1982). Man erkennt hier also wiederum die traditionelle erotische Hofierungslogik: Die Frau attrahiert und lockt mittels ihres Körpers,[204] und der interessierte Mann beschenkt sie in der Hoffnung, die Schwelle des Fremdseins in Richtung auf eine intime(re) Beziehung übertreten zu können. Und dieses Kalkül geht in der Werbung natürlich ebenso immer auf wie das desjenigen Mannes, der die Brücke zur Intimbeziehung bereits erfolgreich überschritten hat. So schenkt ein Werbemann seiner Geliebten eine Espressomaschine und diese ihm daraufhin Sex, wie am Ende des Spots angedeutet wird: „Espresso wie beim Italiener. Nur ungestörter" (*Krups* 1996). Wie hier deutet die Werbung häufig darauf hin, dass auch in der ‚festen Beziehung' um die erotische Gunst der Frau mit Geschenken geworben werden muss.

Dem traditionellen Schema entsprechend erfüllt das – seltenere – Geschenk, das die Werbefrau dem Werbemann macht, *nicht* die Funktion, um einen Mann zu werben, sondern es soll Zuneigung und Wertschätzung gegenüber einem Partner ausdrücken, der bereits ‚gewonnen' ist und sich ‚bewährt' hat. So heißt es in einer Parfumwerbung: „Alle Frauen, die ihren Traummann bereits gefunden haben, aber immer noch ein duftes Geschenk für ihn suchen, können bei Douglas zu den Sternen greifen" (*Douglas* 2000), und in einer anderen Anzeige, die einen Mann abbildet, der sich eine Zigarette an einem Gaslötbrenner anzündet, liest man: „Wie nett von Ihrer Frau, daß Sie Ihnen für Ihr Hobby einen Ronson Gaslötbrenner schenkte. Vielleicht schenkt sie Ihnen auch ein

---

204 Zum Beispiel: „Es [das Deodorant] umgibt Ihren ganzen Körper mit einem unwiderstehlichen Duft".

Ronson Gasfeuerzeug" *(Ronson* 1975). In solchen Reklamen geht es um Geschenke, die die Frau ihrem Lebenspartner im Kontext verschiedener *nicht-erotischer* Anlässe macht (Geburtstage, Weihnachten usw.).

Die Werbe-Inszenierung von Männern, die Frauen erotisch erfolgssuchend und erfolgreich mit Geschenken umwerben, setzt ein weibliches ‚Wesen' voraus, das sich von Geschenken entsprechend beeindrucken, attrahieren und honorieren lässt. Die Werbung selbst macht dieses ‚Wesen' gelegentlich zum Thema oder spielt mehr oder weniger deutlich darauf an. Ein Beispiel dafür bietet eine Reklame, die ein Gemälde des 19. Jahrhunderts abbildet, auf dem ein Kavalier mit gezogenem Zylinder zu sehen ist, der mit einer höflichen Verneigung einer Dame eine Pralinenschachtel des werbenden Herstellers überreicht (die per Fotomontage ins Bild montiert wurde, *Gubor* 1993). Die Bildunterschrift „Gewußt wie!" bringt den Eindruck, das Schenken (eines passenden Produktes) sei die ideale Methode für einen Mann, eine (noch) mehr oder weniger unbekannte Frau für sich zu gewinnen, explizit auf den Punkt. Die (geschlechter-),anthropologische' Botschaft wird dabei nicht zuletzt durch die bildliche Historisierung untermauert: Sie offenbart, dass die Dinge zwischen Mann und Frau immer schon so waren wie sie nach Auskunft der Werbung aktuell sind. Auch in der körperlichen Expressivität der beschenkten Frauen (Umarmungen, Küsse, kokettes Blicken, Vorzeigen nackter Haut) zeigt sich deren von einer spezifischen Zugänglichkeit geprägtes ‚Wesen'. Parfum, Schmuck, Autos usw. machen sie im wörtlichen Sinne zugänglich, anschmiegsam und erotisch ‚aufgeschlossen'.[205]

Das werbliche Tauschen von (männlichem) Geschenk und (weiblicher) Erotik setzt allerdings gleichsam die Entsprechung der Qualitätsniveaus der auf beiden Seiten zum Einsatz kommenden ‚Güter' voraus. Was die erotische Attraktivität auf der Seite der Frau ist, ist auf der Seite des Mannes dessen direkt oder indirekt ausgedrückte finanzielle Potenz.[206] Wie wichtig es für den Mann ist, zahlungskräftig zu sein, wird nicht nur in den Reklamen deutlich, die das erotische Werben des Mannes unter der Bedingung männlicher Konkurrenz inszenieren, sondern zeigt sich auch dann, wenn erfolgreiches erotisches Werben einzelner Männer in Mann/Frau-Interaktionen exemplarisch vor-

---

205 Die Vorstellung, dass Frauen durch Geschenke (Produkte) im Sinne erotischer Ziele beeinflussbar sind, tritt noch deutlicher hervor, wenn mehrere Männer unterschiedlich erfolgreich um die Gunst einer Frau buhlen. So sieht man in einer Anzeige eine Frau, die einen Mann, der ihr Pralinen schenkt, freudestrahlend umarmt („Schön, daß es noch das Besondere gibt"), während sie drei anderen Männern, die jeweils ‚nur' einen Blumenstrauß mitgebracht haben, den Rücken zuwendet und keinerlei Beachtung schenkt (*Lindt* 1987). Vergleichbar damit ist eine Anzeige, die die Ankunft einer attraktiven Frau am Bahnhof inszeniert: Drei Männer, die mit ihren Willkommensgeschenken vor der Frau Schlange stehen, unterstreichen die Relevanz des ‚richtigen' Geschenks durch den Mann – auch wenn in dieser Anzeige alle das ‚Richtige' schenken (nämlich: „anregenden Riesling" und „süffigen Kerner", *Deutsche Weine* 1995).

206 Insofern durch Schenken für den Mann sexuelle Attraktivität ‚käuflich' wird, bedeutet seine finanzielle Potenz in gewissem Sinne zugleich sexuelle Potenz. Gleichzeitig stellt die erotische Attraktivität der Frau ein symbolisches (‚weiches') Kapital dar, das sie in echtes (‚hartes') Kapital umwandeln kann. Das sogenannte „Luxusweibchen" (Schmerl) verkörpert diesen Typus.

geführt wird: Ohne kontinuierlich erwiesene finanzielle Potenz hat *er* (auch) in puncto Erotik/Sex nicht viel zu erwarten. Er muss, um ihre ‚Aufmerksamkeit' zu erhalten und zu steigern, ‚Aufmerksamkeiten' realisieren und das heißt finanzieren können. Und dies kann er auch, wie man immer wieder an Schenkszenen sieht: Der Mann kommt zum Rendezvous und überrascht die Frau mit einem Geschenk; er geht mit einer Frau im großen Stil einkaufen und ist selbstverständlich derjenige, der zahlt usw. Dabei ist klar oder wird klargemacht, dass eine solche Praxis seinem besonderen ‚Vermögen' entspricht. So deutet man die Fotografie einer Kreditkartenwerbung, die einen Mann (Typ: Geschäftsmann) zeigt, der gerade einen bunten Frauenschuh aus einem Karton holt, während sie sich freudig erregt an ihn schmiegt, in Verbindung mit der Überschrift „Wie man mit Erfolg einkaufen geht" als eine Darstellung seines finanziellen und (daher) erotischen Erfolgs (*American Express* 1984).

So wie die Werbung Frauen (bis zu gewissen Altersgrenzen) rät, die eigene (Körper-) Schönheit um des erotischen Werts und Erfolgs willen (investierend) zu optimieren, so gibt sie Männern immer wieder zu verstehen, dass es sich erotisch lohnt, nicht nur möglichst reich zu sein, sondern auch seinen Reichtum – in Form von gezielten Geschenken – zu *investieren* und (damit) zu *zeigen*.[207] Vor allem erotisch wertvolle (schöne) Frauen sollen nur mit materiell wertvollen Geschenken umworben und gewonnen werden können. Ein Beispiel für diese Botschaft bietet eine Zigarettenwerbung, in der eine Frau (modischer Typ, ‚schlichte Eleganz') eine Handvoll Plastikschmuck an den Schenker zurückwirft mit dem Kommentar: „1 Karat, Schatz, nicht 1 Pfund" (*Kim* 1988).

Der (Ge-)Schenk-Logik des Demonstrierens von finanzieller (Männer-)Potenz entspricht die von der Werbung empfohlene Strategie des Verdeckens von finanzieller (Männer-)*Impotenz*. So rät eine Werbung, die ein Paar vor dem Weihnachtsbaum abbildet (sie hält ein Geschenk in den Händen und sieht glücklich strahlend zu ihm auf, während er sie stolz umarmt), zu einem Manöver: „Erfolgreiche Weihnachtsmänner kaufen ihre Geschenke. Und mieten ihren Fernseher und Videorecorder" (*telerent* 1988). Ähnlich verhält es sich mit dem Slogan einer Werbung für Diamanten: „Es gibt noch Männer, die lieben über ihre Verhältnisse" (*Wempe* 1994). In diesem Fall wird nicht nur unterstellt, dass Männer – Frauen – lieben, wenn sie ihnen Diamanten schenken (und bezahlen), sondern sie sollen ihnen auch dann Diamanten schenken, wenn sie es sich eigentlich gar nicht leisten können. Der Kauf von Diamanten mit der Konsequenz finanzieller Verausgabung oder Verschuldung wird hier als ein Akt heroisiert, der die Liebe des Mannes unter Beweis stellt und ihr Maß anzeigt. Von diesem Maß aus kann

---

207 Und dies sollte in nicht allzu großen Abständen geschehen, wie eine Anzeige des eben genannten Kreditkartenanbieters zu verstehen gibt. Sie zeigt zu dem ganzseitigen Portrait einer glücklich lachenden Frau in Passfotogröße das Portrait des „Traummannes Claus Adam", dessen Geschenke sie offenbar fortlaufend bei guter Laune halten (müssen): „Zu Weihnachten überraschte ich sie mit einer Tasche aus feinem Leder. Zum Jahrestag mit einem Schal aus Kaschmir. Zwischendurch mit einem Strauß aus Rohrblumen. Zum Geburtstag mit einem Kollier aus Türkisen. Und jetzt mit einem Candellight-Dinner – in Venedig" (*American Express* 2003).

implizit auf das korrespondierende Maß weiblicher Zuneigung und (erotischer) Zuwendung geschlossen werden.

Für alle genannten Formen und Bedeutungen des Schenkens bzw. des Geschenks
gilt aber auch, dass ‚ökonomisches Kapital' nicht allzu direkt als Äquivalent (erotik-)
‚korporalen Kapitals' und als Einsatz für die Herstellung erotischer Intimität erscheinen
darf. (Auch) aus diesem Grund sind mehrwertige Objekte, die teuer *und* schön oder/und
kulturell hoch bewertet sind, als Schenkobjekte besonders geeignet und (mittels erotischer Werbung) besonders gut zu bewerben. Schmuckstücke zum Beispiel führen die
Wertschätzung des Mannes für die begehrte und begehrenswerte Frau als eine Art
Zahlung (bzw. als Ausweis von Zahlungswilligkeit und Zahlungsfähigkeit) genauso
deutlich vor wie sie eben diesen Zusammenhang verhüllen.[208] Wenn Geld in Schmuck
verwandelt wird, kann es z.B. heißen: „Gewinnen sie ihr Herz mit *Herz* – Gold ... aus
Liebe" (*Christ* 1978).

8.7 Erotische (Geschlechter-)Geschichten

Die vorausgegangenen Untersuchungen, die sich auf einzelne Ritualisierungen und
symbolische Muster konzentriert haben, münden regelmäßig in die Feststellung, dass
die Werbung das Geschlechterverhältnis (auch) in puncto Erotik in der Kontinuität
traditioneller symbolischer Kodes überwiegend asymmetrisch konstruiert. Und das
heißt, dass den Werbefrauen typischerweise eher passive und gegenüber dem männlichen ‚Subjekt' subordinierte Rollen zugewiesen werden.[209] Ein differenzierteres Bild
ergibt sich, wenn man das erotische Agieren und Interagieren der Werbungs-Geschlechter als Gesamtablauf im Zusammenhang der Werbungsskripts betrachtet, also
als eine Serie von symbolischen (Inter-)Akten, die im Prinzip von der gegenseitigen
‚Entdeckung', dem ersten Blickkontakt über den Flirt und das zärtliche Vorspiel bis hin
zur Andeutung des Geschlechtsverkehrs und der ‚Zigarette danach' reichen. Auch
zeichnen sich in der neueren Werbung Wandlungen oder Variationen bestimmter
werbeerotischer Skripts ab, die den Narrativen der Werbung und ihren Gender-Per-
formanzen zugrunde liegen.

Werbespots und sogar Werbeanzeigen erzählen immer kurze Geschichten, schon
lange gerade auch *erotische* Geschichten, die auch Geschichten der Geschlechter sind.[210]

---

208 Das Vergessen und Verdecken des Geldwerts eines (teuren) Geschenks wird auch als echtes Lie-
beszeichen gewertet und stilisiert.

209 Zu diesem allgemeinen Schluss kommen die meisten Studien nach wie vor und mehr oder weniger
kultur- bzw. länderunabhängig, wobei Erotik allerdings meist nur peripher im Rahmen der Kategorie
Geschlecht behandelt wird (vgl. zu einem Überblick entsprechender Studien über einen Zeitraum von 25
Jahren Furnham/Mak 1999).

210 Auch die in Anzeigen abgebildeten Szenen ‚erzählen' Geschichten, die aufgrund eines entsprechenden Wissensvorrats der Rezipienten konstruiert und verstanden werden. „Wir können aus dem, was
wir sehen, eine narrative Handlung herauslesen; wir können auf ein Vorher und Nachher schließen; und

Diesen Geschichten/Skripts kann man neben gewissen kulturellen bzw. geschlechter-kulturellen Traditionalismen und Ambivalenzen mittlerweile auch häufiger Brüche, Gegenbilder, Innovationen und Umstrukturierungen der traditionellen Werbungserotik bzw. des erotischen Geschehens zwischen den Werbegeschlechtern entnehmen. Beispielsweise wird die Möglichkeit legitimiert, dass beide Geschlechter in unterschiedlichen Phasen des erotischen Hofierens aktiv werden, zum Beispiel nach dem Motto: „Genießen Sie die Freiheit, sich erobern zu lassen. Oder erobern Sie selbst" (*4711* *1990*).[211]

Im Folgenden wollen wir anhand einiger weiterer Beispiele, die sich auf erotische Darstellungsmuster und Themen beziehen, zeigen, dass das Bild der traditionellen Bipolarität und Asymmetrie, des Oben und Unten der Geschlechter (Aktivität/Passivität usw.) im Rahmen von erotischen Werbe-Geschichten zu differenzieren ist. Insbesondere sind in Bezug auf die (Kurz-)Geschichten der Werbungserotik alte und neue Ambivalenzen von Geschlechterbildern sowie signifikante Ausnahmen und auch Wandlungen festzustellen. Allerdings handelt es sich dabei auch immer um einen eingeschränkten Kreis von Figuren: junge oder jugendlich wirkende Menschen, insbesondere Frauen, die nur auf der Basis von Attraktivität, und das heißt Jugend oder Jugendlichkeit, gewissen traditionellen Rollen und Beziehungsmustern entgehen oder aus ihnen entlassen werden.

8.7.1 Weibliche Attraktivität als Macht und ‚Waffe‘

Die erwähnte Tradition der Vorstellung, dass die körperlichen Reize der Frau besonders ‚stimmen‘ müssen, „daß die Frau (mehr als der Mann) auf Standards der äußeren Erscheinung verpflichtet wird" (Goffman 1994b, S. 123), bedeutet im Hinblick auf den Ablauf des werbe-erotischen Hofierens, dass es hauptsächlich *ihr* ‚Begehrenswert‘ ist, der als Startpunkt der intimen Beziehungsgeschichten fungiert und auch in allen anderen Phasen des erotischen Spiels ein mindestens wichtiges Bedingungs- und Handlungsfeld der Frau darstellt. Diese Logik gilt auch dann noch, wenn der Hafen der Ehe bereits erreicht und das Lebensalter weiter fortgeschritten ist. Konsequenterweise deutet die Werbung (vor allem für Schönheitsprodukte) das Frauen-Leben als einen permanenten Kampf um Schönheit und die Konkurrenz unter Frauen als eine Konkurrenz um das bessere Aussehen (als Quelle von Ansehen).

Im Rahmen diverser Skripts wird jedoch auch deutlich gemacht, dass es bei der weiblichen Körperschönheit nicht nur um einen geschlechtsspezifisch ausfallenden Zwang zu gefallen und um eine passiv anziehende Zeichenhaftigkeit geht, die dazu angetan ist, Männer anzulocken und zu verlocken. Vielmehr sind es auch immer wieder

---

diese Einordnung in den Fluss der Aktivitäten, nicht minder als die Modelle und die Requisiten per se, liefert uns den Kontext des Geschehens" (Goffman 1981, S. 64).

211 Oder: „Verführen, um verführt zu werden" (*Aubade* 1990).

die körperlichen Reize der Frau, die die vermeintliche Stärke des Mannes untergraben und ihn zu einem abhängigen und dirigierbaren Objekt für *sie* machen. Ihre Attraktivität und das Begehren, das sie auslöst und unterhält, erscheinen dann auch als eine *Macht*, als Machtbasis, Kapital und Kampfmittel der Frau, als eine ihrer ‚Waffen‘, sich den Mann (oder Männer) gefügig und dienstbar zu machen und sogar Herrschaft über ihn zu erlangen.

Der erotisch-emotionale Kontrollverlust des Mannes kann entsprechend als ein von der Frau bewusst herbeigeführter Zustand und als ein Prozess beschrieben werden, dessen Verlauf sie steuert – zum Beispiel beim Schachspiel: Er verliert, fasziniert von der Schönheit ihres Gesichtes, fast den Verstand, während sie, kühl und berechnend, das Spiel gewinnt (*L'Oréal* 1996). Unter der Voraussetzung ihrer Attraktivität kann frau auch dadurch das ‚Spiel machen‘, dass sie es scheinbar dem Mann überlässt, indem sie sich passiv gibt oder gar dumm spielt (oder schwach), das heißt mit der Konstellation oder Image-Figur ‚übergeordneter Mann/untergeordnete Frau‘ strategisch operiert. Einen solchen Fall inszeniert zum Beispiel eine Werbung, die ein Pärchen abbildet, das auf einem See im Ruderboot sitzt: Die Frau zeigt (scheinbar) schüchtern und verschämt ihre Beine und spielt auch sonst das unterwürfige ‚Weibchen‘ (geduckte Haltung, verschränkte Arme, Schräghaltung des Kopfes), während er lässig und breitbeinig im Boot sitzt und, seine Coolness unterstreichend, eine Zigarette raucht. Der Text verrät dann, was eigentlich vorgeht: „Er hat angebissen. Mit freundlichem Diebels!" (*Diebels* 1994). Vom Getränk zusätzlich entwaffnet, erliegt der Mann der (strategisch inszenierten) mit Schönheit gepaarten Unterwürfigkeitskoketterie der Frau.

8.7.2 Der gemeinsame ‚Wille zum Sex‘

In der heutigen Werbung wird – im Gegensatz zum traditionellen Schema – häufig schon in Szenen, die die gegenseitige ‚Entdeckung‘ bzw. den ersten (Blick-)Kontakt vorführen, ein *gemeinsames* Streben nach erotisch-sexueller Intimität angedeutet. So legt die Bildunterschrift „La noche. La vida" (*Campari* 1995) eines Fotos, das zwei Männer neben einer Schönheit im tief ausgeschnittenen Kleid zeigt, nahe, dass es sich um eine Situation gegenseitigen Kennenlernens handelt, bei dem die konkreteren Erwartungen an die bevorstehende Nacht schon feststehen, wenngleich der faktische Ausgang derselben (‚wer mit wem?‘) noch offen ist. Entscheidend ist hier, dass die Zielrichtung, der das erotische Agieren zustrebt, im Wesentlichen für *beide* Geschlechter dieselbe ist. Entsprechendes ‚Engagement‘ zeigen heißt damit mindestens (geschlechts-) gleichermaßen: den Willen zum Sex zu bekunden und auf diesen aktiv hinzuarbeiten.[212]

---

212 Neben diesem ‚Uni-Sex‘ bleibt es aber bei dem klassischen männlichen ‚Willen zum Sex‘, den – und die entsprechende ‚Anthropologie‘ – jene Form der Symmetrie nicht tangiert. Die besondere ‚Triebhaftigkeit‘ des Mannes wird z. B. von einer Werbung eines Autovermieters veranschaulicht, die unter der Überschrift „Das männliche Gehirn" eine Abbildung zeigt, die anhand der Größenrelationen einzelner Hirnareale deren Relevanz differenziert. Neben dem Autofahren, das aufgrund der speziellen strategi-

Man sieht inzwischen auch öfter den Typ des männerverschlingenden Vamps, der dem Objekt der Begierde hemmungslos an die Unterwäsche geht, und Frauen, die dem Mann „Frisch. Frech. Sexy" das Hemd nach oben ziehen, weil sie „ihn unwiderstehlich finden".

Dass Frauen dem legendären männlichen ‚Sex-Sinn' nicht (mehr) unbedingt nachstehen und ihre traditionelle Zurückhaltung oder gar Schamhaftigkeit in dieser Hinsicht nicht (mehr) selbstverständlich ist, zeigt auch eine Auto-Werbung: Zu sehen ist eine den Bildbetrachter verführerisch anschauende Blondine neben der Darstellung eines Autos. Die Frau wendet sich an den Betrachter mit den Worten: „Wenn er [der Vectra 2.5 V6] ein Mann wäre, würde ich ihm in den Hintern kneifen" (*Opel* 1998). Im weiteren Text folgt dann eine Art Bekenntnis zu den eigenen (Sex-)Phantasien und zur eigenen sexuellen ‚Triebhaftigkeit': „Männer werden es am schnellsten verstehen: Ich bin leidenschaftlich fixiert – auf ein Auto. Und zwar auf ein knackiges maskulines und sicheres mit 4 Airbags und ABS. Unter seiner Haube schlägt ein durchtrainiertes Herz: der 2.5 V6 ECOTEC-Motor mit 24 Ventilen für mehr Leistung, höhere Laufkultur und gute Manieren. So ist er wie geschaffen, um alles zu geben. Und es ist meine Natur, alles zu nehmen. Sie sehen, man kann über mich als Frau eine Menge sagen, nur nicht, dass ich nichts von Männern verstehe. Wenn sie ihn also zufällig auf der Straße sehen, geben Sie ihm einen Kuss von mir. Sie wissen schon, wo" (*Opel* 1998).[213]

8.7.3 Weibliche Sex-Initiative

Über derartige Bekundungen hinaus sind in der Werbung (mittlerweile) Frauen anzutreffen, die nicht nur verbal und non-verbal ihr Interesse an erotischen ‚Körperlichkeiten' zum Ausdruck bringen, sondern auch dann, wenn es um ‚das eine' geht, aktiv

---

schen Interessen dieser Werbung natürlich das größte (wichtigste) Hirngebiet ist, nimmt der Sex im Bewusstsein des Mannes am meisten Platz ein (*Sixt* 2000). Und in einer anderen Anzeige, in der man einen Surfer mit technischer Perfektion eine Welle meistern sieht, werden im Stil des Comic-Strips Fotos als ‚Gedankenblasen' einmontiert, die zu erkennen geben, was in dem Mann vor sich geht bzw. was er vor sich sieht: nackte Frauenbrüste, -pos und -beine (*Swatch* 1998).

213 Der Text deutet allerdings insofern eine stärkere ‚Triebhaftigkeit' des Mannes an, als die Frau (als Einzelperson) ihre Sex-Lust mit derjenigen vergleicht, die sie allen Repräsentanten des männlichen Geschlechts unterstellt („Männer werden es am schnellsten verstehen: Ich bin leidenschaftlich fixiert"). Zudem lassen sich in den unterschiedlichen Verhaltensweisen und Attributen, die die Werbung den Geschlechtern auf dem Weg zu dem gemeinsamen (Sex-)Ziel zuweist, einige feine Unterschiede erkennen: Der Wunsch der Frau, dem Mann einen Klaps auf den Po zu geben, ist lediglich eine humorvolle Modulation eines bekannten (männlichen) Schemas. Das Auto verfügt im Rahmen der oben beschriebenen Produktsemantik über diejenigen männlichen Körpereigenschaften, die den Mann als denjenigen ausweisen, der im Handeln die Kontrolle behalten kann („mit 4 Airbags und ABS"). Die Metaphorik des Textes hebt dabei nicht nur auf sexuelle Potenz, Ausdauer und Leistung ab („durchtrainiertes Herz"; „24 Ventile für mehr Leistung"), sondern zugleich auf den ‚zivilisierten' Einsatz dieser Potenz („höhere Laufkultur und gute Manieren"). Und schließlich wird die Zielrichtung ‚Sex' allgemein im Rahmen der traditionellen Rollenverteilung mit einem Passiv-Aktiv-Schema in Verbindung gebracht („So ist er wie geschaffen, um alles zu geben. Und es ist meine Natur, alles zu nehmen").

und initiativ werden. So sorgt *sie* zum Beispiel dafür, dass er nach dem Restaurantbe-
such einen Kaugummi isst, damit „der Nachtisch so schmeckt, wie er schmecken soll"
(*Wrigley's* 1995); sie kauft auch ohne Hemmungen die Kondome und lädt ihn nach dem
Discobesuch mit eindeutigen Absichten zu sich nach Hause ein (*Esso* 1996); ebenso sieht
man sie nach dem Essen, wenn es ‚zur Sache' gehen soll, die Kerze ausblasen (*Dr. Oetker
Ristorante* 1992), oder sie zieht ihn in der Hochzeitsnacht mit einem energischen Griff an
der Krawatte ins Bett (*Warsteiner* 2000). Auch tauchen gelegentlich Frauen auf, die Fotos
von Liebhabern wie Trophäen präsentieren und damit die traditionelle Geschlechter-
Ordnung oder Geschlechter-Mythologie/Männer-Mythologie umkehren.

Keine Neuheit, sondern im Sinne des klassischen Erotik-Modells bzw. Hofierungsrituals ganz traditionell ist dagegen das (Werbe-)Bild der (attraktiven) Frau, die das
‚Subjekt', das Tempo und die Tiefe der männlichen Annäherungen kontrolliert und am
Ende entscheidet bzw. auswählt – nach dem Motto: „Schon möglich, verehrter Jean-
Louis, daß Männer immer den ersten Schritt machen. Dafür haben wir Frauen eben das
letzte Wort" (*Grand Marnier* 1995). Diese traditionelle ‚Rolle' und entscheidende (Ent-
scheidungs-)Macht der (erotisch) umworbenen Frau bleibt hier also bei aller und neben
aller ‚Emanzipation' in puncto Erotik/Sexualität bestehen, so dass das erste und das
letzte ‚Wort' im erotischen Interaktionsprozess (in der Werbung) bei ein und demselben
Geschlecht liegen kann.

8.7.4 Erotische Jäger/-innen und Sammler/-innen

Zu den traditionellen männlichen (traditionell männlichen) Erotik-Motiven gehört auch
das Jagen und das Sammeln von (rein) sexuellen Erlebnissen bzw. (attraktiven) Frauen
als Sexualpartnern. Als Modulation eines lebensweltlichen Images tritt in der Werbung
vor allem der junge oder ‚jung gebliebene' Mann als erotischer Jäger und Sammler auf.
Für ihn gilt zum Beispiel: „Nachts, wenn die schönsten Engel fliegen, hat man alle Hände
voll zu tun, sie einzufangen" (*Cointreau* 1990). Oder er ist als gut gebräunter Sunnyboy
„ein Jäger aus Sylt", der sich anschickt, die neben ihm liegende Blondine mit einem
breiten Grinsen zu erobern (wobei er „Jäger-Cola" trinkt; *Jägermeister* 1985).

Die Lust an der ‚Eroberung' und am erotischen Abenteuer ist ein traditionelles
Männer- und Männlichkeitsklischee (auch) der Werbung. Aber auch erotische Aben-
teurerinnen, Jägerinnen und Sammlerinnen haben durchaus eine gewisse Tradition in
der Werbung. Relativ neu sind allerdings die Häufigkeit und die Direktheit von Werbungen, die erotisch motivierte Frauen als tat- und schlagkräftige Jägerinnen und
Sammlerinnen von Sexualpartnern (des ‚anderen Geschlechts') inszenieren. So heißt es
in einer Werbung für Lidschatten: „Der Herzensbrecher auf nächtlicher Pirsch wird mit
dem Gift Grün von Margaret Astor leicht selbst zur Beute" (*Margaret Astor* 1992), und in
einem anderen Fall stellt frau fest: „Könnte sein, mon cher Auguste, daß ich die Gelegenheit bei den Hörnern packe und meiner Trophäensammlung ein prächtiges Exem-
plar hinzufüge" (*Grand Marnier* 1995). Die in diesem Fall zu sehende Frau (weit ausgeschnittenes, kurzes, rotfarbiges Kleid, lange Samthandschuhe) verkörpert den in der

Werbung beliebt gewordenen Typ des Vamps, der auch dann die Oberhand behält, wenn das Flirten offenbar ausschließlich sexuellen Absichten dient. Bei Darstellungen dieses Typs greift die Werbung oft nicht nur zur Metaphorik des Jagens, sondern auch zu der des (strategischen) *Manövers*, so z. B. in einer Fotosequenz, die zeigt, wie eine Frau handgreiflich einen Mann erobert: „Der Fototermin war so erfolgreich wie mein neues Kleid. Ich stürzte mich aus den Blitzlichtern ins Feierabend-Make-up und steuerte direkt auf ein nächtliches Abenteuer zu". Und: „Der Junge stand am Horizont wie der Leuchtturm am Kap der guten Hoffnung. Ich setzte alle Segel in meinem Bauch und ging hart am Wind auf Kollisionskurs. In voller Fahrt gab ich den Befehl zum Entern" (*Swatch* 1988).

Weibliche Erotik-Dominanz und ‚Herrschaft' im Rahmen oder in der Nähe der Jäger-Metaphorik signalisiert auch eine erotisch gekleidete Frau, die neben einem Mann steht, dem die Werbegestalter per Fotomontage den Kopf einer Wildkatze aufgesetzt haben. Die Frau blickt verführerisch und selbstbewusst den Betrachter an, während sie mit einer Hand dem ‚Jaguar-Mann' über die Wange streicht (*Grand Marnier* 1995). Die weibliche Erotik-Macht besteht in diesem Fall sozusagen in zwei Dimensionen: Zum einen weckt die Frau mittels ihrer körperlichen Reize das ‚Tier im Mann' – und das soll heißen: dessen sexuelle Interessiertheit, Appetenz und Potenz. Zum anderen, und dies gibt vor allem ihre Hand zu erkennen, die den Kopf des ‚großen Katers' liebkost und an sich drückt, kann sie die tierischen Kräfte des männlichen Begehrers und Verehrers bändigen und in die (von ihr) gewünschte Bahn lenken oder Form bringen. Diese Deutung des Frauensujets als Jägerin, die lockt, anlockt, verlockt und zugleich fängt, bändigt und unterwirft (domestiziert), stützt auch der Text: „Männer sind immer das, was Frauen aus ihnen machen". Allerdings ist eben die (reizende) weibliche Attraktivität die Bedingung und das Medium des (werbe-)weiblichen Jagens und Zähmens von (begehrten und begehrenden) Männern.

8.7.5 Erotische Engagements

Wenn auch die Erotik und die Erotisierung der Werbung an sich gewiss nichts Neues ist, so ist doch die Inszenierung, Dramatisierung und Thematisierung weiblicher ‚Lüste' in ihrer Art und Häufigkeit eine eher neuere Entwicklung. Wenn die (neuere) Werbung Phasen des erotischen Geschehens darstellt, in denen es (wie auch immer relativiert) zu intimer Körperinteraktion kommt, dann häufen sich jedenfalls Darstellungen, in denen Frauen mehr als Männer erotische/sexuelle Gefühlslagen sichtbar machen und sich insgesamt als affektgeladenere und affektgesteuertere Wesen zu erkennen geben. Der in den Nacken zurückgeworfene Kopf bei gleichzeitig geschlossenen Augen wird häufig als Zeichen höchster erotischer/sexueller Erregung, Selbst- und Weltvergessenheit (Ekstase) der jeweiligen Akteurinnen eingesetzt. Auch heruntergerissene Kleider, geöffnete Jacken oder hochgeschobene Röcke deuten auf besonders starke (weibliche) Erregungsintensitäten. Gesteigert wird dieser Eindruck in bildlichen Darstellungen, in denen die Frau zusätzlich ihren Mund geöffnet hält, so als käme ein emphatisches Stöhnen über ihre Lippen oder könne jederzeit darüber kommen. Bei Fotografien kann sich der Bildbetrachter entsprechende ‚Urlaute‘, die Werbe-Spots mittlerweile des Öfteren zum Einsatz bringen, natürlich nur vorstellen.

Die hier gemeinten Darstellungen kaum gehemmter oder gänzlich hemmungsloser weiblicher Lust, die Parallelen zur Pornografie aufweisen,[214] widerlegen nicht nur (ältere) Rollen-Vorstellungen von weiblicher Zurückhaltung, Dezenz oder Schamhaftigkeit im erotischen/sexuellen Gebaren, sondern stehen auch im Gegensatz zur Normalität werbemännlicher Erotik-Expressivität. Den dramatischen weiblichen Erotik-Engagements, die auf dem Wege korporaler Expressivität beweisen, dass frau ein mustergültiges Lust-Wesen ist, entspricht jedenfalls regelmäßig kein äquivalent entfesseltes männliches Lust-Wesen. Zwar lässt (auch) die Werbung keinen Zweifel daran, dass Männer durch und durch sexualisierte, ja in gewissem Sinne sexistische, von Sex besessene Wesen sind, aber gleichzeitig und im selben Zusammenhang demonstriert sie typischerweise eine relative männliche Distanz, Coolness und Selbstkontrolle in puncto lebendiger Erotik und Sex. Der typische Werbe-Mann *zeigt* also deutlich weniger erotikaffektive Involviertheit als seine Partnerinnen und führt, statt besonders intensiv zu *erleben*, eher mehr oder weniger kontrolliert *Handlungen* aus – speziell solche, die die betreffenden Frauen erotisch euphorisieren. Immer wieder sind Männer zu sehen, die Frauen streicheln, küssen und umarmen, ihnen geschickt den Reißverschluss des Kleides aufziehen usw., während die Frauen ausdrücklich zu erkennen geben, wie stark sie davon beeindruckt oder (schon) ‚weggetreten‘ sind.

In der intimen erotischen/sexuellen Interaktion mag man also auch, traditionellen Rollen in anderen Lebensbereichen entsprechend, den Eltern-Kind-Komplex wiedererkennen. Die Männer treten jedenfalls komplementär zu den kindähnlichen ‚Sexpressionistinnen‘ als eher erwachsene Subjekte auf – und dies eben trotz jener traditionellen ‚anthropologischen‘ Manns- und Männlichkeitsbilder, die eine besonders stark ausgeprägte Sex-Fixierung und ‚Vitalität‘ des männlichen Geschlechts behaupten. Diese Asymmetrie im erotischen/sexuellen Engagement der Geschlechter ist auch daran zu erkennen, dass (wenn nicht beide Akteure ganz in die erotische Handlung vertieft sind) es fast ausnahmslos der Mann ist, der während des erotischen Spiels die Umgebung im Blick zu behalten scheint. *Er* kontrolliert dann nicht nur sich selbst, sondern auch die ganze Situation. Im Unterschied zur Frau, die während des erotischen Geschehens entrückt scheint bzw. hingegeben die Augen schließt, überwacht und überblickt er den Stand der Dinge. Er gibt sich auch z. B. dadurch als Kontrolleur der Situation zu erkennen, dass er während eines erotischen Flirts oder wenn schon die Kleiderhüllen fallen parallele Handlungen ausführt, die mit der erotischen Situation nichts zu tun haben. So sieht man Werbemänner, die während und trotz eines Rendezvous berufliche

---

214 Auch in der Pornografie ist die sexuallautliche Dominanz der Frauen üblich und ein gängiger Ausdruck ihrer ‚Natur‘. Im Porno wie in der Werbung steht diese im Gegensatz zur (relativen) ‚Zivilisiertheit‘ (Erwachsenheit) der Männer, die sich durch höhere Selbstkontrolle und Zurückhaltung auszeichnen. Auch in actu erscheinen die Porno-Männer im Gegensatz zu den weiblichen Sex-Kindern typischerweise eher als selbstkontrollierte ‚Macher‘, Kontrolleure und Techniker (des Sexes).

Telefonate führen – zum Beispiel einen Mann, der, während er mit seiner Geliebten in romantischer Abendstimmung eine Bootsfahrt unternimmt, mit seinem Chef telefoniert: „Gut, dass Sie anrufen Chef, ich seh schon kein Land mehr vor lauter Arbeit" (*Telekom* 1994).[215] Es kommen auch Männer vor, die rauchen, während sie mit ihrer Partnerin Zärtlichkeiten austauschen.

Dem typischen Eindruck größerer Distanz, Coolness und Selbstbeherrschung des Werbungs-Mannes auch in Momenten intimer erotischer Befindlichkeit und Interaktion stehen allerdings – wenn auch (noch) eher selten – Inszenierungen gegenüber, in denen *er* (jenen Frauen ähnlich) im erotisch-sexuellen Gefühlsrausch die Selbstkontrolle oder gar den ‚Verstand' zu verlieren scheint. So heißt es in einer Werbung für ein Männerparfum, die *ihn* ganz hingegeben zeigt: „Berühmte Männer haben alles dafür hingeworfen". Oder auch: „Ganze Königreiche verfielen deswegen zu Staub" (*Jade Man* 1996). Relativiert erscheinen solche Inszenierungen jedoch dadurch, dass sie die kompromisslose Hingabe des Mannes an den Eros als heroische Selbstaufgabe seiner üblichen (und ‚wesenseigenen') Rationalität und Selbstbeherrschung stilisieren. Darüber hinaus stehen sie – und auch das relativiert sie – hauptsächlich im Kontext bestimmter Produktwerbungen (Parfum, Mode usw.), und zwar solchen, die Erotik in eine phantastische Traumwelt (des erotischen Mysteriums, des erotischen Rauschs usw.) verlagern, in der eigene Spielregeln gelten.[216]

8.8 Kontexte und Konditionen von Erotik

Aus Gründen ihrer Eigenlogik als Gattung und im Zusammenhang ihrer konkreten strategischen Operationsbedingungen (Zielgruppe usw.) generiert die Werbung im übertragenen wie im wörtlichen Sinne Bilder der sozialen Welt(en) und also auch Bilder der Geschlechter. Im Allgemeinen tendiert sie dabei im Rahmen herrschender Wert- und Normvorgaben zu positiven Vorstellungen und Darstellungen, zu Stilisierungen, Idealisierungen, Ästhetisierungen, so dass Versionen ‚schöner Welten' entstehen und im Werbekosmos vorherrschen. Negatives wird normalerweise (von Sonderfällen abgesehen) ausgeblendet oder verschleiert. Die Welt der Werbung ist also tendenziell problemlos, unkompliziert, freudvoll, gut, heil, ja in zahllosen Varianten und im Ganzen

---

215 Und ein anderer Mann (im Anzug) spricht in einen Telefonhörer, während ihn eine Frau auf die Wange küsst: „Oh, passt schlecht Dr. Berzheimer, komme gerade splitternackt und pitschenass aus der Dusche" (*John Player Special* 1988).

216 Allerdings mag man in den vermehrten hypererotisierten Jungmännern der Werbung – ebenso wie in den oben beschriebenen erotischen Frauen- und Weiblichkeitsmodellen (also den erotisch initiativen, aktiven bis dominanten und ‚lustfreundlichen' Frauen) – auch einen Hinweis auf eine weitere Verschiebung oder Transformation der Geschlechterkultur(en) sehen: im Sinne eines gemeinsamen, geschlechterübergreifenden und geschlechtertranszendenten Verständnisses von ‚emanzipierter' Erotik/Sexualität, das nicht nur Natürlichkeit, Freiheit und Lustfreundlichkeit idealisiert, sondern im Sinne der Semantik der ‚Erlebnisgesellschaft' auch Intensität und Intensivierung von persönlicher/individueller Lust.

eine Art Paradies. Das schließt auch ein, dass im Prinzip für alle alles möglich und nichts unmöglich ist.[217]

Unterhalb dieser hochgradig fiktionalen Oberfläche, die auf den ersten Blick den Anschein sozialer Bedingungslosigkeit und totaler Inklusion erweckt, zeigt sich allerdings, dass, wenn es um die paradiesischen ‚Güter' der Erotik und des Sexes geht, nichts aus dem Nichts und nichts von Nichts kommt. Vielmehr rahmt und definiert die Werbung – ähnlich wie die Pornografie – ein Feld von Möglichkeits- und Steigerungsbedingungen von Erotik/Sexualität.[218] Sie wird in den (‚schönen') Welten der Werbung *faktisch* an Kontexte und Bedingungen geknüpft, die erotische Erfolgschancen und Erfolgswahrscheinlichkeiten definieren – von relativer Wahrscheinlichkeit bis zur Erfolgsgarantie. Im Sinne dieser Konditionierung und Graduierung ist auch die mögliche erotische Erfüllung bzw. Intensität definiert und differenziert.

Im Folgenden werden einige Kontexte und Konditionen beschrieben, die die Werbung systematisch mit Erotik, mit der Möglichkeit, der Wahrscheinlichkeit und der Steigerung/Intensivierung von Erotik verknüpft. Es zeigt sich, dass die Werbung in der Konstruktion ihrer entsprechenden ‚Weltbilder' zwar in einem weiten Spielraum operiert, der ihr fiktionale Gebilde verschiedenster Art hervorzubringen gestattet, aber sie operiert auch im Rückgriff auf existierende Kultur (Ideen, Normen, Ideale, Werte etc.) und stellt entsprechende Zusammenhänge her. Die Werbung entwickelt also nicht nur eine schöne Erotik-Welt und nur bedingt Erotik-Utopien für alle. Vielmehr definiert und zelebriert sie bestimmte Bedeutungen von schönen Erotik-Welten und Bedingungen der Teilhabe an ihnen – Bedingungen erotischer Erfolge, Erlebnisse und Erlebnisintensitäten. Diese Konstruktionen sind, wie unrealistisch und stilisiert sie auch sein mögen, prinzipiell geeignet, in das Bewusstsein/Gedächtnis der Rezipient/-innen einzugehen.

8.8.1 Körperwerte und Erotikwerte

Ein gutaussehender und am besten perfekt aussehender Körper wird in der Werbung als Wert in einem universalen Sinne modelliert, das heißt er läuft in den verschiedensten Bereichen als Image, als soziale Erfolgsbedingung und als Ressource optimaler ‚Selbstdarstellung' mit.[219] In erster Linie erscheint er aber – jedenfalls innerhalb gewisser Altersgrenzen – als eine Größe, die sich auf erotische Erfolge bezieht; er ist als solcher ein erotisches Erfolgsmedium, ja eine Erfolgsgarantie. Gutaussehen oder „vorbildliche Schönheit" (Schmerl 1992, S. 28) hat in der Werbung damit im Prinzip dieselben

---

217 „Nichts ist unmöglich", heißt es in einer weltbekannten Werbung des Automobilkonzerns Toyota.
218 Sichtbar wird damit auch eine Erotik-Semantik der Gesellschaft, denn die Werbung ist hier, wie überhaupt, darauf angewiesen, gegebenen sozialen (Publikums-)Sinn zu ‚importieren', um verständlich, zeitgemäß und zielgruppengemäß zu sein. Wie unsere Untersuchungen zeigen, spielen bei der werblichen (Re-)Konstruktion von Erotik aber auch spezifische werbesystemische Effekte eine Rolle.
219 Die Werbung fungiert auch in diesem Zusammenhang als kulturelles Forum, das z. B. auf den Körper bezogene Modelle, Standards und Ideale selektiv aufgreift, stützt und forciert.

Implikationen wie im Alltagsleben überhaupt. Auch im Alltag werden ja Individuen nicht nur als mehr oder weniger gutaussehend, sondern mindestens in der Tendenz zugleich auch als mehr oder weniger erotisch/sexuell attraktiv und damit begehrenswert und erotisch chancenreich beurteilt (vgl. Henss 1992).

Die Definition des ‚ästhetisch optimalen' (Erotik-)Körpers und dessen geschlechtsspezifische Differenzierungen haben wir bereits verschiedentlich thematisiert. Hier seien daher nur einige allgemeine Merkmale genannt, die die Werbung typischerweise impliziert oder propagiert und teilweise geschlechtsspezifisch zuspitzt: Schlankheit, Symmetrie (insbesondere der Gesichtszüge), bestimmte Proportionen (z. B. lange Beine im Verhältnis zum Oberkörper, schlanke Taille, hochsitzende Brüste bei der Frau) sowie bestimmte Einzelmerkmale des Gesichtes (volle Lippen, schmale Nase, große Augen) und anderer Körperaspekte (straffe Brüste der Frau, Muskeln des Mannes), gepflegte Finger- und Fußnägel, volles und glänzendes Haar, weiße und symmetrisch ausgerichtete Zähne. Besonders wichtig, wenngleich geschlechtsspezifisch unterschiedlich wichtig, ist auch der Zustand der Haut als ‚Körperhülle', an der zentrale Informationen über den betreffenden Körper (z. B. sein Alter, seine Gesundheit und seine ‚Gepflegtheit') abgelesen werden. Die *weibliche* Haut soll auf Anraten verschiedener Werbungen bei „natürlich frischer Ausstrahlung" „pfirsich-zart", „geschmeidig", „glatt", „ebenmäßig", „phantastisch elastisch", „jugendlich schön", „schön munter" sein und eine „attraktive, ergreifende Bräune" aufweisen. Der *männlichen* Haut macht die Werbung dagegen seit jeher und immer noch weitreichende Zugeständnisse. Ja sie wertet ‚Defekte' wie Falten, zu deren Vermeidung oder Behandlung Frauen dringend geraten wird, sogar um und deutet sie als Ausdruck positiver Persönlichkeitseigenschaften (Lebenserfahrung, Reife etc.). Allerdings wird neuerdings auch Männern verstärkt zur ‚Pflege' und Behandlung ihrer Haut in Richtung bestimmter Idealvorstellungen (Glätte, Makellosigkeit, Haarlosigkeit) geraten und eine entsprechende Produkt- und Maßnahmenpalette empfohlen.

Man wird vermutlich davon ausgehen können, dass Gutaussehen (und Gutwirken) als Wert und praktische Bewertungsgrundlage von Menschen generell (nicht nur in erotischen Kontexten) an Bedeutung gewonnen hat[220] und auch Männer mittlerweile unter einem tendenziell erhöhten Druck stehen, was Standards, Normen und Ideale der korporalen ‚Äußerlichkeit' betrifft – vom äußeren Erscheinungsbild des Körpers über die Kleidung bis zu einem Wohlgeruch, der heutzutage schon bei jedermann mehr umfasst als bloße (Seifen-)Hygiene. Tatsächlich gelten viele (erotische) Körper-Idealisierungen in der heutigen Gesellschaft wie in der heutigen Werbung im Prinzip für beide Geschlechter, aber die Reichweite und der Erfüllungsdruck dieser Idealisierungen variieren immer noch im Sinne des traditionellen Geschlechter-Schemas. Für die Werbung gilt jedenfalls nach wie vor: Mehr als der männliche wird der weibliche (Jung-) Körper als ästhetischer Erotik-Körper stilisiert und einer sozusagen idealistischen und normalistischen Bewertung und Beanspruchung unterzogen. Entsprechend der forcierten dekorativen Funktion, die ihrem ‚Äußeren' zukommt, müssen Frauen zudem –

---

220 Vgl. dazu den Sammelband von Cornelia Koppetsch „Körper und Status" (2000).

im Gegensatz zu Männern – ihre korporale Fassade (Haut/Schminke, Haare etc.) nicht nur optimieren, sondern auch öfter *variieren* („Abwechslung steht ihnen gut", *Poly Kur* 1985), und sie müssen vor allem in puncto Kleidung stärker als Männer ‚mit der Mode gehen'. Darüber hinaus unterliegen sie gerade in erotikthematischen Bezügen einem verschärften Hygiene- und Geruchs-Regime, dem die Werbung als eine Art Überbau dient.

Durch die gezielte und konsistente Selektion und Präparation ihrer Modelle, seien sie weiblich oder männlich, entfaltet die Werbung ihre (erotik-)korporalen Ideale und ‚Idealtypen' als Realität und Normalität und kann so eine spezifische Überzeugungskraft gewinnen und einen spezifischen Druck aufbauen. Aus einem an sich unrealistischen korporalen Idealismus wird so eine Art Realismus und Normalismus, der einen direkten Zusammenhang zwischen korporaler Attraktivität und erotischen Erfolgen impliziert. Aber auch die Qualität bzw. Intensität des erotischen/sexuellen Erlebnisses selbst erscheint als eine unmittelbare Funktion jener korporalen Qualitäten (Körperschönheit, Schlankheit, Sportlichkeit, Hygiene, Geruch usw.). Die diesbezüglich natur- und/oder produktbedingt bevorteilten Menschen haben und machen demnach auch die beste Erotik und den besten (heißesten) Sex. Die Werbung definiert, performiert und propagiert einen optimalen Erotik-Körper als ‚Königsweg' zu einem optimalen Sex.

Das (erotische) ‚Konsumgut' Körper konstruiert die Werbung also – im Prinzip geschlechterübergreifend, aber auch geschlechterdifferenzierend – zweidimensional: zum einen unter der Voraussetzung kulturspezifischer Normen und Ideale durch die gezielte Selektion und selektive Performanz bestimmter realer (Natur-)Körper, denen sie gleichsam Bühnen gibt; zum anderen durch (Be-)Handlungs- bzw. Konsumrezepte, durch zahllose ‚produktive' Möglichkeiten und Maßnahmen, die gegebene ‚Infrastruktur' des Körpers im Sinne positiver sozialer Image-Effekte zu optimieren. Zielgebiete dieser Bemühungen, die auch die Herstellung einer optimalen ‚erotischen Persönlichkeit' einschließen, sind alle manipulierbaren Körperaspekte, vor allem die ‚Figur', die Haut, die Zähne, die Haare, die Körperausscheidungen, die Gerüche und die Kleidung (einschließlich der Unterwäsche). Auf dieser Ebene geht es (mittels der beworbenen Produkte) um eine im Prinzip permanente und lebenslange korporale Selbst-Optimierung/Perfektionierung und Konservierung. Die Werbung liefert die dazu nötigen Informationen und motiviert nicht zuletzt mit offenen oder verdeckten erotischen Erfolgsversprechen, aber auch Drohungen, dazu, aus dem Körper ein (Gesamt-)Kunstwerk zu machen und dieses Kunstwerk aufwändig und sorgfältig zu pflegen.

So sehr die Werbung also Erotik/Sexualität als eine natürliche Angelegenheit entwirft und (im Verbund mit anderen Institutionen und Diskursen) einen erotischen/sexuellen Naturalismus impliziert und propagiert, so sehr bindet sie den erotischen Körper bzw. den unter den Vorzeichen der Erotik stehenden Körper an ein ganz und gar nicht natürliches Bild von sich und an ein Programm der Selbstkultivierung und Selbstbildung im Dienst einer erotischen/sexuellen Selbstverwirklichung. Ja die Werbung performiert Korporalität als Bedingung und Medium einer erfolgreichen Erotik-*Performance* und das Individuum als einen erotischen Performer und Performance-Künstler, der sich ausstatten und ‚aufmachen', pflegen, einrichten und zurichten (lassen) muss. Das Erlebnis von Erotik/Sexualität bzw. dessen Intensität erscheint vor diesem Hintergrund als ein bedingtes, erkauftes, erarbeitetes und verdientes Glück, das an verschiedene Kapitalformen, Ich-Leistungen und Investitionen gebunden ist. Sie sind nach Auskunft der Werbung der alternativlose Weg zu den erotischen/sexuellen Erlebnissen, die sie oft als das allergrößte Glück überhaupt zelebriert.

8.8.2 (Hoher) Status und (feine) Erotik

Die Gesellschaft der Werbung ist als erotische Gesellschaft also keineswegs eine undifferenzierte, totalinklusive, klassenlose Gesellschaft, sondern zieht in puncto Erotik/ Sexualität schon anhand der ‚richtigen' Korporalität Grenzen der Zugänglichkeit, der Erfolgswahrscheinlichkeit, der Erlebnisintensität, der Befriedigung und des Glücks. Nicht zuletzt ist die Gesellschaft der Werbung eine spezifisch exkludierende und hierarchisierende Altersklassengesellschaft der Erotik.

Daneben konstruiert die Werbung – ähnlich wie die Pornografie (siehe unten) – Zusammenhänge zwischen hohem sozialem Status – von Männern – und Erotik/Sexualität bzw. erotischem Erfolg. Attraktive Frauen und mit ihnen attraktiver Sex erscheinen dabei als eine Art Prämie für Inhaber von hohem sozialem Status. Dieser Status von Männern bzw. die damit verbundenen Kapitalien und Privilegien (Reichtum, Luxus, Macht, Prestige, Titel) macht den Zugang zu solchen Frauen und Erfolge bei ihnen jedenfalls sehr wahrscheinlich oder fast sicher.[221] Immer wieder wird so z. B. die oben beschriebene Hierarchie der Geschlechter im Berufsleben als natürliche Ausgangslage für erotische (Sex-)Geschichten an- oder ausgedeutet. Die alte und ewig junge Erzählung von der erotischen Chef-Sekretärinnen-Beziehung ist eine in der Reklame gern modulierte Variante der immer noch verbreiteten Vorstellung, dass der Statusüberlegene (Mann) faktisch auch überlegene Sex-Chancen hat, Sex-Privilegien bzw. privilegierte Sex-Zugänge.[222]

Die Frauen erscheinen dabei zwar einerseits als unterlegen und abhängig, andererseits aber auch als bereitwillige und aktive Partnerinnen bzw. als Akteurinnen, die sich von hohem Status und von aussagekräftigen Statussymbolen (teure Autos und Kleider, luxuriöse Wohnungen usw.) beeindrucken, attrahieren und motivieren lassen.[223] Zum hohen männlichen Status und zu seiner Demonstration gehört ‚natürlich' immer auch die ‚passende' Frau, die selbst – qua Korporalität – als eine Art Statussymbol fungiert und sich abhängig von der Qualität ihres Aussehens und Stylings als

---

221 Vgl. dazu auch die obigen Überlegungen im Kontext des Schenkens und Tauschens.
222 Die Gängigkeit dieses Sujets scheint allerdings in der neueren Werbung nachgelassen zu haben.
223 Auch die Pornografie privilegiert ihre Männer gern in diesem Sinne und siedelt ihre Geschichten daher häufig in den höheren Statusregionen an, in den Milieus der feinen Leute, der Reichen, des Jet Sets, der Stars, der Mächtigen. Bezweckt wird damit die Projektion eines Traumlebens, in dem sich hoher sozialer Status mit Luxus aller Art und auch mit einem sexuellen Schlaraffenland verbindet. In diesem Leben spielen die Männer in jeder Hinsicht die Hauptrollen (siehe unten).

Statussymbol *für ihn* eignet.[224] Umgekehrt gibt es zwar innerhalb und außerhalb der Werbung zunehmend erfolgreiche und elegante ‚Geschäftsfrauen‘, doch sind nach wie vor keine Werbungen zu sehen, die Liebesbeziehungen inszenieren, in denen die Frau dem Mann finanziell überlegen ist. Auch wenn die Werbung inzwischen häufiger Männer vom Typ des hedonistischen ‚Schönlings‘ inszeniert, sind Männer, deren ‚Profession‘ – in Analogie zu einem traditionsreichen Frauen-Image – darin besteht, ihren Erotik-Körper zur Freude der Frau zu perfektionieren, in der Werbung (noch) undenkbar.

Weiterhin zeigt sich, dass die Werbung spezielle Erotikmodulationen wählt und ins Bild setzt, wenn sie ‚feine Leute‘ und exklusive Milieus darstellt.[225] In reinster Form verkörpern die klassischen Spots und Anzeigen für den Aperitif „Campari“ die hier gemeinte Edel-Erotik, die sich mittels ‚feiner Unterschiede‘ von anderen Erotik-Formen (der Werbung) unterscheidet. Zum Beispiel: Mann und Frau, gleichermaßen in edle Kleidungen gehüllt (Schwarz und andere dunkle Farben herrschen vor), die beim Mann fast keine und bei der Frau vergleichsweise wenig Haut freigeben, begegnen sich in einer auf das Mindeste reduzierten Umgebung (eine Wand, ein Barhocker, eine stilisierte Theke usw.), um wortlos einen Drink zu sich zu nehmen. Gut kalkulierte Blicke, winzige Regungen im Gesicht und entsprechende Körperhaltungen deuten eine erotisch aufgeladene Beziehung und (Intim-)Kommunikation an, die davon bestimmt wird, dass sich die Akteure ebenso stark voneinander distanzieren wie sie aufeinander Bezug nehmen. Die zur Schau gestellte kultivierte Distanz und Selbstbeherrschung etabliert einen Hintergrund, vor dem die ‚heiße‘ Erotik als Subtext entfaltet wird. Die erotische Spannung und Zielrichtung der Situation wird nicht zuletzt durch die weibliche Körper-Aufmachung spürbar (betont auffälliger Lippenstift und Nagellack der Frau, tief ausgeschnittenes Dekolleté), bleibt aber auch – der dramaturgischen Knappheitslogik verdankt – im Verdeckten und Verborgenen.

Die hier gemeinten (Werbungs-)Welten der gehobenen Milieus machen den Eindruck, vorzugsweise von bestimmten „Klasse-Frauen“ (Goffman) besiedelt zu sein, deren ‚Beruf‘ und Berufung in der Darstellung, Herstellung und Pflege ihrer Schönheit und ihres sonstigen expressiven (Körper-),Niveaus‘ besteht. Diese Frauen scheinen regelrecht zum Ambiente und Lebensstil der statushohen Männer zu gehören; sie entsprechen als niveauvolle, schöne und stilvolle Frauen deren Niveau und ‚Niveaumilieu‘, das sie als eine Art von Luxus auch verkörpern und demonstrieren. Natürlich versprechen

---

224 „Klasse-Frauen“ (Goffman 1981) lassen sich im Sinne gängiger Skripts auch gut mit anderen (männlichen) Statussymbolen, wie z.B. Automobilen der ‚Oberklasse‘, Villen oder Swimming Pools, kombinieren, und von dieser Möglichkeit macht die Werbung (wiederum ähnlich wie die Pornografie) auch reichlich Gebrauch.

225 Zum Ausdruck kommen Feinheit und Exklusivität des Milieus insbesondere im stilvollen Ambiente der Wohnung sowie in einem schlicht-eleganten Modestil, der oft an überkommene (z. B. höfische) Traditionen erinnert und mit anderen ‚feinen‘ Statussymbolen (z. B. edlem Schmuck) in Verbindung gebracht wird. Der Dezenz im korporalen bzw. modischen Erscheinungsbild entspricht ein ‚feiner‘ Verhaltensstil – speziell im sprachlichen Ausdruck.

diese ‚Klasse-Frauen' auch besonders niveauvollen Klasse-Sex. Außer in der Werbung für bestimmte, symbolisch einschlägig aufgeladene Getränke ist in der Werbung für die klassischen Statussymbole (Schmuck, Autos, Uhren, Mode usw.) immer wieder eine gute Geschmackserotik eines gehobenen Milieus zu sehen.

8.8.3 Alltag, Außergewöhnlichkeit und erotisches Abenteuer

Ein besonderer Sinnkontext, mit dem die Werbung Erotik/Sexualität und die Idee der Steigerbarkeit von Erotik – im Prinzip geschlechterübergreifend – inszenatorisch verknüpft, ist die Vorstellung von Außergewöhnlichkeit bzw. das Konstrukt ‚erotisches Abenteuer'. Jeglicher Alltag, auch die alltägliche ‚feste Beziehung' (Ehe), erscheint im Rahmen der entsprechenden Inszenierungen als Gegenmotiv zu Vorstellungen von intensiver Gratifikation, Leidenschaft, Glück und Selbstverwirklichung. Erotische Abenteuer werden entsprechend als Gegenerlebnisse und Auswege, Ausbrüche oder Fluchten aus der reiz- und spannungsarmen (langweiligen) Normalität des täglichen (auch Sex-) Lebens dargestellt und empfohlen.[226] „Stop thinking" lautet zum Beispiel die Handlungsempfehlung einer Werbung sowohl für den abgebildeten Mann, der den Bildbetrachter zwischen gespreizten nackten Frauenbeinen hindurch anblickt, als auch für den Bildbetrachter selbst (*Paco rabanne* 2000).

   In der permanenten Wiederkehr solcher Szenen und Skripts gibt sich eine besondere und besonders verbreitete Ideal- und Wunschvorstellung zu erkennen. Deren Allgemeinheit verdeutlicht eine Anzeige, der das Foto einer Frauenhand genügt, die gerade ein „Do Not Disturb"- Schild an die Außenseite einer Hotelzimmertür hängt. Dazu wird im Text die Frage gestellt: „Wann sind Sie zuletzt in einem fremden Bett aufgewacht?" (*L'tur* 1999). Nur weil diese Anzeige davon ausgehen kann, dass jedermann (und jedefrau) mit „fremden Betten" nicht nur fremde Wohnungen oder Länder, sondern auch erotische Abenteuer (mit Fremden) assoziiert und diese für besonders beglückend und erstrebenswert hält, macht diese doppeldeutige Botschaft für ein Touristikunternehmen Sinn, dessen Dauer-Slogan „Nix wie weg" die Flucht aus dem Alltag zum (Werbe-)Programm erhebt. Es liegt dabei auf der Hand, dass die Alltäglichkeit, gegen die sich diese Werbesemantik richtet, auch die der normalen ‚festen Beziehung' ist. Da die Werbung gleichzeitig in Form von Familienbildern und Altenpaaren die monogame Dauerbeziehung als positives Ideal stilisiert, kann man bei ihr von einer doppelt strukturierten Liebessemantik von ehelicher/quasi-ehelicher Liebe und „Liebe als Passion" sprechen.[227] Das (passionierte) ‚Fremdgehen' z. B. wird in der (modernen)

---

226 Die Werbung referiert damit auf eine ihr vorausliegende gesellschaftliche Kultur- und Realitätsebene, die Helmut Schelsky in seiner „Soziologie der Sexualität" mit Begriffen wie Versachlichung und Durchorganisiertheit und mit Gegenbegriffen wie Abenteuer und Rausch reflektiert hat (vgl. Schelsky 1955, S. 125).
227 Deren historische Entwicklung seit dem Mittelalter hat Luhmann (1982) auch als eine Ausdifferenzierung der beiden Liebessemantiken aneinander beschrieben.

Werbung jedenfalls kaum moralisch disqualifiziert, sondern erscheint in der Form der erotischen Abenteuersemantik eher als erstrebens- und beneidenswertes Privileg.

Die konkreten Realitäten und Normalitäten des Alltagslebens bleiben in der Werbung aber als Hintergründe des erotischen Abenteuers typischerweise ausgeblendet. In den meisten Fällen wird eine erotische Geschichte erzählt, ohne dass zugleich signalisiert wird, wer und was die Akteure eigentlich sind, woher sie kommen usw. Es gehört geradezu zu den Charakteristika des typischen werbeerotischen Abenteuers, dass es – ähnlich wie die sexuelle Action der Pornografie – aus einer Situation heraus entsteht, in der selbst die Akteur/-innen fast nichts ‚Persönliches‘ voneinander wissen und auch nichts voneinander wissen müssen.[228] Es geht hier also um eine Idealisierung und Romantisierung des One-Night-Stands, des Seitensprungs und der Affäre. Zu dieser (Wunsch-)Vorstellung gehört, dass das erotische Geschehen sich nicht nur voraussetzungslos und folgenlos (kostenlos), sondern auch fast ohne Zutun der Akteur/-innen vollzieht und dass es, indem es sich vollzieht, sozusagen den sozialen Kontext auslöscht. Damit klingt auch die Idee einer erotischen Selbstverwirklichung und Selbststeigerung an, die sich primär oder ausschließlich auf die Körper bezieht und sich aus den und zwischen den Körpern abspielt.

Werbeerotische Affären evozieren bei den beteiligten Figuren entsprechend häufig starke Gefühlsausbrüche, deren Tempo und Gewalt die erotische Passion als natürliche Macht und Kraft zum Ausdruck bringt. Der Übertritt in den erotischen Rausch vollzieht sich dann mit einer Plötzlichkeit und Heftigkeit, die die Akteure nicht als Handelnde, sondern eher als Erlebende erscheinen lässt, mit denen phantastische Dinge geschehen: „Mit diesem Duft kann Dir alles passieren“, heißt es in einer Reklame für ein Männerparfum, die einen Mann zeigt, dem sich eine Frau unvermittelt (bzw. lediglich parfumvermittelt) auf Kuss-Distanz nähert (*Gammon* 1987). ‚Es‘ passiert, alle Grenzen und Relativitäten der Normalität durchbrechend, so rapide und unerwartet wie ein Gewitter aus heiterem Himmel.[229] Als Realitätsbezug unverzichtbar ist dann eigentlich nur das beworbene Produkt, z. B. jener Duft.

Vollzieht sich das erotische Abenteuer in der Werbung ausnahmsweise kontrastiv zu ‚offiziellen‘ (‚festen‘) Beziehungen als Seitensprung, Affäre oder Verhältnis mit einer ‚Geliebten‘, dann geschieht dies meist in Form von Andeutungen, die die Doppelmoral der Handelnden eher verdecken als offenlegen. Das lässt sich anhand der Anzeige eines Bierherstellers verdeutlichen: Dort sieht man einen Herrn ‚in den besten Jahren‘ mit einer attraktiven jungen Frau im Biergarten sitzen. Die Kleidung der beiden Figuren (er im Hemd, sie mit ordentlicher Bluse und Brille) sowie ihr Gebaren, insbesondere die Tatsache, dass die Frau einen Kugelschreiber in der Hand hält, so als wolle sie sich zum

---

228 In der Porno-Utopie kommen die erotischen/sexuellen Akteur/-innen gleichfalls mehr oder weniger aus dem Nichts und starten regelmäßig als ‚Fremde‘ unvermittelt ins Sex-Paradies, in dem sie bei aller sexuellen Intimität weiterhin einander fremd bleiben.
229 Ähnlich entwickeln sich die Dinge in einem anderen Spot: Ein Mann fährt mit dem Motorrad durch eine Landschaft. Als er sich an einem Brunnen erfrischt, betört sein Duft eine in der Nähe stehende Frau derart, dass beide sich Sekunden später eng umschlungen küssen (*Gammon* 1996).

Schreiben bereithalten, legen die Vermutung nahe, dass es sich bei dem Mann um einen Chef handelt, der mit seiner Sekretärin oder Assistentin ein halbprivates Treffen arrangiert hat. Man scheint sich gut zu verstehen und angeregt zu unterhalten: Er hebt lächelnd das Weizenbierglas, während sie ihn kokett von der Seite anlächelt. Zusätzliche Deutlichkeit gewinnt das Foto durch die über dem Mann platzierte (das heißt: ihm räumlich zugeordnete) Feststellung des Textes: „Man muß sich nur trauen" (*Valentins* 1988). Der Text „Valentins Weizenbier. Eine spritzige Affäre" tut kund, dass sich hier eine Romanze besonderer Art anbahnt. Dabei belässt es aber die Werbung. Die Affäre wird angedeutet und gleichzeitig im Dunkeln gelassen.[230]

Insgesamt deuten die Werbeinszenierungen des erotischen Abenteuers auf ein bestimmtes Ideal-Verständnis von Erotik/Sexualität als ‚Erlebnis' – ein Verständnis, das sich in gewissem Maße durchaus mit Sinnimplikationen der zeitgenössischen Pornografie vergleichen lässt. Erotik/Sexualität wird in beiden Fällen als reines Vergnügen ausdifferenziert, sozial ‚entbettet' und mit dem Ziel gesteigerter Intensität (maximalen Lustgewinns) betrieben. Erotik/Sex soll in jedem Fall ein irgendwie außergewöhnliches Erlebnis sein. In der Pornografie ist der Sex als solcher allerdings bei aller immer außerordentlichen Intensität und Pluralität alles andere als ungewöhnlich oder außergewöhnlich, sondern höchst gewöhnlich und in sozialer Hinsicht kein Abenteuer. In der Werbung wiederum ist das erotische Abenteuer sozial voraussetzungsvoll, z. B. an Attraktivität und Attraktion gebunden.

8.8.4 Korporalismus und Rassismus: Ethnien und (als) Erotik

Die Werbung konstruiert Erotik, erotische Images, Bedeutungen und Valenzen aller Art immer auch und in erster Linie durch die Auswahl ihrer Darsteller/-innen (Modelle), die schon als Korporalitätstypen einen expressiven, symbolischen und gleichsam mythologischen Charakter haben, unterschiedliche erotische Eindrücke machen und gleichsam erotische Geschichten erzählen. Wie gezeigt wurde, machen das Geschlecht, das

---

230 Die Verhüllung des Seitensprungthemas basiert nicht zuletzt auf der Zweideutigkeit des Textes, die zunächst das Bier als „spritzige Affäre" darstellen soll bzw. das Getränk mindestens als geeignetes Mittel zum Zweck erscheinen lässt. In den letzten Jahren mehren sich allerdings Werbungen, die den ‚Ehebruch' offen als solchen thematisieren und sogar billigen. Stilbildend für diese Skripts sind vor allem Werbungen verschiedener Autohersteller, in denen das Auto als geeignetes Hilfsmittel dargestellt wird, heimliche Liebschaften erfolgreich (und d. h. eben: heimlich) zu pflegen – z. B. indem das Auto den Abenteurer trotz augenscheinlich schwieriger Wetterlagen und Straßenverhältnisse sicher und schnell zu seiner Geliebten bringt und auch wieder zurückbringt. Charakteristisch ist an diesen Spots der Humor, mit dem die Geschichte erzählt wird, und die darin zum Ausdruck kommende Tatsache, dass die erotische Affäre (und bemerkenswerterweise gelegentlich auch die seitenspringende Frau) moralisch akzeptabel erscheint, solange sie (für den jeweils ‚Betrogenen') nur im Geheimen bleibt.

Lebensalter/die Altersklassen und das (Gut-)Aussehen diesbezüglich mehr oder weniger erhebliche Unterschiede.[231]

Erotische Impressionen, Botschaften und Geschichten, insbesondere erotische Abenteuergeschichten, generiert die Werbung auch auf der Basis korporaler Ethnizität/ ethnischer Korporalität und damit verbundener Ausdrucks- und Stilmomente. Spezifisch aussagekräftige ethnische Habitus sollen, andere Differenzen (wie die Geschlechterdifferenz) zugleich übergreifend und spezifizierend, gleichsam Aussagen in puncto Erotik machen und diesbezügliche Assoziationen und Emotionen auslösen. So entfaltet die deutsche Werbung eine Art Rassismus, der alle Ethnien in puncto Erotik/ Sexualität qualifiziert. Differenzen zwischen den Hautfarben (vor allem: schwarz/weiß), den Weltregionen (Norden/Süden) und den Nationen scheinen dabei von größter Bedeutung zu sein.

In der deutschen Werbung werden in einer Art von Selektion traditionell ‚südländische' Modelle als Verkörperungen des Erotischen bzw. des erotischen/sexuellen Lebens, Vergnügens und Abenteuers bevorzugt. Ein wesentlicher Grund dafür liegt in einem legendären Image des Natürlichen, Ursprünglichen, Wilden, und das heißt des Un- oder Minderzivilisierten, das vor allem bestimmten ‚südländischen' Ethnien zugeschrieben wird. C.-D. Rath beschreibt dieses ‚Zivilisationstheorem' wie folgt:

> Von kulturell geforderter, fühlbarer Einbuße an Lust und der daraus resultierenden Unbefriedigung scheinen die Fremden verschont. Es ist, als seien sie frei von Schuldgefühlen, würden nicht von Gewissensanforderungen gepeinigt, etwa bezüglich der Notwendigkeit, die eigene Zeit gewinnbringend zu nutzen, anstatt sie mit Liebe, Spiel und Palaver zu vertun. Der Traum von ihrer größeren Natürlichkeit und Freizügigkeit enthält die Vorstellung, die ‚Minderzivilisierten' unterlägen laxeren oder gar keinen Verboten (1990, S. 16, zit. nach Spieß 1995, S. 83 f.).

Im Rahmen oder in der Richtung dieser kosmologischen/mythologischen Image-Konstruktion werden ‚südländische' Nationalitäten des europäischen Auslands (Spanier/- innen, Italiener/-innen, Griech(inn)en) und Ethnien anderer Kontinente (Asien, Afrika, Amerika) als Identitäten mit besonderen und besonders starken erotischen/sexuellen Attributen präferiert und stilisiert. Je südlicher die Nationalität/Ethnie geografisch verortet ist, desto temperamentvoller und leidenschaftlicher ist ihr erotisches ‚Wesen' – laut Werbung. Ein Vergleich macht dies deutlich: In einem Werbespot für ein deutsches Bier sieht man einen Mann, der einen Liebesbrief seiner französischen Geliebten liest: „Lieber (H)arald, kannst Du mir eine Flasche schicken von die Bier, die so schön geprickelt hat in meine Bauchnabel?" (*Schöfferhofer* 2000).[232] Während der Mann dies

---

231 Erotik und Sex bzw. ‚heißen Sex' assoziiert die Werbung, wie gesagt, insbesondere mit jungen und gutaussehenden Körpern. Je weiter sich Körper von diesen Merkmalen entfernen, desto weniger haben sie – in der Werbung – überhaupt mit Erotik/Sex zu tun – bis hin zum völligen Verschwinden bzw. Nicht(mehr)sein. Frauen sind von diesem Verschwinden allerdings früher und konsequenter betroffen als Männer.

232 Eine ähnliche Inszenierung zeigt, wie „italienischer Geschmack (..) die Welt verführt" (*Disaronno* 2002).

liest, führen die Bilder vor, woran er sich gerade erinnert: an einen nackten Frauenkörper in goldfarbigem Schummerlicht und einige Tropfen Flüssigkeit (des Bieres), die
die Region des Bauchnabels perlend befeuchten. Ähnlich, aber auch entscheidend anders, operiert der Spot für einen spanischen Sekt mit Erotik als einem kulturell geprägten Thema (*Freixenet* 2000). Hier sieht man ein fast nacktes Liebespaar, dessen
Darsteller die entsprechenden ‚südländischen' Körper-Charakteristika aufweisen
(schwarze Haare, braune Augen, dunkelbraune Haut), in ein Liebesspiel verwickelt, in
das sie das beworbene Getränk einbeziehen. ‚Temperamentvoller' als die französische
Erotik wirken hier nicht nur die Aktionen der Handelnden, sondern auch die Kame-
raführung, die den Weg der Sekttropfen in rasanten Fahrten über die Körper verfolgt,
um derart die erotische Ekstase („The magic of passion") zum Ausdruck zu bringen.
Auch andere dramaturgische Effekte, wie z. B. die Verwandlung einer Tätowierung in
ein flammendes Herz oder die betont rhythmische Musik, stehen für die Identität der
Spanier als besonders ‚feurige' Liebende.

Die entsprechenden Frauen *und* Männer der ‚südlichen' Ethnien repräsentieren
also eine mehr oder weniger aufregende „exotic love" und verkörpern eine besonders
kraftvolle und natürliche ‚Triebhaftigkeit'.[233] Neben und mit der ‚Südlichkeit' der Ethnie
macht die Hautfarbe bzw. der Grad ihrer Dunkelheit in diesem Zusammenhang einen
signifikanten und informativen Unterschied. So kann ein dunkelhäutiges Fotomodell
wie Naomi Campbell an ihre Geschlechtsgenossinnen appellieren: „follow your instinct"
(*Naomi Campbell*/Parfum 2000). Besonderen Nachdruck und Eindeutigkeit verleiht die
Werbung den Erotik-Stereotypen des Südländers und der Südländerin durch die Stilisierung von Requisiten wie der Kleidung (z. B.: offene Hemden, folkloristische Erotik-
Mode) und von angeblich typischen Verhaltensmustern (gefühlsbetontes Sprechen und
Gestikulieren usw.) sowie durch den Einsatz charakterisierender Vokabeln im kom-
mentierenden Text: „rassig", „temperamentvoll", „leidenschaftlich".

Ein besonderer Fall sind Asiat/-innen, die in der Werbung vor allem dann als
Frauen in Erscheinung treten, wenn Erotik (im weitesten Sinne) im Spiel ist. Auffällig ist
dabei, dass die Erotik bzw. die erotische Ausstrahlung der asiatischen Frau hauptsächlich mit ihrer Unterordnung unter den Mann (Devotheit) verknüpft wird – z. B., wenn sie
als attraktive und zugleich besonders zuvorkommende Stewardess in Werbungen für
asiatische Fluggesellschaften inszeniert wird (*Singapore Airlines* 2000).

Der werblichen Erotik-Anthropologie entsprechend sind ‚südliche'/‚südländische'
oder ‚exotische' Ethnien immer wieder Ausgangspunkte verschiedener Skripts, die
diesen Ethnien besondere Bedeutungen und Rollen in erotisch-sexuellen Kontexten
zuweisen. Dabei kommt die erotische Abenteuer-Thematik dadurch in besonderer Weise
ins Spiel, dass diese Ethnien ihren Natur-Sex (und ihre Sex-Natur) nicht nur an sich
selbst verschwenden, sondern ihn auch als außergewöhnlichen Erlebnis-Sex ‚zivili-

---

233 Da hellhäutige Menschen anscheinend nicht über diese verfügen, kann ihnen die Werbung schon
einmal ‚produktive' Abhilfe versprechen, z. B. in Form blumenbedruckter „Tropicana"-Unterwäsche,
mittels derer auch nordländische Blondinen „dem Alltag einen Schuss exotischer Würze geben" können
(*Schiesser* 1974).

sierteren' (‚nördlichen', ‚westlichen') Identitäten verlockend offerieren. Der Plot sieht in diesem Fall häufig vor, dass der Vertreter der ‚südlichen' Ethnie einen gewöhnlichen Darsteller (mit dem sich der Rezipient identifizieren soll) verführt und in ein außergewöhnliches und abenteuerliches ‚Reich der Sinne' entführt. Der z.B. ‚deutsch' erscheinende Akteur erlebt dann das Abenteuer als eine Art Verwandlung durch die erotische Zauberkraft seines südlichen (südländischen oder exotischen) Partners. Angedeutet wird eine solche Transformation z.B. in einem Spot für einen Instant-Kaffee: Ein ‚rassiger' Italiener lädt eine attraktive Blondine, die seine Nachbarin ist, zum Kaffeetrinken ein, das schnell zu einem Flirt wird, bei dem der Italiener nicht nur als ein Experte in Sachen Kaffee in Erscheinung tritt. Man versteht, dass seine Kompetenz auch darin besteht, der (‚deutschen') Frau genussvolle Momente in einem viel weitreichenderen Sinne verschaffen zu können:[234] Die Wohnung des Nachbarn wird für die Frau unvermittelt zu einem Ort prickelnder erotischer Intimität, zu einem erregenden Erlebnisraum jenseits normalabendlicher Langeweile.

Andere Werbungen bringen vor allem durch entsprechende Körperselektionen und Körpereinsätze eine noch unverblümtere Erotik-Semantik bzw. Abenteuer-Erotik im Rahmen ‚interethnischer' Beziehungen ins Spiel. So sieht man in einer Anzeige eine blasse Blondine in den Flirt mit einem schwarzen Mann involviert. Die Bildsequenz zeigt eine tanzähnliche Bewegungsfigur des Paares. Der Text kommentiert: „‚Heißer Rhythmus ist die Summe kühler Pausen', sagte Joe und tippte mit seinen Fingern ein paar Sekunden Rock'n Roll auf meine Knie. Ich kippte zwei Stockwerke Eis in meinen Drink und spielte in Gedanken ‚Let's spend the night together...'". Der schwarze Mann verkörpert hier den „heißen Rhythmus" des Geschlechtsaktes, der von der Frau herbeigesehnt wird („let's spend the night together"),[235] und er steht ‚natürlich' für außergewöhnliche Potenz und damit für einen erotischen Abenteuer-Traum der Frau, die offensichtlich nicht in den Kategorien einer persönlichen (Liebes-)Beziehung sondern in der Dimension einer Nacht denkt.[236]

---

234 Auch wenn in einer Reklame eine Frau den behutsamen Annäherungsversuch eines Mannes in Gedanken mit den Worten kommentiert „Das gibt's doch gar nicht: ein schüchterner Italiener!" (*dané* 1990), wird deutlich, was und wie ‚der Italiener' normalerweise oder ‚eigentlich' ist: nämlich ein Mann voller Leidenschaft.

235 Der in diesem Sinne zu verstehende ‚Rhythmus im Blut' ist ein wichtiges Merkmal und Erkennungszeichen aller als ‚rassig' stilisierten Identitäten. So beschreibt die Anzeige eines Touristik-Unternehmens, die eine Spanierin im ekstatischen Tanz zeigt (abgedunkelte, in orange-rotes Licht getauchte Szene), die Faszination, die den blutarmen Urlauber aus Deutschland im Land seiner (erotischen) Träume erfasst: „Vom Rhythmus gefangen standen wir vor der Bodega. Laßt uns hineingehen, flüsterte unser Reiseleiter, wir sind hier immer willkommen" (*Tui* 2000).

236 Allerdings sind schwarze Männer in derartiger Kombination mit weißen Frauen ein eher seltenes Werbemotiv – und dies vielleicht gerade deswegen, weil die an der Identität des schwarzen Mannes haftende Vorstellung von besonderer Triebhaftigkeit und Potenz die jeweilige Situation in einem sexuellen Sinne rahmt und damit (über-)determiniert. Umso häufiger sieht man schwarze Männer, die in erotisch entschärften Situationen (vor allem ohne Frauen) für Sportartikel (Turnschuhe, Fitnessnahrung, Kleidung usw.) oder für solche Produkte werben, die sich ein sportliches Image geben wollen. Dynamik,

Zu den Werbeinszenierungen der abenteuerlichen Ethnien-Erotik gehört neben und mit den beteiligten Körpertypen/korporalen Habitus auch der Einsatz entsprechender Landschaften („Naturen'), die als aussagekräftige Bühnen und Kulissen der erotischen Szenen fungieren. Ebenso wie ihre Bewohner besticht die jeweilige Landschaft durch den Reiz einer Exotik, die das anziehend Fremde komplettiert. Dementsprechend kommentieren die Texte das Gezeigte. Die Rede ist zum Beispiel von der „Faszination" und dem „Temperament der Karibik" (*Tia Maria* 1989) oder von der „mediterranen Frische" (Roman Nature von *Gammon* 1996), womit auch der erotische Charme von ‚Land und Leuten' gemeint ist. Die gezeigte Natur fungiert in diesen Fällen als Gegenmotiv zur ‚zivilisierten' (West-, Nord-) Welt und soll als solches Gegenmotiv auch die Möglichkeit der Rückkehr zu einer erotischen/sexuellen Natürlichkeit bzw. zur Natur des erotischen Körpers illustrieren. Vor allem tropische Landschaften (z. B.: Karibik, ‚Südsee', Malediven) werden in diesem Sinne immer wieder als paradiesische Glücksnatur inszeniert: Wenn die Sonne auf weiße Strände scheint und klares Wasser zum Baden einlädt, pflegen die dargestellten Männer und Frauen wie selbstverständlich eine (Fast-)‚Freikörperkultur', die an die reine und ungehemmte Sinnlichkeit der ‚Naturvölker' erinnern soll.[237]

Mit diesen Images und Idealklischees einer paradiesischen Natur und (erotischen) Natürlichkeit referiert die Werbung natürlich auch auf reale Urlaubsmotive und Urlaubsphantasien hiesiger Zeitgenossen sowie auf den Alltag einer (‚westlichen') Gesellschaft, der alles andere als paradiesisch ist. Die Werbung entspricht (und widerspricht) dem, insbesondere den Normalitäten des „Selbstzwangs" (Elias), der Entfremdung und der Langeweile, mit eindrucksvollen und vielversprechenden Gegenentwürfen und Gegenangeboten, die auch auf konkrete erotische/sexuelle Action mit jenen außergewöhnlich ‚sinnlichen' Partnern und Partnerinnen hinauslaufen. So sieht man an symbolisch-sinnreichen Orten wie Schiffen (Segelschiffen, Schiffdecks), Stränden und Swimmingpools, die von einem erwünschten und wahr gewordenen Dolce Vita zeugen, auch immer wieder unverkennbare (weiße) ‚West-' und ‚Nordmenschen', die von heißblütigen ‚Naturmenschen' des Südens vor Ort verführt oder ‚verwöhnt' werden – typischerweise in der Konstellation: Frau verführt Mann.

Ausdauer und (auch: sexuelle) Stärke als Eigenschaften, die dem schwarzen Mann zugeschrieben werden, sollen dann mit dem jeweiligen Produkt assoziiert werden.

237 Dabei ist klar, dass z. B. die ‚Schamlosigkeit' des ‚Bacardi-Stammes' voraussetzt, dass die vorgeführten Frauen- und Männerkörper den herrschenden Schönheitsidealen entsprechen. Es gibt also in dieser Richtung nichts, wofür sich die Akteur/-innen schämen müssten – ja umgekehrt wird (weitgehende) Nacktheit in diesem Fall dazu benutzt, Körperperfektion zu demonstrieren. Die hier gemeinte ‚Schamlosigkeit' verweist also auf besonders klar definierte Körper-Ideale und auf entsprechend scharfe Scham- und Peinlichkeitsgrenzen, die in der zivilisierten Gesellschaft der Werbung (und nicht nur der Werbung) gezogen werden.

8.8.5 Erotik und (als) Konsum

In seiner „Soziologie der Sexualität" versteht Helmut Schelsky (1955) Erotik/Sexualität und Erotik-Semantiken wie die der Werbung vor dem Hintergrund des strukturellen Umbaus der Gesellschaft zur *modernen* Gesellschaft. In dieser hochgradig ‚arbeitsteiligen', komplexen, in verschiedene Funktionsbereiche zerfallenden Gesellschaft komme es zu einem hohen Maß an Anonymität und Entfremdung, sodass sich das „personhaft und ihm zugehörig empfundene Verhalten" des Einzelnen immer mehr „in ein kompensatorisch privates Tätigkeitsfeld (verlagere): in seine Freizeit". Der Erotik komme bei der Gestaltung einer freizeitlichen ‚Gegenwelt' zur Welt des Berufslebens, der großen (bürokratischen) Organisationen und der ‚Öffentlichkeit' eine wichtige Funktion zu, weil sie besonders die individuellsten Aspekte des Individuums repräsentiere, mithin die andere Seite der systemisch-funktionalisierten Person darstelle und zur Geltung bringe. In seiner Freizeit allerdings, so Schelsky weiter, unterwerfe sich der Mensch der „Herrschaft der Konsumbedürfnisse" und damit „dem zweiten ‚Entfremdungs-' und Dirigierungsprozeß der industriellen Organisation". Unterstützt von medizinischen Entwicklungen wie der Empfängnisverhütung und den Medikamenten gegen Geschlechtskrankheiten komme es zu einer „Angleichung des sexuell-erotischen Habitus an die modernen Konsum-Verhaltensweisen". Die Charakteristik dieses Habitus sieht Schelsky in dem Werbeslogan „Genuß ohne Reue" eines Zigarettenherstellers treffend formuliert. Es entwickle sich in puncto Erotik/Sexualität eine (habituelle) Konsumentenmentalität mit immanenter Risikoablehnung (Schelsky 1955, S. 119 f.). Im Blick auf Erotik und Sexualität, aber auch darüber hinaus, sieht Schelsky also einen fundamentalen gesellschaftlichen und kulturellen bzw. mentalen Wandel, der nicht nur das Herzstück der christlichen Welt- und Lebensauffassung, sondern auch das Herzstück des zivilisierten Habitus betrifft, wie Norbert Elias und andere ihn charakterisiert haben.

Medieninszenierungen wie die der Werbungserotik scheinen die von Schelsky gemeinte generalisierte Konsumorientierung in hohem Maße zu spiegeln. Die obigen Untersuchungen zur Werbungserotik laufen jedenfalls in zentralen Punkten auf das historische bzw. epochale Grundverständnis von Sexualität/Erotik hinaus, das Schelsky im Auge hat: auf das ‚Geschlechtliche' als „natürliche Quelle des Genusses"[238] und die

---

238 Der werbliche Erotik-Konsumismus verweist damit auch auf die epochale semantische (Trans-) Formation, die Schelsky „biologischen Dogmatismus" (1955, S. 49) genannt hat. Schelsky konstatiert unter diesem Titel, dass die „Absolutheit sexueller Normen", also die als naturgegeben interpretierte und daher unbedingte Geltung beanspruchende „Metaphysik" (Schelsky) der Sexualität, im Verschwinden begriffen ist und dass der „Übersteigerung der sozialen Normierungsfähigkeit [...] heute umgekehrt eine übertriebene Abwehr der sozialen Normierungsnotwendigkeit gegenüberzustehen" scheint (Schelsky 1955, S. 48). Die Genese der ‚neuen (Un-)Ordnung' beschreibt Schelsky als Aufstieg eines Deutungsmusters, das Sexualität/Erotik als einen ‚natürlichen Rahmen' vorstellt und als ‚Natürlichkeit' jenseits moralischer Restriktion legitim und verbindlich macht. Vom Boden der Naturwissenschaften und der Psychologie aus habe sich eine Weltsicht generalisiert, die darin bestehe, dass mit der Vorstellung der „Abhängigkeit aller Handlungsformen vom Biologisch-Vitalen jede sie einengende und disziplinierende soziale Formierung

„Angleichung des sexuell-erotischen Habitus an die modernen Konsumverhaltensweisen"
(Schelsky 1955, S. 120; Herv. i. O.). Folgt man den obigen Beobachtungen und Überlegungen, dann scheint auch der entsprechend ‚qualifizierte' Werbe-Mensch ein erotisch getriebener und umtriebiger Akteur zu sein, der als Konsument, als erotisch Konsumierender und Konsumierter auf der permanenten Suche nach Gratifikationen, Genüssen, Sensationen und Gewinnen ist. Dabei trifft er auf eine Gesellschaft und Kultur, die ein erotisches Agieren fast ohne Grenzen gestattet oder nahelegt. Jede seiner Umgebungen (einschließlich die der Produkte) hat zumindest potenziell einen erotischen Hinweis-, Zeichen- oder Symptomcharakter, und der jeweils gegengeschlechtliche Akteur ist in den verschiedensten sozialen Zusammenhängen Grund für erotische Erregung und Aktivität. Als akzeptabel mindestens angedeutet, wenn nicht propagiert, wird dementsprechend Grenzenlosigkeit, Toleranz, Variation und Pluralismus.[239]

Die Sphäre der Erotik erscheint also innerhalb minimierter Restriktionen der direkten moralischen (Dis-)Qualifikation weitgehend enthoben[240] und einer diffusen „Pflicht zum Genuss" (Bourdieu) unterstellt. Waren Erotisches und Sexuelles lange Zeit an sich verdächtig, wenn nicht verwerflich, so ist im Zuge längerfristiger Prozesse das Gegenteil davon der Fall geworden – mit Implikationen auch für die Werbungskultur. An

---

als ‚widernatürlich' abgewertet" wird (Schelsky 1955, S. 49). Dass das von Schelsky gemeinte Deutungsmuster, das bekanntlich nicht zuletzt von der Psychoanalyse formuliert und verbreitet worden ist, gerade auch in medialen Erotik-Diskursen wie denen der Werbung vorherrscht, sollte deutlich geworden sein.
239 Aus dieser Situation, Orientierung und ‚Philosophie' erklärt sich auch, dass die Funktionalisierung von Sex-Themen für kommerzielle (Werbungs-)Interessen eine Selbstverständlichkeit darstellt, die kaum (mehr) Kritik oder gar Skandale provoziert. Ganz im Gegensatz zu Themen wie Religion, Drogensucht, Umweltverschmutzung, Aids oder Krieg eignet sich Sex offenbar kaum noch für ein „testing (of) the limits of conventional advertising" (Falk 1997). Wie die Kampagnen der Firma Benetton gezeigt haben, lassen sich dagegen in Bezug auf andere (Medien-)Themen immer noch leicht Moralgrenzen überschreiten und entsprechend Aufmerksamkeitsgewinne erzielen: Bereits das (nicht moralisierende) Einsetzen der genannten Themen über entsprechende Identitäten und Objekte in den Werbungsrahmen genügte, um eine Kritik zu provozieren, die neben und mit der illegitimen (da strategisch-wirtschaftlichen) Verwendung der Themen Werte und Moralen verletzt sah. So wurde z. B. das Zeigen ausgegrenzter Minderheiten selbst als Akt der Ausgrenzung interpretiert usw.
240 Ja die Grenzenlosigkeit in diesem Punkt kann für einen Image-Pluspunkt gehalten und entsprechend instrumentiert werden. So wirbt in einer Anzeige eine Zeitschrift für sich, indem sie Ausschnitte aus Interviews mit Prominenten zum Thema Sex abdruckt. Hier sind Statements zu lesen wie: „Tiere sind nicht so mein Fall. Aber ansonsten wüßte ich keine Tabus, zumindest nicht in meinem Kopf. Es gibt nichts, was ich mir nicht vorstellen kann" (Iris Berben in Bunte, 2.4.1998). Zu beachten ist an diesem Beispiel allerdings auch, dass die Akzeptanz/Toleranz ungewöhnlicher(er) Sex-Praktiken doppelt relativiert ist: Zum einen repräsentiert der Interviewausschnitt nicht die generalisierte Erotikmoral der werbenden Zeitschrift, sondern lediglich die Gesinnung einer einzelnen Privatperson, deren Prominenz hier als Aufmerksamkeitsgenerator eingesetzt wird. Zum anderen werden diese Praktiken nur als Teil der sexuellen Phantasie dargestellt. Es erscheint klar, dass die betreffende Person abweichendere Sex-Praktiken faktisch nicht praktiziert, also die traditionellen Sex-Normen einhält, genauso wie sie andererseits die lockeren Sex-Regeln einer für alles offenen Sexualmoral akzeptiert. Es geht also (auch) hier um eine ‚gebremste' Liberalisierung, die man in ihrer Ambivalenz für ein wesentliches Element des Zeitcharakters der Werbungserotik halten kann.

die Stelle der traditionellen moralischen Verbote und Gebote sind tendenziell die umgekehrten Prämissen und Postulate der Akzeptanz, der Inklusion, der Expansion und der Steigerung/Intensivierung getreten. In der erotischen Konsumgesellschaft/Erlebnisgesellschaft (der Werbung) ist man nicht nur berechtigt, sondern geradezu dazu aufgerufen, die Fülle der (im Prinzip gleichwertigen) Optionen wahrzunehmen und je nach Geschmack zu realisieren. Ein Beispiel mag diesen (kultur-)revolutionären Wandel verdeutlichen: In einem Kino-Spot eines Zigarettenherstellers sieht man einen jungen Mann, der durch die Räume eines Bordells marschiert, das sich auf Kunden mit sadomasochistischen Vorlieben spezialisiert hat.[241] Die Kamera folgt dem Mann auf seinem Weg und gewährt dadurch dem Werbungsrezipienten zahlreiche (als realistisch inszenierte) Einblicke in das Geschehen eines solchen Etablissements. Am Ende seines Rundgangs sinkt der junge Besucher in einem Raum, der für ihn reserviert zu sein scheint, erschöpft von den vielen Eindrücken in einen Sessel, um sich genüsslich eine Zigarette anzustecken (*Camel* 2000). Ins Bild gesetzt wird hier die Welt der Sadomasochisten als eine erotische Welt, die unter anderen erotischen Welten – in einer erotischen ‚Multioptionsgesellschaft' – gleichwertig existiert und existieren darf. Der Bordell-Besucher, der als eine Art Identifikationsfigur fungiert, die dem Werbungsrezipienten die ‚Lebenswelt' der Sadomasochisten näherbringt, wirkt interessiert und fasziniert. Als neugieriger Zaungast informiert er sich über die Breite und Buntheit des erotisch Möglichen. Erschöpfend (nicht schockierend) ist für den Protagonisten der Neuigkeits- und Eventcharakter des Erlebten, nicht eine als moralisch abnorm bewertete Praxis.[242]

Es liegt in der Logik der modernen (Wirtschafts-)Werbung, gleichsam als Überbau und Unterbau der modernen Konsumgesellschaft zu fungieren und damit auch direkt oder indirekt den Konsum als solchen zu preisen und zu zelebrieren. In jeder einzelnen Werbung und in der Summe aller Werbungen, die bekanntlich dynamisch expandieren, geht es ja um nichts Anderes als darum, zum Konsum zu motivieren, Konsumobjekte

---

241 Sadomasochismus ist die am häufigsten inszenierte abweichende Sex-Praxis in der Werbung – vermutlich auch deshalb, weil das dazugehörige Zeichenrepertoire schon seit geraumer Zeit zum kollektiven Wissen gehört und (daher) entsprechend leicht inszeniert werden kann.

242 In ähnlicher Weise behandelt eine Whiskey-Reklame das Thema Sadomasochismus: Zu sehen ist eine junge, ‚sympathisch' wirkende Frau in normaler Kleidung (Typ: ‚das nette Mädchen von nebenan'), die gerade ihre S-M-Wäsche zum Trocknen an eine Leine hängt. Die beiden Charakter-Seiten der Frau, die in den beiden Kleidungsstilen zum Ausdruck kommen sollen, werden auch im Text ausgesprochen: „Mild but wild" heißt es zu dem Foto (*Southern Comfort* 1998). Sadomasochismus wird hier also als akzeptabler Teilzeit-Lebensstil vorgeführt, als eine gepflegte ‚wilde' Lebensart, die durchaus in ein normales Leben normaler Individuen integriert werden kann und insofern harmlos und ‚mild' ist. In diesem Sinne kann das Image der Frau als Sinnbild für den beworbenen Whiskey fungieren, der in ähnlicher Weise Gegensätze in sich vereint („Milder Geschmack. Wilde 40 %"). Bemerkenswert sind hier auch die beliebten Sex-Magazine des Fernsehens, die die verschiedensten sexuellen Verhaltensformen und Einstellungen vor die Augen des Massenpublikums führen. Indem diese und andere Medienerzeugnisse von professionellen Pornoproduzenten, von (Sex-)Tantra-Gruppen und Swinger-Clubs, von Prostituierten, Sadisten und Masochisten usw. ‚berichten' und diese Berichte auch normalerweise mindestens verstehend kommentieren, machen sie deutlich, dass der Diskurs fast alles einschließt und toleriert bzw. nur sehr wenig ausschließt und missbilligt.

und Konsumakte im besten Licht erscheinen zu lassen, als Wege zu allen möglichen wünschenswerten Zuständen[243] zu empfehlen und in Bedürfnisse zu übersetzen. In der Werbung und im Konsum selbst wird damit auch eine Art Weltanschauung manifest und vermittelt, die konsumistisch genannt werden kann. Die Werbung ist diesbezüglich nicht nur als kulturelles Forum, sondern auch als ein quasi-ideologischer Raum, ja als Zeremonie anzusehen, die jene Weltanschauung einem Massenpublikum immer wieder neu vorführt, bestätigt, einprägt, verständlich und selbstverständlich macht.

Auch vor diesem Hintergrund ist die Rolle der Werbungs-Erotik einzuschätzen. Sie dient nicht nur dem Absatz eines immer breiter werdenden Spektrums direkt oder indirekt erotikbezogener Produkte (von Hygieneprodukten über die Kosmetik bis zur Kleidung und zu ‚Sex-Artikeln'), und sie dient auch nicht nur der jeweiligen (sprachlichen und bildlichen) Werbungs-Inszenierung (z. B. als Aufmerksamkeitsgenerator); sie verkündet und vermittelt vielmehr auch eine Art Theorie, einen Glauben, der sich auf die Erotik/Sexualität selbst bezieht und (ohne Wertungsabsicht) mit dem Begriff Konsumismus fassen lässt. Der Erotik-Konsumismus entwirft die Erotik/Sexualität selbst als eine Art Konsum: erotische Körper und Körperbilder werden konsumiert; sie sind Konsum-Objekte, und zugleich sind im Prinzip alle Körper Medien bzw. Subjekte des Konsums anderer (Konsum-)Körper und Körperbilder.[244] Wenn es nach diesem Modell gut oder normal läuft, konsumiert man also und wird man konsumiert.

Als ‚Konsumgüter' unterliegen die (erotischen) Körper natürlich der Normierung, normorientierten Bewertung und ‚Evaluation', der sich die Werbung mit ihren Modellen, Definitionen, Maßstäben und Produkt-Offerten folgenreich andient. Neben ihren, mit ihren und in ihren Erotik-Inszenierungen führt sie Standards, Ideale und (das heißt) Tauschwerte der Erscheinung und des Verhaltens vor. Im Vordergrund stehen korporale und fleischgewordene Ideale und Idealisierungen, die als erreichbar zur Geltung gebracht werden und durch die negative Abweichungen mindestens als problematische Defizite erscheinen. Vor allem die direkt auf den Körper bezogenen Modellierungen indizieren und forcieren ein idealistisches und „normalistisches" (Link 1997) Regime von Werten, Grenzen und Anforderungen mit entsprechend vorgerückten Scham-, Verlegenheits- und Peinlichkeitsschwellen.[245]

Mit dem werblichen Erotik-Konsumismus und Erotik-Normalismus hängt die werbungsimmanente oder jedenfalls von der Werbung forcierte Vorstellung zusammen, dass der eigene erotische Erfolg und das eigene erotische Glück nicht oder nicht nur zufällig sind, sondern auch in eigener Verantwortung herzustellen oder mindestens günstig zu beeinflussen sind – natürlich direkt oder indirekt mittels der beworbenen

---

243 Schönheit, Gesundheit, Reichtum, Beliebtheit, Sicherheit, Glück, Zufriedenheit, sexuelle Potenz, Selbstachtung, ein ‚gutes Gewissen' usw.

244 Schelsky (1955) spricht vom Konsum als der Verhaltensform, die neben einer Psychologisierung den „Zeitcharakter der Sexualität" wesentlich prägt, und davon, dass Sexualität unter modernen Bedingungen als Konsum betrachtet und kommuniziert wird.

245 Dass die Geschlechter von diesen Tatsachen, die neben einer symbolischen Minusseite auch eine Plusseite (Prestigeseite) haben, systematisch unterschiedlich betroffen sind, wurde oben deutlich.

Objekte. Hier hat man es also mit einer Variante der Rationalität bzw. der ‚instrumen-
tellen Vernunft' zu tun, die die Werbung generell propagiert. Bestimmte Objekte, insbesondere Produkte bzw. Konsum-Handlungen und mit Konsum verbundene Maßnahmen, erscheinen dabei als Erfolgsbedingungen, Erfolgsfaktoren und Erfolgsgaranten. Im
Vordergrund stehen Produkte, die die eigene (korporale) Attraktivität und ‚Ausstrahlung' zu erzeugen, zu erhalten oder zu heben versprechen. Aber auch darüber hinaus
erscheinen (zu konsumierende) Produkte mindestens als Hilfsmittel auf dem Weg zu
erotischem Erfolg und Glück. Automobile und Erotik/Sex sind schon lange eng gekoppelt
(siehe oben); „Kuschelrock" (1996) empfiehlt sich als stimulierende musikalische Un-
termalung für das Liebesspiel; Tankstellen präsentieren sich als Depots, an denen noch
zur nächtlichen Stunde Güter erworben werden können, die aus der Diskobekannt-
schaft den ‚One-Night-Stand' machen (*Esso* 1996); und der leckere Marmeladen-Toast
erscheint als anregender erotischer Startimpuls (*Schwartau* 1996).

Entsprechend sinngeladene, symbolisch oder mythologisch aufgeladene Produkte
sind im Medium der Werbung gleichsam Katalysatoren, die erotische Beziehungen
anbahnen, einbetten und vertiefen. Sie sind auch eine Art Kode, an dem sich die Liebenden erkennen und mit dem sie kommunizieren; potenzielle Zeichen, mittels derer
sich Paare und Individuen erlebte Situationen erotischen Glücks oder harmonischer
Liebe in Erinnerung rufen.[246] Über die vorgeführten Varianten, Kombinationen und
Kombinationsmöglichkeiten des Angebots (z. B. im modischen Bereich) erscheint Konsum auch als Distinktions- und Individualisierungsmedium – und damit als Erfolgsmedium – in Sachen Erotik und erotischer Selbstdarstellung.[247]

Konsum scheint im Feld der Erotik also auch ein Modell, wenn nicht *das* Modell für
Verstehen, Bewerten, Erwarten und Handeln (Behandeln, Aushandeln) zu bilden. Die
werbliche Erotik-Welt impliziert und propagiert jedenfalls Prinzipien, die mit dem
Konsum (von Produkten) assoziiert sind. Auf der sozialen Wahrnehmungs-, Beurtei-
lungs- und Interaktionsebene herrschen die Prinzipien des Tauschs, des Marktes und
der Vermarktung: Man (frau) ist in erotischer Hinsicht (auch oder vor allem aufgrund
von Konsum-Handlungen) etwas bestimmtes wert und verdient daher ein bestimmbares
Äquivalent. Dieses Verständnis kommt nicht zuletzt in der Verknüpfung und in der
‚Passung' der jeweiligen erotischen Akteur/-innen zum Ausdruck, die die Werbung

---

246 Als solche Zeichen haben Produkte die Kraft, erotische Gefühle wach zu halten und zu reaktivieren,
zum Beispiel die räumliche Distanz zwischen einem (deutschen) Mann und seiner (französischen) Geliebten zu überbrücken (*Schöfferhofer* 2000).
247 Eine in puncto Korporalität relativ individualistische Erotik-Semantik ist in der Werbung schon früh
zu erkennen. Thoms z. B. beobachtet einen Höhepunkt der Standardisierung von Körperidealen bereits in
den 20er Jahren des 20. Jahrhunderts, dem dann eine zunehmende Formenvielfalt folgt. „Schließlich trug
die Werbung der Existenz verschiedener ‚Typen' Rechnung, das gleichförmige Revuegirl wurde abgelöst.
‚Man trägt wieder ein ‚eigenes Gesicht' [...] Nicht ‚was man trägt' soll der Kundin empfohlen werden,
sondern ‚was ihr steht', riet ein Artikel in einer Fachzeitschrift von 1931. Parallel zu der Entwicklung in
den Frauenzeitschriften, die in den fünfziger Jahren ‚Mut zum eigenen Typ' machten, wurde in der
Werbung für Kosmetika auf die breite Palette verschiedener Farbtöne von Make-up hingewiesen" (Thoms
1995, S. 280).

aufführt. Die Werbungserotik ist und indiziert also eine spezifisch symbolische, statussymbolische Wirklichkeit und Kommunikation, die zugleich „Valenzen" (Elias 1981) von Menschen (als Geschlechtern) und zwischen Menschen (als Geschlechtern) reguliert.

8.8.6 Oberflächen und (von) Tiefen

Mit und ohne Erotikbezüge zeichnet sich die Werbung schlechthin durch eine Art Weltbild (und Bildwelt) aus, das oberflächlich genannt werden kann. Charakteristisch ist eine Oberflächlichkeit der Körper und (als) Produkte, eine korporale Oberflächlichkeit, ein „abgeflachtes" (Goffman 1981) und durchsichtiges Spiel und Spielen von und mit leicht lesbaren Zeichen, z. B. solchen der Erotik. Gerade dieses sachliche Gebiet ist ein Paradebeispiel für eine die Werbung charakterisierende Oberflächensymbolik und Oberflächensemantik, die Menschen und Menschliches auf bestimmte Zeichen, Klischees, Eindrücke, Signale und (Schlüssel-)Reize reduziert. Die Werbung bzw. die Werbungserotik ist insofern systematisch weit davon entfernt, ein Raum von ‚tiefen' Bedeutungen oder gar des Geheimnisvollen und Mystischen zu sein. Sie beruht vielmehr in allem, was sie als Kommunikation ist und hervorbringt, auf einer gewissen Offensichtlichkeit und Überdeutlichkeit.[248]

Allerdings gibt es auch eine Klasse von Werbungen, die Erotik bzw. erotische Körper und (Körper-)Beziehungen durchaus als Geheimnis, als geheimnisvolle Sphäre stilisieren, in der sich so etwas wie ein tieferer Sinn verbirgt. Im Unterschied zu den oben behandelten Fällen von Zweideutigkeit geht es dabei nicht um einen Erotik-Sinn ‚hinter' der jeweils dargestellten nicht-erotischen Handlung oder Materialität, sondern um eine Projektion des ‚Sinns dahinter' in das Erotische selbst. Diese semantische, symbolische und ästhetische Tieferlegung, deren Inhalt allerdings mehr oder weniger offenbleibt, konstruiert Erotik als eine eigene Wirklichkeitssphäre und eine Art Transzendenz, die an die Sphäre der Religion, an das religiöse Geheimnis und manchmal an Vorstellungen von Heiligkeit erinnert.[249] Man kann daher von Erotik als einem Mysterium sprechen,

---

248 Wie sich gezeigt hat, gilt dies insbesondere für die Geschlechter der Werbung und ihre Erotik. Letztere besteht hauptsächlich in zugespitzten Zeichen, Symbolen und Ritualisierungen bzw. Hyperritualisierungen, die den Körper (Korporalität) als wichtigsten Ausdrucksträger beanspruchen. Dass Frauen, vor allem jungen und jüngeren Frauen, hierbei eine besondere ‚Rolle' zufällt und zugewiesen wird, sollte hinlänglich deutlich geworden sein. Sie sollen sich ja nicht nur im Rahmen der ‚Hofierung' „mit den übernommenen Zeichen sexueller Attraktivität" schmücken und „dann einer Öffentlichkeit, einer Halböffentlichkeit oder privaten Kreisen zur Schau" stellen (Goffman 1994b, S. 120), sondern werden auch sonst besonders „(mehr als der Mann) auf Standards der äußeren Erscheinung verpflichtet" (Goffman 1994b, S. 123). In zahllosen Werbungen tendieren sie dazu, nicht viel mehr als ästhetische Zeichenensembles zu sein, die auf den ‚ersten Blick' zu identifizieren und einzuordnen sind und einen ‚guten' ersten und letzten ‚Eindruck' machen (vgl. Goffman 1969).
249 Zur ‚Parallelität' von Erotik/Sexualität und Religion stellt Helmut Schelsky fest: „Die Ähnlichkeit der Haltung gegenüber Sexualität und Religion ist immer erkannt und z. B. von W. Schubart als ein voll-

das die Werbung zwar nicht erfunden hat, aber in Inhalt und Form reproduziert, variiert und moduliert.[250]

Die oben beschriebenen Inszenierungen des erotischen Abenteuers deuten bereits in diese Richtung. Erotik erscheint in diesem Fall ja schon als eine Art Transzendenz und Lebensverdichtung, als Überschreitung von alltäglicher Normalität, Banalität und Rationalität, als ein möglicher Übergang in einen ‚anderen Zustand‘, der eine tiefe Sehnsucht erfüllt. In anderen Fällen der Werbung wird diese Idee und Version von Erotik erweitert und angereichert, indem sie auf allen Ebenen der Inszenierung in eine Sphäre des Geheimnis- und Ahnungsvollen, des Zauberhaften, Wundersamen und Faszinierenden verlagert wird: als erotisches Mysterium.

Zu einer entsprechenden Auratisierung der abgebildeten Szenerie, die das Erotische dem – bei aller Sinnlichkeit – Übersinnlichen und Religiösen annähert, führen Inszenierungen, die ‚reale‘ Kontexte gänzlich eliminieren bzw. Assoziationen mit der Alltagswelt unterbinden. Typisch sind einfarbige Hintergründe, synthetische Möblierungen, Andeutungen historischer Bauwerke ferner Länder (als Zeichen einer mythischen Sphäre) und spezifisch eindrucksvolle Naturmotive wie Wüsten, Meere, Berge und Himmelsansichten, die für die Größe, Erhabenheit und Zauberhaftigkeit dessen stehen, was als Mysterium anklingen soll. Dessen Werbe-Inszenierungen vermitteln auch oft Eindrücke, die dem Kunstwerk oder dem Traum ähneln.[251] Dem Phantastischen der Kulissen entsprechen dabei die technischen Gestaltungsmittel: Verdunkelungen, Reduktionen der Farbigkeit auf Schwarz-Weiß oder Monochromie, Unschärfen, Weichzeichner, Bildmontagen und Filmschnitte, die einzelne Elemente (z. B. Gesichter) vervielfachen oder im Verborgenen lassen, Spiegel-Effekte usw.

In diesen ästhetischen, symbolischen und metaphorischen Umgebungen, die eine außergewöhnliche, geheimnisvolle und rätselhafte Wirklichkeit der erotischen Sujets zum Ausdruck bringen sollen, kommen die Geschlechter im Wesentlichen als junge (Liebes-)Paare und als Individuen vor. Eine dominante Hauptrolle spielt dabei allerdings in quantitativer wie qualitativer Hinsicht das – durch seinen Körper entsprechend ‚qualifizierte‘ – *weibliche* Geschlecht, das die Werbung als erotisches Mysterium bzw. als Objekt der Mystifikation gegenüber dem männlichen privilegiert. Ein bevorzugtes Motiv

---

kommener Parallelismus geistvoll analysiert worden; ihre weitgehende Verschmelzung kann man darauf zurückführen, daß sowohl in beiden dem Menschen schwer manipulierbare Bedrohungen des Gewohnten und der Alltagsordnung entgegentreten, als auch, daß beide Lebensgebiete ihm die Chance der extremen Lebens- und Gefühlszustände bieten" (Schelsky 1955, S. 94).

250 Die Pornografie, die die erotischen/sexuellen Körper in jedem Sinne als bloße Körper ins Bild setzt und in einem obszönen Sinne heruntermoduliert, enträtselt und entmystifiziert, bildet so etwas wie einen symbolischen und semantischen Gegenpol zum erotischen Mysterium. Indem sich die pornografische Inszenierung ganz auf der Ebene der korporalen Oberflächen abspielt und diese Oberflächlichkeit ebenso wie eine Natur- und Natürlichkeitssemantik des Sexes propagiert, entspricht sie aber im Grunde auch einer Seite der werblichen Sicht der Dinge der Erotik/Sexualität.

251 Stilbildend für die Gestaltung des erotischen Mysteriums ist mittlerweile auch der Einsatz der Computertechnik, die den Realismus der Fotografie transzendiert und Bilder hervorbringt, die den Phantasiegebilden der Malerei nahekommen.

dieser Mystifikation sind einzelne, ,alleinstehende' Frauen, die vor allem mit visuellen/ ästhetischen Kommunikationsmitteln als erotische Körper und durch erotische Körperlichkeit mystifiziert werden. Als erotisches Mysterium wird der (junge und attraktive) Frauenkörper also nicht nur wie im Kontext des erotischen Abenteuers als besonders reizvoll, lustvoll und vielversprechend stilisiert, sondern vielmehr mit zusätzlichen Bedeutungen, Eindrücken und Andeutungen versehen. Passende Frauenkörper sind zum Beispiel immer wieder hinter Schleiern, Netzen, Fächern, Stoffen usw. verborgen oder von Spiegeln verzerrt oder vervielfältigt. Gezeigt werden auch weibliche Rückenansichten, abgedunkelte Zimmer, in denen sich Frauen mehr verbergen als zeigen, Frauengesichter, die hinter Haaren verschwinden usw. Auf diese Weise entstehen Eindrücke mit viel Raum für verklärende Phantasien und Projektionen, ja die mystifikatorischen und mythischen Bilder der erotischen Frauen fordern geradezu dazu auf zu phantasieren und auch zu spekulieren, was ,dahintersteckt'.[252] Man hat es hier also auch mit einem besonderen (korporalen) Kult des Femininen bzw. femininer Erotik zu tun, wobei die jeweils dargestellte Frau auch irgendwie als ,Persönlichkeit' einbezogen scheint.

Auch im Rahmen von multimedial erzählten (Kurz-)Geschichten, die Erotik und Liebe und damit auch die Geschlechter und ihre Beziehungen dramatisieren, sind solche Mystifizierungen beliebt oder werden zum zentralen Inhalt der Werbungsperformanz. So erzählt ein Spot die Geschichte eines Liebespaares als eine Geschichte voller Geheimnisse und Rätsel: Frau und Mann suchen einander in einem parkähnlichen (Irr-) Garten, dessen Schönheit in erster Linie davon bestimmt ist, dass wuchernde Pflanzen, versteckte Wege und Bachläufe eine intransparente (verwunschene) Raumsituation herstellen. Sie fungiert als Sinnbild für das Sich-Suchen der Liebenden und für die Geheimnisse der Erotik und der Liebe überhaupt. Diese Geheimnisse klingen außer in der wundersamen Natur auch in nostalgischen Requisiten (antike Säulen, Stocherkahn usw.) sowie im (Liebes-)Briefeschreiben an, das die Werbung gern als Symbol der ero-

---

252 Mit dem ,Bild der Frau' als erotisches Mysterium spricht die Werbung auch die lebensweltliche Handlungsstrategie der „Mystifikation" an und legt sie nahe (vgl. Goffman 1969). In seinem Buch über „Männer" beschreibt Dietrich Schwanitz diese Handlungsstrategie als eine ,typisch weibliche', die aber ,typisch männliche' Einstellungen und Bedürfnisse voraussetzt und ansteuert. Demnach weiß die betreffende Frau, „daß die Männer eine Fahrt nach Utopia planen. Und da sie die Gegend so gut kennt wie sich selbst, weiß sie auch, daß sie einer Fata Morgana folgen. Einem Irrlicht, das sie selbst entzündet haben. Der Ursprung des Geheimnisses liegt in den Männern. Aber sie weiß auch, dass sie das ausnutzen kann. Sie kann sich selbst zum Irrlicht machen und damit den Forscher im Manne wecken: Sie mimt die Geheimnisvolle. Sie verleiht ihrem Wesen den Anstrich des Rätselhaften. Sie widerspricht sich selbst und lächelt dann abgründig. Sie erscheint und entzieht sich. [...] Hier gibt es zwei gegensätzliche Varianten: Es gibt Frauen, die die Rolle der Rätselhaften gern spielen. Sie inszenieren sich dann als Femme fatale, als Vamp oder als gefährliche Medusa. Sie genießen es, sich ständig entziehen zu können. [...] All diese Figuren kontrollieren die Männer, um sich an ihrer Hilflosigkeit zu weiden. Ganz entgegengesetzt empfinden diejenigen, die diese Dramen nur aus Notwendigkeit mitmachen, um den Männern zu bieten, was diese erwarten. (...) Sie hassen es eher, daß sie sich als lebendige Menschen nicht zur Geltung bringen können, weil sie durch mythische Bilder verdrängt werden" (Schwanitz 2001, S. 221f.).

tischen Vertiefung, der Romantik und Intimität zitiert. Im Rahmen der so verzauberten Welten verkörpern die Darsteller/-innen auch ihre Leidenschaft und ihre Versunkenheit in den erotischen Gang der Dinge, in dem sie sich oft geradezu aufzulösen scheinen: Eng umschlungene Leiber, nach hinten geworfene Köpfe, ekstatisch aufgerissene Münder usw. sind ebenso zu sehen wie (weibliche und männliche) Einzelpersonen, die sich nach Innen gewandt übersinnlich-sinnlichen Erlebnissen und Erfahrungen hinzugeben scheinen. So sieht man z. B. eine leicht bekleidete Träumerin in einer dramatischen Lichtsituation liegen, oder einen Mann, der in kontemplativer Versenkung mit geschlossenen Augen einen Stein (fast) küsst, so als erspüre er ein erotisches Geheimnis („Männlich. Unentdeckt", *Casran* 1998). Erotisch engagierte Akteure und Akteurinnen, die ihre Augen wie in Trance gen Himmel richten, erinnern an das aus der Kunstgeschichte bekannte Motiv des „himmelnden Blicks", der eine religiöse Erfahrung zum Ausdruck bringen soll.

Bezeichnend ist es auch, wenn die Interaktionen im Rahmen des erotischen Mysteriums die in der Werbung ansonsten vorherrschende symbolische/rituelle Geschlechterordnung dekonstruieren und z. B. Männer als ganz passive und hingegebene Wesen zeigen, die sich von Frauen umfangen, berühren und verführen lassen. Derartige Deregulierungen oder Umkehrungen traditioneller Interaktionsmuster deuten auf die (leidenschaftsbedingte) Anarchie des erotischen Mysteriums, das sogar geeignet scheint, in der Begegnung der Geschlechter die Ordnung, ja die Differenz der Geschlechter überhaupt zu sprengen. Vor dem Hintergrund solcher Inszenierungen fragt die Werbung für die Parfums „Adam" und „Eve" daher konsequent: „What about Adam?" und „What about Eve?" (*Joop!* 2000).[253] Auch einschlägige Produktnamen und Texte weisen der Erotik einen derart besonderen Erlebnis- und Erfahrungssinn zu – sei es, dass sie eher das sinnliche Extrem-Erleben im Mysterium unterstreichen („Obsession", „Passion", „Ekstase", „Rush", „L'Orgie") oder eher die ideelle Transzendenz hervorheben. „Wish", „Opium", „Heaven", „Hermes", „Lumière", „Chloé" oder „Phoenix"[254] heißen die Duftkreationen, mittels derer die Körper gleichsam übersinnliche (Sinnlichkeits-, Liebes-)Erfahrungen machen sollen. Die kommentierenden Texte gehen ebenfalls in eine ‚metaphysische' Richtung und stellen z. B. ausdrücklich klar, dass Erotik ein Feld ist, auf dem das „Absolute zählt" (*Opium* 1999) und ein „Zauber" herrscht, dem jeder Mensch erliegen muss, denn „er ruft die Götter herbei" (*Chloé* 1990).

Das erotische Mysterium der Werbung deutet Erotik in Darstellungen von *Paaren* generell eher in Richtung Liebe bzw. ‚Liebe als Passion' und nicht nur (wie das erotische

---

253 Diese Werbungen sind also nicht Ausdruck eines werbungskulturellen Wandels, sondern Hinweise auf eine spezifische Erotiksemantik. Zu dieser gehört auch eine Aufhebung der Geschlechterrollen in einem neutraleren Sinne: Männer- und Frauenkörper liegen dann z. B. ‚entspannt' in räumlichen Anordnungen, die keine symbolische (Über-/Unter-)Ordnung erkennen lassen, oder sie werden computergrafisch zu einem Körper verschmolzen, der die Einheit der Geschlechter in der Sphäre des Erotischen zum Ausdruck bringen soll.
254 In einer Werbung für dieses Produkt sieht man einen metallisch-glänzenden Engel, der eine erotisch gekleidete Frau in den Himmel führt (*Axe* 2000).

Abenteuer) in Richtung heißer Sex. Dabei bleibt im Allgemeinen offen, um welche Art von Hintergrund oder Beziehung es geht. Als Beispiel kann hier eine Werbung für das Parfum „Escape" (*Calvin Klein* 1998) dienen: Zu sehen ist darin ein Liebespaar, eingekeilt von zwei weißen, glatten (d. h. haltlosen) Wänden, die sich nach hinten zu einem Spalt verjüngen, ohne dass ein Ende der Verengung in Sicht wäre (von hinten erhellt gleißendes Gegenlicht die Szene). Die Liebesszene des sich umschlingenden und (fast) küssenden Paares ist von einer Aura umgeben, die die erotische Intimität als letzten Halt vor dem Abgrund erscheinen lässt. Die Erotik der Liebenden wird hier als Gegenmodell zum ‚irdischen Dasein' und als Ausweg oder Fluchtweg aus diesem Dasein vorgeführt („Escape"), auch als letzte Wahrheit, an die man sich noch halten kann.

Erotik im Allgemeinen und erotische Weiblichkeit und Geschlechterinteraktion im Besonderen werden in der Werbungsperformanz des erotischen Mysteriums also in verschiedenen Varianten eigentümlich stilisiert, dramatisiert und symbolisch/mythologisch aufgeladen. Mit dieser Konstruktion/Fiktion steht die Werbung in einem mehr oder weniger kontrastiven und zugleich komplementären Verhältnis zu den anderen Erotik-Versionen und erotischen Gender-Versionen, die sie gleichzeitig inszeniert und propagiert. Sie wurden oben vor allem im Hinblick auf die weibliche Seite behandelt: die attraktive junge Frau, die flirtet und sich umwerben lässt, die eigeninitiative erotische Abenteurerin, die ‚Sexbombe', die ‚Karrierefrau' mit Chic u. a. m.

Die Erotik-Versionen und erotischen Geschlechter-Versionen der Werbung bilden also einen differenzierten – auch geschlechterdifferenzierten – Erotikkosmos und zeugen insgesamt von einer zentralen kosmologischen, ideologischen und existenziellen Relevanz und Schlüsselrolle von Erotik, die so oder so eng mit Identitäten bzw. Geschlechtsidentitäten verbunden wird und die Geschlechter als ‚Klassen' und Individuen miteinander verbindet und aneinanderbindet.

8.9 Schlussbemerkungen: Zwischen Tradition und Wandel

Die vorliegenden Untersuchungen zeigen, dass die kulturellen Tatsachen der Erotik und mit ihnen die Differenz und Differenzierung der Geschlechter in der modernen (Medien-)Werbung seit jeher (seit es sie gibt) und bis heute eine mehr oder weniger große, ja zentrale, aber auch eine komplex bedingte, spezifisch formierte, veränderliche, variantenreiche und historisch relative Rolle spielen. Die Erotik der Werbung partizipiert gleichsam an der historischen Architektur und am laufenden Apparat der ‚gesellschaftlichen Konstruktion der Wirklichkeit', speziell der gesellschaftskulturellen Wirklichkeit der Erotik/Sexualität. (Auch) Zu ihr verhält sich die Werbung als ein kulturelles Forum, das mit Realitäten des Geschlechtlichen auch Realitäten der Geschlechter aufgreift, verarbeitet und in mediale Konstruktionen übersetzt. Das impliziert für die von uns untersuchten Bereiche, Zeiträume und Materialien, dass die Erotik der Werbung auf traditionelle und tradierte Sinn- und Wissensbestände referiert (auf Symboliken, Stile, Deutungsmuster, Semantiken, Images, Rituale usw.) und auch auf sozialen und kulturellen Wandel (z. B. von Geschlechtsrollen) reagiert, den sie abhängig von ihren Bedürfnissen und Bedarfen nachzuzeichnen, aber auch zu ignorieren, umzudeuten, zu modulieren und ihrerseits anzuregen und anzureichern vermag.

Hinsichtlich der jüngeren Vergangenheit der untersuchten Bereiche zeigt sich, dass die Geschlechterkonstruktion der Werbeerotik ähnlich differenziert, komplex und ‚unübersichtlich' ist bzw. geworden ist wie die inszenierten Geschlechterverhältnisse in nicht-erotischen Werbekontexten (dem dargestellten Berufsleben, den Lebensalters-phasen, den sozialen Milieus usw.). Charakteristisch sind auch Gegensätze, Inkonsis-tenzen, Mehrdeutigkeiten, Plurivalenzen und Ambivalenzen. Schon das regelmäßige Auftauchen von ‚Gegenmotiven' zu einzelnen Mustern zeugt von einer Situation, die offenbar kaum formelhafte ‚Gesamtdiagnosen' zulässt. So finden sich in der Breite der Werbung sowohl eindeutig innovative Geschlechter-Images (z. B. der männliche Erotik-Softie, die weibliche Abenteurerin in früheren Männer-Domänen oder der dominante Vamp) als auch eindeutig traditionelle Figuren (das „Luxusweibchen", der dominante Mann, der großzügige Schenker u. a. m.). Und selbst einzelne Images und Skripts sind in sich nicht konsistent, sondern vielmehr durch Elemente gegensätzlicher ‚Vorbilder' bestimmt: Die Tradition wird gewissermaßen neben oder in ihrer Umkehrung fortge-führt. So gibt es mittlerweile zuhauf ‚Karrierefrauen', Managerinnen, weibliche ‚Füh-rungskräfte', Forscherinnen und dergleichen, die im Berufsleben erfolgreich ‚ihren Mann stehen' und diesbezüglich als voll ‚emanzipiert' erscheinen, gleichzeitig aber in ihrer erotischen Aufmachung ganz im Rahmen traditioneller Formen und Muster handeln und definiert sind. Zumindest für einige Bereiche der Erotik und des Erotischen der Werbung und ihre Geschlechterkonstruktionen mag man daher gelten lassen, was Niklas Luhmann für den Zeitcharakter der Liebe (seiner Zeit) hielt: „Die heute vor-findbare Situation der Liebessemantik lässt sich schwerer als jede frühere unter eine Leitformel bringen. Ablehnung und verdeckte Fortführung von traditionsbestimmten Vorstellungen halten sich die Waage" (Luhmann 1982, S. 197).

Zweifellos ist die moderne (Medien-)Werbung prinzipiell gezwungen, motiviert und fähig, soziale und kulturelle Entwicklungs- und Wandlungstatsachen in den für sie re-levanten Gesellschafts- und Kulturbereichen wahrzunehmen, zu beobachten, strate-gisch zu verarbeiten und medial-dramaturgisch zu reflektieren. Das zeigt sich auch in einer mehr oder weniger ausgeprägten Aufgeschlossenheit gegenüber publikumsspe-zifischen Ablehnungen von ‚traditionsbestimmten Vorstellungen', die die Geschlechter betreffen oder gar als Images ausmachen. Die obigen Untersuchungen zeigen denn auch bemerkenswerte, ja teilweise revolutionäre Kulturwandlungen der Erotik und der in sie eingebetteten Geschlechterrollen und Geschlechterverhältnisse. Sie haben ihren asymmetrischen Charakter auch in puncto Erotik in einer Vielzahl von Fällen verloren, bewegen sich also in Richtung struktureller Symmetrie oder Unbestimmtheit.

Allerdings kann man insgesamt den Eindruck gewinnen, dass die ‚traditionsbe-stimmten Vorstellungen' und Darstellungen in der untersuchten werblichen Erotik- und Geschlechterinszenierung (wie in der Werbung überhaupt) immer noch am schwersten wiegen, sei es offen oder verdeckt. Vor allem scheint es eine relative Kontinuität sym-bolisch-kosmologischer Asymmetrien und Asymmetrisierungen zu geben, auch wenn diese heute längst nicht mehr so exklusiv und eindeutig sind wie in früheren Zeiten dieser Gesellschaft. Insbesondere scheint die symbolische/rituelle Ordnung der Erotik und der Geschlechter in erotischen Kontexten relativ intakt und stabil, ja teilweise ultrastabil zu sein. Deutlich ist z. B. die nach wie vor einseitige Thematisierung, Dramatisierung und Stilisierung der erotischen Attraktivität der *Frauen*, speziell im Rahmen des traditionellen Hofierungsmodells. Diese Frauen bzw. Klasse von Frauen, aber auch die Frauen jenseits erotischer Umwerbung, scheinen hartnäckig an einem klassischen ‚Schönheitsmodell' festzuhalten (und festgehalten zu werden) – einem Modell, das Frauen und Männer, aber auch Frauen und Frauen kontinuierlich in ein relativ asymmetrisches Verhältnis zueinander setzt. Auch symbolische und mythologische Frauen- und Weiblichkeitskonstrukte wie das ‚erotische Mysterium', die auf eine komplementäre Männer- und Männlichkeits-Position (und ‚Männerphantasie') verweisen, sind offensichtlich (noch) keine historischen Auslaufmodelle.

In anderer Weise signifikant ist die Tatsache, dass diejenigen Werbungen, die ‚Modernität' und d. h. die ‚Ablehnung von traditionsbestimmten Vorstellungen' betonen und etwa die ‚Stärke', die ‚Freiheit', das ‚Selbstbewusstsein', die Souveränität, die Emanzipiertheit etc. von Frauen hervorheben, dies immer wieder mit einer Nachdrücklichkeit tun, die in der betonten Ablehnung der Tradition gerade diese Tradition als Bezugspunkt der Identitäts-Konstruktion zu erkennen gibt. So klingt in der bis heute (auch von Frauen-Seite) üblichen Rede von ‚starken Frauen' (oder auch ‚klugen Frauen') immer auch das kosmologische Thema des schwachen (oder auch unfähig(er)en) Geschlechts an. Auch entpuppen sich manche scheinbar ‚anti-traditionellen' Rollenimages und Ritualisierungen auf den zweiten Blick als durchaus (noch) traditionell oder mindestens ambivalent.[255]

Mit einer sehr weitgehenden historisch kontinuierlichen Selbstverständlichkeit (und einer gesellschaftskulturellen Selbstverständlichkeit entsprechend) entfaltet und bestätigt die Werbung auch eine Art *Alterstheorie* und *Altersklassengesellschaft* – speziell und gerade der Erotik und der Sexualität. Zwar gibt es diesbezüglich heute auch (seltene) Ausnahmen, aber im Grunde werden den Alten – je älter sie sind, desto mehr – Erotik und Sexualität im Sinne einer traditionellen Vorstellung ‚abgesprochen' (im Modus des Stillschweigens und Verschweigens, des ‚Vergessens' und Unterlassens). Erotik und Sex waren und sind umgekehrt aufs engste mit Jugend und Jugendlichkeit gekoppelt und der Inbegriff eines generalisierten Jugendlichkeitskomplexes und Jugendkultes, der allerdings die (alternden) Frauen früher und stärker in eine nachteilige Position bringt als die (alternden) Männer. Diese Privilegierung der Jugend und der ‚Jugendlichen' (Verjugendlichten) geht einher und hängt zusammen mit einer konti-

---

255 Als Beispiel mag hier eine Werbung dienen, die ein Pärchen zeigt, das in einer Telefonzelle wilden Sex praktiziert. Der Mann erscheint dabei auf den ersten Blick als unterlegenes Sex-Objekt einer dominierenden Frau, jedoch besteht die Pointe des Handlungszusammenhangs darin, ihn als normabweichenden und (daher) komischen Schwächling darzustellen, der im Unterschied zur Frau – und noch mehr im Unterschied zum ‚wahren Mann' – nicht die Bonbons verträgt, die als eine Art Aphrodisiakum beworben werden: „Sind sie zu stark, bist Du zu schwach" (*Fishermans Friends* 1996).

nuierlichen Hochwertschätzung und Idealisierung von korporaler Attraktivität, die nun aber zunehmend, wenngleich eher verdeckt, auch Männer inkludiert und betrifft.

Zu den Kontinuitäten der Werbung bzw. Werbungserotik, die die Geschlechtsklassen, die Altersklassen und die ‚sozialen Klassen' im Prinzip übergreift, gehört auch die positive Wert-, Ideal- und Norm-Konstruktion von Erotik/Sex – als Gratifikation, Gesundheit, Glück, Paradies. Diese Konstruktion zieht sich im Grunde in verschiedenen Varianten und Akzenten durch die moderne Werbungsgeschichte, hat sich aber seit einer weit in das vorige Jahrhundert zurückreichenden Reihe von Jahrzehnten verstärkt und dramaturgisch entfaltet. Sie scheint systematisch viel mit der ‚Wahrheit' des Erotischen/Sexuellen unter den Bedingungen seiner modernen Zivilisation bis hin zur ‚sexuellen Revolution' der 1960er-Jahre und zur gegenwärtigen ‚Erlebnisgesellschaft' zu tun zu haben. Diesbezüglich kann man heute wohl mehr denn je von der Konstruktion von Erotik und Sex als einer Art Paradiesvorstellung sprechen und zugleich eine in der Werbung reflektierte und von der Werbung forcierte erotische Konsum- oder ‚Erlebnisgesellschaft' diagnostizieren.

Mit diesen Konstruktionen der Werbung/Werbungserotik hängt auch ein speziell die (Geschlechter-)Körper betreffender *Normalismus* zusammen, den die Werbung explizit und implizit umsetzt und einsetzt – nicht nur durch ihre sprachlichen (textuellen) Kommunikationen, sondern auch durch eine gerade im Kontext von Erotik wirksame ‚Statistik der (Körper-)Bilder' der Geschlechter und ihrer Geschlechtlichkeit. Ihre Logik als kulturelles Forum prädestiniert die Werbung in diesem Zusammenhang wie überhaupt zu einer kosmologischen Instanz, zu einem zentralen Indikator und Faktor gesellschaftlicher ‚Wirklichkeitskonstruktion'. Als normalistische ‚Wirklichkeitskonstruktion' bleibt Werbung und insbesondere Werbungserotik bis heute bei im Prinzip traditionellen Differenzierungen der Geschlechter und ihrer (erotischen) Körper.

Auch wenn sich – nicht unabhängig von der Differenz und Differenzierung der Geschlechter – die historisch kontinuierliche Inszenierung und strategische Instrumentierung von Erotik in der Werbung in einem idealistischen und normalistischen Rahmen abspielt und (also) auf bestimmte Kategorien oder ‚Klassen' von Menschen konzentriert, kann von einer systematischen Erotik-Fixierung und auch einer tendenziellen *Erotisierung* der Werbungskultur gesprochen werden. Diese Erotisierung vollzog und vollzieht sich – parallel zu Entwicklungen (in) der Gesellschaft und Gesellschaftskultur – nicht nur (aber auch) als quantitative Expansion, als Generalisierung und Differenzierung/Pluralisierung des Erotischen, sondern auch als Grenzverschiebung des Thematisierbaren und Visualisierbaren. Einer tendenziellen Informalisierung und moralisch-rechtlichen ‚Liberalisierung' sowie einer größeren Freiheit und Neigung zur *Stimulation* durch erotische (Körper-)Reize und korporale Performanzen einerseits entspricht andererseits eine neue ‚Politik' und ein neues ‚Regime' der Moral und Moralisierung, insbesondere eine Zensur durch moralisch-politische Regelungen, die sich insbesondere auf ‚Gender-Aspekte' und das Geschlechterverhältnis bzw. die Position des weiblichen Geschlechts beziehen. Regelungen dieser Art ordnet sich die prinzipiell opportunistische Werbung erkennbar ebenso gern unter wie sie prinzipiell bereit und willens ist, auf jegliche Art erfolgversprechender Erotikinszenierung zu setzen.

Die oben festgestellte Schwierigkeit oder Unmöglichkeit, hier in Bezug auf die gegenständlichen Untersuchungsbereiche der Werbung so etwas wie eine diagnostische Leitformel zu bilden, hat also selbst eine gewisse diagnostische Bedeutung. Sie charakterisiert eine historische Lage und den historischen Prozess und *ist* insofern eine Art zeitdiagnostische Leitformel, die auf einen komplexen Zusammenhang historischer Entwicklungen, Traditionen/Beharrungen und Wandlungen hindeutet, auf Umbrüche, Verschiebungen und Transformationen, die im Gange, aber in vielen Teilen noch nicht abgeschlossen sind. Es gibt also einen vielschichtigen und weitreichenden Klärungsbedarf, der auch im Interesse eines besseren Verständnisses der Werbung und ihrer Geschlechterkonstruktionen nicht bei der Werbung oder Werbungserotik stehenbleiben kann.

Der weiteren Klärung soll die folgende vergleichende Untersuchung und ein damit verbundener historisch-soziologisch gerahmter Einordnungsversuch dienen. Auch diese Untersuchung kreist um die Themen und Sujets der Erotik und des Sexes, interessiert sich aber wiederum primär für die Realität der Geschlechter als kulturellen Konstrukten und Konstruktionen. Verspricht der eher ‚synchrone' Kulturvergleich der hier thematischen, inhaltlich-manifest weit auseinanderliegenden Medienerzeugnisse – Werbung und Pornografie – Einsichten in übergreifende und fundamentale Deutungsmuster oder gar eine Art Weltbild, das auch in den jeweiligen Bildwelten zu suchen ist, so begründet die eher langfristig-prozesssoziologische Vergleichs-Perspektive die Aussicht auf Einsichten in historische Entwicklungs- und Wandlungslogiken kultureller Muster und Dispositionen – nicht nur, aber auch der Geschlechter.

Teil II: Pornografie und Werbung

Pornografie und Werbung: Einführung

Die folgenden Untersuchungen befassen sich also in einer Art Parallelaktion zum 1. Teil dieses Buches mit Varianten sogenannter Hardcore-Pornografie.[256] Im Zentrum der empirisch-analytischen Untersuchung stehen deutsche Porno*heft*materialien der Jahrzehnte vor der Jahrtausendwende; es geht aber auch immer wieder um Porno*filme* und um medien- und (sub-)genreübergreifende Aspekte von Pornografie. Hinsichtlich der hier hauptsächlich interessierenden geschlechtersoziologischen Fragen wird davon ausgegangen und wird sich zeigen, dass die Differenzen der Medientypen und auch der Subgenres, die sich im Zuge dynamischer sozio-kultureller Entwicklungen ergeben haben und immer weiter fortschreiten, zwar von erheblichem Belang sind, dass es aber auch ein hohes Maß an übergreifenden (geschlechter-)kulturellen Redundanzen gibt.

Das Verständnis von Kontinuitäten und Diskontinuitäten in diesem Bereich erfordert konkret materialbezogene empirisch-analytische Untersuchungen, aber auch prozesssoziologische Theorieorientierungen und theoretische Einordnungen, die über die untersuchten Materialien hinausgehen. Der Einsatz gesellschafts- und zivilisationstheoretischer Deutungsmittel und der empirisch-analytische Vergleich verschiedener sozialer und kultureller Bereiche wie der Pornografie und der massenmedialen Werbung kann auch zu signifikanten Erkenntnissen auf der Ebene der Geschlechter *und* der Geschlechtlichkeit führen. So mögen etwa Wandlungen im Verständnis des Sexuellen sichtbar (oder *besser* sichtbar) werden, die auch Implikationen oder Folgen für das Verhältnis der Geschlechter haben.

Bei den hier vor allem thematisierten Pornomaterialien handelt es sich um einen Produkttyp, für den Rüdiger Lautmann und Michael Schetsche konstatieren, dass er

> in Form und Inhalt charakteristisch für die Mehrzahl der Hefte des *bundesdeutschen Pornoshop-Marktes* ist: Das quantitativ eindeutig dominierende Angebot dieser Geschäfte besteht aus Heften [...], in denen überwiegend heterosexuelle Interaktionen zwischen zwei oder mehreren Personen in Form serieller Abfolgen abgebildet sind. Aufgrund der stereotypen Inhalte und der wiederkehrenden gestalterischen Bildmittel dieser Heftserien ist es gerechtfertigt – im Anschluß an die formal ähnliche Fast-Food-Kultur – von ‚*Hamburger-Pornografie*' zu sprechen: Beide können anscheinend

---

256 Die Geschichte der vorliegenden Arbeit zur Pornografie reicht weit zurück bis in die erste Phase meines beruflichen Arbeitslebens. Sie beginnt Ende der 1980er Jahre mit einem um diese Thematik kreisenden Forschungsprojekt, das Prof. Roland Eckert mit Mitarbeiter/-innen an der Universität Trier durchgeführt hat. Ich war zeitweise am Rande in Arbeiten dieses Projekts involviert und konnte dank Rainer Winter auf diverse Materialien zurückgreifen. Insbesondere erhielt ich Zugang zu einer umfangreichen Sammlung von Porno-Heften und Pornofilmen (Videos) sowie einen Band mit Transskripten von Interviews, die mit Pornokonsument/-innen geführt worden waren. Auf dieser Basis habe ich einige unveröffentlicht gebliebene Texte verfasst, die teilweise in die vorliegende Untersuchung eingegangen sind. Neben den Print-Materialien des genannten Projektes habe ich auf dessen verschriftlichte Interviewmaterialien zurückgegriffen: ca. 20 narrative Interviews mit Pornokonsument/-innen. Sie werden hier in einigen Zusammenhängen zur Veranschaulichung zitiert und sind jeweils mit ‚A' gekennzeichnet (vgl. dazu ausführlich Eckert u. a. 1990; Willems 1997).

https://doi.org/10.1515/9783111168906-013

bei weitgehend gleichem Inhalt und identischer Zubereitung stets aufs Neue konsumiert werden, ohne daß eine ‚Übersättigung' des Konsumenten eintritt (Lautmann/Schetsche 1990, S. 68).

Im Folgenden geht es also hauptsächlich um bestimmte pornografische Mainstream-Formate, die den Mainstream-Verstand, den Mainstream-Geschmack und die Mainstream-Moral eines bestimmten – überhaupt an Pornografie interessierten – Publikums adressieren und insofern auch Foren einer bestimmten Publikumskultur bzw. publikumskulturellen Normalität/Habitualität darstellen. Mit den oben schwerpunktmäßig untersuchten Werbeanzeigen teilt diese (Hamburger-)Pornografie sowohl die Medientypen (Druck/Text und Fotografie) als auch in etwa den Entstehungs- und Verbreitungszeitraum in derselben (bundesdeutschen, westlichen) Gesellschaft bzw. Gesellschaftskultur (s. o.). Aufgrund dessen sollte es möglich sein, die inhaltlich heterogenen Medienbereiche der Werbung und der Pornografie soziologisch zu vergleichen.

Bleibender Bezugsrahmen und Fokus dieses Unternehmens sind die ‚Bilder der Geschlechter' (im wörtlichen wie im übertragenen Sinne), die auch Gegenstand des ersten Bandes sind. Was den speziellen Medienbereich und die kommunikative Gattung der Pornografie betrifft, liegt es auf der Hand, dass diese Bilder immer auch und in erster Linie mit Geschlechtlichkeit im engeren Sinne, das heißt mit Sexualität (Sex, sexueller Körperlichkeit, Geschlechtsverkehr usw.), zu tun haben und nicht nur mit – vom Sexuellen systematisch (relativ) distanzierter – Erotik (wie in der Werbung).

Die folgenden Untersuchungen sind also weiterhin hauptsächlich geschlechtersoziologisch angelegt und konzentrieren sich im Hinblick auf Pornografie zunächst darauf zu rekonstruieren, wie sie das Geschlecht und die Geschlechter (im Kontext von Geschlechtlichkeit) konstruiert und warum dies so geschieht, wie es geschieht.[257] Die

---

257 Dieser Ansatz ist nicht (mehr) selbstverständlich. Vielmehr erscheint die Geschlechter-Perspektive bzw. die geschlechtersoziologische Perspektive auf Pornografie manchen jüngeren Beobachter/-innen als ausgereizt. So gibt es in der jüngeren Vergangenheit zwar immer wieder und immer noch wissenschaftliches Interesse an Pornografie (und Pornografisierung), aber ein geschlechtersoziologischer Zugang wird oft (vermutlich bedingt durch die lange Geschichte kritischer Pornografie-Diskurse) für verzichtbar gehalten. Ein Beispiel dafür bietet Sven Lewandowski, der in seinem Buch „Die Pornografie der Gesellschaft" seine diesbezügliche „Auslassung" folgendermaßen begründet: „Zunächst glauben wir, dass Pornografie in erster Linie von Sexualität handelt; sodann bezweifeln wir, dass sich die Sexualität der Gesellschaft primär vom Geschlechterverhältnis her beschreiben lässt. Wichtiger ist im Rahmen dieses Buchs jedoch, dass wir meinen, dass das Thema ‚Geschlecht und Pornografie' (insbesondere aus *gender*-theoretischer Perspektive) ziemlich ‚abgegrast' ist – oder doch im Vergleich zu anderen thematischen Schwerpunktsetzungen und theoretischen Perspektiven nur noch relativ geringe Erkenntnisgewinne verspricht" (Lewandowski 2012, S. 11). Es versteht sich von selbst, dass diese Einschätzung mit dem und in dem vorliegenden Buch in keinem Punkt geteilt wird. Das Thema ‚Geschlecht und Pornografie' erscheint uns keineswegs ‚abgegrast', sondern vielmehr soziologisch höchst aufklärungsbedürftig und gerade aus synchron und diachron (medien-)kulturvergleichenden Perspektiven analytisch vielversprechend und erkenntnisträchtig. Ebenso ist die Frage mindestens offen, wenn nicht ein Schlüssel zum Problem, ob und inwiefern Sexualität/Sexualkultur vom Geschlechterverhältnis her zu beschreiben ist – und umgekehrt. Im Folgenden wird Fragen dieser Art und überhaupt dem Thema ‚Geschlecht und Pornografie' vor allem

analytische Aufmerksamkeit muss dabei immer auch – analog den obigen Untersuchungen der Werbung sowie denjenigen des 1. Bandes – der Pornografie als Pornografie gelten, den (Kontext-)Bedingungen, die sie ihren Geschlechterkonstruktionen setzt und die ihren Geschlechterkonstruktionen gesetzt sind. Vor diesem und mit diesem Hintergrund geht es um Vergleiche mit der Werbung und mit anderen Medienbereichen und Mediengattungen. Diese Vergleiche versprechen in Verbindung mit prozesssoziologischen Theoriebezügen eigene, und vielleicht die wichtigsten Aufschlüsse über die (oder eine) kulturelle Realität der Geschlechter, ihre historischen Verfassungen, Ordnungen, Entwicklungen und Wandlungen.

Die geschlechtersoziologische Bedeutung der (Hamburger-)Pornografie liegt auch darin, dass sie offenbar im Wesentlichen einen geschlechtsspezifischen oder geschlechtstypischen, nämlich (normal-)männlichen, Blick offenbart – nicht zuletzt einen Blick auf das ‚andere' und das ‚eigene' Geschlecht. Im Falle der Pornografie stellt sich die ‚Geschlechterfrage' also immer auch auf der Ebene des konkreten Publikums. Man könnte fast sagen, die (Hamburger-)Pornografie hat ein (männliches) Geschlecht und dient einem (männlichen) Geschlecht,[258] zeigt damit aber auch jenes andere Geschlecht an, das sie überwiegend oder normalerweise kaum oder nicht zu begeistern scheint, wenn nicht das genaue Gegenteil von Begeisterung der Fall ist oder zumindest behauptet wird (Entgeisterung, Indifferenz, Langeweile, Abwehr, Abscheu, Ekel).

Allerdings ist das hier ins Auge gefasste (Hamburger-)Pornografie-Publikum nicht völlig geschlechtsexklusiv. Es gibt offenbar eine nennenswerte und vermutlich wachsende Minderheit von Pornokonsumentinnen und möglicherweise eine gewisse (erklärungsbedürftige, erklärbare und zu erklärende) Tendenz zur Konvergenz der Geschlechter in Sachen Porno-Attitüden und Porno-Nutzungen (vgl. Lautmann/Schetsche 1990, S. 24 f, 94 ff; Faulstich 1994, S. 18, 229 ff.). Auch darüber hinaus scheint es soziale Differenzierungen und Entdifferenzierungen zu geben, was das Verhältnis zur Pornografie betrifft, z.B. schicht- oder milieuspezifische Nutzungshäufigkeiten.[259] Auf das geschlechtsspezifische oder geschlechtstypische Verhältnis zur Pornografie und zur Pornografienutzung sowie auf mögliche Wandlungen in diesem Zusammenhang wird unten ausführlicher eingegangen.

---

mit einer Strategie der „komparativen Analyse" (Goffman 1973a) und einer Verbindung aus ‚Mikroanalyse' und zivilisationstheoretischer Perspektivierung nachgegangen.

258 Damit soll natürlich nicht behauptet werden, dass die ‚Hamburger-Pornografie' ein irgendwie repräsentatives Männer- oder Männlichkeitsbild darstellt oder zu zeichnen erlaubt.

259 Werner Faulstich (1994, S. 229) zitiert Ende der 1980er Jahre in der Bundesrepublik Deutschland durchgeführte „ausnehmend fundierte Repräsentativumfragen" zum Konsum von Hardcore-Pornofilmen: „Unterscheidet man in eine untere, eine mittlere und eine gehobene Sozial- und Einkommensschicht, so stammen die Intensivkunden häufiger aus der unteren sozialen Schicht: 7% konsumieren Pornos jeden zweiten bis dritten Tag (gegenüber 5% der mittleren und 2% der gehobenen Schicht), 11% einmal die Woche (gegenüber 9% bzw. 5%). Bei der Nutzung einmal im Monat liegen die drei Gruppen jedoch dicht beieinander (22, 21 und 19%), übrigens auch bei der Nichtnutzung (43, 40 und 47%). In der unteren Schicht werden Pornos durchschnittlich pro Jahr 31mal gesehen, bei der mittleren Schicht 23,5 mal und bei der gehobenen Schicht 15,3 mal."

Hinsichtlich aller (sozial-)wissenschaftlichen und nichtwissenschaftlichen Aussagen über die (heikle) Realität der Pornografie und ihrer Nutzer/-innen ist natürlich grundsätzlich Vorsicht und Skepsis angebracht. Geschmackliche und vor allem moralische Bindungen, Urteile und Verurteilungen, Scham und Peinlichkeit, Vorstellungen von sozialer Erwünschtheit und Unerwünschtheit, Stigmatisierungsängste spielen hier bis heute zweifellos eine große und nur schwer zu kontrollierende Rolle, die auch einen systematischen Geschlechter(differenz)bezug hat. Er ergibt sich und erklärt sich aus eben den Tatsachen, die Gegenstand unserer Untersuchung sind.

1 Medienkulturelle Konstruktionen: Pornografie und Werbung

Werbung und Pornografie sind offensichtlich profiliert eigensinnige, scheinbar unverwandte und in mancher Hinsicht auch gegensätzliche Medienbereiche bzw. medienkommunikative Gattungen mit sehr unterschiedlichen Identitäten, Zwecken, Zielen und ‚Methoden'. Grob gesagt: Während die (Wirtschafts-)Werbung im Auftrag bestimmter Auftraggeber/-innen primär darauf zielt, Aufmerksamkeit für ein bestimmtes Objekt, insbesondere Konsumobjekt, zu gewinnen und es nach Maßgabe eines bestimmten Publikums und einer bestimmten Zielsetzung im besten Licht (Image) erscheinen zu lassen, geht es der Pornografie – ihrerseits mit Blick auf ein bestimmtes Publikum – um die Erregung und Steigerung sexueller Affekte und Phantasien (ihres Publikums). Sie sind der Zweck der pornografischen Übung und nicht nur *Mittel* zum Zweck, wie es unter anderem die Erotik der Werbung ist.[260] Pornografie ist also eine Branche der bekanntlich dynamisch expandierenden und sich differenzierenden Unterhaltungsindustrie, Werbung eine beauftragte und spezialisierte strategische Medien-Kommunikation im Dienst von Auftraggebern der verschiedensten Art mit Publika der verschiedensten Art.

Die medialen Erzeugnisse der Werbung sind zwar – im Prinzip wie die kommerziellen Pornoerzeugnisse – ein Produkt und eine Art Ware, die abgesetzt und (zunächst von Auftraggebern) abgenommen werden muss, und sie sind auch ein Produkt, das bei diversen Publika ‚ankommen' muss, aber sie besitzen (mitsamt ihrer Erotik) in einem ganz anderen Sinne Produkt- und Warencharakter als die kommerzielle Pornografie. Deren „Filme, Hefte und Bücher werden in vieltausendfacher Auflage für den Verkauf auf dem Markt hergestellt und erreichen einen in die Millionen gehenden Konsumentenkreis" (Lautmann/Schetsche 1990, S. 21). Pornografie in diesem Sinne und auch im Sinne unserer Untersuchung ist „deshalb stets die pornografische Ware" (Lautmann/Schetsche 1990, S. 21), auch wenn sich Pornografie als solche nicht (und unter den Medienbedingungen der Gegenwart weniger denn je) auf die kommerziellen Erzeugnisse der Porno-Industrie beschränkt (vgl. Lewandowski 2012). Werbung ist dagegen weder dazu bestimmt, konsumiert zu werden, noch besonders dazu geeignet, Bedürfnisse ihres Publikums zu befriedigen oder gar starke Affekte und Gratifikationen bei ihm hervorzurufen. Sie soll vielmehr Bedürfnisse erzeugen und steigern und Objekte zum Konsum empfehlen. Als solche ist die Werbung ihrem Publikum typischerweise (und zunehmend) eher lästig.

Die Inhalte und Formen der hier thematischen Medienbereiche/Mediengattungen sind gleichwohl vergleichbar und in mancher Hinsicht auch gleich oder ähnlich. Zu ihren vordergründigen sachlichen Gemeinsamkeiten gehören Darstellungen der Geschlechter und der Geschlechtlichkeit der Geschlechter, seien es Darstellungen von

---

260 Etwa im Sinne von ‚Sex sells'.

https://doi.org/10.1515/9783111168906-014

Erotik oder von ‚Eros‘ bis hin zum Geschlechterverkehr als Geschlechtsverkehr in der Pornografie. Allerdings kommt es in diesen Hinsichten und in allen Hinsichten ähnlicher Art darauf an, die jeweiligen Kontextbedingungen und die Eigenlogik des jeweiligen Medienbereichs als Gründe und Hintergründe der empirischen (Geschlechter-) Darstellungen ins Auge zu fassen und relationierend zu veranschlagen

1.1 Bereiche und ‚Reiche‘

Werbung und Pornografie haben bei aller Besonderheit und Unterschiedlichkeit der Medienbereiche und Mediengattungen eine Reihe wesentlicher struktureller bzw. ‚tiefenstruktureller‘ Gemeinsamkeiten.

Beide wurzeln letztlich im Leben und in den Lebenswelten von Menschen und haben sich als kommerzielle Felder mit einer schwerpunktmäßig medialen Infrastruktur und Umwelt zweckspezifisch (funktional) verselbständigt. Es geht jeweils um eine Art von kulturindustrieller Produktion und Wirtschaft und um ein Wirtschaften, das heißt um ‚ökonomisches Kapital‘ bzw. dessen Einsatz und Mehrung unter Marktbedingungen. Die Akteur/-innen beider Felder sind überwiegend oder ausschließlich Professionelle und Spezialist/-innen, also konkrete Menschen mit bestimmten Kompetenzen, (Aus-)Bildungsgeschichten und typischen Habitusausstattungen, die das jeweilige produktive Handeln bedingen.

Die hergestellten Produkte sind in jedem Fall immer auch, jedoch nicht nur, im Rahmen von Medientechnologien inszenierte *Fiktionen*, denen je eigentümliche Sujets und Skripts zugrunde liegen, die von realen Menschen (Modellen) verkörpert und performiert werden – unter bestimmten (Studio-)Produktionsbedingungen und im Blick auf ein unterstelltes Publikum (oder mehrere Publikumstypen). „Voraussetzung der *Massenware* Pornografie ist, daß sie für eine große Zahl von Menschen einen Gebrauchswert besitzt, aufgrund dessen sie gekauft wird" (Lautmann/Schetsche 1990, S. 21). Neben und mit einem manifesten Gebrauchswert besitzt die Pornografie auch latente Funktionswerte, die sich gleichsam hinter dem Rücken der Konsumenten entfalten (vgl. Faulstich 1994; Lewandowski 2012). Sie werden weiter unten zu thematisieren sein.

Im Prinzip wie die Werbung muss also auch die Pornografie Momente und Zusammenhänge der Kultur ihres Publikums, insbesondere seiner Gewohnheiten, Habitus und Mentalität, adressieren und in den Dienst ihrer Inszenierungen stellen, um (Markt-) Erfolg zu haben und zu steigern. Auch in diesem Fall kann man also – wie im oben ausführlich behandelten Fall der Werbung – von den Medienerzeugnissen als kulturelles Forum (oder kulturellen Foren) sprechen.

Eine inhaltliche Übereinstimmung oder Ähnlichkeit zwischen Werbung und Pornografie ist in diesem Zusammenhang besonders bemerkenswert und zu beachten: *Beide* Medienbereiche haben es wesentlich mit dem höchst realen, wenn auch sachlich weitgehend differenten *Begehren* ihrer Publika zu tun, mit deren Verlangen, Streben, Sehnsucht nach Gratifikation, Befriedigung oder gar Glück, das Objekte versprechen, zu denen im Falle der Pornografie Bilder und Wahrnehmungen von Menschen und Handlungen werden. Während jedoch die Werbung bzw. die übliche Wirtschaftswerbung (für Produkte/Waren) das Begehren – unter anderem das erotische Begehren – nur in Dienst nimmt (allerdings auch stimulieren mag), um das Begehren nach Produkten hervorzurufen, zu ‚wecken‘ und zu beeinflussen, ist die Pornografie auf sexuelles Begehren konzentriert und bemüht, es direkt anzusprechen, anzuheizen und auszureizen und ihm auch eine Art Befriedigungsangebot zu machen.[261] Dass und wie Erotik und Sexualität und mit ihnen die Geschlechter in diesen Medienbereichen ‚konstruiert‘ werden, das heißt begriffen, aufgegriffen, verstanden, benutzt, instrumentiert werden, hängt also aufs Engste mit der *Art* (Identität) des Sozial-, Sinn- und Handlungskontextes zusammen, den diese Medienbereiche darstellen. Ihre jeweilige Eigensinnigkeit (Eigenlogik, Eigengesetzlichkeit) wird in jedem ihrer medialen Erzeugnisse gleichsam ausbuchstabiert und als Variante wiederholt. Die feldspezifischen Logiken der ‚Wirklichkeitskonstruktion‘ und auch die hergestellten Wirklichkeiten selbst sind aber, wie noch differenziert zu zeigen ist, teilweise durchaus ähnlich oder gleich.

Pornografie und Werbung teilen als Medienerzeugnisse vor allem fundamentale Struktureigenschaften, die im Hinblick auf alle ihre kulturellen Konstruktionen von zentraler Bedeutung sind. Diesbezüglich ist – in formaler Hinsicht – zunächst noch einmal zu betonen, dass es sich bei beiden Medienbereichen bzw. bei den Endprodukten beider Medienbereiche (etwa Porno- oder Werbefilme) um Formen von *Kommunikation* handelt, genauer gesagt, um Formen von *medialer* und *medientypspezifischer* Kommunikation, die als solche die Realitäten, auf die sie sich beziehen oder die sie ‚heranziehen‘, nicht verdoppeln, sondern nur nach eigenen Gesetzen umsetzen können – als Selektionen, mindestens partielle Negationen, Transformationen, Fiktionen. Das heißt im Hinblick auf die Erotik der Werbung wie die ‚Erotik‘/Sex-Darstellung der Pornografie:

> Sie ‚ist‘ nicht der bloße physische Körper, sondern sie ‚spricht‘ von ihm, sie stellt ihn zeichen- und symbolvermittelt dar. [...] Wenngleich die Zeichen und Symbole der Erotik aufs Engste an körperliche Wahrnehmungen und leibliche Erfahrungen gebunden sind – sodass Zeichen z. B. als ‚Schlüsselreize‘ wirken können –, ist auch (mehr oder weniger obszöne) Erotik als eine sozial, kulturell und gesellschaftlich vermittelte Thematisierung leiblicher Sexualität zu verstehen, die sich in verschiedenen Kommunikationsmedien (Sprache, Schrift, Bilder, Töne, Sounds) ereignen kann (Kautt 2012, S. 84).

Weder die Werbung noch die Pornografie, die dies gerne vorgibt (in einer Art Selbstbeschreibung und strategischer Selbstüberschätzung), können also die ‚Sache selbst‘ oder gar die bloße ‚Natur‘ abbilden. Beide Medienbereiche haben es zwar in den ‚Urszenen‘ der Produktionsstätten mit lebendigen Menschen zu tun, die als lebendige und mit lebendigen Menschen handeln und erleben (erleiden, erdulden), aber sie können

---

261 Im ‚Endeffekt‘ mögen aber beide Medienbereiche als gesamtkulturell erheblich bedeutsame Generatoren und Verstärker von Begehren/Begierden wirken und zusammenwirken und so wichtige Beiträge zum psychischen Unterbau der ‚Konsumgesellschaft‘ leisten. Sie gehören in gewissem Sinne auch zum Überbau dieser ‚Gesellschaft‘.

ihre ‚Sachen' nur aufführen und als Aufführung ihrem jeweiligen Publikum medial vorführen und mitteilen. Hier geht es also immer auch und in erster Linie um Kommunikationen in Formen von (Medien-)Theatralität: um Inszenierungen, Skripts, Performanzen, die auf Wahrnehmungen und ‚Erlebnisse' (Empfindungen, Emotionen) von Publika zielen (vgl. Willems 2009a, b).

Allerdings gibt es nicht nur eine je besondere Theatralität und Fiktionalität, sondern auch jeweils relevante Realitäten und Realitätsbezüge und einen je eigenen (erotischen) Realismus der beiden Medienbereiche. Und es gibt zugleich systematische und gravierende Unterschiede in ihren Realitätsbezügen und in ihrem Realismus, speziell die Erotik/Sexualität betreffend. Beide operieren mindestens *auch* mit vollkommen realen (lebendigen) Körpern und auch vollkommen realen (Inter-)Akten von Modellen, wie oder wie sehr diese auch immer ‚zurechtgemacht', zugerichtet oder – im Rahmen von Inszenierungen – gestellt sein mögen oder normalerweise sind. Eine Art Alleinstellungsmerkmal der Pornografie besteht in diesem Zusammenhang darin, intime Tatsachen der körperlichen Geschlechtlichkeit der Geschlechter buchstäblich ans Licht zu bringen und einer anonymen (Publikums-)Öffentlichkeit zugänglich zu machen. Diese die Pornografie geradezu definierende Obszönität, von der im Folgenden noch ausführlich die Rede sein wird, ist der heutigen Werbung (noch) nicht oder kaum möglich, auch wenn sie gelegentlich vor allem aus Gründen der Aufmerksamkeitserzeugung mit den Grenzen der Schicklichkeit, die heutzutage jedoch alles andere als genau feststehen, spielt oder sogar, wie im Falle der berühmt gewordenen sogenannten Benetton-Kampagne, in bestimmte Bereiche der Obszönität vordringt. Die Werbung entfaltet dafür normalerweise andere Erotikspiele, die indirekt auf die Erfüllung verweisen, die die Pornografie mit ihren Skripts und (realen) Modellen drastisch (weniger dramatisch) vorführt. In einer besonders häufigen Variante wird Erotik im Zusammenhang mit dem jeweils beworbenen Produkt als Ziel und gleichzeitig als Mittel vorgestellt. So soll man bzw. frau sich mit Hilfe entsprechender (Schönheits-)Produkte schön und d.h. attraktiv machen, um das von Werbung und Pornografie gleichermaßen verherrlichte und verheißene Glück der Erotik/Sexualität erreichen und bereiten zu können. (Sexuell) Begehrenswert zu sein und begehrt zu werden erscheint dabei vor allem als ein weibliches Anliegen, als Wunsch von Frauen, die sich dafür in den Werbungsgeschichten auch im höchsten Maße engagieren und nach expliziter und impliziter Auskunft der Werbung engagieren sollen.[262]

Die Entwicklung der Pornografie (Pornokultur) ist wie die Entwicklung der Werbung (Werbungskultur) unmittelbar mit der historischen Entwicklung der medialen Kommunikationstechnologien verbunden und von ihnen abhängig. In den konstituierenden und limitierenden Rahmen der eingesetzten Medientypen, die strukturieren,

---

[262] In Bezug auf Pornografie sprechen Lautmann und Schetsche von einem „wiederholt bestätigten (freilich reichlich generalisierten) Forschungsresultat", demzufolge „für Frauen das Begehrtwerden im Vordergrund anregender Vorstellungen steht" (Lautmann/Schetsche 1990, S. 99 f). Allerdings sehen Lautmann und Schetsche auch eine Männerwunscherfüllung der ‚Hamburger-Pornografie', die darin besteht, dass attraktive Frauen Männer offen sexuell begehren (vgl. Lautmann/Schetsche 1990, S. 55 f).

was als Kommunikation überhaupt möglich (und unmöglich) ist, sind Werbung und Pornografie also auch Foren bzw. Bühnen, auf denen kulturelle/symbolische Ordnung sich entfaltet und entfaltet wird. Dies geschieht auch in gemeinsamen medialen Formen bzw. auf gemeinsamen Kanälen. In beiden Medienbereichen spielen die verschiedenen Bildmedien heutzutage und schon lange zunehmend die wichtigste Rolle. Sie sind offensichtlich besonders geeignet und unverzichtbar, um die medienbereichsspezifischen Zwecke zu erfüllen und Ziele zu erreichen. Im Bereich der Pornografie liegt dies überdeutlich auf der Hand. Ihre bildliche Obszönität und sachliche Nähe zu den realen (korporalen) ‚Schlüsselreizen' der Erotik/Sexualität ist jedenfalls kaum zu überbieten.[263]

Für die moderne Werbung und für die moderne Pornografie entscheidend ist also, dass in jenen Medien-Rahmen lebenswirkliche/lebensweltliche Realitäten (wie immer selektiv und transformativ) aufgehoben und aufgeführt werden können, das heißt der soziale Sinn, der in Korporalität, in Interaktionsritualen, sozialen Settings usw. steckt. Mit Sinn dieser Art können und müssen die Macher/-innen der hier thematischen Medienerzeugnisse jeweils ‚teleologisch' umgehen und arbeiten – in den Spielräumen der Medien und aller Ressourcen, die sie handhaben, um ihre jeweiligen (Märchen-)Geschichten zu erzählen und Eindrücke zu machen.

Die im Folgenden fokussierte Heftpornografie beruht ebenso wie die typische Werbeanzeige hauptsächlich auf dem Medium der Fotografie. Sie soll daher und wegen ihrer grundlegenden bildmedialen Bedeutung und Überschneidung mit dem Medium Film (Werbefilm, Pornofilm) genauer betrachtet werden, und zwar hinsichtlich des Spielraums von performativen und (geschlechter-)kulturell informativen Möglichkeiten, den das fotografische Bild bietet (vgl. Goffman 1981, S. 45 ff.). Vergleiche mit den (Un-)Möglichkeiten des (Porno-)Films liegen dabei nahe.

1.2 Mediale (Bilder-)Rahmen: Reklame- und Pornobilder

Bilder bzw. Fotografien, seien es z. B. die der (Print-)Werbung oder die der (Heft-)Pornografie, bilden prinzipiell unabhängig davon, in welchem Kontext sie stehen und welche Inhalte (Sujets) sie darstellen, exklusive und inklusive Strukturen, mit Goffman (1977; 1981) gesprochen: jeweils einen *Rahmen* des Darstellbaren, der einen begrenzten Spielraum von Darstellungen definiert.[264]

---

263 Das heißt natürlich nicht, dass Sprache bzw. Schrift in den hier thematischen Medienbereichen nur mehr eine geringe Bedeutung hätte. Sie entfaltet vielmehr nach wie vor jeweils eigenen und eigenständigen Sinn, und sie fungiert auch in komplementären Verhältnissen zu den Bildmedien. So gibt es neben und mit den Bildern der Erotik eine bedeutsame und bedeutungsvolle Sprache der Erotik, unter anderem eine Werbungs- und eine Porno-Sprache, eine obszöne Sprache und ein obszönes Sprechen (s. u.). Auch dies wird im Folgenden noch genauer zur Sprache kommen.
264 Zu den Gegenstands- und Anwendungsbereichen der Goffmanschen Rahmen-Analyse gehören auch die verschiedenen Bildmedien, z. B. der fotografische „Bilder-Rahmen", mit dem sich Goffman im Rahmen seiner Analyse der reklamefotografischen Geschlechterdarstellung ausführlich und mit dem Er-

Das Medium der Fotografie eröffnet in den hier thematischen Medienbereichen zwei grundlegende Darstellungs- und Inszenierungsoptionen, die gleichsam mit Kulturressourcen, Symbol- und Sinnressourcen des jeweiligen Medienbereichs gefüllt werden können und müssen. Zum einen geht es, wie Goffman (1981) in Bezug auf die Werbung darlegt, um Bilder von „Szenen, d.h. Darstellungen von geschehenen ‚Ereignissen‘", und zum anderen um „Porträts [...], bei denen wir nicht behaupten können, daß eine Szene abläuft. Sie zeigen nicht eine Folge von Ereignissen, sondern eher ein Sujet" (Goffman 1981, S. 64).

Auch die Heft-Pornografie offeriert diese beiden Bild-Klassen, die also unmittelbar mit den Bild-Klassen der Print-Werbung (Werbeanzeigen) zu vergleichen sind. Die in der Heft-Pornografie (fotografisch) abgebildeten *Szenen* beinhalten im Prinzip wie die Szenen der Print-Werbung kleine „Geschichten" (Goffman 1981, S. 64). Was Goffman diesbezüglich in Bezug auf die Werbungsfotografie konstatiert, lässt sich also durchaus auf die Heft-Pornografie übertragen: „Wir können aus dem, was wir sehen, eine narrative Handlung herauslesen; wir können auf ein Vorher und Nachher schließen; und diese Einordnung in den Fluß der Aktivitäten, nicht minder als die Modelle und die Requisiten per se, liefert uns den Kontext des Geschehens" (Goffman 1981, S. 64). Das Blicken auf pornofotografische/fotopornografische Szenen macht den interessierten Beobachter also nicht nur (aber auch) gleichsam zum Voyeur intimer (sexueller) Körper, Ereignisse und Geschehnisse, sondern auch zum Interpreten und (Re-)Konstrukteur erotisch-sexueller Geschichten, die auch filmisch erzählt werden könnten (und tatsächlich erzählt werden). Im Bild der Szene steckt ein ‚lesbares‘ Skript und die Möglichkeit, ein Skript oder Skriptzusammenhänge zu imaginieren. Die Geschichten, die das Pornoheft/die Pornofotografie und der Pornofilm mit oder ohne sprachliche/textliche Begleitung erzählen, sind natürlich als ‚erotische‘ Geschichten bzw. derb-drastische Sex-Geschichten ziemlich andere als die der Werbung. Deren Spektrum von Szenen und Stories ist einerseits wesentlich breiter und vielfältiger als das monothematische und monokulturelle Spektrum der Pornografie, das die Werbung andererseits systematisch ausblenden muss oder nur andeuten kann.

Entsprechend und komplementär verhält es sich mit der fotografischen Bild-Klasse der *Porträts*, die wiederum eine beliebte Form, aber eben keine exklusive Spezialität von Werbeanzeigen darstellt. Vielmehr macht auch die (Hamburger-)Heft-Pornografie von dieser strategisch-dramaturgischen Option erstaunlich regelmäßig und häufig Gebrauch – oft variiert durch ein ‚Bild im Bild‘, das Details des dargestellten (Sexual-)Körpers vergrößert herausstellt. Die Porträts der (Hamburger-)Pornografie sind bezeichnenderweise ganz überwiegend bis ausschließlich Darstellungen von *weiblichen* Sujets/Modellen, die sich als ‚alleinstehende‘ Körper ausstellen und direkt an den Bildbetrachter richten, sich ihm in ihrer sexuellen Korporalität/Intimität scheinbar

---

gebnis einer Reihe grundbegrifflicher Differenzierungen beschäftigt hat (vgl. 1981, S. 45 ff.). Goffman liefert damit auch Zugänge zu der visuellen Medien-Realität und bildmedialen Realitätskonstruktion (nicht nur) der Geschlechter.

schamlos offenbaren und ohne Einschränkung seinem Blick aussetzen.[265] Diese (Porno-)Porträts sind also eine besondere, auf ein männliches Publikum verweisende und zielende Form der obszönen Darstellung bzw. der Darstellung von Obszönität und obszöner Selbstdarstellung. Sie konzentrieren sich auf die Darstellung des weiblichen Sexual-Körpers, den sie mindestens in seiner sichtbaren ‚Sexualität' präsentieren, und zwar typischerweise in besonderen, besonders aussagekräftigen Posen und Verfassungen, die die Fotografie als signifikante Momentaufnahme konserviert.

Allerdings legt die (Hamburger-)Pornografie mit ihren fotografischen Porträts und Szenen wie mit ihren filmischen Inszenierungen (analog zur Werbung) auch Wert auf die Sichtbarkeit und Erkennbarkeit der ‚persönlichen Identität' der weiblichen Modelle. „Auf fast allen Bildern sind die Modelle vollständig abgebildet, stets ist der Kopf sichtbar. Die Gesichter der fotografierten Frauen sind in der überwiegenden Zahl der Bilder gut zu erkennen" (Lautmann/Schetsche 1990, S. 34). In dieser Erkennbarkeit wie in anderen persönlichen Identifizierungsformen (Namen der Modelle, ‚biografische' Angaben) besteht offenbar eine wesentliche psychische Gratifikationsbedingung der (Hamburger-)Pornografie, insbesondere eine Voraussetzung der individuellen sexuellen oder sexualisierten Phantasietätigkeit des Konsumenten (vgl. Lautmann/Schetsche 1990, S. 34–41). Die persönliche Identifizierbarkeit der dargestellten Modelle (qua Gesicht) ist aber auch ein besonderer Faktor pornografischer Obszönität, sind es doch wirkliche Individuen, die sich so darstellen (exhibitionieren) und als sich so darstellend dargestellt werden.

Die Pornografen (Pornodramaturgen) bedienen sich in diesem Zusammenhang regelmäßig einer Art des Blickens bzw. einer Art von Blickkontakt der weiblichen Modelle, die Goffman, wie oben erwähnt, in Bezug auf die Reklamefotografie beschrieben hat:

> […] es ist ein starrer, beschwörender Blick, als wollte das Sujet einen – manchmal sogar verschwörerischen – Augenkontakt mit einem lebendigen Menschen hinter der Linse oder mit einer größeren Gruppe draußen im Kameraland herstellen. Auch finden wir manchmal einen Gesichtsausdruck, der Abwehr gegen äußere Einmischung bekundet – ein subtiles Mittel, um dem Betrachter das Gefühl zu geben, er sei tatsächlich an der abgebildeten Szene beteiligt. Mitunter werden die Sujets – besonders die weiblichen – auch so gezeigt, als erwiderten sie unseren scheinbar aufdringlichen Blick mit einem Ausdruck der passiven Hinnahme. […] Wenn solcherart durch den Gesichtsausdruck eine Reaktion auf den Betrachter simuliert wird, verwandelt das Porträt sich bis zu einem gewissen Grad in eine Szene (Goffman 1981, S. 65 f.).

Im Rahmen der Pornografie wird diese Art der Ansprache des Bildbetrachters spezifisch bedeutungsvoll kontextiert und moduliert. Sie findet meist in Verbindung mit einem

---

265 Die im Porno porträtierten Frauen erscheinen als reine ‚Lustobjekte', und zwar in einem doppelten Sinn. Zum einen sind sie nach Auskunft der Pornografie selbst reine Lust-Wesen, Wesen, die (sexuelle) Lust ‚haben', ja ganz und gar von Lust erfüllt und umgetrieben sind. Zum anderen sind sie Wesen, die sich unverkennbar lustvoll fremder Lust offerieren, als Objekte fremden Vergnügens, mit dem Ziel, Lust und Vergnügen zu machen.

obszönen sexuellen *Exhibitionieren* und *Posieren* statt, bei dem ein typischerweise völlig nacktes (weibliches) Modell seinen Sex-Körper in scheinbar erregter und/oder verführerischer Absicht präsentiert. Die inszenierte Schamlosigkeit, Lüsternheit und Geilheit der Einen (Frau) verweist dabei auf die reale Schamlosigkeit, Lüsternheit und Geilheit eines im Bild unsichtbaren Anderen, nämlich des (männlichen) Bildbetrachters, dem damit das Gefühl gegeben wird, er sei tatsächlich an der abgebildeten Szene beteiligt. Die durch den Blickkontakt mit dem Bildbetrachter simulierte und suggerierte Szene impliziert hier also einen bestimmten erotisch-sexuellen Bedeutungshorizont, der sich durch eine systematische Ambiguität und Ambivalenz auszuzeichnen scheint.

Das dargestellte weibliche Modell verkörpert in seiner Nacktheit, Expressivität und Exhibition einerseits eine auf einen ‚natürlichen Rahmen‘ (ihren Sex-Körper) heruntermodulierte Identität und zugleich eine offenbar bedingungslose erotisch-sexuelle Offerte gegenüber dem Bildbetrachter und der ganzen ‚Bild-Öffentlichkeit‘. Der Blickkontakt mit dem Bildbetrachter scheint hier aber andererseits auch eine Art individuelle Beziehung zu signalisieren, zu simulieren und zu suggerieren und damit als eine erotische/sexuelle Phantasiehilfe fungieren zu können. Rüdiger Lautmann und Michael Schetsche gelangen diesbezüglich zu dem sozusagen pornomethodologischen Schluss:

> Der Konsument des pornografischen Materials soll sich von den abgebildeten Objekten persönlich angesprochen fühlen. Bei der ganz überwiegenden Anzahl der Bilder des Heftes *Girls, Girls, Girls* können wir aufgrund der Mimik und Gestik der Modelle von einer imaginären Kommunikation zwischen Betrachter und abgebildeter Frau sprechen. Das Bildobjekt scheint zu einem Bildsubjekt zu werden, welches das Betrachtungssubjekt anspricht. [...] Durch ihren Blick gibt jede abgebildete Frau in der verwendeten Symbolsprache zu verstehen: ‚Nur *für dich* posiere ich hier, *nur für dich* habe ich mich ausgezogen und fotografieren lassen.‘ Obwohl der Konsument natürlich weiß, daß Tausende von Männern das Heft gekauft haben und die abgebildeten Frauen wie er betrachten, vermittelt dieser *Nur-für-dich-Typ* dem Betrachter den Eindruck, die abgebildete Frau wäre nur für ihn da (Lautmann/Schetsche 1990, S. 41).

Diese (Methodo-)‚Logik‘ zeigt sich nicht nur auf der Ebene der Porno-Porträts ‚alleinstehender‘ Frauen, sondern auch dann, wenn es um die Darstellung sexueller Szenen geht. „Aufgabe dieses *Du-bist-dabei-Blicks* ist es, den Betrachter in die abgebildete Geschichte einzubeziehen: Durch den scheinbaren Blickkontakt mit dem Konsumenten [...] wird beim Betrachter der Eindruck erzeugt, er wäre es, der die Frauen penetrieren würde" (Lautmann/Schetsche 1990, S. 61).

Die ritualisierte Dramaturgie der (visuellen) Ansprache des Bildbetrachters ist in der Pornografie wie in der Werbung typischerweise mit ritualisierten Verhaltensfiguren verbunden, die zum normalen Repertoire der Interaktionsordnung gehören und mit Goffman als verwandte und sich ergänzende oder verstärkende Praktiken und ‚Botschaften‘ verstanden werden können. Die jeweiligen Kontexte bzw. Bereichs- und Gattungsbegriffe (Werbung und Pornografie) fungieren dabei als differenzielle und differenzierende Verstehensanweisungen. So zeigen die pornografischen Bilder – ähnlich wie die kommerziellen Werbungsfotografien – einsame (mehr oder weniger nackte) Frauen, die den Bildbetrachter teils kokett, auffordernd oder aufreizend und teils melancholisch in sich versunken oder verträumt-entrückt anblicken (vgl. Goffman 1981, S. 224ff.). Der Betrachter wird auch durch ‚beziehungsanbietende' Ritualisierungen wie das Liegen, die Schräghaltung des Kopfes oder Körpers, das Knien, die Knieanwinklung, die Selbstberührung, das Lächeln u.ä.m. bedeutungsvoll angesprochen. Mit diesen Ausdrucksfiguren sind regelmäßig sex-physische Selbstausstellungen, Selbstmanipulationen und Zeichen von sexueller Erregung bzw. Lust und Lüsternheit verbunden, die keinen Zweifel an der Befindlichkeit und der Intention des (weiblichen) Sujets/Modells aufkommen lassen. Andere weibliche Sujets/Modelle der Pornografie versetzen den Bildbetrachter durch Gesichtsausdrücke und Blicke, die ‚passive Hinnahme', ‚Abwehr gegen äußere Einmischung' (Goffman) oder Erschrecken simulieren, eher in die imaginäre (Wunsch-)Rolle des Übertreters, des Verletzers oder des Eindringlings in eine (weibliche) Intimsphäre. Auch in diesem Fall entsteht (und soll entstehen) der Eindruck einer Szene und Beziehung, nur sind die konnotierten Bedeutungen besondere und verschieden von jenen anderen. Offenbar wird hier die Phantasie männlicher Überlegenheit, Beherrschung oder sogar Gewalttätigkeit umgesetzt und angesprochen.

Die pornofotografische Bild- bzw. ‚Porträtkunst' (mit ihren adoptierten und adaptierten Symbolvorräten und Stilmitteln) ist eine Besonderheit der Heftpornografie, die damit vor allem den Vorteil hat, besonders signifikante und ‚reizvolle' Momentaufnahmen konservieren und uneingeschränkter Wahrnehmung und Konzentration zugänglich machen zu können. Verglichen mit dem Film ist der fotografische Bilder-Rahmen insofern keineswegs defizient, sondern spezifisch effektiv und funktional. Jene ‚Kunst' ist aber auch mit einem strategisch zentralen doppelten Nachteil verbunden.

Zum einen haben die ‚stehenden' Bilder einen für die Pornografie als solche bedeutsamen Glaubwürdigkeitsnachteil. Der Verdacht liegt nahe, dass sie gefälscht (unecht) oder bearbeitet sind. Demgegenüber hat der Pornofilm einen systematischen Glaubwürdigkeitsvorteil. Er erscheint nicht nur als Abbildung wirklichen Lebens (Geschlechter- und Geschlechtslebens), sondern bietet auch Anhaltspunkte für die ‚Validierung' des Dargestellten als echt.

Zum anderen – und im Zusammenhang damit – mangelt es den Fotos natürlich an Lebendigkeit, dem Eindruck der ‚wirklichen Wirklichkeit' des (sexuellen) Lebens als Prozess oder Zusammenhang von Prozessen. Der Pornofilm erscheint demgegenüber mit seinen fungierenden, reagierenden und interagierenden Körpern in für das Publikum entscheidenden Punkten als (Sexual-)Lebenskopie; er erscheint mit seinen Geschichten (stories), Szenen und Episoden zumindest als naturalistisch(er), realistisch(er), lebensnah oder lebensnäher. Pornofilme liefern also mehr, andere und teilweise auch für den Konsumenten wertvollere Informationen, Reize und Impressionen als Pornofotos. Sie sind die zugleich vollste und leichteste Kost für den Konsumenten, dem sie ein Übermaß an Vorstellungen, Bildern und Anregungen bieten und die Vertiefung in die Porno-Wirklichkeit optimal erleichtern. Damit kommen die Pornofilme der ‚Regression' und den ‚Regressionsbedürfnissen' des Publikums in höherem Maße entgegen als die Heft-Porno(foto)grafie, die als solche auch ein viel geringeres Variationspotenzial hat und damit viel leichter einen Gratifikationsverfall erleidet als der Pornofilm mit seinem viel größeren Abwechslungsreichtum.

Die Differenz der Bildmedien ändert aber nichts an der Substanz der ‚Dinge', um die es in der (Hamburger-)Pornografie und um die es den Pornokonsumenten geht. Die (Hamburger-)pornografischen Erzeugnisse und ihre Macher haben so oder so ein heterosexuelles Männer-Publikum im Sinn und vor Augen, das sich tendenziell ausschließlich für *weibliche* Sujets/Modelle, deren sexuelle Körper, (Be-)Handlungen und Erlebnisse interessiert. Es ist daher auch kein Zufall, dass die Porno-Dramaturgie weibliche Sujets/Modelle präferiert und in gewisser Weise ‚dramatisch dominieren' lässt. Und ebenso wenig ist es ein Zufall, dass diese Sujets/Modelle bestimmten (männlichen) Idealvorstellungen von weiblicher (Sex-)Korporalität entsprechen. In diesen Vorstellungen (und Darstellungen) wiederum unterscheidet sich die Pornografie im Grunde nicht oder kaum von der Werbung. Deren Erotik, zu deren Idealen ja vor allem Varianten der jungen/jugendlichen Schönen (nicht zuletzt die ‚Sexbombe') gehören, wird in der Pornografie in gewisser Weise wiederholt und auch fortgeführt, ja sie wird gleichsam *ausgeführt*, sei es fotografisch oder filmisch, in fotografischen oder filmischen Szenen oder in Porträts. In diesen Darstellungen und mit ihnen wird das ‚Weibliche' in vollem Umfang mit einer erotisch attraktiven Korporalität identifiziert und als solche zelebriert. Allerdings zielt gerade die visuelle Kommunikation der Pornografie konsequenter und extremer als die Werbung darauf, diese Korporalität zu reifizieren, zu verabsolutieren und zu fiktionalisieren. Als eine Art Urbild im Hintergrund, aber häufig auch im Vordergrund, erscheint dabei die Prostituierte, die der Pornografie überhaupt und seit jeher als eine Quelle ihrer Sinnwelt und Symbolik dient (vgl. Lautmann/Schetsche 1990, S. 73).

In den spezifisch einschränkenden und Spielräume eröffnenden Rahmen ihrer Medien bzw. Bildmedien entfalten und bilden die Werbung und die Pornografie also auch je eigene und zugleich vergleichbare, ähnliche, verwandte und zusammenhängende symbolische Universen. Die Pornografie operiert nicht nur in denselben medialen Formen wie die Werbung, sondern auch mit allen Symboltypen und symbolischen Ordnungsmustern, die auch in der Werbung (und anderen als legitim geltenden Medienerzeugnissen) eine Schlüsselrolle spielen, und sie bringt zudem eigene Symbole und Symbolisierungen hervor und zum Einsatz – teilweise als Modulationen jener Symboltypen. So arbeitet auch die Pornografie mit den beschriebenen reklametypischen Symboliken des weiblichen Erotik-Körpers und greift überhaupt vorzugsweise auf die Möglichkeiten physischer Expressivität als Quelle von Symbolisierungen zurück. Dabei hat sie es immer auch mit Konstrukten und Konstruktionen der Geschlechter zu tun, die mit denen der Werbung zumindest teilweise vergleichbar und strukturell verwandt sind.

Wie die Werbung ist also auch die Pornografie kulturell/zivilisatorisch voraussetzungsvoll, bedingt, implikationsreich und symptomatisch. Während aber die Werbung ein legitimes Format und in gewisser Weise ein Format der Legitimation, ja eine positive und affirmative Zeremonie der Gesellschaftskultur und auch der gesellschaftlichen Geschlechterkultur darstellt, hebt die Pornografie schon und gerade in den Formen ihrer Bilder die entsprechenden symbolischen Ordnungsformen und Ordnungsnormen weitestgehend auf. Sie fungiert als ein Forum symbolischer Negativität, Überschreitung und Verletzung, aber auch Übersteigerung (Hyperritualisierung) und Umkehrung. Und auch dies betrifft und trifft gerade Konstrukte und Konstruktionen der Geschlechter.

Diese Überlegungen führen direkt zu dem Begriff der Obszönität, der hier als ein Grund- und Schlüsselbegriff anzusehen ist, auch wenn sich Pornografie nicht in Obszönität auflöst. Im Begriff der Obszönität findet man jedenfalls einen Ansatz zum Verständnis beider hier thematisierten Medienerzeugnisklassen – der Pornografie *und* der Werbung – sowie auch von anderen kulturellen/zivilisatorischen ‚Kontexten' gerade im Bereich der medialen Unterhaltung (Unterhaltungsindustrie). Es ist daher zunächst notwendig, den Begriff selbst genauer zu betrachten.

2 Obszönitäten

Der gerade in Bezug auf Medienerzeugnisse aller Art (natürlich speziell die Pornografie) gängige Begriff Obszönität/obszön ist zunächst ein *praktischer* Begriff und als solcher relativ abstrakt, vieldeutig und implikations- und verweisungsreich. Er disqualifiziert die Aspekte, auf die er sich bezieht – Aspekte des Verhaltens, Handelns, Redens, Erscheinens, Konsumierens etc. – als fundamental normverletzend, Sittlichkeits-, Schicklichkeits-, Anstands-, Würde-, Scham- oder/und Geschmacksgrenzen verletzend. Im Begriff der Obszönität stecken also gänzlich und stark negative, ja nihilierende und stigmatisierende Werturteile moralischer und kathektischer Art, die sich auf Legitimitätsgrenzen in verschiedenen sozialen/kulturellen und sachlichen Bereichen beziehen. Dazu gehören insbesondere Aspekte mit direkten Körperbezügen (Sexualität, Gewalt, Defäkation, Krankheit, Sterben, Tod usw.), in zweiter Linie aber auch psychische (Bewusstseins-)Tatsachen, die das eigene oder fremde Image, persönliche Achtung und Selbstachtung, das Privat- und Intimleben u. a. m. betreffen. Grundsätzlich scheint es in diesem Zusammenhang insbesondere um soziale Distanz-, Verhüllungs- und Diskretionsgebote bzw. ‚Tabus' zu gehen, deren Verletzung als eine gravierende symbolische Verletzung, als Entweihung oder Entheiligung betrachtet und verurteilt wird.

Das Urteil der Obszönität verweist damit letztlich auf einen gesellschaftlichen und das heißt historischen Hintergrund, ein bestimmtes zivilisatorisches/kulturelles Niveau, das aktuelle Werte, Normen und damit Legitimitätsvorstellungen definiert, an denen sich entscheidet und unterscheidet, was als (noch) akzeptabel gilt und was nicht. Im Rahmen der modernen ‚westlichen' Zivilisation betrifft das nicht zuletzt oder in erster Linie die moralisch-symbolische/rituelle Ordnung, die Goffman die Interaktionsordnung genannt hat. In ihrem Zentrum steht das „Selbst" der Person als eine moralische („heilige") Tatsache, die sich Goffman zufolge dieser moralisch-symbolischen Einbettung überhaupt verdankt. Aber auch jenseits der Interaktionsebene (jedoch zum Teil mit Bezügen auf diese) in Bereichen wie der Kunst, der Medienunterhaltung, der medialen Berichterstattung/Nachrichten oder der Werbung stellen sich Legitimitätsfragen ähnlichen Typs, die mit Begriffen wie obszön (oder auch ordinär, vulgär oder gewöhnlich) beantwortet werden. Obszönität ist also immer auch eine bereichs- und kulturspezifisch praktische Sinn-, Grenz- und Definitionsfrage, eine Rahmen- und Rahmungsfrage, um Goffmans Terminologie zu verwenden.

Es liegt damit soziologisch nahe und erscheint notwendig, Obszönität im Kontext von Zivilisationsniveaus/Kulturniveaus, Zivilisationslogiken und Zivilisationsprozessen zu verstehen und damit zu relationieren und zu relativieren. Das schließt Differenzen und Differenzierungen innerhalb von Gesellschaften, z. B. von Schichten, Milieus, Gruppen- oder Subkulturen, ebenso ein wie langfristige Entwicklungen, Wandlungen und Schwankungen zivilisatorischer Niveaus. Sie und die Rahmen (Sinngrenzen), die in diesem Zusammenhang bestimmen, „was in den Augen der Beteiligten vor sich geht" (Goffman 1977, S. 57), sind historisch ebenso geworden wie veränderlich. Sie können sich verschieben, erweitern oder verengen, erhöhen oder absenken, hinauf- oder herun-

https://doi.org/10.1515/9783111168906-015

termoduliert werden. Von Obszönität (oder Obszönisierung) kann man also nicht nur in Bezug auf einen konkreten symbolischen Tatbestand oder Rahmenbruch, z. B. eine Handlung, unter gegebenen Zivilisations-Bedingungen sprechen, sondern auch im Hinblick auf Entwicklungen ganzer Kollektive, Gruppen, Institutionen und sogar Gesellschaften.[266]

Auch Elias' Zivilisationstheorie, die in diesem Zusammenhang als eine Art Schlüssel fungieren kann, geht davon aus, dass der historische Prozess gravierende Differenzen, Kluften und Schwankungen (inklusive Zusammenbrüche) jener zivilisatorischen Niveaus mit sich gebracht hat und mit sich bringt. Auch Elias sieht Prozesse der Zivilisation und Dezivilisation ganzer Kollektive, die mit Begriffen wie Obszönität oder Obszönisierung gefasst werden können. Allerdings geht er auch und vor allem von dominanten Langfrist-Prozessen der Zivilisation aus, von zivilisatorischen Trends, die auch Bezugsrahmen der praktischen und (zivilisations-)theoretischen Bestimmung von Obszönität bilden können: Trends zur Pazifizierung, zur Humanisierung, zu einer Moral der Würde, zur Privatisierung (‚hinter Kulissen'), zur Intimisierung, zur „Psychologisierung", zu einer Verfeinerung der Verhaltensformen, zu einem Vorrücken von Scham- und Peinlichkeitsgrenzen. Man könnte von historischen-zivilisatorischen Hinaufmodulationen sprechen, von hinaufmodulierten Grenzen, Verständnissen, Haltungen, Ansprüchen, die gleichsam Rahmen bilden, in denen und von denen aus sich auch Möglichkeiten von Obszönität ergeben – als entsprechende Heruntermodulationen, die ohne jene Hinaufmodulationen nicht möglich wären und keine konkrete Gestalt und Bedeutung annehmen könnten.

Obszönität verweist also immer auf einen ganz bestimmten zivilisatorischen/kulturellen Hintergrund als Bedingung ihrer Möglichkeit und als Faktor ihrer konkreten ‚Definition'. Was als obszön gilt bestimmt sich von bestimmten zivilisatorischen/kulturellen Niveaus und Normen aus. Eben diese Niveaus und Normen sind auch die Hintergründe und Gründe von obszönen (Sub-)Kulturen und sozialen Welten, ‚Parallelwelten', Gegenwelten, „Unterleben", „Hinterbühnen" (Goffman) und ‚Semantiken' und Diskursen wie der Pornografie. Obszönität wird in diesen durchaus konventionellen und teilweise institutionellen Rahmen regelrecht kultiviert, praktiziert, (industriell) produziert, inszeniert, performiert, vermarktet, verkauft. Obszönität hat also viele Formen, Plätze und Orte in der (modernen) Gesellschaft.

---

266 Goffman zitiert in seiner Rahmen-Analyse das historische Beispiel römischer Theater und betont in diesem Zusammenhang „die zeitliche Veränderung von Rahmen: ‚Unter der Fremdherrschaft hatten ja die Griechen die Neue Komödie hervorgebracht; die Römer waren durch ihr eigenes Imperium so überlastet, daß sie sich einer bloß sinnlichen Existenz ergaben. In ihren Theatern wurde die Tragödie durch die Pantomime, die Komödie durch die Farce verdrängt. Da es nur darum ging, den verwöhnten Gaumen des Publikums zu kitzeln, zogen die Produzenten nicht nur alle Register des Aufwands und der Raffinesse, sondern stiegen auch in die untersten Gefilde des Widerlichen und Obszönen hinab. Selbst Livius sah im Theater seiner Zeit eine Gefahr für die öffentliche Moral und den Staat; bald kamen deutliche sexuelle Szenen auf die Bühne, und zu spielende Hinrichtungen wurden tatsächlich (an verurteilten Verbrechern an der Stelle der Schauspieler) vorgenommen'" (Beare 1964, S. 238; zit. nach Goffman 1977, S. 66).

2.1 Obszönität als Rahmen- und Rahmungsfrage

Aus den bisherigen Überlegungen ergibt sich schon, dass es keine essenzielle oder ‚ontologische' Definition von Obszönität geben kann, sondern nur eine relationierende und relativierende Fassung von Obszönität als einer kulturellen Realität, die einen durch und durch historischen und gesellschaftlichen Charakter hat. Obszönitäten sind demnach Momente oder Eigenschaften einer gesellschaftlichen Wirklichkeit und ‚Wirklichkeitskonstruktion'. Sie haben als solche und durch diejenigen, die sie als solche bezeichnen, wesentlich mit Wissen, Wahrnehmung und Erkennen zu tun, mit Verstehen, Sehen und Interpretieren.

In diesem im Grunde zivilisationstheoretischen Sinne lässt sich auch Goffmans wissenssoziologische (Rahmen-)Theorie der Obszönität einordnen und anschließen. In seiner Rahmen-Analyse greift Goffman die folgende Fassung des Obszönitätsbegriffs auf, die die Logik der Pornografie als eine Variante von Obszönität einschließt und die, wie zu zeigen ist, auch hinsichtlich der Kultur der Werbung brauchbar ist:

> Diese Überlegungen führen zu zwei vorläufigen Definitionen des Obszönen: (1) Das Obszöne besteht in der Veröffentlichung des Privaten; es besteht im Hervorzerren intimer körperlicher Vorgänge und Handlungen oder körperlich-emotionaler Zustände; und (2) es besteht in einem Herabziehen der menschlichen Dimensionen des Lebens auf eine rein biologische oder physikalische Ebene. Nach diesen Definitionen ist das Obszöne eine bestimmte Art der Darstellung oder des Sehens der physischen Aspekte der menschlichen Existenz und ihres Zusammenhangs mit deren übrigen Seiten. So kann es eine obszöne Sichtweise der Sexualität geben; es kann auch obszöne Sichtweisen des Todes, der Geburt, der Krankheit und von Handlungen wie Essen oder Defäzieren geben. Das Obszöne zerrt diese Dinge an die Öffentlichkeit, und zwar so, daß der größere menschliche Zusammenhang verloren geht oder abgewertet wird. Damit besteht eine Verbindung zwischen unseren beiden vorläufigen Definitionen des Obszönen: wenn die Intimitäten des Lebens öffentlich zur Schau gestellt werden, so können sie leicht abgewertet werden, oder sie werden öffentlich zur Schau gestellt, um sie und den Menschen abzuwerten (Clor 1970, S. 225; zit. nach Goffman 1977, S. 68).

Man hat es hier also auch mit einer Art Sinntransformation und Sinnverlust zu tun, mit einer Rahmung und Rahmentransformation, die auf einen „natürlichen Rahmen" (Goffman 1977) heruntermoduliert, was aufgrund von historischen Zivilisationsprozessen auf einen „sozialen Rahmen" hinaufmoduliert wurde und in aktueller Praxis immer wieder hinaufmoduliert werden *soll*. Obszönität ist demnach – unter gegebenen Zivilisationsbedingungen – eine zugleich *kognitive, moralische* und *geschmackliche* Tat und Tatsache der Negation, der Reduktion, der Destruktion. Die obszön dargestellten, vorgestellten und entstellten Menschen und menschlichen Beziehungen fallen damit gewissermaßen aus einem normierten Rahmen.

Privilegiertes Thema dieser Heruntermodulation ist der menschliche Körper, der in der obszönen (De-)Konstruktion sozusagen zur letzten Instanz und zugleich zum bloßen Objekt wird. Goffman stellt in diesem Zusammenhang ganz im Sinne der obigen Definitionen von Obszönität und im Sinne eines kosmologischen Axioms der ‚westlichen Zivilisation' grundsätzlich fest:

Man kann alles bringen, was mit dem Körper geschieht, doch die Perspektive muß verschleiert und distanziert sein, so daß die vorausgesetzten Vorstellungen von der letztendlichen Sozialität des Menschen nicht erschüttert werden. [...] In einer Geschichte können die Menschen essen, sexuell verkehren, gefoltert werden, aber nur im Zusammenhang eines umfassenden menschlichen Dramas, nicht als isoliertes Schaustück oder als für sich interessanter Tatbestand (Goffman 1977, S. 68 f.).

Aus Goffmans wissenssoziologischem Blickwinkel gesehen ist die moderne Pornografie also eine sachlich (durch das Thema Sexualität) bestimmte Form von Obszönität unter und neben anderen Formen mit anderen Inhalten. „Die eigentliche Pornografie, das heißt, eine Darstellung der Sexualität, die innerhalb des betreffenden Rahmens zu deutlich und daher ‚unschicklich' ist, kann man zusammen mit anderen ‚Obszönitäten' betrachten" (Goffman 1977, S. 68).[267] Die diesbezüglich entscheidende (rahmungs-)praktische und (rahmen-)theoretische Frage ist in jedem Fall die der ‚Kontexte' und Grenzen bzw. Informationsgrenzen der Darstellung, des ‚Zusammenhangs eines umfassenden menschlichen Dramas'.

Goffman weist auch darauf hin, dass die praktischen Verständnisse und Begriffe von Obszönität (bzw. pornografischer Obszönität) nicht nur von der (Über-)Deutlichkeit und Nicht-Kontextierung der jeweiligen Darstellung bzw. des jeweils Dargestellten, sondern auch von *Darstellungsrahmen* als solchen abhängig ist, und zwar von Darstellungsrahmen, die selbst variabel sind und die sich in puncto Sichtbarkeit und Sichtbarmachung systematisch unterscheiden. Welchen sozialen Wirklichkeitsstatus und damit Legitimitätsstatus (bis hin zur Feststellung von Obszönität) Darstellungen haben, ist demnach auch eine Funktion ihres Darstellungsrahmens. Und hier scheinen Bildmedien seit jeher und bis heute einen entscheidenden Unterschied zu machen, so dass Geschmacksurteile, moralische und juristische Urteile entsprechend unterschiedlich ausfallen. Goffman stellt in diesem Zusammenhang fest:

Es gibt eine umfangreiche juristische und sonstige Literatur zum Problem der Pornografie. Wenig Beachtung scheint dagegen die Tatsache gefunden zu haben, daß sich die Vorschriften nicht nur auf die ‚unzüchtigen' Handlungen beziehen, sondern auch auf deren Darstellung innerhalb bestimmter Rahmen. Wie zu erwarten, sind die Empfindungen je nach dem Modul recht verschieden. Offenbar ist nicht alles, was in einem Film anstößig wäre, auch in einem Roman anstößig (Goffman 1977, S. 67).

---

267 In ähnlicher Richtung wie Goffman, aber ohne dessen wissenssoziologischen Blick auf kosmologische Rahmen, argumentieren Lautmann und Schetsche in Bezug auf Pornografie und sprechen diesbezüglich von der von ihr verletzten „Norm der Indirektheit" (1990, S. 104): „Der Pornografieverdacht wird überall dort erhoben, wo die Indirektheit der erotisch-sexuellen Signalsprache aufgegeben ist, wo die Regeln für den Aufbau von erotisch-sexuellen Interaktionen mißachtet werden. Der Gebrauch sexueller Sinngehalte bleibt unbeanstandet, wo er die Indirektheitsnorm achtet, etwa in Mode, Werbung, Witz oder Flirt. Alle diese Handlungsfelder unterhalten allerdings Grenzen zum Lande des Obszönen. Wer sie überquert, wird in den Augen der anderen ‚unverschämt', gibt er doch Sexualsinn unverhüllt zu verstehen" (Lautmann/Schetsche 1990, S. 104).

Obszönität ist also immer auch (oder in erster Linie) eine kognitive Frage, eine Sinn-, Kontext- und Grenzfrage, eine Rahmen- und Rahmungsfrage, die allerdings moralische Implikationen hat, Legitimitäts- und Legitimationsimplikationen.

Mit diesen kognitiv-moralischen Aspekten von Obszönität gehen ästhetische und geschmackliche einher, eine Ästhetik- und Geschmacksseite, die eigene soziale Implikationen und Folgen hat oder haben kann (vgl. Faulstich 1994, S. 125 ff.; Seesslen 1990). Wie die moralische Disqualifikation als obszön, so richtet sich die ästhetische und geschmackliche auf die entsprechende Heruntermodulation auf das bloß Natürliche, Körperliche, Nackte, Sexuelle, Animalische, das als kulturell anspruchs- und bedeutungslos erscheint. Die durch Konsum oder Konsuminteresse erwiesene Freude daran gilt entsprechend als Symptom kultureller Primitivität, Minderwertigkeit und Unterlegenheit. So verfällt Pornografie/pornografische Obszönität nicht nur einer moralischen Verachtung, sondern auch einer ästhetisch-geschmacklichen Abwertung, die zugleich die Konsumenten dieses ,Genussmittels' betrifft. Sie disqualifizieren oder degradieren sich je nach beobachtendem Publikum weniger durch eine moralische Mangelhaftigkeit als durch ihre ,Geschmacklosigkeit' bzw. ihren ,schlechten Geschmack'.

Pornografie ist also auch aus Gründen und mit Begründungen der Ästhetik und des Geschmacks stigmatisiert und stigmatisierend. Sie distinguiert negativ und ist ein Antagonist jener kulturellen Objekte, „welche die kulturelle Weihe erhalten" (Bourdieu 1982, S. 26 f.). Obszöne (Konsum-)Objekte wie die Pornografie und ihre Konsumenten partizipieren damit auch in gewisser Weise an dem gesellschaftlichen Spiel der sozialen Distinktion. Sie gehören zum ,Anderen', zur Gegenseite des „Heiligen der Kultur". Bourdieu bemerkt in diesem Zusammenhang:

> Die Negation des niederen, groben, vulgären, wohlfeilen, sklavischen, mit einem Wort: natürlichen Genusses, diese Negation, in der sich das Heilige der Kultur verdichtet, beinhaltet zugleich die Affirmation der Überlegenheit derjenigen, die sich sublimierte, raffinierte, interesselose, zweckfreie, distinguierte, dem Profanen auf ewig untersagte Vergnügungen zu verschaffen wissen. Dies der Grund, warum Kunst und Kunstkonsum sich – ganz unabhängig vom Willen und Wissen der Beteiligten – so glänzend eignen zur Erfüllung einer gesellschaftlichen Funktion der Legitimierung sozialer Unterschiede (Bourdieu 1982, S. 26 f.).

Obszöne kulturelle Objekte wie die Pornografie sind zwar als ästhetisch spezifisch ,reizvolle' und ,Vergnügung verschaffende' *Darstellungen* mit Formen von Kunst in gewissem Maße vergleichbar, aber sie kehren deren – ,Kontexte' schaffenden – kulturellen Sinn und Anspruch in ästhetischer und geschmacklicher Hinsicht genau um. Werner Faulstich spricht daher im Hinblick auf moderne (kommerzielle) Pornografie mit Peter Gorsen (1970, S. 125) von einer „Ästhetik des Häßlichen":

> Die sexuelle Handlung als solche ist durchweg von erstaunlicher Rohheit, fast Gemeinheit, auf beiden Seiten, bei allen Akteuren. Aber Häßlichkeit meint nicht nur das Dargestellte, keinesfalls etwa die Inhalte, sondern vor allem die Weise der Darstellung. Sprache und Dialoge sind klischeehaft bis zum Äußersten. Die Kamera agiert erbarmungslos blöde (Faulstich 1994, S. 208).

Diese Ästhetik des Hässlichen, die mit der Darstellung des Geschlechtlichen auch die Darstellung der Geschlechter einschließt, ist aber eben eine *Ästhetik* und der ‚schlechte Geschmack' ist ein *Geschmack*, der ebenso wie die korrespondierende Moral nicht nur von historischen Kulturniveaus, Idealen und Normen abweicht, sondern auch geradezu davon lebt, als Obszönität das Gegenteil des kulturell ‚Niveauvollen', des Zivilisierten, des Anständigen, des Sublimierten, des Geweihten oder Heiligen zu sein. Diese kulturelle Ebene wird vom Obszönen wie vom Konsum und Genuss des Obszönen vorausgesetzt, aufgegriffen und angegriffen. Das deutet auch auf die Möglichkeit einer systematischen kulturellen und zivilisatorischen Ambivalenz, zu der das Obszöne im Sozialen wie im Psychischen ebenso gehört wie sein Gegenteil. Damit ist allerdings nicht ausgeschlossen, dass Phänomene wie die pornografische Ästhetik des Hässlichen auch einem historisch verbreiteten und sich verbreitenden (nicht nur männlichen) Habitus entsprechen, von ihm gewollt, gemacht und genossen werden (vgl. Weiß 2003).

2.2 Obszönitäten der Pornografie

Die Obszönität der (Hamburger-)Pornografie ist zwar mit diversen anderen Obszönitäten zu vergleichen, wie Goffman oben konstatiert, aber sie hat mit dem Bereich des Sexuellen sowohl ein besonderes Thema als auch einen besonderen Charakter. Sie hat als Inszenierung und mediale Kommunikation von Sexuellem (der Geschlechter) die Fähigkeit, die Funktion und das Ziel, ein hauptsächlich männliches Publikum sexuell zu erregen. Dass dies und wie dies geschieht, ist kulturell/zivilisatorisch und historisch keineswegs voraussetzungslos, sondern vielmehr spezifisch voraussetzungsvoll und vermutlich auch wirkungsvoll.

Die moderne Pornografie bzw. pornografische Obszönität zielt auf der Basis von Bildmedien (Fotografie, Film) in erster Linie auf die *visuelle* Wahrnehmung, die Augen, die in Zivilisationsprozessen gewordene und forcierte „Augenlust" (Norbert Elias) oder ‚Schaulust'. Sie ist zweifellos die wichtigste affektive bzw. sexuelle Erregungsbedingung und Erregungsquelle des vorwiegend männlichen Publikums und wird daher mit entsprechend großem und spezifischem Aufwand pornografisch (und nicht nur pornografisch) bedient: durch die Vorführung und Aufführung von entsprechend qualifizierten (attraktiven) weiblichen Körpern und körperlichen Aktionen und Interaktionen, die als solche gleichsam den Status von Schlüsselreizen besitzen.

Die moderne (Hamburger-)Pornografie ist also als eine *Sphäre und Form von Obszönität* in einen historischen (Zivilisations-)Prozess eingebettet, in dem sich (männliche) Sexualität (Sexuelles) als Affektivität und Mentalität gewandelt hat (und weiter wandelt) und das „Auge zum prädominierenden Empfangsorgan sexueller Reize" geworden ist (Lautmann/Schetsche 1990, S. 23): „War Pornografie einerseits logisches Ergebnis dieser Entwicklung, trieb und treibt sie andererseits die *visuelle Fixierung* auf sexuellem Gebiet voran. Diese partielle Ablösung der Sexualität vom *realen Körper* des Gegenübers ist die historische Voraussetzung für den zentralen Gebrauchswert von Pornografie" (Lautmann/Schetsche 1990, S. 23).

Allerdings ist es in diesem Zusammenhang zu kurz gegriffen, im Auge nur ein zivilisatorisch voraussetzungsvolles Organ der Wahrnehmung sexueller Reize zu sehen. In der Wahrnehmung dieser Reize, die normalerweise subjektiv im Vordergrund des Pornos wie des Pornokonsums stehen, nimmt das Auge wie das Ohr auch noch andere soziale/symbolische Informationsklassen wahr, die mit den im engeren Sinne sexuellen mehr oder weniger zusammenhängen und ihrerseits einen obszönen Charakter haben können. Diese Informationsklassen stecken in den mit den sexuellen Aspekten inszenierten ,Kontexten' und betreffen damit auch die Geschlechter und Beziehungen der Geschlechter, die auf diese Weise beschrieben und qualifiziert werden.

Schließlich muss in diesem Zusammenhang gesehen und beachtet werden, dass der Unterschied der Geschlechter ein Unterschied ist, der offenbar auch in puncto visueller Wahrnehmung bzw. ,Augenlust' und deren Porno-Relevanz einen systematischen Unterschied macht. Gerade die Porno-Forschung scheint diesbezüglich zu lehren, dass Frauen zumindest der Tendenz nach erheblich anders sozialisiert und zivilisiert (worden) sind als Männer, nämlich in gewissem Sinne weniger visuell ,fixiert' und entsprechend obszön ansprechbar sind, geworden und gemacht worden sind (vgl. Lautmann/Schetsche 1990, S. 98 ff.; Faulstich 1994, S. 225 ff.). An dieser Stelle liegen fundamentale zivilisationstheoretische Überlegungen und Spekulationen hinsichtlich der Differenz und Differenzierung der Geschlechter im Prozess der Zivilisation nahe, wie Elias ihn vorgestellt hat (vgl. Klein/Liebsch (Hrsg.) 1997). Wir kommen im Folgenden darauf zurück.

2.2.1 Primat der visuellen Obszönität

(Hamburger-)Pornografie bzw. pornografische Obszönität lebt also primär vom Bild, von bildlichen Darstellungen, die zu Wahrnehmungen, Vorstellungen/Phantasien und Affekten führen (sollen). Von entsprechend zweitrangiger, aber auch komplementärer Bedeutung sind demgegenüber die diversen, teilweise mit der Bildebene verquickten nicht-bildlichen, nämlich lautlichen und sprachlichen, Kommunikationen bzw. Äußerungen, seien es Reden (der Modelle) oder (schriftliche) Texte. Auch diese Kommunikationen, z. B. die typischen ,Lust-Laute', insbesondere der Pornofilm-Frauen, besitzen als Darstellungen der Pornografie einen obszönen Eigenwert und offensichtlich auch einen Unterhaltungs- und Stimulationswert für das (männliche) Publikum. In Verbindung mit ihrem ebenso naturalistischen wie virtuellen (gestellten, fiktionalen) Visualismus adressiert und beeinflusst die Pornografie auch diese obszöne Hör-, Sprach- und Sprechlust, die ihrerseits kulturell/zivilisatorisch voraussetzungsvoll und relativ ist.

Die bewegten und die unbewegten Pornobilder scheinen ansonsten (,lebensweltlich') verhüllte und zu verhüllende *Realitäten* der sexuellen Körper sozusagen 1:1 abzubilden und sind nicht nur realistisch, sondern machen auch Eindrücke von Echtheit. In der pornografischen Obszönität steckt insofern mit einer besonderen sachlichen Sichtbarkeit, der illegitimen Sichtbarkeit sexual-physischer Intimität, auch eine Art Wahrheitsanspruch und tatsächlich eine Art Wahrheit, die die Pornografie mit dem

Bildmedium der Darstellung und mit den dargestellten Körpern und körperlichen Reaktionen verbürgt. Die ‚Ehrlichkeit‘ der (sexuellen) Körper, ihre wahrnehmbare Äußerlichkeit und Unwillkürlichkeit, etwa in der Form von Erektionen, extrakorporalen
Ejakulationen oder Schmerzen, aber auch die Gesamtheit der Darstellungen als solche,
beglaubigt vor allem die Realität und Echtheit des (obszön) dargestellten (obszönen)
Geschehens, auf die es dem Publikum neben und mit dem Inhalt dieses Geschehens
(sexuelle Akte und Interakte) obszönerweise ankommt.[268]

Das sachlich Besondere und Charakteristische der visuellen Obszönität der Pornografie besteht also zunächst in der Darstellung fremder Sex-Körper und fremden
Sexes für ein anonymes Publikum (eine Art Öffentlichkeit). Als ein Preisgeben und
Anbieten von physischer und sexueller Intimität ist diese Veröffentlichung an sich obszön. Sie entspricht als obszöne Exhibition einem obszönen Bedürfnis und einer obszönen Praxis (und Praktik) der Pornorezipienten, die ja mit dem Konsum des Pornos an
der sexuellen Intimität fremder Menschen als Beobachter teilhaben wollen und tatsächlich teilhaben. Eben diese ‚voyeuristische‘ Teilhabe ist in der normalen Lebenspraxis natürlich nicht nur normativ, sondern auch faktisch so gut wie ausgeschlossen.
Die Sexualität anderer Menschen ist – verstärkt unter modernen Zivilisationsbedingungen – ein Geheimnis- und Rätselraum, der auch einen eigentümlichen Resonanzboden der Pornografie bildet. Sie liefert allerdings auch in diesem Punkt jenseits realer
Körper und Akte im Grunde nur märchenähnliche Ersatzerlebnisse. Sie befriedigen und
bezeugen aber eben eine vermutlich weit verbreitete und zunehmend verbreitete *Gier*,
nämlich eine Neugier, die neben der primären Sex-Gier des Porno-Konsumenten und
seines pornografischen Geschlechtsgenossen existiert.

Die pornografische Obszönität erschöpft sich nicht in illegitimen und scheinbar
schamlosen Einblicken in fremde Sexualität, in der Aufhebung von ‚Kulissen‘, von
Verhüllung, Privatheit und Diskretion, sondern sie treibt die diesbezügliche Überschreitung und Verletzung in einer Art von Hyperritualisierung (Goffman, s. o.) auf die
Spitze. Die Pornografen kommen dem konsumierenden Voyeur mit einer gleichsam
gynäkologischen Perspektive und Dramaturgie entgegen. Sie operieren mit einem ‚gynäkologischen‘ Blick und manifestieren einen ‚gynäkologischen‘ Blick, den sie auch auf
der Seite ihres Publikums als Wahrnehmungsinteresse voraussetzen können und
müssen. Ihm dient die Pornografie mit einer sachlich konzentrierten und optimierten
sexuellen Fremd-Transparenz, z. B. durch Nahaufnahmen partialisierter und fungierender Geschlechtsorgane.[269] In der Tatsache, dass die Körper im Hinblick auf dieses

---

268 Der Körper fungiert natürlich auch in anderen Kontexten als ein Medium der Echtheitsverbürgung
und Echtheitsprüfung. Je weniger ein Verhalten dem Willen unterworfen zu sein scheint, desto mehr ist
‚man‘ (vernünftigerweise) geneigt, ihm Echtheit zu unterstellen und es als informatives Zeichen der
Echtheit von Eindrücken in Betracht zu ziehen. Der Körper erscheint dann als „eingebautes, unver-
fälschbares Anzeigeinstrument" (Goffman 1981a, S. 110).
269 In der dieser Untersuchung zugrundeliegenden Heft-Pornografie besteht eine dramaturgische
Technik darin, ‚mikroskopische‘ Bilder der teils nur exponierten, teils fungierenden Sexkörper bzw.

Primat der Hypertransparenz und das spezielle Wahrnehmungsinteresse des Publikums präsentiert, arrangiert und inszeniert werden, liegt eine eigene Art oder Dimension von Obszönität. Dass es dabei eine systematische Präferenz für *weibliche* Sex-Körper gibt, ist nicht nur im Hinblick auf männliches ‚Erkenntnisinteresse‘, sondern auch vor dem Hintergrund einer traditionellen Weiblichkeitssemantik (der Zurückhaltung, der Dezenz, der Schamhaftigkeit usw.) bedeutungsvoll.

Die Pornografie bedient sich in diesem Zusammenhang häufig körperlicher Selbst- oder Fremdmanipulationen, die Sichtbarkeit herstellen bzw. dazu dienen, sie herzustellen oder zu optimieren. Von Männern an Frauenkörpern vorgenommen, sind diese Manipulationen zugleich Praktiken und Momente einer obszönen Herabwürdigung (Entweihung) sowie Ausdruck der obszönen (männlichen) Wunschidee der grenzenlosen Verfügbarkeit und Manipulierbarkeit des weiblichen (Sex-)Körpers, der als Natur- und Ding-Körper vorgestellt und dargestellt wird. Vergleichbare Selbstberührungen und Selbstmanipulationen von Frauen dienen ebenfalls der sexuellen Selbstausstellung oder/und der Darstellung der Masturbation, die auf ihre Weise die variantenreiche und unendliche pornografische Geschichte vom angeblich wahren (Natur-)Wesen der Frauen und Mädchen bzw. der weiblichen Sexualität erzählt – eine Geschichte des ausschließlichen, permanenten und unbegrenzten (sexuellen Männer-)Begehrens, der Geilheit und Schamlosigkeit/Unverschämtheit. Eine wichtige Besonderheit liegt in diesem Zusammenhang also in der pornografischen Auskunft und Botschaft, dass nicht nur – wie allgemein bekannt – die Männer, sondern auch und gerade die Frauen ganz im Gegensatz zu ihrem traditionellen (‚offiziellen‘) Image sozusagen Schweine sind (vgl. Weiß 2003). Die Heft-Pornografen bringen dies mit Begriffen wie ‚verdorben‘ oder ‚versaut‘ zum Ausdruck und betonen es besonders gern im Hinblick auf sehr junge Frauen und Mädchen (‚Schulmädchen‘, ‚Teenager‘).

Die (Hamburger-)pornografische Obszönität zielt natürlich nicht nur auf den weiblichen Sex-Körper und die weibliche Sexualität, sondern im Zusammenhang (hetero-)sexueller Interaktionen auch auf die sexuelle Korporalität und Aktivität der Porno-Männer. Es sind auch die Genitalien der männlichen Akteure und ihre sexuellen Akte, insbesondere Penetrationsakte, die im Zentrum der pornografischen Inszenierung und Visibilisierung stehen, die nicht nur enthüllt und fokussiert, sondern auch dramatisch performiert werden. Mit dem männlichen Genital bzw. dem praktisch nur im erigierten Zustand vorgeführten Penis wird zugleich eine Vorstellung von männlicher ‚Appetenz‘ und ‚Potenz‘ idealisiert und mythisiert. Man kann der (Hamburger-)Pornografie also ‚Phallozentrismus‘ attestieren und damit einhergehend einen (männlichen) Potenz- und Penetrationskult, dem auf der Seite der Frauen eine männerwunschgemäß unbegrenzte (zeitlich, sachlich und sozial unbegrenzte) Sex-Bereitschaft, Sex-Gier und Sex-Kompetenz korrespondiert, die im Wesentlichen darauf hinausläuft, den jeweiligen Männern – regelmäßig auch zum eigenen weiblichen Vergnügen – ‚Spaß‘ zu machen. Zur Be-

---

Körperteile in Bilder von sexuellen Szenen einzusetzen – eine Technik, die als solche (Bild im Bild) auch in Werbeanzeigen vergleichbare Anwendung findet (vgl. Goffman 1981, S. 69).

schreibung dieser Weiblichkeit bedient sich die Pornografie gern der mythischen Figuren der Nymphomanin und der Prostituierten – Figuren, die oft in ein und derselben (weiblichen) Person verortet werden. Den (Hamburger-)Porno-Frauen wird allerdings keine besondere ‚Erotik-Kunst‘ abverlangt, sondern außer ihrer fleischlichen Qualität vor allem sexuelle Folge-, Unterordnungs- und Hinnahmebereitschaft sowie eine gewisse mechanische Geschicklichkeit im Umgang mit dem sexuellen Männerkörper und dessen Ansprüchen auf ‚Spaß‘. Dieser Spaß, den die Frauen willig und wollend machen, aber eben auch haben wollen und sollen, wird im Falle der Männer dadurch absolut glaubwürdig, dass sie sich in einer Art Dauer-Erektion befinden und auch unentwegt auf verschiedene weibliche Körperpartien ejakulieren.

Bezüglich ihrer *weiblichen* Figuren und Modelle ist es den Pornografen ein systematisches Anliegen, nicht nur die nackten Tatsachen der sexuellen Körper, Handlungen und Behandlungen zu offenbaren, sondern auch die angeblichen inneren Sexual-Erlebnisse und sexuellen Befindlichkeiten, Gedanken, Intentionen und Emotionen der Frauen zu enthüllen und darzubieten – mit Hilfe von obszönen/vulgären/ordinären Reden und Texten (Ausrufen, Mini-Bekenntnissen) sowie mit eindeutigen, von ekstatischen Selbstkontrollverlusten zeugenden Lust-Lauten (Stöhnen, Kreischen, Schreien) und anderen körperlichen Ausdrücken. So erfährt das adressierte und interessierte (Männer-)Publikum, was die (Porno-)Frauen ‚wirklich‘ denken, fühlen, wollen und brauchen. Das spiegeln und bestätigen auch oder vor allem sexuell erregt erscheinende oder ekstatisch engagierte Frauen-Gesichter. Dass die Gesichter der Männer wesentlich seltener auftauchen und wenn, dann tendenziell viel weniger (sex-)affektiv engagiert in Erscheinung treten, liegt natürlich am Geschlecht des hauptsächlich adressierten Publikums. Ihm wird offensichtlich (und sicher zurecht) unterstellt, dass es sich nicht für die psychischen Binnenzustände der männlichen Geschlechtsgenossen interessiert.

Die (Hamburger-)pornografische Obszönität ist der ‚Wahrheit des Sexes‘ und der Geschlechtlichkeit der Geschlechter also nur bedingt und eingeschränkt verpflichtet, nämlich oberflächlich und nur so weit, wie sie dem (Männer-)Publikum Stimulation, Vergnügen, Lust und Befriedigung verspricht. Dieser Logik und Orientierung entsprechend ist die pornografische Obszönität auch eine auf die (Geschlechter-)Körper bezogene Form von Fiktivität, Fiktionalität und Theatralität. So sehr die (Hamburger-)Pornografie mit ihrem gleichsam gynäkologischen Blick bestimmte Wahrheiten ans Licht zerrt und geradezu mikroskopisch vergrößert, so sehr blendet sie bestimmte reale Aspekte aus und verhüllt sie reale Aspekte – nämlich diejenigen, die dem (Männer-)Publikum nach fundierter Einschätzung der Porno-Macher nicht gefallen oder missfallen. ‚Hässliche‘ Aspekte des Frauen-Körpers, Alterserscheinungen, Schäden und Schwächen aller Art, Menstruation, Schwangerschaft oder Krankheit z.B. wird nicht sichtbar oder gar thematisiert, sondern ausgeblendet und regelrecht tabuisiert. Die ‚Natur‘ der Körper wird also nur spezifisch selektiv und stilisiert zum Vorschein gebracht, bildlich und sprachlich/textlich zensiert: dem antizipierten Geschmack und der antizipierten Wunschwelt des (männlichen) Publikums gemäß.

Umgekehrt folgt die Pornografie aus eben diesem Grund einer Logik der positiven Fiktion und Fingierung, der Idealisierung, Simulierung und Dramatisierung all jener

Sex-, Körper- und Geschmacksaspekte, die dem anvisierten Publikum gefallen oder die als gefällig erwartet werden. Dabei hat man es, was den und die Körper betrifft, mit zwei Seiten einer Medaille zu tun, die sich wiederum unter dem Begriff Obszönität fassen lassen. Auf der einen Seite konstruiert die Pornografie mit diskursiven Mitteln Sex- und Geschlechter-Körper, die sich durch geradezu märchenhafte Eigenschaften auszeichnen. Es sind jene scheinbar ganz und gar natürlichen und zugleich ganz und gar unnatürlichen, ja übernatürlichen Körper, die einfach, leicht und zuverlässig im Dienst der Lust und der Lustoptimierung funktionieren. Auf der anderen Seite bedient sich die Pornografie (im Prinzip wie die Reklame) durch eine gezielte (,nicht-repräsentative') Selektion realer Körper, die als weibliche Modelle im Allgemeinen jung, scheinbar körperlich gesund, unversehrt und gutaussehend sind. Auch diese Selektion kann in dem obigen Sinne einer Heruntermodulation obszön genannt werden, zeugt sie doch von einem exklusiven und einseitigen Interesse an menschlichem bzw. weiblichem ,Fleisch'.

Die pornografische Obszönität ist also in gewissem Sinne primitiv, aber auch durchaus komplex, vielseitig. Sie besteht – im Prinzip ähnlich wie die Obszönität der Werbung – nicht nur in Formen der Heruntermodulierung, sondern auch in einer korrespondierenden Ausblendung, Zensierung, Stilisierung, Fiktionalisierung, Mythisierung und Kanonisierung von menschlichen Körperaspekten – der Differenz(ierung) der Geschlechter folgend. Beide Geschlechter werden in der Pornografie in gewisser Weise und auf je besondere Weise verdinglicht, als Lust-Wesen und Lust-Körper ausdifferenziert und gleichsam arbeitsteilig aufeinander bezogen. Dies ist allerdings im Rahmen einer Art *Herr*schaft der Fall, die die Geschlechter asymmetrisch und komplementär aufeinander bezieht und in einem symbolischen Sinne zugleich entkleidet und verkleidet. Basale symbolische Formen, Normen und Normalitäten der Sexualkultur (Erotik, Hofierung, Verführung, Liebe und sogar Freundschaft und Sympathie) sind in diesem Rahmen abgeschafft, wenn auch nicht völlig ersatzlos.

2.2.2 Sprachliche Porno-Obszönität

Die Obszönität der (Hamburger-)Pornografie hat also verschiedene Seiten und bedient sich verschiedener Medien und Kanäle, die jeweils so zusammenspielen, dass sich gleichsam ein obszönes Gesamtkunstwerk ergibt. Eine führende und auch inhaltlich maßgebende Rolle spielen die Bildmedien, die andere Arten von Obszönität ermöglichen und nahelegen als die „verbalsprachlich-literarischen" Formen von Pornografie (Faulstich 1994, S. 126), die in der langen Geschichte der Pornografie insgesamt die wichtigste Rolle gespielt haben und auch heute noch neben den und teilweise in den hauptsächlich bildmedialen Porno-Varianten existieren und fungieren (vgl. Faulstich 1994, S. 126 ff.).

Auch im ,Hamburger-Porno' spielen verbalsprachliche bzw. ,verbalsprachlich-literarische' Momente und Abschnitte eine durchaus wichtige Rolle, aber sie sind nachgeordnet, sekundär und in jeder formalen und inhaltlichen Hinsicht sozusagen dem jeweiligen Bildmedium als Leitmedium unterstellt. Sachlich vorrangig und auch dramaturgisch bestimmend sind die obszönen Körper-Bilder, die gewissermaßen für sich sprechen und auch gleichsam Sprachen sprechen, vor allem die Sprache einer an die Tierwelt erinnernden Art von Signalkommunikation mit einer überschaubaren Zahl von korporalen ‚Schlüsselreizen'. Diese Signalkommunikation wird allerdings ergänzt, verdoppelt und verstärkt sowohl durch ‚analoge'/expressive Ausdrucksformen (wie die erwähnten Laute und Gesichtsausdrücke) als auch und mehr noch durch eigentlich sprachliche Äußerungen, seien dies Äußerungen (Aussagen) der Akteur/-innen im Porno oder die Texte der (heft-)pornografischen ‚Erzählungen' und Kommentare. In diesem und mit diesem ‚digitalen' Medium, das die Analogie der Bilder komplementiert, ist die (Hamburger-)Pornografie eigentümlich profiliert, kreativ und sinnreich – vor allem in der Benennung und Beschreibung des Sexuellen, seiner männlichen und weiblichen Agierenden und seiner (fiktionalen) Kontexte. Auch auf dieser – sprachlichen und narrativen – Ebene, auf der es auch um Konstruktionen (‚Bilder') der Geschlechter geht, kann von der Obszönität der Pornografie im Sinne der obigen Überlegungen die Rede sein.

Diese Seite pornografischer Obszönität, die im Folgenden noch zum Gegenstand einer differenzierteren, auf Hefte und Filme bezogenen Untersuchung wird, hat wie die visuelle Seite (und im Zusammenhang mit ihr) einen direkten funktionalen und ursächlichen Bezug zum Geschlecht des pornografischen Zentralpublikums. Für die Mehrheit der überwiegend männlichen Konsumenten ist die sprachliche Seite der Pornografie der bildlichen nicht nur in ihrer Wichtigkeit nachgeordnet, sondern auch funktional und inhaltlich untergeordnet. Die obszöne Porno-Sprache wiederholt und komplementiert nur die männerwunschgemäße visuelle Porno-Obszönität.

Der darin implizierten (männlichen, männertypischen) Sicht der Dinge scheint eine genau umgekehrte typische weibliche Sicht und auch ‚Diskursivität' zu entsprechen. Sie zeichnet sich im selben Kontext wie die Männer-Pornografie durch eine Auf- und Umwertung von Sprache und eine Relativierung von Visualität aus. Diese sehr grundlegende (Geschlechter-)Differenz liegt nach Lautmann und Schetsche (1990, S. 99) daran, dass Frauen „nicht minder, sondern anders als Männer am Sexuellen interessiert" sind.

> Oft wird die sogenannte *rosarote Schnulzenliteratur* als ein sexualfunktionales Äquivalent der Männer-Pornografie angesehen, das sich an Frauen richtet und hier konsumiert wird. Man denke an jene Sparte von Liebesromanen (z.B. von Barbara Cartland), die zwar vergleichsweise zahm formuliert sind, aber als Sexualphantasie gelesen werden (können). ‚Lore', ‚Silvia' usw. heißen bei uns die Serien mit einer großen Zahl an Titeln in hoher Auflage. Auf der Oberfläche fehlt es diesen Texten – es wird fast nur mit Sprache hantiert, auch das Umschlagfoto bleibt züchtig – an einer Schamverletzung. Sie sind nicht manifest obszön, müssen daher nicht im definierten Sinne als pornografisch bezeichnet werden. [...] Nach einer finalistisch-funktionalen Definition wären solche Texte ‚pornografisch'. Denn sie wirken auf ihre Leserinnen sexuell anregend und sind so gemeint (Lautmann/Schetsche 1990, S. 99).

Im Anschluss an diese Überlegungen könnte man von einer ‚typisch weiblichen' Attitüde oder Habitusform sprechen, aus der sich mit einer Grundeinstellung zum Sexuellen auch eine Grundeinstellung zu den Formen und damit Medien seiner Darstellung ergibt. Mit dem diesbezüglich unterstellten stärkeren und besonders starken Interesse von

Frauen an menschlichen ‚Beziehungen' (Liebe, Hofierung, Verführung, Konflikt usw.) und Gefühlen (Romantik, Zärtlichkeit, Leidenschaft, Ambivalenz, Hingabe usw.) muss der Sprache und sprachlichen Kommunikation auch eine viel größere und ganz andere Rolle zukommen als der Sprache im Männer-Porno, der bzw. dessen ‚Medialität' von Frauen typischerweise entsprechend abgewertet wird. Visuelle und sprachliche Obszönität sind demnach typischerweise ‚Männersache' – mit der Implikation einer Männer-Präferenz für Porno*filme* –, während Frauen typischerweise dramatische ‚Liebesfilme' und ‚Liebesromane' präferieren (vgl. Faulstich 1994, S. 229).

2.2.3 Körper, Wahrheit und Fiktion in der Pornografie

Die (Hamburger-)Pornografie moduliert also Menschen – die Geschlechter – und Sexualität auf bloße Körperlichkeit herunter und macht diese zugleich zum Fokus ihrer Darstellungen und von fiktionalen Konstruktionen und Dramatisierungen, die die Körperlichkeit des Geschlechtlichen und der Geschlechter eigentümlich hinaufmodulieren. Insbesondere „visuelle Pornografie zeichnet sich durch eine Obsession mit dem Körperlichen aus" (Lewandowski 2012, S. 279) und scheint sich – in einer zivilisationsbedingt anders gepolten, vom Körper in vielerlei Hinsicht distanzierten Gesellschaft/ Kultur und sozusagen als deren Gegenmodell – letztlich um den Beweis zu bemühen, „dass es Körper und körperliche Reaktionen sind, auf die es eigentlich ankommt" (Lewandowski 2012, S. 299). An und in den Körpern liegt nach Auskunft der Pornografie die Wahrheit, die Authentizität und der Schlüssel des menschlichen Seins und Daseins. Folgt man der Deutung Lewandowskis, dann führen die Körper, auch und insbesondere die weiblichen Körper, in der Pornografie ein Eigenleben unterhalb und gegen die Gesellschaft und auch „*gegen* das Bewusstsein. Die pornografische Sexualität soll in den und mittels der körperlichen Reaktionen das unkontrollierbare Eigenleben des Körpers zum Vorschein bringen. Der Körper, der nicht dem Willen seiner Besitzerin gehorcht, sondern ‚seinen' eigenen Willen gegen den ihren durchsetzt, ist der ideale Körper der Pornografie und das pornografische Setting ist darauf angelegt, diesen Körper, eine solche Form von Körperlichkeit, hervorzubringen" (Lewandowski 2012, S. 298).

Allerdings entpuppen sich diese pornografischen Auskünfte über den Körper bei etwas näherem Hinsehen zumindest überwiegend als Fiktionen, als eine Reihe von märchenähnlichen ‚Theorien', die neben und mit dem ‚objektiven' Reizangebot zum Sinnangebot der Pornografie gehören. Sie ist also höchstens sehr begrenzt ein Ort, eine Bühne und eine ‚Instanz der Wahrheit' und der Authentizität. Eher spielt sie ein doppeltes oder noch komplexeres Spiel von Wahrheit und Unwahrheit (Fiktion, Illusion, Utopie) und von Wahrheit und Macht, von männlicher Macht und weiblicher Schwäche, Entmachtung und Ohnmacht. Die erwähnten symbolischen und dramaturgischen Skripts der Pornografie hängen dabei auf verschiedenen Ebenen zusammen.

Deutlich wurde bereits, dass die Körperlichkeit der Pornografie mit der Körperlichkeit des Lebens nicht identisch ist, sich mit dieser nur teilweise überschneidet – nach Maßgabe intendierter und letztlich vom Publikumsgeschmack bestimmter Unterhaltungs- bzw. Stimulationseffekte. Deutlich wurde auch, dass sich die Porno-Körper-Performance nicht in der Darstellung tatsächlicher Nacktheit und nackter Tatsachen erschöpft, sondern auch ein wirklichkeits- und wahrheitsfernes Modell des Körpers liefert: Die pornografischen Figuren sind eigentümlich bivalente oder ambivalente Wesen: einerseits ganz Natur und natürlich, andererseits perfekt funktionierende Sex-*Maschinen*, die als solche die Unnatur und Antinatur der Technik und in gewisser Weise die zentrale Zivilisationsidee der Disziplin/Disziplinierung, der Affektkontrolle und Selbstbeherrschung verkörpern. Sie funktionieren gleichsam auf Knopfdruck, lassen sich regelrecht aus-, ein- und umschalten und stehen immer zuverlässig zu der gewünschten Verfügung aller pornografischen Akteur/-innen. Die Geschlechtsdifferenz macht dabei keinen prinzipiellen Unterschied.

In den pornografischen Darstellungen stecken insofern zwar diverse Obszönitäten, aber nur begrenzt empirische Wahrheiten und viel mehr Unwahrheiten als Wahrheiten. Wahr sind gewiss die dargestellten Körper bzw. die körperlichen Erscheinungen der Modelle; wahr ist auch ihr sichtbares Handeln und Behandeltwerden (Erleben, Erleiden, Erdulden) bzw. die disziplinierte Leistung ihrer (filmischen) Performance. Unwahr, erfunden und fingiert ist dagegen – gemessen an der Wirklichkeit des Lebens – das Sex-Maschinen-Modell selbst, dem allerdings als fiktionales Konstrukt und als Skript einer Aufführung mit wirklichen Körpern wiederum eine gewisse Wahrheit attestiert werden kann. Wahr sind auch die diesbezüglichen Wunschvorstellungen und ‚regressiven‘ Phantasien des Porno-Publikums. Zur männerwunschgemäßen Wahrheit des Sex-Maschinen-Modells gehört auch eine Vorstellung und Bedeutung von Macht und Machtverhältnissen: Als bedienbare und dienende Sex-Maschinen und als Funktionen diverser Willkür-Aktionen männlicher Sex-Maschinen und Sex-Maschinisten sind die Porno-Frauen – bei aller demonstrativen Eigenlust und Eigeninitiative – im Grunde machtlos, ohnmächtig und Männern unterworfen, deren maschinenhaftes Funktionieren zugleich Sex-Macht, Sex-Übermacht, ja sexuelle Allmacht bedeutet: die Unmöglichkeit zu ‚versagen‘ und entsagen zu müssen.

Das Sex-Maschinen-Modell ist aber nur die eine Seite der körperbezogenen Porno-Medaille und auch der pornografischen ‚Theorie‘ der Wahrheit und der Macht. Andererseits braucht, sucht, produziert und inszeniert die Pornografie das Gegenteil des Maschinellen und überhaupt des Fiktionalen, nämlich Formen von *Unwillkürlichkeit*, die auf ihre Weise Obszönität bedeuten und die obszönen Darstellungen als echt beglaubigen, ja eine Sphäre der Echtheit etablieren.[270] Lewandowski geht sogar so weit zu

---

270 Echtheit (Authentizität, Wahrheit) der dargestellten sexuellen Akte und Gefühle gilt den Porno-Konsumenten neben und mit dem Gutaussehen der Akteurinnen und den ‚heißen‘ Akten und Interaktionen typischerweise als zentrales Beurteilungskriterium des Pornos. Pornofilme erscheinen „umso besser, je echter sie sind" (A). Dementsprechend werden Echtheit verbürgende Transparenzen und Symptome wie Erektion und extrakorporale Ejakulation für wichtig gehalten. Die Sichtbarkeit und die Eindeutigkeit dieser sexuellen Symptome machen die Porno-Männer und ihre (sexuellen) Handlungen besonders glaubwürdig. Vor allem die Männer verkörpern und repräsentieren aufgrund dessen (für die Männer) sozusagen die Wahrheit des Sexes, während den Frauen nicht nur typischerweise eine gerin-

behaupten, neben und jenseits der Obszönität des Maschinen-Sexes und der Sex-Ma-schinen seien die Grenzen und Verluste der Selbstkontrollen der pornografischen Ak-teur/-innen das Wesentliche der Pornografie: „Die Suche nach dem Unwillkürlichen im Meer der willkürlichen Kontrolle über den Körper scheint – jenseits des sexuellen Spektakels und der Lust am Spiel der dressierten Körperlichkeit – das eigentliche Mo-vens des Pornografischen zu sein" (2012, S. 286).

Diese Suche nach dem Unwillkürlichen ist auch Suche nach Obszönität in dem obigen Sinne einer heruntermodulierenden ‚natürlichen Rahmung', die die Pornografie prinzipiell an *beiden* Geschlechtern festmacht und ausagiert. Die pornografische „Durchbrechung der Körperkontrolle" (Lewandowski 2012, S. 287), die in vielen Vari-anten vorkommt und eine reale Grundlage hat, und das gleichzeitig verkörperte, dra-matisierte und propagierte Maschinenmodell des (Sexual-)Körpers bilden also obszöne Parallelkonstruktionen und Parallelaktionen und zugleich ein systematisches Paradox. Die Pornografie lebt (ähnlich wie die Religion) in einer Reihe solcher Paradoxien und von ihnen. Allerdings muss hier auch gesehen und als signifikant verstanden werden, dass vorzugsweise und in besonderer Weise der *weibliche* Körper nicht nur als fiktio-naler Maschinenkörper und als eine Art fungierende Körpermaschine, sondern auch als Zielgebiet und Projektionsfläche von Unwillkürlichkeit eine Rolle spielt. Die Männer-Pornografie interessiert sich offensichtlich hauptsächlich für bestimmte unwillkürliche Reaktionen der Porno-Frauen, während sie zugleich die Selbst- und die Fremdkontrolle und die Willkür der Männer im Umgang mit dem ‚anderen Geschlecht' unterstreicht.

Hier zeigt sich also wiederum eine besondere Form von ‚männlicher Herrschaft'/ Beherrschung bzw. weiblicher Schwäche, Ohnmacht, Unterordnung und Demütigung, die gerade durch ihre Verbürgung als echt eine besondere Bedeutung hat. Ein von Le-wandowski vorgeführtes Beispiel eines „typischen Skripts" der „Durchbrechung der Körperkontrolle" ist die „extrakorporale Ejakulation, die die meisten Hardcore-porno-grafischen Szenen abschließt" (Lewandowski 2012, S. 287). Sie ist als solche, aber auch durch die typische Reaktion des weiblichen Körpers bzw. Gesichtes, ein Beispiel für die hier gemeinte Unwillkürlichkeit. Die Praktik der extrakorporalen Ejakulation auf das Frauengesicht zielt jedenfalls nach der Beobachtung und Einschätzung Lewandowskis „darauf ab, der Darstellerin, in deren Gesicht ‚abgespritzt' wird, zumindest im Moment des ‚Abspritzens' ein kurzes Zucken, einen kurzen Augenblick des Ekels, einen kurzen Moment der Überraschung, kurz: eine unwillkürliche Reaktion zu entlocken" (Lewan-dowski 2012, S. 287). In dieser Reaktion offenbart sich auch ein bzw. *der* (Selbst-)Kon-trollverlust des weiblichen Modells und der weiblichen Figur, also Ausgeliefertsein, Fremdbestimmung und Subordination.

Es geht hier aber nicht nur um eine ‚Suche nach dem Unwillkürlichen' als Zeichen von Authentizität und nicht nur um eine ein Machtverhältnis anzeigende Form von

---

gere „Geilheit" (A) attestiert wird, sondern auch eine geringere Glaubwürdigkeit in puncto sexueller Emotion und Aktion. Diesbezüglich besteht seitens des (männlichen) Porno-Publikums eher ein Simu-lationsverdacht. So meinte ein Befragter, dass die Männer „tatsächlich empfinden", was sie zu empfinden vorgeben: „weil die ja ejakulieren, also muß da was sein [...] aber bei den Frauen, da weiß ich es nicht" (A).

Unwillkürlichkeit und eine Methode, sie herzustellen, sondern auch um eine signifikante und spezifisch bedeutungsvolle Ritualisierung, nämlich eine Ritualisierung der Beschmutzung, Herabwürdigung und Demütigung, die eindeutig und ausschließlich auf das weibliche Geschlecht zielt und auf Kosten der Frau(en) geht. Dies gilt auch für regelmäßige, ja bevorzugte (Porno-)Praktiken wie die anale Penetration, die gleichzeitige Mehrfachpenetration der Frau (durch mehrere Männer) oder eine Form der Fellatio, deren Ziel darin besteht, einen „unwillkürlichen Würgereiz hervorzurufen" (Lewandowski 2012, S. 289).[271] In allen diesen (und anderen) Fällen hat Unwillkürlichkeit zwar auch eine männliche Seite, aber ihre weibliche ist immer im doppelten symbolischen Nachteil. Es sind *Männer*, die die unwillkürliche Reaktion der Frau(en) bzw. ihre Reaktion der Unwillkürlichkeit und damit ihren Subjektivitätsverlust (Autonomieverlust) *willkürlich* herbeiführen, und es sind Frauen, die damit und darüber hinaus in ein schlechtes symbolisches (Image-)Licht gestellt werden: als benutzte, beschmutzte, gedemütigte, verspottete, komische Wesen, die eher Symptome produzieren und tragen als zu handeln und handeln zu können. Diesen Wesen stehen Männer mit demonstrativen Überlegenheitsgesten gegenüber: als zwar ‚natürlich' funktionierende und reagierende (‚geile', erigierende, penetrierende, ejakulierende) Körper, aber immer auch überlegene Subjekte.

Die Pornografie betreibt ihre symbolische Körper-Politik im Rahmen eines Systems der Wahrnehmung, der Darstellung und des Wissens, das obszön genannt werden kann, weil es sich ohne Selbstbeschränkung auf die Zeichenhaftigkeit, Willkürlichkeit und Unwillkürlichkeit von Körpern richtet – als eine Instanz, die scheinbar totale Transparenz im Intimsten bezweckt und herstellt. Sie ähnelt damit, wie Lewandowski bemerkt, jener Grundlogik der Überwachung, die Michel Foucault in Bezug auf totale Institutionen „Panoptismus" genannt hat. Wie sehr dieser Vergleich auch hinken und zu relativieren sein mag, die sexuellen bzw. sexuell fungierenden Körper (der Geschlechter) werden jedenfalls in ihrer spezifischen pornografischen Ausrichtung und „Zurichtung" (Lewandowski) maximal sichtbar, ja mehr noch: das pornografische Panopticon macht sexuell posierende und agierende Körper nicht nur sichtbar, sondern zerlegt sie fotografisch und „filmisch in Einzelteile, die in Detailaufnahmen präsentiert werden. [...] Die Ordnung der maximalen Sichtbarkeit, die vor allem die Hardcore-Pornografie etabliert, zeichnet sich nicht zuletzt durch eine große Detailfreudigkeit aus" (Lewandowski 2012, S. 293). Aus (Privat-)Personen und ‚informationell selbstbestimmten' Subjekten werden im Porno also Objekte einer totalen und vertieften Beobachtung, Besichtigung und Hyper-Transparenz, und zwar im Verhältnis zu den realen Augen und Blicken unsichtbarer und anonymer Individuen und eines unsichtbaren und anonymen (Massen-)Publikums. In ihm, seinem Voyeurtum und Voyeurismus steckt, so die an

---

271 Schmerz, wie er z. B. in sadistischen/sadomasochistischen Varianten von Pornografie erzeugt und inszeniert wird, ist in jeder Form ein Generator von Unwillkürlichkeit, eine Methode der Glaubwürdigkeit und Beglaubigung und zugleich ein Ansatz für Ritualisierungen der Unterordnung und Demütigung. In der hier thematischen ‚Hamburger-Pornografie' kommen Schmerzen natürlich nicht oder kaum vor, jedenfalls nicht manifest.

Foucault angelehnte These Lewandowskis, ein im Porno vollzogener und bedienter Wille zum Wissen und zur Wahrheit, die unablässige „Suche nach ‚wahren' Äußerungen körperlicher Lust" (Lewandowski 2012, S. 280), und nicht nur nach ästhetischen ‚Schlüsselreizen' und sexualpraktischen Sensationen.

Diese These abstrahiert allerdings von dem in der und vor der (Hamburger-)Pornografie vorhandenen Willen zum *Nicht*wissen, zur Fiktion und zur Illusion, wie er oben angesprochen wurde, und sie abstrahiert auch von den unterschiedlichen Rollen und Machtpositionen der Geschlechter in der und vor der Pornografie. Diesbezüglich geht es ja hauptsächlich oder ausschließlich um eine *männliche* Sicht, ein *männliches* Auge, ein *männliches* Begehren und einen *männlichen* Willen, der im Blick auf Frauen und Sex auch ein Wille zur Macht und zur Bemächtigung ist. Im pornografischen Panopticon erfüllt sich demnach weniger eine sexualistische oder sexistische Wißbegierigkeit oder eine utopische ‚Sozialtheorie' der Geschlechtlichkeit als eine spezifische Männerphantasie, die letztlich auf die Idee totaler Kontrolle im Interesse und Dienst der eigenen Lust- und Befriedigungsmaximierung hinausläuft. Die pornografische Vorstellung und Darstellung, dass die begehrten Frauen stets von sich aus, aktiv und gerne wollen und tun, was die jeweiligen Männer wollen bzw. gerne tun wollen, diese scheinbar traumhafte und utopische Vorstellung von einer lustvollen Gemeinschaft der Geschlechter im Geschlechtlichen verschleiert nur jene (und andere) ebenso unrealistische wie spezifisch realitätsbezogene Männermachtphantasie.

Dieser im Porno wahrwerdenden Phantasie scheint auch die reale Situation des männlichen Porno-Konsumenten zu entsprechen, der sich in der praktischen Verwendung des jeweiligen medialen Porno-Produkts in einer anscheinend überlegenen Position befindet, die der des realen panoptischen Überwachers (in totalen Institutionen) ähnelt. Der Porno-Konsument kann scheinbar nach eigenem Belieben und willkürlich alles sehen und einsehen, uneingeschränkt und genauestens beobachten, was normalerweise ungesehen und verborgen bleibt und bleiben soll, und zugleich kann er selbst vollkommen ungesehen und unkontrolliert, also souverän bleiben. Ihm zeigt sich allerdings, wie gesagt, nicht die ‚ganze Wahrheit' des Sexuellen (der Geschlechter), sondern nur eine selektive, inszenierte und medial kommunizierte Version, die (ideal-)typischen Ansprüchen typischer Vertreter seines Geschlechtes entspricht und dieser Masse der Geschlechtsklasse Gefallen verspricht. Die Rolle des Porno-Konsumenten ist insofern zwar auch die des suchenden, aufsuchenden und untersuchenden Beobachters und Überwachers, aber sie ist auch die Konsequenz und Funktion einer übergeordneten Beobachtung und Überwachung der Porno-Industrie und der Porno-Produktion, die die Konsumenten im Auge und im Sinn haben und durch ihr sinn- und reizgeladenes Vergnügen kontrollieren, beeinflussen und benutzen.

2.3 Obszönitäten der Werbung

Die Werbung ist bekanntlich – wie die Pornografie – eine durch und durch kommerzielle und insofern strategische und opportunistische Veranstaltung. Im Unterschied zur Pornografie ist die Werbung jedoch nicht nur ein Wirtschaftsunternehmen, das aus ökonomischen (Kapital-)Gründen ein Produkt herstellt und vermarktet, sondern sie zeichnet sich auch und vor allem dadurch aus, dass ihr Produkt bzw. ihre vermarktete (Dienst-)Leistung darin besteht, anderen Produkten (und Unternehmen), aber auch anderen Objektklassen als wirtschaftlichen,[272] zum Erfolg zu verhelfen. Werbung ist also auch eine Art kommunikative und kulturelle Vermittlungsinstanz, der es in Stellvertretung ihres jeweiligen Auftraggebers darum geht, bei bestimmten Publika bestimmte Verhaltens-Effekte zu erzielen. Sie muss daher das Denken, die Vernunft, die Moral und den Geschmack ihrer relevanten Publika treffen und in einer Art von ‚recipient design' in Kommunikationen (z. B. Werbefilme) übersetzen, die damit und insofern als ein kulturelles Forum fungieren.

Werbung und Pornografie machen diesbezüglich bei aller Unterschiedlichkeit ihrer Veranlagung keinen prinzipiellen Unterschied: Sie sind Kultur, beziehen sich auf Kultur, verarbeiten und erarbeiten Kultur und bringen sie auf je besondere Weise zum Ausdruck und zur Darstellung. Dies geschieht in beiden Fällen auf der Basis von praktischem Wissen und von strategischen Beobachtungen und Überwachungen spezialisierter Akteure und Akteurinnen, die sich mit dem Ziel effektiver Beeindruckung auf das jeweilige Publikum beziehen. Dessen Bedürfnisse, Wünsche und Interessen scheint die Werbung – wiederum in Analogie zur Pornografie – sowohl zu spiegeln als auch zu beeinflussen bzw. zu formulieren und zu forcieren.

Eine zentrale sachliche/thematische und auch perspektivische Gemeinsamkeit von Werbung und Pornografie liegt in ihrem zwar inhaltlich und formal sehr unterschiedlich ausfallenden, aber ähnlich stark ausgeprägten Interesse an Körperlichkeit, in ihrer Fokussierung der Körper und in ihrer Vorstellung, „dass es Körper und körperliche Reaktionen sind, auf die es eigentlich ankommt" (Lewandowski 2012, S. 299). Ähnlich wie die Pornografie entfaltet auch die Werbung in ihrem Rahmen geschlechtsspezifische und geschlechterspezifierende Korporalitäten, Theatralitäten der Körper, ‚Körpertheorien' und eine Art Körperkult, der seinerseits kulturelle Differenzen und Differenzierungen der Geschlechter wiederholt und moduliert. Wie und wie sehr sich die Werbung gerade auf den erotischen Körper – und insbesondere auf den erotischen Frauenkörper – konzentriert, ist im ersten Teil dieses Buches Gegenstand eines ganzen Kapitels. Auch die von der Werbung und der Pornografie geteilten Themen/Sujets und Ideale der *Jugend* und der *Jugendlichkeit* (der Körper) werden in diesem Teil (nicht nur im Kontext der Erotik) ausführlich behandelt.

An vielen Stellen unserer Untersuchungen der Werbung (vgl. auch Willems/Kautt 2003), insbesondere der Werbungserotik, zeigt sich auch, dass sich die Werbung vor allem in ihrer sprachlichen und bildlichen Handhabung von Körperthemen und visuellen Körperaspekten in einem ambivalenten Verhältnis zu Arten von Obszönität befindet und zu einem entsprechenden strategischen Handeln gezwungen und geneigt ist. Einerseits muss sie sich vor störenden Obszönitäten (als Urteilen ihrer relevanten Pu-

---

272 Parteien, Kirchen, Bildungseinrichtungen, Hilfsorganisationen usw.

blika) hüten und umgekehrt mehr oder weniger generell anerkannte Werte beachten oder strategisch in Dienst nehmen. Andererseits (re-)produziert und moduliert sie bestimmte Arten von Obszönität oder bewegt sich in der Nähe von Obszönitäten – auch solchen, die der Pornografie durchaus nahekommen. Mit ihr konvergiert die Werbung vor allem in ihrer Konstruktion und Dekonstruktion der Geschlechter- und Geschlechtlichkeitskörper. Ein diesbezüglich zentral relevanter soziologischer Befund, der auf einer breiten empirischen Basis zustande gekommen ist, betrifft die Erotik-Inszenierungen der Werbung. Sie zeichnen sich, wie York Kautt (2012, S. 84) zeigt, durch eine eigentümliche Obszönität in dem oben im Anschluss an Goffman skizzierten prinzipiellen Sinne aus. Das heißt, die Werbungserotik ist zwar systematisch weit davon entfernt, eine radikal offene, brachiale und einseitige Obszönität von der Art der pornografischen an den Tag zu legen (sonst wäre sie keine Erotik), aber sie ist in wesentlichen Hinsichten ihrer (De-)Konstruktion von Körpern und – der Geschlechter – *als* Körper und Körperlichkeit nicht weit von der *Logik* der pornografischen Obszönität entfernt, wie Kautt bemerkt:

> Die Modi der Entsozialisierung, Versachlichung und Objektivierung menschlicher Darsteller im Zusammenhang erotischer Sujets sind dabei vielgestaltig. Von grundlegender Bedeutung ist, dass über Perspektiven, Bildausschnitte und den Verzicht einer narrativen Kontextierung gezeigter Akteure der Blick des Betrachters auf den Körper als Körper gelenkt wird. Im Unterschied etwa zu literarischen oder filmischen Konstruktionen, die die Innerlichkeit von Subjekten modellieren, erscheint das erotische Geschehen über die systematische Ausblendung eben jener Tiefe als reines Körpergeschehen. Die Werbung entwirft – pornografischen Skripts vergleichbar – die Idee (das Ideal, die Utopie) einer erotischen Sphäre, die dem Sozialen enthoben ist und in der die Akteure als Körper interagieren. Neben und mit dieser Vorstellung eines außersozialen erotischen Raumes, in dem die Sozialwelt der Akteure nicht (mehr) als Zivilisierungsbremse wirkt, operiert die Werbung mit einem breiten Repertoire inszenatorischer Strategien, die insbesondere den Körper der Frau als eine ,Sache' erscheinen lassen (Kautt 2012, S. 84 f.).

Diese ,Sachlichkeit' (,Versachlichung') steht durchaus ähnlich im Mittelpunkt der Werbung bzw. Werbungserotik wie sie im Mittelpunkt der Pornografie steht. Hier wie dort wird die jeweils gegenständliche ,Sache' auch mit ähnlichen Attributen belegt, ähnlich konstruiert und ähnlich (hoch) bewertet. Hier wie dort erscheint der Körper – vor allem der Frauenkörper und vor allem die ,Äußerlichkeit' des Frauenkörpers – als ein im Prinzip isolierbares, kontrollierbares und machbares Objekt, als eine Art Ressource, Kapital, Maschine oder Instrument, das verfügbar ist und sein sollte. Und diese Sicht der Dinge bzw. der (Frauen-)Körper als Dinge hindert die Werbung ebenso wenig wie die Pornografie daran, *Natürlichkeit* als Wesen des Körpers und seiner Besitzer/-innen sowie als Wert und Ideal auszugeben und zu propagieren.

Hier wie dort löst sich auch der soziale ,Kontext' der aufgeführten und sich aufführenden Körper, z. B. die alltägliche Interaktionsordnung, regelmäßig fast oder völlig auf. Nicht nur die mannigfaltig asoziale Pornografie, auch die Werbung kann die ,ärgerliche Tatsache' der Gesellschaft inszenatorisch weitestgehend verschwinden lassen, und sie tut dies besonders gern, wenn es um Erotik und Sex geht. Ähnlich unvermittelt und ruckartig wie sich der Sex in den stories der Pornografie ergibt, kann er sich auch in

Werbungsszenen und Werbungsgeschichten einstellen, auch wenn er sich hier nicht zeigen, sondern nur andeutungsweise anzeigen lässt. So kann Männern und vor allem Frauen in entsprechenden Werbungswelten schon allein mit dem richtigen ‚Duft' oder Atem ohne viel weiteres Zutun ganz plötzlich alles erotisch Erwünschte und Beglückende geschehen oder erreichbar werden.

Die im Allgemeinen unauffällige Parallelität oder (Wesens-)Verwandtschaft zwischen den (erotischen) Körper- und Körperlichkeitskonstrukten der Werbung und der Pornografie, zwischen deren Obszönität und der Obszönität der Werbung, wird im Folgenden eingehender und differenzierter zu betrachten sein. Sie ist auch sozusagen zeitdiagnostisch oder sogar zivilisationsdiagnostisch relevant, deutet sie doch auf generelle und spezielle Zivilisationswandlungen, insbesondere Wandlungen von Semantiken, Diskursen, Habitus und Mentalitäten, die die Geschlechter und die Geschlechtlichkeit der Geschlechter betreffen.

Die Obszönitäten der Werbung und die der Pornografie scheinen also weniger inhaltlich-strukturell als formal und graduell different zu sein und sein zu müssen. Für die Werbung gilt (bislang), dass sie nicht nur ein kulturelles Forum ist, sondern als kulturelles Forum auch an gewisse kulturelle Formgrenzen (von Obszönität) stößt, die die Pornografie absichtlich, wunschgemäß, systematisch und dramatisch überschreitet und verletzt. Die Werbung ist demgegenüber, wie gesagt, gehalten und gezwungen, sich prinzipiell zumindest an die Grenzen der ‚guten Sitten' zu halten, und sie muss normalerweise auch darüber hinaus bemüht sein, sich innerhalb von allgemeinen und (publikums-)spezifischen Moral-, Geschmacks- und Schicklichkeitsgrenzen zu bewegen, sei es aus Gründen ihrer strategischen (Objekt-)Imagearbeit oder zur Vermeidung negativer Abwehrreaktionen gegen sich selbst (als Werbung). Andererseits liegt es angesichts erweiterter und sich erweiternder gesellschaftlicher Kontingenz- und Toleranzspielräume und angesichts sich zugleich dynamisch verschärfender Aufmerksamkeitsknappheiten (nicht nur der Werbung) nahe (und immer näher), dass die Werbung zur (kognitiven) Irritation von Normen, Normalitäten und Gewohnheiten/ Habitus und damit auch zu einem Spiel mit Obszönitäten und Obszönitätsgrenzen greift. Ein berühmtes (und relativ ‚zeitnahes') Beispiel dafür ist die sogenannte Benetton-Kampagne, die jenseits der Erotik und des Sexes ‚schöne' Beispiele für Obszönitäten und für Spiele mit Obszönitäten geliefert hat,[273] aber auch Beispiele dafür, dass diese Obszönitäten im Kontext bzw. als Strategie der Werbung weder unproblematisch noch kosten- und grenzenlos sind. Naheliegend und an den vorliegenden Materialien erkennbar ist auch, dass die Werbung gerade im Bereich ihrer erotischen Darstellungen immer wieder bis an Grenzen des Tolerablen geht, Grenzen ausreizt und gelegentlich überschreitet. Insofern entwirft sie auch „eine ‚Pornografie für alle' [...], eine gleichsam pasteurisierte Pornografie, in der es um ein ‚testing oft the limits' zu Zwecken der

---

273 Dazu gehören scheinbar dokumentarische Darstellungen: ein ölverschmierter Wasservogel, eine Sterbeszene mit einem AIDS-Kranken, ein amputiertes Körperteil, schwerstarbeite Kleinkinder u. a. m. Aktuelle Beispiele liefert die ‚Sozial-Werbung' bzw. die ‚Spenden-Werbung', die mit der Darstellung schwer leidender Menschen, z. B. unterernährter Kinder, arbeitet.

Aufmerksamkeits- und Affektsteuerung ebenso geht wie um das *gleichzeitige* Bemühen, Schicklichkeits-, Geschmacks- und Moralgrenzen einzuhalten" (Kautt 2012, S. 82).

Dieses Bemühen hat sich zwar zu Ungunsten von Irritations-, Provokations- und Schockchancen im Zuge neuerer sozio-kultureller Entwicklungen, die sich scheinbar gegenläufig zu den oben genannten vollzogen haben und vollziehen (Verschärfung bestimmter ‚diskurspolizeilicher‘ Vorgaben, Sensibilitäten und Zensuren, ‚political correctness‘ etc.), verstärkt und verstärken müssen.[274] Die ‚ungepflegte‘ und als solche auffällige Obszönität der Pornografie, die Moral- und Geschmacksgrenzen systematisch ignoriert und verletzt, ist mit der ‚gepflegten‘ Obszönität der Werbung aber bis heute sowohl verwandt als auch benachbart und sogar direkt verbunden. Von der Werbungserotik führt also ein relativ kurzer Weg zur Pornografie, die die Deutungen, Andeutungen und Ankündigungen der Werbungserotik jedenfalls in wesentlichen Punkten im Grunde nur ‚anschaulicher‘, konzentrierter und radikaler macht und auch Vorlagen für die Werbungs(erotik)kultur liefert. Man kann also davon ausgehen, dass sich beide Medienbereiche wechselseitig bestärken, verstärken, anregen und ausführen. In gewisser Weise ist die Pornografie die Fortsetzung der Werbungserotik mit anderen Mitteln und die Werbungserotik eine Fortsetzung von Pornografie.

Beide Medienbereiche mögen mit ihrer jeweiligen obszönen Körperkultur der Geschlechter und der Geschlechtlichkeit auch Ausdruck und – sich ähnelnde, ergänzende und zusammenwirkende – Faktoren länger- und langfristiger Entwicklungstendenzen sein: Tendenzen zu sozialen/kulturellen Wandlungen, die mit Begriffen wie Differenzierung, Individualisierung oder/und Informalisierung belegt sind und nicht zuletzt einen gesellschaftlich weitreichenden Wandel der Erotik- und Sexualkultur einschließen. Pornografie und Pornografisierung, Werbung/Verwerblichung und Werbeerotisierung deuten jedenfalls auf Erotisierungen und Sexualisierungen der Medienwelten wie der Lebenswelten, die mit einem Wandel des Verständnisses von Erotik und Sexualität im Sinne ihrer „Ausdifferenzierung" und „Autonomisierung" einhergehen (vgl. Lewandowski 2012, 151 ff.). Ähnlich der Pornografie oder sogar ihrer Spur folgend verbreitet sich in der Werbung und durch die Werbung, aber auch weit darüber hinaus, offenbar schon seit einer längeren Reihe von Jahrzehnten eine Idee von erotisch-sexueller Korporalität und von ‚Sex‘, der als ‚reiner Sex‘ (und ‚guter Sex‘) gewissermaßen benotet und evaluiert werden kann (vgl. Lewandowski 2012, S. 151 ff.). Diesbezüglich kann von Heruntermodulation, aber auch von gewissen Hinaufmodulationen, semantischen und symbolischen Aufladungen, Mystifikationen und Mythisierungen die Rede sein (s. u.). Indem sie Erotik und Sex in ihrem Sinne inszenieren, idealisieren und propagieren, indizieren und forcieren die Werbung und die Pornografie Erotik und Sex jedenfalls als existenziellen Zentralbereich und Zentralwert, ja als das ‚höchste der (Glücks-)Gefühle‘ überhaupt. Gleichzeitig definieren, postulieren und dramatisieren sie

---

274 Die heutige Werbung sieht sich mit anderen Worten (wieder) enger gezogenen semantischen, symbolischen und diskursiven Grenzen und Risiken gegenüber, denen seitens ihrer Macher/-innen mit Aufmerksamkeit, Sensibilität, Kreativität und Selbstzensur begegnet werden muss und offensichtlich begegnet wird.

eine entsprechend ‚qualifizierte' und differenzierend qualifizierende Körperlichkeit bzw. Korporalität, die die soziale Inklusion und Exklusion einer erotischen-sexuellen ‚Konsumgesellschaft'/‚Erlebnisgesellschaft' reguliert.[275]

In allen diesen Zusammenhängen spielt die Tatsache eine Schlüsselrolle, dass sich die Geschichte der Werbung wie die Geschichte der Pornografie zunehmend zu einer *Bilder*geschichte entwickelt hat und beide Medienbereiche heute eindeutig und in allen Hinsichten von Bildmedien dominiert werden. Diese immer noch dynamisch fortschreitende Entwicklung hat dem Körper und insbesondere der erotischen Korporalität besondere Bedeutungen und Relevanzen verliehen, und sie hat auch die Distanz oder Kluft zwischen der Obszönität der Werbung/Werbungserotik und der Pornografie verringert. Mehr denn je ist die Werbung heute ein visuelles Körper-Zeichen-Feld und eine Bühne des Körperlichen/Korporalität – gerade der Erotik, die sich in der Pornografie im Wesentlichen (und das Wesentliche ist das Körperliche) fortsetzt und verlängert, mit Implikationen und Folgen für die mediale und lebensweltliche Realität der Geschlechter und der Geschlechtlichkeit der Geschlechter.

Dass die Geschlechter bzw. die Geschlechtsklassen von diesen Entwicklungen unterschiedlich betroffen und erfasst sind und dass die Werbung hier vermutlich eine größere und weitreichendere Rolle spielt als die männerzentrierte Pornografie, sollte deutlich geworden sein. Es darf in diesem Zusammenhang auch die oben skizzierte typische Habitus- und Mentalitätsdifferenz der Geschlechter nicht übersehen oder verkannt werden, vor allem die scheinbar hartnäckige Neigung einer starken Vielheit oder überwiegenden Mehrheit von Mädchen und Frauen in sozialen Beziehungskategorien und (empfindsamen, romantischen) Gefühlskategorien zu denken und zu erleben. Diese Kategorien haben zwar im ‚Männer-Genre' der Pornografie nicht den geringsten Platz und in der geschlechterübergreifenden Werbungserotik nur relativ geringen Platz, finden hier aber immerhin neben und mit jenem dominanten Korporalismus und Korporalkult (noch) einen gewissen Niederschlag.

---

275 Am Ende dieser Untersuchungen werden diese Überlegungen noch einmal unter verschiedenen theoretischen bzw. zivilisationstheoretischen Blickwinkeln aufgegriffen.

3 Paradiesvorstellungen?

(Hamburger-)Pornografie und moderne (Medien-)Werbung haben es auch – und im Zusammenhang mit ihren oben thematisierten Obszönitäten – mit teilweise religionsanalogen, aber ganz auf das ‚diesseitige' Sein und Dasein bezogenen Paradiesvorstellungen zu tun, die sie adressieren, formulieren und inszenieren. In den jeweiligen Medienerzeugnissen werden im Zusammenhang fiktionaler Entwürfe, ganzer Versionen des Seins und Daseins starke Bedürfnisse, Affekte, Wünsche und „Inhalte der menschlichen Sehnsucht" (Hahn 1976, S. 11) angesprochen und gleichsam ausgemalt und wahr gemacht, insbesondere als *„Wiederholung des alltäglichen Daseins"* mit umgekehrten Vorzeichen (Hahn 1976, S. 11). Bei diesen Vorstellungen (und Darstellungen) handelt es sich, so Alois Hahn in seiner „Soziologie der Paradiesvorstellungen" (1976), um gesellschaftlich bedingte *„kollektive Bilder des Glücks, die ihre Anschaulichkeit zugleich der Nähe und dem partiellen Kontrast zur empirischen Lebenssituation derjenigen verdanken,* welche die jeweiligen Paradiesvorstellungen entwickelt haben und an sie glauben" (Hahn 1976, S. 11).

Das heißt nun allerdings *nicht,* wie gerade die modernen und aktuellen Beispiele der Pornografie und der Werbung zeigen, „daß *alle* Mitglieder einer Gesellschaft notwendigerweise die gleichen Wünsche haben müßten" (Hahn 1976, S. 11). Vielmehr gibt es von den Anfängen der Menschheits- und Gesellschaftsgeschichte an eine Differenzierung ‚empirischer Lebenssituationen' mit der Konsequenz unterschiedlicher Bedürfnisse und Wünsche. Am ältesten und bis heute wirksam sind in diesem Zusammenhang bis heute die differenziellen „Rollen der Geschlechter" (Hahn 1976, S.12). Im Zuge gesellschaftlicher Modernisierungsprozesse haben sich natürlich einmalig vielfältige, aber auch von allen Gesellschaftsmitgliedern geteilte „empirische Lebenssituationen" und im Zusammenhang damit Paradiesvorstellungen entwickelt.

Deren Ursprung und Resonanz kann freilich nicht als Reflex ‚empirischer Lebenssituationen' verstanden werden, etwa im Sinne einer bloßen Kompensation objektiver Knappheiten oder Mangelzustände. Vielmehr scheinen hier kulturelle Tatsachen eine entscheidende und unterscheidende, jedoch im Einzelnen schwer zu fassende Rolle zu spielen. Dass differenzielle Gewohnheiten, „Gewohnheitsapparaturen" (Elias), Habitusformen oder Mentalitätstypen in diesem Zusammenhang von zentraler Bedeutung sind, ist eine naheliegende und empiriegestützte Vermutung.

Die hier gemeinten Paradiesvorstellungen haben im Falle der Pornografie zumindest in der Tendenz gleichsam ein Geschlecht. Sie werden jedenfalls hauptsächlich oder fast ausschließlich von Männern gedacht, geglaubt und auch empfunden, und sie werden von Männern für Männer erdacht und letztlich medial performativ gemacht. Frauen scheinen diesen Vorstellungen traditionell und bis heute überwiegend mehr oder weniger ablehnend und abwertend gegenüberzustehen bis hin zu dem Punkt, an dem jene Paradiesvorstellungen ihre Wertvorzeichen umkehren und zu regelrechten Höllenvorstellungen werden (vgl. z.B. Faulstich 1994, S. 225 ff.). Dass Mädchen und Frauen in puncto Erotik und Sexualität und deren Darstellung offenbar traditionell und

https://doi.org/10.1515/9783111168906-016

bis heute überwiegend zu anderen Wunsch- und Paradiesvorstellungen tendieren als das (aus ihrer Perspektive) ‚andere Geschlecht' wurde oben bereits angedeutet. Hier scheint demnach eine der auch lebenspraktisch relevanten kulturellen Kluften zwischen den Geschlechtern zu liegen und relativ kontinuierlich fortzubestehen.

Die Werbung ist demgegenüber im Prinzip geschlechterübergreifend veranlagt, differenziert allerdings stark aufgrund von Produktklassen und ‚Zielgruppen', die zum Teil nach Geschlechtsklassen ‚parallel organisiert' sind. So richtet sich bestimmte Kosmetikwerbung ausschließlich an Frauen und führt eine außergewöhnlich schöne Welt und eine Welt des außergewöhnlich Schönen und Reizvollen vor, eine rein ästhetische und daher rein erotische Zeichen- und Impressions-Welt. Umgekehrt gibt es ganz oder hauptsächlich an Männer adressierte Werbungen, z. B. für Autozubehör oder Heimwerkerartikel, die mit scheinbar vorzugsweise männerwunschgemäßen und männerbeglückenden Männer- und Männlichkeitswelten operieren.

Im Prinzip reproduziert die Werbung mit ihren Wunsch- und Paradiesvorstellungen die jeweils aktuelle soziale und (d. h.) kulturelle Differenzierung der ‚Gesamtgesellschaft'. Auch in diesem Zusammenhang erweist sie sich also als kulturelles Forum, ja sie bildet in gewisser Weise die „Glücksbilder" (Hahn 1976, S. 11) der ganzen Gesellschaft ab und nach und folgt dabei deren Entwicklung und Wandlung. Insofern unterscheidet sie sich von der Pornografie, die zwar ihrerseits als kulturelles Forum fungiert, aber sowohl sachlich (in Bezug auf Sexualität) als auch sozial (in Bezug auf ein männerdominiertes Publikum) eingeschränkt ist.

Die Glücksbilder der Werbung und der Pornografie ähneln, überschneiden und ergänzen sich aber als radikal diesseitige Konstrukte und Sinnangebote, und sie stehen gemeinsam in einem fundamentalen Gegensatz zu *jenseitigen* Paradiesvorstellungen. Weder im Rahmen der Pornografie noch in dem der Werbung stellen sich religiöse (christliche) oder religionsnahe Sinnfragen wie die nach dem „Wozu des Lebens" (Hahn 1976, S. 53), geschweige denn, dass solche Sinnfragen beantwortet werden könnten. Gleichwohl kann man in diesem Zusammenhang von Sinnangeboten und Sinnanbietern sprechen, die wie andere Sinnangebote und Sinnanbieter (z. B. die Wissenschaften oder die Psychotherapie) in der strukturellen und funktionalen Nachfolge der Religion stehen und den „Verlust jenseitiger Paradiesvorstellungen" (Hahn 1976, S. 53), wenn auch nur teilweise, auszugleichen vermögen. Die hier gemeinten zutiefst gesellschaftlich, kulturell und historisch bedingten Sinnfragen und Sinnantworten der Medienerzeugnisse sind aber im Wesentlichen oder gänzlich implizit und latent. Sie stecken vor allem in den jeweiligen medialen Performanzen, den dargestellten Körpern, stories, Szenen, Posen, Akten u. a. m.

3.1 (Männer-)Paradies der Pornografie

Die (Hamburger-)Pornografie scheint ein monothematisches oder jedenfalls thematisch zentriertes Reich darzustellen, das der in Zivilisations- und Modernisierungsprozessen gewordenen ‚empirischen Lebenssituation' von jedermann und jederfrau ziemlich

diametral entgegengesetzt ist. In diesem Reich sind Zwänge, Lasten und Grenzen, Gebote, Pflichten und Verbote verschwunden und werden alle Wünsche bzw. Trieb-
Wünsche überall, zu jeder Zeit und für jedes Individuum wahr. Grenzenloser, voraus-
setzungsloser, umstandsloser, kostenloser und risikoloser ‚Sex‘ bildet hier offensichtlich
den höchsten Wert und zugleich die größte Selbstverständlichkeit und den immer
passenden Schlüssel zur perfekten ‚Selbstverwirklichung‘. Dieser ‚Sex‘ hat keinen anderen Sinn und keinen anderen Zweck als den, ‚Spaß‘ zu machen; er hat nichts mit
Realitäten wie ‚Fortpflanzung‘, Ehe, ‚feste Beziehung‘, Familie oder Familiengründung
zu tun, ja er scheint von Moral und persönlicher Bindung und überhaupt von Sozialität
ganz frei zu sein. Pornografie-Beschreibungen wie die folgende leuchten also auf Anhieb
ein:

> Die Pornografie träumt eine Vielzahl von Träumen und stellt eine Reihe von Wünschen als erfüllt
> dar. Sie zeigt ein sexuelles Schlaraffenland, in dem alles und vor allem alle Arten sexueller Be-
> friedigung möglich sind. Die Welt der Pornografie schließt niemanden aus, alle Körper sind glei-
> chermaßen verfügbar, für jedes Begehren werden Befriedigungsmöglichkeiten angeboten und
> realweltliche soziale Ungleichheiten spielen keine Rolle. Standes- und Klassengrenzen sind aufge-
> hoben und in der Pornografie darf jeder Mensch sexuelles Wesen sein – vollständig und allum-
> fassend. [...] Die Pornografie erfüllt den Wunsch oder inszeniert zumindest die Illusion, dass ein
> jedes Begehren Zuspruch findet und jedes begehrte Objekt erreichbar ist (Lewandowski 2012, S. 13).

Diese Beschreibung und viele ähnliche Beschreibungen der Pornografie als eine Art
‚Sozialutopie‘ trifft zwar, wie noch genauer zu zeigen sein wird, nur ihre Oberfläche und
ignoriert eine Gegen- oder Rückseite bzw. ein implizites und latentes Gefüge von sozialen
Zwängen und ‚Ungleichheiten‘, von in den Porno-Geschichten sehr wohl anklingenden –
in hohem Maße geschlechtsbezogenen – Inklusionsbedingungen und Exklusionsfaktoren wie Aussehen, sozialer Status, Reichtum und Macht, aber die hier gemeinte Oberfläche und Oberflächlichkeit ist ein vermutlich bedeutender oder zentraler Teil des
pornografischen Sinn- und Unterhaltungsangebots.

Dazu gehören neben den genannten obszönen Sex-Performanzen noch andere
Glücks- oder Paradiesvorstellungen, nämlich Vorstellungen von einem allumfassenden
konsumistischen dolce vita. Neben dem reichhaltigen, ja übermäßigen/maßlosen Sex-
angebot und Sexkonsum gibt es jedenfalls in den hier fokussierten Hamburger-Pornos
einen offensichtlich ebenso erwünschten Überfluss an Freizeit (Urlaub, Tourismus),
hochwertigen Automobilen und Yachten, noblen Behausungen, Schmuck, kulinarischen
Genüssen (Champagner etc.), feinen Restaurantbesuchen und überhaupt an *Luxus* aller
Art. Das Porno-Paradies steht also dem konsumistischen (materialistischen, kapitalis-
tischen) Welt- und Glücksbild der Werbung offensichtlich nicht im Geringsten nach.
Hier wie dort geht es um Genüsse derselben Ordnung, um sinnlich-materielle Genüsse
und nicht etwa um ‚geistige Genüsse‘.

Porno-Paradies und Werbung stehen damit aber auch durchaus in der Tradition
und Nachbarschaft bestimmter ‚hochreligiöser‘ Paradiesvorstellungen, die ihrerseits
nicht nur sittliche, sondern gerade auch sinnliche Genüsse und Freuden ins Zentrum
ihrer Konstruktionen stellen, Rausch, Erotik und Sexualität eingeschlossen (vgl. Hahn

1976, S. 20 ff.). Diese Vorstellungen beziehen sich allerdings im Gegensatz zu denen der Pornografie auf ein *Jenseits* und sind auch nur teilweise konkret und anschaulich, indem sie etwa, wie die konkreten „Paradiesfreuden, die der Koran den Gottesfürchtigen verheißt, [...] Gärten und Trauben, Mädchen mit schwellenden Brüsten" und sogar „versiegelten Wein" beinhalten (Hahn 1976, S. 25).

In der Pornografie begegnet man also einer relativ komplexen und konsistenten Paradiesvorstellung, ja einer Paradiesversion und Paradiesvision, die offensichtlich nicht nur radikal ‚diesseitig', sondern auch darüber hinaus, was Weltanschauung und Moral betrifft, radikal unchristlich, ja antichristlich ist. Die Verhaltensweisen, die aus christlicher Sicht als schwere Laster und (Tod-)Sünden erschienen oder erscheinen, grenzenloses (sexuelles) Begehren, Gier, Wollust, Geilheit, ‚Perversion', Onanie, Homosexualität, Ehebruch, Eitelkeit, Völlerei, Schamlosigkeit u. a. m., sind in der Porno-Welt regelrechte Werte, Ideale, Normen und Normalitäten. Diese Welt scheint im Zusammenhang mit dem Sexuellen, dem das Christentum bekanntlich negativ und restriktiv gegenüberstand, keine Verbote und keine Tabus zu kennen, auch kein Gewissen, keine Verantwortung, keine Schuld, keine Sünde, keine Schande, keine Strafe und erst recht keine Höllenstrafe. Das Thema der Hölle oder des Elends klingt im Porno vielmehr umgekehrt und als Rückseite der dominanten Sex-Performanzen und Sex-Geschichten an: als im täglichen Leben erlebtes erotisch-sexuelles Nichtsein, Nichthaben, Nichthandeln, als sexuelles Unvermögen, als erlebter sexueller Verzicht, als sexuelle Einschränkung, Abstinenz, Askese, Frustration und darüber hinaus allgemein als Mangel an Konsumchancen oder Konsum aller Art.

Das Porno-Reich erscheint also auf den ersten Blick als ein paradiesisches Reich der universalen Befriedigung und Freiheit, der Freiheit *von* und der Freiheit *zu*, ja der Abwesenheit jeglicher Sozialität, die einschränkt, zwingt, hemmt, (An-)Forderungen stellt, Folgen hat, Kosten mit sich bringt, Sanktionen aussetzt. Diese Welt macht insofern den Eindruck von Anomie, aber sie macht nicht den Eindruck von Chaos, sondern von einem ebenso natürlichen wie glücklichen und beglückenden Zusammenpassen von Erwartungen, Bedürfnissen und Wünschen, von Handlungen (des Einen) und Erlebnissen (der Anderen). Die Gesellschaft der pornografischen Akteur/-innen ist also bei aller und durch alle Asozialität tatsächlich auch eine Art Schlaraffenland, in dem für alle Landeskinder der Tisch stets mit den köstlichsten Speisen aller Art gedeckt ist und gleichsam Milch und Honig fließen. In diesem Land kommen begehrende und begehrte Männer und Frauen, wie von einer unsichtbaren Hand geführt, ständig zueinander und zu derselben ‚Sache' und – beim permanent wiederkehrenden ‚Kommen' – kommen sie immer mindestens auf ihre Kosten, die sie allerdings kaum oder überhaupt nicht haben.

Der (Hamburger-)Porno erfüllt also (Männer-)Wunschträume, die im Sinne des oben skizzierten Paradiesverständnisses von Hahn auf eine ganz andere Realität, Normalität, Norm- und Lebenswirklichkeit hindeuten oder verweisen. Das schließt auch eine männerwunschgemäße Porno-Anthropologie des weiblichen Geschlechts ein, die traditionelle Frauen-Images, wie sie auch noch in der Werbung dominieren, genau umkehrt. So sind die Porno-Frauen nicht nur permanent und im höchsten Maße ‚geil', sondern gerade oder ausschließlich darauf aus, in jeder denkbaren Weise (von Männern) penetriert zu werden. Und im Porno sind es immer auch die Frauen, die die natürlich stets sexbegierigen Männer zuverlässig stark, ja überstark begehren und daraus nicht nur keinen Hehl machen, sondern sogar unverblümt sexuell initiativ werden und wunschgemäß sexuelle Wünsche und Ansprüche zum Ausdruck bringen. Diese Frauen müssen und wollen nicht ‚kennengelernt‘, geliebt, umworben, hofiert, zärtlich behandelt, geküsst, gestreichelt oder gar verführt werden, sondern nur ‚genommen‘ werden oder sie werden selbst umstandslos und direkt sexuell aktiv (vgl. Lautmann/Schetsche 1990, S. 55 ff.). Es gehört nicht viel theoretische oder analytische Phantasie dazu, sich vorzustellen, dass es sich bei diesen Vorstellungen um realitätsverkehrende und damit potenziell kompensatorische Phantasien und Wunschvorstellungen eines (bestimmten) männlichen Publikums handelt. Man ist im Anschluss an Marx‘ Religionstheorie wohl begründet versucht, vom ‚Opium des Volkes‘ bzw. eines Männervolkes zu sprechen (vgl. Hahn 1976, S. 41). Allerdings ist dieses Opium bzw. der Gebrauch dieses Opiums nicht an ganz bestimmte ‚empirische Lebenssituationen‘, Bedürfnisse und Funktionen gebunden. Man(n) kann es sehr unterschiedlich und aus sehr unterschiedlichen Gründen gebrauchen.

Ihre ebenso unrealistische wie realitätssymptomatische ‚Sozialtheorie‘ bzw. ihre scheinbaren „sozialutopischen Komponenten" und „sozialromantischen Züge" (Lewandowski 2012, S. 13) ergänzt die (Hamburger-)Pornografie folgerichtig durch eine analoge Natur- bzw. Körpertheorie. Ist die *Gesellschaft* der Pornografie gewissermaßen asozial und zugleich zum größten Glück ihrer Mitglieder zwanglos hoch integriert, so ist ihre *Natur* in Gestalt ihrer Menschen-Körper ganz natürlich *und* ganz unnatürlich. Porno-Mann und Porno-Frau sind auf der einen Seite reine biologische Lustwesen, ja Triebwesen, pure Natur und Natürlichkeit diesseits oder jenseits der Gesellschaft. Auf der anderen Seite erscheinen diese Wesen/Figuren durch keinerlei natürliche/biologische Tatsache bedingt, limitiert oder belastet. Neben und mit der (restriktiven) Sozialität der Gesellschaft verschwindet also auch die limitierende, problem- und kostenträchtige Natürlichkeit der Natur bzw. der Körper. Mann und Frau befinden sich im Porno jederzeit und in jeder Hinsicht in ‚Bestform‘, und sie erscheinen als jederzeit koppelbare und zur Kopplung disponierte Lust- und Sex-Automaten, als Wunsch- und Wuscherfüllungsmaschinen, die rund um die Uhr ‚heiß‘ sind und unter *allen* Umständen auf Hochtouren laufen – mit einem permanenten und endlosen Ausstoß von Orgasmen, auf die – auf deren Quantität und ‚Qualität‘ – es ihnen im Grunde allein ankommt.

Männer und Frauen haben sich im Porno also bei aller vorausgesetzten und explizit wie implizit gepriesenen Natürlichkeit vollständig von der ‚natürlichen (Körper-)Natur‘, von den ‚natürlichen Tatsachen‘ bzw. Grenzen emanzipiert, wie sie sich auch von der Gesellschaft, von den sozialen Tatsachen, die Ralf Dahrendorf ärgerliche genannt hat, emanzipiert haben. Diese zweifellos unrealistische ‚Emanzipation‘ hat allerdings nicht nur etwas Traumhaftes und Paradiesisches, sondern auch etwas Alptraumhaftes und Irdisches. In ihr klingt auch die Idee einer Industrie- und Leistungsgesellschaft an, die als sexuelle Industrie- und Leistungsgesellschaft Kraft, Technik, Arbeit und Disziplin abverlangt und insofern nicht völlig ‚regressiv‘ und unzivilisiert ist.

Die Symbolik und Semantik der Pornografie ist aber auch in gewissem Sinne fundamental unzivilisiert und antizivilisiert, ja sie propagiert auf zivilisatorisch symptomatische Weise – als Zivilisation mit umgekehrten Vorzeichen – Unzivilisiertheit und Antizivilisiertheit, indem sie basale zivilisatorische Orientierungen bzw. Grenzenverständnisse, Normen und Normalitäten aufhebt oder ins Gegenteil verkehrt: die zivilisatorischen „Selbstzwänge", den Zwang zur „Langsicht" (Elias), die Rituale/Etiquette der Interaktionsordnung, die Zeremonialität der Körper, die Formen der ‚Sublimation', die Scham- und Peinlichkeitsgrenzen, die „hinter die Kulissen" (Elias) verschobenen Körperreaktionen, die Zwänge zur ‚affektiven Neutralität', zum (nicht nur sexuellen) Befriedigungsaufschub, zur Empathie, zur Rücksicht usw. Im Porno gilt das genaue Gegenteil dieser Seiten des Modells und der Faktizität der Zivilisiertheit: Spontaneität, Affektivität, unmittelbare Triebbefriedigung, Offenheit und Direktheit des Ausdrucks, Selbstzwanglosigkeit, Schamlosigkeit, Rücksichtslosigkeit, Grobheit. Was im ‚wirklichen (Gesellschafts-)Leben' ins gesellschaftliche Abseits, ins Gefängnis oder in die psychiatrische Klinik führen würde, ist im Porno zulässig, normal, ja unbedingt geboten, und zwar im Prinzip geschlechterübergreifend. Auch die Porno-Frauen sind also alles andere als ‚zivilisiert' (triebgedämpft, zurückhaltend, gehemmt) und weichen damit (wunschgemäß) noch viel stärker und auffälliger als ihre männlichen Komplemente vom traditionellen Image ihrer Geschlechtsklasse ab.

Die Mädchen und Frauen als allseitige und obszöne Lustwesen voll inkludierend, belässt es die Pornografie aber nicht bei der Inszenierung und Performanz bloßer Abweichungen oder Umkehrungen von basalen zivilisatorischen Orientierungen wie Affektkontrolle oder Triebdämpfung. Vielmehr propagiert, idealisiert und zelebriert sie in einer besonderen Art von Übersteigerung/Hyperritualisierung eine doppelte oder zweiseitige ‚Unzivilisiertheit'. Einerseits handelt es sich dabei, wie Hahn (1976, S. 18) im Anschluss an Kant formuliert, um ein Paradies als „Bild für den rohen Naturzustand des ‚tierischen' Menschen vor aller Ausbildung der Vernunft". Man könnte mit Johannes Weiß in dieser Richtung, aber etwas weniger weitgehend, vom „Schwein" (Weiß) als moralisches und kathektisches Paradigma sprechen (vgl. Weiß 2003). Andererseits entwirft die Pornografie als ‚Reich der Sinne' die sexuelle Ekstase, den Rausch, den Exzess, die Orgie als Rückweg in ein präzivilisatorisches Paradies oder als Weg oder Ausweg (oder Königsweg) aus der relativen Zivilisiertheit und damit ‚Unsinnlichkeit', Spannungslosigkeit, Langweiligkeit und Leere des modernen Lebens (vgl. Schelsky 1955, S. 102 ff; Lautmann/Schetsche 1990, S. 108 ff.; Faulstich 1994, S. 264 ff.). Dessen gewohnte und gewöhnliche Realität, Rationalität und Normalität wird im Medium der sexuellen Körper der Pornografie in eine außergewöhnlich lustvolle und befriedigende Irrealität und Irrationalität verkehrt, die auf Dauer gestellt ist. Im Porno will alle Lust Ewigkeit und erhält sie auch – im Gegensatz zum Leben (auch des Porno-Konsumenten), in dem ein gewisser „Gratifikationsverfall" (Friedrich Tenbruck) jedenfalls nach vielstimmiger anthropologischer Auskunft unvermeidlich ist (vgl. Hahn 1976, S. 36).

Beim Porno (und damit bei seinem Konsum und seinen Konsumenten) hat man es also, psychologisch gesprochen, mit einer eigentümlich ‚regressiven' Art von Phantasie zu tun, die triebhafte/affektive oder triebnahe Bedürfnisse und Wünsche anspricht,

ihnen mit erdichteten, Realitäten leugnenden und verarbeitenden Versionen ihrer Er-
füllung entgegenkommt und Bedürfnisse und Wünsche ebenso evoziert und anheizt wie
formuliert. Die Konstruktion des pornografischen Dramas gleicht damit vor allem der
‚Logik' negierenden Logik des (Schlaf-)Traums, die Freud bekanntlich als eine Art
Wunscherfüllung verstanden hat (vgl. Lewandowski 2012, S. 13 ff.). Im Hinblick auf das
Objekt und das Subjekt des Pornokonsums naheliegend ist auch der Hinweis auf die
Phantasietätigkeit des *Tagtraums*, die Goffman als ein Modul („So-tun-als-ob") behandelt
hat. Die Modulation des Tagträumens (und Tagträumers) beschreibt er folgendermaßen:

> Der Betreffende stellt sich eine gewisse Tätigkeit vor, die er die ganze Zeit bewußt völlig nach seinem
> Geschmack lenkt und zu Ende führt. Es gibt Tagträume, die eindringlich warnen oder befriedigen,
> ob sie nun in die Vergangenheit oder Zukunft verlegt sind. Interessant ist, daß man im Rahmen von
> Tagträumen nicht nur nicht gemeinsam handelt, sondern daß man diese, im Unterschied zu
> Träumen, nachher nicht einmal erzählen mag. Diese Episoden sind gewöhnlich kurz und wenig
> organisiert, doch man kann mit ihnen natürlich sehr viel Zeit verbringen (Goffman 1977, S. 64).

Man kann also davon ausgehen, dass die inszenierten ‚Träume' und Traumwelten der
Pornografie viel, wenn nicht alles Wesentliche, mit Wünschen, aber auch Ängsten und
anderen Affekten (‚Komplexen') ihres Publikums zu tun haben und vor allem als eine
Art Wunscherfüllung zu betrachten sind. Die Pornografie träumt – sozusagen stellvertretend und antizipatorisch – Träume und stellt in der Tat „eine Reihe von Wünschen als
erfüllt dar" (Lewandowski 2012, S. 13). Damit wendet sie sich an ein phantasiegeladenes
und phantasierendes Bewusstsein und liefert speziell jener mit dem Pornokonsum assoziierten Tätigkeit des Tagträumens, bei der man in eine „konzentrierte Beziehung zu
Lust und Schmerz" treten kann (Woodworth 1970, S. 26, zit. nach Goffman 1977, S. 64),
Stoffe, Vorlagen und Anregungen. Die Pornografie trägt so nicht nur zu einer spezifisch
„erregten Gesellschaft" (Christoph Türcke) bei, sondern auch zu einer spezifisch ver-
träumten Gesellschaft spezifisch phantasiestrukturierter und phantasierender Individuen.

Diesen Individuen wird mit der Pornografie auch ein brauchbares Sinnangebot
gemacht (vgl. Hahn 1976, S. 48). Es bedarf keiner Erwähnung, dass dieses Sinnangebot
nichts mit der Bedienung anspruchsvollerer geistiger Interessen und Bedürfnisse zu tun
hat. Mit ihren Vorstellungen und Darstellungen scheint die Pornografie aber gerade
modernen, in vielseitigem ‚Unbehagen' verfangenen und befangenen Menschen verlockend und verführerisch entgegenzukommen; simuliert sie doch die Aufhebung von
Distanzen, Fremdheiten und Entfremdungen (‚Ententfremdung'), den Auf- und Ausbruch des in sich ‚verschlossenen' Menschen (Homo clausus), die Überwindung der
Probleme und Leiden des Individualismus, des Subjektivismus und der zwischenmenschlichen Verständigung, die Freiheit und Befreiung von verschärften existenziellen Ängsten bis hin zur Todesfurcht (vgl. Faulstich 1994, S. 264 ff.), die Möglichkeit von
Selbstverwirklichung und authentischem Selbstsein.

Gerade auf der Ebene ihrer scheinbar utopischen Konstruktionen, ihrer Wunsch-,
Glücks- oder Paradiesvorstellungen muss (Hamburger-)Pornografie aber immer auch
vom Geschlecht ihrer Konsumentenmehrheit aus gedacht werden, aus der Sicht von

Männern bzw. bestimmter Kategorien von Männern. Pornografische Erzeugnisse sind ja „vornehmlich am männlichen Blick orientiert und es kann kaum angenommen werden, dass in quasi transgenderistischen Identifikationsmöglichkeiten die Basis des Erfolges der heterosexuellen Mainstream-Pornografie liegt" (Lewandowski 2012, S. 49). Die kognitiv und affektiv gepolte und durchdrungene Phantasie und das Phantasieren der Konsumenten sind demnach die entscheidenden Zielgebiete, Resonanzböden, Nachfragefaktoren und auch Ursprünge der phantastischen Konstruktionen der Pornografie, in der, vor der und hinter der ein männlicher (Wunsch-)Blick mit einem männlichen Willen und Wollen steht. Dementsprechend muss es eine Art Korrespondenz und auch eine Art Kollaboration geben zwischen den pornografischen Konstruktionen und Konstrukteuren einerseits und der Phantasie und Phantasietätigkeit der Porno-Konsumenten, die ihre Phantasie(n) im und mit dem Konsum von Pornografie im Grunde nur wiederholen und weiterbilden, andererseits. Es ist also nicht überraschend, wenn die empirische ‚Porno-Forschung' feststellt, dass „die sexuellen Phantasien von Männern in hohem Maße mit den Inhalten von ihnen konsumierter Pornografie" übereinstimmen (Lautmann/Schetsche 1990, S. 95).

Angesichts der vorherrschenden Männlichkeit der Konsumenten und Produzenten sind die scheinbaren „sozialutopischen Komponenten" und „sozialromantischen Züge" (Lewandowski) der Pornografie, ihr scheinbar geschlechterübergreifendes, ja die Geschlechter einendes und vereinigendes ‚Reich der Freiheit' und des Glücks stark zu relativieren oder zu bestreiten. In jenem scheinbaren Schlaraffenland oder Sexualkommunismus, der beide Geschlechter in einem anomischen Raum zu ihrer vollsten Zufriedenheit inkludiert und zusammenführt, kann man jedenfalls auch einen Schleier sehen, eine Hülle, unter oder hinter der sich einseitige Männer-Phantasien und männliche Wunschvorstellungen von (Geschlechts-)Macht, Allmacht und (Situations-)Kontrolle verbergen. Diese Phantasien und Wunschvorstellungen, die im Porno-Feld anderenorts auch direkt(er) zum Ausdruck kommen, verweisen wiederum auf eine ganz andere Realität und zeigen sie symptomatisch an. Es ist die Realität wie auch immer schwacher oder geschwächter Männer, die alles andere als mächtig oder gar allmächtig sind und alles andere als die Kontrolle über die ‚Situation' und die (begehrten) Frauen haben.

Die Pornografie liefert diesen Männern offenbar erfreuliche und womöglich befriedigende Umkehrungen ihrer Lebenswirklichkeit. Dazu gehört die Vorstellung, auf erwünschte fremde (weibliche) Sex-Körper – wie auf ausgestellte Waren im Supermarkt – als bloße Genussmittel nach Belieben zugreifen zu können – gebrauchend und verbrauchend. Diese phantastische (Wunsch-)Vorstellung befindet sich offensichtlich im Kern in der Nähe der Realität der Prostitution. Die inszenierten Porno-Frauen lassen sich bis zu einem gewissen Grad als von Männern für tauglich erachtete Prostituierte lesen, die die begehrenden Männer nichts kosten und dennoch dem beliebigen sexuellen Handeln dieser Männer zugänglich und unterworfen sind. Dass diese Frauen (Figuren) im (Hamburger-)Porno in jedem Fall selbst hohe oder höchste Befriedigung finden, mag zum erwünschten Sinn-, Phantasien- und Lesartenangebot der Pornografie gehören oder als sozial erfreuliche Männer-Wunschvorstellung gelesen werden (vgl.

Lautmann/Schetsche 1990, S. 54 ff.); es kann aber auch ganz anders gemeint sein und verstanden werden: als Verkleidung und Verschleierung primitiverer Vorstellungen von Zugriff, Beherrschung, Benutzung und ‚Missbrauch'.

Mit dem Rahmen und im Rahmen der Pornografie geht es also beileibe (und beim Leib) nicht nur um Obszönität, um eine allzu deutliche, hervorzerrende und herabziehende „Darstellung der Sexualität" (Goffman), sondern es geht auch um bestimmte fiktionale Darstellungen, Versionen und Deutungsmuster der Sexualität, der Geschlechter und ihres Verhältnisses aus einer männlichen Perspektive, die eine männliche Phantasie- und Wunschlogik impliziert. Das phantastische Porno-Paradies (ein Reich des Sinns und der Sinne) kann man aber auch und zugleich als eine spezielle und spezialisierte Fassung der zeitgenössischen ‚Erlebnisgesellschaft' verstehen, als ihre theatralische Wiederholung und Variation im Bereich (Reich) des Sexuellen, der Geschlechtlichkeit der Geschlechter. Im einzelnen Porno-Produkt und in der ganzen medialen Porno-Kultur steckt demnach gewissermaßen eine Art (sexuelle/sexualisierte) ‚Erlebnisgesellschaft'. Deren Konsum bietet dem realen ‚Erlebnistier' in seiner realen (Erlebnis-)Gesellschaft Möglichkeiten einer allgemeinen und individuellen Politik der Unterhaltung, des Vergnügens, der Emotionen/Affekte und der Zerstreuung, deren Hintergrund auch im modernen Alltagsleben bzw. der modernen Konsumkultur besteht. Als affekt-, symbol- und phantasiestarkes Medienerzeugnis bewegt sich und fungiert die Pornografie als ein Segment unter vielen anderen im weiten Bezugsrahmen eines generalisierten und organisierten Hedonismus und Konsumismus (vgl. Lautmann/Schetsche 1990, S. 106 ff.). Die Paradiesgeschichten und die spezifischen Erlebnis- und Erfahrungschancen der Pornografie, ihre außergewöhnlichen bzw. außergewöhnlich gewöhnlichen stories und Darstellungen, Reize und Sensationen passen in diesen Rahmen.

3.2 Paradiese der Werbung

Zu den relevanten Gemeinsamkeiten der Werbung und der Pornografie gehört es, dass sie jeweils mehr oder weniger ‚populäre' oder jedenfalls gesellschaftlich weit verbreitete Paradiesvorstellungen und Paradiesdarstellungen (re-)produzieren, wenn auch natürlich *nicht nur* dieselben. Auch im Hinblick auf den Mainstream der medialen Werbungskommunikationen ist es jedenfalls durchaus berechtigt, von Paradiesvorstellungen zu sprechen,[276] und ebenso berechtigt ist es – bei aller notwendigen Beachtung

---

276 Die Paradiese der Werbung sind freilich nicht die ganze Wahrheit des Werbungs-Scheins. Zu ihm gehören auch inszenierte Alltagswelten und sogar unheile Welten und spezifisch obszön präsentierte Elendswelten, die die Werbung bei entsprechenden strategischen Bedarfslagen ebenso inszeniert und ins Feld führt wie heile und schöne Welt-Images. So setzt die ‚Schockwerbung' auf Themen und Bilder, die alles andere als schön sind, und Organisationen, die Spenden benötigen, scheuen (ebenfalls) nicht davor zurück, sondern neigen dazu, mit scheinbaren Dokumenten realen Elends für sich bzw. ihre Anliegen zu werben. Aber selbst diese Werbungswelten implizieren Vorstellungen, die Paradiesvorstellungen ähneln

bereichs- und gattungsgeschuldeter Besonderheiten und Unterschiedlichkeiten – Parallelen zu den Paradiesvorstellungen der (Hamburger-)Pornografie zu ziehen. Sie sind mitsamt ihren ‚Geschlechtsrollen‘ nicht nur mit den Paradiesvorstellungen der Werbung vergleichbar, sondern teilweise auch strukturähnlich. Eine Gemeinsamkeit besteht in der Zweiseitigkeit, Bivalenz und Ambivalenz dieser Vorstellungen, denen jeweils eher implizit Unglücks-, Elends- und Höllenvorstellungen, Schreckensvorstellungen, Angstmotive und Ängste korrespondieren.

Ähnlich wie die Pornografie handelt die Werbung vorzugsweise und systematisch von und mit Wunschvorstellungen/Wunschträumen und (Glück-)Wünschen, die sie prinzipiell und *ausdrücklich* als erfüllt oder erfüllbar darstellt, aber auch (wie die Pornografie) gleichsam formuliert und anheizt. Ähnlich wie die Welt der Pornografie ist auch die Welt der Werbung in weiten Teilen eine Welt der Begierden und nicht selten der Gier, des Begehrens, des Haben- oder/und Sein-Wollens und der Wunscherfüllung, die sie in vielen Formen in Aussicht stellt und ausmalt. In beiden Bereichen und Gattungen werden in gewisser Weise und zuverlässig ‚Wünsche wahr‘, wenn auch ihre Inhalte sich nur teilweise überschneiden und ihre ‚Erfüllung‘ unterschiedlich vonstattengeht. Hier wie dort gilt: ‚Nichts ist unmöglich‘, und zwar im Prinzip für jeden.

Wenn auch nur oberflächlich ist die ‚Gesellschaft der Werbung‘ in der Tendenz eine Art ‚nivellierte Mittelstandsgesellschaft‘ bzw. eine demokratische Wohlstandsgesellschaft, in der sich scheinbar alle erwachsenen Mitglieder alles Käufliche – und alles Begehrenswerte ist käuflich – ‚leisten‘ können sollen, leisten wollen und tatsächlich leisten. Dabei erscheint auch die einstige Kluft zwischen den Geschlechtern in vielen Bereichen weitgehend oder völlig eingeebnet. So sieht man heute auch ‚selbstbewusste‘ Frauen (allerdings sind es fast ausschließlich junge und ‚gutaussehende‘ Frauen) allein am Steuer hochpreisiger Autos oder zusammen mit Männern (dunkelhäutige/schwarze Männer sind neuerdings in der Rolle beliebt) als ‚Beifahrern‘ neben ihnen.

Vergleichbar mit der Pornografie liefert auch die Werbung durchaus realitätsbezogene, zugleich aber auch mehr oder weniger unrealistische und antirealistische Versionen des Lebens, der Menschen und der Gesellschaft – von den erwähnten Ausnahmen abgesehen, durchweg ‚positive‘, perfektionierte, wenn nicht perfekte Versionen mit gewissen scheinbar „sozialutopischen Komponenten“ und „sozialromantischen Zügen“ (Lewandowski). Zwar sind die diesbezüglichen (Paradies-)Konstruktionen der Werbung in ihrer prinzipiellen Rückbezogenheit auf die Wunschwelten der Gesellschaft viel umfassender, komplexer und differenzierter als die der Pornografie, nämlich eine Funktion des jeweils zu bewerbenden Objekts/Produkts, der adressierten ‚Zielgruppe‘ (des Zielgruppenmilieus) und der strategischen (Kampagnen-)Idee, aber insgesamt und tendenziell zeichnet auch die Werbung in zahllosen Varianten und unendlicher Produktivität überaus ‚positive‘, ja idealistische Bilder von Objekten und Menschen, sozialen Beziehungen und Welten: Bilder des Wahren, Guten und Schönen, Bilder des

---

oder gleichkommen: Vorstellungen von einer besseren oder guten Gesellschaft, von guten und hilfreichen Menschen, lösbaren Problemen, heilbaren Schäden, verdienten Zuwendungen u. a. m.

Glückens und des Glücks, Bilder von (höchster) Qualität, Produktivität und Leistung, Bilder besonders erwünschter physischer, psychischer und sozialer Befindlichkeiten – der Freude, der Euphorie, der Harmonie, des Genusses, der Gemeinschaft, der Solidarität, der Spannung und Entspannung, der Idylle, der Romantik, der Selbst- und Fremdverwirklichung usw., auch und gerade im Feld des Erotischen und der Liebe (vgl. Goffman 1981, S. 86 f.).

Diese relative Homogenität in der enormen Vielzahl und Vielfalt der Werbungs-Performanzen ist natürlich ebenso wenig verwunderlich wie die der vergleichbaren Porno-Konstrukte. Das Geschäft der (modernen) Werbung besteht ja im Wesentlichen darin, sich abhängig von den Bedarfslagen ihrer Auftraggeber auf die „bildliche Identifizierung und Positivqualifizierung sozialer Objekte" einzustellen und „positive Identitätswerte" auf die jeweils beworbenen Objekte zu projizieren und zu Images auszugestalten (Kautt 2012, S. 81). So entsteht und reproduziert sich – schwerpunktmäßig mit Sujets der Erotik – eine Welt ‚positiver' Bilder/Images, eine unproblematische, reibungslose und harmonische, schöne und befriedigende Welt, eine Welt des Wertvollen, Hoch- und Höchstwertigen, die in bester Ordnung ist und alles ignoriert, was die ‚Positivqualifizierung sozialer Objekte' stört, und alles tut, um diese ‚Positivqualifizierung' zu optimieren. Insofern kann man im Hinblick auf die Werbung von einer systematischen Ausblendung *und* Einblendung von Informationen sprechen (gewiss auch von Blendung und Verblendung) und in beiden Hinsichten eine Parallele zur Pornografie ziehen. Wie diese scheint die Werbung frei von den ‚ärgerlichen Tatsachen' und der ärgerlichen Tatsächlichkeit der Gesellschaft.

Die Werbung konstruiert und modelliert natürlich auch gleichsam ein Schlaraffenland (oder: Schlaraffenländer), in dem es – im Prinzip wie in der Pornografie – auf den ersten Blick weder einen Mangel an Glücksgütern noch eine diesbezügliche ‚soziale Exklusion' oder Differenzierung gibt. Hier wie dort geht es offensichtlich allen gut, und alles Notwendige, Befriedigende und Beglückende ist im Prinzip immer und für alle verfügbar. In der „Gesellschaft der Werbung" (Willems (Hrsg.) 2002) gibt es normalerweise auch keine Bedürfnis- oder Interessengegensätze und keine Konflikte, sondern ähnlich wie in der (Hamburger-)Porno-Welt ein glückliches und beglückendes Zusammenpassen der Bedürfnisse, Motive, Intentionen und Affekte. Das Einzige, was – wie in der Pornografie – *vorübergehend* fehlen kann, sind zu wünschende einzelne Konsumobjekte, die aber – wiederum wie in der Pornografie – im Grunde alles andere als knapp, sondern eigentlich im Überfluss vorhanden und zugänglich sind, angeboten werden und sich anbieten. Alles Erwünschte, Befriedigende und Beglückende ist auch erhältlich, ja es drängt sich auf, gebraucht und verbraucht zu werden.

Ähnlich wie in der sexuellen Konsumgesellschaft/Erlebnisgesellschaft der Pornografie, die den Sex als Körper-Konsum entwirft und vorführt, dreht sich in der üblichen Wirtschafts-Werbung und in der ‚Gesellschaft der Werbung' *alles* um Konsum bzw. Erlebniskonsum, Objekte und Akte des Konsums. Die Werbungs-Gesellschaft ist wie die Porno-Gesellschaft eine Konsumgesellschaft par excellence, und die Werbungskultur insgesamt fungiert als eine Art Überbau der ‚real existierenden' Konsumgesellschaft, deren Kultur in der Werbung ihren verdichteten und teilweise regelrecht erdichteten

Ausdruck findet. In dieser wie in jener ‚Gesellschaft' ist Konsum auch so etwas wie ein Paradigma, ein universelles Deutungsmuster, das alles Relevante erschließt und aufschließt, das Leben, das Dasein, das Eigene und das Fremde. Hier wie dort wird das Heil im Konsum gesucht und gefunden; wird das Heil als Konsum präsentiert. Der jeweils propagierte Konsumismus kennt im Grunde keine Grenzen: keine Grenzen der Sättigung/Befriedigung, keine Grenzen des Genießens und der Genussintensität; auch der Verschleiß oder Verfall von Gratifikation ist ihm fremd.

Damit ist die Werbung ähnlich weit entfernt von traditionellen christlichen Ideen und Werten wie die Pornografie, ja sie ist wie diese radikal antichristlich und eine eigene Art von (Nachfolge- oder ‚Ersatz-')Religion, die auf die Ausweitung, Ausschöpfung und Steigerung diesseitiger Befriedigungs- und Glücksmöglichkeiten im Konsum setzt, den sie mit Glück gleichsetzt. Im *Genuß versprechenden* Konsum besteht sozusagen der Königsweg zum Glück und zur Selbstverwirklichung der Werbungs- wie der Porno-Menschen; ja deren ganzes Leben kann als ein Prozess des Genusssuchens, Konsumierens und Geniessens verstanden werden. Die Qualität und die Quantität der Konsumobjekte und der Konsumakte bilden damit letztlich das Kriterium für ein ‚erfülltes' Leben bzw. für die Lebensbilanz, die sich in jedem Fall – im Rahmen der Werbung wie der Pornografie – im Grunde objektivieren lässt.

Werbung und Pornografie teilen also ein materialistisches, hedonistisches und konsumistisches ‚Welt(wunsch)bild'. Dazu gehört eine Kopplung von ‚Gütern' einerseits und Gratifikation andererseits, die auch den Menschen bzw. Menschenkörper selbst, und insbesondere den attraktiven Frauenkörper, als eine Art Sache und Konsumgut einschließt. Diesbezüglich ist die Werbung zwar nicht so radikal, so einseitig und so offen wie die (Hamburger-)Pornografie, die ausschließlich den (jungen) Frauen die Identität und die Rolle des erotischen Konsumobjekts zuweist, aber auch (noch) in der heutigen Werbung werden die (jungen) Frauen als erotische Objekte ‚privilegiert', deren Wert und Selbstwert sich daran bemisst, wie begehrenswert sie sind bzw. sich gemacht haben. Vor allem zu *ihrer* sozialen ‚Wirklichkeit' und ‚Selbstverwirklichung' gehört es also, auch so in Erscheinung und Aktion zu treten, wenngleich das ‚Lustspiel' der Geschlechter (auch) in den Werbungs-Fiktionen mittlerweile stärker in Richtung einer konsumistischen Geschlechter-Reziprozität geht.

Ähnlich wie die Pornografie lässt die Werbung auch darüber hinaus durchscheinen und durchblicken, dass hinter ihren scheinbaren Glückszuständen und Paradiesen (auch Erotik- und Sex-Paradiesen) die harten Tatsachen bzw. Kapitaltatsachen einer ‚real existierenden' Gesellschaft und eine entsprechende Art Realismus stehen. So macht auch die Werbung für ihr Publikum erkennbar, dass die schöne Welt, das schöne Leben und das irdische Glück schließlich doch bedingt und voraussetzungsvoll sind – gebunden an ein materielles (finanzielles) Haben und Sein, das die Werbung jedoch, wenn nicht als gegeben unterstellt, dann für herstellbar, erlangbar und erhaltbar erklärt. Neben und mit ‚ökonomischem Kapital' zeigt sich auch die Notwendigkeit anderer Kapitalsorten als Glücks- und Glückungsbedingungen: Statussymbole/Image, Jugend oder Jugendlichkeit, gutes (Körper-)Aussehen, Gesundheit, Fitness usw. Auch die Werbung lässt also ein Gefüge von ‚sozialen Ungleichheiten', Inklusionsbedingungen und Exklusionsfaktoren anklingen, und die werbenden Welten lassen kaum einen Zweifel am Wert dieser Bedingungen, ja sie werben *auch dafür.* Körperliche Aspekte bzw. der Körper als Bedingung und Medium des Glücks spielen dabei eine ähnlich große Rolle wie in der Pornografie, die ja einen besonderen Körper-Kult entfaltet.

In diesem Zusammenhang und überhaupt bleibt es in der Werbung wie in der Pornografie auch bei einem überwiegend asymmetrischen Geschlechterverhältnis in den Formen symbolischer/ritueller Muster, ja einer symbolischen Ordnung der Geschlechter. Sie herrscht auch dort vor, wo die Werbung den pornografischen Paradiesstories im Grunde am nächsten steht: in der obszönen (versachlichten, naturalisierten) Konstruktion von Erotik, dem Paradiesthema und Paradiessujet par excellence. Zwar schafft die Werbung ähnlich wie die Pornografie auch eine gewisse anomische oder anarchische Asozialität des Erotischen, ja eine mythische und mystische Transsozialität, die dem Religiösen (,Himmlischen') sich nähert (oder entlehnt ist), aber generell sind traditionelle Asymmetrien der symbolischen Ordnung der Geschlechter in der Werbung und der Werbungserotik recht hartnäckig existent. Wie in der Pornografie irritiert oder reduziert diese vielgestaltige Ungleichstellung aber keineswegs das paradiesische Wohlbefinden der Werbungsfrauen, die nicht nur immer richtig platziert zu sein scheinen, sondern sich an ihrem jeweiligen Platz auch immer ebenso wohl fühlen wie die Männer an ihrem komplementären Platz – unter anderem erkennbar am häufigen gemeinsamen Lächeln und Gelächter (der Geschlechter).

4 Symbolische (Geschlechter-)Körper: Korporalität

Bei aller Unterschiedlichkeit der jeweiligen Ausgangslagen, Gattungslogiken, Funktionen und Zielsetzungen haben die Werbung einerseits und die Pornografie andererseits einen gemeinsamen Fokus: die ‚Äußerlichkeit‘ der menschlichen (Geschlechter-)Körper und deren Konstruktion im Rahmen bestimmter Symboliken, symbolischer Ressourcen und Ordnungen, die auch die Geschlechter und ihre Beziehungen qualifizieren. Die korporalen Verfassungen und Fassungen der Geschlechter und der Geschlechtlichkeit sind hier wie dort Ausgangs-, Ziel- und Mittelpunkte von Inszenierungen und Performanzen, in denen Bedeutungen und ganze ‚Theorien‘/Deutungsmuster der Erotik, des Sexes und der Geschlechter (als Identitäten, Rollen, ‚Klassen‘) stecken. Die Feststellung, dass sich „visuelle Pornografie [...] durch eine Obsession mit dem Körperlichen" auszeichnet (Lewandowski 2012, S. 279), gilt besonders auf der Ebene der Korporalität und kann in diesem Sinne auf die Werbung bzw. die Werbungserotik übertragen werden.

Vor dem Hintergrund der obigen Ausführungen zur Erotik der Werbung lassen sich einige Aspekte und Muster bzw. Inszenierungsmuster der Korporalität der Geschlechter als gemeinsame Bezugsrahmen von Werbung und Pornografie bestimmen und vergleichen.

4.1 Aussehen und Ansehen

Moderne Pornografie und Werbungserotik stimmen in der Einschätzung und Hochschätzung der Sexualität als „wesentlicher Basis" des menschlichen „Seins und Daseins" (Kautt 2012, S. 87) im Grunde überein, und sie konvergieren auch in der Vorstellung eines ‚ausdifferenzierten‘, reinen Sexes, der vor allem oder ausschließlich auf korporaler Attraktion und Attraktivität beruht (vgl. Lautmann/Schetsche 1990; Kautt 2012; Lewandowski 2012). Dieser heutzutage im Prinzip *beide* Geschlechter einschließenden, aber wohl (immer noch) vor allem Männern zugeschriebenen und zuzuschreibenden Erotik-Kosmologie entspricht die Bewertung und Wertschätzung des erotischen/sexuellen Körpers, der in der Werbung wie in der Pornografie als Hauptträger, Hauptmedium und Hauptquelle erotischer Symbole bzw. symbolisch wirksamer Ausdrucksdifferenzen fungiert.

In diesem Zusammenhang erweisen sich allerdings das traditionelle Image und die traditionelle Rolle des weiblichen Geschlechts als ‚schönes Geschlecht‘ als hartnäckig. Bis heute spielen *weibliche* Erotikkörper in der Werbung wie in der (Hamburger-)Pornografie die quantitativ und qualitativ dominante Rolle. Hier wie dort werden – in erotischen Kontexten – junge, schlanke und ‚gutaussehende‘ *Frauenkörper* privilegiert. Sie bilden als solche erotiksymbolische Standard-Gestalten und können auf dieser Basis auch als erotiksymbolische Ausdrucksmaschinen modelliert und eingesetzt werden, ohne deswegen bloß ‚Schein‘ zu sein oder zu produzieren. Man kann also auch heute

https://doi.org/10.1515/9783111168906-017

noch eine schon ältere Beobachtung Goffmans bestätigen, der vor etwa einem halben Jahrhundert feststellte:

> Frauen, die in kommerziell gestellten Szenen posieren, haben ebenmäßigere Zähne und sind schlanker, jünger, größer und ‚besser-aussehend' als die Frauen, wie wir sie in den meisten Szenen, auch in den realen Szenen erleben, die sich an höchst stilisierten Schauplätzen abspielen mögen; gewiß aber gleichen diese Frauengestalten jenen Wesen, wie sie in ungestellten, lebenden Szenen auftreten, die sich z. B. in Modellagenturen und anderen Räumen abspielen, wo hauptsächlich Fotomodelle zusammenkommen – wobei diese Räume, beachten wir es wohl, gar nicht mal luxuriös ausgestattet sein müssen (Goffman 1981, S. 87).

Das Frauen*gesicht* ist, was differenzierte Expressivität betrifft, in der Werbung/Werbungserotik wie in der Pornografie von größter Bedeutung: Kokette, frontale, verklärte Blicke, weit geöffnete Münder, geschlossene oder weit aufgerissene Augen, herausgestreckte Zungen und ähnliche Gesichtsausdrücke sollen in entsprechenden Kontexten erotische Interessiertheit, Involviertheit, Verzücktheit oder Ekstase darstellen. Zwischen Werbungserotik und Pornografie besteht dabei kein grundsätzlicher, sondern nur ein gradueller und sachlicher Unterschied. Die Expressivität der Porno-Frauen zeugt von häufigeren und intensiveren erotischen/sexuellen Engagements, von besonderen Erregungen, von Lüsternheit, von Entzückungen, Verzückungen, Orgasmen. Auf die Sichtbarkeit und Identifizierbarkeit dieser Ausdrucksmomente legt die ‚Hamburger-Pornografie' den größten Wert. Deshalb ist die „genaue Präsentation der Gesichter der abgebildeten Frauen [...] ein hervorstechendes Kriterium" dieser Pornografie (Lautmann/Schetsche 1990, S. 73).

Generell ist allerdings die Schönheit des „Gesichtsrahmens" (Goffman 1977) der Porno-Frauen von geringerer Bedeutung als die der (erotischen) Werbungs-Frauen. Diese benötigen im Allgemeinen, vor allem aber als junge Frauen und in erotischen Kontexten, nicht nur eine ‚gute Figur', sondern auch ein ‚gutes' bzw. schönes Gesicht, das sozusagen für sich selbst spricht, an dem sich aber auch ein viel breiteres Spektrum an Eigenschaften und Emotionen zeigen soll und muss als in der Pornografie. Wesentlich im Medium des Gesichtsrahmens bzw. von Gesichtsausdrücken ihrer (weiblichen) Modelle erzählt die Werbung ihre vielfältigen kleinen Geschichten, die meist auch etwas über das Geschlecht und die Geschlechter(-verhältnisse) aussagen.

Werbung und Pornografie sind aber hinsichtlich der Wichtigkeit der ‚Qualität' der korporalen Erscheinung durchaus vergleichbar – soweit es um Frauen geht. Der Präferenz der Werbungserotik für mindestens gutaussehende *weibliche* Modelle steht die (Hamburger-)Pornografie prinzipiell nicht nach. Andererseits ist die Werbung in diesem Zusammenhang – tendenziell zunehmend – deutlich ‚geschlechtersymmetrischer' veranlagt als die Pornografie und tendiert in Kontexten, die im engeren Sinne erotisch konnotiert sind (wie etwa in der Parfumwerbung), dazu, den attraktiven Frauenkörpern angemessene (äquivalente) Mannsbilder ins Bild zu setzen.

Für die (Hamburger-)Pornografie besitzt die ‚Ästhetik' der dargestellten weiblichen Körper/Modelle vor allem hinsichtlich der ‚Figur' Priorität,[277] die sich im Allgemeinen mindestens durch Schlankheit, aber auch durch die reizvolle Ausprägung und Proportion erotisch relevanter Körperteile (lange Beine, Busen, Po) auszeichnet und auszeichnen soll.[278] Dagegen spielt das Kriterium des Gutaussehens für die Auswahl der *männlichen* Modelle eine weit weniger wichtige oder gar keine Rolle. Die Porno-Männer sind durchschnittlich deutlich weniger gutaussehend und deutlich älter als die Frauen.[279]

Die Werbungserotik tendiert demgegenüber – bei aller immer noch das Gesamtbild prägenden quantitativen Privilegierung attraktiver (Jung-)Frauen – nicht nur zu einer gewissen ‚ästhetischen' Symmetrisierung der Geschlechter, sondern auch zu einer generellen Stilisierung und Perfektionierung ihrer Körper bzw. Körperdarstellung. Immer dann, wenn Erotik im engeren Sinne auf dem Spiel steht oder ‚gespielt' wird, tauchen in ihrer Geschlechtsspezifik (Habitualität) besonders ästhetische, ästhetisierte und stilisierte Körper auf, die nur auf sich selbst verweisen und keinen anderen Kontext als den ihrer aktuellen erotischen Beziehung benötigen. Was sich zeigt und gezeigt wird, ist also ein erotisch vielversprechender korporaler Perfektionismus, der eine erotisch-sexuelle Entsprechung (eine Vorstellung von ‚perfektem Sex') sowie eine Status-, Stigma- und Tauschdimension im Geschlechterverhältnis impliziert. Im Rahmen der Werbungserotik erscheinen, so konstatiert Kautt, „erotische Darstellungen (bislang) nur mit solchen Körpern, die gängigen Schönheitsvorstellungen zufolge perfekt sind. Dabei erweckt sie im Ganzen ihrer Inszenierungen den Eindruck, dass es einen Zusammenhang zwischen Körperschönheit und erotischem Erfolg gibt, ja dass auch die Qualität eroti-

---

277 Dass sich die Modellselektion der Pornoproduzenten hauptsächlich am Gutaussehen der Frauenkörper bzw. der ‚Figur' orientiert, zeigen auch die der Modell-Rekrutierung dienenden Inserate in Pornoheften. Zum Beispiel: „Wir suchen ständig sexy Girls mit guten Figuren, die auch vor einer Kamera ungehemmt agieren können. Passt diese Beschreibung auf Sie? Und wollen Sie ein sehr attraktives Honorar verdienen? Dann senden Sie uns einfach ein paar Zeilen sowie einige aussagefähige Nacktphotos."
278 Dass die ‚Hamburger-Pornografie' ein einseitiges und eindimensionales Interesse am erotischen Frauenkörper hat, zeigt auch ihre Vorliebe für die Ausstattung (nur) der weiblichen Modelle mit einer besonders auffälligen und vielfältigen ‚Reizwäsche', die den erotischen Frauenkörper als Sex- und Reizkörper selektiv betont.
279 Dass die an heterosexuelle Männer adressierte und auf einen Männerblick eingestellte (Hamburger-)Pornografie wesentlich von der Ästhetik der weiblichen Modelle lebt, das Aussehen der Porno-Männer dagegen weitgehend ignoriert und ignorieren kann, wird auch vom (männlichen) Porno-Publikum bestätigt. So äußert sich ein befragter Porno-Konsument: „Wie der Mann aussieht ist mir ziemlich egal. Die Frau ist wichtig, ob sie mich anmacht, wie die Figur ist […] und die ganze Erscheinung von der Frau spielt eine sehr, sehr große Rolle" (A). Und ein anderer meint: „... das Faszinierende an einem Pornofilm ist, daß bei entsprechenden Firmen (der Pornoproduktion, H. W.) sehr gut aussehende Modelle sind" (A). Die Ästhetik/sexuelle Attraktivität der *Frauen*körper bildet für die Porno-Rezipienten also eine Stimulationsbedingung bzw. einen erotischen (stimulierenden) Eigenwert. In der Heft-Pornografie zeigt sich dieser in entsprechenden Porträts und Posen – häufig mit Blickkontakt zum Bildbetrachter. Im Porno-Film wird dieser Eigenwert durch die sexuelle Action potenziert, die als Action attraktiver Frauen-Körper umso mehr stimuliert.

scher Erlebnisse eine Funktion der Körperschönheit der (Inter-)Akteure ist. Die schönsten Menschen haben demnach auch die schönste Erotik und den schönsten (heißesten, reinsten) Sex. In diesem Rahmen steigert die Werbung in ihrer historischen Entwicklung das Maß an Reflektiertheit von Erotik als Identitätswert erheblich. Sie führt in immer facettenreicheren Beschreibungen Standards, Ideale und (d. h.) ‚Tauschwerte' der Erscheinung und des Verhaltens vor, durch die negative Abweichungen mindestens als problematische Defizite erscheinen. Vor allem die direkt auf den Körper bezogenen Modellierungen indizieren ein Regime von Anforderungen mit entsprechend vorgerückten Scham-, Verlegenheits- und Peinlichkeitsschwellen" (Kautt 2012, S. 87 f.).

Das korporale Kapital des ‚guten Aussehens' erscheint umgekehrt auch als soziales bzw. erotisches Kapital, als Beziehungs- und Erlebniskapital, mit dem das psychische Kapital der Schamlosigkeit und des Stolzes einhergeht. Die Währung des Körpers sorgt insofern auch – in der Werbung – für eine spezielle soziale Status-Differenzierung, aber auch eine gewisse Angleichung und Annäherung im Verhältnis der Geschlechter, deren entsprechendes lebensweltliches Korporalitätsbewusstsein von der Werbung wie in anderer Weise auch von der Pornografie (und deren Zusammenspiel mit der Werbung und anderen Genres) gefördert und geschärft werden mag. Die Männer der Werbung stehen in diesem Zusammenhang jedenfalls unter einem relativ hohen und erhöhten Performanz- bzw. Korporalitätsdruck, während die pornografischen Körper-Performanzen die Porno-Männer als korporale ‚performer' entlasten, wenn auch vielleicht um den Preis eines erhöhten sexuellen Leistungsdrucks. In puncto Sex und Potenz muss die ‚Performance' der Porno-Männer unbedingt stimmen, was allerdings im Rahmen der Pornografie für selbstverständlich gehalten wird.

4.2 Nacktheit, Reinheit und (Un-)Natürlichkeit

Nacktheit/relative Nacktheit und Entkleidung/Entblößung fungieren in der Werbung wie in der Pornografie als ein – von Normen und Normalitäten der Kleidung und Bekleidung abhängiges – Medium der erotischen-sexuellen Performanz und darüber hinaus der kosmologischen Symbolisierung.

In beiden Rahmen bringt Nacktheit/Entblößung nicht mehr nur, aber immer noch hauptsächlich den erotisch-sexuellen Körper von jungen und gutaussehenden *Frauen* zum Vorschein und ist ein Mittel, ihn zu inszenieren und zu dramatisieren. In der Werbung geschieht dies traditionell und mit Bezügen auf die Kultur und Praxis der Lebenswelt durch mehr oder weniger gewagte und raffinierte Verbindungen von (Be-)Kleidung und Nacktheit, wobei der Kleidung oft nicht nur die Funktion der Verhüllung und Schmückung (des erotischen Körpers) zukommt, sondern auch die der Betonung der erotischen Körperzonen, die sie umhüllt und (partiell) verhüllt.

Nacktheit und Entkleidung/Entblößung unterliegen im lebensweltlichen Alltag wie in der Werbung natürlich normativen, moralischen und geschmacklichen (Schicklichkeits-)Grenzen und Beschränkungen, die allerdings sehr variabel sind und schwanken – abhängig von Gesellschaft, Kultur, Schicht/Milieu und Epoche. Im Laufe des vorigen

Jahrhunderts und insbesondere in den letzten Jahrzehnten haben sich in diesem Zusammenhang zwar in den ‚westlichen‘ Gesellschaften Grenzen verschoben und gewandelt, so dass heute fast nur noch die weiblichen und männlichen ‚Geschlechtsteile‘
einem prinzipiellen Darstellungsverbot unterliegen, aber die Entblößung der Körper
hält sich in der Werbung typischerweise (faktisch) immer noch in relativ engen Grenzen
und zum Teil auch in neuen Grenzen. Heutzutage muss sich die Werbung jedenfalls
unter Umständen davor hüten, ‚sexistisch‘ oder ‚pornografisch‘ zu erscheinen – mit der
Konsequenz, bestimmte Nacktheiten zu unterlassen, zu verknappen oder passend zu
kontextieren. Pornografie zelebriert demgegenüber (gewissermaßen gezwungermaßen)
prinzipiell grenzenlose und maximale Nacktheiten und Entblößungen, die mit der
Entwicklung der Bildmedien immer wieder neue Niveaus der Lebendigkeit und Anschaulichkeit (und damit Obszönität) erreicht haben. Die Attraktivität dieser Darstellungen für ihr Publikum nimmt natürlich in dem Maße zu, wie sie in der Gesellschaft
ansonsten zensiert sind und werden.

In der modernen Werbung fungiert (relative) Nacktheit seit jeher als ein beliebter
‚Schlüsselreiz‘ und Impuls für die Wahrnehmung und die erotische Phantasie der Re-
zipient/-innen, denen in diesem Rahmen jedoch höchstens eine „gleichsam pasteurisierte Pornografie" (Kautt 2012, S. 82) geboten werden kann. Die eigentliche Pornografie
kann und muss hier immer schon viel weiter gehen. Sie will und soll keine modischen
oder subtilen Spiele von Nacktheit, Kleidung und Entkleidung entfalten. Sie braucht
vielmehr die schnelle und schließlich *totale* Nacktheit ihrer relevanten Sujets/Modelle,
um eher früher als später zum Kern der ‚Sache‘, nämlich zu den ‚nackten Tatsachen‘ bzw.
zu – mehr oder weniger nackt vollzogenen – sexuellen Handlungen zu kommen. Sie löst
damit auch gleichsam Andeutungen, Versprechen oder Ankündigungen ein, die die
Werbung/Mode mit ihren relativen Nacktheiten wie mit ihren attraktiven Körperhüllen,
Körperverhüllungen und korporalen (Kleidungs-)Requisiten macht, und insofern ist die
Pornografie wiederum (wie in anderen Fällen) eine Art Fortsetzung der Werbung bzw.
der Werbungserotik mit anderen Mitteln.

In der Werbung ist Nacktheit (als Bloßheit oder Entblößung) mit oder ohne Bezug zu
erotischen Sujets auch ein Symbol für einen ‚natürlichen‘ Körperbezug und einen ‚natürlichen‘ Weltbezug diesseits oder jenseits zivilisatorischer Selbstkontrollen und
Zwänge (siehe oben). Entsprechend führt die Werbung Nacktheit als Beweis für die –
auch in erotischer Hinsicht – machbare Rückkehr zur Natur (des Körpers) vor. Auch in
diesem Zusammenhang steht die Pornografie der Werbung im Grunde nahe, aber sie
kann und muss *noch* radikaler sein als die Werbung. Im Porno kann, soll und muss man
ja nicht nur die Kleidung ablegen, sondern auch wesentliche Hemmungen und Selbstzwänge der herrschenden Sozialität und Zivilisation. Die in diesem Sinne radikale
Nacktheit aller Porno-Akteur/-innen, die allerdings nicht immer gegeben ist, erscheint
dabei als Natürlichkeit und symbolisiert Natürlichkeit par excellence. Der so nackte
Mensch, sei er Mann oder Frau oder ein ‚anderes Geschlecht‘, erscheint, von der Gesellschaft oder Kultur entkleidet, dem Tier oder dem Tierischen nahe oder gleich.

Die Natürlichkeit, die die Werbung in dieser oder jener Form (mit oder ohne Verbindung mit Nacktheit) präsentiert, propagiert und dramatisiert, bedeutet allerdings

nicht, dass sie (ihrem Publikum) erlaubt oder gar nahelegt, die Natur des Körpers sich selbst zu überlassen. Vielmehr erscheinen Nacktheit und Entblößung in der Werbung auch als eine Art Offenbarung, Test oder Beweis im Hinblick auf die Kontrolle, Gestaltung und Optimierung des (erotischen) Körpers, insbesondere des Frauen-Körpers. Nach Auskunft der Werbung bzw. der Werbungserotik soll der (Frauen-)Körper zwar ganz natürlich sein, sich aber auch als eine Art Kunstwerk darstellen und herstellen, insbesondere als erotischer Konsum- und Genusskörper, der anderen und seinem Besitzer in jeder ,sinnlichen' Hinsicht voll dienstbar und erfreulich ist.

Eine besondere und besonders wichtige Rolle spielt in diesem Zusammenhang der Vorstellungs- und Darstellungskomplex der *Reinheit* (der Sauberkeit, der Hygiene, des Wohlgeruchs, der Makellosigkeit), und zwar als identitätszentrales Attribut der *Frauen*, die diesbezüglich (in der Werbung) den Eindruck besonderer ,Gefährdung' machen (siehe oben). Eine der bemerkenswerten und schon von Goffman bemerkten Tatsachen ist in diesem Zusammenhang, „daß die Frauen auf amerikanischen Reklamebildern keine Haare an den Beinen oder unter den Achseln sehen lassen" (1981, S. 87) – eine „Gepflogenheit" (Goffman), die sich mittlerweile offenbar in den Medienwelten und den Lebenswelten sehr weiterverbreitet hat (vgl. Goffman 1981, S. 87). Überhaupt scheint die Werbung als eine zivilisatorisch signifikante und wirksame Reinheitsrichterin und Reinheitspolizei zu fungieren, die Natürlichkeit gerade im ,Spiegel' der Nacktheit gleichzeitig einerseits propagiert und andererseits versagt und untersagt.

Auch die Hamburger-Pornografie folgt dieser ,Logik' der Ambivalenz und der Paradoxie. Auch sie inszeniert und propagiert einerseits universale und allseitige Nacktheit als Inbegriff von Natürlichkeit und ,lebt' in der mehr oder weniger nackten Gestalt und Praxis ihrer Akteur/-innen. Diese können ihre Natur in der pornografischen Freikörperkultur scheinbar uneingeschränkt ,ausleben', weil mit ihr und durch sie die Gesellschaft zu Gunsten einer Asozialität abgeschafft ist, die dem Körper unbegrenzten Raum gibt, sich zu entfalten. Allerdings ist dies wiederum nur die eine Seite der Medaille. Andererseits idealisiert auch die ,Hamburger-Pornografie' ähnlich wie die Werbung einen ,appetitlichen' weiblichen Erotik- und Sex-Körper, der sich in jeder Hinsicht als Konsum- und Genusskörper auszeichnet. Auch die Porno-Frauen folgen z.B. den genannten ,Gepflogenheiten' des Rasierens, das sich sogar regelmäßig auf den ,intimen' Genitalbereich erstreckt und damit auch einen besonderen Aspekt von Obszönität darstellt. Die (Hamburger-)Pornografie legt auch darüber hinaus, der Werbung nicht nachstehend, besonderen Wert auf die ,Qualität' der Frauenhaut, die ihr als von ihr vollständig enthüllte schöne Körperhülle besonders wichtig ist. Mit deren Reinheit (Haarlosigkeit, Makellosigkeit, Glätte usw.) assoziiert die (Hamburger-)Pornografie einen Frauenkörper, der keine ,unreinen' Ausscheidungen kennt. Zwar sind die Porno-Frauen in Korrespondenz zu den permanenten Erektionen und Ejakulationen ihrer Geschlechtsantipoden permanent „feucht", „nass", „tropfend", „glitschig" usw., aber sie kennen beispielsweise keine Menstruation, kein Blut und keinen Schweiß oder üblen Körpergeruch. Die Körperausscheidungen dieser Frauen sind ausschließlich Zeichen ihrer rein sexuellen und sexuell reinen Natur, ihrer erwünschten Dauer-Erregung und ,natürlichen' Kopulationswilligkeit und Kopulationsbereitschaft.

Umgekehrt wird an diese komplexe ‚Semantik' weiblicher Körper-Reinheit das Bild von Männern (und einer Männlichkeit) geknüpft, die einem viel milderen Korporalitäts- und Reinheitsregime unterliegen und zugleich in die weibliche Körper-Reinheit aggressiv und destruktiv eingreifen dürfen und geneigt sind, dies zu tun. Die Porno-Männer sind typischerweise nicht nur viel weniger ‚appetitlich' (aussehend), sondern machen auch häufig den Eindruck, weniger reinlich zu sein. Gleichzeitig sind sie ‚berechtigt' und machen mit Vorliebe von ihrem ‚Recht' Gebrauch, regelmäßig mit eigenen Körperausscheidungen erotische (reine) Frauenleiber zu besudeln und zu beschmutzen. In der typischen Variante der extrakorporalen Ejakulation, speziell der ins Gesicht, kann man einen obszönen (männlichen) Sexualbeweis und zugleich ein (auf Frauen gerichtetes) Entweihungs- und Demütigungsritual sehen. Die Männer (und der Mann) erscheinen damit und darüber hinaus auch in gewisser Weise besonders natürlich. Sie können sich – abgesehen von ihrer Haupt- und Schlüsselrolle als Penetrator und Ejakulator – sexuell und im Zusammenhang mit ihrer ‚Sexualität' einfach gehen lassen. Hinzukommt die in diesem Zusammenhang bemerkenswerte Tatsache, dass sie auch häufig nur teilweise bzw. im allernötigsten Maße (nämlich als Voraussetzung ihres sexuellen Handelns) entblößt sind. Auch diese Tatsache ist natürlich symbolisch signifikant – nicht zuletzt hinsichtlich der dargestellten ‚Natur' des Mannes und seines Verhältnisses zum ‚anderen Geschlecht', dem gegenüber auch auf diese rituelle Weise Überlegenheit und Geringschätzung, ja Verachtung/Missachtung zum Ausdruck gebracht wird.

4.3 Phallussymbole und Venussymbole

Die Werbung steckt, wie oben ausführlicher gezeigt wurde, voller materieller bzw. korporaler Ausdruckselemente, die als Genitalsymbole, als ‚Phallussymbole' oder ‚Venussymbole' und damit als Symbole für das eine oder andere Geschlecht und die eine oder andere Geschlechtlichkeit gelesen werden können. Man kann davon ausgehen, dass solche Symbole eine Rahmungs-, Hinweis- und Informationsfunktion in Sachen Erotik, Sexualität und Geschlechterdifferenz(ierung) übernehmen und übernehmen sollen, also das Verstehen und die Aufmerksamkeit des Werbungs-Publikums in dieser Richtung anweisen und bestimmte Lesarten, Bedeutungen und Andeutungen ins Spiel bringen (vgl. Kautt 2012, S. 289).

Diese Art symbolischer Kommunikation moduliert, verkehrt oder verwandelt in gewisser Weise die oben dargelegte Logik sexueller Obszönität und vermeidet solche Obszönität, indem sie ihren Gegenstand gleichsam auf den Punkt bringt, verdichtet und verdinglicht, ohne ihn manifest ‚hervorzuzerren'. Sujets, Themen und Bedeutungen im Umkreis der Geschlechtsorgane und der Geschlechtlichkeit (der Geschlechter) werden vielmehr zwar deutlich genug zum Ausdruck gebracht, zugleich aber mehr oder weniger umhüllt, verhüllt, kaschiert und ambiguiert. Sie werden indirekt repräsentiert und kommuniziert.

Das Operieren und das Spielen mit diesen Symbolen, die Erotisches und Sexuelles/ Sexualität im Zusammenhang mit anderen Symbolklassen, Sinngehalten und ,Botschaften' anzeigen und andeuten, ist eine nicht unwichtige Seite der vielseitigen Werbungskultur und Werbungserotik, die als kulturelles Forum auch auf eine generalisierte Erotikkultur und Erotisierung/Sexualisierung der Gesellschaft verweist oder hindeutet. Mit ihrem erotischen/sexuellen Symbolismus, insbesondere der (Un-)Menge ihrer Phallussymbole, zeichnet die Werbung in Verbindung mit ihren anderen Erotik-Darstellungen auch das Bild einer manifest wie latent erotisch/sexuell aufgeladenen und ,erregten Gesellschaft', in der potenziell aus Allem und Jedem Erotisches/Sexuelles gleichsam hervorlugt und mehr oder weniger großes Gewicht hat. Die Pornografie ist die scheinbar schrankenlose und hemmungslose Offenlegung und Exekution dieses Erotischen/Sexuellen, auch die Fort- und Umsetzung der Werbungserotik und ihrer Symbolik, und sie ist auch selbst auf eigene und komplexe Weise sexualsymbolisch und damit geschlechtersymbolisch gehaltvoll.

Im Gebrauch, in der Art des Einsatzes und auch im quantitativen Vorkommen bzw. Vorherrschen von Phallussymbolen manifestiert sich in der Werbung/Werbungserotik auch eine Art statussymbolische Ordnung und (d.h.) Hierarchie der Geschlechter. Vor allem kann festgestellt werden, dass Phallussymbole im Werbungskosmos eindeutig „dramatisch dominieren" (Goffman 1969). Und diese Tatsache ist auf die Bedeutung zurückzuführen, die der ,Männlichkeit' und dem Phallus – als Inbegriff von ,Männlichkeit', männlicher Sexualität und männlicher Potenz – mindestens implizit zugesprochen wird. Zwar geht die symbolische Verherrlichung des Phallus in der Werbung nicht so weit wie in der Pornografie, wo er unverhüllt, überdeutlich und typischerweise übergroß gleichsam zum Star und Kultobjekt wird, doch zeigt sich auch in der Werbung ein Phallus- und Potenzkult als wichtiger Teil ihrer Mann- und Männlichkeitssemantik und der Mann- und Männlichkeitssemantik jedermanns. In der Werbung regelmäßig zu finden ist auch ein hingebungsvoller ,Dienst' der Frau am symbolischen Substitut, ein Muster, das oben als „Fellatio-Moment" beschrieben wurde (Kempas/Roters/Weweder 1987, S. 73). Eben diesem Moment widmet die (Hamburger-)Pornografie bezeichnenderweise außerordentlich viel Raum und Aufmerksamkeit.

Dem erotiksymbolischen Universum der Werbung korrespondiert in der Pornografie eine regelrechte Dramaturgie und Dramatisierung des Phallus, der als kostbarer Phallus ins Bild gesetzt und geradezu beschworen und bewundert wird. Diesem Thema und Konstrukt entsprechen sowohl die Art und Häufigkeit seiner sprachlichen Behandlung und mit Texten verbundenen Bebilderung als auch eine bildliche bzw. fotografische Fokussierung, die den Phallus groß und als Größe ins Bild setzt. Bei dieser ein (nicht nur) pornografisches Ideal implizierenden Darstellung wird das Gesicht des abgebildeten Mannes (und damit seine persönliche Identität) häufig ausgeblendet. Dagegen werden die Gesichter der oft als regelrecht phallusanbetend erscheinenden Frauen typischerweise dargestellt und sind offenbar pornodramaturgisch relevant. Als Spiegel angeblicher weiblicher (Sex-)Erlebnisse zeugen sie von der Macht und Mächtigkeit des Phallus und des Phallusbesitzers, deuten auf die pornografische Lieblingspraktik des Oralverkehrs und ermöglichen die Adressierung und den Einbezug des Bildbetrachters (siehe oben). Mit ihrem ‚Blickkontakt' sprechen die mit dem Phallus assoziierten Porno-Frauen den (männlichen) Bild-Betrachter spezifisch bedeutungs- und reizvoll an und motivieren ihn, sich an die Stelle seines pornografischen Geschlechtsgenossen zu phantasieren, mit dem er ja jenes so wertvoll scheinende und scheinbar wertstiftende Organ teilt.

Der erigierte ‚Real-Penis' wird im Porno allerdings nicht selten durch ausdrucksstarke und symptomsinnreiche ‚Prothesen' ersetzt, die das pornografische Verständnis und Ideal von Geschlecht und Geschlechtlichkeit durch Form, Beschaffenheit und (Über-)Größe besonders deutlich machen. Die Größe des Phallus und seine ‚technischen' Werte und Leistungen stehen auch im Vordergrund der pornografischen Diskurse, ‚Narrative' und Skripts. Es erscheint also durchaus gerechtfertigt, von einem pornografischen Phalluskult oder von einer pornografischen ‚Phallokratie' zu sprechen, die allerdings nur steigert, hyperstilisiert und hyperritualisiert, was in der Werbung und anderen (Gesellschafts-)Kultursphären schon ‚vorgeschrieben' ist. Die pornografischen Bilder und Texte, die sich die Arbeit der Sexinszenierung teilen, erzählen jedenfalls in endloser und redundanter Variation die Geschichte von dem prächtigen und mächtigen Phallus, dessen scheinbar grenzenlose ‚Potenz' an seiner Größe zu erkennen ist. Insgesamt vermittelt die Pornografie den Eindruck, dass der Penis/Phallus nicht nur (wie bekanntlich nicht nur die Pornografie formuliert) das ‚beste Stück' des Mannes ist, sondern auch eine Art Herrscher und Agent, der *ihm und zugleich dem ‚anderen Geschlecht'* zeigt, was ‚abgeht' und wo *es* ‚langgeht'. Beide (Porno-)Geschlechter scheinen insofern dem Phallus unterworfen zu sein und sich gern zu unterwerfen.

Die pornografische Phallussymbolik und ‚Phallokratie' steht in der Fortsetzung der Werbungserotik auch für die Eigenständigkeit und den Eigenwert des Sexuellen und für die Vorstellung, dass die Männer als die Besitzer jenes ‚Stücks' die eigentlichen sexuellen Subjekte und Subjekte des Sexuellen und damit auch die eigentlichen Herren der weiblichen Sexualität, Befriedigung und Beglückung sind. Letztere ist im Rahmen der Phallussymbolik und Phallussemantik die ausschließliche und direkte Konsequenz von phallischen Penetrationen, von physikalischen/mechanischen (Kraft-)Akten, Leistungen und Leistungsfähigkeiten. Diese rangieren in der Wertehierarchie der Pornografie ganz oben und sind Dauerthemen positiver Bewertung, besonderer Wertschätzung und Bewunderung.

Umgekehrt tut die Pornografie dem weiblichen ‚Geschlechtsteil' weniger Ehre an, ja eher das Gegenteil von Ehre. Es wird zwar immer wieder in aller Ausführlichkeit dargestellt und vorgeführt, aber in keiner Weise kultiviert oder gar – wie der erigierte Penis – zum Gegenstand einer Art von kultischer Verehrung. Vielmehr wird jenes ‚Teil' (wie auch oft seine Besitzerin) gern „Fotze" genannt, ja von (Porno-)Männern als „Fotze" beschimpft. Dieser Name (wie verwandte Varianten) ist ein stark abwertender Schimpfname für das weibliche Geschlechtsorgan und das mit seinem für minderwertig erklärten Geschlechtsorgan gleichgesetzte Geschlecht. Während der Phallus als Symbol von Männlichkeit und angeblich männlichen Eigenschaften – Aktivität, Stärke, Kraft, Macht, Arbeit, Produktivität, Leistung – in jedem Sinne hochgehalten wird, wird das weibliche Gegenstück als bloßes und bloß passives Komplement gedacht, das sich lediglich durch unbegrenzte Aufnahmefähigkeit, Empfänglichkeit und Anpassungsfähigkeit auszeichnen kann und auszeichnet. Von dieser Geschlechtlichkeits- und Geschlechtersymbolik ist die Werbung mit ihren vergleichbaren Darstellungen und Vorstellungen typischerweise nicht sehr weit entfernt.

4.4 Partialisierung und Ornamentalisierung

Die Bilder bzw. Fotografien der ‚Hamburger-Pornografie' zeigen hauptsächlich Porträts/ Posen und Szenen von Körpern als *Ganzheiten*, einschließlich des Gesichtes. Diese Ganzheitlichkeit ist die Voraussetzung des wichtigen Eindrucks der Lebendigkeit und Wirklichkeit des Dargestellten sowie der Erkennbarkeit der Akteur/-innen als individuelle Personen. Nur auf dieser Basis können auch die fantastischen Pornogeschichten mitsamt ihren Rollen und ‚Botschaften' entwickelt, erzählt und erfolgversprechend an die Phantasie des Konsumenten adressiert werden.

Eine eigene Art und Methode korporaler Dramaturgie, Performanz und Symbolisierung, die die Pornografie mit der Werbung/Werbungserotik prinzipiell teilt, besteht vor diesem Hintergrund und in diesem Zusammenhang darin, die jeweils gegenständlichen Körper durch bestimmte Kameraausschnitte in einzelne Teile zu zerlegen und in dieser von einer spezifischen Relevanzstruktur zeugenden Partialität zu fokussieren und ins Bild zu setzen. Diese inszenatorische Strategie (der Partialisierung) bringt die Werbung, wie oben gezeigt wurde, hauptsächlich in Bezug auf erotisch attraktive (junge) *Frauenkörper* zur Anwendung, die damit gleichzeitig symbolisch heruntermoduliert *und* hinaufmoduliert werden. Es handelt sich hier also nicht nur (aber auch) um eine Form von Obszönität, von obszöner Darstellung, sondern auch um eine Art von Stilisierung, Ästhetisierung und Mystifizierung, die die betreffenden Körper und Körperteile zwar in gewisser Weise isoliert, entindividualisiert und entkontextualisiert, ihnen aber auch eine gewisse Aura, einen Glanz oder gar Zauber jenseits des bloß Physischen/ Korporalen verleiht. In diesem Sinne können Münder, Augen, Hände, Finger, Rücken, Hälse, Haare, Muskeln, Hautpartien usw. als ‚Teile' des Körpers erscheinen, eine ansonsten unsichtbare personale Korporalität symbolisch vertreten und starke Eindrücke machen.

Indem die Bilder der Werbung (erfolgreich) darauf aus sind, solche Eindrücke zu erzeugen, stehen sie zwar im Gegensatz zu dem bildlichen und sprachlichen Naturalismus, Primitivismus und Vulgarismus der Pornografie, wiederholen aber eines ihrer Prinzipien der ‚Verdinglichung' – ein Prinzip, das sich auch in der Pornografie vorzugsweise auf junge und sehr junge Frauenkörper (‚Teenager') richtet. Während vergleichbare *sprachliche* ‚Verdinglichungen' von Frauen (z.B. mittels Metaphern, Zweideutigkeiten und Anspielungen) in der Werbung schon seit langem auf dem Rückzug oder verschwunden sind, „gehört die versachlichende Darstellungstechnik der Körperpartialisierung nach wie vor zum Alltag der Werbung (und vieler anderer Mediengenres, wie z.B. ein Blick in die Magazine auch der deutschen Qualitätszeitungen verdeutlicht). Zahllos sind die Inszenierungen, in denen die Reklame weibliche Körperteile wie z. B. Beine, Arme oder Dekollete als schöne und begehrenswerte Körperlichkeiten inszeniert. Indem dabei auf die Abbildung des Gesichtes als Identitätsaufhänger der Person verzichtet wird, treten die gezeigten Körperteile in einer symbolischen Rahmung des Dinghaften in Erscheinung, für die es auf der Seite der Darstellung von Männern (fast) keine Entsprechung gibt" (Kautt 2012, S. 85).[280]

Vergleichbare Reduktionen, Segmentierungen, Entindividualisierungen, Entpersönlichungen und ästhetische Verdinglichungen der (Frauen-)Körper liegen auch in den hier thematischen pornografischen Inszenierungen und Darstellungen vor, jedoch schwerpunktmäßig in anderen als den genannten ‚sachlichen‘ Hinsichten, nämlich in sexuellen, und im Rahmen einer besonderen und extremen Obszönität. Diese schließt als Partialisierung im Unterschied zur Werbung *beide* Geschlechter als Objekte ein, fällt aber, bedingt durch die vorausgesetzten ‚Erkenntnisinteressen‘, Phantasie- und Imaginationsbedürfnisse des Porno-Publikums, geschlechtsspezifisch aus. Während sich die Partialisierung der Porno-Männerkörper auf deren erigierten, penetrierenden oder ejakulierenden Penis, also im Grunde auf den besagten Phallus, konzentriert und beschränkt, sei es vor oder in der sexuellen (Inter-)Aktion, werden die Frauen in allen im weitesten Sinne sexuellen, sexualisierbaren oder sexualitätsbezogen Teilen und Zonen ihres Körpers fokussiert. Dazu gehören die ‚pornoerogenen‘ Hauptzonen (Genitalbereich, Beine, Anus, Brust) ohne und in Aktion. Regelmäßig werden die Frauen auch per Bildausschnitt auf ihre ‚Geschlechtlichkeit‘ in (Inter-)Aktion reduziert – häufig derart, dass die weiblichen Körper in mehrere sexuelle Akte/Praktiken (Vaginalverkehr, Oralverkehr und/oder Analverkehr) gleichzeitig eingespannt erscheinen.

Die pornografische Partialisierung der Geschlechterkörper entspricht als obszöne Darstellungstechnik und als eine Art Ritualisierung dem (männer-)wunschgemäßen und wunscherfüllenden ‚Weltbild‘ der Pornografie, das in diesem Fall durch eine Form seiner Bildwelt repräsentiert wird. Dieses ‚Weltbild‘ ist ebenso obszön wie der Pornokonsument selbst, braucht aber als Voraussetzung seiner Verwirklichung nichtobszöne Bezugsrahmen wie die Vorstellung und Darstellung persönlicher Identität, individueller Persönlichkeit, wodurch insbesondere dem Frauengesicht mit oder ohne Bezug zu sexuellen Handlungen eine zentrale Bedeutung und Funktion zukommt. Dementsprechend systematisch wird dieser Teil des Frauenkörpers im Porno repräsentiert und präsentiert – oft in Verbindung mit Ritualisierungen wie der Selbstberührung, dem Lächeln oder Degradierungen im Zusammenhang mit dem Oralverkehr.

Die pornografischen Partialisierungen sind Teile der ‚visuellen Semantik‘, der Symbolik und der Ästhetik der Pornografie, die auf dieser Ebene – ähnlich innovativ und flexibel wie die Werbung – verschiedene Spiele mit sexuellen Körpern, Körperteilen und Körperakten betreibt. Diesbezüglich hat man es jenseits des lebensweltlich Normalen, Alltäglichen oder Erwartbaren auch mit einer Art Artistik sowie mit einer Ornamentik zu tun, die Körper, Körperteile und Körperakte als Ressourcen für ästhe-

---

280 Genau diese Einseitigkeit zeigt sich in der Werbung auch dann, wenn es um den (geschlechter-) symbolischen Kode der Kleidung geht (siehe unten).

tisch-symbolische Sex-Körper-Darstellungen verwendet. Die (Hamburger-)Pornografie nutzt ihre besonderen korporalen Arrangier-, Beobachtungs- und Darstellungsmöglichkeiten insbesondere – im Prinzip ähnlich wie die Werbung – für die Bildung von ornamentähnlichen Konfigurationen von Sex-Körpern. Hier basiert die Porno-Inszenierung also auf mehreren Körpern bzw. Körpergruppen, die in verschiedenen sexuellen Konstellationen bzw. Kombinationen von sexuellen Akten/Praktiken zusammengebracht und buchstäblich zusammengesteckt werden. Typischerweise verschwinden dabei wiederum die persönliche Identifizierbarkeit und Identität der einzelnen Körper zu Gunsten ästhetischer Figurationen und Figuren aus erotischen und sexuellen Körpern, Körperzonen und Körperteilen.

Diese Körper-Inszenierung bzw. Ornamentalisierung hat mit der Partialisierung vergleichbare und sie komplementierende Bedeutungen und Funktionen. Beide Darstellungstechniken sind im Effekt symbolisch negativ und zugleich symbolisch spezifisch implikationsreich. Sie negieren Personalität/Persönlichkeit, persönliche Identität, Individualität und Intimität, dienen der dramaturgischen Variation und Abwechslung der (redundanten) Porno-Darstellungen und bringen Elemente der in gewisser Weise asozialen und antisozialen ‚Porno-Utopie‘ zum Ausdruck. In der Ornamentalisierung verbindet sich die obszöne Heruntermodulation der Erotik- und Sexualkörper auf ‚natürliche Rahmen‘ mit einer besonderen ästhetischen Idee und einer symbolischen ‚Aussage‘, die auf die Auflösung und das Verschwinden individueller Personalität und die Reduktion der (Frauen-)Körper auf reizvolle Zeichengebilde hinausläuft. Die verschiedenen Sex-Körper und Sex-Praktiken erscheinen durch ihre Kombination als außergewöhnliche (Körper-, Sex-)‚Kunstwerke‘, die auf nichts außer auf sich selbst, auf bloßen Reiz, bloße Lust, reinen und schönen ‚Sex‘ verweisen. In dieser Reduktion der erotischen Körper auf eine ästhetische Kombination und Konfiguration von ‚Schlüsselreizen‘ steckt eine spezifische Obszönität, die der Obszönität der Partialisierung gleicht und zugleich über sie hinaus geht.

Es geht es hier also auch um zentrale Ideen und Ideenkomplexe der Pornografie, die nicht (mehr) nur Porno-Ideen sind: die Ideen der bloßen Natürlichkeit, der ‚Äußerlichkeit‘ und (damit) Austauschbarkeit der (Sex-) Körper, die Ideen der beliebigen Manipulierbarkeit und Benutzbarkeit der (Frauen-)Körper, die Ideen des anonymen, des reinen und des außergewöhnlichen ‚Sexes‘, die Ideen der gleichzeitigen sexuellen Verfügbarkeit und unbegrenzten Kombinierbarkeit mehrerer (Frauen-)Körper.

4.5 (Ver-)Kleidungen

Medienerzeugnisse bzw. medienkommunikative Gattungen der hier thematisierten Art sind Bühnen von Korporalität und damit auch von entsprechenden Requisiten, Accessoires und insbesondere Kleidungen/Moden, die ihre expressive und dramaturgische ‚Rolle‘ neben und mit Tatsachen des Körpers selbst sowie der mit ihm zusammenhängenden sozialen Zuschreibungen spielen. Zu diesen Tatsachen gehören das Alter und die Altersklassen, die Geschlechter und die Geschlechtlichkeiten, das ‚Aussehen‘ und die möglichen Zurichtungen und Behandlungen des (Geschlechter-)Körpers (Gewicht, Muskulatur, Haartracht, Rasur, Schminke, Hygiene usw.). Der Körper als solcher ist immer auch eine Art Aufhänger, eine Ressource und ein Zielgebiet von Identitäten und Identifizierungen, Darstellungen und ‚Selbstdarstellungen' durch symbolische Mittel wie die Kleidung.

Die Werbung repräsentiert und präsentiert das ganze Spektrum von Kleidungen bis hin zur ‚Unterwäsche' und zu erotisch gedachten Kleidungsstücken, die unter Titeln wie ‚Reizwäsche' firmieren. Vor dem Hintergrund der obigen Feststellungen zur Geschlechterdifferenz(ierung) der Kleidung in Lebenswelten und Medienwelten macht es besonderen Sinn, sich genauer mit dieser Art von (geschlechter-)symbolisch signifikanter ‚Wäsche' und ihrer Rolle in den hier thematischen Medienbereichen zu befassen, zumal zum Sujet- und Requisitenbestand der Pornografie auch ganz besondere erotisch-sexuelle Kleidung gehört. Sie erfüllt neben und mit anderen Ausstattungsobjekten, wie z. B. Schmuck (im engeren Sinne), symbolische und definitorische Funktionen, die auch die Geschlechter, das Geschlechterverhältnis und die Geschlechtlichkeit der Geschlechter einschließen. In der Werbung wie in der Pornografie sind die erotischen Kleidungsstücke, jeweilige Reizwäsche und damit zusammenhängende Accessoires, ausschließlich ‚Sachen' der Frauen – Sachen, die diese Frauen als solche und speziell hinsichtlich ihrer erotisch-sexuellen ‚Weiblichkeit' definieren.

In der Pornografie ist dies überdeutlich (hyperritualisiert) in obszöner Weise in Bezug auf die sexuellen Frauenkörper der Fall, die als eine Art Ware vorgestellt, ausgestellt und herausgestellt werden und deren (Waren-)Wert mit spezieller ‚Warenästhetik' unterstrichen und gesteigert werden soll. So sind die Modelle, die auf den Einzelbildserien der ‚Hamburger-Pornografie' erscheinen, „entweder ganz nackt oder nur mit Accessoires ausgestattet, die ihre sexuelle Ausstrahlung erhöhen sollen: lange Strümpfe, hochhackige Schuhe, Strumpfbänder, bunte Tücher, Gürtel, auffälliger Schmuck (Ohrringe, Halsketten, Armbänder). Wenn die Modelle Röcke, Jacken oder Kleider anhaben, sind diese stets so drapiert, daß sie den Blick auf Brust, Gesäß oder Schamhaare freigeben" (Lautmann/Schetsche 1990, S. 33). Diese spezifisch dekorative Ausstattung der Porno-Modelle, insbesondere mit Reizwäsche, zeichnet allerdings aus offenbar hauptsächlich mediendramaturgischen Gründen vor allem die Heftpornografie aus und weniger die Filmpornografie.

Die schmückende Bekleidung (Verzierung) des weiblichen Erotik-Körpers mit ‚Dessous' oder Stücken der Reizwäsche, die in verschiedenen modernen Lebens- und Medienwelten üblich geworden ist, treibt ein Spiel mit Nacktheit und Enthüllung, dem in der Werbung – bei aller kulturellen Liberalisierung und Informalisierung – immer noch relativ enge Grenzen oder auch wieder neue Grenzen gesetzt sind. Die Werbung konnte und kann jedenfalls weder wie die Pornografie völlige Nacktheit noch jenen in der Pornografie zu sehenden Typus von Reizwäsche vorführen, bei dem die Textilien buchstäblich einen Rahmen um die (weiblichen) Genitalien bilden. Auch weniger dramatisch obszöne Varianten von erotischer ‚Wäsche', die sich auf rein sexuelle Motive, Objekte und Handlungen zuspitzen bzw. reduzieren, sind für die Werbung und in der Werbung unter Umständen heikel, Grenzfälle oder grenzwertig. Das gilt z. B. für den in der Pornografie kontinuierlich beliebten und gern kopierten klassischen Kleidungsstil der Prostituierten, für den extrem kurze Röcke, hohe Lackstiefel, bunte und grelle Farben bzw. Farbkontraste sowie glänzende und glitzernde Materialien im Dienst der sexuell-obszönen Körper-Ausstellung und Aufmerksamkeitserzeugung charakteristisch sind.[281] Ähnlich wie auf der Ebene körperlicher Nacktheit oder der sprachlichen Ebene riskiert die Werbung in diesem Zusammenhang, für sie bzw. ihre konkrete Zielsetzung schädlichen Anstoß zu erregen – mit der Folge von Selbstzensur in Richtung normalistischer ‚Anständigkeit'.

Pornografie und auch die Prostitution, die in vielen Hinsichten (wie in puncto Frauen-Kleidung) Modelle für die Pornografie abgibt (vgl. Lautmann/Schetsche 1990, S. 73), folgen dagegen einer genau umgekehrten Logik der Kleidung und Bekleidung. Der pornografische Kleiderschmuck oder auch die Berufskleidung der Prostituierten vermeiden gerade ‚schickliche' Verhüllungen systematisch und bezwecken, Frauen als obszöne und in jedem Sinne bloße Sex-Objekte, Sex-Waren und Sex-Maschinen erscheinen zu lassen.[282] In den Kleidungen drückt sich in diesen Fällen also das ganze Weltbild und auch das Geschlechtlichkeits- und Geschlechterbild des jeweiligen Bereichs aus. Es gilt in jedem Fall eine Art frauenbezogenes sexuelles *Obszönitätsgebot* mit der Implikation und Konsequenz, dass Kleidung oder ‚Wäsche' den sexuellen (Frauen-) Körper als solchen zeigen und als Lustobjekt explizit und möglichst attraktiv machen soll. Die Reizwäsche der Porno-Frauen oder der Prostituierten soll also die Aufmerksamkeit auf den weiblichen Sex-Körper als Sex-Körper lenken, den Status und die Funktion dieses Körpers demonstrieren und seine Reiz-Wirkung optimieren.

Demgegenüber ist die übliche erotische Reizwäsche der Werbung zwar auch ein exklusives und identifizierendes ‚Frauenprivileg' und auch darauf aus, ihre Trägerin reizend erscheinen zu lassen und sinnlich reizend, aufregend oder gar aufreizend zu machen; sie tut dies aber, indem sie die zentralen Erotikzonen des weiblichen Körpers in Verbindung mit ihrer Enthüllung mehr oder weniger bedeckt und schmückend verhüllt. Diese Reizwäsche ist insofern bei aller Nähe zum sexuellen Körper und zum Thema der Sexualität eine spezifisch ‚zivilisierte' Art der Bekleidung, die einer gewissen Etikette, Diskretion, Schamhaftigkeit und Schamgrenze sich unterordnet und Ausdruck verleiht, auch wenn sie hauptsächlich als erotischer/sexueller Aufmerksamkeits-, Attraktivitäts-

---

281 Allerdings gibt es hier immer wieder Ausnahmen: So bezeichneten Beobachter der Werbeszene im Frühjahr 2001 einen bestimmten Stil der erotischen Fraueninszenierung in verschiedenen Mode- und Parfumreklamen als „Porn-Chic", als „Luder-", „Schlampen-" oder „Nutten-Look" (vgl. Stern 19/2001, S. 110 ff.).

282 Diese Kleidung bzw. Reizwäsche findet die besondere Beachtung, die ausdrückliche Zustimmung und den Applaus von Pornokonsumenten. Mancher findet sie „sehr erotisch" (A), „unheimlich geil" (A), „erregend" (A) usw. Als erwünschte erotische „Auftakelung" (A) *der Frauen* scheint die Reizwäsche gerade auch mit ihrem überdeutlichen Anklang an die Prostitution bzw. den Prostituierten-Habitus einen eigenen sexuellen Stimulationswert zu besitzen. Mit den Worten eines Konsumenten: „Es erregt, wenn die Frauen wie Nutten aufgetakelt sind".

und Reizgenerator fungiert und damit jenen extremen Varianten von Reizwäsche durchaus benachbart oder verwandt ist.

Man kann in diesem Zusammenhang – gerade in Anbetracht der diversen Formen der Reizwäsche und der erotischen (Frauen-)Kleidung überhaupt – an Georg Simmels historisch-kulturvergleichende Überlegungen zum Schmuck und zur Koketterie der ‚primitiven‘ Kleidung denken. Simmel bemerkt dazu bis heute aufschlussreich:

> Es gilt der heutigen Völkerkunde als sicher, dass die Bedeckung der Schamteile – wie die Bekleidung überhaupt – ursprünglich mit dem Schamgefühl nicht das Geringste zu tun hatte, vielmehr nur dem Schmuckbedürfnis und der nahe damit verwandten Absicht dient, durch die Verhüllung einen sexuellen Reiz auszuüben: es kommt vor, dass bei nackt gehenden Völkern nur die Buhlerinnen sich bekleiden! Die Gürtel und Schürzchen, die die Funktion des Feigenblattes erfüllen, sind oft so minimal und oft so angebracht, dass Verhüllung als solche überhaupt gar nicht ihr Zweck sein kann; sie müssen einen anderen haben. Und welches dieser ist, zeigt die andere Erscheinung: dass sie in außerordentlich vielen Fällen aufs grellste gefärbt und aufs auffallendste verziert sind. Ihr Zweck ist also ersichtlich, auf diese Teile aufmerksam zu machen. Diese Verhüllung ist also ursprünglich nur Schmuck, mit der Doppelfunktion jedes Schmuckes: zunächst nur eine gesteigerte Aufmerksamkeit zu gewinnen, und dann, dieses Wesen als ein wert- und reizvolles, der Aufmerksamkeit auch vorzüglich wertes erscheinen zu lassen. Unvermeidlicherweise aber kann jener Schmuck, wie der des Körpers überhaupt, diese Funktion nur erfüllen, indem er zugleich verhüllt. Um dieser Koinzidenz willen ist mit der Primitivform der Bekleidung das Moment der Koketterie gegeben: das Versagen, das Sichentziehen ist hier mit dem Aufmerksammachen, Sichdarbieten, in einen unteilbaren Akt verschmolzen; dadurch, dass man sich oder einen Teil seiner schmückt, verhüllt man das Geschmückte, dadurch, dass man es verhüllt, macht man darauf und auf seine Reize aufmerksam. Es ist sozusagen eine optische Unvermeidlichkeit, die die Gleichzeitigkeit des Ja und des Nein, die Formel jeder Koketterie, sogleich der ersten Stufe in der Entwicklung der Kleidung angegliedert (Simmel 2018, S. 101 f.).

Es liegt hier nahe, Parallelen zu den diversen erotischen/sexuellen Frauenkleidungen und insbesondere zu den diversen Reizwäschen zu ziehen, und zwar sowohl zu der legitimen Reizwäsche der Werbung als auch zu den illegitimen Reizwäschen der Pornografie und der Prostitution, und jeweils einen Zusammenhang mit der von Simmel beschriebenen Logik des Schmucks und der Koketterie zu sehen. Die partielle Ähnlichkeit, aber auch die Differenz und Komplementarität zwischen Pornografie/Prostitution einerseits und Werbung andererseits ist dabei besonders zu beachten: Der pornografische Kleiderschmuck wie der prostitutive präsentiert direkt sexuelle weibliche Körper-Reize und Reiz-Körper und fungiert als sexueller Obszönitäts- und Reizverstärker, indem er gerade auf die *nackten*, sonst verhüllten und zu verhüllenden Körperteile/Geschlechtsteile aufmerksam macht. Dagegen verhüllt und umhüllt diese Kleidung Körperzonen, die ansonsten legitimerweise enthüllt werden können und werden. Demgegenüber schmückt und betont die ‚normale‘ Reizwäsche (der Werbung) die erotisch-sexuellen Zonen des weiblichen Körpers, indem sie diese zwar unter Umständen bis an die Grenzen des Tolerablen enthüllt, zugleich aber auf der Basis ästhetischer Mittel attraktiv *verhüllt* und so darauf hinweist. Diese ‚Wäsche‘ kommt damit der ‚primitiven‘ Frauen-Kleidung, die Simmel beschreibt, am nächsten, während die Porno-Reizwäsche primitiver als jene der ‚Primitiven‘ erscheint.

In dem einen Fall wie in dem anderen Fall geht es aber auf der Basis ästhetischer Mittel und Effekte um Aufmerksamkeit und Wertschätzung für ein und dieselbe ‚Sache‘, der jeweils höchster Wert beigemessen wird: sexuelle Frauen-Körperlichkeit und ‚Sex‘. Es ist also auf den zweiten Blick nicht erstaunlich, dass auch die Pornografie eine Vorliebe nicht nur für Blöße, Entblößung und Nacktheit, sondern auch für die Ausstattung der weiblichen Modelle mit jener Wäsche und anderen Accessoires hat, die den (weiblichen) Körper als Sex- und Reizkörper präsentieren und inszenieren. Diese Ausstattung mit Kleidung ist zudem – ähnlich wie Zweideutigkeit und Komik (siehe unten) – ein Ansatz der Pornografie, Abwechslung und eine Art Geschmack in ihr obszönes und daher von Langeweile bedrohtes Spiel zu bringen.

Wenig erstaunlich, aber höchst signifikant ist es auch, dass in jedem Fall von erotischer Kleidung nur die weiblichen Modelle auf diese Weise stilisiert und ‚geschmückt‘ werden, während die Männer entweder mehr oder weniger nackt (und damit ganz ‚bei sich‘) sind oder ihre kaum erotikaffine (Straßen-, Arbeits-, Büro-)Kleidung bzw. schlichte Unterwäsche tragen (und im Porno oft selbst beim sexuellen Schauspiel teilweise anbehalten).

Die Differenz(ierung) der Geschlechter zieht sich also als Differenz(ierung) ihrer Kleidung (und durch ihre Kleidung) über alle Bereiche ihres Daseins bis hin zur Erotik und zur Sexualität. Auch hier existiert eine systematische und dramatische Stil-Kluft zwischen weiblicher Kleidung einerseits und männlicher Kleidung andererseits. Nur auf der weiblichen Seite gibt es auch eine signifikante Ausdifferenzierung und Differenzierung der erotischen Kleidungsstile, die aber ebenso wie die Kleidungsstile der Männer *eine* kosmologische Sprache sprechen. Den legitimen erotischen Kleidungsformen, wie sie die Werbung präsentiert, stehen zwar die illegitimen der Pornografie und der Prostitution gegenüber. Letztere sind aber nicht das ‚ganz andere‘ der legitimen erotischen Frauen-Kleiderwelt, sondern in gewisser Weise nur deren inszenatorische Fortsetzung und Umsetzung.

Es lassen sich also unter Geschlechts- und Geschlechtlichkeitsgesichtspunkten relevante Linien ziehen von den Bekleidungen der ‚Primitiven‘ (Frauen), die ja, wie Simmel schreibt, „in außerordentlich vielen Fällen aufs grellste gefärbt und aufs auffallendste verziert sind“, bis zu den Kleidungen bzw. Reizwäschen heutiger Frauen. Und ebenso lassen sich Linien ziehen von den vestimentären Extremfällen der Prostitution und der Pornografie über die Reizwäsche der Werbungserotik bis hin zu jederfraus modischer Alltagskleidung, und zwar nicht nur zu der, die spezifisch erotisch aufgeladen ist und sein will. Die Reizwäschen der Prostituierten oder der Porno-Frauen erinnern, auch wenn ihr Hauptzweck ein spezifisch obszöner ist, in ihrer Verspieltheit, Buntheit, Extravaganz und scheinbaren funktionalen Verzichtbarkeit nicht nur an ‚Primitive‘ (Frauen), sondern durchaus auch an ‚normale‘ (Alltags-)Frauenkleidung, so wie Goffman sie beschrieben hat (siehe oben). Auch der symbolische Sinn dieser ‚Wäschen‘ kann in der Lesart Goffmans verstanden werden. Bei allem, was sie sonst noch leistet, lässt erotische Wäsche bzw. Reizwäsche aller Art die Frauen auch im Sinne des ‚Eltern-Kind-Komplexes‘ als unernst, als verspielt, als Spielsubjekte und Spielobjekte erscheinen.

Gleichzeitig signalisieren und realisieren jene Reizwäschen (und die assoziierten Accessoires), seien sie legitim oder illegitim, moralisch oder geschmacklich akzeptabel oder nicht, in letzter Konsequenz eine besondere ‚Zuständigkeit‘, Verständigkeit und Kompetenz des weiblichen Geschlechts für erotische und sexuelle Attraktivität und Attraktion, für Begehren und Vergnügen, für die Lust und den Lustgewinn des ‚anderen Geschlechts‘. Auch insofern besteht eine Parallele oder Analogie zwischen den geschmückten und koketten ‚Primitiven‘, die Simmel im Auge hat, dem performativen Rollenmodell der Prostituierten, der Porno-Frau und der reizenden jederfrau, die sich durch ihre spezielle erotische ‚Aufmachung‘ wie auch durch ihre alltägliche Kostümierung als spezialisiertes Eindrucks-, Reiz- und Attraktionswesen in den sozialen (Lust-)Spielen der Geschlechter kenntlich und auffällig macht.

5 ‚Soziale Ungleichheiten' im (als) Verhältnis der Geschlechter

Die ‚Hamburger-Pornografie' entfaltet auf den Oberflächen ihrer Erzählungen und Skripts typischerweise eine Art paradiesische Indifferenz, ein um ‚Sex' kreisendes märchenhaftes Reich der sozialen Inklusion, der Reziprozität, der Einvernehmlichkeit, der Akzeptanz, der sozialen Passung und Reibungslosigkeit, der Freiheit und Befriedigung für alle. Dieses Reich verdankt sich ähnlich wie entsprechende (Paradies-)Konstruktionen der Werbung wesentlich der Negation, der Ausblendung, Auslassung, Weglassung, Offenlassung ‚sozialer Tatsachen', einer fiktionalen Un-Ordnung und Um-Ordnung sozialer Verhältnisse wie z. B. der alltäglichen Interaktionsordnung der Gesellschaft.

Ihre vordergründige soziale Indifferenz(ierung), Anomie und Utopie hindert diese Pornografie aber nicht daran, regelmäßig diverse soziale Asymmetrien – auch in den und zwischen den Geschlechtsklassen – zu performieren und einer *sozial differenzierten* männlichen Übermacht und ‚Herrschaft' im Zusammenhang mit Sex-Themen mehr oder weniger deutlich Ausdruck zu verleihen. Dies geschieht auf verschiedenen Ebenen mit sprachlichen (textuellen) und nicht-sprachlichen (bildlichen) Mitteln, mit denen auch bestimmte ‚Bilder der Geschlechter' gezeichnet werden, die wiederum an die Werbung bzw. Werbungserotik und deren (inszenierte) Formen ‚sozialer Ungleichheit' erinnern.

5.1 Kapital, Macht und Tausch

Nach der vorherrschenden, aber überwiegend impliziten ‚Sozialtheorie' der Werbung bestimmen Kapitalien, insbesondere Geld, und Konsum bzw. Konsumobjekte den sozialen Erfolg des Individuums, ja das ganze Dasein, in dem der überlegene (Geld-)‚Kapitalist' und Konsument/Konsumist also letztlich auch in puncto Erotik und Sex die besten Karten hat. In der Welt der Werbung fällt diese Rolle traditionell und immer noch typischerweise *Männern* zu – in komplementären Verhältnissen zu denjenigen Frauen, die über viel oder besonders viel ‚korporales (Erotik-)Kapital' verfügen. Auf dieser Basis entfaltet sich regelmäßig eine mehr oder weniger verschleierte Tauschbeziehung zwischen den Werbungsgeschlechtern. Ein oben behandeltes Beispiel dafür ist die in der Werbung inszenierte Rolle des kostbaren Geschenks und des Schenkens, der (Tausch-)Beziehung zwischen dem – männlichen – Schenker und der – weiblichen – Beschenkten. Die typische Bedeutung, die dem Schenken nach Auskunft der Werbung in der erotischen Beziehung der Geschlechter zukommt, basiert auf einem Tauschverhältnis, das schon in die Rituale des erotischen Hofierens integriert ist.

Die (Hamburger-)Pornografie ist dieser Seite des Reklame-Weltbilds (der Geschlechter), seiner asymmetrischen Kapital- und Tauschlogik im Grunde ähnlich, ja sie radikalisiert sie in gewisser Weise, und kann zugleich genau gegenteilige Ideen ver-

https://doi.org/10.1515/9783111168906-018

künden: die Idee der sozialen Bedingungslosigkeit (Asozialität) des Sexes, die Idee der perfekten Reziprozität des Begehrens und der Befriedigung, die Idee der Anarchie des Sexes und durch den Sex u. a. m. (vgl. Eckert u. a. 1990; Lautmann/Schetsche 1990; Lewandowski 2012).

Die Pornografie hat kein Problem damit, ihre sozialen Realitätsignoranzen und ihren utopischen Sexualkommunismus mit einem auf seine Weise unrealistischen Sexualkapitalismus koexistieren zu lassen und entsprechende Tauschverhältnisse als Sexualverhältnisse zu präsentieren. Sie erübrigt auch die in der Werbungswelt erforderliche Verschleierung oder Verhüllung des (Kapital-)Tauschs im Feld der Erotik/des Sexuellen. Den substanziellen Ökonomismus und Konsumismus der Werbung setzt die Pornografie vielmehr in puncto Sex immer wieder konsequent und offen um, und zwar im Sinne eines traditionellen Geschlechtermodells, das dem Mann die überlegene, mächtigere Rolle zuweist. Vor allem – und häufig als Voraussetzung von allem (Sex) – zeichnet sie ein Bild der ,sozialen Ungleichheit' der Geschlechter, das dem Bild der Werbung prinzipiell nahekommt. Die (Hamburger-)Pornografie entfaltet (mindestens als Subtext) die Vorstellung bzw. die Männerphantasie einer überlegenen männlichen Kapitalmacht als Sexualmacht.

Im direkten Zusammenhang mit dem alles beherrschenden Sexkonsum und Sexkonsumismus werden im (Hamburger-)Porno immer wieder großer finanzieller (Geld-) Reichtum, hoher sozialer Status/Statussymbole, Luxus, Prominenz und/oder überlegene Macht idealisiert, und zwar als Momente und Voraussetzungen des schönen Lebens von *Männern* und als Schlüssel zu schönen Frauen (und ihrem schönen Sex), die jenen Männern selbstverständlich an die Seite gestellt sind. Diese Frauen gehören in der Pornografie nicht nur überhaupt zum schönen Männer-Leben, sondern werden mittels jener Kapitalien auch absolut sicher zugänglich und unbegrenzt verfügbar. Der pornografische Sexualkommunismus, in dem *alle* mit allen immer alles (Sexuelle) wollen, können und machen, ist insofern nur *ein* Märchen und nur ein vordergründiges Teil-Märchen im nur begrenzt um Konsistenz bemühten Männer-Märchenvorrat der Pornografie.

Deren eigentliche oder vorherrschende Welt-, Sex- und Geschlechteranschauung und deren kosmologische Botschaft lautet in vielen Fällen eher, dass sich sozial überlegene Männer, vor allem finanziell besonders ,potente' Männer, sozial (finanziell) unterlegene Frauen, die allerdings mit entsprechend ansprechenden Körpern ausgestattet sein müssen, ,leisten' können und wollen – Frauen, die (ähnlich wie ihre Kolleginnen aus der Werbung) darauf aus sind, von den materiellen Kapitalien dieser Männer zu profitieren. Für die entsprechenden Porno-Männer zahlt sich also ihr hohes und überlegenes Kapital-Volumen gerade auch erotisch/sexuell aus: im Verhältnis zu Frauen, die – ähnlich wie ihre immer wieder reich beschenkten Kolleginnen aus der Werbung – auf ihre Weise zahlen können, zahlen wollen und auch tatsächlich zahlen. Die Porno-Frauen treten dementsprechend in komplementären/subordinierten Rollen und sozialen Lagen auf: als Begleiterinnen begüterter Herren, als ,Groupies' von Stars, Freundinnen von Lotteriegewinnern usw. Geld und geldwerte Vorteile für das insofern nicht nur körperlich, sondern auch sozial/materiell schwächere, aber fast immer relativ schöne Geschlecht sind dabei regelmäßig offen und unverblümt im Spiel (und nicht nur wie in der Werbung auf dem Umweg über teure Geschenke). Das scheinbar bedingungslose und reziproke erotisch-sexuelle Lust-Spiel der Pornografie fällt hier also zu Gunsten einer (anderen) Klischeevorstellung aus, die den Eindruck erweckt, näher an der harten Realität der real existierenden Gesellschaft zu sein.

Finanzieller Reichtum (‚ökonomisches Kapital‘) ist in diesem Zusammenhang und überhaupt das mit Abstand wichtigste Phantasma und Ideal der (Hamburger-)Pornografie, die es, wenn auch eben eindeutig geschlechtseinseitig, in ihren Inszenierungen immer wieder wahr werden lässt. Geradezu idealtypisch verkörpert in der (männlichen) Figur des (mindestens) Millionärs (oder noch besser: Multimillionärs) garantiert sehr viel Geld auch den Besitz sehr attraktiver und sehr *vieler* sehr attraktiver Frauen, den uneingeschränkten Zugang zu diesen Frauen und die uneingeschränkte Verfügung über sie und damit über außerordentlich intensiven und auch extensiven Sex. Im Zusammenhang mit schwerreichen Männern werden die passenden (attraktiven) Frauen oft als ‚Edel-Prostituierte‘ oder Quasi-Prostituierte vorgeführt und überhaupt als Wesen, die sich durch Geld und Luxus überaus stark attrahieren oder regelrecht erotisieren lassen. Sozialer Erfolg, Macht, Status und vor allem materieller/finanzieller Reichtum sind in vielen Geschichten der Pornografie *besonders* ‚sexy‘ und machen – Männer – ‚sexy‘ und sexuell besonders erfolgreich und reich.

Die synthetische Kombination der phantastischen Images vom Reichtum, vom konsumistischen Luxusleben und vom unbegrenzten Zugang zu erotisch-sexuell wertvollen Frauen und zu Frauen-Sex verbinden die Pornografen gern mit den traditionsreichen (mythologischen) Themen und Vorstellungen der sexuellen Ausschweifung bzw. der Orgie. Reichtum und Luxus gehen im Weltbild und in der Bildwelt der Pornografie regelmäßig mit einem sexuell ausschweifenden Lebensstil einher, ja sexuelle Ausschweifung ist der Kern des Lebensstils der stets lüsternen und wollüstigen Porno-Reichen, die, wie der Porno regelmäßig nahelegt, dank ihres finanziellen Reichtums immer auch Sex-Reiche (im Reich der Sinne und des Sexes) sind. Die finanziell oder in einem anderem Kapitalsinn besonders reichen Porno-Männer haben also auch privilegierten oder exklusiven Zugang zu nicht nur besonders vielem, sondern auch besonders spektakulärem, außergewöhnlichem Sex, den die Orgie „in geradezu paradigmatischer Weise verkörpert – besonders dann, wenn nicht nur parallele sexuelle Interaktionen zwischen Paaren gezeigt werden, die sich in einem Raum befinden, sondern multiple sexuelle Handlungen zwischen einer Mehrzahl von Personen" (Lewandowski 2012, S. 262). Die schwerreichen (oder schwermächtigen, schwerberühmten) Männer, die gleichsam die Oberschicht der pornografischen Männerwelt bilden, hindern zwar ihre weniger bemittelten Geschlechtsgenossen, die z. B. als (ihre) Fahrer, Köche, Gärtner oder Klempner arbeiten, nicht daran, ihrerseits in den Genuss der sexuellen Qualitäten und (Höchst-)Leistungen des ‚anderen Geschlechts‘ zu kommen. Die Pornografie erweckt mit den hier gemeinten Skripts aber weniger den Eindruck von sexueller Gleichheit oder ‚Gerechtigkeit‘ als von sexueller Privilegierung derjenigen (Männer), die sozial privilegiert sind. Mindestens latent bzw. im Subtext diskriminiert die Pornografie also nicht nur die Geschlechter (die Geschlechtsklassen), an deren

traditioneller Ordnung sie selbst im Rahmen von Orgien festhält, sondern auch innerhalb der Geschlechtsklasse der Männer, deren soziale ‚Klassenzugehörigkeit' auf eine
sexuelle Klassenzugehörigkeit zumindest hindeutet.

Die Vorstellungen von Reichtum und von Luxusleben, zu dem zwingend auch Lu-
xussex/Sexluxus gehört, operationalisieren die Pornografen gleichsam mit Darstellungen von exzessivem und ‚demonstrativem Konsum' und vor allem mit aussagekräftigen
materiellen *Statussymbolen*. Klassiker sind teure (Luxus-)Uhren, höchstpreisige Automobile, Yachten, (Klein-)Flugzeuge, Villen, Swimmingpools, exotische Fernreisen, No-
belrestaurants und kulinarische Highlights oder auch Besuche in vornehmen Hotels,
Clubs, Casinos. Von Statussymbolen und (Konsum-)‚Gütern' dieser Art lassen sich die
(Hamburger-)Porno-Frauen offensichtlich gern anlocken, beeindrucken und auch sexuell zielführend überzeugen. So gilt ein ‚schneller Flitzer' nicht nur als an sich erle-
bens- und erstrebenswert, sondern auch als zuverlässiges Erfolgsrezept von Männern
und für Männer, um passende Frauen ‚aufzureißen' und in jedem Sinne und auf jeder
denkbaren Unterlage flachzulegen. Besonders deutlich wird dies in einer verbreiteten
pornografischen ‚Auto-Erotik', die als direkte Fortsetzung der klassischen ‚Auto-Erotik'
der Werbung (siehe oben) zu verstehen ist. Hier wie dort werden als schön und wertvoll
inszenierte Autos mit schönen (also erotisch wertvollen) Frauen assoziiert. Der Porno
geht dann aber in letzter Konsequenz noch einen Schritt weiter und macht das Auto
respektive die Kühlerhaube auch zum Schauplatz eines sexuellen (Penetrations-)Ge-
schehens, dem das ‚geile' Auto unübersehbar guttut und das ohne die Wirkung des
‚geilen' Autos vermutlich gar nicht in Gang gekommen wäre.

Es ist also kein Zufall, dass die (Hamburger-)Pornografie ihre Geschichten gern in
den Milieus der ‚oberen Schichten' ansiedelt, die und deren exzessive Luxusleben nicht
zuletzt an aussagekräftigen Ambienten und Schauplätzen zu erkennen sind (Schlösser,
Yachten, Nobelkarossen mit Chauffeur, Butler, vornehme Bibliotheken, Golfplätze usw.).
In diesen Milieus und vor diesen Hintergründen spielen die Männer die gesellschaftlichen Hauptrollen mit komplementären Frauen, die zwar an den luxuriösen Lebenswelten und Konsumpotenzialen ‚ihrer' Männer partizipieren, aber auch selbst ein dem
männlichen Lebensstil angemessenes Konsumpotenzial und Konsumobjekt darstellen.
Die abgebildeten Frauen vervollständigen also als passende Teile das jeweilige hoch-
klassige Gesamtarrangement, in dem sie auch ihre üblichen erotisch-sexuellen Beiträge
und immer wieder sexuelle Dienste leisten oder ‚Dienstleistungen' erbringen, aber in
jedem Fall auch die Vorzüge eines materiellen Luxuslebens genießen.

Die attraktiven Porno-Frauen dienen ‚ihren' Männern aber nicht nur als materielle
Konsumobjekte, als auszunutzende und auszubeutende sexuelle Ressourcen. Sie fungieren auch als Statussymbole und werden auch in dieser Eigenschaft von den Männern
(der männlichen ‚Oberschicht') konsumiert und genossen. Ja man kann in diesem Zusammenhang von einem geradezu demonstrativen Frauenkonsum und einem symbolischen Frauengenuss sprechen, der vermutlich einer realen Wunschvorstellung und
einer die Realität verkehrenden Wunschvorstellung des (männlichen) Porno-Publikums
entspricht.

Die ‚Hamburger-Pornografie‘ bietet also – unter anderen Bildern – auch das Bild einer gewissermaßen patriarchalisch und kapitalistisch organisierten Konsumgesellschaft, in der zwar alle Mitglieder – einschließlich der Frauen und der unteren Schichten – ‚satt‘ werden, in der sich aber der vollkommene, der wahre und der höchste Sex-Genuss vor allem da abspielt, wo auch sonst am meisten und besten genossen werden kann. Die männliche Spitze dieser ‚Gesellschaft‘ verkörpert auch die Spitze möglichen Konsum- und Erlebnisglücks, zu dem natürlich vor allem die entsprechende Frauenklasse der „Klasse-Frauen“ (Goffman 1981) beiträgt, deren Platz, Existenz und Erfolg in der Porno-Konsumgesellschaft ausschließlich von ihren Qualitäten als Konsumobjekt (von Männern) abhängt. Auch in der Pornografie gibt es also eine Art „Luxusweibchen“, von dem oben schon als einer in der Reklame verbreiteten Figur die Rede war; nur scheint dieses ‚Weibchen‘ noch materialistischer, noch konsumistischer und noch käuflicher veranlagt zu sein als seine Kollegin aus der Werbung, und es muss sich auch gefallen lassen, als männliches Luxusobjekt bzw. Luxus-Lustobjekt permanent konsumierbar zu sein und konsumiert zu werden – eine Gefälligkeit, die ihm jedoch nach Auskunft der Pornografie auch selbst gefällt oder jedenfalls nicht im Gegensatz zu seinem eigenen Gefallen steht.

Die prinzipielle Konsumierbarkeit und (d. h.) Käuflichkeit der als Konsumobjekte qualifizierten Frauen bzw. ihres Sexes gehört allerdings überhaupt zu den festen Grundüberzeugungen und Lehren der Pornografie und ihrer Männer. Im Porno lassen sich Frauen und Mädchen aller sozialen Art (Schülerinnen, ‚Hausfrauen‘, Studentinnen, Sekretärinnen, Verkäuferinnen usw.) ‚notfalls‘ durch Vorteile aller Art mit höchstens geringen Umschweifen kaufen – und dies nicht nur von den genannten ‚Edelmännern‘, die mit besonders viel (ökonomischem) Kapital und starken Statussymbolen ausgestattet sind. Neben Varianten der Quasi-Prostitution und Quasi-Prostituierten wird immer wieder die unverblümte Real-Prostitution mit dem offenen und eindeutigen Tausch Sex gegen Geld inszeniert.

Dies geschieht oft in Verbindung mit deutlich oder überdeutlich rassistischen Vorstellungen von ‚exotischen‘ Frauen, sexuellen Frauentypen und Frauendiensten, die als (käufliche) Spezialitäten (von Spezialistinnen) erscheinen. Eine traditionell beliebte Motiv-Variante ist der (männliche) ‚Sex-Tourismus‘, der laut Pornografie (‚inländischen‘, ‚deutschen‘) Männern außergewöhnliche Erlebnisse verschafft. In diesem Fall scheuen die Pornografen in ihren Inszenierungen auch nicht vor extremen und extremistischen Texten und Stereotypen zurück, in denen Sexismus und Rassismus Synthesen eingehen. So erscheint eine pornografierte „Thailänderin mit der ihr eigenen Sachkundigkeit“ besonders dazu befähigt, „Mitteleuropäer so zu behandeln, in Wort und Tat, dass diese das Gefühl bekommen mussten, absolute Kings, sexuelle Herrenmenschen zu sein...“. Mit derartigen und ähnlichen Sex-Rassismen wiederholt die Pornografie allerdings nur in übersteigerter Form bestimmte, immer noch gängige Stereotypen, die in milderen und daher unauffälligeren Varianten auch in der Werbung zu finden sind, wie oben gezeigt wurde.

Neben und mit den Motiven der weiblichen Käuflichkeit und käuflichen Dienlichkeit oder Dienstbarkeit, der eine männliche Kaufwilligkeit, Kaufkraft und Zahlungswilligkeit entspricht, macht die Pornografie auch immer wieder auf ein funktionales Äquivalent von ‚ökonomischem Kapital‘ aufmerksam: Macht statt Geld oder Reichtum. Auch überlegene (männliche) Macht erscheint im Porno, auf ein Stereotyp verweisend, als eine Art Medium, das Zugänge zu (attraktiven) Frauen und Verfügung über sie (ihre Sex-Körper) verschafft. Meist im Anschluss an verbreitete Rollenklischees des Alltagslebens erzählt die Pornografie Sex-Geschichten von asymmetrischen Rollen-Beziehungen, die einseitig geschlechtsspezifisch besetzt sind und zu einer entsprechenden sexuellen Männer-Privilegierung führen. Die Männer treten als Firmenchefs, Ärzte, Filmproduzenten, Lehrer, Trainer, Beichtväter, Professoren, Wärter und ähnliches auf und beziehen aus ihrer überlegenen (Positions-)Macht besondere sexuelle Zugangs-, Zugriffs- und Erfolgschancen gegenüber Frauen, die Komplementärrollen spielen (als Angestellte, Sekretärinnen, Beichtkinder, Putzfrauen, Schülerinnen, Gefängnisinsassen, Studentinnen, Schauspielerinnen, Arbeitssuchende usw.). Dabei geht es zwar jedenfalls in der ‚Hamburger-Pornografie‘ nicht um offenen Zwang, ‚Missbrauch‘, manifeste Gewalt oder gar Vergewaltigung, aber auch diese (männlichen) Handlungsvarianten werden durchaus angedeutet oder der Phantasie des Pornokonsumenten sprachlich oder visuell nahegelegt. Eine ganz unverhohlene und kaum übersehbare Rolle spielen *Abhängigkeiten* der machtschwächeren Frauen, ‚zwangloser‘ Gehorsam oder Machtwirkungen wie die Erwartung oder der Empfang von Vorteilen oder die Vermeidung von Nachteilen. So zeigen sich Porno-Frauen z. B. als Sekretärinnen bereitwillig und entgegenkommend, wenn es um die Befriedigung der sexuellen Begierden und Vorlieben des (männlichen) Chefs geht. In solchen Konstellationen und erst recht in Kontexten wie dem Gefängnis oder der Klinik oder auch der Armut erscheinen die Frauen auch besonders oft als Quasi-Prostituierte, die ihre einschlägige (Porno-)Qualifikation ins Spiel bringen, um z. B. Hilfen zu erhalten, Sanktionen zu entgehen oder sich in beruflichen Kontexten ‚nach oben zu schlafen‘.

Vor allem mit ihren stark oder krass machtasymmetrischen Rollenpaaren (der Chef/die Sekretärin, der Wärter/die Insassin, der Priester/das weibliche Beichtkind, der Arzt/die Patientin, der Lehrer/die Schülerin, der Trainer/die Sportlerin usw.) inszeniert und adressiert die Pornografie im Grunde männliche Macht- und Bemächtigungsphantasien. Dies gilt auch für die scheinbar zwanglose, gewalt- und herrschaftsfreie ‚Hamburger-Pornografie‘. Auch sie lässt schon allein durch jene Rollenpaare durchblicken und regt an, was sich jedermann/jeder Mann leicht vorstellen kann. Sie eröffnet und vernebelt so zugleich ein weites Feld von Vorstellungen im Kontext des Verhältnisses von Macht, Gewalt und Sex, das spezialisierte Pornovarianten in aller Ausdrücklichkeit und Ausführlichkeit in den Vordergrund und den Mittelpunkt ihrer Skripts und Inszenierungen rücken.

5.2 Rituelle Unordnung, Über- und Unterordnung

Eine Form der symbolischen Unterordnung von Frauen (und Überordnung von Männern), die zum Standard-Repertoire der (Hamburger-)Pornografie gehört, besteht in der textlichen und bildlichen Zuweisung bestimmter sozialer Positionen/Rollen/Status. Die Porno-Männer besetzen im Verhältnis zu den Frauen typischerweise die sozial überlegenen, die ‚besseren' Positionen und spielen die ‚besseren' Rollen, und sie haben es auffallend häufig mit Frauen zu tun, die ein nicht nur relativ niedriger, sondern *besonders* niedriger oder negativer sozialer Status, wenn nicht gar ein Stigma, kennzeichnet (‚Putzfrauen', ‚Klofrauen', Arbeitslose, Frauen auf ‚Stellensuche', Gefängnisinsassinnen usw.). Diese Frauen und Frauen überhaupt stehen also eher (oder ganz und gar) sozial ‚unten', und zwar in dem Sinne von ökonomischer Schwäche (Geldmangel), Statusschwäche (Geltungs-, Prestige- und Achtungsmangel) und Machtschwäche bis hin zur völligen Ohnmacht. Für die Pornografie folgt daraus explizit oder implizit, dass diese Frauen (bei vorhandenem korporalen Eigenkapital) besonders dazu neigen (müssen), sich den jeweiligen Vertretern des überlegenen ‚anderen Geschlechts' anzuschließen und unterzuordnen – natürlich hauptsächlich sexuell. Die entsprechenden ‚Herren' sind dagegen in der Lage, sich besonders viel herauszunehmen, zumal sie in einer sozialen (Porno-)Welt agieren, in der alle rituellen Formen und Normen prinzipiell außer Kraft gesetzt sind, die das Selbst (Image) des Individuums (egal ob Mann oder Frau) hervorbringen, stützen und schützen: Benehmen, Anstand, Höflichkeit, Ehrerbietung, Rücksicht, Takt usw. (vgl. Goffman 1971a, b).

Neben und mit ihrer ‚sozialstrukturellen' Konstruktion bzw. Beschreibung der Geschlechter und Geschlechterverhältnisse greift die Pornografie auf die oben im Anschluss an Goffman skizzierten symbolischen/rituellen Interaktionsformen der *Unterordnung* zurück, die in der Werbung kopiert und (hyper-)stilisiert werden. Diese Interaktionsformen und mit ihnen ihre (geschlechter-)kosmologischen Sinngehalte finden also Entsprechungen, Fortsetzungen und Abwandlungen in der Pornografie, die auf dieser Ebene aber auch eigene Formen und Überformungen der rituellen Unterordnung entwickelt hat. Auch diese symbolischen Tatsachen sagen Bedeutsames über die Geschlechter aus oder erzählen gleichsam (Kurz-)Geschichten über die Geschlechter, ihre ‚Eigenschaften' und ihre Verhältnisse, nicht zuletzt über Kompetenz-, Macht- und (Ver-)Achtungsverhältnisse. Die Pornografie erweist sich diesbezüglich insgesamt als (noch) hartnäckiger, härter, komplexer und radikaler als die Werbung, ja sie tendiert im Gegensatz zur Entwicklung der Werbung eher in Richtung einer erweiterten, vertieften und verschärften symbolischen/rituellen Asymmetrie und Asymmetrisierung der Geschlechterrollen und der Geschlechterverhältnisse. Dies ist auch nicht überraschend, wenn man davon ausgeht, dass es sich bei den (Hamburger-)Pornowelten um Männerwelten für Männer in Männer(lebens)welten handelt. Schon im Mainstream der Pornografie (und nicht erst in bestimmten pornografischen Spezialkulturen) wird die ‚männliche Herrschaft' (über Frauen) jedenfalls punktuell weit getrieben und teilweise sogar auf die Spitze getrieben – in möglicher Umkehrung realer Unterlegenheits- und Verlegenheitsverhältnisse oder entsprechender Gefühlslagen bestimmter Männergruppen oder Männerkategorien.

Zu den Eigentümlichkeiten der symbolischen/rituellen (Interaktions-)Ordnung der Pornografie gehört es, dass sie die ‚normalen', lebens- und medienweltlichen Unterordnungsrituale, die Goffman in seiner Untersuchung von Reklamefotografien beschrieben hat, nicht nur aufgreift und wiederholt, sondern auch im Bereich des Sexuellen kontextspezifisch ausbuchstabiert und übersetzt. So finden sich die oben beschriebenen Formen der relativen Körper-Größe, der korporalen Schräghaltung, der Berührung und Selbstberührung, des Liegens (auf Betten, Böden oder anderen ‚Unterlagen‘), der Beinanwinkelung, des Kniens, des Lächelns u.a.m. auch im Kontext der Pornografie, jedoch im Unterschied und Gegensatz zur Werbung in immanenter Verbindung mit ‚Sex-Themen‘ und mit Formen von sexueller Obszönität bzw. der speziellen pornografischen Obszönität: obszönen Darstellungen, Stellungen, Ausstellungen, Posen, (Inter-)Akten. Im Zentrum dieser symbolischen/rituellen Synthesen stehen bestimmte sexuelle Handlungen/Praktiken, die in entsprechend geschlechtsspezifischer Besetzung die Form jener Unterordnungsrituale haben oder in diesen Formen ausgeführt werden.

Ein interessantes und wichtiges Beispiel ist der in der ‚Hamburger-Pornografie‘ besonders beliebte Oralverkehr (Fellatio), der häufig in der symbolisch signifikanten Konstellation *stehender* oder *sitzender* Männer und vor ihnen *kniender* Frauen ausgeführt wird. Diese Praktik wird auch vielfach – wiederum symbolisch signifikant – in Verbindung mit extrakorporaler Ejakulation und in einer Art von Infantilisierung gleichsam als Fütterung präsentiert, von der die pornografierten Frauen natürlich nicht genug bekommen können. Die Pornografie benutzt und moduliert hier ein in der Lebenswelt wie in der Werbung zu findendes Muster, das Goffman (vgl. 1981, S. 145 ff.) als ein reklametypisches Ritual der Unterordnung – insbesondere von Frauen – beschrieben hat: „Frauen werden offenbar häufiger abgebildet, wie sie solche Hilfe (Fütterung, H. W.) von Männern erfahren, als umgekehrt; und man macht sich nicht die Mühe, sie so abzubilden, als ironisierten sie ihr Verhalten" (Goffman 1981, S. 146). Ähnlich wie die Werbung lässt die Pornografie mit dem spermatischen Fütterungsritual den ‚Eltern-Kind-Komplex‘ anklingen, bleibt dabei aber nicht stehen, sondern füllt ihn auf ihre obszöne Weise mit sexueller und „sexualideologischer" Bedeutung (Lautmann/Schetsche 1990, S. 67). Lautmann und Schetsche (1990, S. 66) sprechen von *„Sperma als Gabe:* [...] *Sexualideologische Grundlage* dieses symbolischen Aktes ist die Prämisse, daß die Frau ein Interesse an der Spermagabe des Mannes hat. [...] Die spermagetränkten, lachenden Gesichter der Frauen dienen lediglich als ‚Beweismittel‘ für die vom Mann benötigte Bestätigung seiner Spender- und Versorgerqualitäten. [...] damit die Menge der Gabe ‚vor aller Welt‘ sichtbar und damit die Größe des Spenders bewiesen wird" (Lautmann/Schetsche 1990, S. 67). Lautmann und Schetsche konstatieren hier also eine bestimmte symbolische/rituelle Asymmetrie und Asymmetrisierung. Ebenso gut kann man aber auch die ihrerseits asymmetrischen/asymmetrisierenden Bedeutungen der Beschmutzung und der Erniedrigung assoziieren.

Die rituellen Synthesen, die die (Hamburger-)Pornografie auf der Ebene der kopräsenten Geschlechter vorführt, sind insgesamt in dem von Goffman beschriebenen Sinne (symbolisch/semantisch/kosmologisch) tendenziell homogen. Entlang der Differenz(ierung) der Geschlechter manifestieren sich Ensembles von Ritualisierungen, die in ein und dieselbe Richtung deuten oder sich deuten lassen. So werden die Porno-Frauen bei ihren sexuellen Handlungen, Erlebnissen oder ‚Diensten‘ typischerweise mit geschlossenen Augen, kniend oder (und) liegend dargestellt. Besonders häufig und

symbolisch signifikant ist auch die Stellung ‚a tergo‘ beim Anal- und beim Vaginalverkehr sowie die – aus einer niedrigen oder erniedrigten – Position vollzogene Fellatio und
der aufschauende Blick der fellationierenden Frauen zum männlichen Porno-Modell
oder zum Bildbetrachter. Ähnlich charakteristisch und typisch sind die Berührungen
der Porno-Frauen. Als Selbstberührungen lassen sie sich als Ausdruck der Selbstwertschätzung des eigenen Körpers, der ‚geistigen Abwesenheit‘, der (kindlichen) Verlegenheit (vgl. Goffman 1981, S. 125 ff.) oder/und als Hinweis auf Masturbation lesen.
Werden Porno-Männerkörper von Frauen berührt, dann bezieht sich die Berührung in
actu sehr oft (oder meist) auf den erigierten Penis; sie erscheint dann also in einem
spezifisch zelebrierenden und dienenden Sinne bzw. als Moment des pornografischen
Phalluskults: als Ausdruck einer besonderen Wertschätzung des Phallus.

Umgekehrt wird der weibliche (Erotik-, Sex-)Körper kaum zu einem vergleichbaren
Zielgebiet männlicher Berührung. Vielmehr erscheint er hauptsächlich als Objekt
praktisch-zweckgerichteter, „utilitärer“ (Goffman) männlicher Griffe, Zu- und Eingriffe,
die spezielle Benutzungsabsichten anzeigen und Besitz-, Macht- und (Miss-)Achtungs-
verhältnisse zum Ausdruck bringen. Im Rahmen der Pornografie geht es den Männern
im Allgemeinen vor allem um ein – im Interesse eigener Befriedigung – zielsicheres
Packen, Zupacken und Manipulieren des weiblichen Sex-Körpers. Dieser erscheint als
lediglich spezifisch nützliches, nutzbares und benutzbares Ding oder Instrument, über
das man(n) nach Belieben (und Vorlieben) und im Prinzip ohne Rücksicht auf seine
‚Besitzerin‘ verfügen kann. Den derart brauchbaren, gebrauchten und im Sinne von
Konsum *verbrauchten* Frauen kommt also der Status von Objekten bzw. Gütern zu und
nicht von sozial berechtigten, agierenden, reagierenden und anspruchsvollen Subjekten.
Auch wird dem weiblichen Körper in Abweichung von Norm- und Normalitätsvorstellungen keinerlei Respekt, zärtliche Zuneigung oder gar ‚Ehre‘ erwiesen. Er und seine
‚Besitzerin‘ erscheinen nicht in irgendeinem Sinne würdig oder heilig, verehrungs- oder
gar anbetungswürdig. Im Gegenteil ist die Behandlung des weiblichen (Sex-)Körpers als
bloßes Objekt noch die vornehmste Variante in einem breiten Spektrum negativer Ritualisierungen und „negativer Erfahrungen“ (Goffman 1977, S. 409 ff.).

Die (Hamburger-)Pornografie partizipiert also auf ihre besondere (Gattungs-)Weise
an dem symbolischen/rituellen Formenrepertoire der Interaktionsordnung und dessen
medienkulturellen Kopien, speziell in der Werbung. Damit wird nicht nur (aber auch)
Obszönität, sondern auch ein kosmologisches und ideologisches Herrschafts-Modell der
Geschlechter und der Geschlechtlichkeit in spezifische rituelle Formen gebracht. Das
inszenierte Porno-Patriarchat hat aber noch mehr und noch eindeutigere Varianten
symbolischer Ordnung – Geschlechter-Ordnung – zu bieten. Auch sie haben außerhalb
der Pornografie Parallelen und Modelle, insbesondere in jenen gesellschaftlichen
(Wirklichkeits-)Bereichen, die Goffman (1977, S. 415 ff.) „Orte negativer Erfahrung“ genannt hat. Auch die Pornografie selbst kann in die Reihe dieser Orte gestellt werden, die
von ‚totalen Institutionen‘ wie dem KZ bis zum modernen Theater oder (für bestimmte
Gruppen) zur ‚Gesamtgesellschaft‘ reichen. In allen diesen Fällen geht es ähnlich wie in
der Pornografie um die Voraussetzung von Rahmen und deren Bruch, z. B. durch die
Außerkraftsetzung von alltäglichen Interaktionsritualen oder durch rituelle Verlet-

zungen wie die Beschmutzung anderer Menschen mit Fäkalien oder dergleichen (vgl. Goffman 1973a; 1967).

5.3 Symbolische Abwertung und Gewalt

Die ‚Hamburger-Pornografie' begnügt sich also nicht mit sexualisierten und ‚sexual-ideologisch' aufgeladenen Kopien und Modulationen ritueller Unterordnungen von Frauen, wie man sie aus der Reklame kannte und kennt, und auch nicht mit daran anschließenden obszönen Sex-Darstellungen, die Frauen extrem verdinglichen und symbolisch/rituell ein- und unterordnen. Vielmehr steigert oder komplementiert diese Pornografie, *schon* diese Pornografie, die rituelle Unterordnung *regelmäßig* im Sinne von mehr oder weniger deutlicher und eindeutiger symbolischer Abwertung und Ge-walt: mit ritualisierten Formen von Verachtung, Demütigung, Herabwürdigung, Ent-weihung, Beschmutzung.[283] Auch diese ‚Performance' leistet die ‚Hamburger-Porno-grafie' (wie die einschlägigen, extremistischen Porno-Spezialisierungen) auf allen medialen Wegen und Kanälen, die ihr zur Verfügung stehen: im Medium der Sprache und des Sprechens, vor allem aber im Medium des Bildes. In ihm können die Körper der Porno-Modelle am besten als symbolische/rituelle Botschafter und Botschaften zur Geltung und zum Einsatz kommen.

Gleichsam programmatisch verkündet die Pornografie in diesem Zusammenhang in verschiedenen, mehr oder weniger spektakulären Varianten die kosmologische „Botschaft, der Mann sei der Frau überlegen; obszöne Gewalt verkörpert diesen Herr-schaftsanspruch auf eine besonders nachdrückliche Weise. [...] Insofern fungiert die Gewalt in der Pornografie als ein *Symbol*, dessen Botschaft rezipiert wird und will-kommen ist: das Gegebensein männlicher Allmacht. Darin liegt eine, wenn nicht die wesentliche Signalfunktion der vorgeführten maskulinen Brutalität" (Lautmann/Sche-tsche 1990, S. 179). Sie ist also auch in ihren extremeren Varianten ‚nur' eine (Über-) Steigerung, mit Goffman gesprochen, eine Hyper-Ritualisierung jener ‚gewöhnlichen' Rituale der Unterordnung, die oben thematisiert worden sind.

Diese Performanzen krasser (Geschlechter-)Asymmetrie, physisch-symbolischer Aggression und Degradierung stehen typischerweise im Rahmen scheinbarer, seitens der Frauen ausdrücklich erklärter Freiwilligkeit und Einvernehmlichkeit – eine Rah-mung, die offensichtlich rechtlich und strategisch motiviert ist. Sie dient vor allem der

---

283 Die (Hamburger-)Porno-Konsumenten selbst scheinen sich typischerweise über diese symbolische Geschlechter-Ordnung der Pornografie im Klaren zu sein und zu glauben, dass Pornografie (Porno-) Frauen diskriminiert. So wird z. B. gesehen, „dass die Darstellungen der Frauen [...] sehr, sehr oft er-niedrigend sind" (A), dass die Männer meistens „machomäßig auftreten" (A), dass „der Mann die Frau holt (nimmt, H. W.) und nicht die Frau den Mann" (A). Auch werden kumulierende Praktiken wie der Analverkehr oder die gleichzeitige Mehrfachpenetration einzelner Frauen als eine Art Gewalt oder De-mütigung verstanden. Gleichzeitig nimmt man(n) aber – der Pornografie-Performanz entsprechend – an, „dass die Frau es doch will [...], die will im Film erniedrigt werden" (A).

juristischen Absicherung und der Inklusion eines möglichst umfangreichen Publikums, das so mit akzeptabilitätssteigernder „Legitimation" versorgt wird (Lewandowski 2012, S. 266). Sie ist aber auch als eine Art (frauen-)anthropologisches Klischee sowie als eigentümliche Form der Unterwerfung und Demütigung der Frauen zu lesen (vgl. Lewandowski 2012, S. 266 f).

Die vielleicht wichtigste Rolle spielen in diesem Zusammenhang bestimmte sexuelle Praktiken bzw. deren Darstellung, vorherrschende Häufigkeit und Inszenierung. Die (Hamburger-)Pornografie privilegiert neben und mit dem (heterosexuellen) Vaginalverkehr die Praktik des Oralverkehrs und die des Analverkehrs, die jeweils als solche, durch ihre Darstellung und durch die besondere Häufung ihrer Darstellung sowie durch ihre Kombination mit anderen Praktiken symbolisch/rituell signifikant sind. Es versteht sich im ‚Hamburger-Porno' fast von selbst, dass die Frauen nicht nur bevorzugte Objekte des Analverkehrs sind, sondern umgekehrt auch als ‚Subjekte' des Oralverkehrs dominieren – eine scheinbar natürliche Rollenverteilung der Geschlechter, die natürlich symbolisch aussagekräftig ist.

Dass in vielen dieser Sex-Performanzen – gerade des Analverkehrs – nicht nur (männliche) Dominanzphantasien, sondern auch Gewalt-, Herabwürdigungs- und Demütigungsphantasien stecken, ist kaum zu übersehen und auch kaum zu überlesen oder zu überhören. Schon die bildliche Performanz des Analverkehrs als solchem erweckt den Eindruck der (männlichen) Aggressivität und Aggression und der (weiblichen) Demütigung, auch wenn dieser Praktik (im heterosexuellen Verhältnis) regelmäßig „Analorgasmen" angedichtet werden. Auch die in diesem Zusammenhang verwendete Metaphorik („Attacken", „stoßen", „rammen" etc.) macht einen symbolischen bzw. symbolisch-aggressiven Bedeutungshorizont deutlich und lässt an Eindeutigkeit kaum etwas zu wünschen übrig. Lewandowski (2012, S. 62) liest die Praktik des Analverkehrs mit seiner „besonderen Prominenz" im Porno darüber hinaus als eine spezifische „(De-)Konstruktion des Weiblichen" – durch Ignoranz des weiblichen Sexualkörpers.

> Die Unterwerfung des Weiblichen scheint das Dominante des Analverkehrs zu sein, sofern er Verfügbarkeit über alle Öffnungen des weiblichen Körpers nicht nur symbolisiert, sondern faktisch demonstriert. Es geht um eine Bemächtigung des Weiblichen, zugleich aber auch um dessen Negierung. [...] Die Frau wird als Frau entwertet und insofern fügt sich die Prominenz des Analverkehrs durchaus in eine Leseweise ein, die Pornografie als Kampf gegen die Frau und als Darstellung ihrer Erniedrigung deutet. [...] Bemächtigung und Negierung, Bemächtigung durch Negierung des Weiblichen scheint von daher die eigentliche ‚story' der Pornografie zu sein. Und so wäre auch die unendliche Wiederholung solcher Inszenierungen erklärbar (Lewandowski 2012, S. 62–64).

Signifikant und in seiner physischen wie symbolischen/rituellen Bedeutung kaum misszuverstehen ist auch die gleichzeitige sexuelle Mehrfachpenetration einzelner Frauen durch mehrere Männer – bis hin zu der häufigen Variante gleichzeitigen Vaginal-, Anal- und Oralverkehrs. Auch diese sexuelle/sexualisierte Praktik bzw. Konfiguration von Praktiken und (Männer-)Körpern ist nicht nur spezifisch obszön, indem sie die (Frauen-)Körper verdinglichend heruntermoduliert und Intimität ins Gegenteil verkehrt, sondern sie qualifiziert auch das Geschlechterverhältnis als ein einseitiges

Herrschafts-, Beherrschungs- und Benutzungsverhältnis. Die Porno-Frau wird hier im Grunde auf eine von (mehreren) Männern benutzbare und benutzte Kombination von fungierenden Körperteilen und Köperöffnungen reduziert und als solches Kombinat dargestellt und veröffentlicht. Bezüglich dieser Art von Praktik und ihrer Verbreitung von einer Brutalität und einer Brutalisierungstendenz der Pornografie zu sprechen ist sicher nicht übertrieben.

> Die Frau, deren Körper zwischen zwei Männern, die sie vaginal und anal penetrieren, gleichsam eingerahmt oder auch eingeklemmt ist, und die zugleich einen oder mehrere Männer fellationiert und/oder masturbiert, ist in einem gewissen Sinne die Ikone der spektakulären Hardcore-Pornografie. Sie ist dies, indem sie vollständig zum Körper wird und als Person vollständig hinter ihrem Fleisch verschwindet bzw. in ihm aufgeht. Vollkommen maschinenähnlich geworden, agiert sie nicht mehr, sondern reagiert nur noch mehr oder minder mechanisch auf die Stöße der Männer, die sich ihrer bedienen (Lewandowski 2012, S. 262).

Ein anderes Beispiel für eine pornografische Brutalitätsform und für eine Brutalisierungstendenz, die auch Licht auf die brutalisierte Praktik selbst und deren Bedeutung in der Pornografie werfen mag, sind jene Formen der Fellatio, die „als ‚gagging‘ bzw. ‚gag on my cock‘ bezeichnet werden und beabsichtigen, Würgereflexe hervorzurufen. [...] Die eigentlich aktive, die Fellatio ausführende Person wird – unter Beibehaltung der sexuellen Praktik – in eine passive Position gedrängt; sie wird, wie es der pornografische Jargon ausdrückt, ‚in den Mund gefickt‘" (Lewandowski 2012, S. 263). Dass sich Sexualität hier in ritualisierter Form mit blanker und roher Gewalt bzw. einer männlichen Macht- und Gewaltphantasie verbindet, und zwar *im* Porno und – auf der Phantasieebene – erwartbar *vor* dem Porno, ist offensichtlich.

Zu den in diesem Zusammenhang typischen und signifikanten rituellen Porno-Akten gehört auch die oft massive und/weil oft von mehreren Akteuren ausgehende ejakulative Befleckung des weiblichen Körpers, vor allem des Gesichtes, sowie die Ejakulation in den Mund. Dass vorzugsweise das Gesicht der Frau befleckt wird oder/und die Ejakulation in den Mund der Frau erfolgt und dann (von ihr) *gezeigt* wird (im Bild und dem Bildbetrachter), ist natürlich kein Zufall, sondern Moment der Porno-Dramaturgie und symbolisch bedeutsam. Neben und mit der Ejakulation auf den weiblichen Körper bzw. auf das Gesicht sowie auf sexuell signifikante Körperzonen wie Anus und Genitalbereich kommen andere Formen der materiellen und symbolischen Beschmutzung vor, die nicht direkt mit sexuellen Vorgängen im Zusammenhang stehen, aber mit diesen Vorgängen in Zusammenhang gebracht werden und auch ein sinnerhellendes Licht auf sie werfen. Dazu gehören Beschmutzungen mit diversen Körperausscheidungen, die in den erwähnten pornografischen Extremformen bis hin zur Verwendung von Fäkalien reichen und auch aus sozialen Extremkontexten jenseits der Pornografie (z. B. der Psychiatrie) berichtet werden (vgl. Goffman 1973a). Auch diese und weniger krasse Beschmutzungen sind (porno-)symbolische Ausdrucksmittel, die sich wiederum mit anderen Ritualen vergleichbarer Sinnhaftigkeit kombinieren lassen und bedeutungsvolle Synthesen bilden, Ensembles und Kombinationen von Ritualisierungen der Beschmutzung und Entweihung. So bringen die Pornografen die Frauen bzw. ihre Körper und Gesichter nicht nur gern mit unreinen und beschmutzenden (Körper-)Flüssigkeiten, sondern auch mit materiell und rituell unreinen Orten wie dem Fußboden und Körperzonen wie dem Analbereich in Verbindung. Er bietet spezifische Möglichkeiten eines mit Ekel und Ekelassoziationen verbundenen Spiels der Beschmutzung, Entweihung und Demütigung – eines Spiels, das im ‚Hamburger-Porno' allerdings nur angedeutet wird. Anderenorts wird es voll ausgespielt und fungiert hier wie dort als ein Lustfaktor oder Lustgenerator (auf der Basis von medial vermittelter Ekelhaftigkeit und fremden Ekelgefühlen).

Neben und mit *bildlichen* (visuellen) Mitteln, die in ihrer Primitivität und damit auch Intensität und Effektivität kaum zu überbieten sind, bedient sich die Pornografie auch sprachlicher Formen symbolischer/ritueller Abwertung, Herabwürdigung, Demütigung und Gewalt. So erscheint die Porno-Frau im pornografischen Drama – ihrer visuellen Heruntermodulation genau entsprechend – regelmäßig als eine Art Unperson, über die man(n) sich mit einem Geschlechts- und Sex-Genossen in actu wie über einen abwesenden Dritten oder ein anwesendes Kleinkind oder Haustier unterhält, z. B. im Hinblick auf ihre physischen oder sexpraktischen Qualitäten. Ähnlich symbolisch signifikant sind männliche ‚Weisungen' oder Befehle während der sexuellen Interaktion sowie vulgäre und verächtliche Ansprachen und Redewendungen. Solche Ausdrucksweisen und Texte wiederholen, ergänzen, spezifizieren und vertiefen die symbolischen/rituellen Botschaften der Bilder, deren präsentative Entweihung und Degradierung der Frauen häufig mit aggressiv-verächtlichen Metaphern und Kommentaren gepaart ist.

Die Porno-Frauen werden auch durch ihr ‚eigenes' Verhalten/Handeln in einem negativen Sinne symbolisch qualifiziert, herabgewürdigt und entweiht. So lassen die Pornografen die weiblichen Modelle/Figuren vorzugsweise obszöne, ordinäre und vulgäre Reden führen, die scheinbar ihren wahren Charakter, ihre Emotionen und Motive offenbaren bzw. entlarven. Es zeigt sich dann, und das machen die Porno-Frauen ausdrücklich und unzweifelhaft klar, dass dieser Charakter weit entfernt von traditionellen (‚bürgerlichen') Frauen-Images ist und im Grunde aus wenigen Formen primitiver Gier besteht: vor allem Sex-Gier (Geilheit), Geld-Gier und (Luxus-)Konsum-Gier.

Das (Charakter-)Image ‚ihrer' Frauen machen die Pornografen aber nicht nur schlecht, sondern auch immer wieder lächerlich, z. B. durch spöttische Wiederholungen und Übertreibungen alltäglicher Geschlechterklischees, die in Verbindung mit den obszönen Sex-Darstellungen zum Lachen reizen und männliche Überlegenheitsgefühle ansprechen (sollen). So erscheinen die Frauen selbst beim praktizierten Geschlechtsverkehr (mit dem ‚anderen Geschlecht') als geschwätzig und naiv, während die Männer gleichsam als Herren des Verfahrens erscheinen und sich entsprechend anstellen und unter Beweis stellen.[284]

Wenn man diese Beobachtungen und Überlegungen zusammenfasst, erscheint es zumindest auf Anhieb und auf den ersten Blick nicht übertrieben, von manifester – im Porno wie in seinem Konsum und seinen Konsumenten manifestierter – Frauenver-

---

284 Dazu eingehender die folgenden Überlegungen zu Komik und Zweideutigkeit in der Pornografie.

achtung, von Frauenfeindlichkeit oder gar, wie Sven Lewandowski (2012, S. 252), von „Frauenhass" zu sprechen. Das schließt allerdings nicht aus, dass diese (männliche) Attitüde und Affektivität auch auf so etwas wie ihr Gegenteil verweist, das in jenen Inszenierungen und Performanzen in Bezug auf Frauen oder das ‚Weibliche' implizit und indirekt, gleichsam als andere Seite der Medaille zum Ausdruck kommt: männliche Einstellungen, Vorstellungen und Gefühle der Unsicherheit, der Unterlegenheit, der Verlegenheit, der Ohnmacht, der Angst, der Ambivalenz oder auch der Faszination oder der Enttäuschung von Frauen. Heutzutage mögen solche männlichen Befindlichkeiten, bedingt oder verursacht durch sozialen und kulturellen Wandel (nicht nur der Geschlechterverhältnisse) verbreiteter denn je sein und damit ein Mutter- oder Resonanzboden von Pornografie bzw. *bestimmter* Pornografie.

6 Pornografische Diskurse und Bilder

Die moderne Pornografie ist ein spezielles mediales Unterhaltungsangebot, das zwar in der Form der ‚Hamburger-Pornografie' ähnlich wie die Werbung hauptsächlich in Bildern besteht und von Bildern lebt, das aber – wiederum wie die Werbung – auch die spezifischen Möglichkeiten der Sprache braucht und gebraucht, um das eigene Potenzial voll zu entfalten. Mit ihren visuellen Kommunikationen und den entsprechenden analogen Ausdruckselementen/Symbolen verknüpft die Pornografie also sprachliche Ausdrucksformen und Äußerungen, seien dies inszenierte – mündliche – Ausrufe,[285] Mitteilungen, Aussagen, Reden oder Gespräche der Porno-Akteur/-innen oder die – schriftlichen – Texte der (heft-)pornografischen Erzählungen.

Mit diesen digitalen Mitteln wiederholen und ergänzen, steigern und vertiefen die Pornografen die ‚Analogien' der pornografischen Bilder und Laute/Töne[286] in einer Art Arbeitsteilung der Medien und Medientypen, die die pornografische Obszönität profiliert und (sinn-)anreichert. Sprachliche Mittel finden sich vor allem in der zwar stereotypen und redundanten, aber auch durchaus komplexen Benennung, Nennung und Beschreibung des Sexes, seiner Akteur/-innen und seiner (fiktionalen) Kontexte. Das gilt sowohl für Pornofilme, die mit der Bildlichkeit korporaler Äußerlichkeit auch auf die Mündlichkeit sprachlicher und nicht-sprachlicher Äußerungen setzen, als auch für Pornohefte mit ihren (schriftlichen) Stories, Kurzgeschichten besonderer Art.

Im mehr oder weniger engen Zusammenhang mit ihren anderen, insbesondere visuellen Kommunikationsmitteln nutzt die hier thematische Pornografie also die allgemeinen Möglichkeiten der Sprache sowie ein eigenes sprachliches Repertoire. Sie bewegt sich innerhalb einer eigenen sprachlichen Ausdrucks- und Sinnwelt, einer Art Idiom, von dem unter bestimmten historischen Bedingungen produktiv wie rezeptiv Gebrauch gemacht wird. Auch wenn die Pornografie ihre sprachlichen Grundformen ebenso wenig erfunden hat wie ihre bildlichen/visuellen, macht es also Sinn, von der Pornografie als einem *Diskurs* zu sprechen, einem Diskurs mit einer eigenen Identität und eigenen Sinngrenzen, einer eigenen Semantik, einem eigenen (vulgären, ordinären, obszönen) Vokabular, einer eigenen Metaphorik, eigenen Sprüchen, kommunikativen Formaten, Skripts, Anspielungshorizonten usw. In diesem Diskurs, der allerdings in

---

285 ‚Ich komme, ich komme ...'; ‚Mir kommt's'; „OOOOHH"; „AAAH" usw. (Faulstich 1994, S. 186 ff.).

286 Man kennt diese komplementären analogen/expressiven Ausdrucksformen, insbesondere die auf starke und stärkste Affekte verweisenden lautlichen Äußerungen, die wie der Porno-Sex überhaupt lebensweltliche Urbilder kopieren: schweres Atmen, Brummen, Schreien, Stöhnen, Keuchen, Kreischen – vorzugsweise von Frauen. Dass die Porno-Frauen in puncto Laute/Töne das „dramatisch dominante" (Goffman 1969) Geschlecht sind, soll natürlich ihre affektive Befindlichkeit (Geilheit) und auch ihren ‚wahren Charakter' deutlich machen. Auf dieses Erlebnis scheinen die (männlichen) Porno-Rezipienten besonderen Wert zu legen, wie jedenfalls die Porno-Inszenierungen und auch die Pornorezipienten selbst nahelegen. Die (dargestellten) Porno-Männer sind dagegen, ihrer pornografischen ‚Anthropologie' und ‚Zivilisierung' entsprechend, in actu deutlich leiser und überhaupt zurückhaltender und selbstkontrollierter als die Porno-Frauen.

https://doi.org/10.1515/9783111168906-019

jedem Punkt *geworden* ist, sich entwickelt und wandelt, expandiert und differenziert, liegt ein besonderer, komplexer und polymorpher Sinnbestand, der den (Eigen-)Sinn der pornografischen Bilder (mit ihren eigentümlichen korporalen Schlüsselreizen, anscheinenden Signalkommunikationen, Ritualisierungen usw.) teils wiederholt und teils komplementiert und gleichsam potenziert.

Im Folgenden soll die Untersuchung der Pornografie in dieser Richtung, also in Bezug auf verschiedene Formen ihres Diskurses und einige – die Geschlechter definierende – Zusammenhänge zwischen Diskursivität und Visualität fortgesetzt werden. Denn es geht hier ja immer auch um die Konstruktion nicht nur der Geschlechtlichkeit, sondern auch der Geschlechter, die die Pornografie mit ihrem, in ihrem und durch ihr ‚Sex-Theater' gleichsam beschreibt und definiert.

6.1 Porno-Sprache und Porno-Sprechen

Die Pornografie hat im Laufe ihrer bekanntlich weit hinter das Zeitalter der Bildmedien zurückreichenden Geschichte, die manche Beobachter/-innen fast mit der Menschheitsgeschichte gleichsetzen, einen eigenen „frevlerischen Diskurs" (Foucault) und ein eigenes obszönes Sprachrepertoire entwickelt, tradiert und weiterentwickelt, das allerdings auch in anderen (Vulgär-, Ordinär-)Sprachen und Diskursen wurzelt, sich mit ihnen überschneidet, sie infiltriert und mit Vokabular beliefert (vgl. Faulstich 1994, S. 21 ff.). Diesbezüglich scheint es gerechtfertigt oder geboten, von der Pornografie als einer Männer-Sprache und einem Männer-Sprechen zu sprechen, auch wenn natürlich auch Frauen in der Lage sind, sich der Mittel dieser Sprachen zu bedienen.

Die obszöne Porno-Sprache (Sprache der Obszönität) konzentriert sich mit ihren gleichsam naturalistischen, teilweise auch analogisch oder symbolisch aussagekräftigen Ausdrücken einerseits auf die (Sex-)Körper beider Geschlechter (mit obszön-vulgären Begriffen wie Arsch, Arschloch, Fotze, Schwanz, Eier, Euter oder Titten) und andererseits auf die sexuellen Handlungen, Reaktionen und Interaktionen (mit Begriffen wie Ficken, Vögeln, Durchvögeln, Rammeln, Arschficken, Faustficken, Wichsen/Abwichsen, Lutschen, Lecken, Blasen, Tropfen oder Spritzen/Abspritzen). Die sprachliche Obszönität der Pornografie besteht hauptsächlich in einer bestimmten anschaulichen und aussagekräftigen *Metaphorik*, insbesondere in der metaphorischen Verknüpfung des (bildlich) dargestellten Sexes mit bestimmten Themen, Sphären und Sinnwelten, die neben und mit dem Sex auch die Geschlechter und ihre Beziehungen qualifizieren. Dazu gehören beispielsweise: die Natur („dicker Schwanz", „tropfende Möse" etc.), die Technik („Fickkünste", „Ficktricks", „Fickknüppel"), die Medizin („Fickspritze", „Spermainjektion" etc.), die Masturbation (Geschlechtsverkehr als „abgewichst werden" etc.), die Tierwelt („Euter", „kaninchenartige Stöße", „vögeln", „saugeil", „versaut" etc.), die Nahrungs- und Genussmittel (Sperma als „Saft", „Delikatesse", „Nachtisch", „Natursekt" etc.), der Sport und die (Zirkus-)Artistik („Bumsnummer", „Blasnummer", „Reiten", „Turnierreiten" etc.) und nicht zuletzt die physische Aggression/Gewalt, deren sex- und geschlechterbezogene Bedeutung auch an der relativen Vielfalt ihrer sprachlichen

Ausdrucksformen zu erkennen ist („Stoßen", „Zustoßen", „Spermaladung in den Mund schießen", „den Pfahl mit voller Wucht hineinrammen", „Kanone", „Prügel", „Prügeln", „Nageln", „sein Magazin abschießen", „am Fickknüppel aufspießen", „Hammer hineinschieben", Penis, der zu „explodieren" droht etc.).

Die Pornografie hat die Sprache und *ihre* Sprache also in den Dienst ihrer speziellen Realitäten und Realitätskonstruktionen gestellt und in dieser Richtung eine eigene sprachliche Produktivität und Kreativität entwickelt, die im Ergebnis die visuelle Obszönität ebenso wiederholt wie variiert, ergänzt und verstärkt. Dabei geht es – im Prinzip wie auf der Ebene der Visualität/Visualisierung – nicht oder nicht nur um Obszönität im Sinne eines (zeigenden) Hervorzerrens und Herabziehens von Intimitäten, sondern auch darum, diese Intimitäten und ihre Akteur/-innen in bestimmte symbolisch-evaluative Sinnzusammenhänge zu stellen und in einem bestimmten Licht erscheinen zu lassen. Die obszönen Benennungen, Metaphern und Skripts der Pornografie liefern auch bereits profilierte Image-Versionen der Geschlechter, die den Geschlechtern (bei aller obszönen Gemeinsamkeit und aller Gemeinsamkeit des Obszönen) spezifische Rollen und gleichsam anthropologische Attribute zuweisen. So werden die Frauen in den Texten der (Hamburger-)Pornostories immer wieder als „rund um die Uhr tierisch geile" „Nymphomaninnen" oder Ähnliches beschrieben, und die Frauen beschreiben durch ihre ‚schmutzigen' Ausdrücke, Redeweisen und Mitteilungen auch selbst, wer und was sie sind, eben „rund um die Uhr tierisch geile" „Nymphomaninnen", „Nutten", „Schlampen", „Flittchen" oder Ähnliches. Sprache (Sprechen) erweist sich hier also schon auf der Ebene ihres (Basis-)Vokabulars, ihrer Begriffe, Namen usw. als Medium der symbolisch-moralischen Rahmung des Sexes und der Sex-Akteur/-innen.

Mit ihren speziellen sprachlichen und lautlich-akustischen Kommunikationsmitteln und Kommunikationen (Ausdrücken, Aussagen, Ausrufen, Formulierungen, Geräuschen), die als obszön, vulgär oder ordinär gelten und gelten wollen, bedient die Pornografie offenbar auch ein spezifisches Ensemble von *Lüsten*, vorwiegend oder immanent männliche Ohrenlust, Sprachlust, (Aus-)Sprechlust und Diskurs-Lust – ein Ensemble von Lüsten, das der vorrangigen voyeuristischen Augen- und Bild-Lust ihres (Männer-)Publikums korrespondiert und das sie gleichsam synergetisch komplementiert und potenziert.

Damit tut sich auch eine kulturelle und soziale Kluft und Opposition auf: Die Pornografie (und ihr Publikum) steht im denkbar krassesten Gegensatz zu den legitimen und erst recht zu den moralisch und/oder geschmacklich geschätzten und ‚gepflegten' (kanonisierten) Diskursivierungen der Liebe, der Erotik und des Sexes,[287] ja sie legt Wert darauf, als ihr Gegensatz und ihre Widerlegung zu erscheinen. Als obszöner Männer-, Herren- und (Männer-)Herrschaftsdiskurs ist die Pornografie, gemessen an zeitgenössischer Normativität und Legitimität, immanent illegitim und antilegitim, ungepflegt,

---

287 Die Konsument/-innen der Pornografie, also vor allem Männer, befinden sich damit natürlich auch offen oder verdeckt in einem sozialen Antagonismus und Konfliktverhältnis zu denjenigen, insbesondere Frauen, die ihren obszönen Geschmack und ihren obszönen (Moral-)Sinn verachten und verurteilen.

unanständig und auch zutiefst antihumanistisch und antifeministisch, ja sie ist in einem in gewisser Weise demonstrativ menschen- und frauenverachtenden Sinne sexistisch und maskulinistisch.

In ihrer diskursiv-expliziten und geradezu programmatischen Gegensätzlichkeit zur Normativität und Legitimität der jeweils ‚real existierenden‘ Gesellschaft hat es die Pornografie und haben es die Pornografen immer schon und heute in manchen Bereichen mehr denn je mit moralischer, geschmacklicher und politischer Verurteilung, Stigmatisierung und Kritik zu tun, mit durchgreifenden Sprach-Disziplinen, Sprach-Kontrollen und (mindestens) ‚Diskurspolizeien‘. Es ist aber auch nicht zu übersehen und nicht zu überhören, dass viele Standard-Elemente der Porno-Sprache und der Porno-Semantik sowohl in andere Medien-Diskurse (insbesondere der Unterhaltung) als auch in Alltagsdiskurse eingedrungen sind. Man kann diese Penetration, diese Anschlussfähigkeit und Adpotionsbereitschaft, die sich gegenläufig zum Aufstieg und Durchgreifen jener zensorischen Instanzen und Akteure entfaltet hat und weiter entfaltet, als einen Ausdruck von langfristigen Kulturwandlungen (z. B. Hybridisierungs- und Informalisierungsprozessen) verstehen, aber auch vermuten, dass die Pornografie und die Pornografisierung eine generative und forcierende Rolle in diesen Prozessen gespielt hat und spielt. Die *visuelle* Obszönität der Pornografie bleibt im Wesentlichen immer noch auf die Pornografie selbst beschränkt, aber das sprachliche Repertoire und erhebliche Teile der Vorstellungswelt der Pornografie sind schon recht weit über die Pornografie hinausgelangt und zu Momenten von Alltags- und Mediendiskursen geworden, an denen auch sehr junge Menschen, Frauen und Mädchen partizipieren.

6.2 Porno-Stories: Sex- und Geschlechter-Geschichten

Es liegt auf der Hand, dass sich die Diskurse der Heft-Pornografie von denen der Porno-Filme zunächst und grundsätzlich dadurch unterscheiden, dass sie ausschließlich *schriftlicher* Art sind und sich damit auf die Möglichkeiten des Mediums Schrift beschränken. Schrift(lichkeit) und Bild(lichkeit) stehen im Falle der (Hamburger-)Heftpornografie in einer bestimmten wechselseitigen Abhängigkeits- und Funktionsbeziehung, einer Beziehung der Komplementarität und der Synergie, während Pornofilme auf Schrift weitestgehend oder ganz verzichten können. Filme bilden Synthesen aus visueller, mündlich-sprachlicher und akustischer Kommunikation; Hefte bilden Synthesen aus Bildern/Fotografien und Texten.

Die Diskurse der hier thematischen Heft-Pornografie sind allerdings in ihren einzelnen Ausprägungen sehr überschaubar und kleinteilig formatiert. Sie bestehen im Wesentlichen in kurzen fiktionalen Erzählungen oder Kommentierungen der Porno-Bilder bzw. Bilderserien, die ihrerseits in gewissem Maße ‚aus sich heraus‘ und parallel zu den schriftlichen Pornostories Geschichten erzählen. Die (narrative) Logik der heftpornografischen Geschichten (stories) ist also eine andere, vor allem viel weniger komplexe, als die der Filme, aber sie ist mit der der Filme durchaus zu vergleichen. Der thematische und dramaturgische Schwerpunkt liegt jeweils und sehr schnell beim obszönen Sex, auf den die heftpornografischen Erzähler schon nach wenigen einleitenden und einbettenden Sätzen oder nach nur einem einzigen Satz zu sprechen kommen. Allerdings machen die raumgreifenden und dominanten Bilder des Heftes schon vor aller und ohne alle Lektüre des Begleittextes klar, was situativ eigentlich vorgeht und worauf alles hinausläuft.

Die Texte der (Hamburger-)Pornohefte zeichnen sich also auf den ersten Blick dadurch aus, dass sie im Vergleich mit den Bildern nur wenig Raum einnehmen, was für eine praktische (Praktiker-)Einschätzung ihrer funktionalen (und auch von den Pornografen gemeinten) Relevanz spricht. Immerhin werden diese Texte (stories) von den Porno-Machern offensichtlich für (gattungs-)notwendig, ja unverzichtbar gehalten. Sie scheinen für das Publikum nützlich oder sogar ‚befriedigend‘ zu sein, nämlich gewünschte und wunschbezogene Informationen, kognitive und affektive Anhaltspunkte und Anregungen zu liefern.

Eine zentrale Funktion dieser Texte besteht offenbar darin, den Bildern, und das heißt den visuellen (Schlüssel-)Reizen, eine inhaltliche Form und einen sinnhaften Zusammenhang und damit auch der Phantasie des Betrachters einen Anstoß und eine Richtung zu geben. In Verbindung mit den Bildern bauen die pornografischen ‚Kurzgeschichten‘, die allerdings überwiegend *extrem* kurz sind, sozusagen einen dramatischen Handlungsrahmen, eine Art Handlungsidee auf. Vergleichbar mit den Skripts von Pornofilmen beginnen sie typischerweise mit einer zunächst eher ‚unverdächtigen‘ Einführung und Vorstellung von Situationen und Personen. Typische soziale Startsituationen der Porno-Geschichten sind alltägliche oder allgemein bekannte Interaktionsrahmen wie das Verkaufsgespräch, das Vorstellungsgespräch, das Beichtgespräch, die medizinische Untersuchung oder der Schulunterricht mit den entsprechenden Protagonist/-innen, etwa einer Schülerin und einem Lehrer oder einem (weiblichen) Beichtkind und einem Beichtvater. Daraus ergeben sich dann auch schon bald instruktive Hinweise auf die kommenden Sex-Performanzen der Geschlechter. Es bedarf also keiner langen dramatischen Geschichten (und Drehbücher) bis das geschieht, was in der Pornografie immer geschieht und „eigentlich los“ (Goffman 1977) ist. Die Akteur/-innen kommen aus ihrem jeweiligen sozialen Alltagskontext mehr oder weniger umstandslos zu der bekannten ‚Sache‘, deren Geschichte schließlich damit endet, dass alle Beteiligten mindestens einmal ‚kommen‘.

Mit dieser ‚Sache‘ und ihrem Kontext qualifizieren die (Hamburger-)Pornografen auch immer gleich diejenigen, die sie praktizieren, wobei sie sich wesentlich an der traditionellen Differenz(ierung) der Geschlechter orientieren und zugleich eine gewisse *Indifferenz* der Geschlechter behaupten, nämlich ihnen ein *gemeinsames* Höchstmaß an Wolllust und deren Permanenz attestieren.[288] Dies geschieht, indem nicht nur von Sex-

---

288 Damit entsprechen die Stories der ‚Hamburger-Pornografie‘ wiederum einem Muster der Werbungserotik, die – unter anderen Geschichten – auch die Geschichte von einem den Geschlechtern gemeinsamen und geschlechterübergreifend gemeinsam vorangetriebenen ‚Willen zum Sex‘ erzählen (siehe oben). In der Werbung ist diese Variante allerdings immer noch eher die Ausnahme als die Regel (wie in der ‚Hamburger-Pornografie‘).

Vollzügen, sondern auch von sexgierigen Wesen beiderlei Geschlechts berichtet wird, speziell aber von attraktiven und jungen, oft *sehr* jungen Frauen, die sich auch durch alle Seiten ihrer Expressivität (Gesicht, Ausrufe) als ganz und gar sexbesessen und schamlos ,entpuppen', den Porno-Männern diesbezüglich in nichts nachstehend. Ein beliebtes pornografisches ,Weibsbild' ist der Typ des „scheinbar wohlerzogenen und anständigen Mädchens", das die Pornografen (männer-)wunschgemäß als höchst unerzogen, unanständig und einschlägig umtriebig entlarven. Besonders beliebt sind auch als solche leicht erkennbare und gedanklich richtungweisende Prostituierte/Huren oder Quasi-Prostituierte, die sich nach Auskunft der Porno-Texte für Vorteile aller Art leicht ,herumkriegen' lassen, wenn sie nicht aus purer Geilheit selbst initiativ werden oder bloß darauf warten, dass man(n) auf sie zugreift. Natürlich passen die direkt und indirekt beschriebenen Porno-Männer der Porno-Stories mit ihrem Reden, Erscheinen und Tun in perfekter Komplementarität zu diesen fiktiven und fiktionalen Frauen-Bildern. So gibt es kaum eine Situation, in denen sie nicht eindeutig und unübersehbar „geil und steif" sind, während die Frauen nach Auskunft der Texte und der Reden ebenso eindeutig „kochen" und „tropfen". Beide Seiten benötigen dabei weder einen Vorlauf noch ein ,Vorspiel'.

Die Pornografen erzählen also mehr oder weniger aus der Luft gegriffene und haltlose Sex-Geschichten, die gleichwohl einen systematischen inhaltlichen Charakter haben und als solche Fiktionen vom Porno-Publikum offenbar genossen und genutzt werden. Diese Geschichten sind immer auch Geschichten von den Geschlechtern und über die Geschlechter, die auch namentlich (als Personen) identifiziert werden. Eine beliebte Variante stellen Stories über Schülerinnen und Studentinnen dar, die natürlich immer sexgierig sind, aber auch, wie so oft im Rahmen der ,Hamburger-Pornografie', in asymmetrischen Rollenbeziehungen agieren, z.B. in einer Lehrer-Schüler-Beziehung. Der offensichtlich unernste und komische Charakter dieser Stories kann und soll nicht darüber hinwegtäuschen, dass sie durchaus ernst zu nehmende Botschaften implizieren und verkünden.

Einige ,Kostproben':

> Gloria ist ein sparsames Mädchen. Deshalb lebt sie immer noch bei ihren Eltern, obwohl Girls ihrer Altersgruppe, jedenfalls in Dänemark, schon aus dem Nest fliegen wollen, wenn sie noch die Real- oder Berufsschule besuchen. Nun studiert Gloria schon und zwar Psychologie an der hiesigen Universität, wobei sie sich besonders für die Theorien eines gewissen Herrn Sigmund Freud interessiert. Intelligent wie sie ist, setzt sie natürlich jederzeit die Theorie des berühmten Seelenforschers in praktische Taten um...

> Im Fach Biologie waren Anne und Claire ausgesprochen schwach auf der Brust, aus dem einfachen Grund, weil sie dieses heute sehr wichtige Fach überhaupt nicht interessierte. Mit einer Einschränkung – alles, was mit der menschlichen Fortpflanzung zu tun hatte, sogen sie in sich wie Bienen den Honig. Gut, weil in Biologie die Fünfer und Sechser wie ein Damoklesschwert über die hübschen Häupter der beiden Schülerinnen schwebte, hatten sie etwas Nachhilfeunterricht dringend notwendig, dafür war Lehrer Pisser der richtige Mann...

Als Lehrer, und ganz besonders als Bio-Lehrer, sollte man die biologischen Triebe der anvertrauten Schülerinnen ernst nehmen und was ist wohl anschaulicher – Theorie oder Praxis? Diese Frage hat Goethe schon beantwortet und da Pisser seinen Goethe, besonders die passenden Zitate, auswendig kannte, führte er seinen geilen und wissbegierigen Schülerinnen gleich vor, wie das mit dem Akt so läuft, wobei sich freilich zeigte, dass die Girls mehr wussten als er. Jedenfalls brillierten sie mit einer verblüffenden Phantasie...

(Kurz-)Geschichten dieser Art wollen und sollen wohl kaum oder weniger sexuell stimulierend sein, sondern das dargestellte sexuelle Geschehen (das ‚innere Reich‘ der Pornografie) von einer Art Rahmen umgeben und in einen sozialen Kontext einbetten. Dieser soziale Hintergrund verschafft dem sexuellen Vordergrund der Pornografie offenbar einen relevanten oder unverzichtbaren Sinnzusammenhang, Erlebnis- und Genusswert (für ihr Publikum). Die ‚Unterhaltung‘ des Porno-Publikums besteht hier also nicht nur und nicht allein in den sexuellen Darstellungen/Darstellungen des Sexuellen im engeren Sinn, sondern in der Synthese dieser Darstellungen mit fiktionalen Kontexten. Sie adressieren diverse Unterhaltungsbereitschaften und Unterhaltungsbedürfnisse und können neben und mit der sex-thematischen Seite der Pornografie sozusagen als Parallelaktion der ‚eigentlichen‘ Pornounterhaltung fungieren, eigenen Unterhaltungswert besitzen und der naheliegenden Gefahr des Gratifikationsverlustes entgegenwirken.

Die in diesem Sinne gedachten und angelegten Pornostories sind zwar an buchstäblicher Schwachsinnigkeit kaum zu überbieten, aber sie zeichnen sich auch durch bemerkenswerte Sinnkonstanten/Sinnstrukturen aus, die der visuellen Kommunikation der Pornografie entsprechen und auch jenseits von Erotik und Sex der Unterhaltung eines (Männer-)Publikums dienen, ja sogar ‚tieferliegende‘ Sinn- und Emotionsbedürfnisse des pornografischen Publikums befriedigen mögen. Im Falle der obigen ‚Kostproben‘ besteht der unterhaltsame Sinn in einem Frauen- und Mädchen-Image, das für die Pornostories überhaupt typisch ist und (Männer-)Phantasien anzusprechen und anzuregen vermag. Es ist das Bild (hetero-)sexbesessener und (hetero-)sexbegehrender Mädchen und Frauen, die sich zwischen Nymphomanie und Prostitution bewegen – immer in glücklicher und beglückender Korrespondenz mit dem ‚anderen Geschlecht‘, das natürlich nicht weniger sexbesessen, sexgierig und schließlich immer auch sexbesitzend ist.

6.3 Eindeutigkeiten und Zweideutigkeiten

Die Pornografie ist ein Medienbereich, der – ähnlich wie die Werbung – in vielerlei Hinsicht auf starke Zeichen, Reize und Eindrücke, auf Oberflächlichkeit, Eingängigkeit und Eindeutigkeit setzen muss und sich scheinbar wenig Anderes als eben dies leisten kann. Ähnlich wie die Werbung um die Wahrnehmung und die Aufmerksamkeit des Publikums bemüht, produziert und reproduziert die Pornografie aus guten (Gattungs-)Gründen auf der Bild- wie auf der Sprach- bzw. Textebene Zeichengebilde, die auf den ersten Blick zu identifizieren sind. Pornografie und Werbung/Werbungserotik verzichten auch dort auf Tiefgang, Feinsinnigkeit und Mehrsinnigkeit, wo andere Gattungen, wie z. B. der (Liebes-)Roman, eben dies bieten: im Feld der Erotik und der Liebe.

Andererseits kommen in der Pornografie wie in der Werbung auch Konstrukte und Konstruktionen vor, die mehr als eine Sinn- und (Be-)Deutungsebene implizieren. Dazu gehören die erotischen Symbole (Phallus- und Venussymbole) sowie die Analogiebildungen von Geschlechtskörper und Produktkörper, die wie die erotischen Symbole geschlechtsspezifische Unterschiede machen. Von beiden Phänomenen war oben ausführlich die Rede. Besonders bemerkenswert sind darüber hinaus Zweideutigkeiten, die in der Pornografie wie in der Werbung vorkommen,[289] und zwar in ein und demselben Feld: dem Feld des Erotischen und Sexuellen.

In der Werbung konstruieren Zweideutigkeiten, von einer primären, wörtlich zu nehmenden Sinnebene ausgehend, erotische Bedeutungen und Sinnzusammenhänge innerhalb der Obszönitätsgrenzen der Gattung, die eben diese Form der Kommunikation nahelegen. In diesem Rahmen sind Zweideutigkeiten eine beliebte Methode, auf Erotik oder Sexualität anzuspielen, sie im Sinne der Werbungsfunktionen indirekt, aber deutlich genug, anzusprechen, anzudeuten und in gewissem Maße auszudeuten.

Zweideutigkeit fungiert damit auch als eine Art Stützpunkt gesellschaftskultureller Erotizität und Erotisierung. So erwecken – auch und schon – die Diskurse der Werbung/ Werbungserotik faktisch den Eindruck, es ginge in den verschiedensten Situationen und Hinsichten des Alltagslebens (auch) um Erotik und letztlich um ‚Sex‘. Die ‚Weltbilder‘ der Werbung und der Pornografie konvergieren insofern und verweisen auch auf einen gemeinsamen kulturellen Untergrund, eine mindestens latente erotische Aufladung, Erotisierung und Sexualisierung des gesellschaftlichen Lebens, an der sie auf ihre je eigene Weise auch mitwirken.

Die erotischen Zweideutigkeiten der Werbung sind – traditionell und immer noch – hauptsächlich männliche Zweideutigkeiten, von Männern auf *Frauen* bezogen, und zwar derart, dass Frauen mittels Zweideutigkeit in einen ‚natürlichen Rahmen‘ gestellt und als Sex-Objekte thematisiert und qualifiziert werden. Männer sind dagegen deutlich seltener als Frauen Objekte erotischer Zweideutigkeiten, die sie z. B. mit schmackhaften oder attraktiven Produkten vergleichen.[290]

Auch in der Pornografie, die erotische Zweideutigkeiten eigentlich nicht nötig zu haben scheint und ihrem ganzen Wesen nach in puncto Erotik/Sex in gewisser Weise auf Eindeutigkeit gepolt ist, kommen Zweideutigkeiten in diesem ‚geschlechterpolitischen‘ Sinne regelmäßig vor und sind sogar mitunter ein Hauptbestandteil der Dramaturgie. Verglichen mit den üblichen Zweideutigkeiten der Werbung fungieren Zweideutigkeiten in der Pornografie aber auch in einer anderen Richtung: Sie konstruieren nicht nur

---

289 Dass die ‚linguistische‘ Form der Zweideutigkeit im Diskurs der Werbung bzw. Werbungserotik eine nicht unwichtige Rolle spielt, sei dies auf der Basis einer ausschließlichen Verwendung der Sprache oder auf der Basis einer spezifischen Kombination von Diskursivität und Visualität, Wort und Bild, wurde oben gezeigt.

290 In der und vor der Werbung treten Männer vielmehr eher als die kommunikativen *Subjekte* von erotischen Zweideutigkeiten in Erscheinung.

von primären Sinnschichten aus erotische/sexuelle Bedeutungen, sondern kommen auch umgekehrt in der Form vor, dass sie den ‚bloßen Sex' mit einer gleichsam einbettenden, überlagernden Sinnschicht verbinden.

Diese Zweideutigkeiten – und Zweideutigkeiten überhaupt – sind in der Pornografie eine von ihrer ‚Sache' und wesentlichen Zielrichtung her gesehen alles andere als naheliegende, sondern vielmehr eher kontraintuitive Option. Dass die Pornografen von dieser Option gleichwohl Gebrauch machen, führt Jörg Bergmann auf ein „grundsätzliches Formproblem" der Pornografie zurück. Er sieht in Zweideutigkeiten vor allem ein Mittel der Kompensation der mit der Gefahr des Gratifikationsverlustes verbundenen Hyper-Eindeutigkeit und Überraschungsarmut der pornografischen bzw. pornofilmischen Obszönität:

> Mir scheint, als würde auf diese Art ein grundsätzliches Formproblem des Porno-Films gelöst. Porno-Filme besitzen eine erdrückende, eigentlich spannungslose Konkretheit. Ihre Eindeutigkeit muss – für den Zuschauer – künstlich kompensiert werden, und eines dieser Mittel besteht darin, die sexuelle Handlung als eigentlich nicht-sexuellen Vorgang zu fiktionalisieren (Bergmann 1987).

Wenn der „Zweideutigkeitsdiskurs" in diesem Sinne geführt wird, wenn also die pornosexuelle ‚Action' bereits begonnen hat und im Zentrum des Geschehens steht,[291] dann erfüllt er offensichtlich eigenständige und eigentümliche dramaturgische Funktionen, und zwar (Publikums-)Unterhaltungsfunktionen, die der Gattung und d.h. dem Publikum geschuldet sind. Wie im Fall der oben thematisierten ‚Kostproben' aus Pornoheften geht es dabei um Konstruktionen nicht nur der Geschlechtlichkeit, sondern auch der Geschlechter.

Man nehme zum Beispiel den folgenden Ausschnitt aus einem Porno-Film,[292] der auch im Hinblick auf die Porno-Konstruktion der Geschlechter informativ ist und diesbezüglich die obigen Beispiele aus der Heftpornografie ergänzt. Die betreffende Rahmenhandlung ist ein Vorstellungsgespräch, in dem ein „Generaldirektor" („Dir."), eine „Sekretärin" („Sekr.") und zwei „Stellenbewerberinnen" („Fr. A." und „Fr. B.") auftreten:

<Büro mit Sekretärinnen; zwei Frauen erscheinen>
Fr. A.: Guten Tag, wir kommen auf Ihre Annonce.
Sekr: Haben Sie denn einen Termin?

---

291 Bergmann spricht in Bezug auf das im Folgenden zitierte Beispiel von einem „doppelten Zweideutigkeitsdiskurs": „Verfolgt man den weiteren Verlauf der Filmepisode weiter, so zeigt sich, dass diese zweite Deutungsebene selbst während der Ausführung sexueller Handlungen beibehalten wird, nun aber im umgekehrten Sinn: während in der Anfangsphase das Sexuelle als Bedeutungsebene zu dem Vorstellungsgespräch im Büro hinzukommt, wird nun zu der eindeutig sexuellen Handlung die zweite Bedeutungsebene des Bürogesprächs als Fiktion dazuaddiert" (Bergmann 1987).
292 Dieser zwecks besserer Lesbarkeit formal bearbeitete Transkriptausschnitt stammt aus einer unveröffentlichten Untersuchung von Jörg Bergmann, die er mir Ende der 1980er Jahre an der Universität Trier überlassen hat.

Fr. A.: Ja für 16 Uhr.

<Sekr. hebt Telefonhörer ab>

Sekr: <zu Fr. A. gewandt> Wie ist Ihr Name bitte?

Fr. A.: Dubarre

<Sekr. wählt und spricht ins Telephon>

Sekr: Entschuldigen Sie bitte Fräulein Dubarre möchte sich vorstellen; Herr Generaldirektor.

Dir.: Ja ist gut. Sagen Sie ihr sie soll raufkommen.

Sekr: <zu Fr. A.> Der Herr Generaldirektor erwartet Sie. Durch diese Tür dahinten.

<Die beiden Frauen gehen in die angezeigte Richtung>

<Der GD kontrolliert seine Frisur und Krawatte mit einem Handspiegel; er geht zur Türe
und öffnet; die beiden Frauen stehen vor der Türe>

Dir.: <u>A</u>h; guten Tag meine Damen;

<Die beiden Frauen treten ein>

Dir.: Bitte nehmen Sie Platz

<Die beiden Frauen nehmen Platz>

Fr. A.: Ich bitte Sie vielmals um Entschuldigung
äh daß ich einfach meine Freundin
mitgebracht habe, aber sie sucht *eben*falls eine Stellung.

Dir.: Oh; das macht nichts;
äh haben Sie irgendwelche Empfehlungsschreiben früherer Arbeitgeber mitgebracht?

Fr. A.: Nein leider nicht, Herr Generaldirektor,
wir haben gerade erst unsere Schule abgeschlossen und es ist nicht leicht eine *Stelle* zu
finden;

Dir.: Oh Hauptsache ich finde Ihre Stelle;
<räuspert sich kurz und laut>
eh was können Sie denn?

Fr. A.: Bis jetzt noch nicht sehr viel
aber wir sind zu allem bereit.

Dir.: hm das bin ich auch;
<räuspert sich kurz>

Dir.: Ja ich bin an Ihnen interessiert.
Können Sie Maschine schreiben?

Fr. A.: ein kleines bißchen.

<Der Generaldirektor diktiert Fr. A. einen Formbrief>

Dir.: So jetzt brauche ich nur noch einige Photos von Ihnen meine Damen für die Akten.

Fr. B.: Oh das tut uns sehr leid; wir haben leider keine Photos bei uns;

Dir.: Aber das macht doch nichts; dann werde *ich* eben welche machen.

<Der GD nimmt einen Photoapparat zur Hand>

Würden Sie bitte aufstehen;

Fr. A.: Ja.

Dir.: Ach äh seien Sie doch so freundlich und ziehen Ihren Mantel aus; ja?

Fr. A.: Hm Ja

Dir.: Und äh wenn Sie ein wenig die Bluse öffnen würden damit Ihre Formen besser zur Geltung kommen

Fr. A.: Aber ich habe nichts darunter Monsieur.

Dir.: Oh das macht nichts, das macht überhaupt nichts; glauben Sie mir hm.

<Fr. A. zieht ihr Kleid über die Schultern>

<Der GD photografiert Fr. A.>

Dir.: Äh ja: ähm und jetzt nochmal im Profil; hm ja sehr gut.

<Der GD macht mehrere Photos>

Dir.: Sehr schön danke.

Und jetzt zu Ihnen meine Liebe.

Fr. B.: Ja.

Dir.: Hm nur ein bißchen frei machen ja? Ich muß ja schließlich von meinen Angestellten ein genaues Bild bekommen.

<Der GD macht mehrere Photos von Fr. B.>

Dir.: So: jetzt brauch ich noch ein Ganzphoto von Ihnen; am besten ohne Kleider.

Fr. A.: Ist das denn wirklich notwendig?

Dir.: *Meine Damen* das ist *unumgänglich*.

Glauben Sie mir. Sie werden das gleich verstehen;

in der heutigen trostlosen Zeit der Arbeitslosigkeit muß man schon aufpassen wen man sich da in die Firma holt;

äh es gibt zwar ein großes Angebot aber wenig Qualität.

Fr. A.: jetzt verstehn wir Sie natürlich Herr Generaldirektor is klar.

<Fr. A. zieht ihr Kleid aus; der GD macht mehrere Photos von ihr>

Dir.: Äh vielleicht helfen Sie Ihrer Freundin ein wenig.

<Fr. A. hilft Fr. B. beim Ausziehen ihres Kleides>

Dir.: <zu Fr. A.> Äh vielleicht noch ein wenig darüber; ja?

<Der GD macht mehrere Photos von Fr. B. und legt dann den Photoapparat weg; er geht zu Fr. A., berührt sie an den Schultern>

Dir.: Äh setzen Sie sich.

<Die beiden Frauen setzen sich; der GD beugt sich zu ihnen herunter>

Dir.: Ähm erlauben Sie mir daß ich Ihnen die Schuhe ausziehe.

<Der GD zieht jeder der beiden Frauen einen Schuh aus>

Fr. B.: <zu Fr. A.> Nur ein?

<Der GD stellt die Schuhe auf den Schreibtisch, greift zum Photoapparat und macht Photos>

Dir.: Ich sollte Ihnen vielleicht noch ein paar Fragen bezüglich Ihrer Vorbildung stellen.

<beginnt dabei sein Jackett auszuziehen>

Dir.: aber was sagen schon Worte. Es geht doch nichts über einen persönlichen Test.

<Der GD geht währenddessen zu den beiden Frauen; er bedeutet Fr. A., aufzustehen, zieht ihr BH und Slip aus, betastet Brüste und Geschlecht und bedeutet ihr, sich nach vorne zu beugen und auf dem Schreibtisch aufzustützen>

Dir.: Bleiben Sie bitte in dieser Stellung. Das ist eine gute Übung für später.

<Der GD wendet sich Fr. B. zu, zieht ihr den Slip aus und läßt sie die gleiche Stellung wie Fr. A. einnehmen>

Dir.: das gilt auch für Sie.

Fr. B.: Ja

Dir.: Warten Sie ich äh muß mich erst selber auf den Test vorbereiten.

<Der GD steht mit erigiertem Glied hinter Fr. B., dringt in sie ein; im Folgenden kopuliert er abwechselnd mit Fr. B. und Fr. A. a tergo>

Dir.: So jetzt können wir anfangen.

Fr. B.: Mm. Äua.

Dir.: Mal sehen ob Sie für diese Stellung in Frage kommen;

Fr. B.: Oh ja

Dir.: Ja das ist schon ganz gut.

<stöhnen>

Dir.: Wann sind Sie eigentlich geboren?

Fr. B.: A am a a achten ersten zweiundsechzich.

<stöhnen>

Dir.: Dann <GD wechselt zu Fr. A.> können Sie natürlich noch nicht über die nötige Erfahrung verfügen.

Und und Sie?

Fr. A.: Am zehnten vierten sechzich.

Dir.: Ah! Das hört sich schon besser an.

Dir.: Ausbildung?

Fr. A.: Abitur. Ah

Dir.: Fremdsprachen?

Fr. A.: A a E-Englisch und Latein. Aber Französisch liegt mir am meisten.

Dir.: Ja. Dazu kommen wir später.

<Stöhnen>

Dir.: Und Sie sind an dieser Stellung äh ich meine Stelle wirklich interessiert?

Fr. A.: Ja Ja oh

Dir.: Und Sie glauben allen Bedürfnissen gerecht zu werden?

Fr. A.: Jaja ah bestimmt.

<Stöhnen>

Fr. A.: Herr Direktor Ihr Betriebsklima kommt meiner Vorstellung sehr entgegen.

Dir.: Ja?

Fr. A.: Bitte nehmen Sie mich wenigstens für eine Probezeit.

Dir.: Mal sehen.

<Stöhnen>

<Der GD wechselt zu Fr. B.>

Dir.: Ich möchte mich noch nicht festlegen, bevor ich Sie beide einer genauen Prüfung unterzogen habe.

<Stöhnen>

<Der GD wechselt zu Fr. A>

Dir.:   Ah ich ich glaube Ihr Einfühlungsvermögen ist ausgeprägter als das Ihrer Freundin.

Fr. A.: Oh Herr Direktor prüfen Sie. Prüfen Sie. Und vor allem bitte tief und gründlich.

Dir.:   Ja. Das werde ich.

<Stöhnen>

Fr. A.: Herr Direktor ich komme. ich komme ja: oh

Dir.:   Warten Sie! Das wurde doch gar nicht von Ihnen verlangt!

<Stöhnen>

Fr. A.: Ich komme! Ja!

<Stöhnen>

Fr. A.: Herr Direktor ich komme. Ich komme! Ich kann es nicht mehr halten!

<Stöhnen>

Dir.:   Jetzt dürfen Sie. Ich bin mit meinem Test auch gleich so weit!

<GD kopuliert heftiger>

<Stöhnen>

Dir.:   Jetzt! <GD zieht sein Glied heraus und ejakuliert auf den Hinterbacken von Fr. A.>

<Stöhnen>

<GD wechselt zu Fr. B.>

Dir.:   Und jetzt wieder zu Ihnen. Mal sehen wo bei Ihnen Ihre Qualitäten stecken.

Fr. B.: Ah!

   ...

<Die beiden Frauen wieder im Vorzimmer>

Sekr.: Na: hat es geklappt mit der Stelle?

Fr. A.: Ja man wird sehen. Mhm

Sekr.: Wenn ja: werden Sie sich hier bestimmt wohlfühlen.

Fr. A.: Davon hat mich Ihr Chef auch schon überzeugt.

Sekr.: Glauben Sie mir so eine Stellung findet man nicht oft.

Fr. B.: Was die Stellungen betrifft muß ich Ihnen recht geben.

<Die beiden Frauen gehen weg>

(nach einer unveröffentlichten Transkriptvorlage von Jörg Bergmann 1987)

Zweideutigkeiten, aber auch andere dramaturgische (Diskurs-)Mittel, können als Methode verstanden werden, eine gattungsbedingt problematische Eindeutigkeit und Eintönigkeit bzw. ihre negativen (Gratifikations-)Implikationen zu kompensieren. Die (Hamburger-)Pornografie hat eine Palette von Möglichkeiten, dieser Problematik zu begegnen. Sie kann und muss vor allem die (Frauen-)Körper austauschen (im Jargon formuliert: für ‚Frischfleisch' sorgen), Ambienten, Requisiten und Stories variieren, das Spektrum des Sexuellen (des an sexuellen Praktiken Möglichen) und sexuell (Publikums-)Gefälligen ausreizen und eben auch auf unterhaltsame Kommunikationsformen wie Zweideutigkeit und Komik oder Humor setzen.

Indem die Pornografie auf diese oder jene Weise ihre Ziele verfolgt und ihre ‚Formprobleme' angeht, mindert oder löst, hat sie es aber auch mit (ihren) ‚Inhalten' zu tun. Und diesbezüglich neigt sie offenbar – jedenfalls ‚geschlechterpolitisch' – weniger zur Abwechslung, sondern vielmehr zur Kontinuität und Konstanz. Hier ist wiederum das obige Beispiel des Vorstellungsgesprächs lehrreich. An diesem Beispiel erschließen sich nämlich in exemplarischer Weise noch andere relevante Bedeutungen und Funktionen als die genannten.

Die performierte Porno-Kultur deutet hier in erster Linie auf das (Männer-)Phantasma und die (Männer-)Phantasie eines universellen, grenzenlosen und umtriebigen Sexes, der als eine eigene Symptom-, Sinn- und Motivwelt *innerhalb* und *unterhalb* der Oberfläche des Alltagslebens existiert und wirkt, eines Sexes, von dem im Grunde jederzeit und überall ausgegangen werden kann, der gleichsam überall hervorlugt und *praktisch* eine Deutungsebene für alle sozialen Verhältnisse und Verhaltensweisen darstellt.

Diese im Porno wahrgewordene und immer wieder neu wahr werdende Phantasie und kosmologische Lesart hat auch mit dem weiten Feld der Macht bzw. der Geschlechter-Macht zu tun und läuft unter anderem auf die Vorstellung hinaus, dass sich (typisch männliche) Machtpositionen wie die des Chefs (oder gar ‚Generaldirektors') erotisch oder sexuell gebrauchen lassen. Überlegene männliche Macht erscheint als ein leicht gangbarer Weg zu weiblichen Sex-Körpern und rahmt auch das sexuelle Geschehen. ‚Sex' steht hier – wie im ‚Hamburger-Porno' üblich (siehe auch die obigen ‚Kostproben') – im Kontext einer asymmetrischen Rollen-Beziehung (Macht-Beziehung). Der ‚Generaldirektor' befindet sich in der überlegenen Position/Rolle gegenüber den sich um die ‚Stelle' bewerbenden Frauen. Qua Rolle, Status und Macht, die ihm strategische Handlungs- und Manipulationschancen eröffnen, bestimmt er auch den Ablauf der Interaktion, die er zielgerichtet zum Sex führt und als Sex betreibt. Er ist auch in puncto Herbeiführung und Durchführung des Sexes der ‚Generaldirektor', der auf der Basis und unter dem Deckmantel der ‚offiziellen' Rollenbeziehung und Situationsdefinition sozusagen die Regie der Interaktion führt, der die beiden Frauen über Anweisungen Schritt für Schritt dahinführt, wohin *er* sie haben will.

Die Porno-Frauen ordnen sich dieser schrittweise sich entfaltenden *Herr*schaft des ‚Generaldirektors' scheinbar willig und immer wieder auch ‚verständig' unter, so dass hier auch ein unter anderem aus der Werbung bekanntes Tauschverhältnis der Geschlechter anklingt. So gesehen, beherrscht und steuert der ‚Generaldirektor' die Frauen bzw. die Interaktion mit den Frauen, indem er ihnen eine Stelle in Aussicht stellt, während die untergeordneten, abhängigen und hilflosen Frauen ihm mit ihrem (Sex-)Körper ‚entgegenkommen', den sie als Vor- oder Gegenleistung, als Einsatz zur Verfügung stellen und zum Einsatz bringen. Damit klingt im vordergründigen Anschein, unter der durchsichtigen Hülle des Formellen, des allseitigen ‚Einvernehmens' und des Einklangs der Interessen und Wünsche das in der ‚Hamburger-Pornografie' kontinuierlich wiederkehrende Thema der (weiblichen) Prostitution oder Quasi-Prostitution an.

In dem und durch den Rahmen und Diskurs der Zweideutigkeit wird hier aber nicht nur eine ‚männliche Herrschaft' ausgeübt und zugleich vernebelt, sondern es bleibt auch in gewissem Maße offen oder in der Schwebe, ob die beteiligten Frauen überhaupt oder an jedem Punkt der Interaktion voll im Bilde sind bzw. die Situation richtig definieren. Während eine korrekte Situationsdefinition und Situationskontrolle seitens des offensichtlich strategisch-raffiniert agierenden (männlichen) ‚Generaldirektors' generell außer Frage steht (und das dem Porno korrespondierende (männliche) Haupt-Publikum aus dem zu unterstellenden Wissen darum, was von dem Geschlechtsgenossen ‚gespielt' wird, Vergnügen oder sogar einen Lustgewinn beziehen mag), scheinen die Porno-Frauen nicht unbedingt oder an jedem Punkt des Geschehens eindeutig orientiert zu sein und zu wissen, was eigentlich vorgeht und ‚gespielt' wird. So gesehen, klingt hier also auch das männlicherseits gepflegte ‚frauenanthropologische' Thema der kognitiven Inferiorität und Infantilität der Frauen (des weiblichen Wesens) an – in diesem Fall in der Form, dass sie dem agierenden ‚Herrn' aufgrund seiner Herrschaft unterlegen sind und sozusagen auf den Leim gehen.

Mit Mitteln und in Rahmen wie der Zweideutigkeit, der Mehrdeutigkeit und der Anspielung macht die Pornografie also nicht nur im Zusammenhang der obszönen Sex-Darstellung Sinn und Vergnügen, sondern sie macht auch den Sex und die mit ihm verbundenen Geschlechter und Geschlechterbeziehungen in einem bestimmten Sinn zum Thema. Nicht zuletzt macht sie sich, männliche Überlegenheit signalisierend, über die betreffenden (und betroffenen) Frauen und über Frauen überhaupt lustig. Indem die Pornografie solche Geschichten (wie die obige) erzählt, liefert sie also immer auch gewissermaßen transsexuellen Sinn- und Unterhaltungsstoff für ein Männer-Publikum, dem damit die Möglichkeit geboten wird, sich nicht nur an Frauen und sexuellen Handlungen an Frauen und von Frauen aufzugeilen, sondern sich auch in (Sinn-)Verhältnisse zu Frauen und Sex zu setzen bzw. sich über Frauen und Sex (als Sexobjekte) zu amüsieren. Die vor allem inszenatorisch-diskursiv, sprachlich und bildlich herbeigeführte Lächerlichkeit der Porno-Frauen und das Vergnügen und Lachen eines pornokonsumierenden Männer-Publikums dürften dabei Hand in Hand gehen. Die Männer mögen sich in diesem Fall darüber amüsieren, dass die Frauen nicht nur buchstäblich, sondern auch im übertragenen Sinne ‚gefickt' werden können, ‚gefickt' worden sind und sich ‚ficken' lassen (um es im Jargon der Pornografie zu formulieren).

6.4 Komik

Die sprachlichen und die visuellen Obszönitäten der Pornografie, ihre Diskurse, ihre Metaphorik, ihre Stories und gerade auch ihre Bilder und Bildwelten, die ja mit ihrer Sprachlichkeit und mit ihren Diskursen systematisch verquickt und verwoben sind, verdienen in vielen Fällen das Attribut komisch oder befinden sich in der direkten Nachbarschaft des Komischen. Das zeigt auch das oben zitierte (Pornofilm-)Beispiel des Vorstellungsgesprächs, in dem sich auch diverse Formen und Momente des Komischen finden und mischen.

Auch in puncto Komik gibt es Parallelen zwischen Pornografie und Werbung, die ebenso wie die Pornografie Komik aus gattungsspezifischen Zweck- und Funktionsgründen in Dienst nimmt bzw. inszeniert.[293] Die Pornografie zeichnet sich wie die Werbung durch eine eigene Komiktradition und ein eigenes Komikrepertoire aus[294] sowie auch durch ein eigenes Grundverhältnis zur Komik bzw. zu Formen von Komik. Diese hat im Falle der Pornografie ihre wichtigste Grenze an der zentralen Porno-funktion der sexuellen Stimulation, die sie nicht beeinträchtigen oder gar durchkreuzen darf (vgl. Seesslen 1990, S. 357). Zentral ist im Unterschied zur Werbung auch, dass die Porno-Komik im Prinzip alle gesellschaftlich kanonisierten *Achtungsobjekte* einbezieht, ja das Heilige schlechthin, sowie auch die Gegenstände, um die es in der Pornografie eigentlich geht: den Sex und die Geschlechter, insbesondere die Frauen, die die Porno-grafie besonders gerne lächerlich macht.

Man kann aber auch feststellen, dass bereits der pornografische Modus der Sex- und Geschlechter(sex)inszenierung als solcher dem Komischen und der Komik mindestens affin ist (vgl. Lautmann/Schetsche 1990, S. 92). Diese Deutung scheint jedenfalls be-rechtigt, wenn man sich Goffmans Rahmen-Analyse (1977) anschließt und den Komik-begriff Henri Bergsons in diesem Rahmen verortet. Goffman sieht in diesem Zusam-menhang „natürliche Rahmen" und Rahmungen (,,primäre Rahmen"/Rahmungen) und zitiert in diesem Sinne Bergsons Verständnis des Komischen und der Komik:

> Komisch ist jede Verkettung von Handlungen und Ereignissen, die uns die Illusion des Lebens und das deutliche Gefühl eines mechanischen Arrangements zugleich verschafft. Starrheit, Automatis-mus, Zerstreutheit, Ungeselligkeit, all das durchdringt sich innig, und aus all dem baut sich die Komik des Charakters auf. Wir lachen jedesmal, wenn eine Person uns wie eine Sache erscheint (Bergson, zit. nach Goffman 1977, S. 50).

Dass ‚eine Person uns wie eine Sache erscheint', und zwar im Rahmen der ‚*Illusion des Lebens*', trifft auch den Kern oder *einen* Kern der Pornografie. Sie moduliert ja mit ihren obszönen Darstellungen und Inszenierungen Menschen, menschliche Handlungen und Beziehungen auf „natürliche Rahmen" herunter und stellt damit einen bewussten und eklatanten Gegensatz zu herrschenden kognitiven und moralischen Normen her und dar. Dies ist in verschiedenen Formen der Fall, die teilweise in einem inkonsistenten, ja widersprüchlichen Verhältnis zueinanderstehen:

Erstens: Schon mit der bloßen Darstellung und/oder (sprachlichen) Beschreibung sexueller Organe, Regungen, Erregungen, Emotionen, Akte und Interakte bewegt sich die Pornografie in der Nähe des Komischen/der Komik und bietet ihre Sujets, Figuren

---

293 Im Falle der Werbung geht es vor allem um Aufmerksamkeitserzeugung, Imagearbeit und die (ko-gnitive) Verankerung (Memorierung) von Vorstellungen und Informationen (vgl. Willems (Hrsg.) 2002; Willems/Kautt 2003).

294 Im Falle der Werbung ist dieses Repertoire vernünftigerweise eher ‚mild' und vermeidet heute mehr denn je, die Derbheitsgrade, die die Pornografie normalerweise an den Tag legt. Ebenso vermeidet es die Werbung heute mehr denn je, mit ihrer Komik auf Kosten einer bestimmten sozialen Gruppe oder Ka-tegorie zu gehen. Auch kann die sexistische Komik/der komische Sexismus der Pornografie für die heutige Werbung nicht (mehr) infrage kommen.

und Themen als Objekte von Komik (von Verspottung, Verhöhnung, Lächerlichkeit usw.) an.

Zweitens: Eine komische oder an das Komische grenzende Form von Asozialität und eine Art Unmenschlichkeit besteht darin, die sexuellen und sexuell agierenden Körper als *Maschinen* zu präsentieren und sie auch als maschinenähnliche Wesen in Dienst zu nehmen, die scheinbar automatisch und willkürlich („auf Knopfdruck') operieren (vgl. Lewandowski 2012, S. 279 ff.).

Drittens: Eine andere Form, die ihrerseits ‚die Illusion des Lebens und das deutliche Gefühl eines mechanischen Arrangements zugleich verschafft', ist umgekehrt der scheinbar vollkommen natürliche bzw. natürlich reagierende (Sex-)Körper, den die Pornografie ihren sexuellen Automaten und Maschinenkörpern an die Seite stellt: allerdings in ihrem (obszönen) Sinne als Funktion und Effekt mechanischer Kontrollen, die ihn in ‚Reinform' gleichsam zum Sprechen bringen. Paradebeispiele sind die Darstellungen der Erektion, der Penetration und der extrakorporalen Ejakulation, die ja zum Standardrepertoire der Pornografie gehören. Auch die von ihr permanent als natürlich und unwillkürlich (spontan) vorgeführten sexuellen (Dauer-)Erregungszustände *beider* Geschlechter sind in diesem Zusammenhang zu stellen.

Viertens: In die Nachbarschaft und Reichweite des Komischen und der Komik begibt sich die Pornografie auch durch alle ihre außergewöhnlichen, spektakulären und sensationellen Praktiken und praktischen Körper-Konstellationen, wie sie oben skizziert wurden (z. B. die gleichzeitige anale, vaginale und orale Penetration).

Fünftens: Eine weitere Form der Pornografie, sich bzw. ihre Objekte in die Nähe des Komischen zu begeben, sich der Komik anzubieten oder komisch zu sein besteht im Gegensatz zur erstgenannten Form in körperlich bedingten und erkennbaren Selbstkontrollverlusten: in von den Pornografen hervorgerufenen unwillkürlichen Reaktionen, die subjektive Selbstkontrolle und damit auch Sozialität dementieren. Wie erwähnt schildert Sven Lewandowski in diesem Zusammenhang einige Methoden, körperliche/expressive Unwillkürlichkeitsreaktionen, insbesondere von Frauen, hervorzurufen (vgl. Lewandowski 2012, S. 284 ff.) – darunter die Praktik einer brutalisierten Fellationierung mit dem Effekt von Würgereflexen (siehe oben).

In der Pornografie als solcher, jedenfalls in zentralen Darstellungen und Fiktionen wie der Sex-Körper-Maschine, der bloßen Sex-Natur und dem korporalen Selbstkontrollverlust, steckt also eine Nachbarschaft zum Komischen und zur Komik, eine Verwandtschaft mit Komik oder auch eine Art von Komik, die gattungsimmanent ist und die dargestellten Geschlechter im Prinzip gleichermaßen betrifft.

Diese Art des Komischen oder Komiknahen ist davon zu unterscheiden (und hat zunächst nichts damit zu tun), sich über bestimmte Figuren, Figurenklassen oder Sujets wie den ‚Sex' und seine Praktikant/-innen lustig zu machen, auch wenn sie in der Konsequenz Lächerlichkeit und Lachen bedeuten kann und sich in dieser Richtung leicht ausbauen lässt. Obszönität und Komikmomente sind nicht nur benachbart oder verwandt, sie können sich auch ohne weiteres überschneiden, ergänzen, überlagern und aneinander steigern. Komik kann jedoch auch (wie Zweideutigkeit) die Aufmerksamkeit und die Emotionalität vom Obszönen ablenken und ist insofern porno-funktional ambivalent, eventuell riskant oder störend.

Sprachliche oder/und bildliche Formen von Komik werden in der (Hamburger-) Pornografie auch bewusst, gezielt und geradezu methodisch eingesetzt, um lächerlich zu machen oder/und herabzuwürdigen, was im Sinne herrschender Moralvorstellungen (besonders) zu achten, mindestens zu respektieren oder gar als heilig zu betrachten und zu behandeln ist: das ‚Selbst' der Person, Würde, Individualität, Liebe, Rollen wie die des Klerikers usw. Derartige ‚moralische Tatsachen' machen die Pornografen besonders gerne und mit allen verfügbaren Mitteln lächerlich – mit Bildern komischer Szenen (z. B. Sex-Szenen im Beichtstuhl), mit komischen Geschichten (siehe oben), mit Begriffen wie „Fickarena" oder ‚Charakteren', die als Anhängsel ihrer Geschlechtsteile erscheinen, in sexuellen Akten, die als „Ouvertürennummer", kleine Gefälligkeiten oder sportliche Übungen ausgegeben werden (vgl. Seesslen 1990, S. 312 f.; Faulstich 1994, S. 158 ff.).

Bewusst lustig machen sich die Pornografen gelegentlich auch über das Thema männlicher Impotenz. Sie ist vor dem Hintergrund des pornografischen Potenz- und Phalluskults allerdings im Grunde die einzige Möglichkeit des Porno-Mannes, sich ernsthaft zu blamieren, sich als komische Figur lächerlich zu machen und lächerlich gemacht zu werden – eine Möglichkeit, die im Porno zwar faktisch eher ‚theoretisch' bleibt, aber im semantischen Hinter- und Untergrund auch ohne ausdrückliche Ansprache durch Komik oder andere kommunikative Formen immer mitschwingt. Abgesehen davon tritt der männliche ‚Sex' eher durch Überzeichnungen (Hyper-Ritualisierungen) als komisch in Erscheinung. So sind im Medium und Genre des Comics gewaltige männliche Geschlechtsorgane und seltsame (komische) ‚Typen' zu sehen (vgl. Faulstich 1994, S. 167 ff.). Auch sie stehen jedoch nicht im Gegensatz zu den klassischen ‚Werten' der Gattung Porno, sondern vielmehr in deren Tradition, die sie nur in besonderer Weise verkörpern.

Die Porno-Frauen sind demgegenüber erheblich vielfältiger, häufiger und stärker konkrete Themen und Objekte bzw. Opfer pornografischer Komik, die sie vorzugsweise als das krasse Gegenteil ernstzunehmender Wesen beschreibt. Die hier thematischen Pornos machen Frauen sowohl im Kontext von Erotik und Sex als auch jenseits der eigentlichen Sex-Thematik gern zu Gegenständen des Spotts und lächerlich, so dass sie zwar in sehr unterschiedlichen Varianten erscheinen, nur nicht als ernstzunehmende, achtbare und beachtliche Wesen. Ihren weiblichen *Sex*objekten stellt die Pornografie also gleichgeschlechtliche *Komik*objekte an die Seite oder sie lässt ein und dieselbe Frau beide ‚Rollen' spielen.

Damit entspricht die Porno-Komik als eine Art Ritualisierung im Prinzip den Ritualisierungen im Rahmen des ‚Eltern-Kind-Komplexes', die Goffman als typisch für die Reklamedarstellung der Frauen aufgezeigt hat (siehe oben). Komik in den hier gemeinten Fällen ist nur eine andere Variante, eine derbere Methode jener symbolischen Infantilisierung der Frauen und Mädchen. Auch auf diese Weise mag die Pornografie zur kosmologischen Wirklichkeitskonstruktion und zugleich zur Unterhaltung ihres Männer-Publikums beitragen, das darüber hinaus auch bestimmte psychische Gewinne aus der Lächerlichkeit der pornografischen Sex-, Frauen- und Weiblichkeitssujets ziehen kann.

Zu den strategischen Hauptgründen für die mehr oder weniger starke Komiknutzung der (Hamburger-)Pornografie dürfte, wie im Fall des oben thematisierten Zweideutigkeitsdiskurses, der spezielle Spaßgewinn durch Komik und damit durch Lachen/Auslachen gehören. Jedenfalls hat man es hier auch mit selbständigen und sich potenziell ergänzenden Lust-Formen und ‚Lust-Spielen‘ zu tun. Obszönität, Stimulation, ‚lustige‘ Unterhaltung und ‚Erlebnisse‘[295] können in diesem Zusammenhang und *als* Zusammenhang im Vordergrund der Porno-Inszenierung stehen, müssen aber ausbalanciert werden, um nicht den sexuellen Funktionskern der Pornografie zu beeinträchtigen.

Die obszönitätsimmanente und die methodisch eingesetzte Komik der Pornografie mag auch ein erwünschter Ansatz und ein Mittel sein, *Distanzen* und *Distanzierungen* nicht nur darzustellen und zu simulieren, sondern auch – dem Publikum – zu ermöglichen. Gerade gegenüber den Themen, die vor der Pornografie, in der Pornografie und für die Porno-Konsumenten besonders *ernst* zu nehmen sind, dürfte ein systematischer Bedarf bestehen, Distanzen zu gewinnen und zu Distanzen zu verhelfen. Pornografie bietet sich hier also gleichsam als Medikament mit einem breiten Wirkungsspektrum an. Nicht nur fungiert sie sozusagen als Anregungs- und zugleich als Abführmittel des Sexes, sondern sie nimmt ihm auch seinen belastenden und problematischen Ernst oder reduziert ihn zumindest. So gesehen, hat man es hier mit einer paradoxen Situation zu tun, denn zugleich zeugt die (Hamburger-)Pornografie ja von dem allergrößten Ernst des Sexes und der (attraktiven) Frauen (für Männer), und sie trägt auch in gewisser Weise zur Steigerung dieses Ernstes bei, den sie eben durch Komik und auch durch (komische) Obszönität zugleich reduziert.

295 In einer erotisch-sexuellen ‚Erlebnisgesellschaft‘.

Exkurs: Die Geschlechter *in* der Pornografie und *vor* der Pornografie

Die Rollen der Geschlechter *in* der Pornografie sozialwissenschaftlich/soziologisch zu beschreiben, scheint auf der Basis vorhandener Materialien ein relativ leicht durchzuführendes Unternehmen zu sein, da man es hierbei (wie im Falle aller anderen Medienbereiche) mit kulturellen ‚Artefakten' bzw. bestimmten empirischen Gegenständen (Fotografien, abgedruckten Texten usw.) und nicht wie auf den Ebenen der Produktion und der Rezeption von Medienerzeugnissen mit sozialen Praxen und Akteur/-innen zu tun hat, die es gibt oder gab. Als wesentlich schwieriger erscheint und erweist sich die Untersuchung der Realität der Geschlechter *vor* der Pornografie, im Umgang mit Pornografie, im Gebrauch von Pornografie, im Verhältnis und Verhalten zur Pornografie, welcher Art sie auch immer sei. Diesbezüglich gibt es zwar in den Wissenschaften wie im Alltagsleben profilierte und kontinuierlich tradierte Meinungen, Überzeugungen und Deutungsmuster (Stereotypen, Vorurteile) und natürlich auch diverse Forschungstraditionen von der „Porno-Psychologie" (vgl. Lautmann/Schetsche 1990) bis zur sogenannten Ethnografie im Bereich der Sozialwissenschaften (vgl. z. B. Eckert u. a. 1990). Wie Menschen bzw. die Geschlechter sich tatsächlich zur Pornografie (zu dieser oder jener Art von Pornografie) verhalten, wie sie in dieser ‚Sache' eingestellt sind, wie sie in diesem Zusammenhang denken, empfinden, reden, (inter-)agieren ist aber insgesamt alles andere als geklärt und nur schwer zu klären. Auch die folgenden Überlegungen können nicht mehr als ein eher sondierender Versuch sein, der sowohl durch die sachlichen und zeitlichen Grenzen der hier zugrundeliegenden Porno-Materialien (siehe oben), auf die diese Überlegungen bezogen sind, als auch durch die Fragwürdigkeit der vorhandenen Untersuchungen und theoretischen Deutungsmittel zum Pornokonsum relativiert und limitiert wird.

Die hier gemeinte Problemsituation hat systematisch viel mit dem kulturellen Status der unter Titeln wie Pornografie oder Obszönität zusammengefassten Medienerzeugnisse zu tun, mit den wertenden bzw. abwertenden Vorstellungen, die davon gesellschaftlich existieren, kursieren und in den Köpfen und Kommunikationen eine ‚Rolle' spielen. Pornografie war und ist auf dieser (sozialen) Ebene offensichtlich schon und selbst als Forschungsgegenstand besonders belastet und problematisch. Jedenfalls musste man sich bis in die jüngere Vergangenheit auch als Sozialwissenschaftler/-in „trauen" (Lautmann/Schetsche 1990, S. 7), sich überhaupt damit zu befassen und fürchten, dass der mit ihm assoziierte moralisch-politische ‚Schmutz' an einem selbst haften bleibt und zu negativen Etikettierungen und ‚negativen Erfahrungen' führt (vgl. Faulstich 1994, S. 26 f.). So ist es nicht erstaunlich, aber bemerkenswert, dass die einschlägigen sozialwissenschaftlichen Studien typischerweise auch besondere, die Themenwahl betreffende Erklärungen abgeben, Rechtfertigungen, die Distanzierungen implizieren und z. B. betonen, dass die entsprechende empirische Forschungsarbeit „nicht leichtgefallen" sei (Eckert u. a. 1990, S. 8). Bezeichnenderweise wurden und werden in diesem Zusammenhang vor allem *männliche* Forscher skeptisch beäugt und

https://doi.org/10.1515/9783111168906-020

nicht selten klammheimlicher Affinität oder gar Faszination verdächtigt (vgl. Evers 2014, S. 126). Schon auf dieser Ebene hat man es also mit der Differenz und Differenzierung der Geschlechter zu tun, wenn es um Fragen der Verhältnisse zur Pornografie bzw. zum Pornokonsum geht.

In jedem Fall war und ist Pornografie – und ‚Sex' überhaupt – schon für die Forschenden ein heikles Thema, dessen soziale/kulturelle Implikationen seine Erforschung bedingen, erschweren, belasten und behindern, wenn nicht verhindern. Und auch und erst recht für die ‚Beforschten' ist Pornografie bis heute normalerweise kein Thema wie andere Themen (vermutlich gerade dann nicht, wenn daran starkes subjektives Interesse besteht und davon intensiver Gebrauch gemacht wird). Für die überwiegende Mehrheit ihrer Konsument/-innen scheint Pornografie seit jeher und immer noch ein heikles und peinliches Thema zu sein (vgl. Evers 2014, S. 124). Im Prinzip hat an dieser Lage auch die Tatsache nichts geändert, dass Pornografie als Genre, Konsum- und Gebrauchsgut sozial und kulturell immer weiter vorgedrungen und expandiert ist, so dass man heute wohl mit einem gewissen Recht von einer ‚Generation Porno' und sogar von einer „Pornogesellschaft" (Evers 2014, S. 123), ja einer Porno*welt*gesellschaft sprechen kann. Pornografie ist längst und zunehmend ein globales Phänomen, Ausdruck und Faktor von Globalisierung. Und nicht nur für die ‚westliche Zivilisation' kann heute festgestellt werden: Pornografie ist „daheim in der Mitte der Gesellschaft und Teil des Lebens" (Evers 2014, S. 124).

Diese Entwicklung hat zwar einschlägige Forschungsaktivitäten und diverse Diskurse jenseits der Wissenschaften stimuliert, legitimiert und forciert, aber nicht die kognitive, moralische, ästhetische und kathektische Disqualifikation der Pornografie und deren Folgen aus der sozialen Welt geschafft. Für die Forschenden, die Forschung und die Individuen und Gruppen, die zu erforschen sind, erweist sich die Pornografie in den meisten Fällen nachhaltig als ein symbolisch-moralisch heikler und schwieriger Gegenstand. Er wird typischerweise in einem „Schattenreich" (Evers 2014) konsumiert, genutzt und genossen, einem ‚Reich', das sich Zugängen und Zugriffen von vornherein verweigert, das Zugänge versperrt und auch die Erzeugung und Beurteilung von Daten erschwert oder verunmöglicht. Aus ein und demselben Komplex von sozialen/kulturellen Gründen, die in ihrem Gegenstandsbereich selbst liegen, ist sozialwissenschaftliche ‚Porno-Forschung' also doppelt schwierig, anspruchsvoll und herausfordernd.

Zu den sachlichen Punkten, die in diesem Zusammenhang gesichert zu sein und auch ohne ‚Forschung' auf der Hand zu liegen scheinen, gehört, dass man es hier mit der traditionellen Differenz und Differenzierung der Geschlechter zu tun hat, und zwar im Sinne einer bis heute recht klaren Asymmetrie von Einstellungen, Perspektiven, Nutzungen und Nutzungsintensitäten (vgl. z. B. Lautmann/Schetsche 1990, S. 85 ff.; Faulstich 1994, S. 18, 240). Männer und Jungen stehen seit jeher und kontinuierlich in dem (schlechten) Ruf, eine viel größere Affinität zur Pornografie zu besitzen als Frauen und Mädchen, ja die Pornografie, jedenfalls die ‚Hamburger-Pornografie', scheint ein durch und durch männliches Medienprodukt zu sein – ein Medienprodukt, das hauptsächlich von Männern und Jungen nachgefragt, besorgt, konsumiert und mit Vergnügen genossen wird. Demgegenüber sind Frauen und Mädchen anscheinend in jeder Hinsicht tendenziell umgekehrt ‚gepolt', was allerdings nicht ausschließt, dass es auch unter ihnen Freundinnen jenes Konsumguts gegeben hat und heute mehr denn je gibt.

Die Ansicht, dass (Hamburger-)Pornografie ein männliches Genre ist, dass sie einem männlichen Blick, einer männlichen Psyche, einem männlichen Denken und auch einem männlichen Körper mit einer entsprechenden ‚Triebhaftigkeit'/Affektivität entspricht, dass sie also hauptsächlich Männer und Jungen ‚anspricht' und nicht oder viel weniger Frauen und Mädchen, ist eine gesellschaftlich weit verbreitete (kosmologische) Ansicht, für die auch wissenschaftliche und wissenschaftsnahe Beobachtungen und Daten sprechen. Mehr oder weniger unabhängig davon gibt es einen ganz besonderen und ganz besonders kompetenten Spezialistenkreis, der eine spezifisch wahrheitsorientierte und erfahrungsgesättigte Auffassung vom Porno-Publikum hat: die Porno-Produzent/-innen. Ihnen, jedenfalls soweit sie sich im Mainstream bewegen, steht selbstverständlich ein männliches Publikum und eine männliche (Sexual-)Mentalität vor Augen, und die Wahrnehmungen (Augen, Blicke, Affekte) eben dieses Publikums haben die Porno-Produzenten normalerweise selbstverständlich im Sinn (vgl. Seesslen 1990).

Die sozialwissenschaftliche/soziologische Untersuchung der Pornografie und der Realität der Geschlechter *vor* der Pornografie kann sich natürlich weder auf die Vorstellungen, Einschätzungen und Urteile der Porno-Produzent/-innen noch auf die Vorstellungen oder ‚Theorien' jedermanns verlassen, auch wenn darin in diesem Zusammenhang durchaus relevante Arten des Wissens bestehen. Vielmehr muss es eben darum gehen zu beobachten und zu untersuchen, wie sich die verschiedenen Individuen, ‚sozialen Kategorien', Gruppen und Gruppierungen tatsächlich zur Pornografie stellen, einstellen und verhalten. Da eine besondere Schwierigkeit dieser Untersuchung in der sozialen Disqualifikation/Stigmatisierung ihres Gegenstandes liegt, die die Differenz der Geschlechter zwar im Prinzip übergreift, aber auch geschlechtsspezifisch ausfallen und wirksam werden kann, stellt sich die ‚Geschlechterfrage' hier also auch in einem methodologisch relevanten Sinne. Beide Geschlechter scheinen jedenfalls, wenn es um Fragen des Pornokonsums geht, bis heute typischerweise unter einem spezifischen Scham-, Peinlichkeits- und Verlegenheitsdruck und damit auch unter einem Verheimlichungs- und Beschönigungsdruck zu stehen. Es gelten und wirken zudem geschlechtsspezifische Ideale, Standards, Klischees, die den Umgang mit sexueller Affektivität, einschließlich entsprechender Expressivität und Kommunikation/Thematisierung, betreffen. So ist grenzenlos offene Sex-Thematisierung und sexbezogene Selbstthematisierung nur *im* Porno eine geschlechterübergreifende Norm und Normalität. In der gesellschaftskulturellen Realität/Praxis ist dagegen immer noch eine gewisse Selbstbeschränkung und Selbstzensur, relative Diskretion und Zurückhaltung üblich, und zwar für Frauen *und* für Männer, aber auch für Frauen und Mädchen immer noch mehr als für Männer und Jungen.

Auch wenn es traditionell und bis heute besondere kulturelle/habituelle Sperren und Hindernisse im Zugang zu gerade weiblichem Pornoerleben und Pornohandeln gibt und diesbezüglich auch mehr oder weniger gravierende soziale/kulturelle Differenzierungen und Wandlungen zu erwarten sind (siehe unten), kann für den Porno-Markt im

Allgemeinen festgestellt werden, „daß hier der ganz überwiegende Teil der Konsumenten Männer sind" (Lautmann/Schetsche 1990, S. 24). Allerdings vermuten manche sozialwissenschaftliche Beobachter/-innen, dass Pornografie „Frauen in vergleichbarer Intensität" anspricht, „wenn die sozialen Bezüge der Sexualität berücksichtigt sind (Bindung an den Partner, keine Normverletzung). Die These einer Konvergenz zwischen den beiden Geschlechtern bleibt allerdings unter deutschen Sexualwissenschaftlern umstritten" (Lautmann/Schetsche 1990, S. 98). Umstritten ist auch die Grundfrage, ob Pornografie mit (inszenierter) ‚Bindung an den Partner' und ‚ohne Normverletzung' überhaupt Pornografie ist, wenn man diese (wie etwa Lautmann/Schetsche 1990) vor allem als sexuell reizende (sexuelle) *Obszönität* versteht.

Wie dem auch sei, es scheint zumindest der Tendenz nach dabei geblieben zu sein und weiterhin zu bleiben, dass der pornografischen (pornoimmanenten) Differenz zwischen den Geschlechtern eine Kluft zwischen den Geschlechtern im Verhältnis und Verhalten zur Pornografie entspricht. Für das tendenzielle Fortbestehen dieser Kluft spricht und sorgt die pornografische Kulturindustrie selbst bzw. ihre kommerzielle (Markt-)Anlage. Die Varianten der Mainstream-Pornografie und erst recht die meisten extremen Subgenres zielen jedenfalls in einer Art von Marketing hauptsächlich oder ausschließlich auf Männer, weil die Macher, Vermarkter und Marktstrategen der Pornografie in Männern bzw. bestimmten männlichen Konsumentenkreisen ihr Hauptpublikum sehen und haben. Die pornografischen „Materialien werden nach Bedürfnissen der männlichen Konsumenten hergestellt" (Lautmann/Schetsche 1990, S. 67). Am Porno kann also auch so etwas wie eine Mentalität, ein Geschmack und eine Bedürftigkeit eines männlichen Publikums abgelesen werden, dem er ja, im Prinzip wie jedes andere kommerzielle Unterhaltungsprodukt, mindestens *gefallen* muss, um ‚anzukommen', also ‚abgesetzt' zu werden. Jene kulturellen Tatsachen werden also mehr oder weniger bewusst gleichsam in den Porno eingelesen – in der begründeten Erwartung, dass sie entsprechend gelesen werden.

Damit soll aber nicht ignoriert oder bestritten werden, dass bereits im letzten Drittel des vorigen Jahrhunderts in ‚westlichen' Gesellschaften wie der BRD eine erheblich große und größer gewordene Zahl von *Frauen* Pornografie nicht nur kennt, sondern auch, wie häufig, wie motiviert und in welchen Formen auch immer, *konsumiert* (vgl. Eckert u. a. 1990, S. 141). Kaum zu bestreiten ist auch, dass medientechnologische Entwicklungen (Video, Internet) so etwas wie einen Pornografisierungsschub mit sich gebracht haben (vgl. Eckert u. a. 1990, S. 118 ff.) – nicht nur, aber gerade auch auf der Seite der Frauen und Mädchen. Viele, so wird behauptet, sind „inzwischen gleichermaßen pornohungrig wie Männer. Die Digitalisierung und das Netz haben mehr zur Demokratisierung der Pornografie beigetragen als je eine technische Errungenschaft zuvor" (Evers 2014, S. 123).

Pornokonsum allein ist allerdings noch kein Beweis für intrinsischen ‚Pornohunger' oder auch nur für ein besonderes Pornovergnügen. So gehören zu den zentralen Konsumgründen und Konsummotivatoren der schon vor Jahrzehnten zahlenmäßig nennenswerten Pornokonsumentinnen offensichtlich (deren) Männer. Lautmann und

Schetsche zitieren eine von ihnen für besonders fundiert und aussagekräftig gehaltene Untersuchung, die die Situation der 1980er Jahre beschreibt:

> Die Frauen gaben, bezogen auf den Zeitraum eines Jahres, zu 55 % keinen Pornokonsum an (Männer 28 %). Hatte einer stattgefunden, war er bei Frauen nur zu 17 % selbst initiiert (bei Männern: 76 %). Daß ihnen der Stoff gefiel, gaben unter den Intensivkonsumentinnen nur 29 % an (aber 67 % der Intensivkonsumenten). [...] Jede zweite Intensivkonsumentin empfand das Material als pervers, jede vierte als frauenfeindlich, doch nur jede zehnte als schädlich. Der Tendenz nach gelten diese Proportionen auch für die Wenig- und für die Nichtkonsumentinnen [...] Wenn Frauen obszöne Materialien betrachten, dann gibt jede zweite als Grund dafür an, daß ihr Partner davon angeregt werde [...] Die Angabe erscheint umso glaubhafter, als Frauen sich den Stoff nur selten allein ansehen (10 %; Männer 57 %) und auch nicht danach suchen, hier etwas Ungewöhnliches zu erleben (15–20 %; Männer: 60–79 %) (Lautmann/Schetsche 1990, S. 97).

Das Gesamtbild, das sich aus diesen Zahlen ergibt, scheint relativ stabil zu sein, worauf auch neuere Umfragen hindeuten (vgl. Evers 2014, S. 124, 126, 128). Dass der Anteil von Frauen an den Pornokonsumierenden offenbar schon weit vor dem Ende des vorigen Jahrhunderts tendenziell zugenommen hat (vgl. Eckert u. a. 1990, S. 140 f.; Faulstich 1994, S. 230) – vermutlich parallel zu generellen sozialen Wandlungen (siehe unten) – sagt aber eben noch nichts oder wenig über weibliche oder ‚typisch weibliche‘ Porno-Erlebnisse, Porno-Perspektiven, Porno-Nachfragen, Porno-Präferenzen und Porno-Praktiken aus, geschweige denn über Entwicklungen in diesen Hinsichten. Diesbezüglich gibt es bislang weniger empirische Evidenzen als Spekulationen. Legt man die hier schwerpunktmäßig herangezogenen Untersuchungen zugrunde, dann wird man immerhin feststellen können, dass der ‚Faktor Geschlecht‘ zwar signifikant und mit differenziellen *Tendenzen* verbunden ist, aber *keinen determinierenden* Faktor in puncto Pornokonsum darstellt. So behaupten auch viele Männer, von Pornografie abgestoßen, angewidert, angeekelt oder gelangweilt zu sein, wenn auch die Frauen diesbezüglich nach wie vor eindeutig dominieren (vgl. Faulstich 1994, S. 239), und es gibt auch Frauen in einer nicht zu vernachlässigenden Quantität, die von sich das genaue Gegenteil dessen behaupten, was der Mainstream ihrer Geschlechtsgenossinnen behauptet: Lust, Freude, Vergnügen, Euphorie, Faszination, Befriedigung (vgl. Eckert u. a. 1990, S. 143).

Man kann auch davon ausgehen, dass (moderner) Pornografiekonsum schon lange dazu tendiert, die Grenzen nicht nur der Geschlechtsklassen, sondern auch der Altersklassen und sozialen Klassen/Schichten/Milieus zu überschreiten. Allerdings sind diesbezüglich erhebliche quantitative Verschiebungen beobachtet und behauptet worden. So wurde schon vor vier Jahrzehnten festgestellt, dass Pornorezipient/-innen im Vergleich mit der Situation zwanzig Jahre zuvor „sehr viel jünger als früher" sind und dass „der Anteil der Frauen am realen Pornokonsum sehr viel höher (ist, H.W.), als es seinerzeit den Anschein hatte" (Faulstich 1994, S. 230; vgl. auch Lautmann/Schetsche 1990, S. 94). Auch wurde bereits festgestellt, dass Pornokonsum die Schichtgrenzen (Klassengrenzen, Milieugrenzen) überschreitet, aber auch mit ihnen variiert. Das kontinuierlich verbreitete Urteil, die ‚Unterschicht‘ sei besonders „pornosüchtig" (Evers 2014, S. 124), scheint jedoch eher ein Vorurteil zu sein. Beim Konsum bzw. Intensivkonsum von Hardcore-Pornofilmen lagen Ende der 1980er Jahre in der Bundesrepublik Deutschland zwar offenbar die unteren Schichten vorne, jedoch dicht gefolgt von Mittelschichten (vgl. Faulstich 1994, S. 229 f.).

Neben und mit dem Geschlecht und im direkten Bezug auf die Geschlechterdifferenz sind hier also auch noch andere Variablen und Variablenkombinationen im Spiel und lassen auch Unterschiede hinsichtlich der Signifikanz und Relevanz des Unterschieds der Geschlechter erwarten. Ob Mann oder Frau jung oder alt sind, zu dieser oder zu jener Generation, zur Ober-, Mittel- oder Unterschicht, zum ,Niveaumilieu' oder zum ,Harmoniemilieu' (Gerhard Schulze), zu dieser oder jener Szene oder Spezialkultur usw. gehören, macht vermutlich auch hinsichtlich der hier infrage stehenden Realität (Praxis) des Pornokonsums relevante Unterschiede. Auch allgemeine und spezielle Bildungsaspekte, z. B. „Medienkompetenz" bzw. „Pornografie-Kompetenz", werden in diesem Zusammenhang naheliegenderweise als Unterschiede angeführt, die entscheidende Unterschiede machen können (vgl. Evers 2014, S. 127; Eckert u. a. 1990, S. 121 ff.).

Allen sozialen/kulturellen Wandlungen, Differenzierungen, Verflechtungen und Kontingenzen zum Trotz scheint der Unterschied der Geschlechter aber bis heute maßgebend zu sein, was die kathektische und moralische Grundhaltung zur Mainstream-Pornografie und erst recht zu extremen Porno-Varianten betrifft. Pornografie scheint sich im Wesentlichen hartnäckig als eine ,Männersache' gebildet zu haben und als ,Männersache' zu halten, auch wenn es die oben angeführten quantitativen Verhältnisse und Verschiebungen gibt und auch sehr unterschiedliche (jedoch kaum bezifferte und zu beziffernde) Typen von weiblichen Attitüden zur Pornografie. Selbst die um den Nachweis von Wandlungen und Differenzierungen auf diesem Gebiet bemühte Studie von Eckert u. a. (1990) kommt zu dem Ergebnis, dass drei der vier in ihr ermittelten Attitüden von Frauen gegenüber ,real existierender' Pornografie *nicht positiv* bzw. ablehnend sind und dass diejenigen Frauen, die in Pornografie etwas „faszinierend Prickelndes" sehen, gegenüber jenen, die sich gelangweilt oder abgestoßen fühlen, eine eher kleine Minderheit darstellen (Eckert u. a. 1990, S. 143).

Und auch (und selbst) die Jugendlichen (und verjugendlichten Kinder) der ,Generation Porno' scheinen sich bei aller fortgeschrittenen ,Pornografisierung' immer noch im Rahmen der traditionellen Differenz-Logik der Geschlechter zu bewegen. So heißt es in einem Artikel des ,Spiegel' über eine empirische ,Porno-Studie' der Sexualforscherin Silja Matthiesen diesbezüglich zusammenfassend:

> Pornos, das war Matthiesen schnell klar, gehören für Jungen aller Schichten zum Alltag wie Computerspiele, Cola und Fußball. Bereits jeder zweite 13-Jährige konsumiert sie regelmäßig und mit altersgerecht hohem Interesse [...]. Im Alter von 19 sind nahezu alle Jungs pornoerfahren, viele sogar ganz extrem.

> Mädchen tummeln sich weniger selbstverständlich im Nacktangebot. Mit 15 Jahren, sagt Silja Matthiesen, hätten mehr als 40 Prozent von ihnen solche Filme gesehen, doch auch dann springt der Funke nicht richtig über. Nur sporadisch schauen sie hin, gern in albernen Kicherrunden mit den Freundinnen. Überwiegend finden sie Pornos in diesem Alter als abstoßend und nicht erregend (und falls doch, so irritiert sie das).

> Ganz anders die Jungen – und Porno, da sind sich beide Geschlechter einig, ist Jungensache. Wenn sie allein und ungestört Pornos gucken, dann masturbieren sie dabei. Netzpornos ersetzen heute komplett die Wichsvorlage, die Männern ehedem dienlich war (Evers 2014, S. 126 f.).

Es gibt also in puncto Pornokonsum offensichtlich einen kontinuierlichen *typischen Antagonismus* zwischen den Geschlechtern, einen kognitiven, moralischen und kathektischen Stil-Antagonismus, der bis in die jüngere Vergangenheit als eine Art Grenze entlang der Differenz der Geschlechter verläuft. Zwar ist diese Grenze keineswegs absolut, nicht undurchlässig und nicht unwandelbar, aber sie scheint (noch) überaus signifikant und markant zu sein (vgl. Eckert u. a. 1990, S. 140 f), auch wenn Aussagen aller Art im Feld der hier thematischen ‚Konsumgesellschaft‘ unvermeidlich fragwürdig sind.

Stark vereinfachend lässt sich auf der Basis der oben zitierten Studien sowie meiner eigenen Auswertung narrativer Interviews mit Pornokonsument/-innen (im Folgenden mit (A) gekennzeichnet) eine Reihung von differenziellen und differenzierenden Punkten erstellen, deren eine Seite die mit der inneren Logik des Porno-Genres zusammenfallende ‚typisch männliche‘ Sicht und deren andere Seite die dem entgegengesetzte ‚typisch weibliche‘ Sicht beschreibt. Ich beschränke mich im Folgenden darauf, einige typischerweise von Frauen erhobene Einwände gegen Pornografie aufzuführen. Mit umgekehrten Vorzeichen versehen sind sie genau das, was die pornointeressierten Männer an Pornografie normalerweise schätzen bzw. als Bedingung ihres Porno-Verständnisses und Porno-Vergnügens betrachten.

Frauen kritisieren oder beklagen an der existierenden ‚Hamburger-Pornografie‘ (Mainstream-Pornografie) typischerweise vor allem:
- die Zentralität, „Direktheit“ (A) und Totaltransparenz der Sex-Darstellungen. Die gleichsam gynäkologischen Offenbarungen (Obszönitäten) der Pornografie werden als abstoßend empfunden und auch mit moralischen Werturteilen und Begründungen abgelehnt.
- das Fehlen einer dramatischen Kontextierung im Sinne einer „menschlichen Geschichte“ bzw. persönlichen Beziehungsgeschichte, die Raum für „Fantasien“ (A) und „Träumereien“ (A) lässt.
- das Fehlen der Darstellung von subjektiven Innenwelten und von psychischer Intimität, von differenziertem „Gefühl“ (A), „Zärtlichkeit“ (A) und – vor allem – Liebe.
- die Präferenz für sexuell-genitale Stimuli und Penetrationsakte. Faulstich behauptet in Übereinstimmung mit Lautmann/Schetsche (1990, S. 98 ff.) und Studien, auf die sie referieren: „Tendenziell bevorzugen Frauen eher romantische Stimuli, Männer eher sexuell-genitale“ (Faulstich 1994, S. 242). Lautmann/Schetsche sprechen ähnlich wie Faulstich (1994, S. 18 f) von einer von Frauen bevorzugten „rosaroten Schnulzenliteratur“, die, wenn auch eher implizit, von Sexualität „durchtränkt“ sei (Lautmann/Schetsche 1990, S. 99).
- das Vorherrschen männlich-ideologischer/utopischer Vorstellungen von Sexualität und (sexuellen) Geschlechterverhältnissen. Dafür stehen praktische Begriffe wie ‚Macho‘ und ‚pornologische‘ Begriffe wie Pornotopia, Phallozentrismus, Phalluskult, Pansexualismus, Sex-Technizismus u. a. m.

– die Diskriminierung, Degradierung und Herabwürdigung von Frauen durch bestimmte sexuelle oder sexualisierte Praktiken (wie den Analverkehr) sowie durch Rollen/Images, Inszenierungsweisen und rituelle Akte (z. B. der Infantilisierung, der Verspottung und der Beschmutzung).

– die Verletzung nicht nur moralischer, sondern auch ästhetischer/geschmacklicher Normen und Normalitätsniveaus. Typischerweise wird die pornoimmanente ‚Ästhetik‘ bzw. die pornografische „Ästhetik des Häßlichen" abgelehnt, als störend oder abstoßend empfunden (Faulstich 1994, S. 208 f.; vgl. Lautmann/Schetsche 1990, S. 94; Eckert u. a. 1990, S. 143).

Verschiedene sozialwissenschaftliche Pornografiestudien, darunter Eckert u. a. (1990), Lautmann/Schetsche (1990), Faulstich (1994) und auch noch die neuere Studie von Lewandowski (2012), gehen im Grunde in dieselbe Richtung der Beschreibung eines ‚typisch weiblichen‘ Blicks auf Pornografie. Gleichzeitig weisen und deuten sie aber diesbezüglich auch auf Wandlungen und Differenzierungen hin, sodass eher von den ‚Blicken‘ von Frauen auf Pornografie die Rede sein könnte. Typischerweise unklar bleibt der Grad der Distanz, der Divergenz oder auch der Gemeinsamkeit, der dem Pornoerleben der Geschlechter im Einzelnen unterstellt wird. So meinen Eckert u. a. (1990, S. 144), dass Frauen zwar typische (Hamburger-)Pornofilme typischerweise als „unangenehm" empfinden, dass diese Filme „aber offensichtlich doch eine gewisse Faszination ausüben". Bei dieser irritierenden Behauptung bleibt es dann. Die Frage, worin die „gewisse Faszination" typischer (Hamburger-)Pornofilme für Frauen, die sie auch als „unangenehm" empfinden, im Einzelnen besteht, wird nicht gestellt, geschweige denn zu beantworten versucht.

Behauptet wird auch eine sich verstärkende prinzipielle ‚Aufgeschlossenheit‘ von Frauen gegenüber Pornografie, ja eine fraueninklusive Pornografisierung, bei der aber immer noch das Geschlecht einen systematischen Stil-Unterschied macht und die auch nichts an der typischen weiblichen ‚Pornokritik‘ ändert. Eckert u. a. zufolge will ein größerer und größer werdender Teil der überhaupt ‚pornoaffinen‘ Frauen „eine andere Pornografie" als die, die das männliche Publikum typischerweise bevorzugt.

> Die (männliche) Inszenierung der Sexualität, wie sie bislang für Pornofilme typisch ist, wird als unangenehm empfunden. Da pornografische Bilder aber offensichtlich doch eine gewisse Faszination ausüben, plädieren diese Frauen für eine andere (weibliche) Pornografie. Bemängelt wird an der traditionellen Pornografie das Fehlen von Gefühlen und Liebe, aber auch die Direktheit der Bilder erzeugt Ablehnung. Wohl deshalb favorisieren auch einige der Befragten eher die Softcore-Filme (Eckert u. a. 1990, S. 144).

Man könnte vor diesem ‚qualitativen‘ Hintergrund und in Bezug auf die zitierten quantitativen Studien ironisch formulieren: Wenn Frauen an Pornografie – im weitesten Sinne – überhaupt Gefallen finden, dann hauptsächlich an einer, die weitgehend oder weitestgehend gar keine ist, die sich mit dem traditionellen (männlichen) Mainstream-Typus nur sehr begrenzt vergleichen lässt. Zwischen Männern und Frauen scheint in diesem Zusammenhang eher eine fundamentale Distanz zu bestehen, ja eine wechselseitige Geringschätzung oder Verachtung der jeweils dominanten „Lustlitera-turen" (Lautmann/Schetsche 1990, S. 103).

Immerhin kann (auch) von der Existenz dieser ‚Lustliteraturen' bzw. ‚Lustfilme' auf die geschlechterübergreifende Konstante medial vermittelter sexueller Affektivität, Appetenz und Aktivität geschlossen werden, wobei die Differenzen und Grenzen nicht nur zwischen den Geschlechtsklassen, sondern auch innerhalb der Geschlechtsklassen verlaufen. Das schließt auch die Möglichkeit einer verstärkten Nachfrage nach einer ‚femininen' oder gar ‚feministischen' Pornografie ein, die von der (männlichen) ‚Ham-burger-Pornografie' in wichtigen Punkten nicht allzu weit entfernt ist: Die hier ge-meinten Werke zeichnen sich nach Auskunft eines diagnostischen Beobachters insge-samt „durch etwas mehr Rahmenhandlung aus, etwas mehr Blickkontakt und deutlich appetitlichere Männer – ansonsten aber zoomen die Regisseurinnen gleichfalls in me-dias res, so genitalversessen, direkt und lustvoll wie der am Mannesgeschmack ausge-richtete Mainstream" (Evers 2014, S. 124).

Mit diesen Beobachtungen und Überlegungen ergibt sich die Frage, wie die typi-schen Geschlechterdifferenzen des Pornoerlebens, des Pornobeurteilens und des Por-nokonsums in einem struktur- und funktionsanalytischen Sinne konzeptuell zu fassen und zu beschreiben sind. Nahe liegen in diesem Zusammenhang von den Sozialwis-senschaften bereitgestellte kultur- und sozialisationstheoretische Konzepte wie Ge-wohnheit, Habitus, Stil und Mentalität, die von gruppen- oder kategoriespezifischen (z. B. geschlechtsspezifischen) Sozialisationsbedingungen und daraus resultierenden psychischen (habituellen) Sozialisationsresultaten ausgehen (vgl. Willems 1997; 2012). Diese Konzepte führen unter anderem zur Differenz und Differenzierung der Ge-schlechter und zu einer differenziellen und differenzierenden Geschlechtlichkeit der Geschlechter, aus der sich im Rahmen des jeweiligen Konzepts auch hinsichtlich der Frage des Pornokonsums Schlüsse ziehen lassen, wenngleich diese eher spekulativ und fragmentarisch sind. In einem habitustheoretischen Rahmen wäre z. B. die Feststellung Kinseys zu verorten, für die auch die Untersuchung der Pornografie und der Porno-konsument/-innen spricht, dass nämlich „die sexuelle Ansprechbarkeit auf visuelle Reize bei Männern häufiger vorzufinden ist als bei Frauen" (Eckert u. a. 1990, S. 140).

Oder man nehme zum Beispiel die im selben Kontext relevante Behauptung, dass „Sexualität bei Frauen weniger verselbständigt (um mit Freud zu sprechen: partiali-siert)" ist als bei Männern – was sich auch in „weiblichen Sexualphantasien" zeige (Eckert u. a. 1990, S. 144; vgl. auch Lautmann/Schetsche 1990; Faulstich 1994). In diesen Zusammenhang (einer Habitus-Kluft zwischen den Anschauungs- und Gefühlsmustern der Geschlechter) passt auch die Vorstellung einer primär ‚penetranten' und selbstbe-zogenen Sexualität der einen (Männer) und einer eher von Empfindsamkeits- und ro-mantischen Liebesvorstellungen geprägten Erotik der anderen (Frauen/Mädchen) – eine Vorstellung, die sich wiederum auf der Ebene der Pornografie und des Pornokonsums bestätigen lässt.

Geht man von solchen ‚diagnostischen' Bildern der Geschlechter bzw. der Ge-schlechtlichkeit der Geschlechter aus, dann liegen die Konsequenzen in der Haltung/ Einstellung zur Pornografie und zum Pornokonsum ebenso auf der Hand wie die Entwicklungsaussichten der Pornokultur insgesamt, z. B. die relative Aussichtslosigkeit einer ‚transgenderistischen' Pornografie und pornografischen Konsumkultur (vgl. Faulstich 1994, S. 260, 18). Auch wenn gerade in der jüngeren Vergangenheit Wandlungen beobachtet worden sind, die in vielen Lebens-, Identitäts- und Rollenbereichen auf Konvergenzen oder Nivellierungen zwischen den Geschlechtern hindeuten, scheint es tatsächlich immer noch typische und gravierende Differenzen der Gewohnheiten, der Habitus, der Mentalitäten und Stile der Geschlechter zu geben, die auch den Bereich des Erotischen und Sexuellen umfassen oder betreffen (vgl. Faulstich 1994, S. 263; Eckert u. a. 1990, S. 140 ff.; Lautmann/Schetsche 1990, S. 95 ff.). Eben diese Differenzen der Geschlechter scheinen sich recht eindeutig und kontinuierlich in der Pornografie selbst wie auch im Pornokonsum bzw. Pornokonsumverzicht zu spiegeln.

‚Diagnosen' dieser und ähnlicher Art haben eigentümliche und auch fragwürdige Erklärungsversuche und Deutungsangebote nach sich gezogen, die, wie Werner Faulstich konstatiert, auf (evolutions-)biologische/biologistische und sozialwissenschaftliche/soziologische Varianten hinauslaufen. Die auf Pornografie und Pornografiekonsum bezogenen oder beziehbaren biologischen/biologistischen Varianten unterstellen unterschiedlich und gegensätzlich profilierte Sexualitäten und auch (Sexual-)Mentalitäten der Geschlechter als entscheidende Faktoren geschlechtsspezifischer oder geschlechtstypischer Attitüden wie den besagten Porno-Attitüden. Der biologische/biologistische Ansatz geht von einer primär oder ausschließlich körperlich veranlagten Ungleichheit der sexuellen Triebstärken, Triebverfassungen und Trieborientierungen der Geschlechter aus – einer Ungleichheit, die einen evolutionären Hintergrund hat. Zwar wird in diesem Zusammenhang meist anerkannt, dass Menschen keine vollends instinktgesteuerten bzw. triebgesteuerten (Tier-)Wesen sind, sondern nur durch mehr oder weniger erhebliche ‚Instinktreste' bestimmt werden, aber diesen ‚Resten' wird doch eine instinktähnliche Kraft und Macht zugeschrieben, die die Geschlechter wesentlich unterscheidet, ja die die Differenz der Geschlechter ausmacht. Faulstich spricht vor diesem Hintergrund von einer biologischen bzw. sexualbiologisch bedingten „Tragödie der Geschlechter" (1994, S. 260), aus der sich auch ihr typisches Verhältnis zur Pornografie und letztlich die Pornografie selbst (als ‚männliches Genre') ergebe. Dieses Bild der Geschlechter läuft auf ein Männer- und Männlichkeitsbild hinaus, das im Unterschied zum entsprechenden Frauen- und Weiblichkeitsbild ganz im Zeichen sexueller Triebhaftigkeit und Umtriebigkeit steht; ja die Besessenheit vom Sex erscheint als Wesen der Männer und als Inbegriff von Männlichkeit, dem die Natur der Frauen keine wirkliche Entsprechung bietet, sondern nur ein funktionales Komplement. Faulstich beschreibt diese biologischen/biologistischen Grundgedanken als eine Art Schlüssel zur Pornografie als Kultur und Konsum-Praxis (vgl. 1994, S. 260).

Die (evolutions-)biologischen/biologistischen Vorstellungen von einer in ihrer Stärke, Intensität und Struktur grundverschiedenen Sexualität der Geschlechter stimmen im Grunde mit einem vermutlich bis heute weit verbreiteten alltagsweltlichen (kosmologischen) Geschlechterverständnis, einem Selbst- und Fremdverständnis der Geschlechter überein. Dementsprechend plausibel erscheint es, das in jeder Hinsicht männerlastige ‚Lustspiel' der Pornografie ebenso wie den Konsum, den Verbrauch und

Gebrauch von Pornografie aus jener ‚Tragödie der Geschlechter' abzuleiten und zu erklären. Die Pornografie entspricht demnach vor allem der realen sexuellen Appetenz, Penetrationsorientierung und Penetrationswilligkeit des einen (männlichen) Geschlechts und verfehlt und frustriert eher die korrespondierende Affektivität, Emotionalität und (Sexual-)Mentalität des anderen (weiblichen) Geschlechts. Dieses Geschlecht erscheint (qua ‚Biologie') im Gegensatz zu jenem alles andere als ‚sexistisch', sexuell gierig, umtriebig und aktiv, sondern primär affektiv gedämpft, passiv und vor allem letztlich auf ‚Brut' und ‚Brutpflege' gepolt und damit auch darauf, sich an einen existenz- und ‚brutsichernden' Partner zu binden und diesen Partner an sich zu binden. Dass die Pornografie mit dieser Art von Sexualität bzw. (Sex-)Mentalität nichts zu tun hat, zu tun haben will und kann, umso mehr aber mit Männern („Männchen"), die, wie Faulstich (1994, S. 260) formuliert, darauf angelegt sind, „ununterbrochen zu zeugen" und eine „entsprechend große sexuelle Aktivität" zu entwickeln, liegt auf der Hand.

In die Richtung dieser Vorstellungen und Überlegungen und in einem komplementären Sinne zugleich darüber hinaus weist Dietrich Schwanitz in seinem inter- und transdisziplinär angelegten Buch über „Männer". In ihm spricht er zwar nicht von einer (sexual-)biologischen ‚Tragödie der Geschlechter', aber er sieht systematisch „verschiedene Sinneswahrnehmungen" der Geschlechter, und er nimmt auch ein fundamentales erotisch-sexuelles Gegensatz-, Komplementär- und Spannungsverhältnis zwischen den Geschlechtern an. Für Schwanitz ist der erotische/sexuelle Blick des Mannes der „pornografische Blick" (auf begehrenswerte Frauen), während er den Frauen im Feld der Erotik einen primär *narzisstischen* Blick (einen Blick auf die Blicke und durch die Blicke anderer) und eine ‚entschärfte' und relativ partnerorientierte Sexualität bzw. ‚Schmusesexualität' unterstellt.

> Auf jeden Fall stehen sich Mann und Frau in der Erotik mit verschiedenen Sinneswahrnehmungen gegenüber: mit dem pornografischen Blick der Mann und der ganzheitlichen Berührungssensibilität die Frau, die auf Nähe, Hautkontakt und allgemeine Schmuserei spezialisiert ist. Dem entspricht die Rollenverteilung im Drama der Werbung und der Selbstdarstellung: Dabei bietet sich die Frau dem Blick des Mannes dar. Sie sieht sich als gesehen. Zum Ersatz des männlichen Blicks wird der Spiegel. Mit ihm unterhält sie ein intimes Verhältnis ab ihrer Pubertät. Das verwandelt einen Teil der weiblichen Erotik in Selbstgenuß. Sie wird zur Autoerotik. Über den Umweg der Identifikation mit dem Mann genießt die Frau seinen Genuß an sich selbst (Schwanitz 2001, S. 214).

Hier wie in dem zuvor genannten Ansatz geht es also um eine Art Anthropologie des Geschlechts, der Geschlechtlichkeit und der Geschlechter. Auch in Bezug auf Medienerzeugnisse wie die Pornografie oder die Werbung und in Bezug auf die Rezeption bzw. den Konsum solcher Erzeugnisse hat man es mit ‚anthropologischen' Vorstellungen, ja ganzen ‚Anthropologien' der Geschlechter zu tun. So spricht die Pornografie gleichsam von einem männlichen (Sexual-)Voyeurismus (siehe oben), für den auch der Pornokonsum als solcher spricht. In der Richtung dieses Verständnisses sind auch die Reklamedarstellungen des traditionellen erotischen Hofierungsrituals bzw. der erotischen Selbstdarstellung von (jungen) Frauen zu deuten und gedeutet worden (siehe oben). Die (jungen) Frauen erscheinen im Rahmen der Werbeerotik als die sich im Hinblick auf

Männer und männliche Bewertungen Darstellenden und als die von Männern ‚Erblickten‘, Betrachteten und Begehrten, die offensichtlich in jener von Schwanitz gemeinten „Autoerotik" einen Großteil ihres Begehrens haben. Bemerkenswert sind in diesem Zusammenhang auch die erwähnten ‚rosaroten Schnulzenliteraturen‘, die Lautmann und Schetsche als eine Art Frauen-Pornografie lesen, in der „das Begehrt*werden* im Vordergrund anregender Vorstellungen steht" (Lautmann/Schetsche 1990, S. 100). Hier passt dann auch der theoretische, (sexual-)ideologische und kosmologische Begriff des (weiblichen) Narzissmus, den Schwanitz mit seinen obigen Überlegungen im Sinn hat und der bekanntlich nicht zuletzt auf Freud zurückgeht, der ja auch zu den bis heute wirksamen (Be-)Gründungsvätern einer biologischen/biologistischen Betrachtung der Geschlechter und der Geschlechtlichkeit(en) der Geschlechter gehört.

Der ‚Blick des Mannes‘, wie (nicht nur) Schwanitz ihn sieht, kennt demgegenüber, der ‚Sicht‘ der (Hamburger-)Pornografie und ihrer Männerfiguren und Männerkonsumenten entsprechend, im Prinzip keinen Umweg und auch keine sozialen Grenzen. Es ist, überspitzt formuliert, der Blick des Voyeurs, ein voyeuristischer Blick, für dessen Realität ja auch schon Kinsey mit der Behauptung sprach, dass „die sexuelle Ansprechbarkeit auf visuelle Reize bei Männern häufiger vorzufinden ist als bei Frauen" (Eckert u. a. 1990, S. 140). Als ‚pornografischer Blick‘ ist der männliche Blick zunächst jenseits aller narzisstischen ‚Autoerotik‘ ein frontaler Blick des Begehrens weiblicher Attraktiv-Körper und der prinzipiellen Bereitschaft, diesem Begehren nachzugehen. Der männliche Porno-Blick zielt wie der der männlichen Porno-Figuren direkt und letztlich auf körperliche Objekte und Akte. Gleichwohl kann auch von einem männlichen Narzissmus im Porno und am Porno (vor dem Porno) die Rede sein. Er liegt jedoch nicht, wie im (unterstellten) Fall des ‚anderen Geschlechts‘, im Begehren, in der Spiegelung und im Genuss eigener Attraktivität, sondern in der Vorstellung und Darstellung von sexueller Potenz und Omnipotenz, in der Allmacht, die die Pornografie als männliche Allmacht inszeniert, suggeriert und in gewisser Weise (nämlich als konservierte Inszenierung) zu konsumieren erlaubt.

Im Rahmen eher sozialwissenschaftlicher/soziologischer Perspektiven sowie damit einhergehender ideologisch-politischer Diskurse wird die Sexualität der Geschlechter auch – und auch zur Erklärung von Pornografie und Pornokonsum – als eine Art unabhängige Variable konstruiert. Mit ihr wird ähnlich wie im Fall der biologisch/biologistisch gerahmten ‚Tragödie der Geschlechter‘ ein systematischer Überschuss männlicher (sexueller) ‚Triebhaftigkeit‘/Affektivität unterstellt, jedoch wird die entsprechende Asymmetrie der Geschlechtlichkeit der Geschlechter aus sozialen, kulturellen und historischen Bedingungen ab- und hergeleitet. Klassisch ist die Behauptung einer traditionell relativ zwanglosen männlichen ‚Triebhaftigkeit‘/Sexualität, der eine (männliche) Unterdrückung und Bezwingung weiblicher ‚Triebhaftigkeit‘/Sexualität korrespondiert – mit der Folge entsprechender ‚Verdrängungen‘ und ‚Hemmungen‘. Die besagte weibliche ‚Zurückhaltung‘ im Sexuellen erklärt sich demnach auch im Hinblick auf Pornografie und Pornokonsum vor allem daraus, dass Frauen wesentlich mehr als Männer „über Jahrhunderte hinweg zur Unterdrückung ihrer eigenen Sexualität gezwungen worden sind und erst allmählich lernen bzw. durchsetzen müssen, ihre Triebhaftigkeit zu entdecken, zu entfalten und zu realisieren" (Faulstich 1994, S. 260). Die von Faulstich gemeinte (sexuelle) ,Tragödie der Geschlechter' wäre demnach nicht oder nicht nur eine biologische Tragödie, sondern auch oder ausschließlich eine historische Habitustragödie infolge geschlechtsklassentypischer ,Triebschicksale', die sich erst unter fortgeschritten modernen Bedingungen bzw. in der ,westlichen Zivilisation' auflockern und auflösen – mit entsprechenden Implikationen und Folgen für das erotisch-sexuelle Erleben/Empfinden und Handeln der Geschlechter.

Als anschlussfähig und komplementär erscheint in diesem Zusammenhang die Zivilisationstheorie von Elias, der seinerseits eine systematische Habitus-Differenzierung der Geschlechter und der Geschlechtlichkeit der Geschlechter im „Prozeß der Zivilisation" behauptet, aber über die Vorstellung historisch kontinuierlicher weiblicher ,Triebunterdrückung' hinausgeht. Den Frauen (als Geschlechtsklasse) attestiert auch Elias eine Geschichte besonders starker Triebkontrollzwänge und Triebunterdrückung, die er als Effekt langfristig wirksamer sozialer Figurationen (auch der Geschlechter) vorstellt: „Die Zwänge, die auf dem Triebleben der Frau lasten, sind von jeher in der abendländischen Geschichte und dann, abgesehen von den großen, absolutistischen Höfen, so ziemlich durch die ganze, abendländische Geschichte hin, erheblich größer, als die des ebenbürtigen Mannes" (Elias 1980, Bd. 2, S. 110 f.). Mit Elias kann auch darüber hinaus (und im Zusammenhang damit) von einer systematisch unterschiedlichen Zivilisation und Zivilisiertheit der Geschlechter gesprochen werden, die direkt oder indirekt auch im Bereich des Sexuellen bis hin zur modernen Pornokultur und zum Pornokonsum implikations- und folgenreich ist. Neben jener geschlechtsspezifischen Asymmetrie der Zwänge im sexuellen Triebleben kann man insbesondere von einer analogen Asymmetrie im Bereich der Aggressivität und der Aggression/Gewalt ausgehen. Und auch in diesem Fall ist im Porno und am Porno eine Bestätigung besonderer männlicher ,Triebhaftigkeit' und weiblicher ,Zurückhaltung' zu finden.

Im Zusammenhang mit diesen ,Triebschicksalen' der Geschlechter mag auch die historisch lange während und typischerweise krasse Asymmetrie in der Machtbalance zwischen den Geschlechtern unterschiedlich habitusprägend gewirkt und den (früher) unterlegenen Frauen zu besonderen, ,nachhaltigen' und folgenreichen Kompetenzen und Haltungen verholfen haben, die unter anderem ihre Haltung zur Pornografie bedingen. Als bis heute mannigfaltig relevantes historisches Habituserbe der Frauen wäre diesbezüglich (im Anschluss an Elias) z.B. an überlegene Distanz, Affektkontrolle, Empathie oder Empfindsamkeit zu denken oder auch an eine besondere Fähigkeit und Neigung zu „rationalen und psychologisierenden Verhaltensweisen" (Klein/Liebsch 1997, S. 27). Die Zivilisationstheorie spricht insgesamt dafür, dass sich die Frauen typischerweise weiter von der ,Natur' (auch ihrer Körper) entfernt und mehr dem ,Sozialen' (Empathischen, Empfindsamen, Altruistischen) zugewandt haben als die Männer, die umgekehrt näher mit Natur und entsprechender ,Asozialität' assoziiert sind, also auch weiter entfernt sind von jenen frauentypischen ,Qualitäten', die sich auch in der frauentypischen Haltung zur Pornografie bzw. in der ,Kritik' an ihr zeigen (siehe oben). Die ,Hamburger-Pornografie' (von Männern und für Männer) will allerdings von einer anders und höher zivilisierten ‚Weiblichkeit' aus guten Gattungsgründen nichts wissen und verwirft sie in ihren Inszenierungen zu Gunsten eines ganz und gar unzivilisierten und sexistischen ‚Weibsbilds', das den Mann *vor* dem Porno in gewissem Maße auch für die Folgen jener ‚Tragödie(n) der Geschlechter' entschädigen mag.

7 Pornografie und Werbung in historischen (Langfrist-)Prozessen

Nach den bisherigen, eher ‚phänomenologischen' und ‚zeitnah' empiriebezogenen Untersuchungen, die sich in einer Art theoretisch-analytischer Parallelaktion vor allem auf Mainstream-Werbung und Mainstream-Pornografie des ausgehenden 20. Jahrhunderts konzentrierten und dabei eine entsprechende (zeitgenössische) Gesellschaft im Sinn hatten, geht es im Folgenden darum, diese Perspektive in einem historisch-prozesssoziologischen Sinne zu erweitern und zu vertiefen. Werbung und Pornografie und mit ihnen ihre Konstruktionen der Geschlechter (und der Geschlechtlichkeit der Geschlechter) sollen also im ‚Kontext' und als Funktionen diverser Langfrist-Entwicklungen betrachtet werden, aber auch als relativ eigenständige und autonome Faktoren oder Generatoren kultureller/zivilisatorischer Prozesse.[296] Damit richtet sich der Blick nicht nur auf die hier thematischen Medienkulturen, sondern auch auf Entwicklungen und Wandlungen der Gesellschaft und der Gesellschaftskultur insgesamt sowie auf die darauf bezogenen Verhältnisse und Menschen – mit ihren Lebenswelten, Ressourcen, Gewohnheiten, Habitus, Mentalitäten, Lebensstilen, Bedürfnissen usw. Eingeschlossen in dieses Erkenntnisinteresse sind die Ebenen der Rezeption bzw. des Konsums von Medienkulturen wie der Werbung und der Pornografie sowie die entsprechenden Rezipient/-innen und Konsument/-innen.

Die Grundausrichtung dieser Untersuchungen, die eigenes Licht auf die oben beschriebenen empirischen Kulturtatsachen und damit auch auf soziologische ‚Geschlechterfragen' werfen sollen, ist im weitesten Sinne zivilisationstheoretischer bzw. modernisierungstheoretischer Art, ohne auf ein bestimmtes ‚Paradigma' festgelegt zu sein. Im Gegenteil wird hier davon ausgegangen, dass eine Pluralisierung von Theorie- oder Modell-Perspektiven von erkenntnispraktischem Nutzen sein kann und zu sein verspricht. Begrifflich-theoretische Bezugsrahmen und Grundlagen dieses Versuchs sind allerdings vor allem historisch-prozesssoziologisch orientierte Klassiker/-innen (verschiedener Generationen), die neben und mit der soziologischen Perspektive und dem sachlichen Interesse an Themen wie Körperlichkeit, Geschlecht und Erotik/Sexualität auch eine auf diese Themen gerichtete gesellschaftstheoretische und wissenssoziologische Ausrichtung teilen, aber auch je besondere Perspektiven, Ansätze und Deutungsmittel liefern. Das schließt in mancher Hinsicht richtungweisende (und verwandte) Autoren wie Norbert Elias und Michel Foucault ebenso ein wie etwa David Riesman, Arnold Gehlen und Helmut Schelsky (mit seiner „Soziologie der Sexualität") oder neuere Kulturtheoretiker/-innen wie Erving Goffman, Pierre Bourdieu, Richard

---

296 Werbung und Pornografie haben sich bekanntlich im globalen Maßstab zu sozialen/kulturellen und auch sozialisatorischen Großmächten entwickelt, so dass man heute von einer Verwerblichung und Pornografisierung nicht nur der Gesellschaft, sondern der Weltgesellschaft sprechen kann. Die Fragen nach den Bedeutungen dieser Entwicklungen, nach ihren Voraussetzungen, Implikationen und Folgen führen also letztlich immer auch zu Globalisierungstheorien.

https://doi.org/10.1515/9783111168906-021

Sennett, Gerhard Schulze oder Erika Fischer-Lichte. Ich gehe davon aus, dass die damit angedeuteten, gewiss auch heterogenen Perspektiven und Begrifflichkeiten prinzipiell und jedenfalls für die hier verfolgten Zwecke hinlänglich kommensurabel, kompatibel und komplementär sind und jeweils besondere sachliche Aspekte erschließen, erfassen und erhellen.

In diesem Vorgehen steckt also der Versuch, überaus voraussetzungsvollen und komplex verwobenen, vielschichtigen und interdependenten Realitäten in einem möglichst weiten und zugleich möglichst vielseitigen und differenzierten Bezugsrahmen gerecht(er) zu werden. Es geht damit auch darum, zur Vermeidung und Überwindung theoretischer und diagnostischer Einseitigkeiten, Verkürzungen, (Über-)Simplifikationen und Reifikationen beizutragen, die gerade für die hier thematischen Forschungsfelder charakteristisch sind.

7.1 Sozio- und Psychogenese: Sexualität und Aggressivität

Medienerzeugnisklassen aller Art – auch Werbung und Pornografie – und mit ihnen ihre Konstruktionen der Geschlechter und der ‚Geschlechtlichkeit' setzen die historische Genese, die Entwicklung und den Wandel von sozialen Sinn-, Moral-, Geschmacks- und Schicklichkeitstatsachen, von diesbezüglichen Zwängen, Normen, Standards, Spielräumen, Grenzen sowie von entsprechenden ‚Subjekten' und von Gewohnheiten und habituellen Dispositionen voraus, die sich auf alle Seiten des menschlichen Seins und Verhaltens, Körperseins und Bewusstseins beziehen.

Zivilisationstheorien wie die Eliassche und die Foucaultsche haben diese sozialen/ kulturellen Tatsachen beschrieben und gezeigt, wie sie sich im Zuge von länger- und langfristigen Prozessen in Abhängigkeit von der modernen „Soziogenese" (Elias) entwickelt und verschoben haben, hinauf- oder heruntermoduliert worden sind. Im Zentrum dieser (Zivilisations-)Theorien stehen zum einen historisch ‚nachhaltig' bedeutsame und wirksame Entwicklungen und Wandlungen sozialer und kultureller Ordnungen: Macht- und Herrschaftssysteme, Institutionen, Diskurse, Rituale, Zensuren, Semantiken etc., die immer auch und vorzugsweise Aspekte des menschlichen Körpers, speziell dessen Affektivität, betreffen und Konstruktionen seiner Wirklichkeit, z.B. Definitionen von Legitimität und Abweichung, bedingen oder bestimmen. Zum anderen und zugleich geht es um Zusammenhänge zwischen der „Soziogenese" und der „Psychogenese" (Elias 1980, 2 Bde.). Letztere erscheint als Ziel- und Wirkgebiet diverser zivilisatorischer Einwirkungen und Zumutungen, Mechanismen und historischer Bewegungen: von sozialen Differenzierungs- und Integrationsprozessen/Verflechtungen, kulturellen ‚Sickerprozessen', staatlicher Gewaltmonopolisierung, institutionellen Kontrollen und Disziplinierungen (speziell im Rahmen totaler Institutionen), diskursiven und semantischen Transformationen u.a.m. Auf der Ebene der Psychogenese geht es, grob gesagt, korrelativ zu Wandlungen des Sozialen um systematische Einstellungen und Umstellungen des menschlichen „Verhaltens und Seelenhaushalts" (Elias 1980,

Bd. 2, S. 372) in Richtung sozial/kulturell kodierter Selbstkontrollen in der Form von Gewohnheiten und habituellen Dispositionen.

Aus ihnen ergibt sich ein typisches Ensemble von menschlichen ‚Eigenschaften', von ‚Eigenschaften' der ‚Persönlichkeit' des modernen Individuums und seines Verhaltens- und Lebensstils. Dazu gehören nach Elias' Theorie: differenzierte und forcierte Gefühle der Scham und der Peinlichkeit, eine systematisch „gedämpfte" Affektivität/‚Triebhaftigkeit', gesteigerte Rationalität im Denken und Handeln, Empathie („Psychologisierung"), „Langsicht", Distanz und geschärftes subjektives Selbstbewusstsein, eine Verfeinerung der Umgangsformen, eine verstärkte expressive und kommunikative Selbstbeherrschung, die Fähigkeit und Motiviertheit zur Verschiebung von Bedürfnisbefriedigungen „hinter Kulissen", das Bedürfnis, möglichst normal und zugleich individuell zu erscheinen u.a.m. Elias und Foucault betonen auch den Zusammenhang von Subjektivierungs- und Individualisierungsprozessen, in denen in Verbindung mit Vorgängen sozialer Kontrolle und Verinnerlichung eine subjektive ‚Innerlichkeit', Innenwendung und Innenschau entsteht. Elias spricht vom modernen „homo clausus", dessen gesellschaftlich herbeigeführte „Selbsterfahrung" wesentlich auf Distanzen, Entfremdungen und ein diffuses ‚Unbehagen' in der und an der sozialen Welt hinausläuft. Foucault sieht in historischen Institutionen wie der Beichte, der Psychiatrie und der Psychoanalyse Generatoren des modernen ‚Subjekts', das sich gerade in seinen um sexuelle Themen zentrierten Selbstbeobachtungen, Selbstreflexionen und Selbstthematisierungen auch selbst erzeugt und individualisiert hat (vgl. Hahn 1984; Schwietring 2009a). Dieses ‚Subjekt' entsteht und steht nach den Vorstellungen verschiedener Zivilisationstheorien in jedem Fall auch in dialektischen Zusammenhängen zwischen sozialen „Fremdzwängen", die sich in historischen Prozessen entwickeln, spezifizieren und wandeln, einerseits und psychischen „Selbstzwängen" (Elias), die sich dem subjektiven Selbstbewusstsein (nur) im Maße ihrer Habitualisierung entziehen, andererseits. Daraus folgen auch Erlebnisse und Erfahrungen, Empfindungen und Urteile, Be- und Verurteilungen verschiedener Art, z. B. Einschätzungen und Abschätzungen von Verhalten oder Kultur als obszön oder pornografisch.

Vor dem Hintergrund dieser Verständnisse von Zivilisation sind auch die modernen Medienbereiche zu betrachten, die und deren Publika sowohl zivilisatorisch voraussetzungsvoll als auch in zivilisatorische Prozesse eingebunden und in diesen Prozessen wirksam sind. Die Werbung fungiert in diesem Zusammenhang (wie in anderen Zusammenhängen) offensichtlich vor allem als eine Art kulturelles (oder: zivilisatorisches) Forum, das die jeweils aktuellen Sinnverständnisse, Grenzen, Werte, Normen und Normalitäten im Allgemeinen beachtet, aufgreift und teilweise demonstrativ zelebriert. Aufgeführt und vorgeführt wird ein Raum der Zivilisiertheit, z. B. der Friedlichkeit, des Anstands, der korporalen Gepflegtheit, der Höflichkeit, der gepflegten Geselligkeit, des guten Geschmacks, des guten Benehmens etc. Ebenso bewegt sich die Werbung im Rahmen der Zivilisation bzw. aktueller Zivilisationsprozesse und zivilisatorischer ‚Niveaus', wenn es um Darstellungen und Inszenierungen der Geschlechter und der Geschlechtlichkeit geht. Dementsprechend variiert auch die in der Werbung ‚kultivierte' Intimität, z. B. die der Erotik (siehe oben).

Die Pornografie ist dagegen scheinbar umgekehrt veranlagt, aber auf dieselbe Zivilisation und denselben zivilisatorischen Wandel bezogen wie die ihr korrespondierende Werbung. Die pornografischen Mainstream-Varianten sind zumindest in den ‚westlichen‘ Gesellschaften zwar (symptomatischerweise) schon lange (und mit einer Tendenz zur Erweiterung von Spielräumen) legal, aber ‚inhaltlich‘ ist Pornografie seit jeher immer auch relativ ‚unzivilisiert‘, ja ‚antizivilisiert‘. Sie unterschreitet mindestens aktuell geltende zivilisatorische Minimalniveaus und ist im Zuge einer fortschreitenden (sexual-)kulturellen ‚Liberalisierung‘ zunehmend auf neue Unterschreitungen und Überschreitungen aus, auf sensationelle Spiele mit Grenzen und im Jenseits von Grenzen, von normativen Moral-, Geschmacks- und Schicklichkeitsgrenzen und damit auch Legitimitätsgrenzen. Eben diese (natürlich variablen) Grenzen sind aber auch eine konstitutive Bedingung ihrer Existenz und ihrer Attraktivität (für ihr Publikum). Erst diese Grenzen machen die pornografischen Heruntermodulationen, Überschreitungen und Verletzungen als Obszönität möglich, potenziell reizvoll, psychisch funktional und subjektiv brauchbar. Ohne das Verbot gibt es auch keinen ‚Reiz des Verbotenen‘ und überhaupt keine Pornografie.

Während die Werbung also als ein ‚positives‘ Korrelat der Zivilisation und sogar als deren rituelle oder zeremonielle Verdichtung zu verstehen ist, scheint für die Pornografie das Gegenteil zu gelten. Sie bildet zumindest auf den ersten Blick ein ‚negatives‘ Korrelat der jeweils aktuellen Zivilisation bzw. ‚Sittlichkeit‘ (vgl. Faulstich 1994, S. 264f.). Und auch in diesem Fall könnte man von einer rituellen oder zeremoniellen Verdichtung sprechen. Es liegt also nahe, in der Pornografie einen Raum oder Spielraum zu sehen, der zivilisatorisch Gebotenem und Verbotenem zuwiderläuft, der dieses Gebotene und Verbotene in einer Art von Karneval demonstrativ und überzeichnend umkehrt, der ‚Unzivilisiertem‘ einen Platz gibt und auch als eine Art Kompensativ von Zivilisation bzw. zivilisatorischen „Fremdzwängen“ (Elias) fungiert. Werner Faulstich spricht im Hinblick auf diese funktionale/funktionalistische Deutung der Pornografie von dem Theorietyp der „Korrelattheorie“ und operiert diesbezüglich mit dem Begriff der „Mainstream-Kultur“, der er die Pornografie als eine Art Underground-Kultur gegenüberstellt:

> Pornografie und Mainstream-Kultur verhalten sich demnach reziprok zueinander. Je mehr die Darstellung von sexuellen Praktiken und Präferenzen, von Körperlichkeit, sexueller Sinnlichkeit, Ekstase, Lust und Orgasmus in unserer Kultur moralistisch ausgespart, religiös gereinigt und sexualpolitisch reglementiert oder künstlerisch überhöht wird, desto attraktiver scheint Pornografie. [...] Insofern zahlen wir uns, als bürgerlich reglementierte Gesellschaft, als christlich geprägte Kultur nur mit genau der Münze heim, die wir selbst verdienen. Die Ausklammerung und Unterdrückung des Sexuellen in der Mainstream-Kultur, die also der Kultur der Pornografie unabdingbar, als Korrelat, bedarf, wird vom ideologischen Tabu des Triebverzichts und der ökonomischen Reglementierung der Triebbefriedigung (nur in erlaubten Bahnen, speziell der Ehe) erzwungen (Faulstich 1994, S. 265).

Diese „Korrelattheorie‘ bzw. Exklusions-, Repressions- und Frustrationsthese besitzt eine gewisse Plausibilität, wenn man von aktueller Zivilisation oder ‚Mainstream-Kultur‘

als einem jeweils objektiven Ensemble oder System von sozialen Zwängen, Normen, Geboten und Verboten, Ausgrenzungen, Tabuisierungen, Kontrollen usw. ausgeht, das mit Repressionen, Restriktionen und Frustrationen einhergeht. Allerdings ignoriert diese ‚Theorie' zum einen die historische Ebene der „Psychogenese", der Entwicklung von Gewohnheiten oder Habitus, die bedingen oder bestimmen, was das Psychische oder Physische (z. B. Sexuelle) überhaupt bedeutet, und die auch gleichsam als Resonanzböden des Sozialen und Kulturellen (z. B. von Pornografie) fungieren. Zum anderen ist die Pornografie jedenfalls schon seit längerer Zeit die Pornografie einer Gesellschaft, die sich gegenüber fast allem Sexuellen mehr denn je tolerant verhält, die seine Darstellung und Thematisierung mehr denn je und offener denn je zulässt, ja provoziert, und das Sexuelle weniger denn je ausklammert, unterdrückt, reglementiert oder tabuisiert. In den Medienwelten der Diskursivierungen und Visualisierungen scheint eher eine gegenteilige Entwicklung der Fall zu sein, an der auch die Pornografie und die Werbungserotik nicht unerheblich beteiligt gewesen sind, mitgewirkt haben und mitwirken. Es ist hier besonders bemerkenswert, dass die Prozesse der Pornografisierung nicht etwa ‚korrelativ' zu den von Faulstich gemeinten Zwangs-Verhältnissen verlaufen sind und verlaufen, sondern parallel zu einer und als Teil von einer weitreichenden erotisch-sexuellen ‚Liberalisierung' und einer öffentlichen Erotisierung. Pornografie und Werbungserotik erscheinen insofern nicht nur als zivilisatorisch voraussetzungsvoll, sondern auch als Moment und Faktor einer zivilisatorischen Entwicklungstendenz, die sie selbst begünstigt. Im Anschluss an Foucault (1977a) macht es in diesem Zusammenhang auch Sinn, Pornografie und Werbungserotik nur als Varianten oder Gattungen im Kontext jener polymorphen Sex-Diskurse zu betrachten, die der Prozess der Zivilisation bzw. der Modernisierung der Gesellschaft und des Individuums mit sich gebracht und hervorgebracht hat. Vor diesem Hintergrund „erscheint die Inflation der medialen Inszenierungen als Radikalisierung und Steigerung und als visuelle Wendung einer die gesamte Moderne kennzeichnenden Tendenz, nicht aber als verstörender Bruch oder Neuerung. […] Was sich geändert hat, ist, dass die Dinge deutlicher beim Namen genannt und vor allem gezeigt werden" (Schwietring 2009a, S. 264).

Diese Relativierungen und Einwände gelten im Prinzip auch für eine andere, innerhalb und außerhalb wissenschaftlicher Diskurse prominente ‚Theorie' der Pornografie, die der ‚Korrelattheorie' unmittelbar benachbart ist: die „Ventiltheorie" (Faulstich 1994, S. 259 ff.), die Vorstellung, dass Pornografie bzw. Pornografiekonsum sozial beschränkter und frustrierter Triebhaftigkeit, ‚überschüssigen' sexuellen Impulsen/Affekten zur Aktualisierung und ‚Abfuhr' verhilft (siehe oben). „Demnach ist Pornografie Ersatzhandlung für etwas, das man als einzelner nicht bekommt, also eine Art ‚Sicherheitsventil' und insofern persönlicher Eskapismus" (Faulstich 1994, S. 259). Auch diese Vorstellung von einer Ventilfunktion oder „Ventilsitte" (Vierkandt) besitzt in dem obigen Sinne eine gewisse Plausibilität. Sie ignoriert aber wiederum, dass es sich bei der besagten ‚Triebhaftigkeit' selbst zumindest auch um ein sozialisiertes/zivilisiertes und sozialisatorisch/zivilisatorisch gemachtes ‚etwas' handelt, dessen Verfassung sich nicht oder höchstens eingeschränkt mit einem Druckkessel vergleichen lässt und das auch im Zuge seiner ‚Ventilierung' von dieser nicht unbeeinflusst bleibt, sondern verstärkt, geformt oder gefärbt werden kann. Die hier gemeinte ‚Ventilierung' ist kaum realistisch mit der Handhabung eines ‚Sicherheitsventils' zu vergleichen, sondern eher eine Praxis oder Praktik, die in jene sexbezogenen sozialen Kontexte eingebettet ist, die Foucault und Elias im Auge hatten.

Pornografie ist auch als solche, als mediale Kultur, zumindest in der Form der hier fokussierten ‚Hamburger-Pornografie', keineswegs völlig ‚unzivilisiert' oder nur ein ‚korrelatives' oder kompensatives Gegenmodell zu herrschender Zivilisation oder ‚Mainstream-Kultur'. Sie ignoriert und verletzt nicht nur zivilisierte (symbolische) Ordnung, kognitive, moralische, ästhetische und rituelle Formen, Normen, Zensuren usw., sondern verhält sich auch durchaus im Rahmen jener Seiten von ‚Zivilität' und Zivilisierung, die die Werbung typischerweise kanonisiert und zelebriert. Dies betrifft in exemplarischer Weise auch und sogar die Ebene der Affekte/‚Triebe', die im Zentrum des Zivilisationsprozesses stehen: Aggression/Gewalt und Sex. Die Pornografie greift diese Themen und Sujets zwar auf ihre eigene (obszöne) Weise auf, gibt aber auch den Hintergrund ihrer Zivilisation zu erkennen und treibt diese sogar punktuell ausdrücklich auf die Spitze.

Erstens gibt es im Rahmen der ‚Hamburger-Pornografie' insgesamt einen zumindest tendenziellen *manifesten* Gewaltverzicht im Sinne eines Verzichts auf physische Gewalt und Brutalität, wenngleich keineswegs von substanzieller und allseitiger Gewaltlosigkeit oder gar Friedfertigkeit die Rede sein kann. Immerhin kann man in der (normal-) pornografischen Exklusion von offener und roher Körpergewalt – gegen Männer und Frauen und von Männern gegen Frauen – und in der Simulation von allseitigem ‚Einvernehmen' und ‚einvernehmlichem' Wollen und Tun in puncto Sex ein Symptom des fundamentalen Zivilisationsprozesses der Pazifizierung sehen, wie Elias ihn beschrieben hat. Physische Aggressivität und Gewalttätigkeit haben – ganz im Gegensatz zur Sexualität – keinen legitimen und keinen faktischen Platz mehr in der ‚Gesellschaft' der ‚Hamburger-Pornografie' wie in der modernen Gesellschaft überhaupt, wo sie normalerweise starker oder stärkster sozialer Kontrolle, Restriktion und Sanktion unterliegen (staatliches Gewaltmonopol) – eine Tatsache, von der die physisch schwachen und die schwächeren Gesellschaftsmitglieder am stärksten profitieren.

Man kann sagen, dass die zivilisatorischen/zivilisationsgeschichtlichen ‚Karrieren' der zentralen menschlichen Affektseiten (Aggressivität und Sexualität) zumindest in der ‚westlichen Zivilisation' in gegensätzlichen Richtungen verlaufen sind. Während ‚Sex' nach einer langen (nicht nur christlichen) Geschichte der Verdächtigung, Verübelung und Beherrschung schließlich nicht nur prinzipiell legitimiert und normalisiert, sondern auch als Gesundheits- und Glücksfrage formuliert, idealisiert und postuliert worden ist, sind Formen von physischer Aggressivität und Aggression generell illegitim, illegal und auch moralisch stark disqualifiziert bzw. pathologisiert worden. Und auch im Hinblick auf faktisches Verhalten kann von *tendenzieller* „Befriedung" (Elias) der Öffentlichkeit, ja des ganzen sozialen Raumes gesprochen werden. Dem entspricht die Mainstream-Pornografie auf den ersten Blick fast spiegelbildlich. Was sich im Normal-Porno – analog zur Werbung – zeigt, ist eine Art Verbindung von Sexismus/Sexualismus und Pazifismus, die ‚pornotopische' Idee eines Sex-Paradieses, die von legitimer Gesellschaftskultur im Grunde nicht weit entfernt ist – wie brutal auch immer die Praxis der Pornoproduktion und wie dünn auch immer die Zivilisiertheits-Hülle ihrer Erzeugnisse und der Konsumenten dieser Erzeugnisse sein mag.

Der menschliche Affektbereich/‚Großtrieb‘ der Aggressivität/Aggression scheint in den hier thematischen Porno-Erzeugnissen also ganz im Gegensatz zum Bereich des Erotischen und Sexuellen/‚Sexualtrieb‘ nicht nur gedämpft, sondern gleichsam verdampft zu sein und insofern auch dem Modell der modernen Zivilisation und Zivilisiertheit zu entsprechen. Diese Pazifizierung ist allerdings nicht in allen Bereichen und nicht auf allen Ebenen der Porno-Kultur der Fall bzw. gleichermaßen der Fall. Auch die scheinbar zwanglose und gewaltlose Hamburger-Pornografie umfasst eine symbolische/ rituelle Gewalt-Ordnung, die nur (aber immerhin) oberflächlich vom Porno-Märchen der immerwährend glücklichen und glückenden Natürlichkeit, der ‚Einvernehmlichkeit‘ und natürlichen Dauergeilheit aller (Geschlechter) verhüllt oder umhüllt wird. Zieht man dieses Märchen von den erzählten Geschichten und den gezeigten Bildern ab, dann offenbaren sich durchaus Formen von Gewalt, die auch ein Geschlecht haben: das männliche. Der (Hamburger-)Porno-Mann hat ja im Grunde jederzeit und überall und gegenüber jeder Frau vollen Zugriff auf deren Körper. Das Thema der Gewalt, weniger der Eindruck von Gewalt, verschwindet nur (aber eben auch immerhin) dadurch, dass *sie* angeblich immer auch will oder von sich aus genau das will oder als besonders erfreulich erlebt, was *er* will. Auch wenn derlei Fiktionalität in Verbindung mit Medialität Gewalteindrücke verschleiern oder entschärfen mag, bleibt Pornografie auch eine Art aggressive Ersatzhandlung, die immer noch auf das Ersetzte verweist und einen Ansatz bietet, qua Wahrnehmung und Fantasie illegitime und sozial ‚unpraktikable‘ Aggressivität (speziell gegen Frauen) auszuagieren und abzureagieren oder aber umgekehrt ‚aufzuagieren‘.

Insofern kann man über die oben skizzierten ‚Theorien‘ (die Korrelattheorie wie die Ventiltheorie) sogar noch hinausgehen und in der Pornografie (ganz im Gegensatz zur Werbung) auch einen (Spiel-)Raum und (Spiel-)Platz nicht nur für sozial disqualifiziertes und exkludiertes Sexuelles, sondern für noch viel stärker sozial disqualifiziertes und exkludiertes *Aggressives* sehen. Wenngleich im Rahmen der Mainstream-Version (‚Hamburger-Pornografie‘) verschleiert und entschärft, bietet die Pornografie doch auch ein ‚negatives‘ Korrelat des zivilisatorischen Paradigmas der Pazifizierung und vielleicht auch eine Art Ventil für aggressive Impulse und für aggressiven (Über-)Druck. In speziellen Varianten jenseits der ‚Hamburger-Pornografie‘ und im Sinne einer Brutalisierung offenbar tendenziell zunehmend bildet Pornografie zudem eine unverhüllte Sphäre der Gewalttätigkeit, die sich von anderen medialen Gewalt-Performanzen und Gewaltgattungen nur durch die eigentümliche Verbindung von Aggressivität/Aggression und Sexualität unterscheidet. Dabei – auch dabei – spielen ‚natürlich‘ die Männer die Hauptrolle als Subjekte sexualisierter Gewalt oder aggressivierter Sexualität.

Zweitens ist die (Hamburger-)Pornografie – im Prinzip wie die Werbung – darauf angewiesen, kathektische/geschmackliche Ideale, Normen und Dispositionen ihrer (Männer-)Publika zu beachten und gleichsam zu spiegeln, und zwar in negativer und in positiver Hinsicht. Dies betrifft besonders bestimmte sexuelle und aggressive Aspekte,

Verhaltensformen/Praktiken, die entsprechend ausgeschlossen oder aber eingeschlossen sind und werden. Und auch jenseits von Sexualität und Aggressivität versucht die Pornografie, geschmacklichen und (d. h.) ästhetischen Vorstellungen und Ansprüchen durch Darstellungen, Unterlassungen und Vermeidungen entgegenzukommen und gerecht zu werden. Mit unangenehmen Gefühlen oder gar Widerwillen oder Ekelgefühlen assoziierte, ekelverdächtige oder ekelerregende Ausscheidungen, korporale Schwächen und ‚Defekte‘, Menstruation, Schwangerschaft oder Krankheiten von Protagonistinnen z. B. sind keine Themen oder Sujets, sondern eher Tabus der ‚Hamburger-Pornografie‘, die neben dem möglichst großen Vergnügen und der möglichst großen Lust auch den (potenziellen) Widerwillen und den Ekel ihres typischen (Männer-)Publikums im Auge haben muss. Allerdings sind die diesbezüglichen Grenzen und Sensibilitäten der Pornografie erheblich weiter gefasst als die der Werbung, die generell gerade das nach allgemeinem oder publikumsspezifischem Urteil Schöne, Angenehme, Vergnügliche und Lustvolle ins Zentrum ihrer Inszenierungen rücken muss – großenteils mit Blick auf die Differenz der Geschlechter.

Aber auch die (Hamburger-)Pornografie hat eine derart ‚positive‘ Seite, indem sie im Zusammenhang mit ‚gutem‘ oder ‚bestem‘ Sex junge und attraktive Körper privilegiert und andere ausschließt. Ganz ähnlich wie die Werbung entfaltet die (Hamburger-)Pornografie einen extremen und exklusiven Jugendkult und jugendlichen Körper- und Sex-Kult (vgl. Willems/Kautt 2003, S. 175 ff.). Ja diese Medienbereiche sind auf je eigene und auch komplementäre Weise prototypisch für eine Gesellschaft und Zivilisation, die ganz auf Jugend und Jugendlichkeit gesetzt ist und setzt, insbesondere auf junge und jugendliche Körper, und in Verbindung damit auf Erotik und Sex als Inbegriff von Gesundheit, Glück und Selbstverwirklichung. Werbung und Pornografie zelebrieren diese Modelle, Werte und Orientierungen regelrecht, gleichsam als gesellschaftliche Zeremonien fungierend (vgl. Band 1). Hier hat man es also wiederum mit einer Art Korrelat zu tun, nur dass die Pornografie und die Werbung hier sowohl miteinander als auch mit der ganzen Gesellschaftskultur übereinstimmen.

Heutzutage – nach Schüben der Liberalisierung und ‚Emanzipation‘ im Laufe des 20. Jahrhunderts und in der jüngeren Vergangenheit – bedeutet dies nicht nur eine prinzipielle moralische Freisetzung des Erotisch-Sexuellen, sondern auch dessen kognitive und moralische Umdeutung und Umwertung zum ‚Königsweg‘ der Gesundheit, des Glücks und des von jedermann erstrebten ‚schönen Lebens‘ (Gerhard Schulze; siehe unten). Allerdings ist diese gesteigerte und zugespitzte Freiheit und Orientierung jedermanns nicht ganz zwangslos und auch nicht die ganze Wahrheit. Vielmehr geraten die Individuen – beiderlei Geschlechts – unter den potenziell zivilisierenden und individualisierenden Druck, ihre ‚Erotik‘ und ‚Sexualität‘ gleichsam zu verwalten, zu gestalten und im liberalisierungsverdankten Wettbewerb mit anderen Individuen zu realisieren (oder aber zu scheitern). Dabei müssen sie sich wiederum zwar kaum noch moralischen Verboten unterwerfen, stehen aber umso mehr unter dem Zwang und Druck einerseits von Standards und Idealen der Attraktivität und andererseits von Notwendigkeiten, das eigene Handeln und Leben zu führen und zu gestalten (vgl. Schulze 1999, S. 30 ff.) In dieser Situation bestehen auch funktionale und strategische

Ansatzpunkte der Pornografie und der Werbung. Beide Medienbereiche können vor diesem Hintergrund einerseits kompensative Paradiese und Utopien ausmalen und Märchen erzählen, in denen das sexuelle Glück sich mehr oder weniger von selbst ergibt. Andererseits und gleichzeitig sind sie weniger illusionär und relativ realistisch, indem sie explizit oder implizit auf Erfolgsbedingungen im Feld des Erotisch-Sexuellen verweisen oder darauf hinweisen. Damit mögen sie auch Unsicherheiten reduzieren, Rezepte liefern und Ängste bändigen oder aber eine eigene Quelle von Ängsten sein.

Im Unterschied zur Pornografie muss und will sich die Werbung normalerweise in jeder Hinsicht (kulturell) konformistisch und normalistisch verhalten, also Grenzen der Legitimität einhalten und ‚offizielle‘ Werte und Ideale der Gesellschaft anpeilen und nutzen. Sie kann zwar ähnlich unrealistisch sein wie die Pornografie, muss aber vor allem Werte und Ideale und normierte Schicklichkeits- und Geschmacksgrenzen – auch in ihrer sozialen Differenziertheit – berücksichtigen und damit spiegeln. Aus denselben funktionalen Gründen, aus denen sie diese Tatsachen bzw. Grenzen beachtet oder demonstrativ umsetzt, kann sie aber auch punktuell mit ihnen spielen und sie gelegentlich sogar überschreiten, insbesondere im (Konkurrenz-)Kampf um Aufmerksamkeit. Auch dieses Spiel (und Spielen) ist natürlich – wie die Obszönitäts-Performance der Pornografie – sozial/kulturell voraussetzungsvoll und symptomatisch. Neben und mit ihren eigenen Möglichkeiten, zivilisatorisch basale Grenzen, z. B. der Würde, der Intimität oder der Diskretion, zu berühren oder gar zu überschreiten (wie etwa im Fall der berühmt gewordenen Benetton-Kampagne), kann die Werbung aber im Bereich der Erotik und des Sexuellen immer (nur) andeuten, was die Pornografie sozusagen auszudeuten, auszusprechen und buchstäblich auszuführen vermag. In gewisser Hinsicht und Weise ist die Pornografie also die konsequente Fortsetzung der Werbungskultur, die ihrerseits die Gesellschaftskultur zusammenfasst und verdichtet. Die Werbung geht auch direkt oder indirekt weit über die Bedürfnisse, Affekte/‚Triebe‘, Emotionen und Motivationen hinaus, die die Pornografie anspricht und bedient. Während diese eine Monokultur der Affekte, der ‚Triebe‘ und des Begehrens entfaltet, identifiziert, adressiert und forciert die Werbung im Prinzip *alle* Begierden, *alles* Begehren und *alle* Gier nach *allem*, was das ‚schöne Leben‘ ausmacht, was Lust, Spaß, Glück, Befriedigung, Erfüllung usw. verspricht, aber sie tut dies im Rahmen und im Dienst ihres strategischen Spiels mit den Eindrücken und Motiven ihres Publikums, das sie lediglich gezielt manipulieren, nicht aber schon durch sich selbst befriedigen will (wie die Pornografie).

7.2 Zivilisation, Porno-Konsum und Porno-Produktion

Im Unterschied und Gegensatz zur Werbung erscheint die Pornografie vor dem Hintergrund von Zivilisationsprozessen, habituellen Zivilisationsresultaten und Niveaus der Zivilisierung in erster Linie, wenn auch nicht nur, als eine Art Gegenwelt, eine Kultur von kulturellen Grenzüberschreitungen, Normbrüchen, Rahmenbrüchen, Kulturbrüchen. Die Pornografie muss es sich im Allgemeinen gefallen lassen und lässt es sich im Wissen um die Bedingungen ihrer ‚Gefälligkeit‘ gern gefallen, mit negativen Attributen wie obszön, unsittlich, schmutzig, vulgär, ordinär, geschmacklos oder deviant belegt und benannt zu werden (vgl. Faulstich 1994; Weiß 2003). Bei dieser Beurteilung und Verurteilung wird allerdings leicht übersehen, dass die seit jeher gerade wegen ihrer ‚Abweichungen' gefällige Pornografie eine lange Geschichte von Innovationen, Differenzierungen und Wandlungen hat und auch – und im Zusammenhang damit – eine lange, komplexe und wechselvolle Geschichte sozialer Wahrnehmung, Beobachtung, Qualifikation und Disqualifikation, die von Stigmatisierungen bis zum genauen Gegenteil davon reicht. Heutzutage wird Pornografie im Allgemeinen (von jedermann und auf der Basis von Alltagswissen) nach ‚Härtegraden' und nach sexuellen Orientierungen unterschieden und beurteilt/verurteilt sowie nach dem Kriterium der Legalität. Die Frage der *Legitimität* oder der kulturellen ‚Qualität' ist hier längst nicht mehr selbstverständlich, sondern wird stark abhängig von Aspekten und Kombinationen sozialer und kultureller Differenzierung gestellt. Dass sich diesbezüglich in langen historischen (Zivilisations-)Prozessen Grundsätzliches geändert hat, kann man unter anderem daran erkennen, dass heutzutage fast jedes Mittelklassenhotel auch Pornos im Medienstandardangebot hat.

Von der Ebene der Kultur(en) der Pornografie, wie ‚unkultiviert' oder ‚unzivilisiert' sie auch immer erscheinen mag, kann also nicht ohne weiteres auf die Ebenen ihres Konsums und ihrer Konsument/-innen geschlossen werden, auch wenn Konsum*objekte* und Konsum*subjekte* immer miteinander ‚zu tun' haben und etwas übereinander ‚aussagen' mögen. Vielmehr müssen diese und weitere Ebenen unterschieden und zugleich aufeinander bezogen werden. Offensichtlich geht es hier wie auch im Kontext der Werbung, grob gesagt, um eine multipolare und vielschichtige Figuration, um Zusammenhänge von Medien und Medienkulturen, Produktionsfeldern und produktiven Akteur/-innen einerseits und eine Konsum- und Konsumenten-Seite andererseits. Die ‚Pole' dieser Figuration sind letztlich nur in ihrem inneren Zusammenhang zu verstehen und in ihrer Abhängigkeit von langfristigen Prozessen: der Zivilisation, der funktionalen Differenzierung, der (Kultur-)Industrialisierung, des globalen Kulturwandels u. a. m.

Auf der Konsum- und Konsumenten-Seite der Pornografie kann zunächst so etwas wie ein normales zivilisatorisches Minimalniveau unterstellt werden, das allerdings alles andere als selbstverständlich ist. Es bedarf hier insbesondere einer Konsum- und Konsumenten-Disziplin, die eine bestimmte ‚Genussfähigkeit' mit einem sozialen Grenzenbewusstsein und einer entsprechenden Selbstkontrolle der Affekte verbindet. Es liegt dabei auf der Hand, dass nicht von *dem* Pornokonsumenten und nicht von *der* Pornokonsumentin oder Pornoverweigerin gesprochen werden kann, sondern in diesem Zusammenhang im Prinzip die ganze soziale bzw. kulturelle/zivilisatorische Differenzierung der jeweils gegebenen Gesellschaft veranschlagt werden muss. Ob Pornografie, wieviel und wie regelmäßig Pornografie, wie, wo und wann Pornografie, welche Pornografie, mit wem Pornografie, wozu Pornografie konsumiert wird, auch wie sie erlebt und verarbeitet wird, verweist auf ‚Faktoren' wie Geschlecht, Schicht/Milieu, Lebensalter, Generation, ‚Beziehungsstatus', ‚sexuelle Orientierung', Attraktivität, Subkultur u. a. m. Dementsprechend sind auch unterschiedliche Typen von Pornokonsument/-innen und Praxen/Praktiken des Pornokonsums zu erwarten und zu beobachten (vgl. Eckert u. a. 1990; Lautmann/Schetsche 1990; Faulstich 1994; Evers 2014). Nicht zuletzt ergeben sich aus der sozialen und kulturellen Differenzierung der Gesellschaft und aus der sozial und kulturell/zivilisatorisch voraussetzungsvollen Praxis des Pornokonsums auch unterschiedliche „Aneignungs- und Erlebnisformen" von Pornografie. Diese unterscheidet sich damit nicht grundsätzlich von anderen Medienerzeugnisklassen (vgl. Eckert u. a. 1990, S. 121 ff.).

Man kann in diesem Zusammenhang also von generell und speziell disponierten, orientierten und kompetenten Akteur/-innen ausgehen und darüber hinaus von der Abhängigkeit des Medienkonsums, des Medienerlebens und des Mediengebrauchs von der Individualität und der individuellen ‚sozialen Situation' des Rezipienten/Konsumenten. Das heißt im Falle der Pornografie auch: Sie kann, muss und will bis zu gewissen Graden unterschiedlich ‚gelesen' werden und eignet sich ähnlich wie die strategisch mit Mehrdeutigkeit operierende Werbung (besonders) als eine Art Fläche von ‚Projektionen' und Fantasien des Konsumenten. Die mediale Porno-Kultur ist zwar in mancher Hinsicht (in ihrer brachialen Obszönität) völlig eindeutig, aber in anderen Hinsichten offen, doppeldeutig, vieldeutig oder ambivalent und bietet damit unterschiedliche Rahmungen (‚Lektüren') an. So mag die oberflächliche Gewaltlosigkeit des ‚Hamburger-Pornos' ernst genommen und zum Ausgangspunkt einer entsprechenden Fantasietätigkeit des Konsumenten werden. Von dessen so oder so disponierter (zivilisierter) ‚Persönlichkeit' hängt es also wesentlich ab, ob und wie sich sein Konsumerlebnis gestaltet und wie er seinen Konsum gestaltet und gestalten kann. Habituelle Dispositionen (kognitive, moralische, kathektische) können natürlich auch ein Grund und Hintergrund von Porno*konsumverzicht* sein.

Allerdings zeichnet sich Pornografie im Unterschied zu allen anderen Medienbereichen (Nachrichten/Berichte, Werbung) und auch zu den meisten anderen Unterhaltungsgenres durch ihre eigentümliche Adressierung von Körperlichkeit und Affektivität (‚Trieben') aus, die sie mittels inszenierter/performierter Körperlichkeit und Affektivität (‚Trieben') mobilisieren will und tatsächlich mobilisiert. Offensichtlich spricht die Pornografie (Porno-Kultur) eine zwar immer schon zivilisatorisch überformte, aber auch psychisch und physisch tiefsitzende und zivilisatorisch ‚widerspenstige' (‚anthropologisch konstante') Affektivität an, die einen existenziell und sozial zentralen Stellenwert hat: vor allem natürlich ‚Sexualität' und möglicherweise auch Aggressivität, Gewaltgestimmtheit und Gewaltbereitschaft sowie moralische Affekte (z. B. Verachtung). Pornografie und Pornokonsum zeugen also auch, in erster Linie und direkt von ‚Instinktresiduen', von wachen, zu weckenden und anzuheizenden ‚Triebresten', also sozusagen animalischen Aspekten, die aller zivilisatorischen Dämpfung, Kontrolle und Formung standhalten. Auf dieser Ebene sind die Verhältnisse auch relativ klar und eindeutig – jedenfalls für den Porno-Konsumenten.

Der normale/typische Pornokonsument ist mit anderen Worten ein eigentümlich gespaltenes Wesen und muss sich im Pornokonsum seiner eigentümlichen Gespaltenheit bewusst werden. Die ‚heiße' Pornografie macht ‚heiß' und soll ‚heiß' machen. Sie wird absichtlich konsumiert, um ‚heiß' zu machen. Der Konsument bringt sich damit selbst in die Nähe zum Animalischen, indem er Kultur in der Nähe zum Animalischen konsumiert. Andererseits ist er normalerweise offensichtlich trotz aller ihn treibenden ‚Triebhaftigkeit' und affektiven Erhitzung kein wirklicher Triebtäter, nicht wirklich triebgesteuert. Vielmehr besitzt er auch die unverzichtbare und bemerkenswerte Fähigkeit, starke und stärkste sexuelle und aggressive Affekte den gegebenen sozialen Realitäten und Anforderungen gemäß zu kontrollieren und sie im ‚Konsumrahmen' bewusst und sozial angemessen hervorzurufen, aufleben und ableben zu lassen. Der Pornokonsument erlebt sich also nicht nur als tiernahes Wesen bzw. als Schwein, wie Johannes Weiß formulieren würde (vgl. 2003), sondern auch als zivilisiertes ‚Subjekt', das sich, sein Leben und seine Welt führt, als Individuum, das also zwei Seiten hat und eine Art Doppelleben führt.

Pornografie bietet damit auch anders und mehr als andere Medienbereiche und Genres die massenhaft nutzbare und genutzte Möglichkeit des imaginären Agierens und Ausagierens und des psychischen und physischen ‚Abreagierens' von Affekten, die mittels der Porno-Konserven auch jederzeit aufgerufen, hervorgerufen, ausgedehnt und manipuliert werden können. Allerdings fordert dieser (Affekt-)Konsum im Unterschied zu dem Konsum ‚kühlerer' Objekte normalerweise auch sozialen Rückzug in private ‚Nischen' der alltäglichen Lebenspraxis und jenseits von ihr. Pornokonsum hat also systematisch viel nicht nur mit Affektivität und Affizierung, Sexualität und Sexualisierung zu tun, sondern auch mit Individualität und Individualisierung sowie mit Privatheit und Privatisierung. Diese Konsumpraxis verlangt zudem individuelle (Selbst-) Steuerungsleistungen, ein individuelles ‚Management' von Informationen, Affekten, Bedürfnissen, Rollen, Handlungszwängen auf der Grundlage einer entsprechend zivilisierten Subjektivität.

Aus seiner sozialen und psychischen/habituellen Bedingtheit erklärt sich auch sowohl die Unterschiedlichkeit und Bandbreite des Pornokonsums (zwischen völligem ‚Konsumverzicht' einerseits und besonders ‚intensivem' Konsum andererseits) als auch die Unvermeidlichkeit und (wenngleich relativ geringe) Wahrscheinlichkeit von individuellen Selbstkontrollverlusten und ‚abweichendem Verhalten'. Auch wenn diesbezüglich keine oder kaum detaillierte Aussagen und erst recht keine Vorhersagen möglich sind, ist es doch ebenso unmöglich, Formen der Aggression, der Gewalt, des Übergriffs, der Sucht oder des Suchtähnlichen auszuschließen, die in irgendeinem Zusammenhang mit Pornokonsum stehen. Solche Verhaltensweisen oder -tendenzen erscheinen umso wahrscheinlicher, je schwächer die zivilisierte Habitusausstattung des Konsumenten ist.

Pornografie/Pornografiekonsum ist dank ihrer fundamentalen und starken Affektbezüge und ihres Charakters als eine Art Belohnungssystem durchaus mit Drogen aller Art zu vergleichen (siehe unten). Es handelt sich ja um einen Medienbereich, der auf ebenso starke wie primitive Affekte und Reize sowie auf allerlei verführerische Phantasmen und (‚irrationale') Fantasien setzt, mit ihnen arbeitet und sie auch ausreizt, anreizt und anheizt. Die Gratifikation und die ‚Belohnung' des Konsumenten liegen also sowohl auf der Ebene der ‚Sinnlichkeit', der Wahrnehmung insbesondere von ‚Schlüsselreizen' als auch auf der Ebene des Sinns, der inszenierten und angesprochenen Fantasien. Diese Kombination, vor allem die Fluten ihrer affizierenden (Bild-)Reize, mag Pornografie/Pornografiekonsum unter entsprechenden sozialen und psychischen Umständen leicht zu einem Stresstest der Zivilisation und der Zivilisiertheit ihrer Publika machen. Pornografie steht diesbezüglich naheliegenderweise unter Verdacht, unter den aber eben auch andere Konsumgüter bzw. ‚Genussmittel' gestellt werden können.

Deren Konsum soll bekanntlich die Werbung anregen und anleiten, und zwar ihrerseits mit starken Reizen, mit diverser ‚Sinnlichkeit' und verführerischen Fantasien. Die Werbung steht insofern (auch insofern) in einem Ähnlichkeitsverhältnis und in einem effektiven und funktionalen Zusammenhang mit der Pornografie. Die konsumistische Werbung ist in der Ansprache der Psyche, des Bewusstseins und der Affektivität ihres Publikums natürlich typischerweise viel zurückhaltender und schwächer als die auf frontale Affizierung spezialisierte Pornografie. Im Unterschied und Gegensatz zu dieser setzt die Werbung im Allgemeinen auch auf die subtile Adressierung und Manipulation von Affekten und affektbezogenen Kognitionen/Vorstellungen. Sie verwendet aber auch regelmäßig sehr einfache und starke (Schlüssel-)Reize, Affekte, Impressionen, wenn sie strategisch zielführend erscheinen.

Zusammengenommen deuten die hier fokussierten Realitäten auf die Normalität vielseitig zivilisierter und kompetenter Medienrezipient/-innen hin. Diese zeigen sich jedenfalls normalerweise imstande, nicht nur ihre Affekte im sozial erforderlichen Maß zu kontrollieren, sondern erweisen sich auch als fähig, die praktisch relevanten sozialen ‚Situationsdefinitionen' sowie die jeweiligen medialen Rahmen und Rahmungen zu unterscheiden und im Handeln zu beachten. Medienkonsumenten wie die der Pornografie können im Normalfall auch, indem sie sich mit entsprechenden Affekten in die jeweiligen Medienwelten vertiefen, Distanz zu ihnen halten und sich ‚pragmatisch' von ihnen distanzieren. Es bedarf in jedem Fall einer der objektiven Medienkultur angemessenen subjektiven ‚Medienkompetenz', die im Anschluss an eine ‚allgemeine' Sozialisation/Zivilisation normalerweise im Wesentlichen ‚by doing' erworben wird. Im Zusammenhang von Pornografie ist heutzutage schon von einer weit verbreiteten „Pornografie-Kompetenz" die Rede (Evers 2014, S. 128). Eine analoge Kompetenz, die ihrerseits gebildet werden muss, kann und muss auch die Werbung voraussetzen und mit sich bringen. Es ist bezeichnend und symptomatisch, dass Kompetenzen dieser Art zunehmend auch zum Gegenstand pädagogischer Programmatik und ‚Schulung' werden.

Fragen der Zivilisation und Zivilisiertheit, der Subjektivität und Habitualität stellen sich nicht nur auf den Ebenen der medialen Kultur und der Rezeption/des Konsums dieser Kultur, sondern auch auf der Ebene ihrer kommerziell-industriellen Produktion. Auch hier, wo Spezialist/-innen am Werk der Inszenierung und Performanz sind, geht es um Kompetenz-, Rahmungs- und Habitusfragen – nicht zuletzt solche der situativen ‚Performance'. Die Pornografie-Produktion ist diesbezüglich ein Beispiel und ein besonderer und besonders krasser Fall. Mit seinen (habituellen) Orientierungen und Fähigkeiten, seiner Disziplin und seiner Flexibilität korrespondiert der normale Pornokonsument in gewisser Weise den pornografischen Akteuren und Akteurinnen, denen ihre berufliche Praxis im Feld der Affekte/‚Triebe' und Affektionen – ganz im Gegensatz zu dem pornografischen Paradies selbst – ein besonders hohes Maß, ja ein Höchstmaß an Disziplin, Selbstbeherrschung und Selbstüberwindung abverlangt. Lewandowski

(2012, S. 281 ff.) weist zurecht darauf hin, dass alle Sexarbeiter/-innen/Sexschauspieler/-innen der Pornobranche (die männlichen wie die weiblichen) sich außerhalb der exklusiven und strukturierten Rahmen ihrer Inszenierung keine oder kaum Spontaneität und keinen Kontrollverlust erlauben können. Vielmehr ist das genaue Gegenteil davon erforderlich, um das von Konsument/-innen erwünschte Porno-Märchen, das von einer sexistischen Über-Zivilisation und Anti-Zivilisation handelt, in eine erfolgreiche mediale Performanz zu übersetzen, in der eine geschlechtsspezifisch ausfallende sexuelle ,Action' das Zentrum bildet. Jenseits von systematischen Chancen, sich persönlicher Spontaneität, geschweige denn ,Regression', hinzugeben, sind die Porno-Darsteller/-innen also nicht nur Dienstleister/-innen, sondern vielmehr mit allgemein geschätzten und verehrten Repräsentanten und Vorbildern der modernen Zivilisation bzw. ,Leistungsgesellschaft' zu vergleichen, den Akteur/-innen des ,Leistungssports'.

> In ihrer Funktionalität wie Funktionsnotwendigkeit ist die Disziplinierung der Körper der Darsteller pornografischer Sexualität durchaus derjenigen von Sportlern vergleichbar. Ohne Körperdisziplin könnte weder im einen noch im anderen Falle die erwartete Leistung erbracht werden. Die Kontrolle des eigenen Körpers und die Unterdrückung unerwünschter körperlicher Empfindungen und Reaktionen – etwa Krämpfe, Müdigkeit, Erschöpfung, Ekel oder Übelkeit – sind unabdingbare Voraussetzungen des angestrebten Erfolgs bzw. Funktionierens (Lewandowski 2012, S. 281).

Die männlichen Porno-Akteure stehen dabei im Unterschied zu den mit ihnen ,arbeitsteilig' (inter-)agierenden Vertreterinnen des ,anderen Geschlechts' vor der besonderen (und besondere Disziplin anzeigenden) Herausforderung, ,wirkliche' Sexualität nicht nur dem Porno-Skript gemäß regulieren, kontrollieren und das heißt auch unterdrücken zu müssen, sondern auch (unter Studiobedingungen) gleichsam auf Knopfdruck zu produzieren. In dieser Funktion und ,Rolle' steckt allerdings nicht nur eine besondere Zivilisation und Zivilisiertheit, sondern auch ein Verständnis und eine Darstellung von Männlichkeit als Synthese von Macht (Potenz), Kontrolle (Selbst- und Fremdkontrolle) und Lust. Sie vor allem oder ausschließlich ist für das (Männer-)Publikum der Pornografie glaubwürdig, weil durch Symptome von Authentizität (Erektionen, Penetrationen, Ejakulationen) glaubwürdig zu machen.

Die Aktivität und Disziplin der Porno-Darstellerinnen hat demgegenüber (vergleichbar mit der Aktivität und Disziplin der Prostituierten) typischerweise hauptsächlich mit einschlägiger (Schau-),Spielfähigkeit', Leidensfähigkeit, Ausdauer, körperlicher Schmerz- und Ekelkontrolle zu tun. Auch diese Selbstkontrolle, Selbstbeherrschung und Selbstüberwindung ist nicht weniger als eine zivilisierte Leistung und zugleich eine komplementäre (Geschlechts-)Rollendarstellung.

Hier kann also zusammenfassend festgestellt werden, dass den scheinbaren Paradiesen der Pornografie produktive und konsumtive Arrangements von und mit Menschen gegenüberstehen – Arrangements, die als solche wohl alles andere als gratifizierend, ,erotisch' oder gar paradiesisch sind. Eher handelt es sich um isolierte und isolierende Arrangements, ,Infrastrukturen' und Räume, in denen jeweils Arbeit stattfindet. Auf der Seite des Pornokonsumenten liegt die Gratifikation dabei hauptsächlich im Gehirn des medienwahrnehmenden Individuums. Und auch diese Tatsache lässt sich mit den Angeboten vergleichen, die die Werbung und ihre (Konsum-)Objekte zu bieten haben.

7.3 Moralen und Habitus

Ein Schlüssel zum Verständnis moderner Medienkulturen mitsamt ihren Geschlechter- und Geschlechtlichkeitskonstrukten, wie sie hier gesehen und beobachtet werden, ist die Entwicklung und Wandlung von historischen Grundformen der Subjektivität und von zugehörigen Moralen und moralischen Orientierungen. Die moderne Gesellschaftskultur insgesamt, auch die ‚Konsumgesellschaft‘/‚Erlebnisgesellschaft‘ und die entsprechende Werbung und gerade auch die Pornografie mit ihrer ‚inhaltlichen‘ Formation, Verbreitung und Nutzung sind offensichtlich in diesem historischen Sinne voraussetzungsvoll, implikations- und folgenreich. Soziologische Aufklärung kann oder muss hier also auch das Gewordensein und den Wandel von Subjektivitäts- und Moralformen in Betracht ziehen und in Rechnung stellen. Diese Feststellung führt wiederum zu klassischen Zivilisationstheorien, zugleich aber auch zu weiterer und neueren (Zeit-)‚Diagnosen‘, die sich der entsprechenden Untersuchung – auch der Realitäten der Geschlechter – aufdrängen, wenn man den rapiden Wandel des letzten Jahrhunderts und der vergangenen Jahrzehnte bedenkt.

7.3.1 Moral- und Habituswandel

Ausgangspunkt der Betrachtung können in diesem Zusammenhang die Zivilisationsprozesse sein, die den als Idealtyp zu fassenden Habitus und Lebensstil des modernen Menschen überhaupt charakterisieren und damit auch die Ausdifferenzierung, Verstärkung und soziale Ausbreitung der moralischen Persönlichkeitsstruktur, die Elias im Anschluss an Freud „Über-Ich“ nennt. Dieser Begriff steht in seiner soziologischen Fassung durch Elias für eine aus sozialen Konditionierungen, Identifikationen und Verinnerlichungen hervorgegangene innere ‚Instanz‘ des Selbst, die die jeweils gesellschaftlich herrschenden Moralstrukturen (Werte, Normen, Ideale, Gebote und Verbote) repräsentiert und im psychischen Selbst- und Weltverhältnis des Individuums kontrolliert und durchsetzt. Das „Über-Ich“ schließt ein auf entsprechende soziale Definitionen bezogenes Gewissen mit Schuldbegriffen und ‚Gewissensbissen‘ und darüber hinaus eine psychische/habituelle Automatik mit einem Spektrum von moralischen Gefühlen ein – Gefühlen positiver Art (Achtung, Selbstachtung, Stolz, Prestige) und negativer Art (Schuld, Scham, Peinlichkeit, Verlegenheit, ‚Minderwertigkeitsgefühl‘). Im Zentrum der Genese, der Formation und der Funktion dieser ‚Instanz‘ steht die durch die jeweiligen moralischen Vorgaben definierte „Scham-Angst“ des Individuums (Elias 1980, Bd. 2, S. 397). Der Einzelne „fürchtet den Verlust der Liebe oder Achtung von Anderen, an deren Liebe und Achtung ihm liegt oder gelegen war. Deren Haltung hat sich in ihm zu einer Haltung verfestigt, die er automatisch sich selbst gegenüber einnimmt“

(Elias 1980, Bd. 2, S. 398). Die „Angst vor dem Verlust oder auch nur der Minderung des gesellschaftlichen Prestiges" ist, so Elias (1980, Bd. 2, S. 366), „einer der stärksten Motoren zur Umwandlung von Fremdzwängen in Selbstzwänge". Scham-Angst ist also nicht nur ein Effekt und eine Funktion von Zivilisation, sondern auch ein Faktor der Zivilisierung.

Für Elias ist die historische Entwicklung und tendenzielle Verstärkung und Formung von Scham- und Peinlichkeitsgrenzen und Scham- und Peinlichkeitsgefühlen zentral, die er im Zusammenhang mit sozialen und psychischen Rationalisierungsprozessen sieht: „Beide, der starke Schub von Rationalisierung und das nicht weniger starke Vorrücken der Scham- und Peinlichkeitsschwelle, die besonders vom 16. Jahrhundert an im Habitus der abendländischen Menschen immer spürbarer wird, sind verschiedene Seiten der gleichen psychischen Transformation" (Elias 1980, Bd. 2, S. 397). Als zivilisatorisch gewordene und weiterer Entwicklung und Wandlung unterworfene „Scham-Angst" bedeutet sie nicht nur einen „Konflikt des Individuums mit der herrschenden, gesellschaftlichen Meinung [...]; es ist ein Konflikt seines eigenen Seelenhaushalts; er selbst erkennt sich als unterlegen an" (Elias 1980, Bd. 2, S. 398).

Der Begriff des „Über-Ichs" steht für eine Vorstellung von einem ‚Selbst' oder ‚Ich', das im Sinne David Riesmans (1958) „innengelenkt" ist und sich auch aus der Position eines ‚inneren Ichs' prinzipienorientiert lenkt. Dabei kommt es nicht darauf an, welches ‚Programm' dieser Lenkung zugrunde liegt, ob es sich dabei z. B. um eine Religion bzw. religiöse Moral oder etwa ein Standesethos handelt. Entscheidend ist vielmehr, dass ein ‚Selbst' oder ‚Ich' entsteht, das durch konkrete innere ‚Maßstäbe' und durch die habituelle Automatik seiner moralischen Orientierungen und Gefühle mehr oder weniger fest gebunden ist und sich kontinuierlich selbst bindet. Im Zuge entsprechender Zivilisationsprozesse kommt es Elias zufolge auch zu einer verstärkten Selbstbeobachtung, Selbstüberwachung, Selbstreflexivierung und ‚Innenschau' des Selbst sowie zu einer gewissen Intimisierung. Es steigen damit „geradezu notwendig auch das Bewusstsein von und das Bedürfnis nach Intimität als dem dicht um das eigene Ich gelagerten Erfahrungsbereich" (Schwietring 2009a, S. 262). Dem entsprechen soziale Grenzziehungen, ‚Situationsdefinitionen' und Disziplinen der Privatheit und Privatisierung, insbesondere die räumliche Verschiebung bestimmter „menschlicher Verrichtungen hinter die Kulissen des gesellschaftlichen Lebens" (Elias 1980, Bd. 2, S. 313).

Mit einer ganzen Reihe von Zivilisationstheoretikern (von Elias über Riesman oder Gehlen bis Foucault), die diese Beobachtungen und Überlegungen im Grunde bestätigen und komplementieren, kann man hier also von einem sozusagen nachhaltig moralisch programmierten ‚Ich'/,Selbst' ausgehen, das sich als Funktion sozialer Figurationen und Kontrollen selbst kontrolliert und ‚regiert'. Allerdings hat man es hier auch mit dem sozialen und kulturellen Wandel der jüngeren Gesellschaftsgeschichte zu tun, mit tiefgreifenden und weitreichenden Wandlungen und Verschiebungen, die jene sozialen, kulturellen und psychischen/habituellen Strukturen betreffen. Von zentraler Bedeutung ist die Beobachtung, dass sich im Laufe des vorigen Jahrhunderts ein tendenzieller Strukturwandel jenes Subjekttyps und der zugehörigen Moralsysteme, moralischen Vorstellungen und Orientierungen vollzogen hat, die oben skizziert worden sind.

Diesbezüglich ist David Riesman mit seiner als Habitustheorie lesbaren Analyse des „amerikanischen Charakters" (mit anderen Worten: Habitus) aufschlussreich. Riesman nennt den von ihm diagnostizierten Charaktertypus „außengelenkt" und hat damit eine sozio-kulturellen Wandlungen entsprechende Habitusformation und Habitustransformation im Auge, die das beschriebene Subjekt bzw. ‚Über-Ich' allerdings keineswegs hinter sich lässt oder abschafft, sondern vielmehr voraussetzt, fortsetzt und in gewisser Weise modernisiert. Das ‚innengelenkte', nach inneren, weil verinnerlichten Moralvorgaben (Überzeugungen, Gesinnungen, Imperativen) erlebende, urteilende und handelnde, (sich) reflektierende, leicht beschämte und peinlich berührte Subjekt wird langsam und langfristig von einem anderen ‚Charaktertyp' überholt, der den traditionellen (Ideal-)Typus gleichsam reformiert. Dieser verschwindet also nicht, sondern kontinuiert als zivilisatorisches Erbe in Form einer eher unspezifischen Disposition, Disziplin und formalen Kompetenzausstattung. Dazu gehört eine relativ ausgeglichene psychische Verfassung, eine ‚gedämpfte' Affektivität, Empathie („Psychologisierung"), Langsicht und kommunikative Handlungskompetenz. Auch die Verwiesenheit und Angewiesenheit des Individuums auf die „Liebe oder Achtung von Anderen, an deren Liebe und Achtung ihm liegt oder gelegen war", und die besagte „Angst vor dem Verlust oder auch nur der Minderung des gesellschaftlichen Prestiges" bestehen weiter oder erhöhen sich noch, aber die ‚inhaltlichen' Moralfixierungen des innengeleiteten Menschentyps schwächen sich mehr oder weniger ab oder lösen sich auf.

Damit erweitert sich der Raum der Möglichkeiten des Individuums, seiner Freiheit, seiner Handlungskompetenz und Flexibilität, wovon sowohl die Gesellschaft (die ‚sozialen Systeme') als auch das Individuum selbst profitieren kann. Riesman sah den außengelenkten Charaktertypus als „Avantgarde einer sich ausbreitenden Form der Vergesellschaftung. Je stärker sich das Individuum sich aus seinen traditionalen Bindungen löst, desto stärker öffnet es sich in seinen Interessen und Antrieben den Anregungen der weiteren Kreise der Gesellschaft, besonders den Gleichaltrigen seiner Generation und den Angeboten der Massenmedien. [...] Die Aufmerksamkeit und die Anstrengungen gelten mehr und mehr sozialen Beziehungen als solchen, den kommunikativen und auch den inszenierten und zu inszenierenden Seiten des sozialen Zusammenlebens" (Schwietring 2009a, S. 274). Den „Charakterwandel" zur Außenlenkung kann man also nicht nur, wie es oft geschah und geschieht, in dem einen oder anderen politisch-weltanschaulichen Sinne kulturkritisch deuten, sondern auch – und auch in einem zivilisationstheoretischen Sinne – „als eine Chance auf eine intensivierte Interaktion, erhöhte Flexibilität, offene Aushandlungsprozesse, einen erweiterten Horizont für Identitätsentwürfe, Zugehörigkeit und Gruppenbildung und neuartige soziale Bindungen" (Schwietring 2009a, S. 274). Der im Riesmanschen Sinne ‚gepolte' bzw. ‚umgepolte' Mensch ist mit anderen Worten ein flexibilisierter Mensch, der weniger ausschließt und mehr einschließt als sein Vorgängermodell, ein Mensch, der auf seine geänderte und sich ändernde Gesellschaft besser ‚passt', ein Mensch, der sich dank seiner gewandelten Subjektivität weniger ‚anpassen' muss und zugleich besser ‚anpassen' kann.

In diesem, neben diesem und mit diesem „Charakterwandel"/Habituswandel, der sich im Zuge soziogenetischer Transformationen vollzieht, zeichnen sich etwa gleichzeitig, aber verstärkt in den letzten Jahrzehnten fundamentale Wandlungen von Moralvorstellungen und moralischen Orientierungen ab. Das Nachlassen der „'Innensteuerung' des Verhaltens", das Seltenwerden von Menschen, die nach dem Schema des traditionellen ‚Über-Ichs' „aus persönlichen, verinnerlichten Werthaltungen heraus ‚nach Prinzipien' handeln, die es gestatten, eine Gesamtorientierung über den zufälligen Wechsel der Situationen hinaus festzuhalten" (Gehlen 1957, S. 42), korrespondiert einem Schwinden und teilweisem Verschwinden moralischer Regelungen und Konsense, moralischer Gebote und Verbote, moralischer Geltungen und Verbindlichkeiten im sozialen Raum. Mit der Religion ist jedenfalls in der ‚westlichen Zivilisation' auch der einheitliche moralische Unter- und Überbau der Gesellschaft degeneriert und von einem moralischen ‚Vakuum' sowie von inkonsistenten, antagonistischen und konkurrierenden Moralgebilden, ‚Sinnangeboten' und ‚Sinnmärkten' abgelöst worden. Jedermann steht damit Verhältnissen gegenüber und auch Anpassungszwängen, die sowohl „geistig unbegreiflich" als auch „moralisch inkommensurabel" sind (Gehlen 1957, S. 41).

An die Stelle der traditionellen Moralformen, moralischen Orientierungen und Bindungen, die natürlich in Graden und Restbeständen weiterexistieren, sind allerdings auch neue moralische bzw. metamoralische Normen und Orientierungen getreten: Toleranz, Takt, Pluralismus, Individualismus und vor allem die moralischen Prinzipien der Reziprozität und der Verhandlung/Aushandlung. Zwar ‚geht' nun moralisch mehr denn je und ist oder scheint in vielen Bereichen im Prinzip nichts mehr ‚unmöglich', wie man mit einem Werbeslogan für eine Automarke sagen kann. Ja ‚Akzeptanz' ist eine diffuse moralische Kategorie, eine moralische Forderung und ein moralischer Anspruch geworden (vgl. Gehlen 1957, S. 43). Aber alles Mögliche, alles offen Gewordene, einschließlich von Sexual- und Liebesbeziehungen, muss im konkreten Fall auf der Basis und im Rahmen von Reziprozität ‚verhandelt' werden, ‚ausgehandelt' und ‚einvernehmlich' sein und geschehen. So mag man im Hinblick auf viele Bereiche des gesellschaftlichen Lebens und gerade auch der Medien von einer moralischen Liberalisierung oder Anomisierung oder einer „Herabsetzung von Schamschwellen" (Weiß 2003, S. 225) sprechen, aber andererseits gibt es auch Entwicklungen in die andere Richtung. Bemerkenswert ist eine prinzipielle moralische Aufwertung von Symmetrie, Demokratie, Reziprozität und Empathie sowie eine verstärkte Sensibilität gegenüber Gewalt. Generell ist hier wohl eine Erhöhung moralischer Standards und eine ‚Heraufsetzung' von Schamschwellen zu konstatieren, speziell gegenüber (früher) rassistisch diskriminierten Gruppen, ‚Randgruppen', Frauen und Kindern. Auch Phänomene wie die neueren, mit moralischen Begründungen verschärften ‚Diskurspolizeien' (‚Political Correctness' usw.) sind in diesem Zusammenhang relevant. Darüber hinaus hat man es hier auch mit fundamentalen kosmologischen Umstellungen und Umwertungen zu tun. Am wichtigsten ist vielleicht die „neue Moral" (Schulze 1999, S. 27), die sich im Zuge der Transformation der Gesellschaft zur Konsumgesellschaft, zur ‚Erlebnisgesellschaft' und Eventkultur entwickelt hat. Eine Art Lustprinzip scheint damit zum generalisierten

Daseinsprinzip und Daseinssinn geworden zu sein, und die „letzte noch mögliche Sünde ist die Langeweile" (Schulze 1999, S. 39).

Von besonderer und zugleich exemplarischer Bedeutung ist hier die Sphäre des Sexuellen, in der Foucault den Schlüssel zum modernen Individuum, seiner Genese und Verfassung gesehen hat. Diese Sphäre erscheint über Jahrhunderte als bestimmt von moralischen, moralisch inspirierten oder gefärbten Institutionen und Diskursen vor allem religiöser und (pseudo-)wissenschaftlicher Art: der Beichte (vgl. Hahn 1982), der Medizin, der Psychoanalyse, der Pädagogik. Hier war das Individuum (und ist es teilweise immer noch) Gegenstand von einschlägig themenzentrierten Reflexions- und (Selbst-)Thematisierungszwängen, von Bekenntnis- und Geständniszwängen, von deutendem und regulierendem Wissen, vom „Willen zum Wissen" um den Sex und von dem „Geheimnis" des Sexes (vgl. Foucault 1977a, S. 49), das in einer permanenten und verstärkten Beschäftigung mit ihm umso größer wird, „je größer das Wissen über und die Bemühungen um Kontrolle von Sexualität werden" (Schwietring 2009a, S. 263). Die heutige Sexualkultur, gerade die mediale, und auch die heute typische ‚Sexualmoral' können vor diesem Hintergrund in mancher Hinsicht als Fortsetzung, „Radikalisierung und Steigerung und als visuelle Wendung" verstanden werden (Schwietring 2009a, S. 264). Zentral und besonders bemerkenswert ist dabei nicht nur, dass die Sphäre des Sexuellen hochgradig dereguliert und von früheren Moralauflagen befreit worden ist und im Grunde nur noch durch die formalen Prinzipien der Legalität, der Reziprozität, der Aushandlung und der Einvernehmlichkeit limitiert wird. Zentral ist vielmehr auch und mehr noch ein grundsätzlicher Weltbild- und Mentalitätswandel, die grundsätzliche Umdeutung und Umwertung alter Vorstellungen, Einstellungen und Werte. Im Bereich des Sexuellen ist nun nicht nur fast nichts mehr verboten und also fast alles erlaubt, sondern umgekehrt das Gebot maßgeblich geworden, den Sex bzw. seinen Sex zu verwirklichen und im Sex sich selbst zu verwirklichen. Im erweiterten Raum des Möglichen soll sich in diesem Sinne alles Mögliche und möglichst viel ‚abspielen'. Der entscheidende historische Wandel bis zur Gegenwart liegt also „darin, dass Sexualität von etwas Verbotenem zu etwas Gebotenem wurde" (Schulze 1999, S. 30). Hier wie in der mit diesen Wandlungen verbundenen individualistischen Verpflichtung, sein Leben, und insbesondere sein ‚Sexualleben', selbst zu verantworten, zu gestalten und zu ‚führen', bestehen auch neuartige moralische Tatsachen, Verschiebungen und Tendenzen.

7.3.2 Kultur und Konsum: Pornografie und Werbung

Aus der Gesamtheit dieser Beobachtungen und (zivilisations-)theoretischen Überlegungen lassen sich einige Schlussfolgerungen im Hinblick auf die hier besonders interessierenden Medienkulturen der Pornografie und der Werbung sowie deren Publika bzw. Konsumenten ziehen. Grundsätzlich lässt sich feststellen, dass sowohl diese Medienkulturen als solche als auch die entsprechenden Publikumskulturen und Rezeptions- bzw. Konsumpraxen den skizzierten Habitus- und Moralwandel sowohl voraussetzen als auch gleichsam spiegeln und zugleich begünstigen. In den Kulturen der

Pornografie und der Werbung und in den Praxen und Bedeutungen ihrer Rezeption und ihres Gebrauchs zeigt sich dieser Wandel jedenfalls punktuell exemplarisch.

Die obszöne Pornografiekultur als solche und der sich verbreitende Pornografie*konsum* sind hier spezifisch aufschlussreich, was moralische Orientierungen und den Status des ‚Über-Ichs' bzw. Scham und Peinlichkeit betrifft. Diesbezüglich stehen der Pornokonsum und der Pornokonsument nicht nur für eine fortgeschrittene ‚Liberalisierung' im Bereich der Moral (des Sexuellen), sondern auch für die faktische Bereitschaft, gegen (noch) bestehende moralische Prinzipien und Normen zu handeln, nämlich deren Bruch regelrecht zu konsumieren. Offensichtlich hat ja der typische Pornokonsument kaum Hemmungen, das (immer noch) obszöne Objekt seines Konsums und den obszönen Porno-Konsum als solchen betreffend. Diesbezüglich scheint er eher schamangstfrei, hemmungslos und lustvoll bei der ‚Sache' zu sein und von keiner ‚Instanz' über sich beschränkt oder gar bestraft zu werden. Wie der typische ‚Freier' bzw. Bordellbesucher ist der Pornokonsument, was sein ‚Bedürfnis' und sein ‚Treiben' betrifft, offenbar in gewisser Weise – allerdings ganz anders als von Riesman gemeint – innengelenkt, nämlich affektiv motiviert und dabei durch kein ‚Über-Ich' limitiert. Gleichzeitig und andererseits ist dieser Konsument auf der Ebene des Sozialen – seiner sozialen Wahrnehmbarkeit – im Normalfall vollständig außengelenkt. Hier geht es ihm nur darum, soziale Eindruckskontrolle zu betreiben, durch Informationskontrolle/ Verbergen ‚schlechte Eindrücke' relevanter Anderer zu vermeiden.

Dies setzt allerdings voraus, dass der Pornokonsum als solcher beim relevanten Publikum des Konsumenten immer noch disqualifiziert und disqualifizierend ist, was heute jedoch nicht mehr mit der gleichen Eindeutigkeit, Einheitlichkeit und Selbstverständlichkeit der Fall ist, wie es früher einmal der Fall war. Vielmehr entfaltet sich mittlerweile ein Spektrum eingenommener moralischer Positionen zwischen einer entschiedenen moralischen Verurteilung, die nach wie vor oder in bestimmten Kreisen auch mehr denn je erfolgt, und einer offenen Porno-Akzeptanz, Porno-Bejahung oder Porno-Begeisterung – nicht zuletzt von Jugendlichen, die Pornos ‚porno' oder ‚geil' finden (siehe oben). Diese Situation und die mit ihr zusammenhängende dynamische Expansion des Pornokonsums kann als ebenso symptomatisch für den oben skizzierten moralisch-habituellen Wandel gewertet werden wie die sich daraus ergebende Notwendigkeit oder Ratsamkeit, sich von der Pluralität der Meinungen zur ‚Sache' Porno (außen-)lenken zu lassen.

Im Gegensatz zur Pornografie bzw. zu den moralischen Einstellungen zur Pornografie und zum Pornografiekonsum erscheint die Werbung als solche eher moralisch belanglos, insignifikant. Sie wird jedenfalls normalerweise kaum als irgendwie moralisch ernst zu nehmendes oder überhaupt ernst zu nehmendes Medienerzeugnis wahrgenommen, und sie wird im Gegensatz zum Unterhaltungsprodukt Porno auch nicht konsumiert, sondern im Allgemeinen als eher lästige Alltagserscheinung in Kauf genommen. Gleichzeitig erweist sie sich aber ‚inhaltlich' als ein typischerweise hoch moralisches, moralträchtiges und moralisierendes Unternehmen, das Moral, moralische Vorstellungen und Gefühle aller Art voraussetzt und strategisch in Dienst nimmt, interpretiert und benutzt. Werbung arbeitet mit jeweils gesellschaftlich aktueller und situativ brauchbarer Moral, die sie als eine Art Medium betrachtet, mit dem Ziele bei ‚Zielgruppen' zu erreichen sind. Gerade die zivilisationszentralen (Über-Ich-)Gefühle der Scham und der Peinlichkeit, aber auch das ganze Spektrum der ‚positiven' Werte und Gefühle – Ansehen, Überlegenheit, Prestige, Stolz – sind für die Werbung und in der Werbung maßgeblich, implizite und explizite Themen und mindestens unterschwellige Bezugsrahmen. Regelmäßig vor dem Hintergrund der Images der Geschlechter und der Erotik bedienen sich die Werbungsinszenierungen der moralischen Gefühle, Wünsche, Ängste, Unsicherheiten und Orientierungs- und Vergewisserungsbedürfnisse ihrer Publika, die sie dabei auch als Geschlechter unterscheiden und unterschiedlich adressieren (siehe oben).

Die Werbung ist also auch eine Art Bühne, Performance und Zeremonie von Moral und zugleich ein Moral-Ersatz und ein Kompensativ moralischer und kognitiver Defizite. Sie kann dem in jeder Hinsicht orientierungsbedürftigen und orientierungsinteressierten jedermann im ‚Zeitalter der Außen-Lenkung' immer auf der Höhe der Zeit ebenso umfassende wie differenzierte und spezifische Orientierung bieten, ja die Werbung erscheint als *das* Medium einer Außenlenkung, die eine fehlende oder geschwächte Innenlenkung funktional ersetzen oder ergänzen kann. In diesem Sinne ist auch Pornografie bzw. Konsum von Pornografie zu verstehen, die zwar ‚sachlich' viel eingeschränkter als die Werbung ist, sich aber im Medienbereich durch das ‚Alleinstellungsmerkmal' auszeichnet, intime Bilder der Geschlechtlichkeit und der Geschlechter der Geschlechtlichkeit zu liefern. In diesen Bildern stecken immer auch Werte, Ideale, Normen, Normalitätsvorstellungen und Skripts, die zumindest in gewissem Maße und jedenfalls im Rahmen der Fantasie Imitationen, Kopien, Identifikationen und Lernprozesse des Publikums erlauben.

Besonders bemerkenswert ist in diesem Zusammenhang die Tatsache, dass die Werbung mit der Pornografie, in einem historischen Zivilisationstrend liegend, im Grunde eine hedonistische und individualistische/liberalistische ‚Lebensphilosophie' teilt, nämlich eine Version von Glück und Glückssuche, die früher dominante Moralmodelle – der Arbeit, der Leistung, der Sublimation, der Langsicht, des Maßhaltens, der Askese, des Triebverzichts, des Befriedigungsaufschubs – aufhebt und mehr oder weniger umkehrt. Im Porno wird ähnlich wie in Bereichen der Werbung/Werbungserotik ‚Sex' zum *Gebot* und zum zentralen Existenzsinn: Selbstverwirklichung (Glück) ist gleich Sexverwirklichung und Sexverwirklichung ist gleich Selbstverwirklichung und Kern der Biografie-Version des schönen Lebens, das in der Pornografie ähnlich beschworen und operationalisiert wird wie in der Werbung.

Die Pornografie erscheint damit auch als eine radikale Negation von Moralvorstellungen, von moralischer Normativität/normativer Moralität. Sie stellt eine soziale Welt/Gesellschaft mit Menschen – Männern und Frauen – fast ohne jede Moraleinschränkung vor und dar; ja sie zelebriert geradezu Schamlosigkeit, Gewissenlosigkeit, Anstandslosigkeit, Schuldlosigkeit, Verantwortungslosigkeit, Hemmungslosigkeit, Zensurlosigkeit und wiederholt damit auch zivilisatorische Normativität mit umgekehrten Vorzeichen. Pornografie kann insofern als fiktionale Entbindung von Moral, als Kompensation von Moral oder als das Vergnügen ihrer Durchkreuzung, Herabsetzung oder

Verspottung verstanden werden. Vor allem scheint sie ihrem Publikum das erfreuliche Erlebnis einer völligen Befreiung des Sexuellen/des Sexes von üblichen moralischen Imperativen, Grenzen, Bindungen und Einbindungen zu verschaffen. Dieses Erlebnis- und Sinnangebot der Pornografie ist zweifellos (immer noch) extrem und extremistisch, entspricht aber offenbar wiederum einem historischen Trend, der sich nicht nur in der Werbung zeigt, sondern in der Gesellschaft überhaupt, die mittlerweile selbst die Intimbeziehung als „letzte Bastion unumstößlicher Bindungen in ein Feld offener Möglichkeiten" verwandelt hat (Schwietring 2009a, S. 261). Pornografie und Werbungskultur können also auch im Kontext langfristiger Prozesse kultureller bzw. moralischer Desintegration gesehen werden, als ‚Spiegel' dieser Prozesse und zugleich als deren Stützen und Verstärker. Jedoch ist dies nur die eine Seite der Medaille.

Man hat es hier andererseits auch immer noch und in manchen Punkten überhaupt erst oder mehr denn je mit anspruchsvollen und fordernden Moraltatsachen zu tun, und das schließt moralische Zwänge mit vorgerückten Grenzen und verschärften Scham- und Peinlichkeitsgefühlen ein. In der Pornografie betrifft das – ähnlich wie in der Werbung/Werbungserotik – die ganze Sphäre der erotisch-sexuellen ‚Performance' und hauptsächlich den Körper bzw. Korporalität. Mit Thomas Schwietring kann man zugespitzt formulieren: „Nicht mehr Nacktheit verbergen, sondern die eigene Nacktheit (jederzeit) präsentierbar zu machen, ist das Anliegen der Zeit. Nicht das Intime, sondern das Hässliche ist mit Scham besetzt und wird unterdrückt und geleugnet" (Schwietring 2009a, S. 272). Auf den hier thematischen Medienbühnen und weit darüber hinaus bis auf die Ebene der Lebenswelt herrscht demnach eine Logik und eine Moral des Vergleichs, des Sich-Vergleichens und des Wettbewerbs. Der Körper wird in seiner erotisch-sexuellen ‚Äußerlichkeit', seiner objektiven ‚Qualität', seiner Leistung und Leistungsfähigkeit definiert, idealisiert und normiert – mit der Implikation und Konsequenz von neuen oder verstärkten moralischen Gefühlen, Gefühlen der Scham und der Peinlichkeit, der Verlegenheit, der Verachtung und Selbstverachtung einerseits und Gefühlen des Stolzes, des Prestiges, des ‚Selbstbewusstseins', des Selbstvertrauens und der Selbstachtung andererseits.

Die Geschlechter sind diesbezüglich allerdings unterschiedlich ausgezeichnet und betroffen. Folgt man den Vorgaben der (Hamburger-)Pornografie, dann müssen sich die moralischen Gefühle bzw. die Scham- und Peinlichkeitsgefühle der Mädchen und der Frauen vor allem an den erotischen bzw. ästhetischen Qualitäten ihres Körpers festmachen, während die entsprechende männliche Gefühlswelt, inklusive Scham und Peinlichkeit, ihre Gründe und Hintergründe eher im Phallus, in der (Im-),Potenz' und in der Quantität der sexuellen Akte und des sexuellen ‚Outputs' hat. Die Werbung ist diesbezüglich natürlich weniger einseitig, weniger eindeutig und weniger radikal als die Pornografie, aber auch sie evoziert, generiert, schürt und forciert gerade körperbezogene bzw. korporalitätsbezogene Scham- und Peinlichkeitsgefühle unter besonderer ‚Berücksichtigung' und ‚Bevorzugung' der Frauen und Mädchen. Diese sind kontinuierlich bis heute – erstaunlich unberührt von ‚emanzipatorischen' Diskursen – selbstverständlich die Hauptpersonen, wenn es in der Werbung, was besonders häufig der Fall ist, um (gutes) Aussehen als Bedingung von Ansehen, von Beachtung, Achtung und

Selbstachtung, Stolz und ‚Selbstbewusstsein' geht. Und immer dann, wenn es um diese Werte geht, dann werden implizit oder explizit auch immer die Gegenwerte und die entsprechenden Ängste angezeigt: Abwertung, Entwertung, Missachtung, Verachtung, ‚Minderwertigkeitsgefühle', Unsicherheit, Verlegenheit, Status- und Prestigeverlust.

Als Kultur scheint die Pornografie also mit der Werbung und mit der Gesellschaft im Allgemeinen in manchen Hinsichten, die Moraltatsachen bedeuten oder betreffen, zu konvergieren. Vor allem bilden die ‚neue Moral' der (Moral-)Freiheit, die damit einhergehende Erlebnis-Moral des Sexes und der entsprechende Körperkult so etwas wie einen kleinsten gemeinsamen Moralnenner. Mit dieser Konvergenz scheinen die Pornografie und der Pornografiekonsum allerdings auch an Brisanz und Sensationswert zu verlieren. Als Praxis bzw. im praktischen Gebrauch ist Pornografie*konsum* aber im Normalfall immer noch brisant und heikel und findet aus guten Gründen normalerweise hinter den ‚Kulissen des gesellschaftlichen Lebens' statt, durch Wahrnehmungsschranken und Geheimhaltung verdeckt und entfernt von der scheinbaren „Gesellschaft der Anständigen" (Goffman 1971b, S. 218). Das Erlebnis bzw. der Genuss von Pornografie und der praktische Umgang mit Pornografie stehen also in enger Verbindung mit Verständnissen und Gefühlen von ‚Anständigkeit', Scham und Peinlichkeit. Im Zusammenhang mit dem Pornokonsum fungiert jedenfalls normalerweise ein normales ‚Ich' bzw. ‚Über-Ich' und sorgt dafür, dass der Konsum und der Konsument ‚im Rahmen' bleiben und nicht auffällig werden.

Diese Zivilisiertheit des normalen Porno-Konsumenten, insbesondere die habituelle Automatik seiner entsprechenden Scham- und Peinlichkeitsgefühle, scheint auch eine wesentliche Funktions- oder Leistungsbedingung von Pornografie zu bilden. Cohen und Taylor konstatieren diesbezüglich vor gut einem halben Jahrhundert, aber in einem prinzipiell wohl immer noch gültigen Sinne, dass es einen direkten Zusammenhang zwischen (Scham-)Angst- und Schuldgefühlen einerseits und Erlebnis- und Gratifikationswerten bzw. Lustgewinnen andererseits gibt.

> Wir behaupten nicht, dass Sexualität unter anderen Bedingungen des Vergnügens entbehrt, sondern lediglich, daß die ‚Besonderheit' der Erfahrung und mithin ihr Ausbruchs-Status ganz eigentümlich vom Maß der damit einhergehenden Angst- und Schuldgefühle abhängig ist. Die Hersteller und Verkäufer von pornografischen Filmen wissen das anscheinend nur zu gut (Cohen/Taylor 1980, S. 111).

Moralische Gefühle wie die der Schuld, der Scham und der Peinlichkeit stellen hier also nicht nur keine Hürde oder Hemmung, sondern vielmehr eine Bedingung und Steigerungsbedingung des Konsums dar, seines Gratifikationswerts, seines möglichen ‚thrills', der in ihm und potenziell in jeglichem ‚Sex' steckt. Wenn also, worauf Cohen und Taylor hinweisen, eben diese Bedingung im Zuge kultureller (‚emanzipatorischer') Entmoralisierungen und Ummoralisierungen zerbricht oder abgeschwächt wird, dann hat das entsprechende Folgen. ‚Befreiung' bedeutet dann auch ‚Befreiung' von Befriedigung und Reiz, Verlust von Gratifikationswert, ‚Vergewöhnlichung' des moralverdankt Außergewöhnlichen.

Und genau dies ist das Paradoxe am Gerede von sexueller Befreiung. Wenn die Besonderheit der sexuellen Handlung von Gefühlen wie Angst und Schuld abhängig ist, dann wird in einer Gesellschaft, die Sexualität nur als eine Aktivität unter anderen auffasst, Sexualität wie andere angenehme Handlungen erlebt. Dies heißt aber, von der Vorstellung Abschied nehmen, dass ihre Besonderheit es ermögliche, durch sie die alltägliche Realität zu unterbrechen. [...] Dann ist es genauso absurd, durch Sexualität die beherrschende Realität in Frage stellen zu wollen, wie mit Hilfe von Feinschmeckerküche oder Briefmarkensammlung (Cohen/Taylor 1980, S. 11).[297]

Vor diesem Hintergrund, angesichts der kulturellen Entwicklungen der vergangenen Jahrzehnte und nicht zuletzt angesichts der dynamischen Expansion des Porno-Angebots und der Porno-Nutzung liegt es nahe, einen generalisierten Gratifikationsverschleiß der Pornografie und des Pornokonsums zu erwarten. Dieser mag auch in gewissem Maße der Fall sein. Allerdings hat der Erfolg der Pornografie, gemessen an der Quantität ihrer Nutzung, in den letzten Jahrzehnten offenbar nicht abgenommen, sondern vielmehr zugenommen. Offensichtlich ist die Pornografie, was ihre Produktion, ihre Vermarktung und ihren Konsum betrifft, kontinuierlich und zunehmend erfolgreich. Die Gründe dafür dürften mindestens die folgenden sein:

Erstens kann die Produktion und Vermarktung von Pornografie auf die ‚anthropologische Konstante' sexueller Affektivität/‚Triebhaftigkeit' und sich selbst reproduzierender Affektivität/‚Triebspannung' setzen sowie darauf, dass die entsprechenden habituellen Dispositionen des (Männer-)Publikums relativ stabil sind.

Zweitens ist die moderne Gesellschaft heute mehr denn je und nicht zuletzt aufgrund ihrer Reklame und ihrer Pornografie eine hochgradig erotisierte, erotisch aufgeladene und sexualisierte Gesellschaft mit einem entsprechenden erotisch-sexuellen Affekt- und Motivüberschuss, der einen Nähr- und Resonanzboden für Pornografie und ‚Porno-Sex' bildet.

Drittens nutzt die Porno-Produktion die strategischen Möglichkeiten der Variation und der Steigerung ihrer Performanzen. Neben und mit der Abwechslung der (weiblichen) Modelle, der Settings, der Szenen, der ‚Stories' wird von den Möglichkeiten der Variation und der Steigerung von sexuellen/sexualisierten ‚Härtegraden' bis hin zur massiven Brutalität und zur Brutalisierung Gebrauch gemacht (vgl. Lewandowski 2012). Daneben kann die Porno-Produktion auch auf Kombinationen sexueller Themen und Sujets mit nicht-sexuellen Unterhaltungsfaktoren wie z. B. ‚Humor' setzen.

Viertens profitiert die Pornografie und die Porno-Produktion von neueren Entwicklungen im sozialen/moralischen Raum bzw. im Diskursraum der Geschlechter und der Geschlechtlichkeit. Die erwähnten Innovationen und Wandlungen im Geschlechterverhältnis, Verschiebungen in der Machtbalance der Geschlechter (in Richtung Symmetrie, Reziprozität, Demokratie usw.) oder auch neuere ‚Kultivierungen' wie die Gebote und Zensuren der Political Correctness verschaffen der Pornografie wieder

---

[297] In ähnlicher Richtung argumentiert Helmut Schelsky (1955) mit Blick auf die ‚Konsumgesellschaft' und ihre Weltanschauung sowie neuerdings Gerhard Schulze in Bezug auf die neuere „Eventkultur" (Schulze 1999).

Ansatzpunkte, Möglichkeiten und Funktionswerte der Überschreitung und Verletzung und damit der Gratifikation ihres (Männer-)Publikums.

7.4 Körperlichkeit, (Un-)Wahrheit und (Nicht-)Wissen

Pornografie und Werbung teilen eine Reihe von Obsessionen – unter anderem: eine Obsession mit dem (Un-)Moralischen, eine Obsession mit dem Theatralischen, dem Scheinbaren und Fiktiven, eine Obsession mit dem Visuellen, eine Obsession mit dem Ökonomischen und vor allem: eine „Obsession mit dem Körperlichen" (Lewandowski 2012, S. 279). Dessen Präsenz in den beiden Medienbereichen hat in erster Linie damit zu tun, dass diese in ihren Rahmen menschliche Interaktionen und symbolische Aspekte der Interaktionsordnung darstellen. Körper, Körperlichkeit und alle sozialen Informationstypen, die damit zusammenhängen, z.B. Geschlecht und Lebensalter, sind damit zwangsläufig im Spiel und zugleich Gegenstand kontingenter Inszenierung und Performanz. Körper und Körperlichkeit sind hier also unvermeidliche und sich auch kommunikativ-dramaturgisch aufdrängende Tatsachen, die der Eigenlogik der Medientypen, der Medienbereiche und Mediengattungen entsprechend Gestalt annehmen.

Mit ihrer jeweiligen ,Obsession mit dem Körperlichen' stehen Pornografie und Werbung auch in je eigener Weise und jeweils symptomatisch im Kontext von langfristigen Zivilisationsprozessen und ,zeitnah' im Spannungsfeld einer (modernen) Gesellschaft, die eine scheinbar „widersprüchliche Gleichzeitigkeit von Körperaufwertung und Körperverdrängung" auszeichnet (Lewandowski 2012, S. 279). Die Körper werden jeweils in charakteristischen, charakteristisch inszenierten und dramatisierten Versionen ins performative Zentrum und ins Zentrum einer ,positiven' Bewertung bzw. Moral und Moralisierung gerückt. Mit den Körpern, an ihnen und um sie entfaltet sich jeweils ein Spektrum von Zeichengebilden und Sinnkonstruktionen und auch eine Art Kult, so dass es gerechtfertigt erscheint, von Körperkulten zu sprechen. Eine offensichtliche Gemeinsamkeit oder starke Ähnlichkeit besteht dabei in einem Körper*jugend*kult (oder: Jugend*körper*kult), der für entsprechende Bedeutungen, Deutungsmuster, Werte, Ideale u.a.m. steht und den radikalen historischen Wandel des Verständnisses und der sozialen Wirklichkeit des Körpers und speziell der Geschlechter als Körper markiert. War der Körper in der christlich geprägten Zivilisation im Laufe vieler Jahrhunderte bis weit ins vergangene Jahrhundert hinein Anlass und Zielgebiet von Verdächtigungen, Beschuldigungen, disziplinarischen Zurichtungen und Malträtierungen, die sich auch noch in der modernen Wissenschaft, in der Psychologie, der Psychiatrie, der Medizin und der Pädagogik fortsetzten, so ist er heute das genaue Gegenteil: Projektionsfläche von Identität(en), Hoffnung auf Selbstverwirklichung, Erlösung und Glück, Objekt intensivster Aufmerksamkeit, Zuwendung und Pflege. Und in diesem Sinne ist er in der Tat – und mit einem Schwerpunkt auf Erotik und Sexualität – auf allen Ebenen der Kultur und vor allem in den Bereichen der Medien omnipräsent.

Es geht hier also in keinem Fall (nur) um den Körper als solchen und auch nicht um die ganze Wahrheit des Körpers, wenn es denn in den jeweiligen Körper-Performanzen überhaupt um Wahrheit geht. Wahrheit liegt in diesem Zusammenhang vor allem in der Logik und in den Voraussetzungen der medienbereichsspezifischen Körperinszenierungen, und das heißt in technischer Hinsicht in dem gemeinsamen Vorrang für Bildmedien und Bilder (Fotografien, Filme), aus denen sich allerdings weder das jeweilige *Dass* noch das *Wie* noch das *Was* der Körperinszenierungen und der Körperbilder erklärt – auch nicht, woher die moderne und unter modernen Bedingungen zunehmende ‚Obsession für den Körper' stammt – gerade die Obsession für den entblößten, den erotischen und den sexuellen Körper, den jene Medienbereiche so stark ‚besetzen' und fokussieren.

Mit ihren Inszenierungen von Körperlichkeit, insbesondere von *visueller* Körperlichkeit/Korporalität und damit auch von Geschlecht und Geschlechtlichkeit, beziehen sich Pornografie und Werbung auf je besondere Weise und in je besonderen Hinsichten auf Zivilisationsprozesse und ihre kulturellen bzw. habituellen Resultate, und sie ähneln und ergänzen sich diesbezüglich in mancher Hinsicht. Es geht jeweils um eine bedeutungsvolle und bedeutsame ‚Äußerlichkeit', Sichtbarkeit und Sichtbarmachung körperlicher Aspekte, aber auch um eine gleichzeitige Unsichtbarkeit, Ausblendung und Verdeckung, ein Ignorieren, Verneinen und Verbergen von Körperlichem, das ebenso bedeutungsvoll erscheint wie seine positive Gegenseite. Beide Seiten der Medaille des Körpers verweisen hier wie dort auf die Idee und das Ideal eines sozialen Ausdrucks- und Eindruckskörpers, der sich auch nackt sehen lassen kann und sich in jeder Hinsicht darstellen lässt und darstellen will (vgl. Schwietring 2009a, S. 271 f.). Der Körper wird in diesem Sinne begriffen und inszenatorisch aufgegriffen: als Substanz oder *die* Substanz des menschlichen Seins, Daseins und Werdenkönnens und als Organ oder *das* Organ kognitiver und performativer ‚Außenlenkung'. Ihm entsprechen ein Interesse und ein Bedürfnis nach Wahrnehmung und Wahrheit und zugleich nach Fiktion und Illusion.

Pornografie und Werbungs-Erotik liegen diesbezüglich nah beieinander, die Werbung geht aber noch weit darüber hinaus und spiegelt in puncto Körper und im Medium des Körpers bzw. der Korporalität den umfassenden Sinn-, Moral- und Habituswandel, von dem oben vor allem im Anschluss an Riesman die Rede war. Die Werbung ist hier also wiederum als eine Art kulturelles oder zivilisatorisches Forum – und das heißt als ein Forum symbolischer Ordnung – zu verstehen und auch als eine Institution der rituellen Demonstration dieser Ordnung. Der Körper spielt in diesem Rahmen eine regelrechte Schlüsselrolle. Er erscheint insbesondere in der Form von symbolischen Ausdruckselementen als ein Repräsentant, ein Zielgebiet und eine Ressource der Darstellung und Herstellung sozial erwünschter (‚zivilisierter') Eigenschaften, z. B. Jugend/Jugendlichkeit, Gesundheit, Leistungsfähigkeit, Beweglichkeit, Dynamik, Sympathie, Beliebtheit, (erotische) Attraktivität, Aufgeschlossenheit, Lernbereitschaft, Fortschrittlichkeit.

Die Werbung dramatisiert und idealisiert diese am Körper abzulesenden und mit dem Körper kundzugebenden ‚Eigenschaften' und präsentiert und propagiert zugleich Körper und Körperlichkeit als kontrollierbare und beherrschbare Tatsachen, die auch im Sinne herrschender Zivilisation und ihrer normativen Vorgaben kontrolliert werden *sollten*. In den Körpern der Werbung (in ihren Körperbildern) steckt also auch eine zivilisatorische und moderne Idee und Idealvorstellung, nämlich die Idee und Ideal-vorstellung der *technischen* Herstellbarkeit (vgl. Gehlen 1957), die vielleicht am deut-lichsten in den Vorstellungen und Darstellungen perfekter Oberflächen (der Körper) zum Ausdruck kommt. In der Werbung machen sie den Eindruck einer Synthese voll-kommener Natürlichkeit *und* vollkommener Künstlichkeit – eine Synthese, die im Prinzip den Körperperformanzen der Pornografie ähnelt. Dabei deutet die Werbung zwar immer wieder körperliche Grenzen, Abweichungen und Stigmata an (z. B. den alternden oder kranken Körper), aber zugleich suggeriert sie in einem Spiel der (Ver-) Leugnung, der Täuschung, der Illusion und der „Beihilfe zur Selbsttäuschung" (Luh-mann) eine Art Übernatürlichkeit der Körper. Nach Auskunft der Werbung gibt es in puncto Körper und Körperlichkeit eigentlich überhaupt kein Hindernis und kein Pro-blem, das nicht durch Produkte oder Leistungen aus der Welt geschafft oder zumindest bis ins Vernachlässigbare minimiert werden könnte. Mit ihren Körperinszenierungen und Körperbildern liefert die Werbung also komplexe, ambivalente und paradoxe Bil-der und Sinnbilder: Normalistische, idealistische Konstruktionen verbinden sich mit naturalistischen und technizistischen.

Ebendies kann in gewisser Weise auch von der (Hamburger-)Pornografie gesagt werden. Sie stellt sich mit ihrer ‚Körper-Ordnung' auf den ersten Blick als Gegenbild zur herrschenden zivilisatorischen (symbolischen) Ordnung dar, hebt diese Ordnung de-monstrativ auf und kehrt sie in wesentlichen Punkten um: als Regime der Grenzüber-schreitung und Grenzverletzung, der Spontaneität, der Distanzlosigkeit, der negativen Erfahrung usw. Auch propagiert die (Hamburger-)Pornografie pure Natur und Natür-lichkeit als Wesen der Körper bzw. des Sexuellen schlechthin. Aber gleichzeitig insze-niert sie die Körper – beider Geschlechter – als perfekt funktionierende Oberflächen-Zeichensysteme, als spezialisierte ‚Medien' und als unbegrenzt manipulierbare Res-sourcen. Der Körper wird im Porno zwar als in jedem Sinne bloßer Körper vorgestellt, dargestellt und herausgestellt, seine vollkommene Natürlichkeit hindert ihn aber nicht daran, vollkommen unnatürlich zu sein bzw. zu reagieren. Am Körper findet der Porno-Sex jedenfalls kaum eine natürliche Grenze. Er erscheint unbegrenzt, unerschöpflich, unermüdlich und unersättlich.

Allerdings macht die (Hamburger-)Pornografie diesbezüglich eine differenzierte Einschränkung, was sexuelle Attraktivität und damit auch Aktivität betrifft. Zwar de-finiert sie sexuelle Attraktivität in der Nähe der Werbung als eine rein körperliche (Natur-)Tatsache, nämlich als eine Oberflächen-Eigenschaft des Körpers, aber sie macht sie auch zu einer Art Zulassungsbedingung zum sozialen Spiel des Sexes, und zwar im Wesentlichen für *Frauen*. Sie sind im Porno jedenfalls *selbstverständlich* das durch-schnittlich relativ ‚schöne Geschlecht' oder im Vergleich mit dem männlichen Personal das im Allgemeinen deutlich ‚schönere Geschlecht'. Die Körper der Porno-Männer sind dagegen weniger korporal (‚ästhetisch') als *funktional* definiert und gefordert: als se-xuelle Handlungs- und Leistungskörper, die – unmittelbar vergleichbar mit der Wer-bung – den Frauen-Körper aufgrund und im Maß seiner (für Männer) sexuell attrak-tiven ‚Oberflächen-Ästhetik' begehren und benutzen. Ansonsten zählt nur die organische Brauchbarkeit des Frauen-Körpers, die wiederum als ganz und gar natürlich und zugleich durch Natur unlimitiert vorgestellt wird und natürlich der ‚Natur' des ‚anderen Geschlechts' entspricht.

Auf ihre Weise ist die Pornografie also auch dem „zentralen Phantasma der Moderne" (Lewandowski 2012, S. 281) und damit der Zivilisation verbunden, ja sie treibt es in eigentümlicher Übersteigerung (Hyper-Ritualisierung) auf die Spitze, indem sie die Vorstellung vom Menschen als Maschine kultiviert. Im (Hamburger-)Porno, taucht dieser Mensch, sei es als Mann- oder Frau-Körper, als ein perfekt funktionierender, fremdkontrollierbarer und sich selbst kontrollierender Automat auf: als „eine Trivialmaschine, die auf den gleichen Input stets mit dem gleichen Output reagiert" (Lewandowski 2012, S. 281). Der Porno-Mensch als Maschine erweckt nach Maßgabe seiner Schöpfer und auf Wunsch seines Publikums den Eindruck, willkürlich und beliebig schaltbar, ein-, um- und ausschaltbar zu sein, jederzeit eingeschaltet werden zu können und niemals ausgeschaltet werden zu müssen.

Hier hat man es mit der in gewisser Weise zivilisatorischen Idee (Fiktion, Utopie) der perfekten Fremd- und Selbstkontrolle zu tun, der fundamentalen Beherrschung und Selbstbeherrschung der Natur und Natürlichkeit des Körpers, der damit im Grunde auch distanziert, verdrängt und verleugnet wird. Der Natur-Körper und die Körper-Natur, die in der Pornografie und auch in der Werbung so sehr idealisiert und propagiert werden, werden also durch die Vorstellung vom Menschen als Maschine gleichzeitig relativiert, um- und wegdefiniert, so dass sich ein eigentümlicher Gegensatz oder auch eine paradoxe Relation ergibt. Ihr Lob der (Körper-)Natur und Natürlichkeit und ihre exzessive Kultivierung der (Körper-)Natur und Natürlichkeit verbindet die Pornografie mit der Vision und Illusion des vollständigen Sieges über die Natur, die im Porno als solche und in der Form männlicher Herrschaft (über Frauen) absolut beherrscht erscheint.

Mit diesem eigentümlichen Ideengebilde geht ein weiteres einher, das die Pornografie wiederum mit der Werbung vergleichbar macht. Beide verkünden inmitten ihrer naturalistischen Versionen und Visionen vom Sein und vom Dasein nicht nur Siege über die Natur oder *den* Sieg über die Natur, sondern auch Siege oder *den* Sieg über das Soziale, die Gesellschaft. Und auch hier ist der Körper der entscheidende Ansatzpunkt und gleichsam die Projektionsleinwand: Die Pornografie führt ja einen regelrechten Exzess der (Sex-)Körperlichkeit vor, in dem sich der Körper als Zentrum des Selbst, der Welt und der Wirklichkeit ausweist und erweist. Sie bildet einen Raum der Anomie und Anarchie durch die Körper und für die Körper – gelebte Asozialität. Ihr steht allerdings die gleichzeitige ‚Philosophie' und ‚Politik' der Natur- und (d.h.) Körperverdrängung gegenüber, die den realen, natürlichen und wahren Körper durch eine stilisierte, fiktionale und fingierte Version ersetzt und in einen Raum und ein Gerüst der Hypernomie versetzt. Die Körper als Maschinen, Geräte, Werkzeuge der Lüste und Befriedigungen sind vollkommen berechenbar und vollkommen zuverlässig.

In dieser Konstruktion einer doppelten Omnipotenz, einer gleichzeitigen und totalen Herrschaft über die Natur (des Körpers) *und* die Gesellschaft/Kultur gleicht oder ähnelt die Pornografie der Werbung und zeigen sich beide in gewisser Hinsicht als Metaphoriken der Zivilisation und der Moderne. Der Körper erscheint als autonomes Subjekt, als Subjektivität und Individualität mit uneingeschränkter Freiheit. Allerdings darf bei dieser prinzipiellen Körper-Konstruktion nicht übersehen werden, dass sie durch das Verhältnis der Geschlechter(körper) moduliert wird. Es sind letztlich die Männer, denen die (Hamburger-)Pornografie in vollem Umfang zu jener Omnipotenz verhilft. In der Kultur dieses Medienbereichs steckt insofern auch eine Art (männlicher) Narzissmus.

Die Pornografie bringt den Körper und die Körper noch auf eine andere Weise ins Spiel, die scheinbar eng mit Zivilisation zusammenhängt, aber auch mit dem Verhältnis der Geschlechter bzw. dem Machtverhältnis der Geschlechter, nämlich gleichsam als Instanz der Wahrheit, die es gestattet, die Logik seiner Zivilisation/Disziplinierung zu durchbrechen und ins Gegenteil zu verkehren. Jedoch ist der Körper auch in dieser ‚Rolle' nur und nicht weniger als ein Kind der Zivilisation und der Moderne, in der er zu einem bevorzugten Ansatzpunkt, Gegenstand und Zielgebiet der Produktion von Wahrheit wird. Mit Hilfe sexueller/sexualisierter Methoden/Praktiken, die einschlägige (überwiegend männliche) ‚Regisseure' bestimmen, werden vor allem die Porno-Darstellerinnen (!) zu körperlichen Selbstkontrollverlusten bewegt, die in gewisser Weise Wahrheitsgewinne bedeuten und als solche erscheinen sollen, als Transzendierung des Zivilisierten und damit des/der Subjektivierten, Personalisierten und Individualisierten.

> Körper sollen jene Regie übernehmen, die normalerweise dem Bewusstsein der Subjekte vorbehalten ist. Diese Form des Kontrollverlustes soll die Körper in ihr Recht setzen und somit genau das Gegenteil körperlicher Dressurdisziplin ermöglichen. Die Entdisziplinierung des Körpers ist die Zauberformel, die Wunschvorstellung und das Versprechen der Pornografie. Ihr Telos liegt im Provozieren eines unkontrollierbaren Kontrollverlustes, in dem authentisches Empfinden sich unwillkürlich Bahn bricht, und ihr Triumph in dessen medialer Veröffentlichung (Lewandowski 2012, S. 285).

Lewandowski beschreibt eine regelrechte Methodik, ein Ensemble von körperlichen und körperbezogenen Praktiken, die den Pornografen und die in der Pornografie dazu dienen, unwillkürliche Reaktionen hervorzurufen, die „in verschiedenen Formen auftreten; als Lachen, als unkontrolliertes Zucken, als plötzlicher Ausdruck von Ekel, Schmerz, als sichtbare körperliche Erregung oder Anstrengung, aber auch als Erschöpfung, Lustlosigkeit usw." (Lewandowski 2012, S. 286). Als wichtigste „Methode" erscheint die „extrakorporale Ejakulation, die die meisten Hardcore-pornografischen Szenen abschließt und die Dialektik zwischen Kontrolle und Kontrollverlust auf die Spitze treibt. Jenseits psychoanalytisch inspirierter Überlegungen [...] zielt die extrakorporale Ejakulation darauf ab, der Darstellerin, in deren Gesicht ‚abgespritzt' wird, zumindest im Moment des ‚Abspritzens' ein kurzes Zucken, einen kurzen Augenblick des Ekels, einen kurzen Moment der Überraschung, kurz: eine unwillkürliche Reaktion zu entlocken" (Lewandowski 2012, S. 287).

Man könnte also sagen, dass die Pornografie auf einem strategischen Wege, der teilweise mit der Folter oder Marter verglichen werden kann (vgl. Lewandowski 2012, S. 284 ff.), eine Wahrheit diesseits oder jenseits von Zivilisation anstrebt und liefert und dass sie eine Art Wahrheitsbedürfnis befriedigt, das mit jenen Zivilisations- und Modernisierungsprozessen zu tun hat, die in der Reklame einen geradezu metaphorisch zugespitzten Ausdruck finden. Während die Reklame schon als Gattung eher mit Unwahrheit als mit Wahrheit assoziiert wird und als durch und durch inszeniert erscheint (mit konstruierten Unwahrheiten und Halbwahrheiten, mit ‚Images‘, mit Erfindungen, Stilisierungen, Schönungen, Übertreibungen u. a. m.), macht die Pornografie als solche den Eindruck von Wahrheit und scheint mit Hilfe ihrer Körper und Körpertraktierungen Wahrheiten zu verbürgen. Diese Wahrheiten und die Methoden und Praktiken ihrer Verbürgung stehen allerdings nicht für sich selbst, sondern haben symbolische Implikationen und einen symbolischen Verweisungszusammenhang.

Auch hier darf nicht übersehen werden oder davon abgesehen werden, dass es sich bei dem pornografischen Wahrheitsspiel um ein bestimmtes, nämlich männlich bestimmtes und von Männern bestimmtes ‚Lustspiel‘ und Machtspiel handelt. In ihm treten zwar auch die Männer typischerweise mehr oder weniger nackt auf und bestätigen Wahrheit durch Unwillkürlichkeit, indem sie erigieren, penetrieren, kopulieren, ejakulieren, aber dabei bleiben sie *Subjekte*, während es jedenfalls in der heterosexuellen (Hamburger-)Pornografie vorzugsweise *weibliche* Körper sind, mit denen das Wahrheitsspiel der körperlichen Unwillkürlichkeit gespielt wird und an denen sich dieses Wahrheitsspiel abspielt. Die Pornografie weist den Porno-*Männern* also eine ‚Rolle‘ im Wahrheitsspiel der Körpersymptome zu, in der sie sowohl über den eigenen Körper als auch über den fremden Körper, eben den des ‚anderen Geschlechts‘, verfügen. Es geht dabei also nicht nur um ein interaktionelles Wahrheitsspiel oder einen „Zweikampf zwischen Kamera und Protagonistin“ (Lewandowski 2012, S. 287), sondern auch um ein asymmetrisches und asymmetrisierendes Macht- und Symbolspiel/Ritualspiel der Geschlechter. Nicht erst, aber besonders im männlicherseits herbeigeführten ‚Moment der Wahrheit‘ verliert die Porno-Frau nicht nur ihre Subjektivität und Personalität, sondern zeigt sich auch als Objekt männlicher ‚Herrschaft‘ und Überordnung. Eben darauf scheint es in diesem Zusammenhang sowohl *im* Porno als auch *vor* dem Porno anzukommen.

Körperliche und körperbezogene Wahrheiten und Wahrheitserlebnisse, die sich letztlich aus den Prozessen der Zivilisation und der Modernisierung speisen, liefert die Pornografie vor allem – mit und ohne den unwillkürlichen Ausdruck ihrer Darsteller/-innen – durch eine Art ‚Panoptismus‘ (Foucault 1977b), den sie herstellt, inszeniert und in der Figuration mit dem Konsumenten bildet. Indem sie maximale, differenzierte und präzisierte Sichtbarkeit der (Sex-)Körper und des Sexes verspricht und bietet, entspricht die Pornografie einem spezifischen (Publikums-)‚Willen zum Wissen‘ (Foucault) und tut ihm hauptsächlich visuell Genüge. Hier geht es also auch um den Wahrheitstyp der Obszönität (und die Obszönität von Wahrheit), die die Pornografie darstellt und mit der sie einem besonderen Interesse, Bedürfnis und Wunsch des Publikums folgt. Schon Riesman (1958, S. 159) hat darauf hingewiesen, dass es sich bei diesem ‚Erkenntnisinteresse‘ des Publikums um eine soziale und kulturelle Tatsache handelt, die mit dem „hohen Grad an Heimlichkeit, die sich mit der Liebe und sonst keinem anderen Verbrauchsgut verknüpft“, zu tun hat. Die Pornografie – als Verbrauchsgut – kann diesbezüglich eine sozial einmalige Klasse von ‚Erlebnissen‘ liefern, die zivilisationsbedingt knapp und verknappt ist. Die Sexualität als das „einzige Verbrauchsgut, dessen Genuß

[…] der Öffentlichkeit verborgen bleibt" (Riesman 1958, S. 159), wird in der Pornografie aber nicht nur ,veröffentlicht', wenn auch nur in der Form einer Inszenierung, sondern im Sinne von Obszönität radikal transparent gemacht und in dieser Aufbereitung und Zubereitung veröffentlicht.

Zivilisatorisch verknappte Transparenz von Intimität trifft in der und mit der Pornografie also auf ein Gegenprinzip: einen Überfluss an Intimitätstransparenz. Dem Publikum werden damit nicht nur ,nackte Tatsachen', sondern auch Menschen – vor allem Frauen – gezeigt, die symbolisch/rituell entkleidet, nackt und bloß sind. Im Rückgang auf die bloßen Körper und deren (sexuelle) Intimität bietet die Pornografie dem zivilisierten jedermann also auch ein besonderes moralisches Erlebnis. Hinzu-kommt ein besonderes *kognitives* Erlebnis, wenn und insofern davon auszugehen ist, dass die ,Sexualitäten der Anderen' nicht nur mit Heimlichkeit und Geheimhaltung verknüpft sind und gleichsam ein Dunkelfeld bilden, sondern auch seit jeher und zu-nehmend vielfältig und individuell ausfallen. Da man es hier also mit einem systema-tischen und sich verschärfenden Nichtwissen, einem Realitätsmangel und Realitäts-verlust zu tun hat, kann sich die Pornografie mit dem Versprechen und der Aussicht anbieten, Einblicke in ein unbekanntes Land zu verschaffen und damit nicht nur Er-lebnisse, sondern auch praktisches und potenziell praktikables Wissen.

So oder so rückt „der Zuschauer in die Position des unsichtbaren Beobachters, auf den hin die Ordnung der Sichtbarkeit entworfen wird" (Lewandowski 2012, S. 294). Dem Zuschauer wird ein ihm sonst (normalerweise) verwehrter Einblick in fremde Privat-heit, Intimität und Sexualität gewährt, ein Einblick, der noch dadurch an Dramatik gewinnt, dass die ,Sexualität der Anderen' im Porno gewöhnlich als außergewöhnlich ,gewöhnlich', abweichend oder ,pervers' in Erscheinung tritt und sichtbar wird. Der Pornokonsument macht sich damit in gewisser Weise zum Voyeur und des Voyeurismus schuldig, und er macht sich auch schuldig an dem, was er wahrnimmt, beobachtet und beschaut, auch wenn zwischen ihm und den beschauten Objekten und Handlungen das (Bild-)Medium steht und das Bewusstsein fremder Exhibition und ,Selbstdarstellung'. Andererseits ist der Pornokonsument mit seinem ,Willen zum Wissen', zum Schauen und Zuschauen, zum Hören und Zuhören im Grunde nur eine Variante eines vielge-staltigen ,Willens zum Wissen', dem in der ,Position des unsichtbaren Beobachters' Scham und Peinlichkeit erspart bleibt und Schamlosigkeit nahegelegt wird. In dieser Position/Figuration kann sich der Konsument scheinbar frei von sozialer Kontrolle und moralischer Hemmung und Selbstkontrolle ganz auf sich zurückziehen und reduzieren. Scham und Peinlichkeit beschränken sich in diesem Zusammenhang auf die Möglichkeit der Wahrnehmung oder Information anderer.

Im Pornokonsum tritt der Konsument also, je nach dem Setting, in dem er sich befindet oder in das er sich begibt, gleichsam aus der Gesellschaft in eine asoziale und antisoziale Sphäre der ,Regression', in der scheinbar bloß die eigene Affektivität den Ton angibt. Diese Affektivität macht sich am ,thrill' körperlicher und körperbezogener Wahrnehmungen und insbesondere (Schlüssel-)Reize fest, die ebenso primitiv wie stark sind. Das pornokonsumierende Individuum mag so zu dem Gefühl gelangen, ganz zu sich zu kommen und bei sich zu bleiben. Es kann, indem es sich dem pornografischen

Körper-Primitivismus hingibt, das soziale ‚Außen' und zugleich das eigene ‚Ich' und ‚Über-Ich' ausschalten. Die Position und Perspektive des Pornokonsumenten entspricht oder ähnelt insofern der Asozialität, die im Porno selbst herrscht.

So gesehen liegt es hier wiederum nahe, zur Erklärung des Pornokonsums, seines Erlebniswerts, seines psychischen Funktionswerts und auch seines quantitativen Verbreitungserfolgs die Individualisierungstheorie heranzuziehen. Johannes Weiß hat dies vorgeschlagen und bemerkt, „daß Individualisierung, radikal vollzogen, auch den Rückgang bzw. das Zurückgeworfensein auf die je eigene Leiblichkeit und Sinnlichkeit bedeutet, in der, viel mehr als in der Teilhabe an irgendwelchen Sinn- und Wertordnungen, die Unvertretbarkeit der individuellen Existenz wurzelt. Das erklärt, warum die leiblichen resp. leibnahen Zustände und Verrichtungen eine so hervorstechende Rolle bei der Selbst-Präsentation von Individualität spielen. Es erklärt aber auch, warum man sich bei dem Bemühen, auf diese Weise ganz authentisch, also ganz bei sich zu sein, so leicht im Allerallgemeinsten des Allgemeinmenschlichen, wenn nicht sogar im Animalischen wiederfindet resp. verliert, warum also solches Streben gerade nicht beim ganz Eigenen, sondern beim Allergewöhnlichsten endet" (Weiß 2003, S. 226). Außergewöhnlich ‚gewöhnliche' Medienerzeugnisse wie die der Pornografie mögen auch eine der heute gängigen Methoden und Praktiken des individualisierten Individuums sein, sich gleichsam im Medium des eigenen Körpers und mittels seiner bildmedialen Manipulation von sich selbst und von der Gesellschaft zu distanzieren oder zu lösen und gänzlich selbstbestimmt zu einer außergewöhnlichen physischen und psychischen Befindlichkeit jenseits seines gewöhnlichen Seins und Daseins zu gelangen.

7.5 Rationalisierung und Irrationalisierung

Der zivilisations- und modernisierungstheoretische Schlüsselbegriff der Rationalisierung ist auch ein Schlüsselbegriff, wenn es um ein soziologisches Verständnis der hier thematischen Medienkulturen und ihrer Entwicklung und Wandlung geht. Es hat sich ja schon in den bisherigen Überlegungen gezeigt, dass diese Medienkulturen mitsamt ihren Konstruktionen von Geschlecht und Geschlechtlichkeit systematisch viel mit Struktur- und Prozesstatsachen zu tun haben, die unter diesem Begriff bzw. dem der Rationalität zu fassen sind.

In erster Linie geht es hier um die modernen ‚Systemrationalitäten' ausdifferenzierter Felder (‚Subsysteme'), die im Zuge länger- und langfristiger sozialer Differenzierungsprozesse entstanden sind. Medienkulturen wie die der Pornografie oder der Werbung haben zwar als solche so etwas wie eine je eigene historische Rationalität, sind aber auch und primär Funktionen der Rationalität ihrer sozialen Erzeugungsbedingungen. Was als kommerzielle Pornografie oder Werbung entsteht, zirkuliert und rezipiert oder konsumiert wird, ist das Ergebnis von entsprechenden Figurationen interessierter, spezialisierter und versierter Akteur/-innen unter der Voraussetzung technischer und organisatorischer (z.B. betrieblicher) Strukturen und sozialer/kultureller ‚Umwelten' (Publika, Instanzen sozialer Kontrolle etc.). Vor allem handelt es sich hier um die (ökonomische) Rationalität von bestimmten Wirtschaftsbereichen (Porno-Industrie, Werbungswirtschaft), die jeweils darauf ausgerichtet sind, Produkte (Porno-filme, Werbespots usw.) zu produzieren und mit Gewinn abzusetzen. In den jeweiligen Produkten stecken also auch strategische Antizipationen der Kultur (des ‚Geistes‘, des Denkens, der Gefühle, der Motive) ihrer adressierten Abnehmer oder Rezipienten. Im Falle der Werbung sind das die Auftraggeber der Werbung und die ‚Zielgruppen‘ der beworbenen Objekte.

Medienerzeugnisse wie die hier thematischen sind Erzeugnisse einer rational an-gelegten und ausgerichteten Kulturindustrie, die je nach Branche (Publikums-)Kultur verarbeitet, erarbeitet, weiterverarbeitet. Diese Kulturindustrie zeichnet sich nicht nur durch eine eigene (gewordene) Rationalität aus, sondern bewegt sich auch in einem kulturellen Raum, der in einem ebenso fundamentalen wie vielseitigen Sinne von Prozessen der Rationalisierung geprägt ist, die auch die Medienkulturen und Medien-kulturproduktionen bedingen und in sie einfließen. Der Begriff der Rationalisierung liegt hier in verschiedenen Varianten und Hinsichten nahe, die direkt auf Medienkul-turen wie die Pornografie und die Werbung zu beziehen sind, nämlich als ihre Bedin-gungen und als Quellen ihrer eigenen Sinnhaftigkeit und Sinngenerierung. Von großer oder größter Bedeutung sind die historischen Prozesse der ‚Aufklärung‘, der Säkulari-sierung und der Verwissenschaftlichung (siehe unten).

Der Aufstieg der Wissenschaften zum Weltbild bedeutet auch „dass die moderne Kultur durch eine fortgeschrittene und mittlerweile weit fortgeschrittene Naturalisie-rung des menschlichen Selbstbildes charakterisiert ist. [...] Es geht hier um die Selbst-entzauberung des Menschen durch Wissenschaft, mit der Biologie, näherhin der Gen- und Hirnforschung, als Führungswissenschaft – eine Funktion, die für eine gewisse Übergangszeit die historischen Gesellschaftswissenschaften eingenommen hatten" (Weiß 2003, S. 226). Johannes Weiß sieht in dieser Rationalisierung eine Bedingung und einen Faktor von „Vergewöhnlichungen", wie sie gerade in Medienkulturen wie der Pornografie oder auch der Reklame vorliegen. Der anthropologische Naturalismus der (Natur-)Wissenschaften findet hier jedenfalls gewisse Entsprechungen, Bestätigungen und Modulationen. Ein anderes Beispiel ist die mit Verwissenschaftlichung zusam-menhängende Technisierung, das „technische Zeitalter", das sich durch die Ausbreitung einer „experimentellen Denkart" auszeichnet (Gehlen 1957, S. 23 ff.), mit einer ‚Signatur‘, die auch in Medienerzeugnissen wie der Pornografie und der Werbung steckt – mit ihren Maschinenmodellen des Körpers, ihren Machbarkeitsidealen und Machbarkeits-mythen u. a. m.

Besonderen Aufschluss (und Anschluss) verspricht hier die zivilisationstheoretische Rationalisierungstheorie von Elias, die davon ausgeht, dass es systematische Zusam-menhänge zwischen den Entwicklungen und „Wandlungen der Gesellschaft" (Elias 1980, Bd. 2) einerseits und der Psychen (Gewohnheiten, Habitus, Mentalitäten) andererseits gibt. Elias hat diese Zusammenhänge von Prozessen als Zivilisation begriffen und auf zivilisationstheoretische Begriffe gebracht. Demzufolge „ändert sich die Art, in der die Menschen miteinander zu leben gehalten sind; deshalb ändert sich ihr Verhalten; deshalb ändert sich ihr Bewußtsein und ihr Triebhaushalt als Ganzes. Die ‚Umstände‘, die sich ändern, sind nichts, was gleichsam von ‚außen' an den Menschen herankommt; die ‚Umstände', die sich ändern, sind die Beziehungen zwischen den Menschen selbst" (Elias 1980, Bd. 2, S. 377).

Vor diesem Hintergrund sind auch die modernen Produktionen und Rezeptionen ‚populärkultureller' Medienerzeugnisse und diese Medienerzeugnisse selbst zu betrachten und zu verstehen. Die Pornografie und die Werbung sind Beispiele dafür. Es ist soziologisch naheliegend, ihre pragmatischen (obszönen) ebenso wie ihre utopischen und illusionären Sinnkonstruktionen, ihre Fantasie-, Reiz- und Erlebnisangebote auf Bedingungen des modernen (Alltags-)Lebens zu beziehen oder zurückzuführen. Bei diesen Bedingungen handelt es sich vor allem um die zivilisatorisch implikationsreichen und zwingenden sozialen Tatsachen, die spezifisch zivilisierte, disziplinierte und affektreduzierte Verhaltensweisen abverlangen. Es geht hier um einen fortgeschrittenen, generalisierten und differenzierten „Zwang zum Selbstzwang" (Elias 1980, Bd. 2, S. 312 ff.), um Lebenspraxen, soziale Situationen und Rollen, die von Zwängen zur ‚affektiven Neutralität' und einem „Defizit an Unmittelbarkeit" (Lautmann/Schetsche 1990, S. 109) geprägt sind, insbesondere von der normativen und sachlichen Notwendigkeit, sich im Ausdruck von Affektivität, speziell von Aggressivität, und in der „Äußerung des Lustverlangens" zurückzuhalten und einzuschränken (Elias 1980, Bd. 2, S. 330).

Lautmann und Schetsche (1990, S. 109) sehen in dieser zivilisatorischen (Selbst-)Zwangslage, in der mit sozialen Handlungszwängen und Handlungsdruck gepaarten strukturellen ‚Lustlosigkeit' oder ‚Lustarmut' des modernen (Alltags-)Lebens, in dem die Knappheit und Verknappung von Spontaneität, Spannung und Befriedigung mit einem Überschuss und Überfluss an (Selbst-)Kontrollen, Routinen und Langeweile einhergeht, den Hintergrund der Entwicklung und des Erfolgs eines komplexen ‚hedonistischen' Angebotsspektrums der (Konsum-)Gesellschaft, zu dem auch Medienerzeugnisse wie die Pornografie und überhaupt (Erlebnis-)Konsumgüter gehören. In ihnen und an ihnen zeige sich auch etwas typischerweise „bitter Vermißtes" (Lautmann und Schetsche 1990, S. 109), nämlich jene im Gang der Zivilisationsgeschichte entzogene, verdrängte, sozusagen wegrationalisierte ‚Sinnlichkeit'.

> Mit der Zunahme des pornografischen Konsums reagieren die Menschen auf die fortschreitende Entsinnlichung ihrer Lebensvollzüge. Eine umfassende Rationalisierung hat die Berufstätigkeit ebenso wie die ‚Freizeit' ergriffen. [...] In das Defizit an Unmittelbarkeit strömen Tätigkeiten ein, die vielleicht bloß Surrogate sind, aber die Gefühle verflüssigen. [...] Bescheiden interpretiert wird damit bloß ein sensorisches Vakuum ausgeglichen (Lautmann/Schetsche 1990, S. 109).

Den hier ins Auge gefassten Existenzbedingungen, die in den Sozialwissenschaften immer wieder als zentrale Charakteristika des modernen Daseins und Menschseins beschrieben worden sind (vgl. z. B. Gehlen 1957, S. 23 ff.), begegnen Medienerzeugnisse wie die Pornografie oder auch die Werbung/Werbungserotik mit besonderen Inszenierungen und „Erfahrungen zweiter Hand" (Gehlen 1957, S. 47 ff.). Sie setzen mit oder ohne besondere Sinngehalte auf Formen von ‚Sinnlichkeit', auf visuelle und akustische Sinn-, Zeichen- und Reiz-Welten, die im Extremfall der Pornografie eine Art ‚Reich der Sinne' bilden. Diese Welten sind in ihrer mehr oder weniger fantastischen Irrationalität spezifisch rational, nämlich strategisch geplant, entworfen, produziert, inszeniert, und zugleich Abkömmlinge, Symptome und Kompensative der Zivilisation bzw. einer bestimmten Zivilisation.

In der Richtung dieser Sicht der Dinge argumentiert auch und schon Elias im Rahmen seiner Zivilisationstheorie. Er bezieht sich auch direkt auf (Unterhaltungs-) Medienprodukte und deutet sie als Symptome, symptomatische Verschiebungen und Ersatzbefriedigungsangebote unter den zum Selbstzwang zwingenden Bedingungen der (modernen) Gesellschaft. Der in sozialen Differenzierungs- und Verflechtungsprozessen zivilisierte(re) Mensch, der im Denken, Fühlen und Handeln der praktischen Rationalität/Rationalisierung seiner Gesellschaft entspricht, erscheint als spezifisch sinn- und erlebnisbedürftig und damit als eine Art Resonanzboden entsprechender kultureller Angebote.

> Aber wie er nun stärker als früher durch seine funktionelle Abhängigkeit von der Tätigkeit einer immer größeren Zahl von Menschen gebunden ist, so ist er auch in seinem Verhalten, in der Chance zur unmittelbaren Befriedigung seiner Neigungen und Triebe unvergleichlich viel beschränkter als früher. Das Leben wird in gewissem Sinne gefahrloser, aber auch affekt- oder lustloser, mindestens, was die unmittelbare Äußerung des Lustverlangens angeht; und man schafft sich für das, was im Alltag fehlt, im Traum, in Büchern und Bildern Ersatz: so beginnt der Adel auf dem Wege der Verhöflichung Ritterromane zu lesen, so sieht der Bürger Gewalttat und Liebesleidenschaft im Film (Elias 1980, Bd. 2, S. 320).

Affektbezogene/,triebbezogene' und affektbesetzte Medienerzeugnisse besitzen demnach eine zivilisierte bzw. relativ zivilisierte Rationalität und können als Funktionen historischer Zivilisations- und Rationalisierungsprozesse verstanden werden, in denen und mit denen sich allerdings auch die (irrationalen) Affekte selbst ändern und gleichsam symptomatisch äußern. Die Zivilisation erzeugt und erzieht mit anderen Worten auch ,Sinnlichkeit', *ihre* ,Sinnlichkeit'. Rationalisierung heißt hier aber gleichzeitig, dass Affektivität/,Sinnlichkeit' dem Sozialen und dem Psychischen *entzogen*, von ihm *abgezogen* wird. Das Maß an Rationalisierung, ihre historisch und sozial differenzierte Graduierung ist damit zwar nicht mit Frustration, Entfremdung und Langeweile gleichzusetzen, aber wie erfolgreich Zivilisierung auch immer verlaufen mag: Rationalisierung bringt immer auch (Affekt-)Frustration, Entfremdung und Langeweile mit sich.

Auch neuere Zeitdiagnosen, die sich eher als Elias auf die ,Gegenwartsgesellschaft' beziehen, gehen vielfach in diese zivilisationstheoretische Deutungsrichtung und attestieren dem modernen Alltagsleben eine tendenziell affekt- und lustlose Rationalität, die neben und mit einem entsprechend symptomatischen ,Überbau' von Kulturprodukten regelrechte Suchen nach Fluchtmöglichkeiten und Fluchthelfern hervorruft. Cohen und Taylor sehen sogar eine soziale (moderne) „Welt fliehender Menschen. Periodisch oder permanent unzufrieden mit dem Bild der Alltagsrealität, die ihr Bewußtsein beherrscht, suchen sie emsig nach Wegen, diese Realität zu ignorieren, zu verzerren oder in Frage zu stellen" (Cohen/Taylor 1980, S. 193). Charakteristika dieses ,Unbehagens' und Motive entsprechender „kleiner Fluchten" und „Ausbruchsversuche" sind für Cohen und Taylor vor allem jene Gefühle, die sich als zivilisationsbedingt oder zivilisationsinduziert beschreiben lassen: das „furchtbare Gefühl der Entfremdung" und die „widerwärtige Langeweile" (Cohen/Taylor 1980, S. 193).

Die Wandlungen der Gesellschaft und der Kultur sind in den letzten Jahrzehnten zweifellos dynamisch fortgeschritten, jedoch scheinen sich diese Gefühlslagen als Charakteristika von jedermanns ‚Alltagsbewusstsein' und als kulturelle Resonanzböden bis heute erhalten oder noch verschärft zu haben. Auch wenn die weit ins vorige Jahrhundert zurückreichende Entwicklung der Freizeit- und Konsumgesellschaft/Erlebnisgesellschaft – mit dem Schlüsselthema ‚Sex' – heute weiter denn je fortgeschritten ist, die Last und der Wert der Arbeit für weite Bevölkerungskreise stark abgenommen hat und die ‚Zivilisation' allgemein durch unübersehbare ‚Liberalisierungen' und ‚Informalisierungen' geprägt ist, haben die jedermanns Alltagsleben und Psyche prägenden ‚Zwänge zum Selbstzwang' in vielen gesellschaftlichen Bereichen und Hinsichten (auch ‚freizeitlichen') im Grunde nicht nachgelassen. Und auch „was die unmittelbare Äußerung des Lustverlangens angeht", haben sich alte Zwänge fortgesetzt und sind neue aufgebaut worden. Besonders bemerkenswert ist in diesem Zusammenhang die *Gleichzeitigkeit* einer oberflächlichen Erotisierung/Sexualisierung vieler (Medien-)Diskurse und alltäglicher Kulturbereiche in Verbindung mit ‚Liberalisierungen' bis hin zur Obszönisierung einerseits und einer verstärkten sozialen Reglementierung, Kontrolle und Disziplinierung des Erotischen/Sexuellen und auch der entsprechenden Diskurse andererseits. Hier hat sich im Laufe des letzten Jahrhunderts und verstärkt in den letzten Jahrzehnten im Zuge der Wandlung von Macht- und Kulturverhältnissen gerade auch zwischen den Geschlechtsklassen viel auch zivilisatorisch Signifikantes ereignet und geändert. Ein Blick zurück auf bereits historische Überlegungen David Riesmans (1958, S. 161) zu dem „letzten Abenteuer" Sexualität ist diesbezüglich aufschlussreich. Riesman bemerkte vor fast 80 Jahren:

> Gewiß werden die Frauen auch heute noch ihre weiblichen Reize spielen lassen, wenn es darum geht, sich eine Stellung in Bereichen zu erobern, die männlicher Aufsicht und Verwaltung unterstehen. Eine solche Taktik können sie aber meist nur in Betrieben anwenden, wo noch Wettbewerb im alten Sinne herrscht, also wohl kaum in den völlig durchorganisierten bürokratisch beherrschten Großunternehmen. Bis vor kurzem wurden die Theater und die Filmindustrie noch von ‚homines novi' kontrolliert, die uns an jene englischen Fabrikbesitzer zu Anfang des 19. Jahrhunderts erinnern, die vor der staatlichen Reformgesetzgebung *(Factory Acts)* ihre Haremsgelüste in den eigenen Fabriken befriedigten. In der Untersuchung von Warner, Havighurst und Loeb ‚Who Shall Be Educated' wird beschrieben, wie Lehrerinnen in den verhältnismäßig unbürokratischen Hierarchien der provinziellen Schulbehörden ihren Weg nach oben durch Schäferstündchen mit ihren Chefs machen. Aber das sind Ausnahmefälle. Im allgemeinen verbindet sich in der außen-geleiteten Epoche die Suche nach dem Erlebnis- und Erfahrungsgehalt der Liebe nicht mehr mit einem darüber hinausgehenden Zweck (Riesman 1958, S. 161).

Man kann schon mit Riesman von einer fortgeschrittenen und weiter fortschreitenden Zivilisierung, Ausdifferenzierung und Demokratisierung des Erotischen und Sexuellen im Zuge von gesellschaftlichen Rationalisierungsprozessen (formaler Organisation) sprechen und davon, dass es als Selbstzweck und ‚Erlebnisthema' des (Er-)Lebens aufgewertet und wiederum im Sinne einer Art Rationalisierung umdefiniert worden ist. Dieser Prozess hat sich in der jüngeren Vergangenheit offenbar noch schubartig verstärkt ('Political Correctness', 'Me Too' usw.). Bereits Mitte des vorigen Jahrhunderts konstatiert Riesman im historischen Rückblick aber auch, dass Sexualität im Zuge ihrer Liberalisierung und Demokratisierung unter den Druck eines „ängstlichen Wettbewerbsstrebens" geraten ist, „mit viel zu schwerem seelischem Gewicht belastet" und zu einer „angstvollen Angelegenheit" wurde (Riesman 1958, S. 161). In Verbindung mit der sich gleichzeitig vollziehenden disziplinarischen Rahmung des Erotischen und Sexuellen hat sich demnach die ganze Wirklichkeit und Rationalität dieses Kernbereichs der modernen Eventkultur gewandelt. Auch dies ist ein Hintergrund und Untergrund der verschiedensten (medien-)kulturellen Foren und auch von kulturellen 'Fluchtversuchen' und Erlebnissuchen des Individuums, die in viele Richtungen seiner Gesellschaft führen können.

Die modernen Wandlungen der Gesellschaft, der Kultur und ihrer Menschen haben auch eine Art Gesellschaft hervorgebracht, die Gefühlslagen, Bedürfnislagen und Problemlagen jedermanns und bestimmter sozialer Milieus aufgreift, bearbeitet, verarbeitet und erzeugt: die Konsumgesellschaft bzw. Erlebnis(konsum)gesellschaft. Mit ihr hat sich eine spezifische Rationalisierung entfaltet bzw. eine Form von Rationalität entwickelt, zu der auch ein spezifisch rationalisierter/rationaler Akteur gehört: die „Erlebnisrationalität". Gerhard Schulze versteht darunter eine Weltanschauung des zeitgenössischen jedermann und hat dabei nicht zuletzt Sexualität als ein „Erlebnisprojekt" im Auge.

> Unsere Sozialwelt ist durchdrungen von der Denkfigur der Erlebnisrationalität. Dabei versucht man, das Äußere für das Innere zu instrumentalisieren. Innen, im Zielgebiet, sind Erlebnisprojekte definiert – Erregung, Lust, Ekstase, Orgasmus, Superorgasmus, viele Superorgasmen. Außen agiert der sich selbst manipulierende Mensch als kompetenter Arrangeur von erlebnisproduzierenden situativen Auslösern, vom Intimschmuck bis zum Kondomsortiment, vom Zubehör für die Diversifikationen des Spartensex bis zur Potenzpille. Zum situativen Auslöser gehört auch der Partner. Die erlebnisrationale Sichtweise deutet die ganze Welt als Selbstbefriedigungsgerät. Der Intimbereich wird derselben Logik unterworfen wie das Reisen, das Essen, das Wohnen, das Leben in seiner Gesamtheit (Schulze 1999, S. 35).

Erlebnisrationalität und Erlebnisprojekte deuten auch auf die 'Unlust' und das 'Unbehagen' der fortgeschrittenen modernen Zivilisation und die mit ihr verbundenen Sinn- und Glückssuchen der Individuen jenseits von Religion und Arbeit. 'Sex' erscheint dabei überhaupt und auch in jeder medialen und kommerziellen Form als Königsweg – auch als Königsweg der Überwindung von Fremdheit, Entfremdung und 'widerwärtiger Langeweile'. Ihr stellt sich natürlich die ganze Eventkultur als solche entgegen und verspricht Anregung, Erregung, Spannung, Spaß oder 'Action'[298] – psychophysische

---

298 „Action" nennt Goffman die mit dem freiwilligen und aktiven (z. B. gewinnspielerischen) Eingehen begrenzter Risiken verbundene lustvolle *Spannung* (vgl. 1971b, 164 ff.). Sie ergibt sich aus „Handlungen, die folgenreich und ungewiss sind und um ihrer selbst willen unternommen werden. [...] In solchen Au-

Befindlichkeiten, die das tendenziell in die Gegenrichtung rationalisierte, affektneutralisierte Alltagsleben bzw. das alltägliche Berufs- und/oder Privatleben chronisch ermangelt. Hier geht es also um die Ökonomie und die Rationalität einer besonderen (Selbst-)Befriedigung, der sich eine ganze Gesellschaft, Kultur und Wirtschaft mit Angeboten zur Verfügung stellt und andient. Die Milderung oder Verbannung jener ‚furchtbaren Gefühle‘ der Entfremdung und der Langeweile scheint damit (durch das sich ständig erneuernde, erweiternde und differenzierende Angebot der Konsumgesellschaft/Erlebnisgesellschaft) garantiert zu sein. Allerdings gibt es in diesem Zusammenhang auch individuelle und sogar kollektive Ermüdungs- und Verschleißtendenzen. So hat die spezifisch erlebnisrationale Porno-Kultur mittlerweile nicht nur mit der Langeweile in ihrer gesellschaftlichen ‚Umwelt‘, sondern auch mit einem immanenten Langeweileproblem zu tun und zu kämpfen (vgl. Lewandowski 2012, S. 261 ff.; Schulze 1999, S. 31 ff.).

Zu den bemerkenswerten Eigentümlichkeiten und Trends der fortgeschrittenen Moderne und Zivilisation gehören damit auch gewisse Irrationalitäten und Irrationalisierungen. Eine Art Gegensatz und Gegenbewegung zur ‚klassischen‘ Rationalisierung und affektiven Neutralisierung/Entsinnlichung in dem obigen Sinne ist die (dauer-) „erregte Gesellschaft" (Christoph Türcke), die gleichsam in der Eventkultur/Erlebnisgesellschaft steckt. Sie tendiert zur Evokation und Forcierung von Gefühlen und Affekten und nicht zuletzt zur erotisch-sexuellen ‚Sinnlichkeit‘ und ‚Versinnlichung‘. Im Kontext dieser Entwicklung stehen in einschlägiger Hinsicht sicherlich auch Medienerzeugnisse wie die Pornografie und die Werbung/Werbungserotik, der ‚versinnlichte‘ Stile und Requisiten der symbolischen Interaktionsordnung korrespondieren[299].

Aus den (Selbst-)Zwängen und Offerten der Gesellschaft und der Zivilisation ergibt sich hier also eine gewisse Ambivalenz oder auch Hybridisierung zwischen Entsinnlichung und Versinnlichung. Dem entsprechen die Verhältnisse auf der Ebene der Kognitionen, der Vorstellungen, der Gedanken und Deutungen. Neben der oder auch gegen die ‚Vernunft‘, die ‚praktische Rationalität‘, die ‚Nüchternheit‘ und ‚Stumpfheit‘ der Alltagswelt, die im Zeichen wissenschaftlich-technischer, ‚instrumenteller‘ und (groß-) organisatorischer Strukturen steht, können ganze andere, mehr oder weniger fantastische, utopische, imaginäre Parallelwelten sich entfalten, sich auswirken und durchdringen. Hier sind Medienerzeugnisse wie die der Pornografie oder auch der Werbung nicht nur Faktoren der Stimulation, der Affizierung und Emotionalisierung, sondern auch Sinn- und Fantasiegeneratoren, Faktoren der Fantasieaufladung und insofern der Irrationalisierung.

Zu vermuten ist, dass damit gerade der Bereich des Erotischen und Sexuellen, der so sehr Gegenstand diverser wissenschaftlich-technologischer, medizinischer, psychologischer und pädagogischer ‚Aufklärung‘, Entmystifikation, Entzauberung und rationaler

---

genblicken wird meist ein besonderer affektiver Zustand hergestellt, der sich in Form von Erregung darstellt" (Goffman 1971b, S. 203). Diese Befindlichkeit ist gerade auch in Kontexten sexueller ‚Unanständigkeit‘ zu erwarten, und ein mögliches Partizipationsmotiv.

299 Dazu gehören auch die verschiedenen Bereiche der Kleidermode (siehe oben).

Indoktrination war und ist, Wirkungs- und Zielgebiet eigentümlicher (Wieder-)Verzauberung und Mystifikation wurde und wird. Pornografie und Werbung tragen jedenfalls gleichsam arbeitsteilig dazu bei, dass Erotik und Sexualität nicht nur kontinuierlich und intensiv ‚im Gespräch' und im Bewusstsein jedermanns und jederfraus bleiben, sondern den Charakter des faszinierend Geheimnisvollen und zugleich höchst Sinnvollen und Wertvollen behalten und gewinnen. Auch die Pornografie, die in ihrer radikalen Obszönität scheinbar alle Dunkelheiten, Unklarheiten und Geheimnisse der Welt des Sexuellen aus der Welt schafft, ist in diesem Sinne wirkungsvoll.

Den historischen ‚Wenden', die mit Begriffen wie Freizeit- und Konsumgesellschaft, Erlebnisgesellschaft, Eventkultur oder Mediengesellschaft belegt sind, entsprechen also auch Rationalisierungswenden, Rationalitätswenden und Mentalitätswenden bzw. Tendenzen zu spezifisch Irrationalem. Damit zeichnen sich im Leben der Individuen wie im Alltagsleben der Gesellschaft auch eigentümliche Widersprüche, Spannungsverhältnisse, Kosten, Risiken und Frustrationen ab, die zumindest teilweise der Verarbeitung und Kompensation bedürfen. In dieser von ihr selbst mitbedingten, mitbewirkten oder verschärften Situation bietet sich wiederum die ganze Freizeit- und (Erlebnis-)Konsumgesellschaft an – mit der Werbung als Informantin, Illusionistin, Propagandistin und Erzieherin und mit der Pornografie als einschlägiger (Über-)Versorgerin und Helferin in der Not, die den Konsument/-innen jederzeit zu Diensten steht.

7.6 Medialisierung

Medialisierung (oder: Mediatisierung) ist ein gesellschaftlich umfassender, vielseitiger und vielschichtiger Prozess, der in den allgemeinen Gang der Gesellschaftsgeschichte eingebettet ist, mindestens mit der Modernisierungsgeschichte der Gesellschaft zusammenfällt und sich in den vergangenen Jahrzehnten dynamisch beschleunigt hat. Die hier thematisierten Medien und Medienbereiche und mit ihnen ihre Konstruktionen von Geschlecht(ern) und Geschlechtlichkeit stehen im Kontext dieses Prozesses. Sie werden vom seinerseits historisch voraussetzungsvollen Gesamtzusammenhang der Medialisierung bedingt oder bestimmt, sind Teile, Komponenten oder Funktionen dieses Prozesses, haben in ihm aber auch eine eigenständige Bedeutung und Bedeutsamkeit.

Im Folgenden möchte ich einige diesbezüglich grundlegende Aspekte unterscheiden und untersuchen.

7.6.1 Medialisierung und Zivilisierung

Der Prozess der Zivilisation – und auch der Prozess der Rationalisierung – ist in einer wesentlichen Dimension ein Technisierungs- und Technologisierungsprozess, der schließlich in unser ‚Zeitalter' geführt und dieses ‚Zeitalter' immer mehr geprägt hat. Arnold Gehlen (1957) hat es mit Recht das „technische" genannt. Mehr denn je kann man heute von einer Technisierung vieler, wenn nicht *aller* gesellschaftlichen Felder (‚Subsysteme') sprechen und auch von einer „ungeheuren Technisierung des Alltags" (Schwietring 2009a, S. 259), und mehr denn je sind heute die menschlichen Beziehungen und die Menschen (Psychen, Habitus) selbst von Techniken und Technisierungen bedingt und geprägt. Auch die „Seele", mit der man es heute und schon lange zu tun hat, ist die „Seele im technischen Zeitalter" (Gehlen 1957).

Dieses Zeitalter ist auch das ‚Medienzeitalter'. Der Prozess der Technisierung und Technologisierung ist auch ein Prozess der Medientechnisierung und Medientechnologisierung. Dies gilt besonders für den hier fokussierten Bereich der Massenmedien, die und deren Entwicklung zentrale ‚infrastrukturelle' Grundlagen der modernen Wirklichkeit überhaupt gebildet haben und bilden (vgl. Luhmann 1996; Schwietring 2009a; Kautt 2008). Die Arbeitsweise der entsprechenden Technologien „strukturiert und begrenzt das, was als Massenkommunikation möglich ist. Das muß in jeder Theorie der Massenmedien beachtet werden" (Luhmann 1996, S. 13) und betrifft natürlich auch, was als Werbung oder Pornografie möglich ist. Beide Medienbereiche sind heute technologieverdankt polymorpher und expansiver denn je, so dass man schon insofern mit einem gewissen Recht von einer sozio-kulturell implikations- und folgenreichen Verwerblichung und Pornografisierung der Gesellschaft sprechen kann.

Beachtet werden muss auch, dass die Medientechnologie den *Mediengebrauch und die Mediennutzung* begrenzt und strukturiert oder auch, wie im Fall des Internets, erweitert oder entgrenzt. So entstehen mit dem Videorecorder oder dem Computer nicht nur neue Rahmen der medialen Inszenierung, Performanz und Kommunikation, sondern auch neue Rahmen, Praxen und Praktiken des Mediengebrauchs, und zwar abhängig von Medieninhalten (vgl. Eckert u. a. 1990; Lewandowski 2012, S. 95 ff.). Grundsätzlich wird man behaupten können, dass die (medien-)technologische Entwicklung mit einer zunehmenden Subjektivierung, Freisetzung und Individualisierung der Rezipierenden/Konsumierenden einhergeht und der Mediengebrauch damit je nach der Art des Medieninhalts einen verführerischen Charakter mit „Suchtpotenzial" haben kann (Lewandowski 2012, S. 97). So weist Lewandowski im Kontext seiner Pornografiestudien darauf hin, dass der technologische Sprung und Schub des Internets (ähnlich wie vorher die Erfindung und Verbreitung des Videorecorders) auch einen spezifischen Subjektivierungs-, Freisetzungs- und Individualisierungsschub der Pornokonsument/-innen und Pornonutzer/-innen mit sich gebracht hat (vgl. Lewandowski 2012, S. 95 ff.).

> Das Medium Internet verändert die Möglichkeiten des Pornografiegebrauchs insofern, als es zuvor gegebene Beschränkungen des Zugangs zu pornografischem Material unterläuft. Pornografie wird durch das Internet tendenziell jederzeit, für jede Person und an jedem Ort verfügbar. Grenzen sozialräumlicher und zeitlicher Art werden nahezu aufgehoben. Die Zugangsschranken sinken ebenso wie der Aufwand, sich pornografisches Material zu beschaffen. Im Gegensatz zu anderen Distributionswegen ermöglicht das Internet nicht nur einen weitgehend anonymen, sondern auch einen unmittelbaren Zugang zu pornografischem Material, ohne dass die eigenen Privaträume verlassen werden müssen. Im Hinblick auf den erleichterten Zugang zu pornografischem Material wirkt das Internet zumindest insofern entstigmatisierend, als es das Management des Stigmas ‚Pornografiegebrauch' enorm erleichtert. Die Gefahr, beobachtet zu werden, verschwindet (Lewandowski 2012, S. 95).

Es zeigt sich also, dass die (neuartige) Medientechnologie nicht nur die Medienkommunikation und die entsprechende (Medien-)Theatralität unterschiedlich limitiert und strukturiert, sondern auch die ‚Pragmatik' der Rezeption bzw. des Konsums von Medienerzeugnissen. In jedem Fall kam und kommt es im Zuge der medientechnologischen Entwicklung zu einer (quantitativen) Expansion und Inflation von Medienprodukten, Medienkommunikationen und Medienrezeptionen – eine Tatsache, die für sich genommen nicht weniger als eine signifikante Verschiebung in der Architektur der ‚gesellschaftlichen Konstruktion der Wirklichkeit' bedeutet.

Der historische Massenmedialisierungsprozess, in dessen Rahmen die hier fokussierten empirischen Materialien stehen, ist auch ein struktureller und kultureller Prozess, der mit der Ausdifferenzierung und Entwicklung verschiedener (medien-)kultureller Bereiche/Sphären einhergeht. Luhmann unterscheidet in seiner Untersuchung der „Realität der Massenmedien" die Bereiche Nachrichten/Berichte, Unterhaltung und Werbung (Luhmann 1996, S. 13). Werbung stellt demnach gleichsam eine Provinz der ‚Realität der Massenmedien' dar, wohingegen Pornografie (im Gegensatz zur Werbung) nur einen medialen Teilbereich oder ein Segment bildet: des Bereichs der Unterhaltung. Allerdings zeigt sich hier auch, dass die Entwicklung der Medien und (Massen-)Medienbereiche in sich sehr heterogen und nur schwer von anderen gesellschaftlichen und kulturellen Bereichen, Systemen oder Feldern zu trennen ist. Nachbarschaften, Verquickungen und Überschneidungen, vor allem mit der Wirtschaft, mit Märkten und mit der Konsumkultur, sind offensichtlich. So ist Pornografie eine kommerzielle Konsumsphäre und eine Art Konsumgut unter anderem, und Werbung fungiert gleichsam als Überbau der Konsumkultur, ragt aber auch weit darüber hinaus und spielt in den Bezugsrahmen aller sozialen Felder und der ‚Gesamtgesellschaft' eine herausragende Rolle.

(Massen-)Medien und Medienkulturen bzw. medienkommunikative Gattungen aller Art sind offensichtlich gesellschaftlich, kulturell und psychisch/habituell voraussetzungsvoll und scheinen zugleich zumindest potenziell geeignet zu sein, das Bewusstsein, die Mentalität und überhaupt den psychischen ‚Haushalt' ihrer Rezipient/-innen zu beeinflussen, zu informieren und zu ‚bilden'. Gerade von omnipräsenten, massenhaft und permanent laufenden Medienproduktfeldern wie der Werbung, der Unterhaltung (samt Pornografie) oder auch der Berichterstattung/Nachrichten ist zu erwarten, dass sie sowohl als kulturelle Foren wie als kulturelle Faktoren fungieren, die bei entsprechend angeschlossenen und anschlussfähigen (disponierten) Publika Irritationen, Lernprozesse und ‚Imprägnierungen' des Bewusstseins, der Gedanken- und Gefühlswelt nach sich ziehen. Andererseits ist davon auszugehen, dass Medienpublika jedenfalls unter Marktbedingungen nicht nur Zielgebiete, Wirkgebiete und Adressaten, sondern auch gleichsam Autoritäten der Medienkulturproduktion sind und den Medien und Medienkulturprodukten nicht nur als Empfänger oder Resonanzböden, sondern auch als Subjekte und Akteur/-innen gegenüberstehen. Die diesbezüglichen Medien-Theorien sind allerdings alles andere als homogen, einstimmig oder konvergent. Immerhin wird man vor ihrem Hintergrund von der Zweiseitigkeit der betreffenden Realität, von einer objektiven und einer eher subjektiven Seite und einer entsprechenden zivilisatorischen Bedeutung ausgehen können.

Auf der objektiven Seite existiert die (gewordene) Realität der (Massen-)Medien als ein Zusammenhang von generativen Bedingungen und Generatoren, von Technologien, Apparaten, Organisationen, Spezialist/-innen usw., die in den besagten Bereichen Kultur hervorbringen und sich an Publika richten und ausrichten. Worin auch immer diese Kultur besteht, in Journalismus, Werbung, ‚hochkultureller‘ Unterhaltung oder etwa Pornografie, sie ist eine Vorgabe von Wirklichkeit und für die Wirklichkeit derer, die sie ab- und annehmen. So stellt Niklas Luhmann (1996, S. 9) treffend fest: „Was wir über unsere Gesellschaft, ja über die Welt, in der wir leben, wissen, wissen wir durch die Massenmedien." Und: „Man wird alles Wissen mit dem Vorzeichen des Bezweifelbaren versehen – und trotzdem darauf aufbauen, daran anschließen müssen" (Luhmann 1996, S. 9 f.). Luhmann bewegt sich damit ganz in der Denkrichtung seines Lehrers Arnold Gehlen, der ebenfalls von Massenmedien sprach und ihnen – und speziell der „Informationsindustrie" (Gehlen 1957, S. 49) – eine realitätssubstitutive und realitätskonstruktive Funktion zusprach. Massenmedien erzeugen demnach in jedem Fall „‚Erfahrung zweiter Hand'" (Gehlen 1957, S. 49), die aufgrund objektiver ‚Betriebsbedingungen‘ bzw. „Betriebsregeln" (Gehlen) Gestalt annehmen. Dabei macht es keinen prinzipiellen Unterschied, ob es sich um Journalismus, Werbung oder Pornografie handelt. Auch sie bietet in ihrem Relevanzbereich ‚Erfahrung zweiter Hand‘ und kann damit Leerstellen des Wissens und der Wirklichkeit füllen oder in vorhandenes Wissen eindringen. In jedem Fall entfernt sich die jeweilige Medienkultur von der ‚Erfahrung erster Hand‘ und von der Praxis und Wirklichkeit ‚erster Ordnung‘, um nach einer je eigenen Gesetzmäßigkeit je eigene Wirklichkeit und Erfahrung hervorzubringen.

Es spricht also viel dafür, dass man es hier „mit einem Effekt der funktionalen Differenzierung der modernen Gesellschaft zu tun" hat (Luhmann 1996, S. 10) und es sich bei den Massenmedien um eine kosmologische Einrichtung der Gesellschaft handelt, die sich über und durch die ganze Gesellschaft zieht. Ihre kulturelle und zivilisatorische Wirklichkeit und ihre Wirksamkeit bestehen offenbar nicht nur darin, ‚Erfahrung zweiter Hand‘ zu generieren, sondern auch bestimmte Sichten und Ansichten, Perspektiven, (Welt-)Anschauungen, ‚Blicke‘ zu (re-)präsentieren und zu vermitteln. Die Kommunikationen der Massenmedien, ihre Bilder- und Diskursströme bergen (und verbergen) mit anderen Worten immer auch Formen tieferen Sinns, der dem Publikum implizit und unbewusst mitvermittelt wird. Dies geschieht in jedem Bereich und je nach Bereich, dessen performativer Gesamtzusammenhang jeweils als eine Art Weltbild zu lesen ist und aus dem jeweils für das Publikum oder Teile des Publikums eine Art Weltbild resultieren kann.

Ein Beispiel dafür ist der Journalismus, dessen Diskurs- und Bilderströmen Bourdieu (1998) in seinen Untersuchungen „Über das Fernsehen" attestiert, ein bestimmtes latentes Bild von der Welt zu generieren und zu regenerieren: (Welt-)Geschichte als „eine Abfolge scheinbar absurder Geschichten, die sich schließlich alle ähneln" (Bourdieu 1998, S. 236). Massenmedien und ihre Bereiche und bereichsspezifisch spezialisierten Akteur/-innen, seien es Journalisten, Werber oder Unterhalter/Pornografen, erscheinen, mit der dieser Deutung zugrundeliegenden ‚Brille' betrachtet, auch als kosmologisch und zivilisatorisch relevante Tatsachen, hinter deren Tun weniger subjektive Beweggründe oder gar böse Absichten als objektive Figurationen stehen. So sieht Bourdieu hinter der im journalistischen Feld verallgemeinerten „Jagd nach dem Sensationellen, dem Spektakulären, dem Ungewöhnlichen" und der Tendenz, die „Erwartungen des anspruchslosesten Publikums" zu erfüllen (Bourdieu 1998, S. 72), die Gesetzmäßigkeiten des Marktes, der Vermarktlichung und des sich verschärfenden Konkurrenzkampfes. Journalistisches „Marketing" (Bourdieu 1998, S. 113) und eine entsprechende „Einschaltquotenmentalität" (Bourdieu 1998, S. 74) sind damit naheliegend oder unausweichlich und führen zu einer bestimmten Kulturproduktion bzw. zu einem Wandel von Kulturproduktion. So hat „sich tendenziell ein bestimmtes Konzept von Nachricht, wie es bislang der dem Sport oder Vermischten gewidmeten sogenannten Sensationspresse vorbehalten war, des gesamten journalistischen Feldes bemächtigt" (Bourdieu 1998, S. 235).

Parallelen zu den anderen Medienfeldern, Medienkulturbereichen und Medienkulturproduzent/-innen drängen sich hier auf und lassen sich leicht ziehen. Auch Werbung und Unterhaltung unterliegen den Gesetzmäßigkeiten des Marktes, der Vermarktlichung und des sich verschärfenden Konkurrenzkampfes mit einer entsprechenden Einschaltquotenmentalität auf der Seite der Kulturproduktion. Man könnte also von einer massenmedialen Superstruktur und Superkultur sprechen, die sich gegenüber der Ebene der Publika und der Psychen als eine manifeste und latente Wirklichkeitsmacht relativ verselbständigt hat und permanent auswirkt, sei es als kulturelle Bestätigung, Irritation oder Innovation. So präsentiert die massenmediale Werbung auf eine geradezu pädagogische Art und Weise eine Welt der stilisierten Images, der Image-Pflegen und Image-Pfleger/-innen – eine Welt, die eine Art kosmologisches Paradigma impliziert und an der sich jedermann und jedefrau ein Beispiel nehmen kann (vgl. Kautt 2008).

Mit dem objektiven System der Massenmedien, seinen Technologien und seinen Kulturbereichen, Kulturproduktionen und kulturellen Vorgaben und ‚Eingaben' ist eine Seite ihrer Realität und ihrer zivilisatorischen Bedeutung angesprochen. Andererseits ist dieses System mit seinen Effekten und ist die Realität der Medien überhaupt immer auch an sozial differenzierte Praxisbedingungen und psychische/habituelle Bedingungen auf der Seite der Medienpublika bzw. Mediennutzer gebunden, denen die jeweiligen Medienangebote als Nutzungsoptionen zur Verfügung stehen. Heutzutage ist man offensichtlich mehr denn je nicht nur Medien, Medienkommunikationen und Medienkulturen ausgesetzt und von Informationen, Nachrichten, Reizen, Botschaften, Bildern u. a. m. ‚überflutet'; man ist auch Subjekt und Akteur/-in der Selektion, der Wahl und des Gebrauchs von Medien und Medienerzeugnissen, die in historisch einmaliger Menge, Vielfalt und Praktikabilität verfügbar und brauchbar sind, aber auch Habitus (speziell ‚Medienkompetenz') voraussetzen. Die Praxis der Medienrezeption, des Medienkonsums und Mediengebrauchs ist also eine sowohl zivilisationsbezogene und zivilisatorische Praxis als auch eine zivilisierte Praxis mit Implikationen von Subjektivität und Subjektivierung, Individualität und Individualisierung.

Pornografie und Pornografiekonsum bzw. der Gebrauch von Pornografie stellt in diesem Zusammenhang einen zwar extremen, aber auch exemplarischen und symptomatischen Fall dar, der hier schon deswegen soziologisch signifikant und interessant erscheint, weil er nicht nur (aber auch) für ein manifestes und latentes ‚Weltbild‘ mit psychischem Prägepotenzial steht, sondern auch auf ein spezifisch interessiertes, wählendes, aktives, strategisch handelndes und motiviertes Individuum/Subjekt verweist. Es scheint in mancher Hinsicht typisch für eine Art und Subjektivität der Lebens- und Erlebensführung im Rahmen einer (Erlebnis-)Konsumgesellschaft, die fast alle Freiheiten lässt und verschafft, solange man zahlungsfähig und zurechnungsfähig ist. Der Fall des Pornokonsumenten deutet auch auf eine typisch zivilisierte Subjektivität, die Medientechniken und Medienkulturen im Sinne einer Art ‚Selbstsorge‘ oder ‚Selbsttechnik‘ (Foucault) nutzt und benutzt, die ein immer breiteres Spektrum von Unterhaltungs-, Emotions- und Gratifikationsoptionen in den Dienst eines individuellen Selbstmanagements, Emotionsmanagements, Bedürfnismanagements stellt.

Solche Handlungs-, Lebens- und Erlebensführung, z.B. durch den Konsum musikalischer, literarischer oder filmischer Produkte, findet in der heutigen Gesellschaft einmalig große Spielräume, Anregungen, Motive und Ressourcen. So kann jedermann auch eine auf sich selbst bezogene Psycho-Politik betreiben, die Bedürfnisse bzw. Affekte aller Art bedient und *sich* Bedürfnissen und Affekten bedient. Die (kommerzielle) Medienkultur ist dabei natürlich nur ein Angebotsfeld des aus einer Vielzahl von Teilmärkten bestehenden Supermarkts der Konsumgesellschaft. Sie erlaubt es, ja drängt und nötigt dazu, auf reichlich vorhandene, teils äquivalente, teils komplementäre Ressourcen verschiedener Art zurückzugreifen, die auf Märkten bzw. Erlebnismärkten angeboten werden: ‚Kultur‘, Musik, Drogen, Medikamente, Ernährung, Gastronomie, Therapie, Sport, Religion, Kunst, Politik, Protest, ‚Charity‘, Geselligkeit, Events, Tourismus etc.

Es geht hier also um den Habitus und die (Er-)Lebensführung eines spezifisch zivilisierten und damit auch subjektivierten, individualisierten und flexibilisierten Menschen – unter der Voraussetzung einer Gesellschaft, die diesem Menschentyp und *der* dieser Menschentyp entspricht. Er scheint nicht nur als Bedürfnis- und Gratifikations-Subjekt emanzipiert, sondern auch auf eine gesellschaftlich passende Disziplin aus- und abgerichtet zu sein, so dass er in einer Welt technischer Apparaturen selbst in einer grundlegenden Hinsicht einer technischen Apparatur gleicht oder jedenfalls mit ihr vergleichbar ist. Diese Apparatur ist eine fortgeschrittene und konsolidierte „Selbstzwangapparatur" (Elias), die alles andere als selbstverständlich ist, aber normalerweise im Modus der Selbstverständlichkeit fungiert und ein technisches und zugleich automatisches Verhältnis zu sich selbst bzw. zur eigenen Innenwelt und zu den Tatsachen der Gesellschaft ermöglicht. Auf dieser Basis ist „eine gleichsam flächendeckende Affektkontrolle [...] obsolet geworden. Was heute zählt, ist situationsangepasstes Emotionsmanagement, man könnte karikieren: das Ausschalten und Anschalten von Gefühlen. [...] An die Stelle genereller Affektkontrollen tritt das Erlernen von Trennregeln und Situationsdefinitionen" (Eckert u.a. 1990, S. 156 f.). Von ihnen lässt man sich lenken, und man lenkt sich durch sie hindurch und betreibt in den Spielräumen, die sich im Laufe des (täglichen) Lebens zeigen, mit dem eigenen „Seelenhaushalt" eine Art Innenpolitik und Haushaltspolitik. Hier geht es also um eine Verbindung von Selbst-Lenkung und ‚Außen-Lenkung', der die Vorstellung des Emotionsmanagements entspricht. In diesem Rahmen ist auch eine Politik der Affekte möglich – eine konsumgesellschaftlich bzw. *medien*konsumgesellschaftlich basierte Politik, die Affekte dadurch kontrolliert, dass sie sie nicht unterdrückt, verdrängt oder sublimiert, sondern im Gegenteil flexibel und selektiv bedient, anreizt, ausreizt und anheizt. Diese Politik bzw. dieses Emotionsmanagement setzt aber eben eine entsprechend fortgeschrittene und stabile Selbstzwangapparatur, eine habituelle Automatik der Selbstkontrolle/Affektkontrolle und eine systematische „Dämpfung" (Elias) der Affekte/‚Triebe' voraus.

Auf dieser habituellen Basis kann sich also auch eine Subjektivität und Existenz entwickeln und entfalten, die metaphorisch oder buchstäblich mit dem Manager (Roland Eckert) und dem Bastler (Ronald Hitzler: Bastelexistenz) verglichen werden kann. Dieser relativ charakterlose ‚Charakter', aber (deswegen) begabte ‚Charakterdarsteller' kann seine symbolischen Modelle, Ressourcen, handlungsrelevanten Informationen und Impulse wesentlich aus Medienkulturen aller Art beziehen, die ihn aber zugleich auch immer schon habituell prägen und vorgeprägt haben. Auch wenn diese Kulturen einen objektiven und übermächtigen Charakter haben und aufs Ganze der Gesellschaft gesehen tendenziell wirkmächtig sind und individuelle und kollektive Weltanschauungen nach sich ziehen, sind sie für das individuelle Subjekt bzw. das subjektivierte Individuum im Prinzip auflösbar, dekonstruierbar, manipulierbar und ebenso eigensinnig wie eigenwillig brauchbar. Dem Begriff des Emotionsmanagements oder Emotionsmanagers könnte man also den des Kognitionsmanagements oder Kognitionsmanagers an die Seite stellen, um sowohl eine objektiven (System-)Bedingungen angepasste Urteils- und Handlungsfähigkeit wie eine Subjektivität zu bezeichnen, vorhandene kulturelle/symbolische Tatsachen und Ressourcen im eigenen Sinne und Interesse zu interpretieren, zu instrumentieren und zu gestalten.

Allerdings sind dieser individuellen Subjektivität (subjektiven Individualität) Grenzen nicht nur durch die objektiven sozialen und kulturellen Tatsachen der Gesellschaft gesetzt, sondern auch durch objektive Tatsachen der Subjektivität selbst. Der eigensinnige, eigenwillige, ‚politische', flexible, aktive und kreative Mensch, der auch zur ‚Nervosität' und zur Erschöpfung (das „erschöpfte Selbst") neigt, eben weil er dieser Mensch ist, ist nicht nur auf das Fundament einer habituellen Selbstzwangapparatur gebaut und auf die objektive (Konsum-)Kultur seiner Gesellschaft verwiesen, sondern auch anderweitig bedingt, geprägt und damit prägbar: durch soziale/kulturelle Herkünfte und Zugehörigkeiten, durch ‚Kategorien' wie Schicht/Milieu, Ethnie, Subkultur, Lebensalter, Generation, Bildung usw.

Eine besondere und historisch relativ kontinuierliche Rolle scheint in diesem Zusammenhang das Geschlecht zu spielen. Die Praxis des Medien-Konsums bzw. des Gebrauchs von Medien-Konsumobjekten ist in ihren Voraussetzungen, Verläufen und Effekten offenbar bis heute keineswegs völlig ‚geschlechtsneutral', sondern variiert z.B. hinsichtlich der Präferenz für bestimmte Medienproduktklassen tendenziell mit dem Geschlecht. Die geschlechtstypische/männliche Vorliebe für Porno-Produkte oder bestimmte Sportberichtssendungen (und die entsprechende geschlechtstypische/weibliche Abneigung dagegen) oder die geschlechtstypische/weibliche Vorliebe für ‚Seifenopern‘ oder ‚Liebesfilme‘ (und die entsprechende geschlechtstypische/typisch männliche Abneigung dagegen) sind Beispiele dafür. Man hat es hier also auch mit einer Art von ‚paralleler Organisation‘ (Goffman) des Konsums bzw. Medienkonsums zu tun – eine Organisation, die auf Habitusdifferenzen verweist, die zivilisatorisch signifikant, voraussetzungsvoll und wirkungsvoll sind.

7.6.2 Visualisierung und Korporalisierung

Als Medienrealität war die Realität der Gesellschaft über weite Strecken auch noch der jüngeren Gesellschaftsgeschichte, abhängig von ihren jeweils zugrundeliegenden technischen/technologischen Rahmen, eine hauptsächlich *sprachliche* Wirklichkeit, eine Wirklichkeit der Sprache und des Sprechens, der Reden, Gespräche und Texte, der Semantiken und Diskurse. Ein grundlegender und folgenreicher Wandel im ganzen kommunikativen Haushalt der Gesellschaft und auch in der kommunikativen Haushaltsführung der Akteur/-innen ergibt sich aus der Entwicklung und dem praktischen Erfolg der *Bild*medien. Mit ihnen und dem ‚System der Massenmedien‘ geht nicht weniger als ein genereller gesellschaftlicher Aufstieg des Bildes und der Bildlichkeit einher, der in vielen Feldern und in vielerlei Hinsicht von großer sozialer/kultureller Bedeutung war und ist. Dieser Aufstieg zeigt sich unter anderem darin, dass Themen und ‚Botschaften‘ mehr als früher und heute mehr denn je visualisiert und auf Visualität abgestimmt werden müssen. Nicht zuletzt müssen sich Menschen (beiderlei Geschlechts) und soziale Systeme aller Art[300] überhaupt erst oder stärker als früher darauf einstellen, dass sie (oft primär oder ausschließlich) als Bilder gesehen, behandelt und gehandelt werden, und sie müssen sich auch entsprechend zeigen bzw. darstellen, präsentieren und d. h. in ihrem sozial informativen Ausdruck kontrollieren. Visualität wird im Zuge der medientechnologischen und mediensystemischen Entwicklung und ihres sozialen Durchdringens „zu einem gesellschaftlichen Leitmedium und einer normativen Erwartung [...]. Was nicht visualisiert wird bzw. nicht visualisierbar ist, hat auf dem Markt der Aufmerksamkeit nur geringe Chancen" (Lewandowski 2012, S. 223; vgl. auch Kautt 2008).

Im Zuge dieser Entwicklung gewinnen alle sozial signifikanten ‚Äußerlichkeiten‘ aller gesellschaftlichen Systemtypen – von der Person bis zur (Groß-)Organisation – an Bedeutsamkeit und Bedeutungskomplexität. Dies gilt auch und besonders für den sichtbaren und visualisierbaren Körper (Korporalität) und mit ihm für alle mit ihm verbundenen Bedeutungen, Wirklichkeitsaspekte und Werte, insbesondere den Wert der Attraktivität. Welche Bilder es auch immer sind, die aufgeführt und vorgeführt werden, z. B. journalistische Bilder, Politikerbilder, Pornobilder oder Werbebilder, fo-

---

300 Zum Beispiel soziale Organisationen.

tografische oder filmische Bilder, es sind fast immer auch *Körperbilder* und damit auch Bilder der Geschlechter, inklusive ihrer traditionellen kulturellen Asymmetrien (vgl. Zurstiege 1998; Schwietring 2009a, S. 271).

Die global expandierten und expandierenden Medienerzeugnisse der Werbung und der Pornografie (und anderer Unterhaltungssegmente) sind in diesem Zusammenhang mehr oder weniger exemplarisch, symptomatisch und gesellschaftskulturell eigenständig wichtig. Sie sind zwar immer schon und bis heute immer auch ‚diskursive‘ Tatsachen, aber ebenso oder in erster Linie Bilder und Bildwelten, Komplexe oder Serien von Bildern und damit auf Oberflächen, auf Außen und Äußerlichkeit bezogen und ebenso außengelenkt wie außenlenkend. Es handelt sich mit anderen Worten um Kulturen der visuellen Oberflächlichkeit, der ‚auf den ersten Blick‘ identifizierbaren Zeichen, der Images, die als reale mediale Bilder (Fotografien, Filme) und damit auch als Vorstellungsbilder, Stereotypen und kognitive Kurzversionen von Objekten in erster Linie auf die Augen und Blicke von Publika zielen. Diese (Bild-)Medienerzeugnisse sind also Momente, Bereiche und Beispiele einer weitreichenden und tiefgreifenden zivilisatorischen/kulturellen Entwicklungstendenz, die medientechnologisch und mediensystemisch voraussetzungsvoll ist und parallel zur medientechnologischen Entwicklung verläuft (vgl. Kautt 2008, S. 33 ff.).

Als Foren und Bühnen der visuellen Darstellung, Inszenierung und Dramatisierung von Körpern, insbesondere erotisch kontextierten und zeichenhaften Körpern, stehen die Medienbereiche der Werbung und der Pornografie mit im Rahmen, ja im Zentrum der (bild-)medienverdankten „neuen Ordnung des Visuellen" und profitieren von der „neuen Dominanz des Visuellen gegenüber dem Textuellen". Sie verschafft der visuellen Pornografie nicht nur gegenüber der pornografischen Literatur, sondern gegenüber allen Diskursen über Sexualität einen Vorteil, der ihre „Evolution und Verbreitung" begünstigt (Lewandowski 2012, S. 223). Generell profitieren visuelle Darstellungen wie die der Pornografie und der Werbung „davon, dass sie als selbstverständlich erscheinen, vor allem aber keine hohen Rezeptionsschranken errichten. Bewegte und unbewegte Bilder sind [...] unmittelbar zugänglich, gewissermaßen selbstevident. Sie fordern dem Betrachter wenig Mühen ab und können von jedermann problemlos ‚gelesen‘ werden" (Lewandowski 2012, S. 223). Mit dieser medienimmanenten Leichtigkeit, die also einen strategischen Vorteil darstellt, geht ein weiterer strategischer Vorteil einher, der Werbung und Pornografie prinzipiell verbindet. Beide bringen den erotischen/sexuellen Körper, der als solcher eine „gewisse Affinität zum Visuellen" aufweist (Lewandowski 2012, S. 223), qua Visualisierung[301] am besten, stärksten und intensivsten zur Geltung und zur Wirkung. Allerdings schafft das jeweilige (Bild-)Medium auch eine systematische Distanz zum Dargestellten. Im Falle des sozial, moralisch und emotional potenziell heiklen Pornografiekonsums geht diese Distanz zwar auf Kosten von ‚Lebendigkeit‘, bringt aber auch Sicherheit und Entlastung für das Publikum oder Teile des Publikums mit sich.

---

301 Sie steht in jedem Fall im Rahmen einer Inszenierung.

Werbung und Pornografie sind zentrale Teilbereiche der „neuen Ordnung des Visuellen", die auch eine je eigene Ordnung der Visualität der (erotischen) Körper ausgeprägt haben und aufrechterhalten. Diese Ordnungen unterscheiden sich systematisch, ergänzen sich aber auch. Die Pornografie kann und muss mit ihren visuellen Darstellungen und Inszenierungen in gewissen Hinsichten und auf bestimmte Weisen viel weitergehen als die Werbung, ja sie kann und muss im Medium des Bildes alle (legalen) Möglichkeiten der erotisch-sexuellen Körperperformanz (aufreizend) ausreizen. Damit muss sie auch auf dem Weg einer Spektakularisierung des sichtbaren Sexuellen und der sexuellen Sichtbarkeit einer spezifischen Lust Genüge tun, die die Werbung nur indirekt ansprechen, nur andeuten und anreizen, aber nicht voll ausreizen kann. Mit ihren Visualisierungen und ihrem eindimensionalen und extremem Visualismus greift die Pornografie sozusagen auf zivilisatorisch gewordene habituelle Dispositionen und psychische Befindlichkeiten zu, mit denen auch die Werbung in ihrem Sinne spielt, aber nur *begrenzt* spielen kann. Die Pornografie radikalisiert und exekutiert also den (immer noch oder wieder) relativ zurückhaltenden und diskreten Visualismus der Werbung/ Werbungserotik und bedient damit einen entsprechenden Voyeurismus, dessen Wünsche sie uneingeschränkt erfüllt, ja übererfüllt.

Diese (Bild-)Medienbereiche stehen mit ihren Bebilderungen der erotischen/sexuellen Körper auch auf je besondere Weise im Kontext des Zivilisationsprozesses, wie Elias ihn versteht, vor allem im Kontext bestimmter Teilprozesse der Zivilisation, die sie voraussetzen, an die sie anschließen und auf die sie auch wirken. Eine von Elias betonte Schlüsselrolle spielt in diesem Zusammenhang die historisch-langfristig gewandelte Bedeutung und Bedeutsamkeit der Sinne für die ‚Sinnlichkeit': Auge und (Augen-)Blick gewinnen im Zuge fortschreitender Zivilisierung, und das heißt im Zuge fortschreitender innerpsychischer und zwischenmenschlicher Distanzen und (Selbst-)Kontrollen, neue praktische, funktionale und emotionale Stellenwerte. Es wandelt sich auch – mit Implikationen und Folgen für die hier fokussierten Medienbereiche – die Logik der erotisch-sexuellen Lust und der Möglichkeiten ihrer Befriedigung und Frustration. Elias spricht von einer im Zivilisationsprozess fortgeschrittenen und sozial generalisierten Steigerung von „Augenlust" und bietet in diesem Zusammenhang eine aufschlussreiche Beobachtung und Deutung: „Wie die Natur nun in höherem Maße als früher zur Quelle einer durch das Auge vermittelten Lust wird, so werden auch die Menschen für einander in höherem Maße zur Quelle einer Augenlust oder umgekehrt auch zur Quelle einer durch das Auge vermittelten Unlust, zu Erregern von Peinlichkeitsgefühlen verschiedenen Grades" (Elias 1980, Bd. 2, S. 407).

Hier kann man also einen historischen bzw. zivilisationsgeschichtlich zugespitzten Hinter- und Untergrund der pornografischen und auch der werblichen (Erotik-)Bilderproduktionen erkennen, die jene Augenlust zugleich ansprechen, aufgreifen, anregen und anheizen. Das Auge des einschlägigen Betrachters fungiert in diesem Zusammenhang als Zentralorgan der Wahrnehmung und der – ebenso gratifizierenden wie motivierenden – Affektivität/Emotionalität. Hauptsächlich auf das Auge des Publikums müssen sich also gerade auch die erotischen Medieninszenierungen und ihre Sujets und Modelle richten. Entscheidend sind die attraktiven und erotisch wirkungsvollen Bilder von Körpern und Körper(inter)aktionen, die in der Logik traditioneller Semantik mit dem ‚schönen Geschlecht' in der Hauptrolle performiert werden. Eben dieses Geschlecht ist auch im interaktionellen Alltagsleben Gegenstand von (männlicher) Augenlust (oder Augenunlust), und es lebt im Bewusstsein (oder gar in der Absicht), dies zu sein. Allerdings sind in der jüngeren Vergangenheit deutliche Verschiebungen in Richtung einer allgemeinen Symmetrisierung der Geschlechter zu erkennen, so dass auch (junge) Männer als Objekte und Subjekte von Augenlust in Erscheinung treten und inszeniert werden. Wechselwirkungen, Kopplungen oder Rückkopplungen mit und zwischen Medienerzeugnissen aller Art und zwischen Medienerzeugnissen und der Lebenswelt sind dabei zu beobachten und wahrscheinlich.

Die Werbung entfaltet und forciert also eine mit der Pornografie vergleichbare Körper-Performanz, ja einen Kult der korporalen Oberflächen. Anhand von Aspekten dieser Oberflächen (menschlicher Korporalität) entfaltet sie aber auch eine Symbolik, Semantik und Dramaturgie der Tiefe, die der Pornografie gänzlich wesensfremd ist.[302] Dass sie den Schein des Äußeren ins Zentrum ihres Weltbilds und ihrer Bildwelt rückt, hindert die Werbung also nicht daran, über die Ebenen der visuellen Wahrnehmung und der bloßen Augenlust hinauszugehen und vor allem den weiblichen (Erotik-)Körper als eine Art Mysterium zu inszenieren (siehe oben). Zwar nicht immer, aber regelmäßig und immer öfter, legt die Werbung so nicht nur auf das Visuelle, sondern auch auf das unsichtbare Geheimnisvolle wert. Ausgangspunkt ihrer diesbezüglichen Mystifikationen,[303] die allerdings die sehr jungen Frauen privilegiert, ist aber eben immer Visuelles und Visualisiertes, vor allem die erotische Korporalität, so dass auch diese Mystifizierungsseite der Werbung/Werbungserotik von dem Trend zur medialen Visualisierung und zum korporalen Visualismus bedingt und gefördert wird. Tiefen vermutet die Werbung/Werbungserotik also vor allem hinter bestimmten weiblichen Körper-Oberflächen. Auch hier ist irgendeine Art von korporaler Attraktivität oder Schönheit die zentrale Bedingung und der zentrale Ausgangspunkt der Projektion von Tiefen und von Mystifikationen.

---

302 Es gehört ja zum Wesen der Pornografie bzw. ihrer Obszönität, dass sie jegliche soziale bzw. menschliche Tiefe ausschließt und negiert, wenn nicht lächerlich macht.

303 Goffman beschreibt die Mystifikation als eine Grundstrategie der Eindrucksmanipulation und stellt grundsätzlich fest: „Allgemein gilt Einschränkung des Kontakts, also die Wahrung der sozialen Distanz, als Methode, um beim Publikum Ehrfurcht zu erzeugen, eine Methode, wie Kenneth Burke es formulierte, um den Darsteller beim Publikum in einem Zustand der Mystifikation zu halten" (1969, S. 62 f.). Goffman betont, dass das „Publikum selbst häufig an der Wahrung der sozialen Distanz mitarbeitet, indem es – in ehrfürchtiger Scheu vor der dem Darsteller zugeschriebenen Integrität erfüllt – respektvoll Abstand hält" (S. 64). Mystifikation ist demnach das Resultat einer Art Kooperation zwischen einem Darsteller oder Inszenierungssubjekt einerseits und einem Publikum andererseits. „Das Publikum wähnt hinter der Darstellung Mysterien und geheime Mächte, und der Darsteller ahnt, daß seine entscheidenden Geheimnisse unbedeutend sind. Wie zahllose Volksmärchen und Initiationsriten zeigen, ist das Geheimnis, das hinter dem Mysterium steht, oft die Tatsache, daß es in Wirklichkeit kein Mysterium gibt; das wirkliche Problem besteht darin, das Publikum daran zu hindern, dies ebenfalls zu bemerken" (S. 65). Der Werbung gelingt dies besonders gut und leicht.

Die ‚harte' Pornografie bewegt sich dagegen in der umgekehrten Richtung: vom Äußeren zum Äußersten. Sie konzentriert sich auf die Bedienung und die Steigerung der ‚empirischen' Augenlust[304] und weist damit der materiellen/dinglichen Äußerlichkeit des erotisch-sexuellen Körpers und seiner (Be-)Handlungsoptionen die Rolle der ‚Identität' zu, auf die sie die inszenierten Individuen und ihre Wirklichkeit radikal reduziert. In der und durch die Pornografie vollzieht sich insofern auch eine *Entmystifikation*, ja *Antimystifikation* der Erotik und der Frauen als Objekten der (erotischen) Verehrung, Faszination, Verklärung und (Liebes-)Romantik. Eine solche Umwertung, Abwertung und Abschaffung der Frauen als (erotischen) Mysterien und überhaupt als Wesen mit Würde, Aura und ‚Tiefgang' mag auch eine entlastende und kompensatorische Seite haben – für ein Männer-Publikum, das sich gegenüber begehrten und verehrten Frauen unterlegen fühlt.

Hinsichtlich der Werbung, aber auch verschiedener Unterhaltungsformate bis hin zur Pornografie, wird man grundsätzlich feststellen können, dass die Geschlechter von den Prozessen der medialen Verbildlichung einerseits gemeinsam, andererseits aber auch unterschiedlich betroffen sind und erfasst werden: Zum einen wiederholt, verstärkt und verschiebt sich die Differenz(ierung) der Geschlechter im Rahmen der ‚neuen visuellen Ordnung(en)'. So werden die Frauen in diesem Rahmen weiterhin anders und stärker ‚gespiegelt' als Männer, die aber in ihrer Präsenz und (Selbst-)Präsentation von dem Prozess der medialen Verbildlichung nicht unberührt bleiben, sondern vermehrt Informationen und Impulse zur Selbstbeobachtung, Selbstgestaltung, Selbstpflege und Selbstdarstellung gerade in puncto Korporalität erhalten.

Zum anderen wird man jedenfalls vorerst noch – zumindest in den Bereichen der medialen Erotik – von einer überwiegend geschlechtsspezifischen Bedeutung des Auges, des Blicks und des Blickens ausgehen können und müssen. Ja es gibt (männliche) Beobachter von Männern, die diesen eine konstitutionelle Neigung zum Voyeurismus attestieren. So zeigt die Popularität der Enthüllungsmedien und der Pornografie Dietrich Schwanitz zufolge, „daß die voyeuristische Neugier nach wie vor unersättlich ist: und daß sie nach wie vor männlich ist" (2001, S. 129). Gleichzeitig zeigt sich aber auch, dass sich die Sensibilität des männlichen (Porno-)Blicks auf weibliche Erotikkörper – im Zusammenhang mit der visuellen Kultur(r)evolution bzw. der Erotisierung des öffentlichen wie des privaten Raums – erheblich gewandelt hat. „Konnte vor hundert Jahren noch eine nackte Wade das Blut in den Kopf treiben, braucht man dazu heute krassere Einblicke. Aber auch die Wade war damals schon nur eine Station auf einer Strecke, die zum gleichen Ziel führte" (Schwanitz 2001, S. 129).[305]

---

304 Denn, so ein befragter Konsument, „das Auge hilft dir doch sehr, dich zu erregen" (A), wenn die wahrgenommenen Akte und „das Äußere" (A) stimmen. Deutlich wird dies nicht nur an der Wahl der Pornoerzeugnisse, sondern auch an dem Suchen nach entsprechenden Szenen bzw. „harten Szenen" (A).
305 Die Sensibilität des männlichen Blicks und Blickens richtet sich aber zugleich auch verstärkt auf männliche Vergleichskörper bzw. Erotikkörper und zuallererst auf den eigenen Körper, der im Medium des Bildes und aus der Perspektive des anderen und des eigenen Geschlechts betrachtet und beurteilt wird.

Was die hier fokussierte (Hamburger-)Pornografie betrifft, so kann man ihr seit jeher so etwas wie einen dominanten Blick unterstellen und entnehmen – einen Blick, der auf einen realen männlichen Blick zielt und einen solchen Blick als Erfolgsbedingung des Medienprodukts voraussetzt. Es muss also eine gewisse Korrespondenz zwischen diesem Medienprodukttyp bzw. seinen kulturellen Inhalten und seinen typischen Konsumenten(-habitus) existieren, speziell zwischen dem pornografischen Visualismus und einer bei seinem Publikum besonders ausgeprägten „sexuellen Ansprechbarkeit auf visuelle Reize" (Eckert u.a. 1990, S. 140). Damit kann auch in gewissem Maß auf ein bestimmtes männliches (Sex- und Geschlechter-)Erleben und Handeln geschlossen werden. Und ebensolche Schlüsse und Rückschlüsse sind umgekehrt im Prinzip auch in Bezug auf Frauen möglich, insofern diese eben weder bevorzugte Adressatinnen noch dominierende Nachfragerinnen oder Konsumentinnen von Pornografie sind, sondern dies typischerweise gerade *nicht* sind.

Man kann also schon aufgrund der Nachfrage, des Verbrauchs und Gebrauchs der kontinuierlich obszön-visualistischen Porno-Kultur vermuten, dass die Geschlechterdifferenz auch auf der Ebene der lebensweltlichen Praxis und (erotisch-sexuellen) Habitus kontinuiert. Auf dieser Ebene macht die Pornografie, die die Differenz der Geschlechter als fiktionale Figuren/Sujets gerne in gewissen Hinsichten einebnet, seit jeher und immer noch zumindest tendenzielle Unterschiede als Konsumobjekt. So sehr sich Männer und Frauen *im* Porno (bei aller symbolischen Asymmetrisierung) als Lustwesen buchstäblich einander annähern und ein gemeinsames ‚Fest der Sinne' zu feiern scheinen, so sehr bleiben sie offenbar als real existierende (Habitus-)Wesen typischerweise einander eher fremd, wenn es um das Erleben und erst recht um die Bewertung und den Konsum von (Hamburger-)Pornografie als primär *visueller Obszönität* geht. Zwar scheint es diesbezüglich mittlerweile eine größer werdende Zahl weiblicher ‚Genießer' zu geben (und überhaupt Wandlungen des Konsums), und natürlich gibt es auch männliche Verächter von (aller oder bestimmter) Pornografie, aber die geschmackliche und moralische Kluft, um die es hier geht, scheint nach wie vor hauptsächlich eine Kluft zwischen den unterschiedlich blickenden Geschlechtern zu sein.

7.6.3 Theatralisierung und Enttheatralisierung

Die Perspektive und die Kategorien des Theatermodells haben in vielen ‚Menschenwissenschaften' eine lange Tradition und bilden den Unter- und Hintergrund des kulturwissenschaftlichen Modells der *Theatralität*. Es ist zusammen mit seinen auf *Prozesse* zielenden terminologischen Abkömmlingen ‚Theatralisierung/ Enttheatralisierung' ein universal brauchbarer deskriptiver Ansatz, der sich auch auf alle hier thematischen Phänomene und Gegenstandsebenen anwenden lässt: auf Geschlecht(er) und Geschlechtlichkeit ebenso wie auf ihre lebensweltlichen und medialen Kontexte, eingeschlossen die medialen Kulturen der Werbung und der Pornografie und die Prozesse der Pornografisierung und der Verwerblichung/Reklamisierung der Gesellschaft. Auch die entsprechende Praxis der Medienrezeption/des Medienkonsums, die sich mit der Praxis des Theaterpublikums vergleichen lässt, fallen in die Reichweite dieses Ansatzes. Die Theaterwissenschaftlerin Erika Fischer-Lichte hat ihn, nah an der institutionellen Realität des Theaters, spezifisch ausformuliert. Unter Theatralität versteht Fischer-Lichte vier „Aspekte" und den *Zusammenhang* dieser Aspekte, nämlich:

> 1. den der *Performance*, die als Vorgang einer Darstellung durch Körper und Stimme vor körperlich anwesenden Zuschauern gefaßt wird [...]; 2. den der *Inszenierung*, der als spezifischer Modus der Zeichenverwendung in der Produktion zu beschreiben ist; 3. den der *Korporalität*, der sich aus dem Faktor der Darstellung bzw. des Materials ergibt, und 4. den der *Wahrnehmung*, der sich auf den Zuschauer, seine Beobachterfunktion und -perspektive bezieht (Fischer-Lichte 1998, S. 86).

Dieses Modell-Verständnis von Theatralität, an das benachbarte Modelle und Konzepte wie Ritual, Setting oder Habitus angeschlossen werden können und angeschlossen worden sind (vgl. Willems 2009a, b; 2012), lässt sich zunächst auf die verschiedensten lebensweltlichen Kontexte und Situationen sozialer *Interaktion* anwenden – von der ‚einfachen Interaktion' (Luhmann) zwischen Tür und Angel bis hin zu höherstufigeren und anspruchsvolleren Interaktionsprozessen. Auch soziale Anlässe wie Hochzeiten, therapeutische Behandlungen oder wissenschaftliche Vorlesungen sind dieser Perspektive und diesem kategorialen Schema ohne weiteres zugänglich. Darüber hinaus bietet sich das Theatralitätsmodell auch auf der sozialen Ordnungs- und Wirklichkeitsebene der Medien bzw. der Massenmedien an. Deren Verwandtschaft mit dem Theater ist im Prinzip offensichtlich, muss aber auch im Hinblick auf Eigenheiten, Besonderheiten und Differenzen betrachtet und beachtet werden. Die Theatralität der (Massen-)Medien ist vor allem eine systemisch andere als die der lebensweltlichen Interaktion. Es macht daher Sinn, von „Medientheatralität" im Unterschied zu (unmittelbarer) „Interaktionstheatralität" zu sprechen (Willems 2009a, b).

Wenn man die im Grunde interaktionistischen (Theater-)Modellvorstellungen Fischer-Lichtes auf die Medienebene projiziert, kann man zunächst feststellen, dass es sich bei Medienerzeugnissen wie der Pornografie oder der Werbung um eigentümliche Formen oder Gattungen von Medientheatralität im Unterschied zu Interaktionstheatralität handelt. Es geht bei diesen Medienerzeugnissen jeweils um spezifisch wissensbasierte Formen der Inszenierung und der Aufführung (Performance) auf der Basis und im Rahmen bestimmter Medientechnologien (Druck, Fotografie, Film etc.) und damit auch um entsprechende Skripts, Sujets, Modelle, Rollen, Images, Bühnen, Requisiten und Körper als Zeichenträger und Zeichengeber (Korporalität), und es geht um Publika und Wahrnehmungen von Publika, nämlich Massenpublika, auf die sich die Aufführungen richten. Sie müssen das jeweilige Publikum erreichen, seine Aufmerksamkeit wecken und aufrechterhalten, und sie müssen ihm auch irgendwie *gefallen*, um ihren Zweck zu erfüllen. Auffälligkeit, Gefälligkeit und Gefallen der hier thematischen Medienperformanzen sind funktionale Bedingungen oder Imperative.

Mit Medientheatralität ist also auch eine bestimmte Ebene, Form und Formation von sozialer Wirklichkeit und Wirklichkeitskonstruktion gemeint, die sich mit dem ‚System der Massenmedien' gesellschaftlich umfassend und differenziert etabliert hat und reproduziert. Die Entwicklung und Entfaltung dieses Systems bedeutet bereits als solche eine Art Theatralisierung der Gesellschaft – ein Prozess, in dem Werbung/Verwerblichung und Pornografie/Pornografisierung je besondere Varianten darstellen und Rollen spielen.

Die Perspektive und die Kategorien des Theatermodells lassen sich also nicht nur in Bezug auf konkrete Einzelphänomene deskriptiv verwenden, sondern auch *prozesssoziologisch* und zeitdiagnostisch wenden: im Sinne der Vorstellung von Prozessen der *Theatralisierung*. Damit sind vor allem verschiedene soziale bzw. kulturelle Entwicklungstendenzen feldspezifischer Praxen in Richtungen gemeint, die im weitesten Sinne mit jenen Aspekten des Theaters zu vergleichen sind oder insgesamt dem Theater ähneln. Die Entwicklung vieler, wenn nicht *aller* Felder der modernen Gesellschaft – von der Politik bis zur Kunst, von der Religion bis zur Wissenschaft, von der Wirtschaft bis zum Recht, vom Sport bis zur Therapie, von der Erziehung bis zur Intimität – scheint sich durch Theatralisierungstendenzen auszuzeichnen, so dass es gerechtfertigt erscheint, von einer *Theatralisierung der Gesellschaft* zu sprechen – auch und insbesondere von Formen von Medientheatralität und Medientheatralisierung (vgl. Willems 2009a, b). Umgekehrt macht der Begriff der *Enttheatralisierung* Sinn, wenn es um gegenteilige oder gegenläufige Prozesse geht: die Auflösung, die Aufhebung, das Schwinden oder Verschwinden von Theatralem oder Theaterähnlichem, von Inszenierung, Dramatisierung, Performance, Korporalität oder performanzbezogener Wahrnehmung bzw. Publikum. Enttheatralisierung meint also Theatralisierung mit umgekehrten Vorzeichen.

Im Hinblick auf Werbung und Pornografie drängen sich zunächst die Begriffe Theatralität und Theatralisierung auf. Werbung und Pornografie sind ja je besondere Medien-Inszenierungen und Medien-Performanzen, die Drehbüchern/Skripts folgen, sich besonders um Körper und Korporalität drehen und Wahrnehmungen bzw. Publika adressieren und erreichen. Die Besonderheit und exklusive Eigentümlichkeit der Pornografie scheint dabei (nur) darin zu liegen, dass ihre ,Dramen' und ihre Performance als Sex-Performance eine Art Monokultur darstellen. Die Tatsache, dass dieses ,Medientheater' und auch das der Werbung im Laufe der Zeit eine so enorme Bedeutung im symbolischen, imaginären und kommunikativen Haushalt der modernen (Welt-)Gesellschaft erlangt haben und immer noch an Bedeutung gewinnen, kann als eine Seite von Theatralisierung aufgefasst werden.

Dass Werbung und Pornografie als Medienkulturen die Logik der Theatralität gemeinsam haben, impliziert auch eine Art Dialektik, die darin besteht, dass die jeweils inszenierten und aufgeführten ,Stücke' (Skripts) auf ihnen voraus- und zugrundeliegende Kultur, nämlich Zeichen-, Sinn- und Wissensbestände, referieren und zugleich in einer Beziehung der Rückkopplung oder Rückwirkung mit dieser Kultur und denjenigen, die sie verkörpern und aktualisieren, stehen. So greift die Werbung/Werbungserotik wie die Pornografie entsprechendes lebensweltliches/habituelles Wissen über Erotik, Sex und die Geschlechter auf und macht daraus Skripts und Aufführungen, die Publika vorgeführt werden. Diese geraten so in eine systematische, potenziell reflexive und Reflexion stimulierende Distanz zur eigenen Kultur und Wirklichkeit mit der

Möglichkeit, an den jeweiligen medialen Aufführungen zu lernen. So mag etwa die pornografische Sex-Performance oder die Erotik der Werbung mit ihren Stories und Szenen auch Informationen, Anstöße oder Modelle für jedermann liefern. Medienerzeugnisse wie die Werbung und die Pornografie sind also auch als sozialisatorisch oder zivilisatorisch relevante, gewissermaßen bildende oder umbildende Einrichtungen zu verstehen. Ihre stetige und massive Expansion bedeutet auch eine Expansion ihres kulturellen/zivilisatorischen Fungierens und ihrer funktionalen oder effektiven Bedeutung.

Allerdings hat man es bei den Performanzen der Werbung und der Pornografie mit Modulationen zu tun, die sich sehr weit von der Realität und dem Realismus der (Alltags-)Lebenswelt entfernen können. Zur Logik dieser Modulationen gehört die Fiktionalisierung, die Stilisierung, die Übertreibung, die Dramatisierung, die Eventisierung, die Spektakularisierung, die Ästhetisierung. Zusammenfassend könnte man von einer immanenten oder bereichsimmanenten/gattungsimmanenten Theatralisierung sprechen.

Eine eigentümliche Logik und eine Dialektik der Theatralisierung besteht hier aber eben auch darin, dass dieses wie jenes ‚Medientheater‘ sowohl auf die Theatralität des Lebens referieren und zugreifen als auch auf dieser Ebene eingreifen kann. Diese Möglichkeit, als lebenspraktisches Modell, als Kopiervorlage oder auch nur als Inspiration oder Stimulation zu fungieren, teilen die Werbung und die Pornografie mit anderen Medienkulturen, die auf lebensweltliche Kultur und Resonanzböden bezogen sind und reagieren. So konnte z. B. gezeigt werden, „dass die Heiratsanträge aus der Fernsehshow ‚Traumhochzeit‘ inzwischen auch im Alltag von Paaren nachgespielt werden" (Lenz 2009a, S. 254). Dass Werbung/Werbungserotik und Pornografie vergleichbares oder ähnliches Kopierverhalten ermöglichen, nahelegen und tatsächlich herbeiführen können, liegt auf der Hand. Besonders interessant ist dabei, dass beide ‚Medientheater‘ zusammengenommen ein komplementäres und vollständiges *Skript* erotisch-sexueller Interaktion ergeben: von der erotischen ‚Entdeckung‘ und Kontaktaufnahme über die (Um-)Werbung und bis hin zum sexuellen Verkehr.

Ein historisch zeitnahes und spezifisch aufschlussreiches Beispiel liefert in diesem Zusammenhang die heutige ‚Generation Porno‘, die offenbar ihr Wissen (und Können) über ‚Sex‘ (Irrtümer, Illusionen und Mythen eingeschlossen) jenseits der Lücken, Tabuisierungen und Ahnungslosigkeiten früherer Generationen hauptsächlich aus Pornofilmen beziehen kann und bezieht. Diese Filme liefern praktisches, praktiziertes und praktisch relevantes, wenn auch nur begrenzt jenseits der Pornografie praktikables Wissen. Die Ergebnisse der diesbezüglich forschenden „Wissenschaftler sind eindeutig: Ja, Jugendliche beziehen heute ihre sexuelle Bildung zu einem großen Teil aus dem Porno-Internet" (Evers 2014, S. 123). Bildung heißt dabei detailliertes Wissen von der geschlechtlichen Anatomie der Geschlechter, von möglichen, normalen oder wünschenswerten ‚sexuellen Orientierungen‘, Präferenzen und Praktiken, von Spielarten, Spielräumen, Grenzen und Abweichungen und nicht zuletzt vom sexuellen Verhalten und Verkehr *als* Performance. Letzteres Wissen (im relativistischen Sinne der Wissenssoziologie) dürfte heutzutage von nicht zu unterschätzender sozialer und sozialisatorischer Bedeutung sein und eine Theatralisierung eigener Art bedeuten. Werbung und Pornografie sind also nicht nur jeweils eine Art Performance, sondern manifestieren und propagieren auch Vorlagen für die (performative) Praxis ihrer Publika, manifestieren und propagieren die Performance als praktisches Orientierungs- und Handlungs-Modell für jedermann, der aufgrund dessen z.B. Erotik und Sex als Performance verstehen und sie zugleich (dramatisch) ausgestalten kann. Theatralisierung heißt in diesem Fall auch, lebenswirkliche Praxis als eine Art Theater bzw. Performance zu verstehen und sie mit dem Bewusstsein des Performers (Schauspielers) und mit Hilfe medial dargestellter Requisiten anzugehen.

Zur Realität der Theatralität und Theatralisierung gehört allerdings auch, dass sich Medienerzeugnisse wie die Pornografie und die Werbung nicht nur durch eine konstruktive und ‚dekonstruktive‘ Autonomie, Fiktionalität und Ästhetik auszeichnen, sondern auch sich wandelnden sozialen/kulturellen Erfolgsbedingungen unterliegen, denen sie sich mittels theatraler Mechanismen und Strategien anpassen müssen. Beide Medienbereiche müssen unter Markt- und Konkurrenzbedingungen – vor allem im sich verschärfenden Kampf um die knappe und sich verknappende Aufmerksamkeit und Bindung von Publika – auf performative Modulationen, Innovationen und Steigerungen setzen, die Formen von Theatralität beinhalten und betreffen und auf den Begriff der Theatralisierung gebracht werden können. Beide Medienbereiche zeichnen sich nun dadurch aus, dass sie neben ‚pragmatischen‘ fiktionale, ja märchenhafte Bilderwelten, Skripts und Erzählungen entfalten, die *strategischen* Mustern der Theatralisierung folgen: einer Logik der Dramatisierung, der Stilisierung, der Hyperritualisierung, des Spektakels (in einer ‚Spektakelkultur‘), der Sensation bzw. der sensorischen Sensation. Am stärksten mag dies für die Pornografie gelten, die heute jedenfalls mehr denn je zum Fantastischen, zur Übertreibung, zur Eventisierung tendiert und sich damit vom lebensweltlichen Realismus oft noch weiter entfernt als die Werbung, an der aber ebenfalls ein Theatralisierungsschub zu erkennen ist.

Die Pornografie ist in diesem Zusammenhang sicher ein Extremfall, aber auch durchaus exemplarisch. Lewandowski veranschlagt diesbezüglich die „Marktlogik" als Ursache einer Art von Spektakel und einer Spektakularisierung, die alles andere als ein ‚Alleinstellungsmerkmal‘ der Pornografie ist.

> Wie im Sport, wie in den Nachrichten oder den Unterhaltungsmedien muss auch in der Pornografie Gewohntes und Altbekanntes überboten, kurz: Neues und möglichst Spektakuläres angeboten werden, um ein Interesse auf Seiten der Rezipienten zu generieren. [...] Neben den Reiz des Sexuellen selbst tritt in der Pornografie der Reiz des Spektakulären. [...] Oft wurde behauptet, jegliche pornografische Darstellung laufe zwangsläufig auf eine sexuelle Orgie zu. Zwar kann man sich leicht vom Gegenteil überzeugen – ein Großteil pornografischer Darstellungen zeigt Interaktionen zweier Personen. Zutreffend ist aber auch, dass die Pornografie in der Orgie deshalb eine ihrer höchsten Formen findet, weil die Orgie sowohl das sexuelle Spektakel als auch das Außergewöhnliche bzw. Außeralltägliche in geradezu paradigmatischer Weise verkörpert (Lewandowski 2012, S. 261f.).

Hier hat man es also – ähnlich wie im Fall der Werbung – mit einer inhaltlichen Theatralisierung im Rahmen des ‚Theaters‘ der Pornografie und damit mit einer Version des Sexuellen zu tun, die ebenso wie die stilisierten Erotik-Versionen der Werbung bei aller Außergewöhnlichkeit (oder außergewöhnlichen Gewöhnlichkeit) im Prinzip kopierbar bleibt, faktisch aber an Realitäts- und Realisierbarkeitsgehalt verliert. Die Pornografie und in prinzipiell ähnlicher Weise die Werbung schaffen, festigen und forcieren durch ihre Inszenierungen und Aufführungen gleichwohl neue Wirklichkeiten, nämlich neue Fantasmen, neues und erweitertes Kontingenzbewusstsein, neue und erweiterte Vorstellungs- und Fantasieräume, die zumindest ins Bewusstsein eingehen und zur Vorlage eines ‚inneren Theaters‘ und einer individuellen Fantasietätigkeit werden können. So mag es also – in Verbindung mit anderen kulturellen Sinngeneratoren – zu einer pornografischen oder/und werbungsinduzierten Theatralisierung des Bewusstseins, teilweise aber auch des sozialen Lebens selbst kommen, in dessen Praxis entsprechende Skripts, Standards, Ideale, Wünsche, Ansprüche usw. eingehen. Diese Ausstattung bzw. Innenausstattung der Publika schließt deren (kognitive/mentale) Eigenständigkeit, Eigeninitiative und ‚Kreativität‘ natürlich nicht aus, legt sie aber auch nicht nahe und macht sie prinzipiell verzichtbar.

Theatralität und Theatralisierung bezeichnen hier nur die eine Seite der Medaille. Auf der anderen Seite hat man es bei der Pornografie wie auch bei der Werbung mit gewissen *Enttheatralisierungen* oder sogar *Anti-Theatralisierungen* zu tun. Pornografie kann auch als theatrale oder theatralische Negation von Theatralität und als Ausdruck und Zeugnis einer entsprechenden (Publikums-)Wunschvorstellung gelesen werden. Sie schafft das normierte und normale ‚Theater‘ zeremonieller und ritueller Anlässe und Ordnungen und insbesondere das ‚Theater‘ der Erotik und der Sexualität (der Geschlechter) regelrecht ab und ersetzt es durch einen stilisierten und idealisierten Raum der Anomie und Obszönität.

Mit ihren Inszenierungen geht die Pornografie auch scheinbar ‚hinter die Kulissen‘ des gesellschaftlichen (Intim-)Lebens und befriedigt ein entsprechendes voyeuristisches Interesse an ‚Hinterbühnen‘ und an der Realität ‚hinter Bühnen‘ und jenseits von realer Theatralität (Selbstdarstellungen, Inszenierungen, Aufführungen/Performances). Pornos unterlaufen und hintergehen insofern zivilisierte Theatralität. In ihren oben skizzierten Hervorbringungen und Darbietungen von Unwillkürlichkeit im Verhalten von Männern und Frauen scheint die Pornografie jegliche Theatralität zu widerlegen und ins Gegenteil zu verkehren. Damit mag der Porno auch ein entlastendes und entspannendes Gegenbild zur Realität einer lebenswirklichen Theatralität bieten oder sogar an die Stelle dieser Realität rücken.

Auch die Werbung hat im Rahmen ihrer eigenen Theatralität nicht nur mit Formen von Theatralität zu tun und bildet nicht nur einen Raum von Theatralität, sondern auch das Gegenteil davon. Das Bild (und Vorbild), das die Werbung von der Realität der Theatralität des Lebens zeichnet, ist tendenziell oberflächlich, verkürzend und verzerrend. Das typische konsumistische Versprechen und Weltbild der Reklame besteht in Produkten, Waren und Akten des Konsums als Schlüsseln zu Erfolgen, zu Gratifikationen und schließlich zum Glück. Besitztümer, Waren und käufliche Eigenschaften reichen laut Werbung dazu aus. In der üblichen kommerziellen Werbung treten typischerweise Waren oder durch Waren zu erzeugende Eigenschaften, insbesondere

Körper-Eigenschaften, an die Stelle von Theatralität/Performanz als Handlung. Zwar erzählt auch die Werbung Geschichten anhand von Szenen und Stories, aber sie entzieht ihnen in ähnlich hohem Maße Realität und Realismus wie die Pornografie dies tut.

7.7 Transformationen des Wissens

Werbung und Pornografie – und mit ihnen ihre Konstruktionen von Geschlecht und Geschlechtlichkeit – stehen als moderne Medienkulturen auch im Kontext langfristiger Transformationen von Wissensformen, Deutungsmustern, Weltbildern und Mentalitäten. Von grundlegender Bedeutung ist in diesem Zusammenhang der Bedeutungs-, Autoritäts- und Machtverlust der (christlichen) Religionen und der korrespondierende Bedeutungs-, Autoritäts- und Machtgewinn der Wissenschaften und der Technik sowie darauf bezogener und daneben existierender moralisch-politischer Ideologien.

7.7.1 Religion und Säkularisierung

Die modernen Verständnisse, Thematisierungen und Inszenierungen des Körpers und des Körperlichen, insbesondere des Erotischen und Sexuellen, stehen im engen Zusammenhang mit Prozessen gesellschaftlicher und kultureller Transformation, die mit Begriffen wie Rationalisierung, Aufklärung und Säkularisierung bezeichnet werden. Die Wandlungen der kosmologischen, ideologischen und institutionellen Rahmenbedingungen, der Deutungsmuster, Semantiken, Diskurse und Mentalitäten, um die es damit geht, sind auch für die hier thematischen Medienkulturen fundamental, und sie spiegeln sich gleichsam in diesen Kulturen.

Eine Schlüsselrolle spielen in diesem Zusammenhang die Religionen bzw. das Christentum und die christlichen Kirchen, die für die ‚westliche Zivilisation' über viele Jahrhunderte und noch bis vor nicht allzu langer Zeit gesamtgesellschaftlich und gesamtkulturell maßgebend gewesen sind. Das Christentum stand und steht bekanntlich seit jeher sowohl dem triebhaften ‚Leib' als solchem als auch allem körperlichen und sexuellen ‚Liberalismus' ablehnend, verurteilend und verfolgend gegenüber. Ähnlich verhält es sich zum körperbezogenen Konsum (einschließlich Sex-Konsum) und überhaupt zur Konsumkultur im Grunde bis heute. ‚Müßiggang', ‚Wollust', ‚Geilheit', ‚Ausschweifung', ‚Völlerei' galten und gelten als vergleichbar verwerflich und sündig; Mäßigung ist moralisch geboten, Askese (Abstinenz) besonders geschätzt. Grundlegend war und ist die Trennung „zwischen normalem Sex (der schon nicht gut ist) und anormalem (noch schlechter), der die kognitive Ordnung verletzt und das gesellschaftliche Gefüge bedroht" (Lautmann/Schetsche 1990, S. 212). Dementsprechend traten und treten die christlichen Religionen/Kirchen vor allem als moralische Verbots-Parteien auf, und im Maß ihrer gesellschaftlichen Macht waren und sind sie teilweise immer noch reglementierend, kontrollierend, erziehend und beherrschend. Dazu gehört auch der kontinuierliche und beharrliche Kampf gegen alles scheinbar Obszöne, Pornografische und

Konsumorientierte/Konsumistische – ein Kampf, der bis heute oft in Allianz mit diversen anderen moralgetriebenen und moralvertreibenden Institutionen und Bewegungen geführt wird.

In diesem Zusammenhang darf allerdings nicht übersehen oder vergessen werden, dass die (christlichen) Religionen bzw. Kirchen die Differenz der Geschlechter – vor allem im Bereich des Sexuellen – auch als Differenz der Moral, der Moralisierung und moralischen Praxis verstanden und gedeutet haben. Den Mädchen und Frauen wurde – ideologisch und vor allem praktisch – ein weit höheres Maß an Affektkontrolle/,Triebunterdrückung' zugemutet als dem ,anderen Geschlecht'. Sie waren diesbezüglich mit einem weit höheren moralischen und disziplinarischen Anspruchsniveau konfrontiert und wurden auch einer viel stärkeren Kontrolle und Sanktionierung unterworfen. Auf diesen generellen Tatbestand hat neben Norbert Elias (im Rahmen seiner Zivilisationstheorie) auch David Riesman hingewiesen, der in Bezug auf die USA und Gesellschaften Westeuropas davon ausgeht, dass sich in der „Epoche der Innen-Lenkung [...] grundsätzlich zwei sexuelle Verhaltensformen voneinander unterscheiden" lassen: „Einerseits wurde die Sexualität starken Hemmungen unterworfen, so in den vorwiegend unter dem Einfluß der Reformation und Gegenreformation stehenden Gebieten, andererseits wurde die Befriedigung des Geschlechtstriebes von den Männern unter Einhaltung gewisser Grenzen als selbstverständlich erachtet" (Riesman 1958, S. 158). Dementsprechend war z. B. weibliche Zurückhaltung und Keuschheit bzw. Jungfräulichkeit (nicht aber Jungmännlichkeit) ein Wert, eine Norm und eine Normalität. In diesem Zusammenhang haben sich bis heute offensichtlich starke Wandlungen ereignet, die fundamentalen kulturellen Transformationen korrespondieren. Aus den die Sexualität betreffenden „starken Hemmungen" scheint generell eher das Gegenteil geworden zu sein, und auch die entsprechende Asymmetrie der Geschlechter scheint sich tendenziell aufgelöst zu haben: in Richtung einer allseitigen sexuellen ,Demokratie'.

Eine diesbezüglich zentrale Entwicklung der ,westlichen Gesellschaften' ist also der historische Autoritäts-, Macht- und Geltungsverlust des Christentums, der christlichen Religionen/Kirchen, die ja teilweise noch bis weit ins 20. Jahrhundert die ,Theorie' und auch die Praxis des Handelns und Lebens maßgeblich bestimmten. Mit dieser Entwicklung (Säkularisierung) sind nicht nur neue Freiräume, Freiheiten und Spielräume, sondern auch neue Weltbilder und Werte einhergegangen, die die alten scheinbar mehr oder weniger erledigt oder sogar umgekehrt haben. Allerdings ist dieser Wandlungsprozess nicht so radikal und restlos verlaufen, wie es vielfach den Anschein hatte und hat. Auch wenn das Christentum als Kirche, offizielles Glaubenssystem und Weltbild nur noch relativ geringe und schwindende Bedeutung hat, kann man davon ausgehen, dass seine zentralen Deutungs-, Denk- und moralischen Wertmuster in dieser oder jener Form verdeckt, verborgen oder latent weiterexistieren und weiterwirken, was sich nicht zuletzt im gesellschaftlichen Bereich des Erotischen und Sexuellen zeigt. Hier bleibt es z. B. bis heute bei einem Lob, ja „Imperativ der Mäßigung" im ,Gebrauch der Lüste' (Lautmann/Schetsche 1990, S. 215), bei einer Idealisierung der ,Zweierbeziehung', der ,Bindung', der ,Verantwortung' und natürlich der ,Liebe'. Nicht zuletzt bleibt es allgemein bei der (christlichen) Beurteilung und Verurteilung der entfesselten (reinen, ausdifferenzierten, hemmungslosen) Sexualität und (daher) der Pornografie, ja selbst der sexuellen ‚Untreue' und des ‚Fremdgehens', das zwar statistisch normal geworden ist, aber normalerweise immer noch moralisch missbilligt wird. Ein gewisses Fortleben christlicher Semantik kann man, so Lautmann und Schetsche, auch in einer Idee und einem Ideal erkennen, das die Pornografie systematisch umkehrt:

> *Weibliche Reinheit* wurde durch die puritanische Ethik als Wertdominante eingesetzt und hat sich bis in unser Jahrhundert erhalten […]. In der Pornografie für Männer werden Frauen ganz überwiegend so dargestellt, daß sie mitmachen und sogar Spaß haben. Das verletzt weit mehr als nur die Sexualästhetik und -ethik, stellt es doch eine Grundlage des Geschlechterverhältnisses in Frage, wie es sich seit dem 18. Jahrhundert entwickelt hat. Danach stehen Frauen für die Moral, Männer hingegen für Macht und Aggression (Lautmann/Schetsche 1990, S. 213).

Die Pornografie hat die Frauen scheinbar gänzlich von einer frauenspezifischen Moral und überhaupt von Moral ‚emanzipiert', kaum jedoch von männlicher Macht und Aggression. Zur Freude und Befriedigung des männlichen Publikums widerlegen die Porno-Frauen das traditionelle moralische Idealbild weiblicher Zurückhaltung, Feinheit und Reinheit und erscheinen als „total versaut", „wahnsinnig geil" usw. Oft ‚entlarvt' die Pornografie auch die scheinbare weibliche Tugendhaftigkeit als bloße Fassade, hinter der wirkliche Unkeuschheit, Unreinheit und reine Geilheit auf ihre Chance lauert.

Pornografie (und auch Werbung) mag mit ihrer sexistischen ‚Gleichberechtigung' der Geschlechter auch exemplarisch und symptomatisch für fundamentale kulturelle Verschiebungen im Geschlechter(selbst)verständnis und Geschlechterverhältnis stehen – für Verschiebungen, deren Ausgangspunkte, wie z. B. das weibliche Tugend- und Reinheitsmodell, allerdings auch in der ‚westlichen Zivilisation' keineswegs völlig überwunden sind, sondern mindestens in Restbeständen kontinuieren oder auch ausgeprägter leben oder wiederaufleben. Lautmann und Schetsche betonen die teilweise unauffällige Kontinuität des „Jehovanismus", sein „verschwiegenes Wirken" (Lautmann/Schetsche 1990, S. 215), in Bezug auf mediale Erotik- und Sex-Performanzen wie die Pornografie, hinter deren Disqualifikationen sie immer noch stark christlich geprägte Denk- und Moralmuster sehen (vgl. Lautmann/Schetsche 1990, S. 212 ff.). Die kulturelle Residualität des Christentums bzw. die unterschwellige Kontinuität christlichen Denkens, Deutens und Empfindens in Bezug auf Erotik, Obszönität und (als) Pornografie ist hier aber nur die eine Seite der Medaille.

Andererseits geht es nicht nur um eine bloß *relative* Säkularisierung, nicht nur um Bedeutungsverluste der ‚offiziellen' Religionen und deren in Teilen unterirdisches Weiterleben und Weiterwirken, sondern auch um ganz neue Deutungsmuster, Weltbilder, Orientierungen und Institutionen. Was sich tatsächlich grundsätzlich und weitreichend kulturell geändert, ja ins genaue Gegenteil verkehrt hat, ist das traditionelle christliche Verständnis des Körpers/Leibes als Quelle des Übels, des Unheils und des Leidens. Gerade im Bereich der Erotik/Sexualität ist dieser Wandel, das Verschwinden einer Perspektive und Moral, die das Sexuelle als animalisch, sündig oder teuflisch abwertet und verübelt, unübersehbar und selbstverständlich geworden. Körper, Erotik und Sexualität haben sich mittlerweile selbst im Kontext der christlichen Religionen von den traditionellen Moralverständnissen gelöst und sind im Prinzip schon lange weit entfernt davon, wie früher als Quellen des Übels, der Sünde und der Schuld und als Gründe von Scham und Peinlichkeit verstanden zu werden.[306] Stattdessen haben sich in diesem Zusammenhang gesellschaftsweit Vorstellungen von Natürlichkeit, Gesundheit/ Krankheit, Bedürfnis, Selbstverwirklichung und Genuss durchgesetzt und lassen früher normierte und idealisierte Konzepte wie Keuschheit und Jungfräulichkeit (!) eher (pathologie-)verdächtig oder lächerlich erscheinen.

Jenseits des Christentums, das allerdings immer noch die ‚Rahmen' der ‚festen (Zweier-)Beziehung' bzw. der Ehe hochhält und verteidigt, kann man heute wohl von einem gesellschaftlich generalisierten und kulturell tiefgreifenden Abbau von Außenhalten sprechen und von einer prinzipiellen „'Entfesselung' des Sexuellen, wie sie gerade in der Pornografie augenfällig wird" (Lewandowski 2012, S. 220). Auch die ‚kultivierte(re)' Werbung und die Werbungserotik zeugen – punktuell immer wieder ganz in der Nähe der Pornografie – von diesem Prozess der sozialen und kulturellen ‚Emanzipation', der Entbindung, Umwertung und Aufwertung des Erotischen und des Sexuellen. Es hat sich sozial und kulturell relativ freigemacht und erscheint in seiner Bloßheit – im übertragenen wie im buchstäblichen Sinn – als Inbegriff von Freiheit, der die soziale Differenzierung im Prinzip übergreift. Auch die Frauen dürfen und sollen nun so frei sein, wie sie wollen, und sie nehmen sich diese Freiheit und sind so frei – besonders dramatisch (oder am dramatischsten) in Medienwelten wie der ‚Hamburger-Pornografie'.

Die kulturelle Transformation geht in diesem Zusammenhang aber weit über eine bloße Entfesselung und (Geschlechter-)Demokratisierung hinaus. Vielmehr hat auch eine Art semantische und symbolische Aufladung stattgefunden, ja eine fundamentale kosmologische und ideologische Umstellung und Neueinstellung des Sexuellen, das im Zuge seiner ‚Befreiung' weit mehr geworden ist als nur frei, nämlich eine neue Art von Religion oder Ersatzreligion. In jedem Fall geht es um eine radikale materielle und materialistische Diesseitsorientierung mit einer entsprechenden Hochschätzung des ‚Leibes' (beider Geschlechter) und der Sexualität, die das Christentum im Rahmen seiner Weltsicht und Moral als ‚animalisch', schlecht und sündig (als Vergötzung usw.) verübelte. Stattdessen wird heutzutage fast überall (selbst in Kirchen) gepredigt, dass ‚Liebe' auch und gerade als ‚Sex' nicht nur keine Sünde sein kann, sondern vielmehr Identität, Gesundheit, Heil und Heilung bedeutet, das höchste Glück und (Be-)Glücken.

---

306 Die traditionellen Sexualmoralen und Sexualpolitiken der christlichen Kirchen haben sich jedenfalls in erheblichem Maße aufgelöst und sogar offiziell an die allgemeine ‚Sex-Kosmologie' der Gesellschaft angepasst. In den religiösen Selbstbeschreibungen, Programmen und ‚Erklärungen' (z. B. der Deutschen Bischofskonferenz) ist kaum noch von Sünde und Schuld oder umgekehrt von Werten wie Keuschheit oder ‚Jungfräulichkeit' die Rede. Übrig geblieben ist im Grunde nur noch ein diffuses Liebes- und Verantwortungsmodell der Sexualität, die nunmehr tendenziell als solche respektiert, ja sogar als ‚Gottesgeschenk' wertgeschätzt wird. An Boden verliert dementsprechend auch die sexuelle Entsagung, die nunmehr selbst in der Welt der Gläubigen eher als ‚widernatürlich', pathologisch oder pathogen verstanden und kritisiert wird.

Sexualität erscheint nun also als Anspruch und als Königsweg der Selbst- und Fremd-verwirklichung. Sie wird allgemein prinzipiell hochgeschätzt, wenn nicht „verehrt – der ‚heilige Eros‘ – und dient zur Freilegung der eigentlichen Person, während die ein-grenzenden Normen zerschlagen werden" (Lautmann/Schetsche 1990, S. 216). Mit dieser Konstruktion drängen sich auch die Bilder und Stories einer erotischen Kultur auf, in der letztlich alles auf die Quantität und Qualität von Orgasmen ankommt, die als das radikale Gegenbild jenseitsreligiösen (Paradies-)Glücks erscheinen: als optimale Im-manenz, Natürlichkeit, Asozialität, Identität.

Es geht hier also um einen fundamentalen Sinn-, Sinnes- und Sinnlichkeitswandel und einen fundamentalen Moralwandel, der zu einer ganz „neuen Moral" (Schulze 1999, S. 27) geführt hat – einer Erlebnis-, Genuss- und Glücksmoral. (Mindestens ‚guter‘) ‚Sex‘ wird zum Teil oder sogar zum Zentrum des „Projekts des schönen Lebens" (Schulze 1999, S. 39), das angesichts des religiösen Sinnverlusts geradezu logisch unter „Erfolgszwang" setzt: „Wehe uns, wenn uns das Projekt des schönen Lebens misslingt – wozu sind wir sonst auf der Welt?" (Schulze 1999, S. 39). Die existenzielle Orientierung an ‚Sinnlichkeit‘ ist also auch eine Folge von Säkularisierung und eine Antwort auf eine systematische Sinnfrage des säkularisierten Individuums, das in medialen Konstruktionen und Para-diesvorstellungen wie denen der Pornografie und der Werbung eine Art Überbau findet. In ihm spiegeln sich neue Werte, neue Perspektiven, neue Herausforderungen und neue Lebenskonzepte und Lebensrezepte des Individuums, dem es nunmehr mit jenem ‚Projekt‘ auch im Bereich des Sexuellen in erster Linie um ‚Erlebnisse‘ gehen muss.

In der Pornografie und auch in der Werbungserotik wird diese Weltanschauung zur empirisch-sinnlichen Anschauung jedermanns gebracht und für jedermann attraktiv dargestellt. In diesem Rahmen können zwar keine mit der (christlichen) Religion ver-gleichbaren Antworten auf existenzielle Schlüsselfragen des Lebens und (damit) des Körpers gegeben werden (Leiden, Tod usw.), aber in der medialen Performanz von erotisch-sexueller ‚Sinnlichkeit‘ aller Art spiegelt sich auch ein diffuser Problem-, Be-dürfnis- und Emotionshintergrund, der mit dem der Religion vergleichbar ist. In diesem Sinne ist der Pornografie oft eine Funktion in der Folge und der Nachfolge traditioneller Religion bzw. religiöser Paradiesvorstellung zugeschrieben worden, z. B. von Werner Faulstich:

> Pornografie ist in diesem Sinne letztlich Ausdruck einer Utopie: der Utopie von der Einheit des Menschen, d. h. zuallererst von Mann und Frau [...], dann aber auch von Geist und Körper, von Individuum und Gesellschaft. Die Verbreitung und Nutzung von Pornografie signalisiert nichts weiter als die Verbreitung der menschlichen Sehnsucht nach Harmonie und Ganzheit. Pornografie fungiert als einziger Statthalter jener utopischen Heilheit der menschlichen Natur, die ansonsten in unserer Kultur heute verschwunden ist, und erhebt damit zugleich, im Mythos gesprochen, den Anspruch auf Befreiung des ‚ganzen‘ Menschen aus der Herrschaft der Götter [...] Erst dies scheint der wahre Grund dafür zu sein, daß es „in der Pornografie letztlich nicht um das Sexuelle geht, sondern um den Tod" (Sonntag 1982, 74): die Überwindung der leidvollen geschlechtlichen Indivi-duation (Faulstich 1994, S. 269).

Pornografie und Werbung/Werbungserotik und die ganze moderne Konsumkultur/Erlebniskonsumkultur können also auch oder letztlich auf ‚anthropologisch konstante‘ und existenzielle Tatsachen bezogen werden, zugleich aber auch auf die moderne Gesellschaft und Gesellschaftsgeschichte mit ihren sozial- und kulturrevolutionären Transformationen. Stand die (christliche) Religion mit ihrer Sinngebung und ihrem ganzen Kontroll- und Sanktionsapparat Konstruktionen wie der Pornografie und dem Konsumismus einst feindlich gegenüber und wirkungsvoll im Wege, so sind diese Tatsachen nun an die mehr oder weniger leer gewordene (Funktions-)Stelle der überkommenen religiösen Glaubensvorstellungen getreten und in einem mit ihnen vergleichbaren Format aufgestiegen. Die religiösen Jenseitsparadiesversionen sind und werden durch radikal diesseitige Paradiesvorstellungen, Glücksverheißungen und Erlebnisgeneratoren ersetzt, die um unmittelbar erlebte Lust und Lüste kreisen. Werbung und Pornografie erzeugen und verbreiten diesbezüglich ‚sinnliche‘ und sinngebende Geschichten, Bilder, Eindrücke, Ahnungen und Erlebnisse.

Das Christentum steht allerdings im Verdacht einschlägiger historischer Bedeutsamkeit für die Ausformung und soziale Resonanz dieser Nachfolgemodelle, indem es Sexualität extensiv und intensiv diskursiviert und zugleich die Kultur und Kultivierung von Erotik und Sexualität fundamental und nachhaltig gehemmt hat. Das Christentum mag auch obszönen Ideen und Idealen (mit) Vorschub geleistet und durch sein moralisches Regime zugleich dem ‚Sex‘, dem sexuellen Phantasma und dem sexuellen Phantasieren Inhalte, Impulse und Richtungen gegeben haben. Die christliche Verbotsmoral kann insbesondere als ein Faktor oder Verstärker obszöner Lüste verstanden werden. In der neuen Art von Religion würde demnach viel von der alten Religion stecken.

7.7.2 Wissen, Wissenschaften und Verwissenschaftlichungen

Der Versuch Werbung und Pornografie und mit ihnen ihre Konstruktionen der Geschlechter und der Geschlechtlichkeit im Kontext diverser kultureller/zivilisatorischer Langfrist-Entwicklungen zu betrachten führt also auch zur Gesellschafts- und Kulturgeschichte des Wissens bzw. der Wissensformen. Aus ihr erklären sich auch Aspekte der inhaltlichen Entwicklung und Formation dieser Medienkulturen, die teilweise als religions*analoge* oder *quasi*-religiöse Sinngebilde verstanden werden können. Sie zeichnen sich allerdings durch einen spezifisch rationalisierten/rationalistischen Charakter aus und entsprechen damit dem dominanten Weltbild ihrer (der modernen) Gesellschaft.

Deren Modernität und Modernisierung geht nicht überall (und nicht überall gleich) mit dem Abstieg der Religion, aber in jedem Fall mit dem kulturellen/kosmologischen Aufstieg von Wissenschaft und Technik einher. Sie sind neben der und teilweise an der Stelle der Religion zu den zentralen kognitiven und auch moralischen Orientierungssystemen und Autoritäten in der ‚gesellschaftlichen Konstruktion der Wirklichkeit‘ geworden, die privilegiert bestimmen, was wirklich, wahr, wahrscheinlich und glaubwürdig ist. Diese Tatsache ist auch von mannigfaltiger Bedeutung für die Entwicklung der hier thematischen Medienkulturen und für ihre soziale Geltung. Gleichzeitig gibt es hier eine relevante Koexistenz wissenschaftlich-technischer und diverser nicht-wissenschaftlicher Weltbilder und Deutungsmuster, die sich teilweise widersprechen und teilweise strukturell ähneln. Eine gewisse Ähnlichkeit besteht z. B. zwischen dem Sexual-Naturalismus einiger (Natur-)Wissenschaften und dem obszönen Naturalismus der Pornografie, der sich mit dem der Werbung überschneidet.

Werbung und Pornografie (und mit ihnen ihre Konstrukte von Geschlecht und Geschlechtlichkeit) haben inhaltlich mehr oder weniger viel und mehr oder weniger direkt mit modernen Wissenschaften, mit wissenschaftlichem Wissen, Denken und Deuten zu tun. Vor allem die Werbung ist offensichtlich eng verquickt mit den Feldern, Akteur/-innen und Wissensbeständen verschiedener Wissenschaften, derer sie sich bedient und von denen sie sich je nach praktischem Handlungsbedarf bedienen oder beeinflussen lässt. Schon der weit fortgeschrittene funktionale Differenzierungs-, Spezialisierungs- und Professionalisierungsgrad der Werbung, die (Aus-)Bildung ihres Personals und ihrer Publika und die Erfordernisse ihrer Kampagnen implizieren, dass wissenschaftliches Wissen auch in die entsprechenden Kulturprodukte mitsamt ihren Konstruktionen von Geschlecht und Geschlechtlichkeit eindringt. Auch kommt die Werbung nicht umhin, ja sie liebt es, sich in ihren medialen Performanzen ständig auf Wissenschaft und Technik zu berufen. Diese sind nicht weniger als zentrale Generatoren von Glaubwürdigkeit, auf deren Herstellung es in der Werbung entscheidend ankommt, da diese schon als solche an einem Mangel an Glaubwürdigkeit leidet.

Die Bedeutung der Wissenschaften für die soziale Realität der Werbung und der Pornografie liegt auch darin, dass sie diese Medienbereiche zu Gegenständen machen und definieren, also mit Attributen, Urteilen und Images versehen und damit ihren sozialen/gesellschaftlichen Wirklichkeitsstatus bestimmen oder mitbestimmen. Wie z. B. „über Pornografie gehandelt wird und welche Gestalt sie als soziales Problem gewonnen hat, ist in der Moderne vielfältig von den Wissenschaften her beeinflußt. Deren Beiträge gehen als Grundlagenforschung, angewandte und beauftragte Forschung sowie als gebildetes Allgemeinwissen in die Konstruktion des Phänomens ein" (Lautmann/ Schetsche 1990, S. 202). Ähnliches gilt für die Werbung, die auch wie die Pornografie zu einem kontinuierlich beliebten und bevorzugten Gegenstand wissenschaftlicher und gerade auch sozialwissenschaftlicher Beobachtung und (Dis-)Qualifikation geworden ist. Dabei fällt auf, dass sowohl die Pornografie als auch die Werbung aufs Ganze der Diskurslandschaft gesehen relativ stark, ja außergewöhnlich stark fokussiert wurden und werden und auf der Seite eines breiten Spektrums von Wissenschaften über sehr lange Zeiträume eigene Spezialisierungen, Forschungstraditionen und Spezialdiskurse auf sich und nach sich gezogen haben, z. B. eine „Porno-Psychologie" (Lautmann/Schetsche 1990, S. 202 ff.), diverse sozialwissenschaftliche ‚Porno-Forschungsansätze' usw.

Die entsprechenden Beobachtungen, Beschreibungen und Definitionen sind zwar jedenfalls im Bereich der Sozialwissenschaften seit jeher alles andere als einheitlich und konsistent, in der Tendenz aber bis heute insgesamt eher negativ. So erfolgreich Werbung und Pornografie als auf Publika zielende (Populär-)Kulturen waren und sind, so sehr waren und sind sie Objekte der wissenschaftlichen bzw. verwissenschaftlichten

Disqualifikation, der (Fundamental-)Kritik, der Abwertung, der Verdächtigung und Beschuldigung. In diesem Sinne sind sie auch von diversen nicht-wissenschaftlichen Institutionen, Bewegungen und Diskursen reflektiert worden, die allerdings typischerweise wissenschaftlich informiert oder inspiriert gewesen sind. Es ist also ein ganzes Ensemble von Kulturmächten, das für die Konstruktion der *sozialen Wirklichkeit* der Werbung und der Pornografie eine zentrale und vielseitige Rolle gespielt hat und nach wie vor spielt. Die Bandbreite reicht jenseits der Wissenschaften von den kirchlichen Religionen bis zum Feminismus.

Werbung und Pornografie teilen also das Schicksal, zum bevorzugten und zugleich benachteiligten Gegenstand wissenschaftlicher oder wissenschaftsnaher Wirklichkeitskonstruktion gemacht worden zu sein und immer noch und immer wieder gemacht zu werden. Verschiedene Wissenschaften haben in diesem Zusammenhang mit dem allerdings unterschiedlichen und wechselnden Gewicht ihrer gesellschaftlichen Autorität gewirkt und tun dies bis heute. Beteiligt waren und sind neben eher naturwissenschaftlichen vor allem geistes- und sozialwissenschaftliche, soziologische, psychologische, pädagogische, medizinische, philosophische, politische Diskurse mit je eigenen und besonderen Geschichten und Konstruktionen, die vorwiegend, wenn auch nicht ausschließlich, auf spezifisch disqualifizierende Etikettierungen und Stigmatisierungen jener Kulturprodukte und Kulturproduzent/-innen hinauslaufen (vgl. Kautt 2008; Lautmann/Schetsche 1990; Faulstich 1994). Dementsprechend werden Werbung und Pornografie in den verschiedenen kommunikativen Haushaltsbereichen der Gesellschaft immer wieder mit Warnhinweisen versehen. Umgekehrt hat der wissenschaftlich-technische Rationalitätsrahmen ähnlich wie der Kunstrahmen und sogar der Religionsrahmen auch dazu getaugt und gedient, Toleranz, Akzeptabilität und Legitimität für Darstellungen herzustellen, die sonst als obszön oder pornografisch gegolten hätten oder gelten würden. Die um Sexualität kreisenden ‚Aufklärungsfilme' der 1960er Jahre in Deutschland sind ein Beispiel für einen hier gemeinten sozialen Rahmungstyp bzw. Tarnungstyp (vgl. Seesslen 1990).

Werbung/Werbungserotik und Pornografie erinnern aber auch in ihren kulturellen Verfassungen/Anlagen an wissenschaftliche und verwissenschaftlichte Sinnuniversen und Diskurse und sind jedenfalls ihnen benachbarte und analoge Gebilde. Besonders auffällig sind Parallelen in der Konstruktion des Erotischen/Sexuellen, dessen in Werbung und Pornografie verbreitete Versionen in sinnstruktureller Hinsicht nicht allzu weit von wissenschaftlichen Versionen und Deutungsmustern entfernt sind. Die Ähnlichkeit, Verwandtschaft oder Gemeinsamkeit besteht vor allem in einer sachlichen Konzentration und einer Art Versachlichung und Entmystifikation, die jene Medienkulturen vor allem mit den Naturwissenschaften verbindet, die auf ihre Weise die Geschlechtlichkeit und damit auch das Geschlecht symbolisch und moralisch entkleidet, naturalisiert und als ‚Sexualität' überhaupt erst erfunden haben.

Die (natur-)wissenschaftliche Entzauberung und Trivialisierung des Geschlechtlichen, der Geschlechter und des Menschen mitsamt ihren nicht-wissenschaftlichen Parallelphänomenen ist aber nur die eine Seite der Medaille. Andererseits hat gerade das Sexuelle auf dem Wege seiner Verwissenschaftlichung, wissenschaftlichen Reflexion und Diskursivierung eine besondere und überragende Wichtigkeit, Rätselhaftigkeit und Bedeutungskomplexität erlangt, vor allem die Bedeutung einer ontologischen und existenziellen Identitätsfrage und Schicksalsfrage. In den Kontext dieser Entwicklung sind auch die hier thematischen Medienkulturen zu stellen, da sie die „Rationalisierung der Sinnlichkeit" (Schulze 1999, S. 23 ff.) auf ihre Weisen mit einer Dauerthematisierung und einer gleichzeitigen symbolisch-normativen Überhöhung und Mystifikation des ‚Sinnlichen' verbinden.

Eine (gesellschafts-)kulturell zentrale Rolle hat in diesem Zusammenhang neben und mit der Biologie und der Medizin die Psychoanalyse gespielt, die mit ihrem sexualitätszentrierten und biologistischen Denken die ganze ‚westliche' Kultur, ja die Weltkultur durchdrungen hat (vgl. Gehlen 1957, 94 ff.).[307] Entscheidend ist hier die – auch von Pornografen gern zitierte – Freudsche Anthropologie bzw. Triebtheorie, der zufolge die gesamte „Seelentätigkeit" auf den Erwerb von „Lust" und die Vermeidung von „Unlust" ausgerichtet ist. Schon Arnold Gehlen hat darauf hingewiesen, dass sich aus dieser weltanschaulich verallgemeinerten Modellvorstellung eine eigentümliche Rationalisierung, Versachlichung und Naturalisierung der Subjektivität und der „Beziehungen der Menschen gegeneinander" ergibt (Gehlen 1957, S. 102). Auch die in gewisser Weise obszöne psychoanalytische/psychotherapeutische Norm und Kultur des Alles-Offenbarens, des Alles-Sagen-Dürfens und Alles-Sagen-Sollens mag hier als eine Art lebensphilosophisches und lebenspraktisches Paradigma von Bedeutung sein oder gewesen sein. Es liegt jedenfalls nahe, diesbezüglich auch an die Offenbarungsphilosophien und Offenbarungspraxen moderner Erotik- und Sex-Diskurse zu denken, einschließlich der Pornografie und der Werbung/Werbungserotik. Diese Kulturen erinnern auch durch ihr gleichsam anthropologisches und zugleich utopisches ‚Lustprinzip' an die Psychoanalyse.

Medienerzeugnisse wie die Werbung und die Pornografie erscheinen hier also in prinzipiellen Hinsichten gleichsam als Parallelaktionen von Wissenschaften und stehen wie diese gegen die Religionen, die ja das Wesen und das Wesentliche des Menschen und Menschseins nicht im Körperlichen, Natürlichen und ‚Animalischen', sondern ganz jenseits dessen sehen und das ‚Jenseits' als den Ort seiner Erfüllung konstruieren.

---

307 Die Psychoanalyse hat ja nicht nur als Theorie im Feld der Wissenschaften, sondern auch als veralltäglichtes Deutungsmuster enormen Erfolg gehabt. Wie sehr dieses Wissen gerade in der US – amerikanischen Alltagskultur durchgedrungen ist, betont Peter Berger, der von einer psychoanalytischen Durchdringung der Religion, der Literatur und der Massenkommunikationsmedien spricht. Im Hinblick auf die ‚gesellschaftliche Konstruktion der Wirklichkeit' hält Berger es für zentral, „dass Terminologie und Interpretationsschemen der Psychoanalyse in das Alltagsleben, wie es in der Umgangssprache zum Ausdruck kommt, eingedrungen sind. Begriffe wie ‚Verdrängung', ‚Frustration', ‚Bedürfnisse' und ‚Rationalisierung' – ganz zu schweigen von dem Schlüsselwort ‚unbewusst' – sind zu Ausdrücken geworden, deren sich weite Bevölkerungskreise mit Selbstverständlichkeit bedienen" (Berger 1972, S. 156). Die „Szientifizierung des Alltagswissens" (Oevermann 2001, S. 71 ff.) geht heutzutage natürlich weit über diesen „Psychologismus" hinaus und schließt auch und zunehmend eine „Versozialwissenschaftlichung" ein (Oevermann 2001, S. 72) – mit Begriffen wie Sozialisation, Rolle oder Gender.

7.7.3 Erotik-Anthropologie und Erotik-Identität

Vergleichbar mit der Psychoanalyse und mit Naturwissenschaften wie der Biologie – und ganz im Gegensatz zur Religion – ist die Pornografie auf eine Art von Obszönität eingestellt, die den Körper auf ‚sinnliche' Materialität reduziert und als ‚sinnliche' Materialität stilisiert. Die pornografische Darstellung von materieller Körperlichkeit folgt einem radikalen und spezifischen ‚Willen zum Wissen' (Foucault), hinter dem allerdings der übergeordnete Wille zur Lust, zur Unterhaltung, zum Konsum und zur sexuellen Stimulation steht. Dem entsprechend soll der Körper als Lust-Körper in Erscheinung treten, fungieren und wahrgenommen werden. Die Werbung steht dieser Körper-Konstruktion im Prinzip nicht nach. Vielmehr entspricht sie ihr auf ihre Weise, wenn auch mit einer anderen Zielsetzung, indem sie den erotischen Körper, insbesondere den erotischen Frauen-Körper, als solchen fokussiert, dramatisiert und ins Zentrum ihrer strategischen Performanzen stellt. Der erotische (Frauen-)Körper wird hier wie dort kultiviert und Objekt einer Art von Kult, den Werbung und Pornografie nur unterschiedlich bezwecken und ausgestalten.

In den entsprechenden Performanzen erscheinen Erotik und Sex als Selbstzweck und Hauptzweck des menschlichen Daseins und werden in diesem Sinne idealisiert und gleichsam anthropologisiert. Werbung und Pornografie teilen also eine „Erotik-Anthropologie" (Kautt 2012, S. 86 f.): das (Selbst-)Verständnis des Menschen – ob Mann oder Frau – als „natürliches Lust-Wesen" (Kautt 2012, S. 87). Die christliche Vorstellung vom lasterhaften und sündigen (Sex-)Leib wird umgekehrt in die ganz und gar unchristliche, ja antichristliche Vorstellung von Sexualität als Basis, Grund und Ziel allen Menschseins und Daseins. Werbung und Pornografie fungieren in diesem Sinne als kulturelle Foren, Bühnen und Rituale neben und mit den genannten ‚offiziellen' Diskursen und Deutungsmächten, die das sexuelle (Er-)Leben und den erotisch-sexuellen Körper ihrerseits als Medium der Selbstverwirklichung und des Glücks und damit zugleich als mögliche Ursache von Selbstentfremdung und Unglück entwerfen.

Die Pornografie komplementiert ihre ‚anthropologische' Vorstellung vordergründig mit der völlig unrealistischen und fantastischen Idee einer voraussetzungslosen, grenzenlosen und kostenlosen Umsetzung des menschlichen (insbesondere männlichen) Sex-Wesens in lebendige Praxis. Das ‚Lustprinzip' erscheint als ‚Realitätsprinzip' und umgekehrt. Im Porno bedarf es also jedenfalls auf den ersten Blick keiner sozialen Identität oder Rolle, die dem scheinbar natürlichen ‚Lustwesen' und ‚Lustprinzip' entspricht und ihm eine realistische Form verleiht. Demgegenüber verbinden sich die naturalistischen Vorstellungen der „Erotik-Anthropologie" in der Werbung mit der Vorstellung einer sozialen „Erotik-Identität" (Kautt 2012) bzw. einer sozial konstruierten und kodierten erotischen Korporalität. Die Inszenierung eines ‚Lustwesens' und ‚Lustprinzips' trifft hier auf die Inszenierung eines ‚Realwesens' und eines realistischen ‚Realitätsprinzips'– eine Inszenierung, die die Identifizierbarkeit von Lüsten und sozialer Wirklichkeit verspricht.

Mit dieser Identitätskonstruktion der Reklame wie mit dem illusorisch-utopischen Verzicht darauf in der Pornografie machen sich auch (neue) soziale Grenzen, Zwänge und Kontrollen bemerkbar, die eine eigene Rationalität und eine eigene zivilisatorische Tragweite besitzen. Sie besteht in einer spezifischen Subjektivierung, Individualisierung und Reflexivierung von und durch Erotik/Sexualität, die im Prozess ihrer scheinbaren Befreiung und Freisetzung, ihrer Um- und Aufwertung zugleich zur Pflicht, zur Aufgabe, zur Leistung und zur potenziellen Problematik wird.

Es geht hier also um eine zweiseitige und zweiwertige Sinnkonstruktion, an der die Werbung beteiligt ist, an der und mit der sie arbeitet und von der sie – wie indirekt auch die Pornografie – profitiert: eine Art Sexualliberalismus und Sexualkonsumismus (‚Lustprinzip') einerseits im Zusammenhang mit der Vorstellung von einem anspruchsvollen, beanspruchten und leistenden Selbst (oder: Ich) andererseits. In der Welt der Werbung muss dieses Selbst sich und seinen Körper den objektiven Erfolgsbedingungen seiner Gesellschaft entsprechend kontrollieren und gestalten, um in den Genuss prinzipiell unbegrenzter (Sex-)Genussmöglichkeiten zu kommen und seine Lust-Potenziale auszuschöpfen.

York Kautt beschreibt diese in der Werbung dramatisierte Verbindung und Vermittlung einer Art Lustprinzip mit einer Art Realitätsprinzip folgendermaßen:

> Als akzeptabel mindestens angedeutet, wenn nicht propagiert, werden dementsprechend immer wieder Grenzenlosigkeit, Toleranz und Pluralismus. [...] Indem die Images der Werbung eine erotische Konsum- bzw. Erlebnisgesellschaft entwerfen, in der man dazu aufgerufen ist, die Fülle der (im Prinzip gleichwertigen) Optionen wahrzunehmen und je nach individuellem Geschmack zu realisieren, koppeln sie zudem die (u. a. obszöne) Erotik an die Idee einer vom *Individuum selbst herzustellenden* und zu *verantwortenden Erotik-Identität*. Die damit zusammenhängende Stilisierung des Körpers in seinen konkreten Erscheinungsformen betrifft die wohl wichtigste Spezifität der Werbungserotik. [...] In diesem Rahmen steigert die Werbung in ihrer historischen Entwicklung das Maß an Reflektiertheit von Erotik als Identitätswert erheblich. Sie führt in immer facettenreicheren Beschreibungen Standards, Ideale und (d.h.) ‚Tauschwerte' der Erscheinung und des Verhaltens vor, durch die negative Abweichungen mindestens als problematische Defizite erscheinen. Vor allem die direkt auf den Körper bezogenen Modellierungen indizieren ein Regime von Anforderungen mit entsprechend vorgerückten Scham-, Verlegenheits- und Peinlichkeitsschwellen (Kautt 2012, S. 87 f.).

Die hier gemeinte Erotik-Realität bzw. Erotik-Identität hat also viel mit imaginierter, erwarteter, erhoffter oder ersehnter Lust als Thema und Ziel zu tun. Sie hat aber *als solche* auch *wenig* mit der Lust zu tun, die sie idealisiert und anstrebt. Vielmehr geht sie schon in der Werbung und wohl mehr noch im Leben mit Lasten, Leistungen und auch Listen einher. Man muss in diesem Zusammenhang nach Auskunft der Werbung auch Pläne haben und Strategien verfolgen und kann im Prinzip gerade nicht der Lust nachgehen und nachgeben, die einen antreibt und deren Verwirklichung und Gestaltung einem prinzipiell freigestellt ist. Lust, Befriedigung und Glück sind vielmehr das Ergebnis von Handlungen – Wahl-Handlungen, Vollzugs-Handlungen, Gestaltungs-Handlungen – unter der Voraussetzung von Kapitalien, insbesondere von korporalem Kapital, das in der Werbung unterstellt wird und das mit der jeweils beworbenen ‚produktiven' Hilfe erhalten und gesteigert werden soll. Der Körper zeigt sich dabei nicht nur als Lust-Körper und Lust-Quelle, sondern auch als Unlust-Körper und Unlust-Quelle, der zwar mit Investitionen und Arbeit zu begegnen ist, die aber als natürliche (biologische) wie als soziale Tatsache nicht aus der Welt zu schaffen ist und als Erfolgsbedingung und Erfolgsgrenze auch ‚ärgerlich‘ (Ralf Dahrendorf) bleibt.

Hier ist allerdings auch – und immer noch – die kosmologische und symbolische Differenz und Differenzierung der Geschlechter ‚im Spiel‘ und als Unterschied, der Unterschiede macht, zu beachten. Von den Frauen in der Werbung und *vor* der Werbung (auch den höheren Altersklassen) ist qua Tradition, Rolle und Identität ein höheres Maß an Reflektiertheit von Erotik als Identitätswert und zugleich ein diesbezüglich höheres Maß an Zivilisiertheit zu erwarten als von den korrespondierenden Männern, und die Frauen sind auch entsprechenden Erwartungen, Zuschreibungen und Beschreibungen ausgesetzt. Auch wenn historische/zivilisatorische Entwicklungen die Geschlechterdifferenz im Prinzip verwischen und entschärfen, sind es bis heute am Ende immer noch die Frauen, die von dem von Kautt gemeinten ‚Regime‘ von Anforderungen, der vom *Individuum selbst herzustellenden und zu verantwortenden Erotik-Identität* am stärksten betroffen sind und unter Druck gesetzt werden. Werbung und Pornografie ähneln sich in diesem Zusammenhang insofern, als sie zwar im Gleichschritt mit anderen Diskursen gewisse traditionelle Moralvorstellungen überholt und erledigt haben, aber in ihren Erotik-Identitätskonstruktionen relativ hartnäckig geschlechtsspezifische Status-, Prestige- und Achtungsbedingungen stellen, die einen mehr oder weniger traditionellen Charakter haben und offenbar im Alltagsleben bzw. in den Habitus von jedermann und jederfrau verwurzelt sind. Die Besonderheit von Werbung und die Unterschiedlichkeit zwischen Werbung und Pornografie liegt in diesem Zusammenhang nur darin, dass die Werbung sowohl eine selbst herzustellende und zu verantwortende Erotik-Identität zuschreibt als auch über das beworbene Produkt und die damit zusammenhängenden Bedeutungen Erotik/Sexualität gleichsam definiert – als Modell und Aufgabe einer Herstellung. In der Pornografie erscheinen Erotik und Sexualität dagegen nicht als bedingt und selbstverantwortlich herzustellend, sondern als bereits existierend oder hergestellt und dargestellt. Pornografie, jedenfalls die ‚Hamburger-Version‘, unterstellt auch erotische Attraktivität (mindestens auf der Seite der Frauen) als selbstverständlich gegeben.

Die semantischen, symbolischen und diskursiven Gemeinsamkeiten, Ähnlichkeiten und Differenzen zwischen Werbung und Pornografie treten hier also ebenso hervor wie ihre Parallelitäten und Zusammenhänge mit anderen Sinnsystemen und übergeordneten kulturellen (Transformations-)Prozessen. Unter diesen Voraussetzungen fungieren Werbung und Pornografie selbst als kulturelle/zivilisatorische Mächte, die Erotik und Sexualität und mit ihnen ‚Bilder der Geschlechter‘ aufgreifen und adressieren, konstruieren und vermitteln. Damit werden auch Vorstellungen, Deutungsmuster und Ideologien bestätigt und verstärkt, die, wie z. B. die biologische/psychologische ‚Triebtheorie‘, in anderen Bereichen der modernen Kultur entstanden sind und gepflegt wurden und werden.

Ihre kulturellen Referenzen, Verwandtschaften und Schnittmengen, insbesondere ihre faktische (implizite) Version einer Erotik-Identität, hindern die Pornografie aber nicht daran, eine, wenn auch nur vordergründige Vision (Utopie, Illusion) von sozialer

Bedingungslosigkeit, Anomie und totaler Freiheit zu performieren, als ob Erotik und Sexualität ohne Grenzen, ohne Identität, ohne Rollen und ohne Rollenspiel möglich, realistisch und normal wären. Die Pornografie setzt damit der medialen wie der lebenspraktischen Erotik-Realität bzw. Erotik-Identität eine Art Märchen entgegen, das für ihr Publikum zugleich faszinierend, spannend und entspannend sein mag. Auch die Werbung erzählt in diesem Zusammenhang gleichsam Märchen, die sich allerdings typischerweise um die Vorstellung von Produkten/Waren als Sozialität katalysierenden oder ersparenden Schlüsseln zum (Erotik- und Sex-)Erfolg drehen.

7.8 Symbolische Ordnungen, Unordnungen und Neuordnungen

Die hier thematisierten Medienkulturen der Werbung und der Pornografie mitsamt ihren Konstruktionen der Geschlechter und der Geschlechtlichkeit implizieren je besondere symbolische Ordnungen, die in langfristige Wandlungen der Gesellschaftsstruktur und Gesellschaftskultur eingebunden sind und sich zu diesen Wandlungen jeweils systematisch verhalten: als Spiegelungen, Symptome, Stilisierungen, Gegenbilder, Bremsen oder Verstärker.

7.8.1 Zivilisatorische Formalisierungen und Informalisierungen

Der langfristige Prozess der Zivilisation ist im Anschluss an Elias als ein mit der Heraufsetzung von Scham- und Peinlichkeitsschwellen einhergehender Prozess der ,Kultivierung' von Verhaltensbereichen und der ganzen Lebensführung zu beschreiben: als Disziplinierung und Durchformung körperlicher Spontaneität/Affektivität, als Überformung korporaler Expressivität, als Bildung und Ausbreitung von ,guten Manieren', als Steigerung von Empathie und interaktioneller Feinfühligkeit, als ,psychologische' Sensibilisierung, als Verschiebung körperbezogener Bedürfnisse und Befriedigungen ,hinter Kulissen' (Elias), als sprachliche Regulierung, Diskretion, Zensierung usw. – und in jeder Form als Steigerung und Habitualisierung von Selbstbeherrschung. Als ein Zentrum oder als *das* Zentrum dieser Entwicklung erscheint die Interaktionsordnung, die Erving Goffman als eine *rituelle* Ordnung mit entsprechend habituell disponierten Akteur/-innen vorgestellt hat. Sie sind im persönlichen Umgang im Allgemeinen motiviert, bereit und in der Lage zu ,gutem Benehmen', zum Anstand, zur Höflichkeit, zum Takt, zum Erweis von Achtung und Selbstachtung und sogar zu noch anspruchsvollerem Verhalten: zum Empfinden und zum Ausdruck von Mitgefühl, zur Pietät, zur Großmut u. a. m. (vgl. Goffman 1971a, b; Gehlen 1957).

Im Laufe des 20. Jahrhunderts und darüber hinaus haben sich in diesen Hinsichten allerdings Wandlungen, Transformationen, Erosionen und Verschiebungen abgespielt, die den Begriff der Zivilisation oder Zivilisiertheit selbst zu relativieren, einzuschränken oder in Frage zu stellen scheinen. Frühere auf diese Begrifflichkeit zu bringende Entwicklungen und Entwicklungstendenzen haben sich nicht kontinuierlich fortgesetzt, sondern spätestens in der zweiten Hälfte des 20. Jahrhunderts mit zunehmender Geschwindigkeit in vielen Punkten abgeschwächt und teilweise umgekehrt. Zwar haben sich in dieser Zeit und in der Vergangenheit der letzten Jahrzehnte auch neue symbolische, rituelle, ästhetische, stilistische und moralische Formen und Formalisierungen entwickelt und sozial durchgesetzt, auch neue normative Orientierungen und Anforderungen, neue Etiketten des Handelns, neue Disziplinen, neue diskursive Vorschriften, Zensuren, Sprachregelungen,[308] aber insgesamt geht der historische Trend nach Einschätzung der meisten Beobachter/-innen schwerpunktmäßig in die Richtung einer kulturellen/zivilisatorischen ‚Öffnung‘, Desorganisation, Liberalisierung und Pluralisierung. Kulturelle Entdifferenzierung, (Wahl-)Freiheit, Beliebigkeit und Unverbindlichkeit scheinen in vielen ehemals fest(er) und streng(er) geordneten Lebensbereichen zugenommen zu haben und weiter zuzunehmen – parallel zu fortgeschrittenen und fortschreitenden Autoritäten-, Autoritäts- und sozialen Kontrollverlusten. Frühere Autoritäten wie die Kirche, die Familie, die Verwandtschaft, die Nachbarschaft oder die Gemeinde sind entweder mehr oder weniger verschwunden oder stark geschwächt.

In diesem Zusammenhang hat Cas Wouters im Anschluss an Elias und mit Blick auf die jüngere Gesellschafts- und Zivilisationsgeschichte den Begriff der Informalisierung geprägt, unter dem er vor allem einen längerfristigen zivilisatorischen Deformations- und Transformationsprozess auf den Ebenen der Gewohnheiten/Habitus, der symbolischen/rituellen Interaktionsordnung und des Alltagslebens im Allgemeinen versteht. Deregulierung, Erweiterung von Spielräumen/Freiheiten und Vermehrung von Spielarten gehen in diesem Prozess in vielen Lebensbereichen Hand in Hand.

> Das schließt ein, daß viele Verhaltensweisen, die verboten waren, nun erlaubt sind und daß in Verhaltensbereichen wie geschriebene und gesprochene Sprache, Kleidung, Musik, Tanz und Haartracht sowohl das Verhalten als auch Empfindungen sehr viel weniger streng reglementiert sind als früher. Der Betrachter, der das Bild des gesellschaftlichen Lebens der früheren Generationen mit dem heutigen vergleicht, wird bemerken, daß in mancher Hinsicht das letztere sehr viel farbiger im wörtlichen wie im übertragenen Sinn ist (Wouters 1979, S. 282).

Der späte Elias (1990, S. 31 ff.) spricht in Bezug auf die mehr oder weniger dramatischen „Veränderungen europäischer Verhaltensstandards im 20. Jahrhundert" – im ausdrücklichen Anschluss an Wouters (vgl. Elias 1990, S. 43) – von einem „Informalisierungsschub" (Elias 1990, S. 43 ff.), den er vor allem nach dem zweiten Weltkrieg an Fahrt gewinnen sieht. Damit trägt er nicht nur empirischer Evidenz Rechnung, sondern denkt und argumentiert auch in der Logik seiner frühen Zivilisationstheorie, in der er unter anderem feststellt, dass nach dem Untergang der ‚höfischen Gesellschaft‘ Beruf und Geld

---

308 Auch diese Entwicklungen bedingen natürlich die kulturellen Foren der Massenmedien. So ist die Werbung normalerweise geneigt, sich aus den besagten funktionalen und strategischen Gründen ‚politisch korrekt‘ zu verhalten, während die Pornografie genau umgekehrt gepolt ist und gerade daraus einen eigenen oder gesteigerten Attraktions- und Gratifikationswert beziehen mag. Als „frevlerischer Diskurs" (Foucault) ist sie z. B. das ganz Andere der herrschenden ‚Korrektheit‘, Moral und Schicklichkeit, die sie insofern aber auch gleichsam indiziert.

zu primären Prestigequellen werden und die Verhaltensverfeinerung im geselligen Verkehr als Prestigequelle an Bedeutung verliert.[309] Der Prozess der Zivilisation bzw. der Prozess der Informalisierung ist also auch direkt an die Form und Transformation der Gesellschaft gebunden, die und deren Menschen im Übergang zur Moderne und im Zuge ihrer Modernisierung auch ihren kulturellen/zivilisatorischen Charakter ändern, und zwar grundlegend und nicht zuletzt auf der Ebene der Interaktionsordnung. In seinen späten Überlegungen zu „Zivilisation und Informalisierung" konstatiert Elias gerade auf dieser Ebene eine weitreichende und tiefgehende Informalisierung, die speziell die symbolische Ordnungsform der „Interaktionsrituale" (Goffman 1971a, b) betrifft. So weist er darauf hin, dass früher sehr differenziert strukturierte und ver- bindliche Rituale, wie etwa die Anrede, aber auch spezielle zeremonielle Ordnungen oder rituelle Muster, wie etwa das „Hofmachen" (Elias 1990, S. 53) zwischen den Ge- schlechtern, wenn sie denn noch existieren, „nur noch in sehr rudimentärer Form in Gebrauch" sind (Elias 1990, S. 52).

Die Informalisierungsdiagnose wird auch von anderen modernen Gesellschafts- und Kulturbeobachtern bestätigt, und sie wird auch erweitert. David Riesman spricht mit Blick auf die US-amerikanische (Nachkriegs-)Gesellschaft, die (auch) in diesem Zu- sammenhang eine Vorreiterrolle gespielt hat, generell von Entritualisierung und „einer Art ‚Lässigkeitskult'" (Riesman 1958, S. 158) – einer Ritualisierung des Ritualverzichts, des Un- und Antirituellen. Diese ‚Diagnose' teilt zur selben Zeit wie Riesman auch Arnold Gehlen, der mit Riesman (1958, S. 158 ff.) zudem darin übereinstimmt, dass die Locke- rung der Umgangsformen und Sitten mit einer historisch tendenziellen Reduktion der Arbeitszeit, des Arbeitsdrucks und des existenziellen Arbeitssinns einhergeht und die Freizeit- und Konsumgesellschaft sich zunehmend raumgreifend entwickelt. Gehlen konstatiert (schon) Mitte des vorigen Jahrhunderts: „der Daseinskampf verliert an Härte, die von der frühindustriellen, noch geringen Produktivität erzwungene An- strengung und Arbeitsdisziplin erschlaffen, man darf sich mit Arbeitszeiten begnügen, die unseren Großvätern als sündhafte Verweichlichung erschienen wären, der Wohl- fahrtsstaat setzt den Apparat der Reichtumsverteilung in Gang – und zugleich herrscht der Subjektivismus unbeschränkt ..." (Gehlen 1957, S. 64). Informalismus, Subjektivis- mus, Hedonismus und Konsumismus hängen aus den Blickwinkeln von Gehlen und Riesman eng zusammen.

Im Verständnis der Eliasschen Zivilisationstheorie bedeuten diese Entwicklungen, insbesondere Informalisierungen, allerdings keineswegs ‚Dezivilisierung', auch keinen „Übergang zur Regellosigkeit" (Elias 1990, S. 60) oder gar „beginnende Rebarbarisierung" (Elias 1990, S. 54); auch ist bei aller faktischen ‚Entfeinerung' oder punktuellen Verro- hung des Verhaltens keine generalisierte „Vergewöhnlichung" (Weiß 2003) im Sinne eines zivilisatorischen Niveauverlusts gemeint, sondern vielmehr ein zivilisatorisch implikationsreicher „Schub der Individualisierung". „Wenn man eine solche Wandlung

---

309 Informalisierung liegt demnach in der Logik der modernen Zivilisation als historischer Gesamt- bewegung.

als Entzivilisierung auffasst, dann beruht das auf einem Missverständnis der Zivilisationstheorie" (Elias 1990, S. 60). Aus der Perspektive dieser Theorie deutet Informalisierung eher auf eine zivilisationsverdankt fortschreitende (funktionale) Verzichtbarkeit von ‚Formen' und einen Substanz- und Funktionsgewinn des Individuums als einer zivilisierten ‚Persönlichkeit'/Subjektivität, die ihre systematisch erweiterten Spielräume handhaben und nutzen kann und muss: zum Selbstmanagement, zur Selbstdarstellung, zur Selbstgestaltung, zur Selbstsorge. Die Genese von Subjektivität und Subjektivismus bilden dabei auch schon für Elias zwei Seiten einer Medaille.

Man kann demnach jedenfalls im Hinblick auf die jüngere Geschichte der ‚westlichen Zivilisation' von einem mehrseitigen und dialektischen Prozess sprechen. Einer Lockerung und Öffnung der Formen und ‚Sitten' und einer Erweiterung von Toleranzspielräumen korrespondiert eine Individualisierung und Subjektivierung, ein Raum-, Funktions- und Geltungsgewinn des ‚Ichs'. Diesem wiederum korrespondiert ein gemessen an traditionellen Vorstellungen weniger strenges ‚Über-Ich'. Informalisierung und Entmoralisierung gehen insofern miteinander einher. Gleichzeitig vollzog und vollzieht sich nicht nur eine symbolische/rituelle und moralische Desorganisation, Öffnung und Indifferenzierung, sondern auch eine tendenzielle Umstellung der symbolischen und moralischen Ordnung und deren Einstellung auf Individualisierung und Individualismus, Subjektivierung und Subjektivismus. Sozial und psychisch/habituell ist ein kultureller Liberalismus und Pluralismus im Sinne einer Art Welt- und Selbstanschauung mehr oder weniger allgemein durchgedrungen. In vielen Bereichen machen also Unterschiede, die einmal Unterschiede machten, keine Unterschiede mehr und/ oder *sollen* keine Unterschiede mehr machen. Indifferenz ist insoweit zur Norm und zur Normalität geworden und erscheint als kulturelle/zivilisatorische Errungenschaft, die auch im Schwinden und Verschwinden von Scham- und Peinlichkeitsschwellen gesehen wird und besteht. Andererseits und komplementär hat sich eine Ich-Moral durchgesetzt und verbreitet, die Autonomie, Ich-Leistung und (Selbst-)Gestaltung als Werte und Achtungsbedingungen impliziert – mit neuen Typen oder Inhalten von Scham und Peinlichkeit.

Eingeschlossen in diesen Komplex von Transformationsprozessen sind die sozialen und kulturellen Verhältnisse der Geschlechter und der Geschlechtlichkeit bzw. des Sexuellen schlechthin. Das Geschlecht als solches verliert – parallel zum Bedeutungsgewinn und Wachstum seiner Diskursivierung – moralisch, normativ und faktisch an Bedeutung im Verhältnis zum ‚Ich' als solchem, zur ‚Persönlichkeit', sei sie weiblich oder männlich. Gleichzeitig werden die ‚Selbstdarstellungen' und Interaktionen der Geschlechter offener, unbestimmter und unsicherer, also auf Subjektivität und Handlungskompetenz angewiesener. Spielräume, Spielräume der ‚Aushandlung' und Spielarten nehmen zu. Die ‚neue Moral' gebietet nicht nur Gleichheit und Gleichberechtigung, sondern zwingt auch zur Reflexion, zum Handeln und (Selbst-) Gestalten.

Das gilt auch und besonders im Bereich des Sexuellen. Hier drängen sich die Eindrücke der Liberalisierung, der „Entsublimierung" (Herbert Marcuse) und der hedonistischen Lustpflicht auf. Sexuelle Treue ist ein deutlich oder völlig entwerteter Wert

geworden. Toleranz (wenn nicht Bewunderung) gegenüber Fremdgehen und Seiten-
sprüngen hat zugenommen, ja die ‚offene Beziehung' ist als Modell schon weit verbreitet; ebenso die sexuelle Gleichberechtigung und Anspruchshaltung aller Geschlechter. Waren früher Keuschheit und Reinheit und mindestens Zurückhaltung
unbedingte Gebote weiblichen (Erotik-)Verhaltens, so herrscht heute offenbar in allen
Schichten und auch in den Welten der jungen und gebildeten Mittelschichts-Frauen der
‚westlichen Zivilisation' eine ganz andere Orientierung vor. Die generalisierte Idee der
‚starken Frau' schließt nun selbstverständlich auch die sexuell starke Frau ein, die
erotisch und sexuell initiativ, aktiv und fordernd ist, die Frau, die entsprechende Vorstellungen und Ansprüche hat und vertritt und die sogar im Fernsehen zu Witzen fähig
ist, die traditionellen ‚Herrenwitzen' kaum nachstehen. Umgekehrt verliert der alte
‚Machotyp' den symbolischen und moralischen Boden, und auch dem ‚normalen' Mann
stellt sich vermehrt und verschärft die Frage der Form seiner Männlichkeit. Gerade die
‚neuen Männer', aber auch die ‚neuen Frauen' stehen damit vor Orientierungs-, Si-
cherheits- und Vergewisserungsproblemen. Die Performance und die entsprechende
Passung und Anpassung wird zur Schlüsselfrage im Spiel der Sexualität. Diesbezüglich
meinte schon Riesman vor nunmehr gut 70 Jahren: „Die Unsicherheit, *wie* man dieses
Spiel betreiben soll, ist [...] ungeheuerlich ..." (Riesman 1958, S. 158 f.).

7.8.2 Medienkulturelle Kontexte

Werbung und Pornografie, Verwerblichung und Pornografisierung partizipieren auf je
eigene Weise an den oben skizzierten Entwicklungen, setzen sie voraus, sind in sie
involviert, zeigen sie gleichsam symptomatisch an und haben Effekte in die eine oder/
und andere Richtung.

Auf den ersten Blick scheint die Pornografie die Logik und den Grad der Informalisierung auf die Spitze zu treiben, stellt sie doch nicht weniger als symbolische/ri-
tuelle Anomie und einen systematischen zivilisatorischen Formen- und Normenbruch
dar, sozusagen Zivilisation mit umgekehrten Vorzeichen (vgl. Faulstich 1994, S. 13 ff.).
Auch der massenhafte Pornokonsum selbst und die gesellschaftliche Lizensierung
‚milder' Porno-Formen mögen in diesem Sinne symptomatisch sein. Der normale (zivilisierte) Pornokonsument wahrt allerdings immerhin im lebenspraktischen Handeln
die ‚Form' der Gesellschaft; er konsumiert, fantasiert und agiert im ‚Rahmen' der Gesellschaft, die ihm sein Vergnügen heutzutage prinzipiell zugesteht und sich damit auch
(auch damit) als informell, tolerant, liberal und indifferent ausweist. Pornografie und
Pornografisierung passen also in den Prozess der Informalisierung, und sie mögen ihn
auch spezifisch anregen.

Eben dieser Prozess ist aber auch in gewisser Weise ein Feind der Pornografie. Mit
ihm verliert sie, worauf sie dringend angewiesen ist: Momente und Grade des Obszönen,
des Devianten, des Skandalösen, des Spektakulären, des Sensationellen – Momente und
Grade, die sie selbst und die auch ihre Attraktivität für ihr Publikum wesentlich ausmachen oder mitausmachen. Informalisierung reduziert oder bedroht hier also den

Gratifikationswert und damit auch den Gebrauchs- und Warenwert von Pornografie, die darauf entsprechend, z. B. mit einer Verschärfung ('Vergewöhnlichung', Brutalisierung) ihrer Performanzen, reagieren kann oder muss. Pornografie steht also nicht nur im Kontext von Informalisierungsprozessen; sie bringt sie auch zum Ausdruck und bringt sie voran, und sie kann oder muss auf sie reagieren. Nicht zuletzt dürfte die massive Verbreitung von Pornografie/Pornografisierung (ähnlich wie die Verbreitung anderer Bereiche der massenmedialen Unterhaltungskultur, z. B. Komikformen) den Prozess der Informalisierung begünstigen. Dem entsprechend ist es für den Funktionswert bzw. den Reiz der Pornografie günstig, wenn diese unter altem Moral- und Moralisierungsdruck/ moralischem Verurteilungsdruck bleibt oder, wie es fast zyklisch geschieht, unter neuen Moral- und Moralisierungsdruck/moralischen Verurteilungsdruck gerät.

Die Werbung ist hier aufgrund ihres anderen Gattungs-Charakters zunächst eher als ein Gegenbeispiel zur Pornografie anzusehen: jedenfalls weniger als Moment oder Faktor von Informalisierung, sondern vor allem als eine Art Instanz der Zelebrierung und Übersteigerung (Hyper-Ritualisierung) symbolischer Formen und Ordnungen, Ideale und Standards der Gesellschaft. Auch jenseits der kulturellen Realität der Gesellschaft, die sie als kulturelles Forum allerdings immer im Sinn haben muss, ist die Werbung besonders an symbolischer, moralischer, ästhetischer und stilistischer Ordnung und an deren performativer Zuspitzung interessiert. Sie schätzt und übersteigert in gewisser Weise die aktuell herrschenden Formen und das Formale im Rahmen und im Dienst ihrer dramaturgischen Image-Arbeit, die zwar im Allgemeinen einen hochgradig fiktionalen Charakter hat, aber im Sinne der kosmologischen und symbolischen Ordnung des Publikums auch realistisch und performativ realitätsnah sein muss.

Das schließt allerdings nicht aus, dass auch die Werbung Informalisierungsprozesse und deren kulturelle Resultate nachvollzieht und punktuell sogar Anstöße in dieser Richtung gibt. Davon zeugt sie – wiederum als kulturelles Forum – z. B. durch die historisch relativ spät aufgekommene Inszenierung und Präsentation von spezifisch körperbezogenen Produkten (wie z. B. 'Hygieneartikel', Kondome oder 'Sex-Spielzeug') und Dienstleistungen (wie z. B. erotische Kontaktbörsen), die früher als unschicklich, unmoralisch oder undarstellbar galten (siehe oben).[310] Diesbezüglich geht die Werbung immer weiter und scheut sich heute auch nicht mehr, sehr lange tabuisierte Themen wie (weibliche) Menstruation, 'Frigidität', (männliche) 'Impotenz' oder auch die Inkontinenz beider Geschlechter offen zu thematisieren und sogar realistisch und anschaulich zu

---

310 Ein interessantes Beispiel aus dem Bereich der massenmedialen Werbung (des Fernsehens) findet sich in Goffmans Rahmen-Analyse der „Sonderausführung", wo folgende Meldung der New York Times aus dem Jahre 1957 zur Illustration einer besonderen Grenzverschiebung zitiert wird: „Toronto, 4. Aug. (Canadian Press) – Die Kanadische Rundfunk- und Fernsehgesellschaft hat das Verbot der Werbung für Artikel aufgehoben, die bisher als zu intim für das Fernsehen gegolten hatten. Werbung für Korsetts, Desodorierungsmittel, Büstenhalter, Fitnessklubs, Haarentferner und Toilettenpapier kann jetzt Eingang ins Fernsehen finden. ‚Themen, die noch vor ein paar Jahren in gemischter Gesellschaft als unschicklich galten, werden jetzt als akzeptabel empfunden', sagte Charles Spraggett, der Leiter der Presseabteilung der CBC. Damenslips bleiben ausgeschlossen" (Goffman 1977, S. 81).

illustrieren. Damit leistet die Werbung einen zivilisatorisch voraussetzungsvollen und möglicherweise wirkungsvollen Beitrag zu einer Informalisierung, die sich in diesem Fall auch als Rationalität/Rationalisierung und sogar als Emanzipation ausweist. Ein anderes Beispiel sind in diesem Zusammenhang vermehrte und erweiterte Thematisierungen von Erotik/Sexualität und Darstellungen von Nacktheit. Oben wurde bereits darauf hingewiesen, dass sich die Werbung bzw. die Werbungserotik schon sehr früh, aber verstärkt in der jüngeren Vergangenheit nah an pornografischer Obszönität bewegt und Form- und Normgrenzen testet. Auch die groß angelegte und berühmt gewordene ‚AIDS-Kampagne‘ der 1980er Jahre mit ihrer offenen Thematisierung und Visualisierung sexueller bzw. homosexueller Praktiken und Praktiker mag hier angeführt werden.

Andererseits signalisiert die Werbung bei aller Informalisierung, bei aller Auflockerung und Lockerheit und bei allem Lob der Lockerheit und der Freiheit auch deren Grenzen. So ist den Körper betreffende Lässigkeit zwar in mancher Hinsicht, z. B. was Frisur und Kleidung betrifft, im Prinzip zulässig, ja zulässiger denn je, nicht aber, wenn es um die Hygiene, die Sauberkeit und den Geruch des Körpers geht. Diesbezüglich duldet die Werbung keinerlei Nachlässigkeit und kennt sie keine Gnade gegenüber Abweichungen und Abweichlern. Im Gegenteil scheint sie hier sozial übergreifend (auch geschlechterübergreifend) immer höhere Anforderungen zu stellen. Die Werbung fungiert in diesem Zusammenhang offenbar als eine mächtige Instanz der Zivilisierung, die auch und gerade dadurch, dass sie die inakzeptablen ‚Dinge‘ (Körperausscheidungen, Körpergerüche) offen anspricht, Stigmagrenzen und Scham- und Peinlichkeitsgrenzen zieht, bestätigt und verstärkt.

Medien- und kommerzbasierte Inszenierungen wie die der Pornografie und der Werbung/Werbungserotik deuten nicht nur auf kontinuierliche Zivilisation und den begrenzten Zivilisationswandel der Informalisierung, sondern auch auf neue oder erneuerte Arten von zivilisatorisch signifikanter *Formalisierung* und *Moralisierung*. Eingeschlossen in diesen Zusammenhang oder auch dessen Zentrum ist wiederum die Sphäre der Körper: insbesondere im Sinne einer Oberflächen-Zivilisierung bzw. Fassaden-Stilisierung des *weiblichen* Körpers, die von der Hygiene über diverse ‚Pflegen‘/ Kosmetiken, Frisur, Haarstyling (inklusive Wimpernverlängerung) und Haarentfernung, Schminken, Ernährung und Sport bis zur kosmetischen Chirurgie reicht und auch die (erotische) Kleidung/Mode miteinschließt. Es liegt auf der Hand, dass die Werbung in diesem Zusammenhang eine Schlüsselrolle als Spiegel, Faktor und Verstärker spielt – nicht zuletzt im Sinne einer Ästhetisierung, Stilisierung, Idealisierung und Standardisierung des erotischen Körpers, dessen ‚Ästhetik‘ wie die einer Ware vorgestellt und dargestellt wird, also vom ‚Frauenbild‘ der Pornografie im Grunde nicht weit entfernt ist.[311] Aber auch die Pornografie ist diesbezüglich keineswegs bedeutungs- und wir-

---

311 Die Werbung verleiht dem weiblichen (Erotik-)Körper ja in der Fortsetzung und Spiegelung einer weit zurückreichenden Tradition bis heute eine andere und größere Bedeutung als dem männlichen. Entsprechend ist davon auszugehen, dass der ‚Blick‘ des weiblichen Werbungspublikums auf Werbung bzw. Werbungskorporalität und Werbungserotik ein tendenziell anderer ist als der ‚Blick‘ des männli-

kungslos. Vielmehr sind hier Werbung und Pornografie, wenn auch auf ihre je besondere Weise, *gemeinsam* symptomatisch und effektiv. Sie indizieren und forcieren, idealisieren und standardisieren – primär auf dem Wege visueller Kommunikation und spezieller Diskursivierungen – erotische Körper-Werte hauptsächlich als Mädchen- und Frauen-Werte.[312] Hier hat man es also mit einer zivilisatorischen Logik der Körperlichkeit, der Verkörperung und Korporalität zu tun, die auf Begriffe wie Idealismus oder „Normalismus"[313] gebracht werden kann.

Werbung und Pornografie zelebrieren aber nicht nur Körperlichkeit, korporale Attraktivität und Attraktivitätsstandards, sondern auch auf Erotik und Sexualität bezogene Normen und Normalitäten anderer Art: Normen der Begierde und der Erregung, Normen der Leistung (‚Potenz'), der Befriedigung, des Glücks und der erotisch-sexuellen Performanz (Performance). Die Pornografie liefert in diesem Zusammenhang nicht zuletzt eine Art Landkarte des praktisch Möglichen, des ‚Perversen' wie auch des Normalen und Üblichen, und sie bietet auch eine Anleitung, Emotionen und Intentionen zum Ausdruck zu bringen.

Unter der Bedingung fortgeschrittener und fortschreitender kultureller Desorganisation bzw. Informalisierung können Werbung und Pornografie also auch in gewissen Hinsichten und Maßen Kompensative darstellen. Sie können Orientierungslücken verkleinern oder schließen, Verhaltensunsicherheiten reduzieren und kulturelle Sinn- und Formdefizite (Offenheiten, Kontingenzen) kompensieren. Auch wenn diese Sinn- und Formgeneratoren jeweils nur sehr begrenzt realistisch (oder relativ unrealistisch) sind,

---

chen Werbungspublikums. Zwar hat es in der jüngeren Vergangenheit diesbezüglich Differenzierungen und Verschiebungen gegeben (z.B. im Sinne einer gewissen ‚Ästhetisierung' und ‚Erotisierung' von Männern und ‚Männlichkeit'), aber insgesamt dürfte es auch heute noch eine Kluft zwischen den Geschlechtern geben, was ihr Verhältnis zur Werbung bzw. zu bestimmten Werbungsinhalten betrifft. ‚Beauty', Kosmetik, Schlankheit, ‚Pflege', Mode usw. sind heutzutage zwar gewiss nicht mehr nur, aber immer noch hauptsächlich ‚Frauenthemen', und zwar sowohl in der Werbung als auch vor der Werbung, die also auch selektiv auf Frauen zielt und von Frauen wahrgenommen wird.

312 Der historisch-lebensweltliche Hintergrund dieser medien(gattungs)kulturellen Phänomene liegt noch nicht allzu lange zurück, und es ist hier nicht belanglos, auf die Parallelität zwischen Prozessen der Freisetzung, der Emanzipation und der Informalisierung einerseits und Prozessen einer spezifischen Kultivierung der erotischen Selbstdarstellung von Frauen hinzuweisen. Schwanitz bemerkt dazu: „Die zwanziger Jahre waren die Zeit des ersten Emanzipationsschubs. Sie erlebten zugleich eine deutliche Steigerung in der erotischen Selbstinszenierung der Frau. Die Durchschnittsfrau der Großstadt benutzte nun die Mittel der Selbstdarstellung, die bis zum Ersten Weltkrieg allein den Prostituierten vorbehalten waren: Schminke, Lippenstift, Nagellack, Augenbrauenstift etc. Bis heute hat sich die Erinnerung an ein Zeitgefühl erhalten, das dadurch eingefärbt wurde: jazzy, frivol, hektisch und zugleich gekennzeichnet durch die Schockiertheit der Konservativen – sie sahen ihre Bräute und Mütter plötzlich als Huren auftreten und gerieten in Panik" (Schwanitz 2001, S. 67).

313 Wie schon erwähnt versteht Jürgen Link (1997) unter „Normalismus" ein gesellschaftliches „Diskurs- und Dispositiv-Netz", das Vorstellungen von Normalität generiert, orientiert und reproduziert. Der Pornografie muss man zwar einerseits – ganz im Gegensatz zur normalen Werbung – Anti-Normalismus attestieren. Andererseits ist die Pornografie in einem ‚positiven' Sinne normalistisch und mit der Werbung vergleichbar. Das gilt speziell für Teile ihrer Körper-Inszenierungen und ihre ‚Statistik der Bilder'.

mögen sie einen bemerkenswerten Beitrag zur individuellen wie zur gesellschaftlichen Realitätskonstruktion leisten.

7.9 Gesellschaftlicher Struktur- und Kulturwandel

Die Entwicklung der hier thematisierten Medien-Realitäten und ihrer (geschlechter-) kulturellen Implikationen steht auch im Zusammenhang mit fundamentalen Wandlungen der Gesellschaftsstruktur und Gesellschaftskultur, der gesellschaftlichen Machtverhältnisse und der korrespondierenden Habitusformen – Wandlungen, die in der modernen Soziologie unter Theorietiteln wie soziale Differenzierung, soziale Ungleichheit und Individualisierung thematisiert werden. Auch Zivilisationstheorien bieten hier einen Ansatz, da sie und insoweit sie die (Prozess-)Zusammenhänge jener Wandlungen (soziale Strukturwandlungen, Kulturwandlungen, Habituswandlungen) im Sinn haben und einen entsprechend theorieintegrativen Ansatz verfolgen.

7.9.1 Nivellierung, Pluralisierung und Hybridisierung

Der Gang der Gesellschaftsgeschichte ist nach einer in der Soziologie vorherrschenden Auffassung als eine Geschichte sozialer Differenzierungs-, Verflechtungs- und Integrationsprozesse zu beschreiben, die schließlich zur modernen Gesellschaft mit dem sie im Ganzen auszeichnenden Primat der *funktionalen* Differenzierung geführt haben. Auf diese Entwicklung sind auch fundamentale Struktur- und Kulturwandlungen zu beziehen oder zurückzuführen, die die Realitäten und Schicksale bestimmter sozialer Gruppen oder Kategorien betreffen – Macht-, Status- und Prestigeverhältnisse, wie etwa die zwischen den sozialen Geschlechtsklassen, eingeschlossen.

Folgt man Elias, dann impliziert die ‚westliche Zivilisation‘ eine mit jenen historischen Langfrist-Prozessen einhergehende strukturelle und kulturelle Nivellierung der Gesellschaft, einen Ab- und Umbau ‚sozialer Ungleichheiten‘, insbesondere sozialer Schichtung und zugehöriger Habitus. Es gehört demnach zu den „Eigentümlichkeiten der abendländischen Gesellschaft, daß sich im Laufe ihrer Entwicklung" der „Kontrast zwischen der Lage und dem Verhaltenscode der oberen und der unteren Schichten erheblich verringert. Es breiten sich im Laufe dieser Entwicklung Unterschichtcharaktere über alle Schichten hin aus. [...] Und zugleich breiten sich Charaktere, die früher zu den Unterscheidungsmerkmalen von Oberschichten gehörten, ebenfalls über die ganze Gesellschaft hin aus" (Elias 1980, Bd. 2, S. 343). Es gibt zwar auch nach dem Untergang der ‚höfischen Gesellschaft‘ unter den Bedingungen der primär *funktional* differenzierten modernen Gesellschaft weiterhin Schichtung, sogar neue Schichten und ‚gute Gesellschaften‘, aber die „‘guten Gesellschaften‘, die nach der höfischen kommen, sind mehr oder weniger unmittelbar in das Netz der berufstätigen Gesellschaft verflochten, und wenn es auch an Figuren ähnlicher Art niemals ganz fehlt, sie haben in der Sphäre des geselligen Verkehrs nicht mehr im entferntesten die gleiche formgebende Kraft; denn von nun an werden immer mehr Beruf und Geld zur primären Quelle des Prestiges" (Elias 1980, Bd. 2, S. 416).

Eine differenzierungs-, verflechtungs- und integrationsbedingte Bewegung in Richtung Nivellierung, Egalität oder Konvergenz sieht Elias auch jenseits sozialer Schichtung im Hinblick auf andere soziale Gruppen und Kategorien. Die Nivellierung der Gesellschaft auf der Ebene ihrer sozialen Schichtung hält er nur für eine Seite einer komplexen Langfrist-Entwicklung, die er auf den Begriff der „'funktionalen Demokratisierung'" bringt. Dieser Begriff weist darauf hin, dass im Zuge der zunehmenden „gesellschaftlichen Differenzierung und der entsprechenden Integrierung immer von neuem bestimmte soziale Gruppen Einschränkungen ihres Funktionsbereichs oder auch den Verlust ihrer Funktionen und eine entsprechende Einbuße ihrer Machtpotenziale erleiden. Aber die Gesamtbewegung ist eine Transformation in der Richtung zur Verringerung aller Machtdifferenziale zwischen verschiedenen Gruppen, miteingeschlossen die zwischen Männern und Frauen, Eltern und Kindern" (Elias 1981, S. 72). Diese Demokratisierung (oder: Symmetrisierung) sieht Elias im Zusammenhang mit „Zivilisationsschüben" (vgl. Elias 2006d) und als Komponente von Zivilisationsschüben, denen Integrationsschübe auf der sozialen Ebene korrespondieren. Ein Beispiel ist hier wiederum die Inklusion der Mädchen und Frauen in das ,Netz der berufstätigen Gesellschaft' und ihrer Bildungsinstitutionen.

Von der funktionalen Demokratisierung zu unterscheiden, wenn auch davon nicht unabhängig, sind die Prozesse und Formen der normativen und institutionellen Demokratisierung (Parlamente etc.) sowie die Semantiken, Diskurse und Moralen der Demokratie/Demokratisierung, z. B. der ,Geschlechterdemokratie'. Diese Tatsachen sind als Vor-, Neben- oder Nachläufer, als Korrelate oder gleichsam als Überbau funktionaler Demokratisierung zu verstehen, die unter den historischen Voraussetzungen fortgeschrittener funktionaler Demokratisierung (Differenzierung, Integration) und habitueller Zivilisation auch eine Orientierungs- und Machtbasis von Gruppen und Individuen bilden. Auf dieser Basis können Erwartungen gehegt, Ansprüche begründet, Urteile gefällt und diverse Kampagnen geführt werden, z. B. in Bezug auf Kulturprodukte wie die Pornografie oder die Werbung. Entscheidend ist hier die herausragende historische Erfolgsgeschichte der ,Demokratie' als moralisches Modell und praktische Sozialtheorie mit den Werten der Gleichheit, der Gleichberechtigung und der (z. B. Geschlechter-) Gerechtigkeit.

Die historische/zivilisatorische Wandlung der Geschlechterverhältnisse erscheint hier also nur als ein Fall in einer Reihe und einem Zusammenhang von historischen Machtverhältnissen, Machtverschiebungen und kulturellen Transformationen zwischen verschiedenen sozialen (Groß-)Gruppen. Wie den Frauen und Mädchen im Verhältnis zum ,anderen Geschlecht' so ist nach dieser zivilisationstheoretischen Vorstellung einer ganzen Reihe von sozialen Gruppen/Kategorien Macht und Geltung, ja Status, Prestige und Autorität zugewachsen – jeweils in Verhältnissen zu früher überlegenen, dominanten und zentralen Gruppen, deren gesellschaftliches ,standing' sich entsprechend verändert und verschoben hat. In diesem Zusammenhang geht es also auch um Verhältnisse zwischen sozialen Gruppen/Kategorien wie Arbeitern und Kapitalisten,

Arbeitnehmern und Arbeitgebern etc. Zu den heute – mehr oder weniger – ‚ermächtigten' Gruppen oder Kategorien gehören neben den unteren Schichten oder Klassen und neben den Frauen und den Kindern auch die Alten, die ‚fremden' Ethnien, die Nicht-Weißen, die geschlechtlichen und sexuellen Minderheiten, die physisch Stigmatisierten, die ‚Behinderten', die Insassen totaler Institutionen, aber auch die Kunden, die Schüler/-innen, die Regierten/‚Bürger'. Und auch auf einer höheren sozialen Ebene, nämlich der globalen, mag man von Ermächtigung ehemals relativ machtschwacher Einheiten sprechen: von Regionen, (‚Entwicklungs-')Ländern, Staaten.

Im Verständnis der Eliasschen Zivilisationstheorie gehen die historisch-langfristigen Strukturwandlungen und sozio-kulturellen Konvergenzen der Gesellschaft und *in* der Gesellschaft – sozusagen als andere Seite der Medaille der Zivilisation – mit einer „Vergrößerung der Spielarten" oder „Schattierungen des zivilisierten Verhaltens" einher (Elias 1980, Bd.2, S. 348). Im Zuge der differenzierungs-, verflechtungs- und integrationsbedingten Verringerung der strukturellen und kulturellen Kontraste bzw. der „Verringerung aller Machtdifferenziale" ergeben sich m.a.W. auch kulturelle bzw. habituelle Variationen, Synthesen und Amalgamierungen. Kulturelle Homogenisierung und Heterogenisierung, Vereinheitlichung und Differenzierung (Variation, Diversifizierung, Pluralisierung) stehen demnach in einem inneren Zusammenhang miteinander und prägen das Bild der modernen Gesellschaften als zugleich offen/unbestimmt und ‚bunt'.

Als deskriptive Kategorie bietet sich in diesem Zusammenhang neben und mit dem Konzept der Informalisierung das der Hybridisierung an, mit dem Irmela Schneider auf jene fundamentale kulturelle Wandlung zielt, die gerade auch (aber längst nicht nur) die Geschlechter und ihre Differenz(ierung) umfasst und betrifft. Schneider zufolge zeichnet sich die jüngere Vergangenheit – mit zunehmender Dynamik im Ausgang des 20. Jahrhunderts – im Rahmen eines globalen „Kulturwandels" durch einen „Abbau oder auch Verlust von Distinktionsmerkmalen und die Herausbildung oder auch den Gewinn von Pluralität" aus (Schneider 2000, S. 175). Mit dem Begriff der Hybridisierung geht es also im Grunde um einen zweiseitigen Prozess: von Informalisierung einerseits und (Re-)Formalisierung, ja Hyperformalisierung andererseits. Auch Schneider sieht, ähnlich wie Elias und Wouters eine Verkleinerung, ja tendenzielle Auflösung sozialer und kultureller Kluften (Kontraste, Kategorien), die mit einer Vergrößerung von Spielarten und d.h. mit einer Zunahme der „Farbigkeit" des gesellschaftlichen Lebens einhergeht (vgl. Wouters 1979, S. 282). Die Entwicklung, auf die der Begriff der Hybridisierung zielt, impliziert allerdings auch, dass die ‚Farben' des gesellschaftlichen Lebens so ineinanderfließen und miteinander verschwimmen, dass sie regelmäßig kaum noch zu unterscheiden und zu benennen sind. Schneider bemerkt in diesem Zusammenhang unter anderem im Hinblick auf das Geschlecht:

> Mit Unterscheidungen wie männlich versus weiblich, schön versus häßlich, echt versus unecht, Original versus Kopie, natürlich versus künstlich – um einige elementare Kategorien zu nennen – kann man viele Entwicklungen, die heute vor allem durch Kommunikationstechnologien geprägt sind, nicht mehr adäquat beschreiben. [...] Die Logik des Entweder-oder verliert zunehmend ihre Machtposition; an ihre Stelle tritt eine Logik, in der das Denken in Kategorien wie sowohl/als auch

möglich wird, in der es nicht nur die Alternativen, sondern auch die multiplen Möglichkeiten gibt (Schneider 2000, S. 177 ff.).

Man hat es hier also mit einem zweiseitigen, komplexen und dynamischen Struktur- und Kulturwandel der Gesellschaft zu tun, der historisch weit zurückreicht und immer noch im vollen Gange ist, ja nun – im Zuge diverser Globalisierungsprozesse – über alle Grenzen hinausgreift. Die Zivilisationstheorie erweist sich diesbezüglich als spezifisch aufschlussreich und anschlussfähig bis hin zur Aufklärung der Zusammenhänge zwischen „Kulturwandel und Globalisierung" (Robertson/Winter 2000, S. 359 ff.). Im Bezug darauf verwendete Begriffe wie Differenzierung, Nivellierung, Pluralisierung, Informalisierung, Hybridisierung, Synkretisierung, Amalgamierung oder auch Feminisierung weisen im Grunde in dieselbe Richtung und bezeichnen nur verschiedene Seiten ein und desselben Zusammenhangs von Struktur- und Prozesstatsachen.

7.9.2 Werbung und Pornografie im Kontext sozialer Wandlungen

Betrachtet man die (moderne) Werbung vor dem Hintergrund dieser Überlegungen, dann ergibt sich auf Anhieb ein entsprechendes Bild von ihrem Bild der Gesellschaft. Die Geschichte der Werbung spiegelt m.a.W. eine fortgeschrittene und fortschreitende Phase jener Verringerung der Kontraste, insbesondere Machtdifferenziale, und der korrespondierenden Vergrößerung der Spielarten. In der modernen ‚Gesellschaft der Werbung' gibt es zwar allerlei soziale Differenzen und Distinktionen und auch ‚soziale Ungleichheit', aber es gibt zugleich eine vorherrschende Logik, ja eine Dramaturgie und Dramatik der sozialen Gleichheit, der Inklusion, der Nähe und Gemeinschaft.

Besonders bemerkenswert ist in diesem Zusammenhang, dass jegliche Diskriminierung von sozialen Gruppen und Kategorien, gerade von (früheren) ‚Randgruppen', heute mehr denn je penibel vermieden wird. Ja einige dieser Gruppen sind in den Werbungsinszenierungen zu mindestens ‚gleichberechtigten', wenn nicht privilegierten Akteuren aufgestiegen, die nunmehr nicht mehr nur ‚Nebenrollen', sondern auch ‚Hauptrollen' spielen. Sehr schnell und schon lange hat sich die Werbung zu einem Paradefeld von ‚Multikulturalismus' und ‚Diversity' entwickelt und geht damit ähnlich wie im Motivfeld ‚Umweltschutz' sogar weit über die Tatsachen des gesellschaftlichen Lebens hinaus. Wie manche mediale Unterhaltungsvarianten bemühen sich auch Werbesendungen mittlerweile um das Image, der ‚Diversity' in ihrer Breite gerecht zu werden.

Die moderne ‚Gesellschaft der Werbung' kennt auch keine gesellschaftlich irgendwie maßgebende ‚Oberschicht' und keine krassen Klüften zwischen oberen und unteren Schichten, ‚Oberschichtcharakteren' und ‚Unterschichtcharakteren'. Zwar spielt die Werbung gern mit Themen, Skripts und Images der ‚Oberschicht', dem (Luxus-)Leben der ‚feinen Leute' (vgl. Willems/Kautt 2003), aber dabei handelt es sich lediglich um oberflächliche Zitationen und Modulationen von Allerweltklischees. Ja man kann sagen, dass die einmal gesellschaftlich maßgebend gewesene Oberschicht in Hinsicht auf Geschmacksbildung, Stilistik und Ästhetik durch die Werbung selbst ersetzt worden ist. Und dies hat mit jenen fundamentalen (Zivilisations-)Prozessen der sozialen und kulturellen Kontrastverringerung, Informalisierung und Habitusdiffusion zu tun, von denen oben die Rede war. Vor allem aber zeigt sich in den Werbungsperformanzen die historische Tatsache, dass im Übergang zur modernen Gesellschaft und in deren Geschichte „immer mehr Beruf und Geld zur primären Quelle des Prestiges" (Elias) geworden sind. Was Schichtung und Kultur/Verhaltenscode betrifft, erinnert die ‚Gesellschaft der Werbung' schon lange am ehesten an eine „nivellierte Mittelstandsgesellschaft" (Schelsky), in der aber mit fortschreitender Nivellierung und ‚Demokratisierung' auch um individuelle und individualistische (Oberflächen-)Distinktion gerungen wird und in der an dieser Distinktion mit Hilfe von Waren und Dienstleistungen gearbeitet wird. Dies geschieht im Rahmen einer inszenierten Freizeit- und Konsumgesellschaft, an der bzw. an deren symbolischem Universum jedermann und jedefrau mit gleichem Recht partizipieren kann und soll. Der in der Werbung verdichtete und erdichtete Konsumismus ist zutiefst demokratisch.

Nicht zuletzt scheint die (moderne) Werbung der historischen Demokratisierung der Geschlechterverhältnisse zu folgen, ja eine ‚Demokratie der Geschlechter' nunmehr regelrecht zu demonstrieren – eine Demokratie, in der die Frauen zumindest tendenziell ‚gleichberechtigt' zu Status, Macht und Prestige gelangt sind und gelangen sollen. Häufiger denn je gibt es jedenfalls heutzutage Werbefrauen als „funktional dominante" (Goffman) Spezialistinnen, als professionelle Expertinnen und als Persönlichkeiten in ‚Führungspositionen' (siehe oben). Typisch geworden sind auch Auflösungen oder Verwischungen (Hybridisierungen) von Rollenbildern wie der Hausfrau oder der Ehefrau, geschweige denn der Putzfrau, die das Zeitliche der Werbung definitiv gesegnet hat.

Die Werbung achtet in ihren Inszenierungen auch schon lange darauf, männlichen Sexismus zu vermeiden. Zwar spielt weibliche Attraktivität bzw. erotische Korporalität nach wie vor eine wichtige Rolle in der Werbung bzw. bestimmten Werbungssphären, aber offener und plumper Sexismus ist heute eine Seltenheit. Selbst Anklänge in dieser Richtung werden nun – nach langen und intensiven Phasen eher umgekehrter Orientierung der Reklame (siehe oben) – deutlich reduziert, umhüllt, entschärft oder ganz unterlassen. Gleichzeitig wird eine zivilisierte, aber auch liberalisierte ‚Erotik' zu einem legitimen und dramatischen Anspruch und Anliegen *beider* Geschlechter.

Ähnlich sensibel zeigt sich die Werbung in puncto Rassismus. Zwar bleibt sie bis in die jüngere Vergangenheit bei gewissen durchaus rassistisch zu nennenden, jedoch eher impliziten und daher eher unauffälligen Stereotypisierungen, z. B. dem Klischee der devoten ‚Asiatin' oder der Assoziation von Dunkelhäutigkeit mit Emotionalität, Sexualität oder/und Musikalität (siehe oben), aber sie bemüht sich in ihren Performanzen (bei)der Geschlechter nun auch oft (und oft mehr als offensichtlich) um eine dramaturgische und dramatische Umkehrung und Umwertung von Rassismus und ethnischer Diskriminierung.

Andererseits hält die Werbung gerade auch auf der Ebene der Geschlechterdarstellung immer noch hartnäckig an bestimmten *asymmetrischen* Rollenmodellen fest.

Insbesondere feiert sie – ähnlich wie die Pornografie und normale Unterhaltungsgenres – nach wie vor das weibliche Geschlecht als das eigentlich ‚schöne Geschlecht', also für Erotik und erotische Attraktivität ‚zuständige' Geschlecht. Auch das ebenso traditionsreiche ‚schwache Geschlecht', also auf (männlichen) Schutz und Hilfe angewiesene Geschlecht ist aus der Wirklichkeit der neueren Werbung noch keineswegs verschwunden oder eine Seltenheit. Insofern könnte man in Bezug auf die Werbungskultur bzw. die Geschlechterkultur der Werbung von Inkonsistenz oder (Noch-)Ambivalenz sprechen und behaupten, dass die Werbung nach wie vor an dem traditionellen genderistischen System ‚männlicher Herrschaft' partizipiert (siehe oben). Eine gewisse Bivalenz oder Ambivalenz zeigt sich auch in aktuellen Werbungen, in denen Frauen zwar in statushohen Berufsrollen auftauchen, aber häufig in Verbindung mit traditionellen Attributen von Weiblichkeit, die für die Werbebotschaft maßgebend sind. So sieht man schicke und attraktive wissenschaftlich-technische ‚Expertinnen' oder die Immobilienmaklerin oder Bankberaterin, die das problematische Image der Rolle, die sie darstellt, durch ihre per se sympathische ‚Weiblichkeit' abmildert.

Die (Hamburger-)Pornografiekultur erscheint gegenüber der Werbung zunächst als eine solide Bastion traditioneller ‚männlicher Herrschaft' und in Resten immer noch herrschender – herrschaftlicher – Männlichkeit. Ja der Porno kann als imaginäre Kompensation ihres realen gesellschaftlichen Niedergangs oder Verschwindens im Zuge der oben skizzierten Demokratisierungen verstanden und gebraucht werden. Im Porno findet der traditionelle/traditionalistische (alte) Macho oder Möchtegern-Macho jenseits oberflächlicher Porno-Fiktionen von ‚Geschlechterdemokratie' noch Spiegel und Spiegelungen, die die Normen und Fakten der (geschlechter-)demokratisierten Gesellschaft ignorieren und ins Gegenteil verkehren. ‚Männliche Herrschaft', Vorherrschaft und Beherrschung, Überlegenheit, Erniedrigung und Aggression bis hin zur unverhohlenen Frauenfeindlichkeit und Menschenfeindlichkeit werden in der (Hamburger-)Pornografie seit jeher und bis heute, wenn auch meist kaschiert, ‚gepflegt' oder sogar verschärft (Faulstich 1994, S. 246 ff.). Insofern kann man der Pornografie einen besonders resistenten und kontinuierlichen Genderismus attestieren (siehe oben) und diesbezüglich sogar einen zivilisationsbedingten Funktions- und Effektgewinn des Genres vermuten. Wenn die Kontraste/Machtdifferenziale zwischen den Geschlechtern faktisch tendenziell geringer werden und die ‚Demokratie der Geschlechter' (und Demokratie und Demokratisierung überhaupt) real und erfahrbar wird, dann kann oder muss die Pornografie umso mehr als eine Art kontrafaktische Fantasie- und Fantasier-Enklave ‚männlicher Herrschaft' erscheinen, erlebt und genutzt werden, und sie mag diese ‚Herrschaft', soweit sie in der ‚westlichen Zivilisation' noch in Resten besteht, auch faktisch begünstigen.

Pornografie und Pornografiekonsum deuten aber auch ihrerseits auf eine gewisse Verringerung der Kontraste zwischen den Geschlechtern und eine gleichzeitige Vergrößerung der Spielarten hin – und dies nicht nur auf der Ebene sexueller und sexualisierter Sujets im engeren Sinne. Bemerkenswert ist hier zunächst, dass die (Hamburger-)Pornografie zwar kontinuierlich bei symbolischen bzw. (interaktions-)rituellen Ordnungsformen bleibt, die die dargestellten Männer und mannigfaltige Formen männlicher Hegemonie, Überlegenheit und Herrschaft privilegieren. Die Porno-Frauen erscheinen aber nicht nur als Lustobjekte, sondern auch als eigenständige Lust*subjekte*, die ähnlich wie die Männer erleben und motiviert sind und im Prinzip ‚so frei sind' wie die Männer und sich ähnlich wie die Männer jede Freiheit nehmen dürfen und tatsächlich nehmen. Auch wenn die Sinnhaftigkeit und Ernsthaftigkeit dieser Weiblichkeitsversion und weiblichen Sexualitätsversion stark zu relativieren ist und einem bestimmten männlichen Wunschblick entspricht, mag sie doch auch dem oben thematisierten sozialen und kulturellen Wandel korrespondieren und für die Idee einer Indifferenz oder Konvergenz der Geschlechter sprechen, die auch in anderen Diskursen, wie z.B. der Werbung, gefunden werden kann. Allerdings hat man es bei diesen erotischen ‚Weibsbildern' und ihrer vermeintlichen sexuellen Emanzipation, Gleichheit und Gleichberechtigung auch mit einer Kopie oder Modulation eines männlichen Sexismus zu tun, der lediglich auf Frauen projiziert wird.

Wichtiger als die Ebene der medialen Porno-Kultur selbst ist hier jedoch die Ebene des Pornokultur*konsums*. Für eine Kontrastverringerung zwischen den Geschlechtern, aber auch für eine Spielartenvermehrung innerhalb der Geschlechtsklassen, mögen in diesem Zusammenhang einige empirische Entwicklungen sprechen. Dazu gehört der offenbar wachsende weibliche Konsumentenkreis von Pornografie verschiedener Art, auch traditioneller Art (siehe oben), ebenso wie die entsprechende Konsumenten-Haltung von Frauen und ihre kritische Anspruchshaltung gegenüber der Pornografie als Ware. Es erscheint in diesem Zusammenhang auch signifikant und symptomatisch, wenn Frauen eine ‚eigene' (feminine, feminisierte, feministische) Pornografie verlangen, entwickeln und konsumieren. Die entsprechende Feminisierung (Hybridisierung) von Pornografie hält sich zwar offenbar (noch) in eher engen Grenzen, ist aber als solche relevant und auch deswegen relevant, weil sie Feminisierungen in ganz anderen kulturellen (z.B. unterhaltungskulturellen) Bereichen entspricht und einen generellen Aufstieg des ‚Femininen' mitsignalisiert (siehe Band 1). Signifikant und symptomatisch ist es hier aber auch, wenn sich Frauen mit moralisch-politischer Legitimation gegen Pornografie jedweder Art und gerade gegen übliche ‚Männer-Pornografie' aussprechen, auflehnen und dagegen öffentlich protestieren. Auch damit zeugen sie von einer gewissen sozialen und kulturellen Kontrastverringerung, Ermächtigung und Demokratisierung im Verhältnis ihres Geschlechts zum ‚anderen Geschlecht', dessen Vorherrschaft, Status und Prestige auch in der Form von femininer/feministischer ‚Porno-Kritik' attackiert werden kann und wird. Die Karriere dieser Kritik ist auch ein Symptom struktureller und kultureller Verschiebungen im Geschlechterverhältnis bzw. in der Machtbalance zwischen den Geschlechtern.

7.10 Individualisierung und Entindividualisierung

Die hier zu untersuchenden kulturellen Tatsachen haben in vielerlei Hinsicht mit Prozessen und Strukturen zu tun, die in den Sozialwissenschaften/der Soziologie üblicherweise unter dem Titel ‚Individualisierung' behandelt werden. Die Rede von Individualisierung (und damit verwandt oder zusammenhängend: von Individuen, Individualität, Individualismus, Subjektivismus) so nützlich und unverzichtbar sie sein mag, ist allerdings alles andere als klar und eindeutig, sondern eher vieldeutig, schillernd und spezifikationsbedürftig. Zwar bezieht sie sich auf kaum abweisbare psychische, soziale und kulturelle Realitäten, die sich alle auf Zivilisations- und gesellschaftliche Modernisierungsprozesse zurückführen lassen, aber sie verweist auch auf diverse Theoriezusammenhänge ‚höherer Ordnung‘, aus denen sich jeweils ihre mehr oder weniger unterschiedlichen Bedeutungen ergeben. So bildet fast jede soziologische Großtheorie seit Georg Simmels klassischen Überlegungen zum Thema auch einen individualisierungstheoretischen Rahmen und formuliert in diesem Rahmen entsprechende Aussagen. Dafür stehen in der modernen Soziologie Namen wie Norbert Elias, Erving Goffman, Michel Foucault, Pierre Bourdieu, Niklas Luhmann, Anthony Giddens, Ulrich Beck, Richard Sennett oder Gerhard Schulze. Man kann also gewiss nicht von *der* Individualisierungstheorie sprechen, sofern man es dabei überhaupt mit einer Theorie zu tun hat und nicht nur mit einem Theorieteil, einem theoretischen Konstrukt, einem sachlichen Bereich oder einer diagnostischen These. Gleichwohl macht der Begriff der Individualisierung (wie der weniger gebräuchliche der Entindividualisierung) soziologischen Sinn und kann einen soziologischen Schlüssel darstellen, wenn er vor seinem jeweiligen theoretischen Hintergrund möglichst spezifisch gefasst und auf empirische Phänomene bezogen wird.

Im Folgenden geht es in der Richtung dieser Überlegung darum, unter dem Leittitel Individualisierung einige gedankliche und konzeptuelle Ansätze zum Verständnis der medialen Kulturen der Pornografie und der Werbung zu gewinnen und zum Einsatz zu bringen. In der Reichweite dieses Deutungsversuchs liegen auch die Ebenen der Rezeption und des Gebrauchs dieser Medienerzeugnisse und ihrer Konstruktionen von Geschlecht und Geschlechtlichkeit. Allerdings muss dabei immer beachtet werden, dass das (Hamburger-)Porno-Publikum im Unterschied zum Werbungs-Publikum überwiegend männlichen Geschlechts ist und Pornografie bis heute einen dominant oder exklusiv ‚männlichen Blick‘ impliziert und bedient, der auch für ihre Geschlechter- und Geschlechtlichkeitskonstruktion maßgebend ist. Andererseits sind hier mit Individualisierungsprozessen Tatsachen in Rechnung zu stellen, die im Prinzip beide Geschlechter betreffen und die die Geschlechterdifferenz, wenn nicht aufheben, dann doch zu unterlaufen, zu entschärfen oder/und zu modulieren scheinen. Welche Rolle die ‚Kategorie Geschlecht‘ in diesem Zusammenhang im Einzelnen und speziell auf der Ebene der Medienkulturen spielt, was Individualisierungsformen für das Geschlecht und was das Geschlecht für Individualisierungsformen bedeutet, ist allerdings noch weitgehend ungeklärt.

7.10.1 Strukturelle Individualisierung und (als) Subjektivierung

Unter den strukturellen Bedingungen der modernen Gesellschaft ist Individualität und Individualisierung durch mehr oder weniger anforderungsreiche soziale Figurationen geprägt, die die Individuen spezifisch anschließen, einschließen oder ausschließen. Schon das ‚einfache' Alltagsleben (im modernen Straßenverkehr, in den Organisationswelten, in den Behördenwelten usw.) setzt ein vielseitig und hochgradig subjektiviertes/zivilisiertes Individuum voraus und hält dessen Entwicklung in Gang. In dieser Richtung wirksam sind auch komplexe, heterogene und wechselnde Gruppenzugehörigkeiten und Rollenkombinationen, Rollenhaushalte und Rollenspiele, die die ‚persönliche Identität' (Individualität) und die ‚soziale Identität' der Individuen ausmachen – verbunden mit besonderen Anforderungen an das ‚Ich'. Goffman (1967) spricht von „Ich-Identität" und meint damit auch eine subjektive (Selbst-)Steuerungsinstanz, die ein individuelles ‚Management' zustande bringt: ein Management von Aufgaben, Zumutungen und Kosten, Erwartungen, Verpflichtungen, Spielräumen, Konflikten, Informationen, Emotionen u. a. m.

Hier kann man auch von *struktureller* Individualisierung im Zuge sozialer Differenzierungs-, Verflechtungs- und Integrationsprozesse sprechen, die Individuen gleichsam als strukturelle und funktionale „Knotenpunkte" (Niklas Luhmann) hervorbringen und in Anspruch nehmen. Individualisierung und Subjektivierung gehen dabei Hand in Hand. Als ‚Knotenpunkte' sind die individualisierten und subjektivierten Individuen auch Knotenpunkte mannigfaltiger Beanspruchungen und Belastungen, von Zwängen zur Selbst- und Fremdkontrolle und zur Selbstgestaltung. Besondere Herausforderungen und Probleme ergeben sich in diesem Zusammenhang aus einer Reihe typischer gesellschaftlicher Existenzbedingungen, die sich historisch verallgemeinert, verschärft und zugespitzt haben. Zentral sind individuelle Koordinations- und Balancierungsaufgaben, aber auch Schwächungen und Verluste sozialer ‚Außenhalte', die das Individuum auf sich selbst verweisen und auf sich selbst stellen. Gerhard Schulze spricht von einem generalisierten „Zwang zur Selbstführung", der sich aus einem generalisierten Verlust von Autoritäten ergibt (Schulze 1999, S. 31). Orientierung und Sicherheit sind entsprechend systematisch knapp, (Rollen-)Konflikte, Ambiguitäten und Ambivalenzen aller Art wahrscheinlich. Jedermanns Leben gerät damit selbst unter günstigen ‚Umweltbedingungen' immer auch unter äußeren und inneren Druck: Reflexionsdruck, Handlungsdruck, Entscheidungsdruck, Koordinationsdruck, Verarbeitungsdruck. ‚Stress' und psychische Überforderung sind für jedermann systematisch wahrscheinlich geworden.

Andererseits und gleichzeitig hat sich die moderne Gesellschaft zu einer expandierten und expandierenden Freizeit- und Konsumgesellschaft/Erlebnisgesellschaft entwickelt, die mehr als jede Gesellschaft zuvor jedermanns Vergnügen, Entspannung, Genuss und Selbstverwirklichung legitimiert, ja zur Norm erklärt und mit rechtlichen, zeitlichen und geldlichen Mitteln ausstattet. Allerdings wird jedermann auch in diesem Zusammenhang zum strukturellen und funktionalen Knotenpunkt, der sein Freizeit- und Konsumleben/Erlebnisleben ‚führen' und d. h. gestalten muss, dem (Ich-)Leistungen und Anstrengungen abverlangt werden. Auch die Freizeit- und Konsumgesellschaft/Erlebnisgesellschaft ist alles andere als ein reines Vergnügen. Auch sie fordert das Individuum als eine Art (Selbst-)Steuerungs- und Ich-Leistungszentrum an und heraus. Individualisierung und Subjektivierung gehen hier wiederum Hand in Hand.

Die Pornografie erscheint vor diesem Hintergrund, entsprechende moralisch-kathektische Dispositionen des Konsumenten vorausgesetzt, als ein besonders verführerisches und effektives ‚Konsumgut‘, das sich sowohl als Märchenwelt als auch als physische Reizwelt anbietet. Dieses oft für schlecht gehaltene ‚Gut‘ ermöglicht dem angestrengten, überanstrengten oder gar ‚erschöpften Selbst‘ (einem meist männlichen ‚Selbst‘) eine fast kostenlose und zugleich stark gratifizierende ‚Regression‘, ein generalisiertes ‚Abschalten‘ und ‚Umschalten‘ der eigenen Individualität und Subjektivität. Die Simplizität und Primitivität dieses billigen Vergnügens unterläuft, übergeht und hintergeht das von den sozialen Figurationen beanspruchte, restringierte und frustrierte ‚Ich‘ des Alltagslebens. Im Porno *und* im Pornokonsum ignoriert oder verliert dieses ‚Ich‘ seine sozialen Rollen, Funktionen und Zwänge. Es verabschiedet sich zugleich von allem ‚Wir‘ und ‚Sie‘ und von der eigenen individuellen Subjektivität; es vertieft sich aber auch in maximaler Entfernung von jenem Alltagsleben und Alltagssein maximal in sich selbst, in seine „allergewöhnlichsten“ (Weiß 2003) und bisweilen scheinbar alleraußergewöhnlichsten Affekte und Fantasien. So scheint es in der Negation und Widerlegung seines ‚sozialen Selbst‘, wenn auch nur vorübergehend, ganz bei sich anzukommen und bei sich zu sein.

Die Werbung bietet demgegenüber als solche zwar kaum eine ‚Erlebniswelt‘ oder direkte Gratifikationen oder gar Kompensationen der Lebenswelt, aber in Verbindung mit den von ihr ausgemalten schönen Welten und Paradiesen immerhin die Assoziation davon und die Aussicht darauf – speziell in Form vielversprechender ‚Güter‘. Ähnlich wie die Pornografie zeichnet die Werbung auch ‚regressive‘ Traum-Bilder von der Gesellschaft, ihren Menschen und ihren Beziehungen. Das Individuum als individualisiertes Subjekt, das die moderne Gesellschaft voraussetzt und hervorbringt und zugleich besonders beansprucht und herausfordert, wird in der Werbung im Grunde abgeschafft und überflüssig, da das Notwendige oder Erwünschte hier immer schon vorhanden oder der Fall ist oder sich qua Konsum praktisch von selbst erledigt. Gegenüber den realen und normalen Erfordernissen, Leistungen und Lasten des (Da-)‚Seins‘ stellt sich in der Werbung – im Grunde ähnlich wie in der Pornografie – typischerweise das Bild einer weitgehenden oder vollkommenen ‚Leichtigkeit des Seins‘ ein, zu der auch eine Leichtigkeit des Selbst gehört. Es bildet in seinen werblichen Normalverfassungen keinen Knotenpunkt sozialer Zwänge, Anforderungen und Zumutungen, sondern eher umgekehrt einen Knotenpunkt von Freiheiten und Freuden, schönen Eigenschaften, Zuständen und ‚Erlebnissen‘.

7.10.2 Individualisierung und Individualismus

Der *strukturellen* Individualisierung des Individuums korrespondiert eine ideelle, semantische, moralische und normative: *die Idealisierung, Normierung und Normalisierung von Individualität,* die Kultivierung von individueller Einzigartigkeit und Originalität, die Wertschätzung von individueller Unterschiedenheit und Unterscheidung mit entsprechenden (Distinktions-)Bedürfnissen und Empfindungen. Elias bemerkt zu diesen strukturierungs- und strukturbedingten kulturellen Prozessen: „Mit der zunehmenden Differenzierung der Gesellschaft und der entsprechenden Individualisierung der Individuen wird dieses Verschiedensein eines Menschen von allen anderen zu etwas, das besonders hoch in der Wertskala solcher Gesellschaften steht" (Elias 1999, S. 191 f.).[314]

Von diesem gesellschaftstypischen Individualismus, dem (sozial erzeugten) „persönlichen Ideal des Heranwachsenden und des Erwachsenen, sich in der einen oder anderen Weise, von anderen zu unterscheiden" (Elias 1999, S. 191 f.), zeugt auch und mit zunehmender Tendenz die moderne Werbungskultur. Sie trägt sozial generalisierten persönlichen Distinktionsvorstellungen, Distinktionswerten, Distinktionsbedürfnissen und Distinktionszwängen des (allgemeinen) Publikums Rechnung und nimmt sie gemäß ihren strategischen Zielsetzungen in Anspruch und in Dienst. Die Werbung ist in diesem Zusammenhang also symptomatisch, ja ein Paradefeld des modernen Individualismus, den sie im Rahmen ihrer Eigenlogik als Gattung aber auch spezifisch konstruiert und propagiert. Vor allem performiert und dramatisiert sie eine individualistische Metaphorik und Fassaden-Ästhetik sowie das Versprechen einer erfolgreichen ‚Außenlenkung' durch käufliche Objekte und Leistungen, die als Zeichen und Schlüssel soziale Unterschiede machen oder signalisieren sollen. Körper/Korporalität und damit auch Geschlecht und Geschlechtlichkeit stehen dabei regelmäßig im Zentrum der Werbungs-Performanz, die in jedem Fall sozialen Glanz, ein glänzendes Selbst und Erfolg verspricht, nicht zuletzt besonderen erotischen Erfolg. Der Individualismus der Werbung ist also in erster Linie ein Individualismus der Korporalität, des ‚Äußeren' und der Äußerlichkeit, der ‚Eindrücke' und der Images.

---

314 Allerdings hat man es hier mit einem bivalenten oder ambivalenten (Prozess-)Zusammenhang zu tun. Individualität geht mit Normalität, Individualisierung mit Normalisierung, Individualismus mit Normalismus einher. Dem modernen Individuum stellen sich auch Aufgaben und Probleme der Balancierung zwischen dem Zwang zur Individualität und dem Zwang zur Normalität, zwischen individualistischer Distinktion und normalistischer Konformität (vgl. Elias 1999, S. 196 f., 204). Elias sieht diesen Zwangszusammenhang als Resultat sozialisatorischer/zivilisatorischer Lernprozesse tief im Einzelnen verwurzelt: Der Einzelne „wird von Kindheit an auf ein verhältnismäßig hohes Maß von Selbstregulierung und persönlicher Unabhängigkeit abgestellt. Er wird daran gewöhnt, mit anderen in Wettbewerb zu treten; er lernt frühzeitig als etwas, das ihm Beifall einbringt und worauf er stolz ist, daß es wertvoll und wünschenswert ist, sich durch seine eigenen Eigenschaften, seine persönlichen Anstrengungen und Leistungen von anderen zu unterscheiden und vor anderen auszuzeichnen, und er lernt Befriedigung in Erfolgen solcher Art zu finden. Aber zugleich sind in allen solchen Gesellschaften der Art und Weise, in der man sich unterscheiden, und den Bezirken, in denen man sich auszeichnen kann und darf, ganz strikte Grenzen gesetzt. Außerhalb ihrer wird das genaue Gegenteil erwartet. Da wird erwartet, daß der eine Mensch sich nicht von anderen unterscheidet; da löst es Mißbilligung, Mißachtung und oft weit stärkere negative Haltungen aus, wenn er sich von anderen abhebt; seine Selbststeuerung ist dementsprechend darauf ausgerichtet, hier so zu handeln oder zu sein, daß er nicht aus dem Rahmen fällt, daß er allen anderen gleicht und mit ihnen konform geht; und es ist oft nicht weniger schwer, in der einen Richtung konform zu gehen, als es ist, sich in anderen Hinsichten zu unterscheiden" (Elias 1999, S. 196 f.). Diese ‚Dialektik' von Normalisierung und Individualisierung, Normalismus und Individualismus manifestiert sich auch in den Performanzen der Werbung.

Die Kultur der (Hamburger-)Pornografie scheint demgegenüber wenig oder nichts mit Individualität oder gar Individualismus zu tun zu haben. Im Gegenteil macht sie insgesamt den Eindruck, als lägen ihre Figuren und ihre soziale Welt in einem Jenseits des Persönlichen und Individuellen. Hier, in diesem Jenseits, herrscht ein Höchstmaß an Gemeinsamkeit, Konsens und Indifferenz. Vor allem wollen, können und müssen alle immer nur das ‚Eine' und sind immerzu ‚geil' im Verhältnis zu anderen, die im Allgemeinen ebenso ‚geil' und willig sind. Diesbezüglich gibt es kaum Unterschiede und kaum Unsicherheiten. Zwar sind die Porno-Akteur/-innen regelmäßig qua faktischer Korporalität, (fiktionaler) Namen und (Kurz-)Beschreibungen als Personen bzw. Individuen identifiziert[315] und als Männer und Frauen mit bestimmten persönlichen Eigenschaften erkennbar; das Persönliche, Individuelle oder Individualistische spielt aber als Wert, Ideal oder Geltungsanspruch im Porno gerade keine oder jedenfalls keine nennenswerte Rolle, wie etwa im klassischen ‚Liebesfilm', in dem es auf persönliche Gefühle und Empfindsamkeit ankommt. Im Vordergrund und Mittelpunkt des Porno-Dramas steht vielmehr ein ‚Sex', dessen Akteur/-innen nur mit wenigen allgemeinen Statusattributen in Verbindung gebracht werden und sich nur in der Graduierung sexueller Attraktivität und Aktivität unterscheiden, ansonsten aber eher eindimensional und indifferent in Erscheinung treten.

In der pornografischen Relevanz-, Irrelevanz- und Ignoranzstruktur kann aber auch eine Art Individualismus gesehen werden, nämlich ein hedonistischer Egoismus, ein Egoismus der Lust und der Befriedigung. Das heißt, der bzw. die andere interessiert nur als ein Mittel zum Zweck. Interessant und relevant ist lediglich das eigene (Lust-)Empfinden, die eigene Lustoptimierung und die eigene Lustbilanz (als Bilanz von ‚Partnern', Akten, Praktiken, Orgasmen, Orgasmusintensitäten). Die mindestens volle Erfüllung und typische Übererfüllung entsprechender Wünsche und Ansprüche garantiert die Pornografie ohne nennenswerte soziale ‚Leistung' des jeweiligen Lüstlings, wodurch sie ein willkommenes oder erwünschtes Gegenbild zur Lebenswirklichkeit bilden kann. Während es der Porno-Konsument als typischerweise individualistisches Individuum im täglichen Leben typischerweise mit individualistischen Individuen zu tun hat, die entsprechende Einstellungen und Handlungen erwarten, ist Porno-Jedermann diesbezüglich prinzipiell befreit und entlastet. Er geht auch und vor allem mit Frauen um, die zwar durchaus sexuell erwartungs- und anspruchsvoll, ja fordernd sind, aber alles andere als individuell und individualistisch erwartungs- und anspruchsvoll.

Allerdings macht der Unterschied des Geschlechts im Zusammenhang der Individualität und Individualisierung der Porno-Figuren einen nennenswerten Unterschied. Die (Hamburger-)Porno-Frauen werden typischerweise durch individuelle Namensnennung, Gesichtsdarstellung und einige ‚biografische' Angaben immerhin „ansatzweise individualisiert", und sie müssen individualisiert werden und sein, um den real individualisierten „solosexuellen Konsumenten sexuell erregen zu können. Der Be-

---

315 In der Heftpornografie werden typischerweise Namen genannt, im Porno-Film ist dies selten oder seltener der Fall.

trachter muß sich beim Anschauen der Bilder vorstellen können, diese Frau (oder zumindest: solch eine Frau) wäre bei ihm, würde sich tatsächlich vor ihm ausziehen und sich ihm sexuell anbieten. In der onanistischen Fantasie muss die Frau ein Gesicht haben; träumend begehrt werden kann keine gesichtslose Frau, kein auf die Geschlechtsorgane reduziertes Wesen" (Lautmann/Schetsche 1990, S. 38 f.). Die überwiegend fiktionale persönliche Identifizierung/Individualisierung der Pornofrauen dient also der egoistischen Stimulation des anonymen Porno-Konsumenten, der die weibliche Individualität braucht und gebraucht, um sich optimal ‚aufzugeilen'. Der typische (Heft-) Porno-Mann kann dagegen regelmäßig als ein mehr oder weniger (oder auch ganz und gar) auf die Geschlechtsorgane reduziertes Wesen in Erscheinung treten. Pornografisch interessant sind diesbezüglich höchstens noch pornokosmologisch relevante Attribute wie hoher Status (Reichtum, Luxus), Machtpositionen (als Chef, Wärter, Priester) oder ausgeprägte Muskulatur.

Als eine irgendwie individuelle ‚Persönlichkeit' existiert und sieht sich dagegen normalerweise der Mann *vor* der Pornografie, die ihm mit ihren Images und Geschichten sozialer Differenz und Indifferenz gleichsam entgegenkommt und Wunscherfüllungen bietet. Dem konsumierenden (Mann-)Individuum erlaubt und erleichtert die Pornografie in jedem Fall – komplementär zur obszönen Wahrnehmung – eine uneingeschränkte Imagination, einschließlich einer individuellen ‚Lustgeschichte' ohne einschränkend individualisierte Individuen. Wie die Pornografie und mit der Pornografie kann sich der Pornokonsument also ganz von der Lebenswirklichkeit ablösen und diese mit umgekehrten Vorzeichen imaginieren. Pornografie und Pornografiekonsum begegnen damit auch einer Realität bzw. einer *erotischen* Realität, die unter den Vorzeichen von Individualisierung/Individualismus, Symmetrisierung und (Geschlechter-) Demokratisierung mannigfaltig anforderungsreich und anspruchsvoll ist, zum Handeln und Unterlassen zwingt, Leistungen abverlangt, Rücksicht, Zurückhaltung und Feingefühl erfordert u. a. m. Die Individualisierung bzw. der Individualismus der Lebenspraxis (und medienkultureller Foren wie der Werbung) kann dem Porno-Märchen und seinem Konsum also spezielle Nahrung geben.

7.10.3 Narzissmen im ‚Zeitalter des Narzissmus'

Unter Individualisierung ist ein praktischer, funktionaler, kosmologischer, moralischer und symbolischer Bedeutungsgewinn des Individuums bzw. des individuellen ‚Subjekts' zu verstehen, eine langfristige Verschiebung seiner sozialen und kulturellen Positionierung und der Verhältnisse seiner Identitäten und Identifikationen. Elias spricht im Rahmen seiner Individualisierungstheorie von dem historischen (Modernisierungs-) Trend zu einer Verschiebung vom „Wir" zum „Ich" bzw. davon, dass „die Wir-Ich-Balance tendenziell zu einer Ich-Wir-Balance geworden" ist, sich die „Balance zugunsten des Ichs verlagert" hat (Treibel 2008, S. 92). Diese Entwicklung, die mit den oben angesprochenen strukturellen und kulturellen Transformationen und Trends zusammenhängt, schließt Verschiebungen auf den Ebenen der individuellen Anerkennungs-, (Be-)

Achtungs- und Geltungsbedürfnisse sowie des individuellen Selbstbewusstseins und Selbstwertgefühls ein, einhergehend mit entsprechenden individualistischen Orientierungen, Identitäts-Vorstellungen und Identitäts-Problemen. Gehlen spricht im Hinblick auf das von ihm fokussierte „technische Zeitalter" (der Moderne) von einer „Allgegenwart, Stärke und zugleich Verunsicherung des Geltungsbedürfnisses, die wohl historisch ohne Vergleich sind", und von einer „anscheinend allgegenwärtigen Selbstwert-Problematik" (Gehlen 1957, S. 65). In diese Richtung gehen auch Zeitdiagnosen, die mit Begriffen wie Narzissmus oder Image als Schlüsselbegriffen arbeiten oder gar ein „Zeitalter des Narzissmus" (Christopher Lasch) erkennen, in dem von ebenso geltungsbedürftigen wie ‚außengelenkten' Individuen Bühnen, Spiegel und Spiegelungen für ‚Selbstdarstellungen' gesucht und gefunden werden. Es geht hier also auch um innerpsychische, ‚libidinöse' und ‚mentale' Aspekte und um nicht weniger als einen gesellschaftsweiten Mentalitätswandel im Sinne einer Generalisierung (oder eines ‚Absickerns') von Attitüden, die mit jenen Begriffen (Ich-Wir-Balance, Geltungsbedürfnis, Narzissmus, Image usw.) zu beschreiben sind.

Die Werbung spielt in diesem Zusammenhang eine eigene und vielseitige Rolle, indem sie das ‚Ich' bzw. jedermanns ‚Ich' auf mannigfaltige Weise anspricht und ausspricht, als zentralen Wert und Selbstzweck herausstellt und ins Zentrum ihrer Performanzen stellt, die die Befriedigung und Versicherung von Geltungsbedürfnissen versprechen und ebenso die Vermeidung und Lösung von Geltungs- und Selbstwert-Problemen. Eben diese Probleme und Unsicherheiten werden in der Werbung aber auch im Interesse ihrer jeweiligen Zielsetzung geschürt, wenn nicht erfunden, um mit ‚produktiven' Lösungsangeboten versehen zu werden. Mit Goffman kann man also von einem in der Reklame inszenierten und modulierten „Kult des Selbst" (Goffman 1981) sprechen, der sich um Fragen (und Antworten) der individuellen Anerkennung, des Ansehens, des Status, der (Selbst-)Achtung, des Prestiges, der Sympathie, der Liebe dreht. Dieser idealistische und offensive Kult der Werbung hat allerdings auch eine (negative) Rückseite, die mehr oder weniger implizit und verdeckt ist: die Seite der sozialen Abwertung oder Entwertung, der Disqualifikation, der Stigmatisierung, der Verachtung, der Beschämung, der Peinlichkeit und Verlegenheit.

Die Werbung betreibt ihren ‚Kult des Selbst' einerseits geschlechterübergreifend und jenseits der ‚Kategorie Geschlecht'. Andererseits und zugleich praktiziert sie diesen ‚Kult' geschlechtsspezifisch, abhängig von strategischen Zielsetzungen, Zielgruppen und Produktklassen wie z. B. Kosmetik, Mode, Sportartikeln, Genussmitteln oder Medizinprodukten. In diesem wie in jenem Zusammenhang liegt der Begriff des *Narzissmus* besonders nahe, den die Werbung auch gleichsam geschlechtsspezifisch ausbuchstabiert – mit weiblichen und männlichen Varianten.

Einen spezifisch weiblichen Narzissmus entfaltet und propagiert die Werbung (Freuds Theorie analog), indem sie das korporale Schönheitsthema kontinuierlich und entsprechend häufig und aufwändig in Bezug auf das weibliche Geschlecht inszeniert. Ja sie repräsentiert eine Art Narzissmus-Theorie des weiblichen Geschlechts, das sie als ein durch und durch narzisstisches Geschlecht vorstellt und dem sie mit einem narzisstischen Wesen auch eine entsprechende Ansprechbarkeit durch Produktofferten unterstellt. Die unübersehbar gehäufte Bewerbung von Schönheitsprodukten als solche weist die Mädchen und Frauen nicht nur als ‚schönes Geschlecht‘, sondern auch als spezifisch eitles und spezifisch geltungsbedürftiges Geschlecht aus – mit einem mindestens impliziten Bezug auf die korrespondierende Wertschätzung und Bewunderung des ‚anderen Geschlechts‘, aber auch des ‚eigenen Geschlechts‘.

Das Männer-Wesen wird demgegenüber traditionell anders oder umgekehrt gedacht: deutlich weniger oder ganz und gar nicht narzisstisch im Sinne einer ‚typisch weiblichen‘ Selbstverliebtheit bzw. einer Selbstverliebtheit in das eigene Körperbild und stattdessen sachorientiert(er), leistungs- und konkurrenzorientiert(er), generell eher uneitel oder jedenfalls uneitler als das ‚andere Geschlecht‘. Erst in der jüngeren Vergangenheit hat sich in diesem Zusammenhang eine signifikante ‚Feminisierung‘ von Männern und von Männlichkeit verbreitet und verstärkt, die aber immer noch nachrangig ist und sich typischerweise mit Motiven wie Hygiene oder Gesundheit relativiert oder tarnt. Das männliche ‚Ich‘ und der männliche ‚Narzissmus‘ und ‚Kult des Selbst‘ bezieht sich in der Werbung immer noch hauptsächlich auf im weitesten Sinne materielle Erfolgs-, Status- und Prestigesymbole sowie auf Zeichen individueller Autonomie und Souveränität, die ganz im Gegensatz zu jeglicher Art von (‚typisch weiblicher‘) ‚Außen-Lenkung‘ stehen.

Auch die (Hamburger-)Pornografie, die sich ja systematisch an Männer richtet und von Männern konsumiert wird, entfaltet mit und in ihren Stories und Darstellungen einen spezifischen Männer- und Männlichkeits-Kult, der ebenfalls und ganz besonders den Begriff des *Narzissmus* nahelegt. Dieser ‚Kult des (männlichen) Selbst‘ ist vor allem ein Potenzkult bzw. ein Omnipotenzkult, der nicht nur auf die Vorstellung eines übermenschlichen/übermännlichen sexuellen ‚Könnens‘ hinausläuft, sondern auch auf die (Männer-)Fantasie, dieses Können sei ein weibliches *Müssen*, eine Macht und Übermacht über das weibliche (Sexual-)Erleben und Leben. Dieses wird allerdings nicht nur als eine Funktion männlicher ‚Potenz‘ und phallischer Aktivität gedeutet, sondern erscheint seinerseits als ein grenzenloses sexuelles Wollen, Können und Tun. In den Porno-Produkten manifestiert sich auch endlos wiederkehrend eine andere Art Allmachts(männer)fantasie, die aber mit jenen Fantasien zusammenhängt, nämlich die in gewisser Weise größenwahnsinnige (Wunsch-)Vorstellung, man(n) könnte nach gänzlich eigenem Belieben alles Mögliche (an-)tun und lassen und tun lassen, insbesondere sich jedes Objekt seiner Begierde nach eigenem Belieben ‚nehmen‘ und mit ihm unter allen Umständen machen, was man(n) will. Im Porno werden also in gewissem Sinne narzisstische (asoziale, transsoziale, antisoziale) Paradies- und Wunschvorstellungen wahr, die sich im ‚Zeitalter des Narzissmus‘ auf ein männliches Publikum richten, diesem entsprechen und dieses Publikum (die Fraktion einer Geschlechtsklasse) ansprechen. Den (Hamburger-)Porno-Frauen bleibt damit nur eine ‚Komplementärrolle‘. Ihre narzisstische Bestätigung finden sie im männlichen Begehren und im eigenen von Männern bestimmten und bestätigten ‚Begehrenswert‘, also hauptsächlich in ihrem ‚äußerlichen‘ Körperwert. Aus ihm vor allem oder allein ergibt sich auch ihre sexuelle Freiheit und Freizügigkeit. Pornografie und Werbung decken sich in diesem Punkt oder konvergieren jedenfalls.

Bei allem, was sie sonst noch tut, bedient die Pornografie somit auch spezifische Sinn- und Verarbeitungsbedürfnisse eines (männlichen) Publikums (Individuums) bzw. einer Publikumsfraktion, deren (Er-)Lebenswirklichkeit die Wirklichkeit der Porno-Fiktion eher oder vollständig umkehrt. Diese Fiktion kommt nicht nur einer generalisierten Ich-Zentriertheit oder einer narzisstischen Überheblichkeit, Allmachts- oder Überlegenheitsfantasie entgegen, sondern ist auch eine soziale und psychische Realitätsspiegelung mit umgekehrten Vorzeichen: Ausdruck oder Symptom von realen Defiziten, von Schwächen, Mängeln, Ängsten, Minderwertigkeitsgefühlen, narzisstischen Kränkungen und Krankheiten. Auch die Asozialität und Anti-Sozialität der Porno-Welt im Allgemeinen und ihre Abschaffung der symbolischen Geschlechter-Ordnung im Besonderen kann so gelesen werden: als eine Art Symptom und zugleich als eine Art Linderung oder Therapie.[316] Im Zuge ihrer systematischen fiktionalen Abschaffung und Umschaffung der Gesellschaft mag die (Hamburger-)Pornografie also auch ein schwaches oder geschwächtes männliches ‚Ich' bedienen und den defizienten Narzissmus eines (Mann-),Ichs' kompensieren. Im fiktionalen und materiellen sexuellen Reichtum und Überfluss der Pornografie und in ihren Vorstellungen und Darstellungen männlicher ‚Stärken' zeigen sich insofern wirkliche Schwächen, Armut und Bedürftigkeit.

7.10.4 Homo clausus

Als Funktion moderner (gesellschaftlicher) Existenzbedingungen vollzieht sich Individualisierung auch auf der Ebene des individuellen Selbstbewusstseins und der Selbsterfahrung – eine Ebene, die sich kulturell in Semantiken, Diskursen und Medienkulturen bis hin zur ‚hohen Literatur' spiegelt. Deskriptiv treffend und spezifisch aufschlussreich ist hier der Eliassche Begriff des homo clausus (vgl. Elias 1972; 1981; 1999). Er signalisiert eine soziologische Kritik am wissenschaftlichen (methodologischen) Individualismus und markiert zugleich eine psychische Realität, die mit der modernisierungsimmanenten Zunahme der „Getrenntheit und Absonderung der einzelnen Menschen *in ihren Beziehungen zueinander*" (1999, S. 167) zusammenhängt. Die subjektive Wirklichkeit des homo clausus verweist m.a.W. auf die objektive Wirklichkeit sozialer Figurationen, in denen die Einzelnen zugleich aufeinander bezogen und voneinander abgezogen werden und sind, in gewisser Weise vereinzelt, alleingestellt, auf sich und in sich gestellt.

Elias beschreibt die „Selbsterfahrung" (1999, S. 175) als homo clausus als die Tendenz „hoch individualisierter Menschen [...] sich als etwas zu empfinden, dessen ‚Inneres' anderen Menschen unzugänglich und verborgen ist, als ‚Selbst im Gehäuse', dem die

---

316 So meint z. B. ein Befragter: „Wenn im Porno ein Mann die Frau anmacht, dann ist die sofort bereit. Im normalen Leben würdest du höchstens eine Backpfeife kriegen, wenn du überhaupt mal fragst. Und das ist dann die Faszination [...]". Und ein anderer Befragter freut sich darüber, dass die Pornografie einen hürdenlosen Weg zum fremden Sex-Körper beschreibt. Besonders begrüßt wird, dass der Porno-Mann „nicht erstmal den Hampelmann machen muß" und sich „romantisches Gewürge" (A) sparen kann.

anderen Menschen als etwas Äußeres und Fremdes oder gar als Kerkermeister gegenüberstehen, und die ganze Skala der Empfindungen, die mit dieser Selbsterfahrung
verbunden sind, das Empfinden etwa, nicht sein eigenes Leben leben zu können, das des
fundamentalen Alleinseins oder Gefühle der Einsamkeit [...]" (Elias 1999, S. 177).

Diese Seite von Individualität und Individualisierung kann auch als eine wesentliche Bedingung der hier thematischen Medienerzeugnisklassen verstanden werden. In
beiden Fällen werden jener realen Selbsterfahrung fiktionale Gegenmotive und Gegenwelten entgegengesetzt, in denen die dargestellten Individuen (Figuren) als das genaue Gegenteil des homo clausus erscheinen. Sie leben jeweils in ‚Gesellschaften', in
denen jegliche frustrierende Verschlossenheit, Ausgeschlossenheit oder Eingeschlossenheit so gut wie ausgeschlossen ist.

Die ‚Gesellschaft' der Werbung ist im Wesentlichen eine um Konsum kreisende
schöne und gute Gesellschaft, in der die Selbstverwirklichung der Individuen mit Gemeinsamkeit und Gemeinschaft einhergeht. Zu den diesbezüglichen Wahrnehmungs-
und Sinnangeboten der Werbung gehören Darstellungen von ungehemmter Spontaneität und Emotionalität, von Individuen, die ‚aus sich herausgehen', von harmonischen,
idyllischen und genussreichen Welten und Beziehungen ohne Schranken, Einschränkungen und Distanzen. Häufig konzentriert die Werbung ihre Performanz des Sozialen
auf ästhetische Impressionen von Figuren und Szenen, bei denen es überhaupt kein
Innen und kein Außen, keine Distanz, keine Fremdheit oder Entfremdung zu geben
scheint, sondern nur einfache und schöne Intim-Welten mit allseits erfreulichen Erlebnissen. Das Paradiesische dieser Welten besteht auch darin, dass die dort behei-
mateten Individuen in ihrem Streben nach Befriedigung und Glück so gut wie nie an
ernsthafte Grenzen stoßen und so gut wie immer erfolgreich sind. Sie finden letztlich
immer zur Erfüllung ihrer Wünsche, und sie finden auch stets zueinander und aneinander zu sich selbst. Negative Erfahrungen oder Gefühle sind an den typischen Werbe-
Individuen kaum zu erkennen – und wenn, dann nur vorübergehend, weil sie mittels
beworbener Objekte aus der Welt geschafft werden können. Gute oder beste Laune,
Freude und Euphorie sind in der Werbung Normalzustände jedermanns, für dessen
Leben auch Situationen der Geselligkeit und der Gemeinschaft in gehobener oder
ausgelassener Stimmung typisch sind.

Allerdings formuliert und kommuniziert die Werbung auch gewisse (Erfolgs-)Be-
dingungen der Befriedigung und des Glücks, des Glückens und Beglückens. Jedermann
und jedefrau soll zwar an keine innere oder äußere Grenze der Wunscherfüllung stoßen. Nichts soll unmöglich sein und „nichts ist unmöglich" (Toyota), aber die Individuen
der Werbung unterliegen als Bedingung von allem Möglichen den Regeln der ‚Gesellschaft' der Werbung. Diesen Regeln zu entsprechen heißt, über nötige Kapitalien (vor
allem Geld) zu verfügen und im Rahmen eines konsumistischen Lebensstils zu investieren und zu konsumieren und sich auch immer entsprechend zu präsentieren und
präsentabel zu machen.

Auch die (Hamburger-)Pornografie ist diesem Sinne im Rahmen ihrer weitreichenden Anomiefiktion durchaus nomisch, aber sie dramatisiert zugleich in extremer
Weise die Fiktion eines Anti-homo clausus, die Fiktion der vollkommenen Indifferenz

zwischen individueller Innenwelt und sozialer Außenwelt, individueller Affektivität und sozialer Realität. Der reale homo clausus, der sich selbst als eine Art Gefängnis oder in einer Art Gefangenschaft und als sein eigener „Gefängniswärter" (Goffman) erlebt, findet in dieser Fiktion also sein extremes Gegenbild und das Bild einer Gegenwelt, in der es keine Kluften und keine Distanzen und erst recht keine Distanzen zu begehrten (Sex-),Objekten' gibt, sondern nur einen Ozean der Lüste und ein Reich der Freiheit, des Glücks und des Glückens, des Beglücktwerdens und Beglückens.

Dem realen (männlichen) homo clausus bietet sich die Pornografie aber nicht nur als eine unterhaltsame Märchenwelt an, in der auch die „Leiden an der Gesellschaft" (Dreitzel) sich ins Gegenteil verkehren. Vielmehr fungiert sie darüber hinaus vor allem auf der Basis von Wahrnehmungen als ein individuell brauchbarer praktischer Affektgenerator für ‚kleine Fluchten' aus der alltäglichen Lebens- und Erlebenswelt. Wie die Palette der Drogen, wie die Prostitution, das normale ‚Fremdgehen' und andere mehr oder weniger stark affizierende ‚Events' verspricht und verschafft die Pornografie dem sozial und habituell passend disponierten homo clausus einen vorübergehenden Ausweg und Ausstieg, eine Regression und Transgression, so dass jene (Selbst-)Erfahrung, jenes (Selbst-)Bewusstsein und (Selbst-)Gefühl aufgehoben und umgekehrt erscheint.

Allerdings befindet sich der (typische) Pornokonsument, der einsam konsumiert, faktisch in einer besonderen und im Grunde verschärften Homo clausus-Situation, nämlich auf sich und in sich selbst zurückgezogen und in bewusster Isolation, Ausgrenzung und Abgrenzung von der sozialen Welt bzw. ‚Umwelt'. Auch ist zu erwarten, dass regelmäßiger und langfristiger Pornokonsum, also eine Pornokonsum*karriere*, häufig, wenn nicht regelmäßig, katerähnliche Effekte bzw. Entfremdungseffekte nach sich zieht. Die vorübergehend kompensierte Homo clausus-Selbsterfahrung dürfte sich nach dem Pornokonsum und im Zuge einer Pornokonsumkarriere verschärfen, die Kluft zwischen Innen und Außen umso spürbarer und schmerzlicher erlebt werden. Eine naheliegende Reaktion darauf ist ein Mehrdesselben, eine Steigerung, Abwechslung und Intensivierung des Konsums, woraus wiederum verschärfte ‚negative Erfahrungen' bzw. Entfremdungserfahrungen resultieren mögen.

Pornografiekonsum, insbesondere massiver/intensiver und langfristiger Pornografiekonsum, beeinflusst oder prägt wahrscheinlich auch individuelle Vorstellungen, Fantasien, Erwartungen, Wünsche und Ansprüche, an denen sich dann seitens des Konsumenten das Erleben und die Erfahrung der ‚Lebenswirklichkeit' gleichsam stößt oder bricht. Gemessen an den illusionären und utopischen Konstruktionen und Standards der Pornografie muss diese Wirklichkeit als restriktiv, defizient und in gewisser Weise unwirklich erscheinen. Auch dies mag dem Individuum die Grenzen zwischen sich und der ‚Umwelt' seines Lebens frustrierend oder schmerzlich bewusst machen: eine – systematisch und chronisch verschärfte – Homo clausus-Selbsterfahrung. Da viele der pornografisch inszenierten und induzierten Vorstellungen und Gedanken nicht einmal kommunikabel sind, geschweige denn praktikabel, dürfte das betreffende Individuum im Allgemeinen auch dazu neigen und jedenfalls gut beraten sein, seine Porno-Fantasien ebenso wie seinen Pornokonsum als solchen für sich (und d. h. in sich) zu behalten und sich darauf zu beschränken, jene Fantasien im ‚inneren Theater' seines Bewusstseins bzw. als Publikum des Medientheaters auszuagieren.

In allen diesen Zusammenhängen muss beachtet werden, dass Pornografiekonsum nach wie vor eine vorwiegend *männliche* Praxis ist. Wenn hier von einem realen homo clausus die Rede ist, dann ist also im Wesentlichen ein männliches ‚Wesen' gemeint, aber betroffen ist immer auch das ‚andere Geschlecht', die (heterosexuelle) Geschlechterbeziehung und das Geschlechterverhältnis.[317] Die mehr oder weniger intensive und inhaltlich so oder so ausfallende Pornografisierung des einen Geschlechts kann jedenfalls kaum folgenlos für das ‚andere Geschlecht' bleiben, das ja direkt oder indirekt mit entsprechenden Fantasien und ‚Definitionen', mit Erwartungen, Wünschen, Ansprüchen und Affekten (z. B. von ‚Partnern') zu tun hat oder zu tun bekommen kann.

7.10.5 Hobby-Sexualisierung

Individualität und Individualisierung verweisen nicht nur auf gesellschaftliche Strukturbedingungen, Institutionen, Semantiken und Diskurse, sondern auch auf die ‚anthropologisch konstante' und zugleich historisch variable Tatsache des Individuums als *Körper.* Er ist in seiner äußerlichen und innerlichen ‚Materialität' fundamental und unhintergehbar. An ihm können Menschen als Individuen und ‚Kategorien' erkannt, und auf ihn können Menschen reduziert werden und sich mit oder ohne kulturelle Unterstützung selbst reduzieren. Man kann also wie Johannes Weiß davon ausgehen, „daß Individualisierung, radikal vollzogen, auch den Rückgang bzw. das Zurückgeworfensein auf die je eigene Leiblichkeit und Sinnlichkeit bedeutet, in der, viel mehr als in der Teilhabe an irgendwelchen Sinn- und Wertordnungen die Unvertretbarkeit der individuellen Existenz wurzelt" (Weiß 2003, S. 226). Diese Bedeutung von Individualisierung spiegelt sich in unmittelbaren Lebenswelten und Lebensbereichen wie der Sexualität und auch in diversen Medienkulturen, die das Individuum als Körper in verschiedenen Hinsichten und Weisen verselbständigen, realisieren und idealisieren. Für Weiß erklärt sich in diesem Zusammenhang und aus diesem Zusammenhang „auch, warum man sich bei dem Bemühen, auf diese Weise ganz authentisch, also ganz bei sich selbst zu sein, so leicht im Allerallgemeinsten des Allgemeinmenschlichen, wenn nicht sogar im Animalischen wiederfindet resp. verliert, warum also solches Streben gerade nicht beim ganz Eigenen, sondern beim Allergewöhnlichsten endet" (Weiß 2003, S. 226). Mit dem Allergewöhnlichsten meint Weiß physische oder körperbezogene Obszönitäten aller Art –

---

317 Pornografiekonsum hat vermutlich auch Folgen für das Verhältnis von Männern zu Männern und für das Selbstverhältnis von Männern. Jedenfalls liefert Pornografie den pornokonsumierenden Männern auch ein Männerbild. Man(n) sieht und hört im Pornomedium ja immer auch den Geschlechtsgenossen und erhält mannigfaltige Informationen und ‚Wissen' über ihn. Daraus lassen sich Schlüsse und Rückschlüsse ziehen, die auch für die eigene Geschlechtsidentität/Geschlechtsidentifizierung Bedeutung haben mögen oder müssen.

auch und gerade mediale Obszönitäten wie die Pornografie und obszöne Praxen wie den Pornografiekonsum.

Pornografiekonsum ist hier ein Sonderfall, weil er sozusagen eine doppelte *Entgesellschaftung*, eine doppelte Reduktion auf bloße Körperlichkeit impliziert, nämlich zum einen auf der Seite der medialen Performanz und zum anderen auf der Seite des Konsums und der Konsumenten. Hier wie dort kommt es zu einer mehr oder weniger weitreichenden, ja perfektionierten Asozialisierung und Materialisierung der Akteur/-innen und (Inter-)Aktionen, die in jedem Fall auf bloße Körperlichkeit heruntermoduliert und insofern individualisiert werden.

Im medialen Porno-Sex vollzieht sich so eine radikale Individualisierung der Individuen im Rahmen einer *Inszenierung*, die eben diesen Eindruck bezweckt (und nicht etwa in Kauf nimmt). Die sexuelle Interaktion selbst (selbst die sexuelle Interaktion) hat im Porno im Grunde den Charakter der Masturbation, da der fremde Sex-Körper lediglich der eigenen Lustgewinnung und Luststeigerung dient. Der ‚Fremd-Körper' ist eigentlich nur ein Hilfsmittel der Eigen-Lust der Porno-Protagonisten. Eine soziale, ‚zwischenmenschliche' Begegnung oder Kommunikation findet in den pornografischen Sexualinteraktionen nicht statt, ja diese zeichnen sich gerade dadurch aus und wollen sich dadurch (positiv) auszeichnen, dass sie den Sex in einem radikal egoistischen Sinne auf bloß Körperliches reduzieren. Was zählt, ist jeweils der eigene Erlebniskörper, der den anderen Körper nur als erlebten Körper (als Hülle und Organkomplex) wahrnimmt und gebraucht.

Diesem im Porno manifestierten – gewissermaßen paradigmatischen – Verständnis des Sexuellen korrespondiert die Seite des Pornokonsums und der Pornokonsumenten. Mit Hilfe von Pornografie kann sich das konsumierende Individuum in gewisser Weise jenseits der ‚Gesellschaft' und unter Absehung von ihr qua eigener (Real-)Körperlichkeit und fremder (Medien-)Körperlichkeit in einen variablen ‚anderen Zustand', nämlich einen Zustand besonderer sexueller Erregung, versetzen und sich dem Sex auch in „einer seiner wichtigsten kulturellen Formen [widmen, d. Verf.]: der Masturbation" (Cohen/Taylor 1980, S. 105). Sie ist in ihrer typischen (a)sozialen Isolation, ihrem Selbstbezug und ihrer Selbstbeschränkung auf die Fantasie und Affektivität des betreffenden Individuums eine individualisierte Praktik par excellence. Der typische Porno-Masturbant ist ein einsames Individuum, das in einer Art ‚Selbstreferenz' buchstäblich in sich selbst und mit sich selbst verkehrt – mit Hilfe und unter Anregung und Anleitung des Porno-Mediums. Dieses Individuum braucht in Abwesenheit anderer keine Rücksicht auf andere zu nehmen, und es ist im Ob, Was, Wann und Wie des Konsums im Prinzip völlig frei und selbstbestimmt, autonom und zugleich in gewisser Weise selbstvergessen und fremdbestimmt, nämlich durch das Medium und Medienerzeugnis, von dem es sich freiwillig und willig ‚gefangen nehmen' lässt, in das es sich vorübergehend vertieft.

Cohen und Taylor haben bereits vor einem halben Jahrhundert auf die soziale Ausbreitung, Verankerung und Verstärkung der lebenspraktischen Figur des „Wichsers" (Cohen/Taylor 1980, S. 106) hingewiesen und behauptet, dass er zu einem epochalen Massenphänomen geworden ist, dem die kommerzielle Erotik- und Sexualkultur mas-

senhaft motivierende, unterstützende und forcierende Angebote, Anregungs- und Er-
regungs-Angebote macht und aufdrängt.[318] Dies gilt heute sicherlich mehr denn je und
mehr denn je aufgrund dynamisch fortgeschrittener und fortschreitender Pornografi-
sierungen und anderer erotik- und sexualkultureller Ausstattungen. Gleichwohl hat die
Masturbation, die einmal (im Christentum) den Status einer schweren Sünde hatte und
zu beichten war und auch darüber hinaus selbst noch in der modernen Medizin und
Pädagogik verurteilt und bekämpft wurde, in weiten Bereichen der Gesellschaft immer
noch ein schlechtes Image. Dies ist aber kaum mehr mit moralischen oder etwa
(pseudo-)medizinischen Begründungen der Fall, sondern eher, weil sie in der erotisch-
sexuellen Konsum- und Erlebnisgesellschaft, die parallel zum Niedergang des Christentums aufgestiegen ist, vielfach als ein defizienter oder ,suboptimaler' Modus sexuellen Handelns und Vergnügens erscheint. Mittlerweile gilt diese Praktik aber auch in
weiten sozialen Kreisen als ,normal' oder ,natürlich' bzw. als „harmloser Spaß" (Laut-
mann/Schetsche 1990, S. 224), der mit Hilfe diverser Arten von Konsum – gerade von
Pornografie – neue und eigene ,Qualitäten' gewinnen kann. Entscheidend ist die weitgehende Entstigmatisierung und Entmoralisierung der Masturbation im Zuge der Privatisierung, Entmoralisierung und Ummoralisierung des Sexuellen schlechthin, seiner
Umdeutung zum reinen (Privat-)Vergnügen und seinem Betrieb als eine Art Freizeit-
beschäftigung, der die Natur des Körpers zugrundeliegt.

Natürlich gibt es hier „keinen einsichtigen Grund, die andere Form der sexuellen
Aktivität – den Geschlechtsverkehr selbst – auszuklammern" (Cohen/Taylor 1980,
S. 108).[319] Auch mit und an dieser (Inter-)Aktivität kann sich Individualisierung in dem
obigen Sinne vollziehen und zeigen: als Reduktion auf bloße Körperlichkeit. Geschlechtsverkehr nähert sich insofern der Logik der Masturbation an und spiegelt sich
in der Pornografie, so wie diese sich in der Realität sexueller Praxis spiegeln mag. Cohen
und Taylor sprechen jedenfalls in dieser Richtung von beiden Formen des Sexes als
„Hobby", „nationalem Zeitvertreib" oder „Aktivitätsenklave" (Cohen/Taylor 1980, S. 105,
108 f.) und gehen damit über biologistische Vorstellungen wie die der ,Triebabfuhr' oder
der „Ventilsitte" (Vierkandt) hinaus. Gleichzeitig geht es hier um die soziale bzw. *kulturelle* Konstruktion (und Reduktion) des Sexes als bloße Körperlichkeit, die sich willkürlich manipulieren lässt. Pornografie erscheint dabei in jedem Fall sexueller Aktivität
als Fantasie- und Affektgenerator, der nicht nur dem reinen, von allem sozialen ,Ballast'

---

318 Auch in der (Selbst-)Wahrnehmung befragter Konsumenten fungiert Pornografie „zu neunzig Pro-
zent als Masturbationsvorlage" (A). Dem scheinbar herrlichen Herren-Reich der Pornografie entspricht
demnach eine weniger herrliche sexuelle Praxis. Für einen befragten Konsumenten ist daher auch die
naheliegende Frage nach der Masturbation eine besonders „peinliche, indiskrete Frage" (A). Ein anderer
weiß nicht, „was er dazu sagen soll". Ein dritter behauptet, nur dann zu masturbieren, wenn er sehr
betrunken ist.

319 Manche Konsumenten behaupten, Pornografie als „Anregungen" (A) oder „Vorlagen" (A) für die
eigene sexuelle Beziehungs-Praxis zu brauchen und zu gebrauchen. Und in der Tat kann davon ausgegangen werden, dass Pornografie zunehmend in diesem Sinne Verwendung findet und ,integriert' ist (vgl.
Eckert u. a. 1990).

gereinigten Vergnügen dient, sondern den sexuellen Affekt überhaupt erst hervorruft und aus verschiedenen Gründen aufruft. Dass die Werbung bzw. die Werbungs-Erotik diesbezüglich lediglich semantisch ‚parallel organisiert' ist, liegt auf der Hand.

Mit der Individualisierung als Verkörperlichung gehen technische Entwicklungen bzw. Technisierungen einher, die eben dieser Verkörperlichung weiteren Vorschub leisten und Nachdruck und Form verleihen. Dazu gehören nicht nur Medientechniken und zugehörige Medienkulturen wie die Pornografie, sondern auch Maschinen, die die Praktik und die Logik der Masturbation auf die Spitze treiben und daher dem ‚Weltbild' der Pornografie und der Pornokonsumenten entsprechen und selbstverständlich Eingang in die Pornografie finden. Sven Lewandowski betrachtet z. B. „'fucking machines'", mit denen „die Frau sexuell mit einer Maschine verbunden, also gleichsam in sie eingespannt wird", als einen „Triumph der Autoerotik" und als eine „pornografische Nische, die den Traum von der Ersetzbarkeit des Sexualobjekts durch technische Hilfsmittel zu Ende denkt" (Lewandowski 2012, S. 290). Im sich immer noch entfaltenden ‚technischen Zeitalter' mag sich also nicht nur die ‚Seele', sondern auch und in Verbindung mit ihr der ‚Sex' zunehmend und zunehmend vielseitig in die Richtung einer ‚technischen' Rationalisierung bewegen und damit zur Ressource einer individualisierten Politik, Ökonomie und Verwaltung des Selbst werden.

7.11 Intimitäten

Die moderne Zivilisations- und Gesellschaftsgeschichte ist als ein komplexer Zusammenhang von parallellaufenden und miteinander verwobenen, aber auch scheinbar widersprüchlichen, gegensätzlichen und gegenläufigen Prozessen zu beschreiben und mit dieser oder jener ‚diagnostischen' Akzentuierung beschrieben worden. Dies gilt auch für die diversen Realitäten, die mit Begriffen wie Intimität oder Intimisierung beschrieben wurden und werden – vorzugsweise, aber ohne darauf beschränkt zu sein, mit Bezug auf Aspekte des Körpers, des Geschlechts und der Geschlechtlichkeit.

Aus den entsprechenden soziologischen Diskursen ist mindestens auf ein bivalentes oder ambivalentes Bild zu schließen, bei dem allerdings eine Seite dominiert, die für die relative Bedeutungslosigkeit, den Bedeutungsverlust oder das Verschwinden jener Realitäten zu stehen oder zu sprechen scheint. Als für die moderne Gesellschaft charakteristisch und dominant gelten im Allgemeinen – mit einigen Schlagworten formuliert – einerseits: Prozesse der funktionalen Differenzierung, der professionellen Spezialisierung, der bürokratischen Rationalisierung, der affektiven Neutralisierung, der Verwissenschaftlichung, der Technisierung, der Industrialisierung, der formalen (Groß-)Organisationsbildung, der Vermarktlichung, der Kommerzialisierung, der „Vermassung" (Gehlen 1957, S. 74), der Urbanisierung, der Entfremdung, der Anonymisierung u. a. m.

Andererseits wird die moderne Gesellschaft und das Verhalten ihrer Menschen nicht nur mit Begriffen wie Intimität oder Intimisierung beschrieben, sondern auch davon ausgegangen, dass es sich bei den damit gemeinten Tatsachen um wesentliche

Züge, um Charakteristika, ja eine Signatur dieser Gesellschaft handelt. In dieser Richtung gedeutete Phänomene und Trends sind – ihrerseits schlagwortartig formuliert: Gemeinschaften und Vergemeinschaftungen, Informalisierungen und informelle Gruppen, „Kleinstverbände und Intimgruppen" (Gehlen 1957, S. 74), ‚kleine Lebenswelten', persönliche (Intim-)Beziehungen, Institutionalisierungen der Selbstthematisierung, Inflation von Bekenntnissen und Selbstenthüllungen, medialer ‚Voyeurismus' und ‚Exhibitionismus', aber auch diverse Psychologisierungen, Kulte und Kultivierungen der Empfindsamkeit u. a. m.

Hier und in Anbetracht übergreifender Modernisierungsprozesse wie den oben behandelten (soziale Differenzierung, Verflechtung, Informalisierung, Individualisierung) macht es soziologischen Sinn, von zwei Seiten einer Medaille zu sprechen und der modernen Gesellschaft im Ganzen systematische Bivalenzen und Ambivalenzen zu attestieren. In diesen Zusammenhang sind auch die Realitäten der Intimität zu stellen bzw. die Prozesse, mit denen sie zusammenhängen und die sie ausmachen. Sie sind mit den Begriffen Intimisierung und Entintimisierung zu beschreiben und deuten wiederum auf zwei Seiten einer Medaille oder auf dialektische Beziehungen hin, z. B. zwischen der Veröffentlichung des Intimen und seiner Verflüchtigung, Auflösung oder Verwandlung.

Im Folgenden möchte ich mich im Rahmen der bisherigen Fragestellungen argumentativ in dieser Richtung bewegen. Dies geschieht in der Annahme, dass die hier fokussierten Medienerzeugnisse und mit ihnen ihre Konstruktionen der Geschlechter und der Geschlechtlichkeit in diesem Kontext stehen und einen exemplarischen oder symptomatischen Charakter haben, aber auch als Faktoren, Verursacher oder Verstärker entsprechender Prozesse zu veranschlagen sind.

Die Begriffe Intimität, Intimisierung und Entintimisierung sollen die Ausgangspunkte und die Richtung dieser Untersuchung anzeigen und müssen daher zunächst als solche näher ins Auge gefasst werden.

7.11.1 Intimitäten, Intimisierungen und Entintimisierungen

Der Begriff der Intimität (Intimisierung, Entintimisierung) ist in sozialwissenschaftlichen bzw. soziologischen Verwendungszusammenhängen mehr oder weniger gängig, aber auch vage, vieldeutig und schwer zu fassen. Er steht einerseits in Beziehung zu anthropologischen und „existentiellen Daseinsaspekten, bezeichnet aber andererseits auch einen Typus von Erfahrungen, der sich in historischer Sicht wandelt und der auf der einen Seite mit der psychischen Struktur von Subjekten und auf der anderen Seite mit der je gesellschaftsspezifischen Art von sozialen Beziehungen, Werten und öffentlichem Handeln korreliert, die ein Individuum prägen" (Schwietring 2009a, S. 262). Intimität hat also mit diversen und variablen sachlichen Aspekten auf allen Ebenen des Sozialen/Kulturellen und Individuellen zu tun: mit der Soziogenese und dem Spektrum der sozialen Figurationen, mit der Psyche und der Psychogenese, mit Körpern und Körperlichkeit, mit Sexualität, mit menschlichen Ausscheidungen aller Art und ihrer (Selbst-)Kontrolle, mit Geburt, Reifung, Krankheit, Sterben, Tod, aber auch mit dem emotionalen und gedanklichen ‚Innenleben' von Individuen, mit biografischen Informationen, mit Informationskontrollen und Diskretion, mit sozialen Räumen und Distanzen, z. B. den „Territorien des Selbst" (Goffman) oder den Zonen hinter den „Kulissen des gesellschaftlichen Lebens" (Elias 1980, Bd. 2, S. 408). Offensichtlich ist Intimität polymorph und als kulturelle Tatsache auch eng verbunden mit sozialen bzw. interpersonalen Beziehungen und Interaktionen, die wiederum in weitere ‚soziale Zusammenhänge' bis hin zur Gesellschaft eingebettet sind. Es gibt die Intimität von Liebespaaren, die Intimität der Familie, die Intimität der Freundschaft, die Intimität zwischen Eltern und Kindern, die kindliche Intimität zwischen Gleichaltrigen, die Intimität pädagogischer, therapeutischer oder pflegerischer Verhältnisse, die Intimität von Sportskameraden beim Spiel, die Intimität im Rahmen persönlicher Dienstleistungen, die Intimität der Prostitution usw. Alle diese lebenspraktischen Intimitätstypen sind auch Objekte mannigfaltiger medienkultureller Reflexionen und Modulationen, z. B. in den Gattungen des Fernsehens oder der Literatur. Deren ‚Kodierungen' von Intimität können wiederum lebenspraktisch relevant und wirksam werden.

Intimität ist also in erster Linie eine Frage der gesellschaftlichen und kulturellen Organisation und fällt unter modernen Bedingungen entsprechend differenziert und vielfältig aus. Sie ist damit auch eine immanent ‚soziale Frage' nicht nur von Kommunikation schlechthin, sondern von voraussetzungsvollen, pluralen und kontingenten Informationsverhältnissen, von Verhältnissen zwischen Sichtbarkeit und Unsichtbarkeit, von Zeigen und Verbergen (vgl. Schwietring 2009a), Darstellung und Geheimnis, Nähe und Distanz, Privatheit und Öffentlichkeit. Alle diese Verhältnisse und die an ihnen partizipierenden und in ihnen (inter-)agierenden Individuen haben auch eine kognitive, eine moralische, eine kathektische und eine emotionale Seite. Die Realität der Intimität hat also systematisch viel mit sozialen (Sinn-)Rahmen und (Sinn-)Rahmungen zu tun, mit habituellen Dispositionen, mit Erwartungen und Bewertungen (z. B. von Diskretion), mit „Valenzen" (Elias) zwischen Menschen, mit moralischen Normen und mit Geschmack.

Damit liegt auch die Beziehung des Begriffs und der Realität der Intimität(en) zu den zivilisationstheoretischen Begriffen und Tatsachen auf der Hand, die in den vorliegenden Untersuchungen schon eine mehr oder weniger zentrale Rolle gespielt haben und spielen: soziale Figuration/Figurationsprozess, Habitus, Körper/Korporalität, soziale Ungleichheit, Macht/Machtbalance, Demokratisierung, Individualisierung, symbolische Ordnung, Interaktionsordnung, Informalisierung und – konkreter – Obszönität, (Selbst-)Achtung, Scham, Peinlichkeit, Verlegenheit u. a. m. Als subjektive und objektive (soziale) Wirklichkeit ist Intimität auch oder vor allem als Funktion von Zivilisationsprozessen zu verstehen, in denen und mit denen das individuelle Habitusensemble gleichsam gebaut und umgebaut wird. So „steigen mit der zivilisationsgeschichtlichen Zunahme von Affektkontrolle und Introspektion (...) geradezu notwendig auch das Bewusstsein von und das Bedürfnis nach Intimität als dem dicht um das eigene Ich gelagerten Erfahrungsbereich" (Schwietring 2009a, S. 262). Folgt man Elias, dann schließt die moderne Zivilisationsgeschichte als Geschichte von Intimitäten und Intimisierungen in diesem Sinne eine ganze Reihe mehr oder weniger langfristiger Prozesse ein, die zusammenhängen und aufeinander einwirken: die Ausdifferenzierung von Privat- und Persönlichkeitssphären, die Steigerung und Absicherung von entsprechenden Ansprüchen, die tendenzielle Heraufsetzung von Scham- und Peinlichkeitsschwellen, die systematisch verschärfte ‚Homo clausus-Selbsterfahrung', die Genese und Steigerung von (psychischer) ‚Innerlichkeit'. Im Prozess der Zivilisation verändern sich auch Verhalten und Psyche in Richtung einer immer stärkeren Selbstkontrolle und damit einhergehend in Richtung einer stärkeren Schambindung und Rationalisierung. Und so wie dies geschieht, so „ändert sich in entsprechender Weise auch die Art, in der ein Mensch den anderen betrachtet. Das Bild, das der Mensch vom Menschen hat, wird reicher an Schattierungen, es wird freier von momentanen Emotionen; es ‚psychologisiert' sich" (Elias 1980, Bd. 2, S. 372) – mit Konsequenzen für die Konstruktion, Wahrnehmung und Behandlung von Intimitäten. In diesem Sinne (einer „Psychologisierung") handelt auch Goffmans (1971b) Theorie der Interaktionsrituale von einem – modernen – Individuum, das andere Individuen mit einem ‚psychologischen' Blick und Feingefühl behandelt und das befähigt, motiviert und gezwungen ist, im Denken und Handeln entsprechend zu balancieren: zwischen einem Zuviel und einem Zuwenig an Nähe (Intimität) und Annäherung.

Intimität und Intimisierung sind demnach voraussetzungsvolle, implikations- und verweisungsreiche Begriffe, die erst vor dem Hintergrund historischer Prozesse, konkreter Zivilisationsprozesse und gesellschaftlicher Verhältnisse hinreichend spezifisch und analytisch brauchbar werden. Das zeigt sich auch und gerade im Hinblick auf die jüngere Gesellschaftsgeschichte und das 20. Jahrhundert der ‚westlichen Zivilisation', die sich in diesem Zeitraum bekanntlich dynamisch und stark gewandelt hat, scheinbar innovative, antagonistische oder gegenläufige Entwicklungen zwischen Intimisierung und Entintimisierung eingeschlossen.

Diese Entwicklungen spielen in verschiedenen Modernisierungs- und Individualisierungstheorien eine Rolle. Neben Elias' Zivilisations- und Individualisierungstheorie, an die prominente Autoren wie Ulrich Beck und Anthony Giddens mehr oder weniger deutlich angeschlossen haben, drängt sich hier Richard Sennetts in den 1980er Jahren berühmt gewordene historische Kulturdiagnose der „Tyrannei der Intimität" auf (vgl. Sennett 1983), die auch auf spätere und neuere kulturelle Entwicklungen bezogen werden kann. Die Ansätze und analytischen Resultate von Elias und Sennett konzentrieren sich zwar auf unterschiedliche historische Kontexte, Zeitstrecken und epochale Phasen, sie überschneiden sich aber auch und sind in der Sache in gewissem Maße komplementär und immer noch ‚zeitgemäß'. So kann man in der Richtung der Sennettschen Theorie wie auch der Eliasschen den aktuellen empirischen Eindruck analytisch einholen, dass die Unterscheidung zwischen privat und öffentlich verschwimmt. „Soziale Kategorien werden durch persönliche Eigenschaften und Aspekte des privaten Lebens abgelöst. (...) es geht um den menschlichen Faktor, die persönlichen Anliegen, das Privatleben, die intimen Beziehungen" (Schwietring 2009a, S. 273).

Ähnlich wie viele andere soziologische Beobachter/-innen der Moderne und der Modernisierung geht Sennett von tiefgreifenden gesellschaftskulturellen Wandlungen und Transformationsprozessen aus, von fundamentalen kulturellen Desorganisations-

und Umorganisationsprozessen. Allerdings schätzt er diese anders als etwa Elias und Wouters mit ihrer zivilisationstheoretischen Informalisierungsdiagnose, die sich auf das fortgeschrittene 20. Jahrhundert bezieht (siehe oben), in einem ausschließlich negativen Sinne kritisch ein, wenn er den „Verfall und das Ende des öffentlichen Lebens" im Zuge einer Art Intimitätsinflation behauptet. In dieser zugespitzten These besteht ein ‚Alleinstellungsmerkmal' der Theorie Sennetts und auch ihr spezifisches zeitdiagnostisches Potenzial. Man kann diese These und ihren Intimitätsbegriff immer noch als Ausgangs- und Bezugspunkt einer umfassenden und differenzierten Kulturbeobachtung, auch und gerade einer Beobachtung von Medienkulturen wie den hier thematisierten, verwenden.

Sennetts kulturtheoretische These ist außerordentlich weitreichend und stark. Er behauptet nicht weniger als eine fundamentale kosmologische und ideologische Wandlung der Gesellschaft, den Aufstieg und die Generalisierung einer „Grundüberzeugung […], die zum einzigen Maßstab der Realität erhoben wird" (Sennett 1983, S. 380) und sich entsprechend allgemein auswirkt und zeigt – von den Umgangsformen der alltäglichen Interaktion über die ‚persönlichen Beziehungen' bis hin zur ‚großen Politik' und zu den verschiedenen Bereichen der Massenmedien:

> Die Intimität ist eine Tyrannei […]. Sie beherrscht das Alltagsleben. Sie besteht darin, daß sich in den Köpfen der Menschen ein einziges Wahrheitskriterium als glaubwürdig festsetzt, mit dem die gesamte soziale Wirklichkeit in ihrer Komplexität beurteilt wird. Die Gesellschaft wird heutzutage einzig in psychologischen Kategorien gemessen. […] Die Intimität rückt die zwischenmenschlichen Beziehungen in eine bestimmte Perspektive und formuliert in bezug auf sie eine ganz bestimmte Erwartung. Intimität läuft auf die Lokalisierung der menschlichen Erfahrung, ihre Beschränkung auf die nächste Umgebung hinaus, dergestalt, daß die unmittelbaren Lebensumstände überragende Bedeutung gewinnen. Je weiter diese Lokalisierung fortschreitet, desto mehr setzen die Menschen einander unter Druck, die Barrieren von Sitte, Regel und Gestik, die der Freimütigkeit und Offenheit entgegenstehen, aus dem Weg zu räumen. Sie hegen die Erwartung, Nähe erzeuge auch Wärme (Sennett 1983, S. 380).

Sennett behauptet also eine epochale gesellschaftskulturelle Verschiebung in Richtung einer Art Leit-Kultur oder Mono-Kultur der Intimität, die auf eine umfassende Entsozialisierung des Sozialen, der objektiven und subjektiven Wirklichkeit hinausläuft. Unter Intimität ist demnach ein sozial folgenreiches (‚tyrannisches') Weltbild bzw. ein Weltbildwandel zu verstehen, dem Sennett auch einen „eigenen Namen" gibt: „eine *intime* Sichtweise der Gesellschaft" (Sennett 1983, S. 17), die die Gesellschaft im Grunde abschafft. Sennett sieht diesen Weltbildwandel nirgendwo so stark und deutlich ausgeprägt wie „im intimsten Erlebnisbereich überhaupt: bei der körperlichen Liebe". Der „Sex" scheint ihm als Inbegriff von Intimität „zur reinen Selbst-Offenbarung geworden" zu sein (Sennett 1983, S. 19).

> In den vergangenen hundert Jahren hat die körperliche Liebe eine Neubestimmung erfahren: sie erscheint nicht mehr als Erotik, sondern als Sexualität. […] Erotik bedeutete, dass der sexuelle Ausdruck in Handeln einging – in Handlungen der Wahl, der Verdrängung, der Interaktion. Sexualität dagegen ist kein Handeln, sondern ein Zustand, aus dem sich der Liebesakt fast automa-

tisch, als natürliches Resultat ergibt, wenn Menschen sich intim miteinander fühlen (Sennett 1983, S. 19).

Mit seiner (kultur-)soziologischen Sicht auf jedermanns praktische Sicht der Dinge kehrt Sennett, wie er selbst betont, die Argumentation von David Riesmans *„Die einsame Masse* um. […] Die westlichen Gesellschaften befinden sich auf dem Weg von in gewissem Sinne außen-geleiteten zu innen-geleiteten Verhältnissen – bloß, daß inmitten von Selbstversunkenheit keiner mehr sagen kann, was ‚innen' ist" (Sennett 1983, S. 17). Diese Entwicklung zu einer „Besessenheit von der Intimität" hält Sennett für das wesentliche „Kennzeichen einer unzivilisierten Gesellschaft" (Sennett 1983, S. 379), in der Intimität Zivilität und Zivilisierung in allen Bereichen (bis hin zur Politik) hemmt, stört und zerstört. Diese (zeitgenössische) Gesellschaft habe ebenso ihre innere Form verloren wie ihre Menschen, die sie (daher) auf aussichtslose Missionen zu sich selbst und zu anderen ‚Menschen' schicke: auf den (Irr-)Wegen der *Enthüllung* und *Selbstenthüllung.* Die „Besessenheit von der Intimität" und die praktischen Versuche, ihrer habhaft zu werden, führen demnach letztlich zu Verlusten von Intimität, zu ihrer Preisgabe, Störung und Zerstörung, zur negativen Verschiebung von Intimitätsgrenzen, zur Herabsetzung von Intimitätsschwellen, zur *Entintimisierung.*

Sennett selbst bezieht seine These nicht zuletzt auf medienkulturelle Tatsachen und Entwicklungen, und in der Tat lässt sich auf dieser Ebene (von der Autobiografie bis zum Roman, von der Talkshow bis zum Kinderfilm, von der Werbung bis zur Pornografie) viel entsprechend bestätigendes und veranschaulichendes Material finden. Gerade die Jahrzehnte der Gesellschafts- und Medienentwicklung nach Sennetts Diagnose sprechen für eine prinzipielle und sich noch verstärkende Tendenz zu Arten der Offenbarung und Selbstoffenbarung von Intimität, zu Darstellungen, Thematisierungen und Inszenierungen von Intimem und zu Verschiebungen von Intimitätsgrenzen. Viele neue und immer wieder neuentwickelte ‚Formate' im üblichen massenmedialen Unterhaltungsbereich und signifikante Innovationen alter ‚Formate' zeugen von einer anhaltenden oder sich verstärkenden Besessenheit von Intimität und einer Versessenheit auf Intimität. Erotik und Sex aller Art spielen dabei eine Hauptrolle. Aber auch alle Daseinsbereiche jenseits von Erotik und Sex sind Zielgebiete medialer *Enthüllungen* und *Selbstenthüllungen,* inflationierender Darstellungen und Inszenierungen von *Intimitäten,* die effektiv auf *Entintimisierungen* hinauslaufen.

Die Diagnose Sennetts bedarf allerdings auch einiger Modifikationen, Differenzierungen und Ergänzungen, wenn man die Medienkulturen der Werbung und der Pornografie als empirische Beispiele heranzieht und genauer betrachtet.

7.11.2 Werbung und Pornografie: (Ent-)Intimisierungen

Die in Inhalt und Form sehr unterschiedlichen Intimitäten und Intimisierungen der Pornografie und der Werbung sind wie alle ihre Konstrukte und Konstruktionen durch die jeweilige Medien- und mediale Gattungslogik bedingt, bestimmt und begrenzt. Das schließt in beiden Fällen z. B. komplexe Selbstdarstellungen, Selbstthematisierungen, Selbstenthüllungen oder Bekenntnisse, wie sie Sennett im Auge hat und wie sie in anderen Mediengattungen möglich, nötig oder naheliegend sind, mehr oder weniger aus. Die jeweils herangezogenen oder auch hervorgezerrten Intimitäten kommen auch jeweils zweckspezifisch ins Spiel und werden entsprechend aufgeführt, und zwar keineswegs abgebildet, sondern selektiv und in Grenzen umgebildet. So konzentriert sich die Pornografie auf die Intimität des Sexuellen mit dem Ziel der Lusterzeugung und blendet jeden Aspekt der entsprechenden ‚Intimsphäre' aus, von dem zu erwarten ist, diesbezüglich kontraproduktiv zu sein. Die Pornografie ist also sachlich sehr eingeschränkt und spezifisch eingeschränkt ‚intimistisch' und dies keineswegs radikal. Dies gilt auch für die Werbung, die zwar insgesamt ein sehr weites Spektrum von Intimitäten repräsentiert, aber je nach zu bewerbendem Gegenstand und je nach ‚Zielgruppe' Grenzen beachten und einhalten muss. So macht die einschlägige Werbung zwar im Gegensatz zur ‚Hamburger-Pornografie' die Menstruation oder (weibliche und männliche) Inkontinenz zum Thema, aber sie thematisiert und präsentiert diese Aspekte der ‚Intimsphäre' nicht mit dem Ziel zu unterhalten oder gar ‚Spaß' zu machen oder Lust zu erzeugen, sondern um ein symbolisch und emotional heikles Produkt zu vermarkten. Dabei muss sie wie die Pornografie, jedoch in anderen Hinsichten und auf andere Weisen als diese, mit kathektischen Normen umgehen, ein Spiel mit ästhetischen Eindrücken und Affekten spielen, unter anderem mit Gefühlen der ‚Unlust', des Ekels und der Furcht. Sie bestimmen und limitieren die entsprechenden Intimitätsperformanzen.

Die Werbung ist seit jeher und heute mehr denn je auch ein Raum der Inszenierung, der Darstellung und der (Selbst-)Thematisierung diverser Intimität(en). In diesem Raum finden sich Modulationen bzw. ‚Zitate' der verschiedenen jeweils aktuellen Intimitätsbereiche, Intimitätsaspekte und Intimitätstypen der Gesellschaft: körperliche Intimität, geschlechtsspezifische Intimität (körperliche ‚Intimsphären'), erotische Intimität, sexuelle Intimität, Familienintimität, Eltern/Kind-Intimität, (männliche) Kameradschaftsintimität, (weibliche) ‚beste Freundinnen'-Intimität, Geselligkeitsintimität, Helferintimität, Pflegeintimität usw. Als ‚kulturelles Forum' fungiert die Werbung also auch als kulturelles *Intimitäts*forum. Sie performiert die Intimität(en) der Gesellschaft und stellt sie jeweils im denkbar besten Licht dar. So werden alle potenziellen Mängel und Probleme der körperlichen ‚Intimsphäre' qua (Produkt-)Inszenierung aus der Welt geschafft, und umgekehrt werden erwünschte Intimitäten wie die der Erotik oder des Familienlebens positiv stilisiert.

Die Werbung drückt auch Wandlungen und Verschiebungen von Intimitätsgrenzen und Intimitätsverständnissen aus (siehe oben), und sie mag durch bestimmte Intimitätsperformanzen zur Wandlung und Verschiebung von Intimitätsgrenzen und Intimitätsverständnissen beitragen, wie auch zur Verfestigung von Wandlungen bzw. des jeweiligen status quo. Beispiele finden sich in diesem Zusammenhang gerade in den Bereichen des Sexuellen und der Geschlechterkörper. Über die diesbezüglichen Körperausscheidungen und ihre Kontrolle durch entsprechende Produkte kann erst seit relativ kurzer Zeit mehr oder weniger offen gesprochen werden, was einen kulturellen/ zivilisatorischen Wandel anzeigt, aber auch verstärkt und befestigt. Ein anderes Beispiel ist die ‚AIDS-Kampagne', die mit ihren Inszenierungen (seinerzeit) ungewöhnlicher sexueller Praktiken und Praxen (Oral- und Analverkehr, Prostitution etc.) ebenfalls kulturell/zivilisatorisch symptomatisch und produktiv gewesen sein dürfte. Induzierte oder forcierte ‚Liberalisierung' und Informalisierung sind hier zumindest auf der Ebene der Diskurse naheliegende Effekte.

Abgesehen von starken Innovationen wie den Darstellungen der ‚AIDS-Kampagne' und abgesehen von krassen ‚Tabubrüchen', wie denjenigen der – dadurch – ebenfalls berühmt gewordenen ‚Benetton-Kampagne', ist Intimes und sind auch Berührungen von Grenzen der Intimität in der Geschichte der Werbung und in der heutigen Werbungswelt durchaus häufig, ja fast allgegenwärtig. Nicht nur im erotischen und sexuellen Bereich, sondern überall wird Intimes, das einmal ganz oder fast ‚tabu' war, das aber auch heute noch nicht völlig jenseits von Scham und Peinlichkeit liegt, zum Ausdruck, zur Darstellung, zur Sprache gebracht, ausgesprochen, angesprochen und besprochen. Dabei werden oft immer noch ‚real existierende' Grenzen der Moral, des (‚guten') Geschmacks und sogar des Ekels berührt oder getestet. Männer reden mittlerweile in Werbespots über (ihre) ‚Impotenz' und ‚Potenzmittel'; Frauen über ‚Frigidität' und ‚Scheidentrockenheit' oder Pilzbefall, Gleitmittel und Verhütungsmittel; Männer und Frauen sprechen offen und detailliert über (ihre) ‚Inkontinenz' und ‚Einlagen', Frauen über Menstruation, Orgasmen und technische Hilfsmittel sexueller Erregung und Befriedigung, und fast selbstverständlich ist jede Art körperlicher Anomalie, Beschädigung und Krankheit heute von jedermann und jederfrau thematisierbar. Und nicht nur kann ‚darüber' gesprochen werden, es kann auch realistisch, wenngleich bis heute nur *relativ* realistisch, *anschaulich* gemacht werden, worüber früher nicht einmal zu reden war. Auch Geburt und Stillen, Verhungern, Sterben, Tod und Leichen, Trauer und Bestattung sind keine Tabus mehr oder auch nur besonders diskret zu behandeln. Eine herausragende und immer wieder gesteigerte Rolle spielen in der Werbung ‚natürlich' (‚Sex sells') erotische und sexuelle Themen und Sujets, mehr oder weniger nackte Körper und ‚intime' Körperpartien', Andeutungen oder Ansprachen sexuellen Handelns und bestimmter sexueller Praktiken, ‚Partnerbörsen', Sex-Offerten usw. Auch ‚Unterwäsche' bzw. im Fall des weiblichen Geschlechts ‚Reizwäsche' unterwirft die Werbung kaum noch sprachlicher oder visueller Zensur. Allein die ‚Geschlechtsteile' bzw. die ‚Geschlechtsteile' beim ‚Geschlechtsverkehr' sind noch gleichsam tabuisiert bzw. schmückend zu verhüllen. Umgekehrt sind die erotisch relevanten (Intim-)Körperzonen der Mädchen und jungen Frauen Gegenstände und Zielgebiete idealisierender und mystifizierender Stilisierung und damit Intimisierung. Kleidungen, die den Körper betonen, formen oder auch in seiner Natur durchscheinen lassen, fungieren dabei als Requisiten.

Im Hinblick auf die Werbung kann also zwar noch von existierenden Intimitäten bzw. körperlichen Intimitäten oder Intimkörpern die Rede sein, auch von geschlechtsspezifischen (Körper-)Intimitäten und (Körper-)Intimisierungen, aber es gibt starke Tendenzen zur Verkleinerung insbesondere der körperlichen Intimitätssphäre(n), und es gibt Tendenzen zu einem strategischen Spielen mit Intimitätsthemen und Intimitätsgrenzen. Die Intimitätskommunikation der Werbung bleibt allerdings bei aller sachlichen Expansion und aller zunehmenden Offenheit (gattungs-)zwangsläufig oberflächlich. Dies ist ebenso der Gattung geschuldet wie der Zivilisation, in der und mit der sie stattfindet.

In der Werbung – wie auch in der Pornografie – kreist die Inszenierung, Performanz und Diskursivierung von Intimität hauptsächlich um Aspekte des Körpers, der auch jenseits ‚ursprünglich' intimer Aspekte und jenseits dieser Medienbereiche auf der Seite ihrer Publika ins Zentrum der (Selbst-)Aufmerksamkeit und (Selbst-)Beobachtung gerückt und damit zu einer Intimitätszone geworden ist. Diesbezüglich sind zwei zusammenhängende Trends zu konstatieren, die auch im Hinblick auf Intimitätsaspekte von erheblicher zivilisatorischer (und zivilisationstheoretischer) Bedeutung sind und sich wesentlich auf (Bild-)Medialisierungsprozesse zurückführen lassen: Unter der Bedingung der Entwicklung von Bildmedien und einer expansiven Bildmedienkultur, inklusive der Werbung und der Pornografie, ergibt sich zum einen eine grundsätzliche Verschiebung im Selbst- und Fremdverständnis des Selbst, ja im Verständnis und Begriff von Identität und (als) Intimität. „Der Ort des Selbst" wandert – tendenziell – gleichsam „vom Inneren auf die Körperoberfläche" (Schwietring 2009a, S. 271). Die Frage der Identität (der eigenen und der fremden) wird primär zur Frage der *Korporalität*, die die alten (historisch gewordenen) Ängste vor körperlicher/korporaler Bloßheit und Entblößung prinzipiell hinter sich lässt (vgl. Elias 1980, Bd.2, S. 402 ff.) und einen neuen, generalisierten, jedoch (noch) nicht völlig ‚geschlechtsneutralen' Relevanz- und Referenzraum eröffnet, einen (Be-)Achtungs-, Angst- und Sorgeraum. York Kautt (2008) und Thomas Schwietring (2009a) konstatieren einen allgemeinen medienbedingten und medieninduzierten Trend zur Sichtbarkeit, Sichtbarmachung, Beobachtung und (Be-)Deutung des Körpers, der *als solcher* entmoralisiert, ja moralisch indifferent wird, zugleich aber Sphäre und Zielgebiet starker und stärkster (Selbst-)Aufmerksamkeit, (Selbst-)Beobachtung und (Selbst-)Bewertung.

> In dieser Ausrichtung auf den Körper ist die Präsentation des nackten Körpers gewissermaßen nur eine weitere Drehung der Schraube. (...) Zugespitzt könnte man sagen: Nicht mehr Nacktheit verbergen, sondern die eigene Nacktheit (jederzeit) präsentierbar zu machen, ist das Anliegen der Zeit. Nicht das Intime, sondern das Hässliche ist mit Scham besetzt und wird unterdrückt und geleugnet (Schwietring 2009a, S. 272).

In gewissen Maßen und speziell auf der Medienebene ist auch die Sexualität (sexuelle Intimität) in die Logik dieses Trends einbezogen, auch wenn sich ihre Lebenspraxis bis heute immer noch ‚hinter den Kulissen des gesellschaftlichen Lebens' (Elias) abspielt und man mit Riesman immer noch feststellen kann: „[...] die Sexualität ist das einzige Verbrauchsgut, dessen Genuß, trotz der aufdringlichen Bemühungen der Massenunterhaltungsmittel, der Öffentlichkeit verborgen bleibt" (Riesman 1958, S. 159). Jedenfalls ergibt sich auch in diesem Zusammenhang aus jener kulturellen Verschiebung von Identität auf Korporalität ein Wandel der Realität und Problematik der Intimität. Sie stellt sich verschärft als Frage des korporalen Scheinens und Erscheinens, des Zeigens und Verbergens, des Zeigenmüssens oder Verbergenkönnens, der Scham, der Peinlichkeit, der Verlegenheit.

Zum anderen und zugleich ist der Körper als Ganzes mittlerweile – vor allem technik-, industrie-, marketing- und (werbungs-)medienverdankt – in *jedem* Aspekt seiner ‚Oberfläche‘ (Korporalität) identitätsrelevant und auch prestige- und statusrelevant geworden: von den Zehenspitzen bis zu den Haarspitzen, von den geschlechtlichen ‚Intimbereichen‘ (der Geschlechter) bis zu den (normalerweise) stets sichtbaren Körperzonen, z. B. dem Gesicht oder den Händen und Fingernägeln. Allerdings betrifft dies vor allem den jungen und jüngeren Körper und mehr den weiblichen als den männlichen Körper.

Werbung/Werbungserotik und Pornografie spiegeln, stützen, forcieren und spezifizieren diese (kosmologische) Sicht der Dinge und diese ‚Ordnung der Dinge‘, die auch eine Ordnung der Dinge der Intimität ist. Als ‚Ort des Selbst‘ erscheint hier wie dort mehr als alles andere die ‚Körperoberfläche‘, und hier wie dort ist diese ‚Oberfläche‘ im Prinzip ohne jede Einschränkung, also total, bedeutsam, unterscheidend und entscheidend. Die Werbung macht hieran auch wesentlich ihre ‚Politik‘ und ihre speziellen Marketing-Aktivitäten fest, preist sie doch ein breites, immer breiter gewordenes und werdendes Spektrum von entsprechenden Produkten und Leistungen an (‚Hygieneprodukte‘, ‚Pflegeprodukte‘, ‚Schönheitsprodukte‘, Kleidung/Mode, Operationen am Körper u. a. m.). Auf diese Weise ‚definiert‘ sie auch die ‚Körperoberfläche‘ als Ort des Selbst und als Wertsphäre zwischen Hoch- und Geringschätzung, Achtung und Verachtung, Stolz und Scham – eine Sphäre, die traditionelle Intimbereiche einschließt und in diesem Zusammenhang dank Werbung Bedeutungen annimmt oder verstärkt. So stellt die Werbung unübersehbar und unmissverständlich fest, niemand wolle „es" mit Nagelpilz.

Die Werbung reduziert also einerseits – ähnlich wie die Pornografie – den Raum des Intimen, indem sie prinzipiell nichts für sie Wichtiges, wie ‚intim‘ es auch sei, unthematisiert, unpräsentiert und unperformiert lässt. Andererseits und gleichzeitig verschiebt, erweitert und differenziert sie diesen Raum, durch ihre ‚Definition‘ des Körpers bzw. dadurch, dass sie im Prinzip alle Aspekte der Körperoberfläche ans Licht zerrt und anhand von Norm- und Idealvorstellungen qualifiziert, evaluiert und mit Scham-, Prestige- und Achtungswerten assoziiert. Dabei folgt sie allerdings (immer noch) einer recht klaren ‚parallelen Organisation‘ (Goffman) der Geschlechter und einem hartnäckigen ‚Genderismus‘ (Goffman), den sie durch ihre Performanzen auch laufend nährt. Zahllose Beispiele dafür liefert die Werbung für Produkte der ‚Intimhygiene‘. Wenn es um die Intimitäten des Körpers geht, zeigt sich in der und an der Werbung aber auch eine generelle Verschiebung und Verschärfung von Normen und Ansprüchen. Insbesondere der Körper, und d. h. auch der Körper der Geschlechter und der Geschlechtlichkeit, soll sich in diesem Zusammenhang nach Auskunft und Aufforderung der Werbung in jedem Punkt in ‚Bestform‘ präsentieren, wobei die Vorstellungen davon zwar variieren und schwanken, aber tendenziell in die Richtung erhöhter (Perfektions-)Ansprüche gehen.

Aus der Summe der entsprechenden Werbungen ergibt sich das Modell eines – auch und gerade intimen – Kunstkörpers, ja des Körpers als einem ‚Gesamtkunstwerk‘, der sich weit von seiner realen Natur und Natürlichkeit entfernt hat, aber paradoxerweise

immer auch ganz natürlich sein und erscheinen soll. Mit dieser Version eines Kunstkörpers überschneidet sich die Pornografie, die ihrerseits eine Version eines Kunstkörpers hervorgebracht hat, der ganz Natur und natürlich sein soll. Die Pornografie
bietet damit im Prinzip ähnlich wie die Werbung eine illusionäre Fiktion, eine Verleugnung des Körpers und eine Erfindung des Körpers jenseits seiner Realität, seiner
Tatsächlichkeit und Wahrheit. Gegenüber ihrem Publikum mag sich die Pornografie
damit ihrerseits (bei aller sonstigen ‚Unzivilisiertheit') auch als eine Art zivilisatorische
Instanz erweisen, die Intimität nicht nur in mancher Hinsicht deformiert und infor-
malisiert, sondern auch formiert und reformiert. Wie die werblichen so bieten sich
jedenfalls auch die pornografischen (Körper-)Intimitätsversionen direkt oder indirekt
als Modelle an, an denen man sich orientieren kann und an denen bewusst oder unbewusst gelernt werden kann.

   An der Werbung kann man also nur bedingt und begrenzt die Sennettsche These
bestätigen, dass die Gesellschaft „heutzutage einzig in psychologischen Kategorien gemessen" wird. Auch wenn die Werbung eine deutliche Vorliebe für bestimmte intime
Beziehungen, Situationen und Milieus hat und regelmäßig Individuen und persönliche
Beziehungen porträtiert, ist sie doch nicht wirklich oder wesentlich ‚psychologisch'
interessiert oder mit ‚psychologischen Kategorien' messend. Als alltagsweltliche Attitüde
ist ‚Psychologie' in der Werbung vielmehr typischerweise abwesend oder nur oberflächlich und schablonenhaft präsent. Die Werbung konzentriert sich vielmehr und viel
lieber auf Körperoberflächen bzw. sachlich eingegrenzte Teile der Körperoberfläche, an
und auf denen sie regelmäßig auch Intimität und ‚tiefere' Intimitätsandeutungen verortet. Intimität ist im kommunikativen Raum der Werbung – im Prinzip vergleichbar
mit der Pornografie – vor allem ein Spiel der (Körper-)Zeichen und Impressionen, der
ersten und letzten ‚Eindrücke', die leicht zu verstehen und ‚nachzuempfinden' sind.

   Die (Hamburger-)Pornografie ist noch weniger ‚psychologisch' orientiert und organisiert als die Werbung, ja sie ist ganz und gar ‚unpsychologisch', wenn nicht ‚anti-
psychologisch', und in gewissen Hinsichten steigert und übersteigert sie sogar die
(Körper-)Oberflächlichkeit, die die Werbung als Gattung auszeichnet. Im Porno existieren und (inter-)agieren im Grunde nur menschliche *Körper*. Während sie ‚soziale'
Formen von erotischer Intimität, wie z. B. Verführung und Liebe, ausblendet, ausdrücklich negiert und sogar verspottet und lächerlich macht, ist die (Hamburger-)Por-
nografie andererseits auf ihre ‚biologistische' Weise geradezu intimitätsbesessen und
intimistisch. In ihr kann man diesbezüglich und darüber hinaus auch – noch mehr als in
der Werbung – eine Bestätigung der von Sennett diagnostizierten ‚tyrannischen' Tendenz erkennen, „die Barrieren von Sitte, Regel und Gestik, die der Freimütigkeit und
Offenheit entgegenstehen, aus dem Weg zu räumen". In der Porno-Welt kann man
zudem eine eigentümliche und radikale Version des von Sennett entworfenen (Vor-)
Bildes einer anomischen Gesellschaft finden, die ihre Mitglieder auf den Wegen von
Enthüllungen und Selbstenthüllungen auf Missionen zu sich selbst und zu anderen
‚Menschen' schickt. Und nicht zuletzt lässt sich das oben beschriebene pornografische
Interesse an einem menschlich Authentischen und (also) Unwillkürlichen sowie die
pornografische Methodik, es herbeizuführen, in diesen Zusammenhang stellen. Die

Pornografie verspricht jedenfalls und verschafft in gewisser Weise auch Blicke und Einblicke in Authentisches und (also) Unwillkürliches, und sie bietet sogar eine Art Antwort auf die Frage an, die Sennett zufolge in der ‚Tyrannei der Intimität' („inmitten von Selbstversunkenheit") im Allgemeinen offenbleibt, nämlich was „innen" ist. Pornografie ist mehr und radikaler als jedes andere Genre nicht nur *im Besitz* einer Intimität und zugleich von einer Intimität *besessen* und auf eine Intimität *versessen*, sondern sie präsentiert sie und verkauft sie auch als die Lösung aller Rätsel, die die (modernen) Individuen umzutreiben und anzutreiben scheinen. Als das zentrale „Geheimnis" (Foucault) und die Substanz des Selbst erscheint Intimität im Sinne einer einfachen Formel: Intimität ist gleich Sexualität und Sexualität ist gleich Körper. Von ihm – als Ausdrucks- und Eindruckskörper – geht im Porno alles aus und mit ihm und in ihm – als Erlebniskörper – spielt sich im Porno alles ab, was als Intimität überhaupt Sinn und Wert hat. Damit schließt sich auch der Kreis zur Werbung, die sich der sexuellen Körperkultur bzw. dem sexuellen Körperkult der Pornografie in ihrem Rahmen durchaus annähert.

Pornografie und Werbung/Werbungs-Erotik sind insofern als Spielräume und Spielarten des Weltbilds und des Weltbildwandels zu verstehen, den Sennett „eine *intime* Sichtweise der Gesellschaft" genannt hat. Allerdings kommt es im Hinblick auf die gesellschaftliche ‚Realität der Intimität' und ihre Entwicklung immer auch darauf an, die (historische) Differenz und Differenzierung der Geschlechter im Auge zu behalten oder ins Auge zu fassen. Sennetts Diagnose entbehrt diesen Bezugsrahmen weitgehend und ist daher zu undifferenziert und übergeneralisierend – in puncto Sexualität im Sinne eines männlichen ‚Porno-Blicks', der die Erotik in der Tat erledigt hat. Die Fragen nach geschlechtsspezifischen oder geschlechtstypischen Intimitätsversionen, Intimitätsinteressen und Intimitätspräferenzen führen aber auch auf der Seite der Frauen zu jenen kosmologischen Wandlungen. Auch und besonders für die Frauen gilt die oben thematisierte Ausrichtung auf den Körper, bei der „der Ort des Selbst" – tendenziell – gleichsam „vom Inneren auf die Körperoberfläche" wandert. Die Frauen geraten in dieser Hinsicht also unter graduell verstärkten Wahrnehmungs-, Bewertungs-, Anspruchs- und Leistungsdruck – mit Konsequenzen nicht nur für ihr Verhältnis zu ihrer ‚Intimsphäre', sondern für ihr Selbst- und Weltbewusstsein überhaupt. Aus der ‚Körperoberfläche' ergeben sich heutzutage vielleicht mehr denn je gerade für Frauen Identitätsfragen, die auch Intimitätsfragen sind, Fragen nach Zeigen oder Verbergen, Kaschieren oder Demonstrieren, Stolz oder Scham, Selbstvertrauen oder Verlegenheit usw. Mit dem fortgeschrittenen und fortschreitenden Prozess der Sexualisierung des Sexes drängen sich diese Fragen und Probleme umso mehr auf und ins Bewusstsein. Bei allen Verschiebungen in den strukturellen und kulturellen Verhältnissen zwischen den Geschlechtern, einschließlich einer gewissen ‚Entfeminisierung' der Frauen und Mädchen, scheint sich aber der sexuelle Intimität betreffende Modell- und Habituswandel auf der weiblichen Seite nach wie vor in Grenzen zu halten.

In der Pornografie und in der Werbung und in den Publikumsbezügen auf diese Medienbereiche bleibt es jedenfalls bislang eher bei altbekannten Varianten von geschlechtsspezifischer und geschlechtstypischer Intimität, auch wenn vermehrt kulturelle Innovationen, Abwandlungen, Amalgamierungen und Hybridisierungen auftauchen. Das schließt eine recht hartnäckige Abneigung der meisten Frauen gegenüber dem spezifisch intimitätsschwachen ‚Geist' der pornografischen Intimitätsinszenierung – also Obszönität – ein. Zwar sind sexuelle (Eigen-)Lüste und ‚geile' Männerkörperbilder längst überall in die Mentalität und sogar in die (medien-)öffentliche ‚Selbstdarstellung' der Frauen eingewandert, aber die diesbezügliche Differenz und Distanz zum ‚anderen Geschlecht' ist keineswegs völlig verschwunden. Die Mehrheit der Frauen scheint traditionell und – bei aller ‚Emanzipation' im Sexuellen und bei aller vielfältig forcierten sexuellen ‚Lustfreundlichkeit' *aller* Geschlechter – immer noch eine andere Art und einen anderen ‚Geist' erotisch-sexueller Intimität zu präferieren als der Mainstream des ‚anderen Geschlechts'. Rüdiger Lautmann und Michael Schetsche sprechen in diesem Zusammenhang, wie oben schon erwähnt, von einer Präferenz von Frauen für „Schnulzenliteratur", womit sie wohl eine weibliche Präferenz für ‚Erotik' meinen. Deren offenbar widerstandsfähige Attraktivität für Frauen ändert aber nichts daran, dass Frauen schon lange und schon lange zunehmend als ‚gleichberechtigte', aktive, ‚selbstbewusste' und virtuose Akteurinnen im erotisch-sexuellen Feld agieren und, wie schon Riesman vor der Mitte des vorigen Jahrhunderts feststellte, „sich Millionen von Frauen (...) den gleichen Abenteuern wie die Männer" hingeben (Riesman 1958, S. 160). Dieser praktischen sexuellen Intimisierung mag aber das Fortbestehen oder sogar die Vertiefung eines kulturellen Spannungsverhältnisses zwischen den Geschlechtern korrespondieren, eine typische Kluft in den Verständnissen und Erlebnissen von Intimität.

7.12 Ökonomien, Ökonomisierungen und Ökonomismus

Pornografie und Werbung sind eigentümliche Medienbereiche und kulturelle Sphären, die sich als solche und hinsichtlich ihrer Voraussetzungen und Kontextbedingungen mit ökonomischen Kategorien (im engeren, weiteren und weitesten Sinne) beschreiben lassen und auf ökonomische Tatsachen verweisen. In diesem Zusammenhang spielen auch Formen ökonomischen und quasi-ökonomischen Deutens und Denkens (Vorstellungen, ‚Theorien', Deutungsmuster) eine Rolle, die sowohl in diesen Medienkulturen selbst als auch in denen, die sie produzieren und rezipieren, impliziert sind. Im Folgenden wird einigen grundlegenden Aspekten dieser ökonomischen bzw. ökonomistischen Bedingtheit und Verfasstheit der Pornografie und der Werbung nachgegangen.

7.12.1 Werbung und Pornografie im Kontext der (Real-)Wirtschaft

Offensichtlich sind beide Medienbereiche auch ‚Branchen' und Resultate (Produkte) der Wirtschaft (der Wirtschaft der Gesellschaft). Die Medienerzeugnisse der Werbung, z. B. Wirtschaftswerbung, kann man der Werbungswirtschaft zuordnen, und ebenso ist die kommerzielle Pornografie im ‚System' der Wirtschaft zu verorten. Beiden Medienbereichen liegt in diesem engeren Sinne eine ökonomische Funktions- und Handlungsrationalität zugrunde, und beide haben es jeweils mit mannigfaltigen ökonomischen Tatsachen und Aspekten zu tun, mit wirtschaftlichen und wirtschaftenden Organisationen, Betrieben, unternehmerischem Handeln usw., mit Märkten, Konkurrenzbedingungen, Konkurrenten, Verhältnissen von Nachfragen und Angeboten, mit Knappheiten und Überschüssen, mit Kapitalien, Ressourcen, Infrastrukturen u. a. m. In jedem Fall geht es auch – und immer mit kulturellen Implikationen – um ökonomische Erfolgsbedingungen und ökonomischen Erfolgswillen und Erfolgsdruck.

Die Werbung ist allerdings nicht nur wie die kommerzielle Porno-Branche bzw. Porno-Industrie ein ausdifferenziertes Segment der Wirtschaft (Werbungswirtschaft), sondern sie *dient* auch der Wirtschaft *und* anderen sozialen Feldern (Politik, Sport, Religion, Kunst, Wissenschaft etc.), indem sie kommunikative Versionen jeweiliger Objekte und der mit ihnen zusammenhängenden Welten herstellt und verbreitet. Werbung ist nicht nur Wirtschaftswerbung, sondern auch Werbung für politische Parteien, karitative Organisationen (Spenden), Kirchen, Staaten, Gesundheit, Solidarität, Sicherheit im Straßenverkehr oder Geschlechtsverkehr usw. Werbung und Werber/-innen werden also hauptsächlich dafür engagiert und bezahlt, *stellvertretend* zu fungieren, und zwar im Sinne des jeweiligen Auftraggebers. Werbung erzeugt, genauer gesagt, im Auftrag und Dienst anderer ‚Subjekte‘ strategisch motivierte und angelegte ‚Bilder‘ bzw. Idealbilder von diesen und der Welt (auch Bilder mit und von Geschlechtern) und bewegt sich damit in einem bestimmten aufmerksamkeitsökonomischen und image-ökonomischen Rahmen, in dem es Zwecke zu erfüllen, Ziele zu erreichen, Aufgaben zu erledigen und Probleme zu lösen gilt. In der Werbung stecken also von der Seite ihrer Auftraggeber und von der Seite ihrer ‚Macher‘ Kalküle und Kalkulationen, die sich auf verschiedene Ökonomien und Kapitaltypen beziehen. In jedem Fall handelt die Werbung auch in und mit symbolischer Ordnung und bezweckt symbolischen Nutzen bzw. die Erhaltung und Mehrung von symbolischem Kapital (Image), das in diversen ernsten Spielen der Gesellschaft auf dem Spiel steht. Den potenziellen und den adressierten Rezipient/-innen ist dieser Charakter der Werbung im Allgemeinen zumindest praktisch bewusst – mit der Implikation, dass die Glaubwürdigkeit von Werbung entsprechend relativiert bzw. negiert wird. Glaubwürdigkeit ist also ein knappes Gut der Werbung und je nach ihrem Objekt und ihrer ‚Zielgruppe‘ ein strategisches Problem der Werber. Auf der Seite ihrer Adressat/-innen kann die Werbungsproduktion auch nur sehr bedingt und begrenzt Interesse, Aufmerksamkeit und ‚Involvement‘ erwarten. Typischerweise wird Werbung eher als langweiliges oder lästiges Begleitphänomen des Alltagslebens eingeschätzt, wahrgenommen, empfunden und in Kauf genommen. Werbung entsteht und operiert also unter den Vorzeichen chronischer und multipler Knappheiten und hat gleichzeitig eine Geschichte enormer Expansionen aufzuweisen, eine Geschichte immer weiter anschwellender Fluten und Überflutungen, die allerdings die Knappheitsprobleme der Gattung verschärft. In diesem Punkt kann die Entwicklung der Werbungskultur mit der Entwicklung der Pornokultur verglichen werden, die ähnlich flutartig expandiert. Im Gegensatz zur Werbung hat die Pornografie aber kaum substanzielle Glaubwürdigkeitsprobleme. Ihre Visualität spricht im Hinblick auf die Erlebnisinteressen des Publikums für sich und ist hinlänglich überzeugend, auch wenn die Porno-Stories für sich genommen kaum im Sinne irgendeines Wahrheitsanspruchs überzeugend sind und typischerweise gar nicht überzeugend sein wollen.

Als eine Art Produkt oder Ware für einen Auftraggeber hat die Werbung natürlich einen ganz anderen Charakter als die Pornografie. Während die Porno-Industrie im Grunde eine zum Konsum bestimmte Ware wie jede andere herstellt und die Pornografie ein ‚Konsumgut' unter anderen ist, nämlich eine Form von medialer Unterhaltung, die sich nur durch ihre besondere Themenzentrierung und symbolisch-moralische (Dis-)Qualifikation von anderen Angeboten der Medienunterhaltung unterscheidet, bietet die Werbungswirtschaft ihre Produkte und Dienstleistungen nicht zum Konsum an. Werbung soll und will nicht, jedenfalls nicht primär, unterhalten oder gar genossen werden, sondern bestimmte strategische Effekte erzielen, und zwar eben im Prinzip für *alle* nachfragenden und zahlungsfähigen ‚Subjekte', welcher Art sie auch seien. ‚Unterhaltung' kann in der Werbung, wenn überhaupt, nur in diesem strategischen Rahmen eine funktionale Rolle spielen, z. B. als Aufmerksamkeits-, Image- oder Gedächtnisgenerator.

Bei der (Hamburger-)Pornografie handelt es sich demgegenüber um ein gleichsam industriell hergestelltes (Medien-)Produkt, das aus finanziellen (Geld-)Gewinngründen im Hinblick auf optimalen Absatz erzeugt wird und (also) bestimmte (Unterhaltungs-)Bedürfnisse eines bestimmten Publikums bedienen und befriedigen soll. Die Nähe zum ‚ältesten Gewerbe der Welt' oder die Überschneidung mit ihm (in Gestalt von ‚Sex-Arbeiter/-innen' und ‚Sex-Unternehmer/-innen') liegt dabei auf der Hand. Hinter dem Angebot von Pornografie, ihren inszenatorischen Ausprägungen, ihrer Expansion, ihrer Differenzierung stehen aber wie in anderen Wirtschafts- bzw. Produktionsfeldern letztlich Nachfragen und Nachfrager/-innen mit ihren kognitiven, kathektischen/geschmacklichen und moralischen Dispositionen, Motiven, Bedürfnissen, ‚Lüsten' usw. Sie spiegeln sich gleichsam in der Verfassung und Entwicklung des pornografischen Marktes (vgl. Lautmann/Schetsche 1990, S. 21 ff.; Lewandowski 2012, S. 257), dessen Angebot allerdings auch auf die rezipierenden/konsumierenden Nachfrager/-innen und deren Nachfrageverhalten zurückwirken mag. Diese Nachfrager/-innen sind jedenfalls im Grunde die entscheidende, unterscheidende und Unterschiede machende ‚Autorität' in dem ganzen Produktions- und Vermarktungsprozess der Pornografie und auch in der ‚inhaltlichen' Gestaltung der Pornografie selbst. Hier gilt insofern wie in anderen Bereichen der (Markt-)Wirtschaft: Der Kunde ist König bzw. *der* Kunde ist König.

Die zentralen Besonderheiten der Pornografie liegen darin, dass sie als Produkt und als Objekt des Konsums hauptsächlich auf sexuelle oder sexualisierte Affektivität zielt (ein ‚Bedürfnis' par excellence), dass sie (dabei) Moral- und Legitimitätsgrenzen ignoriert, berührt und verletzt und dass sie bis heute trotz allem sozialen und kulturellen Wandel weithin als anrüchig oder verwerflich gilt und stigmatisiert ist. Dieses ‚Image' ist allerdings nicht unbedingt ein Nachteil oder Hindernis der Porno-Vermarktung, sondern eher im Gegenteil ein attraktives Wesensmerkmal der Pornografie und ein wesentliches Moment ihres Befriedigungs-, Genuss- und Gebrauchswerts für den Mainstream ihres Publikums. Pornografie wird also konsumiert und genossen, nicht obwohl, sondern *weil* sie Grenzen der Moral, der ‚Sittlichkeit', des ‚guten Geschmacks' und d. h.

der Legitimität berührt, überschreitet und verletzt. Diese Konstitutions- und Funktionsbedingung der Pornografie (als Ware) wird allerdings durch kulturelle Modernisierungsprozesse wie die fortschreitende Informalisierung und „Rationalisierung der Sinnlichkeit" (Schulze 1999, S. 23 ff.), an der die Pornografie/Pornografisierung selbst maßgeblich beteiligt ist, reduziert. Das sich damit stellende und verschärfende Aufmerksamkeits- und Attraktivitätsproblem der Pornografie wird noch durch ihre kontinuierliche quantitative Expansion und eine Konkurrenz verschärft, die um konkurrenzfähige und konkurrenzüberbietende Angebote bemüht ist.

Pornografie und Werbung teilen also auch die prinzipielle Funktions- und Erfolgsbedingung einer Ökonomie der Aufmerksamkeit und ein diesbezügliches chronisches Knappheitsproblem. Jedoch ist dieses Problem im Falle der Pornografie – im Gegensatz zur Werbung – nicht gattungsimmanent, sondern marktbedingt. In beiden Fällen muss jedenfalls seitens der Akteur/-innen heutzutage mehr denn je von knapper und sich verknappender Publikumsaufmerksamkeit und einem Überfluss konkurrierender Angebote ausgegangen werden. Diese sich historisch verschärfende Problemlage ruft jeweils strategisches Handeln und (Kompensations-)Strategien auf den Plan, mit Implikationen und Folgen für das, was jeweils als Form von Kultur (als Pornografie oder Werbung) entsteht. Sie muss sich in jedem Fall in aktuellen Konkurrenzen bewähren und wird im Hinblick auf entsprechende Konkurrenzbedingungen und ‚Zielgruppen' entworfen, entwickelt und angepasst. So kann die Pornografie ihre – überwiegend zu Lasten von Frauen und *der* Frauen gehenden – Obszönitäten und Brutalitäten variieren und verschärfen, und die Werbung kann im Rahmen ihres dramaturgischen Repertoires, das viel komplexer als das der Pornografie ist, z. B. mit ihren Grenzen zur Pornografie oder überhaupt zum Obszönen spielen und damit eine Politik der Aufmerksamkeit und der Beeinflussung betreiben (siehe oben).

7.12.2 Semantische Muster der Pornografie und der Werbung

Werbung und Pornografie repräsentieren und modulieren auch ‚inhaltlich' (kategorial, ideologisch, symbolisch) Formen und Prinzipien ökonomischer bzw. ökonomistischer Rationalität, Denkart und Fantasie. Allerdings handelt es sich dabei nicht um einen konsistenten Sinnzusammenhang. Vielmehr koexistieren heterogene, widersprüchliche und gegensätzliche Varianten.

Eine fiktionale (illusionäre, utopische) Variante der Wirtschaftswerbung ist eine Art Entwurf von Gesellschaft (und Wirtschaft) als ‚unökonomische' oder ‚transökonomische' Konsumgesellschaft, die alles überhaupt Wertvolle im Überfluss zur Verfügung stellt und in der im Prinzip von allen Individuen alles erhältlich bzw. käuflich ist, was zu Zuständen der Problemlösung, der Befriedigung und des Glücks führt. Die reale (soziale) Ungleichheit der Zahlungsfähigkeit wird dabei im Allgemeinen ausgeblendet und so getan, als könne sich jedermann die in Frage stehenden Güter auch leisten. Allerdings beschränkt sich die Werbung – zumindest im ‚Subtext' ihrer Performanzen – nicht auf eine konsumistische (Schlaraffenland-)Illusion/Utopie des unbedingten Überflusses und

Zuflusses, sondern inszeniert auch regelmäßig eine mehr oder weniger realitätsnahe Ordnung der sozialen Konkurrenz, des Konkurrierens, des (Sich-)Vergleichens und (Sich-)Bewertens, des Wettbewerbs um knappe Güter und verschiedene Kapitalarten, nicht zuletzt ‚korporales Kapital'. Die Werbung performiert und adressiert also auch ‚wirtschaftsliberale' Rationalitätsvorstellungen, Vorstellungen von Märkten und (Selbst-) Vermarktungen, und sie adressiert (damit) auch ein ökonomisches/ökonomistisches Nutzen- und Nutzenoptimierungsdenken, ein Denken in Kategorien von Vorteilen, Optimierungen, Überbietungen, Gewinnen und (Kosten-)Ersparnissen. Sparen (Ersparen) ist immer wieder ein zentrales Thema und Versprechen der Werbung, ebenso wie ein jeweils ‚größerer Vorteil' und wie maximaler Gewinn, das Ausschöpfen und Ausnutzen aller Möglichkeiten, (soziale) Erfolge bzw. Lustgewinne aller Art zu erringen. Besonderen Nutzen verspricht die Werbung von – ‚produktiv' vermittelter – effektiver Selbstdarstellung, also einer ‚außengeleiteten' Selbstdarstellung, die sich an fremden Wahrnehmungen und Beobachtungen und darin implizierten Erfolgsbedingungen orientiert. Implizit und explizit zeichnet die Werbung das Bild eines symbolischen (Konsum-)Kapitalismus, in dem *Images*, die auf (käuflichen) Äußerlichkeiten beruhen oder in Äußerlichkeiten bestehen, die entscheidende und unterscheidende Rolle spielen. Die Körperoberfläche als (gewordener) ‚Ort des Selbst' ist hier, wie oben ausgeführt wurde, von zentraler Bedeutung (geworden). Sie ist wesentliches (Rationalitäts-)Moment einer flexibilisierten Gesellschaft der ‚Selbstdarstellung' und Selbstvermarktung von „flexiblen Menschen" (Sennett 2008) – eine Gesellschaft, die der Werbung korrespondiert und die die Werbung auf ihre Weisen inszeniert. Die Werbung bringt es aber auch und gleichzeitig fertig, eine Ökonomie des scheinbar Uneigennützigen, Guten und Altruistischen zu performieren, indem sie nicht den Konsum oder den Eigennutz als solchen lobt, sondern das Schenken und Spenden sowie das Investieren in ‚gute' Objekte (‚fair gehandelte' Produkte, ‚nachhaltige Fonds' usw.).

Ökonomische Denkweisen, ja ‚ökonomische Theorien' und ökonomistische Vorstellungen, die ebenfalls mehr oder weniger profiliert, aber alles andere als ‚ideologisch' konsistent sind, zeigen sich auch in der (Hamburger-)Pornografie. Wie oben gezeigt wurde, deutet sie einerseits regelmäßig auf jedermanns konventionelle Verständnisse von finanzieller Potenz und ‚sozialer Ungleichheit'. Ökonomischer Reichtum und Luxus sind pornoweltliche Hauptwerte und erscheinen direkt oder indirekt als hedonistische bzw. erotisch-sexuelle Erfolgsgarantien. Andererseits erscheint die Porno-Welt auch als eine paradiesische Welt des sozial bzw. ökonomisch unbedingten und indifferenten sexuellen Überflusses. Das hindert die Pornografie aber nicht daran, eine Ökonomie, eine Art Utilitarismus und ein Bilanzieren sexueller Aktivitäten und Lüste vorzuführen. Auf dieser Ebene geht es, vergleichbar mit der Werbung, um definierte Produkte, um (Körper-)Ressourcen, Produktionsmittel und Produzent/-innen und eine Logik der Produktivität, die einer Maxime der Steigerung und des Wachstums gehorcht. Nicht zuletzt zeigt sich im Porno eine (ökonomische) Kosten/Nutzen-Idee, die auch in der Werbung eine wichtige Rolle spielt: Ein möglichst minimaler Aufwand (Kostenlosigkeit) soll einen möglichst hohen/maximalen Gewinn/Nutzen nach sich ziehen. Idealer- und normalerweise muss in der Porno-Welt nichts, auch und erst recht kein ‚emotionales Kapital', in die sexuelle Beziehung investiert werden. Sie stellt sich im Porno, wie manchmal auch in der Werbungserotik, fast oder ganz von selbst ein und bringt doch den denkbar größten Befriedigungs-Nutzen. Und dieser Nutzen hat eine klare Identität und einen Namen: Orgasmus. Davon im Gebrauch und Verbrauch möglichst vieler und möglichst hochwertiger Qualitätskörper möglichst viele und möglichst hochwertige (intensive, sensationelle) zu produzieren ist die wichtigste (Hamburger-)pornografische Wert- und Zielvorstellung, und zwar im Prinzip geschlechterübergreifend. Neben Investitionen und Kosten aller Art können und sollen dabei (und überhaupt) auch Risiken vermieden werden, und sie werden ohne weiteres vermieden. Im Porno sind also Akteur/-innen am Werk, die in einer eigentümlich ambivalenten oder hybriden Gesellschaft mit den Eigenschaften eines Paradieses und einer (Spaß-)Leistungsgesellschaft bei maximaler sozialer Sparsamkeit maximal viel aus sich und anderen ,herausholen'. Dieses imperativische Ziel des optimalen (Nutzen-)Effekts teilt die Porno-Kultur im Prinzip mit der Werbungskultur und mit der Gesellschaftskultur des ,technischen Zeitalters' (Gehlen 1957) überhaupt.

Auch der ,Sex' und der sexuelle ,Trieb' werden in der Pornografie in gewissem Sinne ökonomisch und ökonomistisch gedacht. ,Sex' erscheint als eine ausdifferenzierte biologische bzw. energetische Größe im Sinne einer Triebökonomie, die an Freuds ,Druckkesselmodell' erinnert und mit diesem auch eine Art populärkulturelle Koalition bilden mag. Die Vorstellungen einer vollkommenen Eigenständigkeit und Eigendynamik der Triebe und Lüste und des sexuellen ,Druckkessels' werden in der Pornografie jedenfalls kontinuierlich und dramatisch reproduziert. Alle Akteur/-innen sind hier im Grunde nicht nur von nichts anderem angetrieben als von sexuellen Kräften und Impulsen, sondern stehen auch permanent unter einem auf (Trieb-)*Abfuhr* drängenden Druck und einer auf sexuelle Körper-*Zufuhr* drängenden Appetenz und Motivation. Die Porno-Menschen, ob Mann oder Frau, sind ständig mindestens ,geil' und als Lustsubjekte auf der dringenden Suche nach brauchbaren und verbrauchbaren Lustobjekten, mit und an denen sie sich optimal befriedigen können. Angesichts des normalen Hochdrucks- und Überdrucks, unter dem die Porno-Akteur/-innen stehen, erscheint es auch angemessen, den ökonomischen Begriff des *Ventils* zur Beschreibung ihres Sexualverhaltens zu verwenden – analog einer Vorstellung (und ,Theorie'), die sich auf den Pornokonsumenten, den Mann *vor* der Pornografie bezieht. Für die Pornografie passt der Begriff des Ventils aber nur bedingt und begrenzt. Denn hier wird nicht nur ständig ,Druck abgelassen', sondern auch immer wieder aufgebaut und gesteigert, ohne dass die Beteiligten – Männer wie Frauen und Mädchen – an natürliche (körperliche) oder soziale Grenzen stoßen würden oder wollten. Im pornografischen (Sex-)Spiel ohne Grenzen hemmt weder die biologische noch die soziale Natur, so dass aus ,Druck' und ,Appetenz' niemals Frustration entstehen kann.

Die Frauen erscheinen in diesem Zusammenhang einerseits als nicht nur unbegrenzt (für Männer) verfügbare, sondern auch unbegrenzt selbst begehrende und begierige, initiative, aktive und permanente Nachfragerinnen des Sexes. Zugleich treten sie als (an-)reizende Evokateurinnen, Provokateurinnen und Anbieterinnen des Sexes auf, denen ihre omnipotenten männlichen Komplemente natürlich jederzeit entgegen- und nachkommen, indem sie ihnen ‚besorgen‘, wovon sie nach Auskunft der (Hamburger-) Pornografie keinesfalls genug bekommen können. Umgekehrt sind eben auch die Porno-Männer permanente Nachfrager und Sucher des Sexes, der ihnen vom ‚anderen Geschlecht‘ wiederum im Allgemeinen mit größter Großzügigkeit ermöglicht und ‚besorgt‘ wird. Hier herrscht also ein (ökonomisches) Prinzip bzw. Wunschprinzip jenseits der Knappheit und damit auch jenseits der *Erotik*, die ja eine Logik der Knappheit und Verknappung impliziert. Grenzenlose Geilheit trifft im Porno auf grenzenlose Geilheit; sexuelle Unermüdlichkeit trifft auf sexuelle Unermüdlichkeit; Unersättlichkeit trifft auf Unersättlichkeit. Knappheiten aller Art, vor allem Knappheiten im sexuellen Haben und Sein, Wollen und Können, kommen im Porno zum Glück aller Beteiligten so gut wie nicht vor. Sie sind höchst knapp und jedenfalls leicht überwindbar.

Die Porno-Frauen treten allerdings auch als quasi-industrielle sexuelle Produktionsmittel und zugleich als Waren bzw. Fleischwaren in Erscheinung, deren Wert objektivierbar und messbar ist, nämlich messbar an ihrer korporalen Sex-Gestalt (Busen, Po etc.), Jugend, ‚Ästhetik‘ und ‚Frische‘. Diesbezüglich entspricht die Pornografie einem Prinzip der gesellschaftlichen Lebenswirklichkeit, die den (jungen) Frauen nicht nur eine spezifische Attraktivität zuschreibt und in gewisser Weise aufschreibt und einschreibt, sondern auch zumutet. In diesem Sinne erscheinen sie auch in der Werbung und durch die Werbung, die die Frauen gerade als attraktive Körper beansprucht und im Kontext beworbener Produkte instrumentiert.[320] Die ‚gutaussehenden‘ Frauen sind im (Hamburger-)Porno wie in der Werbung ‚natürlich‘ auch die – für Männer – sexuell attraktiven, also wertvollen und hoch bewerteten (‚geschätzten‘) Frauen, die den Gewinn der Lust bzw. den optimalen Lustgewinn versprechen. Da es im (Hamburger-) Porno kaum erkennbare Knappheiten an sexuell attraktiven Frauen gibt, ebenso wenig wie Knappheiten an Zugängen zu den erwünschten weiblichen Körpern, werden diese Körper zwar mit mehr oder weniger positiven Attributen versehen, eingeschätzt und eingestuft, aber nicht wirklich wertgeschätzt und erst recht nicht wirklich verehrt. Als selbstverständlich wird unterstellt, dass die Frauen bzw. die weiblichen Körper jederzeit

---

320 Wir sind oben im Kontext der Untersuchung der Werbungserotik bereits auf das traditionelle Schema des erotischen Hofierens eingegangen, dessen Anfangskonstellation zwischen den Geschlechtern Goffman folgendermaßen beschrieben hat: Die jungen „Frauen schmücken sich selbst mit den übernommenen Zeichen sexueller Attraktivität und stellen sich dann einer Öffentlichkeit, einer Halböffentlichkeit oder privaten Kreisen zur Schau. Die anwesenden Männer schenken den für begehrenswert erachteten Frauen verstärkte Aufmerksamkeit in der Hoffnung auf irgendeinen flüchtigen Wink, den sie als Ermutigung ihres Interesses deuten können" (Goffman 1994b, S. 120). Das traditionelle Hofierungsschema impliziert also, „daß die Frau (mehr als der Mann) auf Standards der äußeren Erscheinung verpflichtet wird" (Goffman 1994b, S. 123). Es impliziert aber auch, dass die attraktive Frau den Zugang der Männer zum erotischen ‚Spiel‘, den Verlauf dieses ‚Spiels‘ und letztlich den Zugang zu ihrem Körper reguliert und bestimmt. Die ‚dramatische Dominanz‘ (Goffman 1969) der Frau als Trägerin, Darstellerin und Performatorin der ‚Zeichen sexueller Attraktivität‘ erstreckt sich auch auf die Pornografie, nur dass die Frauen hier ihre Macht über den Zugang zu ihrem Körper mehr oder weniger verlieren bzw. aufgeben. In der Pornografie bleibt es aber dabei, dass sich der Wert der Frauen über das Begehren der Männer bzw. ihren ‚Begehrenswert‘ für Männer definiert.

zu allem Möglichen, insbesondere zu allen Praktiken, bereit sind und im sexuellen Handeln Virtuosität bzw. Artistik unter Beweis stellen.

Frauen, genauer gesagt: als ‚geil' attestierte Frauen, erscheinen in der (Hamburger-) Pornografie aber auch als ‚kompetente' Verbraucherinnen von orgasmus(ver)schaffenden Männer-Körpern und vor allem von Orgasmen, die sie sich im Zugriff auf Männer (und Frauen) selbst verschaffen. Insofern herrschen im ‚Hamburger-Porno' eine gewisse Reziprozität und ‚Geschlechtergerechtigkeit'. Auch die Männer treten hier als sexuelle *Objekte* und *Produktionsmittel* in Erscheinung und zeichnen sich durch eine spezifische Produktivkraft aus: eine Potenz, die am sichtbaren Phallus und an ebenso sichtbaren Ejakulationen (auf den Frauenkörper) erkennbar und ablesbar ist. Erektionen und Ejakulationen sind sozusagen die zahlen- und mengenmäßig eingestuften Deckungsgrundlagen der Pornografie, die diesbezüglich auf allgemein verbreitete Vorstellungen von der männlichen Sexualität rekurriert. Die Männer erscheinen in diesem Zusammenhang jedoch nicht nur als Instrumente oder Mittel zum Zweck, sondern auch als *Herren* oder *die* Herren der Produktion und als (Lust-)Gewinner der Produktion, ohne unbedingt (oder in dem Maße) über das ‚korporale Kapital' verfügen zu müssen, das den Porno-Frauen als Faktor und Gradmesser ihres ‚Heißseins' und ‚Heißmachens' abverlangt wird.

Allerdings sind und werden die Porno-Männer in der Kontinuität alltagsweltlicher Identitäts- und Rollenvorstellungen in der sogenannten Leistungsgesellschaft auch ständig gezwungen zu zeigen, dass sie auf hohem oder höchstem Leistungsniveau ‚ihren Mann' stehen und produktiv sind. Von ihnen wird also, analog zu einem beruflichen Rollenmodell, Arbeit, Leistung, Leistungsfähigkeit und Leistungswilligkeit, Zuverlässigkeit und Disziplin im sexuellen Produktionsprozess erwartet und faktisch – als ‚Performance' – an den Tag gelegt. Die Porno-Männer entsprechen insofern eher zivilisatorischen Kardinaltugenden und dem Qualifikationsprofil der modernen Wirtschaft/ Industrie als regressiven Paradiesvorstellungen (siehe oben). Im Gegensatz zum anderen Porno-Geschlecht dürfen die Männer auch und gerade ‚in actu' nicht die Welt vergessen, sondern müssen konzentriert bei der Sache bleiben, den ‚Output' der Lust zu maximieren. Die Porno-Frauen sind in diesem Zusammenhang auch keineswegs unkritisch, und sie fungieren qua ‚heißer' Korporalität und geäußerter ‚Geilheit' als eine Art Medium, das den männlichen Orgasmus-Produzenten ständig dazu anregt und auffordert, seine Potenziale immer wieder neu auszureizen und auszuschöpfen. Die Porno-Frauen bilden damit aber eher Randbedingungen und Steigerungsbedingungen der männlichen Sex-Performance. Sie müssen eigentlich nur, aber auch mindestens, als passende Körper vorhanden und zuhanden sein: attraktiv, verfügbar, beweglich, willig oder gehorsam. Zur pornomännlichen Sex-Performance gehört demgegenüber immer eine substanzielle und (also) messbare Leistungs-Performance.

Während in der (im Verschwinden begriffenen) Logik der traditionellen Geschlechter-Ordnung[321] ein asymmetrisches *Tauschverhältnis* zwischen den Geschlech-

---

321 Wie Goffman sie vor gut einem halben Jahrhundert beschrieben hat (siehe oben).

tern besteht, derart, dass Männer Frauen einen gesellschaftlichen Status und Frauen Männern den Zugang zu ihrem (sexuellen) Körper bieten, ein Tauschverhältnis, das die Werbungserotik kopiert oder kopiert hat[322], unterstellt die ‚Hamburger-Pornografie‘ seit jeher typischerweise einen schon vorhandenen männlichen Frauen-*Besitz* oder einen relativ leichten Zugang von Männern zu begehrten Frauen-Körpern. Als ‚besessene‘, unterlegene oder/und selbst ‚sexbesessene‘ Körper verhalten sich die Frauen im Porno männerwunschgemäß oder sind leicht männerwunschgemäß zu lenken. Im Porno muss insofern nicht getauscht werden, sondern wird eher direkt zugegriffen, gebraucht und verbraucht, genutzt und benutzt. Allerdings gibt es die relevanten Fälle einerseits der männlichen (Tausch-)Überlegenheit/Übermacht, etwa in Gestalt von Reichtum und Status, und andererseits der offenen weiblichen Prostitution und der Quasi-Prostitution (siehe oben). In Porno-Stories wird ein entsprechender Tausch zwischen den Geschlechtern häufig angedeutet und kommt auch immer wieder das Tausch-Thema ausdrücklich vor – besonders in dem Rahmen der unverhüllten Prostitution und dem ‚anthropologisch‘ informativen Rahmen der Quasi-Prostitution, in dem Frauen sich ebenfalls verkaufen. Die entsprechend bewerteten, von Männern oder mit männlichem Blick bewerteten und zugleich als Huren oder Quasi-Huren (‚Nutten‘, ‚Schlampen‘ usw.) entwerteten Frauen sind immer wieder bereit, für praktische Vorteile aller Art und Größe (gute Schulnoten, der Verzicht auf einen Strafzettel etc.) Sex zu bieten, wobei sie aber eben im Allgemeinen auch selbst auf ‚ihre Kosten‘ kommen. Umgekehrt kommen im Porno häufig auch diejenigen Männer zum sexuellen Zug, die außerhalb der Ökonomie des Sexes wenig oder nichts zu bieten und zu tauschen haben und nur im Besitz ihrer einschlägigen ‚Potenz‘ sind. Diese Leistungsfähigkeit, die im Porno jedem Mann eigen ist, wird also als eine Art Kapital betrachtet, das im Prinzip alle Angehörigen des männlichen Geschlechts privilegiert. Allerdings sind die *sozial* eher oder ganz unterprivilegierten Porno-Männer oft mit einer besonderen ‚natürlichen‘ Potenz gesegnet und insofern auch wieder durch ein besonderes Kapitalvolumen ausgezeichnet und distinguiert.

Mit ihrer an ökonomischen/ökonomistischen Modellvorstellungen orientierten ‚Sozialtheorie‘, ‚Sexualtheorie‘ und ‚Sexual(un)moral‘ liegt die Pornografie also an zentralen Stellen nicht allzu weit entfernt von der Werbungserotik und ihrer – gemäßigten – Obszönität, wie sie oben dargelegt wurde. Entscheidend ist, dass auch die Erotik-Inszenierungen der Werbung auf eine Art Materialismus und Ökonomismus der Körper und damit eine eigentümliche Obszönität hinauslaufen – auf, wie York Kautt formuliert, „Modi der Entsozialisierung, Versachlichung und Objektivierung menschlicher Darsteller im Zusammenhang erotischer Sujets" (Kautt 2012, S. 84). Ähnlich wie die Pornografie kappt, verknappt und ‚erspart‘ die Werbungserotik Soziales bzw. Symbolisches und konzentriert oder beschränkt den Blick des Bildbetrachters auf den Körper

---

[322] Dazu die obigen Ausführungen zum Geschenk und Schenken in der Werbung. Auch hier wird ein ‚materielles‘ Tauschverhältnis – mehr oder weniger verhüllt oder umhüllt – vorgeführt: *Ihre* körperlichen Reize gegen *seine* in Geschenken ausgedrückte finanzielle ‚Potenz‘ und ‚Zuwendung‘.

als solchen und auf ein Spiel von Körpern und d.h. Zeichen. Die ‚Innerlichkeit' von Individuen wird tendenziell ausgeblendet, reduziert oder negiert zu Gunsten eines „reinen Körpergeschehens", „einer erotischen Sphäre, die dem Sozialen enthoben ist und in der die Akteure als Körper interagieren" (Kautt 2012, S. 84f.). Dabei räumt die Werbungserotik – der Pornografie wiederum strukturähnlich – in ihrer Konstruktion eines asozialen oder transsozialen Erotik-Raumes dem *weiblichen* Körper eine Art Vorrang- oder Schlüsselstellung ein, genauer gesagt, einem *bestimmten* weiblichen Körper, den sie als eine schöne und reizvolle ‚Sache' erscheinen lässt und zu verstehen gibt (vgl. Kautt 2012, S. 84f.). Diese Sicht der Dinge bzw. der Körper als Dinge schließt die tatsächliche (reale, wahre) Natur der Körper (aller Geschlechter) in vielerlei Hinsicht aus. Das hindert die Werbung aber ebenso wenig wie die Pornografie daran, *Natürlichkeit* als Wesen der Körper und seiner Besitzer/-innen sowie als Ideal des Lebens und Erlebens auszugeben. Naturalismus und ‚Warenästhetik' sind hier offenbar miteinander zu vereinbaren und in Verbindung zu bringen.

7.13 Konsum, Konsumismus und Zivilisation

Zu den kontinuierlich gängigen und zweifellos empirienahen Schlagworten, die in den ‚diagnostischen' Diskursen über die Gesellschaften der ‚westlichen Zivilisation' bis heute eine wichtige Rolle spielen, gehören die Worte Freizeit, Konsum und Konsumgesellschaft. Tatsächlich spricht viel dafür, dass sich diese (modernen) Gesellschaften, ihre Kultur und ihr dominierender Menschentyp in der so bezeichneten Richtung grundlegend ein- und umgestellt haben und sich wesentlich durch einen immer weiteren Raum der ‚Freizeit' und durch Konsum als ‚Lebensphilosophie' und Mentalität auszeichnen. Konsumentenhaltung, Konsumismus oder Konsumerismus sind Begriffe, die bei aller Diversität ihrer philosophischen und theoretischen Herkunftskontexte (vom Marxismus bis zur ‚konservativen' Kulturkritik) auf diese sozialen, kulturellen und psychischen/ mentalen Tatsachen bezogen sind und auch Aufschluss versprechen, wenn es um die Untersuchung von Medienkulturen wie der Werbung und der Pornografie geht. Einige soziologische Klassiker sind in diesem Zusammenhang, der auch ‚Geschlechter-' und ‚Geschlechtlichkeitsfragen' betrifft, besonders aufschlussreich und anschlussfähig.

Zu diesen Klassikern gehört David Riesman, der schon Ende der 1940er Jahre in seinem berühmt gewordenen Buch über die „Wandlungen des amerikanischen Charakters" von „unserer Freizeit- und Konsumgesellschaft" sprach (1958, S. 294), der er eine Logik der „Außen-Lenkung" attestierte. Darunter verstand er in einem ‚idealtypischen' Sinne insbesondere, „daß das Verhalten des einzelnen durch die Zeitgenossen gesteuert wird; entweder von denjenigen, die er persönlich kennt, oder von jenen anderen, mit denen er indirekt durch Freunde oder durch die Massenunterhaltungsmittel bekannt ist" (Riesman 1958, S. 38). Den von Riesman gemeinten durchschnittlichen ‚einzelnen' charakterisiert mehr als andere Menschentypen zuvor, die „außergewöhnliche Empfangs- und Folgebereitschaft, die er für die Handlungen und Wünsche der anderen aufbringt", und die Tatsache, dass er das ‚normale' Bedürfnis nach „Anerkennung",

„Lenkung" und „Zuneigung" zu seiner „eigentlichen Steuerungsquelle und zum Zentrum seiner Empfangs- und Folgebereitschaft macht" (Riesman 1958, S. 38). Riesman behauptet also eine mit einem grundlegenden sozio-kulturellen Wandel einhergehende Habituswandlung (‚Charakterwandlung'), eine psychische ‚Umpolung', Öffnung und Flexibilisierung des Individuums, ja einen durch und durch „flexiblen Menschen" (Sennett 2008), mit einer fortgeschrittenen moralischen und geschmacklichen ‚Lockerheit' und einer zugleich gesteigerten Wahrnehmungs-, Urteils- und Handlungsfähigkeit.

Mit den Begriffen Freizeit- und Konsumgesellschaft und mit „Außen-Lenkung" bezog sich Riesman vor allem auf die (US-),amerikanische' Gesellschaft, der er und deren Menschen er mit diesen Bezeichnungen jenen fundamentalen Wandel attestierte. Aber auch die mittel- und westeuropäischen Gesellschaften, ja im Grunde die ganze ‚westliche Zivilisation' konnten schon spätestens Mitte des vorigen Jahrhunderts als mehr oder weniger weit entwickelte Konsumgesellschaften mit tendenziell ‚außengeleiteten' Menschen beschrieben werden. In ihrem Verständnis stimmten Autoren wie Arnold Gehlen und Helmut Schelsky mit Riesmans Diagnose grundsätzlich überein und haben sich auch ausdrücklich und stark an ihn angelehnt. Seither haben die Realitäten des Konsums und der Begriff des Konsums (mitsamt seinen Abwandlungen) kaum an Bedeutsamkeit verloren, sondern vielmehr global (und im Kontext von Globalisierungsprozessen) an Bedeutsamkeit gewonnen (vgl. Robertson/Winter (Hrsg.) 2000). Gleichzeitig haben sich die Bedeutungen und Inhalte des Konsums, die Konsumkulturen und ihre ökonomischen, industriellen und medialen Voraussetzungen und Formen mehr oder weniger stark gewandelt. Für eine zentrale Richtung dieser Wandlung zumindest in der ‚westlichen Zivilisation' stehen neuere zeitdiagnostische Begriffe wie „Eventkultur", „Eventisierung" (Ronald Hitzler) und „Erlebnisgesellschaft" – ein Begriff, den Gerhard Schulze (1992) in diagnostischer Absicht in Bezug auf die (seine) ‚Gegenwart' geprägt hat und der ebenso für Kontinuitäten wie für Diskontinuitäten, Verschiebungen und Transformationen der (älteren) Freizeit- und Konsumgesellschaft steht oder stehen kann.

Aus dem Zusammenhang dieser Gesellschaft und ihrer Entwicklung bis zur ‚Gegenwart' mit ihrem gesteigerten Interesse an ‚postmateriellen' Gütern sind alle Daseinsbereiche zu verstehen – auch alle Medienbereiche und kulturellen Medienkonstruktionen. Und in demselben Zusammenhang erhellt auch die Realität der Geschlechter und der Geschlechtlichkeit in ihrer Differenz und mehr noch in ihrer Indifferenz und Entdifferenzierung. Die Entwicklung der Freizeit- und Konsumgesellschaft hat auch alte Traditionskerne der Geschlechterkultur und Geschlechterrealität erfasst und zu neuen Verfassungen von Geschlecht(ern) und Geschlechterbeziehungen geführt (vgl. Giddens 1993). So ist Sexualität nicht erst in der ‚Erlebnisgesellschaft', sondern nach der Beobachtung Riesmans (1958, S. 158) schon viel früher zu einem geschlechterübergreifenden „Konsumgut" geworden, das den ‚Erregungswert' „materieller Verbrauchsgüter" (Riesman 1958, S. 159) nach der Epoche des „innengeleiteten" Menschentyps typischerweise weit übersteigt.

7.13.1 Freizeit- und Konsumgesellschaft/Erlebnisgesellschaft

Dass die Freizeit- und Konsumgesellschaft/Erlebnisgesellschaft sehr viel (und zunehmend viel) mit Werbung zu tun hat und Werbung sehr viel mit dieser ‚Gesellschaft', ist deutlich genug. Offensichtlich hat sich die massenmediale Werbung mit dieser und aus dieser ‚Gesellschaft' entwickelt und fungiert als eine Art Forum und Bühne für sie, ja gleichsam als ihr Überbau und zugleich als Teil ihres ‚infrastrukturellen' Unterbaus, der ihre kommunikative, symbolische und dramaturgisch-strategische Praxis mitfundiert und mitorganisiert. Vor allem bildet die Werbung die Objekte, Welten und Entwicklungen des Konsums mehr oder weniger repräsentativ ab und hält alle am Konsum (und potenziellen Konsum) Beteiligten ‚auf dem Laufenden', auf der ‚Höhe der Zeit' ihrer Gesellschaft und ihrer Gruppen. Die Werbung macht aber Werbung (Propaganda) nicht nur für bestimmte Konsumobjekte (und andere Image-Objekte), die sie mit starken Attributen und Versprechen in Szene setzt, sondern in gewisser Weise macht die Werbung auch Werbung für Konsum als solchen und die Konsumgesellschaft/Erlebnisgesellschaft als solche. Werbung manifestiert und propagiert Perspektiven und Deutungsmuster, Formen einer Art Kosmologie und einer Mentalität, die konsumistisch genannt werden können. In jeder Werbung (und in der Summe aller Werbungen) steckt gleichsam ein Lob des Konsums und des Konsumismus, des ‚Habens' und ‚Verbrauchens' und des ‚Verbrauchers', dem Konsum auch oder vor allem durch die immer expansivere Massenkommunikation der Werbung zur „Pflicht", zur „Haltung" und zur Freude (‚shopping') geworden ist und gemacht wird (vgl. Riesman 1958; Schelsky 1955). Im Einzelnen und insgesamt in der Summe ihrer Kommunikationen regt die Werbung ‚Bedürfnisse', Wünsche und Wünschen an, schürt (Haben-)Wollen, Begehren und Gier in der ganzen Breite des kulturell Möglichen. Die Werbung ist also ein zentrales Organ des Konsumismus, ja sie ist sozusagen dessen Zentralorgan.

Dem ‚flexiblen', aber auch orientierungsbedürftigen, achtungsbedürftigen und unsicheren Menschentyp der fortgeschrittenen Moderne, der besonders im und am ‚Außen' lebt und Halt, Erfolg und Bestätigung sucht, steht mit der Werbung also eine mächtige Institution an der Seite und zur Seite. Sie adressiert und propagiert jenen ‚außengelenkten' Menschentyp und verspricht ihm, qua Konsum zu erreichen, woran ihm hauptsächlich gelegen ist: Anerkennung, Achtung, Sympathie, Prestige, Liebe usw. Diese massenhaft erstrebten ‚Güter' kommen nach Auskunft der Werbung aus diversen ‚guten' Images, die durch Konsum oder unter Konsumbedingungen buchstäblich herstellbar sind. Die Werbung ist also eine Institution, die im Bezugsrahmen ihrer Gesellschaft und mit den Mitteln ihrer Theatralität soziale Erfolge und Gewinne und damit Lebenssinn, Orientierung, Identität und Sicherheit verspricht und in gewisser Weise tatsächlich geben mag – auch in der Nachfolge und als funktionaler Ersatz von traditioneller (Jenseits-)Religion, deren Sinngebung dem Konsumismus im Falle des Christentums genau entgegengesetzt ist, ja feindlich gegenübersteht (siehe oben).

Auch die Pornografie/Pornografisierung (der Gesellschaft) kann – ähnlich wie die ihr direkt benachbarte Erotik/Erotisierung der Werbung – in diesen sozialen, kulturellen und historischen Zusammenhang gestellt werden. Wie die Werbung, wenn auch sachlich konzentrierter als diese, regt auch die Pornografie ‚Bedürfnisse', Wünsche und Wünschen an, schürt (Haben-)Wollen, Begehren und Gier. Allerdings macht hier die strukturelle, funktionale und operative Differenz der medialen Gattungen gravierende Unterschiede. Im Gegensatz zur Werbung handelt es sich bei den Erzeugnissen der Pornografie um eine symbolisch spezifisch gehaltvolle Klasse von Waren oder waren-ähnlichen Objekten, eine Art Konsumgut, das, indem es massenhaft konsumiert wird, sowohl kollektive Gewohnheiten/Habitus aktiviert als auch massenhaft ‚bildet'. Konsum ist in diesem Fall also – im Unterschied zur Werbung – auch ein Modus oder *der* Modus der Sozialisation. Und auch als Kultur – semantisch, ideologisch, symbolisch – hat die Pornografie zwar viel mit der Gesellschaft als Konsumgesellschaft zu tun, aber sie fungiert nicht als Überbau oder Unterbau dieser Gesellschaft, sondern als eine ihrer ‚Provinzen'. Als Resultat einschlägiger Inszenierungen ist die Pornografie gleichsam eine besondere und besonders dramatische Konsumgesellschaft. In ihr wird von allen Beteiligten (Geschlechtern) in vielen Formen exzessiv konsumiert (siehe oben); vor al-lem werden von Sex-Körpern Sex-Körper konsumiert. In dieser ‚Gesellschaft' ist jedes *Subjekt* des Konsums aber auch zumindest potenzielles *Objekt* des Konsums, der als solcher überhaupt eine Art Paradigma des Lebens darstellt. Darin besteht wiederum eine gewisse Ähnlichkeit mit der Werbung, die ihrerseits die kosmologische Sicht ver-tritt, dass Sein Schein ist und optimierter Schein zum (konsumptiven und konsumisti-schen) Erfolg und damit letztlich auch zum persönlichen Glück führt.

Die ‚real existierende' Gesellschaft als Konsumgesellschaft (im weitesten Sinne) und alles, was in ihr steckt, was aus ihr hervorgeht und was mit ihr zusammenhängt, z. B. kommerzielle Medienkultur, kann unter verschiedenen gesellschaftstheoretischen und zivilisationstheoretischen Gesichtspunkten betrachtet werden. Vorherrschend sind seit jeher und bis heute ‚gesellschaftskritische'/‚kulturkritische' Deutungen, allerdings un-terschiedlicher moralisch-politischer Polung (von ‚linker' Gesellschaftskritik bis zu ‚konservativer' Kulturkritik). So deutet Gehlen den modernen Konsumismus, die gene-ralisierte „Verbraucherhaltung" als eine Form der „Anpassung an geistig unbegreifliche, moralisch inkommensurable und dabei doch übermächtige Verhältnisse" (Gehlen 1957, S. 41) – als eine Anpassung, die er im Anschluss an Riesman und Schelsky auch durch ein Nachlassen der „‚Innensteuerung' des Verhaltens" sowie allgemeine Fortschritte der Technik, der „Produktivität" und des „Wohlfahrtsstaats" bedingt und befördert sieht (Gehlen 1957, S. 42, 64 ff.). Die Entwicklung der Konsumgesellschaft und der Konsu-mentenhaltung erscheint insofern auch als ein Prozess, der die Geschlechterdifferenz zwar nicht ausschaltet, aber übergreift, moduliert und unterläuft.

Gehlen vertritt in diesem Zusammenhang eine im Hinblick auf die Differenz der Geschlechter bemerkenswerte Auffassung. Er sieht in der Verbraucherhaltung eine traditionell typisch weibliche Attitüde, die sich gesellschaftlich „verallgemeinert" hat und spricht daher, den Begriff Feminismus eigensinnig verwendend, von „einer Art Feminisierung", von der „Entwicklung der Konsumenteneinstellung und einer neuar-tigen Passivität. Von Feminismus kann deswegen gesprochen werden, weil wenigstens bisher der *ganz* vorbehaltlose, mit dem *besten* (Herv. i. O.) Gewissen betriebene Konsum, zumal Luxuskonsum, ein Privileg der Frauen gewesen ist" (Gehlen 1957, S. 41 f.). Mittlerweile aber, so glaubt Gehlen mit Riesman feststellen zu können, ist die Verbraucherhaltung zu einer allgemein „vorherrschenden Einstellung geworden (...) bis in die Beziehungen der Geschlechter und bis in die Erscheinungen hinein, die Sport oder Politik heute bieten" (Gehlen 1957, S. 42). Und insofern scheint es auch naheliegend, von Feminisierung und von Feminismus als einer Art Signatur der Gesellschaftskultur zu sprechen.

Pornografie bzw. sich verbreitender Pornografiekonsum (Pornografisierung) drängt sich hier als ein Beispiel auf. Die von Gehlen gemeinte generalisierte Einstellung oder Haltung fällt in diesem Fall zunächst geschlechtstypisch aus. Die (Hamburger-) Pornografie ist, auch wenn sie mittlerweile vermehrt von Frauen rezipiert wird, nach wie vor ein vorzugsweise von Männern konsumiertes ‚Gut' und dies in einer quantitativ expansiven Weise und mit einer spezifisch konsumistischen Botschaft, was das Verhältnis der im Porno dargestellten Männer zum ‚anderen Geschlecht' betrifft. In diesem Fall erweisen sich also die Männer hauptsächlich und *zunehmend* als das konsumierende und konsumistische Geschlecht und damit auch von jener „neuartigen Passivität" ergriffen und betroffen, von der Gehlen spricht. Das angeblich starke und aktive Geschlecht erweist sich im üblichen Pornokonsum als das sozial stillgelegte, passive Geschlecht, das normalerweise nur im und durch Konsum – also rezeptiv – aktiv ist, hier jedoch in Gestalt von Gedanken und Affekten hyperaktiv und hyperengagiert. Allerdings sind ‚die Frauen' als Konsumentinnen und Produzentinnen pornografischer oder pornografienaher Literatur (Heftromane) sowie konventioneller und ‚eigener' Pornografie oder pornografienaher Filme schon lange ‚im Kommen' und auf dem Weg zu einer relativen Gleichstellung mit dem ‚anderen Geschlecht'. Indem sie der Pornografie, in welcher Variante auch immer (und sei es eine feministische), zunehmend zusprechen, bewegen sie sich kulturell und sozial in der Richtung, die Gehlen vor Augen hat. Damit bewegen sie sich zugleich auf das ‚andere Geschlecht' zu, dessen Andersheit so und überhaupt im Zuge seiner konsumistischen ‚Feminisierung' an Profil verloren hat und immer mehr verliert.

Auch in der Werbung zeigt sich eine geschlechterübergreifende und zugleich geschlechterergreifende Verbraucherhaltung sowie eine diesbezügliche Konvergenz der Geschlechter. Die Werbung zeigt zwar wie die Welt der Produkte selbst auch vom kontinuierlichen Fortbestehen und von der Fortentwicklung einer gewissen parallelen Geschlechter-Organisation des Konsums, der Konsumgesellschaft und der Konsumenteneinstellung, aber in diesem Zusammenhang sind auch gravierende Verschiebungen und Wandlungen unübersehbar. So treten Männer, insbesondere junge und jüngere Männer, heute mehr denn je als Konsumenten von ‚Gütern' in Erscheinung, die früher viel weniger oder überhaupt nicht oder ganz anders mit ihnen in Verbindung gebracht wurden und eher als Ausdruck von ‚Feminität' galten: ‚Körperpflege', Kosmetik, Parfüm, Kleidung/Mode, Schmuck, ‚erotische' Unterwäsche, gestylte Frisuren und Bärte u. a. m. Insofern könnte man auch in diesem Zusammenhang von einer gewissen Feminisierung (der Männer) sprechen. Jedoch hält sich diese wiederum in relativ engen Grenzen. Die traditionelle ‚Männlichkeit' wird auch dort, wo sich die Männer den Objekten, Praktiken und Semantiken ‚typisch weiblichen' Konsums annähern, im Grunde nicht in Frage gestellt, sondern vielmehr unterstrichen. Die Werbung legt in diesem Zusammenhang bei aller ‚Feminisierung' normalerweise Wert auf Klarheit und Klarstellung von Differenz und Identität. Darüber hinaus bleibt es bei geschlechtstypischen Konsumschwerpunkten bzw. konsumierten Produktklassen. Explizite erotische Attraktivitätsthemen z. B. werden nach wie vor hauptsächlich an weiblichen Körpern festgemacht und an (junge und jüngere) Frauen adressiert – in der wohl begründeten und bewährten Annahme, dass sich frau dafür entsprechend interessiert. Insgesamt aber spielen Frauen und Mädchen als Figuren und als Adressat/-innen der Werbung für diverse Konsumgüter heute eine größere Rolle als früher, und das Spektrum der beworbenen Produkte, das sich an Frauen oder *auch* an Frauen richtet, ist erheblich breiter und ‚inklusiver' geworden.

7.13.2 Erotisch-sexuelle Konsumgesellschaft/Erlebnisgesellschaft

Die folgenden Überlegungen konzentrieren sich schwerpunktmäßig auf den Zusammenhang zwischen der Freizeit- und Konsumgesellschaft/Erlebnisgesellschaft einerseits und der medialen Kultur der Erotik und der Sexualität in den Rahmen der Werbung und der Pornografie andererseits. Aus den gesellschafts- und kulturtheoretischen Hintergründen und Grundlagen dieses Versuchs sind auch direkte Schlüsse hinsichtlich der Werbung/Werbungserotik und der Pornografie sowie ihrer Geschlechter- und Geschlechtlichkeitskonstruktionen zu ziehen.

Ein diesbezüglich spezifisch aufschlussreicher und theoretisch wie analytisch anschlussfähiger Ausgangs- und Bezugspunkt ist Helmut Schelskys klassische „Soziologie der Sexualität" (1955). Sie sieht in der historischen Konsumgesellschaft einen bestimmenden, wenn nicht *den* bestimmenden Faktor des „sozialen Zeitcharakters der Sexualität": „Sexualität als Konsum" (Schelsky 1955, S. 118). Schelskys Versuch, diesen sozialen Zeitcharakter der Sexualität auf eine ‚allgemeinsoziologische' Weise zu verstehen und zu erklären, erhellt auch Medienbereiche und mediale Konsumbereiche wie die Pornografie, die Schelsky in seiner Soziologie der Sexualität allerdings bezeichnenderweise noch gar nicht im Blick hat – im Unterschied zur Werbung/Werbungserotik, die er als einen zentralen Bereich der Alltagskultur seiner Zeit wahrnimmt und ausdrücklich behandelt.

Schelskys Unternehmen, das in mancher Hinsicht als eine Fortsetzung von David Riesmans Klassiker („Die einsame Masse") und als ein sachlich zugespitzter Vorläufer von Gerhard Schulzes „Erlebnisgesellschaft" (1992) betrachtet werden kann, adressiert seinen Gegenstand (den ‚sozialen Zeitcharakter der Sexualität') grundsätzlich von „der Struktur und den Verhaltenskonstanten der Gesamtgesellschaft her" (Schelsky 1955, S. 118). Die ‚Gesamtgesellschaft', die Schelsky im Auge hat, ist die primär funktional differenzierte moderne Gesellschaft, die von großen Organisationen, bürokratischen Apparaten und industriellen Produktionsprozessen geprägte Gesellschaft, in der es zu einem systematischen und systematisch hohen Maß an Anonymität, Spezialisierung und Entfremdung kommt, sodass sich das „personhaft und ihm zugehörig empfundene

Verhalten" des Einzelnen „immer mehr von diesen Bereichen seines Lebens hinweg in ein kompensatorisch privates Tätigkeitsfeld (verlagert): in seine Freizeit". Sie wird zum zentralen „Orientierungssystem der Privatheit und Personhaftigkeit des Menschen ausgebaut" und gerät zugleich „unter das Diktat einer anderen industriegesellschaftlichen Gesetzlichkeit: unter die *Herrschaft der Konsumbedürfnisse*" (Schelsky 1955, S. 119; Herv. i. O.). Im Kontext dieses Prozesses sieht Schelsky auch die „Prägung" des sexuellen Verhaltens und konstatiert die *„Angleichung des sexuell-erotischen Habitus an die modernen Konsumverhaltensweisen*" (Schelsky 1955, S. 120; Herv. i. O.), die Entwicklung einer entsprechenden (konsumistischen) Sexualität. Hinsichtlich dieser menschlichen Seins- und Daseinssphäre, die er als eine historische ‚anthropologische Konstante' betrachtet, stellt er fest, dass sie „ihren vieltausendjährigen zwiegesichtigen Charakter, Daseinserhöhung und -bedrohung zugleich zu sein, fast verloren zu haben scheint zugunsten einer Bändigung und Verharmlosung zum bloßen Genuß" (Schelsky 1955, S. 120). Als einen der „wesentlichsten Züge der Konsumhaltung im Geschlechtlichen" erkennt Schelsky (1955, S. 121) die Verbindung des „puren Genußstandpunktes des Verhaltens" mit der „Forderung auf Risikolosigkeit", den „Grundanspruch der risikolosen Genußsucht im Geschlechtlichen" (Schelsky 1955, S. 121), das nach einer „allgemeinen gesellschaftlichen Auffassung" als eine „natürliche Quelle des Genusses" verstanden wird, „auf den jedermann [...] ein Recht und einen Anspruch hat" (Schelsky 1955, S. 121 f.).

Schelskys Überlegungen konvergieren in diesem Zusammenhang mit denen Riesmans. Auch Riesman sieht die Sexualität im Zuge der Entwicklung der ‚Industriegesellschaft' „zu einem Konsumgut" werden, und zwar „nicht nur für die alten, ‚der Muße frönenden Klassen', sondern auch für die neuen nach Entspannung und Zerstreuung jagenden Massen" (Riesman 1958, S. 158) und für *beide* Geschlechter. Die Differenz der Geschlechter macht hier offenbar schon zu Riesmans und Schelskys Zeiten (und Vorzeiten) keinen prinzipiellen Unterschied mehr und scheint in einer Art Rationalisierung und Demokratisierung tendenziell ausgeglichen worden zu sein. Die „Gleichberechtigungsforderung der Frau" wird, so Schelsky (1955, S. 120), „auch auf erotischem Gebiet" gestellt, und die modernen Frauen stellen, wie Riesman bemerkt, „auf sexuellem Gebiet Forderungen und bieten Fähigkeiten an, von denen ihre Mütter sich niemals hätten träumen lassen oder eben nur geträumt haben" (Riesman 1958, S. 293). Und weiter meint Riesman: Heute „geben sich Millionen von Frauen, die der technische Fortschritt von vielen Hausaufgaben befreit und gleichzeitig um viele ‚Hilfsmittel der Liebe' bereichert hat, auf sexuellem Gebiet den gleichen Abenteuern wie die Männer hin" (Riesman 1958, S. 160). Dass dieser gemeinsamen ‚Hingabe' auf der Grundlage einer gemeinsamen Einstellung und ‚Kompetenz' auch ein gemeinsames, verwandtes oder konvergierendes Interesse an Kulturprodukten (z. B. Medienerzeugnissen) entspricht, die eben diesem Themenfeld gewidmet sind, ist naheliegend.

Riesman bemerkt allerdings auch, dass mit dem generalisierten erotisch-sexuellen Konsumismus – und allgemeiner mit der Realität und Mentalität der Außen-Lenkung – einerseits ein sozialer „Wettbewerb" (um erotische/sexuelle Attribute, Bewertungen, Chancen, Erfolge) einhergeht und ‚man' (und frau) „andererseits ständig auf der niemals befriedigten Suche nach Lebenssinn und -erfüllung ist. Der außengeleitete Mensch will in seinen Geschlechtsbeziehungen nicht seine Persönlichkeit entfalten, er oder sie wollen vielmehr ihre Anziehungskraft auf das andere Geschlecht erproben und feststellen, welche Stelle sie in der Rangliste der Beliebtheit einnehmen – darüber hinaus aber wollen beide Erfahrungen im Leben und in der Liebe sammeln" (Riesman 1958, S. 160). Im Bezugsrahmen der Außen-Lenkung spielt demnach die Frage des erotischen ‚Ankommens' und damit die Frage des ‚Außen' und des ‚Äußeren' eine oder die zentrale Rolle und bildet auch einen Hintergrund und Resonanzboden für instruktive, sinngebende und informative Medienerzeugnisse wie die Werbung und die Pornografie. Sie bestätigen auch auf je besondere Weise den geschlechterübergreifend generalisierten Wunsch, ‚Erfahrungen im Leben und in der Liebe' zu *sammeln* und können auf die mit der Frage des erotischen ‚Ankommens' verbundenen Fragen des erotischen Status und des entsprechenden ‚Selbstbewusstseins' bzw. der entsprechenden ‚Selbstsicherheit' reagieren.

Männer und Frauen, Mädchen und Jungen sind also, wenn man Riesman und Schelsky folgt, in puncto Erotik und Sexualität (und auf dem *Feld* der Erotik und Sexualität) zwar nicht völlig ‚gleichgestellt', aber im Grunde schon lange sozial und psychisch ähnlich positioniert. Als ‚Angebote' und (sich) Anbietende, Nachfragende und Nachgefragte, Konsumierende und Konsumierte sind sie aufeinander bezogen und unter Kosten-, Problem- und Handlungsdruck gesetzt. Riesman sieht die moderne Sexualität im Zuge ihrer konsumistischen Rationalisierung, die sie von vielerlei Ballast befreit hat (von Tradition, Religion, Moral), entsprechend auch neu belastet – „mit viel zu schwerem seelischem Gewicht belastet, um von dem außengeleiteten Menschen leichtgenommen oder als Spiel betrachtet werden zu können. Die verborgene Schwäche des modernen Menschen läßt sie zu einer allen angstvollen Angelegenheit und gleichzeitig zu einer allzu sorgfältig gehüteten Illusion werden" (Riesman 1958, S. 161). Dieser Auffassung gibt Schelsky ausdrücklich recht (siehe unten) und betont in diesem Zusammenhang den voraussetzungsvollen und fragilen Aspekt der erotischen und sexuellen „Daseins- und Selbstbestätigung" (Schelsky 1955, S. 124). Sie gehört zu den ‚sozialen Trieben', die Schelsky und Riesman wichtiger erscheinen als die biologische ‚Triebhaftigkeit', die sie allerdings nicht dementieren, sondern mit jenen ‚Trieben' gerade im Konsumismus verschmolzen sehen.

Nicht nur, aber gerade in Bezug auf Erotik und Sexualität sprechen Riesmans und Schelskys Untersuchungen also für einen fundamentalen kulturellen bzw. mentalen Wandel, der auch das Herzstück jenes zivilisierten Habitus moderner Menschen betrifft oder zu betreffen scheint, den Norbert Elias im Rahmen seiner Zivilisationstheorie im Sinn hat: mit auf habituelle Eigenschaften verweisenden Begriffen wie Über-Ich, Dämpfung der Triebe, Psychologisierung (Elias 1980, Bd. 2, S. 369 ff.), Selbstzwang (Elias 1980, Bd. 2, S. 336), (vorgerückte) Scham- und Peinlichkeitsschwellen, Befriedigungsaufschub, Askese, Sublimierung, Selbstdisziplinierung u. a. m. Diese Orientierungen und (Habitus-)Eigenschaften erscheinen schon Riesman und Schelsky (und benachbarten Klassikern wie Gehlen) als zunehmend ‚unmodern' und durch eine ganz andere Art von Habitualität und Mentalität überholt oder überformt. Die konsumistische Mentalität der Außen-Lenkung, des in gewisser Weise entschämten, entsublimierten und flexibilisierten Menschen, der nach Genuss, Glück und (also) Selbstverwirklichung strebt und dieses Streben auf der Basis und in den Grenzen der (Konsum-)Möglichkeiten seiner Gesellschaft umzusetzen versucht, kann allerdings durchaus im Rahmen zivilisatorischer Langfrist-Prozesse verstanden werden. Diese Mentalität ist jedenfalls zivilisatorisch (habituell) voraussetzungsvoll und hat den Charakter einer spezifisch zivilisierten, ja zivilisatorisch fortgeschrittenen Subjektivität und – bei aller ‚Genussfähigkeit' oder auch „Genusssucht" (Schelsky) – nicht oder nur punktuell den Charakter der Regression oder gar der Animalisierung (siehe oben).

Der Wandel in Richtung Außen-Lenkung, Konsum und Konsumhaltung, der im Prinzip beide Geschlechter betrifft, indem er ihre Rolle, ihre Identität und ihr Verhältnis zueinander – auch im Geschlechtlichen – ändert, bedeutet also nicht nur Lockerung, Liberalisierung, Freiheit und Selbstbestimmung. Mit dem Aufstieg der Konsumgesellschaft bzw. der erotisch-sexuellen Konsumgesellschaft/Erlebnisgesellschaft muss das Erotische und Sexuelle vielmehr anders als früher und spezifisch „ernst genommen" werden und ist, wie auch Schelsky betont, „weit entfernt von der Heiterkeit des Spiels" (Schelsky 1955, S. 124). Vor allem verändert und verschiebt sich im Zuge von Mentalitäts-, Wert- und Normwandlungen und unter zugleich gewandelten Freiheits-, Markt- und Konkurrenzbedingungen die Bedeutung, Relevanz und Rolle des Körpers, der zunehmend als Zielgebiet von Konsumgütern und als Konsumsubjekt und Konsumobjekt ins Spiel kommt und im Spiel ist, der gewissermaßen gespielt wird, zu spielen ist und zu spielen hat. Im Sinne einer Art Warenästhetik gewinnen Korporalität, Körperoberfläche und korporale Performance an Bedeutung und setzen, wenngleich immer noch geschlechtsasymmetrisch, entsprechend und entsprechend zivilisierend unter Kontingenz-, (Selbst-)Kontroll-, Investitions- und Handlungsdruck. Gleichzeitig erhöht sich die Bedeutung des Körpers als Medium des Konsums, als (auch erotisch-sexuell) erlebender Erlebniskörper, als Bedürfnis-, Genuss- und Glückskörper, der mit entsprechender Aufmerksamkeit und Sensibilität bedacht wird.

Die sozialen Zwänge und Selbstzwänge werden demnach mit dem Aufstieg der Konsumgesellschaft bzw. der erotisch-sexuellen Konsumgesellschaft nicht unbedingt weniger, ändern aber ihren Charakter, ihren Ort und ihr Gewicht. Zwar werden nun im verstärkten Bemühen und im verschärften Kampf um Genuss und Genießen, um Befriedigung und Glück neue oder erneuerte Spiele gespielt, aber es bleibt bei zivilisatorisch voraussetzungsvollen, zivilisierten und zivilisierenden Spielen, in denen diverse Industrien – nicht zuletzt Körperindustrien, medizinische Industrien und mediale Kulturindustrien – entscheidende Rollen spielen, z. B. normalistische Vorgaben machen und Positionen zuweisen. Auch werden dem individuellen Subjekt nicht nur Konsumofferten gemacht, Befriedigungen und Genüsse in Aussicht gestellt, sondern entlang seinem konsumistischen Denken, Erleben und Handeln auch Anpassungen, Leistungen und Verzichtsleistungen abverlangt. Mit anderen und gegen andere macht man sich, wie Riesman betont, unter anderem an die „Arbeit des Vergnügens" (Riesman 1958, S. 153). Mit Riesman übereinstimmend kommt Schelsky zu dem allgemeinen Schluss: „Der Mensch unserer Gesellschaft tritt in der Freizeit unter den Zwang und die Gesetzlichkeit des industriegesellschaftlichen Konsums, wie er in der Arbeitszeit unter dem Zwange der industrie-bürokratischen Produktionsform steht; beide wirken gleichermaßen entpersönlichend und verhaltensnivellierend" (Schelsky 1955, S. 124).

Die Freizeit- und Konsumgesellschaft der Jahrzehnte um die Mitte des vorigen Jahrhunderts hat sich in den darauffolgenden Jahrzehnten ebenso wie die Perspektiven ihrer Beobachter/-innen erheblich weiterentwickelt und gewandelt. Neben und mit signifikanten Kontinuitäten sind signifikante kulturelle bzw. habituelle Diskontinuitäten, Transformationen und Innovationen zu beobachten und konstatiert worden, die auch und gerade das Feld der Erotik und der Sexualität einschließen und betreffen.

Einer der in diesem Zusammenhang prominentesten und wichtigsten ‚Diagnostiker‘ ist Gerhard Schulze mit seiner kulturtheoretisch fundierten Untersuchung der Kultur der „Erlebnisgesellschaft" (Schulze 1992; 1999). Sie kann mit dem Gewinn eines besseren historischen Überblicks in die Reihe der oben behandelten Arbeiten gestellt werden, auch wenn deren Autoren im Gegensatz zu Schulze in einem eher kulturkritischen Sinne gedacht und geurteilt haben.

Weitgehender prinzipieller Konsens zwischen Riesman, Schelsky und Gehlen einerseits und Schulze andererseits besteht trotz der jahrzehntelangen Kluft zwischen ihren Empiriebezügen in der Vorstellung einer gesamtgesellschaftlichen Verschiebung hin zu einer Freizeit- und Konsumgesellschaft, an der nicht nur die oberen Schichten, sondern die ‚Massen‘ partizipieren. In diesem Sinne ist auch die Erlebnisgesellschaft eine ‚Massengesellschaft‘, die wie die ältere Freizeit- und Konsumgesellschaft zwar sozial, kulturell, ‚stilistisch‘ und mental differenziert ist, aber sich bei aller inneren Vielfalt auch durch eine einheitliche ‚Polung‘ auszeichnet. Auch Schulze diagnostiziert einen gesellschaftlich generalisierten hedonistischen Lebensstil mit einer entsprechenden Weltsicht und Mentalität. Dieser Lebensstil liegt offensichtlich in der Logik der älteren Freizeit- und Konsumgesellschaft, dreht sich aber nicht mehr um die klassischen materiellen ‚Verbrauchsgüter‘, sondern um ‚Güter‘, die vor allem durch ihren individuellen und subjektiven Erlebniswert definiert sind. Unter dem Titel „Erlebnisgesellschaft" (Schulze 1992) fasst Schulze allerdings auch eine *milieuspezifische Differenzierung* des die ganze gesellschaftliche Kollektivität prägenden hedonistischen Lebensstils („Niveaumilieu", „Harmoniemilieu" usw.).

Im Sinne eines solchen Lebensstils ist zwar auch schon bei Riesman, Schelsky und Gehlen von ‚Erlebnissen‘ und der entsprechenden ‚Gesellschaft‘ die Rede, aber nicht wie bei Schulze im Sinne eines gesellschaftskulturellen Modernisierungs- und Individualisierungsschubs und einer neuartigen Mentalität, sondern eher im Sinne einer Art Symptom, ja einer symptomatischen Degenerierung. Entsprechend spricht Gehlen in einem negativ wertenden Grundton von einem generalisierten kulturellen „Umschwenken in die Passivität", die „inhaltlich nur mit Konsum, mit physischer oder geistiger Reizzufuhr, dann also mit ‚Anregungen‘ und ‚Erlebnissen‘ ausgefüllt werden kann" (Gehlen 1957, S. 43). Entscheidend ist aber schon bei Gehlen und anderen die Wahrnehmung einer tendenziellen Verschiebung der Gesamtkultur, des Lebensstils und der ‚Lebensphilosophie‘ jedermanns hin zur Freizeit, zum Konsum bzw. Erlebniskonsum.

Die Erlebnisgesellschaft ist also mehr als nur eine modulierte Fortsetzung der älteren Freizeit- und Konsumgesellschaft. Diese hat sich vielmehr wesentlich erweitert, vertieft, zugespitzt und verschoben – hin zu den Leitmotiven einer milieudifferenzierten Eventkultur, die in einem durch und durch individualistischen Sinne einen nachreligiösen, quasi-religiösen und ersatzreligiösen Charakter hat. Im „nachmetaphysischen Zeitalter" (Schulze 1999, S. 9), das auch ein fortgeschritten nachmaterialistisches ist, betrachtet man, so Schulze, das „eigene Leben als eine Art Gott – ihm gilt es zu dienen, von ihm bezieht man seine grundlegenden Maßstäbe. (...) Der Glücksdiskurs zieht unsere Sozialwelt in ihren Bann wie ein Gottesdienst" (Schulze 1999, S. 9). In diesem Diskurs wie im individuellen Dasein und Bewusstsein geht es um das „Projekt des schönen Lebens", das in ‚Erlebnissen' und als ‚Erlebnisleben' konkrete Gestalt annehmen soll (Schulze 1999, S. 20). Nachdem die Religion (und in dem Maße wie die Religion) keine Antworten mehr auf die Fragen des Lebens und des Todes plausibel machen kann und auch nicht mehr in der Lage ist, glaubwürdig ein Paradies zu versprechen und auszumalen, drängt sich umso mehr die Frage nach dem (Erlebnis-)Leben *vor* dem Tod auf.

Schulze zufolge ist das Leben „schlechthin zum Erlebnisprojekt geworden", und der „Begriff des Erlebnisses ist mehr als ein Terminus der Freizeitsoziologie. Er macht die moderne Art zu leben insgesamt zum Thema" (Schulze 1992, S. 13 f.). Ähnlich wie Schelsky (siehe unten) spricht Schulze von der generalisierten Suche nach kurzfristiger, punktgenauer und intensiver Gratifikation, die keinen Aufschub duldet, von der Suche nach Glück im Hier und Jetzt. Diese Sicht der Dinge, eine Art Kurzsicht, steht im Gegensatz zu dem Modell der Langsicht, wie es von Elias und anderen als Herzstück des Zivilisationsprozesses und des zivilisierten Habitus moderner Menschen beschrieben worden ist. Schulze kontrastiert diese prinzipiellen Orientierungen und stellt im Blick auf den gegenwartsorientierten Menschen der ‚Gegenwart' fest:

> Erlebnisorientierung ist die unmittelbarste Form der Suche nach Glück. Als Handlungstypus entgegengesetzt ist das Handlungsmuster der aufgeschobenen Befriedigung, kennzeichnend etwa für das Sparen, das langfristige Liebeswerben, den zähen politischen Kampf, für vorbeugendes Verhalten aller Art, für hartes Training, für ein arbeitsreiches Leben, für Entsagung und Askese. Bei Handlungen dieses Typs wird die Glückshoffnung in eine ferne Zukunft projiziert, beim erlebnisorientierten Handeln richtet sich der Anspruch ohne Zeitverzögerung auf die aktuelle Handlungssituation. Man investiert Geld, Zeit, Aktivität und erwartet fast im selben Moment den Gegenwert (Schulze 1992, S. 14).

Der individualisierte und individualistische Gratifikations- und Glückssucher der Erlebnisgesellschaft folgt also gleichsam einem kulturell überformten Lustprinzip, dem Ideal, Lust, Genuss und Glück im Hier und Jetzt zu optimieren und immer wieder neu herzustellen. Dieser engagierte, aktive und aktivierbare Akteur orientiert sich nach Auskunft von Schulze primär an sich selbst, an der eigenen Innen-, Gefühls- und Motivwelt und steht damit scheinbar im Gegensatz zu dem ‚außengeleiteten' Menschentyp der Freizeit- und Konsumgesellschaft, die Riesman, Schelsky und Gehlen im Auge hatten.

Im Gegensatz zu dieser ‚Gesellschaft' dominieren in Schulzes Erlebnisgesellschaft „innenorientierte Lebensauffassungen" (Schulze 1992; 1999).

Der sich hier im ersten Anschein aufdrängende Eindruck eines Gegensatzes oder Widerspruchs ist jedoch nur vordergründig. Vielmehr geht es um einen Zusammenhang, eine Komplementarität verschiedener Seiten ein und desselben Prozesses und ein und desselben Habitus. Die Dominanz ‚innenorientierter Lebensauffassungen' verweist ebenso auf (fortgeschrittene) Modernisierungs- und Individualisierungsprozesse wie Riesmans Typus des ‚außengeleiteten' Menschen. Dessen „Freistellung und Beeinflussbarkeit" (Schwietring 2009a, S. 274), seine ‚Flexibilität', seine Anerkennungsbedürftigkeit und Fähigkeit zur ‚Image-Arbeit', seine Bereitschaft und Fähigkeit, sich am jeweiligen sozialen ‚Außen' zu orientieren und das eigene ‚Außen' anderen Akteuren als Orientierungsgrundlage anzubieten passt durchaus zu jenen ‚innenorientierten Lebensauffassungen'. ‚Außen-Lenkung' und ‚Innen-Lenkung' können als zwei Seiten einer Medaille verstanden werden. Sie sind allerdings jeweils und in ihrem Zusammenhang auch zivilisatorisch voraussetzungsvoll.

7.13.3 Werbungserotik und Pornografie im Kontext und als Kontext

Man kann in den Medieninszenierungen der Werbung/Werbungserotik und der Pornografie Spiegelungen und Abwandlungen, Zuspitzungen und Überspitzungen der oben beschriebenen kosmologischen, ‚lebensphilosophischen' und lebenspraktischen Grundorientierungen erkennen. Sie kommen im Falle der Pornografie auch in den typischen Praktiken ihres Gebrauchens und Verbrauchens (Konsumierens) zum Ausdruck und stehen in Zusammenhängen mit der Realität der Geschlechter und der Geschlechtlichkeit (Erotik und Sexualität).

Werbungserotik und Pornografie laufen vor allem – mehr oder weniger zugespitzt – auf das epochale Grundverständnis von Sexualität hinaus, das Riesman und Schelsky im Sinn und im Auge haben: auf das Geschlechtliche als „natürliche Quelle des Genusses" und auf die *„Angleichung des sexuell-erotischen Habitus an die modernen Konsumverhaltensweisen"* (Schelsky). Das schließt eine zeitliche und sachliche Simplifikation als „Zug des sexuellen Genuss-Verhaltens" ein: „Kurzfristigkeit und Punktualität (...) die Entwertung der sexuellen Beziehung zu einem Unterhaltungsgut, zu einem Mittel der Zerstreuung, das schnell zuhanden, aber auch schnell erledigt sein soll" (Schelsky 1955, S. 122). Wie das Verständnis des Sexuellen als ‚natürliche Quelle des Genusses' so wird auch dieses Verständnis in der Pornografie auf die Spitze getrieben und geradezu propagiert. Der schnelle und pure ‚Sex' wird hier als Ideal, Norm und Normalität performiert, ausagiert und befriedigt – entsprechend dem im Porno und vor dem Porno generalisierten „Bedürfnis nach schnellem Wechsel grober und doch flacher Sensationen" (Schelsky 1955, S. 123).

Auch die epochale Tendenz zur Konzentration auf den „bloßen sexuellen Vollzug", ohne „emotionales Kapital" zu investieren (Schelsky 1955, S. 124), kann in der Kultur und im Konsum der Pornografie und sogar in der üblichen Werbung/Werbungserotik wiedergefunden werden. Im Porno wird die Konzentration und Reduktion auf den bloßen und reinen Sex nur radikalisiert, im Sinne einer Art Sparsamkeitsregel. Kapital irgendeiner nicht-körperlichen Art (auch und erst recht ‚emotionales Kapital') wird hier nach Möglichkeit nicht investiert. Auch kann von irgendeinem erotischen Spiel (von Verführung oder dergleichen) im Hinblick auf Pornografie und auch Werbungserotik kaum oder höchstens andeutungsweise die Rede sein. Vielmehr geht es um ‚Spiele' von, an und mit Körpern bzw. den Gebrauch und Verbrauch von Körpern als sexuell aktiven und attraktiven Zeichenträgern und Genussmitteln. Hier allerdings herrscht eine Logik der Verausgabung, der Entknappung, des Überflusses und in gewisser Weise auch der Investition. Man(n) ist im Porno jederzeit und überall bereit, sich sexuell zu ‚engagieren' und aus sich und anderen möglichst viel ‚herauszuholen' und auch in andere ‚hineinzustecken'. Die Werbungserotik steht dem im Prinzip nicht nach, präsentiert ihre entsprechende Anschauung jedoch in wesentlich ‚kultivierteren' und milderen Formen.

Als Teil, Ergebnis und Funktion einer ‚real existierenden' Konsumgesellschaft/Erlebnisgesellschaft und als eine Art Konsumgesellschaft entspricht die Pornografie – ähnlich wie die Werbung – offensichtlich den von ihr selbst mitproduzierten Vorstellungen, (Woll-)Lüsten und Wünschen ihres (immer noch hauptsächlich männlichen) Publikums. Dieses äußert sich z. B. dahingehend, mit dem Porno nur „Spaß und Lust haben und an nichts Anderes denken" (A) zu wollen. Die zentrale konsumistische Paradiesvorstellung der Pornografie ist offenbar auch die zentrale Paradiesvorstellung der Männer *vor* der Pornografie, die typischerweise von einem entsprechend ‚schönen Sex-Leben' zu träumen scheinen, in dem man sich wie in einem Super-Markt nach Herzenslust bedienen kann (und nicht einmal zahlen muss). Mit den Worten eines pornokonsumierenden ‚Praktikers': „Ich find es schön, daß man sich im Porno die schärfsten Frauen einfach nehmen kann und mit ihnen machen kann, was ich (!) will" (A). Frauen erscheinen im ‚Weltbild' (und in der Bildwelt) des Konsumguts Pornografie und von Pornografiekonsumenten im Grunde als Konsumgüter besonderer Art und sind als solche zu bewerten, einzustufen und zu behandeln, d. h. zu konsumieren.

In diesem reduzierten und konzentrierten (Primitiv-)Rahmen legt die Pornografie und legen ihre Konsumenten allerdings besonders großen Wert auf Variation und Steigerung bzw. Intensivierung. Dem entspricht eine naturalistisch-technizistische und gleichsam artistische Sicht der Dinge bzw. der Frauen als Dinge und der Sexualität als Handhabung von Dingen, nämlich von jenen ‚Konsumgütern' als Mitteln zum Zweck des Genusses. So äußern Porno-Konsumenten den von der Pornografie erfüllten Wunsch, den Gehlen für ein Charakteristikum des „technischen Zeitalters" hielt: „zu variieren, durchzuprobieren, bis zur Erschöpfung aller Möglichkeiten" (Gehlen 1957, S. 28). Man(n) will im Porno und auch vor ihm und mit ihm „seine Gefühle steigern", „herausfinden, was möglich ist", „was Besonderes wissen" und „was Besonderes machen", „Anregungen bekommen" (A). Pornografie verspricht und verschafft ihren Konsumenten also auch besondere Ereignisse, Erfahrungen und ‚Erlebnisse'. Sie bestehen ebenso in den fantastischen ‚Hinaufmodulationen' der Porno-Stories und der sexuellen Akrobatik der Porno-Männer und Porno-Frauen wie in den dramatisch obszönen ‚Heruntermodulationen' von Sozialität und insbesondere von Sexualität auf ein Niveau weit unterhalb kultureller Normen und Normalitäten. Angetrieben von den Ansprüchen der Publika und von den (Markt-)Konkurrenzbedingungen der Porno-Angebote und Porno-Anbieter, kam und kommt es in diesem Zusammenhang zu einer Dynamik der Abwechslung und Verschärfung der pornografischen Performanzen bzw. Sex-Aktivitäten, deren Inhalt und deren Grenze im Grunde nur in den Körpern selbst besteht. Das schließt eine Beanspruchung der Körper und körperlichen Praktiken bis an die Grenzen des Möglichen ein.

Die Pornografie bietet sich damit den (männlichen) Konsumenten auch als eine Art konsumistisches Schauspiel (nicht bloß Märchen) an, das mit seinen fantastischen Fiktionen ebenso wie mit seinen obszönen Realitäten auf den realen (Männer-)Druck, die realen (Männer-)Zwänge, das reale (Männer-)Elend und die realen (Männer-)Ängste reagieren mag, die mit Riesman oben angedeutet wurden (vgl. Riesman 1958, S. 160 f.). Im Porno-Sinnangebot kann insofern nicht nur eine symptomatische Spiegelung (konsum-)gesellschaftlicher und kultureller Verhältnisse bzw. Geschlechter- und Geschlechtlichkeitsverhältnisse gesehen werden, sondern auch eine kompensatorische Reaktion darauf.

Die Pornografie greift aber auch noch darüber hinaus und verarbeitet – ähnlich wie die Werbungserotik – den antirationalistischen Sinn und Reiz der Sexualität, die nach Auffassung Schelskys und Riesmans bei aller modernisierungsimmanenten Umdeutung (Trivialisierung) immer noch so etwas wie einen Ausstieg oder Fluchtweg aus den charakteristischen Zwängen und Frustrationen des modernen (Zivilisations-)Lebens ermöglicht. Riesman nennt *„Sexualität: das letzte Abenteuer"* (Riesman 1958, S. 158; Herv. i. O.). Und auch Schelsky gebraucht in diesem Zusammenhang den Begriff des Abenteuers, und er geht in einer anderen Richtung, aus der sich auch Bedeutungen und Funktionen medialer Erotik und Sexualität erschließen, noch weiter. Jenseits von ‚Biologie' und ‚Triebtheorie' spricht er von der Sexualität als einer Art Rauschmittel oder Droge, die zwar eine anthropologisch konstante Voraussetzung und Basis hat, die aber mit pragmatischen Implikationen auch gesellschaftlich und kulturell bedingt, einsetzbar und handhabbar ist (vgl. auch Giddens 1993, S. 131 ff.). Zur ‚Droge Sex', die als Pornografie gleichsam in einer besonderen Darreichungsform vorliegt, bemerkt Schelsky im Blick auf ‚lebendige' Sexualität:

> In der allgemeinen Durchorganisiertheit und Versachlichung bietet die noch so verflachte sexuelle Beziehung und Sensation doch so etwas wie ein letztes persönliches Abenteuer, einen Ausweg gegenüber der Apathie der Rationalität in eine Ahnung elementarer Kräfte oder in die Beruhigung und den Ausgleich der disziplinären Spannungen durch einen, wenn auch flüchtigen Rausch. So kann man sagen, daß ‚ein großer Teil der sexuellen Betätigung heutzutage, statt aus einem echten Geschlechtstrieb zu stammen, mehr ein Ausweg für seelische Spannungen ist und daher anstelle eines echten sinnlichen Genusses oder Glücks eher für ein Beruhigungsmittel gehalten werden muß' (Horney), was wiederum für alle Konsumverhaltensweisen und -steigerungen heute zutrifft (Schelsky 1955, S. 125).

Im praktizierten ‚Sex' steckt und zeigt sich demnach auch noch etwas anderes und etwas mehr als der Sinn und Reiz des Konsums bzw. des konsumierbaren Objekts (der Ware).

Und von diesem Mehr bzw. ‚Mehrwert' profitiert auch die Pornografie, ja sie zapft es gleichsam an und verwandelt es in fantastische Erlebnis-Konstruktionen: von Außergewöhnlichkeit, Sensation, Abenteuer, Überschreitung, Rausch. Auch die Werbungserotik knüpft hier mit ihren Darstellungen und Vorstellungen gerne an und appelliert damit an Bedürfnisse, Bedürftigkeiten und Empfänglichkeiten.

Die kulturelle Realität der Sexualität ist aber auch als Norm- und Normalitätsvorstellung, ja als eine Dimension von Normalismus Bedingung von Pornografie und Pornografisierung sowie auch von Werbungserotik und Werbungserotisierung. Die kulturellen Tatsachen der Pornografie und der Werbungserotik korrespondieren der grundlegenden kulturellen Verschiebung in der Einschätzung und Bewertung von Sexualität (siehe oben). Die Pornografie exekutiert diese kosmologische und normative Verschiebung gleichsam und verleiht ihr maximale Radikalität und zugleich empirische Anschaulichkeit. Und dem entsprechend subjektivierten Individuum, das unter den Vorzeichen der gewandelten und umgestülpten Kultur „nun das Subjekt selbst (ist), das führen muss" (Schulze 1999, S. 31), bietet sie – ähnlich wie die Werbungserotik – neben pragmatischem, orientierendem Wissen das projektionsfähige Traumbild eines allmächtigen, in jedem Sinne omnipotenten Konsumenten-Subjekts, das sich selbst und im Grunde *alles* bestimmt.

Der soziologische Versuch, moderne Pornografie und benachbarte Kulturen wie die Werbungs-Erotik zu verstehen, kann auch davon ausgehen, dass Sexualität im Zuge semantischer und zivilisatorischer Transformationen nicht nur zu einem herausragend wichtigen Begriff und Feld auf jedermanns Suche nach Glück geworden ist (vgl. Schulze 1999, S. 17 ff.; Giddens 1993), sondern auch zu einer strategischen Ressource individueller ‚Innenpolitik'. Die moderne Gesellschaft stellt das Individuum in dieser Lage prinzipiell frei, überlässt es aber nicht völlig sich selbst und reduziert es auch nicht auf sexuelle (Inter-)Aktionen. Vielmehr bietet diese Gesellschaft neben und mit physischer Sexualpraxis alles an, was sie als Konsumgesellschaft/Erlebnisgesellschaft zu bieten hat. Das ist heute mehr denn je diverser (Porno-)Mediensex. Er stellt mittlerweile eine strategische Option jedermanns dar, ‚Sex' zu konsumieren und den Konsum von Sex-Konserven/Konserven-Sex beliebig zu gestalten und zu instrumentieren. Schelskys oben zitierte Argumentation weist schon in diese Richtung: Pornografie kann als ein frei und individuell verfügbares ‚virtuelles' Genuss-, Anregungs- und Erregungsmittel und zugleich als eine Art Beruhigungsmittel fungieren, das eine flexible Nutzung und ‚Psycho-Politik' des Nutzers gestattet[323] und damit auch modernen Existenzbedingungen bzw. Individualisierungsbedingungen entspricht. Als ein individuell brauchbarer Affekt-, Phantasie- und Sinngenerator, der über das Maß des sexuellen ‚Brauchens' hinaus gebraucht werden kann, erscheint Pornografie nicht nur als Symptom oder Inbegriff moderner Sexualität, sondern auch gleichsam als psychologische oder psychohygienische Allzweckwaffe des ‚flexiblen Menschen' (bzw. ‚Männchen'). Pornografiekonsum mag auch

---

323 Auch Pornokonsumenten selbst denken offenbar in dieser Richtung. So nennt ein befragter Konsument den Porno eine Möglichkeit „abzuschalten" bzw. „störende Gedanken abzuschalten".

die Sexualität selbst, den ‚sexuell-erotischen Habitus‘, von dem Schelsky spricht, flexibel oder *noch* flexibler machen.

Das Individuum wird im Zuge seiner sozialen und psychischen Freisetzung und seiner konsumgesellschaftlichen Inklusion und Subjektivierung aber auch in objektive soziale Rahmen versetzt, auf soziale Rahmen verpflichtet und in sozialen Rahmen gehalten, vor allem in alten und neuen „Formen der Einfriedung" (Schulze 1999, S. 36), die eine gewisse sozialisatorische/zivilisatorische Konditionierung voraussetzen und immer wieder neu in Gang setzen. Zwar sind die Gedanken und Fantasien und in gewissen Graden auch die Affekte jedes Konsumierenden frei, nicht oder weniger aber sein soziales Tun und Lassen. Wie die medialen Inszenierungen von sexueller Intimität finden (sexualisierte) Konsumakte wie der Pornokonsum oder auch ‚lebendige‘ sexuelle Events aller Art (immer noch) innerhalb mehr oder weniger klarer Grenzen statt, in den Rahmen bestimmter sozialer Anlässe und Arrangements, vor oder hinter bestimmten Kulissen. Zwar ist nun in puncto Sex, Konsum-Sex und Sex-Konsum fast „alles erlaubt, aber nicht überall und zu jeder Zeit. (...) Jenseits der offiziellen Enklaven der Schamlosigkeit erscheint unsere Kultur unerotisch und sexuell amorph" (Schulze 1999, S. 36). Auch darin und in dem individuellen Grenzen- und Selbstmanagement, dem sich dies verdankt, zeigt sich eine gewisse Zivilisation und Zivilisiertheit.

Die (Medien-)Angebote der modernen Freizeit- und Konsumgesellschaft/Erlebnisgesellschaft können also, speziell im Feld des Erotischen und Sexuellen, als bedingte Vorgaben und Ressourcen einer Art von Selbstsorge (Foucault) oder Selbstmanagement verstanden werden. Das schließt nicht nur eine individuelle ‚(Innen-)Politik der Affekte‘ ein, einschließlich der Möglichkeit, Affektkontrollen aufzugeben und zu kompensieren, sondern – unter (modernen) Bedingungen wie historisch erweiterten Spielräumen, fortgeschrittenen Realitäts- und Sinnverlusten, weggefallenen institutionellen Außenhalten und nachlassender ‚Innenlenkung‘ – auch *kognitive* Funktionen. Im vielseitigen konsumkulturellen Angeschlossensein, Informiert- und Verstärktwerden wird dem ‚außengeleiteten‘ Individuum neben und mit gratifizierenden ‚Erlebnissen‘ auch individuell brauchbarer und gebrauchter Sinn, brauchbare und gebrauchte Information und Orientierung geboten. So profitiert die Inszenierung von Intimem in den Rahmen von Medienerzeugnissen wie der Pornografie und der Werbung/Werbungserotik „auch vom Motiv der Gebrauchsanweisung für den eigenen und den fremden Körper" (Schulze 1999, S. 34).

Andererseits birgt die Praxis des Pornokonsums (wie im Prinzip jede kulturelle Konsumpraxis) auch das Potenzial der psychischen Desorientierung und Abhängigkeit. Der typische Porno-Konsument, der sich von der Pornografie zumindest im aktuellen Pornokonsum mehr oder weniger psychisch ‚gefangen nehmen‘ lässt und typischerweise zu einer Art „‚Highsein‘" (Giddens 1993, S. 84) gelangt, kann zum genauen Gegenteil des souveränen, selbstbestimmten und omnipotenten Geschlechtsgenossen *im* Porno werden. Das Konsumgut Pornografie kann jedenfalls nach Auskunft von Porno-Konsumenten (und wissenschaftlichen Beobachtern von Porno-Konsumenten) zur ‚Droge Porno‘ bzw. ‚Droge Pornokonsum‘ werden und der Konsument vom Verbraucher eines Anregungs-, Erregungs- oder/und Beruhigungsmittels zum Drogenabhängigen, also zu einem von der Droge *besessenen* und *beherrschten* und insofern kranken Individuum (vgl. Giddens 1993, S. 134 ff.). In diesem Fall schlägt Zivilisiertheit in Unzivilisiertheit um, und Selbstbestimmung und Selbstsorge verkehren sich in Fremdbestimmung und Gründe zur Sorge.

7.13.4 Konsumgesellschaftliche Mediensozialisation

Mit den bisherigen Überlegungen stellen sich schließlich auch sozialisationstheoretische und im weitesten Sinne zivilisationstheoretische Fragen. Einige sollen hier abschließend angesprochen werden, wenn auch nur in wenigen Skizzen.

Ausgangspunkt entsprechender soziologischer Betrachtungen muss ein *wissenssoziologisches* Verständnis der Medienrealität als solcher sein. Sie hat im Falle der Werbung und der Pornografie mindestens zwei ‚Wissens-Seiten‘ oder kulturelle Pole, die auch Gegenstand der vorliegenden Untersuchungen gewesen sind. Einerseits geht es gleichsam um die Architektur der medialen Kulturen und Kommunikationen, um ihre Formen, Bereiche und Gattungen, um die bereichs- und gattungsspezifischen Medienrealitäten bzw. die Realitäten der Medienbereiche und Mediengattungen, die mit Begriffen wie Genre, Rahmen, Format oder kommunikative Gattung zu fassen sind (siehe oben). Diese Seite schließt den weitgehend *fiktionalen*, teilweise aber auch ‚pragmatischen‘, realitätsbezogenen und realistischen Charakter sowohl der Werbung als auch der Pornografie ein. Werbung und Pornografie sind als eigentümliche, eigensinnige und eigengesetzliche medienkulturelle Bereiche/Mediengattungen zu verstehen, die sich in ihrer ‚Grammatik‘ und ‚Programmatik‘ grundsätzlich unterscheiden, aber in ihrer Medialität, ihrer Theatralität und ihren diversen Sinnkonstruktionen auch durchaus ähneln und in gewissen Hinsichten ergänzen. Von zentraler Bedeutung sind in diesem Zusammenhang die verschiedenen Medientypen bzw. Bildmedientypen (Fotografie, Film), die diese so unterschiedlich sinnveranlagten Medienbereiche mit der Konsequenz ‚sachlicher‘ Gemeinsamkeiten oder Überschneidungen teilen. In den Fällen der Werbung und der Pornografie bedeutet die gemeinsame Schlüsselrolle der Bildmedien, dass die menschlichen *Körper* und mit ihnen die Geschlechter und die Geschlechtlichkeit wesentlich und spezifisch in Erscheinung treten und performiert werden.

Diese Seite der Medienrealität zu verstehen ist auch im Hinblick auf ein Verständnis von Medienrezeptionen und von Prozessen der Mediensozialisation von grundlegender Bedeutung; schließlich entscheidet und unterscheidet sich an ihr auch die objektive und subjektive Wirklichkeit und möglicherweise auch Wirkung von Medienerzeugnissen. Andererseits bestimmt sich die Realität von Medienerzeugnissen wie der Werbung und der Pornografie nicht nur von deren Medialität, Bereich, Format und objektiver Sinnstruktur her, sondern auch durch die (Populär-)Kultur der jeweiligen medialen Adressaten, des Publikums oder der ‚Zielgruppe‘. Diese Kultur, die in diesen Fällen jeweils adressiert, berücksichtigt und ‚bedient‘ werden muss, ist die zweite Seite, der zweite Pol, der hier eine konstruktive, aber auch limitierende Rolle spielt und der wiederum auch im Hinblick auf Medienrezeptionen und Mediensozialisation überhaupt von fundamentaler Bedeutung ist.

In jedem Fall geht es hier um in jeder Hinsicht vergleichbare Kulturprodukte. Pornografie ist ein kommerzielles, vermarktbares und marktgängiges Kulturprodukt und eine Art Konsumgut, ein *kulturelles* Konsumgut, das Aspekte der Kultur seines *Publikums* aufgreifen und verarbeiten muss, um (Absatz-)Erfolge zu erzielen und zu maximieren. (Markt-)Erfolgsentscheidend sind in diesem Fall fast ausschließlich die *kathektischen* (Geschmacks-)Dispositionen des Publikums, Gewohnheiten, habituelle Dispositionen, 'Einstellungen', die steuern, was es als attraktiv, schön, angenehm, lustvoll, 'geil' empfindet. Eben diese Dispositionen werden im Konsum berührt, aktiviert und beeinflusst. Werbung ist dagegen zwar auch ein Kulturprodukt, aber *kein* Konsumgut, sondern eine spezifisch beauftragte Dienstleistung mit dem Ziel, Konsumgüter (und andere Objekte) optimal zu vermarkten. Werbung ist auch gleichsam ein Teil des Überbaus der Freizeit- und Konsumgesellschaft und eine Art Zeremonie (Goffman), in der sich das (konsumistische) Weltbild bzw. das Spektrum der Weltbilder dieser Gesellschaft spiegelt und den Rezipient/-innen als Vorbild anbietet (siehe oben). Im Gegensatz zur Pornografie ist Werbung also auch kein Zweig des Medienbereichs der Unterhaltung, sondern ein ganz eigener Medienbereich, der jedoch in engen Grenzen auf Unterhaltsamkeit und Methoden der Unterhaltung setzen kann. Das Ziel der Werbung ist es, Gruppen in bestimmten Hinsichten zu beeinflussen, zu lenken, zu motivieren oder zu demotivieren. Werbung verfolgt und erfüllt also in gewisser Weise Bildungsaufträge. Aber auch die Werbung muss, um ihren Zweck zu erfüllen und ihre Ziele zu erreichen, die Kultur ihrer Adressaten (Zielgruppen) kennen und kennenlernen, im Auge und im Sinn haben und wie die Pornografie auf ihre Weise performativ reproduzieren. Dazu gehören in jedem Fall und schwerpunktmäßig auch die kathektischen Dispositionen der Zielgruppen. In ihren Wahrnehmungen und Beobachtungen der jeweiligen Zielgruppen und ihrer Kultur muss die Werbung aber breiter ausgerichtet, sensibler und flexibler sein als die Pornografie. Mehr als dieser muss es der Werbung auch um Aspekte und Fragen der Kognition, des Realitätsverständnisses und der Moral gehen. Das schließt in jedem Sinne Bilder der Geschlechter und der (ihrer) Geschlechtlichkeit ein.

Werbung und Pornografie sind also auch spezielle und profilierte kulturelle Foren. Sie bilden die aktuelle Kultur ihrer Adressaten und damit auch der Gesellschaft zwar höchstens in einzelnen Teilen oder Punkten wirklich ab, aber sie bringen sie selektiv, transformativ und auf je besondere Weise zum Ausdruck, indem sie sie gezielt aufgreifen, zweckspezifisch verarbeiten und aufführen. In jedem Fall und notwendigerweise besteht also ein gewisses *Korrespondenzverhältnis* zwischen diesen kulturellen Foren und den Kulturen ihrer Adressaten bzw. Publika. Man kann davon ausgehen, dass dieses *Korrespondenzverhältnis* eine zentrale konstituierende und limitierende Rolle auf der Ebene der medialen Kulturproduktion spielt und adressierte Kulturen – und d. h. auch Habitus, Mentalitäten, 'Einstellungen' – in diesem Rahmen primär gestützt, stabilisiert und verstärkt werden. Andererseits handelt es sich bei kulturellen Foren wie der Werbung und der Pornografie notwendigerweise auch gleichsam um Bühnen der kulturellen Innovation, Variation, Irritation und Information, der Sinnerzeugung und Sinntransformation – Bühnen, die Adressatensinn, Adressatenwissen und Adressaten-wirklichkeit treffen und betreffen (müssen), um ihre bereichsspezifischen Zwecke zu erfüllen und Erfolge zu erzielen. Auch darin liegt eine soziale, sozialisatorische oder zivilisatorische Bedeutung, Wirkung oder Funktion; liegen Möglichkeiten, Wahr-scheinlichkeiten und zwangsläufige Effekte des *Lernens*, nicht zuletzt (oder zuallererst) des ‚Lernens am Modell'.

Werbung/Werbungserotik und Pornografie sind stark expandierte und expandie-rende Bereiche und Felder der modernen Freizeit- und Konsumgesellschaft, und sie ähneln sich als konsumgesellschaftliche/konsumistische Zeichen- und Sinnwelten, ein-schließlich der konsumgesellschaftlichen Logik des Überschusses und Überflusses. Sie bilden jeweils in sich eine Art konsumistische Überflussgesellschaft, in der es keinen Mangel, keine Knappheit, sondern nur Überfluss an gruppenspezifisch wünschens-werten ‚Gütern' gibt, und sie überfluten nicht nur ihre Adressaten mit entsprechend attraktiven Darstellungen und Vorstellungen, Angeboten, Reizen, Impulsen und Grati-fikationsversprechen/Genussversprechen. Werbung und Pornografie stehen damit im Kontext einer Konsumkultur, die auch eine sozialisatorische und zivilisatorische ‚Um-welt' jedermanns bildet. Sie fällt zwar mit den Tatsachen der alltäglichen Lebenswelten keineswegs zusammen, aber sie überzieht diese Welten gleichsam mit Strömen und Schichten von Zeichen, Sinngehalten, Bildern und Eindrücken, und sie wirkt in diese Welten und auch in die Erlebenswelt ihrer Bewohner/-innen direkt hinein. *Dass* dies geschieht, ist kaum zu übersehen; *wie* es geschieht, *was* es bedeutet und *welche Folgen* es hat, ist allerdings weniger klar.

Folgt man Schelsky, dann spielen hier die modernen Massenmedien – und vor allem *Bildmedien* – dadurch eine auch sozialisatorisch/zivilisatorisch zentrale Rolle, dass sie gerade auf erotisch-sexuellem Gebiet das „Angebot bestimmter Verhaltensweisen un-ausweichlich" machen (Schelsky 1955, S. 125). Die „Konformität zeittypischer sexueller Verhaltensweisen" wird, so argumentiert Schelsky, „durch *aufdringliches Bereitstellen unausweichlicher Triebphantasmen*" erzeugt (Schelsky 1955, S. 125 f.). Es vollzieht sich demnach in und mit erotisierten/sexualisierten Medienkulturen eine Art Überwältigung und Dauerpenetration des wahrnehmenden Bewusstseins: dadurch,

> dass durch diese im Dauerdruck moderner Massenkommunikationsmittel aufgedrängten eroti-schen Bilder und Klischees die im Individuum entspringende Triebphantasie bis zur Untätigkeit entlastet und also in Wirklichkeit gehemmt wird. Man kommt der individuellen erotischen Ein-bildungskraft zuvor, indem man ihr zur Übernahme und zum Gebrauch mehr anbietet, als sie im Durchschnitt von sich aus überhaupt aufzubringen vermocht hätte. Die Folge ist eine Erotisierung, besser sogar *Sexualisierung des modernen Menschen von außen*, eine Daueraktualisierung sexueller Impulse durch die Gesellschaft ohne eigentlichen Triebdruck vom Individuum her und mit der Konzession weitgehender Phantasie- und Gefühlsträgheit. Die ‚Seele' wird mitgeliefert (Schelsky 1955, S. 126).

Medienbereiche wie die Pornografie und die Werbung/Werbungserotik sind also nach der soziologischen Lesart Schelskys auch kulturelle/zivilisatorische Mächte, ja Großmächte, die sich der Körper und Psychen bemächtigen, die sie in gewisser Weise überwältigen, entmächtigen und zugleich irritieren, affizieren, durchdringen und konstruktiv prägen. Es geht damit auch um nicht weniger als einen zentralen Kontext moderner Psychogenese, die Geschlechter und Geschlechtlichkeiten (der Geschlechter) miteingeschlossen. Diesbezüglich kann man der Konsumkultur und speziell ihren konsumistischen Medienerzeugnissen eine geradezu epochale kosmologische und ‚psychologische' Schlüsselstellung und Schlüsselrolle attestieren. Die konsumgesell-schaftliche Vereinnahmung, Behandlung und Prägung von Erotik und Sexualität ist je-denfalls als ein zentraler kultureller/zivilisatorischer Prozess zu verstehen, der auch die modernen Psychen charakterisiert. Schelsky behauptet sogar eine prinzipielle „Identi-tät" des „Vorgangs der konsumtiven Bereitstellung standardisierter sexueller Verhal-tensweisen und Reize mit der [...] Konventionalisierung der Seele durch die ebenso freigebig popularisierte psychologische Selbstdeutung" (Schelsky 1955, S. 126).

Werbung/Werbungserotik und Pornografie jedenfalls ähneln sich sowohl inhaltlich (symbolisch, semantisch, ideologisch) als auch in ihrer Operations- und Funktionsweise, so dass von einem effektiven kulturellen und sozialisatorischen/zivilisatorischen Zu-sammenwirken oder Zusammenspiel auszugehen ist. Beide Medienbereiche sind nicht nur (vielleicht auch darin mit der Psychoanalyse und benachbarten ‚Triebtheorien' vergleichbar) Faktoren einer ‚Erotisierung und Sexualisierung von außen' (Schelsky), sondern operieren auch schwerpunktmäßig mit inszenierten *visuellen* Reizen desselben Typs und mit entsprechenden Affekten und Emotionen, die starke und nachhaltige Eindrücke und Gedächtniseffekte im wahrnehmenden Bewusstsein erzielen sollen und offenbar können. Werbung ist diesbezüglich technologisch regelrecht spezialisiert und jedenfalls nach ihrer praktischen Selbsteinschätzung erfolgreich (vgl. Willems 2002), und auch Pornografie scheint als eine Art Affekt-, Gedanken- und Gedächtnisgenerator zu fungieren und typischerweise bleibende Publikums-Eindrücke, Bilder und Vorstel-lungen zu hinterlassen, ja eine eigene Art (Porno-)Gedächtnis. Es sind nach Auskunft von Porno-Konsumenten z. B. pornografische „Szenen, die bleiben" (A) und immer wieder „auftauchen" (A), lustvolle und lustverdankte ‚Zwangsgedanken', darüber hinaus aber auch ein ganzes ‚Denken' bzw. eine *Art* zu denken, zu fantasieren und zu emp-finden. Hier wird man zumindest bei einer sehr großen und größer werdenden Zahl von Menschen bzw. Männern von einer besonderen mentalen und auch emotionalen Aus-stattung, einer Art Innenausstattung oder Fantasieausstattung sprechen können, die auch das Geschlechter- und das Geschlechtlichkeitsverständnis berührt und inkludiert. Analoge Effekte sind aufgrund analoger Bedingungen von der mehr oder weniger por-nografienah gewordenen Werbung bzw. Werbungserotik zu erwarten und beobachtet worden (vgl. Kautt 2012), obwohl deren Rezipient/-innen im Gegensatz zum Porno-Pu-blikum im Allgemeinen ein eher geringes Grundinteresse und eine eher geringe Grundaufmerksamkeit für die jeweiligen Werbungsperformanzen mitbringen und aufbringen.

Mit diesen Überlegungen wird in den hier thematischen Zusammenhängen aller-dings keine Form von Determination/Determinismus, auch keine ‚Abschaffung' oder auch nur Geringschätzung des individuellen ‚Subjekts' oder dergleichen behauptet. Im

Gegenteil zeigt sich auch und gerade im Feld des Erotisch-Sexuellen eine vielseitige und weitreichende Flexibilität, Souveränität und Kreativität der Konsument/-innen im Verbrauch und Gebrauch von Kulturprodukten, Waren und Dienstleistungen aller Art. Das schließt auch die (Be-)Nutzung von Medienerzeugnissen wie der Pornografie ein. Dabei hat man es nicht nur mit differenziellen Reaktionen auf die jeweiligen Medienerzeugnisse zu tun, mit unterschiedlichen Resonanzen und ‚Resonanzböden‘, sondern auch mit Erweiterungen von (Kontingenz-)Spielräumen und mit Subjektivierungen und Individualisierungen. So zeigt sich, dass die Medienerzeugnisse der Pornografie dem rezipierenden Individuum auch als bewusster und subjektiv verfügbarer „Rohstoff für die Produktion von Vorstellungen" dienen, die individuell weitergesponnen und umgesponnen werden können (Cohen/Taylor 1980, S. 107). Auch medienkulturelle Skripts, ‚abgepackte Phantasien‘ (Cohen/Taylor) und ‚Emotionshülsen‘ (Gehlen), die für die Werbung wie für die Pornografie typisch sind, bieten Individuen und Ensembles von Individuen Ansätze und Chancen, etwas irgendwie Eigenes und Eigensinniges mit ihnen und aus ihnen zu machen. Werbung und Pornografie bieten diesbezüglich unendlich viele (Roh-)Stoffe, Ansatzpunkte und Impulse für Fantasien und (Inter-)Aktivitäten.

Die kulturelle, sozialisatorische und zivilisatorische Bedeutung und Bedeutsamkeit dieser medialen Kulturbereiche mag aber eben auch und gleichzeitig jenseits des individuellen Bewusstseins, jenseits der persönlichen Aufmerksamkeit und jenseits der Subjektivität und Selbstkontrolle der rezipierenden Individuen liegen, gleichsam hinter dem Rücken des und der rezeptiv Beteiligten. Die jeweils auf eine Art (‚geheime‘) Verführung angelegte Mediendramaturgie, ihre affektgestützt verführerische Kraft und – im Falle der Werbung – strategische Raffinesse, die gesellschaftliche Omnipräsenz, die Permanenz, unablässige Wiederholung und Redundanz, die massive Quantität und quantitative Ausuferung und nicht zuletzt die kulturelle Parallelität, Überschneidung und Komplementarität dieser und anderer Medienerzeugnisse, die inhaltlich in hohem Maße konvergieren, macht ihren psychogenetischen ‚Niederschlag‘, ihre unbewusste Wirkung und psychische Nachhaltigkeit wahrscheinlich. Insofern könnte man hier – vor allem im Fall von ‚Intensivkonsum‘ – von psychogenetischen oder habitusgenetischen „Prägeapparaturen" sprechen oder auch von „Gewohnheitsapparaturen" (Elias 1980, Bd. 2), die gebildet, umgebildet oder beeinflusst werden.

Die in unseren Untersuchungen fokussierten Medienerzeugnisklassen (und die Produkte der modernen Konsumkultur überhaupt) sind damit auch in den Zusammenhang von Zivilisationsprozessen (oder *des* Zivilisationsprozesses) zu stellen. Blickt man in diesem Sinne auf jene Medienerzeugnisse und die zugehörige Konsumkultur im Ganzen, dann ergeben sich viele und starke Hinweise sowohl auf ihren zivilisatorischen und zivilisationsgeschichtlichen Voraussetzungsreichtum als auch auf Wandlungen von Prozessen und Logiken der Sozialisation und Zivilisation, die auch und besonders die Geschlechter und die Geschlechtlichkeit betreffen.

Literatur

Abelson, Robert Paul (1981): „Psychological Status of the Script Concept", in: American Psychologist, 36, S. 715 – 729.

Alexander, Victoria D. (1994): „The Image of Children in Magazine Advertisements from 1905 – 1990", in: Communication Research, Vol. 21, Nr. 1, S. 742 – 765.

Amann, Anton (1989): Die vielen Gesichter des Alters, Wien: Verlag der österreichischen Staatsdruckerei.

Ariès, Philippe (1996): Geschichte der Kindheit, München: dtv.

Arnold, Rolf (1983): „Deutungsmuster", in: Zeitschrift für Pädagogik, 29. Jg., H. 6, S. 893 – 912.

Aufenanger, Stefan (1997a): „Das Werbeangebot für Kinder im Fernsehen", in: Landesanstalt für Rundfunk Nordrhein-Westfalen (Hrsg.): Kinder als Zielgruppe der Fernsehwerbung, Düsseldorf, S. 9 – 22.

Aufenanger, Stefan (1997b): „Verlockungen und Gefahren heutiger Werbewelten für Kinder", in: Meister, Dorothee/Sander, Uwe (Hrsg.): Kinderalltag und Werbung: Zwischen Manipulation und Faszination, Neuwied/Kriftel/Berlin: Luchterhand, S. 28 – 44.

Ayaß, Ruth (2002): „Zwischen Innovation und Repetition: Der Fernsehwerbespot als mediale Gattung", in: Willems, Herbert (Hrsg.): Die Gesellschaft der Werbung, Wiesbaden: VS, S. 155 – 171.

Ayaß, Ruth (2008): Kommunikation und Geschlecht. Eine Einführung, Stuttgart (u. a.): Kohlhammer.

Baacke, Dieter (1986): „Rock und Pop. Intensität als Stil", in: Deutscher Werkbund e.V. und Württembergischer Kunstverein Stuttgart (Hrsg.): Schock und Schöpfung, Jugendästhetik im 20. Jahrhundert, Darmstadt/Neuwied: Luchterhand, S. 80 – 86.

Baacke, Dieter (1987): Jugend und Jugendkulturen: Darstellung und Deutung, Weinheim: Juventa.

Baacke, Dieter/Sander, Uwe/Vollbrecht, Ralf/Kommer, Sven u. a. (1999): Zielgruppe Kind: Kindliche Lebenswelt und Werbeinszenierungen, Opladen: Leske+Budrich.

Baader, Meike Sophia (1996): Die romantische Idee des Kindes und der Kindheit, Neuwied/Kriftel/Berlin: Luchterhand.

Balint, Michael (1972): Angstlust und Regression. Beitrag zur psychologischen Typenlehre, Stuttgart: Rowohlt.

Ball, Michael S./Smith, Gregory W. H. (1992): Analyzing Visual Data, Newbury Park: Sage Publications.

Baltes, Paul B. (1997): „Vorurteile und Klischees über alte Menschen", in: Lepenies, Annette (Hrsg.): Alt und Jung. Das Abenteuer der Generationen, Basel/Frankfurt am Main: Stroemfeld, S. 156 – 162.

Barker, Roger G. (1968): Ecological Psychology, Stanford.

Barton, Allen H./Lazarsfeld, Paul F. (1979): „Einige Funktionen von qualitativer Analyse in der Sozialforschung", in: Hopf, Christel/Weingarten, Elmar (Hrsg.): Qualitative Sozialforschung, Stuttgart: Klett-Cotta, S. 41 – 89.

Bateson, Gregory/Mead, Margaret (1942): Balinese Character: A Photografic Analysis, New York: New York academy of sciences.

Beare, William (1964): The Roman stage, London: Methuen & Co.

Beck, Ulrich (1983): „Jenseits von Klasse und Stand?", in: Kreckel, Reinhard (Hrsg.): Soziale Ungleichheiten (Soziale Welt, Sonderband 2), Göttingen: Schwartz, S. 35 – 74.

Beck, Ulrich (1986): Risikogesellschaft. Auf dem Weg in eine andere Moderne, Frankfurt am Main: Suhrkamp.

Beck-Gernsheim, Elisabeth (1976): Der geschlechtsspezifische Arbeitsmarkt. Zur Ideologie und Realität von Frauenberufen, Frankfurt am Main: Aspekte Verlag.

Behrens, Gerold/Hagge, Kira (1990): „Werbung und Gesellschaft – Das Bild des Mannes in der Werbung", in: Werbeforschung und Praxis, Nr. 5, S. 164 – 168.

Beigbeder, Frederic (2001): 39,90, Reinbek: Rowohlt.

Belkaoui, Ahmed/Belkaoui, Janice (1976): „A Comparative Analysis of the Roles Portrayed by Women in Print Advertisements: 1958, 1970, 1972", in: Journal of Marketing Research, Vol. 13, S. 168 – 172.

https://doi.org/10.1515/9783111168906-022

Belknap, Penny/Wilberg, Leonard (1991): „A Conceptual Replication and Extension of Erving Goffman's Study of Gender Advertisement", in: Sex Roles, Vol. 25, S. 103 – 118.

Bell, Philip (2001): „Content Analysis of Visual Images", in: van Leeuwen, Theo (Ed.): Handbook of Visual Analysis, London: Sage.

Beniger, James (1994): The Control Revolution, Cambridge: Harvard University Press.

Berger, John (1998): Sehen. Das Bild der Welt in der Bilderwelt, Reinbek: Rowohlt.

Berger, Peter L. (1972): Auf dem Weg zu einem soziologischen Verständnis der Psychoanalyse, in: Hans-Ulrich Wehler (Hrsg.): Soziologie und Psychoanalyse, Stuttgart: Kohlhammer, S. 155 – 168.

Berger, Peter A./Berger, Brigitte/Kellner, Hansfried (1975): Das Unbehagen in der Modernität. Frankfurt, New York: Campus.

Berger, Peter/Luckmann, Thomas (1969): Die gesellschaftliche Konstruktion der Wirklichkeit. Frankfurt am Main: Fischer.

Bergler, Reinhold (1989): „Werbung im Spiegel der Gesellschaft", in: Edition ZAW: Kulturfaktor Werbung, S. 17 – 52.

Bergler, Reinhold/Pörzgen, Brigitte/Harich, Katrin (1992): Frau und Werbung. Vorurteile und Forschungsergebnisse, Köln: Deutscher Institutsverlag.

Bergmann, Jörg R. (1987): „Über Zweideutigkeiten", unveröffentlichtes Manuskript, Trier.

Bergmann, Jörg R. (1987): Klatsch: zur Sozialform der diskreten Indiskretion, Berlin/New York: De Gruyter.

Bernd, Arnold (1997): Medienerziehung und moralische Entwicklung von Kindern: eine medienpädagogische Untersuchung zur Moral im Fernsehen am Beispiel einer Serie für Kinder im Umfeld der Werbung, Frankfurt am Main: Peter Lang.

Bette, Karl-Heinrich (1987): „Wo ist der Körper?", in: Baecker, Dirk u. a. (Hrsg.): Theorie als Passion. Niklas Luhmann zum 60. Geburtstag, Frankfurt am Main: Suhrkamp, S. 600 – 629.

Blumschein, Christina (1986): Wie man(n) Frauen macht. Das Fernsehen als Vermittler und Produzent von Geschlechterideologien, München: Profil.

Bohn, Cornelia/Willems, Herbert (Hrsg.) (2001): Sinngeneratoren. Fremd- und Selbstthematisierung in soziologisch-historischer Perspektive. Konstanz: UVK.

Böhnisch, Lothar (2018): Der modularisierte Mann. Eine Sozialtheorie der Männlichkeit, Bielefeld: transcript.

Bolte, Karl Martin (1990): „Strukturtypen sozialer Ungleichheit", in: Berger, Peter A./Hradil, Stefan (Hrsg.): Lebenslagen, Lebensläufe, Lebensstile (Soziale Welt, Sonderband 7), Göttingen: Schwartz, S. 27 – 50.

Bolz, Norbert (2002): Das konsumistische Manifest, München: Wilhelm Fink.

Borscheid, Peter (1995): „Am Anfang war das Wort. Die Wirtschaftswerbung beginnt mit der Zeitungsannonce", in: Borscheid, Peter/Wischermann, Clemens (Hrsg.): Bilderwelt des Alltags. Werbung in der Konsumgesellschaft des 19. und 20. Jahrhunderts. Festschrift für Hans Jürgen Teuteberg, Stuttgart: Steiner, S. 20 – 43.

Borstnar, Nils (2002a): „Der Mann als Motiv. Das Konstrukt der Männlichkeit in der Werbung", in: Willems, Herbert (Hrsg.): Die Gesellschaft der Werbung, Wiesbaden: VS, S. 691 – 709.

Borstnar, Nils (2002b): Männlichkeit und Werbung. Inszenierung und Bedeutung im Zeichensystem Film, Kiel: Ludwig.

Bourdieu, Pierre (1976): Entwurf einer Theorie der Praxis auf der ethnologischen Grundlage der kabylischen Gesellschaft, Frankfurt am Main: Suhrkamp.

Bourdieu, Pierre (1982): Die feinen Unterschiede. Kritik der gesellschaftlichen Urteilskraft, Frankfurt am Main: Suhrkamp.

Bourdieu, Pierre (1983): „Ökonomisches Kapital, kulturelles Kapital, soziales Kapital", in: Reinhard Kreckel (Hrsg.): Soziale Ungleichheiten. Soziale Welt, Sonderband 2. Göttingen: Schwartz, S. 183 – 198.

Bourdieu, Pierre (1987): Sozialer Sinn. Kritik der theoretischen Vernunft, Frankfurt am Main: Suhrkamp.

Bourdieu, Pierre (1989): Satz und Gegensatz. Über die Verantwortung des Intellektuellen, Berlin: Wagenbach.

Bourdieu, Pierre (1991): Soziologie der symbolischen Formen, Frankfurt am Main: Suhrkamp.

Bourdieu, Pierre (1998): Über das Fernsehen, Frankfurt am Main: Suhrkamp.

Bourdieu, Pierre (2005): Die männliche Herrschaft, Frankfurt am Main: Suhrkamp.

Bretl, Daniel J./Cantor, Joanne (1988): „The Portrayal of Men and Women in U.S. Television Commercials. A Recent Content Analysis and Trends over 15 Years", in: Sex Roles: A Journal of Research, New York, Vol. 18, S. 595–609.

Bromley, Roger (2000): Multiglobalismen – Synkretismus und Vielfalt in der Populärkultur, in: Robertson, Caroline Y./Winter, Carsten (Hrsg.): Kulturwandel und Globalisierung, Baden-Baden: Nomos, S. 189–205.

Brosius, Hans-Bernd/Staab, Joachim F. (1991): „Emanzipation in der Werbung? Die Darstellung von Frauen und Männern in der Anzeigenwerbung des ‚Stern' von 1969 bis 1988", in: Publizistik, H. 35, S. 292–303.

Burns, Tom (1992): Erving Goffman, London: Routledge.

Butler, Judith (1991): Das Unbehagen der Geschlechter. Gender Studies, Frankfurt am Main: Suhrkamp.

Clarke, John (1998): „Stilschöpfung", in: Kemper, Peter/Langhoff, Thomas/Sonnenschein, Ulrich (Hrsg.): ‚but I like it'. Jugendkultur und Popmusik, Stuttgart: Reclam, S. 375–392.

Clor, Harry M. (1970): Obscenity and Public Morality, Chicago: University Press.

Cohen, Stanley/Taylor, Laurie (1980): Ausbruchsversuche. Identität und Widerstand in der modernen Lebenswelt. Frankfurt am Main: Suhrkamp.

Cölfen, Hermann (2002): „Semper idem oder Jeden Tag wie neu? Zum Wandel des Weltbildes in deutschen Werbeanzeigen zwischen 1960 und 1990", in: Willems, Herbert (Hrsg.): Die Gesellschaft der Werbung, Wiesbaden: VS, S. 657–674.

Courtney, Alice/Lockeretz, Sarah (1971): „A Woman's Place: An Analysis of the Roles Portrayed by Women in Magazine Advertisements", in: Journal of Marketing Research, Vol. 8, S. 92–97.

Craig, Robert L. (1992): „Advertising as Visual Communication", in: Communication, Vol. 13, Nr. 3, S. 165–179.

Danesi, Marcel (1994): Cool: The Signs and Meanings of Adolescence, Toronto: University Press.

Deegan, Mary J. (1978): „Interaction, Drama and Freedom: The Social Theories of Erving Goffman and Victor Turner", in: Humanity and Society, Nr. 2, S. 33–46.

Denzin, N. K. (2000): „Reading Film – Filme und Videos als sozialwissenschaftliches Erfahrungsmaterial", in: Flick, Uwe/von Kardorff, Ernst/Steinke, Ines (Hrsg.): Qualitative Forschung – Ein Handbuch, Hamburg: Rowohlt, S. 416–429.

Dieterle, Gabriele S. (1992): Verhaltenswirksame Bildmotive in der Werbung. Theoretische Grundlagen, praktische Anwendungen, Heidelberg: Springer.

Ditton, Jason (Hrsg.) (1980): The View from Goffman, London: Palgrave Macmillan.

Dittrich, Rita/Hölscher, Barbara (2002): „Westliche Lebensführung – Leitbild oder Klischee?", in: Willems, Herbert (Hrsg.): Die Gesellschaft der Werbung, Wiesbaden: VS, S. 953–969.

Döcker, Ulrike (1997): „Die Ordnung der Geschlechter bei Pierre Bourdieu und Norbert Elias", in: Klein, Gabriele/Liebsch, Katharina (Hrsg.): Zivilisierung des weiblichen Ich. Frankfurt am Main: Suhrkamp, S. 337–364.

Dreitzel, Hans P. (1980): Die gesellschaftlichen Leiden und das Leiden an der Gesellschaft. Eine Pathologie des Alltagslebens. Stuttgart: dtv.

Drew, Paul/Wootton, Anthony (Eds.) (1988): Erving Goffman. Exploring the Interaction Order, Cambridge, MA: Polity Press.

Durkheim, Emile (1972): Erziehung und Soziologie, Düsseldorf: Pädagogischer Verlag Schwann.

Eckert, Roland/Vogelgesang, Waldemar/Wetzstein, Thomas A./Winter, Rainer (1990): Grauen und Lust. Die Inszenierung der Affekte. Pfaffenweiler: Centaurus.

Eco, Umberto (1977): Zeichen. Einführung in einen Begriff und seine Geschichte, Frankfurt am Main: Suhrkamp.

Ekman, Paul (1989): Weshalb Lügen kurze Beine haben. Über Täuschungen und deren Aufdeckung im privaten und öffentlichen Leben, Berlin/New York: De Gruyter.

Elias, Norbert (1972): „Soziologie und Psychiatrie", in: Wehler, Hans Ulrich (Hrsg.): Soziologie und Psychoanalyse, Stuttgart: Kohlhammer, S. 11 – 42.

Elias, Norbert (1978): „Zum Begriff des Alltags", in: Kurt Hammerich (Hrsg.): Materialien zur Soziologie des Alltags (Sonderheft 20 der Kölner Zeitschrift für Soziologie und Sozialpsychologie), Opladen: Westdeutscher Verlag, S. 22 – 29.

Elias, Norbert (1980): Über den Prozeß der Zivilisation: soziogenetische und psychogenetische Untersuchungen, 2 Bde., Frankfurt am Main: Suhrkamp.

Elias, Norbert (1981): Was ist Soziologie?, München: Juventa.

Elias, Norbert (1983): Die höfische Gesellschaft. Untersuchungen zur Soziologie des Königtums und der höfischen Aristokratie, Frankfurt: Suhrkamp.

Elias, Norbert (1987): Engagement und Distanzierung, Frankfurt am Main: Suhrkamp.

Elias, Norbert (1987a): „Vorwort", in: Bram van Stolk/Cas Wouters, Frauen im Zwiespalt. Beziehungsprobleme im Wohlfahrtsstaat. Eine Modellstudie, übersetzt von Michael Schröter, Frankfurt am Main: Suhrkamp, S. 9 – 16.

Elias, Norbert (1990): Studien über die Deutschen. Machtkämpfe und Habitusentwicklung im 19. und 20. Jahrhundert, Frankfurt am Main: Suhrkamp.

Elias, Norbert/Scotson, John L. (1990): Etablierte und Außenseiter. Frankfurt am Main: Suhrkamp.

Elias, Norbert (1999): Die Gesellschaft der Individuen, Frankfurt am Main: Suhrkamp.

Elias, Norbert (2006a): Zur Diagnose der gegenwärtigen Soziologie. Vortrag auf dem 2. Kongress für Angewandte Soziologie in Bochum, in: Elias, Norbert: Aufsätze und andere Schriften II. (Gesammelte Schriften, hrsgg. im Auftrag der Norbert Elias Stichting Amsterdam v. Reinhard Blomert, Heike Hammer, Johan Heilbron, Annette Treibel u. Nico Wilterdink. Bd. 15, bearb. v. Heike Hammer), Frankfurt am Main: Suhrkamp, S. 375 – 388.

Elias, Norbert (2006b): Über den Rückzug der Soziologen auf die Gegenwart, in: Elias, Norbert: Aufsätze und andere Schriften II. (Gesammelte Schriften, hrsgg. im Auftrag der Norbert Elias Stichting Amsterdam v. Reinhard Blomert, Heike Hammer, Johan Heilbron, Annette Treibel u. Nico Wilterdink. Bd. 15, bearb. v. Heike Hammer), Frankfurt am Main: Suhrkamp, S. 389 – 408.

Elias, Norbert (2006c): Adorno-Rede: Respekt und Kritik. Rede anläßlich der Verleihung des Theodor W. Adorno-Preises am 2. Oktober 1977, in: Elias, Norbert: Aufsätze und andere Schriften I. (Gesammelte Schriften hrsgg. im Auftrag der Norbert Elias Stichting Amsterdam v. Reinhard Blomert, Heike Hammer, Johan Heilbron, Annette Treibel u. Nico Wilterdink. Bd. 14, bearb. v. Heike Hammer), Frankfurt am Main: Suhrkamp, S. 491 – 508.

Elias, Norbert (2006d): Wandlungen der Machtbalance zwischen den Geschlechtern: Eine prozeßsoziologische Untersuchung am Beispiel des antiken Römerstaats, in: Elias, Norbert & Hammer, Heike & Blomert, Reinhard (Hrsg.). Gesammelte Schriften (Bd. 16.), Frankfurt am Main: Suhrkamp, S. 139 – 181.

Elwert-Kretschmer, Karola/Elwert, Georg (1997): „Überleben ist nichts Natürliches. Alt und Jung im interkulturellen Vergleich", in: Lepenies, Annette (Hrsg.): Alt und Jung. Das Abenteuer der Generationen, Basel/Frankfurt am Main: Stroemfeld. S. 41 – 49.

Emmison, Michael/Smith, Philip (2000): Researching the Visual: Images, Objects, Contexts and Interactions in Social and Cultural Inquiry, London: Sage.

Englisch, Felicitas (1991): „Bildanalyse in strukturalhermeneutischer Einstellung. Methodische Überlegungen und Analysebeispiele", in: Garz, Detlef/Kraimer, Klaus (Hrsg.): Qualitativ-empirische Sozialforschung. Konzepte, Methoden, Analysen, Opladen: Westdeutscher Verlag, S. 133 – 176.

Erbeldinger, Harald/Kochhan, Christoph (1998): „Humor in der Werbung", in: Jäckel, Michael (Hrsg.): Die umworbene Gesellschaft. Analysen zur Entwicklung der Werbekommunikation, Opladen: Westdeutscher Verlag, S. 141 – 177.

Evers, Marco (2014): Erregung im Schattenreich, in: Der Spiegel 15/2014, S. 122 – 128.

Falconnett, Georges/Lefaucheur, Nadine (1983): „Wirklich männliche Eigenschaften", in: Schmerl, Christiane (Hrsg.): Frauenfeindliche Werbung. Sexismus als heimlicher Lehrplan, Hamburg: Rowohlt, S. 79 – 87.

Falk, Pasi (1997): „The Benetton-Toscani-Effect: Testing the Limits of Conventional Advertising", in: Nava, Mica u. a. (Eds.): Buy this Book. Studies in Advertising and Consumption, New York: Taylor & Francis, S. 64–83.

Faulstich, Werner (1994): Die Kultur der Pornografie. Kleine Einführung in Geschichte, Medien, Ästhetik, Markt und Bedeutung, Lüneburg: Wissenschaftler Verlag.

Featherstone, Mike (2000): „Postmodernismus und Konsumkultur: Die Globalisierung der Komplexität", in: Robertson, Caroline Y./Winter, Carsten (Hrsg.): Kulturwandel und Globalisierung, Baden-Baden: Nomos, S. 77–106.

Featherstone, Mike/Wernick, Andrew (Eds.) (1995): Images of Aging. Cultural Representations of Later Life, London/New York: Routledge.

Felser, Georg (1997): Werbe- und Konsumentenpsychologie: eine Einführung, Stuttgart: dtv.

Ferchhoff, Wilfried (1993): Jugend an der Wende des 20. Jahrhunderts. Lebensformen und Lebensstile, Opladen: Westdeutscher Verlag.

Ferchhoff, Wilfried (2002): „Jugend und Mode", in: Willems, Herbert (Hrsg.): Die Gesellschaft der Werbung, Wiesbaden: VS, S. 383–397.

Field, David (1978): „Der Körper als Träger des Selbst. Bemerkungen zur sozialen Bedeutung des Körpers", in: Kölner Zeitschrift für Soziologie und Sozialpsychologie, Sonderheft 20, S. 244–264.

Fine, Ben/Leopold, Ellen (1993): The World of Consumption, London: Routledge.

Fischer-Lichte, Erika (1995): Schwerpunktprogramm der Deutschen Forschungsgemeinschaft zum Thema „Theatralität – Theater als kulturelles Modell in den Kulturwissenschaften", verv. Ms., Bonn.

Fischer-Lichte, Erika (1998): „Inszenierung und Theatralität", in: Willems, Herbert/Jurga, Martin (Hrsg.): Inszenierungsgesellschaft. Ein einführendes Handbuch, Opladen: Westdeutscher Verlag, S. 81–92.

Fiske, John/Hartley, John (1978): Reading Television, London: Methuen.

Flick, Uwe/von Kardorff, Ernst/Steinke, Ines (Hrsg.) (2000): Qualitative Forschung – Ein Handbuch, Hamburg: Rowohlt.

Foucault, Michel (1973a): Archäologie des Wissens, Frankfurt am Main: Suhrkamp.

Foucault, Michel (1973b): Wahnsinn und Gesellschaft, Frankfurt am Main: Suhrkamp.

Foucault, Michel (1977a): Sexualität und Wahrheit. Bd. 1: Der Wille zum Wissen. Frankfurt am Main: Suhrkamp.

Foucault, Michel (1977b): Überwachen und Strafen. Die Geburt des Gefängnisses. Frankfurt am Main: Suhrkamp.

Foucault, Michel (1977c): Die Ordnung des Diskurses, Frankfurt am Main: Suhrkamp.

Foucault, Michel (1986a): Sexualität und Wahrheit, Bd. 2: Der Gebrauch der Lüste. Frankfurt am Main: Suhrkamp.

Foucault, Michel (1986b): Sexualität und Wahrheit, Bd. 3: Die Sorge um sich. Frankfurt am Main: Suhrkamp.

Fowles, Jib (1996): Advertising and Popular Culture, London: Sage.

Furnham, Adrian/Mak, Twiggy (1999): „Sex-Role Stereotyping in Television Commercials: A Review and Comparison of Fourteen Studies Done on Five Continents over 25 Years", in: Sex-Roles, Vol. 41, Nr. 5–6, S. 413–437.

Gebhardt, Winfried/Hitzler, Ronald/Pfadenhauer, Michaela (Hrsg.) (2000): Events. Soziologie des Außergewöhnlichen, Opladen: Westdeutscher Verlag.

Gehlen, Arnold (1957): Die Seele im technischen Zeitalter. Sozialpsychologische Probleme in der industriellen Gesellschaft, Hamburg: Rowohlt.

Gehlen, Arnold (1974): Der Mensch. Seine Natur und seine Stellung in der Welt, Frankfurt am Main: Suhrkamp.

Geiger, Theodor (1987): „Kritik der Reklame – Wesen, Wirkungsprinzip, Publikum", in: Soziale Welt, 38, S. 471–492.

Geppert, Hans V. (1989): ‚Perfect Perfect'. Das codierte Kind in Werbung und Kurzgeschichte, Augsburg: De Gruyter.

Gerhards, Jürgen (1988): Soziologie der Emotionen. Fragestellungen, Systematik und Perspektiven, Weinheim/München: Juventa.

Giddens, Anthony (1988a): Die Konstitution der Gesellschaft. Grundzüge einer Theorie der Strukturierung. Frankfurt am Main, New York: Campus.

Giddens, Anthony (1993): Wandel der Intimität. Sexualität, Liebe und Erotik in modernen Gesellschaften, Frankfurt am Main: Fischer.

Giddens, Anthony (1995): Konsequenzen der Moderne, Frankfurt am Main: Suhrkamp.

Giesen, Josef (1966): Europäische Kinderbilder. Die Stellung des Kindes im Wandel der Zeit, München: Thiemig.

Gildemeister, Regine/Wetterer, Angelika (1992): „Wie Geschlechter gemacht werden. Die soziale Konstruktion der Zweigeschlechtlichkeit und ihre Reifizierung in der Frauenforschung", in: Knapp, Gudrun-Axeli/Wetterer, Angelika (Hrsg.), TraditionenBrüche. Entwicklung feministischer Theorie, Freiburg: Kore, S. 201–254.

Gildemeister, Regine/Hericks, Katja (2012): Geschlechtersoziologie. Theoretische Zugänge zu einer vertrackten Kategorie des Sozialen. München: Oldenbourg Verlag.

Gmelin, Otto F. (1975): Anti-Freud. Freuds Folgen in der bildenden Kunst und Werbung, Köln: DuMont.

Göckenjahn, Gerd (2000): Das Alter würdigen. Altersbilder und Bedeutungswandel des Alters, Frankfurt am Main: Suhrkamp.

Goffman, Erving (1967): Stigma. Über Techniken zur Bewältigung beschädigter Identität, Frankfurt am Main: Suhrkamp.

Goffman, Erving (1969): Wir alle spielen Theater. Die Selbstdarstellung im Alltag, München: Piper.

Goffman, Erving (1971a): Verhalten in sozialen Situationen. Strukturen und Regeln der Interaktion im öffentlichen Raum, Gütersloh: Bertelsmann.

Goffman, Erving (1971b): Interaktionsrituale. Über Verhalten in direkter Kommunikation, Frankfurt am Main: Suhrkamp.

Goffman, Erving (1973): Interaktion: Spaß am Spiel. Rollendistanz, München: Piper.

Goffman, Erving (1973a): Asyle. Über die soziale Situation psychiatrischer Patienten und anderer Insassen, Frankfurt am Main: Suhrkamp.

Goffman, Erving (1974): Das Individuum im öffentlichen Austausch. Mikrostudien zur öffentlichen Ordnung, Frankfurt am Main: Suhrkamp.

Goffman, Erving (1977): Rahmen-Analyse. Ein Versuch über die Organisation von Alltagserfahrungen, Frankfurt am Main: Suhrkamp.

Goffman, Erving (1981): Geschlecht und Werbung, Frankfurt am Main: Suhrkamp.

Goffman, Erving (1981a): Strategische Interaktion, München, Wien: Hanser.

Goffman, Erving (1981b): Forms of Talk, Oxford: Basil Blackwell.

Goffman, Erving (1981d): A Reply to Denzin and Keller, in: Contemporary Sociology, 10, pp. 60–68.

Goffman, Erving (1994a): „Die Interaktionsordnung", in: Knoblauch, Hubert (Hrsg.): Erving Goffman. Interaktion und Geschlecht, Frankfurt am Main, New York: Campus, S. 50–104.

Goffman, Erving (1994b): Das Arrangement der Geschlechter, in: Knoblauch, Hubert (Hrsg.): Erving Goffman. Interaktion und Geschlecht, Frankfurt am Main, New York: Campus, S. 105–158.

Goffman, Erving (1996): „Über Feldforschung", in: Knoblauch, Hubert (Hrsg.): Kommunikative Lebenswelten. Zur Ethnografie einer geschwätzigen Gesellschaft, Konstanz: UVK, S. 261–269.

Goldman, Robert/Papson, Stephen (1994): „Advertising in the Age of Hypersignification", in: Theory, Culture & Society, Vol. 11, S. 23–53.

Gonos, George (1977): „'Situation' versus 'Frame': The 'Interactionist' and the 'Structuralist' Analysis of Everyday Life", in: American Sociological Review, Vol. 42, S. 854–867.

Gorschenek, Margaretha (1994): „Exkurs: Werbespots", in: Scarbath, Horst u. a. (Hrsg.): Sexualität und Geschlechtsrollenklischees im Privatfernsehen, Berlin: Vistas, S. 231–243.

Gorsen, Peter (1970): „Sexualästhetik", in: Schmidt, Gunter/Sigusch, Volkmar/Schorsch, Eberhard (Hrsg.): Tendenzen der Sexualforschung, Stuttgart: Enke, S. 120–127.

Gumbrecht, Hans-Ulrich/Pfeiffer, K. Ludwig (Hrsg.) (1988): Materialität der Kommunikation, Frankfurt am Main: Suhrkamp.

Günter, Manuela/Keck, Annette (Hrsg.) (2018): Kulturwissenschaftliche Perspektiven der Gender Studies, Berlin: Kulturverlag Kadmos.

Hahn, Alois (1972): „Religion", in: Bellebaum, Alfred (Hrsg.): Die moderne Gesellschaft, Freiburg/Basel/Wien: Herder, S. 404–434.

Hahn, Alois (1972a): „Gesellschaft als Lebensraum", in: Alfred Bellebaum (Hrsg.): Die moderne Gesellschaft, Freiburg/Basel/Wien: Herder, S. 100–116.

Hahn, Alois (1974): Religion und der Verlust der Sinngebung. Identitätsprobleme in der modernen Gesellschaft, Frankfurt am Main: Campus.

Hahn, Alois (1976): Soziologie der Paradiesvorstellungen, Schriftenreihe Trierer Universitätsreden, Bd. 7, Trier: Nico.

Hahn, Alois (1977): „Kultische und säkulare Riten und Zeremonien in soziologischer Sicht", in: Hahn, Alois et al.: Anthropologie, Frankfurt am Main, New York: Campus, S. 51–81.

Hahn, Alois (1982): „Zur Soziologie der Beichte und anderer Formen institutionalisierter Bekenntnisse: Selbstthematisierung und Zivilisationsprozeß", in: Kölner Zeitschrift für Soziologie und Sozialpsychologie, 34, H. 3, S. 407–434.

Hahn, Alois (1982a): „Die Definition von Geschlechtsrollen", in: Volker Eid/Laszlo Vaskovics (Hrsg.): Wandel der Familie, Zukunft der Familie, Mainz: Grünewald, S. 94–111.

Hahn, Alois (1984): „Theorien zur Entstehung der europäischen Moderne", in: Philosophische Rundschau, 31. Jg., H. 3–4, S. 178–202.

Hahn, Alois (1986): „Soziologische Relevanzen des Stilbegriffs", in: Gumbrecht, Hans Ulrich/Pfeiffer, K. Ludwig (Hrsg.): Stil, Geschichten und Funktionen eines kulturwissenschaftlichen Diskurselements, Frankfurt am Main: Suhrkamp, S. 603–611.

Hahn, Alois/Leitner, Hartmann/Willems, Herbert (1986): Bekenntnisformen und Identitätsentwicklung. 2 Bde, Hagen: Fernuniversität.

Hahn, Alois (1987): „Soziologische Aspekte der Knappheit", in: Heinemann, Klaus (Hrsg.): Soziologie des wirtschaftlichen Handelns, Opladen: Westdeutscher Verlag, S. 119–132.

Hahn, Alois (1987a): „Kanonisierungsstile", in: Assmann, Aleida/Assmann, Jan (Hrsg.): Kanon und Zensur, München: Fink, S. 28–37.

Hahn, Alois (1987c): „Identität und Selbstthematisierung", in: Hahn, Alois/Kapp, Volker (Hrsg.): Selbstthematisierung und Selbstzeugnis: Bekenntnis und Geständnis, Frankfurt am Main: Suhrkamp, S. 9–24.

Hahn, Alois (1988): „Kann der Körper ehrlich sein?", in: Gumbrecht, Hans Ulrich/Pfeiffer, K. Ludwig (Hrsg.): Materialität der Kommunikation, Frankfurt am Main: Suhrkamp, S. 666–679.

Hahn, Alois (1993): „Handschrift und Tätowierung", in: Gumbrecht, Hans Ulrich/Pfeiffer, K. Ludwig (Hrsg.): Schrift, München: Fink, S. 201–217.

Hahn, Alois/Willems, Herbert (1993): „Schuld und Bekenntnis in Beichte und Therapie", in: Bergmann, Jörg/Hahn, Alois/Luckmann, Thomas (Hrsg.): Religion und Kultur (Sonderheft 34 der Kölner Zeitschrift für Soziologie und Sozialpsychologie), Opladen: Westdeutscher Verlag, S. 309–330.

Hahn, Alois/Willems, Herbert (1996a): „Wurzeln moderner Subjektivität und Individualität", in: Aufklärung, Jg. 9, H. 2, S. 7–37.

Hammer, Heike (1997): „Figuration, Zivilisation und Geschlecht. Eine Einführung in die Soziologie von Norbert Elias", in: Klein, Gabriele/Liebsch, Katharina (Hrsg.): Zivilisierung des weiblichen Ich. Frankfurt am Main: Suhrkamp, S. 39–76.

Harper, Douglas (2000): „Fotografien als sozialwissenschaftliche Daten", in: Flick, Uwe/von Kardorff, Ernst/Steinke, Ines (Hrsg.): Qualitative Forschung – Ein Handbuch, Hamburg: Rowohlt, S. 402–416.

Hasenteufel, Regina (1980): Das Bild von Mann und Frau in der Werbung: Eine Inhaltsanalyse zur Geschlechtsspezifität der Menschendarstellung in der Anzeigenwerbung ausgewählter Zeitschriften unter besonderer Berücksichtigung des alten Menschen, Bonn: Rhein.

Haubl, Rolf (1992): „Früher oder später kriegen wir euch", in: Hartmann, Hans A./Haubl, Rolf (Hrsg.):
   Bilderflut und Sprachmagie. Fallstudien zur Kultur der Werbung, Opladen: Westdeutscher Verlag,
   S. 9–32.

Hebdige, Dick (1998): „Stil als absichtliche Kommunikation", in: Kemper, Peter/Langhoff,
   Thomas/Sonnenschein, Ulrich (Hrsg.): ,but I like it'. Jugendkultur und Popmusik, Stuttgart: Reclam,
   S. 392–420.

Hellmann, Kai-Uwe (2000): „Da weiß man, was man hat. Soziologie der Marke: Ausgewählte Anregungen",
   in: Soziologische Revue, H. 4, S. 457–469.

Helms, Siegmund (1981): Musik in der Werbung, Wiesbaden: Breitkopf und Härtel.

Henns, Ronald (1992): Spieglein, Spieglein an der Wand... Geschlecht, Alter und physische Attraktivität,
   Weinheim: Psychologie Verlags Union.

Hettlage, Robert (1991): „Rahmenanalyse – oder die innere Organisation unseres Wissens um die Ordnung
   der Wirklichkeit", in: Hettlage, Robert/Lenz, Karl (Hrsg.): Erving Goffman – ein soziologischer Klassiker
   der zweiten Generation, Bern/Stuttgart: Haupt, S. 95–156.

Hirschauer, Stefan (1993): Die soziale Konstruktion der Transsexualität. Über die Medizin und den
   Geschlechtswechsel, Frankfurt am Main: Suhrkamp.

Hitzler, Ronald (1992): Der Goffmensch. Überlegungen zu einer dramatologischen Anthropologie, in: Soziale
   Welt, Jg. 43, H. 4, S. 455–469.

Holdenried, Ute/Mattusch, Uwe (1993): „Nicht immer, aber immer öfter. Audiovisuelle Gestaltungsmittel in
   Werbespots des Kinderrahmenprogramms", in: Mattusch, Uwe/Eßler, Kerstin (Hrsg.): Kinder- und
   Jugendfernsehen im Umbruch, Essen: Die Blaue Eule, S. 127–157.

Hölscher, Barbara (1998): Lebensstile durch Werbung? Zur Soziologie der Life-Style-Werbung, Opladen:
   Westdeutscher Verlag.

Hölscher, Barbara (2002a): „Das Denken in Zielgruppen. Über die Beziehung zwischen Marketing, Werbung
   und Lebensstilforschung", in: Willems, Herbert (Hrsg.): Die Gesellschaft der Werbung, Wiesbaden: VS,
   S. 481–496.

Homburg, Heidrun (1991): „Warenanzeigen und Kundenwerbung in den 'Leipziger Zeitungen' 1750–1800.
   Aspekte der inneren Marktbildung und der Kommerzialisierung des Alltagslebens", in: Petzina,
   Dietmar (Hrsg.): Zur Geschichte der Ökonomik der Privathaushalte, Berlin: Duncker und Humblot,
   S. 109–131.

Honneth, Axel u. a. (Hrsg.) (1979): Jugendkultur als Widerstand. Milieus, Rituale, Provokationen, Frankfurt
   am Main: Suhrkamp.

Horlacher, Stefan (Hrsg.) (2011): „Wann ist die Frau eine Frau?" – „Wann ist der Mann ein Mann?".
   Konstruktionen von Geschlechtlichkeit von der Antike bis ins 21. Jahrhundert, Würzburg:
   Königshausen & Neumann.

Horton, Donald/Wohl, Richard R. (1956): „Mass-Communication and Para-Social Interaction: Observations
   on Intimacy at a Distance", in: Psychiatry, 19. Jg., S. 215–229.

Horx, Mathias (1995): „Er reitet und reitet und reitet...", in: Horx, Mathias/Wippermann, Peter (Hrsg.):
   Markenkult, Düsseldorf: Econ, S. 436–469.

Hradil, Stefan (1992): „Alte Begriffe und neue Strukturen. Die Milieu-, Lebensstil- und Subkulturforschung
   der 80er Jahre", in: ders. (Hrsg.): Zwischen Bewußtsein und Sein. Die Vermittlung ,objektiver'
   Lebensbedingungen und ,subjektiver' Lebensweisen, Opladen: Westdeutscher Verlag, S. 1–55.

Hradil, Stefan (2002): „Vom Wandel des Wertewandels – Die Individualisierung und eine ihrer
   Gegenbewegungen", in: Glatzer, Wolfgang/Habich, Roland/Mayer, Karl U. (Hrsg.): Sozialer Wandel und
   gesellschaftliche Dauerbeobachtung, Opladen: Leske+Budrich, S. 31–47.

Hradil, Stefan (2006): „Milieu, soziales", in: Schäfers, Bernhard/Kopp, Johannes (Hrsg.): Grundbegriffe der
   Soziologie, Wiesbaden: VS, S. 199–202.

Hülst, Dirk (1999): Symbol und soziologische Symboltheorie. Untersuchungen zum Symbolbegriff in
   Geschichte, Sprachphilosophie, Psychologie und Soziologie, Opladen: Leske+Budrich.

Hürlimann, Bettina (1948): Kinderbildnisse in fünf Jahrhunderten der europäischen Malerei, Zürich: Atlantis.

Jäckel, Michael (Hrsg.) (1998): Die umworbene Gesellschaft. Analysen zur Entwicklung der Werbekommunikation, Wiesbaden: Springer.

Jäckel, Michael u. a. (2002): „Ist die Werbung aktuell? Ältere Menschen als ‚Werbeträger'", in: Willems, Herbert (Hrsg.): Die Gesellschaft der Werbung, Wiesbaden: VS, S. 675 – 690.

Jäger, Siegfried (1999): Kritische Diskursanalyse. Eine Einführung, Duisburg: Unrast.

Jalbert, Paul (Ed.) (1999): Media Studies: Ethnomethodological Approaches, Lanham/New York/Oxford: University Press.

Janich, Nina (2002): „Dahinter steckt immer ein kluger Kopf. Das Bild der Wissenschaft in der Gesellschaft im Spiegel der Wirtschaftswerbung", in: Willems, Herbert (Hrsg.): Die Gesellschaft der Werbung, Wiesbaden: VS, S. 753 – 768.

Janning, Frank (1991): Pierre Bourdieus Theorie der Praxis, Opladen: Westdeutscher Verlag.

Jendrosch, Thomas (2000): Sex Sells. Der neue Trend zur Lust in Wirtschaft und Gesellschaft, Darmstadt: LIT.

Kajetzke, Laura (2008): Wissen im Diskurs. Ein Theorievergleich von Bourdieu und Foucault. Wiesbaden: VS.

Kaminski, Gerhard (Hrsg.) (1986): Ordnung und Variabilität im Alltagsgeschehen, Göttingen/Toronto/Zürich: Hogrefe.

Kammler, Clemens (1990): „Historische Diskursanalyse (Michel Foucault)", in: Bogdal Klaus-Michael (Hrsg.): Neue Literaturtheorien. Eine Einführung, Opladen: Westdeutscher Verlag, S. 31 – 56.

Kang, Mee-Eun (1997): „The Portrayal of Women's Images in Magazine Advertisements: Goffman's Gender Analysis Revisited", in: Sex-Roles, Vol. 37, Nr. 11 – 12, S. 979 – 996.

Kassebohm, Kristian (1995): Grenzen schockierender Werbung. Benetton – Werbung vor dem Hintergrund wirtschaftlicher Interessen und juristischer Beurteilung. Dissertation, Fachbereich Rechtswissenschaft der Freien Universität Berlin.

Kaufman, Gayle (1999): „The Portrayal of Men's Family Roles in Television Commercials", in: Sex-Roles, Vol. 41, Nr. 5 – 6, S. 439 – 458.

Kaufmann, Jean-Claude (1996): Frauenkörper – Männerblicke, Konstanz: UVK.

Kaupp, Peter (1997): Ältere im Schatten der Werbung? Eine Literaturstudie zur Seniorendarstellung in der Werbung, Berlin: Arno Spitz.

Kautt, York (2008): Image. Zur Genealogie eines Kommunikationscodes der Massenmedien, Bielefeld: transcript.

Kautt, York (2012): Pornografie für alle: zum (Un-)Anständigen allgemeiner Medienkulturen am Beispiel der Werbung, in: Schuegraf, Martina/Tillmann Angela (Hrsg.): Pornografisierung von Gesellschaft. Perspektiven aus Theorie, Empirie und Praxis, Konstanz: UVK, S. 79 – 88.

Kautt, York (2019): Soziologie Visueller Kommunikation. Ein sozialökologisches Konzept. Wiesbaden: VS.

Kayser, Susanne (1996): „Ältere Menschen als Zielgruppe der Werbung", in: Media-Perspektiven, Nr. 6, S. 301 – 308.

Keller, Reiner (1997): Diskursanalyse, in: Hitzler, Ronald/Honer, Anne (Hrsg.): Sozialwissenschaftliche Hermeneutik. Eine Einführung, Opladen: Leske + Budrich, S. 309 – 333.

Keller, Reiner/Hirseland, Andreas/Schneider, Willy/Viehöver, Werner (Hrsg.) (2005): Die diskursive Konstruktion von Wirklichkeit: Zum Verhältnis von Wissenssoziologie und Diskursforschung, Konstanz: UVK.

Kempas, Thomas/Roters, Eberhard/Weweder, Rolf (1987): „... mit höchster Raffinesse ihren Opfern suggeriert", in: Schmerl, Christiane (Hrsg.): Frauenfeindliche Werbung. Sexismus als heimlicher Lehrplan, Reinbek: Rowohlt, S. 66 – 74.

Kintzelé, Jeff (1998): Das Theater der Begegnung: Zur Soziologie der ‚Anmache', in: Willems, Herbert/Jurga, Martin (Hrsg.): Inszenierungsgesellschaft. Ein einführendes Handbuch, Opladen: Westdeutscher Verlag, S. 125 – 132.

Kirchmann, Joachim (1987): „Reizwelle. Sex in der Werbung", in: Schmerl, Christiane (Hrsg.): Frauenfeindliche Werbung. Sexismus als heimlicher Lehrplan, Reinbek: Rowohlt, S. 114 – 121.

Klassen, Michael/Jasper, Cynthia/Schwartz, Anne M. (1993): „Men and Women: Images of their Relationship in Magazine Advertisements", in: Journal of Advertising Research, Vol. 33, Nr. 2, S. 30 – 38.

Klein, Gabriele/Liebsch, Katharina (Hrsg.) (1997): Zivilisierung des weiblichen Ich, Frankfurt am Main: Suhrkamp.

Klinger, Cornelia (2002): „Die Kategorie Geschlecht zwischen Natur, Kultur und Gesellschaft", in: Helduser, Urte/Schwietring, Thomas (Hrsg.): Kultur und ihre Wissenschaft, Konstanz: UVK, S. 69 – 84.

Kloepfer, Rolf/Landbeck, Hanne (1991): Ästhetik der Werbung: der Fernsehspot in Europa als Symptom neuer Macht, Frankfurt am Main: Fischer.

Knegendorf, Petra (1989): Das Bild des Mannes in der Zeitschriftenwerbung, Schriftenreihe des FB Wirtschaft der Hochschule Bremen.

Knieper, Thomas/Müller, Marion G. (Hrsg.) (2001): Kommunikation visuell: Das Bild als Forschungsgegenstand. Grundlagen und Perspektiven, Köln: Herbert von Halem.

Knoblauch, Hubert (Hrsg.) (1994): Erving Goffman. Interaktion und Geschlecht. Mit einem Nachwort von Helga Kotthoff, Frankfurt am Main, New York: Campus.

Knoblauch, Hubert (1994a): „Erving Goffmans Reich der Interaktion – Einführung von Hubert Knoblauch", in: Hubert Knoblauch (Hrsg.): Erving Goffman. Interaktion und Geschlecht, Frankfurt am Main/New York: Campus, S. 7 – 47.

Knoblauch, Hubert/Luckmann, Thomas (2000): „Gattungsanalyse", in: Flick, Uwe/von Kardorff, Ernst/Steinke, Ines (Hrsg.): Qualitative Forschung – Ein Handbuch, Hamburg: Rowohlt, S. 538 – 546.

Knoblauch, Hubert/Raab, Jürgen (2002): „Der Werbespot als kommunikative Gattung", in: Willems, Herbert (Hrsg.): Die Gesellschaft der Werbung, Wiesbaden: VS, S. 139 – 154.

Koch, Jens-Jörg (1986): „Das Behavior Setting-Konzept in der Barker-Schule", in: Kaminski, Gerhard (Hrsg.): Ordnung und Variabilität im Alltagsgeschehen, Götttingen, Toronto, Zürich: Hogrefe, S. 31 – 43.

Kochhan, Christoph (1999): Jugendliche in der Werbung. Zur Dynamik und Einschätzung eines Werbeelementes, Frankfurt am Main: Grin.

Kochhan, Christoph/Jäckel, Michael (2000): „Als Zielgruppe anerkannt? Werbung mit älteren Menschen", in: Medien praktisch, 24. Jg., H. 96, S. 50 – 55.

Kocyba, Hermann (2006): „Die Disziplinierung Foucaults. Diskursanalyse als Wissenssoziologie", in: Tänzler, Dirk/Knoblauch, Hubert/Soeffner, Hans-Georg (Hrsg.): Neue Perspektiven der Wissenssoziologie, Konstanz: UVK, S. 137 – 155.

Kommer, Sven (1996): Kinder im Werbenetz. Eine qualitative Studie zum Werbeangebot und zum Werbeverhalten von Kindern, Opladen: Leske+Budrich.

Kommer, Sven/Meister, Dorothee M. (2002): „Im Blickpunkt der Forschung. Kinder und Werbung", in: Willems, Herbert (Hrsg.): Die Gesellschaft der Werbung, Wiesbaden: VS, S. 841 – 867.

Koppetsch, Cornelia (Hrsg.) (2000): Körper und Status. Zur Soziologie der Attraktivität, Konstanz: UVK.

Koppetsch, Cornelia (2002): „Die Verkörperung des schönen Selbst: Attraktivität als Imagefrage", in: Willems, Herbert (Hrsg.): Die Gesellschaft der Werbung, Wiesbaden: VS, S. 359 – 382.

Köser, Silke (1997): „Die Darstellung der kindlichen Lebenswelt in der Werbung – bunt, pfiffig, cool", in: Erlinger, Hans D. (Hrsg.): Kinder und der Medienmarkt der 90er Jahre: aktuelle Trends, Strategien und Perspektiven, Opladen: Westdeutscher Verlag, S. 163 – 176.

Kotthoff, Helga (1988): Das Gelächter der Geschlechter. Frankfurt am Main: Fischer.

Kotthoff, Helga (1994): „Geschlecht als Interaktionsritual?", in: Knoblauch, Hubert (Hrsg.): Erving Goffman. Interaktion und Geschlecht, Frankfurt am Main: Campus, S. 159 – 193.

Krallmann, Dieter/Scheerer, Ralph C./Strahl, Christoph (1997): „Werbung als kommunikative Gattung", in: Sociologia Internationalis, 14. Jg., H. 2, S. 195 – 216.

Kroeber-Riel, Werner (1988): Strategie und Technik der Werbung: Verhaltenswissenschaftliche Ansätze, Stuttgart/Berlin/Köln/Mainz: Kohlhammer.

Kroeber-Riel, Werner (1990): Konsumentenverhalten, München: Vahlen.

Krohne, Stefan (1995): „It's a Men's World. Männlichkeitsklischees in der deutschen Fernsehwerbung", in: Schmidt, Siegfried J./Spieß, Brigitte (Hrsg.): Werbung, Medien und Kultur, Opladen: Westdeutscher Verlag, S. 136 – 151.

Kruse, Lenelis (1986): „Drehbücher für Verhaltensschauplätze oder: Scripts für Settings", in: Kaminski, Gerhard (Hrsg.): Ordnung und Variabilität im Alltagsgeschehen, Göttingen/Toronto/Zürich: Hogrefe, S. 135 – 153.

Kübler, Hans-Dieter (1993): „Medientabu: Alter – Fetisch: Jugendlichkeit", in: Medien praktisch, H. 4, S. 38 – 42.

Kuzmics, Helmut (1986): „Verlegenheit und Zivilisation. Zu einigen Gemeinsamkeiten und Unterschieden im Werk von E. Goffman und N. Elias", in: Soziale Welt, Jg. 37, H. 4, S. 465 – 486.

Laaser, Ulrich H. (2000): „Kulturökonomie und Entwicklungsländer. Thesen zur kulturellen Entwicklungsperspektive armer Länder", in: Robertson, Caroline Y./Winter, Carsten (Hrsg.): Kulturwandel und Globalisierung, Baden-Baden: Nomos, S. 207 – 222.

Landbeck, Hanne (1989): „Ästhetik in der Fernsehwerbung. Eine europäische Studie", in: Media Perspektiven, H. 3, S. 138 – 145.

Lange, Andreas (2002): „Werbung zwischen Sein und Werden. Inszenierungsmuster von Kindheit und Kindern in der kommerzialisierten Gesellschaft", in: Willems, Herbert (Hrsg.): Die Gesellschaft der Werbung, Wiesbaden: VS, S. 821 – 840.

Lautmann, Rüdiger/Schetsche, Michael (1990): Das pornografierte Begehren, Frankfurt am Main: Campus.

Lenz, Karl (2009a): „Keine Beziehung ohne großes Theater. Zur Theatralität im Beziehungsaufbau", in: Willems, Herbert (Hrsg.): Theatralisierung der Gesellschaft, Bd.1: Soziologische Theorie und Zeitdiagnose, Wiesbaden: VS, S. 239 – 258.

Lenzen, Dieter (1984): Mythologie der Kindheit, Reinbek: Rowohlt.

Lettke, Frank (2002): „Werbung und Generationenbeziehungen", in: Willems, Herbert (Hrsg.): Die Gesellschaft der Werbung, Wiesbaden: VS, S. 633 – 655.

Lewandowski, Sven (2012): Die Pornografie der Gesellschaft. Beobachtungen eines populärkulturellen Phänomens, Bielefeld: transcript.

Link, Jürgen (1997): Versuch über den Normalismus. Wie Normalität produziert wird, Opladen: Westdeutscher Verlag.

Lohmann, Robin (1997): Images of Old Age in German and American Print Media. Empirical Investigations into Defining and Patterns of Visual Representation, Aachen: Shaker.

Luckmann, Thomas (1986): „Grundformen der gesellschaftlichen Vermittlung des Wissens: Kommunikative Gattungen", in: Neidhardt, Friedhelm/Lepsius, M. Rainer/Weiß, Johannes (Hrsg.): Kultur und Gesellschaft (Sonderheft 27 der Kölner Zeitschrift für Soziologie und Sozialpsychologie), Opladen: Westdeutscher Verlag, S. 191 – 211.

Ludes, Peter (2001): „Schlüsselbild-Gewohnheiten. Visuelle Habitualisierungen und visuelle Koordinationen", in: Knieper, Thomas/Müller, Marion G. (Hrsg.): Kommunikation visuell: Das Bild als Forschungsgegenstand, Grundlagen und Perspektiven, Köln: Herbert von Halem, S. 64 – 78.

Luhmann, Niklas (1972): „Einfache Sozialsysteme", in: Zeitschrift für Soziologie 1, S. 51 – 63.

Luhmann, Niklas (1978): „Soziologie der Moral", in: Luhmann, Niklas/Pfürtner, Stephan H. (Hrsg.): Theorietechnik und Moral. Frankfurt am Main: Suhrkamp, S. 8 – 116.

Luhmann, Niklas (1980): Gesellschaftsstruktur und Semantik. Studien zur Wissenssoziologie der modernen Gesellschaft, Bd. 1, Frankfurt am Main: Suhrkamp.

Luhmann, Niklas (1982): Liebe als Passion. Zur Codierung von Intimität, Frankfurt am Main: Suhrkamp.

Luhmann, Niklas (1984): Soziale Systeme: Grundriß einer allgemeinen Theorie, Frankfurt am Main: Suhrkamp.

Luhmann, Niklas (1995): Gesellschaftsstruktur und Semantik. Studien zur Wissenssoziologie der modernen Gesellschaft, Bd. 4, Frankfurt am Main: Suhrkamp.

Luhmann, Niklas (1996): Die Realität der Massenmedien, Opladen: Westdeutscher Verlag.

MacIntyre, Alasdair (1987): Der Verlust der Tugend. Zur moralischen Krise der Moderne, Frankfurt am Main: Suhrkamp.

Madden, Thomas J./Weinberger, Marc G. (1984): „Humor in Advertising: A Practitioner View", in: Journal of Advertising Research, Vol. 24, Nr. 4, S. 23 – 29.

Manning, Peter K. (1992): Erving Goffman and Modern Sociology, Stanford: Polity Press.

McAllister, Matthew P. (1996): „Re-Decoding Advertisements", in: Journal of Communication, Vol. 46, Nr. 2, S. 150 – 157.

McGregor, Gail (1995): „Gender Advertisements Then and Now: Goffman, Symbolic Interactionism, and the Problem of History", in: Studies in Symbolic Interaction, 1995, 17, S. 3 – 42.

Messaris, Paul (1997): Visual Persuasion: The Role of Images in Advertising, London: Sage.

Meurer, Bärbel (1997): „Geschlechtsfeudale ‚Ständegesellschaft' oder ‚Gesellschaft der Individuen'. Ein Vergleich der Theorieansätze von Norbert Elias und Ulrich Beck", in: Klein, Gabriele/Liebsch, Katharina (Hrsg.) (1997): Zivilisierung des weiblichen Ich, Frankfurt am Main: Suhrkamp, S. 400 – 421.

Meuser, Michael (2006): Geschlecht und Männlichkeit. Soziologische Theorie und kulturelle Deutungsmuster, Wiesbaden: VS.

Meuser, Michael (2008): „Geschlechter und Geschlechterverhältnisse", in: Willems, Herbert (Hrsg.): Lehr(er) buch Soziologie. Für die pädagogischen und soziologischen Studiengänge, Bd. 2, Wiesbaden: VS, S. 631 – 653.

Mikos, Lothar (1988): „Frühjahrsputz revisited. Das Frauenbild der Werbung hat sich kaum verändert", in: Medium: Zeitschrift für Hörfunk, Fernsehen, Film, Presse, Bd. 4, S. 54 – 57.

Mikos, Lothar/Kotelmann, Joachim (1981): „Das ist doch alles übertrieben", in: Medium: Zeitschrift für Hörfunk, Fernsehen, Film, Presse, 11. Jg., H. 10, S. 21 – 24.

Mortelsmans, Dimitri (1997): „Visual Representation of Luxury. An Analysis of Print Advertisement for Jewelry", in: Communications, Vol. 22, Nr. 1, S. 69 – 91.

Müller, Hans-Peter (1992): Sozialstruktur und Lebensstile: Der neuere theoretische Diskurs über soziale Ungleichheit, Frankfurt am Main: Suhrkamp.

Müller-Doohm, Stefan (1993): „Visuelles Verstehen. Konzepte kultursoziologischer Bildhermeneutik", in: Jung, Thomas/Müller-Doohm, Stefan (Hrsg.): ‚Wirklichkeit' im Deutungsprozeß: Verstehen und Methoden in den Kultur- und Sozialwissenschaften, Frankfurt am Main: Suhrkamp, S. 438 – 457.

Müller-Doohm, Stefan (1997): „Bildinterpretation als struktural-hermeneutische Symbolanalyse", in: Hitzler, Ronald (Hrsg.): Sozialwissenschaftliche Hermeneutik: eine Einführung, Opladen: Leske+Budrich, S. 81 – 108.

Müller-Doohm, Stefan (2000): Medien- und Kommunikationssoziologie. Eine Einführung in zentrale Begriffe und Theorien, Weinheim: Juventa.

Müller-Schneider, Thomas (1994): Schichten und Erlebnismilieus, Wiesbaden: Deutscher Universitätsverlag.

Münch, Richard (1991): „Kulturen, Strukturen und Lebensstile. Eine theoretische und vergleichende Analyse", in: Vetter, Hans-Rolf (Hrsg.): Muster moderner Lebensführung, Weinheim/München: Juventa, S. 153 – 190.

Neckel, Sighard (2001): „‚Leistung' und ‚Erfolg'. Die symbolische Ordnung der Marktgesellschaft", in: Barlösius, Eva/Müller, Hans-Peter/Sigmund, Steffen (Hrsg.): Gesellschaftsbilder im Umbruch. Soziologische Perspektiven in Deutschland, Opladen: Leske+Budrich, S. 247 – 266.

Nerdinger, Friedemann W. (1991): Die Welt der Werbung, Frankfurt am Main: Campus.

Newcomb, Horace M./Hirsch, Paul (1986): „Fernsehen als kulturelles Forum. Neue Perspektiven für die Medienforschung", in: Rundfunk und Fernsehen. Zeitschrift für Medien- und Kommunikationswissenschaften, 34. Jg., H. 2, S. 177 – 190.

Nimmergut, Jörg (1966): Werben mit Sex, München: Moderne Industrie.

Nöth, Winfried (2000): Handbuch der Semiotik, Stuttgart: Metzler.

Nötzel, Rötger (1978): „Das Kindchenschema in der Werbung. Eine Untersuchung über Ansätze zur Verhaltensforschung bei der Reaktion auf Werbemittel", in: Interview und Analyse, 5. Jg., S. 305 – 311.

Oevermann, Ulrich (2001): Die Struktur sozialer Deutungsmuster (1973) – Versuch einer Aktualisierung, in: Sozialer Sinn, H. 1, S. 35–81.

Paduschek, Vilma (1995): „Geschlechtsstereotype TV-Werbung mit Kindern und für Kinder", in: Psychologie und Gesellschaftskritik, 19. Jg., H. 4, S. 53–71.

Parker, Ian (2000): „Die diskursanalytische Methode", in: Flick, Uwe/von Kardorff, Ernst/Steinke, Ines (Hrsg.): Qualitative Forschung – Ein Handbuch, Hamburg: Rowohlt, S. 546–556.

Petermann, Werner (2000): „Fotografie- und Filmanalyse", in: Flick, Uwe/von Kardorff, Ernst/Steinke, Ines (Hrsg.): Qualitative Forschung – Ein Handbuch, Hamburg: Rowohlt, S. 228–231.

Pink, Sarah (2000): Doing Visual Ethnography: Images, Media and Representation in Research, London: Sage.

Reese, Nancy/Whipple, Thomas/Courtney, Alice (1987): „Is Industrial Advertising Sexist?", in: Industrial Marketing Management, Vol. 16, Nr. 4, S. 231–240.

Reichertz, Jo (1994): „Selbstgefälliges zum Anziehen", in: Norbert Schröer (Hrsg.): Interpretative Sozialforschung, Opladen: Westdeutscher Verlag, S. 253–280.

Reichertz, Jo (1998): „Werbung als moralische Unternehmung", in: Jäckel, Michael (Hrsg.): Die umworbene Gesellschaft. Analysen zur Entwicklung der Werbekommunikation, Opladen: Westdeutscher Verlag, S. 273–300.

Reichertz, Jo (2000): „Das Fernsehen (und die Werbung) als neue Mittel zur Fest-Stellung von Identität", in: Hettlage, Robert/Vogt, Ludgera (Hrsg.): Identitäten in der modernen Welt, Opladen: Westdeutscher Verlag, S. 129–153.

Richter, Emanuel (1992): Der Zerfall der Welteinheit. Vernunft und Globalisierung in der Moderne, Frankfurt am Main/New York: Campus.

Riesman, David (1958): Die einsame Masse. Eine Untersuchung der Wandlungen des amerikanischen Charakters. Mit einer Einführung in die deutsche Ausgabe von Helmut Schelsky, Hamburg: Rowohlt.

Ritzer, George (1993): The McDonaldization of Society: an Investigation into Changing Character of Contemporary Social Life, Thousand Oaks: Pine Forge Press.

Robertson, Caroline Y./Winter, Carsten (Hrsg.) (2000): Kulturwandel und Globalisierung, Baden-Baden: Nomos.

Robertson, Caroline Y. (2000): „Globalisierungsdynamik am Beispiel der zweiten Zuwanderergeneration in Deutschland", in: Robertson, Caroline Y./Winter, Carsten (Hrsg.): Kulturwandel und Globalisierung, Baden-Baden, S. 359–389.

Robertson, Roland (1992): Globalization. Social Theory and Global Culture, London/Newbury Park/New Delhi: Sage.

Sahlins, Marshall (1976): Culture and Practical Reason, Chicago: University of Chicago Press.

Sandbothe, Mike (1998): „Theatrale Aspekte des Internet: Prolegomena zu einer zeichentheoretischen Analyse theatraler Textualität", in: Willems, Herbert/Jurga, Martin (Hrsg.): Inszenierungsgesellschaft. Ein einführendes Handbuch, Opladen: Westdeutscher Verlag, S. 583–597.

Sander, Matthias (1993): „Der Planungsprozeß der Werbung", in: Berndt, Ralph u. a. (Hrsg.): Handbuch Marketing-Kommunikation, Wiesbaden: VS, S. 261–284.

Schelsky, Helmut (1955): Soziologie der Sexualität, Reinbek: Rowohlt.

Schierl, Thomas (1996): „Veränderungen in der Fernseh-Werbung", in: Schatz, Heribert (Hrsg.): Fernsehen als Objekt und Moment des sozialen Wandels. Faktoren und Folgen der aktuellen Veränderung des Fernsehens, Opladen: Leske+Budrich, S. 288–331.

Schierl, Thomas (2002a): „‚Grau, mein Freund, ist alle Theorie…'. Die Diffusion kommunikationswissenschaftlicher Erkenntnisse in der Kommunikationspraxis", in: Willems, Herbert (Hrsg.): Die Gesellschaft der Werbung, Wiesbaden: VS, S. 429–444.

Schmerl, Christiane (1984): Das Frauen- und Mädchenbild in den Medien, Opladen: Leske+Budrich.

Schmerl, Christiane (1990): „Frauenbilder in der Werbung", in: Mühlen-Achs, Gitta (Hrsg.): Bildersturm. München: Verlag Frauenoffensive, S. 183–204.

Schmerl, Christiane (Hrsg.) (1992): Frauenzoo der Werbung, München: Verlag Frauenoffensive.

Schmerl, Christiane (1994): „Die schönen Leichen aus Chromdioxyd und aus Papier: Frauenbilder in der Werbung", in: Angerer, Marie-Luise/Dorer, Johanna (Hrsg.): Gender und Medien, Wien: Braumüller, S. 134 – 151.

Schmidt, Siegfried J. (1995b): „Werbung und Medienkultur: Tendenzen der 90er Jahre", in: Schmidt, Siegfried J./Spieß, Brigitte (Hrsg.): Werbung, Medien und Kultur, Opladen: Westdeutscher Verlag, S. 44 – 52.

Schmidt, Siegfried J./Spieß, Brigitte (Hrsg.) (1995): Werbung, Medien und Kultur, Opladen: Westdeutscher Verlag.

Schmidt, Siegfried J./Spieß, Brigitte (1997): Die Kommerzialisierung der Kommunikation. Fernsehwerbung und sozialer Wandel 1956 – 1989, Frankfurt am Main: Suhrkamp.

Schnatmeyer, Dorothee/Seewald, Kerstin (1998): „Pink für Mädchen, Action für Jungen. Rollenbilder in kinderspezifischer Werbung; Ergebnisse einer Studie", in: Beinzger, Dagmar/Eder, Sabine/Luca, Renate/Röllecke, Renate (Hrsg.): Im Wyberspace – Mädchen und Frauen in der Medienlandschaft. Dokumentation, Wissenschaft, Essay, Praxismodelle, Bielefeld: Gesellschaft für Medienpädagogik und Kommunikationskultur in der Bundesrepublik, S. 238 – 251.

Schneider, Irmela (2000): „Hybridisierung als Signatur der Zeit", in: Robertson, Caroline Y./Winter, Carsten (Hrsg.): Kulturwandel und Globalisierung, Baden-Baden: Nomos, S. 175 – 187.

Schnierer, Thomas (1999): Soziologie der Werbung, Opladen: Leske+Budrich.

Scholz, Gerold (1994): Die Konstruktion des Kindes: über Kinder und Kindheit, Opladen: Westdeutscher Verlag.

Schuegraf, Martina/Tillmann, Angela (Hrsg.): Pornografisierung von Gesellschaft. Perspektiven aus Theorie, Empirie und Praxis, Konstanz: UVK.

Schulze, Gerhard (1992): Die Erlebnisgesellschaft. Kultursoziologie der Gegenwart, Frankfurt am Main: Campus.

Schulze, Gerhard (1999): Kulissen des Glücks. Streifzüge durch die Eventkultur, Frankfurt am Main: Campus.

Schwanitz, Dietrich (1999): Bildung. Alles, was man wissen muss, Frankfurt am Main: Eichborn Verlag.

Schwanitz, Dietrich (2001): Männer. Eine Spezies wird besichtigt, Frankfurt am Main: Eichborn Verlag.

Schwietring, Thomas (2009a): Zeigen und Verbergen. Intimität zwischen Theatralisierung und Enttheatralisierung, in: Willems, Herbert (Hrsg.): Theatralisierung der Gesellschaft, Bd.1: Soziologische Theorie und Zeitdiagnose, Wiesbaden: VS, S. 259 – 277.

Seesslen, Georg (1990): Der pornografische Film, Frankfurt am Main/Berlin: Ullstein.

Sennett, Richard (1983): Verfall und Ende des öffentlichen Lebens. Die Tyrannei der Intimität, Frankfurt am Main: Fischer.

Sennett, Richard (1985): Autorität, Frankfurt am Main: Fischer.

Sennett, Richard (2008): Der flexible Mensch. Die Kultur des neuen Kapitalismus, Berlin: Berliner Taschenbuch Verlag.

Simmel, Georg (1908): Soziologie. Untersuchungen über die Formen der Vergesellschaftung, Leipzig: Duncker & Humblot.

Simmel, Georg (1983): Schriften zur Soziologie. Eine Auswahl, hrsgg. v. Heinz-Jürgen Dahme und Ottheim Rammstedt, Frankfurt am Main: Suhrkamp.

Simmel, Georg (2018): Philosophische Kultur, Leipzig: Zweitausendeins.

Smith, Greg (1996): Gender advertisements revisited. A visual sociology classic. In: Electronic Journal of Sociology, Vol.2, Nr. 1.

Soeffner, Hans-Georg (1989): Auslegung des Alltags – der Alltag der Auslegung, Frankfurt am Main: Suhrkamp.

Soeffner, Hans-Georg (1995): Die Ordnung der Rituale. Die Auslegung des Alltags 2, Frankfurt am Main: Suhrkamp.

Sohn, Werner/Mertens, Herbert (Hrsg.) (1999): Normalität und Abweichung. Studien zur Theorie und Geschichte der Normalisierungsgesellschaft, Opladen: Westdeutscher Verlag.

Soley, Lawrence-C./Reid, Leonard-N. (1988): „Taking It Off: Are Models in Magazine Ads Wearing Less?", in: Journalism-Quaterly, Vol. 65, Nr. 4, S. 960–966.

Soltau, Heide (1987): „Erotische Irritationen und heimliche Spiele mit der Lust", in: Jahrbuch der Werbung 24, S. 42–50.

Spieß, Brigitte (1994): „Weiblichkeitsklischees in der Fernsehwerbung", in: Merten, Klaus/Schmidt, Siegfried J./Weischenberg, Siegfried (Hrsg.): Die Wirklichkeit der Medien. Eine Einführung in die Kommunikationswissenschaft, Opladen: Westdeutscher Verlag, S. 408–426.

Spieß, Brigitte (1995): „Ohne Fremdes nichts Eigenes. Das Fremde in der Werbung: Bilder aus der Dritten Welt als Projektionsfläche für Sehnsüchte und Träume industrieller Gesellschaften", in: Schmidt, Siegfried J./Spieß, Brigitte (Hrsg.): Werbung, Medien und Kultur, Opladen: Westdeutscher Verlag, S. 79–84.

Spitzer, Gerald (1996): Sonderwerbeformen im TV. Kommunikationskooperationen zwischen Fernsehen und Wirtschaft, Wiesbaden: DUV.

Suerlandt, Max (1939): Kinderbildnisse aus fünf Jahrhunderten der deutschen und niederländischen Malerei, Leipzig: Langewiesche.

Tenbruck, Friedrich (1965): Jugend und Gesellschaft, Freiburg: Rombach.

Thimm, Caja (1998): „Sprachliche Symbolisierungen des Alters in der Werbung", in: Jäckel, Michael (Hrsg.): Die umworbene Gesellschaft. Analysen zur Entwicklung der Werbekommunikation, Opladen: Westdeutscher Verlag, S. 113–140.

Thomas, Melvin E./Treiber, Linda A. (2000): „Race, Gender and Status: A Content Analysis of Print Advertisements in Four Popular Magazines", in: Sociological-Spectrum, Vol. 20, Nr. 3, S. 357–371.

Thoms, Ulrike (1995): „Dünn und dick, schön und häßlich. Schönheitsideal und Körpersilhouette in der Werbung 1850–1950", in: Borscheid, Peter/Wischermann, Clemens (Hrsg.): Bilderwelt des Alltags. Werbung in der Konsumgesellschaft des 19. und 20. Jahrhunderts, Stuttgart: Franz Steiner, S. 224–281.

Tomlinson, John (2000): Kosmopolitismus als Ideal und Ideologie, in: Robertson, Caroline Y./Winter, Carsten (Hrsg.): Kulturwandel und Globalisierung, Baden-Baden: Nomos, S. 341–357.

Toscani, Oliviero (1997): Die Werbung ist ein lächelndes Aas, Frankfurt am Main: Fischer.

Treibel, Anette (1997): „Das Geschlechterverhältnis als Machtbalance. Figurationssoziologie im Kontext von Gleichstellungspolitik und Gleichheitsforderungen", in: Klein, Gabriele/Liebsch, Katharina (Hrsg.): Zivilisierung des weiblichen Ich, Frankfurt am Main: Suhrkamp, S. 306–336.

Treibel, Anette (2008): Die Soziologie von Norbert Elias. Eine Einführung in ihre Geschichte, Systematik und Perspektiven, Wiesbaden: VS.

Trommsdorff, Volker (1992): „Doppeldeutige Werbeslogans", in: Werbeforschung & Praxis, H. 1, S. 22–27.

Umiker-Sebeok, Jean (1992): „Die 7 Lebensalter der Frau – ein Blick auf die 70er Jahre", in: Schmerl, Christiane (Hrsg.): Frauenzoo der Werbung, München: Verlag Frauenoffensive, S. 93–131.

Urban, Dieter (1995): Kauf mich! Visuelle Rhetorik in der Werbung, Stuttgart: Schäffer-Poeschel.

Ursic, Anthony C./Ursic, Michael L./ Ursic, Virginia L. (1986): „A Longitudinal Study of the Use of the Elderly in Magazine Advertising", in: Journal of Consumer Research 13, S. 131–133.

Veblen, Thorstein (1997): Theorie der feinen Leute. Eine ökonomische Untersuchung der Institutionen, Frankfurt am Main: Fischer.

Verhoeven, Jef (1985): „Goffman's Frame Analysis and Modern Micro-Sociological Paradigms", in: Helle, Horst J./Eisenstadt, Shmuel N.: Micro-Sociological Theory. Perspectives on Sociological Theory, Vol. 2, London, Beverly Hills: Sage, S. 71–100.

Vinken, Barbara (2018): „Gender und der gesunde Menschenverstand", in: Manuela Günter/Annette Keck (Hrsg.): Kulturwissenschaftliche Perspektiven der Gender Studies, Berlin: Kulturverlag Kadmos, S. 237–248.

Viser, Victor J. (1997): „Mode of Address, Emotion, and Stylistics. Images of Children in American Magazine Advertising, 1940–1950", in: Communication Research, Vol. 24, Nr. 1, S. 83–101.

Vollbrecht, Ralf (1995): „Die Bedeutung von Stil. Jugendkulturen und Jugendszenen im Licht der neueren Lebensstildiskussion", in: Ferchhoff, Wilfried u. a. (Hrsg.): Jugendkulturen – Faszination und Ambivalenz, Weinheim/München: Juventa, S. 23 – 38.

Waldenfels, Bernhard (1986): „Verstreute Vernunft. Zur Philosophie von Michel Foucault", in: Studien zur neueren französischen Phänomenologie, Phänomenologische Forschungen, Bd. 18, Freiburg, S. 30 – 50.

Waldenfels, Bernhard (1985): In den Netzen der Lebenswelt, Frankfurt am Main: Suhrkamp.

Waldmann, Emil (1940): Das Bild des Kindes in der Malerei, Berlin: Genius.

Wartella, Ellen (1980): „Frauen und Fernsehwerbung: Die Zusammenhänge von Rollenklischees und Verkaufsstrategien", in: Fernsehen und Bildung, 1/80, S. 102 – 112.

Waters, Malcom (1995): Globalization, London/New York: Routledge.

Watzlawick, Paul/Beavin, Janet H./Jackson, Don D. (1969): Menschliche Kommunikation: Formen, Störungen, Paradoxien. Bern, Stuttgart, Wien: Hogrefe.

Wedel, Janet M. (1975): „Ladies, We've Been Framed. Observations on Erving Goffman's ‚The Arrangement between the Sexes'", in: Theory and Society 5, S. 113 – 125.

Wehner, Christa (1996): Überzeugungsstrategien in der Werbung. Eine Längsschnittanalyse von Zeitschriftenanzeigen des 20. Jahrhunderts, Studien zur Kommunikationswissenschaft, Bd. 14, Opladen: Westdeutscher Verlag.

Weinberg, Peter (1992): Erlebnismarketing, München: Vahlen.

Weiß, Johannes (2003): „Der Herr als Kammerdiener, der Kammerdiener als Schwein", in: Jürgen Link, Thomas Loer, Hartmut Neuendorff (Hrsg.): ‚Normalität' im Diskursnetz soziologischer Begriffe, Heidelberg: Synchron Wissenschaftsverlag der Autoren, S. 219 – 229.

Weisser, Michael (1981): Die Frau in der Reklame. Bild- und Textdokumente aus den Jahren 1827 – 1930, Münster: Coppenrath.

West, Candance/Zimmerman, Don (1987): Doing Gender, in: Gender and Society, Jg. 1, H. 2, S. 125 – 151.

Wetzstein, Thomas A./Steinmetz, Linda/Reis, Christa/Eckert, Roland (1993): Sadomasochismus. Szenen und Rituale. Reinbek: Rowohlt.

Willems, Herbert (1994): Psychotherapie und Gesellschaft, Opladen: Westdeutscher Verlag.

Willems, Herbert (1996): „Goffmans qualitative Sozialforschung. Ein Vergleich mit Konversationsanalyse und Strukturaler Hermeneutik", in: Zeitschrift für Soziologie, 25. Jg., H. 6, S. 438 – 455.

Willems, Herbert (1997): Rahmen und Habitus. Zum theoretischen und methodischen Ansatz Erving Goffmans: Vergleiche, Anschlüsse und Anwendungen, Frankfurt am Main: Suhrkamp.

Willems, Herbert (1997a): „Rahmen, Habitus und Diskurse: Zum Vergleich soziologischer Konzeptionen von Praxis und Sinn", in: Berliner Journal für Soziologie, Bd. 7, H. 1, S. 87 – 107.

Willems, Herbert/Jurga, Martin (Hrsg.) (1998): Inszenierungsgesellschaft, Opladen: Westdeutscher Verlag.

Willems, Herbert (1998a): „Inszenierungsgesellschaft? Zum Theater als Modell, zur Theatralität von Praxis", in: Willems, Herbert/Jurga, Martin (Hrsg.): Inszenierungsgesellschaft. Ein einführendes Handbuch, Opladen: Westdeutscher Verlag, S. 23 – 81.

Willems, Herbert/Hahn, Alois (Hrsg.) (1999): Identität und Moderne, Frankfurt am Main: Suhrkamp.

Willems, Herbert/Kautt, York (1999): „Korporalität und Medialität: Identitätsinszenierungen in der Werbung", in: Willems, Herbert/Hahn, Alois (Hrsg.): Identität und Moderne, Frankfurt am Main: Suhrkamp, S. 298 – 362.

Willems, Herbert (2000): „Erving Goffmans Forschungsstil", in: Flick, Uwe/von Kardorff, Ernst/Steinke, Ines (Hrsg.): Qualitative Forschung – Ein Handbuch, Hamburg: Rowohlt, S. 42 – 51.

Willems, Herbert (2001): „Medienkultur. Zu einigen Formen und Aspekten der Entertainisierung der Massenmedien – Von der ‚Wetterkarte' bis zu ‚Big Brother'", in: kultuRRevolution. Zeitschrift für angewandte Diskurstheorie, Nr. 41/42, S. 63 – 72.

Willems, Herbert (Hrsg.) (2002): Die Gesellschaft der Werbung, Wiesbaden: VS.

Willems, Herbert/Kautt, York (2003): Theatralität der Werbung. Theorie und Analyse massenmedialer Wirklichkeit: Zur kulturellen Konstruktion von Identitäten, Berlin: De Gruyter.

Willems, Herbert (Hrsg.) (2008): Weltweite Welten. Internet-Figurationen aus wissenssoziologischer Perspektive, Wiesbaden: VS.

Willems, Herbert (Hrsg.) (2009a): Theatralisierung der Gesellschaft. Bd. 1: Soziologische Theorie und Zeitdiagnose, Wiesbaden: VS.

Willems, Herbert (Hrsg.) (2009b): Theatralisierung der Gesellschaft. Bd. 2: Medientheatralität und Medientheatralisierung, Wiesbaden: VS.

Willems, Herbert (2012): Synthetische Soziologie. Idee, Entwurf und Programm, Wiesbaden: VS.

Willems, Marianne (2000a): „Wider die Kompensationsthese. Zur Funktion der Genieästhetik der Sturm-und Drang-Bewegung", in: Euphorion. Zeitschrift für Literaturgeschichte 94, H. 1, S. 1–41.

Willis, Paul (1991): Jugend-Stile. Zur Ästhetik der gemeinsamen Kultur, Hamburg/Berlin.

Winter, Carsten (2000): „Kulturwandel und Globalisierung. Eine Einführung in die Diskussion", in: Robertson, Caroline Y./Winter, Carsten (Hrsg.): Kulturwandel und Globalisierung, Baden-Baden: Nomos, S. 13–73.

Witt, Franz-Josef/Witt, Klaus (1990): „Irritationswerbung", in: Planung und Analyse, 17. Jg., H. 4, S. 132–135.

Worth, Sol (1976): Introduction to Erving Goffman's Gender Advertisements, in: Studies in the Anthropology of Visual Communication, Vol. 3, Nr. 2, S. 65–68.

Wouters, Cas (1979): „Informalisierung und der Prozeß der Zivilisation", in: Gleichmann, Peter/Goudsblom, Johan/Korte, Hermann (Hrsg.): Materialien zu Norbert Elias' Zivilisationstheorie, Frankfurt am Main: Suhrkamp, S. 279–298.

Wouters, Cas (1999): Informalisierung. Norbert Elias' Zivilisationstheorie und Zivilisationsprozesse im 20. Jahrhundert. Wiesbaden: VS.

Würtz, Stefanie/Eckert, Roland (1998): „Aspekte modischer Kommunikation", in: Willems, Herbert/Jurga, Martin (Hrsg.): Inszenierungsgesellschaft. Ein einführendes Handbuch, Opladen: Westdeutscher Verlag, S. 177–190.

Ziehe, Thomas (1998): „Jugendlichkeit und Körperbilder", in: Kemper, Peter/Langhoff, Thomas/Sonnenschein, Ulrich (Hrsg.): ‚but I like it'. Jugendkultur und Popmusik, Stuttgart: Reclam, S. 131–138.

Zurstiege, Guido (1998): Mannsbilder – Männlichkeit in der Werbung. Eine Untersuchung zur Darstellung von Männern in der Anzeigenwerbung der 50er, 70er und 90er Jahre, Opladen: Westdeutscher Verlag.

Zurstiege, Guido (2002): „Die Gesellschaft der Werbung. Was wir beobachten, wenn wir die Werbung beobachten, wie sie die Gesellschaft beobachtet", in: Willems, Herbert (Hrsg.): Die Gesellschaft der Werbung, Wiesbaden: VS, S. 121–138.

Anhang

Schlüsselbegriffe und Schlüsseltheorien einer Soziologie der Geschlechter

Vorbemerkung

Im Folgenden sind in alphabetischer Reihenfolge Schlüsselbegriffe und Schlüsseltheorien und damit auch Schlüsselthemen der vorliegenden ‚geschlechtersoziologischen' Untersuchungen (beider Bände) zusammengestellt – jeweils mit kurzen, teils eher definitionsartigen, teils eher argumentativen Erläuterungen und einigen weiterführenden Überlegungen sowie Literaturhinweisen. Es geht damit nicht nur in einer Art Glossar um eine Auflistung und Explikation von verwendeter Terminologie, sondern auch um die Markierung zentraler begrifflich-theoretischer Zusammenhänge. Wir stützen uns auf sie in der Annahme, dass sie zwar mehr oder weniger unterschiedlich und teilweise heterogen veranlagt, aber auch prinzipiell komplementär, integrationsfähig und vor allem spezifisch ‚empirietauglich' sind. Im Wesentlichen handelt es sich bei diesem begrifflich-theoretischen Katalog und Instrumentarium um klassische Bestände der Soziologie, insbesondere solche, die als Wissenssoziologie oder Kultursoziologie firmieren. Dafür steht eine lange Reihe von (Klassiker-)Namen, die von Norbert Elias bis Gerhard Schulze, von Helmut Schelsky bis Pierre Bourdieu, von Erving Goffman bis Niklas Luhmann reicht.

Schlagwortartige begrifflich-theoretische Querverweise machen jeweils auf entsprechende inhaltliche Zusammenhänge, Vergleichbarkeiten und Anschlussfähigkeiten/Komplementaritäten aufmerksam, so dass sich ansatzweise eine Art Netzwerk soziologischer Beschreibungs- und Deutungsmittel abzeichnet. Hier und aus den vorliegenden Untersuchungen sollen damit auch Elemente, Komponenten und Umrisse einer Soziologie der Geschlechter ersichtlich werden, die auf der Grundlage ‚allgemeiner Soziologie' mit einer Vielfalt von Perspektiven eine Vielfalt von sachlichen Aspekten aufzuklären vermag.

Diesem Ansatz liegt die Annahme zugrunde, dass die ‚Kategorie Geschlecht' bzw. die Realität der Geschlechter und der Geschlechtlichkeit keinen irgendwie ontologischen oder methodologischen Sonderstatus besitzt, aber einen eigentümlichen Charakter hat. Einerseits ist diese ‚Kategorie' offensichtlich von fundamentaler und universeller Bedeutung. Es gibt sie seit jeher und überall, epochen-, gesellschafts-, gruppen- und kulturenübergreifend. Andererseits erscheint sie höchst (und zunehmend) variabel und relativ, sozial/kulturell/historisch bedingt und mit allem Sozialen/Kulturellen mannigfaltig verwoben. Der entsprechend „vertrackten" Verfassung (Gildemeister/Hericks 2012) dieser ‚Kategorie' gerecht zu werden bedarf unseres Erachtens vor allem „theoretisch-empirischer" (Elias) Forschungsarbeit auf der Grundlage der begrifflich-theoretischen Möglichkeiten der ‚allgemeinen Soziologie'. Sie sind Gegenstand der folgenden Überlegungen, die auch um einige exemplarische Veranschaulichungen bemüht sind.

https://doi.org/10.1515/9783111168906-023

Anthropologie

Sozialwissenschaften/Soziologie haben es, zumindest soweit sie es mit Menschen als konkreten ‚Lebewesen' zu tun haben, immer auch mit Grundannahmen über das ‚Wesen' des Menschen – also Anthropologie – zu tun und müssen damit ihre Fragen, z. B. Geschlechter- und Geschlechtlichkeitsfragen, auch als Fragen nach ‚biologischen' Aspekten bzw. als ‚biologische' Fragen stellen. Diese richten sich auf ein breites Spektrum von Tatsachen oder Tatsachenunterstellungen: ‚Instinkte' oder ‚Instinktreste', ‚Triebe', ‚Triebstärken', körperliche Ausdrucksformen, Intelligenz usw.

Man kann davon ausgehen, dass es eine ‚Biologie' des Menschen und auch eine ‚Biologie' (oder ‚Biologien') der Geschlechter gibt, aber es gibt *keine reine* ‚Biologie' des Menschen oder der Geschlechter. Das Biologische ist immer schon das Biologische im Sozialen/Kulturellen, also Historischen, und es wird stets unter sozialen/kulturellen Bedingungen wahrgenommen, interpretiert, ‚konstruiert'. Die seit etwa der Mitte des vorigen Jahrhunderts gängig gewordene Unterscheidung zwischen dem ‚biologischen Geschlecht' (‚sex') und dem ‚sozialen Geschlecht' (‚gender') ist insofern irreführend, wenn sie die Trennbarkeit des Biologischen vom Sozialen/Kulturellen suggeriert (vgl. Ayaß 2008, S. 11–14). Prinzipiell ist hier eine Art Dialektik zu unterstellen, die auf der Ebene der konkreten Menschen sowohl ‚reine' Natur als auch ‚reine' Kultur/Sozialität ausschließt. Oder man geht wie Helmut Schelsky mit Margaret Mead so weit, „das Biologische und Kulturelle als untrennbar bereits in der Humanbiologie zu behaupten" (Schelsky 1955, S. 17).

Prinzipieller Konsens herrscht unter den anthropologisch einschlägigen Klassikern von der Psychoanalyse (Freud) über die ‚Philosophische Anthropologie' (Scheler, Gehlen, Plessner) bis zur soziologischen Zivilisationstheorie (Elias, Foucault u. a.), dass sich der (entwickelte) Mensch durch eine mehr oder weniger hochgradige Unbestimmtheit seiner körperlichen Natur und *durch* seine körperliche Natur auszeichnet. Mehrheitlich betont wird die relative natürliche „Unspezialisiertheit", „Plastizität", „Instinktarmut" und „Weltoffenheit" (Gehlen, Scheler, Plessner) und damit vor allem die Fähigkeit und Gezwungenheit

des Menschen, in allen Dimensionen seines Verhaltens und Seins zu *lernen* und so Natur durch Kultur zu ersetzen und zu überbieten: durch Sprache, Technik, Wissen, Gewohnheiten, Rituale, Religion usw. (vgl. Hahn 1972). Auch das Geschlecht, die Geschlechter und die Geschlechtlichkeit (Erotik und Sexualität) sind in diesem Sinne zu verstehen: als kontingente kulturelle Tatsachen, als Funktionen von Kulturen und als Resultate von *Lernprozessen*, die kulturspezifisch und höchst unterschiedlich ausfallen.

Allerdings besteht in diesem Zusammenhang in den diversen einschlägigen Diskursen seit jeher und bis heute auch ein erhebliches Maß an Uneinigkeit, Unsicherheit und Unklarheit – in einem Spektrum zwischen eher ‚biologiezentrierten' Positionen wie der Freudschen Anthropologie (Instinkte, Triebe, Triebdynamik etc.) und eher ‚kulturalistischen' Anthropologien wie der Arnold Gehlens oder auch aktueller ‚Gender Studies', die radikal konstruktivistische bzw. dekonstruktivistische Positionen vertreten. Die „AnhängerInnen der Dekonstruktion [...] setzen die Performanz des sozialen Geschlechts als so zentral, dass auch das biologische Geschlecht von dieser Performanz gestaltet wird" (Kotthoff 1994, S. 163). Insgesamt ist die Frage der menschlichen (Geschlechter-)‚Biologie' bis heute ein besonderes Einschätzungsproblem und eine besondere Herausforderung für jegliche sozialwissenschaftliche Forschung und insbesondere für die ‚Geschlechterforschung'. So nimmt auch die radikal konstruktivistisch bzw. dekonstruktivistisch argumentierende Judith Butler an, dass „die Geschlechterdifferenz weder völlig gegeben noch völlig konstruiert, sondern beides ist. Die Frage nach dem Verhältnis von Biologischem und Kulturellem müsse immer wieder gestellt werden, eine endgültige Antwort sei aber nicht zu erwarten" (Meuser 2008, S. 633).

Im Unterschied und Gegensatz zu den Sozialwissenschaften/Geisteswissenschaften haben Naturwissenschaften wie die Biologie und naturwissenschaftlich orientierte Disziplinen wie die Medizin sich nicht nur mit Fragen der ‚Natur' oder ‚Natürlichkeit' des Menschen bzw. der Geschlechter beschäftigt, sondern diese ‚Fragen' überhaupt primär oder exklusiv als ‚Naturfragen' gestellt und zu beantworten versucht (vgl. Meuser 2008, S. 632; Gildemeister/Hericks 2012). Hier findet man seit jeher und bis heute Formen von mehr oder weniger reinem Naturalismus/Biologismus. Die naturwissenschaftliche bzw. biologische Sicht der Dinge hat die sozialwissenschaftliche/soziologische Geschlechterforschung allerdings in wesentlichen Punkten wie der Frage der „Zweigeschlechtlichkeit" kaum irritiert oder verändert. Diesbezüglich stellt Michael Meuser zusammenfassend fest: „Die Suche nach einer biologischen Fundierung der binären Geschlechterunterscheidung setzt bei jeder Entwicklung der humanbiologischen Forschung aufs Neue an – und wird mit großer Regelmäßigkeit immer wieder enttäuscht" (Meuser 2008, S. 635).

Im Bereich der Sozialwissenschaften war insbesondere die Ethnologie (‚Völkerkunde') schon früh anthropologisch maßgebend und grundlegend. Sie hat die Kulturspezifität, die Historizität und Variabilität des Geschlechter- und Geschlechtslebens dramatisch aufgezeigt und ist mit ihren entsprechenden Berichten über fremder ‚Völker' auch in allgemeines ‚Bildungswissen' eingegangen (vgl. z. B. Ayaß 2008, S. 106 ff.). Die Ethnologie ist damit nicht nur anthropologisch aufschlussreich gewesen, sondern hat auch wirklichkeitswirksame Aufschlüsse über ‚naive Anthropologien' gegeben (siehe Deutungsmuster, Kosmologie).

In der Soziologie und in anderen sozialwissenschaftlichen Disziplinen herrscht – bei aller Unterschiedlichkeit im Verständnis der ‚Biologie' des Menschen – weitgehender Konsens darüber, dass es zwar gewisse lebenspraktisch relevante biologische Unterschiede zwischen den Geschlechtern gibt, dass diese Unterschiede jedoch – jedenfalls in *modernen* Gesellschaften – kaum soziale Konsequenzen größerer Art notwendig implizieren. So stellt Erving Goffman fest (wenn auch in puncto ‚Natur' sachlich nicht erschöpfend): „Aufgrund ihrer biologischen Gestalt können Frauen Kinder gebären, Kinder stillen und menstruieren, Männer jedoch nicht. Zudem sind Frauen im Durchschnitt kleiner, haben leichtere Knochen und weniger Muskeln als Männer. Etwas organisatorischer Aufwand wäre nötig, wenn auch unter modernen Bedingungen nicht allzu viel, wollte man spürbare soziale Folgen dieser körperlichen Gegebenheiten verhindern" (Goffman 1994b, S. 106). Auch Norbert Elias macht Annahmen dieser Art. Insbesondere setzt er als „‚anthropologische' Vorannahme (...) eine physische Überlegenheit von Männern gegenüber Frauen *voraus*" (Gildemeister/Hericks

2012, S. 229) – womit allerdings nur Durchschnittswerte in puncto Körpergröße und Körperkraft (Muskulatur) gemeint sind. Elias deutet und relativiert diese Tatsache aber auch im Rahmen seiner (Zivilisations-)Theorie und zeigt, unter welchen historischen Bedingungen sich die soziale/kulturelle Bedeutung relativer physischer Schwäche oder Überlegenheit (von Männern) wandelt bzw. auflöst.

Für unsere Untersuchungen und für jede Soziologie der Geschlechter sind derartige anthropologische Prämissen ebenso bedeutsam wie jene ‚naiven' Geschlechter-Anthropologien im Gegenstandsbereich. Diese bestehen und fungieren sowohl im (habituellen) Alltagswissen wie in diversen Medienbereichen, die jenes Alltagswissen teilweise kopieren und in ihren jeweiligen Rahmen auch eigene ‚geschlechteranthropologische' Vorstellungen produzieren und reproduzieren. Solche Konstrukte und Konstruktionen sind Momente der Realität der Geschlechter und Generatoren dieser Realität. In diesem Zusammenhang ist auch die gängige anthropologische Vorstellung der Sozialwissenschaften/Soziologie von systematischer Bedeutung, dass die evolutionär und historisch weitgehend verlorene ‚erste Natur' des Menschen und der Geschlechter von einer ‚zweiten Natur' mit einer ähnlichen Effektivität und Funktionalität abgelöst worden ist (siehe Sozialisation, Zivilisation, Habitus).

Bühnen

Das traditionsreiche und in gewisser Weise überhistorische Bühnenmodell der Soziologie und die zugehörige Rollentheorie (siehe Rolle, Geschlechtsrolle) scheinen als Beschreibungsmittel moderner Gesellschaften, Kulturen und Lebenswelten heute angemessener denn je zu sein. Mehr denn je, für mehr Akteur/-innen denn je und im Prinzip geschlechterübergreifend spielt sich das heutige Leben regelmäßig auf Bühnen oder Quasi-Bühnen ab, auf Plätzen, die dazu geeignet sind oder dazu errichtet worden sind, Inhalte, Sachen oder Personen gegenüber einem Publikum darzustellen (siehe Theatralität/Theatralisierung). Der Begriff der Bühne, der in der modernen Soziologie am elaboriertesten von Goffman (1969) entwickelt wurde, hat also im Alltagsleben jedermanns eine kaum zu übersehende Korrespondenz und bietet auch einen Zugang zur Realität der Geschlechter. Deren Differenz macht auch in diesem Zusammenhang Unterschiede, auch wenn heutige (Quasi-)Bühnen im Prinzip oder sogar im Normalfall beide Geschlechter inkludieren.

Goffman hat mit seinem Theatermodell (1969) auch eine Art Sozialökologie vorgelegt, die ‚geschlechtersensibel‘ mit dem Bühnenbegriff arbeitet (siehe Raum). Schon in diesem Rahmen, dann auch in seinen späteren Arbeiten (vgl. z.B. 1973a; 1974), unterscheidet er Orte und Örtlichkeiten („Regionen“, „Vorderbühnen“ und „Hinterbühnen“), die teilweise an institutionelle Sinngrenzen gebunden sind, aber auch auf kompetente, flexible und mit Urteilskraft ausgestattete (Inter-)Akteur/-innen verweisen, die sich an Grenzen orientieren, durch Grenzen steuern und Grenzen handhaben. Ein ‚dramatologisches‘ Beispiel kann dies und eine bedeutsame Differenz(ierung) der sozialen ‚Bühnen‘ veranschaulichen: „In amerikanischen Städten kann man sehen, wie Photomodelle in dem Kleid, in dem sie photographiert werden sollen, vorsichtig durch die vornehmsten Straßen eilen, ohne auf ihre Umgebung zu achten; die Hutschachtel in der Hand, die Frisur durch ein Netz geschützt, wollen sie keinen Effekt erzeugen, sondern sich in Ordnung halten, solange sie auf dem Weg zur Gebäudekulisse sind, vor der ihre wirkliche, photographische Darstellung stattfindet“ (Goffman 1969, S. 117). Ob es sich bei einem Ort oder Platz um eine Bühne handelt und um welche Art von Bühne (Vorderbühne, Hinterbühne), hängt also vom Bezugsrahmen einer bestimmten Aufführung (Vorstellung, Performance) ab. Grundsätzlich muss „beachtet werden, daß wir, wenn wir von Vorder- und Hinterregionen sprechen, immer vom Bezugspunkt einer bestimmten Darstellung ausgehen, und von ihrer Funktion, die sie zum Zeitpunkt der Darstellung hat“ (Goffman 1969, S. 117).

Dementsprechend kommt es im Alltagsleben auch auf ein praktisches Wissen vom (sozialen) Raum als Sinn-Raum an sowie auf eine habituelle Grundkompetenz, die darin besteht, räumliche Grenzen zu identifizieren, aus Materialien zu formen und zu manipulieren. In diesem Zusammenhang beschreibt Goffman eine generalisierte (habituelle) *Geschicklichkeit* in der Auffassung und Handhabung von Rahmen (Sinngrenzen) einerseits und materiellen ‚Rahmenbedingungen‘ an-

dererseits (siehe Rahmen, Modul/Modulation). „Ein (...) Beispiel (...) kann man in ‚Mauerspielen‘ sehen, wobei Schulkinder, Sträflinge, Kriegsgefangene oder Geisteskranke bereit sind, eine einengende Mauer als Teil des Bretts umzudefinieren, auf dem das Spiel gespielt wird, ein Brett, das von speziellen Spielregeln und nicht aus Mauern und Ziegeln gebildet wird. Nach Batesons zutreffendem Ausdruck legen Spiele einen ‚Rahmen‘ um eine Flut von Ereignissen und bestimmen die Art von ‚Sinn‘, der allem innerhalb des Rahmens zugemessen wird“ (Goffman 1973, S. 22 f.).

Die mit diesem Verständnis von Sinn-Raum, Raum-Sinn und Raum-Kompetenz (Urteilsfähigkeit, Kreativität) verbundene Theaterbegrifflichkeit, speziell die ‚sozialökologischen‘ Begriffe Vorder- und Hinterbühne, sowie die entsprechende Konzeption von Handlungsstrategien (Geheimnis, Lüge, Idealisierung, Mystifikation usw.) sind von allgemeiner soziologischer und auch geschlechtersoziologischer Bedeutung (siehe Raum, Skript). Schließlich war und ist die Sozial- und Kulturgeschichte der Geschlechter und der Geschlechtlichkeit auch eine Geschichte des Raumes und der Räume, der Verräumlichung und Enträumlichung und damit auch der Bedingungen von Performanzen. Diesbezüglich ist natürlich schon lange nicht nur an die alltägliche Lebenswelt, sondern auch an Kommunikationsmedien und an die ‚pragmatischen‘ und fiktionalen Welten der verschiedenen Medienbereiche zu denken, die auch als Bühnen verstanden werden können (vgl. Band 1 und 2).

Deutungsmuster

Der Deutungsmusterbegriff ist zunächst ein eher diffuser praktischer Begriff, dann aber auch ein *wissenssoziologisch* verstandener und entworfener Begriff, den Ulrich Oevermann zu einem eigenen Ansatz, ja einer eigenen „Soziologie“ ausgearbeitet hat.

Oevermanns „Soziologie der sozialen Deutungsmuster“ (vgl. 2001) unterstellt und zielt auf implizite Kognitionsstrukturen und kollektive Vorstellungen mit einem quasi – theoretischen Charakter. Deutungsmuster sind kognitive „Routinen, die sich in langer Bewährung eingeschliffen haben und wie implizite Theorien verselbständigt operieren, ohne dass jeweils ihre Geltung neu bedacht werden muß" (Oevermann 2001, S. 38). Unter Deutungsmustern sind also nicht bloß partikulare Vorstellungen, Definitionen, Images, Meinungen oder Einstellungen zu einem bestimmten ‚Thema' zu verstehen, sondern spezifisch kohärente, nach Konsistenzprinzipien strukturierte (Sinn-)Zusammenhänge von Annahmen, ‚Axiomen' und ‚Argumenten' (siehe Rahmen, Kosmologie, Semantik, Diskurs, Mentalität). Die Bandbreite der damit gemeinten Sinngebilde reicht von dem Konstrukt der Leistungsgesellschaft über Alltagstheorien von Krankheit bis hin zu Konstrukten wie Männlichkeit oder Mutterliebe. Mit seinem Deutungsmusteransatz intendiert und liefert Oevermann also eine Art Alltagswissenssoziologie, die auch Aspekte der Wirklichkeit und Wirklichkeitskonstruktion der Geschlechter erfasst (vgl. z.B. Meuser 2006).

Ein hohes Maß an Übereinstimmung oder Ähnlichkeit besteht zwischen dem Deutungsmusteransatz und dem Habituskonzept (siehe Habitus). Oevermanns Begriff des Deutungsmusters schließt ausdrücklich an den Begriff der „Habitusformation" an, erinnert aber auch an den Begriff der Gewohnheit bzw. Gewohnheitsbildung (siehe Gewohnheit). Unter dem Titel Habitusformation fasst Oevermann „jene tiefliegenden, als Automatismus außerhalb der bewußten Kontrollierbarkeit operierenden und ablaufenden Handlungsprogrammierungen zusammen, die wie eine Charakterformation das Verhalten und Handeln von Individuen kennzeichnen und bestimmen. Sie gehören gewissermaßen zu einem Individuum wie ein Charakter und lassen sich von ihm nicht mehr trennen und wegdenken" (2001, S. 45). Der Deutungsmusteransatz relativiert also die Handelnden als ‚Subjekte' und unterstellt ihnen eine ‚zweite Natur' in der Form von habituellen Dispositionen, die gleichsam instinktiv steuern oder vorprogrammieren. Diese Dispositionen werden nach Oevermann wie auch nach Bourdieu und anderen Habitustheoretikern in „der milieugebundenen Sozialisation erworben und tief im Verhaltensrepertoire verankert, so tief, dass eine vollständige Abkehr von ihnen so gut wie unmöglich ist" (Oevermann 2001, S. 46). Wie Habitus sind und operieren Deutungsmuster „unbewußt, ‚schweigend'" (Oevermann 2001, S. 46), unterhalb der Ebene des „diskursiven Bewußtseins" (Giddens). Und wie Habitus oder „Gewohnheitsapparaturen" (Elias 1980, Bd. 2) strukturieren und sichern Deutungsmuster auf diese Weise praktische und praxisspezifisch angemessene Alltagsperspektiven, Alltagsplausibilitäten und Normalitätsverständnisse. Deutungsmuster teilen mit Habitusformationen also „etwas Wesentliches: Ebenso wie diese [...] erzeugen sie ein vergleichsweise scharf geschnittenes Urteil der Angemessenheit, ohne dass dessen Gründe vom so urteilenden Subjekt auf Befragen expliziert werden könnten" (Oevermann 2001, S. 46).

Es liegt nahe, hier auch einen Ansatz zum Verständnis von Medienrezeptionen und Medienkulturen zu sehen, z.B. der von uns untersuchten Medienerzeugnisse der Unterhaltung oder Werbung (vgl. Band 1 und 2). Ja derartige Kulturprodukte implizieren und performieren immer auch Deutungsmuster, denen ein entsprechendes Wissen und Verstehen auf der Seite der Rezipienten bzw. Konsumenten entspricht und entsprechen muss (siehe Medienkultur, kulturelle Foren, Semantiken).

Diskurse

In den diversen Bereichen der modernen Sozial- und Kulturforschung bis hin zur ‚Geschlechterforschung' und auch in der Reihe der sozialwissenschaftlichen/soziologischen Ansätze, die Zugänge zu den historischen Realitäten und Realitätskonstruktionen der Geschlechter und der Geschlechtlichkeit suchen, spielt Michel Foucaults Diskurstheorie eine vielseitige und prominente Rolle. Sie ist in den verschiedenen Disziplinen der Geistes- und Sozialwissenschaften (von der Philosophie bis zur Literaturwissenschaft) rezipiert und interpretiert worden und war ihrerseits Anlass und Gegenstand ‚wuchernder' Diskurse und verschiedener Theoriebildungen (siehe z.B. Normalismus).

Foucault versteht unter dem Terminus Diskurs grundsätzlich „eine Menge von Aussagen, die einem gleichen Formationssystem zugehören" (Foucault 1973a, S. 156). Eine Kommunikation ist Aussage „unter der Bedingung, daß sie als Resultat einer spezifischen ‚diskursiven' Praxis beschreibbar ist" (Kammler 1990, S. 38). Gegenständlicher Ausgangspunkt Foucaults ist die Differenz zwischen den Varianten des „allgemeinen Diskurses", d.h. den „vergänglichen" Diskursen des Alltagslebens (dem Klatsch, der Unterhaltung zwischen Tür und Angel usw.), und den „speziellen Diskursen",

d. h. „Mengen von Aussagen", die eine „materielle Existenz" (Foucault 1973a, S. 145) besitzen.

Diese Diskurse bilden den Schwerpunkt des theoretischen und analytischen Interesses von Foucault, dem es nicht nur um Kommunikation und Sprache, sondern auch um deren soziale Strukturen und Strukturierungen, Grenzen und Reglementierungen, Schematisierungen und Kontrollen geht. ‚Sozial' heißt dabei vor allem Wissen und Macht und heißen Verhältnisse zwischen Wissen und Macht, die sich insbesondere mit und in Institutionen aufbauen und entfalten. Damit liegt auch die Nähe der Diskurstheorie und der Diskursanalyse zur Wissenssoziologie und zu Konzepten wie Deutungsmuster, Semantik, Kosmologie und Ideologie auf der Hand. Die Diskursanalyse muss auch soziale Wissens- und Sinnanalyse sein, und sie will auch Ideologieanalyse sein und z. B. die „in der Sprache angelegte Macht der Ideologie" aufdecken (Parker 2000, S. 551).

Mit anderen klassischen Ansätzen der modernen Soziologie (von Elias bis Sennett oder Luhmann) teilt Foucault vor allem ein *wissenssoziologisches* Erkenntnisinteresse und eine grundsätzlich historische Ausrichtung. Für Foucault sind Diskurse und Eigenschaften von „Diskurstypen" „durch und durch historisch" (Foucault 1973a, S. 170). Der Diskurs erscheint als „Fragment der Geschichte, Einheit und Diskontinuität in der Geschichte selbst, und stellt das Problem seiner eigenen Grenzen, seiner Einschnitte, seiner Transformationen, der spezifischen Weisen seiner Zeitlichkeit" (Foucault 1973a, S. 170). Die „Instanzen der diskursiven Produktion" zu analysieren muss für Foucault heißen, die „Geschichte dieser Instanzen und ihrer Transformationen" zu schreiben (Foucault 1977a, S. 22 f.).

Foucault (1977c, S. 16) geht es insbesondere um die Diskurse, die „am Ursprung anderer Sprechakte stehen, die sie wiederaufnehmen, transformieren oder besprechen – also jene Diskurse, die über ihr Ausgesprochenwerden hinaus *gesagt sind*, gesagt bleiben und noch zu sagen sind. Wir kennen sie in unserem Kultursystem: es sind die religiösen und die juristischen Texte, auch die literarischen Texte mit ihrem so merkwürdigen Status, bis zu einem gewissen Grade die wissenschaftlichen Texte" (1977c, S. 16). Sie verweisen auf Prozesse der sozialen und kulturellen Durchdringung und Differenzierung bzw. Ausdifferenzierung institutionel-ler Bereiche und Felder (siehe soziale Differenzierung, Figuration, Feld, Semantik). So konstatiert Foucault eine Differenzierung von (Spezial-)Diskursen, die Themen wie den ‚Sex' sowohl als solche generieren als auch je besonders ‚verwirklichen': eine „Vielheit von Diskursen über den Sex [...] Produkte einer Serie von Apparaten, die innerhalb verschiedener Institutionen funktionieren. Das Mittelalter hatte um das Thema des Fleisches und die Praktik der Beichte einen weitgehend einheitlichen Diskurs organisiert. Im Laufe der letzten Jahrhunderte ist diese relative Einheit zerlegt, verstreut und vermehrt worden durch eine Explosion verschiedener Diskursivitäten, die in der Demografie, der Biologie, der Medizin, der Psychiatrie, der Psychologie, der Moral, der Pädagogik und der politischen Kritik Gestalt angenommen haben" (Foucault 1977a, S. 47).

Der ‚Sex' und die polymorphe *Thematisierung* des Sexes, sei sie mündlicher oder/und schriftlicher Art, hat für Foucault zentrale zivilisations- und mentalitätsgeschichtliche Bedeutungen, und allein diese Tatsache und Foucaults Fokussierung jenes ‚Themas' macht ihn auch zu einer unübersehbaren und unübergehbaren Schlüsselfigur der Soziologie der Geschlechter und der Geschlechtlichkeit. Dabei reicht die Diskurstheorie/Diskursanalyse bis zur Ebene des ‚allgemeinen Diskurses' mit ihren „frevlerischen Diskursen" (Foucault) und bis zu ‚frevlerischen' Spezialdiskursen wie der von uns untersuchten Pornografie.

Jede spezifische „'diskursive Praxis'", z. B. die einer ‚hohen' Literatur, impliziert Foucault zufolge eine „Gesamtheit von anonymen, historischen, stets im Raum und in der Zeit determinierten Regeln, die in einer gegebenen Epoche und für eine gegebene soziale, ökonomische, geografische oder sprachliche Umgebung die Wirkungsbedingungen der Aussagefunktion definiert haben" (Foucault 1973a, S. 171). Diskurse beinhalten, bedingen oder bestimmen äußere und innere Grenzziehungen, *Zensuren* und *Rituale* und *Kanonisierungen*, die z. B. bestimmte Texte als besonders wertvoll oder heilig herausstellen. Mit dem Begriff des Diskurses bzw. der Diskursordnung sind also auch Verständnisse, Regelungen und Regulierungen von Wirklichkeit und Unwirklichkeit, Wahrheit und Unwahrheit, Vernunft und Wahnsinn, Legitimität und Illegitimität verbunden. Sie verweisen auf Verhältnisse von Macht, Autorität und sozialer

Kontrolle. Foucault spricht von den „Regeln einer diskursiven ‚Polizei'" (1977c, S. 25).

Diskurstheorie und Diskursanalyse sind damit – als theoretische und analytische Perspektive und als Begrifflichkeit (mit Konzepten wie Macht, Disziplin, Diskursordnung, Diskurstyp, Diskursritual, Kanon, Zensur und Dispositiv) auch Schlüssel zu den Realitäten des Geschlechts, der Geschlechter und der Geschlechtlichkeit, die auf mannigfaltige Weise mit Diskursen aller Art zu tun haben, in Diskursen bestehen und aus ihnen entstehen. Das schließt auch die diversen modernen und hypermodernen Spezialdiskurse ein, die sich ‚Gender-Themen' widmen und auf verschiedenen Feldern abspielen: moralisch-politische Diskurse, Diskurse der Wissenschaft, der Populärwissenschaft, der Medizin, der Pädagogik, der Unterhaltung, der Werbung usw. (siehe Deutungsmuster, Semantik, Verwissenschaftlichung, Medienkultur).

Doing Gender

Aus verschiedenen wissenssoziologischen Perspektiven betrachtet, beruht die soziale Realität und Realitätskonstruktion der Geschlechter auf Kategorien und Deutungsmustern, die sowohl objektiv (institutionell) als auch subjektiv (habituell) verankert sind und kommunikativ/interaktiv reproduziert werden (siehe Deutungsmuster, Rahmen, Diskurs, Habitus). Im Hinblick auf die Geschlechter spricht Goffman von einem „umfassenden, geschlossenen Bündel sozialer Glaubensvorstellungen und Praktiken" (1994b, S. 106), von „dogmatischen Überzeugungen" (1994b, S. 107) und einer „fragwürdigen Lehre […] von der biologischen Festlegung" (1994b, S. 110; vgl. auch ders. 1981). Goffman greift diesbezüglich auf die Metaphorik der Religion und des (religiösen) Rituals zurück und behauptet hinsichtlich der Geschlechter, dass „wir in dieser Angelegenheit alle Priester und Nonnen sind und nur zusammenkommen müssen, damit ein anbetungswürdiger Anlaß entsteht" (1994b, S. 107). Schon diese Metaphorik macht deutlich, dass Interaktionsprozesse in ihrer Geschlechtsbezogenheit unter dem Diktat einer spezifischen symbolischen/rituellen Ordnung stehen, die einen ‚theoretischen' Sinn und ‚Geist' zur Geltung bringt. Die Geschlechter erscheinen in diesem Rahmen gleichsam als Porträts und zugleich als habituelle Porträtkünstler

und Performancekünstler, die bestimmte ‚Bilder der Geschlechter' produzieren und reproduzieren – Bilder des ‚eigenen Geschlechts' und Bilder des ‚anderen Geschlechts'. So heißt es in „Geschlecht und Werbung": „Und insofern die natürlichen Ausdrucksweisen der Geschlechter – im hier verstandenen Sinn – natürlich und expressiv sind, ist das, was sie natürlich ausdrücken, die Fähigkeit und Bereitschaft der Individuen, eine Version des Bildes von sich und ihren Beziehungen in gewissen strategischen Augenblicken zu porträtieren – also eine funktionale Übereinkunft, sich füreinander mittels gestischer Bilder von der angeblichen Realität ihrer Beziehung und der angeblichen Art ihrer menschlichen Natur darzustellen, und dem anderen ebenfalls eine solche Darstellung zu ermöglichen" (Goffman 1981, S. 36).

Goffman bezieht hier also eine in gewissem Sinn konstruktivistische Position und löst das Geschlecht und die Geschlechter in symbolisches Agieren und symbolische (Inter-)Aktionen, in symbolische Handlungen und (Ich-)Leistungen auf. Er bindet das Geschlecht an ein konkretes Tun und einen konkreten Prozess von Tätigkeiten, an allerdings nicht-beliebige symbolische Konstruktionsprozesse in einer Art von Spiel, das von Spieler/-innen gespielt wird und werden muss. Allerdings wird dieser Begriff im Rahmen der Goffmanschen Geschlechtersoziologie durch die Auffassung relativiert, dass die „menschliche Natur von Männern und Frauen" nicht nur in ihrer „Fähigkeit" besteht, „Abbilder von Männlichkeit und Weiblichkeit entwerfen und verstehen zu lernen", sondern auch in der „Bereitschaft, bei der Darstellung solcher Bilder nach einem Plan zu verfahren […] Es gibt nur einen Plan für das Porträtieren der Geschlechtszugehörigkeit" (Goffman 1981, S. 37). Das ‚soziale Geschlecht' ist bei Goffman also zwar gewissermaßen entdinglicht (entreifiziert), aber es existiert als objektiver kultureller *Entwurf*, der situativ weder hergestellt wird noch normalerweise zur Disposition steht, sondern nur ‚planvoll' dargestellt, umgesetzt, gestaltet, angepasst, moduliert wird und werden muss. Goffman spricht in diesem Zusammenhang von einem geschlechtsspezifischen „Verhaltensstil" (z.B. 1981, S. 37) und legt damit den Habitusbegriff nahe (siehe Habitus, Gewohnheit). Die Nicht-Beliebigkeit, die Bedeutung und das Gewicht dieses Verhaltensstils und des Entwurfs, den er verkörpert, sieht Goffman in der Funktion, einen sozialen „Platz" zuzuweisen und einen zugewiesenen sozialen Platz zu bestätigen und zu befestigen bzw. „Frauen auf diesen Platz fest(zu)legen" (1981, S. 37). Hier geht es also auch um eine „politische Zeremonie" und (Macht-)Funktion, wie Goffman im Anschluß an Durkheim feststellt (1981, S. 37).

Damit scheint hier auch der prominent gewordene (ethnomethodologische) Begriff des ‚doing gender‘ berechtigt (vgl. West/Zimmerman 1987). Michael Meuser reflektiert das mit doing gender gemeinte Tun, Tunmüssen und Tunkönnen und bringt es auf den Punkt: „Ein Geschlecht hat man nur, indem man es tut. Die Ethnomethodologie begreift Geschlecht als praktisch-methodische Routine-Hervorbringung (*accomplishment*), die auf einer fortdauernden Interaktionsarbeit der Handelnden beruht. Wir müssen in einer bestimmten, kulturell definierten Weise handeln und uns präsentieren, um als Frau oder Mann wahrgenommen und anerkannt zu werden. In der Beherrschung der entsprechenden Praktiken erweist sich die (geschlechtsbezogene) Handlungskompetenz der Gesellschaftsmitglieder" (Meuser 2008, S. 634).

Mit Goffman kann man dem folgen. Meuser weist in Goffmans Richtung auch darauf hin, dass nicht zuletzt situativ wahrnehmbare (und zur Wahrnehmung bringbare) habituelle ‚Äußerlichkeiten‘ und ‚Äußerungen‘ des Körpers, körperliche Haltungen und Bewegungsmuster in diesem Zusammenhang eine symbolische Rolle spielen, in der sich geschlechtsbezogene und geschlechtsspezifische Bedeutungen anzeigen. „Indem Frauen und Männer sich in [...] unterschiedlichen Weisen bewegen sowie sich generell unterschiedlicher (verbaler und nonverbaler) Praktiken bedienen, bringen sie sich immer wieder als Frauen und Männer hervor und stellen sich zugleich als solche und für die anderen erkennbar dar" (Meuser 2008, S. 634). Gerade dieses Verständnis von doing gender als Korporalität, korporale Performance und Mikroökologie kommt dem Goffmanschen Gegenstandsverständnis und dem benachbarter Ansätze nahe oder deckt sich mit ihm (siehe Habitus, Korporalität, Theatralität, Raum).

‚Doing Gender‘ spielt sich unter modernen Bedingungen allerdings zunehmend nicht nur auf der Ebene der lebensweltlichen Interaktion, sondern auch im Raum der Medien, der Diskurse und der Bilder ab, der auf jene Ebene systematisch rekur-siv und konstruktiv Bezug nimmt. Eben dieser Raum und dieser Zusammenhang zwischen lebensweltlich-interaktioneller und medialer Kultur ist zentraler Gegenstand unserer Untersuchungen und muss Gegenstand weiterer Untersuchung und Theoriebildung sein. Die Geschlechter und Geschlechtlichkeiten werden und sind jedenfalls auch in den Kulturprodukten der Medien ‚gemacht‘ – von der Kinderliteratur über die Werbung bis zur Pornografie.

Eltern-Kind-Komplex

Die traditionellen alltagsweltlichen (Interaktions-) Ritualisierungen des ‚sozialen Geschlechts‘, die als „Wegweiser der Wahrnehmung" (Goffman 1981, S. 18) auch eine „bestimmte Lesart [...] dessen, wie die Dinge wirklich sind" (Goffman 1981, S. 18), liefern oder geliefert haben (siehe Rituale, Interaktionsrituale), erscheinen bei Goffman als Elemente eines „Idioms", das sich aus bestimmten Quellen entwickelt hat: Militär, höfische Gesellschaft, Tierreich etc.

Als eine Hauptquelle der Geschlechtersymbolik bzw. der Interaktionsrituale der Geschlechter betrachtet Goffman das krass asymmetrische/komplementäre Schema der „Eltern-Kind-Beziehung": den „Eltern-Kind-Komplex in seiner Mittelschicht-Idealversion" (Goffman 1981, S. 20). Die Ritualisierungen der Geschlechterinteraktion modulieren demnach die Asymmetrien der Eltern-Kind-Beziehung, wobei die männliche Seite die Rolle der Eltern (Erwachsenen) und die weibliche die der Kinder besetzt (vgl. Goffman 1981, S. 18–28). Modulieren heißt hier, dass die ‚Ur-Bedeutungen‘ des Eltern-Kind-Komplexes in symbolischen Darstellungen modifiziert konserviert werden (siehe Rahmen, Modulation, Hyperritualisierung). Diese Darstellungen sind für Goffman Ausdruck und Inhalt, „Schatten *und* Substanz" (Goffman 1981, S. 29) einer „ganz besonderen Herrschaft" (Goffman 1981, S. 41), nämlich einer ‚männlichen Herrschaft‘, die sich in vielfältiger Gestalt „bis in die zärtlichsten, liebevollsten Momente erstreckt, offenbar ohne Spannungen zu erzeugen; ja, diese Momente können wir uns gar nicht frei von solchen Asymmetrien vorstellen" (Goffman 1981, S. 29).

Das ‚soziale Geschlecht‘ bzw. das soziale Geschlechterverhältnis verweist mit dem Eltern-

Kind-Komplex also auf eine symbolische und kosmologische Konstruktion, eine asymmetrische und asymmetrisierende Sinnfigur. Zu dieser Sinnfigur gehört die Vorstellung einer Ungleichheit der ‚wesentlichen' Kompetenzen der Geschlechter. Das weibliche Geschlecht erscheint als das in verschiedenen Hinsichten ‚schwache Geschlecht' bzw. als das – verglichen mit dem männlichen – schwächere Geschlecht; es wird auch und vor allem (aber nicht nur) für körperlich und geistig (kognitiv) schwach und unterlegen gehalten – mit Implikationen für die Art seiner Behandlung durch das ‚andere Geschlecht' und für die Beziehung und die Interaktion der Geschlechter überhaupt. Auch in puncto Selbstbeherrschung/Affektkontrolle liefert der Eltern-Kind-Komplex eine Vorlage für die Sinn- und Symbolkonstruktion der Geschlechter. Weiblichkeit heißt demnach auch emotionale Kindlichkeit: Spontaneität, ‚starke Gefühle', Gefühlsschwankungen, hemmungsloser Ausdruck, Albernheit usw.

Goffman bemerkt zu dieser Symbolik und zu dem entsprechenden „Glauben" von Männern und Frauen: „Auf beiden Seiten steht vielleicht ein nicht in Frage gestellter Glaube und eine altgewohnte Fähigkeit, ihm gemäß ohne böse Absicht oder Mangel an Spontaneität zu handeln. Und doch, kann man nicht fragen, ob es sich um ‚wirkliche' Unfähigkeit handelt oder nur um einen institutionell gestützten Glauben?" (Goffman 1977, S. 219).

Dieser ‚Glaube' und seine symbolischen (rituellen) Entsprechungen sind Hauptgegenstände der Goffmanschen Geschlechtertheorie und empirischen Analyse. Allerdings sind sie auch gesellschaftlich und historisch verortet und relativ. In den letzten Jahrzehnten sind sie offensichtlich in ‚westlichen' Gesellschaften (nicht zuletzt durch ‚soziologische Aufklärungen' wie die Goffmans) stark unter Druck geraten und scheinen mit zunehmender Geschwindigkeit zu erodieren, wenn nicht zu verschwinden. Im lebensweltlichen Alltag und in den Bereichen des medialen ‚Überbaus', wie z. B. der von uns untersuchten Literatur und Werbung, sind Klischeevorstellungen von weiblicher Schwäche und männlicher Stärke, weiblicher (kindlicher) Irrationalität und männlicher Rationalität, weiblicher Emotionalität und männlicher ‚Coolness' usw. jedenfalls nicht mehr selbstverständlicher Normalfall. Von einem völligen Verschwinden

solchen ‚Glaubens' und seiner symbolischen/interaktionsrituellen Ausdrucksformen kann allerdings bis heute auf keiner kulturellen Ebene die Rede sein.

Emotionen

Jede Wissenschaft, die es mit konkreten (‚lebendigen') Menschen und deren kulturellen ‚Spiegelungen' (etwa in Massenmedien) zu tun hat, hat es auch mit Phänomenen zu tun, die mit Begriffen wie Gefühl, Affekt, Trieb, Stimmung, Empfindung oder Laune belegt sind. Diesbezüglich fungiert Emotion oder Emotionalität sozusagen als Sammelbegriff oder Oberbegriff (vgl. Gerhards 1988). Gerade die Soziologie und auch die Soziologie der Geschlechter kommt kaum ohne einen solchen Begriff aus, zeigt doch schon die reflektierte ‚Lebenserfahrung', dass Menschen als solche mehr oder weniger stark und komplex ‚emotionalisiert' sind und dies scheinbar nicht völlig unabhängig von ihrem Geschlecht und ihrer Geschlechtlichkeit (siehe Valenz, Zivilisation). Diesbezüglich wird heute im Allgemeinen davon ausgegangen, dass selbst die Emotionen, denen ein gewisses oder hohes Maß an Körperlichkeit/Leiblichkeit oder Körpernähe zu unterstellen ist, sozial/kulturell bedingt, geprägt, ‚überformt' sind.

Offensichtlich hat man es hier auch mit bestimmten ‚allgemein-menschlichen' Emotionen zu tun, die aber, wie etwa Freude, Stolz, Furcht, Ärger, Scham, Trauer oder Verlegenheit, scheinbar auch geschlechtsspezifisch ausfallen können. Darüber hinaus werden innerhalb und außerhalb von Wissenschaften geschlechtsspezifische Emotionalitäten behauptet, wie z. B. eine besondere männliche ‚Triebstärke', Sexualität und Aggressivität, denen die Frauen angeblich mit umgekehrten Werten entsprechen. Diesem Geschlecht wird wiederum von verschiedenen Seiten eine konstitutionelle Empfindsamkeit, aber auch eine tendenziell ‚unzivilisierte' Emotionalität sowie eine ganz und gar eigene Emotionalität, wie etwa ‚Mutterliebe', attestiert. Im Anschluss an Elias kann man von einem Prozess der differentiellen und differenzierenden Zivilisation der Emotionen der Geschlechter ausgehen, ebenso aber auch von einem diesbezüglichen Prozess der ‚Verringerung der Kontraste', der Konvergenz und Entdifferenzierung der Geschlechter (vgl. Klein/Liebsch 1997).

Von zivilisatorischer und zivilisationstheoretischer Bedeutung ist auch die Rolle von Emotionen in diversen medienkulturellen Bereichen und Produkten – von Kinderfilmen über die Werbung und die ‚Erwachsenenunterhaltung' bis hin zur Pornografie mit ihrem speziellen Emotionsrepertoire. Unübersehbar ist, dass (moderne) Medienkulturen als besondere Emotionsperformatoren, Emotionsstimulatoren und Emotionsgeneratoren fungieren. Auch zum medienkulturellen ‚doing gender' gehörte und gehört offensichtlich die Performanz von Emotionen, Emotionsmustern und Emotionsstilen (siehe Habitus, Stil, Genderismus, Theatralität).

Felder

Pierre Bourdieu hat den traditionsreichen Feldbegriff zusammen mit dem Habitusbegriff und einem erweiterten Kapitalbegriff in den modernen Sozialwissenschaften prominent gemacht (siehe Habitus, Kapital). Der Feldbegriff findet sich ebenso wie der Habitusbegriff in einer vergleichbaren soziologischen Fassung aber auch schon in der Eliasschen Zivilisationstheorie. Elias verwendet ‚Feld' etwa gleichsinnig mit dem Begriff der Figuration (siehe Figuration). Mit Bezug auf Elias' figurationssoziologische Studie über die „höfische Gesellschaft" gibt Bourdieu selbst den deutlichsten Hinweis auf die enge Verwandtschaft von Feld- und Figurationskonzept: „Der Fürstenhof, so wie ihn Elias beschreibt, stellt ein eindrucksvolles Beispiel für das dar, was ich *Feld* nenne, innerhalb dessen die Akteure – wie in einem Gravitationsfeld – durch unüberwindliche Kräfte in eine fortwährende, notwendige Bewegung gezogen werden, um den Rang, den Abstand, die Kluft gegenüber den anderen aufrechtzuhalten" (Bourdieu 1989, S. 35). Bourdieu und Elias stimmen demnach darin überein, Felder als Kräftefelder zu verstehen, die über das Bewusstsein und die Subjektivität der Akteure hinausgehen bzw. ‚hinter ihrem Rücken' wirken können.

In der differenzierungs- und gesellschaftstheoretischen Fassung Bourdieus, die sich auch mit systemtheoretischen (Luhmann) und diskurstheoretischen (Foucault) Vorstellungen vergleichen lässt, sind Felder mehr oder weniger autonome, ‚eigensinnige' und eigengesetzliche Bereiche der modernen Gesellschaft: Politik, Kunst, Recht, Religion,

Sport, Wirtschaft, Wissenschaft, Bildung, Journalismus u. a. m. Der Feldbegriff ist aber, darin dem Figurationsbegriff gleich, nicht auf diese (System-) Ebene beschränkt, sondern auch auf spezielle Praxis- und Handlungskontexte auf unteren Ebenen sozialer Integration und ‚Systembildung' anwendbar – von sozialen Situationen über persönliche Beziehungen bis zu sozialen Organisationen.

Bourdieu bringt sein Verständnis von Feldern auch auf den metaphorischen Begriff des Spiels, den er ähnlich wie Elias (vgl. z. B. 1981) verwendet und gleichsam ausbuchstabiert (vgl. Bourdieu 1998; 1989). Felder sind demnach Spielfelder mit allem, was dazugehört und damit vorausgesetzt wird (Spielregeln, Spieler, Einsätze, Spielzüge, Spielfähigkeiten, Spielstile). Individuen und Gruppen müssen dementsprechend im Hinblick auf ihre prinzipielle und graduelle Qualifikation für ein bestimmtes ‚Spiel' betrachtet werden bzw. im Hinblick auf die Zuschreibung solcher Qualifikation. Sie müssen weiterhin als Akteure *im Spiel* betrachtet werden – in einem Spiel, in dem sich die Spieler, bedingt durch ihre Kapitalverfügung und den Spielverlauf, in einem dynamischen „Spannungsgefüge" (Elias) und einer labilen „Machtbalance" (Elias) befinden.

„Im Zentrum der wechselnden Figurationen" steht für Elias (1981, S. 142 f.) „das Hin und Her einer Machtbalance, die sich bald mehr der einen und bald mehr der anderen Seite zuneigt". Bourdieu spricht ganz ähnlich vom Feld als Kräftefeld, das umkämpft ist und in dem von konkurrierenden Akteur/-innen um knappe symbolische oder/und materielle Güter gekämpft wird: „Ein Feld ist ein strukturierter gesellschaftlicher Raum, ein Kräftefeld – es gibt Herrscher und Beherrschte, es gibt konstante, ständige Ungleichheitsbeziehungen in diesem Raum –, und es ist auch eine Arena, in der um Veränderung oder Erhaltung dieses Kräftefeldes gekämpft wird. In diesem Universum bringt jeder die (relative) Kraft, über die er verfügt und die seine Position im Feld und folglich seine Strategien bestimmt, in die Konkurrenz mit den anderen ein" (Bourdieu 1998, S. 57).

Aus diesen Verständnissen von Feldern als differenziellen und ausdifferenzierten Spielfeldern und Arenen, in denen habituell mehr oder weniger disponierte (oder indisponierte) Akteur/-innen agieren und operieren, lassen sich auch grundsätzlich relevante ‚geschlechtersoziologische' Fragen und Perspektiven ableiten. Sie können und müssen sich auf die differenziellen und diversen ‚Spiele' (Felder, Figurationen), ‚Spieler/-innen', Kapitalausstattungen/Habitusausstattungen und Praxen des ‚Spielens' richten (vgl. Döcker 1997). Vor allem Bourdieu (weniger Elias) hat sich in diesem Sinne mit verschiedenen historischen Feldern und Feldtypen befasst und dabei regelmäßig die ‚Kategorie Geschlecht' ins Auge gefasst. Indem sich Bourdieu „der geschlechtlichen und vergeschlechtlichenden Dimension der sozialen Räume und Felder" zuwendet, macht er auch auf ihre Vielheit und Vielschichtigkeit und damit auf die „Kompliziertheit ihrer Analyse" (Döcker 1997, S. 362) aufmerksam.

Sie hat es für Bourdieu auf der Ebene der Gesellschaft hauptsächlich mit sozialen Klassen und der ‚Klassengesellschaft' zu tun, von der er (mit Blick auf Frankreich) ausgeht. Aus ihr ergibt sich, dass es nicht nur Geschlechtsklassen, sondern auch Klassen-Geschlechter gibt, der Logik der Differenzierung der (damaligen französischen) Klassengesellschaft entsprechend (vgl. Bourdieu 1982, S. 185). In Bezug auf die gegenwärtige Gesellschaft Deutschlands ist es vermutlich eher sinnvoll, von sozialen Milieus und Milieu-Geschlechtern auszugehen. Wie immer man dies beurteilt, der Feldbegriff und mit ihm zusammenhängende Konzepte wie Habitus, Kapital und Stil/Lebensstil eröffnen einen komplexen Zugang (auch) zur Realität der Geschlechter.

Figurationen

Die von Norbert Elias so genannte „Soziologie der Figurationen" („Netzwerke", „Interdependenzgeflechte") ist eine historisch angelegte Soziologie, die, ausgehend von empirischen Menschen (aus ‚Fleisch und Blut') und von Beziehungen zwischen Menschen, alle sozialen bzw. kulturellen Ebenen bis hin zur (Welt-)Gesellschaft einschließt (vgl. Elias 1981; Klein/Liebsch 1997; Gildemeister/Hericks 2012, S. 225 ff.). In diesem Sinne spricht Elias auch von „historischer Gesellschaftspsychologie" und später von „Prozesssoziologie", die alles Soziale als Zusammenhang und im Zusammenhang von „Soziogenese" und „Psychogenese" versteht und untersuchbar macht (vgl. Elias 1980, Bd. 2, S. 385).

Auf der Ebene sozialer (Beziehungs-)Strukturen bezweckt die Figurationssoziologie das Bild von Menschen, die als Individuen oder Gruppen „kraft ihrer elementaren Ausgerichtetheit, ihrer Angewiesenheit aufeinander und ihrer Abhängigkeit voneinander auf die verschiedenste Weise aneinandergebunden sind und demgemäß miteinander Interdependenzgeflechte" bilden (Elias 1981, S. 12). Mit diesem Verständnis verbunden ist das methodologische Postulat, den „perspektivischen Charakter der menschlichen Interdependenzgeflechte" (Elias 1981, S. 138) zu beachten und zu betrachten. Spieltheoretisch formuliert, schließt das die forschungsprogrammatische Aufgabe ein, „zu bestimmen, wie die beteiligten Spieler ihre Züge und den Spielverlauf selbst erleben" (Elias 1981, S. 138). Unter Figurationen sind allerdings nicht nur Beziehungen zwischen individuellen Menschen zu verstehen, sondern auch Beziehungen zwischen diversen sozialen Gebilden bzw. Gruppen im weitesten Sinne. Auch die Geschlechtsklassen und Gruppen im engeren Sinne fallen unter dieses Verständnis, bilden also eine Figuration oder Figurationen, stehen aber auch im Kontext von Figurationen, z. B. sozialen Organisationen oder Feldern (siehe Felder). Wenn von Figurationen, „Netzwerken" oder „Interdependenzgeflechten" die Rede ist, dann können also auch mehr oder weniger institutionalisierte Sozialwelten gemeint sein, wie sie etwa die (historische) ‚höfische Gesellschaft' oder moderne (Groß-)Organisationen darstellen. Diesbezüglich sieht die Figurationssoziologie, und das macht sie – auch im Hinblick auf ‚Geschlechterfragen' – mit den Ansätzen Goffmans, Foucaults und Bourdieus vergleichbar, sowohl eine strukturelle Ungleichheits- und Machtlogik als auch eine symbolische/rituelle Ordnungslogik am Werk. Ein Beispiel dafür ist die Eliassche Untersuchung der höfischen Etikette mit ihren als eine Art Herrschaftsinstrument fungierenden Interaktionsritualen (siehe Interaktionsrituale).

Als historische „Prozesssoziologie" beschränkt sich die Perspektive und Analyse der Figurationssoziologie nicht auf aktuelle Verfassungen sozialer Figurationen/Felder und Menschen, auf deren Sozio- und Psycho-Logik, sondern behandelt diese ‚sozialen Zusammenhänge' immer im Zusammenhang und als Zusammenhang langfristiger „Figurationsprozesse" (Elias 1981) bzw. sozialer Differenzierungs-, Verflechtungs- und Integrationsprozesse. In diesem Rahmen kann und muss es auch darauf ankommen, zu möglichst differenzierten, differenz- und kontextsensiblen Fassungen der Realität der Geschlechter zu gelangen, die über ‚Kategorien' oder Kombinationen von ‚Kategorien' (‚Intersektionalität') hinausgelangen. Gabriele Klein und Katharina Liebsch kommen denn auch im Fazit ihrer figurationssoziologischen Überlegungen zur „Zivilisierung zur Zweigeschlechtlichkeit" zu dem bemerkenswerten Schluss, dass Theoriemodelle sinnvoll wären (also fehlen), „die den unterschiedlichen Lebenszusammenhängen von Menschen und ihren verschiedenen Beziehungsformen Rechnung tragen und die statische Vorstellung der Strukturkategorie Geschlecht dynamisieren." Das „figurationssoziologische Denken", so Klein und Liebsch weiter, fordert „dazu auf, das Verhältnis von Frauen und Männern in den Mittelpunkt zu rücken. So eröffnet es die Möglichkeit, Fragen der Konstitution von Weiblichkeit und Männlichkeit in ihrer gegenseitigen Bedingtheit oder auch Formen von ‚Zwischengeschlechtlichkeit' nachzugehen. Die Ordnung der Geschlechter ist hier immer ein dynamisches, relationales, mikro- und makrosoziologische Ebenen verbindendes Beziehungs- und Machtgeflecht" (Klein/Liebsch 1997, S. 35).

Die figurationssoziologische Zivilisationstheorie kann in diesem Zusammenhang (und im Zusammenspiel mit Theorien ähnlicher Art) so etwas wie eine strategische Schlüsselrolle spielen, da sie sich immer auch auf die Seiten der sozialen Praxis und der „Psychogenese" und damit auch auf die Differenz und Differenzierung der Geschlechtsrollen und Geschlechtsidentitäten (Habitus) bezieht. Grundsätzlich sind Figurationen in ihrer Besonderheit und in ihrem prozessualen Zusammenspiel als Sozialisationsbedingungen und Sozialisationsfaktoren zu verstehen und die „Soziologie der Figurationen" damit auch als Soziologie der Sozialisation bzw. Geschlechtersozialisation. Sie definiert und distinguiert sich allerdings dadurch, primär auf die Seite der „Soziogenese", der Entwicklung, Differenzierung und Integration der Gesellschaft bezogen zu sein, die im Zuge fortschreitender funktionaler Differenzierung zur modernen Gesellschaft geworden ist.

Gender/Sex

Der ‚menschenwissenschaftliche' bzw. sozialwissenschaftliche/soziologische Begriff ‚Gender', der mittlerweile bezeichnenderweise zum Alltagswissen und Alltagsthema geworden ist, meint im Wesentlichen den ‚Gegenstand' Geschlecht(er) als eine „Kategorie des Sozialen" (Gildemeister/Hericks 2012). Damit wird die soziale/kulturelle Tatsächlichkeit, Bedingtheit, Konstruiertheit und Kontingenz des Geschlechts, der Geschlechter und der (binären) Ordnung der Geschlechter und des Geschlechtlichen behauptet und betont. Umgekehrt wird die Bedeutung der Natur, der Körperlichkeit/Leiblichkeit und der ‚Biologie' systematisch relativiert und heruntergestuft. Natur und Natürlichkeit werden oft als – zumindest auch – *ideologische* Kategorien und Strategien sozialer (Geschlechter-)Wirklichkeitskonstruktion betrachtet. Dem entspricht die Unterscheidung zwischen dem ‚biologischen Geschlecht' (‚sex') und dem ‚sozialen Geschlecht' (‚gender'), die seit etwa Mitte/Ende des vorigen Jahrhunderts gängig geworden und bis heute gängig geblieben ist, aber auch Kritik auf sich gezogen hat (vgl. Butler 1991; Ayaß 2008).

Über den Status dieser ‚Geschlechter', insbesondere des ‚biologischen Geschlechts' (‚sex'), und überhaupt über Fragen der Unterscheidung und der Verhältnisse (Zusammenhänge, ‚Wechselwirkungen') zwischen menschlicher ‚Natur' und ‚Kultur' wird im Ensemble der Wissenschaften und im Alltagsleben seit jeher und bis heute sehr unterschiedlich geurteilt und teilweise heftig gestritten (siehe Anthropologie, Diskurse, Verwissenschaftlichung). Im Allgemeinen wird eine Art Dialektik der Psychogenese zwischen Natur und Kultur/Sozialität unterstellt (siehe Sozialisation, Zivilisation, Habitus, Gewohnheit), aber auch die Eigenständigkeit und Eigenlogik des Sozialen jenseits der Natur betont (siehe, Diskurs). Oder man geht wie Helmut Schelsky mit Margaret Mead so weit, „das Biologische und Kulturelle als untrennbar bereits in der Humanbiologie zu behaupten" (Schelsky 1955, S. 17). Das ‚Biologische' (‚Anatomische', ‚Organische') des Menschen (inklusive Geschlecht und Geschlechtlichkeit) wird jedenfalls als immanent ‚mangelhaft' und auf Gesellschaft und Kultur angewiesen verstanden.

Genderismus

Goffman spricht von Genderismus und versteht darunter das gesellschaftlich „durchgängige und ideologisierte System der Relevanz von Geschlecht" (Kotthoff 1994, S. 166) – ein kosmologisches und ideologisches Sinn- und Symbol-System, das sich in sozialen Situationen und Interaktionen manifestiert (siehe Kosmologie, Interaktionsrituale), aber auch über soziale Situationen hinausgeht. Goffman erkennt den Genderismus in diversen sozialen „Arrangements" – von den materiellen Settings der (getrennten) Toiletten über Veranstaltungen des ‚Zuschauersports', kommerzielle (Geschlechter-)Produktlinien und selektive Arbeitsplatzvergaben (Chef/Sekretärin) bis hin zu Medienkulturen. Letztere (von der Kinderliteratur bis zur Pornografie, von der Werbung bis zur Sportberichterstattung) können gleichsam als Schauplätze und Herde des Genderismus verstanden werden, die eine kontinuierliche Reproduktion und Stabilisierung von entsprechenden Deutungen und Bedeutungen besorgen oder besorgt haben (siehe Kosmologie, Deutungsmuster, Raum, Korporalität, Diskurs).

Ein wichtiges Beispiel ist der von Goffman fokussierte Wettkampfsport als Aspekt der kindlichen Sozialisation (siehe Sozialisation) und als Zuschauersport/Sportberichterstattung, an dem heutzutage Millionen von Menschen (Kinder und frühere Kinder) regelmäßig und mit Implikationen für die Konstruktion und Reproduktion ihrer Wirklichkeit partizipieren. Goffman hat diesbezüglich vor etwa einem halben Jahrhundert festgestellt, was auch heute noch gilt, ja heute vielleicht mehr denn je: „Wettkampfsport und Spiele machen in unserer Gesellschaft einen wichtigen Aspekt im Leben von Kindern, besonders von Jungen, aus. Dieses organisierte Wetteifern wird von den Erwachsenen als etwas Wünschenswertes hingestellt. In diesem Bereich können die jungen Leute ihre animalischen Kräfte abreagieren, hier können sie Fairneß, Ausdauer und Teamgeist lernen, hier bekommen sie Bewegung und hier entwickeln sie den Willen, auch gegen Widerstände um den Sieg zu kämpfen: Dieser Bereich ist, kurz gesagt, ein Übungsplatz für das Spiel des Lebens. [...] Wir könnten diesen Rahmen des Wettkampfs genausogut aber als den einzigen gangbaren Weg ansehen, um die Welt auf eine Weise aufzubauen,

daß sie so erscheint, wie wir es meinen. Der Sport, so könnten wir behaupten, ist nicht nur eine unter vielen Ausdrucksformen unserer menschlichen (und besonders der männlichen) ‚Natur', sondern vielmehr die einzige Ausdrucksform der männlichen ‚Natur' – ein Arrangement, das speziell dazu geschaffen wurde, Männern die Demonstration von Eigenschaften zu ermöglichen, die als für sie charakteristisch gelten: Stärken verschiedener Art, Widerstandskraft, Ausdauer und dergleichen mehr. Infolge dieses frühen sportlichen Trainings verfügen Individuen ihr ganzes Leben hindurch über einen Rahmen zur Einschätzung von Arrangements und der entsprechenden Reaktionen, ein Bezugssystem, das Beweise, vielleicht sogar *den* Beweis dafür liefert, daß wir eine bestimmte ‚Natur' haben. Der Zuschauersport der Erwachsenen [...] sorgt für die fortwährende Erinnerung an diese Wettbewerbseinstellung" (Goffman 1994b, S. 143 f.). Im Wettkampfsport sieht Goffman eine soziale und sozialisatorische/zivilisatorische Institution des Genderismus, deren implizite/latente kosmologische Bedeutung und Funktion auch medial zelebriert und damit in ihrer Reichweite und Wirkung potenziert wird (Goffman 1994b, S. 144 f.).

Man kann vermuten, dass die (Massen-)Medienkultur auch heute noch vom Genderismus – und d. h. auch von traditionellen ‚geschlechteranthropologischen' Vorstellungen – durchdrungen wird. Jedenfalls lässt sich zeigen, dass der von Goffman gemeinte Genderismus auf der Ebene der Medienkultur in einigen signifikanten Formen relativ kontinuierlich weiterexistiert, verschiedene Medienbereiche und medienkommunikative Gattungen übergreifend. Beispiele dafür sind Casting Shows (wie ‚Germany's Next Topmodel'), in denen so etwas wie ein kultureller (Langfrist-)Traditionalismus oder auch eine Renaissance von traditionellen ‚Gender-Images' steckt. Ein anderes Beispiel ist die kontinuierliche ‚genderistische' Bedeutung des ‚äußeren (Körper-)Habitus' für die „Auswahl von Bewerberinnen für Berufe, in denen Frauen ‚in der Öffentlichkeit stehen'" (Goffman 1994b, S. 136). Hier (auch hier) waren und sind „die Standardvorstellungen jugendlicher ‚Attraktivität'" (ebd.) ein entscheidendes Selektionskriterium, das bedeutsam geblieben, ja vielleicht noch bedeutsamer geworden ist. Prototypisch sind in diesem

Zusammenhang die häufiger gewordenen Medien-Rollen der ‚Sprecherin‘ und der ‚Moderatorin‘.

Andererseits sind heute auch sozusagen gegenläufige, im Umbruch befindliche, ambivalente und antigenderistische Semantisierungen, Diskursivierungen und Inszenierungen unübersehbar, die in den Medien und durch sie stattfinden, kumulierend in bestimmten Bereichen und auf bestimmten Foren/Bühnen. Sie sind zumindest teilweise als Ausdruck eines mehr oder weniger tiefgreifenden Kultur- bzw. Mentalitätswandels mit oder ohne lebenspraktische Verhaltenskonsequenzen zu verstehen. Auch die von uns fokussierten Kinderfilme (siehe Band 1) zeugen von diesen Entwicklungen, verweisen aber als ‚Jungenfilme’ oder ‚Mädchenfilme‘ zugleich darauf, dass es das Geschlecht und die Geschlechter in besonderer Weise und Quantität nicht nur *in* Medien(erzeugnissen), sondern auch *vor* und *an* Medien gibt (vgl. z. B. Ayaß 2008, S. 133 ff).

Geschlechtsklasse/Geschlechtsklassifikation

Der ‚biologische‘ (‚anatomische‘) Körper ist in seiner sichtbaren Materialität vom Anfang seines Lebens an und über die gesamte Lebensspanne Bezugsrahmen sozialer Identifikationen und Differenzierungen, denen kulturelle Konstrukte zugrunde liegen. Neben dem Anschein des ‚Menschlichen‘ überhaupt spielt dabei zunächst das Geschlecht eine kognitiv und sozial ‚führende‘ und entscheidende Rolle in einem Prozess, der Ordnung hat und zu Ordnung führt; es ist gleichsam ein Haken, an dem sich eine soziale Unterscheidung, Identifikation und Klassifikation festmacht. Daneben gibt es allerdings schon am Anfang des Lebenslaufs noch andere, mit jenem Haken unter Umständen zusammenhängende ‚biologische‘ Haken wie ‚Race‘, Gesundheit oder ‚Behinderung‘.

Mit dem Begriff der Geschlechtsklasse fasst Goffman das Geschlecht als Frage der sozialen und kulturellen Ordnung, Zuordnung und Einordnung im Sinne einer ‚Zweiklassengesellschaft‘, die zunächst nur jenen körperlichen Ausgangs- und Haltepunkt hat (siehe Korporalität). Aus dem ‚natürlichen Rahmen‘ der Geschlechtsklassen ergibt sich die ‚natürliche Rahmung‘ der Geschlechtsklassifikation, die – einem physischen Stigma vergleichbar – sozialschicksalhaft, sozialisationsschicksalhaft und lebensschicksalhaft ist (siehe

Rahmen, Stigma). Goffman stellt dazu grundsätzlich fest und zieht einen Vergleich von Menschen mit (anderen) Tieren: „In allen Gesellschaften werden Kleinkinder bei ihrer Geburt der einen oder anderen Geschlechtsklasse zugeordnet, wobei diese Zuordnung durch das Ansehen des nackten Kinderkörpers, insbesondere der sichtlich dimorphen Genitalien geschieht – eine Zuordnungspraxis, die derjenigen ähnelt, die bei Haustieren vorgenommen wird. Diese Zuordnung aufgrund der körperlichen Gestalt erlaubt die Verleihung einer an das Geschlecht gebundenen Identifikationsetikette (Mann – Frau, männlich – weiblich, er – sie). In den verschiedenen Phasen des individuellen Wachstums wird diese Klassifizierung durch Kategorien für weitere körperliche Anzeichen bestätigt, von denen einige dem allgemeinen Wissensbestand angehören, andere (wenigstens in modernen Gesellschaften) von den Wissenschaften entwickelt wurden und beispielsweise als Chromosomen, Gonaden und Hormone bezeichnet werden. Jedenfalls betrifft die Einordnung in die Geschlechtsklassen fast ausnahmslos die gesamte Population und beansprucht lebenslange Geltung" (Goffman 1994b, S. 108).

Goffman vernachlässigt oder verneint also nicht die materielle ‚Biologie‘ des Geschlechts und der Geschlechter, vertritt aber zugleich eine exklusiv und radikal (wissens-)soziologische und in gewisser Weise konstruktivistische Position. Er betont, dass er „unter dem Begriff ‚Geschlechtsklasse‘ (‚sex class‘) eine rein soziologische Kategorie verstehe, die sich allein auf die Soziologie und nicht auf die Biowissenschaften bezieht" (Goffman 1994b, S. 108 f.). Im menschlichen (Geschlechter-)Körper wird damit also zunächst nicht mehr als ein materieller Zeichenträger und Zeichenkomplex, eine Gestalt gesehen, an die sich aufgrund von kognitiven Schemata Wahrnehmungen, Beobachtungen und Deutungen heften, die das Geschlecht/die Geschlechter sozusagen definieren. Damit erschließen und verschließen sich allerdings für das betreffende Individuum wie für seine ‚Umwelt‘ vom Lebensanfang an ganze Sinnwelten und Wirklichkeiten, die Goffman im ‚kulturellen Gedächtnis‘ der Gesellschaft gespeichert sieht, Versionen von Identität, Realität, Idealität und Normalität: „Jede Gesellschaft scheint ihre eigenen Konzepte davon zu entwickeln, was das ‚Wesentliche‘ und das Charakte-

ristische an den beiden Geschlechtsklassen ist
[...]. Dazu gehören Idealbilder von Männlichkeit
und Weiblichkeit, weiterhin Vorstellungen von
der grundsätzlichen Natur des Menschen, die
(zumindest in den westlichen Kulturen) wesentlich zur Bestimmung dessen beitragen, was die
ganze Person sein soll" (Goffman 1994b, S. 109 f.).
Die Geschlechter bzw. Geschlechtsklassen existieren demnach auch – und füreinander –
gleichsam als theoretische Entwürfe, die Selbst-
und Fremdidentifikationen anleiten (siehe Identitäten, Deutungsmuster, Anthropologie, Image).

Gewalt

In den Diskursen der Soziologie und speziell der
Geschlechtersoziologie und der Geschlechterforschung überhaupt spielt der Gewaltbegriff – oft im
Zusammenhang mit Begriffen wie Macht, Herrschaft und Unterdrückung – eine wichtige Rolle
(siehe Macht, Zivilisation). Neben physischer Gewalt im Sinne einer von einer Person oder Gruppe
ausgehenden absichtlichen Verletzung des Körpers einer anderen Person werden andere Gewaltformen unterschieden:

- Psychische Gewalt beabsichtigt die Verletzung
  des psychischen (emotionalen) Wohlbefindens
  anderer Menschen.
- Unter „struktureller Gewalt" (Johan Galtung)
  ist eine anonyme Gewalt zu verstehen, die
  gleichsam in sozialen Systemen, Strukturen
  und Ordnungen steckt.
- „Symbolische Gewalt" (Bourdieu) meint in
  symbolischen Ordnungen, Semantiken und
  Sprachen implizierte Gewalt und Formen akti-
  ver symbolischer Verletzung. Goffman hat sich
  auf dieser Ebene mit Begriffen wie Image und
  Stigma/Stigmatisierung bewegt (siehe Image,
  Stigma, Normalismus).
- Als eine Form symbolischer Gewalt ist ritualisierte Gewalt zu verstehen, also: symbolische
  Gewalt in ritueller Form.

Es liegt auf der Hand, dass beide Geschlechter im
Prinzip Subjekt (Täter) und Objekt (Opfer) aller
dieser Gewaltformen sein können, dass aber die
jeweiligen Arten ihres Vorkommens und ihre
Wahrscheinlichkeiten variieren. Männer über-
wiegen offensichtlich als Subjekte physischer
Gewaltformen gegenüber Frauen und anderen
Männern. Die Identifikation und Verteilung psy-

chischer Gewaltakte (Beleidigungen, Kränkungen
usw.) ist deutlich unklarer. Sie können jedenfalls
im Prinzip auch leicht von Frauen ausgehen. Diese
stehen allerdings auch in diesem Zusammenhang
unter dem erhöhten Risiko männlicher Ausübung
physischer Gewalt. Ähnlich verhält es sich mit
symbolischer bzw. ritualisierter Gewalt, die in
medialer Form z. B. in der Pornografie eine große
Rolle spielt. Diesbezüglich kann auch von sexualisierter Gewalt oder gewalttätiger Sexualität gesprochen werden, die natürlich auch auf der Ebene der Lebenswelt vorkommt (vgl. Band 2).

Im Anschluss an Freuds Anthropologie sieht Norbert Elias in der menschlichen Aggressivität/Ag-
gression/Gewalt einerseits und der Sexualität andererseits menschliche Haupttriebe und zugleich
Hauptgebiete des Zivilisationsprozesses und damit
auch der Zivilisationstheorie. Wie Zivilisation
,funktioniert' und verläuft und was Zivilisiertheit
im historischen Prozess bedeutet, zeigt sich nach
der Lesart dieser Theorie hauptsächlich in der
sozialen Behandlung, Kontrolle und Sanktionierung dieser menschlichen Trieb- oder Affektseiten
sowie in den entsprechenden sozialen Institutionen und kulturellen Konstruktionen (z. B. von Legitimität und von Toleranzgrenzen). Als entscheidende strukturelle Faktoren der Zivilisation – als
Zivilisation jener Affekte oder ,Triebe' – erscheinen historisch-langfristig verlaufende soziale Verflechtungsprozesse und insbesondere die staatliche Monopolisierung legitimer physischer Gewalt
– Entwicklungen, denen größte Bedeutung auch
für die physische, psychische und soziale Realität
der Geschlechter und Geschlechterverhältnisse
zuzuschreiben ist. Von einer moralisch und rechtlich abgesicherten historischen Pazifizierungsten-
denz, von der Elias ausgeht, profitiert vor allem
das weibliche Geschlecht (Mädchen und Frauen)
Sicherheit, Macht, Souveränität und Subjektivität.

Gewohnheiten

Unter Gewohnheiten werden im Allgemeinen –
innerhalb und außerhalb der Sozialwissenschaften – mehr oder weniger ,automatisch' und routi-
niert ablaufende und insofern eher unbewusste
und spontane Verhaltensmuster eines Individuums oder einer sozialen ,Kategorie' oder Gruppe in
einem bestimmten Verhaltensbereich (Reden, Essen, Sport, Sexualität usw.) verstanden. Gewohn-

heiten sind demnach ‚eingespielt' und können sich ohne oder ohne größeren Aufmerksamkeits- und Reflexionsaufwand ‚abspielen'. Sie haben die Form von Skripts oder *Stilen* bzw. Verhaltensstilen, deren Funktionieren sie auch erklären können (siehe Skript, Stil, Mentalität).

Der Begriff der Gewohnheit (Gewohnheitsbildung, „Gewohnheitsapparatur" usw.), der auf entsprechende anthropologische, kompetenz- und lerntheoretische Vorstellungen verweist und dem Habitusbegriff nahesteht, hat in den Sozialwissenschaften eine lange Tradition und ist auch im Rahmen einer Soziologie der Geschlechter vielseitig nützlich (siehe Anthropologie, Habitus, Körper, Mentalität). Denn wie der Mensch im Allgemeinen so sind auch die Geschlechter im Besonderen und *je* Besonderen sozusagen als Gewohnheitstiere zu verstehen. In den Traditionen der ‚Philosophischen Anthropologie' (Gehlen, Scheler, Plessner), der Zivilisationstheorie (Elias, Foucault), der Wissenssoziologie (Berger/Luckmann), aber auch neuerer eher zeitdiagnostischer Untersuchungen (Giddens, Sennett u. a.) spielen Verständnisse und Begriffe von Gewohnheit eine systematische Rolle – und sei es nur als Mittel zur Beschreibung von Verlusten oder Defiziten.

Gewohnheiten sind als tendenziell bleibende, verharrende physische und psychische Niederschläge diverser Lernprozesse (Konditionierungen, Identifikationen, Lernen am Modell) zu verstehen und können in einem mehr oder weniger umfassenden oder aber ganz speziellen Sinne alle Seiten des menschlichen Lebens betreffen – auch des Geschlechter- und Geschlechtslebens. Man kann also von geschlechterübergreifen und geschlechtsspezifischen (oder ‚geschlechtsfraktionsspezifischen') Lebensgewohnheiten, Denkgewohnheiten, Redegewohnheiten, Konsumgewohnheiten, Trinkgewohnheiten, Schminkgewohnheiten, Hygienegewohnheiten usw. sprechen. Im Unterschied zu dem weiterreichenden Habitusbegriff, der die Vorstellung einer profilierten individuum- oder gruppenspezifischen ‚Gesamtgestalt', eines „Systems von Dispositionen" (Bourdieu 1976, S. 446) beinhaltet und auf die Identität eines Lebensstils verweist (siehe Lebensstil), beschränkt sich der Gewohnheitsbegriff eher auf einzelne Verhaltenskomponenten oder Aspekte von Verhalten. Gehlen (1957) betont in diesem Zusammenhang die gewohnheits-

und habitusimmanenten Funktionswerte der Entlastung und der Geschicklichkeit für die Handlungs- und Lebensführung.

Die Formen, Inhalte und ‚Tiefen' der Gewohnheiten selbst erklären sich aus Prozessen der Sozialisation und Zivilisation, die historisch und gesellschaftlich bedingt und programmiert sind. Gewohnheiten sind im Prinzip ebenso wie der komplexere und höherstufiger organisierte Habitus als Funktionen von konkreten sozialen Existenzbedingungen zu verstehen (siehe Sozialisation, Zivilisation, Habitus).

Globalisierung

Unter Globalisierung werden im Allgemeinen Prozesse und Prozesskomplexe der sozialen und kulturellen (technologischen, industriellen, ökonomischen, politischen) Differenzierung, Verflechtung und Integration verstanden, deren Gemeinsamkeit darin besteht, dass sie sich nicht mehr in einem territorial, regional oder national begrenzten Raum abspielen, sondern als Bezugsrahmen immer weitere Räume und schließlich die ganze Welt bzw. die ‚Weltgesellschaft' haben (vgl. Richter 1992; Waters 1995; Giddens 1995; Robertson/Winter 2000).

Die moderne Soziologie und auch die soziologische Beschäftigung mit Geschlecht(ern) und Geschlechtlichkeit kommt kaum daran vorbei, die Ebene der Globalisierung und der ‚Weltgesellschaft' anzusteuern (vgl. Gildemeister/Hericks 2012, S. 172 ff.). Und dies nicht nur, weil Geschlecht, Geschlechter und Geschlechtlichkeit immer schon ‚globale' Tatsachen gewesen sind, sondern auch deswegen, weil sie in Prozesse der Globalisierung, insbesondere der kulturellen/zivilisatorischen Globalisierung, einbezogen sind.

Ein in diesem Sinne relevanter Faktor *kultureller* Globalisierung kann im Zusammenhang mit globaler Massenkonsumkultur in der ‚westlichen' bzw. US-amerikanischen Medien-Wirtschaft und Medienkultur gesehen werden, die schon seit mehr als hundert Jahren global und globalisierend führend ist. Dies gilt für den wichtigen Bereich der Kino- und Fernseh-Unterhaltung (Fernsehserien) ähnlich wie für die Werbung, die wie die Unterhaltung ein kulturelles Mega-Forum und eine Art Mega-Bühne darstellt, auf der auch die Geschlechter als kosmologisch gehaltvolle Images zum Ausdruck, zur Darstellung und zur Inszenierung kommen (siehe Image, kulturelles Forum).

In der global ausgedehnten und sich ausdehnenden Massenkonsumkultur und in damit zusammenhängenden (Massen-)Medienkulturen wie der Werbung, der Unterhaltung und der ‚Informationsindustrie' kann man Anhaltspunkte für eine zunächst und nachhaltig ‚westlich' gepolte kulturelle Globalisierung finden bzw. starke Strömungen, die „zur Verbreitung der westlichen Kultur beitragen" (Featherstone 2000, S. 90) oder beigetragen haben. In dieser Richtung dürften unter anderem auch die Varianten des modernen (Welt-) Reisens und des (Massen-)Tourismus gewirkt haben und wirken. Und in diesen Zusammenhang sind natürlich auch die modernen Medien- bzw. Kommunikationstechnologien zu stellen.

Zu den wichtigeren Folgen dieser Entwicklungen gehört ein weltweit ausgeprägtes und sich weiter ausprägendes kulturelles Kontingenzbewusstsein – gerade, was die Identitäten und Rollen der Geschlechter betrifft. Vermutlich am wichtigsten sind hier aber jene ‚westlichen Werte' bzw. US-amerikanischen Werte, die vor allem in der Medien- und Konsumkultur demonstriert und implizit wie explizit propagiert werden: Individualität und Individualismus, Jugend und Jugendlichkeit, Genuss, Luxus, Erlebnis, Freiheit, Selbstverwirklichung u. a. m. Mit diesem generalisierten Werthorizont und jenem Kontingenzbewusstsein mögen auch globale Zivilisations-Trends einhergehen (siehe Informalisierung, Individualisierung). Allerdings hat man es hier auch mit Prozessen zu tun, die offensichtlich nicht nur in eine Richtung laufen und alles andere als Homogenität/Homogenisierung oder Uniformität/Uniformisierung bedeuten.

Erstens gibt es überall Immunitäts-, Stabilitäts- und Beharrungstendenzen traditioneller (Gruppen-)Kulturen und kultureller Muster. Hier spielen die großen (Welt-)*Religionen* eine große Rolle als Faktoren der Reproduktion und Stabilisierung von Traditionen und Gewohnheiten – gerade im Feld der Geschlechter und Geschlechterbeziehungen. Alte und scheinbar veraltete Traditionen und Gewohnheiten erweisen sich auch noch unter den penetranten Bedingungen hochmoderner Gesellschaften als stabilisierbar. Man kann also *nicht* davon ausgehen, „daß Kulturen fließen wie Wasser und alle Differenzen, auf die sie stoßen, mühelos auflösen und überwinden" (Featherstone 2000, S. 87).

Zweitens sind Kulturen unter entsprechend ‚anregenden' sozialen/kulturellen Umständen langfristig und speziell im Gang der Generationen veränderlich und prinzipiell entwicklungsoffen. In diesem Zusammenhang erweisen sich real existierende Traditionen, Gewohnheiten und Habitus nicht nur als Hürden, Brecher oder Hemmungen sozialen/kulturellen Wandels, sondern auch als Faktoren der Modulation von kulturellen Wahrnehmungen, Erfahrungen und Einflüssen, wie z. B. denen des Massenkonsums oder der Massenmedien. Diesbezüglich bemerkt Featherstone: „Statt eine einheitliche globale Kultur herbeizuführen, bietet der Globalisierungsprozeß eine Bühne für globale Differenzen. Er eröffnet nicht nur einen ‚Weltschaukasten der Kulturen', der Exotisches ins Haus bringt, sondern auch ein Feld, auf dem Kulturen aufeinanderprallen. (...) Der Prozeß der Globalisierung scheint demnach nicht auf kulturelle Uniformität hinauszulaufen. Vielmehr schärft er unsere Aufmerksamkeit für neue Dimensionen der Vielfalt. (...) Durch die Globalisierung also werden wir uns des Ausmaßes, der Vielfalt und der Mannigfaltigkeit von Kultur bewußt. Synkretismus und Hybridisierung sind eher die Regel als die Ausnahme" (Featherstone 2000, S. 88 f.).

Drittens hat der Globalisierungsprozeß anhaltende globale Wandlungen und Verschiebungen in den Machtbalancen zwischen verschiedenen sozialen (Groß-)Gruppen und im Zusammenhang damit einen komplexen und tiefgreifenden Kulturwandel mit sich gebracht – einen globalen Wandel, in den frühere „Außenseitergruppen" (Featherstone 2000, S. 103), z. B. die ehemals ‚kolonisierten' Gruppen/Ethnien, einbezogen waren und sind. Featherstone hält es in diesem Zusammenhang für nützlich, Elias' konzeptuelle „Gegenüberstellung von Etablierten und Außenseitern zu gebrauchen", um der Logik des Wandels jener Figurationen und ihrer kulturellen Korrelate und Folgen begegnen zu können (Featherstone 2000, S. 103).

In diesem Zusammenhang sind auch die Frauen neben und mit anderen (früheren) ‚Außenseitergruppen' zu sehen und – immer in Bezug auf die komplementären ‚Etablierten' (Männer) – zu betrachten. Was sich diesbezüglich abzeichnet, ist eine sich verstärkende kulturelle Emanzipation und soziale Partizipation der Frauen als *globaler* Geschlechtsklasse. Neben und mit der Befreiung und Freisetzung anderer „früher unterdrückter Stimmen" (Featherstone 2000, S. 103) kommen auch die Frauen – und auch die Frauen der Figurationen ‚männlicher Herrschaft' jenseits des ‚Westens' – bei wachsendem ‚Selbstbewusstsein' stärker zu Wort, zur Geltung und zum Zuge. Ja man kann wohl trotz fortbestehender oder wiedererweckter Traditionen, Traditionalismen und ‚sozialer Ungleichheiten' im Geschlechterverhältnis von einer globalen Geschlechter*kultur*revolution sprechen, die zumindest lange herrschende (Welt-),Bilder der Geschlechter' erschüttert, gestört oder zerstört hat. Man kann vermutlich auch von einem Trend zur Herausbildung globaler Geschlechts- und Geschlechter*verständnisse* sprechen und von einer ‚Gesamtbewegung' in Richtung eines kognitiven und moralischen ‚Demokratiemodells' der Geschlechterverhältnisse.

Vor diesem Hintergrund können auch die vorliegenden Untersuchungen der ‚Bilder der Geschlechter' betrachtet werden (vgl. Band 1 und 2).

Habitus

Den verschiedenen Habitustheorien sowie mehr oder weniger verwandten Ansätzen, die mit Begriffen wie „Gewohnheitsapparatur" (Elias), „Charakter" (z. B. Riesman 1958) oder „Persönlichkeitsstruktur" arbeiten, kommt eine große soziologische und auch geschlechtersoziologische Bedeutung zu (vgl. Willems 1997; 2012; Gildemeister/ Hericks 2012, S. 235 ff.; Klein/Liebsch 1997).

In diesem Zusammenhang grundlegend sind terminologische Überlegungen Bourdieus, der den Habitusbegriff ins Zentrum seiner Sozialtheorie gerückt und in der modernen Sozialwissenschaft/ Soziologie prominent gemacht hat. In seinem „Entwurf einer Theorie der Praxis" liefert Bourdieu die vielleicht prägnanteste definitorische Bestimmung der Organisation, der Genese und der Funktionsweise des Habitus. Die Bezeichnung „Disposition" hält er für „in besonderem Maß geeignet, das auszudrücken, was der (als System von Dispositionen definierte) Begriff des Habitus umfasst: Sie bringt zunächst das *Resultat einer organisierenden Aktion* zum Ausdruck und führt damit einen solchen Worten wie ‚Struktur' verwandten Sinn ein; sie benennt im weiteren eine *Seinsweise*,

einen *habituellen Zustand* (besonders des Körpers) und vor allem eine *Prädisposition*, eine *Tendenz*, einen *Hang* oder eine *Neigung*" (Bourdieu 1976, S. 446). Bourdieu unterstreicht und spezifiziert dieses Verständnis in seinem theoretischen Hauptwerk „Sozialer Sinn". „Habitusformen" werden dort definiert „als Systeme dauerhafter und übertragbarer *Dispositionen*, als strukturierte Strukturen, die wie geschaffen sind, als strukturierende Strukturen zu fungieren, d.h. als Erzeugungs- und Ordnungsgrundlagen für Praktiken und Vorstellungen, die objektiv an ihr Ziel angepaßt sein können, ohne jedoch bewußtes Anstreben von Zwecken und ausdrückliche Beherrschung der zu deren Erreichung erforderlichen Operationen vorauszusetzen" (Bourdieu 1987, S. 98 f.).

Die generative Potenz des Habitus wird nach Bourdieu durch die entsprechende, spezifisch strukturierte Sozialisationspraxis strukturiert (vgl. Bourdieu 1987, S. 98). Die durch die jeweilige „Klasse von Existenzbedingungen" erzeugten habituellen Handlungs-, Denk- und Wahrnehmungsschemata setzen dem Verhaltensspielraum – einer Grammatik analog – Grenzen. Der Habitus ist also immer auch restringiert und restringierend. „Da er ein erworbenes System von Erzeugungsschemata ist, können mit dem Habitus alle Gedanken, Wahrnehmungen und Handlungen, und nur diese, frei hervorgebracht werden, die innerhalb der Grenzen der besonderen Bedingungen seiner eigenen Hervorbringung liegen. Über den Habitus regiert die Struktur, die ihn erzeugt hat, die Praxis, und zwar nicht in den Gleisen eines mechanischen Determinismus, sondern über die Einschränkungen und Grenzen, die seinen Erfindungen von vornherein gesetzt sind" (Bourdieu 1987, S. 102).

Als Erzeugungsschema immer neuer – potenziell „unendlich viele(r)" – Gedanken, Wahrnehmungen und Handlungen von „dennoch begrenzter Verschiedenartigkeit" (Bourdieu 1987, S. 102) generiert der Habitus auch einen Sinn für „feine Unterschiede" und eine „Urteilskraft im Handeln" (Hahn 1986, S. 609), z.B. empathisches Gespür, Feingefühl, ‚guten Geschmack', ‚gutes Benehmen', ‚Stilsicherheit' usw. Bourdieu spricht von einem „praktischen Sinn", der es gestattet „mit der automatischen Sicherheit eines Instinkts (…) augenblicklich auf alle möglichen ungewissen Situationen und Mehrdeutigkeiten der Praxis zu reagieren" (Bourdieu 1987, S. 190 f.).

In allen genannten Facetten lässt sich der Habitusbegriff auch auf die Geschlechter bzw. die Differenz und Differenzierung der Geschlechter übertragen und anwenden. Bourdieu und Elias verwenden den für sie ähnlich zentralen Habitusbegriff auch ausdrücklich geschlechtersoziologisch und sprechen von geschlechtsspezifischen Habitus. Bei Elias ist die Rede von einem „sozialen Habitus" bestimmter Frauen- und Männergruppierungen (2006d, S. 158 ff.). Bourdieu spricht von einem „weiblichen Habitus" und einem „männlichen Habitus" (2005, S. 46 ff.). Und auch Goffman hat in verschiedenen Modell- und Theorierahmen (im Rahmen seiner Rollentheorie, seines Theatermodells, seiner Ritualtheorien und seiner Rahmentheorie) im Grunde ein habitustheoretisches Verständnis von (sozialem) Geschlecht entwickelt, auch wenn er den Begriff Habitus in Bezug auf die Geschlechter nicht verwendet (siehe Rolle, Ritual, Rahmen, Stil).

Habitustheorien bzw. Gewohnheitstheorien erweisen sich in verschiedenen Hinsichten als Schlüssel zum Verständnis des ‚sozialen Geschlechts' (der Geschlechter). Dessen Genese (und die Psychogenese überhaupt) kann in einem fundamentalen Sinne als Gewohnheitsbildung oder Habitualisierung verstanden werden. Zentral ist in diesem Zusammenhang der sozialisations- und zivilisationstheoretische Gedanke einer sozial erzeugten ‚zweiten (Geschlechter-)Natur' und (damit) einer Art Automatisierung des Verhaltens, z. B. auf der Ebene der Ausdrucks- und Affektkontrollen (vgl. Hammer 1997). Aus fungierenden Habitus bzw. Gewohnheiten erklären sich auch die *Spontaneitäten* des ‚sozialen Geschlechts' (Geschlechterverhaltens) ebenso wie seine relative *Immunität und Resistenz*, z. B. die Hartnäckigkeit von kognitiven Einstellungen, Glaubensvorstellungen, Emotions- und Handlungsmustern. Die Logik der ‚zweiten Natur' und des ‚Automaten', die sich in spontanen und gewissermaßen symptomatischen Reaktionen äußert, ist aber nur die eine Seite der Medaille. Andererseits ist in diesem Zusammenhang die Vorstellung zentral (auch im Hinblick auf die Praxis der Geschlechter), dass Habitus Spielräume, Perspektiven, Haltungen und subtile Leistungen generieren, einen Sinn für „feine Unterschiede" (vgl. auch Gehlen 1957, S. 105),

eine „Urteilskraft im Handeln", einen „praktischen Sinn" (Bourdieu). Ein diesbezüglich interessantes Beispiel auf der im Hinblick auf die Geschlechter spezifisch relevanten Ebene *visueller* Kommunikation und Kognition liefert Goffman. In „Geschlecht und Werbung" spricht er in Bezug auf die Darstellung und Wahrnehmung der Geschlechter vom „unermeßliche(n) soziologische(n) Wissen unseres Auges" (vgl. Goffman 1981, S. 108), und er gründet seine Arbeit nicht zuletzt auf die (habitus-)voraussetzungsvolle Urteilsmächtigkeit dieses Organs.

Die (geschlechter-)soziologische Nützlichkeit des Habitusbegriffs beschränkt sich also nicht auf die alltägliche Lebens- und Interaktionswelt, sondern erstreckt sich auch auf die Rezeption (‚Dekodierung') von Medienerzeugnissen wie der Werbung oder der Literatur. Aber auch auf der Ebene der medialen Performanzen (‚Inhalte'), z. B. der Fotografie oder des Films, macht der Habitusbegriff (wie der Figurationsbegriff) besonderen soziologischen bzw. geschlechtersoziologischen Sinn. Er erfasst spezifische (z. B. korporale) Zeichenklassen und Zeichengebilde, die gleichsam Aussagen über Identitäten, Rollen und Beziehungen beinhalten – auch Images der Geschlechter in Medienerzeugnissen aller Art (siehe Image, Stil, Medienkultur).

Hofieren

Geschlechtlichkeit, Erotik und Sexualität, Attraktivität, Attraktion und ‚Begehren' bilden einen eigenen sachlichen/thematischen Zusammenhang der Sozialität und der Soziologie der Geschlechter (siehe Figurationen, Habitus, Emotionen, Valenzen).

Diesbezüglich ist Goffman im Kontext seiner Untersuchung der Werbungsfotografie der Geschlechter auf das traditionelle rituelle Schema des erotischen Hofierens eingegangen, das wie andere rituelle Schemata, die in Medienkulturen auftauchen, seinen Ursprung und seine Entsprechung im lebensweltlichen Alltag hat. Die medial kopierte Anfangskonstellation des rituellen Schemas der erotischen Geschlechterinteraktion hat Goffman im Sinne eines lebenspraktischen ‚Idealtyps' folgendermaßen beschrieben: Die jungen „Frauen schmücken sich selbst mit den übernommenen Zeichen sexueller Attraktivität und stellen sich dann einer Öffentlichkeit, einer Halböffentlichkeit oder privaten Kreisen zur Schau. Die anwesenden Männer schenken den für begehrenswert erachteten Frauen verstärkte Aufmerksamkeit in der Hoffnung auf irgendeinen flüchtigen Wink, den sie als Ermutigung ihres Interesses deuten können" (Goffman 1994b, S. 120). Das traditionelle Hofierungsschema (oder: Schema des ‚Hofmachens‘, Flirtschema) impliziert also die traditionellen Rollen des ‚schönen Geschlechts‘ und des sich permanent schönmachenden (‚schmucken‘ und sich ‚schmückenden‘) Geschlechts mit der Implikation, „daß die Frau (mehr als der Mann) auf Standards der äußeren Erscheinung verpflichtet wird" (Goffman 1994b, S. 123). Dieses asymmetrische Schema impliziert aber auch, dass die (attraktive) Frau den Zugang der Männer zum erotischen ‚Spiel‘, den Verlauf dieses ‚Spiels‘ und letztlich den Zugang zu ihrem Körper reguliert und bestimmt (siehe Figuration, Macht, Valenz). Vorausgesetzt ist dabei ein doppelter, zivilisatorisch signifikanter Bezug auf Affektivität und Affektkontrolle: Das erotische/sexuelle Begehren des Mannes/der Männer muss einerseits prinzipiell unterstellt und speziell erzeugt und gereizt werden, und andererseits und zugleich muss es als kontrolliert gelten, kontrolliert sein und dem Rahmen des Interaktionszeremoniells/Interaktionsrituals unterworfen sein und werden (siehe Interaktionsritual).

Die ‚dramatische Dominanz‘ (Goffman 1969) der Frauen als Trägerinnen, Darstellerinnen und Performatorinnen der ‚Zeichen sexueller Attraktivität‘ erstreckt sich auch auf Medienerzeugnisse wie die Werbung und die übliche ‚Unterhaltung‘ und sogar die von uns untersuchte Pornografie, nur dass die Frauen hier im Medium und als Akteurinnen vor dem Medium ihre Macht über den Zugang zu ihrem Körper mehr oder weniger verlieren bzw. aufgeben. Auch in der Pornografie bleibt es aber dabei, dass sich der Wert der Frauen über das Begehren der Männer bzw. ihren ‚Begehrenswert‘ für Männer definiert, und dieser Wert macht sich hier ausschließlich an der ‚Qualität‘ der weiblichen Korporalität fest (siehe Korporalität). Sie ist die Möglichkeitsbedingung und das einzusetzende (symbolische) Kapital des ‚erotischen‘ Spiels, dessen Porno-Modulation von den Fassungen der Werbung und der Lebenswelt in diesem Punkt nicht allzu weit entfernt ist.

Die zeremonielle/rituelle Form des Hofierens (Flirtens) unterliegt allerdings offensichtlich (und auch nach Goffman) wie wohl alle symbolischen Formen und Ordnungen zumindest auf der Ebene der Lebenswelt historischen Wandlungen, wenn nicht Auflösungen. So bezweifelt Helga Kotthoff schon vor etwa 30 Jahren, dass „das System des Hofierens bei der heutigen Jugend im deutschsprachigen Raum noch eine starke Rolle spielt" (Kotthoff 1994, S. 171). In seinen (späten) Überlegungen zu „Zivilisation und Informalisierung" konstatiert Elias gerade auf dieser Ebene eine weitreichende und tiefgehende Informalisierung, die speziell die symbolische Ordnungsform der Interaktionsrituale betrifft (siehe Interaktionsrituale). Er weist darauf hin, dass früher sehr differenziert strukturierte und verbindliche Rituale, wie etwa die Anrede, aber auch spezielle zeremonielle Ordnungen oder rituelle Muster wie das „Hofmachen" (Elias 1990, S. 53) zwischen den Geschlechtern, wenn sie denn überhaupt noch existieren, „nur noch in sehr rudimentärer Form in Gebrauch" sind (Elias 1990, S. 52). Informalisierungsdiagnosen ähnlicher Art finden sich auch bei anderen modernen Gesellschafts- und Kulturbeobachtern und teilweise erheblich früher als bei Elias. David Riesman z. B. spricht schon vor der Mitte der 1950er-Jahre mit Blick auf die US-amerikanische (Nachkriegs-)Gesellschaft, die (auch) in diesem Zusammenhang eine Vorreiterrolle gespielt hat, generell von Entritualisierung und „einer Art ‚Lässigkeitskult‘" (Riesman 1958, S. 158). Diese ‚Diagnose‘ teilen etwa zur selben Zeit wie Riesman auch Arnold Gehlen und Helmut Schelsky mit Blick auf europäische Gesellschaften bzw. Deutschland. Die Feststellung, dass in Feldern wie der Erotik und der Sexualität, beginnend, aber längst nicht endend mit der ‚Anbahnung‘, symbolische/rituelle Anomie vordringt oder herrscht, wirft also zwar eigene soziologische bzw. geschlechtersoziologische Fragen auf, verweist aber auch auf fundamentale und übergeordnete Wandlungen der Gesellschaft, der Kultur, der Zivilisation.

Hybridisierung

Die Begriffe hybrid, Hybridität und Hybridisierung sind in sozial- und kulturwissenschaftlichen Diskursen und speziell in ‚Gender-Diskursen‘ und

Geschlechterforschungen („Gender Studies') seit langem gängige Begriffe. Sie meinen im Wesentlichen die Verbindung, Vermischung oder Verwischung heterogener oder heterogen scheinender Dimensionen, die Verschiebung, Auflösung, Transformation und/oder synthetische Reorganisation von Grenzen und (binären) Schematisierungen in verschiedenen sozialen und kulturellen Feldern.

Die (Medien-)Kulturwissenschaftlerin Irmela Schneider intendiert unter dem Titel Hybridisierung eine im Maßstab von Globalität und Globalisierung generalisierende Zeitdiagnose bzw. kulturelle Wandlungsdiagnose, die auch die Geschlechter und ihre Differenzierung bzw. Entdifferenzierung umfasst und betrifft. Schneider zufolge geht es verstärkt in der jüngeren Vergangenheit – mit zunehmender Dynamik im Ausgang des 20. Jahrhunderts – im Rahmen eines globalen „Kulturwandels" um einen „Abbau oder auch Verlust von Distinktionsmerkmalen und die Herausbildung oder auch den Gewinn von Pluralität" (Schneider 2000, S. 175). „Mit Unterscheidungen wie männlich versus weiblich, schön versus häßlich, echt versus unecht, Original versus Kopie, natürlich versus künstlich – um einige elementare Kategorien zu nennen – kann man viele Entwicklungen, die heute vor allem durch Kommunikationstechnologien geprägt sind, nicht mehr adäquat beschreiben. [...] Die Logik des Entweder-oder verliert zunehmend ihre Machtposition; an ihre Stelle tritt eine Logik, in der das Denken in Kategorien wie sowohl/als auch möglich wird, in der es nicht nur die Alternativen, sondern auch die multiplen Möglichkeiten gibt" (Schneider 2000, S. 177 ff.). Schneider hat also nicht nur kulturelle und soziale Konturverluste oder Diffusionen im Auge, sondern auch prinzipielle kognitive, ästhetische, moralische und normative Verschiebungen, Wandlungen und Verwandlungen, Entdifferenzierungen und Konvergenzen.

Diese Vorstellungen und Feststellungen Schneiders und verwandter Diagnostiker/-innen konvergieren mit der Argumentation der Eliasschen Zivilisationstheorie, die unter dem Titel „Verringerung der Kontraste und Vergrößerung der Spielarten" (Elias 1980, Bd. 2) einen langfristigen historischen Trend zur sozialstrukturellen und kulturellen Nivellierung, Demokratisierung und Pluralisierung diagnostiziert (siehe Verringerung der Kontraste und Vergrößerung der Spielarten). Auch diagnostische

Thesen unter Titeln wie Entritualisierung und Informalisierung sind in diesem Zusammenhang zu stellen (siehe Informalisierung). Schneider, Elias und an ihn anschließende Untersuchungen bewegen sich damit auch im Kontext von Deutungen des Zusammenhangs zwischen „Kulturwandel und Globalisierung" (Robertson/Winter 2000, S. 359 ff.). In Bezug darauf verwendete (zeit-)diagnostische Begriffe wie Pluralisierung/Pluralismus, Synkretismus/Synkretisierung, Amalgamierung oder Feminisierung gehen zumindest in dieselbe Richtung wie Schneiders und Elias' Diagnosen – oft unter ausdrücklichem Einschluss der (gewandelten und sich wandelnden) Realität der Geschlechter und der Geschlechtlichkeit (vgl. Featherstone 2000; Tomlinson 2000). Für Schneider ergibt sich aus dieser Entwicklung eine ‚soziologisch' und ‚psychologisch' höchst bedeutsame Konsequenz, dass nämlich „Konventionalisierungen und Habitualisierungen kaum mehr möglich sind" (Schneider 2000, S. 187).

Alle diese Überlegungen sind gerade im Hinblick auf kulturelle Wandlungen von Geschlecht, Geschlechtern und Geschlechterverhältnissen von Interesse und Bedeutung. Von herausragender effektiver Relevanz ist dabei die Ebene der Medienkultur (siehe Medienkultur, kulturelles Forum). Sie ist nicht nur als Reflektor und Repräsentant, sondern auch als Generator und Stimulator der Hybridisierung zu verstehen, wie auch unsere Untersuchungen von Kinderliteratur und Werbung zeigen (vgl. Band 1 und 2).

Hyperritualisierung

Erving Goffman geht von einer symbolischen/rituellen Ordnung der unmittelbaren Interaktionen der Geschlechter aus. In dieser lebensweltlichen Interaktionsordnung sieht er eine Kultur- und Wirklichkeitsebene eigener Art, die in der visuellen Kommunikation der Werbung gleichsam übersetzt wird. In seiner Analyse der Geschlechterdarstellung der Werbung zeigt Goffman (1981), wie die kommerzielle Anzeigenwerbung (Werbefotografie) lebensweltliche Interaktionsrituale und darin manifestierte kosmologische Sinngehalte der Geschlechter aufgreift, moduliert und in die zugespitzte Form von „'Hyperritualisierungen'" bringt (siehe Modulation, kulturelles Forum). „Dabei rückt die Stilisierung selbst in den Mittelpunkt der Aufmerksamkeit [...]. Das Ritual wird selbst ritualisiert, es gerät zur Transformation von etwas bereits Transformiertem, zur ‚Hyperritualisierung‘" (Goffman 1981, S. 18).

Diese Transformation entspricht der Logik der Werbung als Medienbereich/Gattung und Handlungstyp, der auf ein Publikum und damit auf dessen Kultur zielt, um sie strategisch zu nutzen. Insbesondere müssen die Reklame-Macher/-innen das Alltagswissen der symbolischen Interaktionsordnung/Ritualordnung beachten und in ihren Inszenierungen zur Anwendung bringen, um ihre ‚Botschaften‘ möglichst leicht verständlich, gefällig und effektiv zu machen. Sie „benützen offenbar das gleiche Repertoire von Darstellungen, das gleiche rituelle Idiom, dessen wir alle uns bedienen, die wir an sozialen Situationen partizipieren [...] Allenfalls konventionalisieren die Reklameleute unsere Konventionen, sie stilisieren, was bereits eine Stilisierung ist [...]" (Goffman 1981, S. 328).

Die Reklame bzw. Reklamefotografie ist also ein besonderes kulturelles Forum, auf dem auch die symbolische/rituelle (Interaktions-)Ordnung der Geschlechter in ihrer jeweils ‚zeitgemäßen‘ und publikumsgemäßen Form regelrecht zelebriert, in verdichteter, vereinfachter und zugespitzter Form zum Ausdruck gebracht wird. Der symbolischen/rituellen Ordnung der Lebenswelt entsprechen die medialen Hyperritualisierungen der Werbung als eine Art Überbau, der weniger poetisch als repräsentativ ist und sein muss (siehe kulturelles Forum, Interaktionsrituale, Kosmologie, Genderismus).

Die Werbung steht damit im systematischen Gegensatz zu anderen Kulturbereichen wie dem Theater, der Kunst oder den diversen massenmedialen Unterhaltungsgenres. In ihnen kann oder muss mit Symbolik, mit Ritualen und mit Sinn heute gerade auch in Bezug auf Geschlecht, Geschlechter und Geschlechtlichkeit mehr oder weniger beliebig gespielt und experimentiert werden, während die Werbung in dieser Hinsicht seit jeher nur über sehr begrenzte Spielräume der kulturellen Manipulation und Innovation, der Deviation und Konstruktion verfügt. Vielmehr muss sie genau umgekehrt in gewisser Weise besonders realistisch sein, (geschlechter-)kulturelle Realitäten treffen und quasi-soziologisch zur Darstellung bringen. Damit leistet sie vermutlich einen Beitrag

zu kultureller Integration und Stabilität/Stabilisierung.

Identitäten

In den Sozialwissenschaften/der Soziologie und im ver(sozial)wissenschaftlichten Alltagsleben spielen Fragen der Identität, Begriffe von Identität und Identitätstheorien seit jeher und bis heute eine große Rolle (vgl. Willems/Hahn 1999). Dabei dreht sich im Zuge fortschreitenden sozialen und kulturellen Wandels und sich dynamisch entfaltender allgemeiner und spezieller Diskurse zunehmend viel um Geschlecht, Geschlechter und Geschlechtlichkeit.

Zu den klassischen Identitätsbegriffen, die auch ‚geschlechtersoziologisch‘ relevant, zugespitzt, brauchbar und gebraucht worden sind, gehören die Identitätsbegriffe Erving Goffmans (vgl. 1967; 1974).

Soziale Identität

Der Begriff der „sozialen Identität" zielt in der Version Goffmans auf die „umfassenden sozialen Kategorien (und die wie Kategorien funktionierenden Organisationen und Gruppen), zu denen ein Individuum gehören bzw. als zu denen gehörig es angesehen werden kann" (1974, S. 255 f.). Dazu gehört neben und in Verbindung mit ‚Kategorien‘ wie Alter, Ethnie (‚Race‘), Berufsrolle und Schicht/Klasse auch das Geschlecht, und zwar in der konkreten Form individueller Kombinationen (etwa: ‚alter weißer Mann‘ der Mittelschicht, Deutscher, Ehemann, Vater, Parteimitglied, Lehrer usw.). Mit dem Begriff der sozialen Identität ist also auch der Hinweis darauf verbunden, dass das Geschlecht eine Abstraktion aus der empirischen Komplexität bzw. Rollen-Komplexität des ‚sozialen Seins‘ einer Person ist.

Mit Goffman ist nicht nur die strukturelle (kategoriale) Seite von sozialer Identität ins Auge zu fassen, sondern auch die lebensweltliche Interaktionsebene und damit die Ebene der praktischen Kognition, Symbolik und Performanz. Hier bedeutet soziale Identität immer auch oder in erster Linie soziale *Identifizierung* im Sinne einer kognitiven Aktivität und Leistung, der eine performative Aktivität und Leistung entspricht, und dies betrifft wiederum besonders das Geschlecht, die Geschlechter und die Differenz(ierung) der Geschlechter.

Goffman hebt grundsätzlich hervor, „daß der gegenseitige Umgang miteinander sich im Rahmen von Identifizierungsprozessen" (1974, S. 255) abspielt, und zwar auf der Basis eines objektiven und weitgehend habituellen (Stereo-)Typenschatzes, der jedermann (und jedefrau) zur Kategorisierung ‚auf den ersten Blick' befähigt und zwingt. Diese ‚blitzartige' Kategorisierung erfaßt ‚real existierende' Merkmale wie Geschlecht und Alter, also Formen „sozialer Information", die die „mehr oder weniger bleibenden charakteristischen Eigenschaften" eines Individuums betreffen. Derartige Information ist „reflexiv und verkörpert; das heißt, sie wird durch eben die Person, von der sie handelt, vermittelt, und sie wird vermittelt durch körperlichen Ausdruck in der unmittelbaren Gegenwart derer, die die Äußerungen empfangen" (Goffman 1967, S. 58).

Diesem *Ausdruck* korrespondiert also ein *Eindruck* auf der Seite der ihn wahrnehmenden anderen. „Ersten Eindrücken", die sich im Interaktionsprozess vor allem am (Geschlechter-)Körper festmachen, misst Goffman (vgl. 1969) eine besondere praktische Bedeutung zu. Er betrachtet sie auch im Zusammenhang typischer Versuche, überhaupt Eindrücke zu ‚managen' und zu manipulieren, um soziale Vorteile zu gewinnen und Nachteile zu vermeiden (siehe Korporalität, Image, Doing Gender).

Geschlechtsidentität

In den modernen Sozialwissenschaften/der Soziologie herrscht die Ansicht vor, dass es zwar im Prinzip ein ‚biologisches' Geschlecht (als Spektrum von Varianten) gibt, dass das ‚soziale Geschlecht' (‚gender') aber nicht oder kaum ‚biologisch', sondern sozial bzw. kulturell bedingt, bestimmt und ‚konstruiert' wird – in erster Linie durch strukturelle und kulturelle Vorgaben der Gesellschaft, durch Vorstellungen, durch Be- und Zuschreibungen von ‚Eigenschaften', durch Zuweisung von sozialen Positionen, Rollen und Karrieren und durch entsprechende Sozialisation, und d.h. durch Gewohnheits- und Habitusbildung (vgl. Goffman 1994b, S. 109). ‚Soziales Geschlecht' bedeutet, dass es „nahezu völlig eine Folge der Funktionsweisen einer Gesellschaft ist" (Goffman 1994b, S. 109). Das

Geschlecht erscheint insofern eigentlich nur *sekundär* als Eigenschaft der Person und primär als Bestandteil der Gesellschaft, die es allerdings auf der Grundlage von Wahrnehmungen und Beobachtungen jener ‚Biologie' vermittelt, zuschreibt, beschreibt und in die Körper und Psychen der Personen einschreibt – im Rahmen bestimmter sozialer Sinn- und Wissensbestände und mit den üblichen ‚Methoden' der Sozialisation und der Erziehung, die unmittelbar mit der Identifizierung des ‚biologischen Geschlechts' (‚sex') einsetzen oder eingesetzt haben. Helga Kotthoff fasst den Prozess zusammen, in dem das ‚biologische Geschlecht' signifikant und schicksalhaft gemacht wird: „Wir wissen heute, dass völlig identische Säuglinge ganz anders wahrgenommen werden, je nachdem, ob sie als Mädchen oder Junge vorgestellt wurden. In der Sozialisation eignen sie sich geschlechtsklassengebunden genau die Verhaltensweisen an, welche ihr *soziales Geschlecht* (gender) in der Kultur kennzeichnen. Zunächst werden Menschen also schlicht gruppiert. Je nach Gruppe haben sie unterschiedliche Zugänge zu flexiblen Verhaltenssystemen, wie gender eines darstellt. Sie bilden im Zusammenhang mit ihrem gender-Erwerb also eine *Geschlechtsidentität* (gender identity) aus (...). Diese wird naturalisiert" (Kotthoff 1994, S. 166).

Die ‚Funktionsweisen' der Gesellschaft führen demnach mit dem ‚sozialen Geschlecht' auch normalerweise zu einer Identität, die von den betreffenden Individuen als natürlich, selbstverständlich, eigen, eigentlich und authentisch empfunden wird. Goffman spricht in diesem Sinne von Geschlechtsidentität und in einem anderen Kontext von Ich-Identität als einer wesentlich „empfundenen" Identität (siehe Ich-Identität). „Insoweit nun das Individuum ein Gefühl dafür, was und wie es ist, durch die Bezugnahme auf seine Geschlechtsklasse entwickelt und sich selbst hinsichtlich der Idealvorstellungen von Männlichkeit (oder Weiblichkeit) beurteilt, kann von einer Geschlechtsidentität (‚gender identity') gesprochen werden. Anscheinend ist diese Quelle zur Selbstidentifikation eine der wichtigsten, die unsere Gesellschaft zur Verfügung stellt, vielleicht noch wichtiger als Altersstufen. Droht eine Trübung oder Veränderung dieser Idealbilder, so wird dies niemals auf die leichte Schulter genommen" (Goffman 1994b, S. 110).

Persönliche Identität

Zu den Identitätsbegriffen Goffmans, die eine gewisse Relevanz für eine Soziologie der Geschlechter besitzen, gehört auch der Begriff der „persönlichen Identität". Mit diesem Begriff, den er von dem der „sozialen Identität" und dem der „Ich-Identität" unterscheidet, geht es Goffman nicht etwa um Individualität schlechthin und auch nicht um „das Innerste des Seins" einer Persönlichkeit (1967, S. 74). Soziale *und* persönliche Identität sind vielmehr „zuallererst Teil der Interessen und Definitionen anderer Personen hinsichtlich des Individuums" (1967, S. 132). Während sich aber die soziale Identität aus dem individuellen Ensemble sozialer ‚Kategorien'/Rollen (unter anderem dem Geschlecht) ergibt, bedeutet „persönliche Identität [...] die einzigartige organische Kontinuität, die jedem Individuum zugeschrieben wird, und die sich auf unterscheidende Merkmale wie zum Beispiel Name und äußere Erscheinung gründet und durch Kenntnisse hinsichtlich seiner Biografie und seiner sozialen Eigenschaften ergänzt wird – Kenntnisse, die um seine unterscheidenden Merkmale zentriert sind" (Goffman 1974, S. 256). Als unterschiedenes, zu unterscheidendes und Unterscheidung ermöglichendes ‚Merkmal' einer Person ist das Geschlecht also auch Teil der persönlichen Identität.

Diese bedeutet hier also zunächst nicht mehr als die eindeutige persönliche Identifiziertheit und Identifizierbarkeit des Individuums *für andere*, seine kontinuierlich in *Wahrnehmungen anderer* liegende *soziale* Individualität, die unter anderem in der geschlechtlichen und geschlechtsspezifischen Korporalität des Individuums besteht. Persönliche Identität (inklusive Korporalität) hat aber auch eine historische und kulturspezifische Bedeutung und steht in einem komplexen Zusammenhang mit sozialen und kulturellen Individualisierungsprozessen, die die Geschlechter(differenz) übergreifen, aber auch unterschiedlich und unterscheidend betreffen. So stehen Frauen heute nach wie vor unter einem anderen (höheren) korporalen Selbstkontrolldruck und ‚Selbstdarstellungsdruck' als Männer. Individualität ist in diesem Zusammenhang auch ein Wert und eine Art Arbeitsauftrag für die ästhetische/stilistische Selbstgestaltung (siehe Individualisierung, Korporalität, Stil, Hofieren).

Ich-Identität

Der sozialen und der persönlichen Identität eines Individuums stellt Goffman einen Identitätstyp gegenüber, den „Erikson und andere ‚empfundene' oder Ich-Identität genannt haben", um „das subjektive Empfinden seiner eigenen Situation und seiner eigenen Kontinuität und Eigenart" zu bezeichnen, „das ein Individuum allmählich als ein Resultat seiner verschiedenen sozialen Erfahrungen erwirbt" (1967, S. 132). Während sich die soziale und die persönliche Identität primär als Identifizierungen, Erwartungen und Zuschreibungen anderer am Individuum ‚festmachen' und vom Individuum verkörpert und performiert werden (müssen), „ist Ich-Identität zuallererst eine subjektive und reflexive Angelegenheit, die notwendig von dem Individuum empfunden werden muß" (Goffman 1967, S. 132). Es geht hier also zunächst sozusagen um Innenseiten des Selbst, um das Selbst aus seiner eigenen Perspektive, um Selbstgefühle, Selbstwahrnehmungen, Selbstverständnisse, die allerdings auch sozial kodiert, kontrolliert und mit den anderen Identitätstypen gekoppelt sind. Goffman konstatiert diesbezüglich einen „Identitätsglauben", Vorstellungen von „Identitäts-Standards" und eine definierte Haltung zu sich, die eine „Formel" für die Selbstachtung und für das Denken über sich beinhaltet (1967, S. 133 ff.). Vor diesem (kosmologischen) Hintergrund beschäftigt er sich hauptsächlich mit Fragen der *Abweichung* von Identitätsnormen und des Umgangs mit solchen Abweichungen. Mit Ich-Identität meint Goffman auch eine auf die anderen Identitätstypen bezogene Subjektivität, die soziale (Selbst-)Steuerungsfunktionen beinhaltet: „an inner I which distinguishes [...] It *manages* the social self. It is both tactician and strategist, directing the social, role-playing, self into and through social situations, establishments, settings" (Burns 1992, S. 107).

Wie die anderen Identitätsbegriffe Goffmans übergreift und impliziert auch der Begriff der Ich-Identität die Differenz der Geschlechter, und er überschneidet sich mit dem der Geschlechtsidentität. Das ‚soziale Geschlecht' existiert, agiert und verwirklicht sich auch als Selbstbewusstsein, Selbstverständnis, Selbstempfinden, Selbstbeobachten, als ‚Haltung' gegenüber sich selbst, als Glauben an sich selbst, als inneres ‚Ich'.

Images

Der Imagebegriff taucht in den Sozialwissenschaften/der Soziologie in verschiedenen Grundbedeutungen und Verwendungszusammenhängen auf, die ihn auch geschlechtersoziologisch brauchbar machen und gemacht haben (vgl. Kautt 2008). Er wird auf verschiedene soziale und kulturelle Ordnungsebenen (Interaktion, Organisation, Gesellschaft), Medientypen (Bilder im wörtlichen und übertragenen Sinn) und Felder (Politik, Wirtschaft, Marketing, Journalismus u. a. m.) sowie Zivilisations- und Modernisierungsprozesse bezogen. Offensichtliche Ähnlichkeiten, Verwandtschaften und Gemeinsamkeiten bestehen mit den Begriffen Stereotyp, Rolle, Stigma, Vorurteil, Ruf, Prestige und symbolisches Kapital. Der Imagebegriff verweist auch auf kognitive, moralische und symbolische Ordnungen und damit auf Geltungs- und Achtungsbedingungen, Status, ‚Fragen der Ehre', der Würde, der Selbstachtung usw. In Varianten wie Imagepflege oder Imagearbeit steht der Begriff für performatives und strategisches Handeln (siehe Theatralität/Theatralisierung, Strategie/strategisches Handeln).

Image als moralische Tatsache

Goffman entwirft Image auf der Ebene der Interaktionsordnung zunächst geschlechterübergreifend im Hinblick auf das „Selbst" des Individuums, das er mit dem Image-Begriff als „moralische Tatsache" fasst. Auf der Ebene „fokussierter Interaktion" ist Image nach Goffman ein objektives symbolisch-moralisches ‚Bild', nämlich der einer „Verhaltensstrategie" korrespondierende „positive soziale Wert [...] ein in Termini sozial anerkannter Eigenschaften umschriebenes Selbstbild, – ein Bild, das die anderen übernehmen können" (1971b, S. 10). Wenn Goffman in diesem Zusammenhang behauptet: „Das Image eines Menschen ist etwas Heiliges und die zu seiner Erhaltung erforderliche expressive Ordnung deswegen etwas Rituelles" (1971b, S. 25), dann hat er ein historisch anspruchsvolles Individuum (‚Selbst') im Sinn und entsprechende „Repertoires an Praktiken zur Wahrung des Images" (Goffman 1971b, S. 18). Jeder Mann und jede Frau ist demnach Subjekt und Objekt diverser ritueller Manöver, jenes ‚Bild' aufzubauen, aufrechtzuerhalten, zu schützen und nötigenfalls zu reparieren, durch Anstand und Höflichkeit, Ehrerbietung und

Benehmen, Zuvorkommenheit, Takt, Entschuldigungen usw. Es liegt nahe, diese Praktiken und ihre moralisch-symbolischen Grundlagen unter den Vorzeichen oder als Funktionen von Zivilisierungs- und Individualisierungsprozessen zu betrachten (siehe Zivilisation, Individualisierung, Informalisierung).

Die Geschlechter machen in diesem Zusammenhang als Menschen und Individuen zwar keinen fundamentalen Unterschied, aber Imagefragen bzw. Fragen der ‚Imagepflege' stellen sich, wenn man Goffman folgt, auch geschlechtsspezifisch. An die Geschlechterdifferenz knüpfen sich m. a. W. differenzielle Images bzw. Image-Varianten und auch eine Differenz(ierung) der entsprechenden Praktiken/Rituale. Der späte Goffman betrachtet diese Praktiken und ihren symbolisch-moralischen Gegenstand (Image) im Rahmen der asymmetrischen ‚Geschlechterordnung' und ‚Geschlechteranthropologie' (siehe Eltern-Kind-Komplex). Dabei stößt er auch auf Images der Geschlechtsklassen und kommt im Hinblick auf Frauen zu dem Schluss, dass sie „die einzige gesellschaftlich benachteiligte Gruppe darstellen, welche idealisiert und mythologisiert wird und sich mit der bevorzugten Gruppe in konstanter Verbindung findet. Ein ganzes System des Hofmachens und der Höflichkeiten symbolisiert Frauen als zerbrechlich, kostbar, fein, mütterlich, attraktiv und sanft und erweist ihnen mit diesen Eigenschaften die Ehre" (Kotthoff 1994, S. 170). Dies ist allerdings nur die eine Seite der weiblichen Image-Medaille, wie Goffman sie sieht. Auf der anderen Seite erscheinen die Frauen (und Mädchen) in einer Art von Stigmatisierung und negativer Mythisierung: als irrational, unfähig, schwach, ängstlich, abhängig usw.

Images dieser Art existieren oder existierten im Alltagsleben und Alltagswissen und damit auch in korrespondierenden Medienkulturen wie der Werbung und der Unterhaltungsliteratur. Hier zeigt sich aber auch ihre Kontinuität und Diskontinuität, ihr Gewordensein und ihre Wandlung. Dem sind wir in unseren Untersuchungen anhand verschiedener Bereiche und Materialien der Medienkultur nachgegangen (vgl. Band 1 und 2).

Image als kognitive, mediale und visuelle Tatsache

Der Imagebegriff kann also – jenseits der (unmittelbaren) ‚Interaktionsordnung' und ihrer ‚Selbste'

– auch auf die Ebene der Massenmedien, auf die Realität und Realitätskonstruktion der Massenmedien bezogen werden, die als zentrale Image – Bühnen, Image – Prozessoren und Image – Generatoren der modernen Gesellschaft zu verstehen sind. Auch auf dieser Ebene geht es unter anderem um Images als moralische Tatsachen, um Praktiken und Strategien der ‚Imagepflege‘ und überhaupt um Formen der moralischen/moralisierenden Kommunikation. Jedoch ändert sich deren Bedingtheit, deren Wirklichkeitsstatus und Funktion im Vergleich und Verhältnis mit der Interaktionsordnung grundsätzlich.

Die besondere Funktion und Schlüsselrolle, die den Massenmedien in diesem Zusammenhang zukommt, hat Arnold Gehlen bereits Mitte des vorigen Jahrhunderts mit heute mehr denn je passenden (Image-)Begriffen wie ‚Informationsindustrie‘ und ‚Erfahrung zweiter Hand’ beschrieben. So stellt er fest: „Zwischen den Einzelnen, dessen echter Erfahrungsumkreis, wenn wir dieses Wort in einem anspruchsvollen Sinne verwenden, stets sehr eng ist, und die unübersehbaren, schicksalhaften Vorgänge, die sich aus den sozialen, wirtschaftlichen und politischen Superstrukturen heraus entwickeln, tritt notwendig eine Zwischeninstanz: die ‚Erfahrung zweiter Hand’. Das, was man früher ‚vom Hörensagen’ erfuhr, wird heute zunächst einmal von der Informationsindustrie vermittelt, von Presse, Rundfunk usw., neben denen natürlich die ewige Quelle weiterfließt, die in den zwischenmenschlichen Beziehungen selbst besteht, in Erzählungen, Berichten, Mitteilungen und Agitationen, die umlaufen und die zum größten Teil wieder auf Informationen aus den ‚Massenmedien’ zurückgehen, die Tag und Nacht in Betrieb sind“ (Gehlen 1957, S. 49).

Massenmedien und ihre bereichsspezifischen ‚Funktionäre‘ sind auch Image-Vermittler, Image-Generatoren, Image-Händler und Image-Verkäufer, ‚Zwischeninstanzen‘ in der Produktion und Reproduktion von typischerweise auch moralischen, moralgeladenen Objekt- und Weltbildern. In sie eingeschlossen sind auch Versionen des Geschlechts, der Geschlechter und der Geschlechtlichkeit, die je nach Medienbereich und Mediengattung weit und spezifisch über die Variations-, Kreations- und Innovationsspielräume der ‚Lebenswelt‘ hinausgehen können und regel-

mäßig hinausgehen. So erweist sich schon die Kinderliteratur als ein Raum märchenhafter Image-Fantasien bzw. fantastischer Geschlechter-Images (vgl. Band 1).

Die medialen Behandlungen, Konstruktionen, ‚Dekonstruktionen‘ und Destruktionen von Images verdanken sich in Form und Inhalt auch der Art und Entwicklung der Medientechnologien. York Kautt verknüpft daher den Image-Begriff mit dem des medialen Bildes bzw. der Bildmedien und stellt in einer historischen Untersuchung die Ebene der *visuellen* Kommunikation ins Zentrum seiner Überlegungen. In Bezug auf die ihn leitende Frage, „unter welchen historischen Voraussetzungen und Bedingungen Image als allgegenwärtiges, eigensinniges Thema in der Gesellschaft etabliert“ wird, legt Kautt die Hypothese zugrunde, „dass die Einführung der modernen technischen Bildmedien (Fotografie, Film, Fernsehen) und die Ausdifferenzierung einer bildbasierten ‚Realität der Massenmedien’ (Luhmann 1996) von entscheidender Bedeutung ist“ (Kautt 2008, S. 4). Diese Entwicklung und die Image-Funktion der Massenmedien generell umschließt und betrifft auch die Realität der Geschlechter und der Geschlechtlichkeit, der Geschlechterdifferenz und der Geschlechterdifferenzierung, der Kautt an Beispielen bildmedialer Werbung nachgeht.

Individualisierungen

Zu den historischen (Modernisierungs-)Prozessen, die mit den Realitäten des ‚sozialen Geschlechts‘, der Geschlechter und der Geschlechtlichkeit in mehr oder weniger engen Zusammenhängen stehen, gehören auch Prozesse, die in den Sozialwissenschaften/der Soziologie regelmäßig unter dem (Sammel-)Titel Individualisierung behandelt werden. Im Alltagsleben werden sie mit Begriffen wie Vereinzelung, Versingelung, Alleinstellung, Vereinsamung und Egoismus meist in einem moralisch negativen, (gesellschafts-)kritischen Sinne thematisiert. Auch Vorstellungen von Besonderheit, Besonderung, Absonderung und Sonderbarkeit und einem Willen zur Einzigartigkeit, zur persönlichen Distinktion und zur ‚Selbstverwirklichung‘ (zum ‚Individualismus‘) spielen in der Alltagssemantik und in Alltagsdiskursen durchaus in der Nähe oder in Übereinstimmung mit sozialwissenschaftlichen Verständnissen eine Rolle.

Der Theorietitel Individualisierung bzw. die so bezeichnete zeitdiagnostische These ist zwar insgesamt eher vage und die diesbezüglichen Aspekte und Theoriebildungen, die sich seit mehr als hundert Jahren über die Geschichte der Sozialwissenschaften/Soziologie erstrecken, sind überaus zahlreich, vielfältig und heterogen. In diesem Rahmen kann aber auf einige Ebenen und sachliche Zusammenhänge Bezug genommen werden, die, indem sie auf die Struktur und Kultur der modernen Gesellschaft verweisen, auch geschlechtersoziologische Relevanz versprechen, nämlich:

– die Verschiebung der traditionellen „Wir/Ich-Balance" (Elias) zum Ich, die im vergangenen (20.) Jahrhundert eine besondere Dynamik und Dramatik entwickelt hat;

– die Steigerung der ‚funktionalen' Relevanz des Individuums im Zuge sozialer Differenzierungs- und Verflechtungsprozesse, die erhöhte Anforderungen an das Individuum als spezifisch zivilisiertes und kompetentes ‚Subjekt' stellen;

– die als Zivilisierungsprozess beschriebene Steigerung von Affektkontrolle und sozialer/kommunikativer Kompetenz, insbesondere Empathie und „Psychologisierung" (Elias 1980, Bd. 2);

– Prozesse und Folgen sozialer, kultureller und psychischer *Desintegration*; Erosion von institutionellen Ordnungen (Traditionen, Gewohnheiten, Rituale);

– die Entbindung des Individuums aus sozialen und kulturellen Zwängen, Kontrollen und Traditionen; die tendenzielle Erweiterung von sozialen/kulturellen Toleranz-, Kontingenz- und Handlungsspielräumen;

– soziale und psychische Distanzierungen, Fremdheits- und Entfremdungserfahrungen; die chronische Selbsterfahrung der inneren Ab- und Eingeschlossenheit als „homo clausus" (Elias);

– die moderne Vorstellung des einzigartigen, selbstbestimmten, ‚emanzipierten' Subjekts;

– die (Gesellschafts-)Zumutung und Freiheit, sich selbst seine Identität zu geben (siehe Identitäten);

– die Kultivierung persönlicher Distinktion; die moralische Wertschätzung von Individualität/

Individualismus, ‚Persönlichkeit', Einzigartigkeit, Originalität, Kreativität usw.

– die individuelle und individualisierende Gratifikations- und Glückssuche unter der Bedingung einer fortgeschrittenen Säkularisierung und ‚Konsumgesellschaft'.

Individualisierungsprozesse stehen also in jedem Fall im direkten Zusammenhang mit übergeordneten Prozessen der ‚Soziogenese': der strukturellen und kulturellen Modernisierung der Gesellschaft, der sozialen Differenzierung, Integration und Desintegration, der Zivilisation u. a. m.

Individualisierungsprozesse schwächen und unterlaufen damit in gewisser Weise traditionelle soziale ‚Kategorien' (Rollen, Traditionen) wie die ‚Kategorie Geschlecht', verbinden sich aber auch mit solchen ‚Kategorien' und stehen mit ihnen in Beziehungen der ‚Wechselwirkung'. Medienerzeugnisse aller Art – auch die von uns untersuchten – zeugen von einer Nivellierung/Symmetrisierung im Geschlechterverhältnis, die auch als individualisierungsbedingt und individualisierungsbedingend zu verstehen ist. Das schließt allerdings nicht aus, dass Individualität und Individualismus nach wie vor oder heute mehr denn je geschlechtsspezifisch ausfallen und performativ ausgebaut und dramatisiert werden, z. B. in einem geschlechtsspezifischen korporalen ‚Styling' und ‚Kult des Selbst' (Goffman 1981).

Informalisierung

Die Entwicklung *zur* modernen Gesellschaft und *der* modernen Gesellschaft ist im Rahmen von Zivilisations- und Modernisierungstheorien als ein sozialer Differenzierungs- und Integrationsprozess/Verflechtungsprozess beschrieben worden, der mit fundamentalen kulturellen/zivilisatorischen Habitusgenesen und Habitus-Umstellungen einhergeht, die auch die Realität der Geschlechter einschließen, betreffen und bestimmen. Auf der Ebene der Interaktionsordnung wurden diesbezüglich historische Phasen der Formalisierung des Verhaltens konstatiert, eine Zivilisation im Sinne verbindlicher symbolischer Ordnungen (‚Etiketten'), ritueller ‚Selbstdarstellungen' und Umgangsformen, einer ‚Versittlichung' und ‚Verfeinerung' des Verhaltens.

Allerdings ist auch das Auslaufen dieser historischen Bewegung und Tendenz diagnostiziert worden. Norbert Elias und Cas Wouters (vgl. 1979; 1999) haben vor dem Hintergrund ihrer Zivilisationstheorie von einem zivilisatorisch und zivilisationsgeschichtlich signifikanten Prozess der „Informalisierung" gesprochen und damit eine das 20. Jahrhundert kennzeichnende (ab etwa Mitte des 20. Jahrhunderts an Fahrt gewinnende) tendenzielle Lockerung (‚Liberalisierung‘) der ‚Sitten‘ gemeint: von interpersonalen Umgangsformen, Korporalität/Kleidung, Selbstdarstellung, sozialen Anlässen, Diskursen, Zensuren usw. (siehe Korporalität, Zivilisation). In dieser Richtung argumentiert mit unterschiedlichen sachlichen Akzenten und Bewertungen eine ganze Reihe klassischer ‚Zeitdiagnostiker‘. So konstatiert auch Arnold Gehlen (1957) Informalisierungen und noch weitergehende kulturelle Desorganisationsprozesse, und auch bei Erving Goffman (z. B. 1974) oder Richard Sennett (z. B. 1983) findet man ähnliche Beobachtungen, insbesondere im Hinblick auf die Entwicklung der rituellen (Geschlechter-)Interaktionsordnung.

Geht man von der Richtigkeit solcher ‚Diagnosen‘ aus und von einem Zusammenhang von Prozessen der Zivilisierung, der Individualisierung und der Informalisierung, dann liegen einige Konsequenzen für die Realität der Individuen und ihrer Beziehungen auf der Hand. Sie bestehen vor allem in einer im Prinzip geschlechterübergreifenden Erweiterung von lebenspraktischer Offenheit, Unbestimmtheit und Riskanz, in vergrößerten Spielräumen bis hin zur Anomie, in vermehrten Freiheiten und Optionen, aber auch in gesteigerten Zwängen des Handelns, Aushandelns und Verhandelns, der (Selbst-)Gestaltung und der Verarbeitung eigener und fremder Unsicherheit.

Auch das Geschlecht, die Geschlechtlichkeit und die Geschlechter sowie ihre Beziehungen verlieren in Informalisierungsprozessen ‚Form‘ und damit auch objektive und subjektive Wirklichkeit. Sie werden in der Tat zu einer Funktion des ‚Tuns‘ von Individuen in Beziehungen und Interaktionen (siehe Doing Gender). Dementsprechend steigen auch die Anforderungen an die entsprechende Subjektivität der Geschlechter und an die Beziehungen und Interaktionen, an denen sie beteiligt sind. Die Spielräume und ‚Spielfreiheiten‘, aber auch die ‚Spielzwänge‘, ‚Spielanforderungen‘ und ‚Spielprobleme‘ werden tendenziell größer. Das impliziert einen signifikant gestiegenen Bedarf an

sozialer ‚Spielfähigkeit‘, die auch in der Interpretation und Performanz der Geschlechtsrollen praktisch unter Beweis zu stellen ist.

Interaktionsordnung

Mit dem Begriff der Interaktionsordnung bezeichnet Goffman (1994a) sein Forschungsprogramm, einschließlich seiner vielfach und bis heute als paradigmatisch anerkannten Soziologie der Geschlechter. Sie, *auch sie*, ist – vergleichbar mit anderen ‚Mikrosoziologien‘ (insbesondere dem Symbolischen Interaktionismus und der Ethnomethodologie) – schwerpunktmäßig *Interaktions*soziologie, die mit einer Interaktionsordnung eine Ordnung eigener Art unterstellt und aufzudecken beabsichtigt. Bei dieser Ordnung handelt es sich im Wesentlichen um einen eigenen sozialen Systemtyp mit einer eigenen Systematik von Rahmen und Rahmungen, von Sinngrenzen, Sinnzusammenhängen und Sinntransformationen, von Regionen, Bühnen und Territorien mit symbolisch-moralischen Seiten (siehe Rahmen, Raum, Figuration). Sie regulieren gleichsam den unmittelbaren sozialen Verkehr von Individuen und die damit verbundene objektive und subjektive Wirklichkeit von Rollen und Identitäten.

Mit seinen Vorstellungen von der unmittelbaren Interaktionsordnung und von entsprechend verorteten und konstituierten ‚Selbsten‘ und Handelnden verbindet sich bei Goffman auch eine Vorstellung von differenziellen und differenzierenden kulturellen Ordnungsebenen und entsprechend eine Art Wissenssoziologie, die von unmittelbaren Interaktionen ausgeht, aber auch über diese hinausgeht. Diese Wissenssoziologie umfasst und erfasst neben und mit der Interaktionsordnung auch die Ebene der Medienkultur bzw. der medialen Performanzen in den Rahmen der verschiedenen Medientechnologien und insbesondere der *Bildmedien* (Fotografie, Film, Fernsehen), mit denen auch Ströme von ‚Bildern der Geschlechter‘ einhergehen (vgl. Willems/Kautt 2003; Kautt 2008). Ein besonderer Nutzen der Goffmanschen Soziologie liegt dabei darin, die Ebene der unmittelbaren/lebensweltlichen (Geschlechter-)Interaktionsordnung in ihrem systematischen Zusammenhang mit der Ebene der Medienkultur zu konzipieren und analysierbar zu machen. Damit kommen auch die entsprechenden

Sinn-, Symbol- und Wissensbestände und die Prozesse ihrer Zirkulation in den Blick: Kosmologien, Alltagstheorien, Deutungsmuster, ‚gepflegte Semantiken‘, Ideologien, Diskurse usw.

Man kann im Anschluss an Goffman davon ausgehen, dass die Interaktionsordnung einerseits und die Ebene der Medienkultur/‚Medienordnung‘ andererseits zwar jeweils relativ autonom sind, dass aber die Ebene der Medienkultur auch in einem genetischen und funktionalen Abhängigkeits- und (Rück-)Wirkungsverhältnis zur Ebene der unmittelbaren/lebensweltlichen Interaktionsordnung steht. Des Weiteren ist davon auszugehen, dass es entsprechende ‚Übersetzungen‘ zwischen beiden Ebenen gibt, insbesondere Transformationen (Modulationen) von Teilen der Kultur der Interaktionsordnung, z.B. Interaktionsritualen, in Bereiche oder Gattungen der Medienkultur und umgekehrte ‚Kopien‘. Diesbezüglich bietet sich die Goffmansche „Rahmen-Analyse" (1977) als Theorie und Methode an, die Komplexität und Variabilität sozialen Sinns und sozialer Sinnschichtung zu untersuchen (siehe Rahmen, Kosmologie, Modulation).

Interaktionsrituale

Mit dem Begriff des Interaktionsrituals spezifiziert Goffman zunächst seinen allgemeinen, an Durkheim angelehnten Ritualbegriff, der auf den Ausdruck von Achtung zielt: „Ein Ritual ist eine mechanische, konventionalisierte Handlung, durch die ein Individuum seinen Respekt und seine Ehrerbietung für ein Objekt von höchstem Wert gegenüber diesem Objekt oder seinem Stellvertreter bezeugt" (Goffman 1974, S. 97). In seinen frühen Arbeiten entwickelt Goffman die Vorstellung von Ritualen als Praktiken des Achtungsausdrucks in Bezug auf das personale ‚Selbst‘ als Objekt und Subjekt dieser Praktiken, die gleichsam der Heiligkeit der Person/des Individuums symbolisch Rechnung tragen: als ‚gutes Benehmen‘, Anstand, Höflichkeit, Ehrerbietung, Takt usw., aber auch umgekehrt: als ‚schlechtes Benehmen‘, Unhöflichkeit, Mißachtung, Taktlosigkeit, Beleidigung, Demütigung usw. Eine berühmt gewordene Analogie Goffmans bringt die quasi-religiöse Veranstaltungs- und Verehrungslogik, um die es hier geht, auf den Punkt: „Viele Götter sind abgeschafft worden, aber der Mensch selbst bleibt hartnäckig als eine wichtige Gottheit bestehen. Er schreitet mit Würde einher und ist Empfänger vieler kleiner Opfer. Er achtet eifersüchtig auf die Anbetung, die ihm gebührt. [...] Vielleicht ist das Individuum deshalb ein so zugänglicher Gott, weil es die zeremonielle Bedeutung seiner Behandlung verstehen kann und weil es mit Handlungen auf das, was ihm angeboten wird, reagieren kann. In Kontakten zwischen solchen Gottheiten bedarf es keiner Vermittler. Jeder dieser Götter ist in der Lage, als sein eigener Priester zu fungieren" (Goffman 1971b, S. 104 f.).

Der späte Goffman entwickelt diese Modellvorstellung weiter, indem er schwerpunktmäßig die Interaktionen der Geschlechter zum Gegenstand macht und Interaktionsrituale mit ihren spezifischen kosmologischen Implikationen nun primär unter Zeichen-, Kode- und Kundgabeaspekten betrachtet (siehe Kosmologie, Eltern-Kind-Komplex). Ausgangspunkt und Leitidee seiner Untersuchung ist das ethologische „Hauptargument, daß unter dem Druck der natürlichen Auslese gewisse emotional motivierte Verhaltensweisen formalisiert werden: sie werden vereinfacht, übertrieben, stereotypisiert und aus dem spezifischen Kontext der auslösenden Reize herausgenommen – und dies nur zu dem Zweck, eine effektivere [...] Signalwirkung zu erreichen. Solche Verhaltensweisen sind ‚Darstellungen‘" (Goffman 1981, S. 9) – allerdings verstanden als *kulturelle* und *kulturspezifische* Typen von „Zeige-Verhalten und Aussehen", die darauf spezialisiert sind, eine bestimmte „informierende Funktion" zu erfüllen (Goffman 1981, S. 10). Goffman geht es damit um eine Art Systemebene der Interaktion, die potentiell, aber nicht notwendig jenseits subjektiven Bewusstseins, Meinens und Wollens liegt und die Interaktion wie das Erleben der Beteiligten auf der Basis der Zeichenhaftigkeit von Ritualen organisiert. Darstellungen sind „indikative Ereignisse", die „die Bedingungen des Kontakts, den Modus, den Stil oder die Formel [festlegen] für den Verkehr, der sich zwischen den Personen entwickeln soll" (Goffman 1981, S. 10). Diese Form der Kundgabe charakterisiert und ermöglicht die „flüchtig wahrgenommene Welt (...), in der wir alles nur in allgemeinster Form betrachten" (Goffman 1981, S. 90) und ohne „longitudinalen Einblick" (Goffman 1981, S. 90).

Intimität/Intimisierung

Die soziologische Untersuchung der modernen Gesellschaft/Kultur und gerade auch der modernen Realitäten der Geschlechter und der Geschlechtlichkeit kommt kaum ohne den Begriff der Intimität/Intimisierung aus, der allerdings nicht leicht zu fassen ist und auf ein sehr breites Spektrum von Phänomenen und Hintergründen verweist.

Der Intimitätsbegriff steht einerseits in Beziehung zu anthropologischen und „existentiellen Daseinsaspekten, bezeichnet aber andererseits auch einen Typus von Erfahrungen, der sich in historischer Sicht wandelt und der auf der einen Seite mit der psychischen Struktur von Subjekten und auf der anderen Seite mit der je gesellschaftsspezifischen Art von sozialen Beziehungen, Werten und öffentlichem Handeln korreliert, die ein Individuum prägen" (Schwietring 2009a, S. 262). Intimität ist also in erster Linie eine Frage der gesellschaftlichen und kulturellen Organisation und fällt unter modernen Bedingungen entsprechend differenziert und vielfältig aus. Sie ist damit auch eine immanent ,soziale Frage' nicht nur von Kommunikation schlechthin, sondern von sozial voraussetzungsvollen, pluralen und kontingenten Informationsverhältnissen, von Verhältnissen zwischen Sichtbarkeit und Unsichtbarkeit, von Zeigen und Verbergen, Darstellung und Geheimnis, Nähe und Distanz, Privatheit und Öffentlichkeit.

Als subjektive und objektive (soziale) Wirklichkeit ist Intimität auch oder vor allem als Funktion von Zivilisationsprozessen zu verstehen, in denen und mit denen das individuelle Habitusensemble gleichsam gebaut und umgebaut wird. So „steigen mit der zivilisationsgeschichtlichen Zunahme von Affektkontrolle und Introspektion (...) geradezu notwendig auch das Bewusstsein von und das Bedürfnis nach Intimität als dem dicht um das eigene Ich gelagerten Erfahrungsbereich" (Schwietring 2009a, S. 262). Folgt man Elias, dann schließt die moderne Zivilisationsgeschichte als Geschichte von Intimitäten und Intimisierungen in diesem Sinne eine ganze Reihe mehr oder weniger langfristiger Prozesse ein, die zusammenhängen und aufeinander einwirken: die Ausdifferenzierung von Privat- und Persönlichkeitssphären, die Steigerung und Absicherung von entsprechenden Ansprüchen, die tendenzielle Heraufsetzung von

Scham- und Peinlichkeitsschwellen, die systematisch verschärfte ,Homo clausus-Selbsterfahrung', die Genese und Steigerung von (psychischer) ,Innerlichkeit'. Im Prozess der Zivilisation verändern sich auch Verhalten und Psyche in Richtung einer immer stärkeren Selbstkontrolle und damit einhergehend in Richtung einer stärkeren Schambindung und Rationalisierung. Und so wie dies geschieht, so „ändert sich in entsprechender Weise auch die Art, in der ein Mensch den anderen betrachtet. Das Bild, das der Mensch vom Menschen hat, wird reicher an Schattierungen, es wird freier von momentanen Emotionen; es ,psychologisiert' sich" (Elias 1980, Bd. 2, S. 372) – mit Konsequenzen für die Konstruktion, Wahrnehmung und Behandlung von ,Intimitäten'. In diesem Sinne (einer „Psychologisierung") handelt auch Goffmans (1971b) Theorie der Interaktionsrituale von einem – modernen – Individuum, das andere Individuen mit einem ,psychologischen' Blick und Feingefühl behandelt und das befähigt, motiviert und gezwungen ist, im Denken und Handeln entsprechend zu balancieren: zwischen einem Zuviel und einem Zuwenig an Nähe (Intimität) und Annäherung.

Intimität und Intimisierung sind also voraussetzungsvolle, implikations- und verweisungsreiche Begriffe, die erst vor dem Hintergrund historischer Prozesse, konkreter Zivilisationsprozesse und gesellschaftlicher Verhältnisse hinreichend spezifisch und analytisch brauchbar werden. Das zeigt sich auch und gerade im Hinblick auf die jüngere Gesellschaftsgeschichte und das 20. Jahrhundert der ,westlichen Zivilisation', die sich in diesem Zeitraum bekanntlich dynamisch und stark gewandelt hat, scheinbar innovative, antagonistische oder gegenläufige Entwicklungen zwischen Intimisierung und Entintimisierung eingeschlossen. Diese Entwicklungen spielen in verschiedenen Modernisierungs- und Individualisierungstheorien eine Rolle. Neben Elias' Zivilisations- und Individualisierungstheorie, an die z. B. Ulrich Beck und Anthony Giddens mehr oder weniger deutlich angeschlossen haben, drängt sich hier Richard Sennetts in den 1980er Jahren berühmt gewordene historische Kulturdiagnose der „Tyrannei der Intimität" auf (vgl. Sennett 1983), die auch auf spätere und neuere kulturelle Entwicklungen bezogen werden kann. Die Ansätze und analytischen Resultate von Elias und Sennett konzentrieren sich zwar auf unterschiedliche historische Kontexte, Zeitstrecken und epochale Phasen, sie überschneiden sich aber auch und sind in der Sache zumindest teilweise komplementär und immer noch ‚zeitgemäß‘. So kann man in der Richtung der Sennettschen Theorie wie auch der Eliasschen den aktuellen empirischen Eindruck einer breit und differenziert angelegten Intimisierungstendenz analytisch einholen, dass nämlich die Unterscheidung zwischen privat und öffentlich verschwimmt. „Soziale Kategorien werden durch persönliche Eigenschaften und Aspekte des privaten Lebens abgelöst. (...) es geht um den menschlichen Faktor, die persönlichen Anliegen, das Privatleben, die intimen Beziehungen" (Schwietring 2009a, S. 273).

Die Realitäten der Geschlechter und der Geschlechtlichkeit müssen (auch) vor diesem Hintergrund sozusagen als Sonderfälle einer historischen Entwicklungstendenz bzw. eines Bündels historischer Entwicklungstendenzen verstanden und behandelt werden.

Kapital/Kapitaltypen

Die prominent gewordene Kapitalbegrifflichkeit Pierre Bourdieus bietet ähnlich wie die Figurationssoziologie mit einem mehrdimensionalen Kapitalverständnis einen Ansatz, die historische Realität der Geschlechter differenziert zu beschreiben: ‚soziale Ungleichheiten‘ wie auch Gleichheiten und Angleichungen in Verhältnissen der Geschlechter (siehe Figurationen, Felder, Habitus). Der Ansatz Bourdieus ist diesbezüglich besonders brauchbar, weil er eine ausformulierte Kapitaltypologie beinhaltet.

Bourdieu greift den wirtschaftstheoretischen Kapitalbegriff auf und entwickelt ihn als ein Konzept weiter, das auf diverse Ressourcen sowie alle gesellschaftlichen Felder und Bereiche übertragbar sein soll (vgl. 1983, S. 184 f.). Es geht Bourdieu also um eine nicht nur ökonomische, sondern auch darüber hinausgehende ‚soziale Ungleichheit‘, nämlich systematisch ungleiche Verteilungsstrukturen verschiedener Kapitalformen (vgl. 1983, S. 183). Die jeweilige historische Verteilungsstruktur der Kapitalformen entspricht Bourdieu zufolge der „immanenten Struktur der gesellschaftlichen Welt, d. h. der Gesamtheit der ihr innewohnenden Zwänge, durch die das dauerhafte Funktionieren

der gesellschaftlichen Wirklichkeit bestimmt und über die Erfolgschancen der Praxis entschieden wird" (Bourdieu 1983, S. 183).

Bourdieu differenziert drei basale Kapitalsorten, die nicht nur zwischen und in den sozialen Klassen im Marxschen Sinne, sondern auch zwischen und in den Geschlechtsklassen im Goffmanschen Sinne ungleich verteilt waren und sind: das „kulturelle" (a), das „soziale" (b) und das „ökonomische" (c) Kapital.

(a) Drei Varianten kulturellen Kapitals werden von Bourdieu unterschieden: „inkorporiertes", „objektiviertes" und „institutionalisiertes". Im Verständnis des erstgenannten besteht dabei der eigentliche ‚Clou‘ der kapitaltheoretischen Überlegungen Bourdieus. Unter inkorporiertem Kulturkapital versteht Bourdieu verinnerlichte und damit dauerhafte Dispositionen bzw. Kompetenzen, die in mehr oder weniger langfristigen, d. h. zeitintensiven, Sozialisationsprozessen, Erziehungs- und (Aus-)Bildungsprozessen entstanden sind. Es geht also um ein Kapital in der Form (und mit den Implikationen) von Gewohnheiten oder habituellen Dispositionen (siehe Gewohnheiten, Habitus). Diese sind auch im Kontext objektivierten Kulturkapitals wie z. B. Kunstwerken zentral – insofern nämlich die ‚Aneignung‘ und soziale Handhabung solcher Objekte die Verfügung über kulturelle Kompetenzen (Kenntnisse, Fertigkeiten, Urteilsfähigkeiten) erfordert. Demgegenüber ist das institutionalisierte Kulturkapital, vor allem in der Form von Bildungstiteln, relativ unabhängig von allem anderen Kapital, das die Person seines Trägers „tatsächlich zu einem gegebenen Zeitpunkt besitzt" (Bourdieu 1983, S. 190).

Im Hinblick auf die Geschlechter und die Geschlechtersoziologie ist nicht nur die Tatsache von Bedeutung, dass die Varianten des kulturellen Kapitals wie alle anderen Kapitaltypen im Zusammenhang mit sozialer Schichtung (‚Klassen‘) zwischen und in den Geschlechtsklassen ungleich verteilt waren und sind, sondern auch historische Verschiebungen in den entsprechenden Kapitalstrukturen stattgefunden haben und sich weiter abzeichnen. Die Inklusion der Mädchen und Frauen auch unterer Schichten (jedenfalls ‚westlicher‘ Gesellschaften) in institutionelle (Aus-)Bildungsprozesse und berufliche Karrieren implizieren mit einer tendenziellen kulturellen Kapitalangleichung auch eine Verschiebung in der

Machtbalance zwischen den Geschlechtern und Geschlechtsklassen. Diese Entwicklung hat mit sozialen Emanzipationsbewegungen, aber auch mit übergeordneten, fortgeschrittenen und fortschreitenden funktionalen Differenzierungsprozessen zu tun (siehe soziale Differenzierung, Figuration, Verringerung der Kontraste und Vergrößerung der Spielarten).

b) Soziales Kapital definiert Bourdieu als die „Gesamtheit der aktuellen und potentiellen Ressourcen, die mit dem Besitz eines dauerhaften Netzes von mehr oder weniger institutionalisierten Beziehungen gegenseitigen Kennens oder Anerkennens verbunden sind" (1983, S. 190 f.). Dieser ‚Besitz' ist für Bourdieu das Produkt von Investitionsstrategien und einer „unaufhörlichen Beziehungsarbeit in Form von ständigen Austauschakten [...], durch die sich die gegenseitige Anerkennung immer wieder neu bestätigt" (Bourdieu 1983, S. 193). Der Begriff des sozialen Kapitals verweist also auf Begriffe wie Netzwerk oder Figuration (siehe Figuration) und ist in dieser Hinsicht auch geschlechtersoziologisch spezifisch brauchbar. Man denke diesbezüglich nur an geschlechtshomogene Netzwerke (z. B. Männerbünde, ‚Seilschaften') oder aber an deren Transformation oder Auflösung.

c) Ökonomisches Kapital, wie Bourdieu es definiert, ist „unmittelbar und direkt in Geld konvertierbar und eignet sich besonders zur Institutionalisierung in der Form des Eigentumsrechts" (1983, S. 185). In der Denktradition von Marx hält Bourdieu diesen Kapitaltyp und das ökonomische Feld überhaupt für gesellschaftlich primär und dominant. Die Verteilung ökonomischen Kapitals, ihre Ungleichheit, Asymmetrie und Asymmetrisierung, aber auch ihre Angleichung ist natürlich auch von elementarer geschlechtersoziologischer Bedeutung bzw. eine Dimension der ‚sozialen Lage' und ‚Verlagerung' der Geschlechter.

Die wahrgenommene und als legitim anerkannte Form des ökonomischen, kulturellen und sozialen Kapitals bezeichnet Bourdieu als symbolisches Kapital. Gemeint sind damit vor allem ‚Definitionen' von Anerkennung und Geltung, die mit Begriffen wie Prestige, Reputation oder Image gefasst werden können (siehe Image). Der Begriff des symbolischen Kapitals wird von Bourdieu auch ohne Rückbezug auf die genannten Kapitaltypen eher diffus verwendet. Zu denken ist in diesem Zusammenhang auch an ‚korporales Kapital', von dem gerade im Hinblick auf die Geschlechter und die Geschlechterdifferenz(ierung) die Rede sein kann (siehe Korporalität, Hofieren). Dass die Kapitalbegrifflichkeit Bourdieus auch im Hinblick auf feldspezifische Handlungs- und Erfolgschancen einen Schlüssel zum Verständnis der Realität der Geschlechter darstellt, liegt auf der Hand (siehe Felder).

Kleidungen

Mit Begriffen und Perspektiven wie *Korporalität* und teils verwandten, teils komplementären Konzepten wie *Fassade* (Goffman 1969) und *Habitus* ergeben sich spezifische Zugänge zur symbolischen und kosmologischen Realität von Identitäten und Rollen und so auch spezifische Zugänge zur symbolischen und kosmologischen Realität der Geschlechter und speziell zum *Genderismus* (siehe Genderismus, Korporalität, Habitus). Diese Begrifflichkeit schließt auch körperlich-materielle und körperbezogene Symbol-, Stil- und Stilisierungsformen wie Kleidung (Mode), Frisur, Schminke, Tätowierung und Schmuck ein. Vor allem die Kleidung ist als zentraler Teil der „persönlichen Fassade" und als „Ausdruck, den man selber ausstrahlt" (Goffman 1969, S. 25), mehr als nur ein unterstützendes Medium der ‚Selbstdarstellung'. Sie ist auch – jedenfalls in unserer Kultur – eine sozial komplex informative Symbolisierungs- und Ritualisierungsform und als solche von universaler und mannigfaltig differenzierter, lebensweltlicher wie medienkultureller Bedeutung.

Goffman hat Formen, Bedeutungen und (latente) Funktionen von Kleidung im Sinne seiner Vorstellung von Genderismus beschrieben (siehe Genderismus, Kosmologie). In der Werbung erkennt er eine Art Kleiderordnung mit einer fundamentalen Stil-Differenz (siehe Stil, Hyperritualisierung), die eine differenzielle kosmologische Fassung der Geschlechtsidentitäten und Geschlechtsrollen zum Ausdruck bringt und aufrechterhält. Man könne „sagen, daß der kostümartige Charakter der Damenbekleidung in der Reklame die Frauen als weniger ernsthaft in sozialen Situationen anwesend erscheinen läßt als die Männer, wobei ihr Selbst durch eine Ausstaffierung dargestellt wird, die selbst irgendwie etwas Unernstes ist" (Goffman 1981, S. 200). Hier hat man es mit einem Ausdruck jenes ‚Unernstes‘, jener (angeblichen) Kindlichkeit, kindlichen Inferiorität und Verspieltheit zu tun, die Goffman unter den Titel „Eltern-Kind-Komplex" gestellt hat (siehe Eltern-Kind-Komplex, Interaktionsrituale).

Kleidung (Mode) und andere Aspekte von Korporalität (Frisur, Schminken, Tätowierung, Schmuck) sind zugleich Ressourcen und Ausdrücke einer anderen symbolischen bzw. rituellen Logik, die Goffman gleichfalls als eine Erscheinungsform des Genderismus im Sinn und im Auge hat: die Logik der physischen bzw. erotischen Attraktivität und Attraktion, die an Frauen traditionell andere und höhere Anforderungen stellt als an Männer (siehe Hofieren, Ritual). Diesbezüglich spielt die Frauen-Kleidung auf allen kulturellen Ebenen der (‚westlichen‘) Gesellschaft – offenbar historisch relativ kontinuierlich – eine geradezu strategische Rolle. Auch hier existiert eine systematische und dramatische Stil-Kluft zwischen weiblicher Kleidung einerseits und männlicher (Nicht-)Kleidung andererseits. Nur auf der weiblichen Seite gibt es eine signifikante Ausdifferenzierung und Differenzierung der erotischen Kleidungsstile, die aber ebenso wie die Kleidungsstile der Männer *eine* kosmologische Sprache sprechen.

Generell wird man im Bereich der Kleidung (wie anderer Korporalitätsaspekte) eine in den letzten Jahrzehnten forcierte informalisierungs- und individualisierungsbedingte Pluralisierung, eine Vermehrung von ‚Spielarten‘ und eine Erweiterung von Spielräumen und Freiheiten konstatieren können – einen generalisierten „Kult der Lässigkeit" (Riesman) und auch demonstrative Auflösungen der ‚Kleiderordnung‘ der Geschlechter, Hybridisierungen und ‚Subversionen‘ (‚Crossdressing‘, ‚Androgynie‘ usw.). Gleichzeitig scheint es allerdings auch bereichsspezifisch neue oder verschärfte Zwänge zur ‚vestimentären‘ Selbstdarstellung, Selbstgestaltung und Selbststilisierung zu geben, mit denen auch noch oder wieder die Differenz der Geschlechter differenzierend ins Spiel kommt.

Körper

Vermutlich muss man der ‚Geschlechterforschung‘ innerhalb und (mehr noch) außerhalb der Sozialwissenschaften eine eigentümliche und merkwürdige Tendenz zur ‚biologischen‘ Körpervergessenheit, Körperignoranz und regelrechten Körperverdrängung attestieren. In den Sozial- und Geisteswissenschaften/Kulturwissenschaften (der Philosophie, den Literaturwissenschaften, der Theaterwissenschaft u. a.) tendiert man jedenfalls, von wenigen Ausnahmen abgesehen, schon lange dazu, die soziale Relevanz des Geschlechter- und Geschlechtlichkeitskörpers auf scheinbar bloß Symbolisches bzw. auf seine ‚Oberfläche‘ (Korporalität) zu reduzieren und im Körper ansonsten höchstens lediglich eine Art Medium zu sehen, in das sich die Gesellschaft/Kultur gleichsam einträgt (siehe Theatralität).

Der Körper lässt sich allerdings nicht auf seine zeichenhafte ‚Oberfläche‘ und auch nicht auf seine mehr oder weniger manipulierbare ‚Korporalität‘ oder ‚Diskursivität‘ reduzieren, sondern schließt die gesamte ‚Biologie‘ der Person ein, die auch und in mannigfaltiger Hinsicht geschlechtlich und geschlechtsspezifisch ist. Das lehrt beispielsweise und nicht zuletzt mit zunehmender Eindringlichkeit (und ‚feministischer‘ Unterstützung) die moderne (aktuelle) ‚Gender-Medizin‘, aber auch etwa eine Sprachwissenschaft, die „im Bereich von Stimme und Prosodie Ritualisierungen von Männlichkeit und Weiblichkeit" erforscht (Kotthoff 1994, S. 180). Eine nicht-reduktionistische und d. h. nicht-kulturalistische und nicht-soziologistische Soziologie der Geschlechter und der Geschlechtlichkeit muss also den ganzen Körper und die ganze ‚Biologie‘ der Geschlechter in ihren Identitäten/Ähnlichkeiten und ihren Differenzen in Rechnung stellen und insofern auch mit den entsprechenden (Natur-)Wissenschaften kommunizieren, auch wenn diese jeweils selbst zu ihren eigenen ‚-ismen‘ tendieren. Hier führen jenseits der Naturwissenschaften vielleicht am ehesten die theoretisch-empirischen Forschungstraditionen weiter, die am wenigsten zur Abstraktion, zur Spekulation und zur Sinngebung neigen (siehe Anthropologie, Natur, Zivilisation).

Kommunikative Gattungen

Der wissenssoziologische Begriff der kommunikativen Gattung zielt auf profilierte ‚eigensinnige‘ Kommunikations- bzw. Interaktionsvorgänge und Wissensbestände, die auch Aspekte und Bedeutungen des Geschlechts, der Geschlechter und der Geschlechtlichkeit implizieren oder betreffen.

Thomas Luckmann und Hubert Knoblauch erläutern den von Luckmann (1986) entwickelten Begriff der „kommunikativen Gattung" folgendermaßen: „Als kommunikative Gattungen werden diejenigen kommunikativen Vorgänge bezeichnet, die sich gesellschaftlich verfestigt haben. [...] Sie erleichtern die Kommunikation, indem sie die Synchronisation der Handelnden und die Koordination der Handlungsschritte über vorgeprägte Muster in einigermaßen verlässliche und gewohnte Bahnen lenken. Gattungen bilden somit Orientierungsrahmen für die Produktion und Rezeption kommunikativer Handlungen" (Knoblauch/Luckmann 2000, S. 539).

Dieses Verständnis von kommunikativen Gattungen ähnelt deutlich einer Reihe anderer wissenssoziologischer Begriffe, wie z. B. Rahmen, Skript, Ritual/Interaktionsritual und Deutungsmuster, die ebenfalls quasi-institutionelle Strukturen der Kommunikation bzw. Interaktion im Sinn haben (siehe Rahmen, Skript, Ritual, Deutungsmuster). Auch die Ähnlichkeit mit typologischen Begriffen aus dem Medienbereich, wie Genre oder Format, liegt auf der Hand. Damit ist auch klar, dass es sich bei kommunikativen Gattungen hauptsächlich um ‚kommunikative Vorgänge' und um Formen eines praktischen Wissens von diesen Vorgängen handelt, die in der psychischen Form von habituellen Dispositionen oder Gewohnheiten vorliegen und fungieren (siehe Gewohnheiten, Habitus).

Der kommunikative Gattungsbegriff referiert zunächst auf mehr oder weniger komplexe lebensweltliche Kommunikations- bzw. Interaktionszusammenhänge (das Grüßen, das Witzeerzählen, die Predigt, den Flirt, das Verkaufsgespräch, die Thekenkommunikation, die Festrede usw.), ist aber nicht auf diese Ebene beschränkt, sondern umfasst auch das kommunikative Geschehen in Massenmedien bzw. den massenmedialen kommunikativen ‚Haushalt' einer Gesellschaft (vgl. Ayaß 2002; Knoblauch/Raab 2002). Damit geraten auch bestimmte Typen und Klassen von Medienkommunikationen in den Blick, die im Alltagswissen gespeichert sind und als ‚Orientierungsrahmen' tagtäglich von jedermann und jederfrau zur Anwendung gebracht werden – vom Krimi über den Werbespot bis zum Pornofilm oder zum ‚Wort zum Sonntag' (vgl. Band 1 und 2).

Aus gattungsanalytischer Perspektive – ähnlich wie aus rahmenanalytischer – ist die Bestimmung des generellen (‚metakommunikativen') Wirklichkeitsstatus und der inneren Logik des jeweiligen (medien-)kommunikativen Vorgangs bzw. ‚Haushaltsbereichs' grundlegend für sein praktisches und sein analytisches Verständnis. Erst vor diesem Hintergrund lassen sich Feststellungen darüber treffen, was *mit* dem und *in* dem betreffenden Bereich tatsächlich ‚geschieht' bzw. produziert oder inszeniert wird. So sind einzelne Darstellungen der Werbung oder der Pornografie (z. B. Geschlechtsrollenstereotype oder auch deren Umkehrung) nur vor dem Hintergrund der jeweiligen Gattungsbestimmung einzuschätzen (siehe Rahmen, kulturelles Forum). Soziologische Fragen wie die ‚Geschlechterfragen' können grundsätzlich nur unter der Voraussetzung angemessen gestellt und bearbeitet werden, dass die jeweils relevanten kommunikativen ‚Kontexte' geklärt und aufgeklärt sind. Wissenssoziologische Konzepte wie der kommunikative Gattungsbegriff bezwecken genau dies, die Bestimmung, dessen, was objektiv und subjektiv „eigentlich vorgeht" (Goffman 1977).

Konsum/Konsumgesellschaft

Zu den kontinuierlich gängigen und zweifellos ‚empirienahen' Schlagworten, die in den ‚diagnostischen' Diskursen über die Gesellschaften der ‚westlichen Zivilisation' seit dem vergangenen Jahrhundert bis heute eine wichtige Rolle spielen, gehören die Worte Freizeit, Konsum (Verbrauch, Verbraucher) und Konsumgesellschaft. (Thorstein Veblen wurde schon Ende des 19. Jahrhunderts mit einem Buch berühmt, das dem Konsum den Status einer Signatur des Sozialen attestierte.) Tatsächlich spricht viel dafür, dass sich diese (modernen) Gesellschaften, ihre Kultur und ihr dominierender Menschentyp, wenn auch sozial differenziert, in der so bezeichneten Richtung grundlegend ein- und umgestellt haben und sich wesentlich durch einen immer weiteren Raum der ‚Freizeit' und durch Konsum als generalisierte ‚Lebensphilosophie' und Mentalität (Haltung) auszeichnen. Daran ändert auch die Tatsache nur sehr bedingt und begrenzt etwas, dass sich gleichzeitig Konsumkritik entwickelt und entfaltet hat und neuerdings vermehrt von Konsumverzicht die Rede ist und sogar von *demonstrativem* Konsumverzicht die Rede sein kann.

Zu den einschlägigen soziologischen Klassikern, die auch ‚Geschlechter-‘ und ‚Geschlechtlichkeitsfragen‘ stellen, gehört David Riesman, der schon Ende der 1940er Jahre in seinem berühmt gewordenen Buch über die „Wandlungen des amerikanischen Charakters" von „unserer Freizeit- und Konsumgesellschaft" sprach (1958, S. 294), der er eine Logik der „Außen-Lenkung" attestierte. Darunter verstand er in einem ‚idealtypischen‘ Sinne insbesondere, „daß das Verhalten des einzelnen durch die Zeitgenossen gesteuert wird; entweder von denjenigen, die er persönlich kennt, oder von jenen anderen, mit denen er indirekt durch Freunde oder durch die Massenunterhaltungsmittel bekannt ist" (Riesman 1958, S. 38). Den von Riesman gemeinten durchschnittlichen ‚einzelnen‘ charakterisiert mehr als andere Menschentypen zuvor, die „außergewöhnliche Empfangs- und Folgebereitschaft, die er für die Handlungen und Wünsche der anderen aufbringt", und die Tatsache, dass er das ‚normale‘ Bedürfnis nach „Anerkennung", „Lenkung" und „Zuneigung" zu seiner „eigentlichen Steuerungsquelle und zum Zentrum seiner Empfangs- und Folgebereitschaft macht" (Riesman 1958, S. 38). Riesman behauptet also eine mit dem Aufstieg „unserer Freizeit- und Konsumgesellschaft" einhergehende Habituswandlung (‚Charakterwandlung‘), eine psychische ‚Umpolung‘, Öffnung und Flexibilisierung des Individuums, ja einen durch und durch „flexiblen Menschen" (Sennett 2008), mit einer fortgeschrittenen moralischen und geschmacklichen ‚Lockerheit‘ und einer zugleich gesteigerten Wahrnehmungs-, Urteils- und Handlungsfähigkeit. Mit den Begriffen Freizeit- und Konsumgesellschaft und mit „Außen-Lenkung" bezog sich Riesman vor allem auf die (US-)‚amerikanische‘ Gesellschaft, der er und deren Menschen er mit diesen Bezeichnungen jenen fundamentalen Wandel attestierte. Aber auch die mittel- und westeuropäischen Gesellschaften, ja im Grunde die ganze ‚westliche Zivilisation‘ konnten schon spätestens Mitte des vorigen Jahrhunderts als mehr oder weniger weit entwickelte Konsumgesellschaften mit tendenziell ‚außengeleiteten‘ Menschen beschrieben werden. In ihrem Verständnis stimmten Autoren wie Arnold Gehlen und Helmut Schelsky mit Riesmans Diagnose grundsätzlich überein und haben sich auch ausdrücklich an ihn angelehnt. Seither haben die Realitäten des Konsums und der Begriff des Konsums (mitsamt seinen Abwandlungen) kaum an Bedeutsamkeit verloren, sondern vielmehr global (und im Kontext von Globalisierungsprozessen) an Bedeutsamkeit gewonnen (siehe Globalisierung). Gleichzeitig haben sich die Bedeutungen und Inhalte des Konsums, die Konsumkulturen und ihre ökonomischen, industriellen und medialen Voraussetzungen und Formen mehr oder weniger stark gewandelt. Für eine zentrale Richtung dieser Wandlung, zumindest in der ‚westlichen Zivilisation‘, stehen neuere zeitdiagnostische Begriffe wie „Eventkultur", „Eventisierung" (Ronald Hitzler) und „Erlebnisgesellschaft" – ein Begriff, den Gerhard Schulze (1992) in diagnostischer Absicht in Bezug auf die (seine) ‚Gegenwart‘ geprägt hat und der ebenso für Kontinuitäten wie für Diskontinuitäten, Verschiebungen und Transformationen der (älteren) Freizeit- und Konsumgesellschaft steht oder stehen kann.

Aus dem Zusammenhang dieser Gesellschaft und ihrer Entwicklung bis zur ‚Gegenwart‘ mit ihrem gesteigerten Interesse an ‚postmateriellen‘ Gütern sind alle Daseinsbereiche zu verstehen. Und in demselben Zusammenhang erhellt auch die Realität der Geschlechter und der Geschlechtlichkeit in ihrer Differenz und mehr noch in ihrer Indifferenz und Entdifferenzierung. Die Entwicklung der Freizeit- und Konsumgesellschaft hat auch alte Traditionskerne der Geschlechterkultur und Geschlechterrealität erfasst und zu neuen Verfassungen von Geschlecht(ern) und Geschlechterbeziehungen geführt (vgl. Giddens 1993). So ist Sexualität nicht erst in der ‚Erlebnisgesellschaft‘, sondern nach der Beobachtung Riesmans (1958, S. 158) schon viel früher zu einem geschlechterübergreifenden „Konsumgut" geworden, das den ‚Erregungswert‘ „materieller Verbrauchsgüter" (Riesman 1958, S. 159) nach der Epoche des „innengeleiteten" Menschentyps weit überstiegen hat und bis heute übersteigt.

Konsumgesellschaftliche/konsumistische Sexualität

In diesem Zusammenhang spezifisch instruktiv ist Helmut Schelskys „Soziologie der Sexualität" (1955). Schelskys Ansatz, der in konzeptioneller und zeitdiagnostischer Hinsicht als ein Vorläufer von Gerhard Schulzes „Erlebnisgesellschaft" (1992) betrachtet werden kann, besteht darin, den „sozialen Zeitcharakter der Sexualität" von „der

Struktur und den Verhaltenskonstanten der Gesamtgesellschaft her" zu verstehen (Schelsky 1955, S. 118). Die ‚Gesamtgesellschaft', die Schelsky im Auge hat, ist die *moderne, primär funktional differenzierte ‚Industriegesellschaft'*, die von großen Organisationen, bürokratischen Apparaten und industriellen Produktionsprozessen geprägte Gesellschaft, in der es zu einem systematischen und hohen Maß an Anonymität, Spezialisierung und Entfremdung kommt, so dass sich das „personhaft und ihm zugehörig empfundene Verhalten" des Einzelnen „immer mehr von diesen Bereichen seines Lebens hinweg in ein kompensatorisch privates Tätigkeitsfeld (verlagert): in seine Freizeit". Sie wird zum zentralen „Orientierungssystem der Privatheit und Personhaftigkeit des Menschen ausgebaut" und gerät zugleich „unter das Diktat einer anderen industriegesellschaftlichen Gesetzlichkeit: unter die *Herrschaft der Konsumbedürfnisse*" (Schelsky 1955, S. 119; Hervorhebung im Original).

Im Kontext dieses Prozesses sieht Schelsky auch die „Prägung" des sexuellen Verhaltens und konstatiert die *„Angleichung des sexuell-erotischen Habitus an die modernen Konsumverhaltensweisen"* (Schelsky 1955, S. 120; Hervorhebung im Original). Mit dieser Entwicklung ist ein fundamentaler kultureller bzw. mentaler Wandel gemeint, der das Herzstück jenes zivilisierten Habitus betrifft, den Norbert Elias (wie andere) im Sinn und charakterisiert hat: mit den Eigenschaften der „Langsicht" (Elias), der relativen Askese, der Affektkontrolle und Affektdämpfung, des Befriedigungsaufschubs, der Arbeits- und Leistungsorientierung, der Sublimierung, der Selbstdisziplinierung usw. (siehe Zivilisation). Diese Orientierungen und (Habitus-)Eigenschaften erscheinen (schon) Schelsky als zunehmend ‚unmodern', wenn nicht durch ihre Umkehrung abgelöst.

Einige Jahrzehnte nach Schelskys Untersuchungen diagnostiziert und argumentiert Gerhard Schulze in ähnlicher Richtung und konstatiert einen generalisierten Hedonismus und eine Art Lustprinzip des Lebens mit einer entsprechenden ‚Kurzsicht'. Nach Schulze ist das „Leben" mit dem ausgehenden 20. Jahrhundert „schlechthin zum Erlebnisprojekt geworden" und der „Begriff des Erlebnisses ist mehr als ein Terminus der Freizeitsoziologie. Er macht die moderne Art zu leben insgesamt zum Thema" (1992, S. 13 f). Wie Schelsky verwendet Schulze in diesem Zusammenhang den Begriff *Genuß* als Schlüsselbegriff (vgl. 1992, S. 105 ff), und er geht im Prinzip wie Schelsky noch weiter und spricht von der generalisierten Suche nach einer kurzfristigen und punktuellen Befriedigung, die keinen Aufschub duldet, von der Suche nach *Glück* im ‚Hier und Jetzt': „Erlebnisorientierung ist die unmittelbarste Form der Suche nach Glück. Als Handlungstypus entgegengesetzt ist das Handlungsmuster der aufgeschobenen Befriedigung (...). Bei Handlungen dieses Typs wird die Glückshoffnung in eine ferne Zukunft projiziert, beim erlebnisorientierten Handeln richtet sich der Anspruch ohne Zeitverzögerung auf die aktuelle Handlungssituation. Man investiert Geld, Zeit, Aktivität und erwartet fast im selben Moment den Gegenwert" (Schulze 1992, S. 14).

Dem entspricht Schelskys Beobachtung und Deutung einer Konsumhaltung im Bereich der Erotik/des Sexuellen. Schelsky weist damit auch die „zunächst bestechende These" zurück, „die Art der modernen sexuellen Beziehungen müsse wesentlich als *Spiel* begriffen werden" (Schelsky 1955, S. 123). Charakteristisch sei vielmehr eine konsumistische Versachlichung und Zuspitzung der erotisch-sexuellen Beziehung, die Reduktion ihrer Relevanz und „Kultivierung" auf den „bloßen sexuellen Vollzug" (Schelsky 1955, S. 124).

Korporalität

Mit dem Begriff der Korporalität bewegt man sich im Bezugsrahmen des übergeordneten kulturwissenschaftlichen Konzepts der *Theatralität* (siehe Theatralität, Bühne). Dazu gehört nach Erika Fischer-Lichte Korporalität als „Aspekt" – neben und mit den zusammenhängenden „Aspekten" der „Inszenierung", der „Performance" und der „Wahrnehmung" (vgl. Willems 2009a). Alle diese ‚Aspekte' lassen sich einzeln wie als Zusammenhang (Modell) auf alle Ebenen und Bereiche des Sozialen/Kulturellen beziehen und als Beobachtungs- und Beschreibungskategorien anwenden. Alltägliche Lebenswelten, Interaktionsprozesse, soziale Organisationen und Felder (wie Politik, Sport oder Religion), Medien und mediale Erzeugnisse sind damit thematisch ebenso inkludiert und können zum Gegenstand spezifisch perspektivierter Beobachtung und Beschreibung werden wie

Personen, Gruppen und ‚soziale Kategorien‘ wie die Geschlechter/Geschlechtsklassen.

Fischer-Lichte bezeichnet mit Korporalität den menschlichen Körper als expressiv und performativ unhintergehbare, aber in gewissen Hinsichten und Maßen auch steuerbare, gestaltbare und instrumentierbare Tatsache und spricht von Korporalität als „historisch und kulturell bedingter Art der Körperverwendung in kommunikativen Prozessen" (Fischer-Lichte 1995, S. 9). Der Korporalitätsbegriff hat also nicht den ‚ganzen‘ Körper/Leib im Sinn, sondern nur seine wahrnehmbaren und ‚aufführbaren‘ (Außen-)Seiten, die symbolische Implikationen haben und soziale Informationswerte besitzen (siehe Körper). Gemeint ist damit insbesondere der „Körper als Darstellungsmittel und Ausstellungsobjekt" sowie „die Inszenierung von Körpern zum Zweck der Mimesis, der Maskerade, des Rollenspiels und der Zur-Schau-Stellung" (Fischer-Lichte 1995, S. 10). Mit Korporalität sind also im Grunde immer auch andere oder *alle* anderen ‚Aspekte‘ von Theatralität angesprochen und darüber hinaus Tatsachen und Begriffe, die mit ihnen sachlich zusammenhängen: Skripts, Bühnen, Kulissen, Medientechnologien, Sujets, Modelle, Requisiten, Publika, (Publikums-) ‚Applaus‘ u. a.m. (vgl. Willems 2009 a, b).

Mit dem Korporalitätskonzept, seinen Implikationen (Körper) und seinen Anwendungsbereichen liegen auch Aspekte der Habitustheorie nahe (siehe Habitus). Man kann in diesem Zusammenhang statt von Korporalität auch vom ‚äußeren Habitus‘ sprechen, in den neben und mit bestimmten ‚biologischen‘ Tatsachen auch Gewohnheiten eingehen, der auch von einem ‚inneren Habitus‘ abhängig ist, von Selbstkontrollen, emotionalen und mentalen Dispositionen usw. (siehe Gewohnheiten, Stil, Habitus).

Auch Goffmans Theorien und Modelle (Rahmentheorie, Rollentheorie, Stigmatheorie, Theatermodell, Ritualmodell) erweisen sich hier als soziologisch informativ und brauchbar. Das gilt vor allem für Konzepte wie Rahmen (z.B. „Gesichtsrahmen"), Stil oder „Fassade", verstanden als „standardisiertes Ausdrucksrepertoire" (Goffman 1969, S. 23). Ein Hauptbestandteil dieses Repertoires ist die körperliche oder körperbezogene „persönliche Fassade" (Goffman 1969, S. 25), durch die man normalerweise auch als Geschlecht erkannt wird und sich zu erkennen gibt.

Der Körper bzw. sein Ausdruck erscheint hier also als ein kulturell kodierter, gleichsam verschlüsselter und sozial informativer Zeichenträger und Zeichengeber, der eine regelrechte *Schlüsselrolle* spielt. ‚Gender-Aspekte‘ aller Art sind in diese Funktion eingeschlossen. Mit dem (Teil-)Begriff und der Perspektive der Korporalität und verwandten oder komplementären Konzepten wie Rahmen, Fassade und Habitus ergibt sich also auch ein spezifischer Zugang zu den Realitäten der Geschlechter und speziell zum Genderismus (siehe Gender, Genderismus), der sich vom Lebensanfang an am Ausdruck des Körpers und im Laufe des Lebens immer mehr an den Möglichkeiten seiner Zurichtung/‚Kultivierung‘ festmacht.

Kosmologie

Goffmans Wissenssoziologie unterstellt und unterscheidet diverse Formen des Alltagswissens, über das verschiedene soziale ‚Kategorien‘, Gruppen, Rollen und Identitäten in verschiedenen Kontexten der Gesellschaft verfügen und verfügen müssen. In jedem Fall geht es dabei um Sinn- und Wissensbestände, die Grundlagen lebenspraktischer (Situations-),Definitionen‘ und ‚Weltanschauungen‘ (‚Weltbilder‘) darstellen und damit auch Perspektiven, Verständnisse und Erfahrungen organisieren. In der „Rahmen-Analyse" spricht Goffman (1977) von „primären Rahmen" und meint damit eine Art kulturelle Grundschicht (siehe Rahmen): „Zusammengenommen bilden die primären Rahmen einer sozialen Gruppe einen Hauptbestandteil von deren Kultur, vor allem insofern, als sich ein Verstehen bezüglich wichtiger Klassen von Schemata entwickelt, bezüglich deren Verhältnissen zueinander und bezüglich der Gesamtheit der Kräfte und Wesen, die nach diesen Deutungsmustern in der Welt vorhanden sind" (1977, S. 37). Jedermanns lebenspraktisches Verstehen ist m.a.W. ein ganzes Welt- oder Weltenverstehen, das auf den kulturellen Fundamenten und Schätzen von (primären) Rahmen beruht, die gleichsam die Architektur der sozialen Wirklichkeit und ‚Wirklichkeitskonstruktion‘ bilden. Programmatisch postuliert Goffman auf der Ebene „primärer Rahmen": „Man muß sich ein Bild von dem oder den Rahmen einer Gruppe, ihrem System von Vorstellungen, ihrer ‚Kosmologie‘ zu machen versuchen, obwohl das ein Gebiet ist, das auch genaue Analytiker gewöhnlich gern an andere weitergereicht haben" (1977, S. 37).

Im Falle des ‚sozialen Geschlechts' läuft dieses Bild bei Goffman auf die Feststellung eines Rahmens, einer Rahmenordnung und eines „kosmologischen Glaubens" (Goffman 1977, S. 215) hinaus, dem eine symbolische/rituelle Kodierung entspricht (vgl. Goffman 1981, S. 37). Im Hinblick auf die kosmologische Konstruktion der Geschlechter spricht Goffman von „sozialen Glaubensvorstellungen" (1994b, S. 106), von „dogmatischen Überzeugungen" (1994b, S. 107) und einer „fragwürdigen Lehre" (1994b, S. 110). Hier handelt es sich also im obigen Sinn um ein „System von Vorstellungen", das ein umfassendes (Welt-)„Verstehen" organisiert und strukturiert. Eingeschlossen in dieses gleichsam (alltags-)theoretische Wissen ist ein Verstehen und Selbstverstehen der Geschlechter als ‚Wesen' (mit einem ‚Wesen').

Goffman sieht und beschreibt eine soziale Alltagswelt, in der die (primären) Rahmen, die Vorstellungen und Deutungsmuster einerseits immer schon gleichsam ausbuchstabiert *sind* und andererseits permanent ‚planvoll' ausbuchstabiert *werden* (müssen). Im Falle des ‚sozialen Geschlechts' (Genderismus) steckt das ‚System von Vorstellungen' in der Form von Interaktionsritualen, aber auch in anderen sozialen/kulturellen Tatsachen: in materiellen Settings, in ‚parallel organisierten' Dienstleistungen, in (geschlechter-)selektiven Arbeitsplatzvergaben und auch in Medienkulturen (siehe Genderismus, Deutungsmuster, Semantiken). Diese polymorphe und komplexe Kultur ist für Goffman die Basis der Realität und Realitätskonstruktion der Geschlechter.

Schon lange und auch schon zu Goffmans Zeiten kann diesbezüglich allerdings vermutlich immer weniger von einem kollektiv geteilten ‚System von Vorstellungen' und einem entsprechenden ‚Verstehen' gesprochen werden. Vielmehr drängen sich Eindrücke kosmologischer Irritationen und Unsicherheiten, Brüche und Umbrüche auf, und vielfach scheinen selbstverständliche Verständnisse verloren gegangen zu sein. Dies ist oder wäre ein relevanter wissenssoziologischer Befund, wenn man die Fundamentalität des Rahmens oder der Rahmen bedenkt, um die es hier geht. Man könnte also von einer kosmologischen Krise oder von kosmologischen Lernprozessen sprechen oder von einem kosmologischen ‚Krisenexperiment' auf der Ebene der Gesellschaft, mindestens gesellschaftlicher Milieus. Von einem einigermaßen homogenen und sicheren „Verstehen [...] bezüglich der Gesamtheit der Kräfte und Wesen, die nach diesen Deutungsmustern in der Welt vorhanden sind", kann heute jedenfalls im Hinblick auf die Geschlechter offenbar weniger denn je die Rede sein.

Kulturelle Foren

Medienbereiche (wie etwa die Werbung oder die Unterhaltung), Mediengattungen (wie etwa der Kriminalfilm oder die Nachrichten) und konkrete Medienerzeugnisse (einzelne Filme, Romane usw.) sind Bestandteile und Sphären der Kultur und zugleich kulturell voraussetzungsvoll, aus Kultur entstanden und irgendwie kulturell ‚repräsentativ'. Sie können auch als Plattformen, Foren oder Bühnen der Handhabung und Verwendung, der Darstellung, Modulation und Inszenierung, der Produktion und Reproduktion von Kultur betrachtet werden, die in einer Art Kreislauf Kultur aufgreifen, verarbeiten und erarbeiten und in diversen Fassungen permanent kommunizieren.

In diesem Zusammenhang sind Modellvorstellungen wie die des „kulturellen Forums" instruktiv. Den Medienwissenschaftlern Horace Newcomb und Paul Hirsch (1986, S. 177 ff.) geht es mit diesem Konzept darum, dass Medienerzeugnisse und Medienproduzent/-innen wie die des Fernsehens (oder auch der Literatur) Sinn- und Wissensbestände ihrer Kultur aufgreifen, aufbereiten und in neue oder erneuerte Kulturprodukte umsetzen (müssen). Nach dem Verständnis von Newcomb und Hirsch geschieht dies sowohl auf anonyme, ‚systemische' Weisen als auch durch konkrete Akteur/-innen, die sie mit Sahlins (1976, S. 217) „Symbolverkäufer" nennen. Diese sind, so Newcomb/Hirsch, „kulturelle Sinnproduzenten (‚bricoleurs'), die durch Kombination von sehr unterschiedlichen, bedeutungsgeladenen Kulturelementen neue Sinngehalte aufspüren und schaffen. Sie reagieren mit hoher Sensibilität auf konkrete Ereignisse, auf den Wandel gesellschaftlicher Strukturen bzw. Organisationsformen oder auf Veränderungen in Einstellungen und Wertvorstellungen. [...] Wir schließen Fernsehproduzenten in Sahlins Katalog von ‚Symbolverkäufern' ein, denn auch sie verfahren nach demselben Grundrezept, übrigens genauso wie Fernsehautoren und, in geringerem Maße, Regisseure bzw. Schauspieler. Gleiches gilt für Programmplaner und Anstaltsleitungen, die über den Ankauf, die Herstellung und Ausstrahlung von Programmen zu entscheiden haben. Sie alle fungieren in den verschiedenen Phasen dieses komplexen Prozesses als Sinnvermittler" (Newcomb/Hirsch 1986, S. 180).

In die Logik des massenmedialen ‚Symbolhandels' und ‚Symbolverkaufs' sind im Grunde alle sozialen Akteursklassen eingeschlossen, die auf Publika bzw. den ‚Applaus' von Publika angewiesen sind oder Publika in irgendeiner Weise brauchen oder gebrauchen wollen. Sie alle müssen vor dem Hintergrund ihrer jeweiligen Zweck- und Zielsetzungen den ‚Sinn' ihres jeweils relevanten Publikums kennen und erkennen und auch erkennen, wonach diesem Publikum der ‚Sinn steht' und zu stellen ist. Auch und gerade die „Reklameleute" (Goffman) sind in diesem Sinne Symbolverkäufer, mit bestimmten Sinn- und Wissensbeständen operierende „Sinnproduzenten" und „Sinnvermittler" (Newcomb/Hirsch 1986, S. 180), die zwar ständig neuen Sinn schaffen, dabei aber auch ‚alten Sinn' holen, einholen und wiederholen. Ein zentrales und exemplarisches Ergebnis dieser Aktivität sind „Hyperritualisierungen" (siehe Hyperritualisierung). Medienkultur kann insofern eine gleichsam architektonisch tragende kosmologische bzw. geschlechterkosmologische Rolle spielen und Funktion erfüllen, kulturelle Traditionen, aber auch aktuellen ‚Zeitgeist' spiegeln (siehe Kosmologie).

Medienforen/Medienbühnen sind allerdings – jedenfalls in ‚westlichen' Gesellschaften – schon lange alles andere als kulturell uniform und homogen, und sie sind nicht nur kosmologisch reproduktiv und forcierend, sondern vermutlich zunehmend auch das Gegenteil davon: Reflektoren, Faktoren und Verstärker sozialen und kulturellen Wandels, von ‚Vorstellungsvermögen' und Kontingenzbewusstsein. Sie bieten und bilden kulturelle Informations-, Spiel-, Phantasier-, Experimentier- und Kampfplätze und auch Stützpunkte kultureller Mächte, die (offen oder verdeckt) diverse und antagonistische ‚Politiken' bzw. ‚Kulturpolitiken' betreiben. Bestimmte Bereiche der Medienkultur sind jedenfalls als kulturelle Foren oder Bühnen zu verstehen, die *gerade nicht* oder nicht nur in der Art der Hyperritualisierung oder Hy-

perstilisierung fungieren, sondern (auch) umgekehrt kulturelle Irritationen, ‚Dekonstruktionen' und Destruktionen produzieren und auch absichtlich darum bemüht sind, Kultur bzw. symbolische Ordnung infrage oder zur Disposition zu stellen, zu verneinen, zu provozieren, zu attackieren, zu diskreditieren, umzukehren usw.

Das schließt auch und gerade die Geschlechterkultur und die Möglichkeiten des Umgangs mit Geschlechterkultur ein. Selbst in der Werbung gibt es nicht nur Hyperritualisierungen, sondern auch symbolische Grenzberührungen und Grenzüberschreitungen, Spiele mit Grenzen, ‚Tests' von Grenzen, ‚reversed sex ads', die Geschlechtsrollen umkehren, und Performanzen, die rituelle Rahmen der Interaktionsordnung manchmal sogar spektakulär brechen (z. B. zur Aufmerksamkeitserzeugung). Vor allem aber jenseits der Werbung scheinen Massenmedien heutzutage mehr denn je als kulturelle Foren und Bühnen zu fungieren, die insbesondere in den Bereichen des Geschlechts, der Geschlechter und der Geschlechtlichkeit auf ‚pragmatische' und fiktionale Weise kulturelle Innovationen, Variationen und Deviationen darbieten und auch motivational begünstigen. Eine Haupt- und Schlüsselrolle spielt hier der Bereich der Unterhaltung mit seinen zahlreichen und vielfältigen Gattungen – vom ‚Liebesfilm' bis zur Pornografie, vom Komikformat bis zur Seifenoper.

So mag auf verschiedene Medienbereiche und Mediengattungen der Begriff des „rituellen Grenzbereichs" zutreffen, den Newcomb und Hirsch von Victor Turner übernommen und auf das Fernsehen angewendet haben. Diesbezüglich nehmen sie an – auch mit Implikationen für die Kulturtheorie der Geschlechter und der Geschlechtlichkeit: „es gibt eine Art Niemandsland, in dem man sich weder ganz außerhalb der Gesellschaft noch wirklich innerhalb ihrer Grenzen befindet, einen Freiraum, in dem Regeln strapaziert oder gar gebrochen werden können, in dem sich Rollen umkehren und Kategorien umstoßen lassen. Für Turner ist das Entscheidende die Freisetzung von üblichen Zwängen, die die Demontage der ‚uninteressanten' Interpretationen des sogenannten gesunden Menschenverstandes und der ‚Sinnfälligkeiten des Alltagslebens' ermöglicht" (Newcomb/Hirsch 1986, S. 180).

Die medialen Sinnvermittlungen, Sinngenerierungen und Sinnangebote können (ähnlich wie Theaterauffführungen) in erheblichem und vermutlich zunehmendem Maß in dieser Richtung verstanden werden (siehe Bühne, Theatralität). Sie sind allerdings niemals völlig unabhängig, willkürlich und beliebig, sondern vielmehr bedingt, strukturiert und motiviert durch mediale System-, Bereichs- und Gattungslogiken und vor allem durch abstrakte und konkrete Publika und Publikumskulturen, Resonanzen und Resonanzkalküle.

Lebensstile

Der innerhalb und außerhalb der (Sozial-)Wissenschaften gängige und traditionsreiche Begriff Lebensstil existiert in unterschiedlichen Fassungen und Verwendungszusammenhängen und hat je nach ‚philosophischem‘, theoretischem und sachlichem Kontext unterschiedliche, aber auch im Grunde ähnliche Bedeutungen (vgl. Willems 2012, S. 288 ff.).

Der Begriff ist (wie seine Abwandlungen und verwandte Begriffe wie Lebensform oder Lifestyle) zwangsläufig mehr oder weniger vage und komplex, weil er die verschiedensten Aspekte des menschlichen Lebens – des Lebens von einzelnen Menschen (Individuen), ‚Kategorien‘ und Gruppen bis hin zu ganzen Gesellschaften – und zugleich nicht nur deren ganzen oder teilweisen Zusammenhang, sondern auch deren ‚Charakter‘, ‚Art‘, ‚Logik‘ oder ‚Identität‘ im Sinn hat und adressiert. Grundsätzlich unterstellt der Lebensstilbegriff also eine gewisse Einheitlichkeit, Charakteristik oder ‚Gestalt‘ im Leben, im Agieren, Handeln und Erleben und in der Lebensführung, sei diese notgedrungen oder/und gewählt und selbst gestaltet, bewusst oder unbewusst, intuitiv oder reflexiv. In jedem Fall geht es unter dem Titel Lebensstil um ein gemeinsames Prinzip oder ein Prinzip von Prinzipien, das sich in einer Lebenspraxis entfaltet, das ihr zugrunde liegt oder zugrunde gelegt wird (siehe Stil/Stilisierung).

Der Lebensstilbegriff kann also durchaus als Spezifikation und zugleich als Generalisierung des allgemeinen Stilbegriffs aufgefasst werden und verweist damit auch auf benachbarte Konzepte (siehe Habitus, Rahmen, Mentalität). Er lässt sich auf den Gesamtzusammenhang synchroner und diachroner Verhaltensbereiche oder aber einzelne Verhaltensbereiche wie Gesundheit, Konsum, Ernährung oder Sexualität anwenden. Auch als Zu-

gang zu den Realitäten der Geschlechter und der Geschlechtlichkeit ist der Begriff plausibel und vielfach gebraucht worden (siehe Stil, Habitus, Milieu). Er eröffnet und erweitert zumindest Perspektiven der Beobachtung der Geschlechter, der Geschlechtsklassen und von ‚Fraktionen‘ der Geschlechtsklassen.

Aus der Sicht der Figurationssoziologie sind Lebensstile aus Verhältnissen und Zusammenhängen zwischen Individuum und Gesellschaft, Psychogenese und Soziogenese zu verstehen (siehe Figuration, soziale Differenzierung). Einerseits müssen Lebensstile vom Individuum, seinen habituellen Dispositionen, seinen Ressourcen, seinen Kapitalien aus betrachtet werden (siehe Habitus, Kapital). Andererseits sind sie immer auch von der Gesellschaft und ihren Figurationen/Figurationstypen aus zu denken, die einschränkende und ermöglichende Existenz- und Handlungsbedingungen von Individuen, ‚sozialen Kategorien‘ und Gruppen darstellen sowie auch jeweils Lebensstile bedingen oder sogar vorgeben oder vorschreiben. ‚Systeme‘, Felder, Institutionen, Organisationen sind in modernen Gesellschaften auch maßgebende, wenn nicht determinierende Bedingungen der Lebensführung (siehe Figurationen).

Der Lebensstilbegriff kann also auf allen sozialen und kulturellen Ebenen und im Bezugsrahmen der verschiedensten sozialen Figurationen Verwendung finden. Man kann vom Lebensstil moderner oder ‚westlicher‘ Gesellschaften ebenso wie von einem urbanen Lebensstil oder dem Lebensstil bestimmter Milieus, Generationen, ‚Spezialkulturen‘ oder ‚Randgruppen‘ sprechen. Auch große Organisationen geben den in sie beruflich involvierten Personen eine Art Lebensstil vor, wobei die Differenz(ierung) der Geschlechter einen oder keinen Unterschied (mehr) macht oder aber umgekehrt als Unterschied dramatisiert wird. Heutzutage spricht man auch von einem ‚digitalen Lebensstil‘, dessen Bedeutung gerade im Kontext der Geschlechter und der Geschlechtlichkeit allerdings erst in Ansätzen ermessen ist.

In der modernen Soziologie taucht der Lebensstilbegriff in diversen Theoriezusammenhängen auf, die ihn mit teils grundverschiedenen Vorstellungen von Gesellschaft, von sozialen Welten, Strukturen und Entwicklungen in Verbindung bringen. Für diesbezügliche soziologische Angebote stehen prominente Namen wie Norbert Elias,

Pierre Bourdieu, Richard Sennett, Ulrich Beck, Gerhard Schulze und im Zusammenhang damit Konzepte wie Gewohnheit, Habitus, Mentalität, Milieu und Individualisierung (siehe Habitus, Mentalität, Milieu, soziale Differenzierung, Individualisierung). Vor diesen Hintergründen kann immer auch danach gefragt werden, welche Rolle die ‚Kategorie Geschlecht‘ im Kontext von Lebensstilen spielt oder spielte. Wie wirken sich Geschlecht und Geschlechtlichkeit auf den Lebensstil oder Lebensstile aus und umgekehrt? Was bedeutet der Wandel oder das Schwinden oder Verschwinden von Lebensstilen oder Lebensstilaspekten bezüglich der Geschlechterverständnisse und Geschlechterverhältnisse?

Für die (‚westliche‘) Gesellschaft der ‚Gegenwart‘ scheinen Prozesse der Informalisierung, der Pluralisierung, der Demokratisierung und der Individualisierung von Lebensstilen charakteristisch zu sein, die sich zumindest punktuell auch in der Realität der Geschlechter, der Geschlechtsklassen und Geschlechtlichkeiten abbilden. Folgt man prominenten Individualisierungstheorien (Elias, Beck, Sennett, Giddens, Schulze u. a.), dann zeichnet sich die historische Entwicklung spätestens seit etwa der Mitte des vorigen Jahrhunderts durch eine vielseitige soziale Entbindung und Freisetzung der Individuen und besonders der Mädchen und Frauen aus. Demzufolge kann das Leben heutzutage prinzipiell und tendenziell von jedermann und jederfrau souveräner denn je ‚geführt‘ werden, *muss* allerdings auch ‚geführt‘ werden. Daraus ergeben sich viele Fragen, auch geschlechtersoziologische Fragen, z. B. Aspekte des (Lebens)Stilbewusstseins und Praktiken der (Selbst-)Stilisierung betreffend. Diesbezüglich kommen auch und besonders Medienkulturen als (Lebens-)Stilmodelle und (Lebens-)Stilverstärker in den Blick. Die „Gesellschaft der Individuen“ (Elias 1999), der Stile und Stilist/-innen, der Lebensstile und ‚Lebensstilgruppen‘ wiederholt sich auf der Ebene der Medienkulturen und steht im ständigen Austausch mit dieser Ebene (siehe kulturelle Foren, Theatralität/Theatralisierung).

Lebenslauf/Lebenszyklus

Alles Leben ist ein Prozess, und auch das menschliche Leben, ja überhaupt der „Mensch ist ein Prozess“ (Elias) – mit einem Anfang und einem Ende und einem ‚Lauf‘ dazwischen. Wie im Fall des Geschlechts/der Geschlechter und im direkten Zusammenhang damit (‚sex‘/‚gender‘) hat man es hier – beim menschlichen ‚Lebenslauf‘ – scheinbar einerseits mit ‚Biologie‘ und andererseits und gleichzeitig mit ‚Soziologie‘ und ‚Psychologie‘ zu tun, die offenbar untrennbar und kaum entwirrbar miteinander verquickt sind.

Buchstäblich offensichtlich ist die Realität des ‚biologischen‘ Lebens und *Lebenslaufs* (von der ‚Wiege bis zur Bahre‘), der den Menschen (alle Geschlechter) in der Form einer Kurve betrifft und in gewisser Weise ausmacht. Jeder Mensch unterliegt als körperlicher Prozess, wie sozial/kulturell bedingt oder beeinflusst dieser auch immer sei, einer universellen Abfolge von Lebensphasen mit einer physischen ‚Hochphase‘, zu der er zunächst sozusagen aufsteigt und von der er nach ihrem Erreichen wieder absteigt. Dieser Phasenfolge, die ‚von außen‘ vor allem an korporalen Erscheinungen und Merkmalen (Symptomen) festgemacht wird (siehe Korporalität, Körper), korrespondieren soziale/kulturelle Konstrukte, Kategorien und Attribute.

Der ihrerseits sozial und kulturell bedingten Bio-Logik der menschlichen (Onto-)Genese, der Reifung, des Alterns und des Verfalls bis zum Tod entspricht eine relativ autonome, historische, gesellschafts- und kulturspezifische Sozio-Logik der ‚Definition‘, der Einteilung, der Beschreibung und Zuschreibung, so dass z. B. variiert, was als Reife, Erwachsenheit oder ‚Alter‘ verstanden bzw. datiert wird. Bei aller Variabilität und Historizität gibt es offenbar überall so etwas wie Schwellen und wie Klassenbildung: Altersklassen bilden in gewisser Weise auch soziale Klassen mit Orten im ‚sozialen Raum‘. Kindheit, Jugend oder Jugendlichkeit, Erwachsenheit und Alter, Altern und Alte und auch die Beurteilung und Bewertung einzelner Lebensphasen, etwa von Alter oder Jugend, sind alles andere als metasozial oder metakulturell, sondern durch und durch sozial und kulturell strukturiert.

Diese Logik des Lebenslaufs betrifft beide Geschlechter einerseits ohne Unterschied, andererseits aber offenbar auch je nach Gesellschaft, Kultur und Epoche je besonders. Es gibt also nicht nur ein ‚soziales Geschlecht‘, sondern auch einen sozialen Lebenslauf und ein soziales Altern sowie einen sozialen Geschlechter-Lebenslauf und ein soziales Geschlechter-Altern – Prozesse, die zumindest teilweise unterschiedlich ausfallen. In unserer („westlichen') Gesellschaft sind und werden jedenfalls die Grenzen des Alters, des Alterns und des ‚Altseins' traditionell und bis heute entlang der Grenzen der Geschlechter/Geschlechtsklassen gezogen. So altern die Frauen in modernen Medienerzeugnissen wie der Werbung wesentlich früher, anders und dramatischer als die Männer, wie auch unsere Untersuchungen in diesem Band zeigen.

Die ‚lebendigen' Geschlechter existieren also sozusagen empirisch immer nur im Rahmen des ‚bio-soziologischen' Lebenslaufs/Lebenszyklus und einer entsprechend bestimmten und definierten Lebensphase: als ‚Ungeborene' oder Neugeborene mit diesem oder jenem Geschlecht, als ‚kleine' Mädchen oder Jungen, als jugendliche oder erwachsene Männer oder Frauen, als Männer oder Frauen ‚im besten Alter', als ältere und alte Männer oder Frauen, als weibliche oder männliche ‚Greise', ‚Hochbetagte' usw. Die soziale Identifizierung und Differenzierung impliziert dabei jeweils gleichsam („naive') anthropologische Vorstellungen sowie Wert-, Norm- und Normalitätsvorstellungen, z. B. physische oder kognitive Leistungsfähigkeit, Bedürfnisse oder Sexualität betreffend. In der letzten Lebensphase geht mit zunehmendem Alter typischerweise zunehmend der ‚Ernst' der Identität verloren, und zwar im Prinzip geschlechtsunabhängig (siehe Eltern-Kind-Komplex). Das ‚soziale Geschlecht' hat also auch eine mehr oder weniger strukturierte ‚diachrone' Seite mit zwar fließenden Übergängen, aber auch sehr unterschiedlichen, aufeinander folgenden Versionen ein und derselben Person mit ein und demselben Geschlecht.

Wie alle anderen Aspekte des menschlichen Lebens bzw. des Geschlechter- und Geschlechtslebens ist der Lebenslauf bzw. Lebenszyklus auch Gegenstand mannigfaltiger kultureller Konstruktionen, die sich von der Realität und von dem Realismus des Lebens mehr oder weniger weit entfernen können. Heutzutage spielt sich das kulturelle Werden, Reifen und Altern der Geschlechter auch und hauptsächlich in medialen Darstellungen, Inszenierungen und Performanzen ab. Sie konstruieren und dekonstruieren in ‚loser Kopplung' mit der primären Realität des Lebenslaufs auch das Alter und die Altersklassen der Geschlechter in einem weiten Spektrum von Möglichkeiten der

Fiktion, die allerdings nie völlig beliebig ist. So leistet die Werbung in Bezug auf Alter und Altern (immer noch vor allem von Frauen) nicht nur „Beihilfe zur Selbsttäuschung" (Luhmann 1996), sondern zelebriert auch einen gesellschaftlichen Jugendkult, der Altern und Altersklassen zu überwinden verspricht und dauernde Jugendlichkeit anschaulich macht (siehe Korporalität, Image, Lebensstil).

In einer früheren Untersuchung haben wir den von der massenmedialen Werbung inszenierten Lebenszyklus der Geschlechter rekonstruiert, also die dem Lebenslauf nachgebildete Abfolge medienkultureller Altersklassen-Images und Altersklassifikationen der Geschlechter (vgl. Willems/Kautt 2003). Dieser ‚Lebenszyklusbezug' ist auf allen sozialen/kulturellen Ebenen ein wichtiger Ansatz der Differenzierung, wenn es um die Realitäten der Geschlechter und Geschlechterdifferenz(ierung) geht. Denn die ‚empirischen' Geschlechter gibt es sowohl ‚biologisch' als auch ‚soziologisch' (und wohl ‚psychologisch'), in der Lebenswelt wie in der Medienwelt nur als Varianten oder Klassen in diesem Rahmen. Auch die vorliegenden Untersuchungen haben es wesentlich mit dieser Differenzierung der Differenz(ierung) der Geschlechter zu tun (vgl. Band 1 und 2).

Macht

Das ‚soziale Geschlecht' gehört zu den sozialen/kulturellen Tatsachen, die in den modernen Sozialwissenschaften und fast überall in der modernen Gesellschaft der Gegenwart vorzugsweise unter Machtaspekten betrachtet und mit Machtbegriffen thematisiert werden. Die Geschlechter, die Geschlechterverhältnisse und Geschlechtlichkeiten haben auch offensichtlich systematisch viel mit Machtaspekten zu tun, mit ‚sozialer Ungleichheit' in der Verfügung über diverse Kapitalformen (siehe Kapital), mit struktureller, symbolischer und ritueller Über- und Unterordnung, mit Statusasymmetrie und (männlicher) ‚Herrschaft', mit wirtschaftlicher, emotionaler und sexueller Ausbeutung, mit Überlegenheitsgesten, Demütigungen und Unterwerfungen, mit ‚Machtladungen' sozialer Rollen, mit Ermächtigungen und Entmächtigungen, mit diversen Gewaltformen (siehe Gewalt), mit ‚Machtmissbrauch', aber auch mit Widerstand, Aufstand, Subversion usw. Damit stellt sich hier die Frage nach allgemein und speziell brauchbaren und nützlichen soziologischen Machtverständnissen und Machtbegriffen.

Machtbegriffe sind zwar in allen Sozialwissenschaften und vor allem in der Soziologie traditionsreich und mehr oder weniger zentral, aber auch schillernd und disparat, abhängig von Paradigmen bzw. ‚Philosophien'. Verschiedene soziologische Machtverständnisse und Fassungen des Machtbegriffs bestätigen und ergänzen sich jedoch und scheinen auch für die Konzeptualisierung und Untersuchung von Geschlecht und Geschlechtlichkeit von besonderer Bedeutung zu sein. Besonders zu beachten sind hier die verwandten, ähnlichen, sich überschneidenden, aber auch komplementären (Macht-)Theorien von Elias, Foucault, Bourdieu und Goffman. Sie konvergieren in einem Verständnis von Macht, das im weitesten Sinne systemisch genannt werden kann, das in mehr oder weniger anonymen sozialen Beziehungsformen, ‚Kräften' und symbolischen Ordnungen sowie in menschlichen Körpern (Geschlechter- und Geschlechtlichkeitskörpern) und in (körperlichen) Habitus Schlüsseltatsachen und soziologische Schlüsselkategorien sieht.

Einen in diesem Zusammenhang besonders weitreichenden Ansatz bietet die Eliassche Figurationssoziologie. Sie fasst die Beziehungen zwischen Menschen und Gruppen aller Art immer auch als dynamische und variable *Machtbeziehungen*, die sich innerhalb historisch gewordener Figurationen/Interdependenzgeflechte/Netzwerke ausprägen und abhängig von situativen Konstellationen und (Inter-)Aktionen wandeln (siehe Figurationen, Zivilisation). An Beispielen wie der Etikette der ‚höfischen Gesellschaft' (Figuration) zeigt Elias auch, dass und wie symbolische Ordnungen als Machtmechanismen und Herrschaftsinstrumente fungieren und eingesetzt werden können (siehe Felder, Rituale/Ritualisierungen, Strategie/strategisches Handeln). Dieses Machtverständnis ähnelt dem Bourdieus wie auch dem machttheoretischen Ansatz von Foucault, und auch Goffmans Soziologie ist davon im Grunde nicht weit entfernt.

Elias (1981) spricht im Sinne seines Figurationsbegriffs von „Machtbalancen" und hat dabei ‚soziale Kategorien' ebenso wie konkrete Individuen, Gruppen und Akteure im Auge, die je nach strukturellem Handlungskontext auch durch diverse Ressourcen bzw. Kapitalien sozusagen definiert

und im Handeln bedingt sind (siehe Kapital). Die Geschlechter als Personen und die Geschlechtsklassen sind Beispiele dafür. Auch die „Machtverhältnisse zwischen den Geschlechtern werden von Elias prinzipiell nicht isoliert betrachtet, sondern im Zusammenhang mit den sozialen Strukturen, in die sie eingebettet sind, sowie mit den Persönlichkeitsstrukturen, mit denen sie verknüpft sind" (Hammer 1997, S. 68). Hier wie im Prinzip in allen sozialen Figurationen/Figurationstypen gibt es aus figurationssoziologischer Sicht immer auch (Macht-)Spielräume des Handelns mit möglichen Konsequenzen für Machtverhältnisse und Machtbalancen (siehe Strategie/strategisches Handeln).

Für die Figurationssoziologie und für benachbarte Ansätze wie den Ansatz Bourdieus oder auch Goffmans ist das Geschlechterverhältnis also immer auch als ein komplexes und bewegliches Machtverhältnis zu verstehen, in dem ‚die Männer' zwar traditionell die machtstärkere Gruppe (Geschlechtsklasse) darstellen, aber keineswegs immer Macht oder *die* Macht ‚haben'. Die Machtchancen des einen oder anderen Geschlechts erscheinen vielmehr als mannigfaltig voraussetzungsvoll und extrem veränderlich. ‚Ohnmacht' erweist sich als faktisch nicht existent, und ‚Schwäche' (auch die des angeblich oder tatsächlich ‚schwachen Geschlechts') kann sich als eine potentielle Machtbasis erweisen.

Die ‚Machtladungen' in den Figurationen der Geschlechter führen nach figurationssoziologischer Lesart auch nicht zwangsläufig dazu, dass sich ‚Machtfragen' überhaupt stellen oder ‚Machtfragen' gestellt werden oder gar um Machtchancen gerungen oder gekämpft wird. In den Figurationen der Geschlechter ergeben sich Machtchancen, Machtwirkungen und ‚Machtausübungen' vielmehr auf sozial eingespielter und *habitueller* Basis auch zwanglos und ‚herrschaftsfrei'; ja sie sind „liebevoll" möglich, wie Goffman formuliert hat (vgl. 1981). Hier kann man also ein Beispiel für eine anonyme und dadurch besonders effektive Machtlogik sehen, eine implizite Mechanik der Macht, in deren Verständnis Elias, Foucault, Bourdieu und Goffman sehr deutlich konvergieren (siehe Gewohnheit, Habitus, Mentalität).

Dementsprechend kann auch von einem sozial/kulturell und sozialisatorisch bedingten Mitwirken der Frauen an ihrer eigenen ‚Beherrschung' im Rahmen des eigentümlichen Interdependenzverhältnisses zwischen den Geschlechtern die Rede sein (vgl. Treibel 1997, S. 328). Diesbezüglich zieht Elias einen Vergleich mit der „Etablierten-Außenseiter-Figuration. Er vergleicht die Position/Rolle der Frauen mit der von (anderen) Außenseitergruppen, betont aber auch die Besonderheit des Geschlechterverhältnisses" (Hammer 1997, S. 67). Sie besteht nach Auffassung von Elias darin, dass die Gruppe der Frauen von der Gruppe der Männer zwar „traditionellerweise" mehr oder weniger dominiert worden ist und wird. „Zugleich aber sind diese Gruppen in einer Weise voneinander abhängig wie keine Etablierten- und Außenseitergruppen sonst" (Elias 1990, S. 12). Auch Goffman betont die unabweisbare und komplexe ‚Verbundenheit' der Geschlechter und Geschlechtsklassen, und er sieht sowohl Ambivalenzen der Macht als auch machtrelevante Ambivalenzen der Moral und Moralisierung im Geschlechterverhältnis (siehe Moral, Mythos, Hofieren).

Ein eigenes Machtfeld der Geschlechter und der Geschlechtlichkeit bilden und bieten diverse Medienkulturen in einem breiten Spektrum der Performanz und Modulation von Machtthemen zwischen Machtverleugnung und Machtexzess/Machtdramatisierung (siehe kulturelles Forum, Modul/Modulation). Beispiele dafür finden sich überall – unter anderem in unseren Untersuchungen (vgl. Band 1 und 2). Hier haben wir uns mit der Pornografie einem besonderen und geschlechtersoziologisch besonders interessanten Fall von medialer Machtperformanz gewidmet.

Mentalitäten

Der Begriff Mentalität ist ein vager und vieldeutiger, aber auch sinn- und gehaltvoller Begriff und sowohl innerhalb als auch außerhalb wissenschaftlicher Diskurse beliebt und kontinuierlich im Gebrauch. Von ‚Mentalität' ist in den verschiedensten Kontexten und in verschiedenen Formulierungsvarianten und Bedeutungen die Rede – im Sinne von Geist, mentaler Disposition/Orientierung, Denkart, Denkstil, Denkgewohnheit, ‚Bewusstsein', Bewusstseinsstruktur, kognitivem Stil usw. (siehe Stil). In einer verbreiteten alltagspraktischen Variante steht der Begriff moralisch wertend für (richtige) ‚Einstellung', Haltung, (starken) Willen, (starken) Charakter, Kampfgeist, z. B. im Kontext von sportlichen Herausforderungen,

Konkurrenzen und Leistungen. Häufige und aktuelle Verwendung findet der Begriff auch in teilweise ver(sozial)wissenschaftlichten Diskursen über soziale Wandlungen, ‚soziale Probleme', Konflikte, Generationen, Migration, Globalisierung, ‚Ethnizität', Kriminalität und nicht zuletzt ‚Gender' (siehe Verwissenschaftlichung, Diskurse, Semantiken). Diesbezüglich ist von Mentalität oft im Kontext der Zuschreibung von ‚Eigenschaften' die Rede oder/und in (geschlechter-)kritischer Absicht. Mentalitäten erscheinen als Ursachen von Übeln aller Art und als Zielgebiete hilfreichen Handelns, z. B. von Aufklärung und Erziehung. Der Mentalitätsbegriff ist insofern auch ein politischer Begriff.

Auch in den modernen Sozial- und Kulturwissenschaften/Geisteswissenschaften ist dieser Begriff traditionsreich und bis heute gängig und mehr oder weniger etabliert. So spricht Gerhard Schulze (1992, S. 169 ff.) im Hinblick auf die von ihm typologisch differenzierten Milieus der „Erlebnisgesellschaft" von „gruppenspezifischen Mentalitäten" und „Mentalitätstypen" sowie auch von „Denkmustern", von „Lebensphilosophien" und generell von Grunddispositionen der Lebenseinstellung, wie etwa einer universalen Angstdisposition des „Harmoniemilieus" (Schulze 1992, S. 292 ff.). Hier hat man auch ein Beispiel für die Möglichkeit und Notwendigkeit der soziologisch-theoretischen ‚Einbettung' des Mentalitätsbegriffs. Er macht besonderen Sinn im Anschluss an soziale Differenzierungstheorien, insbesondere Schichtungs- und Milieutheorien, und bringt dabei auch ‚Genderaspekte' zum Vorschein und in eine bestimmte Perspektive (siehe soziale Differenzierung, Figuration, Milieu).

Als sozialwissenschaftliches/soziologisches Konzept zielt der Mentalitätsbegriff wie die Begriffe Gewohnheit und Habitus hauptsächlich auf die sozial erzeugte und kulturell gleichsam programmierte psychische (Bewusstseins-)Struktur von Individuen, Gruppen und ‚sozialen Kategorien', auf ihre kognitiven, moralischen und kathektischen Orientierungen und Verhaltensmuster. Auch im funktionalen/funktionalistischen Verständnis dieser psychischen Struktur befindet sich der Mentalitätsbegriff in direkter Nachbarschaft gewohnheits- und habitustheoretischer Vorstellungen; er erscheint in diesem – wesentlich weiteren – Rahmen aber auch ersetzbar und integrierbar (vgl.

Willems 2012, S. 112 ff.). Die Habitustheorie bietet sich in diesem Zusammenhang sozusagen als Metatheorie an (siehe Habitus, Gewohnheit, Sozialisation, Zivilisation). Der Mentalitätsbegriff ist aber auch darüber hinaus in verschiedener Richtung begrifflich-theoretisch nicht nur anschlussfähig, sondern auch anschlussbedürftig. Dies gilt sowohl für seine sozialen Sinnimplikationen (siehe Deutungsmuster, Kosmologie, Rahmen, Semantik) als auch für seine sozialen Struktur-, Gruppen- und Praxisbezüge (siehe Figuration, Feld).

Im Kontext der sozialwissenschaftlichen/soziologischen Geschlechterforschung drängt sich der Begriff in vielerlei Hinsicht auf: im Hinblick auf soziale und kulturelle Differenzierungsprozesse, gruppen- und gruppierungsspezifische Verhaltensmuster und nicht zuletzt im Hinblick auf die Geschichte der (,sozialen') Geschlechter und der Geschlechtsklassen, die als Mentalitätsgeschichte bzw. Geschichte von Mentalitäten und Mentalitätswandlungen zu beschreiben ist. Vor dem Hintergrund der sozialen und kulturellen Differenzierung der Geschlechter sind (sozial bedingte und sozialisationsbedingte) mentale Differenzen zwischen den Geschlechtern und Geschlechtsklassen nur zu erwarten (siehe Figuration, Habitus, Sozialisation). Und in der Tat sind mit und ohne Mentalitätsbegriff immer wieder empiriegestützte ,Diagnosen' in dieser Richtung gestellt und mentale Differenzen zwischen den Geschlechtern im Sinne von ,Idealtypen' und Tendenzen festgestellt oder behauptet worden (vgl. z. B. Beck-Gernsheim 1976, S. 75 ff.; Hahn 1982a, S. 100 ff.; Schwanitz 2001).

Auch die historisch-langfristigen, epochalen und gruppenspezifischen Prozesse der *Zivilisation*, wie vor allem Elias und Foucault sie verstanden und beschrieben haben, spielen in diesem Zusammenhang eine Rolle, bedeuten auch *mentale* Entwicklungen und Wandlungen, Umstellungen und Einstellungen. Zivilisation heißt immer auch *mentale* Zivilisation, die die Geschlechter je nach historischer Zivilisationsphase, je nach den sozialen Figurationen ihrer Herkunft und ihrer aktuellen sozialen Positionierung unterscheidet, trennt oder verbindet (vgl. Klein/Liebsch 1997; Willems 2012). Diagnostiziert worden sind sowohl geschlechtsspezifische und geschlechterspezifizierende als auch geschlechts*un*spezifische und geschlechter*ent*differenzierende Zivilisierungsprozesse, die jeweils auch eine mentale Seite haben

(vgl. Hammer 1997) – eine Seite des Denkens, der Rationalität/Rationalisierung, der Empathie/Psychologisierung, der Empfindung (siehe Verringerung der Kontraste und Vergrößerung der Spielarten, Hybridisierung, Individualisierung).

Man kann im Bezugsrahmen der ,westlichen Zivilisation' wie auch der Globalisierung auf allen sozialen, gesellschaftlichen und kulturellen Ordnungsebenen einerseits von mehr oder weniger weitreichenden und tiefgreifenden Mentalitätswandlungen ausgehen – nicht nur von einer Differenzierung und Pluralisierung, sondern auch von Erosionen, Amalgamierungen und Hybridisierungen von Mentalitäten, auch von Mentalitäten der Geschlechter und gegenüber den Geschlechtern und Geschlechtlichkeiten (siehe Globalisierung, kulturelles Forum). Auszugehen ist andererseits aber auch und gleichzeitig von gegenteiligen Tatsachen, von mentalen Kontinuitäten und Stabilitäten, mentalen Erstarrungen und Beharrungen, hartnäckigen Traditionen und kulturellen ,Gegenreformationen'. Gegenwärtige ,westliche Gesellschaften' zeichnen sich zudem durch eine eigentümliche Koexistenz antagonistischer Kulturen und Mentalitäten aus. Und auch in diesem Fall sind die Geschlechter und Geschlechtlichkeiten besonders im Spiel und betroffen (vgl. Band 1 und 2).

Milieu

Die Realität der Geschlechter und der Geschlechtlichkeit steht offensichtlich im Zusammenhang mit einer Vielfalt anderer sozialer/kultureller Tatsachen und entwickelt sich im Zusammenhang mit der Entwicklung dieser Tatsachen. Sozialwissenschaftliche/soziologische ,Geschlechterforschungen' müssen sich daher auch in dieser Richtung orientieren und um ein entsprechendes Verständnis sozialer/kultureller Differenzierungen, Dependenzen und Interdependenzen bemühen. Dafür stehen prominent gewordene programmatische Begriffe wie Intersektionalität und die Verknüpfung der Konstruktion von Gender mit Kategorien wie Race, Class oder/und Disability (siehe Stigma/Stigmatisierung). Die so bezeichneten Tatsachen machen wie auch das Alter(n) der (Geschlechter-)Körper und Kapitalien aller Art in der Tat relevante Unterschiede im Hinblick auf den Unterschied und die Unterscheidung der Geschlechter (siehe Kapital, Körper, Korporalität).

Die Einbeziehung, Berücksichtigung und Fokussierung dieser ‚Kategorien‘ und der zunehmend verbreitete allgemeine Hinweis auf ‚Kontexte‘ können aber nur begrenzt der soziokulturellen Komplexität und der Differenzierung gerecht werden, die die Geschlechter bzw. Geschlechtsklassen betreffen, bedingen und beeinflussen. Konzepte wie ‚Class‘ sind zudem grundsätzlich problematisch, wenn es um fortgeschrittene moderne Gesellschaften wie etwa das heutige Deutschland geht. Diesbezüglich scheinen eher Theorien oder Thesen passend und nützlich, die diverse soziokulturelle Differenzierungsprozesse und Differenzierungsresultate im Sinn und im Auge haben: funktional ausdifferenzierte ‚Subsysteme‘/Felder, soziale Schichten, Segmente, Organisationskulturen, Subkulturen, Spezialkulturen. Diese historischen Gebildetypen und die sie herbeiführenden Prozesse berühren, beeinflussen oder prägen auch die Realität der Geschlechter, ja sie bilden in gewisser Weise und je besonderer Weise Rahmen dieser Realität.

Neben und im Zusammenhang mit Schichtungstheorien und hauptsächlich auf der Differenzierungsebene sozialer Schichtung bieten sich hier auch milieutheoretische und milieutypologische Ansätze an (vgl. z. B. Schulze 1992). Sie können schichtungs- und klassentheoretische Ansätze ergänzen und scheinen gerade neueren strukturellen und kulturellen Entwicklungen der Gesellschaft, die auch die Geschlechter einschließen und betreffen, angemessen (siehe Lebensstil, Figuration, Feld, Mentalität). Dafür sprechen auch historische Prozesssoziologien wie die Figurationssoziologie mit ihren zentralen diagnostischen Thesen (siehe Zivilisation, Verringerung der Kontraste und Vergrößerung der Spielarten, Individualisierung).

Grob gesagt ist ein soziales Milieu (aus soziologischer Sicht) „eine sozialstrukturelle Gruppe gleichgesinnter Menschen, die ähnliche Werthaltungen, Lebensführungen, Beziehungen zu Mitmenschen und Mentalitäten aufweisen. (...) Der Milieubegriff ähnelt dem Begriff *Lebensstil*. Beide betonen die ‚subjektive‘ Seite der Gesellschaft, d. h. soziale Strukturierungen und Gruppierungen, für die das Denken und Verhalten der Menschen konstitutiv sind. Der Milieubegriff konzentriert

sich auf psychologisch ‚tief‘ verankerte und vergleichsweise beständige Werthaltungen und Grundeinstellungen von Menschen. Der Lebensstilbegriff richtet sich dagegen v. a. auf äußerlich beobachtbare Verhaltensroutinen" (Hradil 2006, S. 199). Mentalität, Gewohnheit und Habitus sind hier also besonders naheliegende, anschlussfähige und aufschlussversprechende Konzepte, die Milieus als soziale ‚Zusammenhänge‘ oder Figurationen charakterisieren. Sie scheinen jeweils unter einer Art Leitmotiv zu stehen, das ihre mentale und stilistische Identität und die ihrer Menschen ausmacht: Harmonie, Spannung, Niveau, Selbstverwirklichung, Ökologie usw.

Diese Gebilde „lassen sich überwiegend bestimmten sozialen Schichten zuordnen. Jede soziale Schicht besteht jedoch aus mehreren sozialen Milieus" (Hradil 2006, S. 200). Der Milieubegriff konkretisiert und spezifiziert demnach den Schichtungsbegriff und führt zu einem differenzierten Bild der sozialen und kulturellen Realität – auch der Geschlechter. Von Milieus kann aber auch darüber hinaus auf allen Ebenen der (modernen) Gesellschaft die Rede sein.

Man mag also im Hinblick auf die Geschlechter und Geschlechtsklassen nicht nur von Schicht- oder Klassengeschlechtern, sondern (auch) von Milieugeschlechtern sprechen. Vielleicht macht es heute soziologisch besonders viel Sinn, die Geschlechter prinzipiell als Milieugeschlechter aufzufassen und zu untersuchen. Empirisch scheinen die Geschlechter heute jedenfalls mehr denn je mit bestimmten sozialen Milieus verwoben zu sein, mit Milieus der Herkunft und Sozialisation und Milieus aktueller sozialer Zugehörigkeit und sozialer Praxis (siehe Sozialisation, Feld, Habitus).

Modul/Modulation

Den Sozialwissenschaften/der Soziologie, aber auch ihren ‚Gegenständen‘, stellen sich immer auch und in erster Linie Fragen nach dem prinzipiellen Realitätsstatus von Tatbeständen, Ereignissen oder Vorgängen. Erving Goffmans Rahmen-Analyse (1977) bietet hier insbesondere mit den auf Sinntypen, Sinnzusammenhänge, Sinngrenzen und Sinntransformationen zielenden Konzepten Modul und Modulation einen Untersuchungsansatz, der mit benachbarten wissenssoziologischen Ansätzen verknüpft werden kann (siehe Rahmen, kommunikative Gattung, Deutungsmuster, Diskurs).

Damit geht es auch um praktisch und theoretisch grundsätzliche Fragen des Wissens, der Erfahrung, der Wirklichkeit, der Deutung und Umdeutung. Die Grund- und Leitfrage der Rahmen-Analyse lautet: Was geht hier eigentlich vor? Handelt es sich z. B. bei einem beobachteten Verhalten um einen Kampf, ein Spiel, eine Demonstration, eine Probe, ein Experiment, einen Scherz oder einen anderen *Rahmen?* Was bedeutet ein bestimmter Rahmen für die ‚Definition' dessen, was in ihm stattfindet? Inwiefern und mit welchen Implikationen wandeln sich Rahmen als Sinngrenzen und Sinnstrukturen? Fragen dieser Art behandelt die Rahmen-Analyse unter dem Titel Modul/Modulation.

Unter Modulationen versteht Goffman Formen der offenen und sozusagen gradlinigen (intersubjektiven, konsensuellen) Sinntransformation – im Gegensatz zu den einseitigen Sinntransformationen der *Täuschung.* Grundlage von Modulationen sind, rahmentheoretisch gesehen, entsprechende Sinnstrukturen („Moduln"), die in sozialen Situationen vor dem Hintergrund untransformierter und insofern „primärer Rahmen" und auf der Grundlage dieser Rahmen angewendet werden (siehe Rahmen). Ein „System von Konventionen", durch das „eine bestimmte Tätigkeit, die bereits im Rahmen eines primären Rahmens sinnvoll ist, in etwas transformiert wird, das dieser Tätigkeit nachgebildet ist, von den Beteiligten aber als etwas ganz anderes gesehen wird", nennt Goffman (1977, S. 55 f.) Modul (key). Dieses rahmentheoretische Schlüsselkonzept umfasst die ganze Fülle von Möglichkeiten, primär sinnvolle Aktivitäten *interindividuell gemeinsam* „als etwas ganz anderes" zu betrachten und entsprechend zu (be-)handeln. So kann ein Mensch einen Kampf spielen oder „nach einem Drehbuch *aufführen* oder einen *phantasieren* oder ihn rückblickend beschreiben oder analysieren usw." (Goffman 1977, S. 57).

Die wichtigsten Komponenten von Goffmans grundlegender Definition der Modulation sind die folgenden:

„a. Es handelt sich um eine systematische Transformation eines Materials, das bereits im Rahmen eines Deutungsschemas sinnvoll ist, ohne welches die Modulation sinnlos wäre.

b. Es wird vorausgesetzt, dass die Beteiligten wissen und offen aussprechen, dass eine systematische Umwandlung erfolgt, die das, was in ihren Augen vor sich geht, grundlegend neu bestimmt.

c. Es gibt Hinweise darauf, wann die Transformation beginnen und enden soll, nämlich zeitliche ‚Klammern', auf deren Wirkungsbereich die Transformation beschränkt sein soll. [...]

d. Die Modulation ist nicht auf bestimmte Ereignisse beschränkt, die unter bestimmten Blickwinkeln gesehen werden. [...]

e. Die einer bestimmten Modulation entsprechende systematische Transformation verändert die entsprechende Tätigkeit vielleicht nur geringfügig, doch sie verändert entscheidend, was in den Augen der Beteiligten vor sich geht" (Goffman 1977, S. 57).

Aus diesem konzeptuellen Konstrukt ergeben sich auch Ansätze zum Verständnis der historisch zunehmend multiplen und vielschichtigen Realitäten und ‚Realitätskonstruktionen' der Geschlechter und der Kontexte, die sie bilden und in denen sie vorkommen. So kann man nach differentiellen und differenzierenden Prinzipien oder Regeln der Sinntransformation in der medienkommunikativen Geschlechterdarstellung fragen oder auch nach den ‚Rollen' der Geschlechter selbst. Prinzipiell ist das Geschlecht oder *ein* Geschlecht im Rahmen einer bestimmten Gesellschaft und Kultur als eine Art Rahmen oder Modul zu verstehen, als objektives und kontinuierlich fungierendes Umwandlungsprinzip von Sinn und Wirklichkeit, das unter Umständen oder unter *allen* Umständen entscheidend und unterscheidend bestimmt, was ‚in unseren Augen eigentlich vor sich geht'.

Moral

Sozialwissenschaftliche/soziologische Untersuchungen der sozialen Realität der Geschlechter und der Geschlechtlichkeit stoßen zwangsläufig und regelmäßig auf *moralische* Tatsachen, Typen und Aspekte von Moral, Moralität und Moralisierung (vgl. Luhmann 1978). Sie sind universal, aber auch durch und durch historisch, veränderlich und relativ – relativ zu Gesellschaften, Kulturen, Feldern, Subkulturen, Gruppen, Generationen, Epochen usw.

Man hat es hier mit Bündeln oder Systemen von (Glaubens-)Vorstellungen und Darstellungen, Zuschreibungen und Beschreibungen von gut und böse, richtig und falsch, besser und schlechter zu tun, mit bestimmten Normen, Normalitäten und „Achtungsbedingungen" (Luhmann), mit Wissen und Gewissen/,Über-Ich', mit korrespondierenden Urteilen und Gefühlen von Verantwortung, Schuld, Scham, Peinlichkeit, Verlegenheit, ‚Minderwertigkeit' oder aber Überlegenheit, Selbstachtung, Stolz. Mit den Tatsachen der Moral geht es also um eine komplexe Sinn-, Kognitions- und Emotionssphäre eigener Art, die neben einer anderen Sinn-, Kognitions- und Emotionssphäre ähnlichen Formats steht und sich darauf bezieht: der Sphäre des ‚Kathektischen' mit ihren Urteilen und Affekten des Geschmacks, des Vergnügens, der Lust, des ‚Begehrens' oder auch des Widerwillens oder Ekels.

Die moderne Gesellschaft ist entgegen einer weit verbreiteten Auffassung, die der Moderne insgesamt hauptsächlich ‚Moralverluste' attestiert, eine durchaus hochgradig moralische, moralgeladene, moralistische, moralisierte und moralisierende Gesellschaft und in diesem Sinne gerade auch die Geschlechter einbeziehend. Abgesehen von neuen und erneuerten Moralvorstellungen und Achtungsbedingungen, etwa im Bereich des Sexuellen, existieren nach wie vor traditionelle moralische Figuren und Sinngebilde, die um die Themen Geschlecht und Geschlechtlichkeit kreisen: die (weibliche) Mutter (der Muttermythos) und die Mütterlichkeit, der (männliche) Beschützer, die (männliche) ‚Ritterlichkeit', die Liebe, die (sexuelle) Treue usw.

Die Geschlechter sind in dieser Gesellschaft aber auch systematisch moralisch entlastet, entbunden, freigesetzt und gewissermaßen neutralisiert. Vordergründig dominant geworden ist eine moralische Enttraditionalisierung und Entinstitutionalisierung im Zuge von Prozessen der Modernisierung und Zivilisation, mit denen sich auch die moralische Realität der Geschlechter fundamental gewandelt hat. Gesellschaftlich zentral ist nun eine humanistische Moral der Würde und der persönlichen Autonomie, die den *Menschen* jenseits seiner Rollen, z. B. seiner ‚Geschlechtsrolle', zum Selbstzweck und Hauptwert erklärt (vgl. Berger u. a. 1975). Verbindliche Bezugsrahmen sind nicht mehr die (christlichen) Religionen, die ihre moralische und soziale Maßgeblichkeit jedenfalls in ‚westlichen' und ‚verwestlichten' Gesellschaften verloren haben, sondern das Recht und der Staat, der auf der Basis seines Gewaltmonopols Menschenwürde, Gleichheit und individuelle Freiheit nicht nur normiert, sondern auch sanktioniert und faktisch garantiert. In diesem Rahmen kann sich eine Pluralität von Moralbegriffen und Moralen entfalten, die heterogen und teilweise antagonistisch sind – in Verbindung mit moralischem Pluralismus, moralischer Indifferenz, Moralignoranz und einer Toleranz, die selbst zu einem moralischen Hauptgebot geworden ist.

Eine in gewisser Weise fundamentale und unhintergehbare Ebene ist und bleibt aber die Moral der alltäglichen (lebensweltlichen) Interaktionsordnung der Gesellschaft, die Erving Goffman mit spezifischen Geschlechterbezügen ins Zentrum seiner Theorie gestellt hat (siehe Interaktionsordnung). Auf dieser sozialen Figurationsebene stecken Moral und Moralisierung gleichsam in allem, was die Individuen bzw. die Geschlechter sind und tun oder lassen oder geschehen lassen. Die Interaktionsordnung ist als moralische Ordnung auch eine rituelle Ordnung und als rituelle Ordnung auch eine moralische Ordnung (siehe Ritual, Interaktionsritual), die gleichsam den Verkehr der Individuen – auch in Hinsicht auf Geschlecht und Geschlechtlichkeit – regelt und insbesondere die Kommunikation von Achtung, Selbstachtung und Missachtung in Anwesenheit anderer reguliert.

Auf dieser sozialen/kulturellen Ordnungsebene und wohl mehr noch jenseits von ihr auf der Ebene der medialen Kommunikationen und Diskurse zeichnen sich allerdings gewisse moralische Wandlungen und Verschiebungen ab, die insbesondere die Geschlechter betreffen – auch Bilder der Geschlechter. Dazu gehört die Informalisierung der ‚Selbstdarstellung' und der Umgangsformen, die Lockerung der ‚Manieren' (siehe Informalisierung) und eine Hoch- oder Höherbewertung von ‚persönlichem Stil'. Auch zeigt sich, etwa in der Unterhaltungsliteratur für Kinder, eine Art Feminisierung von Moralvorstellungen, ein Wandel der moralischen Geltungsbalance zwischen den Geschlechtern zu Gunsten des weiblichen Geschlechts und ‚femininer' Werte: Empathie, Empfindsamkeit, Sanftmut, Hilfsbereitschaft usw. (vgl. Band 1). Zu beachten ist auch der Aufstieg einer „neuen Moral" (Gerhard Schulze) der individuellen Selbstbestimmung, Selbstverwirklichung und Glückssuche in der ‚Erlebnisgesellschaft'. Diese Moral übergreift die Geschlechter, hat aber auch Implikationen für die

‚Definition' ihrer Identitäten, Rollen und Beziehungen (vgl. Band 2).

Gleichzeitig ist die moderne Gesellschaft heute in manchen Bereichen vielleicht mehr denn je auch ein moralisches Spiel-, Konkurrenz- und Kampffeld, das gerade die Geschlechter und Geschlechtlichkeiten betrifft und, z. B. als moralische Themen, beinhaltet (siehe Diskurse). Auf diesem Feld agieren auch diverse ‚Symbolverkäufer' als Moralverkäufer oder Moralfunktionäre. Ein Beispiel dafür sind mediale Kulturproduktionen (Filme, Literatur), die moralische Themen, Inhalte oder ‚Botschaften' propagieren oder sogar moralische Indoktrinationen oder Erziehungen bezwecken (siehe kulturelles Forum, Semantiken, Sozialisation).

Mythos/Mythologie

Der Begriff Mythos bzw. Mythologie (Summe von Mythen) gehört zu den im weitesten Sinne kulturwissenschaftlichen und zugleich alltagsweltlich gängigen (praktischen) Begriffen, die auch in Bezug auf die Geschlechter angewendet worden sind und werden. Hier wie auch in anderen Bereichen bezieht er sich auf mentale und *kommunikative* Konstrukte menschlicher Fantasie und Einbildung, imaginäre Glaubensvorstellungen und ‚Erzählungen' (‚Narrative'), die historisch mehr oder weniger weit zurückreichen, lange tradiert werden und oft einen religiösen, quasi-religiösen oder ideologischen Charakter haben (siehe Religion). Damit liegt auch die Nähe zu einigen wissenssoziologischen Konzepten auf der Hand, denen es um Formen und Formationen von Wirklichkeit und ‚Wirklichkeitskonstruktion' geht (siehe Image, Deutungsmuster, Diskurs).

Auf die Geschlechter (und die Geschlechtlichkeit) bezogene Mythen, charakteristische und charakterisierende Geschlechter-Images und ‚Erzählungen' über die Geschlechter, die kosmologisch spezifisch gehaltvoll sind, kursieren auf allen Ebenen und in allen Bereichen der Kultur und sollten, wenn man Norbert Elias folgt, bevorzugtes Zielgebiet soziologischer Arbeit sein: ‚soziologische Aufklärung' als „Mythenjagd" (Elias). *„Wissenschaftler sind mit anderen Worten Mythenjäger*; sie bemühen sich, durch Tatsachenbeobachtung nicht zu belegende Bilder von Geschehenszusammenhängen, Mythen, Glaubensvorstellungen und me-

taphysische Spekulationen durch Theorien zu ersetzen, also durch Modelle von Zusammenhängen, die durch Tatsachenbeobachtungen überprüfbar, belegbar und korrigierbar sind" (Elias 1981, S. 53 f.). Goffman (1994b, S. 141) spricht ganz im Eliasschen Sinne von „auf die Geschlechtsunterschiede bezogenen Mythen", die im gelebten Alltagsleben wie etwa in der Literatur eine Rolle spielen, und er kommt in diesem Zusammenhang zu dem Schluss, den Helga Kotthoff für geschlechtersoziologisch besonders „interessant" hält, dass nämlich „Frauen die einzige gesellschaftlich benachteiligte Gruppe darstellen, welche idealisiert und mythologisiert wird und sich mit der bevorzugten Gruppe in konstanter Verbindung befindet. Ein ganzes System des Hofmachens und der Höflichkeiten symbolisiert Frauen als zerbrechlich, kostbar, fein, mütterlich, attraktiv und sanft und erweist ihnen mit diesen Eigenschaften die Ehre" (Kotthoff 1994, S. 170). Mythen haben in diesem Fall (wie in anderen) also viel mit Moral und Moralisierung, mit Achtung, Achtungsbedingungen und Achtungserweisen, mit Verehrung und Anbetung zu tun – und mit Ritualen bzw. Interaktionsritualen, die moralischen Gefühlen und Attitüden sozialen Ausdruck verleihen (siehe Moral, Rituale/Ritualisierungen).

Kontinuierlich scheint die Realität der Geschlechter und der Geschlechtlichkeit – am deutlichsten wohl auf der Ebene der Medienkultur – von Mythen durchsetzt und geprägt zu sein, von Gender-Mythen, die teilweise außerordentlich hartnäckig, aber auch variabel sind (siehe Genderismus). So findet man in der Werbung und in der Unterhaltungsliteratur (auch der Kinderliteratur) immer noch und immer wieder die alten Geschichten von der ‚guten Mutter', der wesenseigenen Mütterlichkeit (Hausfraulichkeit) der Frauen und Mädchen, ihrer besonderen Empfindsamkeit, Güte, Hilfsbereitschaft, Sanftheit, Friedlichkeit, Diplomatie/Klugheit oder auch Raffinesse. Neben den Mustern des schwachen Geschlechts (siehe Eltern-Kind-Komplex) tauchen immer wieder die mythischen Vorstellungen vom guten Geschlecht und vom schönen Geschlecht auf. Es lebt in der Werbung, in der Literatur und in der lebendigen Fantasie der Geschlechter bis heute in der faszinierenden Form des ‚erotischen Mysteriums'. Bemerkenswerte Beispiele sind hier auch die (weiblichen) ‚Sexbomben' der Werbungserotik und der

Pornografie, die mit dem männlichen ‚Triebwesen' (eine Art ‚Triebtäter') auch einen maskulinen Mythos bzw. einen Mythos der Maskulinität aufzuweisen hat. Mythen dieser Art werden heute und zunehmend nicht nur sprachlich, sondern auch bildlich (visuell) ‚erzählt', so dass man von visuellen oder visualisierten Mythen sprechen kann (vgl. Band 2).

Gender-Mythen und Gender-Mythologien, z. B. von oder in Medienerzeugnissen wie der Werbung oder der Pornografie, sind allerdings auch schon lange Gegenstand diverser kritischer und aufklärerischer Aktivitäten, die meist irgendwie (sozial-) wissenschaftlich oder populärwissenschaftlich inspiriert und informiert sind (siehe Diskurse, Verwissenschaftlichung). Diese Aktivitäten können jedoch auch neue Mythen und Mythologien nach sich ziehen. Für das Feld der Wissenschaften stellt Elias fest: „Diese Mythenjagd, die Entlarvung von zusammenfassenden Vorstellungsmythen als faktisch unfundiert, bleibt immer eine Aufgabe der Wissenschaften, denn innerhalb oder außerhalb der Gruppe von wissenschaftlichen Spezialisten verwandelt man wissenschaftliche Theorien selbst häufig genug in Glaubenssysteme. Man erweitert sie oder benützt sie in einer Weise, die durch weitere theoriegesteuerte Tatsachenbeobachtung nicht gerechtfertigt ist" (Elias 1981, S. 54).

Natur/Naturalisierung

Der Begriff Natur (natürlich, Natürlichkeit), der im Allgemeinen als Gegenbegriff zu Kultur verstanden und verwendet wird, ist faktisch vieldeutig, spielt aber innerhalb und außerhalb der Wissenschaften (‚Naturwissenschaften', ‚Geisteswissenschaften', ‚Sozialwissenschaften') kontinuierlich eine große Rolle – auch und gerade, wenn es um Vorstellungen von Geschlecht, Geschlechtern und Geschlechtlichkeit geht (siehe Anthropologie).

Mit Goffman kann man den Begriff Natur wissenssoziologisch prinzipiell entdinglichen und auch im Hinblick auf die ‚Geschlechterfrage' als ein Interpretationsschema oder einen Rahmen verstehen, also als ein kulturelles und kulturell grundlegendes Konstrukt. Goffman spricht von „primären Rahmen" und unterscheidet die Grundvarianten „natürliche Rahmen" und „soziale Rahmen" (siehe Rahmen/primäre Rahmen). Sie bezeichnen auch gleichsam Pole, zwischen denen

sich die gesellschaftliche Konstruktion der Wirklichkeit der Geschlechter historisch abgespielt hat und immer noch abspielt. Natur ist in diesem Zusammenhang aber nicht nur eine ‚anthropologische' Frage und Kategorie, sondern auch eine Art Metaphorik, mit der die Geschlechter gleichsam anthropologisch zu beschreiben sind, beschrieben wurden und werden. Damit geht es also nicht um die Frage, was Natur und wieviel Natur in den und an den Geschlechtern und Geschlechtlichkeiten ‚ist' (siehe Anthropologie, Körper), sondern eher um mit Naturthemen und Naturskripts verbundene Images der Geschlechter, die sich z. B. in der Werbung spiegeln (siehe Image, Stereotyp, Mythos). Hier sind Männer traditionell und bis heute als ‚Naturburschen' oder Subjekte der Naturbeherrschung beliebt, während Frauen vorzugsweise als Naturobjekte bzw. als ‚schöne Natur' im Sinne ästhetischer Effekte in Erscheinung treten oder als Wesen, die besonders unter der Natur ihres Körpers zu leiden haben. Hier hat man es also mit einem traditionellen Rollenspiel zu tun, das die differentiellen ‚Naturen', die Differenz des ‚Naturells' der Geschlechter zum Thema hat (vgl. Willems/Kautt 2003, S. 322 f.).

Eine bestimmte Natur des Geschlechts bzw. bestimmte ‚Naturen' der Geschlechter (und der Geschlechtlichkeit) wurden und werden aber traditionell und bis heute auch in einem sozusagen ontologischen Sinne behauptet. Selbst in den Geistes- und Sozialwissenschaften und sogar in der seit jeher zum Relativismus und Konstruktivismus neigenden Soziologie hat eine ‚naturalistische' Sicht der Geschlechter (und Geschlechtlichkeit) lange Zeit eine mehr oder weniger wichtige, ja dominante und hartnäckige Rolle gespielt. So ist ein mit wissenschaftlichen Geltungsansprüchen auftretender Geschlechter-Naturalismus in ausgeprägter Form etwa noch bei dem soziologischen ‚Gründungsvater' Ferdinand Tönnies zu finden (vgl. Band 1).

Die moderne(re) Soziologie hat solche Sichtweisen weitestgehend verabschiedet und (Geschlechter-) ‚Natur' nicht nur stark relativiert, wenn nicht nihiliert, sondern auch als soziale Sinnkonstruktion funktional/funktionalistisch gedeutet: *Naturalisierung* erscheint als Antwort auf die Frage, warum und wie die Geschlechterdifferenz ihre kulturell und gesellschaftlich zentrale Bedeutung und ‚Ordnungsfunktion' erlangt und stabilisiert hat. So schrieb Helmut Schelsky schon Anfang der 1950er-Jahre über die „soziale Polarisierung der Geschlechter" und den sozusagen geschlechteranthropologischen Naturalismus: „Der Glaube an die ‚Natürlichkeit' der Geschlechtsunterschiede und des daraus folgenden unterschiedlichen sozialen und kulturellen Verhaltens ist selbst nur eine spezifisch moderne Form der sozialen Sanktionierung der Grundlagen der eigenen Kultur und Gesellschaftsverfassung (...). Die wirklich vorhandenen biologischen Unterschiede zwischen den Geschlechtern sind demgegenüber verhältnismäßig belanglos und mehr Anlaß als Ursache für die sozial verschiedenartige Formung der Rolle von Mann und Frau im sozialen und kulturellen Leben" (Schelsky 1955, S. 16).

In den gegenwärtigen ‚westlichen' Gesellschaften scheint der traditionelle Glaube an die ‚Natürlichkeit' des Geschlechts und von ‚Eigenschaften' der Geschlechter vor allem in bestimmten sozialen Milieus stark erodiert zu sein, so dass man hier von einer kosmologischen *Denaturalisierung* sprechen kann (siehe Kosmologie, Rahmen/primärer Rahmen, Milieu). Die naiven Vorstellungen von der ‚Natürlichkeit' des Geschlechts, der Geschlechter und der Geschlechtlichkeit und der Glaube an die ‚Natürlichkeit' der Geschlechtsunterschiede sind aber selbst in den fortgeschrittensten modernen Gesellschaften trotz aller soziologischen „Mythenjagd" (Elias 1981, S. 54) keineswegs verschwunden (siehe Mythos, Genderismus). Auch wenn in diesem Zusammenhang ein Mentalitätswandel und ein sich verbreitendes, nicht zuletzt wissenschaftsinduziertes Relativitäts-, Konstruktions- und Kontingenzbewusstsein zu beobachten ist, spricht viel für eine relative Stabilität traditioneller naturalistischer Deutungsmuster großer Teile des ‚allgemeinen Publikums' (siehe Deutungsmuster, Mentalität, Gewohnheit, Habitus). Auch und wohl gerade jenseits des ‚Westens' scheinen sich entsprechende Traditionen und Traditionalismen zu halten – allerdings inhaltlich zum Teil im krassen Gegensatz zum geschlechteranthropologischen Naturalismus ‚westlicher' Prägung. So bemerkt Helga Kotthoff: „In den asiatischen Republiken der früheren Sowjetunion, wie beispielsweise Usbekistan, gilt es als selbstverständlich, daß die Frauen die schwere Arbeit im Straßenbau und auf den Feldern leisten. Männer arbeiten in diesen Gesellschaften wesentlich

weniger als Frauen, widmen sich verschiedenen Formen des Müßiggangs ..." (1994, S. 171).

Negative Erfahrungen

Erving Goffmans „Rahmen-Analyse" (siehe Rahmen/primäre Rahmen) thematisiert neben und mit sozialen Sinnstrukturen und praktischen Sinnstrukturierungen (Rahmungen, Modulationen) „Erfahrungen", die in einem speziell dafür reservierten Kapitel „negativ" genannt werden (vgl. 1977, S. 409 ff.), weil sie einen Verlust von Orientierung, Distanz und (Selbst-)Kontrolle implizieren. Negative Erfahrungen setzen also die Realität und Normalität von *Nomie* voraus und bedeuten *Anomie*. Hatte der Handelnde „einen Platz in einem wohlgerahmten Reich einzunehmen erwartet, so steht ihm jetzt kein bestimmter Rahmen unmittelbar zur Verfügung, oder der Rahmen, den er für anwendbar gehalten hatte, scheint es nicht mehr zu sein, oder er kann in dem Rahmen, der zu gelten scheint, selber nicht Fuß fassen" (Goffman 1977, S. 409). Die Rahmen-Analyse und andere Arbeiten Goffmans (z. B. 1967; 1973a) behandeln eine Reihe von Typen und Räumen negativer Erfahrung und von Methoden zur Erzeugung solcher Erfahrung: das „Hänseln", das „Necken und Verspotten", das „zudringliche Auf-den-anderen-Einreden", um ihn „aus der Fassung zu bringen", der Entzug von ‚Identitätsausrüstungen' in totalen Institutionen (Gefängnis, Psychiatrie usw.), die öffentliche Entlarvung und Bloßstellung, das ‚therapeutische' Aufbrechen von Distanz und Privatheit im Rahmen der Psychoanalyse, Verletzungen persönlicher Raumansprüche u. a. m.

Es liegt auf der Hand (auch für Goffman), dass bestimmte ‚soziale Kategorien' oder Gruppen, wie z. B. Frauen, Kinder, Alte und bestimmte stigmatisierte Gruppen (Stigmatisierten-Gruppen) in diesem Zusammenhang besonders und besonders stark betroffen sind (siehe Stigma/Stigmatisierung, Zivilisation). Frauen und Mädchen waren und sind jedenfalls bevorzugte ‚Objekte' von „Mitteln und Formen der Verletzung" (Goffman 1974, 74 ff.), z. B. von „Territorialbrüchen", die von Körpern ausgehen und auf Körper bezogen sind, aber auch von sprachlichen ‚Rahmenbrüchen' und symbolischen und physischen Gewaltakten (siehe Gewalt, Raum, Körper). Das Spektrum dieser Übergriffe und

Verletzungen reicht von bestimmten Beobachtungen und Blicken über einer falsche „Platzierung des Körpers in Relation zu einem von anderen beanspruchten Territorium" (Goffman 1974, S. 75) bis hin zu verbalen und physischen Übergriffen und Angriffen und zu manifester Gewalt (vgl. Goffman 1974, S. 77 f.; 1994b).

Zu den ‚Orten' und ‚Bühnen' negativer Erfahrungen gehören unter modernen Zivilisationsbedingungen auch und gerade verschiedene Mediengenres (von der Pornografie über den Horrorfilm bis zur ‚Komik'), die diese Erfahrungen vor allem zum Zweck der Publikums-Unterhaltung in Form spezifischer Darstellungen/Inszenierungen gehäuft anbieten – regelmäßig oder systematisch mit ‚Gender-Bezügen'. Eines der spektakulärsten Beispiele dafür, die Pornografie, ist Gegenstand der vorliegenden Untersuchungen (siehe Zivilisation, Obszönität). In der von uns fokussierten ‚Hamburger-Pornografie' sind es vor allem Frauen, die negative Erfahrungen machen – hauptsächlich zum Vergnügen von Männern in der Pornografie und vor ihr.

Normalität und Normalismus

Die Begriffe Norm/Normativität, Normalität und Normalisierung sind sachlich und theoretisch höchst verweisungsreich und von grundlegender soziologischer und auch geschlechtersoziologischer Bedeutung (siehe Figuration, Rolle, Macht, Stigma/Stigmatisierung, Zivilisation).

Auf der Basis von Foucaults Diskurstheorie und Vorstellung von der modernen Gesellschaft als „Normalisierungsgesellschaft" (Foucault 1977a, S. 172 ff.) geht Jürgen Link (1997) den Fragen nach, was Normalität bedeutet und „wie Normalität produziert wird" (siehe Diskurs, Macht, Zivilisation). In der „Kategorie" der Normalität sieht Link das Resultat eines die ganze Gesellschaft überziehenden „spezifisch modernen Netzes von Dispositiven", das er „Normalismus" nennt. Darunter versteht er eine eigene Ebene sozialer Wirklichkeit, Wirklichkeitskonstruktion und Wirklichkeitskontrolle, die weder mit Normen/Normativität noch mit bloßer Faktizität oder Alltagsroutine zu verwechseln ist: „Die Gesamtheit der normalistischen Diskurskomplexe und Dispositive konstituiert innerhalb der gesellschaftlichen Wirklichkeit eine eigene operationale, symbolisch

eindimensionale Ebene, die als ‚Signal-, Orientierungs- und Kontrollebene' gegenüber anderen, bereits bestehenden Ebenen aufzufassen ist. Ein gutes Beispiel ist das Verhältnis von Normalität zu Normativität: Das juristische Teilsystem (im Sinne Luhmanns) teilt das Verhalten binär nach der Unterscheidung ‚Recht/Unrecht' und legt entsprechende Verfahren und Sanktionen fest. Die Normalität etabliert ‚parallel' dazu eine zweite, *eindimensionale* und graduierte Ebene, die das entsprechende Verhalten rein statistisch erfaßt und nach seiner Verteilung zwischen Extrempolen und Durchschnitten anordnet. Die normalistische Ebene stellt gegenüber der normativen eine Ebene der *Zweitcodierung*, des *Vergleichs*, der *Kontrolle* und der *Signalisierung* dar" (Link 1997, S. 344).

Unter Normalismus ist mit Link auch ein gesellschaftliches Orientierungs- und Regulationssystem zu verstehen, ein ‚Regime der Durchschnitte und Standards', das statistische und quasi-statistische Werte, Maße und Maßstäbe als praktische, informative und instruktive Orientierungen und Bezugsrahmen vorgibt. Dieses ‚Regime' arbeitet nicht nur mit expliziten ‚Definitionen', sondern auch mit impliziten, z. B. mit einer impliziten ‚Statistik der Bilder', die die massenmediale Werbung anfertigt und verbreitet (siehe kulturelles Forum, Sozialisation, Zivilisation). Auf diese Weisen werden auch die Geschlechter, Geschlechtlichkeiten und Geschlechterverhältnisse im Sinne von Norm- und Normalitätswerten qualifiziert, z. B. in puncto Rollen, Korporalitäten, Aktivitäten und persönlichen Beziehungen.

Die ‚Normalisierungsgesellschaft' und der ‚Normalismus' befinden sich allerdings in vielen Bereichen offenbar zunehmend ‚im Fluss' und in Koexistenz oder Zusammenhang mit (Gegen-)Bewegungen wie dem Informalismus, dem Pluralismus und dem Individualismus (siehe Individualisierung, Informalisierung, Hybridisierung). Die Fragen der Normalität und der Normalisierung haben damit auch im Hinblick auf das Geschlecht, die Geschlechter und die Geschlechtlichkeit tendenziell an Eindeutigkeit, Zwanghaftigkeit und Dringlichkeit verloren, ja der Begriff Normalität selbst ist in vielen Bereichen (z. B. der ‚sexuellen Orientierung') fragwürdig geworden, wenn nicht in Verruf geraten.

Obszönität

Hinsichtlich der Fragen der Darstellung und Thematisierung der Geschlechter und des Geschlechtlichen sowie auch hinsichtlich geschlechtsspezifischen oder geschlechtstypischen Verhaltens, z.B. in den Bereichen der alltäglichen Konversation oder des Medienkonsums bzw. des Konsums bestimmter Mediengattungen wie etwa der Pornografie oder dem ‚Liebesroman‘, ist der Begriff Obszönität relevant und Gegenstand unserer Untersuchungen (vgl. Band 2).

Es gibt keine ‚essentielle‘ Definition, sondern nur eine relationierende und relativierende begriffliche Fassung von Obszönität als einer kulturellen Realität, die einen historischen Charakter und Hintergrund hat. Obszönitäten aller Art haben also wesentlich mit Wissen, Wahrnehmung und Erkennen zu tun, mit einem Verstehen, Sehen und Interpretieren, das ein bestimmtes kulturelles/zivilisatorisches ‚Niveau‘ voraussetzt und in Anspruch nimmt.

In diesem Sinne lässt sich auch Goffmans wissenssoziologische (Rahmen-)‚Theorie‘ der Obszönität einordnen und anschließen. In seiner Rahmen-Analyse greift Goffman die folgende Fassung des Obszönitätsbegriffs auf: „(1) Das Obszöne besteht in der Veröffentlichung des Privaten; es besteht im Hervorzerren intimer körperlicher Vorgänge und Handlungen oder körperlich-emotionaler Zustände; und (2) es besteht in einem Herabziehen der menschlichen Dimensionen des Lebens auf eine rein biologische oder physikalische Ebene. (...) Damit besteht eine Verbindung zwischen unseren beiden vorläufigen Definitionen des Obszönen: wenn die Intimitäten des Lebens öffentlich zur Schau gestellt werden, so können sie leicht abgewertet werden, oder sie werden öffentlich zur Schau gestellt, um sie und den Menschen abzuwerten" (Clor 1970, S. 225; zit. nach Goffman 1977, S. 68). Obszönität setzt demnach ein kognitives, moralisches und normatives Verständnis von Privatheit, Intimität und humaner Identität voraus und ist zugleich eine Negation und absichtliche Verletzung dieses Verständnisses. Die obszön dargestellten, vorgestellten und entstellten Menschen und menschlichen Tatsachen fallen gewissermaßen aus dem normierten „sozialen Rahmen" und werden auf einen „natürlichen Rahmen" (Goffman

1977) heruntermoduliert (siehe Rahmen/primäre Rahmen, Natur).

Privilegiertes Thema dieser Heruntermodulation ist der Mensch als Körper bzw. der menschliche Körper, der in der obszönen Fassung gleichsam zur letzten Instanz wird. Goffman stellt in diesem Zusammenhang im Sinne der obigen ‚Definitionen‘ von Obszönität und im Sinne eines kosmologischen Axioms fest: „Man kann alles bringen, was mit dem Körper geschieht, doch die Perspektive muß verschleiert und distanziert sein, so daß die vorausgesetzten Vorstellungen von der letztendlichen Sozialität des Menschen nicht erschüttert werden. [...] In einer Geschichte können die Menschen essen, sexuell verkehren, gefoltert werden, aber nur im Zusammenhang eines umfassenden menschlichen Dramas, nicht als isoliertes Schaustück oder als für sich interessanter Tatbestand" (Goffman 1977, S. 68 f.).

Goffman weist auch darauf hin, dass die praktischen Verständnisse und Begriffe von Obszönität bzw. pornografischer Obszönität wesentlich vom medialen Darstellungsrahmen als solchem abhängig sind. Und hier machen Bildmedien offensichtlich einen entscheidenden Unterschied, so dass Geschmacksurteile, moralische und juristische Urteile entsprechend unterschiedlich ausfallen (siehe Rahmen/primäre Rahmen, Modul/Modulation): „Wie zu erwarten, sind die Empfindungen je nach dem Modul recht verschieden. Offenbar ist nicht alles, was in einem Film anstößig wäre, auch in einem Roman anstößig" (Goffman 1977, S. 67).

Psychoanalyse/Psychologisierung

Die Freudsche Psychoanalyse und aus ihr hervorgegangene Theorieströmungen sind in der Geschichte verschiedener ‚Menschenwissenschaften‘ bekanntlich von großer Bedeutung gewesen und nach wie vor von Bedeutung. Das schließt auch und gerade die Sozialwissenschaften bzw. die Soziologie und ‚Gender-Studies‘ ein. In diversen Varianten ist psychoanalytisches Gedanken- und Begriffsgut in sozialwissenschaftliche Theoriesysteme, Selbst- und Weltverständnisse eingegangen. In der Soziologie reicht das Spektrum von der ‚Kritischen Theorie‘ über den ‚Strukturfunktionalismus‘ bis zur Figurationssoziologie. Die wissenschaftliche bzw. soziologische Bedeutung der Psychoanalyse ist zwar immer auch umstritten gewesen, aber gerade im

Kontext bestimmter sozialwissenschaftlicher Ge-schlechterforschungen oder ‚Gender Studies' sind psychoanalytische Theorien (Lacan usw.) immer noch und gerade heute ‚up to date'.

In der Soziologie relativ unstrittig sind bestimmte Bedeutungen der Psychoanalyse als Anthropolo-gie, psychische Entwicklungstheorie, Sozialisati-onstheorie und Kulturtheorie/Zivilisations-theorie. Stärker in Frage steht, ob die Entwicklung der Psychoanalyse mit ihrem Selbstbild als ‚Aufklärung' bzw. mit der Vorstel-lung von Wissenschaft als ‚Aufklärung' („My-thenjagd" nach Elias) in Einklang zu bringen ist, *noch* in Einklang zu bringen ist oder *je* in Einklang zu bringen war. Ausdrücklich im Anschluss an Freud und in seinem Sinne formulierte einst Eli-as: *„Wissenschaftler sind mit anderen Worten Mythenjäger*; sie bemühen sich, durch Tatsa-chenbeobachtung nicht zu belegende Bilder von Geschehenszusammenhängen, Mythen, Glau-bensvorstellungen und metaphysische Spekula-tionen durch Theorien zu ersetzen, also durch Modelle von Zusammenhängen, die durch Tatsa-chenbeobachtungen überprüfbar, belegbar und korrigierbar sind" (Elias 1981, S. 53 f.). Heutzutage kann man aus soziologischer Perspektive rück-blickend eher dazu neigen, an der psychoanaly-tischen Mythenaufklärung zu zweifeln und von einer psychoanalytischen Mythenmenge und Mythenproduktion auszugehen. Hier wie auch anderswo scheint jedenfalls zu gelten: „innerhalb oder außerhalb der Gruppe von wissenschaftli-chen Spezialisten verwandelt man wissenschaft-liche Theorien selbst häufig genug in Glaubens-systeme. Man erweitert sie oder benützt sie in einer Weise, die durch weitere theoriegesteuerte Tatsachenbeobachtung nicht gerechtfertigt ist" (Elias 1981, S. 54).

Wie immer man die wissenschaftliche (Wert-) Entwicklung der Psychoanalyse (oder von Psy-choanalyse) beurteilt, kaum zu bestreiten ist, dass sie die gesellschaftskulturelle Realität und speziell die kulturelle Geschlechter-Realität sehr stark und sehr nachhaltig beeinflusst hat, auch wenn Freudsche Begriffe wie „Penisneid" oder „weibli-cher Narzissmus" heute nur noch selten uneinge-schränkte Akzeptanz finden. Vielleicht kann man sogar behaupten, dass die Bedeutung der Ent-wicklung der Psychoanalyse insgesamt weniger in ihren wissenschaftlichen Erkenntnis- und Aufklä-

rungswerten als in ihren (gesellschafts-)*kulturellen* Effekten besteht. Hier war und ist sie jedenfalls sehr erfolgreich gewesen und hat nicht weniger als ein Weltbild zustande gebracht, in dem und mit dem sich eine ganze (‚westliche') Zivilisation ver-standen hat und immer noch versteht.

Auch im Zusammenhang einer Soziologie der Ge-schlechter ist also zu beachten und zu untersu-chen, dass und wie die Psychoanalyse nicht nur die einschlägigen Wissenschaften, sondern auch ihre ‚Gegenstände' beeinflusst hat und in ihrem Ver-halten, Denken und Handeln beeinflusst und be-stimmt (siehe Diskurse, Mentalität, Zivilisation). Vor allem hat die Psychoanalyse neben und mit ihren prominenten Vorstellungen und Deutungs-mustern – vom „Unbewussten", von den „Kom-plexen", von den Mechanismen der „Verdrängung" und der „Projektion", von der Kindheit als Schick-salsdeterminante, von den „Trieben", von der Se-xualität als einer Art Druckkessel, vom „Trieb-schicksal" usw. – jedermann und jederfrau zu verstehen gegeben, was und wie die ‚Menschen' und wie insbesondere die Geschlechter (als Mann und Frau) ‚sind', geworden sind und werden – auch im Verhältnis zueinander. Dabei hat sie der ‚Biologie' und insbesondere der ‚Sexualität' (also ‚natürlichen Rahmen') eine Schlüsselrolle zuge-wiesen und ist mit diesem Verständnis mehr oder weniger selbstverständlich geworden und wurde auch zum Schema für Individuen, sich selbst und andere – fast immer mit irgendeinem ‚Gender-Bezug' – zu ‚deuten', und zwar ‚psychologisch' als Natur-, Trieb- und (Trieb-)Schicksalswesen.

Soziologen wie Arnold Gehlen (1957), Helmut Schelsky (1955) und Peter Berger (1972) haben diese lebenspraktische Funktionalität und Effek-tivität unter Titeln wie „Psychologisierung" (Schelsky 1955) und „Psychologismus" (Berger 1972, S. 162) beschrieben und die moderne Ge-sellschaftskultur im Ganzen davon wesentlich charakterisiert gesehen (siehe Kosmologie). Ne-ben einer psychoanalytischen/psychologischen Durchdringung der Religion, der Literatur und der Massenkommunikationsmedien konstatiert Berger für die US-amerikanische Gesellschaft und schließlich für die ganze ‚westliche' Kultur, „dass Terminologie und Interpretationsschemen der Psychoanalyse in das Alltagsleben, wie es in der Umgangssprache zum Ausdruck kommt, einge-drungen sind. Begriffe wie ‚Verdrängung', ‚Frus-

tration', ,Bedürfnisse' und ,Rationalisierung' –
ganz zu schweigen von dem Schlüsselwort ,un-
bewußt' – sind zu Ausdrücken geworden, deren
sich weite Bevölkerungskreise mit Selbstverständlichkeit bedienen" (Berger 1972, S. 156). Hier
hat man es also auch mit einem Beispiel und einer
bedeutsamen Form der „Szientifizierung des Alltagswissens" (Oevermann 2001, S. 71 ff.) und damit
auch des alltäglichen Geschlechter-Wissens zu
tun, das heutzutage allerdings mehr denn je und
zunehmend von einer ganzen Reihe sich teilweise
wechselseitig beeinflussender Disziplinen und
Diskurse gespeist wird. So mag man mittlerweile
auch von einer Soziologisierung des (Geschlech-
ter-)Alltagswissens sprechen können (siehe Kosmologie, Diskurse, Semantiken, Verwissenschaftlichung).

Rahmen/primäre Rahmen

Mit seiner „Rahmen-Analyse" hat Erving Goffman
(1977) hauptsächlich die strukturelle/schematische
Sinnbedingtheit, Sinnkomplexität und Variabilität
von Erfahrungen und Handlungen im Blick.

Ausgangspunkt seiner Untersuchungen ist das
Konzept des „primären Rahmens". Damit zielt
Goffman auf die untransformierten Sinnhinter-
gründe und Sinngrundlagen, die eine Sinnschicht
und Wirklichkeitsebene eigener Art darstellen und
auch als Grundlagen von Sinntransformationen
bzw. Modulationen fungieren (siehe Kosmologie,
Modul/Modulation). Primäre Rahmen sind also
elementare Sinntypen und stiften überhaupt erst
Sinn bzw. lebenspraktischen Sinn in sozialen Situationen. Ein primärer Rahmen wird „eben so
gesehen, dass er einen sonst sinnlosen Aspekt der
Szene zu etwas Sinnvollem macht" (Goffman 1977,
S. 31). Damit ermöglicht er „dem, der ihn anwendet,
die Lokalisierung, Wahrnehmung, Identifikation
und Benennung einer anscheinend unbeschränk-
ten Anzahl konkreter Vorkommnisse, die im Sinne
des Rahmens definiert sind" (Goffman 1977, S. 31).
Die Individuen tragen ihre entsprechenden „Be-
zugssysteme" normalerweise „aktiv in ihre unmittelbare Umwelt hinein, und das verkennt man
nur, weil die Ereignisse gewöhnlich diese Bezugs-
systeme bestätigen, so daß die Hypothesen im
glatten Handlungsablauf untergehen" (Goffman
1977, S. 50). Primäre Rahmen sind dem sie anwen-
denden Akteur also „im allgemeinen nicht be-

wußt" (Goffman 1977, S. 31). Diese Rahmung erfolgt
m.a.W. gewohnheitsmäßig, habituell (siehe Gewohnheit, Habitus).

Goffman unterscheidet „zwischen zwei großen
Klassen primärer Rahmen: natürlichen und sozialen" (Goffman 1977, S. 31). Er meint damit eine
Unterscheidung, die *in* der sozialen Welt ist und
dort ,gemacht' wird, d.h., es geht um eine *soziale*
Unterscheidung. Natürliche Rahmen, wie z.B.
Krankheit, Schlaf oder Betrunkenheit, führen dazu, dass Ereignisse, Verhaltensweisen und Menschen als „rein physikalisch", als dem Willen und
der Verantwortlichkeit entzogen, gesehen werden.
Im Gegensatz zu diesen ,amoralischen' Sichtweisen erscheinen soziale Rahmen als Deutungshin-
tergründe, die Ereignisse und Verhaltensweisen zu
Handlungen machen, „an denen Wille, Ziel und
steuerndes Eingreifen einer Intelligenz, eines Le-
bewesens, in erster Linie des Menschen beteiligt
sind" (Goffman 1977, S. 32). Diese soziale Unterscheidung – sozialer Rahmen = Handlung/Subjekt,
natürlicher Rahmen = Nichthandlung/Natur –
umfasst und betrifft auch die Geschlechter, die als
solche in verschiedenen Hinsichten so oder so
,gerahmt' werden und sich selbst ,rahmen' können
(siehe Korporalität, Habitus).

Ausgehend vom Begriff des primären Rahmens
zielt Goffman auf die Analyse von Sinntransformationen verschiedener Art, ,Tiefe' und Komplexität (Vielschichtigkeit, „Rahmen-Komplexi-
tät"). Eine einfache Transformation eines
primären Rahmens liegt z.B. vor, wenn „ein Stück
Kampfverhalten in ein Stück Spiel verwandelt"
wird (Goffman 1977, S. 52). Ein Schema, das in
diesem Sinne anweist, „sekundär" zu verstehen,
d.h. ein Schema, durch das eine bestimmte Tätigkeit, die bereits in einem „primären Rahmen
sinnvoll ist, in etwas transformiert wird, das dieser
Tätigkeit nachgebildet ist, von den Beteiligten aber
als etwas ganz anderes gesehen wird" (Goffman
1977, S. 55 f.), nennt Goffman „Modul" (key); den
entsprechenden Vorgang der ,intersubjektiven'
Sinntransformation nennt er Modulation (siehe
Modul/Modulation). Dem entspricht die *einseitig*
sinntransformierende Rahmenklasse der Täuschungen (Lügen, Betrugsmanöver usw.), die
ebenso wie die Modulationen mehrfach zu transformieren und insofern zu vertiefen sind, so dass
mehr oder weniger komplex geschichtete Sinngebilde entstehen.

Mit diesem Ansatz zur Rekonstruktion von Sinn-konstruktionen, Sinngrenzen, Sinntransformatio-nen und Sinnkomplexität stellt sich auch die Frage nach der Realität/den Realitäten des Geschlechts und der Geschlechter im Grunde als Frage nach dem ‚sinnhaften Aufbau‘ der gesellschaftlichen Wirklichkeit überhaupt (vgl. z.B. Goffman 1981, S. 45ff.). Neben und mit vergleichbaren Sinnkon-zepten/Schemakonzepten wie kommunikative Gattung, Diskurs, Deutungsmuster oder Skript, aber auch ‚psychologischen‘ Konzepten wie Habi-tus/Gewohnheit und Mentalität erweist sich der Rahmenansatz als besonders nützlich, wenn es darum geht, die strukturelle Wirklichkeitsvielfalt im Allgemeinen und die strukturelle Wirklich-keitsvielfalt der Geschlechter im Besonderen zu erfassen (Goffman 1977; 1973; 1981). Der Rahmen-ansatz verschafft Zugänge zu der Pluralität der Wirklichkeiten, in denen und als die das soziale Geschlecht vorkommen kann, sowie zu den ent-sprechenden Logiken der kognitiven und sozialen (z.B. medialen) ‚Übersetzung‘ (siehe Modul/Modu-lation, Ritual, Hyperritualisierung, negative Er-fahrungen).

Raum und Räumlichkeit

Ähnlich wie die Realitäten des Körpers und der Dinge und im Zusammenhang mit ihnen sind die Realitäten des Raumes teilweise materielle Tatsa-chen, aber keine ausschließlich materiellen und keine *bloß* materiellen Tatsachen, sondern auch soziale, kulturelle, symbolische (Sinn-)Tatsachen, die der Materialität der Welt sowohl eingeordnet als auch übergeordnet sind. Einige soziologische Klassiker haben diesen Tatsachen, die in den letzten Jahrzehnten verstärkt Gegenstand soziolo-gischer Untersuchung geworden sind, bereits viel Raum und Aufmerksamkeit gewidmet (vgl. z.B. Simmel 1983, S. 221ff.; Elias 1983, S. 68ff.; Goffman 1969; 1973a; 1974).

Die Realität der Geschlechter erscheint in diesem thematischen Zusammenhang in Verbindung mit Zeit- und Körperaspekten als ein exemplarischer und symptomatischer Fall, aber auch als ein sehr spezieller Fall, als eine spezifisch räumliche, ver-räumlichte, aber heutzutage auch systematisch *enträumlichte* Realität. Die Geschichte der Ge-schlechter und der Geschlechtlichkeit ist offen-sichtlich auch eine Geschichte des (sozialen) Rau-

mes, der sozialen Organisation des Raumes und des im weitesten Sinne politischen Raumge-brauchs: der Differenzierung von Räumen/räum-lichen Sphären (Haus/Haushalt als ‚weiblicher‘ Bereich, öffentlicher Raum als ‚männlicher‘ usw.), der „parallelen Organisation“ (Goffman) von Räu-men (getrennte Toiletten, Warenangebote etc.), der (sozial-)räumlichen Privilegierung und Disprivile-gierung/Diskriminierung (vgl. Goffman 1994b), der räumlichen Ausgrenzung (aus Öffentlichkeit), der raumgebundenen Kontrolle, Sanktionierung und Disziplinierung (totale Institutionen, Schule), der kleinteiligen Verhaltensregulierung in sozialen Interaktionen (Nähe und Distanz der Körper etc.).

Geschlechtersoziologisch im Gebrauch oder brauchbar sind unter anderem folgende Konzepte, die sich teilweise überschneiden und teilweise ergänzen (siehe auch Bühne, Theatralität/Thea-tralisierung):

Settings

Für Roger Barker und seine Schüler bilden Raum und Zeit die Ausgangs- und Grundkategorien einer ‚verhaltenswissenschaftlichen‘ Analyse, die mate-rielle bzw. raum-zeitliche Gebilde unterschied-lichsten Typs erfassen will. Telefonzellen und Parkbänke gehören ebenso dazu wie Restaurants, Kirchen, Fabriken, Dörfer oder Städte. Im Blick auf derartige Gebilde entwickelt Barker seine Vor-stellung von „Behavior Settings“, die sich auf der Verhaltensebene in „konstanten Verhaltensmus-tern“ manifestieren, d.h. in sich wiederholenden „Verhaltensepisoden“, die in das „Milieu“ einer bestimmten „Ort-Zeit-Konstellation“ eingebettet sind (Koch 1986, S. 34).

Dieses Gegenstandsverständnis des ‚sozialökologi-schen‘ Ansatzes von Barker ähnelt dem der Goff-manschen „Interaktionsethologie“, die wie die Barkersche Settingforschung „naturalistisch“ vor-geht, d.h. Interaktionen in ihrem „natürlichen Milieu“ untersucht (Goffman 1974, S. 10). Wie Bar-ker geht es auch Goffman darum, „in dem Strom scheinbar zufälligen (...) Verhaltens natürliche Verhaltensmuster zu isolieren“ (Goffman 1974, S. 19) und ein möglichst differenziertes Bild der tatsächlichen Strukturierung einer Untersu-chungseinheit anzufertigen (vgl. Koch 1986, S. 37). In seinen Untersuchungen „sozialer Anlässe“ übernimmt Goffman Barkers Grundbegriff „konstantes Verhaltensmuster" (vgl. auch Goffman 1994a) und stimmt mit Barker auch in der Vorstellung von an Raum- und Zeitgrenzen gebundenen Verhaltens- bzw. Interaktions*ordnungen* überein (siehe Rahmen, Skripts).

Anlässe

Mit Begriffen wie ,konstantes Verhaltensmuster' bleibt Goffman nicht auf der Ebene unmittelbarer Interaktionen und Situationen stehen. Vielmehr steuert er auch materiell-räumliche und sozialräumliche ,Kontexte' und die Struktur dieser ,Kontexte' an, die er „soziale Anlässe" oder „soziale Veranstaltungen" nennt (vgl. Goffman 1971a, S. 29). Mit dieser Begriffswahl sieht Goffman „viele Schwierigkeiten" verbunden; aber er betont auch: wir brauchen „irgendeinen derartigen Begriff, denn wenn eine Zusammenkunft stattfindet, dann doch unter den Vorzeichen einer umfassenderen Entität dieser Art" (Goffman 1971a, S. 31). Unmittelbare Interaktionen (von Personen) sind mit anderen Worten nicht nur situativ ,verortet', sondern normalerweise auch ,eingebettet' in „eine größere soziale Angelegenheit, eine Unternehmung oder ein Ereignis, zeitlich und räumlich begrenzt und jeweils durch eine eigens dafür bestimmte Ausstattung gefördert" (Goffman 1971a, S. 29). Anlässe wie Parties, Parteitage, Demonstrationen usw. bilden in diesem Sinne jeweils einen *Rahmen*, der einzelne Situationen und Begegnungen ,definiert', miteinander verknüpft und organisiert. Auf diesen Rahmen können und müssen sich die partizipierenden Akteure beziehen, denn er bietet die nötige Orientierung des Erwartens und Handelns, des Verfolgens von Handlungsplänen und Strategien, des Verarbeitens von Informationen usw.

Mit dem Begriff des sozialen Anlasses geht es Goffman nicht nur um übergeordnete Strukturen sozialer Interaktionen und Situationen, sondern auch um eine Typisierung solcher Strukturen und um die wissenssoziologische Frage nach dem ,kommunikativen Haushalt' der Gesellschaft. Dieser erscheint im Einzelfall und insgesamt sehr unterschiedlich an Raum und Zeit gebunden und auch an soziale Sinngrenzen (Rahmen) und das Wissen und Können der Beteiligten: Bestimmte „soziale Anlässe, Begräbnisse zum Beispiel, zeichnen sich aus durch einen recht präzisen Anfang,

ein ebenso genau bestimmbares Ende und die strenge Begrenzung von Teilnahme und tolerierter Aktivität. (...) Andere Anlässe, wie etwa ein Dienstagnachmittag in der Stadt, sind völlig diffus und können von Beteiligten nicht als Entitäten mit eigener kalkulierbarer Entwicklung und Struktur erfaßt werden, denen man entgegensehen und die man im Nachhinein überblicken könnte" (Goffman 1971a, S. 30). Neben dieser formalen Klassifikation präsentiert Goffman eine inhaltliche. Er unterscheidet zwischen „rekreativen" Anlässen, die als Selbstzweck empfunden werden (wie Geselligkeit, Sport und Spiel) und „ernsten" Anlässen, die „offiziell als Mittel zu anderen Zwecken betrachtet werden" (1971a, S. 30). Außerdem spricht er von „üblichen" Anlässen, die „Teil sind von einer Reihe ähnlicher Gelegenheiten" (1971, S. 30), wie etwa ein Seminar mit einer wöchentlichen Sitzung.

Territorien

In seinen „Mikrostudien zur öffentlichen Ordnung" entwickelt Goffman das Konzept der „Territorien des Selbst" (1974, S. 54 ff.). Es zielt auf Grundregeln und Verhaltensregulierungen der Raum-Zeit-Organisation des öffentlichen Alltagslebens – von Menschen, die territoriale Ansprüche haben und erheben, vertreten und verteidigen. Territorien betrachtet Goffman (1974, S. 55) nicht ausschließlich als Orte oder ,ortsgebunden'. Vielmehr fasst er den Begriff der Territorialität so weit, dass „darunter auch Ansprüche fallen, die wie ein Territorium funktionieren, sich aber nicht auf räumlich Ausgedehntes beziehen" (1974, S. 55). Auf dieser Basis arbeitet Goffman (1974) insgesamt acht Territorien des Selbst heraus – eine Typologie, die auch geschlechtersoziologisch spezifisch nützlich ist:

- Der *persönliche Raum* ist der Raum, „der ein Individuum überall umgibt und dessen Betreten seitens eines anderen Individuums als Übergriff empfunden wird" (Goffman 1974, S. 56).
- Deutlich (sichtbar) begrenzte Räume, auf die Individuen zeitweilig Anspruch haben und Anspruch erheben, nennt Goffman (1974) Boxen. Dazu zählen z. B. Duschkabinen, Parkbänke oder Strandkörbe.
- Als *Benutzungsräume* bezeichnet Goffman (1974, S. 62) Territorien „unmittelbar um ein

Individuum oder vor einem Individuum, auf [die] es einen aufgrund offenbarer instrumenteller Erfordernisse von den anderen anerkannten Anspruch hat." Benutzungsräume ergeben sich z. B. in schulischen Klassenzimmern durch die übliche Sitzordnung, in der Schüler einen Tisch mit ihrem Sitznachbarn teilen.

- Die *Reihenposition*, z. B. das ‚Schlangestehen', nennt Goffman (1974, S. 63) eine „Entscheidungsregel", nach der in einer bestimmten Situation ein bestimmtes Gut zu beanspruchen und zu erhalten ist. Goffman führt als Beispiel auch die aus Rettungssituationen bekannte Regel ‚Frauen und Kinder zuerst' an.
- Die *Hülle* des Körpers, zu der Goffman (1974, S. 67) auch die Kleidung zählt, ist als „egozentrisches" Reservat ähnlich definiert wie der persönliche Raum.
- *Besitzterritorien* nennt Goffman Gegenstände, „die als mit dem Selbst identisch betrachtet werden können und die den Körper umgeben, gleichgültig, wo er sich gerade befindet" (Goffman 1974, S. 67). Gemeint ist damit vor allem die „persönliche Habe", wie z. B. Jacken oder Taschen, über die das Individuum einen *Verfügungsanspruch* hat und geltend machen kann.
- *Informationsreservate* sind nach Goffman Formen des ‚Privaten', die „Fakten über [das Individuum enthalten], bezüglich derer ein Individuum in Anwesenheit anderer den Zugang zu kontrollieren beansprucht" (Goffman 1974, S. 68). Informationsreservate sind z. B. Tagebücher, persönliche Briefe oder auch der Inhalt von Taschen.
- *Gesprächsreservate* bestehen nach Goffman in dem „Recht eines Individuums, ein gewisses Maß an Kontrolle darüber auszuüben, wer es wann zu einem Gespräch auffordern kann [und beinhalten] ferner das Recht einer im Gespräch befindlichen Gruppe von Individuen, nicht durch die Einmischung oder das Mithören anderer Personen behelligt zu werden" (1974, S. 69).

Die Frage der Territorialität des sozialen Alltagslebens hängt also untrennbar mit der – alles andere als ‚geschlechtsneutralen' – Frage der symbolischen/rituellen Ordnung und damit auch ihrer Gefährdung und Verletzung zusammen. Goffman (1974) konzentriert seine Untersuchung entsprechend auf die Typisierung nicht nur von Territorien, sondern auch von territorialen Verletzungen. Er unterscheidet Mittel und Formen der Verletzung (1974, S. 74 ff.) durch Neugier, Aufdringlichkeit, Zudringlichkeit, Taktlosigkeit und Einmischung sowie korrespondierende situative Abwehr- und Bewältigungsversuche betroffener Individuen.

Mikroökologie

Der materielle Raum ist aus der Sicht Goffmans auch symbolischer/ritueller Raum, und räumliche Materialität ist eine prinzipielle Option symbolischen Ausdrucks und symbolischer Kommunikation von kosmologischem Sinn, von naiven Geschlechteranthropologien und von entsprechenden „Trennungen und Hierarchien der sozialen Struktur" (Goffman 1981, S. 7). Sie „werden mikro-ökologisch, das heißt durch den Gebrauch winziger räumlicher Metaphern, abgebildet" (Goffman 1981, S. 7). Zu den Ressourcen dieser ‚Metaphorik' gehört die Materialität der menschlichen Körper ebenso wie jede andere Materialität, die situativ sichtbar und handhabbar ist (siehe Korporalität). Dies ist die Grundlage ritueller Zeichen und pragmatischer ritueller Bezeichnungsmöglichkeiten sowohl auf der Ebene unmittelbarer Alltagsinteraktion als auch auf der Ebene medialer Theatralität (z. B. der Werbung). Hier wie dort werden auf die Geschlechter und Geschlechterverhältnisse bezogene kognitive und moralische Inhalte (Achtung, Verachtung) durch konventionalisierte und leicht verständliche Zeichen zum Ausdruck gebracht oder kommuniziert (siehe Image, Interaktionsrituale). Goffman (vgl. 1981, S. 104 ff.) beschreibt die korporalen oder korporalitätsbezogenen Formen der relativen Größe, der Höherstellung, der Distanzierung, der Berührung, des Liegens, der Schräghaltung, der funktionalen Dominanz u. a. m. Seine Vorstellung von Mikro-Ökologie komplementiert also – mit einem Schwerpunkt auf den Themen Gender und Genderismus – sein raumsoziologisches Begriffsinventar, dessen Entwicklung mit dem Theatermodell der „Regionen" („Vorderbühne", „Hinterbühne") begonnen hat (siehe Bühnen, Genderismus; vgl. Kotthoff 1994, S. 177 ff.).

Rituale/Ritualisierungen

Die in einer langen Reihe von Varianten vorkommenden Ritualtheorien und Ritualbegriffe und mit ihnen verbundene bzw. ihnen unter- oder nebengeordnete Begriffe wie Zeremonie und Kult gehören zum traditionellen terminologisch-theoretischen Kanon der Sozial- bzw. Kulturwissenschaften und sind auf die verschiedensten empirischen Gegenstände – auch im Bereich der Geschlechterforschung – anwendbar und angewendet worden.

Aus soziologischen Blickwinkeln betrachtet bedürfen Ritualtheorien und Ritualanalysen aller Art allerdings theoretischer An- und Einbindungen, insbesondere der Einbettung in einen weiteren historisch-gesellschaftstheoretischen bzw. differenzierungs- und figurationstheoretischen Rahmen. Rituale sind m.a.W. immer nur als Rituale innerhalb bestimmter struktureller Gesellschaftsformationen und historischer Entwicklungsphasen zu verstehen. So muss man etwa den Ritualismus einer (‚einfachen‘) ‚Stammesgesellschaft‘ von dem der „höfischen Gesellschaft" unterscheiden, wie Norbert Elias sie ins Auge gefasst hat. Die Etikette und das Zeremoniell der höfischen Gesellschaft beschreibt er als eine Struktur der höfischen Figuration/des höfischen Feldes und seiner Akteure, die sich auf dieser Basis als Gruppe und als Individuen distinguieren (siehe Figuration, Feld). Nach Elias ist die „praktizierte Etikette [...] eine Selbstdarstellung der höfischen Gesellschaft" (1983, S. 154). „In ihr stellt sich die höfische Gesellschaft für sich selber dar, jeder einzelne abgehoben von jedem anderen, alle zusammen sich abhebend gegenüber den Nicht-Zugehörigen und so jeder einzelne und alle zusammen ihr Dasein als Selbstwert bewährend" (Elias 1983, S. 158).

Einzelne Rituale bzw. Zeremonien wie die der höfischen Etikette sind also nur als Kontext und im Kontext der höfischen Figuration als einer sozialen, symbolischen und habituellen Ordnung zu verstehen und analytisch zu rekonstruieren. Aus figurationssoziologischer (figurationsanalytischer) Sicht kommt es darauf an, „sie dermaßen Schritt für Schritt zum Leben zu bringen, daß es möglich wird, in ihnen Aufbau und Funktionsweise der höfischen Figuration, aus der sie einen Ausschnitt darstellen, und damit zugleich die Charaktere und die Attitüden der Menschen, die sie mit einander

bilden und durch sie geprägt werden, verständlich zu machen" (Elias 1983, S. 126).

Diesem Verständnis entsprechend sind auch die symbolischen Formen, Rituale/Ritualisierungen und Zeremonien moderner Gesellschaften und ihrer Felder nur zu verstehen, wenn man sie auf die Figuration der Gesellschaft und die Figurationen der Felder bezieht, innerhalb derer sie auftreten. Als ein Beispiel dafür wären moderne Großorganisationen und Organisationsklassen wie die „totalen Institutionen" zu betrachten, deren rituelle Ordnung Goffman (1973a) in einer Art von Figurationsanalyse beschrieben hat.

Allerdings laufen Ritual-Diagnosen in Bezug auf die moderne Gesellschaft und die Modernisierung der Gesellschaft im Wesentlichen auf Prozesse des Verfalls und der Desorganisation symbolischer/ritueller Ordnungen hinaus – unter Einschluss des ‚sozialen Geschlechts‘, der Geschlechtlichkeit und der Verhältnisse der Geschlechter. Für Varianten dieser Diagnose stehen Namen wie Mary Douglas, Richard Sennett, Cas Wouters, Norbert Elias oder Stephen Greenblatt mit Begriffen wie Anomie, „Informalisierung" (Wouters, Elias) oder „Mobilisierung" (Greenblatt). Selbst Goffman, der nicht im Verdacht steht, gegenüber ritueller Ordnung blind gewesen zu sein, spricht in diesem Zusammenhang von Verfallserscheinungen und von Prozessen, in denen rituelle Ordnungen auf interpersonale Interaktionsrituale zusammenschmelzen: „In der heutigen Gesellschaft sind überall Rituale gegenüber Repräsentanten übernatürlicher Entitäten ebenso im Niedergang begriffen wie extensive zeremonielle Agenden, die lange Ketten obligatorischer Riten implizieren. Übriggeblieben sind kurze, von einem Individuum gegenüber einem anderen vollzogene Rituale, die Höflichkeit und wohlmeinende Absicht auf Seiten des Ausführenden und die Existenz eines kleinen geheiligten Patrimoniums auf Seiten des Empfängers bezeugen, kurz, was bleibt, sind interpersonelle Rituale" (Goffman 1974, S. 97 f.).

Eine komplementäre Generaldiagnose in dieser Richtung stammt von Hans Peter Dreitzel, der nicht nur zu dem Ergebnis kommt, dass die „Gesellschaft seit Beginn dieses Jahrhunderts [des 20., Anm. d. Verf.] einen Ent-Ritualisierungs- und Ent-Konventionalisierungsprozess durchmacht, in dem die Sitten und Gebräuche immer flexibler, modeabhängiger und insgesamt ungewisser werden" (Dreitzel 1980, S. 291), sondern auch feststellt, dass an die Funktionsstelle von vorgeordneten Symbolisierungen und Ritualisierungen als „funktionales Äquivalent […] Ich-Leistungen" treten müssen (Dreitzel 1980, S. 145). Ent-Ritualisierung und Ent-Konventionalisierung einerseits und Subjektivierung und Individualisierung andererseits gehen demnach miteinander einher und jedem Individuum wird in demselben Zusammenhang „ein ‚persönlicher Stil' als Erkennungsmerkmal zugemutet" (Dreitzel 1980, S. 291).

Man kann demnach in Bezug auf die moderne Gesellschaft (und erst recht die heutige Gesellschaft) von einem historisch zusammenschmelzenden Ritualbestand oder Ritualresiduum sprechen und sogar wie Mary Douglas von „Formen eines Antiritualismus" (Soeffner 1995, S. 103). Andererseits bewegt man sich heute zugleich sowohl unter gesteigerten symbolischen Handlungszwängen bzw. Performanzzwängen (siehe Bühne, Theatralität/Theatralisierung, Stil/Stilisierung) als auch in neuen symbolischen/rituellen Ordnungen und möglicherweise in einem „undurchschauten Ritualismus" (Soeffner 1995, S. 103).

Die Realität der Geschlechter und der Geschlechtlichkeit hatte und hat auch mit den Valenzen und Ambivalenzen dieser generellen rituellen Ordnungs-, Unordnungs- und Umordnungslage zu tun (siehe Informalisierung, Zivilisation). Ja diese Lage scheint sich in jener Realität geradezu abzubilden.

Religion

Auch wenn es keinen einheitlichen Begriff von Religion gibt und kaum geben kann, kommen die ‚Menschenwissenschaften' und die ‚Menschen' selbst unter modernen Bedingungen kaum ohne einen Religionsbegriff und im Zusammenhang damit ohne den Begriff der Säkularisierung aus, der im weitesten Sinne religiösen Sinngebungsverlust und ‚Verweltlichung' bezeichnet.

Wie immer man Religionen wie das Christentum im Einzelnen terminologisch fasst, die damit bezeichneten Phänomene – Mythos und Ritual, Weltanschauung, Kosmologie, Herrschaft, Glaube, Gemeinschaft, Moral, Sexualmoral, Paradies etc. – weisen auch komplexe Bezüge zur Realität der Geschlechter und der Geschlechtlichkeit auf und sind daher auch von geschlechtersoziologischer Bedeutung. Nicht zuletzt waren und sind die Re-

ligionen, jedenfalls die ‚Weltreligionen', auch Definitoren und ‚Moderatoren' der Geschlechter und der Geschlechtlichkeit, der Identitäten, Positionen und Rollen der Geschlechter.

Ein Beispiel dafür ist die Moral des kirchlichen Christentums, das für die ‚westliche Zivilisation' bekanntlich über viele Jahrhunderte und noch bis vor nicht allzu langer Zeit gesamtgesellschaftlich und gesamtkulturell maßgebend war. Die christlichen Religionen/Kirchen traten vor allem als Moral-Parteien auf, die zwar im Prinzip geschlechterübergreifend formulierten, funktionierten und agierten (reglementierend, kontrollierend, erziehend, beherrschend), die aber die Differenz der Geschlechter – vor allem im Bereich des Sexuellen – auch als Differenz der Moral, der Moralisierung und der moralischen Praxis verstanden und gedeutet haben. Den Mädchen und Frauen wurde ein signifikant höheres Maß an Affektkontrolle/‚Triebunterdrückung' zugemutet als dem ‚anderen Geschlecht'. Sie waren diesbezüglich mit einem höheren moralischen und disziplinarischen Anspruchsniveau konfrontiert und wurden auch einer stärkeren Kontrolle und Sanktionierung unterworfen. Auf diesen generellen Tatbestand hat neben Norbert Elias (im Rahmen seiner Zivilisationstheorie) auch David Riesman hingewiesen (1958, S. 158). Dementsprechend war z. B. weibliche Zurückhaltung und Keuschheit bzw. Jungfräulichkeit ein Wert, eine Norm und wohl eine Normalität. In diesem Zusammenhang haben sich in der jüngeren Vergangenheit bekanntlich starke Wandlungen ereignet, die fundamentalen sozialen und kulturellen Transformationen korrespondieren. Aus den die Sexualität betreffenden „starken Hemmungen" (Riesman) scheint generell das Gegenteil geworden zu sein, und auch die entsprechende Asymmetrie der Geschlechter scheint sich tendenziell aufgelöst zu haben: in Richtung einer allseitigen erotisch-sexuellen ‚Demokratie' mit einem ausgeprägt ‚liberalen' Charakter.

Der historische Autoritäts-, Macht- und Geltungsverlust der christlichen Religionen/Kirchen, die ja in Mitteleuropa/Deutschland teilweise noch bis weit ins 20. Jahrhundert die ‚Theorie' und auch die Praxis des Lebens maßgeblich bestimmten, geht offensichtlich mit fundamentalen ‚Liberalisierungen' und mit Entwicklungen und Erfolgen neuer Weltbilder und Werte einher, die die alten scheinbar mehr oder weniger erledigt oder sogar umgekehrt haben. Allerdings ist dieser Wandlungsprozess nicht restlos verlaufen. Auch wenn das Christentum als Kirche, ‚offizielles' Glaubenssystem und Weltbild nur noch relativ geringe und schwindende Bedeutung hat, kann man davon ausgehen, dass einige seiner zentralen Deutungs-, Denk- und moralischen Wertmuster in dieser oder jener Transformation verdeckt, verborgen oder latent weiterexistieren und weiterwirken, was sich sogar im Bereich des Erotischen und Sexuellen zeigen mag. Hier gibt es jedenfalls bis heute eine offenbar auch religiös verwurzelte Idealisierung der ‚Zweierbeziehung' (Ehe), der ‚Bindung', der ‚Verantwortung' und der ‚Liebe'. Nicht zuletzt bleibt es allgemein bei der (christlichen) Beurteilung und Verurteilung der ‚entfesselten' (reinen, ‚ausdifferenzierten', hemmungslosen) Sexualität, ja selbst der sexuellen ‚Untreue' und des ‚Fremdgehens', das zwar statistisch relativ normal geworden ist, aber normalerweise immer noch moralisch missbilligt wird.

Vermutlich sind die kulturellen Residuen der (christlichen) Religionen aber weniger bedeutsam als die geschlechterübergreifenden Verluste infolge der Säkularisierung: Sinnverluste, Orientierungsverluste, Sicherheitsverluste, Gemeinschaftsverluste, Symbolverluste, Ritualverluste, Mythosverluste, Trostverluste, Horizontverluste usw. (siehe Mythos, Rituale). Diesen ‚negativen' (Funktions-)Verlusten stehen allerdings auch ‚positive' Verluste und Umstellungen gegenüber, die die Geschlechter und die Geschlechtlichkeit im Allgemeinen und im Besonderen betreffen: Angstverluste, Schamverluste, Schuldverluste.

Was sich in diesem Zusammenhang unter anderem grundsätzlich und weitreichend verflüssigt und verflüchtigt hat, ist das traditionelle christliche Verständnis des Körpers/Leibes als Quelle des Übels, des Unheils und des Leidens. Gerade im Bereich der Erotik/Sexualität ist dieser Wandel, das Verschwinden einer Perspektive und Moral, die das Sexuelle als animalisch, sündig oder teuflisch abwertet, unübersehbar und selbstverständlich geworden. Körper, Erotik und Sexualität haben sich mittlerweile selbst im Kontext der christlichen Religionen von den traditionellen Moralverständnissen gelöst und sind im Prinzip schon lange weit entfernt davon, wie früher als Quellen der Sünde und der Schuld und als Gründe von Scham und Peinlichkeit verstanden zu werden. Stattdessen haben sich gesellschaftsweit Vorstellungen von Natürlichkeit, Gesundheit/Krankheit, Bedürfnis,

Selbstverwirklichung und Genuss durchgesetzt und lassen früher normierte und idealisierte Konzepte wie Keuschheit eher (pathologie-)verdächtig oder lächerlich erscheinen. Es geht hier also um nicht weniger als einen fundamentalen Sinn-, Sinnes- und Sinnlichkeitswandel, einen fundamentalen Wandel von kosmologischer, moralischer und symbolischer/ritueller Ordnung.

In diesem Zusammenhang wie in anderen, die die Geschlechter betreffen, mag es auch gerechtfertigt sein, von Ersatz- oder Quasi-Religionen zu sprechen. Goffman hat dies beispielsweise im Hinblick auf den Genderismus getan (siehe Genderismus). Auch die Konsum- oder ‚Erlebnisgesellschaft' legt entsprechende Vergleiche und Analogien nahe (siehe Konsum/Konsumgesellschaft).

Rolle/Geschlechtsrolle

Der Rollenbegriff, genauer gesagt, der Begriff der sozialen Rolle, gehört zu den gängigen, ja kanonischen Grundbegriffen der modernen Sozialwissenschaften/Soziologie und ist mittlerweile auch selbstverständlicher Bestandteil des welterschließenden Vokabulars von jedermann und jederfrau. In der Soziologie verbindet sich damit eine breite struktur-, handlungs- und interaktionstheoretische Strömung, die weit in das vorige Jahrhundert zurückreicht und diverse, teils konfligierende und konkurrierende ‚Schulen' umfasst.

Die soziologische ‚Rollentheorie' und mit ihr die „Idee der Geschlechtsrollen" hat in der Soziologie/ den Sozialwissenschaften vor allem in den 1950er und 1960er Jahren eine große Rolle gespielt und ist bis heute Bestandteil der (geschlechter-)soziologischen Semantik/Terminologie (vgl. Gildemeister/ Hericks 2012, S. 110–148). Der Begriff der Rolle bzw. der Geschlechtsrolle taucht auch noch oder wieder in neueren Entwicklungen der soziologischen Theorie bzw. Geschlechtertheorie auf, so z. B. in der systemtheoretischen Geschlechterforschung. Hier zielt der Begriff der Geschlechtsrolle auf „Geschlechterstereotype" (siehe Stereotyp, Image) und „'typische' Erwartungen" (Gildemeister/Hericks 2012, S. 254 f.).

Als Perspektive auf soziale/kulturelle Tatsachen wie die Geschlechter (oder auch die Altersklassen oder Ethnien) bedeutet ‚Rolle' oder Rollentheorie zunächst eine prinzipielle Distanzierung von jeglichem Glauben an Natur, Natürlichkeit und (damit) Selbstverständlichkeit (siehe Anthropologie, Natur). An dessen Stelle tritt ein sozusagen kontraintuitives Grundverständnis: Sozialität als kontingente ‚Konstruktion'. So erscheint Geschlecht als Bündel von (kontingenten) Typisierungen und Erwartungen, Be- und Zuschreibungen, Norm- und Normalitätsvorstellungen (siehe Diskurse, Semantiken, Normalismus).

Im Zusammenhang mit dieser kulturellen Ebene verweist der Rollenbegriff im allgemeinen soziologischen Gebrauch einerseits auf soziale Strukturen und entsprechende soziale Positionen, etwa im Rahmen von Institutionen, sozialen Feldern oder Organisationen, und andererseits auf konkrete Handlungs- bzw. Interaktionskontexte (soziale Situationen). Bezüglich dieser Ebenen und als eine Art Brücke zwischen ihnen liefert die Rollentheorie mit (Teil-)Konzepten wie Rollenspiel, Rollenausdruck, Rollendarstellung, Rollenkonflikt, Rollendistanz oder Rollenhaushalt auch Instrumente der soziologischen bzw. geschlechtersoziologischen Analyse (siehe Figurationen, Felder, Interaktionsordnung, Image). Eingeschlossen ist dabei die potenziell widersprüchliche und konflikträchtige Beziehung und Differenzierung zwischen Geschlechtsrolle und Geschlechtsidentität (siehe Identitäten/Geschlechtsidentität).

Semantiken

Der Begriff der Semantik wird im Kontext der modernen Soziologie – auch Geschlechtersoziologie – im Allgemeinen in einem wissenssoziologischen Sinne gebraucht und steht für mehr oder weniger profilierte und ‚eigensinnige' Wissensbestände, Kategorien- und Denksysteme, Typen- und Ideenschätze, die in diversen ‚Gedächtnissen' aufgehoben und sozial/kommunikativ tradiert werden.

Einen prominenten und spezifischen Stellenwert hat der Begriff durch Niklas Luhmanns Wissenssoziologie der modernen Gesellschaft erlangt („Gesellschaftsstruktur und Semantik"). Parallelen zu anderen wissenssoziologischen Ansätzen – von Michel Foucault (Diskurs) bis Ulrich Oevermann (Deutungsmuster) – liegen dabei nahe (siehe Deutungsmuster, Diskurs). Luhmann verknüpft den Semantikbegriff mit seiner Theorie der sozialen Differenzierung bzw. Differenzierungstypen. Mit dem gesellschaftlichen Strukturwandel im Gefolge

funktionaler Differenzierungsprozesse vollzieht sich Luhmann zufolge auch ein Wandel von Wissensbeständen und Ideen. Diesbezüglich verwendet Luhmann, um Aufklärung und Erklärung solchen Wandels bemüht, den Semantikbegriff in einer bestimmten Fassung. Unter der „Semantik einer Gesellschaft" versteht er ihren „Vorrat an bereitgehaltenen Sinnverarbeitungsregeln [...], einen höherstufig generalisierten, relativ situationsunabhängig verfügbaren Sinn", der im Handeln und Erleben aktualisiert wird. Damit ist zunächst der „Alltagsgebrauch" von Sinn gemeint, wie er auch von anderen Wissenssoziologien verstanden wird (siehe Rahmen, Skript, Deutungsmuster, kommunikative Gattung, Diskurs). Auf dieser Ebene ist die Semantik einer Gesellschaft ausschnitthaft für jedermann verfügbar und in jedermanns Gebrauch (Luhmann 1980, S. 19). Davon unterscheidet Luhmann den Bereich „gepflegter Semantik". Auch sie wird im Erleben und Handeln aktualisiert, ist aber an dafür ausdifferenzierte Situationen, Rollen und Teilsysteme sowie an Schrift gebunden und umfasst spezielle Ideen- und Begriffsbestände (vgl. Luhmann 1980, S. 20). Luhmanns sachliches Hauptinteresse gilt dieser Ebene, der gepflegten Semantik der Religion, der Kunst, der Literatur, der Philosophie, der Wissenschaft usw. Daneben geht es ihm um kollektive Vorstellungen, Konstrukte und Deutungsmuster (von Liebe, Sexualität, Individualität usw.), die er in einer Art Sickertheorie von der gepflegten Semantik ableitet.

Luhmann sieht und deutet den Wandel der semantischen Strukturen in Korrelation zum Wandel der Gesellschaftsstrukturen, leitet ihn aber nicht direkt aus diesem ab. Er behauptet nur, dass die Semantik nicht unabhängig von den Gesellschaftsstrukturen variiert, ihr Wandel also durch den der gesellschaftlichen Strukturen limitiert wird. Ideen entwickeln sich nach Luhmann in der Anknüpfung und Auseinandersetzung mit den in der Tradition bereitstehenden semantischen Konzepten. Die Variationen des Ideengutes sind also ‚innersemantisch' erklärbar. Welche Ideen sich aber durchsetzen, Dominanz gewinnen und überdauern, das hängt nach Luhmann von den gesellschaftlichen Strukturen ab. Der durch sie erzeugte Problemlösungsbedarf wirkt als Selektionsrahmen für die Ideen. Zentrale Bedeutung kommt dabei der Umstellung der Differenzierungsform der Gesellschaft von primär „stratifikatorischer Differenzierung" (sozialer Schichtung) auf primär „funktionale Differenzierung" zu. Die sich mit dieser Umstellung wandelnden sozialen Bedingungen konstituieren Probleme, die die semantische Entwicklung herausfordern (siehe kulturelles Forum).

Skripts

Das in den Sozialwissenschaften/der Soziologie und in Bereichen der Psychologie (kognitive Psychologie, Sozialpsychologie, Persönlichkeitspsychologie) seit langem gängige Skriptkonzept steht für mehr oder weniger hochgradig standardisierte Verhaltens- und Ablaufmuster („Drehbücher"), die auf entsprechendes praktisches Wissen (Kognitions- und Performanzwissen) verweisen (vgl. Kaminski 1986; Abelson 1981; Cohen/Taylor 1980). Anwendung fand und findet das Skriptkonzept auf allen Ebenen des sozialen und psychischen Lebens – von der ‚Interaktionsordnung' bis zur Medienordnung, von der Kleingruppe bis zur formalen Organisation, von der individuellen Gedanken- und Gefühlswelt bis zum Sexualverhalten und zum Lebenslauf (siehe Lebenslauf/Lebenszyklus).

Als Konzept zur Beschreibung von sozialen/kulturellen Prozessmustern ähnelt der Skriptbegriff verschiedenen sozialwissenschaftlichen/soziologischen Ansätzen, die ihrerseits auf die Ordnung von Prozessen zielen (siehe kommunikative Gattung, Rahmen/primäre Rahmen, Rituale/Ritualisierungen). Die Rede von Skripts ist allerdings irreführend, wenn nicht zwischen dem Skript als realem Drehbuch (in verschiedenen sozialen Praxisfeldern) und dem Skript („Drehbuch") als *Metapher* für bewusste und unbewusste Prozessmuster oder Prozessstrukturen unterschieden wird. Als Metapher wiederum kann das Skriptkonzept der Realität der Praxis nur begrenzt gerecht werden und hat begrifflich-theoretische Konkurrenten und Komplemente. Vor allem Gewohnheits- und Habituskonzepte bieten sich hier mit Leistungsvorteilen an: als Ansätze zur Erklärung von Flexibilität, Souveränität, Produktivität, Kreativität, Urteilskraft im Denken und Handeln (siehe Rahmen/primäre Rahmen, kommunikative Gattung, Habitus). Diesbezüglich ist das Skriptkonzept defizient und suggeriert ein unrealistisches Maß an Ordnung und Standardisierung sozialer Prozesse.

Ein schwerpunktmäßiges und unmittelbar plausibel erscheinendes Anwendungsfeld des Skriptkonzepts sind ‚lebensweltliche' (‚natürliche') Vorgänge, Routinen des (modernen) Alltags mit einem typischerweise institutionellen und habituellen Hinter- und Untergrund (Teilnahme am Straßenverkehr, Restaurantbesuche, Supermarkteinkäufe, Teilnahme an zeremoniellen Anlässen etc.). In diesen Bezügen hat der Skriptbegriff (im Sinne von ‚Drehbuch') einen eher metaphorischen Charakter, der allerdings die Komplexitäten, die Kontingenzen und Kontingenzspielräume der sozialen Praxis und im Zusammenhang damit die notwendigen und faktischen Handlungskompetenzen (Habitus) der Agierenden unterschätzt (siehe Figurationen, Felder, Gewohnheiten, Habitus).

In einem metaphorischen *und* in einem wörtlichen Sinne von Skripts kann insbesondere im Kontext von Medienerzeugnissen (wie Romanen oder Filmen) gesprochen werden. Hier gibt es ja nicht nur wirkliche Drehbücher, sondern auch Darstellungen drehbuchartiger lebensweltlicher Vorgänge, insbesondere standardisierter sozialer Anlässe (Begräbnisse, Hochzeiten, Predigten usw.), die in den verschiedensten Medienerzeugnissen regelmäßig kopiert/,zitiert' werden. Lebensweltliche Skripts tauchen in den Medienerzeugnissen/Medieninszenierungen allerdings immer nur spezifisch moduliert auf – im Rahmen ihrer jeweiligen ‚Eigensinnigkeit' und Eigenlogik, z.B. als Werbung oder Pornografie (siehe Rahmen/primäre Rahmen, Modul/Modulation). Die Vorgänge der medialen Kulturproduktion und die Medienkommunikationen selbst sind wiederum in der Form von Skripts organisiert und vollziehen sich in dieser Form.

Besonders zu beachten sind in diesem Zusammenhang die von Goffman als Modulklasse (siehe Modul/Modulation) behandelten „dramatischen ‚Drehbücher'. Dazu sollen alle dargestellten Stücke persönlicher Erlebnisse gehören, die einem Publikum als Ersatzerlebnisse angeboten werden, insbesondere die kommerziellen Routineerzeugnisse in Fernsehen, Rundfunk, Zeitungen, Zeitschriften, Büchern und auf der eigentlichen Bühne" (Goffman 1977, S. 65f.). Diese Erzeugnisse beinhalten „ein Drehbuch über drehbuchlos ablaufende soziale Vorgänge, weswegen sie viele sehr deutliche Hinweise auf die Struktur dieses Bereichs enthalten" (Goffman 1977, S. 66). Man kann jene ‚kommerziellen Routineerzeugnisse' insofern gleichsam als kulturelle Spiegel, Foren oder Bühnen betrachten und hinsichtlich ihrer symbolischen Sinn- bzw. Skriptverarbeitung untersuchen und beschreiben (siehe kulturelles Forum; vgl. Band 1 und 2).

Als Ansatz zur Beschreibung hochgradig organisierter/standardisierter Verhaltensmuster und Abläufe ähnelt der Skriptbegriff besonders dem Ritualbegriff. Rituale sind jedoch im Gegensatz zu Skripts wesentlich durch die kosmologischen, mythologischen oder ideologischen Ordnungen definiert, die sie auch buchstäblich verkörpern (siehe Religion, Mythos). Skripts sind demgegenüber jedenfalls zunächst lediglich (kognitive) *Formen*, die zwar auf praktischen Sinn und Wissen verweisen, nicht aber auf ‚tieferen Sinn‘ wie den von Religionen, Quasi-Religionen oder Alltagstheorien (siehe Genderismus, Rituale/Ritualisierungen, Interaktionsrituale).

Soziale/funktionale Differenzierung

Zu den Kernbeständen der Soziologie gehören Theorien der sozialen Differenzierung und typologische Unterscheidungen sozialer Differenzierungsprozesse und struktureller Differenzierungsresultate, die auch die Differenz und Differenzierung der Geschlechter einschließen und betreffen.

Die Entwicklung zur und der modernen Gesellschaft wird in der Soziologie über verschiedene Schulengrenzen hinweg als ein langfristiger Prozess der sozialen Differenzierung beschrieben, in dem der soziale Differenzierungstyp der funktionalen Differenzierung schließlich die Oberhand gewinnt und die Gesellschaftsstruktur und auch die Gesellschaftskultur im Ganzen charakterisiert, ohne damit soziale Schichtung („stratifikatorische Differenzierung" nach Luhmann), Klassen oder Milieus aus der Welt zu schaffen. Für Elias wie für Luhmann ist die funktionale Differenzierung die wichtigste Variable des gesellschaftlichen Modernisierungsprozesses, in dem im Verlauf von etwa vier- bis fünfhundert Jahren gesellschaftliche Funktionsbereiche ausdifferenziert worden sind: die Felder (Subsysteme) des Rechts, der Wirtschaft, der Wissenschaft, der Bildung, der Kunst, der Politik, der Religion usw. Als kennzeichnend für diese Entwicklung erscheinen auch der Logik funktionaler Differenzierung entsprechende Prozesse der Verberuflichung, der sachlichen/fachlichen und

professionellen Spezialisierung, der Bürokratisierung und der Bildung formaler (Groß-)Organisationen. Für Elias verweist die soziale bzw. funktionale Differenzierung – sozusagen als eine Seite der Medaille – immer auch auf psychogenetisch (zivilisatorisch, habituell) folgenreiche soziale Verflechtungen, auf soziale Integration und Interdependenz (siehe Figuration, Mentalität, Zivilisation).

Alle diese zusammenhängenden Entwicklungen betreffen und prägen auch die Realität(en) der Geschlechter, die soziale Differenz und Differenzierung der Geschlechter wie auch ihre Indifferenz und Entdifferenzierung/Nivellierung. Die Differenzierung der Funktionsbereiche/Felder impliziert auch eine Differenzierung der Realitäten, der Identitäten und der Differenzen der Geschlechter, die sich jeweils auch subsystem- oder feldspezifisch darstellen. Die Logik und Dynamik der funktionalen Differenzierung der Gesellschaft und ihrer Subsysteme/Felder läuft zugleich auf eine gesellschaftliche Totalinklusion des weiblichen Geschlechts und auf ‚geschlechtsegalitäre‘ Verhältnisse hinaus, allerdings ohne kulturelle Geschlechterdifferenzen völlig einzuebnen oder auszuschließen.

Folgt man der Differenzierungstheorie Luhmanns (siehe Semantiken) und seiner Unterscheidung sozialer Systemebenen – Gesellschaft/Organisation/Interaktion –, dann zeichnet sich das Bild einer historischen Entwicklung ab, die sich im Hinblick auf die Geschlechter durch einen Modernisierungsschub und ein gleichzeitiges Modernisierungsgefälle zwischen den Systemebenen auszeichnet. So geht Christine Weinbach mit „Luhmann davon aus, dass die funktionale Differenzierung sich auf der Ebene der Gesellschaft durchgesetzt und veraltete (also zugeschriebene statt erworbene) ‚Platzanweiser‘ wie Geschlecht vollständig verdrängt habe. Hier sei also Geschlechterdifferenzierung gänzlich irrelevant geworden" (Gildemeister/Hericks 2012, S. 254). Weiter meint Weinbach mit Luhmann, dass sich die Logik und Rationalität der funktionalen Differenzierung erst nach und nach auch auf die Ebene der Organisation absenke, „die dann erst auf die Ebene der Interaktion Einfluss nehmen könne. Mit dieser zeitlichen Versetzung könne der Befund erklärt werden, dass Geschlecht als ein ‚vormodernes Relikt‘ im Alltag durchaus noch Platzanweiserfunktion in Interaktionen entfalte, aber gleichzeitig eine ‚De-Institutionalisierung‘“ stattfinde (Gildemeister/Hericks 2012, S. 254).

Diese (systemtheoretische) Sicht der Dinge konvergiert mit der Perspektive von Elias und der Figurationssoziologie/Zivilisationstheorie (vgl. Treibel 1997, S. 313 ff.). Auch für Elias bildet die funktionale Differenzierung gleichsam den Motor des gesellschaftlichen und (geschlechter-)kulturellen Wandels. Zugleich mit der staatlichen Gewaltmonopolisierung bildet sie auch die allgemeine Bedingung der umfassenden Habitustransformation der Zivilisation und setzt letztlich alle Mitglieder der Gesellschaft unter einen entsprechenden disziplinarischen und mentalitätsprägenden Druck. Allerdings unterscheidet sich Elias von Luhmann durch die prinzipielle Verknüpfung von Sozio- und Psychogenese sowie durch den Gedanken der differenzierungsbedingten und differenzierungsinduzierten Zivilisation (siehe Figuration, Mentalität, Zivilisation). Eine gravierende Folge für die Geschlechter und für das Geschlechterverhältnis ist, wenn man Elias folgt, ein weitgehender sozialer Bedeutungsverlust körperlicher (Kraft-)Differenzen sowie eine Transformation und Konvergenz der Geschlechtsrollen und Geschlechtshabitus – vor allem im Zuge einer zunehmend inklusiven und geschlechteregalitären (Aus-)Bildung und Verberuflichung. Der Annäherung der Geschlechter im (Aus-)Bildungs-, Berufs- und Freizeitleben und in anderen Bereichen des ‚öffentlichen Lebens‘, an denen die Frauen und Mädchen früher nur eingeschränkt teilnehmen durften und konnten, korrespondiert eine habituelle/mentale Annäherungstendenz. „Der Trend zu einer geschlechtsegalitären Gesellschaft ist Teil des umfassenden Individualisierungs- und Zivilisierungsprozesses der Moderne, der, wie in anderen Bereichen auch – etwa dem des Verzichts auf Gewalt –, noch unabgeschlossen ist“ (Meurer 1997, S. 413).

Sozialisation

Vor dem Hintergrund ihrer anthropologischen Voraussetzungen und Vorannahmen haben Aspekte und Fragen der Sozialisation (Sozialisationstheorie) für die Soziologie im Allgemeinen und für die Geschlechtersoziologie im Besonderen eine grundlegende Bedeutung (siehe Anthropologie).

Unter Geschlecht im Sinne von ‚sozialem Geschlecht‘ ist auf der personalen Ebene wie auf der kollektiven immer auch das Resultat von Sozialisationsprozessen/individuellen Zivilisierungsprozessen im Laufe des Lebens zu verstehen, also von sozial/kulturell bedingten und induzierten *Lernprozessen*, die sukzessiv in Phasen verlaufen (primäre, sekundäre, tertiäre Sozialisation) und auf bestimmte Sozialisationskontexte (Familie, Schule, Medien usw.) bezogen sind. Dem entspricht ein zivilisationstheoretisches Verständnis von sowohl individuellen als auch kollektiven und historisch-langfristigen Lernprozessen, die das individuelle Leben übergreifen und einschließen und auch das Geschlecht und die Geschlechterverhältnisse betreffen. Zivilisationsprozesse (oder *der* Prozess der Zivilisation) bilden demnach so etwas wie einen Rahmen von Sozialisationsprozessen, die sich jeweils unter bestimmten zivilisationsgeschichtlichen Bedingungen abspielen und von diesen Bedingungen bestimmt werden.

Traditioneller Ausgangspunkt der Geschlechter-Sozialisation ist die (heutzutage auch schon vorgeburtliche) Wahrnehmung und Identifizierung bzw. Differenzierung des kindlichen Körpers als Geschlechtskörper, seine Zuordnung zu einer Geschlechtsklasse „durch das Ansehen des nackten Kinderkörpers, insbesondere der sichtlich dimorphen Genitalien“ (Goffman 1994b, S. 107). Damit beginnt, was Goffman in anderen Zusammenhängen eine „Karriere“ bzw. eine „moralische Karriere“ genannt hat (vgl. 1967; 1973a). Es gibt auch ‚Karrieren‘ der Geschlechtsklassen und innerhalb der Geschlechtsklassen, in die man ‚einsortiert‘ worden ist und sich (als Effekt von Sozialisation) selbst ‚einsortiert‘. Und diese ‚Karrieren‘ haben jeweils auch spezifische moralische Seiten (siehe Moral).

Im Anschluss an eine Reihe klassischer Soziologietraditionen – von Arnold Gehlen bis Pierre Bourdieu oder Ulrich Oevermann – kann man grundsätzlich davon ausgehen, dass die Prozesse der Geschlechtersozialisation wie andere Sozialisationsprozesse auf sozial/kulturell konditionierte Gewohnheitsbildungen, Habitusgenesen und Habitusentwicklungen hinauslaufen, die jeweils als *Funktionen* bestimmter sozialer/kultureller Existenzbedingungen Gestalt annehmen (vgl. Willems 2012). Die Sozialisation der Geschlechter und *zu* Geschlechtern erscheint dann als differenzielle, differenzierte und differenzierende Psychogenese bzw. Habitusformation (siehe Gewohnheiten, Habitus). Auch Goffman argumentiert in diesem Zusammenhang ausdrücklich sozialisationstheoretisch und im Grunde habitustheoretisch. Er versteht das soziale Geschlecht auf der personalen Ebene als eine Art systematische Habitusbildung bzw. Habitusdifferenzierung, die mit der initialen Körper-Differenzierung der Geschlechtsklassen beginnt und lebenslänglich fortschreitet: „In allen Gesellschaften bildet die anfängliche Zuordnung zu einer Geschlechtsklasse den ersten Schritt zu einem fortwährenden Sortierungsvorgang, der die Angehörigen beider Klassen einer unterschiedlichen Sozialisation unterwirft. Von Anfang an werden die der männlichen und die der weiblichen Klasse zugeordneten Personen unterschiedlich behandelt, sie machen verschiedene Erfahrungen, dürfen andere Erwartungen stellen und müssen andere erfüllen. Als Folge davon lagert sich eine geschlechtsklassenspezifische Weise der äußeren Erscheinung, des Handelns und Fühlens objektiv über das biologische Muster, die dieses ausbaut, mißachtet oder durchkreuzt. Jede Gesellschaft bildet auf diese Weise Geschlechtsklassen aus, wenn auch jede auf ihre je eigene Art" (Goffman 1994b, S. 109).

Auch wenn sich zumindest in ‚westlichen' und ‚verwestlichten' Gesellschaften in Bezug auf die Sortierung und sortierte Sozialisation der Geschlechter seit Goffmans Zeiten manches verändert hat, ist diese geschlechterdifferenzielle und geschlechterdifferenzierende Sozio- und Sozialisationslogik bis heute der Normalfall. Die bipolare Geschlechtsklassengesellschaft und die geschlechtsklassenspezifische Sozialisation haben relativ hartnäckig Bestand. Gleichzeitig haben sich aber die Bedingungen der Geschlechtersozialisation abhängig von sozialen/kulturellen Differenzierungsbedingungen in Richtung Entdifferenzierung, Nivellierung und Demokratisierung der Geschlechter und Geschlechterverhältnisse gewandelt, und dabei spielt auch ein sozialwissenschaftlich generiertes und forciertes (Geschlechter-)Sozialisationsbewusstsein eine Rolle.

Von besonderer Bedeutung sind in diesem Zusammenhang natürlich Entwicklungen und Wandlungen von Praktiken, Praxen und Stilen der Erziehung und Bildung. Sie verschreiben sich heute mehr denn je (geschlechter-)demokrati-schen Idealen und sind für ‚Geschlechterfragen' mehr denn je ‚sensibel'. Man kann hier von einer weitreichenden und tiefgreifenden Semantisierung, Reflexivierung und Pädagogisierung ausgehen, die inhaltlich aus verschiedenen Semantiken und Diskursen gespeist wird und sich in verschiedenen sozialen und kulturellen Feldern auswirkt (siehe Semantiken, Diskurse). Sozialisation bzw. Geschlechtersozialisation spielt sich auch zunehmend – bewusst und unbewusst, intuitiv und reflexiv – als mediale Sozialisation ab, die nur teilweise und immer weniger der Kontrolle sozialer und sozialisatorischer Autoritäten unterliegt. Die Bandbreite reicht von der Kinderliteratur bis hin zur Pornografie, die heute schon von Kindern konsumierbar ist und offenbar reichlich konsumiert wird (vgl. Band 1 und 2).

Stereotypen

Unter Stereotypen werden in den Sozialwissenschaften/der Soziologie, aber auch in anderen Feldern und im Alltagsleben im Allgemeinen hochgradig (über-)vereinfachende, ‚komplexitätsreduzierende' und gegenüber empirischer Wirklichkeit tendenziell immune, ultrastabile und besonders widerstandsfähige Vorstellungskomplexe verstanden, schematische Konstrukte mit positiven oder/und negativen Bewertungen von Objekten aller Art, insbesondere von Kategorien oder Gruppen von Menschen. Dazu gehören Berufsrollen (‚der Professor', ‚der Arzt', ‚der Bauarbeiter' etc.), Ethnien (Schwarze, Asiat/-innen) oder Nationalitäten ebenso wie Altersklassen, Generationen oder die Geschlechter (Geschlechterstereotypen).

Stereotypen und Stereotypenbestände sind also als bestimmte Formen von Sinn und Wissen im weitesten wissenssoziologischen Sinne zu verstehen, als eine kognitive, kategoriale Seite von objektiver und subjektiver Wirklichkeit und ‚Wirklichkeitskonstruktion'. Auf diese Seite zielt auch eine Reihe anderer Begriffe, die mit dem Stereotypbegriff mehr oder weniger verwandt und überschnitten ist: Kategorie, Klischee, Identität, Rolle, Image, Stigma oder auch Vorurteil.

Eingeschlossen in diesen Zusammenhang sind auch und besonders Medienkulturen und Medienkommunikationen und damit sowohl sprachliche als auch visuelle Stereotypen, die medial (re-)generiert, zitiert und inszeniert werden. Ein Beispiel ist die Konstruktion von ‚exotischen Identitäten' im Werbefernsehen, wo „die populären Lebensentwürfe, Mythologien, Sitten und Gebräuche, Traditionen und ethischen Postulate verschiedener Völker und Kulturen zitiert" werden (Spieß 1995, S. 79). Im Vordergrund stehen hier „visuelle Stereotypen wie tropische Tiere, Pflanzen und Landschaften ebenso wie exotische Menschen [...]. Daneben wird mit Lifestyle – Stereotypen für Standardszenarios wie Urlaub (paradiesische Welten), Südfrüchte, Kaffee- bzw. Teegenuss (exotische Anbaugebiete, lächelnde ErntearbeiterInnen), Zigaretten (Abenteuer und authentische Naturerfahrung), Körperpflege (Trivialmythen und Riten) u. a. operiert" (Spieß 1995, S. 81). Medienbereiche (Gattungen) wie die Werbung, die Pornografie oder auch ‚Seifenopern' oder ‚Liebesfilme' sind regelrechte Herde von Stereotypen und des Stereotypisierens und scheinen in der Logik des Stilisierens und der Übersteigerung von Stereotypen mehr oder weniger übereinzustimmen oder zu konvergieren (siehe Hyperritualisierung).

Bezüglich solcher Konstruktionen und ‚Konstruktivismen' liegen funktionale und funktionalistische Deutungen nahe und dominieren in den Sozialwissenschaften traditionell (siehe Anthropologie). So unterstellt Arnold Gehlen „Stereotypen" (1957, S. 47 f.) aller Art einen quasi-institutionellen Charakter und Funktionswert als Varianten sozialer Ordnungsstiftung. Gehlen zufolge fungieren Stereotypen „im Sinne der Vereinfachung, also der Überschätzung des Ordnungsgrades der Realität, und das ist für ein Wesen von so hoher potenzieller Reizzugänglichkeit, wie der Mensch es ist, und das sich andererseits doch dauernd zum Handeln entschließen muß, offenbar lebenswichtig. Schematisierte Vorstellungen von Sachverhalten oder Kausalzusammenhängen, und seien sie ‚abergläubisch', haben weiterhin noch einen ‚Entlastungswert', indem sie uns der Spannung des Schwankens, der Ungewißheit und Unsicherheit entheben" (Gehlen 1957, S. 48). Ganz im Sinne Gehlens und diesen weiterführend argumentiert Hans Peter Dreitzel im Rahmen der Rollentheorie mit einem Begriff von Image als Stereotyp (siehe Rolle): „Hier ist an die Orientierungsfunktion der Images zu erinnern: sie vermitteln mit einem Bild von anderen Personen und Gruppen sogleich auch eine Vorstellung von dem, was man von ihnen zu erwarten hat, und davon, mit welchen Rollenan-

sprüchen sie an einen herantreten werden. [...] Es ist deshalb wichtig festzuhalten, daß nicht nur Personen und Gruppen, sondern auch soziale Rollen jeweils ein Image haben, und daß dieses Rollenimage für die Möglichkeit zur wechselseitigen Verhaltensorientierung im Interaktionssystem von großer Bedeutung ist" (Dreitzel 1980, S. 253 f.). Vor diesem Hintergrund ist natürlich auch und besonders an die Geschlechter zu denken, an entsprechende Stereotypen, Images und Skripts (siehe Image, Skript, Hyperritualisierung), sowie an Praktiken und Praxen des Stereotypisierens, d. h. des Gebrauchs von Stereotypen oder Stereotypenschätzen (siehe Rahmen/primäre Rahmen, Modul/Modulation, Deutungsmuster).

Stigma/Stigmatisierung

Unter Stigma/Stigmata sind – wie Zeichen wirkende – sozial diskriminierende oder disqualifizierende Abweichungen von aktuellen Idealen oder Normen einer Gesellschaft oder Gruppe zu verstehen oder Zuschreibungen solcher Abweichungen: physische und psychische ‚Makel', Krankheiten, ‚Beschädigungen', ‚Behinderungen', Kriminalität, Verwahrlosung, Obdachlosigkeit, bestimmte sexuelle Orientierungen, moralische Vergehen, Kindesmissbrauch etc. (siehe Normalismus, negative Erfahrungen). Stigmata ergeben sich also aus fungierenden normativen Bezugsrahmen, ‚zeichnen' die betreffenden sozialen Kategorien oder Gruppen, ‚definieren' sie und ihr Verhalten in einem umfassenden oder totalen Sinne systematisch negativ, diskreditieren sie oder machen sie (im Fall eines verdeckten Stigmas) diskreditierbar (vgl. Goffman 1967). Den Stigmata entsprechen mit umgekehrten Wertvorzeichen und Sinnimplikationen „Prestigesymbole" (Goffman 1967), die also die Übereinstimmung mit Werten und Normen oder deren Überbietung anzeigen und ihrerseits im Sinne eines positiv distinguierenden ‚Gesamteindrucks' distinguieren (siehe Stereotypen, Image, Moral).

In der „Rahmen-Analyse" bestimmt Goffman (1977), der der Thematik der Stigmata und Stigmatisierungen ein ganzes Buch gewidmet hat (1967), Stigmata als eine Art Modul bzw. „Rahmenfalle" (siehe Modul/Modulation): „Nehmen wir als Ausgangspunkt z. B. körperliche und kulturelle Kommunikationshindernisse: Lispeln, Hasenscharte, Speichelfluß, Gesichts-Tics, Schielen, ‚niedere Sprache‘ und ähnliches. Ein Mangel auf diesem Gebiet wirkt sich auf der Ebene der Infrastruktur aus, er strukturiert alles um, indem jedes Wort und jeder Blick bei der unmittelbaren persönlichen Interaktion das Problem erneut entstehen läßt, gewissermaßen eine neue Sünde ausspeit. Der Atem eines solchen Verhaltens hat einen Geruch. [...] Es ist das, was bei der Botschaft ‚Das ist Spiel‘ geschieht, nur daß jetzt derjenige, dessen Verhalten umdefiniert wird, die Transformation nicht gewollt hat“ (Goffman 1977, S. 528 f.).

Der Stigmabegriff ist auch im Hinblick auf soziologische ‚Geschlechterfragen‘ spezifisch aufschlussreich. Zunächst legt er eine Analogie nahe. In seiner *physischen* bzw. korporalen Zeichenhaftigkeit ist das Geschlecht (ähnlich wie Alter und ‚Rasse‘/Ethnie) dem physischen Stigma prinzipiell ähnlich oder gleich (siehe Korporalität). Auch im Falle des Geschlechts hat man es mit einer Art Rahmen oder Rahmenfalle zu tun oder zu tun gehabt, einem Modul, das nicht oder kaum dem Willen der Beteiligten unterworfen ist und, sei es privilegierend oder disprivilegierend, alles ‚definieren‘ oder ‚umdefinieren‘ kann, was vor sich geht, vor sich ging oder vor sich gehen könnte.

Die Bedeutung und Bewertung des „Geschlechtsrahmens“ (Robert Hettlage) ist allerdings (in ‚westlichen‘ Gesellschaften) eigentümlich zweideutig oder ambivalent. Er kann zumindest im Falle des weiblichen Geschlechts soziale (moralische) Abwertung, Entwertung und sozialen Ausschluss, umgekehrt aber auch soziale Aufwertung, sozialen Einschluss und Idealisierung, ja Mystifikation bedeuten. Das weibliche Geschlecht scheint sich in diesem Sinne prinzipiell und bis heute empirisch zwischen Stigma und Charisma zu bewegen, zwischen einer gewissen generellen Geringschätzung und Diskriminierung im Sinne des „Eltern-Kind-Komplexes“ (siehe Eltern-Kind-Komplex) und generellen Hochschätzungen und Verehrungen im Sinne des ‚erotischen Mysteriums‘, des Mutter- und Mütterlichkeitsmodells und einer komplexen Vorstellung von menschlich-moralischer Überlegenheit (vgl. Band 1).

Der ‚Geschlechtsrahmen‘ ist allerdings auch ein Rahmen, der traditionell und bis heute Unterschiede macht, wenn es um die soziale und psychische Bedeutung, den sozialen und psychischen ‚Informationswert‘ bestimmter Normen und Ab-

weichungen und damit auch um – insbesondere physisch basierte – Stigmatisierungen geht. Ein Beispiel sind Schönheitsideale und Schönheitsnormen. Da und insoweit Frauen bezüglich korporaler ‚Ästhetik‘ höheren Ansprüchen unterworfen sind, unterworfen werden und (sozialisationsbedingt) sich selbst unterwerfen (siehe Hofieren), werden und sind sie auch ‚niederschwelliger‘ stigmatisiert und stigmatisierbar, stärkerem Stigmatisierungsdruck und höherer sozialer und psychischer Stigmatisierungslast unterworfen. Dementsprechend unterschiedlich und unterscheidend müssen auch die Praxen und Praktiken im Umgang mit bestimmten Idealen, Normen und Normalitäten und mit ‚auffälligen‘ Abweichungen und Stigmatisierungen sein (vgl. Goffman 1967, S. 56 ff.). Mit den Bedeutungen und Folgen des Stigmas und der Stigmatisierung muss auch das „Stigmamanagement“ variieren (Goffman 1967).

Die sozialen und kulturellen Bedingungen dieses ‚Managements‘ und seine ‚sachlichen‘ Bezugsrahmen (Stigmata) sind prinzipiell kulturspezifisch, kontextabhängig und veränderlich. Waren etwa Scheidung oder Homosexualität noch vor nicht allzu langer Zeit in ‚westlichen‘ Gesellschaften eindeutig Stigmata, so ist dies heute offensichtlich nicht mehr der Fall oder jedenfalls nicht mehr offensichtlich der Fall. Umgekehrt sind Verhaltensweisen, wie etwa gewisse männliche Zudringlichkeiten und sexuelle Übergriffe, die einmal in bestimmten beruflichen Feldern (wie der Filmbranche) üblich waren und toleriert wurden, heute Anlässe der kollektiven Empörung, der Anzeige und der oft schweren Bestrafung. Allgemeine soziokulturelle/zivilisatorische Wandlungen (Prozesse der Zivilisierung, der sozialen Differenzierung, der Individualisierung, der Informalisierung, der Nivellierung usw.) spielen in diesem Zusammenhang vermutlich eine systematisch wichtige Rolle, sei es als Faktoren der Entstigmatisierung oder der Stigmatisierung.

Allerdings zeichnet sich die ‚Gegenwartsgesellschaft‘ hier auch durch eine hochgradige ‚Unübersichtlichkeit‘ aus. So scheint dem Körper bzw. dem ‚Aussehen‘ heutzutage – unter zunehmendem Einschluss des männlichen Geschlechts – eine immer größere Bedeutung beigemessen zu werden, so dass eine immer größere und dramatischere Sphäre der Abweichung und der Stigmatisierung entsteht, die aber immer noch in erster Linie und vielleicht mehr als je zuvor die Mädchen und Frauen betrifft. Gleichzeitig verbreitet sich zumindest in bestimmten sozialen Milieus eine Kultur der korporalen Akzeptanz und des korporalen Stigmatisierungsverbots, der ‚political correctness' und der entsprechenden sozialen Kontrolle (siehe Milieu). Dafür steht ein Begriff wie ‚Bodyshaming', der allerdings ambivalente Schamhorizonte signalisiert und neben dem moralischen Beschämungsverbot (und einer Scham aufgrund von Beschämung) ‚eigentlich' beschämende Körperaspekte mitmeint (siehe Diskurs, Zivilisation).

Stil/Stilisierung

Der Stilbegriff ist in einer Reihe von Varianten ein Bestandteil des modernen Alltagswissens und zugleich kontinuierlich im Gebrauch verschiedenster Wissenschaften, insbesondere der Geistes- und Sozialwissenschaften. Er kann auf alle Bereiche von Kultur und menschlichem Verhalten und so auch auf die Realitäten der Geschlechter und der Geschlechtlichkeit angewendet werden. Diesbezüglich scheint sich der Stilbegriff besonders dazu zu eignen, Identitäten und Differenzen, Differenzierungen und Entdifferenzierungen zu beschreiben, z. B. geschlechtsspezifische und geschlechtsunspezifische Handlungsstile in verschiedenen Daseinsbereichen.

Voraussetzung dafür, von Stilen zu sprechen, ist lediglich, „dass sich in den Handlungen oder ihren Resultaten charakteristische Merkmale finden lassen, die nicht einfach auf die manifesten Ziele dieser Aktivitäten oder auf ausdrückliche Verhaltensregeln zu reduzieren sind" (Hahn 1986, S. 603). Dementsprechend vielfältig sind die in diversen kulturellen Bereichen und Diskursen zu findenden Varianten des Stilbegriffs in Korrespondenz zu empirischen Phänomenen und Bereichen: Denkstil, Handlungsstil, Spielstil, Kleidungsstil, Ernährungsstil, Gruppenstil, Epochenstil usw. In den Sozialwissenschaften/der Soziologie hatte und hat der Begriff des Lebensstils eine prominente und seinerseits komplexe und verweisungsreiche Bedeutung (siehe Lebensstil, Gewohnheiten, Habitus, Milieu). ‚Lebensstil' kann als ein stilistischer Zusammenhang einer Pluralität von Verhaltensstilen verstanden werden.

Der Stilbegriff ist also universal anwendbar und (weil) sehr offen und unspezifisch, spezifikationsfähig und spezifikationsbedürftig; aber er ist nicht beliebig. In ihm steckt vielmehr der Grundgedanke einer Charakteristik, einer begrenzten Varietät und Variabilität, einer inneren Logik, die sich eben dadurch auszeichnet zu sein, aber auch nur schwer fassbar zu sein – praktisch wie theoretisch.

In seiner „Rahmen–Analyse" greift Goffman (1977) den Stilbegriff an verschiedenen Stellen auf und verknüpft ihn unter anderem mit dem Begriff der ‚diffusen sozialen Rolle', der auch das Geschlecht/ die Geschlechter einschließt (siehe Rolle/Geschlechtsrolle): „Es gibt den Stil eines bestimmten Schachspielers und etwa den Stil sowjetischer im Unterschied zu dem amerikanischer Spieler. Es gibt Nationalstile der Diplomatie oder zumindest Tendenzen in dieser Richtung. Eine Diebesbande kann Stil haben, einen charakteristischen modus operandi. Es gibt einen männlichen und einen weiblichen Pokerstil. Ja, unsere ganzen sogenannten diffusen sozialen Rollen lassen sich zum Teil als Stile sehen, nämlich als die Art, etwas zu tun, die für ein bestimmtes Alter, Geschlecht, eine bestimmte Schicht usw. angemessen ist" (Goffman 1977, S. 318 f.).

Goffman spricht in diesem Zusammenhang von der „Kontinuität der Basis" (1977, S. 316 ff.) und bewegt sich damit in der Nähe seines Verständnisses von „persönlicher Identität" (siehe Identitäten/persönliche Identität): Ein „Ausdruck der Basiskontinuität ist der sogenannte ‚Stil', nämlich die Aufrechterhaltung expressiver Identifizierbarkeit. Wenn jemand etwas tut, so drückt sich die Tatsache, dass er es ist und niemand anderes in den ‚expressiven' Seiten seines Verhaltens aus. Seine Ausführung einer normalen sozialen Routine ist notwendig persönlich geprägt" (Goffman 1977, S. 317 f.). Und diese ‚persönliche Prägung' bedeutet eine „Transformation, eine systematische Veränderung eines Stückes Tätigkeit vermittels bestimmter Eigenschaften der Ausführenden. (...) Man kann den Stil als eine Modulation sehen, als offene Transformation von etwas, die etwas anderem (oder einer Transformation von etwas anderem) nachgebildet ist" (Goffman 1977, S. 319). Mit diesem Verständnis von Stil als Ausdruck der Basiskontinuität als einer „Eigenschaft", die ihr „Urheber in alle seine Betätigungen einbringt, wobei die Eigenschaft selbst irgendwie in ihm fortbesteht" (Goffman 1977, S. 320), befindet sich Goffman im Grunde ganz in der Nähe der Habitustheorie (siehe Gewohnheit, Habitus, Mentalität).

Rahmen- und Habitustheorie bilden hier Komplemente, treffen aber gleichsam nur eine Seite der Medaille. Daneben und in Verbindung damit gibt es auch – und unter modernen Bedingungen offenbar überall zunehmend – ganz andere Stil-Realitäten: gefundene und erfundene, gewählte und ‚gemachte' Stilelemente und Stile, Formen der aktiven, bewussten, absichtlichen und planvollen *(Selbst-)Stilisierung* sowie ein generelles, spezielles und reflexives *Stilbewusstsein* und *Stilwissen* (siehe Diskurse, Semantiken). Besonders zu beachten ist in diesem Zusammenhang die komplexe Funktion von Massenmedien als kulturellen – auch geschlechterkulturellen – Stil-Foren, Stil-Spiegeln und Stil-Informanten (vgl. Band 1 und 2). Sie befremden, verfremden und reduzieren stilistische Selbstverständlichkeiten und Vertrautheiten; sie generieren und forcieren stilistisches Kontingenzbewusstsein; sie fungieren als eine Art (globaler) Schaukasten von Stilen bzw. Lebensstilen; sie begünstigen stilistische Pluralisierung, Hybridisierung und stilistischen Pluralismus; sie liefern kopierbare und modulierbare Modelle und Anregungen für die bewusste Selbststilisierung, sei sie normalistisch oder individualistisch (siehe Theatralität/Theatralisierung, Normalismus, Individualisierungen, Informalisierung, Hybridisierung).

Strategie/strategisches Handeln

Bewusst und unbewusst verfolgte Strategien von Individuen und Gruppen, strategische Rationalität und strategisches Handeln, dessen Bedingungen, Reichweiten und Grenzen, sind klassische Themen der Soziologie – allerdings im Rahmen sehr unterschiedlicher und Unterschiede machender soziologischer Ansätze und Paradigmen, Modelle und Theorien. Von Georg Simmel über Norbert Elias, Erving Goffman, Jürgen Habermas und Pierre Bourdieu bis zu den aktuellen Ansätzen, die unter dem Titel ‚Rational Choice' firmieren, reichen die Soziologien, die in diesem sachlichen Zusammenhang Beiträge geliefert haben, die auch von geschlechtersoziologischer Bedeutung sind (vgl. Willems 2012, S. 444 ff.).

Eher formale Ansätze zielen – im Prinzip kontext- und auch geschlechterübergreifend – auf Grundbedingungen und Grundmuster strategischer Rationalität, Aktion und Interaktion. In diesem Sinne haben Georg Simmel (vor allem in seiner Untersuchung des „Geheimnisses und der geheimen Gesellschaft") und Erving Goffman klassische theoretische und analytische Beiträge geliefert. So zielt Goffman in seinem rollentheoretischen Werk über die „Selbstdarstellung im Alltag" (1969; vgl. auch 1981a) darauf ab, dass jedermann/jedefrau und auch ‚Ensembles' von Individuen, z. B. Ehepaare, im alltäglichen Rollenspiel typischerweise bestimmte Strategien/Strategietypen verfolgen: Strategien der „Idealisierung", der „Mystifikation", der Geheimhaltung, der „unwahren Darstellung", der regionalen/lokalen Differenzierung und Segregation u. a. m. (siehe Theatralität, Image, Rituale/Ritualisierungen). Dabei geht es nicht nur (aber auch) um bewusste strategische Handlungskalküle, Handlungspläne und Manöver, sondern auch um mehr oder weniger unbewusste, intuitive, aber gleichwohl ‚geistreiche' und ‚planvolle' Strategien, die ihren Hintergrund und Untergrund in Gewohnheiten und habituellen Dispositionen haben.

In einem allerdings eher implizit habitustheoretischen Sinne hat Goffman nicht nur jedermanns strategisches Handlungsrepertoire, sondern auch rollenspezifische Handlungsstrategien identifiziert und beschrieben – darunter Handlungsstrategien der Geschlechter. In den Interaktionsprozessen der Geschlechter, z. B. im Kontext des erotischen Hofierens (siehe Hofieren) oder in der ritualisierten Form des weiblichen ‚Dummspielens' gegenüber dem ‚anderen Geschlecht' (Goffman 1969), erkennt Goffman primär (habituell-) unbewusste, routinemäßig ‚gespielte' und sich abspielende, performierte und rezipierte Strategien, die für Männer oder/und Frauen in bestimmten sozialen Kontexten oder Situationen typisch sind.

Eine (im Unterschied zu Goffman) ausdrücklich und ausführlich habitustheoretische Lesart von Strategien und strategischem Handeln findet sich in den Werken von Elias und Bourdieu (siehe Gewohnheiten, Habitus, Kapital). Beide ‚lesen' auch die Geschlechter und ihre Strategien primär habitustheoretisch (siehe Habitus, Gewohnheiten, Stil/Stilisierung).

(Geschlechter-)Soziologisch spezifisch bedeutsam und aufschlussreich sind in diesem Zusammenhang auch die Konzepte Figuration und Feld – in komplementärer Verbindung mit Habitus- und Rollentheorien (siehe Figuration, Feld). Mit dieser perspektivenbildenden Begrifflichkeit – und d. h. mit Begriffen von Macht, Machtchancen, Machtverhältnissen, Machtbalancen – erschließen sich auch typische Strategien der Geschlechter, z. B. gegenüber dem jeweils ‚anderen Geschlecht'. Wie gerade (aber längst nicht nur) die Arbeiten von Elias, Bourdieu und Goffman jeweils mit besonderen Geschlechter-Bezügen zeigen, korrespondieren den Formen von (männlicher) ‚Herrschaft' und ‚Beherrschung', den Typen von ‚Herrschern' und Beherrschten (z. B. Frauen oder Frauenklassen) auf Seiten aller Beteiligten typische Strategien und strategische Handlungsmuster sowie entsprechendes Klugheitswissen. Dem entspricht eine Art kosmologische Folklore mit ‚strategietheoretischen' Konstrukten wie ‚Waffen der Frau', die sich auch in den Spiegelungen der Massenmedien (z. B. in der Werbung) finden. Dabei handelt es sich um auch heute noch gängige alltägliche und alltagstheoretische Deutungsmuster (siehe Deutungsmuster, Habitus, Kosmologie).

Die aus einer historischen Langfrist-Perspektive zu beobachtenden Konvergenzen und Symmetrisierungen der Geschlechterverhältnisse lassen, insbesondere in bestimmten beruflichen Bereichen (Figurationen) und Freizeitbereichen, eine Annäherung und Hybridisierung im strategischen Denken, Handeln und (Klugheits-)Wissen der Geschlechter erwarten (siehe Verringerung der Kontraste und Vergrößerung der Spielarten, Mentalitäten, Hybridisierung).

Theatralität/Theatralisierung

Der Theatralitätsbegriff, der auf das sowohl wissenschaftlich als auch alltagsweltlich traditionsreiche Theatermodell zurückgeht (Welt und Dasein als Theater/Bühne), ist in den letzten Jahrzehnten zu einem sozial- und kulturwissenschaftlichen Schlüsselbegriff geworden. Er steht in einem offensichtlich verwandtschaftlichen Verhältnis zur allgemeinen soziologischen Rollentheorie (einschließlich des Begriffs der Geschlechtsrolle) und befindet sich in der direkten Nachbarschaft von konstruktivistischen und ‚de-

konstruktivistischen' Diskursen, die das Geschlecht auch oder ausschließlich als eine sozusagen theatrale ‚Konstruktion' betrachten. Hierfür stehen prominente Namen wie der der Philosophin Judith Butler und programmatische soziologische (ethnomethodologische) Begriffstitel wie Doing Gender (siehe Doing Gender). Der Theatralitätsbegriff wird in der Variante ‚Theatralisierung' seit einiger Zeit auch zeitdiagnostisch verwendet, insbesondere für charakteristische Entwicklungen (in) der modernen Gesellschaft, zu denen auch Entwicklungen der Geschlechterkultur zu rechnen sind (vgl. Fischer-Lichte 1998; Willems 2009a, b).

Unter Theatralität versteht Erika Fischer-Lichte einen Komplex von „Aspekten", die einzeln und als Zusammenhang eine deskriptive Forschungsperspektive bilden: „1. den der *Performance*, die als Vorgang einer Darstellung durch Körper und Stimme vor körperlich anwesenden Zuschauern gefaßt wird [...]; 2. den der *Inszenierung*, der als spezifischer Modus der Zeichenverwendung in der Produktion zu beschreiben ist; 3. den der *Korporalität*, der sich aus dem Faktor der Darstellung bzw. des Materials ergibt, und 4. den der *Wahrnehmung*, der sich auf den Zuschauer, seine Beobachterfunktion und -perspektive bezieht" (Fischer-Lichte 1998, S. 86).

Diese Begriffsfassung in direkter Nähe zur institutionellen Realität und zum Rahmen des Theaters/der Bühne bietet einen Ansatz zur Beschreibung und Rekonstruktion sozialer Gebilde und Praxen verschiedenster Art – von den Varianten der Alltagsinteraktion bis zu den theaterähnlichen Kontexten und Ereignissen der diversen sozialen Felder (Politik, Religion, Kunst, Wissenschaft, Recht, Bildung usw.). Eingeschlossen oder einzuschließen ist dabei immer auch die historische Realität der Geschlechter, die sich anhand der besagten ‚Aspekte' und ihres Zusammenhangs beschreiben lässt und auch darüber hinaus mit den Tatsachen der Theatralität zusammenhängt, nicht zuletzt mit Medien(performanz)kulturen.

Der Theatralitätsbegriff bezieht und beschränkt sich zwar in der Fassung von Fischer-Lichte zunächst auf ‚lebendige' und ‚transitorische' (unmittelbare) Interaktionen/Interaktionsordnungen wie die der Theateraufführung (siehe Korporalität, Interaktionsordnung), aber er kann auch auf der Ebene der Medienkultur Anwendung finden

(„Medientheatralität'). Schließlich hat man es dabei ebenfalls mit theaterähnlichen/aufführungsähnlichen Gebilden und ‚Aspekten' zu tun (Bühnen, Requisiten, Kulissen, Skripts, Modellen, Körpern/Korporalität, Inszenierungen, Wahrnehmungen, Publika usw.). Allerdings bedarf es in diesem Zusammenhang konzeptioneller Distinktionen, Ein- und Umstellungen, da die Realität der Medien auf einer anderen kulturellen Ordnungsebene liegt als die Theatralität der Alltagsinteraktion oder der Theateraufführung. Nur auf der Ebene dieser Theatralität kann von Performance als ‚Vorgang einer Darstellung durch Körper und Stimme vor körperlich anwesenden Zuschauern' die Rede sein (vgl. Sandbothe 1998, S. 584 ff.; Willems 1998).

Mit Prozessen der Theatralisierung, die auch die Geschlechter und die Geschlechtlichkeit inkludieren und betreffen, sind Entwicklungstendenzen alltagsweltlicher und feldspezifischer Verhältnisse und Praxen in die Richtung verschiedener ‚Theaterähnlichkeiten' gemeint – mit einem zunehmenden praktischen Gewicht der genannten ‚Aspekte' des Theaters: der Performance/Performanz, der ‚Show', dem Drama/der Dramatisierung, der Bühne, der Korporalität, dem Skript, der Inszenierung, dem Bild, dem dramatischen Effekt, dem Publikumsbezug, dem Applaus usw. Die Entwicklung vieler, wenn nicht aller Bereiche und Felder der modernen Gesellschaft – von der Politik bis zur Kunst, von der Religion bis zur Wissenschaft, von der Wirtschaft bis zum Recht, vom Sport bis zur Therapie, von der Werbung bis zum Journalismus, von der Erziehung bis zur Intimität – scheint sich durch Theatralisierungstendenzen auszuzeichnen, die vermutlich vor allem mit strukturellen und kulturellen Modernisierungsprozessen zusammenhängen – insbesondere degenerativen (dekonstruktiven): Religionsverlusten, symbolischen Formverlusten, Traditionsverlusten, „Realitätsverlusten" (Gehlen 1957) usw.

Insofern scheint es auch grundsätzlich gerechtfertigt, von einer Theatralisierung der Gesellschaft zu sprechen, einschließlich einer felderübergreifenden Medientheatralisierung (vgl. Willems 2009a, b). Letztere impliziert besondere und besonders ausgeprägte (theatrale) Logiken und Tendenzen: der Dramatisierung, der (Hyper-)Stilisierung, der Visualisierung, der Image-Arbeit, der Hyperritualisierung, des Spektakels (in einer ‚Spektakelkultur'), der Sensation usw. Auch die von uns untersuchten Medienbereiche der Werbung, der (Kinder-)Unterhaltung und der Pornografie sind in diesem Zusammenhang (mitsamt den Bildern der Geschlechter und der Geschlechtlichkeit) exemplarisch und symptomatisch.

‚Theatralisierung' trifft aber nur eine Seite der modernen Gesellschafts- und Kulturentwicklung (mit der Realität der Geschlechter). Gleichzeitig sind auch Entwicklungen zu beobachten, die auf den Begriff der *Enttheatralisierung* oder sogar *Anti-Theatralisierung* gebracht werden können. Traditionelle Formen von Theatralität, wie z. B. die religiösen Feste und Feiern, die rituellen/zeremoniellen Formen der Höflichkeit und des Anstands oder das Geschlechterspiel des Hofierens erodieren offensichtlich, werden abgebaut oder sind teilweise schon verloren gegangen (siehe Rituale, Zivilisation, Informalisierung, Obszönität).

Valenzen

Zu den Grundfragen verschiedener ‚Menschenwissenschaften' (von der Philosophie über die Psychologie/Psychoanalyse bis zur Soziologie) gehört die Frage der sozialen *Bindungen*.

In der Soziologie wird diese Frage hauptsächlich im Hinblick auf die Entwicklung und Verfassung der modernen Gesellschaft gestellt, insbesondere vor dem Hintergrund historisch-differenzierungstheoretischer Charakterisierungen ihrer Struktur und Kultur. So kann man die sozialen Bindungen von Menschen im Zusammenhang mit funktionalen Differenzierungsprozessen und beruflichen Spezialisierungen sehen, die bestimmte Verflechtungen und Interdependenzen von Handlungen und Menschen implizieren und nach sich ziehen. Der diesbezüglich prominenteste soziologische Klassiker ist Emile Durkheim. Auch Norbert Elias betont, dass die funktionale Differenzierung der Gesellschaft und damit die Verberuflichung und die Spezialisierung der Tätigkeiten eine entscheidende und unterscheidende Rolle als Faktor und Regulator sozialer Bindung spielt, aber er betont zugleich: „Man gewinnt ein vollständigeres Bild erst dann, wenn man die persönlichen Interdependenzen, und vor allem die emotionalen Bindungen der Menschen aneinander, als Bindemittel der Gesellschaft in den Bereich der soziologischen Theorie miteinbezieht" (Elias 1981, S. 149).

Neben und mit den relativ ‚sachlichen' (‚affektiv neutralen') Beziehungen und Interdependenzen im Rahmen moderner Gesellschaftsstrukturen und ‚Systemrationalitäten' sieht Elias auch unter den modernen Bedingungen fortgeschrittener Zivilisierung und (d. h.) Rationalisierung eine systematische und große Tragweite „affektiver Bindungen", die er mit dem Begriff der Valenz fasst. Diesbezüglich bezieht Elias zunächst eine anthropologische Position und betont, gegen ein von ihm diagnostiziertes sozialwissenschaftliches Ignorieren oder ‚Vergessen' dieser Tatsache gerichtet, dass „das Streben eines Menschen nach Befriedigung von vornherein auf andere Menschen gerichtet ist und (...) in sehr hohem Maße auch von anderen Menschen abhängig ist. Dies ist in der Tat eine der universalen Interdependenzen, die Menschen sozial aneinander binden" (Elias 1981, S. 147). Auch moderne Menschen – und also die Geschlechter – sind demnach auf der Grundlage ihrer sozial und kulturell geprägten (zivilisierten) Affekte und Emotionen nicht nur immanent bindungsfähig, sondern auch bindungsbedürftig; Bindungen und Valenzen sind ihnen sozusagen auf den Leib und in den Leib geschrieben und haben auch eine moralische Seite, die ihrerseits auf andere Menschen verweist (siehe Moral, Figurationen, Habitus, Mentalitäten).

Elias versteht unter dem Begriff Valenz emotionale/affektive Bindungen, die sich zwar, wie im Falle der (auch) von ihm besonders hoch veranschlagten „sexuellen Valenzen" (Elias 1981, S. 147), zunächst und auch heute noch primär an Personen festmachen und persönliche Beziehungen mitausmachen, die sich aber in historisch späteren Phasen der gesellschaftlichen Entwicklung auch an Symbole, symbolische Formen und Konstrukte heften: „Wenn die gesellschaftlichen Einheiten größer und vielstöckiger werden, begegnet man neuen Formen der Gefühlsbindungen. Sie heften sich nicht nur an Personen, sondern in zunehmendem Maße auch an Symbole der größeren Einheiten, an Wappen, an Fahnen und an gefühlsgeladene Begriffe. Diese emotionalen Bindungen der Menschen aneinander durch die Vermittlung symbolischer Formen haben für die Interdependenz der Menschen keine geringere Bedeutung als die (...) Bindungen auf Grund zunehmender Spezialisierung. In der Tat sind die verschiedenen Typen der affektiven Bindungen

unabtrennbar. Die emotionalen Valenzen, die Menschen, sei es direkt in ‚face-to-face-Beziehungen', sei es indirekt durch die Verankerung in gemeinsamen Symbolen, aneinander binden, stellen eine Bindungsebene spezifischer Art dar" (Elias 1981, S. 150).

Der Valenzbegriff verbindet also eine Vorstellung von der (zivilisierten) Struktur und Funktionsweise der menschlichen Psyche (mitsamt moralischen und geschmacklichen Dispositionen) mit einer Vorstellung von sozialen Beziehungen und Figurationen. Den menschlichen Körpern, körperlichen oder körpernahen Bedürfnissen, Trieben und Antrieben wird dabei eine eigene und besondere Wichtigkeit attestiert, sozusagen als Medium, zugleich wird aber auch betont, dass ‚zwischenmenschliche' Valenzen von sozialen Figurationen abhängen und nur vorläufig mehr oder weniger dauerhaft geprägt werden (Elias 1981, S. 146 ff.). Die „außerordentlich vielfältigen und nuancenreichen Gefühlsbindungen, die Menschen miteinander eingehen" (Elias 1981, S. 147), erscheinen als Funktionen der vielfältigen und veränderlichen Figurationen, die sie miteinander bilden. Ändert eine Figuration ihren Charakter (z. B. durch das Verschwinden oder den Tod eines beteiligten Menschen), ändert sich auch der Charakter ihrer Valenz oder Valenzen.

Mit diesem Verständnis von Valenzen und (in) Figurationen bewegt sich Elias ganz in der Nähe der ‚relationalen Soziologie' Bourdieus, die ihrerseits die Ebene der affektiven/emotionalen Anziehungen und Abstoßungen, der „Kräfte", die in und zwischen Individuen und Gruppen wirken, im Sinn hat.

Diese soziologischen Perspektiven schließen auch und gerade die Geschlechter- und Geschlechtlichkeits-Beziehungen ein. Für sie und in ihnen spielen ja wie in kaum einem anderen sozialen (persönlichen) Beziehungsrahmen (vielleicht am ehesten vergleichbar mit der Eltern-Kind-Beziehung) affektive Bindungen eine Rolle. Man denke nur an die Valenzen der Familien-Beziehungen oder an die Valenzen der Sexualität, der Erotik, des ‚Begehrens', der Liebe, der Eifersucht usw. oder auch an die Valenzen, die sich zwischen den ‚Geschlechtsklassen' als solchen entfalten oder einmal entfaltet haben, etwa im Sinne des ‚Eltern-Kind-Komplexes' (siehe Eltern-Kind-Komplex). Dabei ist klar, dass mit dem *Wandel* der Geschlechterverständnisse und Geschlechterverhältnisse auch ein Wandel von Gefühlsbindungen der Geschlechter und zwischen den Geschlechtern einhergeht. Zu denken ist hier auch an Gefühlsbindungen an ‚gefühlsgeladene Begriffe' (Elias) im Kontext moderner ‚sozialer Bewegungen' und Diskurse (siehe Diskurse, Semantiken).

Valenzen bzw. diese und jene Valenzen sind mit denkbaren Rückwirkungen auf die (Er-)Lebenswelt nicht nur Tatsachen des gelebten Lebens, sondern auch ein besonders beliebtes Sujet und Thema kultureller Foren wie derjenigen, die Gegenstände unserer Untersuchungen sind (vgl. Band 1 und 2). Diese Foren deuten auf strukturelle Verschiebungen in den Beziehungen und Valenzen zwischen den Geschlechtern und in diesem Zusammenhang auch auf vermehrte und gesteigerte Ambivalenzen und Polyvalenzen.

Verringerung der Kontraste und Vergrößerung der Spielarten

Verschiedene soziologische Theorien gehen mehr oder weniger übereinstimmend davon aus, dass die historischen Langfrist-Prozesse, die unter Titeln wie Modernisierung und Zivilisation verstanden werden, eine *tendenzielle* – wenn auch keineswegs lineare und keineswegs völlige – Nivellierung der Gesellschaft implizieren, einen Ab- und Umbau von Formen sozialer bzw. kultureller ‚Ungleichheit'. In der modernen Soziologie stehen dafür Namen wie Norbert Elias, Helmut Schelsky („nivellierte Mittelstandsgesellschaft") und Ulrich Beck.

Es gehört, so konstatiert Elias im Rahmen seiner Zivilisationstheorie, zu den „Eigentümlichkeiten der abendländischen Gesellschaft, daß sich im Laufe ihrer Entwicklung" der „Kontrast zwischen der Lage und dem Verhaltenscode der oberen und der unteren Schichten erheblich verringert. Es breiten sich im Laufe dieser Entwicklung Unterschichtcharaktere über alle Schichten hin aus. [...] Und zugleich breiten sich Charaktere, die früher zu den Unterscheidungsmerkmalen von Oberschichten gehörten, ebenfalls über die ganze Gesellschaft hin aus" (Elias 1980, Bd. 2, S. 343). Es gibt demnach zwar auch nach dem Untergang der ‚höfischen Gesellschaft' unter den Bedingungen der modernen Gesellschaft weiterhin Schichtung, sogar neue Schichten und ‚gute Gesellschaften',

aber die „‚guten Gesellschaften', die nach der höfischen kommen, sind mehr oder weniger unmittelbar in das Netz der berufstätigen Gesellschaft verflochten, und wenn es auch an Figuren ähnlicher Art niemals ganz fehlt, sie haben in der Sphäre des geselligen Verkehrs nicht mehr im entferntesten die gleiche formgebende Kraft; denn von nun an werden immer mehr Beruf und Geld zur primären Quelle des Prestiges" (Elias 1980, Bd. 2, S. 416).

Auch im Hinblick auf die traditionelle ‚Geschlechtsklassengesellschaft', die sich über verschiedene Kultur-, Gesellschafts- und Epochengrenzen hinweg etabliert und auch unter modernen Bedingungen in Teilen und Graden erhalten hat, sieht Elias eine Bewegung in Richtung Egalität oder Konvergenz. Diese das Geschlechterverhältnis kennzeichnende ‚Demokratiebewegung' hält er wiederum wie jene Nivellierung der *Gesellschaft* auf der Ebene ihrer Schichtung nur für eine Seite einer komplexen historischen ‚Gesamtentwicklung', die er auf den Begriff der „‚funktionalen Demokratisierung'" bringt. Mit diesem Begriff meint und bezeichnet Elias eine historisch-langfristige „Gesamtbewegung" im Sinne einer „Transformation in der Richtung zur Verringerung aller Machtdifferenziale zwischen verschiedenen Gruppen, miteingeschlossen die zwischen Männern und Frauen, Eltern und Kindern" (Elias 1981, S. 72).

Die historische/zivilisatorische Entwicklung des Geschlechterverhältnisses erscheint hier also nur als ein Fall in einer Reihe und einem Zusammenhang von historischen Machtverschiebungen und Machtangleichungen zwischen verschiedenen sozialen (Groß-)Gruppen. Wie der weiblichen Geschlechtsklasse im Verhältnis zur männlichen so ist nach dieser Vorstellung einer ganzen Reihe von Gruppen Macht zugewachsen – jeweils in Verhältnissen zu früher mehr oder weniger überlegenen, dominanten und zentralen Gruppen, deren gesellschaftliches ‚standing' sich entsprechend verändert und verschoben hat. Zu den scheinbar oder offensichtlich ermächtigten Gruppen gehören neben den Frauen und den Kindern auch die Alten, die ‚fremden' Ethnien, die Nicht-Weißen, die sexuellen Minderheiten, die ‚Behinderten', die unteren Schichten/Klassen (Armen) und die sozialen ‚Randgruppen' und in gewissem Sinne auch Tiere. In der Logik dieser Entwicklung, im Zusammenhang dieser historisch-langfristigen „Gesamtbewegung" kann man mit Elias weiterhin den Aufstieg ganzer Gesellschaften sehen, denen ähnlich wie jenen Gruppen im historischen Langfrist-Prozess Macht zugewachsen ist (siehe Globalisierung).

Zur historisch-langfristigen „Gesamtbewegung" gehört für Elias auch – sozusagen als andere Seite der Medaille – die „Vergrößerung der Spielarten". Im Zuge der „Verringerung der Kontraste", der Annäherung der sozialen Lagen, Verhaltenscodes und Habitus, im Zuge auch der „Verringerung aller Machtdifferenziale", ergeben sich m.a.W. zugleich Variationen von Verhaltenscodes, Habitusformen, Mentalitäten, Lebensstilen – Variationen, die sich auch in der Realität der Geschlechter und Geschlechterverhältnisse niederschlagen und zeigen.

Folgt man Elias und dem Grundgedanken seines Konvergenz- und ‚Sickermodells' der Zivilisation, dann dringt die „abendländische" Zivilisation mit ihren Verhaltensmodellen langfristig zunehmend „global" durch, im Prinzip ebenso oder ähnlich, „wie sich ehemals innerhalb des Abendlandes selbst von dieser oder jener gehobenen Schicht, von bestimmten, höfischen oder kaufmännischen Zentren her Verhaltensmodelle ausbreiteten" (Elias 1980, Bd. 2, S. 344 f.). Der historische Langfrist-Prozess impliziert, so die Argumentation von Elias, auf einem zunehmend generell werdenden sozialen – globalen – Niveau zum einen, dass sich die „Kontraste des Verhaltens zwischen den jeweils oberen und den jeweils unteren Gruppen verringern" (ebd., S. 348), und zum anderen, dass sich je nach der „Strukturgeschichte eines Landes im Rahmen des zivilisierten Verhaltens recht verschiedene Modellierungen oder Spielarten" herausbilden (ebd., S. 349). Beide Entwicklungen, Vereinheitlichung (Nivellierung, Homogenisierung) und Variation (Differenzierung), sind für Elias zwei Seiten einer Medaille, nämlich „einer Bewegung, die sich zunächst durch Jahrhunderte innerhalb des Abendlandes selbst vollzogen hat" (ebd., S. 344), um sich dann darüber hinaus immer weiter (global) durchzusetzen. Dementsprechend sind auch die Geschlechterverhältnisse betreffende Prozesse (der Nivellierung, der ‚Demokratisierung', der Pluralisierung, der Hybridisierung) als globale Prozesse/Globalisierungsprozesse zu erwarten.

Verwissenschaftlichung

Historische Modernisierungsprozesse (Rationalisierung, Aufklärung, Zivilisation) haben bekanntlich, religiöse Weltbilder und Institutionen ablösend, zum kulturellen Aufstieg der Wissenschaften geführt, die die Religionen zwar nicht völlig erledigt, aber weitestgehend kognitiv entmächtigt und funktional ersetzt haben (siehe Religion, soziale/funktionale Differenzierung). Vor allem insofern scheint es gerechtfertigt, von der Genese einer ‚Wissensgesellschaft', ja einer ‚Wissenschaftsgesellschaft' und einer Verwissenschaftlichung der Gesellschaft zu sprechen, einer fundamentalen Umstellung der gesellschaftlichen Konstruktion der Wirklichkeit, die im effektiven und funktionalen Gewicht mit der früheren Bedeutung der Religion vergleichbar ist und in mancher praktischen Hinsicht an die Religion erinnert.

Die Bedeutung der Wissenschaften, der Wissenschaftsgläubigkeit und der wissenschaftlichen (Glaubens-)Vorstellungen geht schon lange und schon lange zunehmend über die Sphäre und das Feld der Wissenschaften hinaus und besteht heute im Bezugsrahmen der ganzen Gesellschaft in einer kosmologischen Haupt- und Führungsrolle. In dieser Rolle fungieren vor allem die modernen Naturwissenschaften (und Quasi-Naturwissenschaften wie die Medizin), die von allen Wissenschaften bekanntlich das größte gesellschaftliche Prestige besitzen und damit auch eine entsprechende Autorität und Glaubwürdigkeit, Wirk- und Wirklichkeitsmacht. Aber auch die Geistes- und Sozialwissenschaften sind zunehmend wirk- und wirklichkeitsmächtig geworden und machen sich in allen Bereichen der Gesellschaft auf vielfältige Weise (als Semantiken, Diskurse, Autoritäten) bemerkbar, in Irritationen und Stimulationen, Destruktionen und Konstruktionen, Deutungen und Umdeutungen von Wirklichkeiten. Beispiele dafür finden sich auch in unseren Untersuchungen, in denen wir es unter anderem mit deutlichen Spuren und Niederschlägen der Soziologie/Soziologisierung, der Psychologie/Psychologisierung und der Pädagogik/Pädagogisierung zu tun haben, z.B. im Kontext der Kindermedienkultur (vgl. Band 1).

Hier kann man also auch und in einem besonderen Sinne von Verwissenschaftlichung sprechen: Als wissenschaftlich geltende Wissensbestände, Vorstellungen, Diskurse und Semantiken (z.B.

Rollentheorien oder Identitätskonstruktionen) dringen in Bereiche jenseits der Wissenschaften und auch ins ‚Alltagsbewusstsein' jedermanns vor und ein und prägen so Wirklichkeiten und Wirklichkeitskonstruktionen (vgl. Oevermann 2001). Diese Art von Verwissenschaftlichung ist ein synthetischer und hybrider Prozess, in dem sich scheinbar Wissenschaftliches mit Nicht-Wissenschaftlichem verbindet und vermischt (siehe Hybridisierung). Im ‚Zeitalter der Wissenschaften', auch und nicht zuletzt im „Zeitalter der Sozialwissenschaften" (Friedrich Tenbruck), ist die entsprechende Wirkung und (Wirk-)Macht der Wissenschaften kaum zu überschätzen, aber auch schwer genauer einzuschätzen, da weitgehend unsichtbar.

Zu den wichtigeren kulturellen Effekten der ‚Menschenwissenschaften' und insbesondere von Sozialwissenschaften wie der Ethnologie und der Soziologie gehört die Verkleinerung der Sphäre des Selbstverständlichen. Wissenschaften, aber auch damit zusammenhängende Institutionen (Bildung, Medien, Literatur, Film), gehen sozusagen mit anthropologischen Naivitätsverlusten und Kontingenzgewinnen einher, unter anderem im Bereich der Geschlechter und des Geschlechtlichen. Gleichzeitig waren und sind Wissenschaften immer schon und immer auch spezifisch ‚positive' und nachhaltige Sinngeneratoren – und dies gerade in der ‚Definition' des Menschen und Menschlichen, zu der auch die Soziologie mit allerdings sehr heterogenen ‚Bildern' der Geschlechter und der Geschlechtlichkeit beigetragen hat (schon früh beispielsweise in den Werken von Ferdinand Tönnies oder Georg Simmel).

Verwissenschaftlichung bedeutet hier vor allem wissenschaftliche *Diskursivierung* und *Semantisierung*, die gesellschaftliche Generalisierung und Veralltäglichung von Vorstellungen, Sprach- und Deutungsmustern, die ihren Ursprung in den Wissensbeständen verschiedener wissenschaftlicher Disziplinen haben oder daraus entnommen sind. Nach den durchschlagenden historischen Erfolgen, die die Psychologie/Psychoanalyse in diesem Zusammenhang zu verzeichnen hatte und teilweise hat (siehe Psychoanalyse), sind es mittlerweile eher die Geistes- und Sozialwissenschaften, die den gesellschaftlichen Ton auch in puncto Geschlecht, Geschlechter und Geschlechtlichkeit angeben. Die Soziologie überzeugt dabei nicht nur

mit Deutungsmustern und Terminologie, sondern auch mit ‚empirischer Sozialforschung' in Form praktisch relevanter und brauchbarer Statistiken (siehe Normalismus). Prozesse der „Psychologisierung" (Schelsky 1955) und der Versozialwissenschaftlichung (Soziologisierung, Pädagogisierung) haben einander aber auch und speziell im Bereich ‚Gender' durchdrungen und dringen in vielen Feldern vor und ein.

Wie immer das Wissen, das Glauben und Meinen der entsprechend informierten, instruierten und ‚gebildeten' Menschen (Publika) im Einzelnen ausfällt, es enthält ‚Weltbilder' und (damit) auch ‚Bilder' der Geschlechter mit potenziellen oder wahrscheinlichen Konsequenzen im Verhalten und in (Geschlechter-)Verhältnissen (vgl. Goffman 1981; 1994b). Erving Goffman hat auf diesen praktischen ‚Konstruktivismus' im Hinblick auf die schon zu seiner Zeit stark wuchernden *populärwissenschaftlichen* Diskurse über die Geschlechter und die Geschlechtlichkeit hingewiesen. Helmut Schelsky (1955) war der Meinung, dass die Bedeutung der die Geschlechter und Geschlechtlichkeit reflektierenden Wissenschaften vor allem auf dieser Ebene liegt (siehe Kosmologie, Semantiken, Diskurse).

Zivilisation

Der Begriff Zivilisation (Zivilisierung), der im Alltagsleben wie in wissenschaftlichen Diskursen verwendet wird, ist hier wie dort ebenso traditionsreich und gängig wie schillernd und vieldeutig. Die Bedeutungen dieses Begriffs variieren in (sozial-)wissenschaftlichen Kontexten mit theoretischen/paradigmatischen Herkunfts-, Bezugs- und Verwendungskontexten und verweisen auf einen überaus komplexen begrifflich-theoretischen und sachlichen Horizont. Mit ‚Zivilisation' sind oft ganze Gesellschaften und Gesellschaftstypen oder mehrere Gesellschaften und Epochen übergreifende soziale und kulturelle Formationen gemeint; ‚zivilisiert' meint aber ebenso kleinteilige Phänomene wie ein bestimmtes (‚gutes') ‚Benehmen' oder Empfinden. Nachbarschaften, Verwandtschaften oder Überschneidungen mit Begriffen wie Kultur, Sozialisation, Moderne, Modernisierung und moderne Gesellschaft liegen hier auf der Hand und damit auch Zusammenhänge mit einer Reihe oben bereits ausgeführter begrifflicher und theoretischer Kontexte und einer Reihe mehr oder weniger verwandter oder konvergenter Theorien und Theorietraditionen. Dafür stehen Namen wie Norbert Elias und Michel Foucault, aber auch David Riesman, Arnold Gehlen, Helmut Schelsky, Richard Sennett, Pierre Bourdieu, Gerhard Schulze oder Alois Hahn (siehe Anthropologie, Habitus, Mentalität, Diskurs, Figuration, soziale Differenzierung, Lebensstil, Globalisierung, Individualisierung, Informalisierung).

Eine engere, zugleich aber integrations- und entwicklungsfähige Fassung des Zivilisationsbegriffs kann von der prominenten Zivilisationstheorie von Norbert Elias bzw. von dessen Grundverständnis von Zivilisation ausgehen. Von begrifflich und (zivilisations-)theoretisch grundsätzlicher Bedeutung ist in diesem Zusammenhang die Verbundenheit und Verbindung verschiedener Ebenen und Perspektiven. Einerseits sind unter Zivilisation, grob gesagt, systematische Zusammenhänge zwischen verschiedenen sozialen Ordnungstypen (,Systemen', Netzwerken, Gesellschaften, Organisationen) und biologisch-psychischen, aber auch kulturellen/ideellen Tatsachen zu verstehen (Gewohnheiten, Habitus, Mentalitäten usw.). Diese Ebene und dieser prinzipielle Zusammenhang lässt sich mit dem von Elias (1980, Bd. 2) gegebenen Beispiel des modernen Straßenverkehrs veranschaulichen. Selbst in den einfachsten Varianten und Situationen ist dieser soziale Ordnungstyp (Figurationstyp) nicht denkbar ohne *entsprechend* ,zivilisierte' Individuen, die fähig sind und dazu neigen, sich zu beherrschen, ihre Affekte zu kontrollieren, ihre Aufmerksamkeit hochzuhalten und spezifisch konzentriert zu steuern, Rücksicht und Voraussicht zu üben, Perspektiven zu wechseln, Disziplin, Geschicklichkeit, Empathie und Urteilskraft an den Tag zu legen usw. In jedem Fall von Gesellschaft und sozialer Praxis braucht es entsprechende Passungsverhältnisse zwischen den jeweils aktuellen sozialen Figurationen/Feldern (von der ,höfischen Gesellschaft' bis zu modernen Organisationswelten) auf der einen Seite und daran beteiligten Menschen auf der anderen. Auf dieser Seite bedeutet Zivilisation (Zivilisiertheit) psychische und physische ,Innenausstattung': Habitus, Mentalität, ,Automatik' der Selbst- und Affektkontrollen, situationsangemessene Verhaltensstile usw.

Andererseits ist davon auszugehen und wird nicht nur im Rahmen der Eliasschen Prozesssoziologie davon ausgegangen, dass diese Fähigkeiten und Neigungen (psychophysischen Dispositionen) sich nicht von selbst verstehen, sondern sich zusammen mit den betreffenden sozialen Gebilden historisch-langfristig entwickeln und im Gang der Generationen immer wieder neu erzeugt werden müssen (siehe Figuration). Zivilisation impliziert also mehr oder weniger langfristige Prozesse, Entwicklungen und Wandlungen mit zwei Seiten. Elias spricht vom Zusammenhang zwischen „Soziogenese" und „Psychogenese" (vgl. Elias 1980, 2 Bde.) und meint mit Soziogenese sowohl einzelne soziale Felder unterschiedlichen ,Formats' als auch ganze Gesellschaften und Figurationen von Gesellschaften. Vor diesem Hintergrund, im Sinne dieser Korrelation oder Korrespondenz kann man auch von geschlechter- und geschlechtlichkeitsbezogenen Zivilisationsprozessen und von Differenzierungen und Entdifferenzierungen der Zivilisation der Geschlechter ausgehen (vgl. Klein/Liebsch (Hrsg.) 1997).

Auf der Seite der ,Psychogenese' stellen sich damit zunächst und immer auch anthropologische Fragen nach menschlicher bzw. geschlechtsspezifischer ,Biologie' (siehe Anthropologie, Natur, Sozialisation). Diese Fragen werden in den ,Menschenwissenschaften' und auch in der Soziologie mit und ohne Zivilisationsbegriff je nach Theorieansatz unterschiedlich und teilweise gegensätzlich gestellt und beantwortet – in einem Spektrum zwischen den Polen: einerseits eher ,biologieaffin' und andererseits eher ,kulturalistisch'. Damit einher gehen Fragen nach dem Wie und dem Was der Einstellung und Umstellung von Verhaltensdispositionen, für die Begriffe wie Gewohnheit, Habitus (Elias, Gehlen, Bourdieu), Charakter (Riesman), Mentalität und Stil/Lebensstil stehen.

Die Frage nach dem *Wie* von Zivilisation verweist auf die Seite der ,Soziogenese', die das Individuum und soziale Kategorien oder Gruppen in bestimmten Verfassungen anfordert und psychisch wie physisch ,prägt'. Als entscheidende strukturelle Faktoren der Zivilisation erscheinen bei Elias soziale Differenzierungs- und Verflechtungsprozesse sowie die staatliche Gewaltmonopolisierung – Entwicklungen, denen auch für die soziale und psychische (Habitus-)Realität der Geschlechter und Geschlechterverhältnisse große Bedeutung zukommt. Nur auf der Basis einer zuverlässigen Pazifizierung des gesellschaftlichen Alltags sind die modernen Normalitäten des Lebens und speziell des Geschlechter- und Geschlechtlichkeitslebens überhaupt denkbar. Mit Foucault und Goffman ist in diesem Zusammenhang auch an die Entwicklung und das Fungieren von (totalen) Institutionen der sozialen Kontrolle und Disziplinierung zu denken (siehe Diskurs, Normalismus, kulturelles Forum). Die zivilisatorische (disziplinatorische) und zivilisationsgeschichtliche Bedeutung einzelner Institutionen und Felder hat auch Elias herausgestellt. Der ,höfischen Gesellschaft' schreibt er eine Art historische Schlüsselrolle im Zivilisationsprozess zu.

Unter dem zivilisatorischen Zusammenhang von Sozio- und Psychogenese (Zivilisation) ist auch die ganze, mit diversen ökonomischen Tatsachen verquickte technische/technologische ,Infrastruktur' und Entwicklung zu verstehen. Die technische Zivilisation der (modernen) Gesellschaft ist offensichtlich psychogenetisch implikations- und folgenreich und hat in verschiedenen Bereichen auch Bedeutungen und Folgen für die Realität der Geschlechter und der Geschlechtlichkeit, ihre Differenzierung und Entdifferenzierung. Man denke nur an Entwicklungen der Medizin (von der Empfängnisverhütung über die künstliche Befruchtung bis zur Geschlechtsumwandlung und zur plastischen Chirurgie) oder die Technisierung des Haushalts, die die Tätigkeiten der ,Hausarbeit' und die traditionelle Rolle der ,Hausfrau' grundlegend verändert und neu bewertet hat. Oder man nehme das Beispiel einstmals körperlich schwerer Arbeit bzw. besondere Körperkraft beanspruchender Arbeitsfelder. Deren Technisierung erleichtert heutzutage auch körperlich schwachen oder schwächeren Menschen (Jungen und Männern, Mädchen und Frauen) Zugänge – ein sicherlich relevanter Beitrag zur sozialen ,Geschlechtsneutralisierung' (ähnlich wie die staatliche Gewaltmonopolisierung).

In diesem Zusammenhang ist auch an Gehlens Rede von der „Seele im technischen Zeitalter" (1957) zu erinnern, trifft sie doch ihrerseits einen grundsätzlichen und wesentlichen zivilisatorischen Aspekt und Zusammenhang: die technische Zivilisation mit ihren psychischen/psychogenetischen/,psychologischen' Implikationen und Korrelaten. Auch bei Gehlen geht es also um einen systematischen Zusammenhang zwischen Sozio- und Psychogenese, der auf den Begriff der Zivilisation gebracht werden kann. Gehlen sieht auch schon die enorme und komplexe zivilisatorische Bedeutung der modernen Massenmedien und der massenmedialen Kultur sowie der (medien-)technologisch fundierten (Groß-)Organisationen, die die Eliassche Zivilisationstheorie (noch) nicht oder kaum im Blick hat.

Ein weiteres und weites Feld moderner Zivilisation, das mit der technologisch-ökonomischen Entwicklung und dem sozusagen zeitnahen ,technischen Zeitalter' im engen Zusammenhang steht und gleichfalls die Realität der Geschlechter betrifft, ist die Entwicklung der Massenkonsumkultur. Vom ,Westen' ausgehend und nach wie vor ,westlich' dominiert, ist sie schon lange und zunehmend eine *globale* und globalisierende Massenkonsumkultur, deren zivilisatorische Tragweite vermutlich fundamental ist (siehe Verringerung der Kontraste und Vergrößerung der Spielarten). Diesbezüglich sind Begriffe wie Zivilisation, Sozialisation, Kultur, Modernisierung oder Globalisierung kaum sinnvoll zu trennen. Featherstone spricht von „globaler Integration (...) durch die Expansion von Wirtschaftstätigkeit" und nennt als „Beispiel für die Verbreitung des globalen Konsums" den von George Ritzer untersuchten „kolossalen Erfolg von Franchise-Ketten wie McDonald's im Fast Food-Sektor" (Featherstone 2000, S. 83). Ritzers berühmt gewordene Diagnose der „McDonaldisierung" interpretiert Featherstone auch als *kosmologischen* Prozess von zivilisationsgeschichtlichem Rang (siehe Kosmologie). ,McDonaldisierung' bedeutet demnach nicht nur eine global generalisierte ökonomische, technologische und organisatorische Rationalisierung mit der Implikation einer Produkt-, Angebots- und Konsumstandardisierung. Es geht vielmehr auch um die Performanz und ,psychologische' Imprägnierung eines Lebensstils, eines Weltbilds und einer Mentalität: „Der Burger wird nicht nur physisch, als materielle Substanz verzehrt, sondern auch als Symbol und Sinnbild eines bestimmten Lebensstils. Obwohl McDonald's diesbezüglich keine ausgefeilten Imagekampagnen startet, steht der Burger eindeutig für Amerika und den ,American way of life'. (...) McDonald's ist (...) eine der Ikonen des ,American way of life'. Sie werden mit einer Reihe von austauschbaren Themen wie Jugend, Fitneß, Schönheit, Luxus, Romantik und

Freiheit assoziiert, die für die Konsumkultur wesentlich sind: Der amerikanische Traum vom guten Leben" (Featherstone 2000, S. 84). Mit der global verbreiteten (in vielerlei Hinsicht kontinuierlich ‚westlichen') Konsumkultur werden natürlich auch in jedem Sinne Bilder der Geschlechter, Geschlechterverhältnisse und Geschlechtlichkeiten, Ideal-, Norm- und Normalitätsbilder verbreitet und propagiert. Besonders zu beachten und vermutlich hoch zu veranschlagen ist in diesem Zusammenhang die Rolle der Werbung, insbesondere der transnationalen und globalen Werbung, sowie die Tatsache, dass die USA bis in die jüngere Vergangenheit „immer noch die Kultur- und Informationsindustrien, die weltweit agieren", dominiert haben (Featherstone 2000, S. 85).

Man kann hier also von „kultureller Globalisierung" (Giddens 1995) sprechen oder auch von Zivilisation als einem historischen Langfrist-Prozess, der zwar weder ‚teleologisch' noch historisch linear verläuft noch sozial undifferenziert, der aber durchaus Trends oder sogar eine historische „Gesamtbewegung" (Elias) impliziert. Vor diesem Hintergrund ist auch die Entwicklung der ‚Geschlechtsklassengesellschaft' und der Geschlechter- und Geschlechtlichkeitskultur zu deuten.

www.ingramcontent.com/pod-product-compliance
Lightning Source LLC
Chambersburg PA
CBHW061753260326
41914CB00006B/1088